2021军队院校招生文化科目统考复习资料

强化练习与疑难精讲

QIANGHUA LIANXI YU YINAN JINGJIANG

81之家军考教辅编写组　编

北京师范大学出版集团

BEIJING NORMAL UNIVERSITY PUBLISHING GROUP

北京师范大学出版社

图书在版编目（CIP）数据

强化练习与疑难精讲 / 81 之家军考教辅编写组编. —北京：北京师范大学出版社，2020.1（2021.1重印）

ISBN 978-7-303-25368-5

Ⅰ. ①强… Ⅱ. ①8… Ⅲ. ①课程-军事院校-入学考试-自学参考资料 Ⅳ. ①E251.3 ②G723.4

中国版本图书馆 CIP 数据核字（2019）第 274339 号

售 后 服 务 电 话：010-57104501　13366432486
公 众 微 信：（1）京师伴你学
　　　　　　　（2）京师语文

出版发行：北京师范大学出版社　www.bnup.com
　　　　　北京市西城区新街口外大街 12 - 3 号
　　　　　邮政编码：100088
印　　刷：三河市东兴印刷有限公司
经　　销：全国新华书店
开　　本：185 mm×260 mm
印　　张：46
字　　数：1143 千字
版　　次：2020 年 1 月第 1 版
印　　次：2021 年 1 月第 2 次印刷
定　　价：139.00 元

责任编辑：李　磊　冯素梅　　　　装帧设计：李诚真
责任校对：任学硕　　　　　　　　美术编辑：李诚真
责任印制：马鸿麟

前　言

为满足广大考生需求,在军队院校招生主管部门授权中国融通教育集团有限公司组织编写《解放军和武警部队院校招生文化科目统考复习参考教材》的基础上,融通人力考试中心联合81之家军考教辅编写组,推出了2021军队院校招生文化科目统考复习资料。这套资料包括《强化练习与疑难精讲》和《模拟试题与全真试题》两本,依据2021年最新考试大纲,对语文、数学、英语、政治、物理、化学6个考试科目的知识结构和考试重点、难点、易错点,进行了科学严密、综合系统的梳理,并配有大量有针对性的练习和详细的解析,具有实用、高效的辅导优势。全套资料概括起来有以下几个特点。

第一,紧扣基础教材的知识结构及要点脉络,与最新考试大纲要求同频共振,知识点覆盖全面。2021年,81之家军考教辅编写组组织军队院校的专家、学者,在对考试大纲和基础教材进行反复研究的基础上,编写了这套教辅资料,为广大考生提供优化的复习备考方案。编写组的专家、学者多年来始终关注考试大纲和基础教材的变化,有一线教学和辅导考生的丰富经验,为本套教辅资料的实用性打下了坚实的基础。

第二,紧跟考试趋势和考题类型的发展变化,深入分析近3年来基础教材和全真考题的调整规律,设计出多种练习题型。除了摸准考试的重点、热点,此次编写组专家还做了大量调研,找准了考生普遍存在的难点和易错点。结合这四点,本资料为考生量身定做了强化练习和模拟考试等板块,答案中设置了难点解析、难题精讲等栏目,助考生在反复练习中强化知识,提升能力。此外,与本套教辅资料配套的视频授课、视频答疑也将陆续上线。线上授课老师大都是本书的编写组专家,他们将用丰富的教学经验为考生指点迷津,讲解应试技巧。

第三,根据考生学习实际和复习需求,设计了大量习题。近年来,加大习题量是考生的普遍需求,本套资料满足了这一需求。但随着士兵知识结构的不断变化,考生对各种习题的需求也呈现个性化趋势。为了给不同知识水平的考生设计配套习题,编写组专家做了大量搜集、设计、编改工作,从数量、类型、难度等几个方面丰富了习题的多样性,再加上答案后的讲解,使得每位考生都能在练习中找到自己的优势所在和薄弱环节,提高复习的针对性和有效性。

《强化练习与疑难精讲》的内容紧扣最新考点,实战性强,方便考生在强化练习中寻找出题规律,总结良好的学习方法和解题思路,在考前能够透彻地掌握教材中重要的知识点和考点,快速提升知识水平,对2021年军考考生具有针对性和指导作用。

希望本套教辅资料能给各位军考考生带来更多实质性的帮助和提升。在此,81之家军考教辅编写组也衷心祝愿广大考生"军榜题名",成就梦想!

尽管本书不断更改修正,但具体内容难免有疏漏及不足之处。如对书中内容有疑问,请联系"81之家军考"客服(微信号:zxx19890427)及时反馈,以帮助改进。

81之家军考教辅编写组

2021年1月

顾问名单

顾问：文陶然　熊金明　胡喜珍　苏　菲

　　　白　涛　杨豆豆　王希军

编写者名单

语文部分：文陶然　任一新　李敏之　王蕴玉

数学部分：熊金明　胡喜珍　胡友涛　王　剑

　　　　　蔡光斌　熊　澜

英语部分：苏　菲　刘　浏　爱　莎　张　蕾

政治部分：白　涛　张德湘

物理部分：杨豆豆　紫　苏　夜　雨

化学部分：王希军　李　娇

目录 CONTENTS

语文

数学

英语

政治

物理

化学

语文

专题训练一 ➡ 字音

1. 加点的字,每对读音都相同的一项是_____。

A. 隽秀/隽永　　隧道/深邃　　荡漾/怏怏不乐
B. 行伍/行家　　国粹/荟萃　　歼灭/缄口不言
C. 着落/着想　　竹篙/膏腴　　筵席/偃旗息鼓
D. 蛮横/横祸　　荫庇/纰漏　　棘手/岌岌可危

2. 加点字的读音,全部正确的一项是_____。

A. 慰藉 jiè　　木讷 nà　　改弦更张 xián　　毗邻而居 pí
B. 颤栗 chàn　　果脯 fǔ　　追根溯源 sù　　疾风劲草 jìng
C. 蛊惑 gǔ　　胡诌 zhōu　　鞭辟入里 pì　　纤尘不染 xiān
D. 脚踝 huái　　讣告 fù　　揠苗助长 yà　　牟取暴利 mù

3. 加点字的读音,全部正确的一项是_____。

A. 饥馑 jǐn　　尺牍 dú　　一叶扁舟 piān　　一曝十寒 bào
B. 恪守 kè　　修葺 róng　　得鱼忘筌 quán　　如法炮制 páo
C. 踯躅 chú　　恐吓 hè　　令人发指 fà　　桑榆暮景 mù
D. 逶迤 yí　　恣肆 zì　　嘉言懿行 yì　　呱呱坠地 gū

4. 加点字的读音,全部正确的一项是_____。

A. 赧然 nǎn　　僭称 jiàn　　皈依 pàn　　被除 fú
B. 荫凉 yìn　　虫豸 zhì　　稽首 qǐ　　菲薄 fěi
C. 蓬蒿 gāo　　虔诚 qián　　厮杀 sī　　干练 gàn
D. 省察 shěng　　殷红 yān　　攫取 jué　　谥号 shì

5. 加点字的读音,全部正确的一项是_____。

A. 遒劲 jìng　　百舸 kě　　鸡豚 tún　　压轴戏 zhòu
B. 谂知 shěn　　吞噬 shì　　殓衾 liàn　　饮牲口 yìn
C. 吮吸 shǔn　　悲恸 tòng　　蹊跷 xī　　歼击机 jiān
D. 藤蔓 wàn　　恐吓 xià　　庠序 xiáng　　体己钱 tī

6. 加点字的读音,全部正确的一项是_____。

A. 菲薄 fēi　　奇葩 pā　　谬种 miù　　繁芜丛杂 wú
B. 歧视 qí　　嗔怒 chēng　　窈窕 yǎo　　牵强附会 qiǎng
C. 骠勇 piào　　混蛋 hún　　蹁跹 piān　　殒身不恤 yǔn
D. 秸秆 jiē　　弄堂 lòng　　掮客 qián　　少不更事 gēng

7. 加点字的读音,全部正确的一项是_____。

A. 确凿 zuò　　创痕 chuāng　　挣脱 zhèng　　方兴未艾 yì
B. 肖像 xiào　　伫立 zhù　　慰藉 jiè　　量体裁衣 liàng
C. 熨帖 yù　　勾当 gòu　　拓片 tuò　　飞来横祸 hèng

D. 狙击 zǔ   应届 yìng   提防 dī   蒙头转向 mēng

8. 加点字的读音,全部正确的一项是_____。

A. 数见不鲜 shù   兑现 duì   伶俜 pīng   粗鄙 bǐ

B. 羽扇纶巾 guān   上溯 sù   清晰 xī   踯躅 zhú

C. 渐车帷裳 jiān   憎恨 zèng   冠冕 guān   执拗 niù

D. 每臻绝唱 zhēn   宁愿 nìng   譬如 pì   寂寥 liǎo

9. 加点字的读音,全部正确的一项是_____。

A. 挑剔 tì   亘古 gèn   精髓 suí   无可估量 liáng

B. 洞穴 xuè   福祉 zhǐ   癖好 pì   同仇敌忾 kài

C. 澄清 dèng   偌大 ruò   羞赧 nǎn   飞来横祸 hèng

D. 单薄 bó   憎恶 zèng   眼眶 kuāng   风雨不蚀 shí

10. 加点字的读音,全部正确的一项是_____。

A. 道行 heng   饿殍 piǎo   将进酒 jiāng   命运多舛 chuǎn

B. 祓除 fú   告罄 qìng   一绺线 liǔ   中流砥柱 zhǐ

C. 木讷 nà   怯懦 qiè   血泪史 xuè   因噎废食 yē

D. 订正 dìng   罢黜 chù   配角儿 jué   宵衣旰食 gàn

11. 加点字的读音,全部正确的一项是_____。

A. 剽悍 piāo   裨将 pí   多棱镜 líng   不着边际 zhuó

B. 剔除 tī   拂晓 fú   一溜烟 liù   相机行事 xiàng

C. 矗立 chù   角斗 jué   配给制 jǐ   公开露面 lòu

D. 说服 shuō   撷取 xié   文绉绉 zōu   装模作样 mú

12. 加点字的读音,全部正确的一项是_____。

A. 装帧 zhēn   挟制 xié   断壁残垣 yuán   兵不血刃 xiě

B. 攻讦 jué   嗔怪 chēn   钟灵毓秀 yù   斐然成章 fěi

C. 隽永 juàn   炽热 zhì   天崩地坼 chè   臧否人物 pǐ

D. 迸发 bèng   胭脂 zhi   针砭时弊 biān   戎马倥偬 zǒng

13. 加点字的读音,不正确的一项是_____。

A. 花蕊 ruǐ   雍容 róng   豁出去 huō   向隅而泣 yú

B. 倾轧 yà   剽窃 piāo   入场券 juàn   不偏不倚 yǐ

C. 汤匙 chí   绮丽 qǐ   电饭煲 bāo   不屑一顾 xiè

D. 发酵 jiào   哽咽 yè   捂一捂 wǔ   四肢百骸 hái

14. 加点的字,每对读音都不相同的一项是_____。

A. 殷红/期望甚殷   应聘/供不应求   折本/斗折蛇行

B. 税率/鲁莽草率   偏裨/大有裨益   罚没/湮没无闻

C. 行善/高山景行   颤栗/颤颤悠悠   强横/强人所难

D. 假期/久假不归   拗口/脾气执拗   可恶/恶贯满盈

15. 加点的字,每对读音都相同的一项是_____。

A. 嗔怪/缜密   甲胄/压轴   伎俩/佶屈聱牙

B. 案牍/渎职   褒义/电饭煲   祛除/曲意逢迎

C. 兴许/幸亏　　　　掉阄/柏油路　　　　划分/华而不实
D. 韬略/叨扰　　　　骁勇/肖像权　　　　坎坷/不落窠臼

16. 加点字的读音,每对都不相同的一项是_____。
A. 讣告/朴素　　　　灾难/困难　　　　伺候/侍候
B. 薄弱/停泊　　　　处所/犯怵　　　　角逐/诡谲
C. 宿敌/夙愿　　　　悭吝/纤细　　　　磊落/擂鼓
D. 懈怠/械斗　　　　帷幕/纬度　　　　吊唁/谚语

17. 加点字的读音,全部正确的一项是_____。
A. 梵宫 fàn　　　狩猎 shòu　　　羽扇纶巾 guān　　　返璞归真 pú
B. 缲丝 sāo　　　珐琅 fǎ　　　一哄而散 hòng　　　瞠目结舌 chēn
C. 摒弃 bìng　　　坯子 pī　　　佶屈聱牙 jié　　　正当防卫 dāng
D. 皲裂 jūn　　　腈纶 jīng　　　磨牙吮血 shǔn　　　唯唯诺诺 wéi

18. 加点字的读音,全都不相同的一项是_____。
A. 场院/赔偿　　　异闻/奇闻逸事　　　秩序/卷帙浩繁　　　松散/披头散发
B. 导向/倒立　　　眼晕/晕头转向　　　辟邪/开天辟地　　　哈达/哈萨克族
C. 哺育/逮捕　　　拾遗/拾级而上　　　披靡/靡靡之音　　　潜伏/情意缱绻
D. 觇视/掺和　　　玉玦/大放厥词　　　中肯/中饱私囊　　　漂泊/淡泊明志

19. 加点字的读音,全部正确的一项是_____。
A. 庇护 pì　　　戏谑 xuè　　　称心如意 chēng　　　鳞次栉比 zhì
B. 剽窃 piáo　　　坍圮 pǐ　　　锲而不舍 qì　　　悄然无声 qiǎo
C. 信笺 qiān　　　盘桓 huán　　　量体裁衣 liáng　　　饮鸩止渴 zhèn
D. 框架 kuàng　　　勾当 gòu　　　杀一儆百 jǐng　　　长歌当哭 dàng

20. 加点字的读音,每对都不相同的一项是_____。
A. 弱冠/夺冠　　　几何/窗明几净　　　竭诚/竭泽而渔
B. 亲切/亲家　　　呼吁/长吁短叹　　　提供/供认不讳
C. 熨斗/熨帖　　　标识/博闻强识　　　脉搏/含情脉脉
D. 舟楫/缉拿　　　渎职/买椟还珠　　　翁媪/面带愠色

21. 加点字的读音,全部正确的一项是_____。
A. 压轴 zhòu　　　鱼凫 fú　　　巉岩 chán　　　情不自禁 jìn
B. 青冢 zhǒng　　　泥淖 zhào　　　叨教 tāo　　　瞠目结舌 chēng
C. 银钿 diàn　　　恬然 tián　　　掮客 qián　　　居心叵测 pǒ
D. 狡黠 jié　　　鬓角 bìn　　　和泥 huó　　　向隅而泣 yú

22. 加点字的读音,全部正确的一项是_____。
A. 反馈 kuì　　　广袤 mào　　　揩油 kāi　　　面面相觑 xū
B. 恫吓 dòng　　　畏葸 xǐ　　　吮吸 yǔn　　　辽阔无垠 yín
C. 崭新 zhǎn　　　搁置 gē　　　腼腆 tiǎn　　　撒手人寰 huán
D. 夙愿 shù　　　杜撰 zhuàn　　　斡旋 wò　　　配合默契 qì

23. 加点字的读音,全部正确的一项是_____。
A. 倜傥 tì tǎng　　　咋舌 zé　　　纶巾 guān　　　胳肢窝 gē

B. 踌躇 chóu chú　　　熨帖 yù　　　　　怯懦 què　　　　角斗士 jué

C. 匍匐 pú fú　　　　　鞭挞 tà　　　　　迤逦 yǐ　　　　　刽子手 guì

D. 眩晕 xuán yūn　　　驾驭 yù　　　　　确凿 záo　　　　黑魆魆 xū

24. 加点字的读音,正确的一项是_____。

　　A. 自诩 yǔ　　　　　安然无恙 yàng　　　不露声色 lòu

　　B. 句读 dòu　　　　　瓮牖绳枢 yǒu　　　　心宽体胖 pàng

　　C. 饿殍 piǎo　　　　弃甲曳兵 yè　　　　丢三落四 luò

　　D. 供养 gōng　　　　贻笑大方 yí　　　　间不容发 jiān

25. 加点字的读音,正确的一项是_____。

　　A. 曝晒 bào　　　　稽首 qǐ　　　　　霉菌 jùn　　　　戕害 qiāng

　　B. 联袂 mèi　　　　纤弱 qiān　　　　惬意 qiè　　　　拙劣 zhuō

　　C. 信笺 jiān　　　　毗邻 bì　　　　　祈福 qǐ　　　　侍候 shì

　　D. 混淆 xiáo　　　　徜徉 cháng　　　肇始 zhào　　　宝藏 zàng

26. 加点字的读音,正确的一项是_____。

　　A. 苗圃 pǔ　　　　　谬论 miù　　　　罢黜 chù　　　　稳操胜券 juàn

　　B. 豢养 huàn　　　　虐待 nüè　　　　镌刻 juān　　　前后相属 zhǔ

　　C. 贮存 zhù　　　　蒙骗 méng　　　浸渍 zì　　　　信手拈来 niān

　　D. 踱步 dù　　　　　刀俎 zǔ　　　　　瞋目 chēn　　　暴殄天物 tiǎn

27. 加点字的读音,正确的一项是_____。

　　A. 露水 lù　　　　　暴露 lòu　　　　遗臭万年 chòu　　乳臭未干 xiù

　　B. 湖泊 pò　　　　　泊位 bó　　　　间不容发 jiān　　挑拨离间 jiàn

　　C. 度量 dù　　　　　揣度 duó　　　罪大恶极 è　　　深恶痛绝 wù

　　D. 开拓 tuò　　　　拓片 tà　　　　一哄而起 hōng　　哄抬物价 hòng

28. 加点字的读音,正确的一项是_____。

　　A. 提防 dī　　　　　歼灭 qiān　　　亲眷 juàn　　　前合后偃 yǎn

　　B. 靓妆 jìng　　　　埋怨 mái　　　恪守 kè　　　　孤身只影 zhī

　　C. 尸骸 hái　　　　箴言 zhēn　　　囹圄 líng　　　数见不鲜 shuò

　　D. 错勘 kān　　　　攻讦 jié　　　谥号 shì　　　骁勇善战 xiāo

29. 加点字的读音,正确的一项是_____。

　　A. 回眸 móu　　　　忸怩 niē　　　龟裂 jūn　　　惴惴不安 zhuì

　　B. 苍穹 qióng　　　缜密 zhěn　　　剥落 bō　　　称心如意 chèng

　　C. 弥补 mí　　　　　勾当 gòu　　　江堤 dī　　　不落窠臼 kē

　　D. 皓首 hào　　　　亲戚 qī　　　混账 hùn　　　杳无音信 yǎo

30. 加点字的读音,正确的一项是_____。

　　A. 愤懑 mǎn　　　　两颊 jiá　　　蓦然回首 mò

　　B. 簇拥 cù　　　　　怂恿 cǒng　　　磨牙吮血 shǔn

　　C. 咨嗟 jiē　　　　湍急 tuān　　　金石可镂 lòu

　　D. 嫡亲 dí　　　　炮烙 páo　　　良将劲弩 jìn

专题训练二 → 字形正误辨析

1. 没有错别字的一项是_____。

A. 光阴　　　　推演　　　　稍纵即逝　　　　躁动不安
B. 贤惠　　　　昧心　　　　义气用事　　　　卑鄙无赖
C. 吝啬　　　　辩别　　　　礼尚往来　　　　冠冕堂皇
D. 禁受　　　　悲戚　　　　古陌荒阡　　　　惩前毖后

2. 没有错别字的一项是_____。

A. 惆怅　　　　国粹　　　　长歌当哭　　　　叱诧风云
B. 驯熟　　　　酣眠　　　　故弄悬虚　　　　开诚布公
C. 胸襟　　　　岑寂　　　　咬文嚼字　　　　自名得意
D. 精髓　　　　烦躁　　　　良辰美景　　　　礼尚往来

3. 没有错别字的一项是_____。

A. 寂寥　　　　颓圮　　　　凄惋迷茫　　　　哀怨彷徨
B. 飓风　　　　憩息　　　　不可遏制　　　　濒临绝望
C. 杀羽　　　　寒暄　　　　价廉物美　　　　连绵不断
D. 踯躅　　　　和霭　　　　卷帙浩繁　　　　荣膺勋章

4. 没有错别字的一项是_____。

A. 盘踞　　　　标杆　　　　洞若观火　　　　坐收渔利
B. 熏陶　　　　博弈　　　　义愤填膺　　　　两全齐美
C. 阴蔽　　　　荣膺　　　　命途多舛　　　　涸辙之鲋
D. 攻讦　　　　陨石　　　　休戚相关　　　　含辛如苦

5. 没有错别字的一项是_____。

A. 干瘪　　　　发轫　　　　人情世故　　　　修茸一新
B. 入敛　　　　辐射　　　　一鼓作气　　　　动辄得咎
C. 婉约　　　　九洲　　　　容光焕发　　　　喋喋不休
D. 妨碍　　　　沉湎　　　　鼎力相助　　　　纡尊降贵

6. 没有错别字的一项是_____。

A. 恻隐　　　　蝉联　　　　铤而走险　　　　为山九仞,功亏一篑
B. 门槛　　　　砝码　　　　以逸代劳　　　　管中窥豹,可见一斑
C. 脉络　　　　伎俩　　　　故弄玄虚　　　　己所不欲,勿施于人
D. 伸张　　　　浩渺　　　　渊远流长　　　　百尺竿头,更进一步

7. 没有错别字的一项是_____。

A. 萌蘖　　　　　震撼　　　　　心无旁骛　　　　攻城掠地

B. 幅员　　　　　惦量　　　　　惶惶不安　　　　甘拜下风

C. 影碟　　　　　膨胀　　　　　胸无城府　　　　锐不可挡

D. 喋血　　　　　文身　　　　　披沙拣金　　　　形迹可疑

8. 没有错别字的一项是_____。

A. 松弛　　　　　猥亵　　　　　乍暖还寒　　　　世外桃园

B. 斑驳　　　　　勖勉　　　　　义愤填膺　　　　冠冕堂皇

C. 苍茫　　　　　战栗　　　　　涂指抹粉　　　　引以为戒

D. 暧昧　　　　　颂读　　　　　利害冲突　　　　不经之谈

9. 没有错别字的一项是_____。

A. 觊觎　　　　　打圆场　　　　秘而不宣　　　　不经一事，不长一智

B. 嬗变　　　　　出洋相　　　　曲指可数　　　　尺有所短，寸有所长

C. 睿智　　　　　合议庭　　　　貌合神离　　　　人无远虑，必有近忧

D. 破绽　　　　　简化字　　　　要言不烦　　　　桃李不言，下自成溪

10. 没有错别字的一项是_____。

A. 噩梦　　　　　蹒跚　　　　　提纲　　　　　绿草如茵

B. 缘由　　　　　景仰　　　　　帐簿　　　　　短小精悍

C. 嬉笑　　　　　篷头　　　　　搅拌　　　　　精兵简政

D. 恭维　　　　　压榨　　　　　报道　　　　　陨身不恤

11. 没有错别字的一项是_____。

A. 愤懑　　　　　坦露　　　　　剑拔弩张　　　　凝重隽永

B. 绯红　　　　　密方　　　　　顶礼膜拜　　　　殒身不恤

C. 虔诚　　　　　恶梦　　　　　繁芜丛杂　　　　义愤填膺

D. 讫今　　　　　嬉笑　　　　　豁然开朗　　　　浅尝辄止

12. 没有错别字的一项是_____。

A. 膨胀　　　　　胁从　　　　　明察秋毫　　　　急风劲草

B. 规距　　　　　爆料　　　　　改弦更张　　　　通宵达旦

C. 端倪　　　　　版画　　　　　寥若星晨　　　　防患未然

D. 签订　　　　　观摩　　　　　刎颈之交　　　　语无伦次

13. 没有错别字的一项是_____。

A. 旌旗　　　　　丰姿　　　　　势力眼　　　　　前仰后合

B. 伶俐　　　　　几率　　　　　圆舞曲　　　　　噪动不安

C. 弥谤　　　　　更叠　　　　　金刚钻　　　　　正襟危坐

D. 龃龉　　　　　莞尔　　　　　天然气　　　　　眼花缭乱

14. 没有错别字的一项是_____。

A. 录像　　　　　披星戴月　　　　天伦之乐　　　　流连忘返

B. 偶尔　　　　　　天朗气青　　　　　不平则鸣　　　　　闪烁其词

C. 赋与　　　　　　左右逢源　　　　　待价而估　　　　　矢口抵赖

D. 座落　　　　　　妄费心机　　　　　相辅相承　　　　　风云变幻

15. 错别字只有两个的一项是_____。

A. 严竣　　　　　　指摘　　　　　　　利害筱关　　　　　隔靴瘙痒

B. 编篡　　　　　　端详　　　　　　　倍加呵护　　　　　娇揉造作

C. 亲睐　　　　　　贡认　　　　　　　额首称庆　　　　　幡然悔悟

D. 佩带　　　　　　娇宠　　　　　　　上窜下跳　　　　　恪守不渝

16. 字形与加点字的读音,全都正确的一项是_____。

A. 完璧归赵　　　　名噪一时　　　　　望风披靡 mǐ　　　　靡日不思 mǐ

B. 步入正轨　　　　好高鹜远　　　　　载歌载舞 zài　　　车载斗量 zǎi

C. 退迩闻名　　　　龙蟠虎踞　　　　　寡廉鲜耻 xiān　　屡见不鲜 xiān

D. 不无裨益　　　　分道扬镖　　　　　济济一堂 jǐ　　　　人才济济 jì

17. 没有错别字的一项是_____。

A. 袅娜　　　　　　概率　　　　　　　水蒸气　　　　　　义愤填膺

B. 斑驳　　　　　　修茸　　　　　　　录像机　　　　　　婆娑起舞

C. 淅沥　　　　　　桑葚　　　　　　　摇控器　　　　　　窈窕淑女

D. 蒲苇　　　　　　拾掇　　　　　　　大拇指　　　　　　唇枪舌箭

18. 没有错别字的一项是_____。

A. 犀利　　　　　　和言悦色　　　　　原形毕露　　　　　难以置信

B. 拙劣　　　　　　一蹶不振　　　　　不可理喻　　　　　咄咄逼人

C. 推搡　　　　　　待价而沽　　　　　错手不及　　　　　变本加厉

D. 理睬　　　　　　独当一面　　　　　摩肩接踵　　　　　川流不息

19. 有两个错别字的一项是_____。

A. 殒落　　　　　　倾刻　　　　　　　立杆见影　　　　　雍容华贵

B. 冤枉　　　　　　呕歌　　　　　　　莫名其妙　　　　　异曲同工

C. 惊蛰　　　　　　阑珊　　　　　　　坚如磐石　　　　　无精打采

D. 怜悯　　　　　　恓惶　　　　　　　厉行节约　　　　　绿草如荫

20. 没有错别字的一项是_____。

A. 烦燥　　　　　　惊愕　　　　　　　大浪掏沙　　　　　层峦叠嶂

B. 半晌　　　　　　记念　　　　　　　风声鹤唳　　　　　发号司令

C. 敲诈　　　　　　脉膊　　　　　　　因地制宜　　　　　英雄倍出

D. 昧心　　　　　　松弛　　　　　　　摇摇欲坠　　　　　悬梁刺股

21. 错别字最多的一项是_____。

A. 掂量　　　　　　绊脚石　　　　　　崭露头角　　　　　额手称庆

B. 拾掇　　　　　　威摄力　　　　　　粗制烂造　　　　　砰然心动

C. 退迩　　　　　　一滩血　　　　　　指手画脚　　　　　竭泽而鱼

D. 合龙　　　　　　笑咪咪　　　　　　张皇失措　　　　　卑恭屈膝

22. 没有错别字的一项是_____。

A. 猩红　　　　跬步　　　　记录簿　　　　以点带面

B. 寒暄　　　　桀骜　　　　化装品　　　　如椽大笔

C. 疏浚　　　　撷拾　　　　衍生品　　　　金壁辉煌

D. 付梓　　　　糟塌　　　　卸包袱　　　　暗然神伤

23. 没有错别字的一项是_____。

A. 瞬息万变　　　休戚相关　　　置身事外　　　不落窠臼

B. 荒诞绝伦　　　喜气洋洋　　　出神入化　　　无可质疑

C. 强弩之末　　　题纲挈领　　　猝不及防　　　散兵游勇

D. 自惭行秽　　　浅尝辄止　　　满腹经纶　　　刻不容缓

24. 没有错别字的一项是_____。

A. 多读书而不求甚解,譬如驰聘十里洋场,虽珍奇满目,徒惹得心慌意乱,空手而归。

B. 斗争是马克思的生命要素,很少有人像他那样满腔热情、坚韧不拔和卓有成效地进行斗争。

C. 溪头的山,树密雾浓,蓊郁的水气从谷底冉冉升起,时稠时稀,蒸腾多姿,幻化无定。

D. 所谓"音乐的慑魂制魄的力量",就在这恍惚不定的音符上,它呼喊着,等待其他音符的应和。

25. 字形完全正确的一项是_____。

A. 更迭　　　　筹码　　　　濯污扬清　　　　明枪易躲,暗剑难防

B. 雍容　　　　文身　　　　韬光养晦　　　　家有敝帚,享之千金

C. 简练　　　　声纳　　　　薪尽火传　　　　合抱之木,生于毫末

D. 频率　　　　砥砺　　　　再接再厉　　　　壁立千刃,无欲则刚

26. 没有错别字的一项是_____。

A. 梦魇　　　　符合　　　　崔巍　　　　众志长城

B. 旁证　　　　精心　　　　迂回　　　　轻歌慢舞

C. 什物　　　　风声　　　　胡诌　　　　拭目以待

D. 忤逆　　　　滑稽　　　　柞蚕　　　　毛骨耸然

27. 没有错别字的一项是_____。

A. 踏勘　　　　死心塌地　　　平心而论

B. 简谱　　　　书法流丽　　　支言片语

C. 坐阵　　　　黯然失色　　　美轮美奂

D. 偿付　　　　一语成谶　　　准备就序

28. 书写全都正确的一项是_____。

A. 原凶　　　　挡箭牌　　　捋虎须　　　　一应具全

B. 担纲　　　　假惺惺　　　和事佬　　　　蝇营苟苟

C. 国殇　　　　放冷箭　　　紫砂壶　　　　蓬荜生辉

D. 丹清　　　　　孺子牛　　　　　水蒸汽　　　　　河清海晏

29. 错别字最多的一项是_____。

A. 季羡林先生是一位有原则的知识分子,对许多重大问题,他都提出过自己的意见,只不过他很少采取金钢怒目的方式,而是棉里藏针,微言大意。

B. 我们就这样站立于夕阳的斜辉中,有鹰在低空盘旋,在沙漠风起时带来更多的凄怆。我想,常年累月地生活在这样的地方,记忆中会有多少色彩呢?

C. 就东莞东站原站长因乘务员协助乘客爬窗被免职一事,广州铁路集团客运处处长黄欣做出了回应,称"爬窗"只是表面原因,最主要的原因是站长管理不利。

D. 穿上这草鞋,我的双足便机敏起来,我瞬间具有了解秘那些稀奇古怪的文字的能力,走过青石板,漫游在那遥远的洪荒时代,心中格外地宁静祥和。

30. 有三个错别字的一项是_____。

A. 他们单位打算把富裕的技术人员组织起来开发一项新产品,共同攻克技术堡垒。

B. 我们欢迎一切弘扬正气的作品,抵制一切低级庸俗的文化垃圾。

C. 这项工作经过周密布署,一概都按排就序了。

D. 经过化验鉴别,确定了材料成份,然后确定了出汽焊预热、电焊焊接的方法。

专题训练三 ➡ 选词填空

1. 依次填入下列各句横线处的词语,最恰当的一组是_____。

(1)目前的文学创作不可谓不繁荣,但厚重的_____时代精神的作品还不多,描写普通大众的作品偏少。

(2)正是由于水源的_____,人类才开始考虑如何来使相对_____的水资源,最大限度地满足人们的各种需要。

(3)最近,MSN 服务将要收费的消息在媒体和用户中流传。微软在华的 MSN 负责人告诉记者,这是由于中美商业模式差别造成的_____,基于个人计算机的 MSN 将_____免费下去。

A. 引领　短缺/稀缺　误解/始终　　　　B. 引导　稀缺/短缺　曲解/始终

C. 引领　短缺/稀缺　误解/一直　　　　D. 引导　短缺/稀缺　曲解/一直

2. 依次填入下列横线处的词语,最恰当的一项是_____。

李清照是因为那首著名的《声声慢》被人们记住的。那是一种_____的美,特别是"寻寻觅觅,冷冷清清,凄凄惨惨戚戚"三句,简直成了她个人的专有品牌,彪炳于文学史,_____,没有任何人敢于企及。_____,她便被当作了愁的化身。当我们穿过历史的尘烟,_____她的愁情时,才发现在中国三千年的古代文学史中,特立独行、登峰造极的女性也就只有她一人。

A. 婉约　高山仰止　于是　咀嚼　　　　B. 凄冷　高山仰止　甚至　感悟

C. 凄冷　空前绝后　于是　咀嚼　　　　D. 婉约　空前绝后　甚至　感悟

3. 在横线处依次填入词语,最恰当的一项是_____。

(1)合理的知识结构是广博与精专的辩证结合。博与专都是相对的。应该_____,协调发展。

(2)神话能给人们一种积极向上的力量,迷信则会使人们屈服于"妖魔鬼怪"。我们绝不能把神话与迷信_____。

(3)我们在困难面前不应该_____,而应该奋勇前进。

A. 融会贯通　相提并论　犹豫不决　　　　B. 交相辉映　同日而语　举棋不定

C. 相辅相成　混为一谈　畏缩不前　　　　D. 兼而有之　一视同仁　贪图安逸

4. 依次填入下列各句横线处的词语,最恰当的一组是_____。

①在中国国奥足球队 1 比 3 输给卡塔尔国奥足球队后,主教练傅博神情严肃,对球员_____,告诫他们后面两场要吸取教训,争取两场全胜出线。

②所谓"名校",总能让人处于_____的环境里,在聆听中思想,在思想中创造,在创造中享受。

③唐瞍在《琐忆》中写道:鲁迅先生说话时态度镇静、亲切而从容,使听的人心情舒畅,真个有_____的感觉。

A. 耳提面命　春风化雨　如坐春风　　　　B. 耳提面命　如坐春风　春风化雨

C. 春风化雨　如坐春风　耳提面命　　　　D. 春风化雨　耳提面命　如坐春风

5. 依次填入下列各句横线处的词语,最恰当的一组是_____。

①2015 年 11 月 24 日至 26 日,中央军委改革工作会议在京召开,标志着新一轮的国防和军队改革正式按下了启动键,这次国防和军队改革_____是动"棋子",而且要调"棋盘"。

②从小到大,母亲一直是你的守护天使,当母亲需要你的时候,不要_____工作繁忙,久不回家,哪怕是一句问候,也是给母亲最好的安慰。

③在席卷全球的金融危机中,连那些科班出身的经济学博士都被赶出华尔街,到地铁卖热狗去了,_____他这个半路出家的?

④_____历史问题和岛屿争端,当前中日战略和军事互信都很低,而造成该局面的责任都在日方。

A. 不止　推托　何况　基于　　　　B. 不止　推脱　况且　鉴于

C. 不只　推脱　况且　基于　　　　D. 不只　推托　何况　鉴于

6. 依次填入下文横线处的词语,最恰当的一组是_____。

我得到了友情,便告别那_____;我得到了真诚,便告别那_____;我得到了希望之舟,便告别那_____;我得到那光亮的一闪,便告别那_____。

①黑暗的深渊　②貌似善良的虚假　③深恶痛绝的狡诈　④犹豫之岸的彷徨

A.②③①④　　　　B.④②①③　　　　C.②③④①　　　　D.③②④①

7. 依次填入下列各句横线处的词语,最恰当的一组是_____。

①小张被提拔为部门领导三个月以来,凡事_____,消瘦了不少。

②面对肆虐的大火,队长_____,冲进火中去营救被困的百姓。

③作为班长,你应该_____,不能在这么点小事上也犯错误。

A. 以身作则　身体力行　身先士卒　　　　B. 身体力行　身先士卒　以身作则

C. 以身作则　身先士卒　身体力行　　　　D. 身体力行　以身作则　身先士卒

8. 下列各句横线处应填入的词语,最恰当的一组是_____

①写书人应做到用最少的文字传递最有价值的知识和信息,这无疑需要作者有更高的水平,花更大的力气。而眼下难寻_____而有分量的作品。

②读书如"隐身串门"。要拜谒有名的作者,不必事前打招呼,也不怕扰了主人_____,翻过几页就可登堂入室。

③朝鲜说,有关定期举办离散家属团聚活动的问题是涉及人道主义的重大事宜,_____目前的韩朝关系,这并不是可以通过韩朝红十字会之间的协商来解决的问题。

A.简朴　清净　鉴于　　　　B.简朴　清静　基于

C.俭朴　清净　基于　　　　D.俭朴　清静　鉴于

9. 下列各句横线处应填入的词语,最恰当的一组是_____

①最近,国家海洋局审议批准了第 25 次南极_____总体方案,各项准备工作已经全面有序展开,建设南极内陆站是这次科考活动的核心任务。

②朋友是一把伞,_____不能遏制狂风恶浪,_____能撑起一方晴天,让你倍感

真诚和友谊的难能可贵。

③苏轼_____书法,他取法颜真卿,但能独树一帜,与蔡襄、黄庭坚、米芾并称"宋代四大家"。

A. 考察　即使/可　　擅长　　　　　　　B. 考察　虽然/但是　　擅长

C. 考查　虽然/但是　　善于　　　　　　D. 考查　即使/可　　善于

10. 在下列句子的横线处依次填入词语,最恰当的一组是_____。

①我喜爱青衣的凤头绣鞋,绿裙衩里露出的红里子;我喜爱花旦的兰花指、甩水袖、水上漂样的小碎步,以及_____、缠绵悱恻的唱腔。

②如今的书坛画坛_____,且到处是圈起来的围墙篱笆。若去看看那些展览,你悲哀的并不是这些艺术家,而要浩叹这个时代的荒芜来了。

③但母亲斑白的双鬓分明让我感到她一个人的冬天已经来临。隔着三十年这样的人生距离,我感觉着母亲独自在冬天的透心寒冷。我_____。

A. 不瘟不火　鱼目混珠　无能为力　　　B. 不温不火　鱼龙混杂　爱莫能助

C. 不瘟不火　鱼龙混杂　无能为力　　　D. 不温不火　鱼目混珠　爱莫能助

11. 依次填入下列各句横线处的词语,最恰当的一组是_____。

①"据我所知,有关个人所得税的改革方案还在探讨中,目前还没有推出明确的时间表。"一位接近管理层的税收专家_____。

②日前台湾公布了大学院校招收大陆学生的规定_____简章,其中有不少歧视性限制,在一定程度上影响了台湾高校对大陆学生的吸引力。

③莫言的获奖,很难改变今天中国文学创作整体_____的现实,也缓解不了我们的文化焦虑。

④毋庸置疑,铁路电话订票使很多旅客获得了便利。但是,铁路局数万张车票无人领取的状况也反映了有的旅客把电话订票当成儿戏,缺乏_____的诚信。

A. 披露　及其　良莠不齐　一言九鼎　　B. 披露　及　良莠不齐　一诺千金

C. 透露　及　参差不齐　一诺千金　　　D. 透露　及其　参差不齐　一言九鼎

12. 将下列词语依次填入各句横线处,最恰当的一组是_____。

①二十多年来,这个教人自强不息的回答总是像_____在夜雾茫茫的大海上的一座灯塔,若隐若现,时明时暗,照亮我的人生航程。

②我的看法是,庄周一定能_____出各级官僚们"威福"的分量,而大小官僚们永远不可能理解庄周的"闲福"对于人生的意义。

③中国小说总是不静止地叙述人物的内心活动,而往往侧重通过人物的外部言行的表现使读者_____到人物的内心活动。

④"木叶"之与"树叶",不过是一字之差,"木"与"树"在概念上_____是相去无几的,然而在艺术形象领域,这里的差别就几乎是一字千里。

A. 伫立　称　领略　原先　　　　　　　B. 肃立　称　体会　原本

C. 伫立　掂　体会　原本　　　　　　　D. 肃立　掂　领略　原先

13. 依次填入下列各句横线处的词语,最恰当的一组是_____。

①漫步百年古村李家坑,细细品味村落的一草一木一花,你是否也和我一样,_____

__地生出"岁月静好,现世安稳"的感慨。

②看到女儿在操场上忙碌着,帮助叔叔阿姨发了50盏台灯和50个文具盒给小朋友,万芝斌_____地说,女儿帮助了别人,而真正快乐的是她自己。

③在与现场粉丝互动环节中,五个小鲜肉展现出与舞台上帅气形象截然相反的"搞笑"一面,令在场粉丝_____、尖叫连连。

    A. 忍俊不禁　情不自禁　不由自主　　 B. 情不自禁　不由自主　忍俊不禁

    C. 不由自主　情不自禁　忍俊不禁　　 D. 不由自主　忍俊不禁　情不自禁

14. 依次填入下列各句横线处的词语,最恰当的一组是_____。

①抗战时期,中美两国空军飞行员组成的"飞虎队"以大无畏的精神,开辟了闻名天下的"驼峰航线",这种用鲜血凝结的战斗友谊是_____的。

②生活是一切文学艺术的源泉,在当今仍是一条_____的真理,是医治当今文艺病态的一剂良方。文艺工作者应当真正深入生活,成为人民艺术家。

③牢记"听党指挥"这一宗旨,让"红色基因"融入官兵血液,筑起一道_____的钢铁长城,这是新形势下我三军将士实现强军目标的时代最强音。

    A. 牢不可破　固若金汤　颠扑不破　　 B. 颠扑不破　牢不可破　固若金汤

    C. 牢不可破　颠扑不破　固若金汤　　 D. 固若金汤　颠扑不破　牢不可破

15. 依次为下列两副对联选填词语,正确的一项是_____。

1936年,鲁迅先生逝世时,美国作家斯诺撰写了一副挽联,托人送到鲁迅先生追悼会上。挽联是:译著尚未成书,惊闻陨星,_____何人领呐喊?先生_____作古,痛忆旧雨,文坛从此感彷徨!

1990年,德高望重的徐向前元帅逝世后,越共中央领导人黄文欢即书一联以悼之。挽联是:_____军心暖,威震沙场敌胆寒。

    A. 寰宇　已经　同甘共苦　　 B. 中国　不幸　同甘共苦

    C. 中国　已经　身先士卒　　 D. 寰宇　不幸　身先士卒

16. 依次填入下列句子横线处的词语,最恰当的一项是_____

①室内装修设计师多利用装饰材料来_____建筑空间的不足,比如客厅过大或过窄,就装上屏风、隔扇或镜子来改善其空间效果。

②他的创作是如此博大精深,又是如此有意识地自成一体,因此,可以毫无愧色地说,他的艺术是世界文化中的不容_____的组成部分。

③他本来就桀骜不驯,我行我素,受此冷遇,更不理会众人诧异的目光和主持人的劝阻,_____扔下话筒,头也不回地走出会议室。

    A. 弥补　质疑　径自　　 B. 弥补　置疑　径自

    C. 填补　质疑　径直　　 D. 填补　置疑　径直

17. 依次填入下列横线处的词语,最恰当的一组是_____

①让善良的人得到保护,邪恶的人得到惩罚,这是和谐社会的基本条件,要做到这一点,只有一条路,就是建立_____社会。

②人们对所谓低危害"中式卷烟"入围国家科技奖纷纷提出疑问,科技部于昨日就此事首度做出_____,称将于参评奖项公示期结束后,提出处理意见。

③竞技体育，_____以胜败论英雄，胜者为王，但对于职业俱乐部而言，长远建设和良性发展比一时的名次进退更为重要。

A. 法制　回应　纵然　　　　　　B. 法治　回应　固然

C. 法治　反应　固然　　　　　　D. 法制　反应　纵然

18. 下列各句中，加点的成语使用恰当的一项是_____。

A. 秦王朝以及秦始皇的历史，并没有全被记录在史书里。尤其是有关营造了近四十年的秦始皇陵，由于记载不详，更显扑朔迷离。

B. 我常常想，这朵盛开在书法林中的奇葩，该是多少追求美之艺术的儒雅之士，在旷日持久的泼墨挥毫间成就的辉煌。

C. 有些成语有特定的适用对象，如果对这些成语所表达的习惯对象缺乏了解，就会使陈述与被陈述对象之间出现李代桃僵的现象。

D. 清明时节，我们相伴去郊外踏青。一路上，田野风光宜人，大地一派生机。途中在田埂上休息，真有如坐春风的感觉。

19. 下列加点字的释义全都正确的一项是_____。

A. 失宠(偏爱)　　　韬(显示)光养晦　　　老骥伏枥(马槽)

B. 爽(失)约　　　　马革(皮)裹尸　　　作茧自缚(捆绑)

C. 舞蹈(顿足)　　　既往不咎(过错)　　　悲天悯(怜惜)人

D. 龌龊(肮脏)　　　不知端倪(头绪)　　　臭(难闻的)味相投

20. 在下列各句横线处，依次填入词语，最恰当的一项是_____。

①外表大大咧咧的她，其实内心深藏着不为人知的丰富_____的感情。

②经过_____深入的调查研究，这家公司最终选择上海作为进入中国市场的切入点。

③四大名绣之一的苏绣，向来以其工艺精湛、针法_____而闻名世界。

A. 细密　细腻　细致　　　　　　B. 细腻　细致　细密

C. 细腻　细密　细致　　　　　　D. 细致　细密　细腻

21. 在下列句子的空缺处依次填入成语，最恰当的一项是_____。

①究竟改什么？怎么改？可以百花齐放、见仁见智，不可以_____、互相扯皮，尤其不可把中国引向封闭僵化的老路、改旗易帜的邪路。

②中国人民大学土地政策与制度研究中心主任叶剑平认为，建立城乡统一的建设用地市场是一项系统工程，不可能_____，后续还有许多配套工作要做。

③细细数来，孙杨在游泳项目上所取得的成就的确令人_____，但其成功的背后同样折射出众多优秀运动员成长过程中都不可避免的问题。

A. 各行其是　　　　一挥而就　　　　望其项背

B. 自以为是　　　　一挥而就　　　　望尘莫及

C. 自以为是　　　　一蹴而就　　　　望其项背

D. 各行其是　　　　一蹴而就　　　　望尘莫及

22. 横线处应填入的词语，最恰当的一组是_____。

画就瘦劲秀挺的"三秋树"，需要"删繁就简"；公园里、道路旁的林木，_____经过"删繁就简"、剪枝整形,_____能成为一方景观。眼下政治生活中,诸如那多头重叠的组织机构、烦琐的办事_____,以及那频繁的大小会议、冗长的会议报告、连篇累牍的文件材料,还有那_____的迎来送往、隔三岔五的剪彩和庆典活动,也应该对其"删繁就简"。这样,方能构建一个简洁、清新、和谐的政治局面。

    A. 只有   才   秩序   目不暇接

    B. 只要   就   程序   目不暇接

    C. 只有   才   程序   应接不暇

    D. 只要   就   秩序   应接不暇

23. 加点的词语,使用不恰当的一项是_____。

    有人说,时代需要滋养心灵的语文。这个诗意的说法太过理想主义,一个时代的语言文字,不单单是表达工具,更附带了无形的规则与价值。很难想象,一个逼着孩子从小就假装"做好事"的语文教育,能教化出怎样的道德之花?底线的失范、秩序的逆转,固然有很多历史因素,但谁说隔靴搔痒又假大空的语文教育,不曾在这些问题与现象上冷若冰霜呢?

    A. 滋养   B. 固然   C. 隔靴搔痒   D. 冷若冰霜

24. 下列各句中加点的成语,使用不恰当的一项是_____。

    A. 经过多年坚持不懈的努力,我国艾滋病疫情快速上升势头得到遏制,整体上控制在低流行水平,这对于一个发展中的人口大国来讲,很不容易。

    B. 微电影有限的镜头需要靠情感来渲染,无论是悲情还是温情,都必须做到"水到渠成"而不矫饰。

    C. 近年来,为实现文化强市梦想,邯郸市着力加强文化品牌建设,文化艺术精品屡见不鲜,文化惠民力度不断加大。

    D. 今天,我们生活在一个经济繁荣发展、国家稳定和谐的时代,这是我们的福气,也是几代中国人孜孜以求的美好梦想。

25. 依次填入下列横线处的词语,最恰当的一项是_____。

    中华文化_____,五千年的民族文化_____一条灿烂的长河。在这条长河中,戏曲堪称一道_____的风景线,迷住了中华儿女,迷住了世界上所有对中华文化钟情的人。同志们,让我们一起_____进戏曲大舞台,一同欣赏这道美丽的景观,领略戏曲文化的魅力,从语文的角度去感受它博大的内涵,品味它悠长的韵味吧。

    A. 绵延不断   恰似   绚丽   跨

    B. 博大精深   宛如   美丽   踏

    C. 色彩斑斓   好像   绮丽   迈

    D. 源远流长   犹如   亮丽   走

26. 下列各句中加点成语的使用,恰当的一项是_____。

    A. 传统文化进课堂,有助于广大学生系统地了解传统文化知识,培养文化自觉和文化自信,也能帮助青少年在潜移默化中形成正确的世界观、人生观和价值观。

B. 韩寒和郭敬明是80后作家群的翘楚,都拥有数量庞大的粉丝,其能量早已突破了文学的领域,我们不必求全责备他们某些过激言论。

C. 由于气温低,又下着小雨,晚上打的的人很多,在香港财富广场外,寒风中的人们搓手顿脚地取暖,一见到空车就蜂拥而上,场面十分混乱。

D. 时值秋冬,不少市民习惯选一些海参等滋补品用来进补,可记者在走访市场时发现,眼下,市场上的海参产品鱼龙混杂,价格差距很大。

27. 加点的词语,使用恰当的一项是_____。

四十天之内,全国发生了五起耸人听闻的校园惨案。类似的惨案一再发生,实在令人心痛无比。人们对凶手深恶痛绝之余,不禁会深思:是什么使得残暴的凶手孤注一掷,向着豆蔻年华的孩子痛下毒手?我们该如何保护孩子们的人身安全?

A. 耸人听闻　　　B. 深恶痛绝　　　C. 孤注一掷　　　D. 豆蔻年华

28. 依次填入下列横线处的词语,最恰当的一项是_____。

①实行大体统一的基本养老保险制度,职工无论在事业单位和企业之间怎么流动,养老保险_____都能得到有效保障。

②嫦娥三号2日发射升空,先后精确完成了两次轨道中途_____、近月制动和今天的降轨,预计本月中旬择机实施月面软着陆。

③连续8场比赛进球已经是C罗职业生涯最长的连续进球纪录,而他能够_____出惊人火力,除了自身能力超群之外,还要感谢布拉特的"鞭策"。

A. 权益　　修正　　爆发　　　　　B. 权宜　　修正　　暴发
C. 权益　　修整　　暴发　　　　　D. 权宜　　修整　　爆发

29. 在下面这段文字的画线处填上恰当的关联词。要求:语意连贯,合乎逻辑。

医疗机构尤其是公立医院,_____从道义上还是责任上,都必须遵循治病救人的首要原则。_____医院毕竟不是慈善机构,_____,疾病应急救助基金不仅给患者及家庭带来福利,对于医院而言,_____一种"减负"。从这方面看,规范急诊室里治病救人_____个开始,疾病应急救治机制必须尽快完善。

30. 在下面这段文字的画线处填上恰当的关联词。要求:语意连贯,合乎逻辑。

高校应该偏爱"偏才怪才"吗?在国外一些世界一流大学的招生同行的脑海里,_____符合不符合大学录取标准的问题,才就是才,既无所谓"偏",也无所谓"怪"。之所以有一个"偏"和"怪"的概念,_____有一个不偏不怪、正常的参照系的存在。参照系换了,结论自然就变了。打一个不太恰当的比方,在一个正常人的社会里,疯子可能被认为是疯子;_____在一个精神病院里,一个正常人就可能被认为是"疯子"。也就是说,_____社会上对人才的评价标准只有一个,只有这个唯一的标准是参照系,_____,不符合这个标准的,就会被认为是"偏"和"怪"的。

专题训练四 ⟶ 成语选用

1. 下列各句中加点成语的使用，不正确的一项是＿＿＿＿＿＿。

A. 有关专家指出，导致此轮房价大幅度上涨的主要原因是货币扩张速度太快，控制房价必须从收缩货币入手，否则，其他措施只能是扬汤止沸。

B. 2016 年 9 月，中国政府再次公布了"中国制造 2025"规划，中国智能制造正迎来一个非常重要的发展时期，对于制造业来说，可谓机不可失，时不我待。

C. 干这种职务的人大半是带工的亲戚，或者是在地方上有一点势力的流氓，所以在这种地方，他们差不多有生杀予夺的权力。

D. 中国和本地区国家就解决南海分歧达到了有效共识，希望域外国家支持而不是干扰中国和东盟国家的势力，不要节外生枝。

2. 下列各句中加点成语的使用，正确的一项是＿＿＿＿＿＿。

A. 第四届中国机器人峰会上，一场中雨猝不及防地突然降临，名为"小远"的安防巡逻机器人却在雨中从容"执勤"。

B. 韩国总统文在寅在昨日的报告中惊悉，除部署在星州的 2 台"萨德"系统移动发射架外，还有 4 台发射架暗度陈仓运抵韩国。

C. 物质生活水平的确比过去提高了许多，这在一定程度上让许多家长对孩子的愿望予取予求，长此以往容易使孩子缺乏耐心和吃苦精神。

D. 某些现代作家的作品思想深刻，但用现代汉语语法标准衡量，其作品中某些语言的表述显然并不规范，不足为训。

3. 下列各句中加点成语的使用，不正确的一项是＿＿＿＿＿＿。

A. 所有的技能被运用在它们所能用于我们的最大利益之处，而且也没有方枘圆凿的情况存在。

B. 车子不过就是代步工具，但现在人买车，很多已不是为了代步，而是为了面子，过年开车回老家，有衣锦还乡的感觉。

C. 做一个尽量达观的人，在顺境中欢畅尽兴，而不起贪恋之心；在逆境中安之若素，而不起嗔妒之心，这才是化解痛苦的最好方式。

D. 登上泰山的日观峰后，游客们眼界大开，十分兴奋。他们居高临下，指点江山，赞美着眼前的大好风光。

4. 下列各句中加点成语的使用，不正确的一项是＿＿＿＿＿＿。

A. 引导社会力量办教育是普通百姓难以作壁上观的事，它不仅关系到教育资源多元化的配置，也有利于办好人民满意的教育。

B. 优秀的诗文作品清新自然，不落言筌，用朴实的语言、平常的事物创造出似浅而实深的意境，使读者在平淡的语句中体味作者的深意。

C. 期待已久的《战狼 2》终于上映了，观众拍手称快，既被电影宏大的场面所吸引，又对吴京的演技赞不绝口。

D. 弘一法师皈依佛门后,深恐掉入名利陷阱,他律己极严,自书"不为自己求安乐,但愿众生得离苦"的偈句,其光风霁月的怀抱历历可见。

5. 下列各句中加点成语的使用,正确的一项是_____。

A. 在朋友的帮助下,杨苡和资中筠这两位翻译家终于得偿所愿,异地重逢,虽然时隔多年,但两人一见如故,相谈甚欢。

B. 2016 年暑期上映的国产动漫电影《大鱼海棠》,曾陷入两极分化的舆论环境中,有人称赞其灵光四溢,有人则批评其立意浅薄,真是见仁见智。

C. 我省有关部门负责人多次就环境保护问题发表讲话,旨在加大环境监督的执法力度,强化环境保护的参与意识,因为环境与我们每个人的生活休戚与共。

D. 张教授对网络语言不仅不赞一词,反而苛评有加。他认为这不仅无助于学生语言素养的提高,而且对汉语的规范化发展极为不利。

6. 下列各句中加点成语的使用,不正确的一项是_____。

A. 我们总是对生活中遇到的不文明现象有很多的不满,但我们是否深刻反思过自己乱扔垃圾、横穿公路、随意插队等不可理喻的行为呢?

B. 国家主席习近平 11 月 7 日下午同台湾方面领导人马英九在新加坡会面,就进一步推进两岸和平发展进行磋商,大家都乐观其成。

C. 相关专家表示,不同地域教育承载的压力不同,改革自然不可能并驾齐驱,北京作为人口流入的重要地区,应允许其有一个循序渐进的过程。

D. 岁月变迁,曾经在上海街头风光一时的老艺人们风流云散,经历着各自不同的命运。

7. 下列各句中加点成语的使用,不正确的一项是_____。

A. 被誉为"中华第一庙会"的北京地坛庙会在丁酉年新春拉开大幕,来自全国各地的近百万游客熙来攘往,南腔北调,尽享节日的欢乐。

B. 天津京剧院院长、中国戏剧梅花奖"二度梅"获得者王平一段《野猪林》中的"大雪飘",唱得酣畅淋漓,荡气回肠。

C. 写文章,最好是开宗明义,切忌下笔千言,离题万里,尤其是考场作文更要这样,要让阅卷老师看得更清楚。

D. 公平和正义是治愈社会心理疾病的最佳良药:只有机会公平,才不会有那么多的社会底层人士自怨自艾,感叹自己怀才不遇。

8. 下列各句中加点成语的使用,正确的一项是_____。

A. 统计数据显示,现在国内在册翻译公司近 3000 家,但大多规模很小,翻译人员多是兼职,翻译水平参差不齐,有的译作更是言不及义。

B. 中俄联手炮轰美国的全球反导系统,谴责美在韩部署"萨德"反导系统破坏地区的安全和稳定,强烈敦促美韩改弦更张。

C. 改善空气质量,要走出"头痛医头"的怪圈,要坚持标本兼治、综合治理,加强奖惩力度,合理利用科学手段,才能矫枉过正,切实改善。

D. 在中国社会和经济飞速发展的过程中,互联网技术和大数据的应用扮演了推波助澜的角色,改变着我们的思维方式、生产生活方式。

9. 下列各句中加点成语的使用,正确的一项是_____。

A. 乾隆在下江南的途中,看到一些贫困的百姓不能自给,便慷慨施舍。走一路,银子撒一路,因此,在百姓的眼里,皇帝成了过路财神。

B. 中国量子雷达系统研制成功,拥有诸多优势,达到世界先进水平,听到这个消息,顾老高兴万分,纠缠他多日的大小病痛全涣然冰释。

C. "孩子的眼泪落在母亲的心里,凝成了一根针",每次读到这样精彩的句子,我总会抄写下来,多做寻章摘句的工作,能有效提高自己的写作水平。

D. 上海各大医疗机构借助互联网技术改善医疗服务的尝试方兴未艾:多家医院携手共建"云医院",开启中国首个"皮肤线上诊疗"平台……致力于实现"服务到家"。

10. 下列各句中加点成语的使用,不正确的一项是_____。

A. 文学作品好坏的关键在于人物塑造得形象与否,当你打开一本好书的时候,书里的人物马上会站立起来,跃然纸上,栩栩如生。

B. 由于母亲是轻音合唱团成员,她从小耳濡目染,五岁就开始接受专业的歌唱训练,并经常欣赏歌舞剧,七岁就对歌剧情有独钟。

C. 车商称,现在的消费者已经精明到"先上网了解车价,再挨家询价,最后往死里杀价"的程度了,因此,汽车降价是众望所归。

D. 省委、省政府明确提出把项目工作作为经济工作中提纲挈领、纲举目张的重要抓手,以此扩大有效投资需求。

11. 下列各句中加点成语的使用,不正确的一项是_____。

A. 广州立白集团继承与发扬了中华民族的传统美德,用实际行动支持慈善事业,乐善好施,为构建社会主义和谐社会积极奉献。

B. G20杭州峰会文艺演出,无论是色彩、音符,还是线条、舞步,都能跨越时空的障碍,直指人心,使各民族文化元素浑然天成。

C. 中场休息时,只见双方教练赶紧召集队员,抓住队员们擦汗喝水的间隙,对队员们耳提面命,希望他们下半场能有更佳的表现。

D. "顺风车"是爱心活动,车主们都是怀着做好事做善事的心来的,我们提倡做好事更要有好的回报,这样社会上好人好事才会可持续发展,才会细水长流。

12. 下列各句中加点成语的使用,正确的一项是_____。

A. 范曾泼墨人物画的出现,使几成绝唱的梁楷泼墨人物画于八百年之后,再次奏出黄钟大吕般的华美乐章。

B. 他虽然入行不久,但有极好的新闻敏感度,善于在纷繁复杂的社会现象中捕风捉影,写出反映现实生活本质的报道。

C. 在中小学广泛开展生命安全教育,就是让学生远离危险,珍爱生命,这无可厚非,各学校不应以任何理由拒绝。

D. 发生在美国佛罗里达州奥兰多市的枪击事件,造成重大人员伤亡,这是一件骇人听闻的恐怖事件,引发了美国社会关于禁枪的又一轮争论。

13. 下列各句中加点成语的使用,不正确的一项是_____。

A. 李克强总理在国务院常务委员会上表示,国务院绝不会发空头文件,为官也绝不能尸位素餐。

B. 这些说法明显带有情绪性,不能算作持平之论,既抹杀了罗振玉对王国维的帮助提携之功,也错把王国维看成了傀儡式人物。

C. 技术的革新与道德的建设是相互促进,相互统一的。在推动技术革新的同时,要加强道德建设,让两者并驾齐驱,愈行愈远。

D. 登上凌云山山顶,遥望江水从苍茫中迤逦而来又奔流不息地融入苍茫的远方,真有一种回肠荡气的感觉。

14. 下列各句中加点成语的使用,不正确的一项是_____。

A. 演员必须自己内心冷静,才能表现所扮演角色的热烈情感,他先得学会"无动于衷",才能惟妙惟肖,才能把角色的喜怒哀乐生动地"形之于外"。

B. 陈老先生为了填补国内民俗学研究的空白,不顾年老体弱,亲临第一线调查研究,苦心孤诣,其精神令人感佩。

C. 月光如水的夜晚,沏一壶清茶,邀三五好友,共聚院中的葡萄架下,海阔天空地畅聊一番,忘却尘世的纷扰,该是何等的惬意!

D. 夏夜的郊外风儿轻抚,虫声阵阵,但陶醉于美景,尤其是行走于瓜田李下之时,特别要注意草中的毒蛇。

15. 下列各句中加点成语的使用,正确的一项是_____。

A. 诗歌解读就是专家也未必在行,特别是将汉以前的古体诗拿给讲授古代文学的老师解读,也不见得句句都是十分到位的真知灼见。

B. 曾经一文不名的马云,经过自己的不断努力,创办了阿里巴巴,并且凭借他的毅力和才智,成为中国年轻一代创业者的楷模。

C. 写作需要真情实感,不得生搬硬造,可有的学生纯粹是为文造情,凭空写作,说空话,写假事,表假情,所写文章令人不忍卒读。

D. 在大量的犯罪证据面前,犯罪分子抱残守缺、丑态百出,最终不得不如实交代了自己的罪行。

16. 下列各句中加点成语的使用,不正确的一项是_____。

A. 在智能手机时代,新的品牌不断涌现,我们曾经耳熟能详的熊猫、波导、夏新等国产手机品牌,而今在市场上几乎不见了踪影。

B. 中国的人口发展轨迹与韩国、日本相似,只不过滞后 10~20 年,我们应当研究借鉴这些国家的经验教训,避免重蹈覆辙。

C. 记得少年时代从父亲手中接过这位家族先辈译著时,年少的我如饥似渴地吞吐着书中的文字,含英咀华的幸福感扑面而来。

D. 我们要按照改革方案,走出驾轻就熟的陶醉,打破坛坛罐罐的迷恋,摆脱得失进退的忧心,勇敢投身这场引领未来的变革。

17. 下列各句中加点成语的使用,正确的一项是_____。

A. 他总是改不了添油加醋的习惯,本来几句话就可以写清楚的问题,却洋洋万言,被大家称之为"大锅话"生产工。

　　B. 如果一部电影卖座,那么它的原著也可能攀龙附凤,成为畅销书,相关产品也会获得极大的商业利润。

　　C. 循声而望,如血的夕阳下,青白色的蒙古包茕茕孑立。而蒙古包外,一群雄壮的骆驼闲步于戈壁滩:好一幅落日骆驼图!

　　D. 面对当前微信信息传播混乱和失实的现状,我们不得不说一些信息发布者推波助澜见风是雨的炒作力可谓登峰造极。

18. 下列各句中加点成语的使用,不正确的一项是_____。

　　A. 建立广泛的临时性同盟,从舆论上看,铄石流金,有利于主导国际舆论场;从经济上看,则有利于减少经济投入,摊薄战争成本。

　　B. 出生于四川阿坝的歌手云朵,独创"云端音",高音音域跨越三个半八度,她演唱成名曲《爱是你我》时穿云裂石,令听者为之一振。

　　C. 有人认为特朗普是靠多年打拼积累的经验进行了一次媒体战役,即通过大放厥词博得媒体的关注,从而获得免费的报道。

　　D. 很多案例表明,公租房管理乱象背后往往存在着腐败问题,一些政策执行者上下其手、内外勾结,把公租房变成了"私家产"。

19. 下列各句中加点成语的使用,全都正确的一项是_____。

　　①动物专家认为,在人类对待野生动物的问题上,"天地之漠漠无亲"是大慈悲,人类的小德小惠反是不仁。希望大家广而告之,众口铄金。

　　②辛弃疾继承并发扬了苏东坡的豪放风格,以翻云覆雨的笔力、激昂跌宕的气势,抒情言志,针砭时弊,形成了南宋词坛的一大流派。

　　③一些作者很喜欢把一些鸡毛蒜皮的故事弄得很煽情,但是内容却又空洞无奇,即使内有其物,又故意夸大一些细节,令人不堪卒读。

　　④信息爆炸的年代,知识的总量已经极其庞大,哪怕一个人目不窥园几十年,也不可能把自己所学专业的门类全部拿下。

　　⑤在食品安全问题闹得国人寝食难安的今天,一部以美食为主题的纪录片《舌尖上的中国》玩了场"吃货总动员",中国人对美食压抑已久的热情就这样一触即发。

　　⑥老舍先生的《茶馆》聚国事家事、世态人情于一室,探骊得珠,让我们在啼笑中感知着民众的无奈以及时代的黑暗。

　　A. ①②④　　　　B. ②⑤⑥　　　　C. ①③⑤　　　　D. ③④⑥

20. 下列各句中加点成语的使用,全都正确的一项是_____。

　　①文物是不可复制的文化资源,保护好、利用好文物是我们当代人应尽的共同责任,不能让文物在我们的眼皮底下轻而易举地消失。

　　②作为中学生,读了这篇文章之后,我并没有觉得它有什么微言大义,后经专家点拨,才明白它精微的语言中蕴含的深刻意义。

　　③小佳佳躺在母亲温暖的怀抱里甘之如饴地吃着奶,一双小手不停地乱动,小脚还不时地蹬几下,那样子真是乖巧可爱。

　　④今后一个时期,燃煤散烧管控是我市大气污染防治的重要内容;连日来,相关部门

及各县区正如火如荼地展开燃煤散烧的整治工作。

⑤《战国策》主要记录战国时代游说之士的策谋，以记言为主，铺张扬厉、文辞瑰丽，塑造了苏秦、张仪、冯谖等一系列纵横捭阖的"士"的形象。

⑥洋洋洒洒的大雪整整下了一夜，早上一出门，天晴了，朝阳映在雪上，好一派红装素裹、分外妖娆的绚丽景象。

A. ①③⑤　　　　　B. ②④⑥　　　　　C. ②④⑤　　　　　D. ①③⑥

21. 下列各句中加点成语的使用，全都正确的一项是＿＿＿＿＿＿＿。

①这个朝代的变化具有深沉内敛的品格，瓷器就是诠释这一品格最好的注脚之一，而这件定窑瓷瓶即是具体而微的一例。

②这家博物馆展出了馆藏古董和名画，其精品数量大概只有巴黎的卢浮宫可与之分庭抗礼。

③文学家创作辅导材料汗牛充栋，而真正依靠这些辅导材料步入文学途径的却可谓寥若晨星。

④中医西医都是能为百姓治疗疾病的医学，如果在实际运用中将中西医结合起来，常常能够起到相反相成的效果。

⑤传统年俗日渐式微，作坊式经营难敌规模化发展，灯笼生意一年不如一年，买灯笼的人少了许多，也让扎灯笼的老李这个年过得意兴阑珊。

⑥"侃、凑、加"的剧本写作模式会破坏故事的思想整体性，作者对人物的情感也很难做到一以贯之。

A. ①③④　　　　　B. ①②⑤　　　　　C. ②④⑥　　　　　D. ③⑤⑥

22. 下列各句中加点成语的使用，全都正确的一项是＿＿＿＿＿＿＿。

①《资治通鉴》的写作，主编者和助手们查阅了浩如烟海的历史著作和文献档案，还搜集了大量小说、笔记资料。前后用了19年，耗费了编者大量心血。

②我国韦编三绝的国学著作，虽然是很多古人杰出智慧的成果，但也存在不合理、不科学的成分，正是这种状况的存在，使得国学阅读尤其要注重甄别，择善而读。

③时光如白云苍狗，转眼之间大学三年的时光都已从指间流走，我们躲在象牙塔里只是单纯学习的日子也似乎已经结束了！

④尘世风华，沧海桑田，过往如云般浮沉和飘散。匆匆的行人，匆匆的脚步，流水般的感情。那些曾经偶尔驻留的过客也早已跟随时光的脚步离开。

⑤《治史三书》是历史学家严耕望先生的一部史学方法论著作，内容涉及历史学研究的诸多问题，语言质朴流畅，诚挚亲切，务求实用，可谓授人以渔，功在学林。

⑥有的企业领导干部党性意识淡漠，忘记了自己是党的干部，忘记了自己管理的是党领导下的国有企业，以改革为名，贱卖贵买，予取予求，侵吞国有资产如探囊取物，成为"国企蛀虫"。

A. ①②⑤　　　　　B. ③④⑥　　　　　C. ②③⑤　　　　　D. ①④⑥

23. 下列各句中加点成语的使用，全都正确的一项是＿＿＿＿＿＿＿。

①庄子和陶渊明就是这么一类人物，他们独与天地精神之往来的简朴纯正，让多少渺小的人难以望其项背。

②近日,我省多地区遭受暴雨袭击,天气阴晴不定,本是晴空万里,霎时间电光石火,雷雨交加,使人猝不及防。

③我们党始终高举马克思主义的伟大旗帜,带领全国各族人民勠力同心,将一个积贫积弱的旧中国变成了一个繁荣富强的新中国。

④她把市场定位为高端消费的中产阶级,她相信只有私人订制的产品才能保持设计质量,而越稀少越精致的东西才会变得炙手可热。

⑤从中国书法史看,"书以人名"似乎成为了一条重要规律。但不容置喙的是,真正的艺术作品的生命精神才是它的根本所在。

⑥中国海军在南海举行的军演,展示出新时期中国军人保家卫国的勇气和决心,即使马革裹尸,也要捍卫主权。

    A. ①③⑤   B. ②③⑥   C. ②④⑤   D. ①③⑥

24. 下列句中加点成语的使用,全都恰当的一项是_____。

①由青岛交响乐团演奏的《英雄》序曲音调抑扬婉转、高亢激昂,听者击节叹赏,一曲终了,全场观众起立鼓掌,向乐团致敬。

②现在一些演员为了博得关注各尽所能,不择手段,他们有的重包装,有的炒作热度,还有的在网络上借助"水军"为自己造声势。

③"新闻炒作"经常不惜人力、物力和版面,连篇累牍地讲述一些鸡毛蒜皮无关宏旨的细节,这些做法已经背离了新闻业的基本原则。

④20世纪40年代这位犹太艺术家长居上海,他的画作以卡通的形式大致再现当时这座城市繁华生活的吉光片羽,让人可以领略当时"东方巴黎"的风貌。

⑤产业发展有其自身规律,不可能一挥而就,可能需要较长时间,急于求成不行,需要精准扶持、长期支持才行。

⑥文化是一座城市的灵魂,是城市吐故纳新、转型攻坚过程中的精神原动力,所以,涵养城市的文化底蕴是提升城市品位的重要举措。

    A. ①④⑥   B. ②③⑤   C. ①③⑥   D. ②④⑤

25. 下列各句中,加点成语的使用,全部正确的一项是_____。

①领导干部要带头约束自己的行为,大力清除思想和行为上的"灰尘"和"污垢",努力实现自我净化。自我革新,才能形成上行下效的良好风气。

②真是好事多磨,经历了许多挫折,他的公司终于正式成立了,他也可以安之若素了。

③著名教育家黄炎培认为,人应该"和若春风,肃若秋霜",做到外圆内方,才能既受尊重,又能有很多朋友。

④元宝豆腐由富含高蛋白质的黑龙江非转基因大豆制成,在大连路人皆知,先后获得"大连知名放心品牌""大连名牌产品"等称号。

⑤今年上半年城区二手房网上备案量达到1604套,比去年同期小幅增长。由于数据中存在部分房改房的备案量,二手房市场的交易情况依然不温不火。

⑥欧洲多国经济长期低增长、高支出,高福利社会制度已经积羽沉舟,对这一制度进行的每项改革都遇到极大的公众阻力,举步维艰。

A. ①②⑥   B. ②③④   C. ①③⑤   D. ①③⑥

26. 在下面一段话的空缺处依次填入成语,最恰当的一项是_____。

刺绣画艺术,就是以绘画为稿本,以针黹、缣帛为绣材的艺术再创作。在其传承与发展过程中,无数绣娘以_____的工匠精神,创作出令人_____的作品。它们或如摄影写实,或如油画般立体,或姿态婀娜,或设色古雅,可谓争奇斗艳,_____。

A. 精益求精　耳目一新　美不胜收   B. 励精图治　刮目相看　美不胜收

C. 精益求精　刮目相看　数不胜数   D. 励精图治　耳目一新　数不胜数

27. 依次填入下列各句横线处的成语,最恰当的一项是_____。

①他是一个心地善良的人,但性格懦弱、谨小慎微,做起事来总是_____,从来不敢越雷池半步。

②当今世界科技突飞猛进,我们更要勇于开拓,不断进取,如果_____,就会落后甚至被时代潮流淘汰。

③想让中国传统戏曲焕发出新的生命力,决不能满足于现状,_____,唯有创新才是弘扬戏曲文化的康庄大道。

A. 故步自封　墨守成规　抱残守缺   B. 墨守成规　故步自封　抱残守缺

C. 抱残守缺　故步自封　墨守成规   D. 墨守成规　抱残守缺　故步自封

28. 依次填入下列各句横线处的成语,最恰当的一项是_____。

①医疗质量是关系到病人生命安危的大事,救死扶伤是医务人员_____的天职。

②中国传统的严父慈母型的家庭关系,常令父亲们_____地承担起教育子女的义务。

③在全国比赛中屡获金奖的我省杂技团,_____地承担了这次出国演出任务。

A. 当仁不让　责无旁贷　义不容辞   B. 责无旁贷　义不容辞　当仁不让

C. 义不容辞　责无旁贷　当仁不让   D. 义不容辞　当仁不让　责无旁贷

29. 依次填入下列各句横线处的成语,最恰当的一项是_____。

①消防工作必须立足于_____,从增强公众的防火意识做起。

②即使现有的产品畅销,也要_____,抓紧技术储备与新产品开发。

③如果我们不从小事做起,_____,那些细小的苗头最终可能酿成大祸。

A. 防患未然　防微杜渐　未雨绸缪   B. 防患未然　未雨绸缪　防微杜渐

C. 未雨绸缪　防微杜渐　防患未然   D. 未雨绸缪　防患未然　防微杜渐

30. 依次填入下列各句横线处的成语,最恰当的一项是_____。

①这正是经验丰富的主教练在战术安排上的_____之处:下半场比赛中想方设法消耗对方主力队员的体力,终于扭转劣势,赢得比赛。

②经过几天的_____,又和病人家属进行了充分沟通,吴医生最终否定了治疗小组提出的保守治疗方案,决定尽快为病人进行肺部手术。

③早在20世纪末,当地决策者就_____,提出了从单一的小农业向大农业转移的战略措施,于是一个个生态经济园区应运而生。

A. 老谋深算　深谋远虑　深思熟虑   B. 深思熟虑　老谋深算　深谋远虑

C. 老谋深算　深思熟虑　深谋远虑   D. 深谋远虑　深思熟虑　老谋深算

专题训练五 → 语病辨识

1. 下列句子中没有语病的一项是_____。

A. 刚刚过去的那场雪灾,冻裂了他所住的单元楼楼顶水箱的供水管,迄今已是 25 天无水可用。

B. 美国"关于核心问题科学家联盟"资深专家戴维·赖特 15 日说,他认为导弹成功拦截卫星的概率差不多在 50% 左右。

C. 中国红十字基金会 18 日宣布,从即日起,面向全国公开招聘部门负责人。据记者了解,这是公益组织首次面向全国招聘中层干部。

D. 当新世纪人类的第三次产业技术革命大潮已经来临的时候,如果中国能够抓住机遇,掌握未来科学技术的导向与核心,必定能使世界科技中心回归东方。

2. 下列句子中没有语病的一项是_____。

A. 教师队伍职业道德素质的高低,直接关系到中小学的教育质量,直接关系到亿万青少年的成长,直接关系到国家和民族的未来。

B. 截至年底,这个城市市区二手楼成交价最高可达 7000 元 ~ 9000 元/平方米,就连十几年楼龄的无电梯住宅,开价也要 5000 元/平方米。

C. 日前,省物价部门表示,将加强对成品油市场的监测,强化对价格的监督检查,对突破国家规定的价格和变相涨价,要严肃查处,切实维护成品油市场的稳定。

D. 以"闪电"般的速度走马上任的中国新女足主教练,既有足球理论,又有丰富的指挥大赛的经验。

3. 下列句子中没有语病的一项是_____。

A. 由于"嫦娥登月计划"的成功实施,使我国加入了航天开发大国的行列。这也是我国国防力量日渐强大的标志。

B. 不难看出,这起明显的错案迟迟得不到公正的改判,其根本原因是党风不正所造成的。

C. 我国法律规定:完全出于不可抗拒的自然灾害而造成环境污染损害的,免于承担责任。

D. 起伏的群山鳞次栉比,延伸到远方,消失在迷茫的夜色中。

4. 下列句子中没有语病的一项是_____。

A. 目前,克隆动物的成功率只有 2% ,克隆人的难度更高,"克隆"的成功率和安全性都很差。

B. 我国现在对列入政府定价范围的药品,采用的是最高零售价和加价率(额)双重控制的方法。

C.《条例》对经济领域中的一些问题,从政策和理论上作了周密而深刻的说明和详细的规定。

D. 随着房地产市场竞争的日益激烈,房产销售也在不断推陈出新。

5. 下列句子中没有语病的一项是_____。

A. 近年来,我国财政支出增长率保持在每年近15%左右,但科教文卫等方面支出占财政总支出的比例,从1992年至2003年却基本没有增长,群众对"看病难、上学难"等问题反应强烈。

B.《星光灿烂》影片的情节是取自我国北方某山村,因艾滋病在这个偏僻山村悄悄传播,而引起的一系列错综复杂的真实事件而改编成的故事片。

C. 近年来,随着生活水平的提高,人们的精神需求也提高了,开始寻求和家庭装修、家居环境相搭配的彩色家电产品,以获得一种心情上的放松和精神上的享受。

D. 除了在技术上以精密制造为核心外,长虹手机在材质选择上大量采用精密品质的原材料,模具也是采用高级精密模具。

6. 下列句子中表述不当的一项是_____。

A. 中国文化和东方文化的伟大复兴,必将改变西方文化主宰世界的格局。

B. 远处那座大山十分荒凉,有时晚上还能听到饿狼的哀号。

C. 几乎所有的严肃文艺期刊都面临难以为继的尴尬局面。

D. 一般说来,智力超常的人和智力落后的人在人群中都占少数。

7. 下列句子中语意不明确的一项是_____。

A. 隆重简短的欢送仪式之后,这架飞机开始了大陆民航56年来的首次台湾之旅。

B. 为满足广大游客的需要,华夏旅行社设计并开通了20余条红色旅游精品线路。

C. 在美国家庭中,汉语已成为继英语和西班牙语之后又一种得到广泛使用的语言。

D. 他在某杂志生活栏目上发表的那篇关于饮食习惯与健康的文章,批评的人很多。

8. 下列句子中有语病的一项是_____。

A. 中国在世界主要经济体中继续保持最快的发展速度。

B. 那些手上有过硬技术的职工,企业即使面临困难,也要千方百计地挽留。

C. 工信部称将加快立法,为手机实名制提供法律依据。

D. 中国相信自己的相关出口措施符合世贸组织的原则和规则。

9. 下列句子中有语病的一项是_____。

A."舆论监督强势"并不表明我国舆论监督到位和充分。

B. 发展现代农业,是保障我国粮食安全的根本途径。

C. 应对公共应急事件处置是基层干部执政能力的重要组成部分。

D. 专家指出,张经理在处置突发事件时流泪表明了他在应对复杂局面时缺乏对事态发展的判断和预测能力。

10. 下列句子中有语病的一项是_____。

A. 地震所产生的冲击波影响到附近很远的地方。

B. 老村长带领群众及时完成了任务。

C. 一些商店挂出了"衣冠不整禁入"的牌子。

D. 坚持原则是对每个政府工作人员的基本要求。

11. 下列句子中没有语病的一项是_____。

A. 中国人不爱喝牛奶的原因主要是人们的饮食习惯还没有进行相应的改善所致。

B. 巴基斯坦、伊拉克地区连日发生多起武装冲突，当地各大医院药品非常奇缺。

C. 人们担心，迟早出现的克隆人将从根本上改变人类数百万年的两性生殖方式。

D. 翻开经济发展的历史，人们会发现经济衰退往往总是会与经济泡沫同步出现。

12. 下列句子中没有语病的一项是_____。

A. 我们知道，魏晋人在思想上崇尚放任、崇尚自由，因此，其文学、艺术、哲学皆能彰显个性。

B. 汉末之王充思想，是批评阴阳五行、天人感应及是古非今思想的代表人物。

C. 意志坚强的人们绝不会因为暂时的挫折影响了他对获得最后胜利的信心。

D.《礼记》是从先秦至西汉关于《仪礼》解说、发挥的文字汇集，是我国秦汉以前的社会生活史和生活习俗、礼仪制度、人生经验。

13. 下列句子中没有语病的一项是_____。

A. 通过考察美国几所中学，使这些中国校长们的教育教学理念悄然地发生着变化。

B. 机关考勤制度改革后，全勤的人数骤然增多，出勤率较前三个月有很大增加。

C. 这个峡谷至今仍是个谜，听老人们说，那里从来就没有人能进去过，进去的人从来就没有能活着回来的。

D. 李老师领着同学们把铁锹、锄头一放，顾不得休息就都上课去了。

14. 下列句子中没有语病的一项是_____。

A. 学校运动会将在下月中旬前后举行，所以我现在要好好准备了。

B. 已经推出并投入使用的杭州"市民卡"，除了包含"社保卡"所具有的医疗、养老保险功能外，还可享受其他各类公共服务。

C. 广大公务员，尤其是领导干部，想问题、办事情都要从党和人民的根本利益为出发点。

D. 复原后的距今 100 万年前的"郧县人"是一个额头低平、眉弓粗壮、眼窝深凹而宽、鼻短而上扬、吻部突出、唇长而薄的远古人形象。

15. 下列句子中没有语病的一项是_____。

A. 在他的那个寂静的世界里，他像一头牛、一块石头、一弯清澈明净的溪水坦荡地流着。

B. 作者着力刻画了两位主要人物，这两位主要人物的一言一行、一举一动都体现了作者对这两类不同女性的深刻理解和深切同情。

C. 焦裕禄这个名字对青年人可能还有些陌生，可对四十岁以上的人却是很熟悉的。

D. 江西的瓷器是全国产量最高、质量最好的省份之一。

16. 下列句子中没有语病的一项是_____。

A. 不论是上古时代为治水三过家门而不入的大禹，还是当今为改变阿里地区穷困面貌三次进藏的孔繁森，莫不例外地受到人民的怀念。

B. 钱钟书先生的夫人杨绛先生在把稿酬版税捐赠给清华大学的仪式上说："我以代表的身份在这里讲话，我一个人代表三个人——我、已去世的钱钟书先生和女儿钱瑗。"

C. 改革开放的经验告诉我们：安定团结的政治局面是我国社会主义现代化建设得以顺利推进的保障，也是成败的关键。

D. 国家统计局最新统计数字表明，春节以来，我国城市居民用于文化教育和外出旅游方面的消费开支，已呈明显上升趋势。

17. 没有语病的一项是_____。

A. 在政协委员座谈会上，不少委员认为，发展民营经济的关键在于体制改革，在于政策的"一视同仁"。

B. 我们强调人的价值主要体现在对社会的贡献上，并不意味着忽视和否认对自身价值的追求和社会对人的尊重与关心。

C. 为保持北京的故都风貌，在北京旧城区改造中，新的建筑应以故宫和皇城为中心向外分七个层次逐步提高。

D. 事实上，这种紫外线减肥灯纯是欺骗顾客，它不但会灼伤皮肤，烧掉毛发，而且根本没有减肥作用。

18. 没有语病的一项是_____。

A. 我们仔细调查研究的结果，认为他要负全部责任，但他却百般抵赖，拒不承担由于酒后开车超速行驶致使大桥护栏被撞毁的损失。

B. 《现代汉语》是由北京师范大学中文系现代汉语教研室组织下编写的一本大学公共汉语教材。

C. 澳大利亚人麦士几十年来在许许多多厕所的门上画了彩画，给人们增添了生活情趣。他去世后，群众虽然怀念他，但是艺术界却不把他列为艺术家。

D. 上世纪以来，人类在信息、新材料、新能源、生物、空间、海洋等六大高技术领域有了一系列的重大突破和进展，其中信息技术的飞速发展尤为光彩夺目。

19. 没有语病的一项是_____。

A. 止咳祛痰片，它里面的主要成分是远志、桔梗、贝母、氯化铵等配制而成的。

B. 红庙岭垃圾堆放场建垃圾发电厂一事，目前专家已通过了可行性论证。

C. 将自重2吨的预制板直接架在砖墙上，大大超过了安全标准，非常危险。

D. 为了发展经济，我们共产党人难道还有什么个人利益是不能抛弃的吗？

20. 没有语病的一项是_____。

A. 读自己的书，可以动手画出重要的地方；倘是借阅的，不能做记号，但是可以摘记下来。

B. 究竟能否既提高教学质量，又减轻学生过重的课业负担，答案是无可讳言的。

C. 万里无云，繁星满天，我们在一轮明月的照耀下漫步校园。

D. 几年来，他无时无刻不忘搜集、整理民歌，积累了大量的资料。

21. 没有语病的一项是_____。

A. 推进城镇化建设是解决我国农业、农村、农民问题的重要途径，是推动区域协调发展的有力支撑，是扩大内需和产业升级的重要抓手。

B. 嫦娥三号探测器在月球表面预选着陆区域成功着陆，标志着我国已成为继苏联、美国后世界上第三个实现地外天体软着陆。

C. 在中国经济成功崛起，坐稳全球第二把交椅的情况下，我们如果还像改革之初一样过于追求 GDP 的增速，就有可能犯"历史的错误"。

D. 有分析认为，伊朗与伊核问题六国在日内瓦达成的阶段性协议，打破了伊核问题谈判，为全面解决伊核问题带来了曙光。

22. 有语病的一项是_____。

A. 如果医者多一些对生命的敬畏、对患者的关怀，少一些冷漠习气、红包规则，那么不少死结就会解开，坚冰也会渐渐消融。

B. 针对嫦娥三号任务，"航天测控可视化系统"增加了对月球表面探测，规划出"玉兔"的安全行走路径。

C. 救助行为永远都不会成为侵权证据，法律也本是保护见义勇为者的，遇上"扶起老人反遭讹"的现象，就该循法而为。

D. 治理环境污染，减轻环境压力，需要大刀阔斧、壮士断腕的果敢行动，也需要全面统筹和注重细节的周密安排。

23. 没有语病的一项是_____。

A. 外语科目实行社会化一年多考改革，外语考试不再在统一高考时进行，这是新一轮高考改革的重要内容，也引起很多人对"社会化考试"产生了兴趣。

B. 工商部门此次针对餐饮业霸王条款出台的政策，如果不能得到行业协会和广大企业的认可，恐怕在实践中也很难取得良好的效果。

C. 目前存在的社会抚养费使用不透明等问题，如果得不到长期解决，将严重损害计生国策的声誉，不利于我国人口结构的调整和社会的可持续发展。

D. 在我们国家，学习会占据孩子生活的绝大部分时间和精力，所以学习的好坏或者说学习的情况非常影响孩子良好的情绪。

24. 没有语病的一项是_____。

A. 日前,我国首艘航空母舰辽宁舰入驻"新家"——青岛某军港,标志着这座由中国海军组织设计施工、历时四年建成的军港已具备航母靠泊保障能力。

B. 如今,越来越多的美国大学开拓国际合作,但到底谁来监管这些国际项目?谁又能保证在离主校园千里之外开展的项目质量合不合格?

C. 中国手机平均连接速度每秒只有 50KBps(相当于 6.25KB/s),名列全球倒数第二,原因是多方面造成的,无论是运营商还是监管部门,都需深入反思。

D. 今年的麦子丰收在望,长势喜人。

25. 有语病的一项是_____。

A. 工资集体协商不是靠政府罚款推动,不是靠行政命令强迫,而是要完善现代企业制度,充分发挥工会组织的作用。

B. 公路乱罚款、乱收费加大了物流成本,推高了物价,最终转嫁到国民头上,同时,这也是全国统一市场的一大障碍。

C. 企业不仅要为职工缴纳包括养老保险在内的社保,而且还要积极探索包括企业年金在内的多种养老保障措施。

D. 嫦娥三号于12月中旬择机在月球虹湾地区实现软着陆,开展月表形貌与地质构造调查等科学探测任务。

26. 没有语病的一项是_____。

A. 回乡过年是一次温暖的旅程,当不少漂泊者把房价压力、职场纷扰等抛在脑后,却发现梦中的故乡已恍如隔世,从而生发出"故乡去哪儿了"。

B. 尽管"保护消费者权益"一直被人们挂在嘴边,但现实中侵犯消费者权益的行为仍层出不穷,一个重要原因就是法律规定与维权难题在衔接中存在空档。

C. 写作是一件很简单的事情,请大家不要有畏难情绪,只要"以我手写我心",注意细心观察,表达真情实感,切忌不要胡编乱造就行了。

D. 各环境保护督查中心要大胆探索、勇于创新,继续深入开展实践创新和理论研究,成立环保综合督查机制,适时拓展综合督查工作。

27. 没有语病的一项是_____。

A. 开展批评和自我批评是端正党风、增强党的凝聚力的行之有效的一种方法。

B. 疾控部门根据流行病学调查,判定这是一起由饮用不洁桶装水引起的以诸如病毒为主的感染性腹泻疾病。

C. 全国基本养老保险关系跨省转续工作渐入常态,运行平稳,特别是农民工养老保险关系跨省转续工作逐步正常化。

D. 运输量对能源消费影响最大,无论是货物运输还是旅客运输,它的运输量是决定交通运输能源消费水平的最主要因素。

28. 没有语病的一项是_____。

A. 如何引导有运动天赋的青少年热爱并且投身于滑雪运动,从而培养这些青少年对滑雪运动的兴趣,是北京冬奥申委正在关注的问题。

B. 首届珠澳文化论坛提出了"珠澳中西文化走廊"这一重要概念。专家表示,这个概念应该作为珠海整合、发掘和宣传历史文化资源的抓手。

C. 前来看房的李先生告诉记者,报业房展已不仅仅是一个楼盘展示,更是市民以及业界获得信息、了解地产市场走向和动态的重要渠道。

D. 上海世博会的中国国家馆,整体建筑外观采用上大下小的"斗拱"型,看似一个粮仓,又像一顶古代的礼冠,故被称作"东方之冠"。

29. 没有语病的一项是_____。

A. 《中国好声音》主持人在一分钟内念完了长达几页的赞助商名单,因为超快语速而被称为"中国好舌头",被网友膜拜,有很高的收视率。

B. 卓越与公平是高校招生的核心价值取向,在追求卓越的同时如何兼顾公平,是高校招生过程中最重要的问题。

C. 纪录片《历史碎影》以讲故事的形式,讲述了一个南方文人生命中富有包孕性的故事,展示了一部二十世纪南方文人的微型生活史。

D. 今年五一节前夕,发改委发出紧急通知,禁止空调厂商和经销商不得以价格战的手段进行不正当竞争。

30. 没有语病的一项是_____。

A. 近年来,我们积极培育和挖掘身边的各类道德典型和好人好事,逐渐形成了人人向善、见贤思齐的良好社会风尚。

B. 对经济适用房和城市建设部审核、备案及公示的二星级以上的高星级绿色建筑要落实国家奖励政策,支持重点绿色建筑示范项目。

C. 个人所得税的调整涉及每一个公民的切身利益,不仅需要民众充分的公开讨论乃至观点交锋,更需要政府部门以及专家的声音参与。

D. 我市将大力发展公共交通,引导群众更多地选择公共交通工具出行,加大对"黑头车"的查处,从而压缩"黑头车"的生存空间。

专题训练六 ➤ 标点正误辨识

1. 标点符号的使用,正确的一项是_____。

A. 读了拜伦的诗,我就想到西班牙去,想看看西班牙女郎的头发是黑的,还是金黄的?

B. 在中华大地上,我要去的地方就更多了,因为我认为中国的山山水水、亭台楼阁、花草树木……都是世界上最美的。

C. 为了对演出市场及演员进行规范管理,文化部近日发出了"演员个人营业演出活动管理暂行办法"。

D. 她说:"有这么多热心的民警,有这么多好街坊,我呀! 还得活一辈子啊!"

2. 标点符号的使用,正确的一项是_____。

A. 上海 4 所名牌大学近 10 年来出国留学 500 余人,学成回国只占 29% ;其中 360 名自费留学者,学成回国只有 10 人。

B. 参加国庆献礼的优秀影片:《风暴》《青春之歌》《林则徐》等,也将在各大城市放映。

C. 人们也记得,米丘林进行植物杂交实验,被有的人攻击为"竟敢把上帝的果园变成妓院。"

D. 这是老先生最得意的作品,是老先生十多年的汗水——不,是他一辈子的心血!

3. 标点符号的使用,正确的一项是_____。

A. 但是每一过程的开始阶段,是否也有矛盾存在呢,是否每一事物的发展过程具有自始至终的矛盾运动呢?

B. 他喊了一声:"跟我来"! 就向前冲锋了。

C. 去上海,还是去南京,我们暂时还没有决定。

D. 总之,这部论文集,触及了当代一系列重要的理论问题。

4. 标点符号的使用,错误的一项是_____。

A. 纪念建党 100 周年活动的主题将拟定为唱响共产党好、社会主义好、改革开放好的主旋律。

B. 著名水稻专家袁隆平认为:成功 = 知识 + 汗水 + 灵感 + 机遇。

C. 谈到怎样教育青少年一代? 这位教育家有独到的见解。

D. 创造,是人类智慧高度发展的结晶;创造,也是打开成功大门的钥匙。

5. 标点符号的使用,正确的一项是_____。

A. "吾生也有涯,而知也无涯"一语,出自《庄子——养生主》。

B. 鲁迅的《记念刘和珍君》一文中"亲戚或余悲,他人亦已歌,死去何所道,托体同山阿"四句诗,引自陶渊明所作的《挽歌》。

C. 1933 年至 1934 年之间,鲁迅先生经常在《申报副刊》《自由谈》上写稿,抨击时弊。

D. 前夜看了"塞上风云"的预告片,便又回忆起星星峡外的沙漠来了。

6. 标点符号的使用,正确的一项是_____。

A. 他说,大力推进全民创业,就要"制定实施全民创业行动方案,实行更加有效的扶持政策,引导和支持百姓创家业,能人创企业,干部创事业,进一步激发全社会创业的活力,在全市形成竞相创业的生动局面,努力把武汉建设成为创业之城。"

B. 中国第一个百万千瓦级核电项目——福建宁德核电站,18 日在与台湾一水之隔的福鼎市开工建设,这也是中国第一个在海岛上建设的核电站。

C. 针对近来被炒得沸沸扬扬的刘为强假照片获奖一事(本报 2 月 16 日曾予详细报道),刘为强供职的大庆晚报编委会于 18 日通过互联网发表了公开道歉声明。

D. 学习《红楼梦》尤其要注意学习它简洁明快、准确生动、质朴自然、耐人寻味的叙述语言、个性化的人物语言。

7. 标点符号的使用,错误的一项是_____。

A. 让学生自主安排作业,有助于达到激发学生学习兴趣和调动学生学习积极性的目的,是符合《语文课程标准》要求的,是对该标准真正的践行,值得肯定。

B. 年初,一则《兰州女孩苦苦追寻刘德华 12 年》的消息引起了社会各界的广泛关注,我们班还围绕"杨丽娟事件"专门召开了"青少年如何理性追星"的讨论会。

C. "压岁钱"原本有两说:一曰"压岁钱",有祝福长辈健康长寿之意;二曰"压祟钱",是避邪祈福的意思。如何支配压岁钱? 如何正确使用压岁钱? 是否用它做些有意义的事? 这些问题你(中学生)是如何考虑的?

D. 过去、现在、未来,上下、左右,中国、外国,都是互相联系、互相影响、互相制约的。

8. 标点符号的使用,正确的一项是_____。

A. 张营长在年终训练总结会上再次要求:每个连队都要落实好两项制度:一是各项考核成绩定期公示;二是各种表彰要以个人业绩为依据划定候选人,经全体人员投票决定得奖者,七天公示无异议之后,方可由组织研究批准。

B. 一代名医孙思邈曾说:"读书三年,便谓天下无病可治;治病三年,便谓天下无方可用。"这确是切身经验之谈。

C. 据了解,2014 年世界青年奥运会缺少大量专业体育节目主持人,因此,最近中央电视台与维汉传播公司联手推出了《谁将解说青奥会? ——南京 2014 青奥会主持人选拔计划》。

D. 我们在田间,可以看到有些瓜果、蔬菜的叶子(如丝瓜、番茄)是平伸的,有些作物的叶子(如水稻、小麦)是直立的。

9. 标点符号的使用,正确的一项是_____。

A. 宋代的张文潜说"食粥可以延年,"但在我的老家,食粥不过是因为粮食不够,"有客只需添水火"而已。

B. 2013 年 11 月, 党的十八届三中全会通过的中共中央关于全面深化改革若干重大问题的决定把国防和军队改革作为一个重要部分进行部署。

C. 无论是"大师"王林非法行医案; 还是广东"镉大米"事件; 还是河南连霍高速大桥垮塌致多人死亡的悲剧, 这些新闻目前到底是如何"结尾"的? 人们不得而知。

D.《时间都去哪儿了》的歌词让人深思: 过去的日子, 你是否留下痕迹、留下价值? 多反思时间、信任、亲情、乡愁去哪儿了, 我们才能收获健康、温馨、现代、强大的中国。

10. 标点符号的使用, 正确的一项是_____。

A. 历史上记载的有关女子的耸人听闻的美德——譬如说, 一只胳膊被陌生男子拉了一把, 便将它砍掉——虽然博得普遍的赞叹, 知识阶层对之总隐隐地觉得有点遗憾。

B. 月亮到底从何而来? 并且如何成为地球的卫星? 现今的天文学理论尚未能提供令人满意的解答。

C. 他们忘记了一个基本事实: 人类的衣、食、住、行都必须取自大自然。"天何言哉"! 大自然不会说话, 但是却能报复。

D. 清宫中的"西洋香饼"——从实物上看, 与乳香饼相似, 没有任何线索证明西洋香到底是怎样制成的, 西洋香是不是乳香。

11. 标点符号的使用, 正确的一项是_____。

A. 小河对岸三、四里外是浅山, 好似细浪微波, 线条柔和, 蜿蜒起伏, 连接着高高的远山。

B. 证券交易所内那些穿红马甲的人便是经纪人, 穿黄马甲的人则是管理和服务人员; 这是全世界都统一的。

C. 他从报上看到某大学研究生院和《中国文化》编委会联合主办《中国文化与世界文化暑期讲习班》的招生启事, 立刻写信去报名。

D. "唉!" 作家叹道, "红尘之中, 人海茫茫, 要找出个不知姓名的陌生人来, 这不是大海捞针吗?"

12. 标点符号的使用, 正确的一项是_____。

A. 金黄的大斗笠下, 这边, 露出一条翘起的小辫; 那边, 露出一条揽着小山羊的滚圆的胳膊。

B. 还有老师拿着大铁戒尺在桌子上紧敲着: "静一点, 静一点……。"

C. 这种埋头做事不动脑筋的人简直是——说得不客气一点——跟牛马一样。

D. 警钟为谁而鸣? 为你、我、他, 为我们大家而鸣, 为中国人而鸣!

13. 标点符号的使用, 正确的一项是_____。

A. "这究竟是怎么回事呢? 同志们。" 厂长严肃地说。

B. 我要给爷爷理发, 爷爷笑了: "你? 笤帚疙瘩戴帽子——充人哩。"

C. 基础知识究竟扎实不扎实? 对今后的继续深造有重要影响。

D. 今天去呢? 还是明天去呢? 我实在拿不定主意。

14. 标点符号的使用,正确的一项是_____。

A. 耿大妈对儿子说:"大成,见人该问好就问好,该行礼就行礼,别怕人笑话,俗话说,'礼多人不怪嘛'。"

B. 要在城西修建立交桥的消息传出后,许多人都非常关心这座立交桥将怎么建?那里的近千株树木将怎么办?

C. 蝉的幼虫初次出现于地面,需要寻求适当的地方——矮树、篱笆、野草、灌木枝等——蜕掉身上的皮。

D. 现代画家徐悲鸿笔下的马,正如有的评论家所说的那样,"神形兼备,充满生机。"

15. 标点符号的使用,错误的一项是_____。

A. 今年 4 月 7 日,中外联合科考队开始对"天坑博物馆"——广西乐业天坑群进行大规模的科学考察。

B. 闻一多先生说:"诗人主要的天赋是'爱',爱他的祖国,爱他的人民。"

C. 开荒、种庄稼、种蔬菜,是足食的保证,纺羊毛、纺棉花,是丰衣的保证。

D. 人总是要死的,就看怎样死法,是屈辱而死呢,还是为民族利益而死?

16. 标点符号的使用,正确的一项是_____。

A. 中国古代的神话中,蛇与神人也有密切的联系。在《山海经》中,"海内西经""海外西经""大荒西经"等篇都有关于神人戴蛇、珥蛇、践蛇的记述。

B. 文中所举诗句为贾岛"鸟宿池边树,僧敲月下门",方干"轩车在何处,雨雪满前山",佚名"正思浮世事,又到古城边。"

C. 而且值得一提的是,"奉天承运皇帝诏曰"的正确断句应是:"奉天承运皇帝/诏曰",而不是时下影视作品中的"奉天承运/皇帝诏曰"的读法。

D. 电视剧《水浒传》标明原作者为施耐庵、罗贯中,引起许多观众的疑惑:《水浒传》的作者不是施耐庵吗?怎么又多出一个罗贯中?

17. 标点符号的使用,正确的一项是_____。

A. 没有意思硬要说,那是瞎说;意思没有想清楚随便说,就是乱说;这都是没有把话说好。

B. 每到这些学校采访,记者都会情不自禁地在心里默默地说:辛苦了! 社会力量办学战线上的校长们、老师们。

C. 避讳之风可谓源远流长,"其俗起于周,成于秦,盛于唐宋,其历史垂两千年"(《史讳举例·序》)。

D. 概括地说就是"尊重知识,尊重人才"八个字,事情成败的关键就是能不能发现人才,能不能使用人才?

18. 依次填入下面文段中横线处的标点符号,最恰当的一项是_____。

油画_____记忆的永恒_____有着一个非常贴切的名字,因为这个画面在我们头脑中很难被抹去。在这个凄凉而漫无边际的梦境中,坚实的物体莫名其妙地变软,金属变得像腐败的肉,甚至招来了蚂蚁。达利娴熟地控制着他称之为_____愚弄眼睛的技巧_____ _____用一种他所谓"最不容辩驳的精确性"去描画,为的就是"对混乱进行秩序化,从而使现实世界彻底失去其可信性",这是标准的超现实主义的追求目标。然而画面中也包括一些指认得出来的现实_____远处金色的峭壁是卡塔罗尼亚的海滨,达利的家乡。

A. " " " ",—— B.《》" ," —— C.《》" " ,: D." " " ," :

19. 标点符号的使用,正确的一项是_____。

A. 古人对写文章有两个基本要求,叫作"有物有序"。"有物"就是要有内容,"有序"就是要有条理。

B. 到底哪里是安徒生写作的地方? 哪里是他父亲的皮鞋作坊? 已经没法弄清了。

C. 任选诗中的两种鸟,展开想象,以《××与××的对话》为题,写一个200字左右的对话片段。

D. 陈老师对学生说:"我们学习上要不断进步,否则就会后退,古语不是说'学如逆水行舟,不进则退嘛'。"

20. 标点符号的使用,不恰当的一项是_____。

A. 关于"普及与提高",我想补充一点不同意见,"研究性专著"均属"提高","知识性专著"均属"普及"吗? 恐怕未必。

B. "市场情况发生了很大变化——请把毛巾递给我——马上开会修改方案。"总经理气喘吁吁地对我说。

C. 我很欣赏哈佛校训上的一句话:"为增长智慧走进来,为服务祖国和同胞走出去。"中国青年也应把"胸怀祖国,服务人民"作为自己的座右铭。

D. 人们为什么偏爱竹? 有一种解释是,"为植物中最高尚之品,虚心,直节",(《三希堂·竹谱序》)所谓"未出土时先有节,便凌云去也无心"。

21. 标点符号的使用,错误的一项是_____。

A. 我们班有个"班妈妈",她说话霸道而幽默。"班妈妈"是她自封的,理由实在让人无语:"我的地盘我做主,你们以后就是我的孩子了。"

B. 很多人怀疑人类对这个物质世界的认识真有穷尽的一天,按照事物的相对性推导,是否还存在一种与物质相对的反物质?

C. 不用说别的,就是光听听这些课程的名称——《公正》《幸福》《聆听音乐》——你就有听下去的冲动。

D. 一粥一饭是清淡、健康、温暖、妥帖;一瓢一箪是清淡、随意、自在、安心。奢华也罢,绚丽也罢……生命终究归于平淡。

22. 标点符号的使用,正确的一项是_____。

A. 我国月球探测工程将分三步实施:一是"绕",即卫星绕月飞行;二是"落",即探测装置登上月球;三是"回",即采集月壤样品返回地球。

B. 我国第一座自主设计、自行建造的国产化商业核电站"秦山第二核电厂"的 2 号机组核反应堆首次临界试验获得成功,将于年内并网发电。

C. 近年来,随着经济的发展,城市的扩大,人口的猛增和生活质量的提高,城市垃圾不断增加,"城市垃圾处理"已成为环境保护的一大难题。

D. 《地质灾害防治条例》正式确立了:"自然因素造成的地质灾害,由各级政府负责治理;人为因素引发的地质灾害,谁引发谁治理"的原则。

23. 标点符号的使用,完全正确的一项是_____。

A. 桃花开了,红得像火;梨花开了,白得像雪;郁金香也开了,黄色、紫色交相辉映,好一派万紫千红的灿烂春光。

B. 公司常年坚持节能管理的月考核、季评比、年结算制度、能耗预测制度和能源跟踪分析制度,做到节能工作常抓不懈。

C. 中国足球的球迷们现在真的感到很迷惘,面对这片绿茵场,不知道是继续呐喊助威呢,还是干脆掉头而去?

D. "守株待兔"的"株"是什么呢?《说文解字》的解释是"木根也",段玉裁在注释时则说得更明确:"今俗语云桩。"

24. 标点符号的使用,正确的一项是_____。

A. 茫茫宇宙到底有没有外星人,生命能不能合成,人果真由命运主宰?这一切都引起人们深深的思考。

B. 有关专家指出,白开水是最符合人体需要的"天然饮料"。它既洁净,又能使硬度过大的水变得适中——(因为过多的矿物质煮沸后会沉淀),还含有多种微量元素。

C. 我们的肌肤每天受到各种侵害,阳光的辐射、空气的污染,都会使肌肤变得干燥、粗糙。您是否想过给自己的肌肤补充一些营养呢?

D. "到底去不去呀?我的小祖宗!"妈妈"咚咚咚"地敲着我的房门,"人家来电话催好几次了,你倒是给人家一个回话呀!"

25. 标点符号的使用,正确的一项是_____。

A. "学习就怕'认真'二字。"张老师说:"'态度决定一切',确实很有道理。"

B. 网络技术对传统艺术的冲击不容忽视,对新艺术形式的催生已初露端倪。人们不得不思考,高科技的发展将导致艺术的沉沦?还是会迎来新时代的文艺复兴?

C. 自然之美是一切艺术美的源头活水,正如古人所说"天地有大美而不言。"天地之美,在风景名胜,也在"溪头荠菜花。"平中见奇,淡里显味,更是一种不事雕琢的天然之美。

D. 归隐是旧时文人理想中的一种闲散生活——躬耕、沽酒、题诗、作画、对弈……但说起来容易做起来难,古往今来很少有人情愿过这种生活。

26. 标点符号的使用,正确的一项是_____。

A. 第二代无绳电话采用了数字技术,主要有泛欧数字无绳电话、个人便携式电话、个人接入通信系统……等,具有双向互呼和越区切换性能。

B. 打陀螺讲求技巧,用力小了,陀螺旋转不起来,用力大了,陀螺又容易"栽跟头",用力匀称,陀螺才能平衡而快速地旋转。

C. 贾母问黛玉念何书?黛玉道:"只刚念了四书。"黛玉又问姊妹们读何书?贾母道:"读的是什么书,不过是认得两个字,不是睁眼的瞎子罢了!"

D. 科学对人类社会的影响有两种方式。第一种是大家熟悉的:直接地并且在更大程度上间接地生产出完全改变人类生活的工具。第二种是教育性质的——它作用于心灵。

27. 标点符号完全正确的一项是_____。

①图形文字和原始绘画有本质的区别:图形文字是记录语言的工具。而原始绘画不是。绘画要求传情表达逼真,而图形文字只求达意明确。

②李时珍花了整整二十七年,终于编写了一部著名的药物书——即《本草纲目》。

③这种人因为他们过去过着好日子,后来生活水平逐年下降,负债渐多,渐次过着凄凉的日子,"瞻念前途,不寒而栗"。

④"在地图上神游天地,"塞万提斯写道,"不像旅行那样要花钱,会使人疲劳,又可免受冷热饥渴之苦和种种不便。"

⑤人类最好的朋友——水,有一个怪脾气:即从 4 ℃开始,越冷越发"胖",到 0 ℃时就结冰了。

　A. ①②⑤　　　　B. ②③　　　　C. ③④　　　　D. ②④⑤

28. 标点符号的使用,完全正确的一项是_____。

A. 人言可畏吗?答:可畏,又不可畏。可畏者,舆论能形成压力;不可畏者,人们常说:"让人说话,天塌不下来。"

B. 茅盾经常用"三式"读书法。第一式,鸟瞰式(求得初步印象);第二式,精读式(品味作品妙处);第三式,消化式(只吸收精华)。

C. 参加编选工作的同志有:孙江、刘玉山、李萍、赵宏伟、朱爱国等五人。

D. 站在岳阳楼头倚柱远望,茫茫洞庭湖,尽收眼底。孟浩然诗:"气蒸云梦泽,波撼岳阳城。"就是真实写照。

29. 依次填入下面一段话中画线处的标点,恰当的一项是_____。

"写鬼写妖高人一等,刺贪刺虐入木三分"①这是郭沫若为蒲松龄纪念馆聊斋堂写的对联。"写鬼写妖"指《聊斋志异》的题材内容②它借狐鬼故事来达到"刺贪刺虐"的目的;"高人一等"是评价蒲松龄在文学史上的贡献;"入木三分"则概括了他在创作上的成就。今天这节课要学习他的名篇③促织③,让我们来看看这个评价是否恰当④

	①	②	③	④
A.	,	,	《》	。
B.	。	;	""	
C.	,	;	《》	?
D.	。	,	""	?

30. 依次填入下面一段文字中①至⑤处的标点,正确的一项是_____。

恩格斯说过:"言简意赅的句子,一经了解,就能牢牢记住,变成口号;而这是冗长的论述绝对做不到的①毛泽东同志也强调过,讲话、写文章"都应当简明扼要②我国历代作家常以"意则期多,字则唯少③作为写文章的准则,力求"句句无余字,篇中无长语④(姜夔《白石诗说》)⑤

	①	②	③	④	⑤
A.	"。	。"	",	"	。
B.	。"	,"	。"	"	。
C.	"。	。"	",	"。	。
D.	。"	"。	。"	"。	。

专题训练七 ➡ 语言综合运用

1. 下面的材料对"蝴蝶鱼"作了介绍,请筛选信息,用四个短语加以概括。要求:保留主要内容,每个短语不超过 10 字。

蝴蝶鱼,属蝴蝶鱼科,是热带海洋观赏鱼的名角之一,有 120 余种,90% 生活在印度洋和太平洋。它们拥有美艳的体色、娇美的轮廓,两侧扁平椭圆的体型,既小又尖的嘴巴。许多蝴蝶鱼尾部都有一个似眼的黑圆斑点,那是它们用来诱骗攻击者的假眼,作用在于使攻击者错误地攻击其坚硬的背鳍刺端,以确保自己的安全。其食性以藻类、海绵珊瑚为主,有些品种也会吃一些小动物及浮游生物。

2. 根据下面的情境,补写答话。不超过 30 字。

师父训练徒弟爬树,徒弟爬到高处时,师父喊道:"小心,小心!"第二次,徒弟爬到高处时,师父一言不发,等徒弟下到低处时,他才说:"小心,小心!"徒弟问:"师父,为什么上次在高处时提醒我,这次下到低处才提醒我?"

师父回答:"_____。"

3. 阅读下面的文字,完成题目。

读史使人明智,读诗使人灵秀,数学使人周密,科学使人深刻,伦理学使人庄重,逻辑修辞之学使人善辩:凡有所学,皆成性格。(英国哲学家弗朗西斯·培根《谈读书》)

学史可以看成败,鉴得失,知兴替;学诗可以情飞扬,志高昂,人灵秀;学伦理可以知廉耻,懂荣辱,辨是非……(中共中央总书记习近平在中央党校开学典礼上的讲话)

两则材料都谈到了读书和学习,请概括它们的共同点,并谈谈你的认识。

4. 仿照下面文字中的画线句子,在横线上续写两句话。

当前,"中国梦"因为习总书记的倡导已经成为全体中国人的宣言。"中国梦"也成为一种语言时尚。其实,在中华民族悠久的历史长河中,一代代优秀儿女都有着自己的中国梦。"中国梦"是什么呢?"中国梦"是杜甫"安得广厦千万间,大庇天下寒士俱欢颜"的情怀;"中国梦"是陆游"王师北定中原日,家祭无忘告乃翁"的夙愿;_____

_____;_____。"中国梦"作为一种精神、一份力量,激励着世世代代中国人为人民幸福、民族统一、国家富强进行艰苦卓绝的努力与抗争。

5. 下面是一位高三学生毕业时写给自己的老师的一封信。请从语言的简明、连贯、得体等角度加以修改。

> 敬爱的老师：
>
> 　　您好！您渊博的知识启迪我的智慧，您关怀的目光滋润我的心田，我的人生一直受到您亲切话语的激励。我的成长离不开您无微不至的悉心培养。……虽然我毕业了，但您永远是我的老师，您的教导将永远铭刻在我的心里。我会经常光临寒舍看望您的。
>
> 　　祝您工作顺利，桃李满园！
>
> 学生：×××
> ×月×日

①简明：_____

②连贯：_____

③得体：_____

6. 仿照下面的示例，自选话题，另写两句话，要求使用拟人的修辞手法，前后构成对比，句式与示例相同。

示例：井底的蛙，当你自在得意时，天空便小了；空中的鹰，当你搏击苍穹时，宇宙就大了。

7. 某年新春期间，中央电视台在各地进行"家风是什么"的民间采访。请根据下面的采访内容，以"家风"为开头，简要概述，不超过40字。

北京市民：父母的谆谆教导就是我们的家风。小时候父母经常对我们说的话是："宁可日日下田地，不可天天串亲戚""千金万银不及手艺防身"……现在虽然父母都不在了，但他们的话却依然记忆犹新！

某摄影师：我家是祖传木匠，到我这一代是第四代了。小时候，我给父亲拉大锯。木匠行里有句话叫"百日斧子千日锛，大锯只需一早晨"。拉大锯太容易了，一早晨就能学会。但是我给父亲做学徒，必须得拉三年大锯，父亲说这三年主要是让你磨磨性子，把性子磨踏实了，才能明白干什么事情都要一步一步来。

迪拜的中国游客：不要贪小便宜。带孩子出来旅游，我一路上跟他说，你出来代表的是我们中国人的整体素质，千万不能贪小便宜，不要让外国人看不起我们。如果你从小这个概念不强的话，长大了以后，小财你都慢慢贪，手就散了，然后各方面再收手的话可能就不容易了。

8. 根据所给材料的内容,在下面画线处补写恰当的句子,不超过30个字。

材料:据史料记载,1279年,元代著名天文学家郭守敬奉旨进行"四海测验",在南海的测量点就在黄岩岛。这说明,至少在元朝中国就已发现了黄岩岛。

1935年1月,中国政府组成的水陆地区审查委员会公布的南海诸岛132个岛礁沙滩中,黄岩岛以斯卡巴罗礁之名,作为中沙群岛的一部分列入中国版图。1947年10月,中国政府核定和公布的南海诸岛新旧名称对照表中,将斯卡巴罗礁改为民主礁,列在中沙群岛范围内。1983年中国地名委员会授权对外公布"我国南海诸岛部分地名"时,将黄岩岛作为标准名称,同时以民主礁为副名。

中国历代政府出版的官方地图均将黄岩岛标为中国领土。黄岩岛一直不间断地在中国广东省、海南省的管辖下。

结论:中国对黄岩岛拥有领土主权的依据是_____

_____。

9. 请将下面的长句改写成三个短句。

传统的现代派绘画——由毕加索、康定斯基、马蒂斯以不同的方式发展起来的抽象艺术是以高度发达的审视技能以及对其他绘画和艺术史的熟谙程度为先决条件的。

　①_____

　②_____

　③_____

10. 仿照下面的示例,另写两句话,表达自己对生命的态度,要求内容贴切,句式与示例相同。

示例:

我喜欢呐喊的生命,宁做沥血歌唱的鸟,不做沉默无声的鱼;

我追求坚贞的生命,宁做绝壁倒挂的松,不做随波逐流的萍。

11. 请简要概括下面漫画的内容及其寓意。

(《相马》作者:方成)

12. 中国邮政为纪念中国植树节设立四十周年发行了一枚邮票,下面是邮票中的主体图形。请写出图形中的构图要素(除数字外),并说明图形寓意,要求语言简明,句子通顺,100 字左右。

13. 观察下面这幅漫画,然后回答问题。

(1)用简洁的语言介绍这幅漫画的内容。

(2)试阐述作者设计这幅漫画的用意。

14. 请根据下面新闻报道的内容,拟定新闻标题与导语。标题在 15 字内,导语在 65 字内。

美国航天局局长吉姆·布里登斯廷当天在社交媒体推特上发文说:"祝贺中国'嫦娥四号'团队实现在月球背面的成功着陆,这是人类的第一次,也是令人印象深刻的成就。"

"祝贺!"在新华社海外社交媒体账号发布的相关新闻下,美国太空探索技术公司创始人埃隆·马斯克第一时间对"嫦娥四号"成功落月表示祝贺。

俄罗斯齐奥尔科夫斯基航天研究院院士亚历山大·热列兹尼亚科夫对新华社记者说,"嫦娥四号"成功落月是中国取得的一项重大航天探索成就,确保探测器在月球背面着陆的技术非常复杂,此前任何国家都未能使其探测器在月球背面软着陆,"中国这一成功产生了巨大的心理轰动效应"。

背景链接:2019年1月3日10时26分"嫦娥四号"探测器在月球背面成功软着陆,并通过"鹊桥"中继星传回了世界第一张近距离拍摄的月背影像图,揭开了古老月背的神秘面纱。

15. 王维《积雨辋川庄作》的颔联"漠漠水田飞白鹭,阴阴夏木啭黄鹂"展现了一幅恬静优美的田园画面。请展开想象,对该联加以描写,表现出诗句的情景和意境。要求:至少使用两种修辞手法,不超过100字。

16.下面的词句是清代文学家俞樾临终前撰写的自挽联的组成部分,请把它们整合为上下两联,每联的开头已给出,将序号填写在每联后的横线上。

①辛辛苦苦 ②数半生三十多年事 ③浩浩荡荡 ④放怀一笑 ⑤是亦足矣 ⑥著二百五十余卷书 ⑦吾其归乎 ⑧流播四方

(1)上联:生无补于时死无关乎数_____

(2)下联:仰不愧于天俯不怍于人_____

17.阅读下面这段文字,提取重要信息,按要求分别写一句话。

蒲松龄(1640—1715),字留仙,别号柳泉,也称柳泉居士。山东省淄川县(今淄博市淄川区)人,清代杰出文学家。他少负才华,年轻时即考取秀才,但以后多次参加科举,到老未中举人。家境贫寒,长期做私塾先生。自谓"喜人谈鬼""雅爱搜神",闲时坐于村口,供人茶水,与之闲谈,搜集大量素材,创作了短篇小说集《聊斋志异》。全书共490余篇,现在已有日、英、法、德、意、俄、越南、捷克、罗马尼亚、波兰、西班牙等20多种语言的译本。

(1)突出蒲松龄的身份。不超过25字。

(2)突出蒲松龄的成就。不超过25字。

18.用一句话提炼下面材料的主要观点,不超过15字。

没有人做过定量的统计,告诉我们报纸出产的新闻在整体新闻中所占的比例。可是,随机找些资深读者估计,他们说这个比例不会低于80%。可能电视的影响力更大,但根据笔者在央视工作的经验,电视记者常常是在报纸上找新闻。再看大家鼓吹甚力的新媒体,有多少妙笔生花的博客评论不是建立在报纸提供的新闻上的?虽然微博、微信、社交媒体的有用性毋庸置疑,但这些服务的用户大多不会遵循报业的新闻标准。所以虽然新媒体有着海量的内容,但真正高质量的内容还是少之又少。

19. 对下面文字提供的信息进行筛选、整合,给"花儿"下定义,不超过50字。

观看宁夏演艺集团秦腔剧院创作演出的秦腔现代戏《花儿声声》,是一次新鲜的享受与发现。在这部戏中,人们看到"花儿"这种民歌形式与古老的戏曲剧种秦腔融为一体,深沉的历史意蕴焕发出了勃勃生机。

《花儿声声》给人的第一印象便是它那宏大的包容。"花儿"原本意义上是指发源于古河州(甘肃临夏)的一种高腔民歌,因歌词中将青年女子比喻为花儿而得名。长久以来,"花儿"流传于广大西北地区汉、回、藏、土、东乡、保安、撒拉、裕固、蒙古等各族群众中,这些歌声出自牧人、山民、驮夫、黄河上的筏子客等民众之口,如同山间田野和大草原上无边无际的鲜花野草。"花儿本是心里的话,不唱是由不得自家,刀刀拿来头割下,不死时还是这个唱法"就是甘青宁广大地区共同传唱的一首"花儿"。

20. 在空格处分别补写出倡议的理由和具体内容,均不超过40个字。

倡 议 书

各位同学:

乘坐公交是很多市民日常出行的选择。众所周知,_____
_____。可是,我市不文明乘车现象时有发生,甚至发生老人被人群挤倒而摔成粉碎性骨折的悲剧。

为此,我们向全校同学发出倡议:_____。

文明乘车,从我做起!让我们用自己的行动为城市增光添彩!

×× 中学学生会

×××× 年 × 月 × 日

21. 下面是某校园中的几副对联,请从以下两题中任选一小题,根据其上联对出下联。

(1)图书馆

①上联:读书求真趣   下联:_____

②上联:探胜拾微,扬帆游学海   下联:_____

(2)体育馆

①上联:报国扬威酬大志   下联:_____

②上联:健体魄强身心我们来运动   下联:_____

22. 请筛选、整合下面文字中的主要信息,拟写一条"徽商"的定义。要求:语言简明,不超过50字。

徽商是安徽徽州籍商人的简称。徽州历来多商人。徽商形成于宋,繁荣于明,鼎盛于清。主要经营盐、米、丝、纸、墨、木材、典当等产业,活动遍及全国。旧徽州府歙州五代时已因产墨闻名于世,宋以后墨工世代以制墨为业,良工辈出。徽商也以经营文房四宝著称。明初,盐业垄断打开,徽商经营盐业者大增。清初其实力超过晋商。乾隆以后,盐法多变,盐商盛衰不定,徽商中的主要部分因而衰微。

23. 下面是某中学校报上的一段文字。请参考上下文,在横线上写出恰当的句子。

人生不能过于平淡,索然无味的人生必然会错失生命的乐趣。若人生是一片大海,那就期待惊涛骇浪,①_____;②_____,_____,③_____;若人生是一片草原,那就期待狂风暴雨,荒原边的游牧永远不能造就壮丽的搏击。

24. 在下面横线处补写恰当的语句,使整段文字语意完整连贯,内容贴切,逻辑严密。每处不超过10个字。

在人们的衣食住行中,"衣"排在第一位。_____①,因为人穿衣不仅仅是为了"蔽寒暑"、防虫防风雨、遮体蔽羞等,还具有装饰身体,美化生活,显示人的身份地位、民族信仰等作用。因此,我国古代服饰成了民族历史、文化的一个重要载体。_____②,为什么我国许多少数民族生活条件很一般,但其民族服饰之精美,令人惊叹。"衣"能在古代排在"衣食住行"之首,_____③,就是我国冬季十分寒冷,许多穷人多为缺衣御寒所苦。"衣"之影响深入到了中国文化和古人生活的方方面面。

25. 根据下面语段的内容,概括当前在我国的流动人口中存在哪些问题。(30个字以内)

中华人民共和国的经济基础是公有制,农民不再因丧失土地而面临难以安身立命的根本威胁。当代的流动人口具有流动性、无序性、边缘性、群聚性等与历代流民相似的特点。许多地方流动人口违法犯罪问题比较突出,大城市和沿海地区抓获的犯罪嫌疑人中,流动人口所占比例一直在50%以上,个别地方高达80%。一些以地缘、亲缘为纽带的流动人口聚居在"城中村",其中许多违法犯罪分子逐渐形成团伙帮派,向团伙犯罪、有组织犯罪转变,甚至形成黑恶势力,影响社会治安和社会稳定。失地农民数量日益增多,许多流动人口正在由乡城流动向滞留城镇转变,在城镇出生长大的流动人口后代很难再回到农村。同时还要看到,几乎有1/3的农民工从事建筑及有关行业,这些行业发展到一定程度后总会有减速甚至停滞的时候。还有更多流动人口的文化素质和技能,在短期内根本适应不了沿海地区和大中城市产业结构调整的需要,不少人不可能长期在城镇居住。

26. 请结合图示内容,从政府职责角度,写两条结论性的语句,不要出现具体数据。

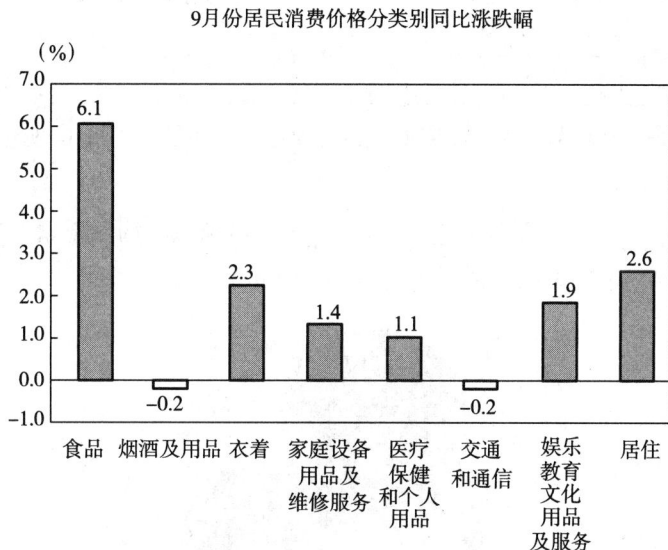

9月份居民消费价格分类别同比涨跌幅

27. 阅读下面的材料,按要求做题。

章太炎与同学李书聊天,他自信地说:"在我所读的书中,95%的内容都可以背诵出来。"李书不信,认为这是不可能的事,于是把自己读过的经书全搬了出来,想考倒他。不料,章太炎如数家珍,连哪一句出自哪本书的哪一页都丝毫不差,让李书佩服得五体投地。有这样的背功,章太炎后来成为海内外闻名的国学大师,想想也没什么好奇怪的。

(1)用一句话概括以上材料的内容。

(2)你对背书有何看法?请简要阐述。(要求:语言表达简明、连贯,言之成理,120字左右)

28. 阅读下列材料,按要求做题。

第一则:第18个世界读书日(2013年4月23日)的宣传海报。

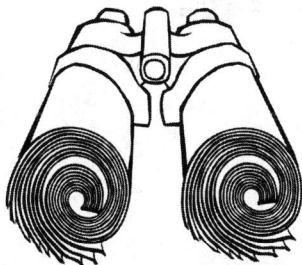

甲

乙

第二则:据2014年2月24日《文汇报》报道,百年老校上海向明中学在新学期推出"强制阅读"的新举措,将教师随意挤占阅读课列为教学事故,写入教职工管理条例中。

此外,学校还将午休时间延长,为学生阅读"加时"。

(1)请用简洁的语言说明第18个世界读书日宣传海报的创意。

甲:_____

乙:_____

(2)依据第18个世界读书日宣传海报的创意,正确评价上海市向明中学推出的阅读举措。(不超过100字)

29.下图为中国青少年发展基金会会标,请写出该标志的构图要素及其寓意,要求语言简洁通顺。(图片中黑色圆形部分在原图中为红色)

30.仔细观察下面这幅漫画,简要说明画面寓意。

专题训练八 ➡ 文学名句填空

1. 碧云天,黄花地,西风紧。＿＿＿＿＿＿＿＿＿。晓来谁染霜林醉?＿＿＿＿＿＿＿＿
＿＿＿＿＿＿。

2. ＿＿＿＿＿＿＿＿＿＿＿＿＿,千树万树梨花开。

3. 外无期功强近之亲,＿＿＿＿＿＿＿＿＿＿,茕茕孑立,＿＿＿＿＿＿＿＿＿＿＿。

4. 但以刘＿＿＿＿＿＿＿＿,＿＿＿＿＿＿＿＿＿,人命危浅,＿＿＿＿＿＿＿＿＿＿。

5. ＿＿＿＿＿＿＿＿＿＿＿＿＿,逸豫可以亡身。

6. 祸患常积于忽微,＿＿＿＿＿＿＿＿＿＿＿＿。

7. ＿＿＿＿＿＿＿＿＿＿＿＿,而不知其所止;飘飘乎如遗世独立,＿＿＿＿＿＿＿＿
＿＿＿＿＿。

8. ＿＿＿＿＿＿＿＿＿＿＿＿,羡长江之无穷。挟飞仙以遨游,＿＿＿＿＿＿＿＿＿＿。

9. ＿＿＿＿＿＿＿＿＿＿＿＿,则天地曾不能以一瞬;＿＿＿＿＿＿＿＿＿＿＿＿＿＿＿,
则物与我皆无尽也。

10. 路曼曼其修远兮,＿＿＿＿＿＿＿＿＿＿＿＿＿＿＿。

11. ＿＿＿＿＿＿＿＿＿＿＿＿＿＿,但愿长醉不复醒。

12. ＿＿＿＿＿＿＿＿＿＿＿＿＿＿,武皇开边意未已。

13. 无边落木萧萧下,＿＿＿＿＿＿＿＿＿＿＿。

14. ＿＿＿＿＿＿＿＿＿＿＿＿＿＿,长使英雄泪满襟。

15. 同是天涯沦落人,＿＿＿＿＿＿＿＿＿＿＿＿＿!

16. ＿＿＿＿＿＿＿＿＿＿＿＿＿＿,芙蓉泣露香兰笑。

17. 流水落花春去也,＿＿＿＿＿＿＿＿＿＿＿＿。

18. 问君能有几多愁?＿＿＿＿＿＿＿＿＿＿＿＿。

19. ＿＿＿＿＿＿＿＿＿＿? 杨柳岸,晓风残月。

20. ＿＿＿＿＿＿＿＿＿＿＿,＿＿＿＿＿＿＿＿＿＿＿＿＿,千古风流人物。

21. 两情若是久长时,＿＿＿＿＿＿＿＿＿＿＿＿。

22. ＿＿＿＿＿＿＿＿＿＿＿,水面清圆,一一风荷举。

23. ＿＿＿＿＿＿＿＿＿＿＿。一种相思,两处闲愁。

24. ＿＿＿＿＿＿＿＿＿＿＿,才下眉头,却上心头。

25. 楼船夜雪瓜洲渡,＿＿＿＿＿＿＿＿＿＿＿＿＿。

26. 问苍茫大地,＿＿＿＿＿＿＿＿＿＿＿＿?

27. 学而不思则罔,＿＿＿＿＿＿＿＿＿＿＿＿＿。

28. 三人行,＿＿＿＿＿＿＿＿＿＿＿＿＿＿＿。

29. ＿＿＿＿＿＿＿＿＿＿＿＿＿,＿＿＿＿＿＿＿＿＿＿＿＿,是知也。

30. 见贤思齐焉,＿＿＿＿＿＿＿＿＿＿＿＿。

31. _____,不亦乐乎?

32. _____,然后知松柏之后凋也。

33. _____,勿施于人。

34. 生于忧患,_____。

35. _____,地利不如人和。

36. _____,再而衰,三而竭。

37. _____,濯清涟而不妖。

38. _____,在乎山水之间也。

39. 不以物喜,_____。

40. _____,后天下之乐而乐。

41. 受任于败军之际,_____。

42. _____,天下为公。

43. 故天将降大任于是人也,_____,_____。

44. _____,老大徒伤悲。

45. 问今是何世,_____,无论魏晋。

46. _____,悠然见南山。

47. _____,草盛豆苗稀。

48. _____,天涯若比邻。

49. 气蒸云梦泽,_____。

50. 绿树村边合,_____。

51. 劝君更尽一杯酒,_____。

52. _____,长河落日圆。

53. 欲渡黄河冰塞川,_____。

54. 长风破浪会有时,_____。

55. _____,对影成三人。

56. _____,大庇天下寒士俱欢颜!

57. _____,城春草木深。

58. 会当凌绝顶,_____。

59. 山回路转不见君,_____。

60. 沉舟侧畔千帆过,_____。

61. _____,谁家新燕啄春泥。

62. 乱花渐欲迷人眼,_____。

63. 东风不与周郎便,_____。

64. _____,蜡炬成灰泪始干。

65. 何当共剪西窗烛,_____。

66. _____,月如钩。寂寞梧桐深院锁清秋。

67. _____,似曾相识燕归来。

68. 但愿人长久,_____。

69. _____,柳暗花明又一村。

70. 零落成泥碾作尘,_____。

71. _____,听取蛙声一片。

72. _____,两三点雨山前。

73. _____?留取丹心照汗青。

74. _____,_____,古道西风瘦马。

75. _____,百姓苦;_____,百姓苦。

76. 落红不是无情物,_____。

77. _____,原驰蜡象,_____。

78. _____,数风流人物,_____。

79. 荡胸生曾云,_____。

80. 黑云压城城欲摧,_____。

81. _____,提携玉龙为君死。

82. _____,霜重鼓寒声不起。

83. _____,恨别鸟惊心。

84. _____,凭轩涕泗流。

85. 白头搔更短,_____。

86. _____,两朝开济老臣心。

87. _____,愁云惨淡万里凝。

88. _____,衣冠简朴古风存。

89. _____,_____,沙场秋点兵。

90. 纷纷暮雪下辕门,_____。

91. 将军角弓不得控,_____。

92. 剪不断,理还乱,是离愁,_____。

93. 足蒸暑土气,_____。

94. _____,家书抵万金。

95. 浊酒一杯家万里,_____。

96. 不畏浮云遮望眼,_____。

97. _____,今夕是何年。

98. _____,童稚携壶浆。

99. 商女不知亡国恨,_____。

专题训练九 ——→ 议论文阅读

一、阅读文章,回答问题。

①"初唐四杰"堪称盛唐精神的探路者。虽然见识了太多艰辛困顿,前途未卜,种种现实无法预见的未知,但他们却以超乎寻常的坚定与执着,自由驰骋在对理想的追逐和对未来的诗意想象之中。诗歌是强化记忆的有效方式,他们通过诗歌创作,把逐梦路上的艰难困苦以及壮志豪情化作永远的记忆。

②历史为生活在那个时代的人们提供了建功立业的广阔舞台。几百年来的政治风云和民族融合,造就了唐代文化的博大与包容。文人士子渴望成才、追求功名,不论出身,无问西东。在政治风云中家道中落的旧族,因时事变幻而乘势突起的新贵,以及依靠创新制度和灵活政策而发家致富的百姓,都鼓荡起冲破现实、改变命运的万丈雄心。

③依靠门第与家世的选官原则正在被抛弃,新生的科举制度提供了依靠才学进身的仕宦途径,并带来了新的价值观念。是否科举及第已经成为人生成功与否的核心标尺。即如祖孙三代都担任最高层命令文字撰写之职的河东薛氏,到唐高宗时期担任宰相中书令的薛元超这一代,也要感喟自己未能科举出身的憾恨人生。他曾说:"吾不才,富贵过人。平生有三恨:始不以进士擢第,不娶五姓女,不得修国史。"

④科举制带来的通过个人努力改变命运的价值追求,已经深植于各阶层人士的心中。对于没有应举条件的士子来说,应募从军、立功沙场也就成为一种自然的选择。即使科举(包括各种科目)及第的文人,也都在同一个时期通过杨炯的诗句集体喊出了"宁为百夫长,胜作一书生"(杨炯《从军行》)的豪言壮语。堪称唐代第一代边塞诗人的骆宾王也写有《从军行》诗,表达了"不求生入塞,唯当死报君"的豪情壮志。

⑤"四杰"以旷达的心胸来面对辛酸的人生。我们熟悉的骆宾王,曾给主持铨选的裴行俭写诗致意,虽然感叹"轻生长慷慨,效死独殷勤。徒歌易水客,空老渭川人",但还是希望能够"为国坚诚款,捐躯忘贱贫"。他又以生不逢时的浮槎自况,一边失落地叹咏着"仙客终难托,良工岂易逢",紧接着还不忘展望一下未来,"徒怀万乘器,谁为一先容"(《浮槎》)。

⑥在那个时代,文学才华开始冲破门阀社会的传统价值体系,在文士中间受到重视。让杨炯不服气的王勃,出自儒学世家,六岁善文辞,长而好读书,"勃属文,初不精思,先磨墨数升,则酣饮,引被覆面卧,及寤,援笔成篇,不易一字,时人谓勃为腹稿"(《新唐书·王勃传》)。又如杜甫的祖父杜审言,狂妄自傲得令人称奇,《旧唐书·杜审言传》谓其"雅善五言诗,工书翰,有能名。然恃才謇傲,甚为时辈所嫉"。唐高宗乾封年间,他参加完吏部的铨选考试之后,感觉自己发挥超常,一定会令主考官苏味道在看到他的答卷后羞愧而死。

⑦以"四杰"为代表的文学史上的初唐士人,评论家们可以批评他们还缺少浑融的意蕴和秀美的风神,但是那种"健全的欲望"(闻一多语),不甘沉沦、不惧艰险的精神,却推

动了一个盛世的到来。

（摘编自刘后滨《"初唐四杰"的壮志豪情》）

1. 下列对原文论证的相关分析,不正确的一项是_____。

A. 文章首段阐释"初唐四杰"借诗歌抒发壮志豪情并化作永恒记忆,是盛唐精神的探路者。

B. 文章第②段用概述例证的方法,论证了博大包容的唐朝文化为各色人等提供了广阔舞台。

C. 文章第④段引述杨炯《从军行》诗句,意在阐释从军戍边、立功沙场是士子的必然选择。

D. 文章采用了提出问题—分析问题—解决问题的论证思路,论述脉络清晰,思维缜密。

2. 下列对原文论证的相关分析,不正确的一项是_____。

A. 文章列举薛元超一例,论证了非科举及第的人生是不成功的,分析具体,有说服力。

B. 文章论证"四杰"心胸旷达,引用了骆宾王的诗句,分析紧扣第①段,结构严谨。

C. 文章从多方面分析了"初唐四杰"产生壮志豪情的原因,论证结构十分清晰。

D. 文章没有否定评论家们对"四杰"缺少浑融意蕴和秀美风神的评价,分析客观中肯。

3. 下列对原文论证的相关分析,不正确的一项是_____。

A. 文章第③段分析了新生的科举制度为文人提供了靠才学进身的仕宦途径及其所起的作用。

B. 文章第⑥段论证分析了文士们的文学才华开始冲破门阀社会具有的传统价值体系。

C. 文章采用了例证法、引证法、比喻论证、对比论证等论证方法,且旁征博引,例证丰富。

D. 文章第⑦段借助闻一多的话,意在阐释"初唐四杰"对于盛唐时代到来的推动作用。

二、阅读文章,回答问题。

20 世纪 80 年代,经济体制和政治领域改革的推进,释放了社会活力,使开放和创造成为时代的主题。西方文化思潮相继涌入,在各个领域跃跃欲试,意图开疆拓土。寻根与西化,个体经验的回归与对现实关注的恋恋不舍,知识分子的昂扬与失落,构成了内涵繁杂的时代情绪图景。在这样的情绪氛围中,流行音乐刚一露面便显示出略显怪异的整体风格,温婉低回的柔情絮语,沧桑慷慨的西北豪情,悔恨煽情的囚中悲歌,广博深沉的大爱情怀,高亢苍凉的莫名绝望,呈现出纷繁复杂的面貌。复杂凌乱的开篇,正是新时期流行音乐元气旺盛的表现。在看似分裂的局面背后,表达着流行音乐面向普通人的情欲,在普通人的情绪体验中创立门户的诚恳愿望。另一方面,文以载道的正统观念,对无所指涉的个体情怀浅唱低吟和反复玩味,还不能完全接受。而年轻人又往往过于心急,迫不及待地弃旧扬新。新旧冲突持续升温,现在看来那些过于古典化的表现形式都被视为禁忌,为主流所压制。原本温和亲切的流行音乐被迫蒙上"反抗"的特质,带着摇滚音乐的精神气质,几乎成为年轻人的专属标签。

局面一经铺开,在缤纷繁杂的90年代,市场经济的趋势已不可扭转,人们在日益浓厚的商业化氛围中变得精明,世故,对个体的关注多于对外界的关心,对宏大叙事、深沉情感渐渐失去了兴趣。加之主流和意识形态对流行音乐逐步放松了掌控,流行音乐逐渐忘记反抗与顺从,模糊了主流与叛逆,专注在自己的领地里深耕细作。对主题挖掘得更加深刻细致,情绪抒发得更加淋漓尽致。禁锢的闸门突然敞开,意气风发之下难免把各种情绪想象得过于浓烈,一切都追求极致,难免有过度演绎的嫌疑。似乎不到十二分饱满不足以填平人们过于强劲的情感黑洞。戏剧化、类型化是这一时期流行音乐的一致倾向,"眼泪、痴情、背叛、伤害、寂寞、柔情蜜意"等响亮字眼随处可见;追求饱满情绪、完整叙事和充分抒情,对流行音乐的表达带着"玩赏"的意味。

21世纪流行音乐不可避免地卷入文化工业的洪流中。商业化运营模式与生俱来带着媚俗和悦众的逻辑,与缺乏深刻追求的时代情绪一拍即合。人们对叙述、抒情已经失去了耐心,开始满足于文化工业提供浅淡轻松的情绪片段。年轻听众成为支撑流行音乐发展的主力,他们在商业化、娱乐化的缝隙里,随遇而安地寻找碎片化的情感慰藉,从中汲取营养,生长经验。流行音乐对于他们而言不再是消遣,更像是日常生活的一部分,触及生活的各个角落。流行音乐与这一时代年轻人的体验和情感想象相互依存,互相渗透,变得精致,琐碎,亲切而浅薄。

过度娱乐化的商业模式将流行音乐浅薄的一面推向极致,甚至成为恶作剧式的游戏。但流行音乐被年轻听众垄断的时代已经一去不复返,如今它已成为各阶层如影随形的情绪映照,沉淀可以算是丰厚渊博。如果不过分挑剔,它几乎可以涵盖普通人情感体验的方方面面。所以当年轻人过分放纵的音乐习惯不能抚平所有人的挑剔时,有人开始转向繁芜丛杂的存货里,寻找可用的题材和情绪,加上时代的花边和点缀,改头换面推向听众。一些埋藏已久的流行歌曲在各类选秀节目中被重新传唱,退居幕后的歌手们也频频亮相,部分老歌经过重新演绎后获得新的生命。在人人参与、人人歌唱的民主氛围里,听众和流行音乐实现了前所未有的亲密交流,听众的选择促使流行音乐回归到叙述和抒情的轨道里。一种复古的潮流在21世纪最初十年暗流涌动。这是流行音乐应对创造力衰退的便捷手段,也预示着听众在流行音乐审美上逐步走向成熟。

(摘编自夏建平《当谈流行音乐时我们在谈什么》)

1. 下列关于原文内容的表述,不正确的一项是_____。

A. 80年代,改革开放之际,经济、文化、政治改革在各个领域不同程度推进,释放出社会活力,开放和创造成为这一时代的主题旋律。

B. 在繁杂的时代情绪氤氲中,流行音乐刚一露面,便呈现出纷繁复杂的面貌。这种凌乱的开篇,正是新时期流行音乐元气旺盛的表现。

C. 流行音乐对无所指涉的个体情怀浅唱低吟和反复玩味,表达着面向普通人的情欲,诚恳希望在普通人的情绪体验中创立门户。

D. 流行音乐不被正统观念完全接受,年轻人弃旧扬新,新旧冲突持续升温,过于古典化的表现形式被视为禁忌,流行音乐被迫蒙上"反抗"的特质。

2. 下列理解和分析,不符合原文意思的一项是_____。

A. 90年代的流行音乐逐渐忘记了反抗与顺从,模糊了主流与叛逆,专注在自己的领地里深耕细作,一切都追求极致,显得有点过度演绎。

B. 90年代的流行音乐,一方面"眼泪、痴情"等字眼随处可见;另一方面饱满情绪、完整叙事和充分抒情,表达着玩赏的意味,表现出戏剧化、类型化的倾向。

C. 当人们在市场经济的商业化氛围中,越来越关注个体,当文化和意识形态对流行音乐逐步放松了掌控时,流行音乐意气风发,把各种情绪想象得过于浓烈。

D. 在媚俗和悦众的商业化运营模式和缺乏深刻追求的时代情绪下,21世纪的流行音乐失去对叙述、抒情的耐心,而满足于文化工业提供的浅淡轻松的情绪片段。

3. 根据原文内容,下列分析和判断不正确的一项是_____。

A. 在商业化、娱乐化的缝隙里,年轻人随遇而安地寻找碎片化的情感慰藉,从中汲取营养,生长经验,流行音乐已经成为他们日常生活的一部分。

B. 一些埋藏已久的流行音乐被重新传唱,退居幕后的歌手重出江湖,这些存货被改头换面地推出,于是流行音乐成为各个阶层如影随形的情绪映照。

C. 流行音乐从浅薄娱乐到回归叙事和抒情的轨道,这种复古的潮流是流行音乐应对创造力衰退的便捷手段,也预示着听众在流行音乐审美上逐步走向成熟。

D. 纵观80年代以来的中国流行音乐发展过程,我们可以发现,时代的发展影响着音乐的风格和情绪的表达,音乐不会独立于社会物质之外。

三、阅读文章,回答问题。

唐宋时期,没有专业的诗人。文人士大夫的"专业"就是做一个"士"。孔子说:"士志于道。"士的使命就是探究、施行和维护天道。"天道"就是自然万物与人间社会的基本规则。

天道太高,理性有限的凡人怎能得知?一是借助"民意",一是靠士来探究。世世代代的士人这样做,便形成了文化传统,在中国就是儒家。社会的治理,有世俗政权,而政府应遵行天道。这时士的作用就体现出来了,他们进入政府,提出建议,纠正错误,目的是将这个追求私利的政治集团引导到遵从天道的轨道上来。

世俗政权与士之间并不一定合作得好。政府"有道""无道"的简单标志就是愿不愿意或能不能与士合作。对士来说,"天下有道则见,无道则隐"。陶渊明是"无道则隐"的经典。他曾五次出仕,是因心有不甘,不愿轻易断定天下无道。当他最后一次失望时,就义无反顾地归隐田园,纵然穷困,也不再"见"。

孔子虽说"无道则隐",但他自己却积极入世,宁愿颠沛流离到列国辛苦游说。孟子说:"天下有道,以道殉身;天下无道,以身殉道。"儒家圣贤以自己的辛劳与生命,知其不可而为之,拯救天下于无道。士进入政府,通过进谏匡正政治缺失,纠正政治领导人偏离天道的错误,这就是谏议制度。

有文字记载的谏议制度创始于周,经汉代成形,到唐宋发展成熟。唐代,未有一个谏官因言被诛。宋太祖则直接将"不得杀士大夫及上书言事人"的"秘密誓约"刻在石碑上,并警告子孙不得违背。这样才能创造"有道则见"的环境,谏议制度才能发挥真正的功效,而不是一个摆设。谏官就是监察皇帝的。如果皇帝和严肃的政治都可以批评,作为文化副产品的诗词又会有什么禁忌?

所谓的诗人词人们其实是活跃在唐宋政治舞台上的士大夫,他们中的大多数人都担任过谏官。如唐代的陈子昂、李白、杜甫、白居易、杜牧等,宋代的范仲淹、欧阳修、司马光、苏轼、王安石等。他们自幼受到士人"以身殉道"的教育。士的精神超越了世俗的利益和权力,也超越了最大的权力——世俗政权。

"士志于道"的最直接表现是进谏。进谏就是行道。士大夫们有着维护谏议制度的高度自觉。他们通过进谏匡君而使道行,百姓安康,社会繁荣,士就有最大的成就感。他们认为,天下虽由一家一姓统治,但从天道的角度看,天下是大家的。不管世俗政权有道无道,这天下都是需要担忧的。天下是他们的视野,"君"和"民"都在天下之中。他们有关怀天下、以天下为己任的豪情。关怀天下,就是关怀天下苍生,视民如伤。有天下情怀,思绪和想象才能在天地间自由驰骋,才会有风流千古的诗篇。

士大夫们也未必能完全参透天道。苏东坡说:"台谏固未必皆贤,所言亦未必皆是。"台谏也是凡人,也可能犯错误,在与皇帝、宰相和百官的互动中,就不会百战百胜。因而遭受挫折乃至贬谪,也在意料之中。甚至明知如此,也不会回避自己的责任。贬谪使士人们经历了宦海浮沉,让他们反省自身,精神升华,同时激发出诗词灵感。我们所熟知的著名诗人、词人几乎都有被贬谪的记录。反过来说,这正是他们的光荣。这正说明他们曾发出击中要害的谏言,有知其不可为而为之的勇气,为维护天道付出了自己应有的努力。既能"以身殉道",就会无畏和勇敢。勇敢与无畏可以增加诗词的豪气。

唐诗宋词很美。其实,辞藻排列,终要有精神点睛。那就是士人们心怀天下、傲视君王、替天行道、关爱苍生的精神。

(节选自盛洪《能不忆唐宋?》,有删改)

1. 下列对"士志于道"的理解,正确的一项是_____。

A. 唐宋时期的文人士大夫们替天行道,肩负着探究、施行和维护天道的重大使命。

B. 士人进入政府,建言进谏,就能匡正缺失,把世俗政权引导到遵行天道的轨道上。

C. 如果政府"有道",士就参政进谏行道;如果政府"无道",士只能退出或归隐。

D. 因为唐宋时期不杀谏官,所以士人们勇敢无畏,敢于直谏,批评皇帝,不惧生死。

2. 根据原文内容,下列表述不正确的一项是_____。

A.《归去来兮辞》是厌恶官场、归隐田园的宣言。当陶潜最后一次失望时,他已断定"天下无道",毅然归隐。

B. 韩愈《左迁至蓝关示侄孙湘》首联反映了那些心怀天下的谏官直言进谏、因言获罪、遭受贬谪的历史事实。

C. 在"欲为圣明除弊事"一句中,韩愈称"皇帝"为"圣明",说明其在精神上仰视着唐宪宗。但为了天下万民,他敢于犯颜直谏。

D. 杜甫《茅屋为秋风所破歌》篇末体现了诗人心怀天下、视民如伤的天下情怀和对天下苍生的伟大关照。

3. 下列理解和分析,不正确的一项是_____。

A. 孔子虽主张"无道则隐",但他自己却积极入世,知其不可为而为之,体现出士人以天下为己任的情怀。

B. 文中列举陈子昂、李白、范仲淹、欧阳修等人的例子,意在论证他们自幼受到士人"以身殉道"的教育。

C. 唐宋谏官维护谏议制度,通过进谏匡君而使道行,不回避责任,即使被贬谪,也视贬谪为历练和荣光。

D. 唐诗宋词之美,不仅仅表现在辞藻排列上,更表现在诗词中蕴含着的"士志于道"的精神和天下情怀。

四、阅读文章,回答问题。

"文化焦虑"弥漫当前社会

杨福泉

①一种浓郁的"文化焦虑"弥漫在当代中国社会。随着国门的打开,以西方文化为主体的外来文化通过各种渠道不断涌向中国。城市和乡村里的很多历史文化遗产以及大量的人文景观随着"旧城改造"和农村模仿城市的时尚建设而不断消失。于是,有越来越多的专家学者和各界人士呼吁保护中华民族的传统文化,保护历史文化遗产,传承中华民族的传统文化。这种"文化焦虑"中有深沉的反思和忧患意识。

②当下,"文化焦虑"和"文化忧患"促使一批专家学者致力于传统文化的复兴和教育,但他们过分片面地把中华民族文化等同于汉文化甚至一些儒家古典文化,特别是片面地把所谓的"国学"指称为中华民族传统文化的全部。一说到中国文化,言必称"国学",视野局限在孔孟儒家之学和"四书五经"等汉文典籍上,把中华民族传统文化教育等同于进行一些儒家古代典籍的教育,不遗余力地在大中小学里进行所谓的"国学教育"。各种"国学研究会""国学研究院"和"孔子学院"纷纷问世。有的学者鼓吹:应该让包括"四书五经"在内的传统经典尽早回到中国中小学课堂。他们希望政府尽早启动这项影响中国前途和命运的改革工程,尽早颁布法律,肯定传统文化经典在基础教育中的地位。

③对中华民族文化的认同并不完全等同于对传统的汉文化的认同。鲁迅、胡适等一批中国新文化运动的先驱,早已经看到了以"四书五经"等为载体的中国汉学典籍中的大量糟粕,所以才振臂呼唤引进"德先生"(民主)和"赛先生"(科学)。新文化运动使中国博采众长,吸收了西方的科学和民主精神,才创新而形成了绵延至今的中国新文化。如果依旧拘泥于儒家典籍的故纸堆中,不知今天的中国文化会是一个什么格局。

④当今的中华民族文化,应该是一个整合了56个民族优秀的传统文化的整体,当代中华文化应该有一个广采博纳的大气魄,我国各民族应该相互借鉴,互补共生。而如果仅仅聚焦在一些汉学典籍和孔孟之学上,将它视为中华文化的全部,漠视其他民族的文化和汉族民间文化,那只会陷于抱残守缺的民粹主义和狭隘的文化保守主义的误区,不可能建构起中国56个民族都认同的文化意识和中华民族的文化凝聚力,不可能形成"各美其美,美美与共"的文化格局和气度。

⑤任何一个民族和国家,应该有一种宽广的视野和博大的胸怀,应该有世界眼光、全球眼光,谦虚好学。当年鲁迅、胡适这一代中国精英大力引进西方文化的"德先生"(民主)和"赛先生"(科学)等,催生了中国的新文化运动,全面改革了中国的教育内容和体制机制,裨益了当今无数的中国人,培养了很多能与世界对话和竞技的现代中国知识精英。如今,我们在为国忧心、为族忧患的"文化焦虑"中,不能把眼光仅仅盯在自己已有的文化传统上,老想着要不分良莠地一股脑继承过去的文化传统。

⑥任何一种文化,只有如活水长流,才会有生命力。"文化焦虑"促使我们忧患和反思,但我们的这种焦虑,应促使我们有准确理性的"文化自觉",催生不失根本而又汇聚百川、广采博纳的当代中华民族文化。

(摘编自《人民论坛》)

1. 当下传统文化的复兴和教育存在误区,下列不属于"误区"的一项是_____。

A. 把中华民族的传统文化等同于儒家古典文化。

B. 把"国学教育"等同于儒家古代典籍的教育。

C. 把历史文化遗产等同于中华民族的传统文化。

D. 把"国学"等同于中华民族传统文化的全部。

2. 下列理解和分析,不符合原文内容的一项是_____。

A. 外来文化的不断涌入,使中国城乡的很多历史文化遗产以及大量的人文景观不断消失。

B. 当下中国传统文化的复兴和教育是在"文化焦虑"和"文化忧患"的大背景下进行的。

C. 鲁迅、胡适等催生了中国的新文化运动,他们是有着宽广视野和博大胸怀的中国精英。

D. 任何一种文化,如果只是一味地自恋,抱残守缺,不会广采博纳,那就无法得以发展。

3. 下列分析,不符合原文内容的一项是_____。

A. 外来文化的涌入是"文化焦虑"产生的原因之一,且这种"文化焦虑"弥漫在当代中国社会,表明中外文化之间在某种程度上形成了冲突。

B. 诸多专家学者对待中华民族传统文化的态度是保护、传承,缺少学习、创新,这说明他们的"文化焦虑"和"文化忧患"有局限性。

C. 从新文化运动的成果和影响来看,当代具有"文化焦虑"感的专家学者们应该学习鲁迅、胡适等一批新文化运动先驱的眼光和意识。

D. 中华民族文化是一个整合了各民族优秀的传统文化的整体,因此,专家学者应致力于儒家文化及其他民族优秀传统文化的复兴和教育。

五、阅读文章,回答问题。

人与人之间要交往和相处,必须建立各种规则体系。道德就是人类为了和谐共处、各得其所而建立的规则体系。在道德规则体系中,道德基准是最基本、最起码的标准,凝聚和体现着社会共同体成员的道德共识。一个人认同社会共同体普遍信奉的道德基准,并习惯于遵守和践行这个道德基准,他就具备了在这个社会共同体中生活的基本德行。道德基准至少应符合三个条件:一是与其所处时代的社会生活、社会关系的基本结构和基本生活方式相适应;二是为社会成员所认同,并且简单、易知、易行,可以为每一个社会成员所践行;三是可以作为基本参照,用来审视和规定其他道德规则或标准,用来评判和确认一个人的基本德行。

社会发展阶段不同,相应的道德基准也会有所不同。现代社会与传统社会具有完全不同的特点:首先,工业化大生产、市场经济以及经济全球化的发展,使得传统的相对封闭、自给自足的田园生活方式成为历史记忆。人们的生产生活资料主要不是从家庭获得,而是从市场上获得,从而导致自然经济条件下的家长主导制瓦解。其次,个人脱离家庭作为独立个体走向社会,并取代家庭成为最基本的社会细胞。人与人的横向关系成为现代社会关系的主导,以父子纵向关系为主导的传统社会关系被取代。再次,国家不再像传统社会那样由家或家族组成,而是由公民组成,个人以独立的身份与其他个人、社会、国家发生关系。

在我国古代社会,农耕自然经济是人们的基本生产和生活方式,家庭是最基本的社会细胞,父子关系是家庭中最重要的关系,从生到死生活在一起的熟人圈子是人们交往的基本范围,宗法等级制度下的风俗习惯制约着人们的绝大部分行为。在这样的社会条件下,"孝"被确立为社会的道德基准。我们的先人把这一道德基准贯彻到道德规范体系、法律规范体系以及官吏的任免之中,这是中华传统文化的一个鲜明特色。近代以来,我国社会发生了翻天覆地的变化。特别是中华人民共和国成立、实行改革开放和发展社会主义市场经济,使中国从传统农耕社会快速发展成为现代社会,社会的基本结构、生产和生活方式都发生了深刻变化。在这种情况下,社会道德基准也必然相应地发生变化。

确立现代社会的道德基准,对于推进社会主义道德建设、提高社会道德水平具有十分重要的作用。社会主义核心价值观体现了当代中国全体公民的社会价值共识。其中,着眼于公民个人层面的"爱国、敬业、诚信、友善",体现我国公民的基本价值追求和道德准则要求,彰显个人的价值主体地位,回答了人们处理与他人、社会和国家之间的关系应秉持什么样的道德标准、价值取向,是现代社会人们应当遵循的道德基准。社会主义核心价值观所确立的道德基准,不仅集中体现了中华民族传统美德,也是我们党对马克思主义公民道德的新发展。当前,我们要将社会主义核心价值观所蕴含的道德基准融入现实社会生活,让现代社会的道德基准具有旺盛生命力和强大行为规范力。

(摘编自焦国成《确立现代社会道德基准》)

1. 下列关于原文内容的理解和分析,正确的一项是_____。

A. 现代社会生产生活资料不再从家庭获得,导致自然经济条件下的家长主导制瓦解。

B. 在制定道德、法律规范及官吏任免中贯彻"孝",是中华传统文化的一个鲜明特色。

C. 由于现代社会和传统社会具有完全不同的特点,所以它们的道德基准也完全不同。

D. 社会主义核心价值观体现当代中国公民社会价值共识,是现代社会新的道德基准。

2. 下列对原文论证的相关分析,不正确的一项是_____。

A. 文章以人与人之间交往必须建立规则体系为前提,论述了道德体系的道德基准问题。

B. 文章运用对比的方法阐述了现代社会的特点,指出我国社会道德基准变化的必然性。

C. 文章先概述"新""旧"社会差异,再阐明我国情况,由一般到特殊,逻辑顺序清楚。

D. 与发掘社会主义核心价值观的意义有关,文章着重论述了构建新道德基准的可行性。

3. 根据原文内容,下列说法不正确的一项是_____。

A. 一个人如果能够认同、遵守、践行人们普遍信奉的道德基准,就具备了基本的德行。

B. 现代社会个人地位得到凸显,因此,制定并践行着眼于公民个人的道德基准尤为重要。

C. 由于个人取代家庭成为最基本的社会细胞,中国从传统农耕社会发展成为现代社会。

D. 道德基准只有融入现实社会生活,才能推进社会主义道德建设,提高社会道德水平。

六、阅读文章,回答问题。

晋商为何能成功

晋商是明清时期活跃在中国大地上的一支强劲的商业团队,他们之所以能够从卖豆芽、卖豆腐这样的小本生意发展成为雄霸全国的商业巨擘,关键在于他们能够恪守自己的原则,坚持信誉至上的理念。梁启超感慨地说:"鄙人在海外十余年,对于外人批评吾国商业能力,常无辞以对。独至此,有历史、有基础、能继续发达的山西商业,鄙人常以之夸于世界人之前。"晋商守信用,那么晋商的信用到底表现在哪些方面呢?

我国传统社会有长达上千年的抑商、鄙商传统,其中不乏"君子喻于义,小人喻于利"的圣贤高论,也有"无商不奸"的俗语。在民间流传的传奇、小说、戏剧等文学作品中,也无不充斥着对商人重利轻义、逐利舍情行为的刻画和批判。明清晋商以立人为先,强调诚信为本、利以义先,诠释了义与利不相斥反兼容相通的道理,树立了商人群体良好的人格形象。

晋商为长途贩运商,后来又发展为票号商人,经营范围十分广泛。既然要利以义先,首先,要做到取利有道,要"公道待人""童叟无欺",要"勤俭为先";其次,利要服从义,要为义舍利。在此举两个典型事例:其一,光绪初年,山西连续遭灾,以致饥民饿死。祁县商人乔致庸率先开仓放粮,县里其他富商群起效仿。结果祁县死人、逃亡人数为各县最少。其二,清末民初,国难当头,晋商募捐100多万两白银,赎回矿权,还积极筹办保晋公司,并认购20万股,为全国各地纷起的保矿运动带了头。晋商积极参与保矿运动,使得商人的忠义人格永远载入中华民族御侮自强的辉煌史册。

山西商人在为人之道上也表现了诚实忠厚的一面。他们认为和为贵,凡事不做过分,不做法外生意,讲求以诚待人,和气生财。有关晋商忠厚待人的故事有很多。

晋商认为诚信不欺是经商长久取胜的基本因素,所以把诚信看得高于一切。经商"虽亦以营利为目的,凡事则以道德信义为根据……故力能通有无……近悦远来"。他们深知只有讲信誉,重然诺,不欺不诈,人们才乐于跟他们交易。商业盈利靠商品的质量和服务态度来取得,永保信誉才能成功。一旦信誉丧失,必然招致失败。他们在经商活动中总结了许多有关经商诚信的商谚,如"宁叫赔折腰,不让客吃亏""买卖不成仁义在""售货无诀窍,信誉第一条""秤平、斗平、尺满足"。许多老店、大店在店堂悬挂着"货真价实"和"童叟无欺"的条幅,是店铺对顾客的承诺。可见,诚信不欺是山西商人在经营活动中严格遵循的信条。祁县富商乔致庸把经商之道排列为:一是守信,二是讲义,三才是取利。在山西商人中讲信誉的商人和商号比比皆是,如盂县人张炽昌,"贸易关东,与人然诺,坚如金石,一时侪辈推为巨擘";洪洞人王谦光经营山东盐时,不少人重利忘义,欺骗顾客,太看重利润,唯独王谦光行商不欺,诚恳忠厚,深得顾客信赖,所以生意兴隆。

晋商信用也体现在会馆的建立上。可以说会馆是以地缘为纽带,体现晋商信用的一个行会组织,也是同乡人在异地建立的一种社会组织。京师是全国政治、经济、文化中心,晋商为活动方便而设会馆于京师。随着晋商经济活动在全国范围的普及,山西会馆也随之分布于全国各地。会馆的作用也体现了晋商的信用:敦睦谊,联感情,本着相互信任、相互帮助的原则以谋求共同的利益。当同乡人有困难时,会馆义无反顾地给以帮助。会馆每年都要拿出一些经费作为无依无靠的贫苦同乡生病或死亡后补助或丧葬之用,并且设有一处或数处"义园",作为同乡死后停灵埋葬之用。

会馆还是祭祀关公、财神及本行土神的场所。山西商人最为仰慕敬重关圣。他们不仅在店铺和家中供奉关圣,而且在各地的山西商人会馆中为其修殿供奉。所以,在各地的山西商人会馆中规模最为宏伟的建筑就是关圣的神殿,甚至有的地方把山西会馆修建成关帝庙的形式。从中,足见关圣在商人精神世界里的作用和地位。

1. 下列对"山西会馆"的理解,表述符合原文意思的一项是_____。

A. 山西会馆是以血缘为纽带在异地建立的一种行会组织,尽管它不是严格意义上的党派组织,但它从另一个侧面体现了晋商的信用。

B. 山西会馆是由票号组织发展演化而成的,目的在于加强做生意的组织性,哪里的政治、经济比较活跃,会馆就建立在哪里。

C. 山西会馆的作用与商人乔致庸开仓放粮的初衷一脉相承。哪里有需要帮助的饥民,哪里就会有会馆的身影。

D. 山西会馆里都供奉着关公像,因为关圣是晋商的精神支柱,可以用来团结同仁,号召同行,摈弃不良动机。

2. 下列不属于晋商取得历史性成功的原因的一项是_____。

A. 坚持信誉至上,重然诺,不欺诈,并始终恪守诚信为本的经商准则。

B. 始终坚守"君子喻于义,小人喻于利"的圣贤教诲,重义轻利。

C. 以立人为先,以义利兼容建立起了商人群体的良好人格形象。

D. 信在义先,利在义后,以诚取信,先义后利,是晋商严格尊奉的商业信条。

3. 下列对原文内容的分析与推断,不恰当的一项是_____。

A. 在农业文明中创造了令世人瞩目的商业奇迹的明清晋商,其实是从卖豆芽、卖豆腐这样的小本生意起家的。

B. 太看重利润,疏忽商品质量和服务态度,早晚会丧失自己的信誉,而信誉一旦丧失,经商一定不会成功。

C. 经商只要能像晋商那样讲诚信,重义轻利,就一定能创造他们曾经取得的辉煌成绩,创造历史。

D. 晋商的活跃时间之长、辐射范围之广、经营项目之多、从业人数之众,在世界商业史上都是罕见的。

七、阅读文章,回答问题。

儒家的重义轻利,是不言私利,反对见利忘义,不想因利而害义的观点。从孔子的"富与贵,是人之所欲也""贫与贱,是人之所恶也"(《论语·里仁》)中也可以看出,孔子不反对"求富""恶贫"的观点。孟子重"义"轻"利",提倡"以义为先,不必曰利"的观点,也阐明了人们在待人接物中,只有先讲求了"义",才可追求没有副作用的大利的道理。后来董仲舒讲的"仁人者,正其道不谋其利"与朱熹讲的"必以仁义为先"也都是这个道理。

因此,关于人的利欲问题,儒家诸子欲于其中找到一个平衡的支点,那就是重义轻利、以义为先。其主旨就是主张在合乎"义"的前提下,去取得正当的、更长远的、更大的"利",从而在这个支点的基础上平衡社会的利益关系,进而发展出一套修身治国之道。由此可见,孟子的义利观着实开创了义与利理论的新篇章,为后世儒家诸子"义"的学说的生生不息奠定了基础。

中国儒家"义"的思想千年不衰,其中必然有值得我们当世借鉴的理论。虽然有人认为儒学只是农业文明的产物,是过时的东西,如同"义"这种准则性的学说于当世已经没有价值,但是这些人忽略了儒学对我们民族性格、生存处世方式的潜移默化的影响。因为没有人文精神的陶冶,社会的发展可能是畸形的。孟子大义为先的思想,激励着近代革命人士为民族大义前赴后继、舍生取义,让民族于危难中重义轻利,不论是在反封建的斗争中还是在反侵略的民族解放战争中,重"义"的思想已然成为中国人血液中的因子,融入危难之时的志士心中。这些思想精华,在中华民族的历史发展进程中,逐渐凝结和升华为"见义勇为、大义为先"以及"先天下之忧而忧,后天下之乐而乐""天下兴亡,匹夫有责"的浩然正气。

然而,当今社会中一些人在价值观念上产生混乱,这些人金钱至上,弃精神道义于不顾,发不义之财,得不义之利。此类以利为上的功利主义,是一种缺乏诚信、道义的危险信号。

对于生活在和平时期的我们,我们的"义利观"应该与时俱进,在现实社会中,我们应该欣赏、钦佩并推崇重义轻利、舍生取义的行为。退一步讲,我们在生活中面对"义"与

"利"的冲突时,应该合理地平衡这两者的关系,把"义"放在首位,以义统利。毕竟"好义"和"欲利"是两种人性,其中虽有交集但并不是不可共存。于个人而言,正确地看待和处理义和利的关系是做人、立身的大事,我们不可陷于个人的利欲之中,为人处世应见利思义,应在道德与利益的抉择中站到"义"的一方。

正如《礼记纂言序》讲"其截然而裁制也,谓之义"。对于此处之"义",我认为,截然者,乃界限分明之意;裁制者,乃束缚之意。"义"于我们,更多的应是一种道德的准则与精神上追求的目标,有了"义"的准则约束,我们在"利"的道路上才不会迷失自我。朱子《大学章句序》中说"及孟子没而其传泯焉,则其书虽存,而知者鲜矣",或许也是在表达后世的人们对经典的理解越来越浅薄,知者已鲜矣。而《大学》的结语又重在义利之辩,颇具深意。或许我们着实需要铭记《大学》的结语,"国不以利为利,以义为利也",由是则使国人以义为先、见利思义;由是则得以国泰民安而天下平;由是才可以实现"明明德于天下"。我们当今需要传承与发展儒家文化"义"中以仁义为先、利益在后的精华思想,让"义"成为我们的行为准则,用"义"这种价值观来引导社会稳步发展,这无疑对当世具有一定的指导与借鉴意义。

(摘编自杨喆《义者,宜也——对孟子义利观的思考》)

1. 下列关于原文内容的理解和分析,正确的一项是_____。

A. 在孔子看来,追求富有和高贵的地位,厌恶贫穷和低贱的地位,是由人的本性决定的,合情合理,不主张"重义轻利"。

B. 孟子重"义"轻"利",提倡"以义为先,不必曰利",是否定人求"利",认为"义"与"利"发生矛盾时,应该舍"利"。

C. 董仲舒的"仁人者,正其道不谋其利"与朱熹的"必以仁义为先"都阐明了只要先讲求了"义",就可追求大利的道理。

D. 儒家强调的义利观,可以引导人们在协调自己与他人、个人与社会、个人与国家的关系时找到一个平衡义与利的支点。

2. 下列对原文论证的相关分析,不正确的一项是_____。

A. 文章首段提及孔子关于"富贵"与"贫贱"的言论,旨在阐明儒家并不是杜绝求利的欲望,一味追求义的。

B. 文中先贤们有关"义""利"的观点,内容不尽相同,但都论证了在利欲问题上,儒家倡导重义轻利、以义为先。

C. 文章论述近代革命人士舍生取义之举,为阐述儒家义利观对我们的民族思想性格、行为方式的深远影响提供了例证。

D. 文章运用例证法、引证法,从儒家义利观对各时期人们的不同影响的角度,论述了人们对经典的理解越来越淡薄。

3. 根据原文内容,下列理解和分析不正确的一项是_____。

A. "先天下之忧而忧,后天下之乐而乐""天下兴亡,匹夫有责"这些名句,体现了儒家的义利观。

B. 现代的人们应该理解、继承和发扬儒家的义利观,从而在思想行为中避免唯利是图,践行以义为先。

C. 儒学对我们民族性格、生存处世方式有着潜移默化的影响,我们在日常生活中都会自觉地遵守它。

D. 当今社会,我们不能片面地理解儒家的义利观,鄙视那些追求正当物质财富和社会地位的人们。

八、阅读文章,回答问题。

走向生态城市

城市走生态化发展之路,为城市发展提出了明确的目标——建设生态城市。"生态城市"是在联合国教科文组织发起的"人与生物圈"计划研究过程中提出的一个概念。它的内涵随着社会和科技的发展,不断得到充实和完善。生态城市现已超越了保护环境即城市建设与环境保持协调的层次,融合了社会、文化、历史、经济等因素,向更加全面的方向发展,体现的是一种广义的生态观。

城市生态化发展到一定阶段,将出现生态城市。简单地说,生态城市是社会和谐、经济高效、生态良性循环的人类居住区形式,自然、城市、人融为有机整体,形成互惠共生结构。生态城市的发展目标是实现人—自然的和谐(包含人与人和谐、人与自然和谐、自然系统和谐三方面内容),其中追求自然系统和谐、人与自然和谐是基础、条件,实现人与人和谐才是生态城市的目的和根本所在,即生态城市不仅能"供养"自然,而且能满足人类自身进化、发展的需求,达到"人和"。

从生态哲学角度看,生态城市的实质是实现人—自然的和谐,这是生态城市价值取向所在,只有人的社会关系和文化意识达到一定水平才能实现。从生态经济学角度看,生态城市采用有利于保护自然价值,又有利于创造社会文化价值的生态技术,建立生态化产业体系,实现物质生产和社会生活的生态化,太阳能、水电、风能等绿色能源将成为主要能源形式。从生态社会学角度看,生态城市的教育、科技、文化、道德、法律、制度等都将"生态化"。从城市规划学角度看,生态城市空间结构布局合理,基础设施完善,生态建筑广泛应用,人工环境与自然环境融合,城市景观成为城市文化的空间构成与表现。

生态城市与传统城市相比,有本质的不同。主要有以下几大特点:

和谐性。现在人类活动促进了经济增长,却没能实现人类自身的同步发展,生态城市是营造满足人类自身进化需求的环境,充满人情味,文化气息浓郁,拥有强有力的互帮互助的群体,富有生机与活力。文化是生态城市最重要的功能,文化个性和文化魅力是生态城市的灵魂。

高效性。生态城市一改现代城市"高能耗""非循环"的运行机制,提高一切资源的利用效率,物尽其用,人尽其才,物质、能量得到多层次分级利用,废弃物循环再生。

持续性。生态城市是以可持续发展思想为指导的,兼顾不同时间、空间,合理配置资源,公平地满足现代与后代在发展和环境方面的需要,不因眼前的利益而用"掠夺"的方式促进城市暂时的"繁荣",保证其发展的健康、持续、协调。

现代城市与生态城市相比,有很大差距,不能因此而认为生态城市是一种尽善尽美、不可实现的理想乌托邦。现代城市到生态城市可能是个很漫长的发展过程,需要好几代人的努力。

面向新世纪,人类的取向和选择必然是生态化。城市走生态化发展道路、建设生态城市是历史发展的必然趋势。建设生态城市离不开创造性的规划设计,创造性的规划设计需要前瞻性的理论指导。开展对生态城市的研究成为城市规划研究的前沿课题。因为传统的城市规划价值观是"反自然"的,与生态城市价值观是相悖的,有必要在新的生态价值观指导下对当前城市规划理论进行根本性变革,系统地研究生态城市理论、原理及其规划设计方法、手段、技术等一系列问题。

1. 下列对"生态城市"的理解,不正确的一项是_____。

A. "生态城市"体现的是一种广义的生态观,与传统城市相比,它的主要特点是和谐性、高效性和持续性。

B. "生态城市"是城市生态化发展的条件之一,是社会和谐、经济高效、生态良性循环的人类居住区形式。

C. "生态城市"不仅能使自然系统和谐、人与自然和谐,而且能满足人类自身发展的需求,实现人与人的和谐。

D. "生态城市"要求人们在城市建设中,要融合社会、文化、历史、经济等因素,向更加全面的方向发展。

2. 下列对文中画线句的理解,不正确的一项是_____。

A. 人的社会关系和文化意识达到一定水平之后,就可以实现人与自然的和谐。

B. 作为生态城市价值取向所在的人与自然的和谐的实现,标志着生态城市的建成。

C. 只有等生态城市建成之后,才能使人的社会关系和文化意识达到一定水平。

D. 人与自然的和谐的实现,靠的是人的社会关系和文化意识必须达到一定水平。

3. 下列理解和分析,符合原文意思的一项是_____。

A. 在生态城市中,自然、城市、人融为有机整体,形成互惠共生结构,即生态城市不仅能"供养"自然,而且能实现人与人的和谐发展。

B. 从生态经济学角度看,生态城市更重视采用有利于创造社会文化价值的生态技术,建立生态化产业体系,实现物质生产和社会生活的生态化。

C. 从生态社会学角度看,生态城市的教育、科技、文化、道德、法律、制度等都将"生态化",从而实现人与自然的和谐发展。

D. 生态城市特别注重人工环境与自然环境的融合,要求生态建筑和城市景观建成之后必须成为城市文化的空间构成与表现。

九、阅读文章,回答问题。

中国传统美学所讲的"意象说"主张"美在意象":美在"象"外之"意",言外之情。任何一件美的文艺作品,其本身或为声色,或为言辞,都是有"象(在场的东西)"的。能体悟到"象外之意""词外之情",就是一种美感。此种美不是低层次的感性美,而是深层次的意境美、精神美。

"意象说"突破了美在声色之类的局限性,深刻地揭示了美之为美的本质内涵,不仅值得中国美学继承和弘扬,而且也值得世界美学借鉴。

但为什么要深入到象外,才能达到此种美的境界呢?"意象说"没有进行论证。我根据"万有相通"的哲学本体论认为,原因就在于,任何一件美的作品,都是作者凝聚了作品背后无尽的联系之网的结晶。这背后无尽的联系之网,说得通俗具体一点,就是指形成作品本身的背后的人、事物和社会历史背景等。我们对一件作品的欣赏,不过是把凝聚在作品这一点"在场的东西"中无尽的内涵("不在场的东西")展现在想象中,点点滴滴地加以玩味;不过是回归到形成作品的母源,从母源中,我们对作品获得了一种"原来如此"的醒悟,从而产生了一种满足感。这也就是我们通常所说的"美的愉悦""美的享受"。这种愉悦和享受不是感官的娱乐或感性的满足,而是精神上的满足,思想上的满足。

杜甫的诗句"国破山河在,城春草木深",为什么能引起美感?"山河在"是一点在场的东西,但形成此"在"之背后的东西,则是什么都"不在"。正是这什么都"不在"构成这"在"的内涵(此即司马光的解读:"山河在,明无余物矣;草木深,明无人矣")。我们欣赏这诗句时,就回归到这"在"的母源——什么都"不在",自然深感凄凉。但这里的凄凉绝非现实生活中的凄凉可以比拟,它是审美意义下的凄凉,它超越了现实生活中凄凉的现实性,给欣赏者引发了一种对"在"的内涵的醒悟,这种醒悟就是审美的愉悦感,给人以"美的享受"。凡高的画《农鞋》,为什么能引起人的美感?海德格尔进行了生动的说明:是农鞋这点"在场的东西"引发观赏者回归到了其背后一系列"不在场的东西"——农夫为了面包而日日夜夜地在崎岖的道路上奔波,一年四季风风雨雨对农夫的摧残,以至社会的贫穷、落后、不公等,这些都是构成农鞋上几个破洞的母源。观赏者正是从这一回归中获得了某种醒悟,从而也得到一种精神上、思想上的满足。我们经常爱用"玩味无穷"这样的字眼来形容我们对一件优秀作品的欣赏。"玩味"之所以能达到"无穷"的地步,其根源就在于隐藏在作品背后"不在场的东西"是"无穷的"。

中国传统文化重含蓄之美,其实就是把作者的情或意隐藏在作品的表面形象或言辞背后,让鉴赏者自己去领会、体悟,从而获得一种醒悟的满足感。

(摘编自张世英《美是"玩味无穷"的精神愉悦》)

1. 下列关于原文内容的表述,不正确的一项是_____。

A. 文艺作品的作者运用"万有相通"的理论,把形成作品本身背后的人、事物和社会历史背景等凝聚成结晶,创作出美的作品来。

B. "在场的东西"就是美的作品中的"象","不在场的东西"就是美的作品中的"象"外之"意",言外之情。

C. 中国传统美学的"意象说",在今天仍然有价值,不仅值得中国美学继承和弘扬,而且值得世界美学借鉴。

D. 如果隐藏在作品背后的"不在场的东西"是"无穷的",那么这个作品欣赏起来就可能给人一种"玩味无穷"的感觉。

2. 下列对原文论证的相关分析,不正确的一项是_____。

A. 文章开始揭示了"意象说"的内涵,并指出意象之美是一种高层次的美。

B. 文章点出了"意象说"存在的局限性,同时强调了其对中外美学的价值。

C. 文章第三段中，作者解释了要深入象外才能达到美的境界的原因。

D. 文章第四段举中外艺术作品的例子，进一步阐明了审美活动的实质，就是回归作品的母源，获得醒悟，产生一种满足感。

3. 根据原文内容，下列说法不正确的一项是_____。

A. 深入到美的作品的"象"外之"意"中，才能获得精神上的满足、思想上的满足，即感受到"美的愉悦""美的享受"。

B. 有些美的作品中的凄凉与现实生活中的凄凉给人的感受是不同的，前者具有审美意义，使欣赏者产生审美的愉悦感。

C. 欣赏作品时，能够获得一种"原来如此"的醒悟，这"原来如此"就是指回归到形成这一件美的作品的母源上。

D.《农鞋》画里的农鞋上的几个破洞，之所以能使观赏者得到一种精神上、思想上的满足，是因为"象"外有"意"。

十、阅读文章，回答问题。

传统文化的修心

张其成

我们养生也好，做企业也好，管理一个组织也好，精神文化是最重要的东西，这个东西就是"神""心"。这个"神"从哪里来？我觉得要从"轴心时代"的经典中来，把握住这个"神"，然后就能提升精神境界，提高生存质量，活得有尊严，有幸福感。

何谓"轴心时代"？在人类历史上，有的文化形态，比如说传统的宗教文化、伦理文化，在公元前500年左右已经基本定型，那是人类文明的一个最高峰，叫"轴心时代"。可以说，世界上任何一个民族的文化都在"轴心时代"达到高峰，然后就开始走下坡路，直至现在，人类还没有出现第二个"轴心时代"。

所以，从某种意义上说，文化并不是越来越进步了，整个人类文化至今没有走出第一个轴心期，即"轴心时代"的精神文化的高度是整个人类文化的顶峰，至少到目前为止是如此，所以，我们需要学习这些智慧和这些精神文化。

落实在每一个人的修养上（包括身体、心灵两方面的修养），我们也发现"轴心时代"所创造的文化是养神的最好工具。就养神而言，仅仅依靠现代科学技术的内容，并不能保障人类必然享有幸福，而来自"轴心时代"文化的智慧是解放并保障人们获得幸福感的大助力。

我们中国传统文化里的儒家、道家、佛家和医家都与人类"轴心时代"有渊源，它们无论哪一家都非常关注修心。修什么"心"？虽然各家说法不一，但殊途同归，都师法"轴心时代"的文化经典。

儒家讲"正心"。《大学》里讲："大学之道，在明明德，在亲民，在止于至善。"这叫"三纲领"，归根到底是要"止于至善"——要守住人性中最本真、最大的那个善念。然后逐步展开来，"知止而后有定，定而后能静，静而后能安，安而后能虑，虑而后能得"。经过了止于至善、定、静、安、虑，然后人就能心安理得。那怎么做呢？按照儒家的规程，那就是"八条目"：格物、致知、诚意、正心、修身、齐家、治国、平天下。所以，儒家"正"的这个"心"实际上就是仁爱之心。

道家讲"静心"。《道德经》认为最高明的是"致虚极，守静笃"，就是要回归到虚静的状态，所以，道家"静"的"心"是一种虚静之心、自然之心。这个"自然"不是大自然的意思，这个"自然"就是本然，指的是人本来的样子，不虚伪、不做作，与自然界、社会、他人安然相处，自己的身心也和谐一体，不跟自己较劲。人本来的样子就是虚静的，所以道家讲要"静心"，修虚静之心。

佛家讲"明心"。"明"的这个"心"就是慈悲心、平常心、虚空心、清静心，也就是人的本心，所以叫"明心见性"。佛家怎么"明心"？有副对联："世外人法无定法然后知非法法也，天下事了犹未了何妨以不了了之。""世外人"是指世外高人，是一些有很高智慧的人，一些超常的人，这些"世外人"是"法无定法"的。他们有没有法门？他们也有"法"，要有所依据。但又没有"法"，是"法无定法"，即没有固定的法门。下面一句是："天下事了犹未了何妨以不了了之。""天下事了犹未了"的"了"就是完结、了结，但是又是没有"了"，有的事情是没完没了，这就叫"了犹未了"。那怎么办呢？那我就"不了了之"呗，这就是佛家的大智慧——"明心"，即明白世界的本性，明了自己的本心，那就不会纠结了，就能很聪明地应对各种生活，幸福感就提高了。

1. 下列对于"修心"的理解，不正确的一项是＿＿＿＿。

A. 中国传统文化里的主要流派，无论哪一家都非常关注修心。各家流派在修心内容方面说法不一，但有一点可以肯定，就是它们都师法"轴心时代"的文化经典。

B. 儒家所讲的"正心"，归根到底是要"止于至善"，也就是要守住人性中最本真、最大的那个善念。

C. 道家的"静心"，是一种虚静之心、自然之心。这个"自然"与大自然的意思是不一样的，指的是人本来的那个样子。

D. 佛家讲"明心"。佛家的"心"是指慈悲心、平常心、虚空心、清静心，其实质就是人的本心。所以，佛家可以通过"明心"而明了"本性"。

2. 下列理解和分析，不符合原文意思的一项是＿＿＿＿。

A. 在公元前500年左右，人类历史上有的文化形态已经基本定型，那个时代叫"轴心时代"，是人类文明的一个高峰。

B. 现代科学技术的内容，并不能保障人类必然享有幸福，而"轴心时代"所创造的文化有助于人们提升幸福感。

C. 儒家所"正"之"心"，实质上就是仁爱之心，它与道家所修的"虚静之心"是不同的；前者在善念基础上还有规程，后者更关注身心和谐。

D. 佛家的"明心"和道家的"静心"基本是相同的，都强调明白世界的本性，明了自己的本心。

3. 下列理解和分析，不符合原文意思的一项是＿＿＿＿。

A. 人类是不可能出现第二个"轴心时代"的，因为世界上任何一个民族的文化都在"轴心时代"达到高峰，然后就开始走下坡路。

B. 中国传统文化里的儒家、道家、佛家和医家都从人类"轴心时代"的文化智慧中汲取了营养,这也是我们需要学习那个时代精神文化的重要因素。

C. 儒家强调经过了止于至善、定、静、安、虑,然后人就能心安理得,而道家则倡导要回归到虚静的状态,与自然界、社会、他人安然相处。

D. "明心"是佛家的大智慧,只有做到明于本性,才能很聪明地应对各种生活,幸福感自然也就提高了。

十一、阅读文章,回答问题。

天人之学是贯穿中华文化数千年发展史的主线之一。在很长一段时间里,一提到天人关系,人们就会想起"天人合一",认为它是最恰当的表述。这个看法值得商榷。"天人合一"出自西汉时期董仲舒的著作《春秋繁露》:"天人之际,合而为一。"按其思想体系,这种提法其实是"天人感应"论的一种表述,认为天、人之间存在一种神秘的联系,天主宰人事,人的行为也能感动天,这明显带有天命决定论的色彩。

我国古代思想家对"天"的认识,大概始于夏、商时期。从西周时起,"天"的概念有两种不同的含义:一种是天命、天神,一种是自然界的天体。以《周易》的经文为例,其中有些对"天"的理解是指自然的天体、天象,但多数是关于天命、天神的记载。至于西周时的重要政治文献《尚书》,其中"天命"一词比比皆是。这种状况到春秋时期才发生变化,出现了重人事而轻天道的观点。

思想上的这种变化,首先见于兵家著作。齐国军事家孙武在《孙子兵法》中首次提出天时、地利、人和的理念。他说的"天时",指阴阳、寒暑、四时等自然现象;"地利"指路途远近、面积大小、形势险易、环境利弊等方面;"人和"指得民心、得民力、上下同心同德。《孙子兵法》认为,军事家运用好这三个方面,才能取得战争胜利。战国中期儒家代表人物孟子认为,天时、地利与人和这三者缺一不可,而人和最为重要。我国古代重人事轻天道的理论来源于战争实践,同时又能提升到理论的高度予以总结,因此,不是思想家们空想的产物。

孟子之后的大儒荀子提出的天人之学则认为,在天人合一之前先要有天人相分的观点,这和天命决定论大异其趣,将古代的天人之学提升到一个新的高度。荀子本着孔子的思路,寻求"和"而否定"同"。"和"是多样性的统一,建立在事物相互区别的基础上;而"同"是排除矛盾的一致,是没有生命力的单一。荀子探讨天人之学的名篇《天论》,把这个道理阐发得深刻而清晰。他认为人在自然面前不是完全无能为力的。他又说,"错人而思天,则失万物之情",如果看不到人的作用,只是祈求天的恩赐,就和天人关系的真实情况相背离。基于上述分析,荀子认为:"明于天人之分,则可谓至人矣。"意思是说,只有深刻认识了天人之分的内涵,才是一个了不起的人。

强调人的地位与作用,这是中华文化的重要特色。中华文化以人为核心进行探索,才产生了天人之学、变易之学、为人之学、会通之学,构建了内容丰富的理论体系。在这方面,荀子关于天人既相分又相合的理论,在中华思想文化史上产生了深远影响。东汉的王充、唐代的刘禹锡和柳宗元等都在这个重大课题上做出了贡献。历史上的宋、元、明、清时期,由于本土和外域文化的交流、交锋、交融,产生了新的思想课题,但天人之学在这个时期并没有失去它的光泽,只是变换了形式。

(摘编自张岂之《从天人之学看中华文化特色》)

1. 下列关于原文内容的理解和分析,不正确的一项是_____。

A. 我国古代对"天"的认知经历了漫长的阶段,至西汉,董仲舒提出了"天人合一"的思想。

B. 我国古代"重人事轻天道"理论的形成,经历了由战争实践到理论提炼的过程。

C. 与天命决定论大异其趣的是天人相分的观点,这使荀子攀上了当时学术的巅峰。

D. 源远流长的天人之学作为中华文化的重要组成部分,有其内容丰富的理论体系。

2. 下列对原文论证的相关分析,不正确的一项是_____。

A. 文章以对人们认为"天人合一"是天人关系最恰当的表述的质疑开篇,有其针对性。

B. 文章采用了对比的论证方法,以突出天人之学在构建中华文化特色上所做出的贡献。

C. 文章按照时间顺序列举了古人有关天人之学的观点,通过辩证分析使论证层层深入。

D. 文章站在中华文化发展史的高度,阐释了天人之学在古代产生、发展和变化的历程。

3. 根据原文内容,下列说法正确的一项是_____。

A. 是"天主宰人"还是"人定胜天",历来被思想家热议,业已成为中华文化赓续的两条路径。

B. 如果没有兵家对"天"的概念的再认识,就不可能改变前代有关"天命"的思想。

C.《天论》对天人之分内涵的阐发深刻而清晰,源于采用了孔子"和"而不"同"的思路。

D. 天人之学的理论要发展,就必须保持坚守传统的立场和与外来文化交流的态度。

十二、阅读文章,回答问题。

网络时代需要经典阅读

钱理群

经典阅读最大的特点是除了通过文本细读达到深度阅读之外,还非常个人化、非常个性化。

我认为,在今天这样一个网络时代,强调经典的阅读具有重要性和迫切性。我对现在的读书状态有两个忧虑:一个忧虑是大家不读书,另一个忧虑是大家即使读书也只是网络读书。

网络阅读有它的优越性,我称之为"短平快"。在信息爆炸的当下时代,可以用最短的时间、最快的速度、最亲近的方式取得尽可能多的信息,当然有很大的意义。但网络阅读存在两个问题,一个是缺乏深度,会导致人的精神的平庸化;另一个是网络阅读是群体性的,缺乏个体性、个人性的阅读,容易趋向潮流,容易倾向于时髦,并被时髦所裹挟,这就需要经典阅读。经典阅读的最大特点是深度阅读,而且是个性化、个人化的阅读。

比如我曾经说过,鲁迅作品不能只是默看,非得朗读不可。他作品里有那种有韵味、那种浓烈的而又千回万转的情感，那里面不可意会但能言传的东西，都需要朗读来触动你的心灵，通过朗读来进入情境，来捕捉感觉，产生感悟。这样的阅读是接近鲁迅内心世界的一个最好的通道。而我所强调的是情境、感觉、感悟，就是中国文化的特征。如果说西方经典主要是通过分析来接近的话，那么在我们中国传统文化里，不仅是古代的文化，也包括鲁迅的文化，不能完全靠分析，而要靠感悟、情境、感觉，甚至直觉，这是进入中国经典的另外一种方式。一般人可能比较习惯用分析的方式进入经典，现在可以换一种方式——不是拒绝分析，必然会分析，但更多的，至少在开始时必须强调感觉、感悟、情境、直觉。

中国传统教育是这样的，启蒙的时候读《论语》，不是讲《论语》，而是读、背。通过读，获得感觉；通过背，体验那些东西。读了、背了，进入到你的生命里，然后分析，这是中国传统的教育方法，也提示我们这是进入经典的另外一种方式，经典作品得一点一点地看才知道那是一个什么样的艺术世界，这告诉我们经典的阅读需要深度阅读，而深度阅读就是文本细读，通过文本细读达到对经典作品的一个深度了解。这涉及经典阅读的特点，我认为经典阅读最大的特点除了通过文本细读达到深度阅读之外，还有另外一个特点：非常个人化、非常个性化。也就是说不同读者对经典有不同的进入方式，因此，也有不同的理解、不同的发挥。

我强调"发挥"，也就是说阅读经典不是被动的过程，而是要有我们的理解及发挥。最好的经典的意义都是原创者和阅读者、研究者共同创造的，任何经典都是这样。所以有一个过程。从经典变成学说，如儒家从《论语》《孟子》变成儒家学说，在这个过程中有很多解经者，解释的过程不是被动的，而是有新的创造，所以出现了像朱熹、王阳明这样的大家，他们是接着孔子往下讲，对孔子思想包括孔子文本通过主动的、细腻的阅读有新的解释、新的发挥、新的创造，最后成为儒学。儒学就是孔子他们所开创的，被后来的阅读者、研究者不断研究、不断发展的一种学说。

1. 下列对"经典阅读"的理解，不正确的一项是_____。

A. 经典阅读指的是阅读的方法，是进入作品的方式，它是进入经典作品艺术世界的途径。

B. 经典阅读是一种非常个人化、非常个性化的阅读，读者通过对文本的细读达到深度阅读。

C. 经典阅读在今天具有重要性和紧迫性，因为现在的人们要么不读书，要么只是网络读书。

D. 经典阅读不是被动的阅读，而是读者在阅读作品时有自己的理解有自己的再创造的阅读。

2. 关于"进入经典"，下列表述正确的一项是_____。

A. 进入经典可以采用朗读，比如鲁迅作品中的韵味、情感及只可意会不能言传的东西，就需要靠朗读来获得。

B. 进入经典可以采用分析的方式，分析作品的内容、形式等，例如对西方经典就只能通过分析来接近。

C. 进入经典可以通过感悟、情境、感觉，甚至直觉进入的方式，这是进入中国经典的最传统的方式。

D. 进入经典可以通过读和背来感觉、体验,读过背过了,经典就进入到读者的生命中了。

3. 根据原文内容,下列理解和分析不正确的一项是_____。

A. 对于"短平快"的网络阅读,作者肯定了它存在的意义,同时又指出它存在着两大问题,所以需要强调深度阅读。

B. 阅读经典作品,需要分析,但不能完全靠分析,必须重视对作品的感觉、感悟、情境、直觉。

C. 不同的经典作品有不同的进入方式,因此,读者也会有不同的理解、不同的发挥与不同的创造。

D. 儒家学说的开创、发展过程,证明了经典是怎样成为学说的过程,它是由原创者、研究者和解经者共同完成的。

十三、阅读文章,回答问题。

在当代阅读史上,我们从西方引进了"一千个读者有一千个哈姆莱特"的观点。它动摇了"唯一标准答案"的僵化思想,对我国阅读界有很大的启蒙作用。然而,众多匪夷所思的"多元解读"也随之出现,这类荒腔走板的解读,甚至堂而皇之地出现在中小学课堂之中。

这些混乱认识与理论问题仍未彻底解决有关,其中最主要的就是未能正确理解西方"接受美学"中的"读者中心论"。

"接受美学"是西方读者理论中影响最大的流派,它认为"没有接受者的积极参与,一部文学作品的历史生命是不可想象的"。国内有人把它形象地推进一步:斧头不用无异于一块石头,作品不读等于一堆废纸。但是,他们忘记了,世界上所有的东西不用都无异于一块石头,然而要用的时候,石头不可能当斧头,废纸更不能当作品。事物的根本属性与它的附属功能是不能混淆的。

其实,西方"读者中心论"也强调在以读者的接受来阐释作品时,要避免纯主观的、任意理解的心理主义陷阱。毕竟,读者接受有时代局限性和主观任意性。没有接受,作品不能最后"现实化";但单个读者的接受理解还不能等于作品的全部,只有代代相承的接受链才有望接近于作品本身。既如此,判定作品意义的依据只能是作品本身,也正因如此,任何接受都可能是对另一接受的局限的弥补;同时,任何接受都有提高、修正之必要,更不用说要对错误接受予以纠正。

此外,多元解读与文本制约是同时发生的。文本是一个未确定的"召唤结构",文本"空白"中存在某种意向,召唤读者去言明,并希望读者完全按照文本召唤,实现文本解读的一切潜在可能。个体读者只能实现一部分可能,而读者的多元反应成为必然。因此,作品的"召唤结构"的"空白"为阅读提供了想象的自由,而文本本身又对阅读进行基本限制。正如鲁迅所言:"读者所推见的人物,却并不一定和作者设想的相同……不过那性格、言动,一定有些类似,大致不差,……要不然,文学这东西就没有普遍性了。"阅读文学作品的过程中有只"看不见的手",不管读者愿意不愿意,背后的决定者乃是文本。

历史上错误的"读者决定论"出现过不止一次。李白、杜甫的诗歌曾经不入流,福楼拜的《包法利夫人》曾遭受法国主流社会的审判……然而,一切"假哈姆莱特"都动摇不了经典文本的地位。总之,一千个读者有一千个哈姆莱特,不应该一千个读者只有一个哈姆莱特,更不应一千个都不是哈姆莱特,甚至没有了哈姆莱特,我们应该寻找相对最像的哈姆莱特。

(摘编自赖瑞云《寻找相对最像的"哈姆莱特"》)

1. 下列关于原文内容的理解和分析,正确的一项是_____。

A."一千个读者有一千个哈姆莱特"提倡多元解读的同时造成了荒腔走板的解读。

B. 单个读者的理解有局限性而无法像代代相承的接受链那样有望接近作品本身。

C."召唤结构"的"空白"召唤读者按照自己的理解对文本进行个性化阐释。

D. 对作品的理解应多元,以便从中挑选正确的理解,而不能脱离作品另起炉灶。

2. 下列对原文论证的相关分析,不正确的一项是_____。

A. 以真正理解作品为写作动机,文章论证了多元解读应避免的误区及要遵循的原则。

B. 文章先从正面阐述"接受美学"的观点,又从反面批驳国内某些人的错误理解。

C. 文章借鲁迅名言,论证读者在解读文本时既有想象自由又要受文本限制的观点。

D. 文章以李白、杜甫诗歌的遭遇为例,论证经典文本的地位不受读者影响的观点。

3. 根据原文内容,下列说法不正确的一项是_____。

A. 要找到相对最像的"哈姆莱特",应注重读者能动性与作品限制性的统一。

B. 对个人理解进行提高、修正并与其他读者交流,有助于读者全面理解作品。

C. 由于文学普遍性的制约,读者在理解人物形象时应该做到以作者设想为主。

D. 同样重视读者理解,但"读者中心论"比"读者决定论"更看重文本限制。

十四、阅读文章,回答问题。

中国书法是历史悠久的优秀传统文化。在现代书法艺术探索的影响下,一些书法作品片面追求书法的"线条质量",甚至无底线地戏谑汉字,造成文本不可识读,丧失了对汉字、书法的基本尊重。一些学书者曲解"笔墨当随时代"之内涵,抛开传统,求新求异,频频写出"怪书""丑书",让业内人士摇头,让书法爱好者一头雾水。其实,"笔墨当随时代"的本意是希望艺术家能创作出富有时代气息的作品,而非背离传统创造所谓的"新"笔墨、"新"面目。

汉字天覆地载、严谨优美的造型结构,深藏着先民的美学智慧。不夸张地讲,了解中国书法中有关汉字的结构原理,在一定程度上可以了解中国美学。不论是商周时期的金文,汉代的隶书,还是唐代的楷书,其结字原则都是拱向一个中心,书写时严格遵循先上后下、先左后右的笔画顺序,呈现出紧凑有序、大方得体、匀称美观的汉字形象。汉字结构的平中寓奇、险中求胜,汉字笔画的劲健内敛、刚柔相济,以及书法布局的计白当黑、虚实相生,都极大强化了汉字书写的内在张力,影响着书法的审美取向。因此,缺乏对汉字与文本的研究,就相当于丢掉书法之根,符号化的汉字线条终究无法获得长久的生命力。

当下一些书法家见作品不见风格,真正能写出自己风格的大家并不多。造成该现象的原因之一,就是当代学书者对古人书风的研习不足,从而导致创新不足。古人书风有千百种,学习时应抽丝剥茧,找到其中不变的精神为我所用。张芝、郑道昭等人书风强劲阳刚,有正大气象;欧阳询、黄庭坚等人书风儒雅纯正,耐人寻味;张旭、王铎等人书风气势恢宏,豪迈不羁。近现代,沙孟海书风沉雄朴茂,苍厚古拙,有金石之气;赵朴初书风儒雅隽秀,蕴藉内敛,有书卷之气……他们的书法风格各异,个性突出。风格即人。这些书法风格均在守正的基础上实现出新,在汲取书法优秀传统精华的基础上各有优长,值得学书者深入研究。

书法风格是书法的艺术语言,建立在中华优秀传统文化审美标准之上。中华优秀传统文化审美标准无外乎真、善、美,这也是所有学书者创作时都应坚守的审美标准。

了解中华优秀传统文化审美标准,还需进一步加深对书法审美情感的认识。书法审美情感,一般分为两种。一种是感性审美情感,另一种是理性审美情感。两种情感之间呈递进和互相深化的关系,没有感性审美情感阶段就没有理性审美情感阶段,没有理性审美情感阶段就无法创作出有高度的作品。存在于认识过程中的递进情感,一般总是由初始对书法的兴趣进而步入到对书法的理性把握,这是一个对书法贯穿始终的,甚至是周而复始的认识过程。因此,再难的字体、字帖,最终临习到手总归不是太难,但要形成自己的书法风格,则非尽毕生精力与功夫不可。

当然,在书法创作实践中,情感的表现是多样的,也是复杂的,反映在作品中最高级的东西,即真实纯净的情感,常常是理性审美情感与感性审美情感的交汇。所以,当书法进入到创作实践中时,所谓"灵感"往往是一种触发;所谓"激情",则是一种唤起。了解这一规律,才能更好地提升书法审美认知,在创作实践中守正出新。

（摘编自刘锁祥《在创作实践中守正出新》）

1. 下列关于原文内容的理解和分析,不正确的一项是_____。

A. "笔墨当随时代"并非要求人们置我国优秀书法传统于不顾,而是作品要有时代感。

B. 当前一些大家虽有作品但却无法形成自己的风格是因其没有汲取优秀书法传统精华。

C. 汉字追求平中寓奇、险中求胜结构,造型可谓天覆地载、严谨优美,凸显审美特征。

D. 书法创作过程中应始终坚持真善美的原则标准,这也是我国优秀传统文化审美标准。

2. 下列对原文论证的相关分析,不正确的一项是_____。

A. 开篇一针见血,直指当前书法作品和学书者曲解"笔墨当随时代"内涵。

B. 第二段从汉字结构造型的审美研究深入剖析片面追求汉字"线条质量"的严重危害。

C. 文中列举不同时代书法家的风格之例,旨在论证"大家"书风凸显个性,值得学书者研究。

D. 结尾段在对书法创作实践中复杂多样的情感进行分析的基础上明确了书法创作应有的态度。

3. 根据原文内容,下列说法正确的一项是_____。

A. "怪书""丑书"不断出现的原因是一些学书者不了解中国书法中有关汉字的结构原理。

B. 加强对汉字与文本的研究，才能牢固书法的根，才能让符号化汉字线条获得长久的生命力。

C. 好作品需要触发"灵感"，需要唤起"激情"，这是所有学书者应该把握的书法创作的规律。

D. 所有学书者只要能以守正为基，勇于创新，就能形成自己独特风格，成为后人的楷模。

十五、阅读文章，回答问题。

现在一提到"经"，就给人以庄重严肃的感觉，实际上"经"字的本义只是纺织上的一条条竖线，而横线则叫"纬"，没有"经""纬"就无所依托，因此，在汉代被命名为"经"的应该是朝廷最重视的文献。不过，清代今文经学派认为只有孔子亲手所定之书才能称作"经"，而古文经学派则认为《诗》《书》《礼》《乐》等都是周代官书，"官书用二尺四寸之简书之"，所以称作"经"。

汉代凡是重要的文献、官书，大都用二尺四寸的竹简书写。《春秋》属于"经"，简长二尺四寸；《孝经》据说是汉人所著，低了一等，简长短了一半；解经的文字，如《左传》《公羊传》《谷梁传》则用六寸的简来写。即便是书写在绢帛上，也分二尺四寸和一尺二寸两种，用整幅或半幅的绢帛横放直写。可见，当时书籍虽非印刷出版，但其抄写也必须遵从社会规定的格式。

与社会流行的二尺四寸的大书比较起来，《论语》只是个"袖珍本"，才八寸。《论语》虽然记录孔子的言行，但并非孔子所作。当初孔子弟子记录孔子的言行，受教的时间长，要记的文字多，采用八寸的竹简，也是为了记录简捷，携带方便。作为官方发表的文书和"经"，简长二尺四寸，与现代人所用的书桌的宽度差不多了。南北朝以前没有桌子，宽二尺四寸的书只能放在案子上，需要把臀部放在小腿上，坐直身体看，很累。而"袖珍本"则不同，拿在手中或坐或卧，甚至箕踞也可以看，虽然其庄重性大大降低了，但用现代的话说，也更"人性化"了，与读者更接近了。

从作用上看，《论语》既是小学教科书，又可以终生涵咏。汉代最初级的读物《仓颉篇》《急就篇》等都是识字课本。以《急就篇》为例，三十四章两千余字，生字密度很大，内容也涉及社会生活诸多方面。这些书编写目的比较单纯，就是识字。《论语》就不同了，《论语》的文字基本上是当时的口语，平易好懂；其中的道理多为常理常情，儿童易于理解，那些较深奥的也可以在以后的岁月中慢慢体会；《论语》多有故事，又富有感情，老幼咸宜，所以它是可以读一辈子的书。唐代诗人杜甫有诗云："小儿学问止《论语》，大儿结束学商旅。"这是嘲笑夔州人好经商，没有读书习惯。现今则把读《论语》看作有学问，这也算是学术变迁，世风推移的反映了。

1. 下列关于"经"的理解，不符合原文意思的一项是_____。

A. 所谓"经"，是指古代经典，其实"经"最初只是指纺织上的经线，经线是无所谓庄重不庄重的。

B. 在纺织时，"经"是"纬"得以依傍的根基，受朝廷重视的文献被命名为"经"也是同样的道理。

C. 清代今文经学派认为古代经典被命名为"经",这跟孔子亲定有关,而跟"经纬"之"经"没有关系。

D. 古文经学派认为《诗》《书》《礼》《乐》等都是周代官书,都用二尺四寸的竹简书写,所以称为"经"。

2. 下列表述,不符合原文意思的一项是_____。

A. 在汉代,《孝经》虽然称为"经",但是一般认为等级较低,所以简长才一尺二寸。

B.《左传》《公羊传》《谷梁传》是解经的书,所以尽管很重要,也只能使用六寸的简。

C. 宽二尺四寸的经书必须放在案子上,需要把臀部放在小腿上,坐直身体读,虽然很庄重,但是也很累。

D.《急就篇》生字密度很大,内容也较复杂,《论语》则文字质朴易懂,修养意味较浓。

3. 根据原文内容,下列推断不正确的一项是_____。

A. 在汉代,虽然命名为"经"的都是朝廷最重视的文献,但是并非所有最受重视的文献都叫"经"。

B.《论语》采用"袖珍本"形式,除为了记录简捷、携带方便外,它当初未被当作经书也是一个原因。

C.《论语》的内容本来是很庄重严肃的,但是因为采用了八寸的竹简,所以变得比较"人性化"了。

D. 从杜甫的诗句"小儿学问止《论语》"来看,一直到唐代,《论语》仍然被作为初等教育的教科书。

专题训练十 ➡ 文学类文本阅读

一、阅读文章，回答问题。

回 乡

余显斌

将军离开的时候，才十八岁。那时，将军背着斗笠，戴着军帽，很精神，也很帅气。

将军是跟着刘邓大军离开的。

将军离开时说，自己会回来的。将军拉着张婶的手说："大妈，你救了我，到时我会回来看你的。"将军红着眼眶又对吴哥说："大哥，你等着，我一定会回来的。"

将军挥着手走了。将军这一走啊，南北东西，就是几十年。

几十年里，将军汇来东西，打来电话，问张婶好，问吴哥好，问乡亲们好。将军说，自己很想回来，可是，没有时间啊。将军说，自己一旦有时间，一定会回来，一定会看望乡亲们的。

大家都说，将军还记得老家，还记得大家呢。

张婶擦着眼睛说："唉，孩子受苦了。"在张婶眼中，将军一直还是个孩子。

吴哥也点着头，安慰道："现在好了。"

时间一天天过去，将军的电话慢慢少了。张婶有时会望着村口，自言自语道："咋还不回来啊，是不是忘了老家啊？"吴哥摇着头，想说什么又没说，只是叹一口气。

两人就谈起当年的将军，那样年轻，就是营长了，就带着部队打仗，就受伤了，在张婶家养伤。那时，生活多苦啊，没啥好吃的，上顿红薯下顿红薯的。张婶说罢，长叹一声道："难为了这孩子，也不怪把我给忘了。"

吴哥仍不说话，咂吧着烟锅。那次，国民党士兵听说一个解放军伤员在村里养伤，还是营长，就赶来抓。自己听到消息后，赶到张婶家，背起将军就跑，躲在山上三天三夜啊。国民党士兵放火烧山。大火呼呼的，将一座山都烧秃了。自己和将军躲在一个水塘里，一人嘴里衔着一根芦苇管，这才躲过一劫。

两个老人说着，仿佛再次回到了当年。

终于，张婶没有等到将军回来，闭眼前告诉孙子周根，将军回来了，替自己告诉将军，当年，生活不好，受苦了啊。

周根点头，默默无言。

吴哥不久也走了，临走告诉儿子吴竹，将军回来了，告诉将军，老哥哥一直想着他呢，盼着他呢。

吴竹也点着头，默无一言。

两人都想，将军能回来吗，以老人们所说的年龄，将军现在也是花甲老人了。

听村长说，将军身体一直不好。当年的那颗子弹一直没有取出，还在脑袋里。老人们临终的嘱托,能兑现吗?

他们心中,就有了心结。

他们没想到,将军真的就回来了。

将军回来,是在一个深夜,四周静悄悄的,只有虫鸣唧唧。

一辆车悄悄在夜色里来,又悄悄在夜色里离开。第二天,当村人听到消息后,都围着村长炸开了:"将军回来了,咋不告诉我们一声啊?"有人叹气:"唉,老家毕竟是山里啊。"

周根咳了一声,这……这样,自己咋告诉奶奶啊? 奶奶听到这样的消息,会在地下瞑目吗?

吴竹更是摇着头,一声不吭。

村长低沉着声音告诉大家,车子走了,将军没走,留了下来。见大家都睁着眼睛,四处张望着。村长说,车子带回的不是将军,是将军的骨灰盒。将军十几年前枪伤就发作了,瘫痪在床上,记忆力已经模糊,啥也不知道了。临死前,将军竟然清醒过来,告诉家人,他要回家,要回到霍山去,那儿的乡亲在等着自己,张婶在等着自己,吴哥在等着自己,自己活着不能回去,死后也要回去。

大家听了眼圈都红了,有人问:"葬……葬在哪儿啊?"村长说,将军死前吩咐,将自己的骨灰带回来,悄悄葬在霍山的土地上,不要举行追悼会,不要起坟,不要立碑,不要让人发现墓地。

周根急了道:"我们该去放一挂鞭炮啊。"

吴竹点着头道:"对啊,清明了,也得去挂一串纸啊。"

村长摇着头,因为,将军说,当年在这儿,自己受伤,连累了乡亲们,也连累了这儿的树木山林,遭到火烧,自己一想到就愧疚。如果,将来大家要祭奠自己,到了清明节,就栽一棵树吧。栽一棵树,就等于替自己报答了故乡一份情意。

大家再次沉默着,久久无语。

以后,每到清明,村子里的人都拿着树苗,在山上四处栽着。周根和吴竹栽得格外多,山前山后,河边坝上。他们说,这是替他们的奶奶和父亲栽的,奶奶和父亲是将军的老友,一定更想念将军。

村子,于是就掩映在一片绿色里,一片花光中,一片鸟鸣里。

(有删改)

1. 下列对小说相关内容和艺术特色的分析鉴赏,不正确的一项是_____。

A. 小说通过"村长"这一形象,交代了"将军"后半生的生活状况,使故事情节更加完整;同时,也丰满了将军这一人物形象。

B. "时间一天天过去,将军的电话慢慢少了",这既暗示了当时将军的身体状况不佳,也为下文的情节发展做了铺垫。

C. "难为了这孩子,也不怪把我给忘了",这句话写出了张婶对将军的理解,她认为将军现在生活好了,是不会回来的。

D. 小说以"回乡"展开情节,主要写了乡亲们的"盼"和将军的"愿",而这"盼"和"愿"之间留给了读者巨大的想象空间。

2. 小说中将军有哪些性格特点?

3. 结合文本内容,赏析小说的结尾。

二、阅读文章,回答问题。

鸟 音
衣向东

"今天又不会有鸟了。"张宏英听到风沙踩着他的脊背"呜呜"地走过,心里空荡荡的。

张宏英执勤的任务是打鸟。新兵连结束后,他被分到戈壁滩上一个实验基地的警卫中队,中队长发给他一支枪,命令他看守眼前的废水池。中队长在向张宏英交代任务的时候,神色严肃地说:"你的主要任务是打鸟,凡是饮了废水的鸟,就要像对待敌人一样,一个也不放过!"

其实,水池的废水看起来是那么清澈,在戈壁滩上汪出了一处风景。无风的时候,水面上波光粼粼,荡漾起一层又一层的诱惑。

早晨天一放亮,张宏英就掮起枪巡逻,一直到天黑的时候才撤回。起初,张宏英绕着水池巡逻的时候,心里异常紧张,恨不得眼睛一眨不眨。他给自己定了一条原则,只要从他视线飞过的鸟,一个也不放过,谁能断定它是否饮过废水呢?宁可错杀一千,决不漏过一个!他总是担心由于自己的疏忽,让饮过水的鸟儿飞走,把核污染带到戈壁滩外。他最怕看到天空中的飞行物,心里祈祷说:"小鸟呀小鸟,你从我的眼前绕开吧,别走进我的枪口里,如果你不听我的劝告,就别怪我太无情了。"

有时候,风沙把戈壁滩上的一簇干枯的红柳或是一片废纸吹上天空,在风沙中上下飞舞,由远而近地向废水池降落,张宏英就拉出了战斗的姿态,举枪跟踪瞄准飞行物。如此折腾了几次,却始终没有看到真正的鸟儿出现,他便有些灰心丧气。

一天,中队长问他巡逻的情况,他竟有些委屈地说:"打鸟打鸟,连根鸟毛也没看到!"

中队长并没有理会张宏英的委屈,说:"永远没有一根鸟毛才好呢。"但是,张宏英却不这样想了,他开始盼望鸟儿出现,很想能在戈壁滩上听一听鸟儿的鸣叫。这个季节,在他的家乡,应该是山清水秀、鸟语花香的景象。

没有鸟叫,张宏英就自己吹口哨学鸟叫,希望以此招引鸟来。但是,三个月过去了,他把嗓子都吹哑了,连个鸟的影子都没见到。

他开始怀疑连人影都少见的戈壁滩上是否会有鸟儿光顾。

今天沙暴刚刚过去,按说更不会有鸟儿存在。然而,就在张宏英灰心丧气的时候,一只鸟儿却突然间飞进了他的视线,竟让他怀疑自己看花了眼。他用力揉了揉眼睛,确信这个越来越清晰的黑点就是一只鸟儿。

显然,这只鸟是尾随在沙暴身后赶来的,很疲倦的样子,因此,在它发现池水后降落的时候,几乎是任凭身体的重量向下坠落,一头栽倒在池水旁。

张宏英兴奋的样子就不必说了,他冲着鸟儿小声说:"叫一声呀,你叫一声呀!"但是疲倦的鸟儿一声不吭,朝着池水一步一步地走去。就在这个时候,张宏英突然喊叫起来:"快走开——"

张宏英一边奔跑,一边喊叫,试图轰开朝池水逼近的鸟儿。但是,鸟儿已经听不到他的叫喊了,它的眼前只有一池碧蓝的水,它盯住这个目标奋不顾身地走去。

张宏英站住不动了,他发现鸟儿已经把嘴插进了水里,一起一伏尽情地饮着。鸟嘴是粉红色的,碧蓝的水在粉红色的鸟嘴的啜饮下,轻轻地颤动起来。

他轻轻举起了枪,瞄准了鸟儿,却迟迟不扣动扳机。即使是废水也让鸟儿饮个痛快吧,他相信饮水后的鸟儿一定会发出几声酣畅淋漓的鸣叫。

他举着枪,满怀了希望,等待着。

鸟儿终于满足地仰起头,四下张望了一眼,然后拖着笨重的身体起飞了,它饮的水,足够它飞出戈壁滩了,于是它有力地扇动翅膀,朝着它向往的山清水秀的地方飞去。它始终没有叫一声,它是积攒了所有的力气,用于飞越茫茫戈壁滩的搏击中。

当鸟儿即将飞出张宏英的瞄准区域时,他扣动了扳机。中弹的鸟儿挣扎着滑翔,一会儿降落,一会儿滑起,几经折腾,开始坠落了。鸟儿明白自己飞不出茫茫戈壁滩了,就在它告别蓝天的瞬间,它拼尽了所有的力气,发出了两声悠扬的鸣叫,声音婉转清丽。

张宏英清晰地看到鸟儿的两声鸣叫,画出了两道优美的曲线,垂挂在戈壁滩碧蓝的天空中。

1. 下列对小说相关内容和艺术特色的分析鉴赏,不正确的一项是_____。

A. 小说运用补叙的手法,将张宏英在戈壁滩上打鸟的缘由进行了说明,使小说的情节发展更加完整。

B. 张宏英的任务虽是打鸟,但他最初却不希望鸟来。鸟来了之后他不愿扣动扳机,这体现了张宏英的善良。

C. 小说有明暗两条线索,明线为打鸟,暗线则是张宏英对家乡的思念,因此,文章多次提到张宏英希望听到鸟音。

D. 本文通过描写一人一鸟的对峙,人最终在无奈之下射杀了鸟,为我们刻画了一个坚守在戈壁滩的忠于职守的军人形象。

2. 小说结尾有什么好处?请从艺术手法和内容两方面作简要说明。

3. 矛盾冲突是小说的灵魂所在,请简要分析本文的主要矛盾冲突并赏析其作用。

三、阅读文章,回答问题。

谎　言

相裕亭

盐河北岸,有一小村,临河而居。几十户人家,却散落在一条两里多长的古河套里。远看,乌蒙蒙一片,恰如零零散散的旧船被遗弃到河岸边。走到跟前,透过河堤上茂密的竹柳,才可辨出一家一户错落有致的小院及房屋间的石巷黛瓦。

此村,名曰犯庄。

乍一听,此处是出土匪、罪犯的地方。其实不然。

抗日时期,那里曾上演过一场貌似影视剧里才有的故事。有两个偷偷摸进村里的小鬼子,被村里的男人打死,扔到村外的芦苇荡里。驻扎在盐河口的小鬼子追查下来,把全村的成年男子集中到盐河边的小码头上,架起机枪,限定时间,逼他们交出"凶犯"。否则,将统统杀死。

关键时刻,村里的陈铁匠站了出来。

陈铁匠说,小鬼子是他杀死的。

日本兵中,一个留着八字胡的小队长,看到陈铁匠站出来,嘲讽般地独自鼓起掌来。随后,那家伙满脸狐疑地走到陈铁匠跟前,指着地上的两具尸体,变换着指间的数字,问他:"你的,一个人,杀死他们两个?"

陈铁匠脖子一挺,说:"是。"

小鬼子"呦西"一声,随之,目光转向旁边陈铁匠的儿子,怒吼一声:"你的,不明白吗?"

小鬼子不相信陈铁匠一个人,能杀死他们两个日本兵。

当即,陈铁匠的儿子也被拉出队列。

在处置了铁匠父子后,小鬼子们仍不肯罢休。他们把村里的男人押上河边巡逻舰。说是要带他们到"据点"内继续盘查。其实,是强征他们到山东招远金矿做劳役。

不久,他们当中有人写信回来。

小村里,许多妇人听说那户人家有信来,都纷纷跑去看。信中提到几户人家的男人,在半道上逃跑,或是在开采金矿时不守纪律,被日本人给杀了。

那几户死去男人的人家,先是有妇人滚在床上或地上哭。随之,就有人帮着焚烧火纸。另有妇人们帮着收拾庭院,支起灵棚,支起锅灶,办一桌酒菜,来祭奠那家死去的男人。

此时,陈铁匠家的女人,一定会在这些妇人当中。因为,当初她家男人与儿子被日本人杀死后,村里的妇人们,就是这样帮她的。

但是,此番铁匠家的女人在帮衬那户家人料理后事时,如坐针毡!她从那户人家的哭声里,隐隐约约地感觉到人家的冤屈与愤懑。

"死鬼呀,你死得好冤!你跟着人家白白送死呀。"

盐河边的女人,哭亡夫时,都是那样称其"死鬼"。

人家哭她家的死鬼死得冤,白白地跟着去送死!这说明什么?说明她家男人是不该那样死的。究其原因,自然就落到铁匠父子的头上了。

整个村庄的男人被日本人掠去做劳役,都与她家的男人打死鬼子有关。所以,铁匠家的女人在那户人家做事时,半天不说一句话。

村子里的女人,表面上看不出她们是怎样恨铁匠家的男人和女人。但是,那些女人的心里,或多或少地还是会怨恨铁匠父子招惹祸端,给大家带来麻烦。以至于性格刻薄的女人在街面上与铁匠家的女人走个对面,都不搭理她。

这样一来,村子里再传来哪家男人死去的噩耗,她干脆缩在家里,不想去做帮手了。再后来,她悄无声息地带着孩子,隐居娘家。

中华人民共和国成立后,陈铁匠的后人想为他们因打死鬼子而惨遭日寇杀害的先祖树碑立传。他们找到盐区地方政府。

编写盐区地方志的同志告诉他们,当年死在芦苇荡里的那两个"鬼子",是被日本人打死的两个穿着日本军服的盐工,并不是真的日本兵。他们之所以要自编自导那样一场惨剧,是为了向金矿输送劳工。

这就是说,铁匠父子打死鬼子之说,是子虚乌有的事。

不过,地方政府还是追认陈铁匠父子为革命烈士。为了一众村民,不惜牺牲自己的人,不是烈士,又是什么呢?

1. 下列对小说相关内容和艺术特色的分析鉴赏,不正确的一项是＿＿＿＿＿＿＿。

A. 小说开头形象地描绘了盐河自然古朴的风景,有着浓郁的地域特色,介绍了文中人物生活的环境,增强了小说的审美色彩。

B. 日本小队长"嘲讽般地独自鼓起掌来",这一细节暗示了这是日本侵略者自编自导的一场惨剧,揭示了侵略者阴险、卑劣的心理。

C. 小说情节设计巧妙,在层层铺垫的基础上,结尾干净利落地交代了事情真相,不仅产生了出人意料的效果,而且使人物形象熠熠生辉。

D. 小说通过人们对铁匠和铁匠家女人的不同态度的对比,以及事情的真相和铁匠父子被追认革命烈士的结果的对比,揭示了深刻的主题。

2. 小说的标题"谎言"具有怎样的含义?以此为题有什么作用?请简要分析。

3. 本文除了写陈铁匠一家,还写了盐河边的女人们。请结合作品,谈一谈作者为什么要写盐河边的女人们。

四、阅读文章,回答问题。

绝代勇将张自忠

张秋铧

1940年5月23日,10万军民聚集在湖北宜昌城内外,为一位殉国的将军送行。就在送行前一天,将军的灵柩被抢运到宜昌,本想用汽车将将军的灵柩运到长江码头,然后乘船溯江前往重庆安葬,但宜昌的军民不肯,坚持要用十里长街相送、人工抬棺材的方式,送将军走完这抗日战场上的最后一程。

这是一位连最残酷的敌手、凶暴成性的日军都为之脱帽致敬的绝代勇将——在湖北战场上壮烈殉国的第三十三集团军总司令、上将张自忠将军——二战时期,盟军军衔最高的阵亡将领。

战火仍在延续,日军的飞机反复在宜昌城上空盘旋,随时有轰炸人群的可能,但10万军民不为所动,依然坚持哀送将军。日军似乎也很配合,尽管战机几次低空盘旋,但他们并未轰炸送葬的队伍。

那是1929年,张自忠升任西北军第六师师长,有一次,一个营长侵吞士兵存款,张自忠查实后,立即集合全师干部,当众责打了这个营长200军棍,并撤职镣押。张自忠经常在深夜巡视士兵寝室,帮士兵盖被子,每逢星期天,他还经常拿钱和吃喝的物品,给军队里受伤的士兵。平日里,他和士兵们穿着一样的军服,吃着一样的大锅饭。为了磨炼官兵的意志,他在冰天雪地里带头脱掉大衣,要士兵们跟着他一起进行雪地行军训练。由此,张自忠的部队以"将不畏死,兵不惜命"而著称。

1937年,在卢沟桥抗战后,二十九军决定战略转移离开北平,军长宋哲元在撤退之际,要求第三十八师师长张自忠留下担任北平市长与日军进行周旋。外界并不知张自忠奉了密令留下,当时国内的报纸,纷纷责骂张自忠是无耻汉奸,将其称为"张逆自忠";为了洗刷这个罪名,张自忠秘密潜逃离开日军监控,南下向蒋介石汇报北平战守经过。

1938年返回部队后,张自忠面对部队官兵痛哭失声:"今日回军,除共同杀敌报国外,乃与大家共寻死所!"

1940年,抗战已进入相持阶段,国民政府退守重庆,日军为了进攻重庆,连续进攻襄阳、鄂西一带。

5月1日,张自忠亲笔给三十三集团军的各部队和将领写信昭告:"国家到了如此地步,除我等为其死,毫无其他办法。相信,只要我等能本此决心,我们国家及我五千年历史之民族,决不至亡于区区三岛倭奴之手。"

5月16日,日军获悉国民党有高级将领正在南瓜店一带指挥作战,随即调集飞机和重兵,猛烈轰炸我方阵地,三十三集团军属下的七十四师主力弹药将尽,部队电话询问张自忠可否先行退却,张自忠回答道:"现在到了生死存亡之际,正是军人杀敌报国之时,子弹打完了,要用刺刀杀;刺刀断了,要用拳头打,用牙齿咬。"

上午11时许,三十三集团军的警卫团阵地被日军突破,激战到中午时,张自忠手下的2000多官兵几乎全部战亡,他身边仅剩下几十名警卫人员,将士们也仍然誓死保卫着他,并一面高喊:"司令快走,司令快走!"

张自忠的副官马孝堂,向来救援的国军讲述着:"总司令猛然前扑,旋又立起,右肩后流血了!很显然是被炮弹碎片炸伤了。到了十里长山,还在指挥,接着左臂也在流血!但是总司令仍然站在那里,怒目圆睁,大声呼喊着,指挥着。""他的腿上也流了血,血湿透了袜脚。我见总司令突然向后一歪,右胸就往外喷血,总司令脱了上衣军装,让我给他裹伤,血如泉涌。我刚包扎完,敌人就一窝蜂上来了!"

对于张自忠将军的阵亡过程,侵华日军在《231联队史》中也有记载:"第四分队的藤冈一等兵端着刺刀向敌方最高指挥官模样的大身材军官冲去,此人从血泊中猛站起来,眼睛死死盯住藤冈。当冲到距这个大身材军官只有不到三米的距离时,藤冈从他射出来的眼光中,感到有一种说不出来的威严,竟不由自主地愣在了原地。这时背后响起了枪声,第三中队长堂野射出了一颗子弹,命中了这个军官的头部。他的脸上微微出现了难受的表情。此时,藤冈像是被枪声惊醒,也狠心起来,倾全身之力,举起刺刀,向高大的身躯深深扎去。这个高大身躯再也支持不住了,像山体倒塌似的轰然倒地。"

噩耗传开后,蒋介石下令,不惜一切代价抢回张自忠将军的尸体,最终经增援的38师官兵浴血奋战,张自忠的遗体被抢运回后方,因此,也就有了宜昌十万市民为将军送行的感人场面。

不久,蒋介石为张自忠题词:"一战于沘水,再战于临沂,三战于徐州,四战于枣宜,终换得马革裹尸还!"

毛泽东为张自忠题词:"尽忠报国。"

(节选自《捍疆卫士张自忠》,有删改)

1. 下列对小说相关内容和艺术特色的分析鉴赏,不正确的一项_____。

A. 小说开头部分写宜昌军民十里哀送张自忠将军的场面,渲染了一种悲恸的气氛,表达了抗战军民对这位爱国将领的崇敬之情。

B. 小说在构思上采用了倒叙手法,先写张自忠将军战死疆场,制造悬念,吸引读者,再写主人公在战争中为国捐躯的故事。

C. "今日回军,除共同杀敌报国外,乃与大家共寻死所!"这句话既表达了张自忠将军誓死报国的决心,也暗示他唯有战死沙场才能洗刷汉奸罪名。

D. 国共两党的领导人都对张自忠将军的一生做了高度的评价,蒋介石着重于称颂其战绩,而毛泽东则着重于褒扬其爱国主义精神。

2. 请结合小说内容,分析主人公的形象特点。

3. 小说中,中日两国军人对张自忠将军阵亡过程的叙述,有哪些方面的不同? 这样写有什么作用? 请结合作品简要分析。

五、阅读文章,回答问题。

蜡梅花
侯文秀

母亲生我的时候,窗外蜡梅盛开。

耗尽最后一丝力气的母亲,以微弱的声音给父亲留下唯一的遗言:他爹,孩子就叫蜡梅吧! 母亲死于难产。母亲走时,我响亮的哭声和着父亲的悲恸令窗外蜡梅花簌簌落地。

人们说,是我克死了母亲。但父亲却把我当成母亲的再生,给予了百般疼爱。为了更好地照顾我,父亲拒绝了好心人的多次提亲,还固执地拒绝了到市里美院当老师的邀请。

他说他一生都要陪着母亲,哪里也不去。

父亲成了一个地地道道的农民。每天傍晚,父亲从田间裹着一身泥回来,在炊烟袅袅中,不断呼唤我的小名:蜡梅,蜡梅,回家吃饭了。我就躲在蜡梅树下和父亲捉迷藏,最终还是被夜色的黑吓得挪动步子回家。很快,热气腾腾的晚饭就上桌了。桌上,父亲用围裙擦拭我的大花脸,爱怜地摸了摸我的头,假愠道:快吃吧,疯丫头。

时光如梭,蜡梅花开了一次又一次,不知不觉中我已出落成一个大姑娘了。

在一个清晨,我和父亲来到半山腰,已不再年轻的父亲,脸上写满了沧桑。父亲说,蜡梅,快,给你娘磕头。在父亲忧伤的目光中,我跪在地上,把头深深埋在长满茅草根的坟头上。父亲在旁跟母亲唠嗑:她娘,蜡梅考上重点大学了。你就放心吧,一切有我呢。我的泪水无声地滴落在茅草根上。父亲拍拍我的肩,说道:"记住,好好学习,将来做一个对社会有用的人。"

在屋后蜡梅还没开花之际,我收拾好行李,背起简单的行囊,踏着崎岖不平的山路,把孤独的父亲落得越来越远……

岁月是一把犁,把父亲犁得不像样子了,可父亲脸上却始终挂着自豪。父亲不止一次对艳美的邻里说，其实，我没啥功劳，都是孩子争气，她娘保佑着她呢。

孩子，蜡梅花开了，可漂亮呢！父亲再次见到我时，就絮絮叨叨说这些无聊的话。我想取笑他，可最终没有笑。从父亲的声音里，我似乎听到父亲对母亲的思念。我说，爸，您放心。我不会忘了您，也不会忘了娘，更不会忘了这片土地。

父亲做梦也没想到，我一个女孩子，竟然当上了交通局局长。

自从当上交通局局长后，我立誓要把柏油公路修到每家每户门口，给乡亲们实实在在的方便，人们再也不用像我儿时那样，一遇下雨，就挽起裤脚，在寒风凛冽中，深一脚浅一脚地在泥泞里前行了。

每次招投标，总有一些领导的亲戚托关系，明里暗里地希望我照顾照顾。可我明白，修路来不得半点马虎，不能做豆腐渣工程，不然就愧对父老乡亲对我的信任。我力排众议，把工程交给了一个没有任何后台、资质过硬的承包商，并亲自监督把一条条宽阔的公路修到父老乡亲家门口。

竣工那天，乡亲们一个个提着鸡蛋和水果，送到父亲屋里。父亲说什么也不接受，说我家蜡梅就是大家的孩子，孩子为父母做事是理所当然的。

工程结束，承包商很顺利拿到工程款。当承包商提着一个包来找我时，我一下变了脸，厉声喝道：你这人咋回事？报的价格也不高，挣得也不多，居然还有心思搞这个！你有这心思不如踏踏实实做点对社会有用的事！承包商感恩地拿着包走了。

可承包商似乎总觉得欠我点什么，听乡亲们讲起我母亲，便提议给我母亲修坟。我不同意！可承包商说干就干。动工那天，父亲赶过去，躺在母亲坟前，说你们非要这样做，干脆将我一起也埋了吧。父亲铁青着脸，把人赶跑了。承包商临走前，对着母亲的坟深深地鞠了三躬。

隔了些时日，父亲托人送来一幅画。我打开一看，是一幅残梅图，没有任何色彩，只有墨的浓淡，晕染出一些凄凉的意境。虽然屋里悬挂的一幅精裱蜡梅图让父亲的残梅图黯然逊色，但我还是小心翼翼地将父亲的画换上去。

我突然想把父亲接到身边，安享晚年。可父亲的固执却超乎我的想象，他说：我哪儿也不去，我就在这里，静静地陪你娘。我知道怎么劝都是徒劳，临走时，我找到村支书，托他好好照顾我父亲。

我又开始了忙碌的工作。一次，村里的二狗来城里看我，无意中说我家蜡梅今年咋不开花呢？

没过多久，我接到村支书电话，说我父亲病倒了。突然想起小时候，父亲一遍又一遍教我画蜡梅的情形。用长锋羊毫蘸半浓墨，先画粗枝，再出旁枝，后用藤黄、赭石，浓淡点梅，很快生动形象的蜡梅就跃然纸上。

我匆匆赶回去。回到家，我什么也没有说。父亲说，孩子，快看，家里的蜡梅又开花了！

放眼过去，一朵朵蜡梅花，在风雪的包裹下，散发出阵阵幽香，沁人心脾。

我在手心里，轻轻画了一朵蜡梅花。

（选自《小小说大世界》）

1. 下列对小说相关内容和艺术特色的分析鉴赏,不恰当的一项是_____。

A. 小说综合运用了语言描写、动作描写、神态描写等多种手法刻画父亲的形象,突出了他情深义重、慈爱坚强、廉洁奉公的特点。

B. 小说语言质朴无华而深沉感人,平实自然而富于张力,在深情的叙述中,蕴含着女儿对父亲的敬爱,让读者感受到人性人情之美。

C. 修墓风波后,父亲送来的残梅图"没有任何色彩,只有墨的浓淡",这是父亲以梅明志,同时又暗示着父亲对女儿保持清廉的期许。

D. 小说结尾"我在手心里,轻轻画了一朵蜡梅花",呼应开头,结构严谨,也表现了"我"要把父亲传给"我"的美好品格坚守到底的决心。

2. 小说中画线处都写到了"蜡梅花开",意图各有不同,请简要分析。

3. 有人认为这篇小说的主人公是"我",有人认为是"父亲",你认为是哪一位? 请结合全文谈谈你的看法。

六、阅读文章,回答问题。

一颗未出膛的枪弹

丁 玲

"娃娃,甭怕,咱是一个孤老太婆,还能害你?"老太婆亲热地望着面前张皇失措的孩子,"你是……嗯,咱知道。"这孩子大约十三岁大小,迟疑地望着老太婆。远处一望无际的原野,没有一个人影,连树影也找不到一点。

"还是跟咱回去吧,天黑了,你往哪儿走? 万一落到别人手上……"

窑里黑魆魆的,他不敢动,听着她摸了进去。"不要怕,娃娃!"她把灯点着了。灶里的火光映在他们脸上,锅里有热气喷出来。陕北的冬天,孤冷的月亮那暗淡的光辉涂抹着无际的荒原,流落的孩子却拥抱着甜美的梦:他又回到队伍,继续当他的马夫,继续同司号兵玩着……

孩子跟在老太婆后边去割草。蒙着尘土的沙路上,寻不到杂乱的马蹄和人脚的迹印。他热切地望着远方,他们——大部队到底走得离他多远了呢? 他懊恼着自己。那天正在野外放马,突然飞机来了,他藏在一个小洞里,听着外面连绵不断的爆炸声。洞口塌了。等他好不容易爬了出来,就只剩他一人了。他大声地叫喊,凭着感觉一路狂奔,却没遇到一个认识的人……后来才遇着老太婆。

有人送来苞谷做的馍,还有人送来羊毛袜子。有着红五星的帽子仍揣在怀里,他不敢拿出来。大家都高兴地盘问着:"你这么一个娃娃,也当红军,你娘你老子知道么?"

天真的、热情的笑浮上了孩子的脸。他暂时忘却忧愁,重复着在小组会学来的话:"红军是革命的军队,是为大多数工人农民谋利益的,要团结一切不愿做亡国奴的人去打日本……"

看见那些围着他的脸露出无限的美慕,他就更高兴了。老太婆也扁着嘴笑:"咱一眼就看出了这娃娃不是咱们这里的人,你们看他那张嘴多灵呀!"

有一夜,跟着狂乱的狗吠,院子里响起了庞杂的声音,马嘶声、脚步声和喊声一齐涌了进来。烧着火的孩子,心在剧烈地跳:"难道自己人来了么?"

"砰!"窑门被枪托撞开了。冲进来的人一边骂,一边走到灶边,"哼,锅里预备着老子的晚饭吧。"

孩子悄悄看了一眼,他认得那帽子的样子,那帽徽是不同的。他的心一下紧缩起来。

有人眼光扫到老太婆脸上。她瑟缩地坐在地下,掩护她身后的孩子。"这老死鬼干吗老挨在那儿,藏着什么!"老婆子一动,露出了躲在那里的孩子。孩子被抓到跟前。一个兵打了他一耳光。

"老子有枪先崩了你!"孩子大声嚷叫,因为愤怒,倒一点也不惧怕了,眼睛里燃烧着火焰。

"什么地方来的!"拳头又落在他身上,"听口音,他不是这里人!"孩子一声不响,只是咬紧牙。门突然开了,门口直立着一个人,屋子里顿时安静下来。

"报告连长,有一个小奸细!"

连长走了进来,审视着孩子,默然坐到矮凳上。

"可怜咱就这一个孙子,咱要靠他送终的。"老太婆号哭起来。几个围观的老百姓壮着胆子附和:"是她的孙子。"

连长凝视着那双直射过来的眼睛,下了一道命令:"搜他!"

几十双眼睛都集中在连长手上:一把小洋刀、两张纸票子、一顶黑帽子。纸票反面有一排字:"中华苏维埃人民共和国国家银行。"帽子上闪着光辉的红色五星。看着它,孩子心里更加光亮了,静静地等待判决。

"这么小也做土匪!"

"招来吧!"连长问他。

"没有什么招的,任你们杀了吧! 不过红军不是土匪,我们不骚扰老百姓,四处受人欢迎。我们对东北兵也是好的,争取你们一道打日本,有一天你们会明白过来的!"

"这小土匪真顽强,红军就是这么凶悍!"他的顽强虽说激怒了一些人,但也得了许多尊敬。连长仍是冷冷地看着他,又冷冷地问道:"你怕死不怕?"这问话似乎羞辱了他,他不耐烦地昂了一下头,急促地答道:"怕死不当红军!"

围拢来看的人一层一层地在增加,多少人在捏一把汗。连长不动声色,只淡淡地说道:"那么给你一颗枪弹吧!"

老太婆又号哭起来了。许多人的眼皮沉重地垂下了,有的便走开去。但没有人,就连那些凶狠的家伙也没有请示,要不要立刻执行。

"不,"孩子却镇静地说,"连长,还是留着那颗枪弹吧,留着去打日本,你可以用刀杀掉我。"

忍不住了的连长,跑过来用力拥抱着这孩子,他大声喊道:"大家的良心在哪里? 日本人占了我们的家乡,杀了我们的父母妻子,我们不去报仇,却老在这里杀中国人。看这个小红军,我们配和他相比、配叫他土匪吗? 谁还要杀他,先杀了我吧……"声音慢慢地由嘶哑而哽住了。孩子觉得有热的东西滴落在他手上、衣襟上。他的眼也慢慢模糊了,隔着一层水雾,那红色的五星浮漾着,渐渐地高去,而他也被举起来了!

1. 下列对小说相关内容和艺术特色的分析鉴赏,不正确的一项是_____。

A. 小说的环境描写富有表现力。"没有一个人影"的原野衬托孩子与大部队走散后的彷徨,"孤冷的月亮"则反衬孩子做美梦时的温馨。

B. 有着"红五星"的帽子先被隐藏,后被发现,最后"红五星""渐渐地高去","红五星"的多次出现隐含人物心理变化,暗示小说主题。

C. 老太婆一开始就了解小孩的身份却对他呵护备至,百姓也乐意与这个小红军亲近、为他打掩护,这些都反映了人们对红军的信任与拥护。

D. 小说结尾看似突兀却在情理之中。连长和他的东北军一开始对红军与抗日心存排斥,孩子的视死如归、英勇无畏让连长彻底改变了立场。

2. 小说标题"一颗未出膛的枪弹"具有丰富的内涵,请结合作品简要分析。

3. 小说在塑造"小红军"的形象时是如何做到真实可信的? 请结合作品简要分析。

七、阅读文章,回答问题。

栗子·立子

许福元

这是一个傍晚。我这个五十五岁的汉子,要守株待兔般,等一个小王八蛋子。

就在昨天傍晚,路灯初上的时候,石园农贸市场东,一家一家网吧西边的辅路上,我从一个小王八蛋子手中,买了半口袋栗子。

车就停在辅路上,我刚要开门,一个留着公鸡头的小伙子却站起身奔向我,还喊了一声:"大叔!"

我觉得这个年轻人的发型怎么看都不像人的发型。两耳的上侧,剃得很光,唯独从前额至头顶直达脑后,一丛黄发耸立着。脸型是夹板脸,头型是醋葫芦,发型是公鸡头。

他看我留意他的发型,很潇洒地用左手从前往后捋了一下,然后问:"大叔,你要栗子吗?"马路牙子上,戳立着一条鸡肠子口袋。半口袋栗子露了出来,油亮油亮。"大叔,您看,一个是一个的。"

"不是一个是一个,你这栗子是带狭的绵羊,还能大个下小个的吗?"我生长在平原,连栗子树都没看见过,但还得装出内行的样子,"你这栗子,不是老品种。"

"大叔,您老好眼力。这是延庆海字口村西山坡的刺球板栗,口感好,还有观赏价值。"

"多少钱一斤?"我有点心动了。

"一口价,七块。您刚才从市场一路浏览过来,一连访问了两份,糖炒栗子十二,生栗子七块六,是吧? 我复制的可对?"小伙子又补充一句,"您得包圆,打包,我不零卖。"他摆出一个卖不卖两可的姿势,两条瘦腿撇着,抬起眼睛望着头顶上那盏高高的昏黄路灯,脖颈子梗着。

我试着掂了掂,"三十来斤?"

"大叔,您手就是秤。三十三斤,算您三十斤。不信我有弹簧秤,咱有一斤算一斤。"

我决定买了,但还得跟这只"公鸡"逗一逗:"小伙子,货到街头死。你也别一口价。咱取个吉利,六块六一斤,你顺我也顺。三十乘六块六,一百九十八元,我也凑整,二百。"

小伙子似乎迟疑了一下,但还是点了点头,"那我就按确定、保存、上传键了。您拿袋

子了吗?"

"要不这样,您连口袋捎走,不过您得交五十元押金,明天在这会儿这地儿,您把空口袋拿来,我再退您五十块钱如何?您别觉得五十块钱多,这口袋可是我爷爷的命根子,是古董。要是他在,一千块钱他也不会卖。"

二百五,付钱完毕。他提起袋子要给送上车,我忽然产生了怀疑:"慢。"我用一只手从上往下插下去,从袋子底部抄起一把栗子,下面的栗子似乎更大更光更亮些。小伙子似乎看出我的担心,笑说:"您摸着砖头了吗?"

他匆匆离去,闪进了对过那家网吧。

兴冲冲回到家里,第一件事让我老伴赶紧烧柴锅、煮栗子,并喊我弟我姐我侄来。只半个时辰,锅里便散发出异味。半锅熟栗子,熏得我龇牙咧嘴。

还是傍晚,还是这个老地方,路灯的影子像钉子一样,将我钉在这里。我等这个小伙子,这个公鸡头,这个小王八蛋子。

年轻人没来,一个老人倒是颤颤巍巍地来到我的面前。高个,背微驼,满脸刀刻似的核桃纹,扇风耳,鼻子高而直。拄一根花椒木拐杖,立定,双手作揖,开口便说:"您,您,您就是从我孙子手里买坏栗子那位客官吧?"

老人叹口气:"您手上有我家的口袋,那口袋上有我祖上的堂号。"老人从腋下抽出一条口袋,铺在地上。又对我说:"麻烦您了,您把您那条也打开,拼上,这是一对。"两条口袋上下对齐,左右对正,墨迹清晰,笔迹可辨:"货真价实,童叟无欺。诚信堂"。

诚信堂,早有耳闻,那可是老字号。主要经营干鲜果品。老人小心虔诚地折叠起那两条口袋,郑重地塞到我手里二百五十块钱。拉住我的手说:"这孩子把您气苦了。您跟他治气,忒不值了。养不教,爷之过。他爸他妈,扔下他时刚一周半,就到深圳打工去了。十七年了,见面不到十六次。家里二层楼盖得方正,可孩子走斜道了。让您笑话,百年老店的字号,给毁喽!"

我坚持要送老人一段路,老人又回身立定,双手作揖:"您回吧。我还要去找立子。"

我说:"您不要再找栗子了。那些栗子,只有一个半个是好的。其余的,都是坏的。"

老人无奈地向我苦笑:"我的孙子,他就叫立子。站立的立,儿子的子。他爸他妈的这棵独苗,儿子倒是个儿子,可没立住哇!"然后,用花椒木拐杖一指对面灯火通明的网吧,"那就是个大烟馆呀。我掴他去,孽障!"

我刚往前走一段路,身后传来"哗啦啦"的一片声响。我回头望去,网吧那两扇大玻璃窗,坏成了两个大黑洞。如宇宙间的黑洞。

1. 下列对作品有关内容的分析和概括,不正确的两项是_____。

A. 本篇小说善用对话来刻画人物形象和推动故事情节发展,作者对立子的形象描写并不多,但其奸猾的性格特点还是能通过对话而凸显出来。

B. 小说以第一人称"我"来叙述,使故事更真实;"我"对社会上坑蒙拐骗的事非常痛恨,要好好惩罚那个年轻人,可见"我"是一个非常正直的人。

C. 小说将第一天傍晚发生的故事以插叙的形式再现,增强文章的生动性,使文章产生悬念,更能引人入胜,同时也可以避免叙述的平板和结构的单调。

D. "养不教,爷之过",这不是客气话,立子的爷爷也意识到自己没有教育好孙子,对立子过于宠爱、放任,爷爷对立子的现状负有不可推卸的责任。

　　E. 小说只讲述了两个傍晚所发生的故事,既没有复杂的情节,也没有高大的人物形象,但却反映了深刻的主题——留守儿童的教育问题。

　　2. 概括立子的形象特点,并联系文本作简要分析。

　　3. 本文的标题很有特点,请结合文本谈谈该标题的好处。

八、阅读文章,回答问题。

意外的帮助

[美]海伦·卡伦

　　18岁那年,我只身离开纽约,来到位于英国约克郡的利兹大学研读历史。我一边努力去适应陌生的环境,一边默默忍受着内心巨大痛苦的煎熬——我的父亲最近去世了,我不知道这种痛什么时候是尽头。

　　一天下午,我来到集市,打算买一束花回去装饰我那简陋的学生公寓。在花店前,我看到了一位老人,他一手挂着手杖,一手提着一袋苹果,摇摇晃晃的,好像就要摔倒。我赶紧上前扶住他。

　　"谢谢你,宝贝儿!"他用那种我从来都听不厌的轻快调子对我说,"我现在感觉好多了,不用担心。"说完,他微笑地看着我,双眼闪动着老年人少有的明亮的光芒。

　　"我可以和你一起走吗?"我说,"免得让这些苹果过早地变成苹果酱。"

　　他哈哈一笑,说道:"小姑娘,你一定是从很远的地方来的。对吧?"

　　"是的,我从纽约来。"

　　我和本斯先生的友谊就这样开始了。路上,本斯先生一直依靠他的手杖走路。回到他家,扶他坐下后,我坚持要帮他准备晚饭。

　　做好饭后,我问我是否可以再来看他,我想随时来看看他需要什么帮助。他眨了眨眼,微笑着答道:"我从来没拒绝过一个好心的姑娘呢!"

　　第二天,我再次来看他。虽然他从未请求过帮助,但是那根大手杖默默提醒着他的虚弱。那天晚上,本斯先生问了我的学习,我的未来计划,不过他问得最多的还是我的家庭。我告诉他,我的父亲最近去世了,我心中非常悲痛。听了我的话,他默默地举起手,指着旁边桌子上的两个相框,那是两个不同的女人,但她们长得非常像。

　　"那是玛丽。"他指着照片说,"她已经去世6年了。那是我们的爱丽丝。她是一个很好的护士。7年前她因意外事故去世了。失去她对我的玛丽打击太大了。"

　　我抑制不住自己的悲伤,禁不住泪流满面。

　　我一周去看望本斯先生两次,总是在星期二和星期五,每次见到他,他都是坐在椅子上,而他的手杖则靠在墙上。本斯先生有一台小黑白电视机,但他显然比较喜欢看他的书和那几本厚厚的相集。看到我来,他总是显得格外高兴。

　　当我沏好茶,我们的畅谈就开始了。我告诉本斯先生,父亲去世两周前,因为和他闹别扭,我一直都没有跟他说话,为此,我觉得自己犯了不可饶恕的罪过。我永远也没有机会请求父亲的原谅了。

大部分时间本斯先生都是让我说,他则做一个耐心的听众。我说的每一句话,他都能凭他的人生经验和想象力作出准确的理解。

大约一个月后,我决定在星期天去看望他,没有事先打电话。靠近他的房子,我看见他正在花园里干活儿,轻松地弯腰,然后又灵活地站直。我顿时目瞪口呆。

他突然转身,看到了正在发愣的我。他招手示意我过去,我没有作声,但我接受他的邀请进了屋。

"哦,亲爱的。这次让我来替你沏茶吧。你看起来累坏了。"

"怎么回事?"我开口问道,"我一直以为……"

"我知道你想说什么,亲爱的。你第一次在集市看到我时……哦,那天早上我在花园里干活儿时被一颗石头绊倒了。"

"但是……你什么时候可以再次正常走路的?"

"啊哈,我想是在我们第一次相遇之后的第二天。"

"可是你为什么一直瞒着我呢?"我问,他肯定不是假装孤苦无助来让我为他沏茶、做饭。

"亲爱的,你第二次来看我的时候,我看到你非常不开心。于是我就想,这个小姑娘需要一个老人的肩膀来依靠。如果你知道我恢复了健康,你认为你还会来吗? 当时正处于痛苦中的你需要一个倾诉对象与给你安慰的人,并且这个人懂得如何倾听你的诉说。"

"可是,那根手杖又是怎么回事?"

"呵呵。那是一根好手杖。我到荒野的时候就要用到它了。下个礼拜天,我们就一起去荒野,怎么样?"

下个礼拜天,我们真的去了荒野游玩。

(有删改)

1. 下列对小说相关内容和艺术特色的分析鉴赏,不正确的一项是_____。

A. "我"和本斯先生的第一次交往中,"我"扶他回家,给他做饭,是因为本斯先生确实需要别人的帮助,而随后的交往中,其实是"我"从本斯先生那里获得帮助。

B. 本斯先生介绍相框后,"我""泪流满面",是为玛丽和爱丽丝过早离世而哀伤,为本斯先生孤老一人生活而心生同情,为自己没有机会请求父亲原谅而痛哭。

C. 本斯先生给"我""沏茶"是关心"我",也是因他装病对"我"表示歉意。他装病的目的是甘心做一个听"我"倾诉的观众,让"我"有理由到他家里,获得他的慰藉。

D. 小说采用双线结构,明写"我"帮助本斯先生,暗写本斯先生帮助"我",以"我"和本斯先生精神上的相互帮助来表现人与人之间的友爱和真情,充满了正能量。

2. 小说中的本斯先生有哪些形象特点? 请简要概括。

3. 小说多次写到"手杖",有何作用? 请结合全文简要分析。

九、阅读文章,回答问题。

愿化泥土

巴 金

近年来我非常想念家乡,大概是到了叶落归根的时候吧。

有一件事深深地印在我的脑子里,三年半了。我访问巴黎,在一位新认识的朋友家中吃晚饭。朋友是法籍华人,同法国小姐结了婚,家庭生活很幸福。我们在他家谈得畅快,过得愉快。可是告辞出门,我却摆脱不了这样一种想法:长期住在国外是不幸的事。一直到今天我还是这样想。几十年来有一根绳子牢牢地拴住我的心。一九二七年一月在上海上船去法国的时候,我在《海行杂记》中写道:"再见吧,我不幸的乡土哟!"一九七九年四月再访巴黎,住在凯旋门附近一家四星旅馆的四楼,早饭前我静静地坐在窗前扶手椅上,透过白纱窗帷看窗下安静的小巷,在这里我看到的不是巴黎的街景,却是北京的长安街和上海的淮海路,还有成都的街口有双眼井的那条小街……每天早晨都是这样,好像我每天回国一次去寻求养料。这是很自然的事。

我经常提到人民,他们是我所熟悉的数不清的平凡而善良的人。我就是在这些人中间成长的。我的正义、公道、平等的观念也是在门房和马房里培养起来的。我从许多被生活亏待了的人那里学到热爱生活、懂得生命的意义。越是不宽裕的人越慷慨,越是富足的人越吝啬。然而人类正是靠这种连续不断的慷慨的贡献而存在、而发展的。

近来我常常怀念六七十年前的往事。成都老公馆里马房和门房的景象,时时在我眼前出现。一盏烟灯,一床破席,讲不完的被损害、受侮辱的生活故事,忘不了的永远不变的结论:"人要忠心。"住在马房里的轿夫向着我这个地主的少爷打开了他们的心。老周感慨地说过:"我不光是抬轿子。只要对人有好处,就让大家踏着我走过去。"我躲在这个阴湿的没有马的马房里度过多少个夏日的夜晚和秋天的黄昏。

门房里听差的生活可能比轿夫的好一些,但好得也有限。在他们中间我感到舒畅、自然。后来回想,我接触到通过受苦而净化了的心灵就是从门房和马房里开始的。我的心常常回到门房里爱"清水"恨"浑水"的赵大爷、马房里的轿夫老周的身边。人已经不存在了,房屋也拆干净了。可是过去的发过光的东西,仍然在我心里发光。

现在我明白了,受苦是考验,是磨炼,是咬紧牙关挖掉自己心灵上的污点。它不是形式,不是装模作样。主要的是严肃地、认真地接受痛苦。"让一切都来吧,我能够忍受。"

我没有想到自己还要经受一次考验,我摔断了左腿。我没有能好好地过关。在病床上,在噩梦中,我一直为私心杂念所苦恼。以后怎样活下去?我不能回答这个问题。

漫长的不眠之夜仿佛一片茫茫的雾海,我多么想抓住一块木板浮到岸边。忽然我看见了透过浓雾射出来的亮光:那就是我回到了老公馆的马房和门房,我又看到了老周的黄瘦脸和赵大爷的大胡子。我发觉自己是在私心杂念的包围中,无法净化自己的心灵。门房里的瓦油灯和马房里的烟灯救了我,使我的心没有在雾海中沉下去。我终于记起来,那些"老师"教我的正是去掉私心和忘掉自己。被生活薄待的人会那样地热爱生活,跟他们比起来,我算得什么呢?我几百万字的著作还不及轿夫老周的四个字"人要忠心"。

我多么想再见到我童年时期的脚迹!我多么想回到我出生的故乡,摸一下我念念不忘的马房的泥土。可是我像一只给剪掉了翅膀的鸟,失去了飞翔的希望。我的脚不能动,我的心不能飞。我的思想……但是我的思想会冲破一切阻碍,会闯过一切难关,会到我怀念的一切地方,它们会像一股烈火把我的心烧成灰,使我的私心杂念化成灰烬。

我家乡的泥土,我祖国的土地,我永远同你们在一起接受阳光雨露,与花树、禾苗一同生长。

我唯一的心愿是:化作泥土,留在人们温暖的脚印里。

（有删减）

1. 文章开头写访问法国的经历有什么作用?
2. 理解文中两处画线句子的含意。
   (1)可是过去的发过光的东西,仍然在我心里发光。
   (2)漫长的不眠之夜仿佛一片茫茫的雾海,我多么想抓住一块木板浮到岸边。
3. 童年的门房和马房生活给作者的人生带来怎样的影响?请结合文本简要概括。
4. 标题"愿化泥土"蕴含了作者怎样的思想感情?请结合文本简要分析。

十、阅读文章,回答问题。

摆　渡
叶仲建

　　河东村和河西村隔着一条河,村民来往很不方便。不知从哪一天起,河上出现了一条渡船,船主人姓张,河东人,久了,人都唤他张摆渡。

　　河东村的后面是山,河西村的前面通往城市;河西村的人要上山,河东村的人也要进城。那年头,收成不好,张摆渡靠着这条船和一身摇橹的功夫,竟过得不差。

　　河西一户柳姓人家瞅着眼红了,为啥一条河,好处都让你张摆渡给占去了?为啥河西人的钱要塞进河东人的腰包?柳家穷,却也砸锅卖铁添置了一条与张摆渡相仿的船。

　　没有争执,没有商议,却有了规矩:河东人过河,得上柳摆渡的船;河西人过河,得上张摆渡的船。即便柳摆渡的船在彼岸,河东人也不会蹬上张摆渡的船,而是向对岸吆喝两声,朝柳摆渡招招手。

　　所赚到的钱少了一半,但熙来攘往的人频繁,好歹混了个囵囵饱。没事的时候,张摆渡会跟柳摆渡唠上几句;刚好泊在一起的时候,两人还会坐下来抽袋旱烟,吐着烟圈儿说事。张摆渡最爱说他儿子的事,柳摆渡最喜欢说城里人的事。据说,柳摆渡曾经在城里混了不少时日。日子便在这摇橹声和谈笑声中流逝。

　　一年后却发生了一件事。那天,柳摆渡的船载着河东村的一对母子过河,船行至河中央,便缓缓地往下沉。船舱里进了水,没一会儿水就漫过了船身。柳摆渡无法一下子救两人,丢下女人在河中乱扑腾。柳摆渡将小孩拖到河岸,转身要下水救女人,发现女人也从对岸漂移过来。救女人的是张摆渡。

　　张摆渡救了女人一命,也相当于救了柳摆渡一命。柳摆渡的船沉到了水底。第二天,柳摆渡没来吊船。第三天,还是没来。几天过去了,柳摆渡还是没有出现。那几天里,张摆渡经常盯着沉船的水面,沉默不语,总觉得失去了什么。

　　两岸的芦苇青了枯,枯了又青。阳光把张摆渡的身子晒成了古铜色。除了载客,张摆渡还网起了鱼。河水,滋润着张摆渡的生活,也滋润着他的身体。

　　船,修补了一回又一回,所费掉的材料足可以做好几条全新的船。张摆渡便在这不经意的修补中度过了他的中年时光。张摆渡老了,脸上多了许多皱纹,背部微微伛起。

上了年纪的张摆渡很孤独。其实这么多年来,他一直觉得孤独。张摆渡喂了只鸬鹚,他会跟鸬鹚说话。更多的时候,他只静静地坐在船头,抽着旱烟,对着河水沉思。

河西岸过来一个年轻人。"爹,你别摇船了,去我那住吧。"年轻人蹲在岸边,对张摆渡说。这样的话,他说了已经不止一两回。

"能摇就摇,摇不动时,自然会上你那。"张摆渡淡淡地嘬嘴着。

"可你已经老了啊!也该享享清福了,再说,这一天几块钱的营生能顶什么事?我又不是养不起你。"

"混账!要不是这几块钱,你能上大学?能有今天?"

"过河的人太少了。"年轻人换了一种语气说。

"可还需要一个摇橹的。"张摆渡说。

"逢个急事,总得从这河上过。他们的钱供了你上大学。"张摆渡又说。

"那我去老家转转。"年轻人叹了口气,转身朝村落的方向走去。

河东河西的人似乎真的少了很多。大多数年轻人都去城里谋生了,留下的老弱病残,一年出不了几次门。张摆渡的生意显然淡了下来,除了逢年过节,这条河上的一切,平静得如同一幅画。张摆渡和他的船,自然是画上的一景。

"人老了,眼花了,乡里乡亲的都瞅着陌生了。"那年的中秋,张摆渡对着一个西装笔挺的人叹道。

"老哥,还认得我不?"那人没动身子,却这样问张摆渡。

张摆渡认出来了,是当年的柳摆渡。张摆渡一下子激动了起来:"你……你回来了?这几年,你……去哪了?"

"嗯,回来了,去了一趟外地。"

"当年,谢谢你,你把这摇船的生意让给了我。"张摆渡踏上岸,指了指河,又紧紧地握住柳摆渡的手。"不,应该是我谢谢你才对,要不然,我也不会有今天。老哥,我今天又来抢你的生意了。"

"哦?"张摆渡疑惑不解地望着他。

"我要在这河上建一座桥。建好了,你就没法摇船了。"

张摆渡笑了,连连说着:"好,好……"

在一声又一声的"好"中,张摆渡很想接下来告诉柳摆渡一件事,关于那年沉船的事。他想告诉柳摆渡,他这么做只是为了能有足够的收入供儿子上大学。他还想告诉柳摆渡,因为这件事,他愧疚了一辈子。

张摆渡最终没有把这个秘密说出来。其实,他早就把这个压在心底的秘密说出来了。他跟船头的那只鸬鹚说了无数次。

1. 下列对小说有关内容的分析和概括,不恰当的两项是_____。

A. 河西柳姓人家眼红张摆渡靠摆渡过上了不错的日子,也置船参与摆渡,抢了张摆渡的生意,张摆渡嘴上不说啥,心里肯定不舒服。

B. 晚年的张摆渡不愿放弃老营生跟儿子到城里享清福,一是因为村民还有乘船的需求,二是因为张摆渡眷恋家乡,故土难离。

C. 小说刻画人物运用了语言描写、外貌描写、心理描写等多种方法,叙事则运用了虚实结合的手法,柳摆渡外出打工的情况就是一处虚笔。

D. 这篇小说以张摆渡为主叙述故事,刻画人物,时间跨度很长,情节起伏多变,从一个侧面反映了农村社会面貌的巨大变化。

E. 鲜明的对比也是这篇小说的一大特色,柳摆渡致富后造福乡民的高尚品德,就是通过张摆渡的自私反衬出来的。

2. 小说题目"摆渡"运用了什么手法?有什么含意?请结合全文简要分析。

3. 张摆渡是一个什么样的人物形象?请简要分析。

4. 小说最后写道:"张摆渡最终没有把这个秘密说出来。"有人认为,张摆渡应该把秘密说出来;也有人认为,张摆渡已经没有必要把秘密说出来了。你同意哪种观点?谈谈你的具体理由。

十一、阅读文章,回答问题。

米的恩典
甘典江

在所有的汉字当中,我最敬重的一个字,是"米"。

甲骨文中,"米"字像琐碎纵横的米粒,一个典型的象形字。《说文解字》曰:"米,粟实也。象禾实之形。"意思是,米是谷物和其他植物去壳后的籽实。

断奶之后,我们开始要吃饭了。民以食为天,说明吃饭是天大的事。多少年以来,中国人见面都要问候一句:"吃了吗?"难怪古代的圣人早就明察:仓廪实而知礼节。

吃饭要靠天,更要靠地。没有谁能够管得了天,但是,地却是被人牢牢控制住了。在中国的传统中,土地是万物之源,万物都从中孕育化生。《易经》云:"安土敦乎仁,故能爱。"安土便能乐业,就会诞生故乡,同时,还象征着淳朴的道德选择与坚守的精神意志。土地联系着历史与道德、政治与民生,而其中的媒介与命脉,即白花花香喷喷的米。一切财富与权力,最终,都可以通过米来衡量与转化,以"石"计量。

广义的"米",包括稻米、高粱、玉米、小米、黄米等;一般而言,主要指稻米,即大米。在南方,稻田随处可见,甚至在陡斜的山坡上,也被开垦出一圈一圈的梯田。在雾气中,在月光下,那些成片的梯田,像大地的行为艺术,在视觉上极为震撼,彰显着人的力量和创意。

20世纪80年代,母亲带我去粮店买米,揣着一册购粮本。彼时,每个人的粮食,都是一个定数,有钱也多买不到一两。卖米的工作人员常常带着居高临下的目光,我们则像是等待赈济的灾民,需要他们来拯救。我突发恐惧:要是哪天他们关门不卖米了,我们又怎么办?

幸好,某一天,人们又做起了交易,在农贸市场,大米开始自由流通,只要有钱,想买多少买多少。望着那些被解放了的大米,我觉得生活才真正开始。

吃饱饭后,人性苏醒了。接着,我们各式各样的欲望,日益膨胀。不知不觉之间,人们见面,不再问候吃饭,而是关心挣钱发财。很快,米的命运也发生了变迁,它们被包装后进入超市。在某种意义上,这时候的米,面目全非,与土地紧密的关系已经断裂。顾客从一袋米中,看不到四季的替换,闻不着泥巴、雨水和阳光的气味,也无视农夫的喘息与农妇的忧伤。可怜的米,被抽象成了一种消费符号。

每次不得不去超市,面对琳琅满目的商品,我都在猜想:假如苏格拉底看到这一切,不知还会发出怎样的感叹。在两千多年前,他就对物质消费不屑一顾:"我们的需要越少,就越接近神。别人为食而生,我为生而食。"对于这位伟大的哲学家来说,他只需要粮食即可生存,生活更重要的是精神与理性。

或许是因为苏格拉底的提醒,我开始尽量少去超市,实在要去,也要扪心自问一番:是不是因为听从了大米的召唤?我越来越相信:过度的物质消费,是一种恶习,甚至是对人类独立于物质的高贵精神的冒犯。

每一粒大米,无论是干瘪的还是饱满的,一起经历了四季的轮回,演绎了生命的涅槃,见证过土地的馈赠,追逐过阳光雨露,都领受了人的安抚和神的祝福。在此意义上,它们都是平等的,都有权利进入人的胃,化为人的血肉与精气。

联想到米的"远亲"——麦子。西方人眼中的麦子具有神性,因为麦子经过"施洗"已经脱胎换骨,变成了有信仰的面包,荣升为基督的圣餐。我想,倘若真有神灵可以降福于诸般良善与恩惠、纯洁与正义,那么它可以启示麦子,同样也能祝福大米。

粮食是至善至美的对象,敬畏粮食,就是遵守心灵的律法,可以凭此找回自我,梳结人与大地的伦理,并抵达感恩的故乡。

从一粒大米的恩典中,我领受了永恒的充实与安宁。

1. 文章第一段有什么作用?
2. 综观全文,简析最后一段中"恩典"一词的内涵。
3. 文中"断奶之后,我们开始要吃饭了"一句删掉可以吗?为什么?
4. 概括全文主旨,并联系实际谈谈你的看法。

十二、阅读文章,回答问题。

年轻时应该去远方
肖复兴

①寒假的时候,儿子从美国发来一封 E-mail,告诉我他要利用这个假期,开车从他所在的北方出发到南方去,并画出了一共要穿越 11 个州的路线图。刚刚出发的第三天,他从得克萨斯州的首府奥斯汀打来电话,兴奋地对我说这里有写过《最后一片叶子》的作家欧·亨利博物馆,而在昨天经过孟菲斯城时,他参谒了摇滚歌星猫王的故居。

②我羡慕他,也支持他,年轻时就应该去远方漂泊。漂泊,会让他见识到他没有见到过的东西,让他的人生半径像水一样蔓延得更宽更远。

③我想起有一年初春的深夜,我独自一人在西柏林火车站等候换乘的火车,寂静的站台上只有寥落的几个候车的人,其中一个像是中国人,我走过去一问,果然是,他是来接人。我们闲谈起来,知道了他是从天津大学毕业到这里学电子的留学生。他说了这样的一句话,虽然已经过去了十多年,但我对此记忆犹新:"我刚到柏林的时候,兜里只剩下了 10 美元。"就是怀揣着仅仅的 10 美元,他也敢于出来闯荡,我猜想得到他为此所付出

的代价,异国他乡,举目无亲,餐风宿露,漂泊是他的命运,也成了他的性格。

④我也想起我自己,比儿子还要小的年纪,驱车北上,跑到了北大荒。自然吃了不少的苦,北大荒的"大烟炮儿"一刮,就先给了我一个下马威,天寒地冻,路远心迷,仿佛已经到了天外,漂泊的心如同断线的风筝,不知会飘落到哪里。但是,它让我见识到了那么多的痛苦与残酷的同时,也让我触摸到了那么多美好的乡情与故人,而这一切不仅谱就了我当初青春的谱线,也成了我今天难忘的回忆。

⑤没错,年轻时心不安分,不知天高地厚,想入非非,把远方想象得那样好,才敢于外出漂泊。而漂泊不是旅游,肯定是要付出代价的,品尝人生的多一些滋味,也绝不是如同冬天坐在暖烘烘的星巴克里啜饮咖啡的一种味道。但是,也只有年轻时才有可能去漂泊。漂泊,需要勇气,也需要年轻的身体和想象力,便能收获只有在年轻时才能够拥有的收获和以后你年老时的回忆。人的一生,如果真的有什么事情叫作无愧无悔的话,在我看来,就是你的童年有游戏的欢乐,你的青春有漂泊的经历,你的老年有难忘的回忆。

⑥一辈子总是待在舒适的温室里,再是宝鼎香浮、锦衣玉食,也会弱不禁风、消化不良的;一辈子总是离不开家的一步之遥,再是严父慈母、娇妻美妾,也会目光短浅、膝软面薄的。青春时节,更不应该将自己的心锚一样过早地沉入窄小而琐碎的泥沼里,沉船一样跌倒在温柔之乡,在网络的虚拟中和在甜蜜蜜的小巢中,酿造自己龙须面一样细腻而细长的日子,消耗着自己的生命,让自己未老先衰变成一只蜗牛,只能够在雨后的瞬间从沉重的躯壳里探出头来,望一眼灰蒙蒙的天空,便以为天空只是那样的大,那样的脏兮兮。

⑦青春,就应该像是春天里的蒲公英,即使力气单薄,个头又小,还没有能力长出飞天的翅膀,借着风力也要吹向远方;哪怕是飘落在你所不知道的地方,也要去闯一闯未开垦的处女地。这样,你才会知道世界不再只是一座好看的玻璃房,你才会看见眼前不再只是一堵堵心的墙。你也才能够品味出,日子不再只是白日里没完没了的堵车、夜晚时没完没了的电视剧和家里不断升级的鸡吵鹅叫、单位里波澜不惊的明争暗斗。

⑧尽人皆知的意大利探险家马可·波罗,17岁就曾经随其父亲和叔叔远行到小亚细亚,21岁独自一人漂泊整个中国。美国著名的航海家库克船长,21岁在北海的航程中第一次实现了他野心勃勃的漂泊梦。奥地利的音乐家舒伯特,20岁那年离开家乡,开始了他维也纳的贫寒的艺术漂泊。我国的徐霞客,22岁开始了他历尽艰险的漂泊,行万里路,读万卷书……当然,我还可以举出如今被称为"北漂一族"——那些生活在北京农村简陋住所的人们,也都是在年轻的时候开始了他们的最初漂泊。年轻,就是漂泊的资本,是漂泊的通行证,是漂泊的护身符。而漂泊,则是年轻的梦的张扬,是年轻的心的开放,是年轻的处女作的书写。那么,哪怕那漂泊是如同舒伯特的《冬之旅》一样,茫茫一片,天地悠悠,前无来路,后无归途,铺就着未曾料到的艰辛与磨难,也是值得去尝试一下的。

⑨我想起泰戈尔在《新月集》里写过的诗句:"只要他肯把他的船借给我,我就给它安装一百只桨,扬起五个或六个或七个布帆来。我决不把它驾驶到愚蠢的市场上去……我将带我的朋友阿细和我做伴。我们要快快乐乐地航行于仙人世界里的七个大海和十三条河道。我将在绝早的晨光里张帆航行。中午,你正在池塘里洗澡的时候,我们将在一个陌生的国王的国土上了。"那么,就把自己放逐一次吧,就借来别人的船张帆出发吧,就别到愚蠢的市场去,而先去漂泊远航吧。只有年轻时去远方漂泊,才会拥有这样充满泰

戈尔童话般的经历和收益,那不仅是他书写在心灵中的诗句,也是你镌刻在生命里的年轮。

【注】泰戈尔《新月集·水手》这首诗的前几句是"船夫曼特胡的船只停泊在拉琪根琪码头。这只船无用地装载着黄麻,无所事事地停泊在那里已经好久了"。

1. 下列对文章有关内容的理解与分析,不正确的两项是_____。

A. 年轻时应该去远方,在作者眼中,远行、游历也是漂泊的一种。

B. 收到儿子的 E-mail 很高兴,支持儿子的远行,引出全文要谈的话题,表达对儿子能独立闯荡的欣慰与激动。

C. 只要敢于漂泊,哪怕经济困难,也能闯荡出来。哪怕是被动漂泊,也能让你全面体悟生活。

D. 漂泊的痛苦与残酷,也能成为精神的财富。漂泊能让你发现世界有虚幻丑陋也有真善美。

E. "青春,就应该像是春天里的蒲公英",用比喻的修辞手法写出了青春脆弱单薄,而又无力掌握方向的特点。

2. 第②段作者说"年轻时就应该去远方漂泊",结合全文谈谈作者这么说的原因。

3. 请从语言运用的角度对第⑥段画线句子作赏析。

4. 从全文看,引用泰戈尔《新月集》中诗句的作用是什么?

十三、阅读文章,回答问题。

战 争

[美]欧文·肖

①车子缓缓向前行驶,周围不时有炮弹爆炸。派伏尼饶有兴致地关注着身边的一切。迈克尔坐在后面,觉得脑袋离枪口越来越近。

②他们拐了个弯,来到一条街上。这儿的房子无一例外遭到了炮火袭击,废墟一直延伸到街上。人们有条不紊地在这些废墟上俯身挑拣着。这儿拣块布条,那儿挑盏台灯,还有袜子、煮饭罐。他们捡拾着这些东西,全然不顾不远的炮火,不顾埋伏在四周的狙击手,也不顾对岸德国人的炮声,对周围的一切似乎一点都没觉察到。他们只知道这曾经是他们的家,瓦砾、家具都是他们的财产,是他们在生命中一点点积聚起来的。

③车子经过这些一丝不苟的捡拾者时,有那么一刻,迈克尔想从车里站起来对那些在废墟上不停搜寻的法国人大喊:"快走吧,逃出这座城市!你们找的任何一样东西都不值得你们在此丧命!"

④但他终究什么也没说。没人向他们开枪,车子驶进一条街道。把车停在教堂前的小广场后,两人就从外面明亮的阳光下走进教堂。昏暗的教堂里挤满还没来得及逃出去,以及一息尚存的人。几十个形容枯槁、满脸皱纹的八旬老人聚在一起,双手干枯,筋脉暴露,迟钝地摸摸自己的脖子,因炎症而发红的眼睛透出垂死的光。他们随地大小便,把周围的地板弄得湿漉漉。迈克尔看着这一切,呼吸都困难了。这就是所谓的战争!什

么在枪炮声中声嘶力竭发布号令的指挥官，什么为了正义扑向敌人刺刀的士兵，什么战况公报、嘉奖提升，都是假的！摆在眼前的是一群老态龙钟、风烛残年的老人。他们从废墟中各个角落里被搜罗出来，扔在教堂里，等待被运到一个什么破城，扔在那儿自生自灭，只要不妨碍打仗就行。

⑤"唔，中校，"迈克尔说，"针对这些情况，平民事务局是怎么个说法？"

⑥派伏尼微笑着轻碰迈克尔的胳膊，他已经意识到迈克尔因眼前景象而感到负罪。两个孩子向派伏尼走过来，站在他面前。其中一个女孩大约四岁，又小又瘦，长着一双羞涩的大眼睛，拉着大她两三岁的哥哥的手。

⑦"行行好，"女孩用法语说，"能给我们点儿沙丁鱼吗？"

⑧"错了。"哥哥生气地抽出手来，狠狠地往妹妹手腕上掴了一下，"不是沙丁鱼，应该向这些人要饼干。给沙丁鱼的是另外一些人。"

⑨派伏尼冲迈克尔笑了一下，弯下腰和蔼地抱了抱女孩。对她来说，法西斯和民主主义的不同仅仅在于向前者能够讨到沙丁鱼，向后者则应该讨压缩饼干。"当然能。"派伏尼用法语回答说。迈克尔走出教堂，对眼前明媚的阳光和清新的空气感激不尽。他从吉普里取出一包军用口粮，又走回去找派伏尼。当他拿着盒子站在教堂里时，一个七岁左右的男孩直撞过来，头发乱蓬蓬的，嬉笑不停、死皮赖脸地乞讨："香烟，能给老子点儿香烟吗？"

⑩迈克尔把手伸进衣兜。正在这时，一个老妇人急匆匆地冲过来，一把揪住他的肩膀："不，不要给他。"她转过去面向男孩，用那种慈爱但又恨铁不成钢的神情，生气地呵斥道："不行，你还想不想长大？"

⑪一颗炮弹落在邻近的街道上，迈克尔没能听清男孩的回答。他看见派伏尼正蹲着身子和那兄妹俩说话，就微笑着朝他们走过去。派伏尼把饼干给了小姑娘，又在她额头轻轻亲了一下。兄妹俩郑重其事地后退几步，就迅速钻进教堂另一边的角落里，打开盒子，轮流小口咬着里面的巧克力棒，安安静静地分享美味。

⑪迈克尔跟派伏尼走出教堂，默默地上了吉普，慢慢地向城郊开去。<u>迈克尔依旧盯着路边的窗户，现在他不知怎么开始相信，这里并没有什么狙击手。</u>

（节选自长篇小说《幼狮》，晏奎译，有删改）

1. 试根据小说的情节和细节推断故事发生的背景，写出你的结论。
2. 简要概述小说展现了一幅怎样的战争图景。
3. 小说中迈克尔是一个什么样的人？简要概括。
4. 结合全文，探究文中画线句的意蕴。

十四、阅读文章，回答问题。

睡在芬芳的稻草床上
周志国

睡在稻草上。小憩的庄稼人。贪玩的孩子。阳光洒在温软金黄的草堆上。花儿一样的梦。

我睡在稻草上，是睡在用稻草铺垫的木床上。

从农村出来后的每年春节，我是雷打不动要回老家去的。回到乡下，回到父母的身边。有一年冬天，大雪齐了膝盖，我就是连滚带爬回去的。人回去，心也回去。

父母家里就两位老人，至今没有舍得添一件时尚的家什，没有音乐，没有电视。除了吃饭，我们就从早到晚围着嗞嗞燃烧的木柴火塘，嗑母亲炒的南瓜子说话，常常要说到夜深了才想起该去睡觉。

这么多年，我只要回去，都和父亲抵足而眠。今年春节回家的第一个晚上，我们说到家里的公鸡都叫了头遍。临睡了，母亲说被子床单什么的，都是新洗了的，还用米汤水浆了。父亲抢过话头，特别补充说，垫絮下面的稻草全部换了新的，是他从草垛里选那壮实金黄的稻草，把袍叶撸干净了，再用菜刀切齐整，一把一把、一层一层铺在床板上，平实，厚实，松软，睡在上面，不比席梦思差。

我的脑海里，迅速出现了父亲做这一切时的情景：视线在草把里探寻，双手在草垛里翻找，拉出来，一只手捏着草尖处，另一只手的五个手指张成梳子样顺着草身一次次往下撸，袍叶撸干净了，手上就剩下了金黄的草梗。看看撸得差不多了，就顿齐了用刀切，然后抱到床边细细地铺好。稻草铺好了，再铺上棉絮，铺上床单。看看自己精心忙活打理一新的床铺，只等自己的儿子回来。老人家的幸福像蜜汁样从心底里往周身流淌。

脱去臃肿的外衣，钻到被窝里躺下去，一股熟悉的稻草的气息顿时向我袭来。稻草的味道，稻谷的味道，泥土的味道，甚至父亲的味道整个包裹了我。我没有说话，我调动自己所有的感觉器官一起感受，一起回味，一起品尝，重温自己生在稻草铺上、睡在稻草铺上的那些过去了的岁月和生活。

我也种过水稻。收获金黄的稻谷，也收获金黄的稻草。季节熟了，把多数的稻谷卖给粮站，把够吃的稻子留给自己。想象着金黄的稻谷加工成雪白的大米去养育天下的生命，便十分自豪。稻谷都安排好了，成堆的稻草则留下来陪着我们过一年里剩余的日子。它的用处很多，切碎了洒上清淡的盐水用它做牛的饲料，晒干了用它来生火做饭，理净了用它来垫床铺，过去它还是庄户人家盖屋面的唯一材料。

自打搬进城里，我们的生活就彻底告别了稻草。垫床的是席梦思，烧饭的是煤、电、气。我们把稻草扔在了乡下，把与稻草有关的一切都扔在了逐渐淡去的记忆里，甚至好多的日子，我们在梦里都不见了它的踪影。曾记得，第一次睡上席梦思，那一份当了神仙的感觉是何等的美妙。孩子们在床上玩起了弹跳的游戏，我们则在历数稻草铺的简陋与粗糙。谁也不知道，第二天起来，我们都喊腰疼。如今想来，那是不习惯的缘故，并不是席梦思的错。我们尽管对稻草铺还存有一丝留恋，但终究是不会再到乡下去拖车草来垫床铺了的。这么多年过了，我们早已经习惯了席梦思的软和，忘记了那些与稻草滚在一起的日子。

户外有风，屋后的竹林在沙沙摇响。远处有几声狗吠起落。这个静谧温馨的晚上，我睡在稻草上，睡在父亲身边，我感到异常的踏实与香甜。我做了一个梦：田野里翠绿的禾苗翻起金黄的稻浪，从金黄的稻堆里淌出了白米的河流……在阳光照耀的田野里，我躺在芬芳的稻草上，幸福地睡着了……

（本文有删节）

1. 结合具体语境,简析第三、五段中加点词语的情感内涵。

(1)连滚带爬:_____

(2)抵足而眠:_____

2. 赏析第六段关于父亲"铺床"的细节描写。

3. 第九段写"席梦思",有什么作用?

4. 简析本文的结构特点。

5. 结尾处,为什么"我"睡在"稻草上"和"父亲身边",会感到"异常的踏实与香甜"?结合全文,谈谈你的理解。

十五、阅读文章,回答问题。

雪夜来客

冯骥才

"听,有人敲门。"我说。

"这时候哪会有人来,是风吹得门响。"妻子在灯下做针线活,连头也没抬。

我细听,外边阵阵寒风呼呼穿过小院,只有风儿把雪粒抛打在窗玻璃上的沙沙声,掀动蒙盖煤筐的冻硬的塑料布的哗哗啦啦声,再有便是屋顶上那几株老槐树枝丫穿插的树冠,在高高的空间摇曳时发出的嘎嘎欲折的摩擦声了……谁会来呢?在这个人们很少往来的岁月里,又是暴风雪之夜,我这两间低矮的小屋,快给四外渐渐加厚的冰冷的积雪埋没了。此刻,几乎绝对只有我和妻子默默相对。

咚!咚!咚!

"不——"我要说确实有人敲门。

妻子已撂下活计,到院里去开门。我跟出去。在那个充满意外的时代,我担心意外。

大门打开。竟是我的老朋友!

我同他紧紧拥抱在一起。我的下巴在他的肩膀上颤抖着:

"你……怎么会……你给放出来了?"

他没答话。我松开臂膀,望着他。只见他嘴角痉挛似的抽动,眼里射出一种强烈的情绪。看来,这个粗豪爽直、一向心里搁不住话的人,一准要把他的事全倒出来了。谁料到,他忽然停顿一下,竟把这情绪收敛住,手一摆:

"先给我弄点吃的,我好冷,好饿!"

"呵——好!"我和妻子真是异口同声,同时说出这个"好"字,跟着我们就忙开了——

家里只有晚饭剩下的两个馍馍和一点白菜丝儿,赶紧热好端上来。妻子从床下的纸盒里翻出久存而没舍得吃掉的一听沙丁鱼罐头,打开放在桌上。我拉开所有抽屉柜门,恨不得搜出山珍海味来,但被抄过的家像战后一样艰难!经过一番紧张的搜索,只找到一个松花蛋,一点木耳的碎屑,一小束发黄并变脆的粉丝,再有便是从一个瓶底"磕"下来的几颗黏糊糊的小虾干了……

眼瞪着凑合起来的五颜六色的饭菜,老朋友真诚道谢后便急不可待地抓起碗筷,狼吞虎咽起来……

"听说你爱人曾经……"我急着要把自己知道的情况说出来。

发现他的眼神不对劲，妻子忙把话岔开：

"年前，我在百货大楼前还看见嫂子呢！"

谁知老朋友听了，毫无所动。他带着苦笑和凄情摇了摇头，声调降到最低：

"不，你不会看见她了……"

怎么？他爱人死了，还是同他离婚而远走高飞了？反正他的家庭已经破碎，剩下孤单单的自己，那么他从哪儿来，到哪儿去？

一时，我和妻子不知该说什么，茫然无措地望着他，仿佛等待他把自己那非同寻常的遭遇说出来。

然而，他只是把大手一摆，好像把聚拢在面上的愁云拨开，提高声调问是否有酒，话里有种大口痛饮、一醉方休的渴望。

接过妻子取来的酒，他邀我与妻子一起喝酒。当酒杯一拿起来，我感觉，我们三人心中都涌起一种患难中老友相逢热烘烘、说不出是甜是苦的情感。碰杯前的刹那，我止不住说：

"祝你什么呢？一切都还不知道……"

他这张宽大的脸"腾"地变红，忽闪闪的眸子像在燃烧，看来他要依从自己的性格，倾吐真情了。然而当他看到我这被洗劫过而异常清贫的小屋，四壁凄凉，又把千言万语给强咽下去了，只是用多愁善感的声音说：

"不说那些，好吧！今儿，这里，我，你们，这一切就足够了。还有什么比这一切更好？就为眼前这一切干杯吧！"

一下子，我和妻子理解了他此时的心情。

酒不是水。老朋友心中的苦楚被这辛辣的液体一激，仿佛再也遏止不住而要急雨般倾泻出来……

我和妻子不约而同地赶忙劝他吃菜、饮酒，不给他说话的机会。

他，忽然用心地瞧我们一眼。这一眼肯定对我们的意图心领神会了。他便只是吃呀，饮呀，连连重复着一个"好"字……随后就乐陶陶地摇头晃脑。我知道他的酒量，他没醉，而是尽享着阔别已久的人间气息，尽享着洋溢在我们中间纤尘皆无的透明的挚诚……不用说，我们从生活的虚伪和冷酷的荆棘中穿过，当然懂得什么是最宝贵的。生活是不会亏待人的。它往往在苦涩难当的时候，叫你尝到最甜的蜜。这时，我们已经互相理解，完全默契了。

外边依旧大风大雪，冰天冻地。

老朋友拿起帽子扣在头上，起身告辞了。带着一种真正的满足，他拉高衣领，穿过冰风冷雪去了。

他至走什么也没说。

大风雪很快盖住他的脚印。一片白茫茫，好像他根本没来过。这却是他，留给我的一块最充实的空白……

【相关链接】《雪夜来客》最初发表于《收获》杂志1984年第2期，《小说月报》1984年第6期选载，当年荣获读者票选的首届《小说月报》百花奖。

1. 下列对这篇小说思想内容与艺术特色的分析和鉴赏,最恰当的两项是_____。

A.因为不愿重提自己悲惨的遭遇,雪夜来客多次压制住自己的情绪,把已到嘴边的心中苦楚强咽下去。

B.小说详细描写了夫妇二人为雪夜来客准备晚饭的过程,这一方面体现了夫妇二人生活的拮据,另一方面也凸显了夫妇二人真心待客,对朋友倾心照顾。

C.小说的结尾,雪夜来客带着一种真正的满足,拉高衣领,穿过冰风冷雪去了,他的满足是因为尝到了已许久没吃到的可口的人间饭食,并看望了久违的朋友。

D.夫妇二人与雪夜来客都曾经历过生活的苦难,因此,他们更能懂得真挚友情的珍贵,正如文中所说"生活是不会亏待人的。它往往在苦涩难当的时候,叫你尝到最甜的蜜",这也是小说的主题所在。

E.小说没有跌宕起伏的情节,读来却让人深受感动,这都应归功于其成功的语言描写。

2.小说以"我"听到敲门声开篇,继而不吝笔墨地对环境进行了细腻的描写,用意何在? 请简要分析。

3.小说中的夫妇二人与雪夜来客是能够互相理解、具有十足默契的朋友,试从文中找出能体现这种理解与默契的地方并加以分析。

4.在小说的最后一段,"我"认为雪夜来客留给"我"一块最充实的空白,这里用"充实"来形容"空白"是否恰当? 请结合整篇小说谈谈你的看法。

专题训练十一 ▶ 诗歌阅读

一、阅读诗歌,回答问题。

被檄夜赴邓州幕府

元好问

幕府文书鸟羽轻,敞裘羸马月三更。

未能免俗私自笑,岂不怀归①官有程?

十里陂塘春鸭闹,一川桑柘晚烟平。

此生只合田间老,谁遣春官②识姓名?

【注】①岂不怀归:出自《诗经·小雅·出车》。②春官:指礼部,礼部执掌人才推荐、选拔、考试诸事。

1. 下列对本诗的理解不正确的两项是_____。

A. 首句中"鸟羽轻"一语双关:征召文书上插有鸟羽,表示紧急;文书传送快,如同飞鸟一般迅疾。

B. "敞裘羸马月三更",紧承首句,"月三更"更是扣紧题目中的"夜赴",写出了诗人连夜赶路的情景。

C. "未能免俗私自笑",通过细节描写,传神地写出诗人被官府征召后不可抑制的满足与喜悦之态。

D. 第二联中"官有程"三字,直接点明官府征召有期限要求,诗人接到文书后,不得不日夜兼程,向邓州进发。

E. 本诗采用了比兴、虚实相生、用典等手法,收到了疏密有致、言简义丰、意蕴深厚、耐人深思的艺术效果。

2. 本诗流露出作者的哪些情感?请结合诗句进行分析。

二、阅读诗歌,回答问题。

回军跛者

赵徵明

既老又不全,始得离边城。

一枝假枯木,步步向南行。

去时日一百,来时月一程。

常恐道路旁,掩弃狐兔茔。

所愿死乡里,到日不愿生。

闻此哀怨词,念念不忍听。

惜无异人术,倏忽具尔形。

1. 诗歌刻画了一个怎样的形象?

2. 赏析"常恐道路旁,掩弃狐兔茔。所愿死乡里,到日不愿生"的深刻意蕴。

三、阅读诗歌,回答问题。

出塞作

王 维

居延城①外猎天骄②,白草连天野火烧。

暮云空碛③时驱马,秋日平原好射雕。

护羌校尉朝乘障,破虏将军夜渡辽。

玉靶角弓珠勒马,汉家将赐霍嫖姚④。

【注】①居延城:在今内蒙古自治区额济纳旗东南。②猎天骄:这句话是说唐时强悍的吐蕃将士在郊外打猎。③空碛(qì):空荡无边的大沙漠。④霍嫖姚:霍去病,西汉抗击匈奴的名将,官至嫖姚校尉。

1. 诗歌的颔联塑造了吐蕃将士怎样的形象?有什么作用?

2. 诗歌的颈联写出了唐军将士的英勇。结合全诗分析,作者是怎样做到的?

四、阅读诗歌,回答问题。

早雁①

杜 牧

金河②秋半虏弦开,云外惊飞四散哀。

仙掌③月明孤影过,长门④灯暗数声来。

须知胡骑纷纷在,岂逐春风一一回。

莫厌潇湘少人处,水多菰米岸莓苔。

【注】①唐武宗会昌二年(842年)八月,北方回鹘族乌介可汗率众向南骚扰,引起边民纷纷逃亡。杜牧时任黄州(今湖北黄冈)刺史,闻此而忧之,故写下此诗。②金河:在今内蒙古自治区呼和浩特市南。这里泛指北方边地。③仙掌:汉代建章宫内铜铸仙人举掌托起承露盘。④长门:汉宫名。

1. 下列对这首诗的赏析不正确的两项是_____。

A. 每到秋天,北方的严寒气候不再适合大雁生存,大雁便会飞往温暖的南方。八月是大雁开始南飞的季节,诗人目送征雁,感怀时事,因此以"早雁"为题。

B."惊飞四散哀"五个字,从情态、动作到声音,写出连续发生的情景,层次分明而又贯串一气,是非常真切凝练的动态描写。

C. 长门宫中,灯光暗淡,本就充满悲愁凄冷的气氛,在这种氛围中传来"数声"失群孤雁的悲啼,更显出境界之凄凉。

D. 颈联由征雁南飞遥想到它们的北归,相传雁至衡阳而止,遇春雨回,故有"逐春风一一回"的设想,这寄寓着作者对未来的美好期望。

E. 尾联描写潇湘人烟稀少,以此来展现战争带来的巨大灾难,也是告诫流离失所、欲归不得的征雁,此处并非可以安身立命之处。

2. 这首诗与张养浩的散曲《山坡羊·潼关怀古》所表达的情感有何相似之处?两首作品分别是如何表达这种情感的?

五、阅读诗歌,回答问题。

送李副使赴碛西官军

岑　参

火山六月应更热,赤亭道口行人绝。

知君惯度祁连城①,岂能愁见轮台②月。

脱鞍暂入酒家垆,送君万里西击胡。

功名只向马上取,真是英雄一丈夫。

【注】①祁连城:在今甘肃省张掖县西南。②轮台:唐代庭州有轮台县,这里指汉置古轮台(在今新疆轮台县东南),李副使赴碛西经过此地。

1. 下列对这首诗的分析不正确的一项是_____。

A. 这首诗没写饯行时的歌舞盛宴与分手时的难舍离情,但字里行间洋溢着激情。

B. 首联写塞外酷热难耐、人迹罕至的环境,表现了李副使不畏艰苦的豪迈气概。

C. 颔联写李副使不平凡的经历,"岂能"暗示出他长期驰骋疆场,时常惹起乡愁。

D. 这首诗融叙事、抒情、议论于一体,其口语化的语言,具有亲切洒脱的效果。

2. 诗歌从哪些方面写李副使"英雄一丈夫"的形象?请简要分析。

3. 诗的尾联意蕴丰富,请结合全诗简要分析。

六、阅读诗歌,回答问题。

军城早秋

严　武

昨夜秋风入汉关,朔云边月满西山。

更催飞将追骄虏,莫遣沙场匹马还。

【注】严武(726—765),字季鹰,华阴(今陕西华阴县)人。曾任剑南节度使,广德二年(764)秋天,他率兵西征,击败吐蕃七万多人。

　　1. 诗的前两句描绘了哪些景象?展现了一幅怎样的画面?有什么寓意?

　　2. 诗的后两句表现了作者什么样的情怀?请简要分析。

七、阅读诗歌,回答问题。

岁　暮①

杜　甫

　　岁暮远为客,边隅还用兵。烟尘犯雪岭②,鼓角动江城③。

　　天地日流血,朝廷谁请缨④?济时敢爱死?寂寞壮心惊!

【注】①本诗作于唐代宗广德元年(763年)末,时杜甫客居阆州(今四川阆中)。②雪岭:西山,在成都西面,因终年积雪得名。③江城:指梓州城(今四川三台县),梓州濒临涪江。④请缨:将士自告奋勇请命杀敌,语本《汉书·终军传》:"军自请:'愿受长缨,必羁南越王而致之阙下。'"

　　1. 下列对本诗的理解有误的一项是_____。

　　A. 首联交代诗人客居他乡,在岁暮之际,听到了边境传来的外族入侵的消息。看似平淡的叙述语气中,却包含了忧国忧民的诗人沉重的心境。

　　B. 颔联写战争的烽烟笼罩了雪岭,鼓角声声也震动了江城,"犯""动"两个动词,写出了诗人听到外敌入侵后内心受到的强烈冲击。

　　C. 颈联"天地日流血"写战争带来的悲惨情况,接着作者发出自己的担忧之声:"朝廷谁请缨",如今面临强敌入侵,还会有人请缨杀敌吗?

　　D. 尾联设问句,"济时敢爱死?寂寞壮心惊"道出了诗人的心境:一是独自客居阆州孤单寂寞,二是诗人徒有报国之心,却无从施展,只能独自寂寞。

　　2. 下列对于本诗表达技巧的赏析,有误的一项是_____。

　　A. 借代,如"烟尘"代指边境战争,与后文"鼓角"相应,分别从听觉和视觉两方面突出了战争的紧张气氛,渲染了时局的艰危。

　　B. 用典,如"请缨",典出《汉书·终军传》,在诗中暗示朝中无人为国分忧,借以表达诗人对国事的深深忧虑。

　　C. 双关,如"岁暮"表面指的是时序岁末,深层指作者已进入人生暮年,还指唐王朝由盛而衰进入风雨飘摇的晚唐。

　　D. 虚实结合,"边隅还用兵""烟尘犯雪岭""朝廷谁请缨"是作者的想象,属于虚写;"鼓角动江城""天地日流血"是眼下情景,属于实写。

八、阅读诗歌,回答问题。

桑茶坑道中(其七)

杨万里

晴明风日雨乾时,草满花堤水满溪。

童子柳阴眠正着,一牛吃过柳阴西。

茅塘马上

贺　铸

壮图忽忽负当年,回羡农儿过我贤。

水落陂塘秋日薄,仰眠牛背看青天。

1. 两首诗中塑造的牧童形象有何共同点?

2. 两首诗表达的思想感情有何不同? 请简要概括。

九、阅读诗歌,回答问题。

定　西　番

牛　峤

紫塞月明千里,金甲冷,戍楼寒,梦长安。

乡思望中天阔,漏残星亦残。画角数声呜咽,雪漫漫。

1. 下阕写景运用了什么表现手法? 请简要分析。

2. 作者在整首词中抒发了哪些情感? 请结合全词简要分析。

十、阅读诗歌,回答问题。

送　别

李　白

斗酒渭城边,垆头醉不眠。梨花千树雪,杨叶万条烟。

惜别倾壶醑,临分赠马鞭。看君颍上去,新月到应圆。

1. 李白有诗句"梨花千树雪,杨叶万条烟",岑参有诗句"忽如一夜春风来,千树万树梨花开"。请赏析这几句诗,比较其运用的手法、描写的对象、创造的情境以及表达的情感的异同。

2. 本诗三、四联表达了诗人怎样的情感? 这种情感是怎样表达出来的?

十一、阅读诗歌,回答问题。

春　闺　思
张仲素

袅袅城边柳,青青陌上桑。

提笼忘采叶,昨夜梦渔阳。

古　意
王　驾

夫戍边关妾在吴,西风吹妾妾忧夫。

一行书信千行泪,寒到君边衣到无?

1. 两首诗都写思妇怀人,在表现手法上有何不同?

2. 杨载《诗法家数》中说,绝句"婉转变化,功夫全在第三句"。试选择一首诗,分析第三句在整首诗中的作用。

十二、阅读诗歌,回答问题。

平蔡州①三首(其二)
刘禹锡

汝南晨鸡喔喔鸣,城头鼓角音和平。路旁老人忆旧事,相与感激皆涕零。

老人收泪前致辞:"官军入城人不知。忽惊元和十二载②,重见天宝③承平时。"

【注】①蔡州,唐天宝时为汝南郡,安史之乱后,沦为叛军巢穴。②元和十二载:元和十二年(公元817年),唐王朝在宰相裴度的主持下,由李愬率军雪夜袭破蔡州,活捉了割据抗命的淮西藩帅吴元济。③天宝:唐玄宗年号。

1. 下列对这首诗的赏析,不恰当的一项是_____。

A. 首句用"汝南"而不用"蔡州",看似平淡无奇,实则隐含官兵克复蔡州、百姓重见天日之意。

B. "城头鼓角"四字未正面描写战事,而是从侧面来写,与首句共同渲染出蔡州静寂紧张的气氛。

C. "忆旧事"暗含对比,从"忆旧事"到"皆涕零",深刻地揭示了百姓对于国家统一的强烈向往。

D. 诗歌语言平白流畅而又言近旨远,用笔虽看似平易,却于浅易的诗意中融入对历史事件的叙述和评价。

2. 尾联"忽惊""重见"等词的运用以及"十二载"的具体释义,体现了百姓对蔡州平定的无比欣慰和对国家中兴的殷切希望。这种说法是否正确？请简要分析。

十三、阅读诗歌，回答问题。

春　思

皇甫冉

莺啼燕语报新年，马邑龙堆①路几千。家住层城邻汉苑，心随明月到胡天。

机中锦字论长恨，楼上花枝笑独眠。为问元戎窦车骑②，何时反旆勒燕然？

【注】①马邑龙堆：泛指边境征戍之地。②窦车骑：窦宪，车骑将军，大破匈奴，登燕然刻石而还。

1. 下列对这首诗的赏析，不恰当的一项是_____。

A. 这是一首七言律诗，写一位出征军人的妻子在春日对丈夫梦绕魂牵的思念，以及对反侵略战争早日胜利的盼望。

B. 诗中的女主人公住在繁华和平的京城，目睹皇宫奢靡的生活，联想到丈夫戍守在荒凉的边疆，顿生愤懑之情。

C. 第四句"心随明月"与"我寄愁心与明月"表意相似，深刻表达了女主人公只能把对丈夫的思念寄托给明月的无奈。

D. 尾联写女主人公问军中主帅何时才能班师回朝，将个人命运和国家命运统一起来，赋予了本诗积极的社会意义。

2. 颈联有两个字用得精妙传神，请指出来并简析其妙处。

3. 结合全诗，简要分析诗中所表达的思想感情。

十四、阅读诗歌，回答问题。

榆溪道上

欧阳玭

初日在斜溪，山云片片低。

乡愁梦里失，马色望中迷。

涧底凄泉气，岩前遍绿萋。

非关秦塞去，无事候晨鸡。

1. 首联在全诗中有什么作用？请结合诗句简要分析。

2. 有人评价此诗为"言乡愁绝妙之篇"，请结合诗句简要分析诗人表达乡愁绝妙在何处。

十五、阅读诗歌,回答问题。

酬李穆见寄

刘长卿

孤舟相访至天涯,万转云山路更赊。

欲扫柴门迎远客,青苔黄叶满贫家。

有 客

杜 甫

幽栖地僻经过少,老病人扶再拜难。

岂有文章惊海内?漫劳车马驻江干。

竟日淹留佳客坐,百年粗粝腐儒餐。

不嫌野外无供给,乘兴还来看药栏。

1. 两诗都是写待客之作,两诗中诗人和客人的关系如何? 请根据诗意简要分析。

2. 两首诗在表达技巧上各有怎样的特点? 请简要分析。

专题训练十二 ▶ 文言文阅读

一、阅读下面的文言文,按要求回答问题。

杜杞

杜杞字伟长。父镐,荫补将作监主簿,知建阳县。强敏有才。闽俗,老而生子辄不举。杞使五保相察,犯者得重罪。累迁尚书虞部员外郎,知横州。时安化蛮寇边,杀知宜州王世宁,出兵讨之。杞言:"岭南诸郡无城郭甲兵之备牧守非才横为邕、钦、廉三郡咽喉地势险阻可屯兵为援邕管①内制广源外控交阯,愿择文臣识权变练达岭外事者,以为牧守,使经制边事。"改通判真州,徙知解州。盗起京西,焚光化军,授京西转运、按察使。居数月,贼平。

会广西区希范诱白崖山蛮蒙赶反②,有众数千,袭破环州、带溪普义镇宁寨,岭外骚然。擢刑部员外郎、直集贤院、广南西路转运按察安抚使。行次真州,先遣急递以书谕蛮,听其自新。次宜州,蛮无至者。杞得州校,出狱囚,脱其械,使入洞说贼,不听。乃勒兵攻破白崖、黄坭、九居山寨及五峒,焚毁积聚,斩首百余级,复环州。贼散走,希范走荔波洞,杞遣使诱之,(蒙)赶来降。杞谓将佐曰:"贼以穷蹙降我,威不足制则恩不能怀,所以数叛,不如尽杀之。"乃击牛马,为曼陀罗酒,大会环州,伏兵发,诛七十余人。后三日,又得希范,醢之以遗诸蛮,因老病而释者,才百余人。御史梅挚劾杞杀降失信,诏戒谕之,为两浙转运使。明年,徙河北,拜天章阁待制、环庆路经略安抚使、知庆州。杞上言:"杀降者臣也,得罪不敢辞。将吏劳未录,臣未敢受命。"因为行赏。蕃酋率众千余内附,夏人以兵索酋而劫边户,掠马牛,有诏责杞。杞言:"彼违誓举兵,酋不可与。"因移檄夏人,不偿所掠,则酋不可得,既而兵亦罢去。

杞性强记,博览书传,通阴阳数术之学,自言吾年四十六死矣。一日据厕,见希范与赶在前诉冤,叱曰:"尔狂僭叛命,法当诛,尚敢诉邪!"未几卒。

（选自《宋史·列传第五十九》,有删节）

【注】①邕管:"邕管经略使"的省称。唐朝742年正月初现。755年,设立邕州管内经略使,治邕州。宋朝沿用其行政区划。②区希范、蒙赶:都是环州思恩(今广西大化)人。《宋史》说区希范中进士后,希望做官而未能如愿,便心怀怨气。庆历四年(公元1044年)在环州率众起义。官方把起义原因归于区希范求官不遂,掩盖了起义的真正原因。蒙赶与区希范起义后,率众攻打环州,推蒙赶为帝,建立大唐国。白崖山蛮:居住在白崖山一带的"蛮人"。

1. 解释下列句子中加点的字。

(1)荫补将作监主簿　　　　　荫:_____

(2)老而生子辄不举　　　　　举:_____

(3)会广西区希范诱白崖山蛮蒙赶反　　会:_____

(4)听其自新　　　　　　　　听:_____

2. 对文中画波浪线语段的断句,正确的一项是_____。

A. 岭南诸郡/无城郭甲兵之备/牧守非才横/为邕、钦、廉三郡咽喉/地势险阻/可屯兵为援邕管/内制广源/外控交阯

B. 岭南诸郡无城郭/甲兵之备/牧守非才/横为邕、钦、廉三郡/咽喉地势/险阻可屯兵/为援邕管/内制广源/外控交阯

C. 岭南诸郡/无城郭甲兵之备/牧守非才/横为邕、钦、廉三郡咽喉/地势险阻/可屯兵为援/邕管内制广源/外控交阯

D. 岭南诸郡无城郭/甲兵之备/牧守非才/横为邕、钦、廉三郡/咽喉地势险阻/可屯兵为援/邕管内制广源/外控交阯

3. 下列对原文有关内容的概括和分析,不正确的一项是_____。

A. 杜杞聪敏有才,长于地方治理。担任建阳知县时,针对当地的不良风俗,他让五户相保互相监视,并规定同样情况如果再次发生,便处以重罪。

B. 杜杞足智多谋,战功赫赫。他先后镇压多地叛乱,善于与西夏周旋。围剿区希范、蒙赶时,先劝降,后进攻,最终迫使区希范、蒙赶投降并将他们杀害。

C. 杜杞性格倔强,敢于坚持原则。蕃人首领率众降宋,夏派兵索要那个首领,乘机抢劫边民,朝廷下诏责备杜杞。杜杞坚持一个原则:不交回抢走的财物,则得不到酋长。

D. 杜杞博闻强识,通晓阴阳术数。他能算出自己四十六岁就死。一天上厕所时,见被他残杀的区希范和蒙赶在面前诉说冤枉,就严词斥责,不久去世。

4. 把下面的句子翻译成现代汉语。

(1)贼以穷蹙降我,威不足制则恩不能怀,所以数叛,不如尽杀之。

(2)杀降者臣也,得罪不敢辞。将吏劳未录,臣未敢受命。

二、阅读文言文,回答问题。

楼 护

楼护字君卿,齐人。父世医也,护少随父为医长安,出入贵戚家。护诵医经、本草、方术数十万言,长者咸爱重之,共谓曰:“以君卿之材,何不宦学乎?”繇是辞其父,学经传,为京兆吏数年,甚得名誉。

是时王氏方盛,宾客满门。五侯兄弟争名,其客各有所厚,不得左右,唯护尽入其门,咸得其欢心。结士大夫,无所不倾,其交长者,尤见亲而敬,众以是服。为人短小精辩,论议常依名节,听之者皆竦。与谷永俱为五侯上客,长安号曰“谷子云笔札,楼君卿唇舌”,言其见信用也。

久之,平阿侯举护方正,为谏大夫,使郡国。护假贷,多持币帛,过齐,上书求上先人冢,因会宗族故人,各以亲疏与束帛,一日散百金之费。使还,奏事称意,擢为天水太守。数岁免,家长安中。时成都侯商为大司马卫将军,罢朝,欲候护,其主簿谏:“将军至尊,不宜入闾巷。”商不听,遂往至护家。家狭小,官属立车下,久住移时,天欲雨,主簿谓西曹诸掾曰:“不肯强谏,反雨立闾巷!”商还,或白主簿语,商恨,以他职事去主簿,终身废锢。

后护复以荐为广汉太守。元始中,王莽为安汉公,专政,莽长子宇与妻兄吕宽谋以血

涂莽第门,欲惧莽令归政。发觉,莽大怒,杀宇,而吕宽亡。宽父素与护相知,宽至广汉过护,不以事实语也。到数日,名捕宽诏书至,护执宽。莽大喜,征护入为前辉光,封息乡侯,列于九卿。

莽居摄,槐里大贼赵朋、霍鸿等群起,延入前辉光界,护坐免为庶人。其居位,爵禄略遗所得亦缘手尽。既退居里巷,时五侯皆已死,年老失势,宾客益衰。而成都侯商子邑为大司空,贵重,商故人皆敬事邑,唯护自安如旧节,邑亦父事之,不敢有阙。时请召宾客,邑居樽下,称"贱子上寿"。坐者百数,皆离席伏,护独东乡正坐,字谓邑曰:"公子贵如何!"

初,护有故人吕公,无子,归护。护身与吕公、妻与吕妪同食。及护家居,妻子颇厌吕公。护闻之,流涕责其妻子曰:"吕公以故旧穷老托身于我,义所当奉。"遂养吕公终身。

(选自《汉书·游侠传》)

1. 下列对加点词的解释,有误的一项是_____。

A. 其客各有所厚,不得左右　　　厚:看重

B. 听之者皆竦　　　　　　　　　竦:肃敬

C. 罢朝,欲候护　　　　　　　　候:看望

D. 护坐免为庶人　　　　　　　　坐:由于

2. 下列加点词的意义和用法,不相同的一项是_____。

A. 不以事实语也　　　　　　　　秦亦不以城予赵

B. 与谷永俱为五侯上客　　　　　是社稷之臣也,何以伐为

C. 因会宗族故人　　　　　　　　不如因而厚遇之,使归赵

D. 各以亲疏与束帛　　　　　　　与尔三矢,尔其无忘乃父之志

3. 下列对原文有关内容的分析和概括,不正确的一项是_____。

A. 楼护家世代为医,他随父在长安行医出入大户人家,并饱读医书,深得长者看重,后经他们劝说,他弃医从官。

B. 楼护身材短小,精于论辩。在当时皇戚王氏五侯兄弟争名,在宾客不能每边同时得宠的情况下,楼护却能在五兄弟门上出入,且深得他们的欢心。

C. 楼护不徇私情,抓住了前来拜访他的老朋友的儿子吕宽而博得了王莽的喜欢,终得以加官晋爵。

D. 楼护得到了大司马卫将军成都侯商的敬重,后商子邑位尊任重,邑宴请宾客,给父亲敬酒时说"贱子上寿",在座的人都离席俯首,独楼护东向正坐。

4. 把文中画横线的语句翻译成现代汉语。

(1)其交长者,尤见亲而敬,众以是服。

(2)莽长子宇与妻兄吕宽谋以血涂莽第门,欲惧莽令归政。

(3)唯护自安如旧节,邑亦父事之,不敢有阙。

5. 给下文加上恰当的标点符号,并将其译成现代汉语。

昔 有 愚 人 至 于 他 家 主 人 与 食 嫌 淡 无 味 主 人
闻 已 更 为 益 盐 既 得 盐 美 便 自 念 言 所 以 美 者 缘
有 盐 故 少 有 尚 尔 况 复 多 也 愚 人 无 智 便 空 食 盐

食	已	口	爽	反	为	其	患	譬	彼	外	道	闻	节	饮	食	可	以	得
道	即	便	断	食	或	经	七	日	或	十	五	日	徒	自	困	饿	无	益
于	道	如	彼	愚	人	以	盐	美	故	而	空	食	之	至	令	口	爽	此
亦	复	尔																

(《百喻经》)

三、阅读下面的文言文,按要求回答问题。

<h2 align="center">诸葛孔明</h2>

〔宋〕陈 亮

　　孔明,伊周之徒也。而论之者多异说,以其遭时之难,而处英雄之不幸也。夫众人皆进,而我独退,雍容草庐,三顾后起。挺身托孤,不放不摄,而人无间言。权偪人主而上不疑,势倾群臣而下不忌。厉精治蜀,风化肃然。宥过无大刑故无小帝者之政也以佚道使人虽劳不怨以生道杀人虽死不怨杀者王者之事也。孔明皆优为之,信其为伊周之徒也。而论者乃谓其自比管乐,委身偏方,特霸者之臣尔。是何足与论孔子之仕鲁与自比老彭哉!甚者至以为非仲达敌,此无异于儿童之见也。彼岂非以仲达之言而信之耶?而不知其言皆谲也。仲达不能逞其谲于孔明,故常伺孔明之开阖,妄为大言以谲其下。论者特未之察耳。

　　始孔明出祁山,仲达出兵拒之,闻孔明将芟上邽之麦,卷甲疾行,晨夜往赴。孔明粮乏已退,仲达谲言曰:"吾倍道疲劳,此晓兵者之所贪也。亮不敢据渭水,此易与耳。"夫军无见粮而转军与战,纵能胜之,后何以继?此少辩事机者之所必不为也。仲达心知其然,外为大言以谲其下耳。已而孔明出斜谷,仲达又率兵拒之。知孔明兵未逼渭,引军而济,背水为垒。孔明移军旦至,仲达谲言曰:"亮若勇者,当出武功依山而阵。若西上五丈原,诸军无事矣。"夫敌人之兵已在死地,而率众直进,来与之战,此亦少辩事机者之所不为也。仲达知其必不出此,姑诳为此言以妄表其怯,以示吾之能料,且以少安其三军之心也。故孔明持节制之师,不用权谲,不贪小利,彼则曰:"亮志大而不见机,多谋而少决,好兵而无权。"凡此者,皆伺孔明之开阖,妄为大言以谲其下,此岂其真情也!

　　夫善观人之真情者,不于敌存之时,而于敌亡之后。孔明之存也,仲达之言则然。及其殁也,仲达按行其营垒,敛衽而叹曰:"天下奇才也!"彼见其规矩法度,出于其所不能为,恍然自失,不觉其言之发也。可以观其真情矣。论者不此之信,而信其谲,岂非复为仲达所谲哉!

　　唐李靖,谈兵之雄者也。吾尝读其问对之书,见其述孔明兵制之妙,曲折备至;曾不一齿仲达。彼晓兵者,固有以窥之矣。书生之论,曷为其不然也!孔明距今且千载矣,未有能谅其心者。吾愤孔明之不幸,故备论之,使世以成败论人物者其少戒也。

(选自《陈亮集》,中华书局 1974 年版)

　　1. 解释下列句子中加点的字。

　　(1)甚者至以为非仲达敌　　　　　敌:＿＿＿＿＿

　　(2)故常伺孔明之开阖　　　　　　伺:＿＿＿＿＿

（3）仲达出兵拒之 　　　　　　拒：_____

（4）夫军无见粮而转军与战 　　见：_____

2. 给文中画波浪线的语段断句，最恰当的一项是_____。

A. 宥过无大刑/故无小/帝者之政也/以佚道使/人虽劳不怨/以生道杀/人虽死不怨杀者/王者之事也

B. 宥过无大/刑故无小/帝者之政也/以佚道使人/虽劳不怨/以生道杀人/虽死不怨杀者/王者之事也

C. 宥过无大刑/故无小/帝者之政也/以佚道使人/虽劳不怨/以生道杀人/虽死不怨/杀者/王者之事也

D. 宥过无大/刑故无小/帝者之政也/以佚道使/人虽劳不怨/以生道杀/人虽死不怨/杀者/王者之事也

3. 下列对原文有关内容的理解，不正确的一项是_____。

A. 文章开篇即明确指出，诸葛亮与古代圣贤伊尹、周公是一类人物，然后历数诸葛亮的品德与功业，体现出作者对诸葛亮的高度评价。

B. 文章通过剖析仲达对诸葛亮上邽芟麦和兵出斜谷两件事的言论，论证了作者关于仲达用大话欺骗部下、所说非其真实想法的观点。

C. 作者在读了唐代李靖的文章后，感慨李靖作为一个通晓兵法的人竟然也会发表书生式的迂腐议论，可见后人难以懂得诸葛亮的内心。

D. 这是一篇史论，文章对诸葛亮给予充分理解和深切同情，严正驳斥了一些人对诸葛亮的攻击和贬损，并且明确反对以成败论英雄。

4. 把下面的句子翻译成现代汉语。

（1）委身偏方，特霸者之臣尔。

（2）亮不敢据渭水，此易与耳。

（3）引军而济，背水为垒。

四、阅读文言文，回答问题。

杜　如　晦

杜如晦，字克明，京兆杜陵人。如晦少英爽，喜书，以风流自命，内负大节，临机辄断。隋大业中，预吏部选，侍郎高孝基异之，曰："君当为栋梁用，愿保令德。"因补滏阳尉，弃官去。

高祖平京师，秦王引为府兵曹参军，徙陕州总管府长史。时府属多外迁，王患之。房玄龄曰："去者虽多，不足吝，如晦王佐才也。大王若终守藩，无所事；必欲经营四方，舍如晦无共功者。"王惊曰："非公言，我几失之！"因表留莫府。从征伐，常参帷幄机秘。方多事，裁处无留，僚属共才之，莫见所涯。

与玄龄共管朝政,引士贤者,下不肖,咸得职。监察御史陈师合上《拔士论》,谓一人不可总数职,阴剀讽如晦等。帝曰:"玄龄、如晦不以勋旧进,特其才可与治天下者,师合欲以此离间吾君臣邪!"斥岭表。

久之,以疾辞职,诏给常俸就第,医候之使道相属。会病力,诏皇太子就问,帝亲至其家,抚之梗塞。薨,年四十六,帝哭为恸。及葬,加司空,谥曰成。手诏虞世南勒文于碑,使言君臣痛悼意。

它日食瓜美辍其半奠焉尝赐玄龄黄银带曰如晦与公同辅朕今独见公。泫然流泪曰:"世传黄银鬼神畏之。"更取金带,遣玄龄送其家。后忽梦如晦若平生,明日为玄龄言之,敕所御馔往祭。明年之祥①,遣尚宫劳问妻子,国府官佐亦不之罢,恩礼无少衰。

方为相时,天下新定,台阁制度,宪物容典,率二人讨裁。每议事帝所,玄龄必曰:"非如晦莫筹之。"及如晦至,卒用玄龄策也。盖如晦长于断,而玄龄善谋,两人深相知,故能同心济谋,以佐佑帝。当世语良相,必曰房、杜云。

【注】①祥:死者去世第十三个月的祭礼,叫小祥;二十五个月的祭礼,叫大祥。

1. 下列对加点词的解释,不正确的一项是_____。

A. 君当为栋梁用,愿保令德　　　　　　令:美好的

B. 去者虽多,不足惜,如晦王佐才也　　惜:耻辱

C. 诏给常俸就第,医候之使道相属　　　属:连接

D. 玄龄必曰:"非如晦莫筹之。"　　　　筹:谋划

2. 下列加点词的意义和用法,相同的一项是_____。

A. 如晦少英爽,喜书,以风流自命　　　至丹以荆卿为计,始速祸焉

B. 手诏虞世南勒文于碑,使言君臣痛悼意　而君幸于赵王

C. 明日为玄龄言之,敕所御馔往祭　　　身死国灭,为天下笑

D. 盖如晦长于断,而玄龄善谋　　　　　人非生而知之者,孰能无惑

3. 下列对文中画波浪线部分的断句,最合理的一项是_____。

A. 它日/食瓜美/辍其半奠焉/尝赐玄龄黄银带曰/如晦与公同辅/朕今独见公

B. 它日/食瓜美/辍其半奠焉/尝赐玄龄黄银带/曰/如晦与公同辅朕/今独见公

C. 它日食瓜美/辍其半/奠焉/尝赐玄龄黄银带曰/如晦与公同辅朕/今独见公

D. 它日食瓜美/辍其半奠焉/尝赐玄龄黄银带/曰/如晦与公同辅/朕今独见公

4. 下列对原文有关内容的分析和概括,不正确的一项是_____。

A. 杜如晦年轻时就已经显示出较高的素质,在参加吏部选拔时,受到了有关官员的器重,认为他有栋梁的潜质。

B. 房玄龄慧眼识英才,将杜如晦推荐给了皇帝。两人在之后的合作共事中,既能相互配合,又能相互尊重。

C. 杜如晦英年早逝,皇帝十分痛惜,在他死后加官爵,赐谥号,并亲自下诏书,表达痛悼之情,还安排人刻写墓志铭。

D. 杜如晦死后,皇帝还非常想念,经常祭奠他,在赏赐他人物品时,也不忘记杜如

晦,对他的家人也十分关心。

5. 把文中画横线的句子翻译成现代汉语。

(1)玄龄、如晦不以勋旧进,特其才可与治天下者,师合欲以此离间吾君臣邪!

(2)明年之祥,遣尚宫劳问妻子,国府官佐亦不之罢,恩礼无少衰。

五、阅读文言文,回答问题。

曾 公 亮

　　曾公亮,字明仲,泉州晋江人。举进士甲科,知会稽县。民田镜湖旁,每患湖溢。公亮立斗门,泄水入曹娥江,民受其利。以端明殿学士知郑州,为政有能声盗悉窜他境至夜户不闭尝有使客亡橐中物移书诘盗公亮报吾境不藏盗殆从者之廋耳索之果然。

　　公亮明练文法,更践久,习知朝廷台阁典宪,首相韩琦每咨访焉。仁宗末年,琦请建储,与公亮等共定大议。密州民田产银,或盗取之,大理当以强。公亮曰:"此禁物也,取之虽强,与盗物民家有间矣。"固争之,遂下有司议,比劫禁物法,盗得不死。

　　契丹纵人渔界河,又数通盐舟,吏不敢禁,皆谓:与之校,且生事。公亮言:"萌芽不禁,后将奈何? 雄州赵滋勇而有谋,可任也。"使谕以指意,边害讫息。英宗即位,加中书侍郎兼礼部尚书,寻加户部尚书。帝不豫,辽使至不能见,命公亮宴于馆,使者不肯赴。公亮质之曰:"锡宴不赴,是不虔君命也。人主有疾,而必使亲临,处之安乎?"使者即就席。

　　熙宁三年,拜司空兼侍中、河阳三城节度使。明年,起判永兴军。居一岁,还京师。旋以太傅致仕。元丰元年卒,年八十。帝临哭,辍朝三日。

　　公亮方厚庄重,沉深周密,平居谨绳墨,蹈规矩;然性吝啬,殖货至巨万。初荐王安石,及同辅政,知上方向之,阴为子孙计,凡更张庶事,一切听顺,而外若不与之者。常遣子孝宽参其谋,至上前略无所异,于是帝益信任安石。安石德其助己,故引擢孝宽至枢密以报之。苏轼尝从容责公亮不能救正,世讥其持禄固宠云。

(节选自《宋史·列传第七十一》)

1. 下列对加点词的解释,不正确的一项是 _____。

A. 民田镜湖旁,每患湖溢　　　　　田:种田

B. 公亮明练文法　　　　　　　　　文法:公文法令

C. 与之校,且生事　　　　　　　　校:计较

D. 居一岁,还京师　　　　　　　　居:居住

2. 下列对文中画波浪线部分的断句,正确的一项是 _____。

A. 为政有能声/盗悉窜他境/至夜户不闭/尝有使客亡橐中物移书/诘盗/公亮报/吾境不藏盗/殆从者之廋耳/索之/果然

B. 为政有能声/盗悉窜他境/至夜户不闭/尝有使客亡橐中物/移书诘盗/公亮报/吾境不藏盗/殆从者之廋耳/索之/果然

C. 为政有能声/盗悉窜/他境至夜户不闭/尝有使客亡橐中物移书/诘盗/公亮报/吾境不藏盗/殆从者之廋耳/索之/果然

D. 为政有能声/盗悉窜/他境至夜户不闭/尝有使客亡橐中物/移书诘盗/公亮报/吾

境不藏盗/殆从者之廋耳/索之/果然

3.下列对原文有关内容的概括和分析,不正确的一项是_____。

A.曾公亮初入仕途,为民兴利除弊。他进士及第后任职会稽县,当时百姓在湖边种田,常担心湖水外溢,他兴修水利工程,将水引入曹娥江,民众因此得益。

B.曾公亮久经历练,通晓典章制度。他熟知朝廷政务,首相韩琦每每向他咨询;密州有人偷盗民田产银,他认为判处死刑过重,据理力争,最终改判。

C.曾公亮防患未然,止息边地事端。契丹违约在界河捕鱼运盐,他认为萌芽不禁终将酿成大祸,派使者偕同雄州赵滋前往调解,边地双方得以相安无事。

D.曾公亮老谋深算,暗中为子孙计。他为人深沉,思虑周密,曾举荐王安石,安石受到宠信,他考虑子孙前程,不露痕迹地处处随顺安石,终于得到回报。

4.把文中画横线的句子翻译成现代汉语。

(1)锡宴不赴,是不虔君命也。人主有疾,而必使亲临,处之安乎?

(2)苏轼尝从容责公亮不能救正,世讥其持禄固宠云。

六、阅读下面的文言文,按要求回答问题。

衡州新学记

[宋]张孝祥

先王之时,以学为政,学者政之出,政者学之施,学无异习,政无异术。自朝廷达之郡国,自郡国达之天下,元元本本,靡有二事。故士不于学,则为奇言异行;政不于学,则无道揆法守。君臣上下,视吾之有学,犹农之有田,朝斯夕斯,不耕不耘,则无所得食,而有卒岁之忧。此人伦所以明,教化所以成。道德一而风俗同,惟是故也。

后世之学,盖盛于先王之时矣。居处之安,饮食之丰,训约之严,先王之时未必有此;然学自为学政自为政群居玩岁自好者不过能通经缉文以取科第既得之则昔之所习者旋以废忘。一视簿书期会①之事,则曰:"我方为政,学于何有?"嗟夫!后世言治者常不敢望先王之时,其学与政之分与!

国家之学至矣,十室之邑有师弟子,州县之吏以学名官,凡岂为是观美而已?盖欲还先王之旧,求政于学。顾卒未有以当上意者,则士大夫与学者之罪也。

衡之学曰石鼓书院云者,其来已久,中迁之城南,士不为便,而还其故,则自前教授②施君鼎。石鼓之学,据潇、湘之会,挟山岳之胜。其迁也,新室屋未具。提点刑狱王君彦洪、提举常平郑君丙、知州事张君松,皆以乾道③乙酉至官下,于是方有兵事,三君任不同而责均,虽日不遑眼,然知夫学所以为政,兵其细也,则谓教授苏君总龟,使遂葺之。居无何而学成,兵事亦已,环三君之巡属,整整称治。

夫兵之已而治之效,未必遽由是学也,而余独表而出之,盖乐夫三君识先王所以为学之意,于羽檄交驰之际,不敢忘学,学成而兵有功,治有绩,则余安得不为之言,以劝夫为政而不知学者耶!凡衡之士,知三君之心,则居是学也,不专章句之务,而亦习夫他日所以为政;不但为科第之得,而思致君泽民之业。使政之与学复而为一,不惟三君之望如此,抑国家将于是而有获与!

明年八月旦,历阳张某记。

（选自《于湖居士文集》）

【注】①期会:按规定的期限施行政令。②教授:学官名。③乾道:宋孝宗年号。

1. 解释下列句子中加点的字。

(1)元元本本,靡有二事　　　　　　　靡:_____

(2)其学与政之分与　　　　　　　　　其:_____

(3)顾卒未有以当上意者　　　　　　　当:_____

(4)然知夫学所以为政,兵其细也　　　细:_____

2. 给文中画波浪线的句子断句,最合理的一项是_____。

A. 然学自为学/政自为政/群居玩岁自好者/不过能通经缉文/以取科第/既得之/则昔之/所习者旋以废忘

B. 然学自为学/政自为政/群居玩岁/自好者不过能通经缉文/以取科第/既得之/则昔之所习者/旋以废忘

C. 然学自为学/政自为政/群居玩岁/自好者不过能通经/缉文以取科第/既得之则昔之/所习者/旋以废忘

D. 然学自为学/政自为政/群居玩岁自好者/不过能通经缉文/以取科第/既得之则昔之/所习者/旋以废忘

3. 下列对文章的理解与分析,不恰当的一项是_____。

A. 作者认为先王之时,学习是施政的基础,学政一体,紧密结合,君臣上下都重视学习,就像农民重视耕耘一样。

B. 石鼓书院搬迁之初,新屋尚未建好,兵事又起,王彦洪、郑丙、张松三位官员克服困难,为重新修建书院做出了重要贡献。

C. 作者主张为学者不能把科第成功作为读书的唯一目标,而应研习经世致用之学,为官后施行有益于国计民生之政。

D. 文章以驳论为主,采用正反对比的论证方法,批评了后世学者获取科第做官后废忘所学、政学分裂的现象。

4. 把下面的句子翻译成现代汉语。

(1)此人伦所以明,教化所以成。

(2)则余安得不为之言,以劝夫为政而不知学者耶!

(3)不惟三君之望如此,抑国家将于是而有获与!

七、阅读下面的文言文,按要求回答问题。

徐之才

徐之才,丹阳人也。父雄,事南齐,位兰陵太守,以医术为江左所称。之才幼而隽发,五岁诵《孝经》,八岁略通义旨。曾与从兄康造梁太子詹事汝南周捨宅听《老子》。捨为设食,乃戏之曰:"徐郎不用心思义,而但事食乎?"之才答曰:"盖闻圣人虚其心而实其腹。"捨嗟赏之。年十三,召为太学生,精通《礼》《易》。彭城刘孝绰、河东裴子野、吴郡张嵘等每共论《周易》及《丧服》仪,酬应如响。咸共叹曰:"此神童也。"孝绰又云:"徐郎燕颔,有班定远之相。"陈郡袁昂领丹阳尹,辟为主簿,人务事宜,皆被顾访。郡廨遭火,之才起望,夜中不着衣,披红服帕出房,映光为昂所见。功曹白请免职,昂重其才术,仍特原之。豫章王综出镇江都,复除豫章王国左常侍,又转综镇北主簿。

及综入魏,三军散走,之才退至吕梁,桥断路绝,遂为魏统军石茂孙所止。综入魏旬月,位至司空。魏听综收敛僚属,乃访之才在彭泗,启魏帝云:"之才大善医术,兼有机辩。"诏征之才。孝昌二年,至洛,敕居南馆,礼遇甚优。从祖寒子践启求之才还宅。之才药石多效,又窥涉经史,发言辩捷,朝贤竞相要引,为之延誉。武帝时,封昌安县侯。天平中,齐神武征赴晋阳,常在内馆,礼遇稍厚。武定四年,自散骑常侍转秘书监。文宣作相,普加黜陟。杨愔以其南土之人,不堪典秘书,转授金紫光禄大夫,以魏收代领之。之才甚怏怏不平。

之才少解天文,兼图谶之学,共馆客宋景业参校吉凶,知午年必有革易,因高德政启之。文宣闻而大悦。时自娄太后及勋贵臣,咸云关西既是劲敌,恐其有挟天子令诸侯之辞,不可先行禅代事。之才独云千人逐兔一人得之诸人咸息须定大业何容翻欲学人又援引证据备有条目帝从之。登祚后,弥见亲密。之才非唯医术自进,亦为首唱禅代,又戏谑滑稽,言无不至,于是大被狎昵。

(选自《北齐书·卷三十三》)

1. 解释下列句子中加点的字。
(1)曾与从兄康造梁太子詹事汝南周舍　　　造:_____
(2)功曹白请免职　　　白:_____
(3)复除豫章王国左常侍　　　除:_____
(4)文宣作相,普加黜陟　　　黜陟:_____

2. 给文中画波浪线的句子断句,正确的一项是_____。

A. 之才独云/千人逐兔/一人得之诸人/咸息须定大业/何容翻/欲学人/又援引证据/备有条目帝/从之

B. 之才独云/千人逐/兔一人得之/诸人咸息/须定大业何/容翻欲学/人又援引证据/备有条目帝/从之

C. 之才独云/千人逐兔一人/得之/诸人咸息/须定大业何/容翻欲学人/又援引证据备/有条目/帝从之

D. 之才独云/千人逐兔/一人得之/诸人咸息/须定大业/何容翻欲学人/又援引证据/备有条目/帝从之

3. 下列对原文有关内容的概括和分析,不正确的一项是_____。

A. 徐之才幼时才智出众。他五岁能背诵《孝经》,十三岁时被召为太学生,并已大致通晓《礼》《易》。有人曾与他讨论《周易》及《丧服》仪式等,他能应答如流。

B. 徐之才深受袁昂器重。一次,郡公署失火,徐之才起来观望,没有积极主动地前去救火。功曹由此禀告上司请求免去他的职务,但袁昂器重徐之才的才华,特地原谅了他。

C. 徐之才懂得一些天文、图谶方面的知识。他与馆友宋景业一起参校吉凶,预知庚午年政权必有革易。后来文宣帝听从了他的建议,取代东魏建立了北齐。

D. 徐之才不仅精通医术,而且在当朝首先倡导禅代。他能说会道,语言又诙谐幽默,因此与皇帝十分亲近。

4. 把下面的句子翻译成现代汉语。

(1)陈郡袁昂领丹阳尹,辟为主簿,人务事宜,皆被顾访。

(2)之才药石多效,又窥涉经史,发言辩捷,朝贤竞相要引,为之延誉。

八、阅读下面的文言文,按要求回答问题。

<h1 style="text-align:center">寇恂</h1>

寇恂字子翼,上谷昌平人也,世为著姓。恂初为郡功曹,太守耿况甚重之。更始①立,使使者徇郡国。恂从耿况迎使者于界上,况上印绶,使者纳之,一宿无还意。恂勒兵入见使者,就请之。使者不与,曰:"天王使者,功曹欲胁之邪?"恂曰:"今天下初定,国信未宣,使君建节衔命,以临四方,郡国莫不延颈倾耳,望风归命。今始至上谷而先堕大信,沮向化之心,生离畔之隙,将复何以号令它郡乎?为使君计,莫若复之以安百姓。"使者不应,恂叱左右以使者命召况。况至,恂进取印绶带况。使者不得已,乃承制诏之,况受而归。

建武②二年,执金吾贾复在汝南,部将杀人于颍川,恂捕得系狱。时尚草创,军营犯法,率多相容,恂乃戮之于市。复以为耻,还过颍川,谓左右曰:"吾与寇恂并列将帅,而今为其所陷,大丈夫岂有怀侵怨而不决之者乎?今见恂,必手剑之!"恂知其谋,不欲与相见。执金吾军入界,恂乃出迎于道,称疾而还。贾复勒兵欲追之而吏士皆醉遂过去恂遣谷崇以状闻帝乃征恂恂至引见时复先在坐欲起相避。帝曰:"天下未定,两虎安得私斗?今日朕分之。"于是并坐极欢,遂共车同出,结友而去。

恂素好学,乃修乡校,教生徒,聘能为《左氏春秋》者,亲受学焉。明年,从车驾击隗嚣,而颍川盗贼群起,帝乃引军还,谓恂曰:"颍川迫近京师,当以时定。惟念独卿能平之耳。"即日车驾南征,恂从至颍川,盗贼悉降,而竟不拜郡。百姓遮道曰:"愿从陛下复借寇君一年。"乃留恂长社,镇抚吏人,受纳余降。

(高)峻据高平第一(第一,高平城名),畏诛坚守。大将军耿弇等围之,一岁不拔。十年,帝议遣降之,乃谓恂曰:"卿今为吾行也。若峻不即降,引耿弇等五营击之。"恂奉玺书至第一,峻遣军师皇甫文出谒,辞礼不屈。恂怒,将诛文。诸将谏曰:"高峻精兵万人,率多强弩,西遮陇道,连年不下。今欲降之而反戮其使,无乃不可乎?"恂不应,遂斩之。遣其副归告峻曰:"军师无礼,已戮之矣。欲降,急降;不欲,固守。"峻惶恐,即日开城门降。诸将皆贺,恂归颍川,遣使者拜为汝南太守。

恂经明行修,名重朝廷,所得秩奉,厚施朋友、故人及从吏士。常曰:"吾因士大夫以致此,其可独享之乎!"时人归其长者,以为有宰相器。十二年卒,谥曰威侯。

(节选自《后汉书·邓寇列传第六》,有删改)

【注】①更始:指更始帝刘玄。②建武:光武帝刘秀的年号。

1. 解释下列句子中加点的字。

(1)更始立,使使者徇郡国　　　徇:_____

（2）今见恂，必手剑之   手：_____

（3）引耿弇等五营击之   引：_____

（4）恂经明行修，名重朝廷 修：_____

2. 给文中画波浪线句子的断句，正确的一项是_____。

A. 贾复勒兵欲追之/而吏士皆醉/遂过去恂/遣谷崇以状闻/帝乃征恂/恂至引见/时复先在/坐欲起相避

B. 贾复勒兵欲追之/而吏士皆醉/遂过去/恂遣谷崇以状闻/帝乃征恂/恂至引见/时复先在坐/欲起相避

C. 贾复勒兵欲追之/而吏士皆醉/遂过去/恂遣谷崇以状闻帝/乃征恂/恂至引见时/复现在/坐欲起相避

D. 贾复勒兵欲追之/而吏士皆醉/遂过去恂/遣谷崇以状闻帝/乃征恂/恂至引见时/复先在坐/欲起相避

3. 下列对原文有关内容的概括和分析，不正确的一项是_____。

A. 寇恂智勇双全，胆识过人。他深受耿况器重，当耿况印授被更始帝使者取走而无意归还，索要未果时，他先晓之以理，后果断行动，助耿况夺回太守之位。

B. 寇恂执法严正，以国为重。寇恂没有按当时一般的做法宽容贾复郡将，贾复决意报复，寇恂一心为国，委曲求全，最后经过建武帝的调解，二人化干戈为玉帛。

C. 寇恂重教平乱，百姓爱戴。寇恂任汝南太守时，整修乡校，教授学生，颍川之乱后，群盗平定，在百姓挡住去路的强烈要求下，寇恂得以留任汝南太守。

D. 寇恂慷慨仁厚，德高望重。他所得俸禄，总是很大方地馈赠给亲朋老友以及手下的官吏将士，认为自己不可独自享受这些好处，当时的人认为他有宰相器量。

4. 把文中画横线的句子翻译成现代汉语。

（1）今始至上谷而先堕大信，沮向化之心，生离畔之隙，将复何以号令它郡乎？

（2）高峻精兵万人，率多强弩，西遮陇道，连年不下。今欲降之而反戮其使，无乃不可乎？

九、阅读文言文，回答问题。

孙 固

孙固字和父，郑州管城人。幼有立志，九岁读《论语》，曰："吾能行此。"徂徕石介一见，以公辅期之。擢进士第，调磁州司户参军。从平贝州，为文彦博言胁从罔治之义，与彦博意协，故但诛首恶，余无所及。宰相韩琦知其贤，谕使来见，固不肯往。琦益器重之，引为编修中书诸房文字。

治平中，神宗为颍王，以固侍讲；及为皇太子，又为侍读。至即位，擢工部郎中。种谔取绥州，固知神宗志欲经略西夏，欲先事以戒，即上言："待远人宜示之信，今无名举兵，非计之得。愿以汉韩安国、唐魏徵论兵之略，参校同异，则是非炳然矣。兵，凶器也，动不可妄，妄动将有悔。"大臣恶其说，出知澶州。

还知审刑院。神宗问："王安石可相否？"对曰："安石文行甚高，处侍从献纳之职，可

矣。宰相自有其度,安石狷狭少容。必欲求贤相,吕公著、司马光、韩维其人也。"凡四问,皆以此对。及安石当国,更法度,固数议事不合。青苗法出,又极陈其不便。及韩琦疏至,神宗感动,谓固曰:"朕熟计之,诚不便。"固出语执政曰:"及上有意,宜亟图之,以福天下。"既而竟从安石。

孔文仲对制策忤时政,报罢。固言:"陛下以名求士,而士以实应,今反过之,何哉?今谓文仲之言以惑天下,臣恐天下不惑文仲之言,以文仲之黜为惑也。"胡宗愈坐言事逐,苏颂、陈荐以论李定罢,固皆引谊争之。

哲宗即位,以正议大夫知河南府,徙郑州。元祐二年,召除侍读。哲宗与太皇太后矜其年高,每朝会豫节拜仪,听休于幄次。固数乞骸骨,太皇太后曰:"卿,先帝在东宫时旧臣。今帝新听政,勉留辅导;或体中未安,取文书于家治之可也。"固感激强起视事复知枢密院事累官右光禄大夫五年卒年七十五哲宗、太皇太后皆出声泣。辍视朝二日,赠开府仪同三司,谥曰温靖。

固宅心①诚粹,不喜矫亢②,与人居久而益信。故更历夷险,而不为人所疾害。尝曰:"人当以圣贤为师。"又曰:"以爱亲之心爱其君,则无不尽矣。"司马光退处,固每劝神宗召归;及光为陈州,过郑,固与论天下大事至数十,曰:"公行且相,宜视先后缓急审处之。"傅尧俞铭其墓曰:"司马公之清节,孙公之淳德,盖不言而信者也。"世以为确论。

(节选自《宋史·列传第一百》)

【注】①宅心:把心思放在某事物上。②矫亢:故意与众不同,借以抬高自己。

1. 下列对加点词的解释,不正确的一项是_____。

A. 引为编修中书诸房文字　　　　引:推荐

B. 宰相韩琦知其贤,谕使来见　　谕:了解

C. 朕熟计之,诚不便　　　　　　熟:仔细

D. 哲宗与太皇太后矜其年高　　　矜:怜悯

2. 下列对文中画波浪线部分的断句,最合理的一项是_____。

A. 固感激强起/视事/复知枢密院事/累官右光禄大夫/五年/卒/年七十五

B. 固感激强起/视事/复知枢密院事/累官右光禄/大夫五年卒/年七十五

C. 固感激/强起视事/复知枢密院事/累官右光禄/大夫五年卒/年七十五

D. 固感激/强起视事/复知枢密院事/累官右光禄大夫/五年/卒/年七十五

3. 下列句子编为四组,全部直接体现孙固为人"真诚纯正"的一组是_____。

①幼有立志,九岁读《论语》,曰:"吾能行此。"

②宰相韩琦知其贤,谕使来见,固不肯往

③固知神宗志欲经略西夏,欲先事以戒,即上言

④及安石当国,更法度,固数议事不合

⑤每朝会豫节拜仪,听休于幄次

⑥公行且相,宜视先后缓急审处之

A.①③⑤　　　　　　　　　B.①③⑥

C.②④⑤　　　　　　　　　D.②④⑥

4. 下列对原文有关内容的理解和分析,不正确的一项是_____。

A. 孙固从小就立志要践行《论语》的主张；参与平定贝州时，孙固提出胁从者不问罪的建议，与文彦博的主张相同，所以只是杀了首犯。

B. 孙固得知宋神宗有谋取西夏的打算后就上书劝诫，认为发动战争是危险的事，不能轻举妄动；大臣讨厌他的主张，皇帝让他出朝任职。

C. 孙固认为王安石文学才能很高，但心胸狭隘不够宽容，不能做宰相；王安石执政后进行变革，孙固开始时反对，最终却同意了。

D. 孙固多次请求退休，太皇太后恳请他留下来辅佐哲宗；孙固去世时，哲宗、太皇太后都非常悲痛，并为之停止临朝听政两日。

5. 把文中画横线的句子翻译成现代汉语。

(1)待远人宜示之信，今无名举兵，非计之得。

(2)故更历夷险，而不为人所疾害。

(3)傅尧俞铭其墓曰："司马公之清节，孙公之淳德，盖不言而信者也。"

十、阅读文言文，回答问题。

聂　政

聂政者，轵深井里人也。杀人避仇，与母、姊如齐，以屠为事。

久之，濮阳严仲子事韩哀侯，与韩相侠累有卻。严仲子恐诛，亡去，游求人可以报侠累者。至齐，齐人或言聂政，勇敢士也，避仇隐于屠者之间。严仲子至门请，数反，然后具酒自畅①聂政母前。酒酣，严仲子奉黄金百溢②，前为聂政母寿。聂政惊怪其厚，固谢严仲子。严仲子固进，而聂政谢曰："臣幸有老母，家贫，客游以为狗屠，可以旦夕得甘毳③以养亲。亲供养备，不敢当仲子之赐。"严仲子辟④人，因为聂政言曰："臣有仇，而行游诸侯众矣；然至齐，窃闻足下义甚高，故进百金者，将用为大人粗粝之费，得以交足下之欢，岂敢以有求望邪！"聂政曰："臣所以降志辱身居市井屠者徒幸以养老母老母在政身未敢以许人也严仲子固让聂政竟不肯受也然严仲子卒备宾主之礼而去。

久之，聂政母死。既已葬，除服⑤，聂政曰："嗟乎！政乃市井之人，鼓刀以屠；而严仲子乃诸侯之卿相也，不远千里，枉车骑而交臣。臣之所以待之，至浅鲜矣，未有大功可以称者，而严仲子奉百金为亲寿，我虽不受，然是者徒深知政也。夫贤者以感忿睚眦⑥之意而亲信穷僻之人，而政独安得嘿然⑦而已乎！且前日要政，政徒以老母；老母今以天年终，政将为知己者用。"乃遂西至濮阳，见严仲子曰："前日所以不许仲子者，徒以亲在；今不幸而母以天年终。仲子所欲报仇者为谁？请得从事焉！"严仲子具告曰："臣之仇韩相侠累，侠累又韩君之季父也，宗族盛多，居处兵卫甚设，臣欲使人刺之，终莫能就。今足下幸而不弃，请益其车骑壮士可为足下辅翼者。"聂政曰："韩之与卫，相去中间不甚远，今杀人之相，相又国君之亲，此其势不可以多人，多人不能无生得失，生得失则语泄，语泄是韩举国而与仲子为仇，岂不殆哉！"遂谢车骑人徒，聂政乃辞独行。

杖剑至韩，韩相侠累方坐府上，持兵戟而卫侍者甚众。聂政直入，上阶刺杀侠累，左右大乱。聂政大呼，所击杀者数十人，因自皮面决眼，自屠出肠，遂以死。

(选自《史记·刺客列传第二十六》)

【注】①畅:同"觞",敬酒。②溢:同"镒",古代重量单位,相当于二十两。③甘脆:甘甜松脆。脆,同"脆",松脆。④辟:同"避",避开。⑤除服:脱去丧服,不再守孝。⑥睚眦:怒视,借指微小的仇怨。⑦嘿然:沉默无言的样子。

1. 下列对加点词的解释,不正确的一项是_____。

A. 杀人避仇,与母、姊如齐　　　　如:到……去

B. 不远千里,枉车骑而交臣　　　　枉:白白地

C. 且前日要政,政徒以老母　　　　要:邀请

D. 臣欲使人刺之,终莫能就　　　　就:完成

2. 下列对文中画波浪线部分的断句,最合理的一项是_____。

A. 臣所以降志辱身居市井屠者/徒幸以养老母/老母在/政身未敢以许人也/严仲子固让聂政/竟不肯受也/然严仲子卒/备宾主之礼而去

B. 臣所以降志辱身居市井/屠者徒幸以养老母/老母在/政身未敢以许人也/严仲子固让聂政/竟不肯受也/然严仲子卒/备宾主之礼而去

C. 臣所以降志辱身居市井/屠者徒幸以养老母/老母在/政身未敢以许人也/严仲子固让/聂政竟不肯受也/然严仲子卒备宾主之礼而去

D. 臣所以降志辱身居市井屠者/徒幸以养老母/老母在/政身未敢以许人也/严仲子固让/聂政竟不肯受也/然严仲子卒备宾主之礼而去

3. 下列对原文有关内容的分析和概括,不正确的一项是_____。

A. 聂政之所以与母亲等人逃跑到齐国去,是因为他杀了人后要躲避仇敌的报复。

B. 聂政被严仲子看中,是因为严仲子在齐国访求能向韩相侠累报仇的人时,有人向他介绍了有勇气、有胆量的聂政。

C. 聂政之所以愿意去刺杀侠累,是因为严仲子登门拜访以及来往几次后,备下酒席,还亲自向聂政母亲敬酒的举动打动了他。

D. 聂政是市井小民,面对身为卿相的严仲子的真诚请求,他非常感动,于是不顾老母亲还健在的现实,毅然去刺杀了侠累。

4. 把下面的句子翻译成现代汉语。

(1)夫贤者以感忿睚眦之意而亲信穷僻之人,而政独安得嘿然而已乎!

(2)前日所以不许仲子者,徒以亲在。

(3)遂谢车骑人徒,聂政乃辞独行。

参考答案与解析

专题训练一 字音

1. B **解析**:A项,jùn/juàn,suì,yàng;B项,háng,cuì,jiān;C项,zhuó,gāo,yán/yǎn;D项,hèng,bì/pī,jí。
2. C **解析**:A项,"讷"读nè;B项,"颤"读zhàn;D项,"牟"读móu。
3. D **解析**:A项,"曝"读pù;B项,"葺"读qì;C项,"躅"读zhú。
4. B **解析**:A项,"皈"读guī;C项,"蒿"读hāo;D项,"省"读xǐng。
5. B **解析**:A项,"舸"读gě;C项,"蹊"读qī;D项,"吓"读hè。
6. D **解析**:A项,"菲"读fěi;B项,"嗔"读chēn;C项,"蹁"读pián。
7. B **解析**:A项,"凿"读záo,"艾"读ài;C项,"拓"读tà;D项,"狙"读jū,"应""yīng"。
8. B **解析**:A项,"数"读shuò;C项,"憎"读zēng;D项,"寥"读liáo。
9. C **解析**:A项,"剔"读tī,"髓"读suǐ;B项,"穴"读xué,"癖"读pǐ;D项,"憎"读zēng,"眶"读kuàng。
10. D **解析**:A项,"将"读qiāng;B项,"砥"读dǐ;C项,"讷"读nè。
11. C **解析**:A项,"棱"读léng;B项,"拂"读fú;D项,"绉"读zhōu。
12. D **解析**:A项,"血"读xuè;B项,"讦"读jié;C项,"炽"读chì。
13. B **解析**:"券"读quàn。
14. D **解析**:A项,yān/yīn,yìng,shé/zhé;B项,lǜ/shuài,pí/bì,mò;C项,xíng,zhàn/chàn,qiáng/qiǎng;D项,jià/jiǎ,ào/niù,wù/è。
15. B **解析**:A项,chēn/zhěn,zhòu,jì/jí;B项,dú,bāo,qū;C项,xīng/xìng,bǎi,huà/huá;D项,tāo,xiāo/xiào,kě/kē。
16. A **解析**:A项,fù/pǔ,nàn/nán,cì/shì;B项,bó,chù,jué;C项,sù,qiān/xiān,lěi/léi;D项,xiè,wéi/wěi,yàn。
17. D **解析**:A项,"梵"读fàn;B项,"珐"读fà,"瞠"读chēng;C项,"佶"读jí;"当"读dàng。
18. B **解析**:A项,cháng,yì,zhì,sǎn/sàn;B项,dǎo/dào,yùn/yūn,bì/pì,hǎ/hà;C项,bǔ,shí/shè,mǐ,qián/qiǎn;D项,chān,jué,zhòng/zhōng,bó。
19. D **解析**:A项,"庇"读bì,"称"读chèn;B项,"剽"读piāo,"锲"读qiè;C项,"笺"读jiān,"量"读liàng。
20. B **解析**:A项,"冠"都读guàn,"竭"都读jié;C项,"识"都读zhì;D项,"渎""椟"都读dú。
21. C **解析**:A项,"禁"读jīn;B项,"淖"读nào;D项,"黠"读xiá。
22. C **解析**:A项,"觑"读qù;B项,"吮"读shǔn;D项,"夙"读sù。
23. D **解析**:A项,"胳"读gā;B项,"怯"读qiè;D项,"眩晕"读xuàn yùn。
24. D **解析**:A项,"诩"读xǔ,"露"读lù;B项,"胖"读pán;C项,"落"读là。
25. D **解析**:A项,"曝"读pù,"菌"读jūn;B项,"纤"读xiān;C项,"毗"读pí,"祈"读qí。
26. B **解析**:A项,"券"读quàn;C项,"蒙"读mēng;D项,"踱"读duó。
27. C **解析**:A项,"暴露"中"露"读lù;B项,"湖泊"中"泊"读pō;D项,"一哄而起"中"哄"读hòng,"哄抬物价"中"哄"读hōng。
28. C **解析**:A项,"歼"读jiān;B项,"埋"读mán;D项,"骁"读xiāo。
29. C **解析**:A项,"怩"读ní;"称"读chèn;"戚"读qi。
30. C **解析**:A项,"懑"读mèn;B项,"怂"读sǒng;D项,"劲"读jìng。

专题训练二 字形正误辨析

1. A **解析**:B项,义气用事—意气用事;C项,辨别—辩别;D项,惩前毖后—惩前毖后。
2. D **解析**:A项,叱诧风云—叱咤风云;B项,故弄悬虚—故弄玄虚;C项,自名得意—自鸣得意。
3. B **解析**:A项,惋—婉;C项,杀—铩;D项,霭—蔼。
4. A **解析**:B项,齐—其;C项,阴—荫;D项,如—茹。
5. D **解析**:A项,茸—葺;B项,敛—殓;C项,洲—州。
6. C **解析**:A项,匿—箦;B项,代—待;D项,渊—源。
7. D **解析**:A项,掠—略;B项,惦—掂;C项,挡—当。
8. B **解析**:A项,园—源;C项,指—脂;D项,颂—诵。
9. C **解析**:A项,园—圆;B项,曲—屈;D项,溪—蹊。
10. A **解析**:B项,帐—账;C项,篷—蓬;D项,陨—殒。

11. A　解析:B项,密—秘;C项,恶—噩;D项,讫—迄。
12. D　解析:A项,急—疾;B项,距—矩;C项,晨—辰。
13. D　解析:A项,力—利;B项,噪—躁;C项,叠—迭。
14. A　解析:B项,青—清;C项,与—予,估—沽;D项,座—坐、妄—枉、承—成。
15. B　解析:A项,严峻、利害攸关、隔靴搔痒;B项,编纂、矫揉造作;C项,青睐、供认、额手称庆;D项,上蹿下跳。
16. A　解析:B项,好高鹜远—好高骛远,"车载斗量"的"载"读"zài";C项,龙蟠虎踞—龙盘虎踞,"寡廉鲜耻"的"鲜"读"xiǎn";D项,分道扬镖—分道扬镳,"人才济济"的"济"读"jǐ"。
17. A　解析:B项,修葺—修葺;C项,摇控器—遥控器;D项,唇枪舌箭—唇枪舌剑。
18. D　解析:A项,和言悦色—和颜悦色;B项,哆哆逼人—咄咄逼人;C项,错手不及—措手不及。
19. C　解析:A项,殒落—陨落,倾刻—顷刻,立杆见影—立竿见影;B项,呕歌—讴歌;C项,惊蛰—惊蛰,坚如磐石—坚如磐石;D项,绿草如荫—绿草如茵。
20. D　解析:A项,烦燥—烦躁,大浪掏沙—大浪淘沙;B项,记念—纪念,发号司令—发号施令;C项,脉膊—脉搏,英雄倍出—英雄辈出。
21. B　解析:A项,全对;B项,威慑力,粗制滥造,怦然心动;C项,一摊血,竭泽而渔;D项,笑眯眯,卑躬屈膝。
22. A　解析:B项,桀骜,化妆品;C项,金碧辉煌;D项,糟蹋,黯然神伤。
23. A　解析:B项,无可置疑;C项,提纲挈领;D项,自惭形秽。
24. B　解析:A项,驰骋;C项,水汽;D项,摄魂制魄。
25. B　解析:A项,剑—箭;C项,纳—呐;D项,刃—仞。
26. C　解析:A项,众志长城—众志成城;B项,轻歌慢舞—轻歌曼舞;D项,毛骨耸然—毛骨悚然。
27. A　解析:B项,支言片语—只言片语;C项,坐阵—坐镇;D项,准备就序—准备就绪。
28. C　解析:A项,原凶—元凶,一应具全—一应俱全;B项,假腥腥—假惺惺,蝇营苟苟—蝇营狗苟;D项,丹清—丹青,水蒸汽—水蒸气。
29. A　解析:A项,金钢怒目—金刚怒目,棉里藏针—绵里藏针,微言大意—微言大义;B项,斜辉—斜晖,常年累月—长年累月;C项,管理不利—管理不力;D项,解秘—解密。
30. A　解析:A项,富裕—富余;B项,全对;C项,布署—部署,按排—安排,就序—就绪;D项,成份—成分。

专题训练三　选词填空

1. C　解析:"引领"指引导,带领,多用于陈述抽象的事物;"引导"指带领,带着人向具体的目标行动。(1)句陈述的对象是"时代精神",应用"引领"。"短缺"指(物质)缺乏,不足;"稀缺"指稀少,短缺。(2)句对"水资源"而言当用"稀缺",表明它的现有状况;第一空只有用"短缺"才能与"相对""最大限度地……"照应。"误解"指不正确的理解;"曲解"指错误地解释客观事实或别人的原意(多指故意地)。"一直"可用于将来;"始终"不能用于将来。故(3)句应选"误解/一直"。
2. C　解析:第一空从意思来看,"婉约""凄冷"都可以,但联系下文引用的词句以及"愁的化身",不难断定"凄冷"更贴切。第二空,"高山仰止"比喻对高尚的品德的仰慕,此段不涉及李清照的品质,联系后句"没有任何人敢于企及",选择"空前绝后"才贴切。第三空根据句间关系,此处不表递进,不应选"甚至"。第四空,"咀嚼"与"感悟"相比,程度更深些,更符合语境。
3. C　解析:本题给出三组近义词语,要求分别选择恰当的填入句子的空缺处。第一组,"融会贯通"的意思是参考并综合多方面的知识或道理而得到全面的透彻的领悟,句子说的是"知识结构"形式,不是知识本身,所以不能用融会贯通。"交相辉映"是指(各种光亮、彩色等)相互映照,用在这里对象不适合。"兼而有之"是指同时占有或具有几种事物,从句意看,"博与专"本来就是"合理的知识结构"这一事物的两个方面,已经不存在"占有"或"具有"的问题了,用在这里也不合适。"相辅相成"是指互相补充,互相配合,"知识结构"的两个方面,互相补充,互相配合,与语境相合。第二组,"相提并论"的意思是把不同的或相差悬殊的人或事物混在一起来谈论或看待,强调的是"混在一起谈论"。"同日而语"是放在同一时间谈论,是从时间角度强调对象的,而且一般与否定词相搭配。"混为一谈"是把不同的事物混在一起,说成是同样的事物。"一视同仁"是同样看待,不分亲疏厚薄,对象一般是人。题干所给出的句子,是从作用角度揭示神话和迷信的区别,强调二者本质不同,因此,选用"混为一谈"最为恰当。第三组,"犹豫不决"是因拿不定主意而无法做出决定。"举棋不定"比喻做事犹豫不决,与"犹豫不决"语意相近。"畏缩不前"是因害怕而不敢向前。"贪图安逸"是极力希望得到安闲舒适。所给出的句子列出了面对困难"应该"和"不应该"的两种不同的态度,因此,只要找出"奋勇前进"的反义词即可。从第三组词语来看,和"奋勇前进"相对的只能是"畏缩不前"。
4. A　解析:耳提面命:不但当面告诉他,而且还贴近耳朵提醒、叮嘱。形容恳切地教导。可用于"告诫教诲"的表述上。春风化雨:适宜于草木生长的风雨,比喻良好的教育。多用于状态、环境。如坐春风:好像置身于和暖的春风里,形容受到良师的教诲、熏陶。多用于感受。
5. D　解析:"不只"是连词,不但,不仅。"不止"做副词时,表示超出某个数目或范围。"推托"是动词,借故拒绝。强调借助"理由"。"推脱"是动词,推卸,如"推脱责任"。"何况"是连词,用反问的语气表示更进一层的意思。"况且"是连词,用在后一分句前面,表示更进一层,多用来补充说明理由。"何况"带有前后对比的意味;"况且"有"而且、再说"的意思,经常和"也""还""又"配合使用。"基于"为介词,表示以某种事物作为结论的前提或语言行动的基础,如"基于以上理由"。"鉴于"有两个义项:一是作介词,表示以某种情况为前提加以考虑,如"鉴于党的领导地位,更加需要向党提出严格的要求";二是作连词,用在表示因果关系的复句中前一分句句首,指出后一分句行为的依据、原因或理由,如"鉴于群众反映,我们准备开展质量检查"。

6. D　**解析**:这道题的题干和选项之间是相对的,"友情"对"狡诈","真诚"对"虚假","希望之舟"对"犹豫之岸的彷徨","光明的一闪"对"黑暗的深渊",应选D。

7. B　**解析**:以身作则:用自己的行动做出榜样。身体力行:亲身体验,努力实行。身先士卒:作战时将帅亲自带头,冲在士兵前面,现多泛指领导带头走在群众前面。

8. A　**解析**:简朴:(语言、文笔、生活作风)简单朴素,使用范围较广泛。俭朴:俭省朴素,仅用于个人生活方面。清净:清澈,也指没有事物打扰。清静:(环境)安静,不嘈杂。基于:表示以某种事物作为结论的前提或语言行动的基础。鉴于:表示以某种情况为前提加以考虑;用于表示因果关系的复句中前一分句句首,指出后一分句行为的依据、原因或理由。

9. B　**解析**:考查:用一定的标准来检查衡量(行为、活动)。考察:实地观察调查,细致深刻地观察。虽然:连词,表示转折。即使:连词,表示假设。根据语境和搭配,应为转折关系,且"即使"不与"可"搭配。"擅长"和"善于"都指在某方面有特长。前者可单独作谓语,后者不能单独作谓语。

10. C　**解析**:不瘟不火:指表演既不沉闷也不过火。不温不火:不冷淡也不火爆,形容平淡适中。①句形容戏曲的唱腔,应选用"不瘟不火"。鱼龙混杂:比喻坏人和好人混在一起。鱼目混珠:比喻拿假的东西冒充真的东西。②句主要指好坏混杂,而没有以假乱真之意,因此选"鱼龙混杂"。无能为力:用不上力量;没有能力或能力达不到。爱莫能助:心里愿意帮助,但是力量做不到。③句指"我"有心帮母亲却没有能力,应选用"无能为力"。

11. C　**解析**:披露:发表,公布。透露:泄露。及:连接并列的名词性词语。及其:表示以及它的。良莠不齐:指好的坏的混杂在一起,只能用于形容人。参差不齐:长短、高低大小不一致,形容很不整齐或水平不一。一言九鼎:一句话的分量像九鼎那样重,形容所说的话分量很重,作用很大。一诺千金:形容说话算数,所许诺言信实可靠。

12. C　**解析**:"伫立":长时间地站着;"肃立":恭敬庄严地站着。①句形容灯塔应用"伫立"。"称"显得呆板,而"掂"突出一个估计、权衡的心理过程,故②句应选用"掂"。"体会":体验领会,含有理解感受的成分;"领略":了解事物的情况,进而认识它的意义,或者辨别它的滋味。③句应用"体会"。"原先":从前,起初;"原本":原来,本来。④句应用"原本"。

13. C　**解析**:不由自主:由不得自己,控制不了自己。情不自禁:抑制不住自己的感情。忍俊不禁:忍不住笑。

14. C　**解析**:牢不可破:坚固得不可摧毁(多用于抽象事物)。颠扑不破:无论怎样摔打都不会破裂,比喻永远不会被推翻(多指理论、道理)。固若金汤:像金属造的城和灌满滚水的护城河一样坚固,形容城池或阵地坚固,不易攻破。"牢不可破"偏重强调友谊、团结、联盟等抽象事物极其坚固,无法摧毁。"颠扑不破"偏重强调原理、学说、原则、道理、理论、真理等绝对正确,无可辩驳。"固若金汤"偏重强调城池或阵地非常坚固,不易攻破。依据①句语境中"战斗友谊"、②句语境中"真理"、③句语境中"钢铁长城"的提示,三句横线处应依次填入牢不可破、颠扑不破、固若金汤。

15. C　**解析**:本题需要考虑背景因素的客观表意。第一段的背景因素是美国作家,必定是"中国"人领呐喊,排除A、D;"已经"作古与上联的"尚未"成书相对,排除B。第二段"同甘共苦军心暖"可以,但和下联失去联系,"身先士卒"和"威震沙场"都是讲作战,与下联吻合,故选C。

16. B　**解析**:弥补:把不够的部分填足或缺失。①句应用"弥补"。置疑:怀疑,多用于否定句。质疑:提出疑问。①句用"置疑"更恰当。径自:表示自己直接行动。径直:表示直接向某处前进,不绕道,不在中途耽搁。③句选"径自"合适。

17. B　**解析**:法治:根据法律治理国家和社会。法制:法律制度体系。回应:回答,答应。反应:受到刺激引起的相应活动。纵然:即使,表假设。固然:表示承认某个事实,引起下文转折。

18. A　**解析**:A项,扑朔迷离:形容事物错综复杂,难于辨别。B项,旷日持久:多费时日,拖延很久。此处应改为"经年累月"。C项,李代桃僵:比喻以此代彼或代人受过,此处应改为"张冠李戴"。D项,如坐春风:比喻受到良师的教诲。此处属望文生义。

19. B　**解析**:A项,"韬光养晦"的意思是隐藏自己的才能、锋芒,不使外露。这里的"韬"指弓或剑的套子,比喻隐藏,它和"显示"没有任何关系。C项,"舞蹈"是人们常见的一种文娱活动,手挥起来叫"舞",脚跳起来叫"蹈",解释成"顿足"不恰当。"既往不咎"的意思是对已经过去的错误或罪状不再追究。"咎",在这里是"追究罪责""责备"的意思,是动词,解释成"过错"就变成名词了。D项,"臭味相投"比喻思想、作风、爱好等相同,互相投合,多含贬义。这里的"味",不是真正的气味,故"臭"在这里应解释为"令人厌恶"的。

20. B　**解析**:所给的三个词语属于同一组近义词:"细腻"指(描写、表演等)细致入微,"细致"指精细周密,"细密"指精细紧密,或不疏忽大意。从搭配角度来说,"细腻"可以形容感情,其他两个不能;"细致"可以和"深入"组合,另外两个不能;刺绣的针法,也只用"细密"最恰当。掌握了这三个词语的意义,从搭配角度很容易就可以得出正确答案。

21. D　**解析**："各行其是"指各自按照自己认为对的去做;"自以为是"指认为自己的看法和做法都正确,不接受别人的意见。第①句中有"互相扯皮",说明不是个人,而是多方,应选"各行其是"。这样就可以排除B、C两项。"一挥而就"指一动笔就写成了,形容写字、写文章、画画快;"一蹴而就"指踏一步就成功,比喻事情轻而易举,一下子就能完成。根据第②句陈述的主体,应当选"一蹴而就"。这样又可以排除A项,因而选D项。

22. C　**解析**:"只有……才……",前者是后者的必要条件;"只要……就……",前者是后者的充分条件。句中是必要条件关系,应用"只有……才……"。"程序"指事情进行的先后次序;"秩序"指有条理、不混乱的情况。烦琐的应是办事程序。"应接不暇"形容来人或事情太多,接待应付不过来;"目不暇接"指东西太多,眼睛看不过来。根据语境,句中应用"应接不暇"。

23. D　**解析**:"冷若冰霜"形容人不热情、不温和。也形容态度严肃,使人不易接近。使用对象错误,根据语境应用"雪上加霜"。

24. C　**解析**:"屡见不鲜"指经常看见,并不新奇。多含贬义。这里不合语境,可改为"层出不穷"。

25. D　**解析**:第三空"亮丽的风景线"搭配较固定,据此排除其他三个选项。

26. A　**解析**:B项,动宾搭配不当,"求全责备"不能带宾语,一般只作谓语。C项,望文生义,"搓手顿脚"形容焦急不耐烦。D项,使用对象不当,"鱼龙混杂"比喻坏人和好人混在一起。

27. B　**解析**:A项,骇人听闻:夸大或捏造事实,使人听了感到惊异或震动。C项,孤注一掷:比喻在危急时把全部力量拿出来做最后一次冒险。D项,豆蔻年华:女子十三四岁。

28. A　**解析**:权益:应该享受的不容侵犯的权利。权宜:暂时适宜。修正:修改使正确。修整:修理使完整或整齐。爆发:像爆炸那样突然地发生,多用于抽象事物,如革命、起义、运动等重大事变,再如力量、情绪等;暴发:突然发作,多用于山洪、大水或疾病等具体事物。

29. (示例)无论　但　因此　也是　只是

30. (示例)只有　是因为　但是　如果　那么

专题训练四　成语选用

1. B　**解析**:扬汤止沸:把锅里烧的沸水舀起来再倒回去,想叫它不沸腾,比喻办法不对头,不能从根本上解决问题。适用于此处语境。时不我待:"我待"是"待我"的倒装,等待我们。时间不会等待我们,强调要珍惜时间。用在此处不合语境,搭配不当。生杀予夺:形容反动统治者掌握生死、赏罚大权。符合语境。节外生枝:比喻在问题之外又岔出了新的问题。符合语境。

2. D　**解析**:猝不及防:事情突然发生,来不及防备。和后面的"突然"语义重复。暗度陈仓:借指暗中进行某种活动。不合语境。予取予求:原指我只取我所要求的,后用来指任意索取。此处用于对"孩子的愿望"是错误的。不足为训:不能当作典范或法则。符合语境。

3. D　**解析**:方枘圆凿:方榫头和圆卯眼,两下合不起来。形容格格不入。使用正确。衣锦还乡:旧指富贵以后回到故乡。含有向乡里夸耀的意思。使用正确。安之若素:(遇到不顺利情况或反常现象)像平常一样对待,毫不在意。使用正确。指点江山:指批评国家大事。此处大词小用。

4. C　**解析**:作壁上观:比喻坐观成败,不给予帮助。不落言筌:不在语言运用上留下用工的痕迹。通俗地说就是没有刻意地用华丽辞藻和修辞手法修饰文章,却给人很好、出彩、舒服清新的感觉。拍手称快:拍着手大喊痛快,多指仇恨得到消除。用在此处,存在感情色彩不当之误。光风霁月:雨过天晴时风清月明的景象,比喻开阔的胸襟和坦白的心地。

5. A　**解析**:一见如故:初次见面就很投缘,像老朋友一样。用在此处合适。见仁见智:指对于同一个问题各人有各人的见解。休戚与共:彼此共同承受幸福与灾祸。此句用错对象。不赞一词:原指文章写得很好,别人不能再添一句话。现也指一言不发。此处属望文生义。

6. A　**解析**:不可理喻:不能够用道理使他明白,形容固执或蛮横,不通情理。用在此处不合语境。乐观其成:乐于看到事情的成功。使用正确。并驾齐驱:比喻齐头并进,不分前后。也比喻地位或程度相等,不分高下。使用正确。风流云散:像风和云那样流动散开。比喻原常相聚的人四下离散。用在此处合适。

7. D　**解析**:南腔北调:形容人口音不纯,掺杂方音。荡气回肠:使肝肠回荡,使心气激荡。形容文章、乐曲等十分动人。开宗明义:指说话作文一开始就说出主要的意思。自怨自艾:本义是悔恨自己的错误,自己改正。现在只指悔恨。本句语境感叹怀才不遇,是心怀怨恨,而非悔恨。

8. B　**解析**:言不及义:说些无关的话,不涉及正经的道理。望文生义。改弦更张:比喻改革制度或变更做法。使用正确。矫枉过正:纠正偏差做得过了头。望文生义。推波助澜:比喻促使或助长事物(多指坏的事物)的发展,使扩大影响。褒贬误用。

9. D　**解析**:过路财神:比喻暂时经手大量钱财而没有所有权和支配权的人。使用错误。涣然冰释:形容疑虑、误会、隔阂等一下子完全消除。用错对象。寻章摘句:读书时只摘记一些漂亮词句,不深入研究;也指写作只堆砌现成词句,缺乏创造性。褒贬误用。方兴未艾:事物正在兴起、发展,一时不会终止。多形容新生事物正在蓬勃发展。使用正确。

10. C　**解析**:栩栩如生:形容艺术形象非常逼真,如同活的一样。耳濡目染:形容听得多见得多了之后,无形之中受到影响。众望所归:众人的信任、希望归向某人,多指某人得到大家的依赖,希望他担任某项工作。用错对象。纲举目张:比喻做事抓住主要的环节,带动次要的环节。也形容文章条理分明。

11. **B** 解析:乐善好施:指乐于行善,喜欢施舍。符合句意。浑然天成:形容诗文书画等完美自然,无雕饰的痕迹。亦形容人的才德完美自然。不符合句意,此处可用"水乳交融"。耳提面命:不但当面告诉他,而且贴近耳朵提醒、叮嘱。形容恳切地教导。使用正确。细水长流:比喻节约使用财物或人力,使经常不缺。也比喻一点一滴地做某件事,总不间断。

12. **A** 解析:黄钟大吕:形容音乐或言辞庄严、正大、高妙、和谐。捕风捉影:比喻说话或做事时用似是而非的迹象做根据。含贬义,不合语境。无可厚非:不可过分指摘,表示虽有缺点,但是可以理解或原谅。用在此处不合语境,可用"无可非议"。耸人听闻:使人听了非常震惊,不能形容既成事实,此处可用"骇人听闻"。

13. **D** 解析:尸位素餐:空占着职位,不做事而白吃饭。使用正确。持平之论:指公正的意见,也指折中、调和的话。使用正确。并驾齐驱:比喻齐头并进,不分前后。也比喻地位或程度相等,不分高下。使用正确。回肠荡气:形容文章、乐曲等十分动人。用错对象。

14. **D** 解析:惟妙惟肖:形容描写或模仿得非常好,非常逼真。苦心孤诣:费尽心思钻研或经营,达到别人达不到的境地。海阔天空:形容想象或说话毫无拘束,漫无边际。瓜田李下:泛指容易引起嫌疑的地方。此处属望文生义。

15. **B** 解析:真知灼见:正确而透彻的见解,再用"十分到位"来修饰,语义重复。一文不名:形容一个人创业时没有经济基础,正确。不忍卒读:不忍心读完,多形容文章悲惨动人。使用语境不当。抱残守缺:抱着残缺陈旧的东西不放,比喻保守不知改进。与句意不符。

16. **C** 解析:耳熟能详:听的次数多了,熟悉得能详尽地说出来。重蹈覆辙:再走翻过车的老路,比喻不吸取失败的教训,重犯过去的错误。含英咀华:比喻琢磨和领会诗文的要点和精神。驾轻就熟:比喻承担熟习、轻松的事务。

17. **D** 解析:添油加醋:形容叙述事情或转述别人的话,为了夸张渲染,添上原来没有的内容。带有挑拨性。意义误用。攀龙附凤:原指依附帝王或皇亲国戚以求提高地位,成就功业,后泛指依附或投靠有权势的人。不合语境。茕茕孑立:孤零零一人站在那里,形容孤单,无依无靠。此处用错对象。登峰造极:比喻学问、技能等达到最高的境界。也比喻干坏事猖狂到了极点。

18. **A** 解析:铄石流金:能使金石熔化,形容天气极热。此处不合语境。穿云裂石:(声音)穿过云层,震裂石头,形容乐器声或歌声高亢嘹亮。大放厥词:原指极力铺陈辞藻,现多指夸夸其谈,大发议论。含贬义。上下其手:指玩弄手法,暗中作弊。

19. **D** 解析:①众口铄金:众口一词可以使金属熔化。原形容舆论的力量大,后形容人多嘴杂能混淆是非。褒贬误用。②翻云覆雨:比喻反复无常或玩弄手段。褒贬误用。③不堪卒读:指文章粗劣,使人读不下去。卒:完毕,结束。④目不窥园:形容埋头钻研,不为外事分心。⑤一触即发:形容形势非常紧张,马上会发生严重的事情。望文生义。⑥探骊得珠:在骊龙的颔下取得宝珠。原指冒大险获大利。后常比喻文章含义深刻,措辞扼要,得到要领。形容写文章能紧扣主题,抓住要点。

20. **C** 解析:①轻而易举:形容事情很容易做。用错对象,不能形容文物。②微言大义:精微的语言和深奥的道理。褒义词。③甘之如饴:感到像糖一样甜,形容甘愿承受艰难、痛苦。与句意不合。④如火如荼:原形容军容之盛,现用来形容旺盛、热烈或激烈。⑤纵横捭阖:指在政治、外交上运用手段进行联合或分化。⑥洋洋洒洒:形容文章或谈话内容丰富,连续不断。也形容规模或气势盛大。不能用来形容大雪。

21. **D** 解析:①具体而微:内容大体具备而形状或规模较小。望文生义。②分庭抗礼:原指宾主相见,站在庭院的两边,相对行礼。现在用来指双方平起平坐,实力相当,可以抗衡。不能用来形容数量。③寥若晨星:稀少得像早晨的星星。形容数量稀少。④相反相成:指相反的东西有同一性。应用"相辅相成"。⑤日渐式微:指事物逐渐地由兴盛而衰落。"式微"出自《诗经》,原来指国家或宗族衰落,现在也泛指事物的衰落。⑥一以贯之:用一种思想理论贯穿于始终。

22. **D** 解析:①浩如烟海:形容文献、资料等非常丰富。②韦编三绝:孔子为读《周易》而多次翻断了编联竹简的牛皮带子。形容读书勤奋。应当用形容书多的"汗牛充栋"。③白云苍狗:浮云像白衣裳,顷刻又变得像苍狗。比喻世事变幻无常。应该用形容时光飞逝的"白驹过隙"。④沧海桑田:大海变成农田,农田变成大海,形容世事变化很大。⑤授人以渔:原指不仅给人鱼吃,更要告诉人如何捕鱼。后泛指传授给人以知识,不如传授给人学习知识的方法。⑥探囊取物:伸手到袋子里取东西,比喻能够轻而易举地办成某件事情。

23. **D** 解析:①望其项背:能够望见别人的颈的后部和脊背,表示赶得上或比得上(多用于否定式),在它前面加上否定词"难以""不能""不敢"等。②电光石火:形容事物像闪电的亮光和燧石的火花一样转瞬即逝。此处误解为"电闪雷鸣",望文生义。③勠力同心:形容齐心合力,团结一致。④炙手可热:形容气焰很盛,权势很大。用错对象。⑤不容置喙:指不容许别人插嘴说话。应改为"毋庸置疑"。⑥马革裹尸:指军人战死于战场。

24. **C** 解析:①击节叹赏:形容对诗文、音乐等的赞赏。②各尽所能:每个人都发挥或贡献出自己全部的能力。此处褒词贬用。③连篇累牍:形容叙述的篇幅过多、过长,多为贬义。④吉光片羽:比喻残存的珍贵的文物。用错对象。⑤一挥而就:形容才思敏捷,一动笔就写成。形容写字、写文章、画画快。用错对象,望文生义,应改用"一蹴而就(形容事情轻而易举,一下子就能完成)"。⑥吐故纳新:比喻扬弃旧的、不好的,吸收新的、好的。

25. **C** 解析:①上行下效:上面或上辈的人怎样做,下面或下辈的人就学着怎样做。中性词,符合文意。②安之若素:(遇到不顺利的情况或反常现象)像平常一样对待,毫不在意。不合语境。③外圆内方:指人外表随和,内心却很严正。④路人皆知:比喻人所共知的野心。此处不合语境。⑤不温不火:不冷淡也不火爆,形容平淡适中。也指性格温或或销售行情不火爆。⑥积羽沉舟:羽毛虽轻,堆积多了也可以把船压沉。比喻细微的事物积累多了也可以产生巨大的作用。此处应用"积重难返"。积重难返:长期形成的不良的风俗、习惯不易改变。

26. A 解析:对于词语题,第一要辨析词义,包括词语的语义侧重点、词语的词义轻重、词义范围的大小等。比如"美不胜收"和"数不胜数",前者突出"美"和"多",后者突出"多"。第二,辨析感情。第三,辨析用法,包括搭配习惯、语法功能、使用对象等方面。比如"刮目相看"一般指人。"励精图治"一般形容国家领导者。解答词语题,第一,逐字解释词语,把握大意;第二,注意词语潜在的感情色彩和语体色彩;第三,注意词语的使用范围,搭配的对象;第四,弄清所用词语的前后语境,尽可能找出句中相关联的信息;第五,从修饰与被修饰关系上分析,看修饰成分跟中心词之间是否存在前后语义矛盾或者前后语义重复的现象。

具体到这个小题来说,首先辨别成语的意思和用法,然后结合语境进行选择。精益求精:(学术、技术、作品、产品等)好了还求更好。励精图治:振作精神,想办法把国家治理好,形容皇帝或者国家领导者的行为和精神。第一处是说绣娘"工匠精神",应使用"精益求精",这里就排除了 B 项和 D 项。耳目一新:听到的都换了样子,感到很新鲜。刮目相看:用新的眼光来看待。后者多指人,句中说的是"作品",应当使用"耳目一新"。美不胜收:美好的东西太多,一时接受不完(看不过来)。数不胜数:数也数不过来,形容很多。前者突出"美好"的东西多,后者只是强调多而已。第三处,前面说"可谓争奇斗艳",应是强调美好的东西多,应当使用"美不胜收"。

27. B 解析:①句形容人做事谨慎,"不敢越雷池半步",呼应"墨守成规"的遵循旧规范,不肯改变,故此处填"墨守成规"恰当。②句告诫我们要开拓进取,不断进步,不能走老路子,不求进步,故此处填"故步自封"恰当。③句形容发展传统戏剧文化,不能满足现状,要懂得创新改进,"抱残守缺"有保守不知改进之意,故此处填"抱残守缺"恰当。

28. C 解析:所给的三个成语意思相近,但又有所不同,每个成语所偏向的重点是有区别的。当仁不让:指遇到应该做的事,积极主动去做,不退让。责无旁贷:指自己的责任,不能推卸给别人。义不容辞:道义上不允许推辞,理应接受。①句的中心是"医务人员的天职",很明显是道义上的,故应填"义不容辞";②句主要说的是"父亲们所承担的义务",所以应该填"责无旁贷";③句主要强调的是"不退让",应填"当仁不让"。所以,选 C 项。

29. B 解析:防患未然:在事故或灾害尚未发生时采取预防措施。未雨绸缪:比喻事先做准备。防微杜渐:在错误或坏事物萌芽的时候及时制止,不让它发展。

30. C 解析:老谋深算:周密的筹划、深远的打算。形容人办事精明老练。深谋远虑:周密地计划,往长远里考虑。深思熟虑:深入细致地考虑。①句,此处用于形容主教练的经验丰富,办事老练,故填"老谋深算"恰当。②句,此处用于形容吴医生经过深入细致地考虑后确定了治疗方案,故填"深思熟虑"恰当。③句,此处用于形容当地决策者早在20世纪就制定了恰当的战略,突出决策者的目光长远,故填"深谋远虑"恰当。所以,答案为 C。

专题训练五 语病辨识

1. C 解析:A项,主语残缺,"迄今"之前应加"其所住单元";B项,重复赘余,"差不多"与"左右"重复,删去其一;D项,语序不当,当分句主语相同时,主语应放在关联词之前,将"中国"与"如果"对调。

2. A 解析:B项,不合逻辑,"最高可达"后面只能是确数,不能是一个范围;C项,成分残缺,"变相涨价"后面应有宾语"的行为";D项,因语序不当而导致表意不明,"新"字应放在"女足"和"主教练"之间。

3. C 解析:A项,"使"前主语残缺;B项,句式杂糅;D项,"群山"与"鳞次栉比"搭配不当。

4. B 解析:A项,"成功率"与"很差"搭配不当;C项,对仗不当;D项,主宾搭配不当,应在"房产销售"后加"的方式"。

5. D 解析:A项,"近"与"左右"重复;B项,"情节"与"故事片"主宾不搭配;C项,缺少"开始寻求"的主语。

6. A 解析:A项,因范围不清导致句子不合逻辑。"中国文化"属于"东方文化",二者不能并列。

7. D 解析:D项,"批评的人很多"可以指他在那篇文章里批评了很多人,也可以指他那篇文章受到很多人的批评。

8. B 解析:B项,应在"那些手上有过硬技术的职工"前加介词"对于"。

9. C 解析:C项,主宾搭配不当,应在"处置"后加上"的能力"。

10. A 解析:A项,"附近"与"很远"相互矛盾,不合逻辑。

11. C 解析:A项,句式杂糅,可改为"中国人不爱喝牛奶的原因主要是人们的饮食习惯还没有进行相应的改善"或"中国人不爱喝牛奶主要是人们的饮食习惯还没有进行相应的改善所致";B项,"非常"与"奇"语义重复,可删除"非常";D项,"往往"与"总是"语意重复,应择一使用。

12. A 解析:B项,主宾搭配不当,"王充思想"和后面的"代表人物"搭配不当;C项,"他"是单数,与"人们"不对应;D项,成分残缺,应在"我国秦汉以前的社会生活史和生活习俗、礼仪制度、人生经验"后加"的总结"。

13．D 解析：A项，主语残缺，可删除"使"；B项，主谓搭配不当，"出勤率"只能说"提高"，不能说"增加"；C项，不合逻辑，既然上句说"从来就没有人能进去过"，那么下句就不可能有"进去的人从来就没有能活着回来的"。

14．D 解析：A项，"下月中旬"本身是一个表示时间段的词，"前后"是一个表示模糊时间的词，二者不能同时用；B项，结构混乱，中途易主，前面说的是"市民卡"包含各种功能，后面成了"市民"可享受其他各类公共服务；C项，句式杂糅，"从……出发"，"以……为出发点"两种结构杂糅。

15．B 解析：A项，搭配不当，"溪水"可以"流着"，而"牛""石头"不能"流着"；C项，主客倒置，应该是"青年人对于焦裕禄这个名字可能还有些陌生，可四十岁以上的人对其却是很熟悉的"；D项，搭配不当，主语是"瓷器"，宾语是"省份之一"，可将"省份之一"去掉，"最……之一"使用不当。

16．A 解析：A项，"莫不"意为"没有一个不"，而"没有一个不例外地受到怀念"是说不通的，可将"例外地"删掉；B项，"已去世的"可以修饰"钱钟书先生"，也可以一直修饰到"钱钟书先生和女儿钱瑗"，有歧义；C项，一面与两面搭配不当，可将"成败"改为"成功"。

17．A 解析：B项，"忽视"和"否认"不能构成并列，应为选择关系；C项，"建筑"与"提高"搭配不当，应在"新的建筑"后加上"的高度"；D项，"不但……而且……"前后两个分句的语序不当。

18．D 解析：A项，主谓搭配不当。把"认为"改为"证明"；或改为"我们通过调查研究，认为他要负全部责任"。B项，"组织下编写"和"由……编写"句式杂糅，C项，前后分句的主语不一致，"虽然"应放在"群众"前。

19．D 解析：A项，句式杂糅。"它里面的主要成分是……"或"它是由……配制而成的"保留其一即可，不能将二者杂糅在一起。B项，结构混乱。前面分句内容尚未讲完，后分句又以专家为主语另起一句，可在句首加"对于"二字。C项，搭配不当。应为"大大超过了安全限度"。

20．A 解析：B项，句意不明，"无可讳言"的意思是"可以坦率地说"，可改成"答案是肯定的"。C项，因为月明星稀是自然现象，说"繁星满天"时有"一轮明月"便不合事理了。D项否定失当，"无时无刻"与"不"配合，表示每时每刻。句子表意矛盾，可将"忘"改为"在"。

21．C 解析：A项，"扩大……产业升级"搭配不当，应为"扩大内需和促进产业升级"；B项，成分残缺，应在"实现地外天体软着陆"后面加上"的国家"；D项，成分残缺，应在"打破了伊核问题谈判"后加上"僵局"。

22．B 解析：成分残缺，"增加"缺少与之相照应的宾语，应在"探测"后加上"的功能"。

23．B 解析：A项，句式杂糅，可改为"也引起很多人对'社会化考试'的兴趣"，或"也使很多人对'社会化考试'产生了兴趣"；C项，语序不当，应为"如果长期得不到解决"；D项，两面对一面，"学习的好坏或者说学习的情况"与"良好的情绪"不照应。

24．A 解析：B项，"合不合格"改为"合格"，因为"保证"的不可能是"不合格"的；C项，"原因是多方面造成的"句式杂糅，可改为"原因是多方面的"，或改为"是多方面原因造成的"；D项，语序不当，小麦长势喜人，才能丰收在望。

25．D 解析："开展"与"任务"搭配不当，可改为"开展……活动"或"完成……任务"。

26．B 解析：A项，成分残缺，可在句尾加上"的感慨"；C项，"切忌不要"否定不当；D项，搭配不当，可改为"建立……机制"或"成立……机构"。

27．C 解析：A项，语序不当，"一种"应在"行之有效"之前；B项，搭配不当，"一起"不能与"疾病"搭配，可将"疾病"改为"疫情"；D项，表意不明，"它"指代不明。

28．A 解析：A项，语序不当，应改为"如何培养青少年对滑雪运动的兴趣，从而培养有运动天赋的青少年热爱并且投身于滑雪运动"；B项，语序不当，正确语序应为"发掘、整合和宣传"；C项，"不仅仅是一个楼盘展示"有歧义而且不符合逻辑。

29．B 解析：A项，"有很高的收视率"的主语与其前半句的主语"主持人华少"不一致，偷换主语而造成后半句主谓搭配不当；C项，状语"以讲故事的形式"与动宾短语"讲述了……故事"语意重复；D项，否定不当，"禁止"后面不可再用"不得"。

30．B 解析：A项，"培育"和"好人好事"搭配不当；C项，表示递进关系的两个分句顺序颠倒；D项，"加大"的宾语中心语残缺，在查处后加上"力度"。

专题训练六 标点正误辨识

1．B 解析：A项是陈述句，句末不能用问号；C项，"演员个人营业演出活动管理暂行办法"是文件，应用书名号；D项，"我呀！还得活一辈子啊！"是一句话，中间不能用感叹号。

2．D 解析：A项，分号后的话是分号前内容的具体化，前后属于同一层次的内容，应用逗号；B项，句中冒号只能管"……等"，管不到"也将在各大城市放映"，应把冒号去掉；C项，引的不是原文完整的话，句号应放在后引号外。

3．C 解析：A项是连续问而非选择问，"存在呢"后面的逗号应改成问号；B项，叹号应放在引号里；D项，"论文集"后面不停顿整个句子更连贯顺承，所以"论文集"后面的逗号是多余的。

4．C 解析：C项，"谈到怎样教育青少年一代"是陈述语气，其后不应该使用问号，应改为逗号。

5．B 解析：A项，书名和篇名之间应用间隔号；C项，"申报副刊"中的"副刊"是普通名词，应放在书名号之外;D项,"塞上风云"是电影名,应用书名号。

6．B　解析:A项,非独立引用,句号应放在后引号之外;C项,"大庆晚报"是报刊名,应加书名号;D项,并列层级不清,"叙述语言"与"个性化的人物语言"为大一层级的并列,二者之间的顿号应改为"和"字。

7．C　解析:C项,前三个问号应为逗号。

8．B　解析:A项,在同一个句子中,冒号一般只能用一个,否则便会眉目不清。两个冒号中前一个改为逗号。C项,误用了书名号,中央电视台与维汉传播公司推出的是"计划",不能用书名号。D项,括号位置不当。

9．D　解析:A项,"延年"后的逗号放在引号的外面,此处属局部引用;B项,"中共中央关于全面深化改革若干重大问题的决定"应用书名号;C项,分号应改为逗号,问号应改为逗号。

10．B　解析:B项,应将两处问号改为逗号;C项,应将感叹号移到后引号里,此处为独立引用;D项,"从实物上看"是插入语,前后都应用破折号。

11．C　解析:A项,顿号多余,因为数字连用表概数时,中间无须停顿;B项,分号用得不妥,因为在这个句子中,分号前后并非并列关系,应将分号改为冒号;C项,《中国文化与世界文化暑期讲习班》的书名号应改为引号,因为书名号只是用于标明书名、刊名、篇名等的。

12．C　解析:A项,用分号分开的两句话——"这边""那边",其内容是并列关系,这些内容都是对"金黄的大斗笠下"的情景的具体描绘,故"下"后面的标点应改为冒号,起提示下文的作用;B项,句号应去掉。省略号的后面,一般不用标点;D项,从三个"鸣"及一个问号来看,这是一个设问句,第一句为问句,后两个以"鸣"收尾的句子,是有语意递进关系的两个答句,且语气强烈,故第二个"鸣"后面应使用感叹号。

13．B　解析:A项中引号内的问号应改为逗号,句号改为问号;C项中的问号应改为逗号;D项中的第一个问号应改为逗号。

14．C　解析:A项中"俗话说"后面的逗号应删去,因为它跟后面引文衔接紧密,无须停顿;"嘛"字应从单引号中移出来,它是"耿大妈"说的语气词。B项中的两个问号使用不当,该句如读成陈述语气,末尾用句号,第一处问号改为逗号;如读成疑问语气,末尾用问号,第一处问号应改为逗号。D项中引文是局部引用,句号应在后引号外。

15．C　解析:C项中"开荒"与"种庄稼""种蔬菜"是并列关系,"纺羊毛"与"纺棉花"是并列关系,中间都应该用逗号。"开荒,种庄稼,种蔬菜,是足食的保证"与"纺羊毛,纺棉花,是丰衣的保证"是并列关系,中间应该用分号。

16．D　解析:A项,应将"海内西经""海外西经""大荒西经"三处的引号改为书名号;B项,句末的句号应放在后引号外;C项,因为冒号要管到句末,故应将冒号去掉。

17．C　解析:A项,第二个分号应改用冒号,表示分总关系;B项,冒号后为倒装句,感叹号置于句末,"辛苦了"后应用逗号;D项,问号改成句号。

18．C　解析:"记忆的永恒"是一幅画作的名称,应用书名号,故可排除A、D两项。"愚弄眼睛的技巧"为不独立引文,逗号应在引号外面,由此可得出答案为C项。

19．A　解析:B项,两个问号都应改用逗号。C项,书名号应改用引号。D项,"嘛"应在单引号外,句号前。

20．D　解析:句内括号注释要紧靠被注释的内容,把前括号前面的逗号移到后括号的后面。

21．C　解析:课程名称不能用书名号。如果需要加标点,应当加双引号。

22．B　解析:A项,"秦山第二核电厂"前面加破折号,去掉引号;C项,"随着经济的发展,城市的扩大,人口的猛增和生活质量的提高"中间的逗号应改为顿号;D项,应去掉冒号。

23．D　解析:A项,"好一派万紫千红的灿烂春光"是对前面的总结,它前面的逗号应改为冒号;B项,把"月考核、季评比、年结算制度"后面的顿号改为"和",把后一个"和"改为"以及",使层次清晰;C项,全句为陈述语气,将句末的问号改为句号。

24．C　解析:A项,将两个逗号都改为问号。因为它们是三个问句,不是选择问。B项,去掉破折号。D项,前一句改为"到底去不去呀,我的小祖宗?",这是主谓倒装句,问号应在句末。

25．D　解析:A项,冒号改为逗号;B项,第一个问号改为逗号,第二个问号改为句号;C项,两个引号中的句号都移到引号外面。

26．D　解析:A项,省略号和"等"不能连用,去掉省略号。B项,一逗到底,层次不清。全句可改为"打陀螺讲求技巧:用力小了,陀螺旋转不起来;用力大了,陀螺又容易'栽跟头';用力匀称,陀螺才能平衡而快速地旋转"。C项,两个问号改为句号。"四书"加书名号。

27．C　解析:这种题目较难,因为不是一个对,也不是一个错。①中的第一个句号应改为逗号,两者并列。②中的破折号应当删掉。它与它后面的"即"都是起注释内容的作用,属于多余。⑤中的冒号改为逗号。

28．A　解析:B项,括号应删除,在前括号的位置加逗号。因为括号里的文字不是直接的解释。C项,去掉冒号。D项,去掉冒号,引号里的句号去掉,且在引号后加逗号,因为诗句是全句的主语。

29．A　解析:此题考查逗号与句号、逗号与分号、引号与书名号的区别及问号的应用。①处加逗号还是句号,一时不好把握,似各有道理,可暂且放下,选择另一个突破口。文段中间用一个完整的句子从三个方面分析了对联的内涵。②处用分号明显错误,可排除B、C两项。③处是一篇名,应选书名号,进而排除D项。另外,④处明显不表疑问,进一步证明A项正确。从整个文段看,①处加逗号,跟后面的解释句衔接更紧密。

30. **B** **解析**:本题考查引号和括号的应用。使用引用时,引文末尾标点的位置要注意,凡是把引用的话独立来用的,末尾点号放在引号里边;如果引用的内容是句子的一个组成部分,即引文没有独立性,引用部分末尾不用点号(问号、叹号可保留)。整个句子该停顿处则停顿,该用何点号则用何点号。括号表示文中注释的部分,注释或补充说明句中某个词语的叫句内括号,它必须紧跟在被注释的词语之后,被注释的词语后面需要停顿,点号要放在后括号后面,括号内的注释语如果带有标点,其最后一个标点(问号、叹号除外)应省去。注释或补充说明全句的叫句外括号,句外括号内的注释语如果是一句话,那么句末点号应该保留,如果不成句,就不用句末点号。掌握上述使用原则,便会选择出正确答案B。

专题训练七 语言综合运用

1. 示例一:①观赏鱼名角且种类繁多②拥有独特的体型和体色③尾部斑点确保自己安全④食性丰富

示例二:①热带海洋观赏鱼②外表美艳如蝴蝶(或:形体很美)③尾部假眼迷惑对手(或:有用以诱敌的假眼)④主食藻类食性广泛(或:以藻类、海绵珊瑚为食)。答示例二内容的酌情扣1到2分,因为没有归纳概括。

解析:本语段涉及蝴蝶鱼的种类、体型特点、保护自己的生物特征、食性,因此,考生从这四个方面概括即可。另外,考生还要注意看清题干要求,如字数限制等,特别要注意题干中的隐性要求。

2. 没经验时,容易在难处出错;有经验了,往往在易处出错

解析:注意抓住文中的关键句,联系上下文语境。首先要理解,师父的回答是针对徒弟的提问"为什么上次在高处时提醒我,这次下到低处才提醒我"。其次是分析,问题暗含着两方面的内容,即第一次没经验时高处小心和第二次有经验时低处小心。最后是概括,概括时要结合上述两层内容,准确揭示表象背后的意义。考生可以同时结合自己的生活经验得出答案。

3. 示例:不管是西方的大师还是东方的伟人,他们在谈到学习和品性的问题时,都特别强调了学习知识的重要性和知识结构的完整性,不约而同地承认了学习知识对于塑造人的品质性格的决定作用。

解析:(1)①材料的性质、写法(表达方式、表现手法、修辞手法)。②材料的关键词语、句子。③材料的主要内容、思想。④材料内容、思想的异同之处。

(2)材料体现的思想观点的现实意义与价值。

知识能塑造人的性格,有了这般持久的"诗书"的熏陶,自然会使人气质不凡,言谈举止也不一般。我国是一个礼仪之邦,在礼乐文明的深厚土壤中孕育出来的儒家思想,最讲究伦理、道德和秩序。学习、掌握、运用这些知识,不仅可以提高鉴赏和审美能力,还可从中汲取人生经验,领悟为人为政之道。(答出强调学习知识的重要性和知识结构的完整性,对于塑造人的品质性格的决定作用,并结合实际有具体分析即可。)

4. 示例:"中国梦"是岳飞"何日请缨提锐旅,一鞭直渡清河洛"的抱负;"中国梦"是秋瑾"拼将十万头颅血,须把乾坤力挽回"的壮志。

解析:作答本题,先审清题目要求,即仿写两个句子;然后,要分析画线句子所隐含的信息。首先,要弄清楚要仿写的句子的句式结构为"'中国梦'是…………";其次,要理解"中国梦"的含义,即对人民安居乐业、国家统一富强的渴望、愿景、憧憬等;然后,根据这一理解选择适当的诗人、诗句,落实仿句中隐含的"引用"修辞格;最后,准确揭示出所引诗句中体现出的国家情怀("中国梦")。

5. ①用语不简明,将"无微不至"删去。

②语言不连贯,应将"我的人生一直受到您亲切话语的激励"改为"您亲切的话语激励我的人生"。

③用语不得体,"光临寒舍"应改为"登门拜访"。

6. 示例:水面的萍,当你随波逐流时,根基便浅了;山中的石,当你背靠群峰时,意志就坚了。

笼中的鸟,当你安于供养时,自由便没了;地下的煤,当你燃烧自己时,奉献就有了。

解析:本题综合考查仿用句式和正确运用修辞手法的能力。题干对修辞手法已经进行了要求性提示,所以,在审题时只要明确句式的结构特点和前抑后扬的对比特点,选择恰当的话题进行仿写即可。

7. (家风)是父母亲传给我们的人生智慧(或:道德理念),它会形成我们基本的做人做事态度(或:它会影响我们的一生)。

解析:本题所提供的材料其实都蕴含着"家风"的含义,基本上都是父母对子女就某一问题进行的教育。仔细体会一下,这些教育都有一定的技巧性(智慧性)且都会对一个人的成长产生重要的影响。根据这样的分析,再按题目要求(包括"开头"、字数等)整合答案即可。

8. 最早发现、命名黄岩岛并将其列入中国版图,实施主权管辖

9. ①传统的现代派绘画是抽象艺术。②它是由毕加索、康定斯基、马蒂斯以不同的方式发展起来的。③它是以高度发达的审视技能以及对其他绘画和艺术史的熟稔程度为先决条件的。

解析:可将原句的主语(传统的现代派绘画)及其同位语的中心词(抽象艺术)处理成一个短句,将原句中"抽象艺术"的定语部分处理成一个短句,将原句的谓语部分"以……为先决条件"处理成一个短句。注意适当使用代词。

10. 示例:我向往奔放的生命,宁做殒身飞落的瀑,不做波澜不惊的塘;我欣赏专注的生命,宁做地

底掘进的蚓,不做浅尝辄止的蟹。

解析:仿写的基本形式是"我……的生命,宁做……,不做……"。从内容上来看,表达的是对生命的一种认识和追求;追求的生命应该是一种积极向上的生存形式,如坚定、执着、勇敢、顽强等,并且在表达这种认识和追求的时候要使用比喻修辞。

11.(示例)内容:漫画《相马》中画着两个伯乐。一个伯乐,肥头大耳,胸前挂着"伯乐"两字,叉腰观摩;一个副伯乐,戴着眼镜很斯文,胸前挂着"副伯乐"三个字。两个人"认真"、煞有介事地相着一匹不会言语、认真听话、绝对听从摆布的木马。

寓意:借古讽今,尖锐地批评虚假选才的弊病。一是伯乐也有副的,选才专家只注重"头衔"而无真才实学;二是选才只注重形式,只选听话、绝对听从摆布的庸才。漫画犀利精妙,针砭时弊,绘尽世间百态。

解析:首先要仔细观察这幅叫作《相马》的漫画,这幅漫画画面上有两个人和一匹马,且马是木头的。两个人一胖一瘦,一个不戴眼镜,胸前挂着"伯乐"两字,正叉着腰观摩那匹马;另一个戴着眼镜,胸前挂着"副伯乐"三个字,背着双手,也在观摩那匹木马。读懂漫画的内容之后,联系现实来分析寓意。伯乐有正、副之分,这是在讽刺无真才实学的假专家。相的马是木头的,木马绝对不会是千里马,这是在讽刺选拔只重形式的现象。整幅漫画针砭时弊,尖锐地批评了虚假选才的弊病。

12.示例:图形主体是由双臂、树叶、城镇、乡村、河流、山川、白云、飞鸟等组成的一棵大树。手臂代表树干,张开的五指代表树枝,绿叶点缀着城镇、乡村、河流、山川,寓意通过全民植树造林活动,改善生活和生态环境。(答案表述要符合一定的逻辑顺序)

解析:概括构图要素时,可以按照"由整体到局部"的顺序来写。先整体来看,图案总体轮廓是一棵树,然后观察各个构图要素之间的关系。下方的手臂代表树干,张开的五指代表树枝,上方的绿叶围绕着城镇、乡村、河流、山川和飞鸟、白云,这棵树的主体造型就是双手托起绿色家园。分析寓意时,可以从植树造林活动的意义角度进行思考。

13.(1)画面由人物和对话组成,母亲用手指着儿子训斥道:"你天天说谎,将来能干什么?"儿子呈立正姿势回答:"做广告!"(意思对即可)

(2)①对当前广告中存在的虚假行为给予鲜明的揭示。②希望有关部门能予以关注,对广告不实、过分夸大的行为进行严格审查,消除其已经对社会产生的不良影响。

解析:画面中有两个人物,一个正在训斥对方,另一个巧言辩解。介绍画面内容时要将二者的冲突描述出来。寓意从"说谎"与"广告"的联系中可以看出,此漫画是对当前虚假广告的讽刺。

14.标题:美俄航天专家点赞(或:盛赞、祝贺等)"嫦娥四号"

导语:中国"嫦娥四号"探测器1月3日成功在月球背面软着陆,并传回第一张月背影像图。对此,美国和俄罗斯航天专家纷纷表示祝贺并盛赞这一人类壮举。

解析:拟写标题前先细读材料,可用最简明扼要的语言概括主要内容,或将从文中提取的关键字组织成标题。如果有导语可以压缩导语,有些新闻标题的拟写还需要根据后面主体部分中的提示语来完成。本则新闻中,报道的角度是美国和俄罗斯航天专家分别对中国的"嫦娥四号"成功在月背软着陆表示祝贺。因字数被限制在15个内,所以要对总结出的内容继续压缩,压缩为"美俄航天专家点赞'嫦娥四号'"。导语一般在新闻的开头,是新闻的纲领和中心,要将新闻的时间、地点、人物、事件等概述出来。该新闻中,事件的主体对象是中国"嫦娥四号"探测器,重点内容是探测器成功在月球背面软着陆,并传回第一张月背影像图;时间是1月3日;影响是美国和俄罗斯航天专家分别对中国表示祝贺,高度称赞这是人类的又一次壮举。因题干中对导语字数有限制,所以对总结出来的新闻要点进行组接时可进行二次压缩。

15.看吧,广漠空濛、布满积水的平畴上,白鹭翩翩起飞,姿态是那样娴静潇洒;听啊,远近高低、蔚然深秀的密林中,黄鹂互相唱和,歌喉是那样甜美快活。辋川之夏,积雨天气,整个山野物我相惬,画意盎然。

解析:应在充分理解诗句的基础上,从视听、动静、远近等不同角度描写画面;修辞手法上,可考虑运用拟人、对偶、比喻、排比等。注意突出诗句的意境。

16.(1)①⑥⑧⑤ (2)③②④⑦

解析:解答本题,应根据上下文的句子结构、逻辑顺序来分析。在内容上,上联与事业有关,下联与思想、心态有关;在句式结构上,①③、②⑥、④⑧、⑤⑦对仗;从句意分析,先①辛苦后才有⑥著作,⑧说明成就,⑤说明感悟。其余类推即可。

17.(1)《聊斋志异》的作者蒲松龄是清代山东文学家(或:清代山东文学家蒲松龄是《聊斋志异》的作者)。(2)文言小说圣手蒲松龄的《聊斋志异》有20多种译本。

解析:解答本题,可先从语段的内在层次中寻找主要信息,确定概括的区域,再把区域进行分类,即这一区域是从哪些方面陈述的,然后做出最为精当的概括。

18.高质量(严肃)的新闻多来自报纸。

解析:解读时要注意本语段的三个"但"字,文段所强调的真实意思均在"但"字后。

19."花儿"是指发源于古河州,流传于西北地区,因歌词把青年女子喻为花儿而得名的一种高腔民歌。

解析:根据语段大意,可首先明确"花儿"是一种高腔民歌;然后根据发源地、流传区域、得名原因进行精准概括。

20. 文明乘车会让出行更安全、更高效，体现了一个人的基本素养，也有益于社会和谐　自觉排队，有序上车;尊老爱幼，主动让座;举止文明，谈吐有礼

解析: 此题主要考查语言得体。语言得体要注意两个方面:一是文体得体，主要表现为要符合倡议书的特殊格式和语言要求;二是语体得体，就是要注意说话人的身份、场合，注意用语的褒贬、谦敬词语的运用等。文明乘车的理由要充分，具体措施要合理、易行，注意倡议对象是学生。

21. (1)①怀古生远思　②攀高揭秘，矢志越书山
(2)①强身健体展雄姿　②扬青春展魅力大家享健康

22. 徽商是形成于宋、繁盛于明和清初，以经营盐、文房四宝等产业和活动遍及全国，乾隆后衰微的徽州籍商人的简称。("乾隆后衰微的"也可提至"繁盛于明和清初"后)

解析: 本题考查筛选、整合主要信息的能力。筛选、整合主要信息实际上是搜集有效信息。用简明的语言对某一概念的本质特征作规定性的说明叫下定义。下定义需组织一个长单句，让相邻的属概念做中心语，所有的种差都做定语。本题中，定语要完整且顺序正确，还需控制字数。

23. ①浅湾上的航程永远不能抵达美丽的彼岸　②若人生是一座高山　那就期待峻岭绝顶　③山脚下的登攀永远不能领略秀丽的风景

24. ①这并非偶然　②这就不难理解　③还有一个重要原因

25. ①流动人口影响社会治安和社会稳定。②流动人口进退两难。

26. ①同比上涨幅度最大的几项仍是吃、穿、住，这些都是与居民生活紧密相关、不能不消费的项目，可见，控制物价、提高居民生活水平仍是政府工作的重点。
②与高消费相关的烟酒、交通等价格反而下降，说明政府控制高消费、反对铺张浪费政策确实起到了作用，还需加大力度、落实到位。
③居民娱乐文化及其服务消费价格的上涨，说明随着经济的发展，居民对文化生活方面的消费需求越来越高，政府要加大对文化产品的投入力度。

27. (1)章太炎成为国学大师与他的背功有密切关系。
(2)示例一:背书很有意义。背书的过程实际上是记忆的过程，背书能提高记忆力，而记忆力不可或缺。对于个人而言，背书有利于语言积累的增进，有利于表达交流水平的提升;对于社会而言，背书有利于民族语言文化的传承与发展;对于国家而言，背书有利于文化大国、文化强国的建设。
示例二:背书有必要，但不必盲目求多。背书的好处众所周知。中学生牢固地记背课本要求的古诗文，为人生发展奠基，很有必要，但大可不必像大师那样那么能背、背那么多，因为现在是信息时代，便捷的检索之效足可超过最牛的背功。适当背一些，把精力更多地用在活学活用上会更好。

28. (1)甲:运用比喻的修辞手法，把书籍比喻成望远镜，形象地诠释了书籍使人看得更远、发展得更好这一道理。
乙:把书籍设计成女子的时装，生动地表达了知识是我们最美的服饰这一理念。
(2)世界读书日的宣传海报告诉我们，阅读对于一个人由内而外的成长十分重要。向明中学抓住育人这一教育的终极目标，以"强制"手段推行阅读，对学生成长真正有益。(说明:如果这一题回答成"强制阅读"是增加学生负担之类，则不得分)

29. 汉字书写的"心"字被生动地演化为翻腾的浪涛，它正托起一轮喷薄而出的象征着希望的太阳。图形寓意全社会以大海般的深情，关注青少年成长。

30. 讽刺了当今社会上那些放弃就业机会，赋闲在家，衣食住行全靠父母的"啃老族"。

专题训练八　文学名句填空

1. 北雁南飞　总是离人泪　2. 忽如一夜春风来　3. 内无应门五尺之童　形影相吊
4. 日薄西山　气息奄奄　朝不虑夕　5. 忧劳可以兴国　6. 而智勇多困于所溺
7. 浩浩乎如冯虚御风　羽化而登仙　8. 哀吾生之须臾　抱明月而长终
9. 盖将自其变者而观之　自其不变者而观之　10. 吾将上下而求索
11. 钟鼓馔玉不足贵　12. 边庭流血成海水　13. 不尽长江滚滚来
14. 出师未捷身先死　15. 相逢何必曾相识　16. 昆山玉碎凤凰叫
17. 天上人间　18. 恰似一江春水向东流　19. 今宵酒醒何处
20. 大江东去　浪淘尽　21. 又岂在朝朝暮暮　22. 叶上初阳干宿雨
23. 花自飘零水自流　24. 此情无计可消除　25. 铁马秋风大散关
26. 谁主沉浮　27. 思而不学则殆　28. 必有我师焉　29. 知之为知之　不知为不知
30. 见不贤而内自省也　31. 有朋自远方来　32. 岁寒　33. 己所不欲
34. 死于安乐　35. 天时不如地利　36. 一鼓作气　37. 予独爱莲之出淤泥而不染
38. 醉翁之意不在酒　39. 不以己悲　40. 先天下之忧而忧　41. 奉命于危难之间
42. 大道之行也　43. 必先苦其心志　劳其筋骨　44. 少壮不努力
45. 乃不知有汉　46. 采菊东篱下　47. 种豆南山下　48. 海内存知己
49. 波撼岳阳城　50. 青山郭外斜　51. 西出阳关无故人　52. 大漠孤烟直
53. 将登太行雪满山　54. 直挂云帆济沧海　55. 举杯邀明月
56. 安得广厦千万间　57. 国破山河在　58. 一览众山小

59. 雪上空留马行处　60. 病树前头万木春　61. 几处早莺争暖树
62. 浅草才能没马蹄　63. 铜雀春深锁二乔　64. 春蚕到死丝方尽
65. 却话巴山夜雨时　66. 无言独上西楼　67. 无可奈何花落去
68. 千里共婵娟　69. 山重水复疑无路　70. 只有香如故　71. 稻花香里说丰年
72. 七八个星天外　73. 人生自古谁无死　74. 枯藤老树昏鸦　小桥流水人家
75. 兴　亡　76. 化作春泥更护花　77. 山舞银蛇　欲与天公试比高
78. 俱往矣　还看今朝　79. 决眦入归鸟　80. 甲光向日金鳞开
81. 报君黄金台上意　82. 半卷红旗临易水　83. 感时花溅泪
84. 戎马关山北　85. 浑欲不胜簪　86. 三顾频烦天下计　87. 瀚海阑干百丈冰
88. 箫鼓追随春社近　89. 八百里分麾下炙　五十弦翻塞外声　90. 风掣红旗冻不翻
91. 都护铁衣冷难着　92. 别是一般滋味在心头　93. 背灼炎天光　94. 烽火连三月
95. 燕然未勒归无计　96. 自缘身在最高层　97. 不知天上宫阙　98. 妇姑荷箪食
99. 隔江犹唱后庭花

附言文学名句填空的考查范围，首先是大纲要求背诵的75篇，其次是教材涉及的名句。时间和精力许可的话，再对地方高考要求背诵的72篇和64篇(军考教材关涉的名句基本在64篇之内)、对日常生活常见常用的诗文名句加以关注。75篇已涵盖了上述两种版本的绝大多数篇章。只有达到熟练掌握、准确默写的程度，才能对本题应付裕如。此填空练习的覆盖面，是从75篇、72篇和64篇这三种要求背诵篇目的范围之内摘录的。

专题训练九　议论文阅读

一、
1. C　解析:C项，"意在阐释从军戍边、立功沙场是士子的必然选择"错，原文引述杨炯、骆宾王的诗句，意在阐释其从军戍边、立功沙场的壮志豪情。
2. A　解析:A项，以偏概全。原文说"是否科举及第已经成为人生成功与否的核心标尺"，选项去掉"核心"二字，使界定成功人生的标尺仅限于科举及第，有失偏颇。举薛元超一例，说明他对自己未能科举出身深感遗憾，他认为自己的人生不够成功，但并没有否定自己的人生。故选A。
3. C　解析:C项，"文章采用了例证法、引证法、比喻论证、对比论证等方法"错，文章没有用到对比论证、比喻论证。
二、
1. A　解析:扩大范围。改革开放中，在不同领域推进的是政治和经济，不包括文化。
2. D　解析:张冠李戴。对叙述、抒情失去耐心的是人们，而不是流行音乐。
3. B　解析:条件关系倒置。先有流行音乐已经成为各个阶层如影随形的情绪映照，再有一些埋藏已久的流行音乐被重新传唱，退居幕后的歌手们重出江湖的结果。
三、
1. A　解析:B项，以偏概全。"就能……"太绝对化，从原文"台谏也是凡人，也可能犯错误，在与皇帝、宰相和百官的互动中，就不会百战百胜"可知。C项，背离原文，与原文"儒家圣贤以自己的辛劳与生命，知其不可为而为之，拯救天下于无道""不管世俗政权有道无道，这天下都是需要担忧的"不符。D项，强加因果。唐宋时期谏官"勇敢无畏，……不惧生死"，并非因为唐宋时期不杀谏官。
2. A　解析:从原文"士的精神超越了世俗的利益和权力，也超越了最大的权力——世俗政权"和最后一段"傲视君王"可知。
3. B　解析:论据和论点不对应。举例是为了说明"所谓的诗人词人们其实是活跃在唐宋政治舞台上的士大夫，他们中的大多数人都担任过谏官"。
四、
1. C　解析:C项，无中生有。
2. A　解析:A项，"不断消失"的原因是"旧城改造和农村模仿城市的时尚建设"。
3. D　解析:D项，"致力于儒家文化"错，儒家文化是汉文化的重要组成部分，但不是全部。根据作者的观点，汉族的民间文化也不应漠视。
五、
1. B　解析:A项，"不再从家庭获得"表述绝对，原文是"主要不是从家庭获得";C项，"完全不同"错误，应为"有所不同";D项，陈述对象改变，"社会主义核心价值观"应为"爱国、敬业、诚信、友善"。
2. D　解析:"文章着重论述了构建新道德基准的可行性"分析有误。无中生有，文中未论及"可行性"。
3. C　解析:强加因果。文中只是说"个人脱离家庭作为独立个体走向社会，并取代家庭成为最基本的社会细胞"，并没有论及"个人取代家庭成为最基本的社会细胞"和"中国从传统农耕社会发展成为现代社会"之间的必然关系。
六、
1. D　解析:A项，偷换概念，原文的表述为"会馆是以地缘为纽带"。B项，主观臆测，在文中找不到依据。C项，扩大概念，山西会馆帮助的对象是"同乡人"。

2. **B** 解析:B项,曲解原意,"君子喻于义,小人喻于利"是传统意义上的抑商、鄙商的观念,不属于晋商取得历史性成功的原因。

3. **C** 解析:该项言过其实,以偏概全。晋商创造的辉煌成绩不仅在于信誉至上的经商理念,还有其他因素,比如不畏艰险、勇于创新、善于抓住历史机遇等。

七、

1. **D** 解析:A项,"不主张'重义轻利'"于文无据,文中是说孔子不反对"求富""恶贫"的观点,并非"不主张'重义轻利'"。B项,孟子的观点并没有否定"人求'利'",而是说要重义轻利,以"义"为先,再去追求正当的、长远的利。C项,董仲舒如朱熹的话阐明了"只有先讲求了'义',才可追求没有副作用的大利的道理"。

2. **D** 解析:D项,意在论述人们需要传承与发展儒家文化"义"中以仁义为先、利益在后的精华思想。

3. **C** 解析:"我们在日常生活中都会自觉地遵守它"以偏概全。

八、

1. **B** 解析:与B项有关的原文是"城市生态化发展到一定阶段,将出现生态城市",该句是说出现生态城市是城市生态化发展的结果,而B项却说是"条件之一",所以错误。

2. **C** 解析:原文的意思是"只有人的社会关系和文化意识达到一定水平才能实现人—自然的和谐,建成生态城市",C项反过来说,所以错误。

3. **B** 解析:B项,以偏概全。"更重视"错误,第三段原文是"有利于保护自然价值,又有利于创造社会文化价值的生态技术"。C项,信息遗漏。由第二段括号里的内容可知,应该是"从而实现人与自然的和谐发展"。D项,前后两句无因果联系。

九、

1. **A** 解析:"文艺作品的作者运用'万有相通'的理论"的表述不合原意,原文第三段说的是"我根据'万有相通'的哲学本体论认为……"。

2. **B** 解析:"点出了'意象'存在的局限性"错,第二段为"'意象说'突破了美在声色之类的局限性"。

3. **C** 解析:"这'原来如此'就是指回归到形成这一件美的作品的母源上"说法不准确,"原来如此"应是回归母源之后产生的醒悟。

十、

1. **B** 解析:D项,偷换概念。原文说"这叫'三纲领'","这"应该指的是《大学》里的相关引文,不是儒家所讲的"正心"。

2. **B** 解析:原文说,道家要回归到虚静状态,佛家才是"明白世界的本性,明了自己的本心",二者不能等同。

3. **A** 解析:A项,强加因果,后者并不能成为前者的推断依据。而且表意绝对化,原文说的是"整个人类文化至今没有走出第一个轴心期""至少到目前为止是如此"。

十一、

1. **C** 解析:C项,"使荀子攀上了当时学术的巅峰"有误,于文无据。

2. **B** 解析:B项,分析有误。文章采用对比论证方法,强调了天人之学中人的地位与作用。

3. **C** 解析:A项,推理不准确。"天主宰人""人定胜天"是两条极端的路径,不是中华文化所提倡的发展路径。B项,对"天"的概念的再认识是从西周开始的,兵家代表人物孙武提出的天时、地利、人和的理念改变了前代有关"天命"的观点。D项,"传统的立场"所指不明确,不是所有的"传统立场"都要坚守。

十二、

1. **C** 解析:原文"我对现在的读书状态有两个忧虑"只是作者个人的主观认识,而本项的"要么……要么……"所表示的却是非此即彼的现实存在。

2. **D** 解析:A项,原文说的是"不可意会但能言传的东西"。B项,"西方经典就只能通过分析来接近"错,原文说的是"西方经典主要是通过分析来接近"。C项,原文说的是"这是进入中国经典的另外一种方式"。

3. **D** 解析:"不同的经典作品有不同的进入方式"错,原文说的是"不同读者对经典有不同的进入方式"。

十三、

1. **B** 解析:A项错误,"荒腔走板的解读"虽然"随之出现",但并不是"一个读者有一个哈姆莱特"造成的,真正的原因是后文所说的"未能正确理解西方'接受美学'中的'读者中心论'"。B项正确,原文提到"读者接受有时代局限性和主观任意性""单个读者的接受理解还不能等于作品的全部",又提到"只有代代相承的接受链才有望接近作品本身",综合以上可知B选项表述正确。C项错误,原文表述的是"召唤读者去言明,并希望读者完全按照文本召唤",而非"读者按照自己的理解"。D项错误,"以便从中挑选正确的理解"并非作者本意,"多元理解"反对"唯一标准答案",更好地理解作品则需要通过"代代相承"的接受链,以及多种理解的互补来实现,这些都不等同于"挑选正确的理解";而且按照作者的意思,正确的理解是不可能存在的,只有"相对最像""有望接近作品本身"。

2. **D** 解析:A项正确,文章以真正理解作品为出发点,这是其"写作动机",并指出了多元解读中

"混淆事物根本属性与它的附属功能""读者决定论"等误区,也阐述了"避免纯主观的、任意理解的心理主义陷阱""多元解读与文本制约是同时发生的"等原则,这些都是为了真正(或更好)理解作品。B项正确,源于文章第三段,文章先从正面说明接受美学"没有接受者的积极参与,一部文学作品的历史生命是不可想象的",接着将"斧头-石头"的关系与"作品-废纸"的关系进行类比,批驳了那些片面夸大读者作用的观点。C项正确,源于文章倒数第二段,由原文"作品的'召唤结构'的'空白'为阅读提供了想象的自由,而文本本身又对阅读进行基本限制。正如鲁迅所言……"可推断得知。D项错误,原文"历史上错误的'读者决定论'出现过不止一次。李白、杜甫的诗歌曾经不入流……然而,一切'假哈姆莱特'都动摇不了经典文本的地位",引用李、杜诗歌的例子,意在说明"读者决定论"之类的错误在历史上并不少见,读者虽然无法起到决定作用,但根据原文,读者的主观理解对作品阐释有着重要作用,对经典文本的地位也必然产生影响,没有读者的推崇也就不存在经典文本的地位。

3.C 解析:原文"读者所推见的人物,却并不一定和作者设想的相同……不过那性格、言动,一定有些类似,大致不差,……要不然,文学这东西就没有普遍性了",是说文学具有普遍性,所以读者理解人物时,在性格、言动方面与作者设想"有些类似,大致不差",这并不等于"以作者设想为主",而仍然是读者发挥"想象的自由"的同时接受文本"基本限制"的结果。

十四、

1.B 解析:B项,"是因其没有汲取书法优秀传统精华"分析错误,风格的形成必须做到"在守正的基础上实现出新",且由原文"造成该现象的原因之一,就是当代学者对古人书风的研习不足"可知,这一说法错误。

2.B 解析:B项,"剖析片面追求汉字'线条质量'的严重危害"分析错误,应是从汉字结构造型的审美研究指出符号化的汉字线条没有生命力。

3.C 解析:A项,从原文第一段看,"怪书""丑书"不断出现的原因是那些学书者将中国书法和汉字的传统抛开,而选择求新求异。B项,由原文"符号化的汉字线条终究无法获得长久的生命力"可知这一说法错误。D项,说法过于绝对,原文还有"但要形成自己的书法风格,则非尽毕生精力与功夫不可"等其他因素。

十五、

1.C 解析:文中明确提到了"'经'字的本义只是指纺织上的一条条竖线",可见还是跟"经纬"之"经"有关的。

2.B 解析:文中说"汉代凡是重要的文献、官书,大都用二尺四寸的竹简书写",《左传》《公羊传》《谷梁传》只能使用六寸的简,可见在汉代不是很重要。所以选B。

3.C 解析:说《论语》比较"人性化"是指《论语》采用了八寸的竹简,拿在手中或坐或卧,甚至箕踞也可以看,是指便于观看,不是指内容。它的内容多为常理常情,儿童易于理解,没有提到庄重严肃的问题。所以选C。

专题训练十　文学类文本阅读

一、

1.C 解析:C项,"她认为将军现在生活好了,是不会回来的"错误,从文中来看,吴哥和张婶谈论将军的时候,"当年的将军,那样年轻,就是营长了,就带着部队打仗,就受伤了,在张婶家养伤。那时,生活多苦啊,没啥好吃的,上顿红薯下顿红薯",张婶认为将军年纪轻轻就带兵打仗吃了很多苦,而自己没有给将军很多的照顾,内心有着愧疚,她认为将军把自己给忘了也在情理之中,并不是"认为将军生活好了,不会回来的"。故选C项。

2.①身经百战、作战英勇,18岁当营长,脑袋里有未取出的子弹;②具有感恩情怀,没有忘记张婶、吴哥和霍山的乡亲,想着回馈霍山;③为人低调,仁爱善良,让人将骨灰悄悄葬在霍山,不惊动乡亲,对霍山的山林树木因自己受连累遭火烧而深感愧疚。

3. 小说的结尾描绘了霍山绿树葱茏、鲜花盛开、山鸟鸣唱的美好景象,暗示了霍山乡亲不会忘记将军,会永远怀念他,也暗示了今天的美好生活离不开先烈的奉献。以景结文,给读者以丰富的想象空间,有言有尽而意无穷的艺术效果。

二、

1.C 解析:C项,"希望听到鸟音"更多的是要完成他自己的使命,实现其工作的价值。

2.(1)运用了通感的修辞手法,将鸟的鸣叫变成了两道优美的曲线,写出了两声鸣叫给张宏英带来的心理上的震撼。

(2)照应题目"鸟音",两声鸣叫,意味着一个生命的终结,也意味着另外一个生命因此而自责与愧疚,使小说的主题变得更加意味深长。

3. 矛盾冲突:主要是张宏英自己内心的矛盾冲突。他的职责是打鸟,但他又不希望鸟来送命;长时间没有鸟来,他又开始学鸟鸣引鸟来,而鸟真的到来之后他又不愿扣动扳机。一方面是职责所在,另一方面是无辜的生命,主人公始终处于一种两难挣扎的冲突中。

作用:①有利于突出张宏英忠于职守而又尊重生命的品质,使人物形象更加丰满;②使小说的情节发展在其内心的冲突中有序展开,自然顺畅,曲折有致;③使小说的主旨更为深刻,当人们面对自身职责或其他更重要的目的时,总要于无奈中进行取舍,而这种取舍可能会让人背负一辈子的愧疚,这就是人类不得不面对的两难抉择。

三、

1. D　解析:D项,"人们对铁匠和铁匠家女人的不同态度"没有构成对比,文中有人对铁匠家女人前后截然不同的态度的对比,以此揭示了深刻的主题。

2. 含义:一是陈铁匠为了救全村人,谎称两个鬼子是自己杀死的;二是日本鬼子为了向金矿输送劳工,谎称有人杀死了日本兵。

作用:赞颂了陈铁匠为救乡亲而勇于牺牲的精神,也揭露了侵略者的阴险、卑劣,表现了深刻的主题。

3. ①以盐河边其他女人狭隘自私的心理,反衬出陈铁匠为挽救乡亲而不惜牺牲自己的崇高精神。②引发了矛盾冲突,引起了情节的跌宕起伏,为小说最后揭示真相积蓄了张力。③勾勒出抗战时期的时代背景和社会环境,显示了抗日战争中斗争的复杂性,丰富了小说内容,有深刻的社会意义。

四、

1. C　解析:"今日回军,除共同杀敌报国外,乃与大家共寻死所!"这句话表达的是张自忠将军誓死报国,与国家民族共存亡的决心。

2. ①治军严明。如惩治侵吞士兵存款的营长。②关爱士兵。如深夜给士兵盖被子,常拿钱和物品给受伤的士兵。③忍辱负重。如留守北平,背负汉奸骂名。④英勇无畏。如指挥军队抗日,视死如归。⑤爱国抗敌。心系国难,多次表达杀敌报国的愿望和决心。

3. 不同:①叙述角度不同。张自忠将军的副官是以第一人称叙述的,而日军是以第三人称叙述的。②侧重点不同。副官马孝堂的叙述侧重张自忠将军流血牺牲的具体过程,而日军的叙述侧重表现张自忠将军临死前的威严眼光和高大身躯。

作用:①增强作品的真实性。敌我两方叙述同一情节,增加故事的可信度。②使人物形象更鲜明。敌我两方的叙述多角度地展示了人物英勇无畏的精神。

五、

1. A　解析:A项,"廉洁奉公"不是父亲的品格。

2. 第一处:交代"我"出生的时间(季节)及"我"的名字的由来(母亲寄予的美好期盼)。第二处:表达出父亲对母亲的思念和对"我"的提醒(不要忘记父母与家乡)。第三处:表达了父亲在病中见到"我"后的欣慰和对"我"的殷切嘱托。　解析:本题题干中"意图各有不同"规定了此题的答题方向。分析意图,要结合画线句本身的含义和上下文语境。第一处画线句位于文章开头,先从画线句本身看,交代了"我"出生的季节;再从下文母亲的遗言看,交代了"我"名字的由来,体现了母亲寄寓在"我"身上的美好盼望。第二处通过画线句前面的内容可知"我"考上了重点大学,已走出大山,再由画线句后的"从父亲的声音里,我似乎听到父亲对母亲的思念""我不会忘了您,也不会忘了大娘,更不会忘了这片土地",可知此处提到"蜡梅花开",表达出父亲对母亲的思念和对"我"的提醒。第三处联系上文,父亲病倒,"我"回家看望,可知此处提到"蜡梅花开",体现了父亲见到"我"时的欣慰,也暗含了父亲对"我"的嘱托。

3. 示例一:本文主人公是"我"。理由:①"我"是主题的集中体现者。本文通过"我"的成长经历及为百姓修路的故事,体现了对正直无私、奉献社会的高尚精神的赞美。②"我"是情节发展的主导者。"我"作为叙述者和亲历者,贯穿起整个故事。③"我"是小说着力刻画的人物,着墨更多,形象更为丰满立体。

示例二:本文主人公是"父亲"。理由:①"父亲"是主题的集中体现者。本文通过"父亲"对女儿的教育引导,突显了对正直无私、奉献社会的高尚精神的赞美。②"父亲"是情节发展的推动者。从"父亲"抚养女儿到对女儿工作的支持,再到对女儿的思念、告诫和期许,推动着故事向纵深发展。③"父亲"是小说着力刻画的人物。虽然小说对"父亲"的着墨相对较少,但女儿的作为都是受到父亲的教育和影响的。　解析:判断某个人物形象是不是主人公,主要从以下角度考虑:是不是作品着力刻画的形象,是不是情节发展的主导者,是不是主题的体现者,等等。本题是开放性问题,答题时首先要明确主人公是谁,然后说明理由。如认为"我"是主人公,可从"我"是作品主题的集中体现者、是作品着力刻画的人物、是故事情节的主导者等角度分析;如认为"父亲"是主人公,也可从这三个方面分析,言之成理即可。

六、

1. D　解析:D项错误,小说以连长拥抱孩子结尾,与前面他说的"那么给你一颗枪弹吧"形成明显反差,看似突兀,但又"在情理之中",是因为连长的变化是由其内在情感的变化造成的:开始时"冷冷地看着""冷冷地问道",这是在不动声色地试探孩子;后面"忍不住了""跑过来用力拥抱"是对孩子至死不忘抗日的精神的敬佩。所以D项第一句表述没有问题,错在后半部分,一是"连长……一开始对红军与抗日心存排斥"于文无据,从连长后面的慷慨陈词可以看出,他更有可能原本就是认同抗日的,这样他的突然转变才更符合人之常情,所以说他"彻底改变了立场"是不对的。另外,最能打动连长的,不是"孩子的视死如归、英勇无畏",而是孩子"还是留着那颗枪弹吧,留着去打日本"的话语背后那种至死不忘抗日的决心。

2. ①指的是东北军连长要杀害孩子的一颗枪弹,但最后却没有执行;也指孩子让东北军连长留着的那颗枪弹,希望他让这颗枪弹出膛。②象征着小红军的精神品质,他虽未上场杀敌,却有坚定的信念、团结一致抗日的觉悟、英勇无畏的精神;也象征着东北军连长被孩子感动,国耻家仇未忘,良心未泯。③象征着中华民族英勇无畏的民族精神;象征着抗日民族统一战线,团结一致抗日,必将摧毁敌人,取得胜利。　**解析**:要阐释标题的内涵,首先要分析这个标题的构成:"一颗未出膛"是定语,强调其尚未完全表现"枪弹"这一特征;"枪弹"这一中心语,可以实指"枪弹",也可以是喻体,指向充满力量的对应之物。然后,要把题目与文本关联起来,结合具体语境分析:一是指向小说情节,二是指向小说的主人公,三是指向小说的其他人物。它们都与题目存在密切的关联。还要注意答题时,除了第一点答情节是实指外,另外两点,既要突出其"未出膛"的特征,又要体现与喻体"子弹"的相似性。

3.①如实(或通过细节)正面描写孩子的言行心理,符合"小红军"年龄与身份特征。小说写孩子离开集体的彷徨,初见生人的戒备,被人羡慕时的高兴,其言行心理等细节符合其年龄特点,也符合"小红军"身份。②通过合理安排情节,使"小红军"形象真实生动。小说先叙述"小红军"想念部队,后又写他向群众宣传抗日,最后写他面对东北军时的英勇无畏等,前有伏笔铺垫,后有照应升华,真实自然地突出了"小红军"形象。③在典型环境中刻画典型人物,使之真实可信。小说描写了典型的陕北自然环境以及抗日战争时期的社会环境,符合史实,在这样真实的历史环境中刻画"小红军"形象,使其言谈举止均有了现实基础,从而真实可信。④通过次要人物的侧面衬托来塑造"小红军"形象,使之真实可信。小说一方面通过老太婆等百姓对小孩的呵护、掩护以及连长受感化等言行来正衬其形象,另一方面通过东北军的蛮横言行来反衬其"小红军"形象,使之更加真实。　**解析**:要分析"小红军"这一形象的真实性,可以从人物、情节、环境描写等角度切入,但要紧扣人物形象塑造这一中心话题。从人物描写的角度来说,言、行、心、貌等细节都切合人物的年龄特点;次要人物对主要人物的衬托也能突出主要人物的真实性;从情节来看,大量铺垫为人物行为提供了更多的合理性;从环境来看,真实典型人物的塑造是离不开具体真实的环境的,外在环境是影响人物性格的重要因素。

七、

1.BD　**解析**:B项,"要好好惩罚那个年轻人"无中生有。D项,"对立子过于宠爱、放任,爷爷对立子的现状负有不可推卸的责任"言过其实。

2."立子"是一个打扮怪异、奸猾懒惰、沉迷网络、缺少父母关爱教育的问题青年。

①发型怪异,公鸡头,一丛黄发耸立在脑袋中间。②奸猾懒惰,用坑蒙的手段骗取金钱,不好学,不上进。③迷恋网络,由他的语言习惯、得钱后的行动和老人的介绍可知,他沉迷网络不能自拔。④缺少父母的关爱和教育,使他成为社会上的失足青年。

3.小说以两个同音的词语并列构成标题,形式特别,意蕴丰富。从情节结构上看,"粟子"是小说情节发展的主要线索,故事是由"粟子"引出并向前推进发展,曲折生动,引人入胜。从人物塑造上看,"立子"是小说的主人公,小说塑造了因深陷网吧不能自拔,以致坑蒙拐骗的青年形象。从主旨表达上看,立子向"我"兜售坏粟子,引出了留守儿童的教育问题,巧妙暗示小说主题。

八、

1.D　**解析**:D项,"精神上的相互帮助"表述不当,应该是本斯先生在精神上帮助"我"。

2.①热心助人(充满爱心,对人友好,有善心);②生活乐观(为人开朗,生活态度积极,笑对生活);③善于沟通(细心观察,耐心开导,理解他人,交流方式灵活)。　**解析**:文中本斯先生说"亲爱的,你第二次来看我的时候,我看到你非常不开心。于是我就想,这个小姑娘需要一个老人的肩膀来依靠。如果你知道我恢复了健康,你认为你还会来吗?当时正处于痛苦中的你需要一个倾诉对象与给你安慰的人,并且这个人懂得如何倾听你的诉说""大部分时间本斯先生都是让我说,他则做一个耐心的听众。我说的每一句话,他都能凭他的人生经验和想象力作出准确的理解"这表明他是一个细心观察、耐心开导、理解他人的人。他假装衰老虚弱,是为了让"我"来他家,消除"我"心中的痛苦,这说明本斯先生为人善良,跟人交流的方式非常灵活。本斯先生在妻女去世后,依然热爱生活。这样的生活态度感染了"我"。题干只是要求考生"简要概括",并不用具体分析。"哪些形象特点"要分点作答。

3.①结构上:贯穿全文(起到线索作用),出现在文章的开端、发展、高潮,使结构完整,内容紧凑。②情节上:推动情节发展,暗示本斯先生身体不好,让"我"产生了错觉,随后它没有出现使"我"发现真相,最后本斯先生和"我"一起去荒野游玩又用到它。③人物上:有利于表现"我"的善良,体现了"我"对本斯先生的关心;也有利于突出本斯先生对"我"的精神帮助和乐观的生活态度。　**解析**:阅读小说,找到小说中写"手杖"的语句或段落,"我看到了一位老人,一手紧拉着手杖,一手提着一袋苹果,摇摇晃晃的,好像就要摔倒。我赶紧上前扶住他",此处"手杖"在刻画人物方面有利于表现"我"对本斯先生的关心;"路上,本斯先生一直依靠他的手杖走路。""虽然他从未请求过帮助,但是那根大手杖默默提醒着他的虚弱。""每次见到他,他都是坐在椅子上,而他的手杖则靠在墙上。""可是,那根手杖又是怎么回事?""呵呵。那是一根好手杖。我到荒野的时候就要用到它了。""手杖"暗示本斯先生身体不好,让"我"产生了错觉,随后它没有出现使"我"发现真相,最后本斯先生和"我"一起去荒野游玩又用到它,所以,"手杖"起到了推动情节发展的作用。在人物塑造方面,"手杖"也有利于突出本斯先生对"我"的精神帮助和乐观的生活态度。"手杖"出现在文章的开端、发展、高潮,贯穿全文,起到线索作用,使结构完整,内容紧凑。综上分析,小说中"手杖"的作用可以从结构上、情节上、人物上分点回答。

九、

1.①内容上,叙写作者认为长期住在国外是不幸的事,表达了作者虽然身处异国,却仍深深地眷恋着祖国故土的真挚情感;②结构上,引出下文作者对往事的追忆,为后面的抒情议论做铺垫。

2.(1)故土人民热爱生活、内心纯净的品质一直影响着"我",鼓舞着"我"。

(2)"我"被私心杂念所包围,迫切希望得到指引来摆脱苦恼,净化心灵。

3. ①培养了正义、公道、平等的观念;②学到了热爱生活、懂得生命的意义;③获得了"人要忠心"的教诲;④懂得了受苦可以净化心灵的道理。

4. ①对祖国、家乡的眷恋挚爱;②对生活在社会底层平凡而纯净的人们的感激与赞美;③对做一个热爱生活、忠心耿耿、心灵纯净的人的渴望与追求。

十、

1. BD 解析:B项,原因解释错误。D项,"从一个侧面反映了农村社会面貌的巨大变化"表述错误。

2. 小说题目运用了一语双关的手法,表面上是指张摆渡和柳摆渡撑船把人或物载过河,其深刻含义是指张摆渡用后半生的种种努力,求得灵魂的自我救赎与解脱。

3. ①自私狭隘,缺乏公平竞争意识:为争生意,竟然用不光彩的手段,制造沉船事故,挤走了柳摆渡。②良知未泯,对自己的错误能深刻反省并补救:做错事后,一直愧疚,良心不安,其孤独和固守其实是一种对良心的拷问和对灵魂的救赎。③勤劳,能吃苦,有生活理想:不仅摆渡,还网鱼,用辛勤劳动供出了一个大学生。

4. 观点一:应该把秘密说出来。①张摆渡多年来一直愧疚,良心不安,背着沉重的思想包袱,说出来是一种解脱;②事情已过去多年,说出来柳摆渡也不会责怪并找他的麻烦;③说出来更能表现自己的真诚悔意和认错的勇气,能得到柳摆渡的谅解。

观点二:已经没必要把秘密说出来。①多年来,张摆渡为自己的错误忏悔了无数次,并努力进行自我救赎,所以秘密说不说出来已经不那么重要了;②时间久远,事情已成历史,此时说出来确实没有什么意义;③说出来可能会让柳摆渡对张摆渡产生不好的看法,容易节外生枝。

十一、

1. 内容上,写"米"是"我"最敬重的一个汉字,奠定了全文的情感基调;结构上,独立成行,凸显对"米"的敬重,照应题目,开篇点题。

2. "恩典"原指帝王的恩赐和礼遇,现泛指恩惠。文中指丰富了中华文化;是人们赖以生存的物质基础;联系历史与道德、政治与民生的媒介和命脉;生产稻米的梯田,给人以视觉享受,"彰显着人的力量和创意"。简而言之,作者运用"恩典"一词,表达了对米的感恩和敬畏之情。

3. 不可以。此句拉长了吃饭的时间跨度,意在强调"民以食为天",自"断奶"吃饭,我们便开始接受米的恩典,去掉后则没有了这种意味。

4. ①文章以闲散的笔调,写了"米"对于人类的恩典,是至善至美的对象,尤其是物质匮乏的时代,更是人类赖以生存的物质基础。物质富裕后,我们不能过度地进行物质消费;要敬畏粮食,这样才能感受到生命的永恒与安宁。②可以从珍爱粮食、光盘行动、厉行节约、敬畏粮食等角度来谈自己的看法。

十二、

1. CE 解析:C项,原文未提及被动漂泊。E项,蒲公英表现出来的是富有活力,即使单薄无力也敢于拼搏、勇于闯荡的精神。

2. 漂泊能扩大人生的范围,开阔视野,增长见识;漂泊能培养吃苦耐劳的能力,锻炼坚强的意志;漂泊能丰富人生经验,增加美好的回忆;漂泊能摆脱一成不变的生活,走出枯燥的牢笼;漂泊能丰富想象力,给人生带来浪漫色彩。

3. 运用反复("总是……再是……也会……"),突出强调了年轻时去远方漂泊的重要性,也使表意全面而有力;长短句式结合,使表达既抒情典雅又灵动活泼;整句散句相结合,既整齐、有力地表达了年轻时去远方漂泊的重要性,又灵动活泼。

4. ①引用诗句,形象地鼓励年轻人只要抛弃急功近利的物质营谋,只要肯切实行动起来追求美好理想,就可以有和诗中儿童一样的诱人未来。(或:使文章主旨的表达更加形象,富有感染力。)②引用诗句,增加了文章的文化韵味,升华了漂泊对人生意义非凡的主题。③引用诗句使文章结尾有了浪漫的情致,给年轻人的漂泊增添浪漫色彩。

十三、

1. ①二战后期的法国某地;②盟军与德军对峙。

2. ①战争仍在持续;②城市成为废墟;③人们无家可归;④人们处于危险中却对死亡威胁无动于衷;⑤食物匮乏,老人和儿童处于饥饿中;⑥儿童因为战争缺少管束与教育。

3. ①内心善良,有同情心;②有正义感和独立思想(反思战争的罪恶)。

4. ①目睹废墟上捡拾自己财产的法国平民,看到教堂里悲惨的老人和饥饿的孩童,迈克尔内心充满了同情,希望他们不要再遭更大的不幸。②了解到德国军人给孩子们沙丁鱼罐头的事,迈克尔希望或者宁愿相信狙击手不会射杀普通平民。③触目惊心的战争对普通人的伤害、无处不在的危险,使迈克尔感到个体生命的渺小和无奈,内心逐渐迟钝麻木(或"无暇顾及最初对狙击手的警觉)。④迈克尔意识到,战争只在政治家、指挥官那儿有意义,普通战士间没有仇恨,普通战士对平民百姓没有仇恨,所以德国士兵不会射击"我们"或平民。

十四、

1.(1)状写归途艰难,自嘲的背后深含归乡情切。

(2)形象地表现了父子间关系亲密,骨肉情深。

2.①"探寻""翻找""拉""捏""撸""切""铺"等一系列动作细节描写,显示出父亲"铺床"的娴熟与细致,倾注了对儿子深沉的爱。②虚境实写,使想象的情景更真切;在情意相通的感念中,凸显父恩难忘。

3.①"席梦思"与"稻草床",分别指代城市与乡村两种生活,隐含现代与传统的差异。②告别"稻草床"而习惯"席梦思",暗示久居城市的人们逐渐失去与乡村的精神联系,含有反思的意味。

4.①梦起梦结,首尾呼应。②以"稻草床"为线索,使文章成为有机整体。③现实返乡与精神"返乡"彼此对照,丰富了文章的内涵。④虚实结合,深化文章的主题。

5.①故土情真,父子情深,游子思乡的渴念得到满足。②"稻草""父亲"别有意蕴,寄托了传统乡村的文化理想。③迷茫的现代人,借归乡之途完成了精神的寻根之旅,从而获得心灵的慰藉。

十五、

1.BD 解析:A项,分析不全面,雪夜来客多次压制住自己的情绪,把已到嘴边的心中苦楚强咽下去,除了因为不愿重提悲惨的遭遇,更因为不想同样经历过苦难的夫妇二人为他担心。C项,对文章内容理解有误,雪夜来客获得真正的满足是因为朋友间那份纤尘无染的、默契的友谊。E项,"都应归功于其成功的语言描写"不恰当,生动细致的心理、神态、细节描写等同样为小说增色不少。

2.①设置悬念,引起读者阅读的兴趣。②点明了故事发生的具体时间和环境特点。③开篇点题,照应"雪夜来客"这个题目。④通过对暴风雪之夜屋外各种声音的细致描写,凸显了暴风雪之夜的凄冷,渲染了紧张的气氛,烘托了"我"和妻子内心的寂寞。⑤恶劣的环境中老朋友的到来,体现了友情的可贵,突出了文章的主题。

3.夫妇二人与雪夜来客的理解与默契主要体现在两个方面:①雪夜来客本是粗豪爽直、心里搁不住话的人,在相聚的过程中,他好几次都将要依从自己的性格,倾吐真情,但他最终什么也没说,因为他不愿重提自己的悲惨遭遇,更不愿同样经历过苦难的夫妻二人为他担心。他的心情,夫妇二人都能理解。②关心着朋友的夫妇二人本来一直等待着雪夜来客把自己那非同寻常的经历说出来,但当他因受到酒精的刺激而仿佛再也忍不住要道出自己的悲痛时,却又赶忙劝他吃菜、饮酒,不给他说话的机会,因为不希望他再次触痛自己心灵的伤痕。夫妻二人的意图,雪夜来客心领神会。

4.用"充实"来形容"空白"是恰当的。之所以说雪夜来客留下了一块空白,是因为关于他的遭遇,关于他的妻子、他破碎的家庭,他从哪里来又将到哪里去……所有的"我"关心的一切,他至走什么也没说。但也正是这空白,让"我"感受到了朋友间纤尘无染的透明的挚诚,感受到了来自朋友的关切、痛惜、抚慰和鼓励,这份宝贵的满含理解与默契的友谊,填充着"我"久经磨难后空虚寂寞的心灵,所以是最充实的空白。

专题训练十一　诗歌阅读

一、

1.CE 解析:C项"不可抑制的满足与喜悦之态"错,最后一联中"此生只合田间老,谁道春官识姓名"已经表明了作者的态度——他不愿为官,只愿过乡间农家生活。E项,本诗没有采用比兴手法。

2.情感:①希望终老田园;②心念国事;③不得不应召为国效力的矛盾、无奈之情。 解析:本题考查评价诗歌的思想内容和作者的情感的能力。由"此生只合田间老"可以看出诗人想表达的是希望终老田园的情感,但由诗人"被檄夜赴邓州幕府"以及"岂不怀归官有程"又可得出诗人还有心念国事,不得不应召为国效力的矛盾、无奈之情。考生依此要点答题即可。

二、

1.诗歌刻画了一个"跛者"形象。战乱频繁,他从军多年,应征出塞时,正值年富力强,一天能够行进百里;而现在,人老力残,尽管归心似箭,一个月也只能走一程的路。通过鲜明对比,表现出这位老兵归途的艰难。

2."常恐""所愿""不愿"三个词,细腻地表现了老兵复杂的心理活动,表达了对给人们带来深重灾难的战争的强烈控诉,可谓字字血、声声泪,撼人心魄。 解析:本题考查鉴赏诗歌的语言及表达技巧的能力。赏析诗句可从表达技巧、情感、形象等方面入手。通过分析,该诗句为心理描写,"常恐""所愿""不愿"是需要重点理解的词语,只要结合诗歌的思想内容进行分析,就可以得到正确答案。

三、

1.形象:诗歌颔联塑造了吐蕃将士盘马弯弓、勇猛强悍的人物形象。作用:(1)暗示边情形势的紧急;(2)为诗的下半部分做了铺垫(或衬托出后文唐军将士的英勇)。 解析:本题考查鉴赏古代诗歌的人物形象的能力。分析诗中的人物形象,可从诗句描写中找出动作、神态、心理描写以及景物描写和叙事描写。"暮云空碛时驱马,秋日平原好射雕","暮云空碛""秋日平原"描写了吐蕃的猎手们射猎的环境,暮云低垂,空旷无边的沙漠,秋天草枯时,动物没有遮蔽的平原。这一联描绘了极具代表性塞上风俗,写出了吐蕃将士那种盘马弯弓、勇猛强悍的形象,粗犷豪放;也暗示出边情形势的紧急,为诗的下半部分做了铺垫。

2.①用两相对比的写法,前两联写吐蕃的强悍,气势咄咄逼人;再写唐军雍容镇静,应付自如,有攻有守,以一种压倒对方的凌厉气势夺取最后的胜利。②颈联一个"朝"字和一个"夜"字,突出军情的紧迫、进军的神速,表现了唐军昂扬奋发的士气、雷厉风行的作风。③借用"护羌校尉""破虏将军""霍嫖姚"的典故比喻将能卒勇,比直接描写更能启发读者,更有余味之感。④朝廷将把镶玉柄的剑、以角装饰的弓和戴着珠勒口的骏马,赐给得胜的边帅,赏功慰军,间接写出了将士的作战英勇。 解析:本题考查鉴赏古代诗歌表达技巧的能力。"护羌校尉朝乘障,破虏将军夜渡辽"两句,对仗工整,很有气势。"护羌校尉"和"破虏将军"属于用典,都是汉代武官名,这里借指唐军将士。登障堡,渡辽河,不是实指,而是泛写,前者着重说防御,后者主要讲出击,"朝"字和"夜"字,突出了军情的紧迫、进军的神速。

四、

1. DE 解析:D项,诗人是在劝诫它们不要回去,因为胡骑仍在。E项,诗人是在表明此处虽然人烟稀少,但还有菰米莓苔可食,征雁不妨暂居。

2. 情感上:都表达了对百姓疾苦的深切同情与关怀。抒情方式上:杜诗托物言志,借雁喻民,通篇表达得含蓄委婉;张曲怀古伤今,结尾直抒胸臆。 解析:本题考查的是对比阅读。要注意审题,既要考虑两首作品所表达情感的相似之处,又要兼顾题干中两首作品表达情感的方式的不同。通过比较阅读可知,它们的相同点是都写百姓疾苦的,不同点是杜诗托物言志,张曲直抒胸臆。

五、

1. C 解析:本题考查评价文章的思想内容和语言特色的能力。主要集中对诗意、思想主旨、语言等内容的考查,赏析时首先要读懂诗,然后将各个选项带入原诗句中进行分析。"时常惹起乡愁"错。"岂能愁见轮台月"是反问句,表明将军早已将乡愁置之脑后,是盛唐将士积极进取的反映。(2)李副使行程艰苦。以李副使出塞旅程中必经的火山、赤亭写旅程艰苦,以此烘托李副使不畏艰辛、毅然前行的豪迈气概。(3)李副使经历非凡。他远赴万里击胡,希望在边塞立功扬名,建功立业。

3.(1)诗的尾联直抒胸臆,气贯长虹;功名请向戎马沙场上求取,这才是一个真正的大丈夫。(2)诗人勉励李副使立功扬名,创造英雄业绩。(3)表达了作者渴望建功立业的豪情壮志。(意思对即可)

解析:本题考查对诗歌语句意蕴的理解。作答此类题,首先要借助重要意象、重要词语把握诗歌描写的内容;在此基础上,结合时代背景、作者的人生经历,考虑诗句表达的思想情感。本诗尾联很明显是直抒胸臆,作答时,一定要注意规范,应从术语、诗句分析和情感三个方面组织答案。

六、

1. 晚秋、秋风、汉关、寒云、冷月、西山,诗的前两句描绘的是一幅初秋边关阴沉凝重的夜景图。暗示了边境局势的紧张。 解析:分析"诗歌意境":第一步,描绘诗中展现的图景画面;第二步,概括景物所营造的氛围特点;第三步,分析作者的思想感情和营造氛围的作用意义。

2. 诗的后两句表现了作者作为镇守边疆的将领,斗志昂扬,坚信必胜的豪迈情怀。第三句写部署奋力出击,显示昂扬的斗志;第四句写全歼敌军的决心,显示必胜的信心。 解析:分析"思想感情":第一步,调动积累,品读诗词,理解内容,分析情感;第二步,有机整合,准确表述。

七、

1. D 解析:设问句一般是自问自答。"济时敢爱死"是反问句,一个真正心系国家的人,是不会顾及个人生死荣辱的,为了拯救国家民族、天下苍生,他只会奋不顾身,投身于保家卫国的血雨腥风之中。后句"寂寞壮心惊"道出了诗人此时的心境,并不是回答上句。

2. A 解析:"从听觉和视觉"错误,应为"从视觉和听觉"。

八、

1. 共同点:闲适自在,无忧无虑。

2. 杨诗通过描写明媚和暖、生机无限的春景,表达了作者对乡村自然风光闲适自在、无忧无虑生活的喜爱之情;贺诗侧重表达对韶光已逝、壮志未酬的悲慨,作者在向往无拘无束的乡村生活的同时,也流露出隐退田园之意。

九、

1. 下阕描绘了一幅悲凉、凄冷的边塞夜景图。运用了视听结合(或:动静结合)的表现手法。作者仰望夜空,高天辽阔,残星暗淡,飞雪漫漫;听到呜咽沉郁的角声。这些视觉形象和悠远的听觉形象融合在一起,描绘出一幅惨淡、凄寒的景象,把将士对家乡、亲人的思念之情融入景物描写之中。塞外荒寒,征人梦苦,跃然纸上。

2. ①对家乡、亲人的思念。通过明月千里、梦回长安、凝望高天等细节描写直接抒情,表达了戍边将士对家乡、亲人深切的思念之情。②对边关艰苦生活的厌倦。金甲冰冷、戍楼苦寒,把将士的情感融入景中。③对边关将士的同情。通过写如泣如诉的角声、凄冷残星,以景衬情。

十、

1. 同:都运用了比喻的修辞手法。

异:李诗描写的对象是梨花,岑诗描写的对象是雪。李诗以梨花似雪、杨叶如烟,描绘出一幅清新的春景图,以乐景衬分别时的哀情。岑诗则将胡天飞雪描写得如春天的烂漫梨花,表现出边塞奇特的风光,表达了诗人的乐观情怀。

2. 第一问:表达了诗人对朋友依依不舍的惜别之情及豪迈豁达的祝愿之情。第二问:作者喝得酩酊大醉,又"马上赠鞭"以示纪念,表达了豪迈豁达之情;尾联写诗人想象友人到达目的地时应该是月圆之日,从缺到圆的明月都是诗人依依惜别之情以及美好祝愿的情感寄托。

十一、

1. 第一首间接抒情(借景抒情),写思妇看到柔嫩的柳条、青青的桑叶,不由得想起了远在他乡的丈夫,表现出思妇对丈夫深切的思念之情。第二首直抒胸臆,用平实自然的语言直接诉说思妇对丈夫的关心怀念之情。

2.(示例一)第一首:"提笔忘采叶"既照应了前面"青青陌上桑"的景物描写,又紧承下句"昨夜梦渔阳",

点明因果关系,表达了思妇对远在边关的丈夫的深切思念之情。该句淋漓尽致地刻画出思妇刹那间复杂微妙的心理状态,表现出思妇对丈夫日思夜想、魂牵梦绕的一片深情。

(示例二)第二首:"一行书信千行泪"承接前句,写西风一起,念人伤怀,便想到给丈夫写信,同时又引出下面"寒到君边衣到无"的书信内容。该句运用了夸张手法,增强了表达效果,写尽了思妇内心的哀怨和忧思。

十二、

1. B **解析:**B项,"渲染出蔡州静寂紧张的气氛"说法不恰当,应是"渲染出蔡州和平安宁的气氛"。

2. 正确。本诗尾联"忽惊元和十二载,重见天宝承平时"是叙老人语,从天宝末到元和十二载,已有六十多年之久,历史即将翻过这黑暗的一页,老人于迟暮之年而出乎意料地睹此快事,顿觉无比欣慰、满眼光明,对国家的中兴充满了希望。 **解析:**本题需要结合注释,因为注释对于元和十二年历史事件的说明是解题的关键。

十三、

1. B **解析:**"家住层城邻汉苑,心随明月到胡天"一句说明家在京城,心却随着思念的人去了边疆,目的是说明距离之远,思念之深,并未写皇宫生活。

2. "论"和"笑"两个字都是拟人化的写法。锦字回文诗的内容,无非离情别恨,锦字诗有多长,恨便有多长,恨字诗无穷,恨也无穷。楼上花枝本无情,然而在诗人眼中,那花团锦簇的样子,就像是在嘲笑独眠之人。形象地写出了女主人公的离情别恨和孤寂之感。

3. 首联借新春的美景抒写闺妇对几天外的征夫的思念,颔联借"心随明月到胡天"强化思念之情;颈联借"机中锦字论长恨""楼上花枝笑独眠"表达离恨与孤独之苦;尾联问征夫何时功成返乡,表达了对战争早日结束的盼望,也隐含着对战争的不满与反对之情。

十四、

1. ①借景抒情。以初日之斜、山云之低渲染一种悲伤的氛围,烘托诗人的低落心情。②为全诗奠定了忧伤的感情基调。③与尾联形成时间上的照应。

2. ①首联用初日之斜、山云之低写出诗人心情的低落,颈联用涧底泉水的凄冷写出了诗人内心的凄凉,寓情于景,低落、凄凉之情皆因思乡引发。②颔联说乡愁只有在梦中才能消失,说明诗人始终为乡愁所困扰,行进中的马向前望也会感到迷茫,以此烘托诗人乡愁之浓。③尾联运用了细节描写,用诗人等候早晨鸡鸣并不是要去边塞,而是准备上路归乡,表明归心似箭之情。

十五、

1. 刘诗写打扫柴门迎接远方的来客,既有对访客的盼望,又流露出有客来访的欣喜,还体现了作者的好客之情。"青苔黄叶满贫家",表明贫居无人登门,颇有寂寞之感,从而为客至而喜,也表现出因家贫而不能周到待客的歉意,流露出浓浓的好客之情。可见两人关系是非常亲近和融洽的。

杜诗虽始终恭敬待客,但诗中明显表现出年迈多病、不胜应酬之苦,也传达出主人公自谦、自伤之语。可见此客与诗人是有一定距离的,应为诗人尊而不亲甚或不喜见之人。

2. ①杜诗详细描述,从强调"幽栖"少客、迎"客"为"难",到表明"岂有"文名、"漫劳"垂访,到如果"不嫌"简慢,还望重来看花,一一叙出;而刘诗在客将至而未至时终篇,并未详写待客过程,末句以景作结,情感含蓄深远。

②杜诗全部写实;而刘诗虚实结合,一、二两句站在访客(远客)的角度写,想象访客旅途的艰辛,三、四两句从主人(作者)的角度写,暗含对远客的体贴以及对客人来访的欣喜与感激之情。

专题训练十二 文言文阅读

一、

1. (1)特指子孙因祖先的功勋而取得做官的权利。(2)抚养。(3)恰巧,适逢。(4)听任,听凭。

解析:一般来说,可以结合语境,根据上下文推断出被解释的词语的意思。另外,有的实词,也可以用作虚词。如本题中的"会"用作副词,就不属于实词的范畴了。

2. C **解析:**"横"是地名,特指"横州",作主语,其前断句,排除A项。"咽喉"这里是名词,作"为"的宾语,其后断句,排除B、D两项。句子翻译为:"岭南各州,没有城郭、甲兵的防备,长官也没有才干。横州是邕、钦、廉三州的咽喉,地势险阻,可驻兵以为后援。邕州所管辖的地域,对内控制广源,对外控制交趾。"

3. B **解析:**"最终迫使区希范、蒙赶投降并将他们杀害"错,根据原文"后三日,又得希范""杞遣使诱之,赶来降"可知,蒙赶是被诱降的,但区希范是被抓获的。

4. (1)贼人因走投无路来投降我们,如果威力不能制服敌人,那么恩惠也不能使之降顺(使他们被感化),所以屡次反叛,不如全部杀掉他们。(要译出"穷蹙""制""不能怀"等关键词)

(2)杀掉降兵的是我,犯了过错不敢推诿。将吏们有功劳却没有登录,我不能接受任命。(要译出"辞""录"等关键词)

【参考译文】

杜杞字伟长。父亲杜镐,靠父亲恩荫补任将作监主簿,任建阳县知县。(他)聪敏有才能。闽地风俗,老年生子就不抚养。杜杞让五户相保互相监视,有再发生类似情况者重罚。(他)多次升职为尚书虞部员外郎、横州知州。当时安化蛮人侵犯边境,杀掉宜州知州王世宁,(朝廷)派兵讨伐。杜杞上奏:"岭南各州,没有城郭、甲兵的防备,长官也没有才干。横州是邕、钦、廉三郡的咽喉,地势险阻,可驻兵以为后援。邕管辖区对内控制广源,对外控制交趾,希望挑选机智权变而又熟悉岭外事务的文臣担任长官,让他负责边境事务。"改任真州通判,调往解州知州。京西出现强盗,焚烧了光化军,(朝廷)任命他为京西转运、按察使。(杜杞)任职数月,盗贼被平定。

恰逢广西的区希范引诱白崖山一带的蛮人蒙赶反叛,有数千人,攻进环州、带溪普义的镇宁寨,岭外骚动。(朝廷)提升杜杞为刑部员外郎、直集贤院、广南西路转运按察安抚使。行军中临时驻扎在真州,先派人紧急递送信件告诉蛮人,允许其过自新。入驻宜州,蛮没有前来投诚的人。杜杞找到州中军官,放出狱中囚犯,去掉他身上的刑具,派他到蛮人洞中去劝说,(贼人仍)不肯听从。于是率兵攻进白崖、黄坭、九居山寨及五峒,焚毁了囤积的物资,斩首一百多级,收复环州。贼人四散逃走,区希范逃往荔波洞,杜杞派人诱降,蒙赶前来投降。杜杞对将佐说:"贼人因走投无路来投降我们,如果威力不能制服敌人,那么恩惠也不能使之降顺,所以屡次反叛,不如全部杀掉他们。"于是杀牛马,酿曼陀罗酒,在环州大聚会,伏兵发动,诛杀七十多人。三日后,又捕获区希范,将其剁成肉酱后送给诸部蛮人,因年老有病而被释放的,才一百多人。御史梅挚弹劾杜杞杀害降兵不守信用,朝廷诏令他引以为戒,担任两浙转运使。第二年,调任河北,担任天章阁待制、环庆路经略安抚使、庆州知州。杜杞上奏说:"杀掉降兵的是我,犯了过错不敢推诿。将吏们有功劳却没有登录,我不能接受任命。"(朝廷)因而对他们实行赏赐。蕃人首领率领一千多人投奔宋,夏派兵索要那个首领,乘机抢劫边民,夺取牛马,朝廷下诏责备杜杞。杜杞说:"他们违背盟约发动战争,酋长不能交给他们。"于是用文书通知夏人,不交回抢去的财物,就得不到酋长,不久夏兵也就撤走了。

杜杞记忆力强,博览群书,通晓阴阳数术,自己说自己四十六岁就死了。一天在厕所,见区希范和蒙赶在面前诉说冤枉,就斥责道:"你们狂妄僭越,背叛王命,依法当杀,还敢诉冤!"不久(杜杞)去世。

二、
1. D 解析:坐,在这里是动词,作"获罪"解。
2. B 解析:B项,为:动词,是;语气词,用于句尾表示反问语气。A项,以:均为介词"把"。C项,因:均为介词"趁着、趁此"。D项,与:均为动词"给予"。
3. D 解析:"贱子上寿"是邑对楼护说的。
4. (1)他结交长辈,更使自己显得亲切而敬重,大家都因此而佩服他。(要译出"见""亲""以是"等关键词。)
   (2)王莽的长子王宇和他妻子的兄弟吕宽谋划把血涂抹到王莽的官邸门上,想要以此恐吓王莽,使他归还政权。(要译出"涂""第""惧"等关键词。)
   (3)唯独楼护仍坦然地按以前的礼节(对待他),邑也用对待父亲一样的礼节侍奉他,不敢(在礼数上)有过失。(要译出"安""节""父事""阙"等关键词。)
5. 【标点】昔有愚人,至于他家。主人与食,嫌淡无味。主人闻已,更为益盐。既得盐美,便自念言:所以美者,缘有盐故;少有尚尔,况复多也!愚人无智,便空食盐。食已口爽,反为其患。譬彼外道闻节饮食可以得道,即便断食,或经七日或十五日,徒自困饿,无益于道。如彼愚人,以盐美故,而空食之,至令口爽。此亦复尔。

【参考译文】
从前,有个蠢人到别人家去做客。主人端出食物来,(他)嫌饭菜淡而无味。主人听完,就给他加了一点盐。加了点盐,饭菜的味道就好多了。这个人心想:"味道好,原来是有盐的缘故啊!少放一点就这么好,何况再多放一些呢!"愚人没有智慧,就单单吃盐,终因用盐过多而口感很差,反而变成坏事。这就如同那些外道之人据说少吃东西可以得道成仙,于是便断绝食物,有的持续一周,有的持续半月的时间。白白折腾自己,并无益于修行。这和故事中的人一样,因为盐可以使饭菜味美而多吃盐,最后导致口感不好。这不是也像那个愚昧无知的人一样吗?

【参考译文】
楼护字君卿,是齐地人。父亲是世代家传的医生,楼护小时候跟随父亲在长安行医,出入于贵戚之家。楼护诵读医经、本草、方术几十万字,长辈们都喜爱看重他,都对他说:"凭你的才能,为什么不学习做官?"楼护因此离开父亲,学习经传,做了多年京兆吏,赢得了很高的声誉。

这时候,王家家势正兴旺,宾客满门。五侯兄弟互相争名,他们的宾客各有所倚重的人,不能够在每边都得宠,唯独楼护可以同时出入五兄弟的家,并且都能赢得他们的欢心。(楼护)结交士大夫,对自己的一切无不倾露,他结交长辈,更使自己显得亲切而敬重,大家都因此而佩服他。(楼护)身材短小,精于论辩,议论时常常能够遵从名誉和节操,听他议论的人都严肃恭敬。(楼护)和谷永都是五侯的贵客,在长安号称"谷子云的笔札,楼君卿的唇舌",说的就是他们各自被世人看重的特长。

过了一段时间,平阿侯举荐楼护参与方正(汉代的制科之一)选拔,任命他为谏大夫,出使郡国。楼护负责监督官府借贷给穷人的财物,带了许多钱币和布帛,路过齐地,上书请求到先人的坟上祭拜,趁此机会和宗族故友相见,按照亲近和疏远关系各自送给他们礼物,一天有上百金的花费。出使回来以后,(楼护)上朝禀奏事情,符合皇上的心意,被提拔做了天水太守。几年后被罢免,在长安城中安家。当时成都侯商任大司马卫将军,朝会结束后,想要看望楼护,他的主簿劝谏说:"将军极为贵重,不应当进入民间里弄。"商不听主簿的劝谏,于是前往楼护家。楼护家里狭小,僚属只好站在外边车马旁,商在楼护家逗留的很长时间,天将要下雨了,主簿对西曹各掾吏说:"大将军不听劝告,反而让我们站在这个民间里弄之中淋雨。"商回来后,有人把主簿的话告诉了商,商很是不满,便以调动工作为由免去了他的主簿职务,并且使之终身不得任职。

后来楼护再次被举荐做了广汉太守。元始年间，王莽任安汉公，独揽大权。王莽的长子王宇和他妻子的兄弟吕宽谋划把血涂抹到王莽的官邸门上，想要以此恐吓王莽，使他归还政权。(王莽)发觉后，非常愤怒，杀死了王宇，可是吕宽却逃跑了。吕宽的父亲一直和楼护彼此交好，吕宽逃亡到了广汉，经过楼护家，没有把真实情况告诉楼护。几天后，指名逮捕吕宽的诏书到了，楼护抓捕了吕宽。王莽非常高兴，征召楼护并起用他做前辉光地方的长官，(楼护被)封为息乡侯，位列九卿。

王莽摄政期间，槐里的大盗赵朋、霍鸿等聚合成群作乱，扩展蔓延到前辉光界内，楼护因此获罪，被免官为平民。他在官任上时，爵位体禄以及别人赠送所得的东西也随手花费殆尽。等到他退居里巷后，当时五侯都已死去，真是年老失势，宾客越来越少。而这时成都侯商的儿子邑做大司空，任重位尊，商的老朋友们都敬重侍奉邑，唯独楼护仍坦然地按以前的礼节(对待他)，邑也用对待父亲一样的礼节侍奉他，不敢(在礼数上)有过失。当时邑召集宴请宾客，邑高高举起酒杯向楼护敬酒，并口称"贱子上寿"。在座的上百位客人都离席俯首，只有楼护面向东正襟端坐，字字清晰地对邑说："公子尊贵之身，这如何使得！"

原先，楼护有老朋友吕公，没有子女，投靠楼护。楼护自己和吕公、楼护妻子和吕夫人一起吃饭。等到楼护离官居家后，妻子儿女非常厌恶吕公。楼护听到这事，流着眼泪责备他的妻子儿女说："吕公因为是我的故交，贫穷年老才投靠我，从道义的角度来说也应该奉养啊！"于是奉养吕公直到吕公去世。

三、
1.(1)对手。(2)窥探。(3)抵御。(4)现成的。
2.B 解析：断句时应注意节奏与词义。A项"宥过无大刑/故无小"断错，句意割裂。C项"宥过无大刑/故无小""虽死不怨/杀者"均断错，割裂句意。D项"虽死不怨/杀者"断错。
3.C 解析：本题综合考查归纳内容要点、概括中心意思以及分析概括作者在文中的观点态度的能力。李靖对诸葛亮的用兵之道非常赞赏，从文本中"见其述孔明兵制之妙，曲折备至"一句中可知，"书生之论"也并非指李靖的观点。
4.(1)寄身在偏远的地方，只不过是称霸的人的臣子罢了。(要译出"偏方""特""尔"等关键词)
(2)诸葛亮不敢据守渭水，这就容易对付啦！(要译出"与""耳"等关键词)
(3)率领军队渡河，背靠渭水筑下营垒。(要译出"济""为"等关键词)

【参考译文】
孔明是伊尹、周公一类的人。但是谈论的人们多有不同的说法，因为他遭遇多难的时代，处于英雄不幸的时候。众人都积极用世，而我单单退隐，优雅地生活在草房之中，(刘备)三请后出征效力。挺身而出接受托孤的重任，不放弃也不专制，没有人进谗言。权力威胁到皇帝但皇上不怀疑，势力压倒群臣但群臣不怨恨。竭尽精力治理蜀地，风土人情出现了良好的风貌。宽恕他人过错没有最大限度，使用刑法没有最小，这是皇帝使用的政策啊。用正当的方式使用人，即使劳累也不怨恨；用给人以活路的方式杀人，即使死了也不怨恨杀人者：这是称王的人做的事啊。孔明都能很好地做这些事，相信他确实是伊尹、周公之类的人啊。但谈论的人们竟说他把自己比作管仲、乐毅，寄身在偏远的地方，只不过是称霸者的臣子罢了。凭什么能够和孔子在鲁国做官时把自己比作老子、彭公相提并论呢！更有甚者，到了认为孔明不是仲达的对手的地步，这与小孩子的见解没有什么不同。他们难道不是因为仲达的言论而相信的吗？却不知道他的话都是谎言。仲达不能在孔明面前使用诡计，所以常常暗地偷看孔明排兵布阵，妄自说一些大话来欺骗部下。谈论的人们只不过没有察觉罢了。

开始孔明领兵出祁山，仲达领兵对抗他，听说孔明将要收割上郭的麦子，卷起盔甲急速行军，昼夜兼程往那里赶。诸葛亮因粮食短缺已经退走了："我昼夜兼程，非常疲劳，这是通晓兵法的人非常喜欢的。诸葛亮不敢据守渭水，这就容易对付了。"军队没有现成的粮食却调转军队作战，纵使能够取胜，后面又凭什么来维持呢？这是稍微能够辨别事理的人一定不会去做的。仲达心里知道是这样，在外面说大话欺骗他的部下罢了。不久孔明出斜谷，仲达又率兵抵御他。(他)知道孔明领兵逼近渭水，就率领军队渡过渭水，背靠渭水构筑营垒。孔明领兵将要到了，仲达诈说："诸葛亮若是勇敢的人，应当领兵出武功依山势布阵。如果向西上五丈原，各路军队就没有战事了。"敌人的兵马已经在死地，却率兵直进来和他决战，这也是稍微懂得事理的人不会去做的。仲达知道诸葛亮一定不会这样，才用骗人的话来掩饰他的胆怯，用这些来显示我能料敌，并用来稍微安定三军之心。因此，孔明率领有秩序的军队，不用权变诈术，不贪图小利，他则说："诸葛亮志向大但不能抓住机会，智谋多但不果断，喜欢带兵但没有能力。"凡是这些，都是暗地偷窥孔明的谋略，故意说大话来欺骗他的部下，这怎么是真情呢！

善于洞察真情的人，不在敌人存在之时，而在敌人消亡之后。孔明在时，仲达的话就是这样。等到孔明去世，仲达巡视孔明的营垒时，收起衣襟长叹说："孔明真是天下的奇才啊！"他看到孔明的规矩法度，出于自己不能做，恍然失去了自我，不自觉地他的话就说出来了。(从他的话中)可以看出他的真情了。谈论的人不相信他的真话，反而相信他骗人的话，难道不是又被仲达欺骗了吗？

唐代的李靖，是谈论兵法的英雄。我曾经读他关于问对的书，看到他讲述孔明用兵的巧妙，非常详尽完备；曾对仲达不屑一顾。(李靖)是通晓兵法的人，本来可以从中看到奥妙所在了。书生们的谈论，何曾不是这样呢？孔明距现在已经有千年了，未有能看透他内心的人。我怨恨孔明的不幸，所以详细地说这些，让世上用成败论英雄的人们还是稍微戒备一些吧。

四、

1. B　**解析**:吝:吝惜。

2. A　**解析**:A项,均为介词,"用"。B项,介词,"在"/介词,"被"。C项,介词,"对"/介词,"被"。D项,并列连词/承接连词。

3. B　**解析**:A项,"朕"是"辅"涉及的对象,关系紧密,"今独见公"一句是承接前文省略了主语"朕",所以应在"朕"后而不是在"朕"前断开。另外,"曰"前应断开。C项,"它日"后、"曰"前应断开,"奠焉"前断不断皆可。D项,"它日"后应断开,且应在"朕"后而不是在"朕"前断开。

4. C　**解析**:皇帝写诏书,要虞世南在碑文中表达自己对杜如晦的痛悼。

5. (1)房玄龄、杜如晦没有凭借昔日功勋晋升,只是他们的才干可以参与治理天下,你想以此离间我们君臣关系吗?(要译出重点词语"进""特""与"。)

　　(2)到(杜如晦)去世第二年行小祥祭礼的日子,派尚宫去慰问(杜如晦的)妻子儿女,杜如晦的国府官佐都不取消,恩惠和礼节一点儿也没有减少。(要译出"明年""劳问""妻子""衰"。)

【参考译文】

杜如晦,字克明,是京兆杜陵人。杜如晦年轻时英俊豪爽,喜欢读书,自命风流,心怀大志,处事果断。隋朝大业年间,参加吏部选拔,侍郎高孝基认为他不同一般,(对他)说:"您一定能被用作栋梁之材,希望您保持美好的品德。"于是补任滏阳尉,杜如晦弃官而走。

高祖平定京师,秦王引荐他任府中兵曹参军,调任陕州总管府长史。当时官府属官很多外调,秦王很担心。房玄龄说:"离开的人虽然多,但都不值得吝惜,杜如晦是辅佐秦王的人才。大王如果最终只是守住封地,不干大事(则罢了);如果您一定要谋取天下,除了杜如晦,没有谁(能)和您一起成就功业的。"秦王惊讶地说:"不是您这样说,我几乎失去了他!"于是上表把他留在幕府。(杜如晦)跟从秦王征伐,常参与谋划军中机密。那时国家事务繁多,(他)裁决处理毫无滞留,同事、下属都认为他有才干,能力无边。

(杜如晦)与房玄龄共同管理朝政,引荐贤良人士,贬斥不贤之人,让他们都得到恰当的职位。监察御史陈师合上奏《拔士论》,说一个人不可担任几个职务,暗中讽喻杜如晦等。皇帝说:"房玄龄、杜如晦没有凭借昔日功勋晋升,只是他们的才干可以参与治理天下,你想以此离间我们君臣关系吗?"(于是皇帝)把陈师合贬斥到了岭表。

很久以后,杜如晦因病辞去官职,(皇帝)下诏发给他全额俸禄,让他回家休养,诊病问候的使者接连不断。遇到病重,皇帝下诏书让皇太子去问候,皇帝还亲自到他家,抚摸着他,话语哽咽。(杜如晦)死时,终年四十六,皇帝为之痛哭。到埋葬时,(皇帝)追加(杜如晦)司空官衔,赠谥号为"成"。(皇帝)亲自拟诏书要虞世南书写碑文,让他表达自己对杜如晦沉痛悼念的心意。

有一天,(皇帝)吃瓜觉得味道好,就留下一半祭奠(杜如晦)。皇帝曾经送房玄龄一根黄银带,说:"杜如晦和您一同辅佐我,现在只能见到您。"接着又流着泪说:"世人传说黄银带这东西,鬼神都害怕。"又取出金带,派房玄龄送到杜家。后来忽然梦见杜如晦像活着一样,第二天向房玄龄说了这件事,命令送自己享用的饭菜去祭奠。到(杜如晦)去世第二年行小祥祭礼的日子,派尚宫去慰问(杜如晦的)妻子儿女,杜如晦的国府官佐都不取消,恩惠和礼节一点儿也没有减少。

当年(杜如晦)做宰相时,天下刚刚平定,台阁制度、礼乐典章,都是两人讨论决定的。每当在皇帝住所议事,房玄龄一定会说:"没有杜如晦,不能筹划事情。"等到杜如晦到了,最后采用的却是房玄龄的谋略。杜如晦擅长决断,而房玄龄善于谋划,两人彼此很了解,所以能够同心协力来辅佐皇帝。当世之人说到好的丞相,一定会说到房玄龄、杜如晦。

五、

1. D　**解析**:"居"在这里当"过了(一段时间)"解。

2. B　**解析**:先通读语段,了解整体意思,再结合人名、地名、官职名称以及动词等断句。可先找出名词,然后再考虑人物及其关系,以及事件的过程和结果。句中共有三个人物("曾公亮""盗贼""使客"),两个地名("他境""吾境");句中动词有"有、审、闭、亡、移、诘、报、藏、度、索"等。然后以动词为中心,弄清人物间的关系,了解事件的经过,断好"盗悉窜他境""尝有使客亡橐中物"这两句,其他的句子就不费周折了。

3. C　**解析**:将各项内容同文本相关意思进行比较。C项错误在于"派使者偕同雄州赵滋前往调解"。根据文本"契丹纵人渔界河……使谕以指意,边害讫息"的叙述,可知应当是"派赵滋前去告谕旨意"。

4. (1)赐宴不到场,这是对君主命令的不敬。君主生病,却一定要他亲临宴会,做这样的事心安吗?

　　(2)苏轼曾从容地责备曾公亮不能纠正弊病,世人讥讽他保持禄位加固宠幸。　**解析**:翻译时要把握一个原则:直译的过程中要体现出关键词和典型句式。具体到本题来说,首先要落实实词、虚词和句式:(1)"锡"即"赐",通假;"不虔君命"即"对国君的命令不尊重","而"是转折连词,"处之安乎"是反问句式,"之",代这样的事。(2)"责"是"责备"的意思,"救正"即纠正弊病,"世"即当时的人,"持禄固宠"意思是"保持禄位加固宠幸"。弄清了这些知识点,懂得哪些词语要保留,哪些词语该替换,哪些词语该省略,哪些内容该调整语序,进行直译也就不难了。

【参考译文】

曾公亮,字明仲,是泉州晋江人。考中进士甲科,任会稽县知县。老百姓在镜湖旁种田,常常担心镜湖泛滥。曾公亮设置斗门，将湖水泄入曹娥江，老百姓受益。(曾公亮)以端明殿学士的身份主政郑州，治理政事有才能，因而名声在外，盗贼全部逃窜到其他州县，以至于百姓可以夜不闭户。曾有使者丢失袋中东西，发布文书诘责盗贼，曾公亮上报："我所辖境不窝藏盗贼，恐怕是同行的人藏起来了吧。"进行搜查，果然如此。

曾公亮明达熟悉公文法令，任职以后，熟知朝廷台阁的规章，首相韩琦经常咨询访问他。仁宗末年，韩琦请求设立皇储，与曾公亮等共同商定大计。密州民田产银子，有人偷取银子，大理寺把他们当作强盗。曾公亮说："这是禁物，偷取银子虽然是强盗行为，却与从百姓家中盗取财物有区别。"为此事坚持争论，于是皇帝就交给有关部门讨论，比照劫取禁物的法律，强盗得以不被判死刑。

契丹指使人在界河捕鱼，又多次通行盐船，官吏不敢禁止，都说："和他们计较，将要生出事端。"曾公亮说："刚开始时不禁止，以后将怎么办呢? 雄州赵滋勇敢有计谋，能够胜任。"(皇上)派赵滋前去告谕旨意(禁令)，边境祸害终于平息了。英宗即位，加授(曾公亮)为中书侍郎兼礼部尚书，不久兼任户部尚书。仁宗身体不适，辽国使者到来不能接见，让曾公亮在馆中设宴，使者不愿赴宴。曾公亮质问使者说："赐宴不到场，这是对君主命令的不敬。君主生病，却一定要他亲临宴会，做这样的事能心安吗?"使者于是赴宴。

熙宁三年，(曾公亮)被任命为司空兼侍中、河阳三城节度使。第二年，被起用为永兴军通判。过了一年，回到京师。不久以太傅官位退休。元丰元年去世，终年八十岁。神宗临丧哭泣，停止上朝三天。

曾公亮端庄忠厚深沉，办事细致周密，平时谨守礼仪，遵守规矩;但性情吝啬，积累财富达巨万。曾公亮当初推荐王安石，等到和他一起辅政，才察知皇帝宠护王安石，曾公亮暗中替儿子孙辈谋划，大凡改革各事，都听从王安石，表面上好像没有参与一样。(曾公亮)经常派他儿子曾孝宽在皇帝面前陈事几乎没有异议，这样神宗更加信任王安石。王安石为了感激他帮助自己，因而提拔曾孝宽到枢密院任职以报答他。苏轼曾从容地责备曾公亮不能纠正弊病，世人讥讽他保持禄位加固宠幸。

六、

1. (1)无，没有。(2)表示推测，恐怕，大概。(3)符合。(4)小事。

2. B 解析:本题考查学生文言断句的能力。解答此类题目，先把句子放入原文，结合语境理解句子的大概意思，然后注意一些常见的句尾、句首标志性的词语，句子结构的对称，文中词语充当的成分，句子成分的省略，叙事内容的变化等。题中，"能通经纬文"的主语应该是"自好者"，所以"自好者"应放在后一句中，即从"玩岁"后断开，排除A、D两项;"昔"指"过去"，在句中是修饰"所习者"，是"所习者"的定语，二者不能断开，排除C项，故选B。

3. D 解析:本题考查学生对文本内容的理解。解答此类题目，考生应先明确题干的要求，即选出"正确"还是"错误"的一项，然后根据选项中的提示性信息，快速找出选项对应的语句，再与选项进行比较分析。题中，D项，"文章以驳论为主"错误，从文中来看，作者先肯定先王之时的学政一体，接着指出后世的政学分裂，二者形成对比，紧接着作者肯定三位官员重修书院的做法并对学子提出希望，可见应该是以"立论"为主。故选D。

4. (1)这就是人伦得以明了、教化得以成功的原因。

(2)那么我哪能替他们讲出来，来劝导那些施政却不知道学习的人呢!

(3)不只三位官员的愿望是这样，或许国家也将从这里有所收获吧! 解析:文言文的翻译，最基本的方法就是替换、组词、保留、省略。对古今异义的词语要"替换";对古今词义大体一致的词语则"组词";对特殊的地名、人名等要"保留";对古汉语中的同义反复的词语可以"省略"其中一个，有些虚词不必要或难于恰当翻译出来的也可以"省略"。(1)中，所以:……的原因，古今异义。明:明了。成:成功。(2)中，安得:怎么能。为:介词，替。劝:劝导。学者:古今异义，学习的人。(3)中，望:愿望。抑:或许。于是:古今异义，从这里。

【参考译文】

先王在位的时候，把学问作为施政的基础，有学问的人提出政令，施政的人学习施行政令，做学问没有怪异的风气，治理国家没有怪异的方法。从朝廷传达到郡国，从郡国传达到天下，追根究底，(除学习外)没有第二件事。所以士人不求学，就会有诡异的言行;政令不源于学习，就不会有准则法度。君臣上下，都把自己有学问视为和农夫有田地一样，早晨夜晚，不播种也不耕耘，就没有得到所需粮食的办法，就会有整年的忧患。这就是人伦得以明了、教化得以成功的原因。道德标准一致，风俗相同，就是这个缘故呀。

后世之人学习，大概兴盛于先王之时。居所的安定，饮食的丰富，教诲约束的严厉，先王在位的时候也未必能达到这样的程度;然而只是为了学而学，只是为了施政而施政，整天聚在一起，贪图安逸，所追求的不过是能够通晓经文，以取得科举登第。得到功名后，昔日学习的东西，很快便废弃忘却。一旦看到书本或按规定的期限施行政令的事，就说:"我刚从政，有什么好学的?"唉! 后人提到治理天下的人常常不敢仰望先王之时，大概是因为学习与为政分开了!

国家办学之道已经很完备了，十户的小地方有老师和弟子，州县的官吏用办学作为扬名之道，难道仅仅全是为了表象好看吗? 大概是想恢复先王的旧道，通过学习来施政。只是最终没能符合上司的心意，这是士大夫与求学的人的错呀。

衡州的学校叫石鼓书院什么的，由来已久，中途曾经迁到城南，士人认为不方便，又搬回原来的地方，这是来自前教授施君鼎。石鼓的学校，占据潇湘的要道，挟带着山岳的名胜。它搬迁时，还没有新教室。提点刑狱王彦洪、提举常平人郑君丙、知州张君松，都在乾道乙酉年上任，这时正有战乱，三人职责不同但责任均担，虽然每天忙得要死，然而都知道办学是为政之本，战乱只是小事，就授命教授苏总龟，让他马上修葺学校。不久，学校修成，战乱也结束了，环视三人的地盘，整齐严谨，太平无事。

战乱结束且太平无事,未必是立马学习所致,而我上表称赞他们,大概是欣赏他们三人懂得先王重视学习的原因,在军情紧急之际,仍然不敢忘记办学,学校修成并且治兵有功,治理地方有政绩,那么我哪能不替他们讲出来,来劝导那些施政却不知道学习的人呢?衡州的全部士人,知晓三人的心思,就住在这所学校里,不只是专心学习,还学习今后的为政之道;不只为了科举登第,还想到报效君王、泽被苍生的功业。使为政与学习再次合而为一,不只三位官员的愿望是这样,或许国家也将从这里有所收获吧!

明年八月旦,历阳张某记。

七、

1.(1)到。(2)禀告。(3)授予官职。(4)官吏的进退升降。

2.D 解析:断句时首先要仔细阅读文段,把握语段的基本意思,然后充分利用各种标志词及句式特点断句。具体做法,可以找名词(如人名、地名、官名、族名、器物名、动物名、植物名、时间等),找虚词(如句首语气词、句末语气词、句首关联词、句首时间词等),找对话(注意"曰""云""言"等词),找修辞(如对偶、反复之类),找固定结构(如"是以""以故"等),找对称句式。

3.B 解析:此题要在准确把握文意的基础上,带着选项回到原文进行比较分析,作出判定。B项,"没有积极主动地前去救火"属于无中生有,原文为"夜中不着衣,披红服帕出房"。所以选B。

4.(1)陈郡袁昂任丹阳太守,他召任徐之才为主簿,无论人事还是其他事务,都有人请教徐之才。(要译出"领""辟""顾访"等关键词)

(2)徐之才治病用药多有显效,又涉猎经史之学,言语敏捷善辩,朝廷贤士竞相邀约、引见,使他的名声越传越远。(要译出"窥涉""要引""延誉"等关键词)

【参考译文】

徐之才,丹阳人。父亲名雄,给南齐做事,官至兰陵太守,在江东一带以医术著名。徐之才幼时才智出众,五岁能背诵《孝经》,八岁就略通其意。(他)曾与堂兄徐康到梁太子(萧衍)詹事汝南人周捨家聆听讲习《老子》。周捨为他们准备了饭菜后,就逗之才说:"徐郎不用心思考学问精义,只是想着吃饭吗?"徐之才答道:"我听说圣人要虚其心,也要实其腹。"周捨听后感叹,很欣赏他的聪敏。徐之才十三岁,被召为太学生,那时他已大致通晓《礼记》《周易》。彭城刘孝绰、河东裴子野、吴郡张嵊等人常常与他一起讨论《周易》及《丧服》仪式等,徐之才每每应答如流。(大家)都感叹说:"他真是神童啊!"刘孝绰又说:"徐郎面生燕颔,有定远侯班超一样的相貌。"陈郡袁昂任丹阳太守,(他)召任徐之才为主簿,无论人事还是其他事务,都有人请教徐之才。(一次)郡公署失火,徐之才起来观看,夜里未穿外衣,身披红毛巾被出了卧室,火光中被袁昂看见。功曹(认为他有失体统)禀告请求免去他的职务,袁昂器重他有才华,特此原谅了他。豫章王萧综出京镇守江都(今扬州),又授徐之才为豫章王藩国的左常侍,(以后)又调任豫章王萧综下属的镇北主簿。

后来萧综出奔到北魏,三军将士离走散失,徐之才撤退到吕梁,桥断无路,最终被北魏统军石茂孙截止。萧综到北魏一月后,授官司空。北魏孝明帝让他收留原下属官僚,于是到彭城探望徐之才,(他向北)禀奏魏孝明帝说:"徐之才特别擅长医术,且机智能辩。"孝明帝于是下诏书征召徐之才。北魏孝昌二年,徐之才到了洛阳,(皇帝)赐他居住在招待宾客的高级客舍,待他十分优厚。他的从祖父徐謇的儿子徐践劝他回家居住。徐之才治病用药多有显效,又涉猎经史之学,言语敏捷善辩,朝廷贤士竞相邀约、引见,使他的名声越传越远。北魏孝武帝时,徐之才被封为昌安县侯。东魏天平年间,北齐神武帝高欢征赴晋阳,徐之才于内馆供事,待遇逐年丰厚。东魏武定四年,徐之才从散骑常侍调任秘书监。文宣帝高洋任丞相时,朝廷上下调整官员,杨愔因为他曾是南齐人,不可胜任主管秘书职务,转而授予他金紫光禄大夫,并派魏收代替他。徐之才为此快快不平。

徐之才还懂得一些天文、图谶的知识,他与馆友宋景业一起参校吉凶,预知庚午年政权必有革易,通过高德政禀告。文宣帝听后大为高兴。当时,从娄太后至朝廷功勋贵臣都认为关西宇文氏是强有力的对手,恐怕他有以皇上名义发号施令的权势,不可以先做帝位交接之事。只有徐之才说:"一千人追赶兔子,只要一人得到,其他都会放弃。若要干大事业,怎容得反倒想着学别人在后面追撵。"又引经据典,备好条目证实,文宣帝高洋听从了他的建议取代东魏建立了北齐。登基后皇上与他交往更加亲密。徐之才不仅医术精深,而且在当朝首倡导禅代,他能说会道,语又诙谐幽默,因此与皇帝大为亲近。

八、

1.(1)巡行以宣告政令。(2)亲手,亲自。(3)率领。(4)美好。

2.B 解析:本语段中,断句的主要差异有三处。通过这三处断句的差异,分析哪个更恰当,即可得出结论。"恂""帝"均作后句的主语,前面应当断开;"时"不是"……的时候"的意思,而是"当时"的意思,作后句的状语,前面断开;故选B。整个语段可译为:"贾复带着兵想要追杀他们,但手下的将士都喝醉了,于是路过颍川离去了。寇恂派谷崇把情况报告给光武帝,光武帝就召见了寇恂。寇恂被引见时,贾复已经在座,想起身避开。"

3.C 解析:"留任汝南太守"错,应为"颍川太守"。

4.(1)如今刚刚到上谷郡就要先毁弃信义,阻挠归服之心,催生叛离的裂痕,又将凭什么号令其他的郡国呢?(要译出"堕""沮""畔"等关键词)

(2)高峻的精兵大多是能开硬弓的箭手,阻断了西边通往陇地的道路,连年都无法攻破他们。现在打算招降他们,却要杀了他们的使者,恐怕不行吧?(要译出"率多""比年""无乃……乎"等关键词)

【参考译文】

寇恂字子翼,是上谷郡昌平县人,他家世代都是有名望的大姓。寇恂最初曾担任郡里的功曹,太守耿况很器重他。更始登上帝位，派使者去收取郡国。寇恂跟随耿况在上谷郡的边界上迎接使者，耿况把印绶上交给使者，使者收下了，过了一个晚上还没有归还的意思。寇恂带兵进去面见使者，请求将印绶还给耿况。使者不还，说："我是天子的使者，功曹想威胁我吗？"寇恂说："现在天下刚刚平定，国家的信用还刚刚宣扬，您接受了帝王的使命，带着符节俯临四方，郡国的人无不伸长脖子竖起耳朵，望风而动，准备归顺。如今刚刚到上谷郡就先毁弃信义，阻挠归服之心，催生叛离的裂痕，又将凭借什么来号令其他的郡国呢？我替您考虑，不如恢复耿况的官位来安定百姓。"使者不吭声。寇恂叱令左右的人用使者的命令召见耿况。耿况到了以后，寇恂上前拿了印绶给耿况戴上，使者不得已，只好用更始帝的名义任命耿况，耿况接受后就回去了。

建武二年，执金吾贾复在汝南郡，(他的)部将在颍川杀了人，寇恂就把他逮捕关进了监狱。当时政权还处于草创的阶段，军营中的人犯法，一般都宽容，寇恂却在集市上当众杀了他。贾复以此为耻辱，归途经过颍川，对手下的人说："我和寇恂同为将帅，而现在却被他陷害，大丈夫岂能被人侵害心怀怨恨却不做决断？今天看到寇恂，一定要亲手用剑杀了他！"寇恂知道了他的想法后，不想和他相见。执金吾的部队一进入边界，寇恂就出城到大道上迎接，然后又假托生病回去了。贾复带兵想要追杀他们，但手下的将士都喝醉了，于是路过颍川离去了。寇恂派谷崇把情况报告给光武帝，光武帝就召见了寇恂。寇恂被引见时，贾复已经在座，想起身避开。光武帝说："天下还未平定，两虎岂能私下争斗？今天我替你们解除矛盾。"于是让他们坐在一起，尽情欢娱，结成朋友后才离去。

寇恂平素很好学，就修建了乡校，教授学生，聘请通晓《左氏春秋》的人，亲自向他学习。第二年，他跟着皇帝攻打隗嚣，而颍川的盗贼又蜂拥而起，光武帝只得带军返回，对寇恂说："颍川迫近京城，应该及时平定。只是考虑到唯有你能平定此地。"当日，皇帝南征，寇恂跟着到了颍川，群贼都投降了，但皇帝最后并没有任命寇恂为颍川太守。百姓挡住去路说："希望能从陛下那里再借用寇君一年。"于是就留寇恂在长社，安抚官吏和百姓，接纳其他的盗贼归降。

高峻占据着高平县的第一(这个地段)，担心被杀死而坚守城池。大将军耿弇等围攻他，一年都无法攻下。建武十年，光武帝和大家商量派使者前去招降他，于是对寇恂说："你现在替我走一趟。如果高峻不马上投降，就率领耿弇等五个军营的力量攻打他。"寇恂带上玺书到了第一城，高峻派军师皇甫文出城拜见他们，言辞礼节都不顺从。寇恂大怒，准备杀了皇甫文。将军们劝谏说："高峻的精兵大多是能开硬弓的箭手，阻断了西边通向陇地的道路，连年都无法攻破他们。现在想招降他们，却要杀了他们的使者，恐怕不行吧？"寇恂不答应，把使者杀了。然后派了他的副手回去告诉高峻说："军师无礼，已经被杀了。想受降，就快点投降；不想投降，就固守在城中吧"高峻惶恐不安，当天就打开城门投降了。众将都来祝贺，寇恂回到颍川，光武帝派使者委任他为汝南太守。

寇恂通晓经书，注重修养，在朝廷中享有很高的声望，所得到的俸禄，总是很大方地馈赠给他的亲朋老友以及手下的官吏将士。经常说："我是靠着这些士大夫才能走到今天，怎么可以独自享受这些好处呢？"当时的人把他当作德高望重的人，认为他有宰相的器量。建武十二年，寇恂去世，谥号威侯。

九、

1. B 解析：谕，在文中是"下达指示"的意思，有时特指传达皇上诏令。

2. D 解析：A项、B项没有在"强起"前断开，而在"视事"后断开，把"强起""视事"视为连谓关系，不如在"感激"后断开，让"感激"与"强起视事"构成因果关系。由此可排除A项、B项。C项在"右光禄"之后断开，把它视为官职名，是错误的。"大夫"断在下一句，成了"卒"的主语，这"大夫"指的是不是"右光禄"，很不明确，所以也不恰当，因此又排除了C项。再仔细推敲D项，发现断句并无不妥之处。故选D项。

3. D 解析：①表现的是孙固少年时期就有远大志向；③表现的是孙固有胆识，敢进谏；⑤表现的是皇上和太皇太后对孙固的体谅和优待。

4. C 解析：从文章第三段可知，孙固最终并没有认同王安石的改革主张。

5. (1)对待边远地方的人应该表现出诚信，现在没有名目就发动战争，不是合适的计策。(示，显示，表现出。举兵，发动战争。"计之得"即"得之计"；得，恰当、合适。)

(2)所以尽管他经历了风险，却不被他人嫉恨陷害。(更历，经历。疾害，嫉恨陷害。为……所，被动句式。另外要注意：故；而。)

(3)傅尧俞为他作墓志铭说："司马公的清高气节，孙公的淳朴美德，是不说也会使人相信的。"(铭：为动用法，为……作铭。清节，清高气节。淳德，淳朴美德。者也，表示判断句式。)

【参考译文】

孙固字和父，是郑州管城人。从小就立有志向，九岁时读《论语》，说："我能行此道。"祖徕石介一见到他，便对他寄予王公辅臣之望。(孙固)进士及第，调任磁州司户参军。参与平定贝州，向文彦博提出对胁从者不治罪的建议，与文彦博意见吻合，所以只杀了首犯，其余的人没有治罪。宰相韩琦知道他贤能，派人告诉他来见面，孙固不肯去。韩琦更加器重他，引荐他任编修中书诸房文字。

治平年间，神宗成为颍王，让孙固担任侍讲；等到神宗当上皇太子，孙固又做侍读。到(神宗)即皇帝位，提拔孙固为工部郎中。种谔攻取绥州，孙固知道神宗立志想攻取西夏，打算事先予以劝诚，就进言说："对待边远地方的人应该表现出诚信，现在没有名目就发动战争，不是合适的计策。希望用汉韩安国、唐魏徵论兵的策略，与现在相互参照比较，是对是错就显而易见了。用兵，是危险的，不可妄动，妄动就有后悔的时候。"大臣们厌恶他的说法，(皇帝便让他)出京任澶州知州。

回朝任知审刑院。神宗问："王安石可以当宰相吗？"(孙固)回答说："王安石文学才能很高，处于侍从献纳的职位,是可以的。宰相应当有宰相的肚量,王安石气量狭小,不能容人。一定要求得贤明的宰相,吕公著、司马光、韩维是适合的人选。"共四次问这个问题,孙固都是这样对答。等到王安石当权,改革法令制度,孙固多次议事与王安石不合。青苗法出台后,孙固又极力陈述此法不妥之处。等韩琦的奏疏呈上来,神宗深受感动,对孙固说:"朕再三考虑,青苗法确实不适宜。"孙固出来告诉执政大臣说:"等皇上有了旨意,应赶快制定措施,以造福天下。"不久神宗还是听从了王安石的意见。

孔文仲对答皇帝的制策时批评时政,(朝廷拒不采纳,)宣令罢免他。孙固说:"陛下以名士,士人据实回答,现在反而加罪于他,为什么呢? 现在认为孔文仲的话蛊惑天下,我担心天下不是被孔文仲的话所迷惑,而是对孔文仲被罢官感到迷惑。"胡宗愈因为进谏而被贬逐,苏颂、陈荐因议论李定被罢免,孙固都出于情谊为之争辩。

哲宗即位,以正议大夫之职掌管河南府,移至郑州。元祐二年,(孙固)奉召升任侍读。哲宗和太皇太后怜悯他年事已高,每次朝会参加朝拜礼仪,听任他在幕帐中休息。孙固多次请求退休,太皇太后说:"你是先帝在东宫时的旧臣。现在皇帝刚刚听政,勉强留下来辅佐他,(如果)有时身体不舒服,拿了文书在家处理也可以。"孙固很感激,强打精神办理政事,又任知枢密院事,多次升官至右光禄大夫。元祐五年去世,时年七十五岁。哲宗、太皇太后都失声哭泣。停止视理朝政两天,追赠孙固为开府仪同三司,谥号"温靖"。

孙固将精诚纯粹放在心上,不喜欢对抗别人(故意表现出与众不同),和人在一起时间越久越可信,所以尽管他经历了风险,却不被他人嫉恨陷害。(他)曾说:"人应该把圣贤作为老师。"又说:"用热爱亲人的心去热爱君主,就没有办不成的事。"司马光隐退,孙固常常劝说神宗召他回来;(司马光)到陈州做官时,路过郑州,孙固和他一起讨论了几十个关于天下大事的问题,(孙固)说:"你做了宰相后,应该根据这些事的先后缓急审慎处理。"傅尧俞为他作墓志铭说:"司马公的清高气节,孙公的淳朴美德,是不说也会使人相信的。"世人认为是正确的评论。

十、

1. **B**　解析:"枉"应解释为"屈尊"。

2. **D**　解析:A项和B项,把"让""卒"分别理解为"责备""死"了。理解出现了偏差,断句必然失误。B项和C项把"屠者"误为"养老母"的主语,把"市井"误为"居"的宾语中心成分,把"以"误解为顺承连词了。正是不懂得"……所以……以……"是个固定搭配,相当于现代的"……的原因,是……"("以"是表原因的),从而误解了原意。反过来说,根据特定的文言句式和虚词,可以推知B项和C项断句有误。排除A、B、C三项,就得出正确答案为D项。

3. **D**　解析:"于是不顾老母亲还健在的现实"与文意不符。

4. (1)贤者因为心中积怨才亲近信赖我这穷乡僻壤的小民,我聂政哪里能对此默不作声就算了呢!(要注意"感忿""睚眦""安""嘿然"等关键词。)

(2)前些时候我没有答应仲子,只是因为我母亲尚在。(要译出"所以""徒""亲"等关键词。)

(3)于是谢绝了车骑随从,聂政辞别严仲子,独自一人启程前往。(要译出"遂""谢""徒"等关键词。)

【参考译文】

聂政,是轵县深井里人。(因为)杀了人为躲避仇敌,和母亲、姐姐一起逃到齐国,以屠宰为业。

过了很久,濮阳严仲子在韩哀侯朝中供职,与韩相侠累结下怨仇。严仲子怕侠累杀他,逃离韩国,他到处游历,访求能替他向侠累报仇的人。到了齐国,齐国有人谈到聂政,说他是个有勇气、有胆量的人,因为避仇而隐身在屠夫中间。严仲子登门求见,往来几次后,备下酒席,亲自向聂政母亲敬酒。喝酒到酣畅时,严仲子捧着黄金百镒,进前为聂政母亲祝寿。聂政对这样的厚礼感到惊讶,坚决谢绝严仲子。严仲子坚持要献,聂政推辞道:"我幸有老母在,家里贫穷,客居在此以杀狗为业,可以早晚买些甘甜柔软的食物来奉养母亲。母亲的供养已经备齐,(我)承受不起您的赏赐。"严仲子避开众人,趁机对聂政说:"我有个仇人,(为了寻访可为我报仇的人,)已经走过很多诸侯国;之后到齐国,我听说您很讲义气,所以进献百金,将用它作为您母亲的粗粮费用,能凭此与您交好,哪里敢再有所指望呢!"聂政说:"我降低志向、辱没身份隐居在市井屠夫中间的原因,只是幸运地奉养老母,老母活着,我不敢以自己的性命答应别人的请求。"严仲子坚决奉上黄金,聂政终究不肯接受。可是严仲子最终行完了宾主的礼节才离开。

过了很久,聂政的母亲去世了。埋葬已毕,服丧期满,聂政说道:"唉! 聂政我不过是个市井小民,只会举刀杀牲口;而严仲子是诸侯的卿相,却不远千里,屈尊来结交我。我接待他的极其菲薄稀少,没有什么大功可以和他所待我的相称,而严仲子又奉上百金为我母亲祝寿,我虽然没有接受,但他这样做,正说明只有他才深深地理解我。贤者因为心中积怨才亲近信赖我这穷乡僻壤的小民,我聂政哪里能对此默不作声就算了呢! 况且前些时候他来邀请我,我只是因为老母尚在(没有答应);现在老母享尽天年,我将要为知己效力了。"于是西行来到濮阳,见到严仲子,说道:"前些时候我没有答应仲子,只是因为我母亲尚在;现在不幸母亲已经享尽天年了。仲子想要报仇的对象是谁? 请让我来办理此事吧!"严仲子便详细地告诉他说:"我的仇人是韩相侠累,侠累又是韩国国君的叔父,他们宗族的人很多,居处护卫十分严密,我想派人去刺杀他,但始终没能成功。现在承蒙您不嫌弃我,请允许我加派车马壮士做您的帮手。"聂政说:"韩国与卫国,中间相距不太远,如今要去刺杀人家的国相,这位国relation又是国君的亲属,在这种情况下势必不能多派人去,多派人不可能不发生意外,发生意外,就会走漏消息,消息一走漏,那韩国全国就会和仲子结仇,这样岂不是太危险了!"于是谢绝了车骑随从,聂政辞别严仲子,独自一人启程前往。

聂政带着利剑到了韩国都城,韩相侠累正坐在府上,手持兵器护卫陪侍他的人很多。聂政径直闯了进去,上台阶杀了侠累,两旁的人顿时大乱。聂政大声呼喝,击杀数十人,然后自己毁容,挖出眼珠,破肚出肠,随即死去。

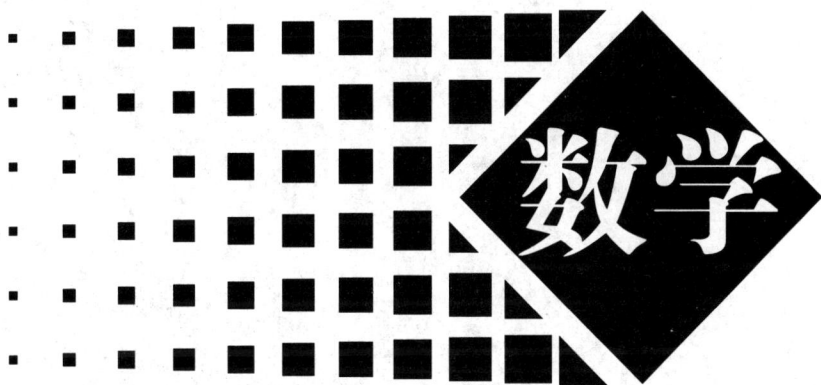

第一章 ▶ 集合与常用逻辑用语

一、典型例题精讲

【选择题】

1. 已知集合 $A = \{x \mid x^2 - 2x < 0\}$, $B = \{x \mid 2^x > 1\}$, 则有 _____.

A. $A \cap B = \varnothing$ B. $A \cup B = \mathbf{R}$ C. $B \subseteq A$ D. $A \subseteq B$

解 因为 $A = \{x \mid 0 < x < 2\}$, $B = \{x \mid x > 0\}$, 所以 $A \subseteq B$. 故选 D.

2. 设 $a, b \in \mathbf{R}$, 集合 $\{1, a+b, a\} = \left\{0, \dfrac{b}{a}, b\right\}$, 则 $b - a =$ _____.

A. 1   B. -1 C. 2   D. -2

解 因为 $\{1, a+b, a\} = \left\{0, \dfrac{b}{a}, b\right\}$, $a \neq 0$, 所以 $a + b = 0$, 即 $\dfrac{b}{a} = -1$, 所以 $a = -1$, $b = 1$, 经检验, 满足条件, 所以 $b - a = 2$. 故选 C.

点评 求出 $a = -1$, $b = 1$ 后, 要将这两个值代入集合中, 判断是否满足集合中元素的互异性, 这在解题过程中最容易被忽略. 切记解含参数集合问题时, 要对计算结果进行检验, 防止所得结果违背集合中元素的互异性.

3. 已知集合 $A = \{0, 1\}$, $B = \{x \mid x \subseteq A\}$, 则下列集合 A 与 B 的关系正确的是 _____.

A. $A \subseteq B$ B. $A \subsetneqq B$

C. $B \subsetneqq A$ D. $A \in B$

解 $\because x \subseteq A$, $\therefore B = \{\varnothing, \{0\}, \{1\}, \{0, 1\}\}$, $\therefore$ 集合 A 是集合 B 中的元素. 故选 D.

点评 判断集合之间的关系不能仅凭表面的理解, 应当注意观察集合中的元素之间的关系. 集合之间一般为包含关系或相等关系, 但有时也可能为从属关系, 解题时要思考两个问题: (1) 两个集合中的元素是什么; (2) 两个集合中元素之间的关系是什么. 本题易得错解 $A \subsetneqq B$, 故错选 B. 题中所给的两个集合比较特殊, 集合 B 中的元素就是集合, 当集合 A 是集合 B 中的元素时, A 与 B 是从属关系.

4. 已知集合 $M = \{x \mid x^2 = 1\}$, $N = \{x \mid ax = 1\}$, 若 $N \subseteq M$, 则实数 a 的取值集合为 _____.

A. $\{1\}$ B. $\{-1, 1\}$ C. $\{1, 0\}$ D. $\{-1, 0, 1\}$

解 **方法一** $M = \{x \mid x^2 = 1\} = \{-1, 1\}$, 当 $a = 0$ 时, $N = \varnothing$, 满足 $N \subseteq M$; 当 $a \neq 0$ 时, 因为 $N \subseteq M$, 所以 $\dfrac{1}{a} = -1$ 或 $\dfrac{1}{a} = 1$, 即 $a = -1$ 或 $a = 1$. 故选 D.

方法二 因为 $M = \{x \mid x^2 = 1\} = \{-1, 1\}$, 若 $a = 0$, 则 $N = \varnothing$, 满足 $N \subseteq M$, 所以排除 A, B; 若 $a = -1$, 则 $N = \{-1\}$, 满足 $N \subseteq M$, 所以排除 C. 故选 D.

5. 已知集合 $A = \{x \mid 2x + 1 > 3\}$, $B = \{x \mid x^2 - x - 2 < 0\}$, 则 $A \cup B =$ _____.

A. $\{x \mid 1 < x < 2\}$ B. $\{x \mid -1 < x < 1\}$

C. $\{x \mid -2 < x < 1$ 或 $x > 1\}$ D. $\{x \mid x > -1\}$

解 **方法一** $\because A = \{x \mid 2x + 1 > 3\} = \{x \mid x > 1\}$, $B = \{x \mid x^2 - x - 2 < 0\} = \{x \mid -1 < x <$

$2\}$,$\therefore A \cup B = \{x \mid x > -1\}$. 故选 D.

方法二 $\because 3 \in A$,$\therefore 3 \in (A \cup B)$,从而排除了 A,B;又 $\because -1 \notin A$ 且 $-1 \notin B$,$\therefore -1 \notin$ $(A \cup B)$,从而排除了 C. 故选 D.

点评 在进行集合间的运算时,会正确地求解不等式(组)的解集,才能正确地简化集合.

6. 设集合 $A = \{-1,1,2,3,5\}$,$B = \{2,3,4\}$,$C = \{x \in \mathbf{R} \mid 1 \leqslant x < 3\}$,则 $(A \cap C) \cup B =$ _____.

  A. $\{2\}$ B. $\{2,3\}$

  C. $\{-1,2,3\}$ D. $\{1,2,3,4\}$

解 **方法一** 因为 $A \cap C = \{1,2\}$,$B = \{2,3,4\}$,所以 $(A \cap C) \cup B = \{1,2,3,4\}$. 故选 D.

方法二 因为 $B = \{2,3,4\}$,所以集合 $(A \cap C) \cup B$ 中一定含有 $2,3,4$ 这三个元素,所以排除 A,B,C. 故选 D.

7. 已知实数集 $\mathbf{R}$,集合 $A = \{x \mid \log_2 x < 1\}$,$B = \{x \in \mathbf{Z} \mid x^2 + 4 \leqslant 5x\}$,则 $(\complement_{\mathbf{R}} A) \cap B =$ _____.

  A. $[2,4]$ B. $\{2,3,4\}$

  C. $\{1,2,3,4\}$ D. $[1,4]$

解 由 $\log_2 x < 1$,得 $0 < x < 2$,故 $A = (0,2)$,$\complement_{\mathbf{R}} A = (-\infty,0] \cup [2, +\infty)$. 又由 $x^2 + 4 \leqslant 5x$,即 $x^2 - 5x + 4 \leqslant 0$,解得 $1 \leqslant x \leqslant 4$. 因为 $x \in \mathbf{Z}$,所以 $B = \{1,2,3,4\}$,则 $(\complement_{\mathbf{R}} A) \cap B = \{2,3,4\}$. 故选 B.

8. 已知 $p: \exists x_0 \in \mathbf{R}, 3^{x_0} < x_0^3$,那么 $\neg p$ 为 _____.

  A. $\forall x \in \mathbf{R}, 3^x < x^3$ B. $\exists x_0 \in \mathbf{R}, 3^{x_0} > x_0^3$

  C. $\forall x \in \mathbf{R}, 3^x \geqslant x^3$ D. $\exists x_0 \in \mathbf{R}, 3^{x_0} \geqslant x_0^3$

解 因为特称命题的否定为全称命题,所以 $\neg p$ 为 $\forall x \in \mathbf{R}, 3^x \geqslant x^3$. 故选 C.

点评 对于全称命题 $p: \forall x \in M, p(x)$,其否定为 $\neg p: \exists x_0 \in M, \neg p(x_0)$;对于特称命题 $q: \exists x_0 \in M, q(x_0)$,其否定为 $\neg q: \forall x \in M, \neg q(x)$. 即全称命题的否定是特称命题,特称命题的否定是全称命题. 简称为"改量词,否结论".

9. 已知平面 α,直线 m,n 满足 $m \not\subset \alpha$,$n \subset \alpha$,则"$m \parallel n$"是"$m \parallel \alpha$"的 _____.

  A. 充分不必要条件   B. 必要不充分条件

  C. 充要条件   D. 既不充分也不必要条件

解 若 $m \not\subset \alpha$,$n \subset \alpha$,$m \parallel n$,由线面平行的判定定理知 $m \parallel \alpha$;若 $m \parallel \alpha$,$m \not\subset \alpha$,$n \subset \alpha$,不一定能推出 $m \parallel n$,直线 m 与 n 可能异面,故"$m \parallel n$"是"$m \parallel \alpha$"的充分不必要条件. 故选 A.

10. 已知双曲线方程为 $x^2 - \dfrac{y^2}{\lambda^2} = \lambda$,则"$\lambda = \sqrt{3}$"是"双曲线的离心率为 2"的 _____.

  A. 充分不必要条件   B. 必要不充分条件

  C. 充要条件   D. 既不充分也不必要条件

解 若 $\lambda = \sqrt{3}$，则双曲线方程为 $\dfrac{x^2}{\sqrt{3}} - \dfrac{y^2}{3\sqrt{3}} = 1$，从而 $e^2 = \dfrac{\sqrt{3} + 3\sqrt{3}}{\sqrt{3}} = 4$，则 $e = 2$，充分性成立. 若 $e = 2$，当 $\lambda > 0$ 时，由题意得 $e^2 = \dfrac{\lambda + \lambda^3}{\lambda} = 4$，解得 $\lambda = \sqrt{3}$；当 $\lambda < 0$ 时，由题意得 $e^2 = \dfrac{-\lambda - \lambda^3}{-\lambda^3} = 4$，解得 $\lambda = -\dfrac{\sqrt{3}}{3}$. 故"$\lambda = \sqrt{3}$"是"双曲线的离心率为 2"的充分不必要条件. 故选 A.

点评 试题以比较简单的双曲线知识来考查充分条件与必要条件，解题时既要进行推理，又要注意双曲线焦点位置对结果的影响.

【填空题】

1. 已知集合 $M = \left\{x \,\middle|\, \dfrac{x+2}{3-x} \geqslant 0\right\}$，$N = \left\{x \,\middle|\, \dfrac{1}{2} \leqslant 2^x \leqslant 8\right\}$，则 $M \cap N = $ _____.

解 由已知得 $M = \{x \mid -2 \leqslant x < 3\}$，$N = \{x \mid -1 \leqslant x \leqslant 3\}$，故 $M \cap N = \{x \mid -1 \leqslant x < 3\}$.

2. 已知集合 $A = \{x \mid x - 3 \leqslant 0 \text{ 且 } 4x - 5 > 0\}$，$B = \left\{y \,\middle|\, y = \dfrac{1}{3}x + \dfrac{1}{5}, x \geqslant 1\right\}$，则 $\complement_B A = $

_____.

解 由已知得 $A = \left(\dfrac{5}{4}, 3\right]$，$B = \left[\dfrac{8}{15}, +\infty\right)$，故 $\complement_B A = \left[\dfrac{8}{15}, \dfrac{5}{4}\right] \cup (3, +\infty)$.

3. 设集合 $A = \{0, -4\}$，$B = \{x \mid x^2 + 2(a+1)x + a^2 - 1 = 0, x \in \mathbf{R}\}$. 若 $B \subseteq A$，则实数 a 的取值范围是 _____.

解 ①当 $B = A$ 时，$B = \{0, -4\}$，则 0 和 -4 是方程 $x^2 + 2(a+1)x + a^2 - 1 = 0$ 的两根，所以 $\begin{cases} \Delta = 4(a+1)^2 - 4(a^2-1) > 0, \\ -2(a+1) = -4, \\ a^2 - 1 = 0, \end{cases}$ 解得 $a = 1$；

②当 $B \neq \varnothing$ 且 $B \neq A$ 时，$B = \{0\}$ 或 $B = \{-4\}$，

则 $\Delta = 4(a+1)^2 - 4(a^2-1) = 0$，解得 $a = -1$，此时 $B = \{0\}$ 满足题意；

③当 $B = \varnothing$ 时，$\Delta = 4(a+1)^2 - 4(a^2-1) < 0$，解得 $a < -1$.

综上所述，实数 a 的取值范围是 $(-\infty, -1] \cup \{1\}$.

4. 给出下列说法：

①"$x = \dfrac{\pi}{4}$"是"$\tan x = 1$"的充分不必要条件；

②定义在 $[a, b]$ 上的偶函数 $f(x) = x^2 + (a+5)x + b$ 的最大值为 30；

③命题"$\exists x_0 \in \mathbf{R}, x_0 + \dfrac{1}{x_0} \geqslant 2$"的否定是"$\forall x \in \mathbf{R}, x + \dfrac{1}{x} > 2$".

其中正确说法的个数为 _____.

解 由 $x = \dfrac{\pi}{4}$，得 $\tan x = \tan \dfrac{\pi}{4} = 1$，但由 $\tan x = 1$ 不一定能推出 $x = \dfrac{\pi}{4}$，所以"$x = \dfrac{\pi}{4}$"是"$\tan x = 1$"的充分不必要条件，故①是正确的. 若定义在 $[a, b]$ 上的函数 $f(x) = x^2 + $

$(a+5)x+b$ 是偶函数，则 $\begin{cases} a+5=0, \\ a+b=0, \end{cases}$ 即 $\begin{cases} a=-5, \\ b=5, \end{cases}$ 则 $f(x)=x^2+5$ 在 $[-5,5]$ 上的最大值为 30，所以②是正确的. 命题" $\exists x_0 \in \mathbf{R}, x_0 + \dfrac{1}{x_0} \geqslant 2$ "的否定是" $\forall x \in \mathbf{R}, x + \dfrac{1}{x} < 2$ "，所以③是错误的. 故正确说法的个数为 2.

【解答题】

1. 已知集合 $A=\{x \mid x^2+x-2 \leqslant 0\}$，$B=\{x \mid 2 < x+1 \leqslant 4\}$，$C=\{x \mid x^2+bx+c > 0\}$，如果集合 A,B,C 满足 $(A \cup B) \cap C = \varnothing$，$(A \cup B) \cup C = \mathbf{R}$，求 b 及 c 的值.

解 依题意得 $A=\{x \mid -2 \leqslant x \leqslant 1\}$，$B=\{x \mid 1 < x \leqslant 3\}$，$\therefore A \cup B = \{x \mid -2 \leqslant x \leqslant 3\}$. 由 $(A \cup B) \cap C = \varnothing$，$(A \cup B) \cup C = \mathbf{R}$，得 $C = \complement_{\mathbf{R}}(A \cup B) = \{x \mid x < -2 \text{ 或 } x > 3\}$. 又 $C = \{x \mid x^2+bx+c > 0\}$，故 $-2,3$ 是方程 $x^2+bx+c=0$ 的两根，由根与系数的关系可得 $b=-1, c=-6$.

点评 本题涉及集合交、并、补的简单运算及性质、二次方程与二次不等式的联系. 本题的解题关键是把 $A \cup B$ 看成一个整体，集合 $A \cup B$ 与 C 的交集为空集，与 C 的并集为全集，因此该集合为 C 的补集，从而求得集合 C.

2. 设 α, β 是方程 $x^2 - ax + b = 0$ 的两个实根，试分析" $a > 2$ 且 $b > 1$ "是"两根 α, β 均大于 1 "的什么条件.

解 (1) 若 α, β 均大于 1，则 $\alpha + \beta = a > 2$，且 $\alpha\beta = b > 1$，即 $a > 2$ 且 $b > 1$ 成立.

(2) $a > 2$ 且 $b > 1$ 成立，等价于 $\alpha + \beta > 2$，且 $\alpha\beta > 1$，但此时未必有 α, β 均大于 1. 可举反例如下：取 $\alpha=4, \beta=\dfrac{1}{2}$，$a = \alpha + \beta = \dfrac{9}{2} > 2$，$b = \alpha\beta = 2 > 1$，但 $\beta = \dfrac{1}{2} < 1$.

综上，" $a > 2$ 且 $b > 1$ "是"两根 α, β 均大于 1 "的必要不充分条件.

点评 本题将条件 $a > 2$ 且 $b > 1$ 等价转化为 $\alpha + \beta > 2$，且 $\alpha\beta > 1$，从而使条件与结论的关系明朗化.

3. 已知 $ab \neq 0$，求证：" $a + b = 1$ "的充要条件是" $a^3 + b^3 + ab - a^2 - b^2 = 0$ ".

证明 先证必要性：

$\because a + b = 1$，即 $a + b - 1 = 0$，

$\therefore a^3 + b^3 + ab - a^2 - b^2$

$= (a+b)(a^2 - ab + b^2) - (a^2 - ab + b^2)$

$= (a + b - 1)(a^2 - ab + b^2)$

$= 0.$

再证充分性：

$\because a^3 + b^3 + ab - a^2 - b^2 = 0$，

即 $(a + b - 1)(a^2 - ab + b^2) = 0$，

又 $\because ab \neq 0, \therefore a \neq 0$ 且 $b \neq 0$，

$\therefore a^2 - ab + b^2 = \left(a - \dfrac{b}{2}\right)^2 + \dfrac{3}{4}b^2 > 0$.

$\therefore a + b - 1 = 0$，即 $a + b = 1$.

综上所述，当 $ab \neq 0$ 时，" $a + b = 1$ "的充要条件是" $a^3 + b^3 + ab - a^2 - b^2 = 0$ ".

二、军考模拟训练

【选择题】

1. 已知集合 $A=\{x\in\mathbf{N}\mid1<x<\log_2 k\}$，若集合 A 中至少有 3 个元素，则 _____.

A. $k>8$　　　　　　　　　B. $k\geqslant8$

C. $k>16$　　　　　　　　D. $k\geqslant16$

2. 已知集合 $M=\{0,1\}$，则满足条件 $M\cup N=M$ 的集合 N 的个数为 _____.

A. 1　　　　　　　　　　B. 2

C. 3　　　　　　　　　　D. 4

3. 已知全集 $U=\{x\in\mathbf{N}\mid x^2-5x-6<0\}$，集合 $A=\{x\in\mathbf{N}\mid-2<x\leqslant2\}$，$B=\{1,2,3,5\}$，则 $(\complement_U A)\cap B=$ _____.

A. $\{3,5\}$　　　　　　　B. $\{2,3,5\}$

C. $\{2,3,4,5\}$　　　　　D. $\{3,4,5\}$

4. 已知集合 $P=\{-2,-1,0,1,2\}$，$Q=\{x\mid(x-1)(x+2)<0\}$，则 $P\cap Q=$ _____.

A. $\{-1,0\}$　　　　　　B. $\{0,1\}$

C. $\{-1,0,1\}$　　　　　D. $\{0,1,2\}$

5. 若集合 $A=\{0,1,2,x\}$，$B=\{1,x^2\}$，$A\cup B=A$，则满足条件的实数 x 有 _____.

A. 1 个　　　　　　　　B. 2 个

C. 3 个　　　　　　　　D. 4 个

6. 已知集合 $A=\{x\mid x^2-x\leqslant0\}$，函数 $f(x)=2-x(x\in A)$ 的值域为 B，则集合 $(\complement_{\mathbf{R}}A)\cap B=$ _____.

A. $[1,2]$　　　　　　　B. $(1,2]$

C. $[0,1]$　　　　　　　D. $(1,+\infty)$

7. 已知全集 $U=\{-1,0,1,2,3\}$，集合 $A=\{0,1,2\}$，$B=\{-1,0,1\}$，则 $(\complement_U A)\cap B=$ _____.

A. $\{-1\}$　　B. $\{1\}$　　C. $\{0,1\}$　　D. $\{-1,1\}$

8. 已知命题 $p:\exists x\in(-\infty,0),2^x<3^x$，命题 $q:\forall x\in(0,1),\log_2 x<0$，则下列命题为真命题的是 _____.

A. $p\wedge q$　　B. $p\vee(\neg q)$　　C. $(\neg p)\wedge q$　　D. $p\wedge(\neg q)$

9. 设 $a>0,b>0$，则"$a+b\leqslant4$"是"$ab\leqslant4$"的 _____.

A. 充分不必要条件　　　　B. 必要不充分条件

C. 充要条件　　　　　　　D. 既不充分也不必要条件

10. 设函数 $f(x)=\cos x+b\sin x(b$ 为常数$)$，则"$b=0$"是"$f(x)$ 为偶函数"的 _____.

A. 充分不必要条件　　　　B. 必要不充分条件

C. 充要条件　　　　　　　D. 既不充分也不必要条件

【填空题】

1. 若集合 $M=\{x\mid(x+4)(x+1)=0\}$，$N=\{x\mid(x-4)(x-1)=0\}$，则 $M\cap N=$ _____.

2. 已知集合 $U = \{1,2,3,4\}$，$A = \{1,3\}$，$B = \{1,3,4\}$，则 $A \cup (\complement_U B) = $ _____.

3. 已知全集 $A = \{x \in \mathbf{N} \mid x^2 + 2x - 3 \leqslant 0\}$，$B = \{y \mid y \subseteq A\}$，则集合 B 中元素的个数为 _____.

4. 给出下述两个命题，p：对角线互相垂直的四边形是菱形；q：对角线互相平分的四边形是菱形. 则命题"$p \vee q$""$p \wedge q$""$\neg p$"中真命题的个数是 _____.

5. 设 a,b 为正实数，则"$a > b > 1$"是"$\log_2 a > \log_2 b > 0$"的 _____ 条件（在"充要""充分不必要""必要不充分""既不充分也不必要"中选填）.

6. 已知函数 $g(x) = \lg(2x^2 - x)$，集合 $A = \{x \mid g(x) \leqslant 0\}$，$B = \left\{ g(x) \,\middle|\, x \in \left[-2, -\dfrac{1}{2} \right] \right\}$，则 $A \cap (\complement_{\mathbf{R}} B) = $ _____.

【解答题】

1. 已知集合 $A = \{x \mid x^2 - 4x + 3 = 0\}$，$B = \{x \mid x^2 - ax + a - 1 = 0\}$，$C = \{x \mid x^2 - bx + 1 = 0\}$. 若 $A \cup B = A$，$A \cap C = C$，求 a,b 的值或取值范围.

2. 已知 p："$\left| 1 - \dfrac{x-1}{3} \right| \leqslant 2$"，$q$："$x^2 - 2x + 1 - m^2 \leqslant 0 (m > 0)$"，若 $\neg p$ 是 $\neg q$ 的必要不充分条件，求实数 m 的取值范围.

3. 若集合 $A = \{x \mid x^2 - x - 6 < 0\}$，$B = \{x \mid x - a \geqslant 0\}$.

(1) 若 $A \cap B = \varnothing$，求实数 a 的取值范围.

(2) 是否存在实数 a，使得 $A \cap B = \{x \mid 0 \leqslant x < 3\}$？若存在，求出 a 的值及对应的 $A \cup B$；若不存在，请说明理由.

第二章 函数

一、典型例题精讲

【选择题】

1. 下列各对函数,表示同一函数的是_____.

A. $f(x)=\lg x^2,g(x)=2\lg x$
B. $y=f(x),y=f(x+1)$

C. $f(u)=\sqrt{\dfrac{1+u}{1-u}},g(v)=\sqrt{\dfrac{1+v}{1-v}}$
D. $f(x)=x,g(x)=\sqrt{x^2}$

解 在 A 中,$f(x)$ 的定义域为 $\{x|x\neq0\}$,$g(x)$ 的定义域为 $\{x|x>0\}$;在 B 中,对应关系不同;在 D 中,$f(x)$ 的定义域为 **R**,$g(x)$ 的定义域也是 **R**,但是 $g(x)=|x|$,与 $f(x)=x$ 的对应关系不同;而在 C 中,两函数的定义域相同,对应关系也相同,所以它们是同一函数. 故选 C.

点评 ①函数是由定义域、值域和对应关系共同构成的,这就是常说的函数概念的三要素. 由于定义域和对应关系一旦确定,则值域也确定了,因此判断两函数是否相同时,只要看两函数的定义域和对应关系是否分别相同即可.

②如果两个函数的定义域和值域分别相同,我们还不能断定这两个函数是同一函数. 例如,$f(x)=x,x\in[0,1]$ 和 $g(x)=x^2,x\in[0,1]$,很显然它们的定义域相同,值域也相同,但它们不是同一函数.

2. 函数 $f(x)=\sqrt{-x^2+9x+10}-\dfrac{2}{\ln(x-1)}$ 的定义域为_____.

A. $[1,10]$
B. $[1,2)\cup(2,10]$

C. $(1,10)$
D. $(1,2)\cup(2,10]$

解 要使函数有意义,则 $\begin{cases}-x^2+9x+10\geqslant0,\\x-1>0,\\x-1\neq1,\end{cases}$ 解得 $1<x\leqslant10$ 且 $x\neq2$. 故所求函数的定义域为 $(1,2)\cup(2,10]$. 故选 D.

点评 求给定函数的定义域往往归结为解不等式组的问题,在解不等式组时应细心,取交集时可借助于数轴,并且要注意端点值或边界值的取舍.

3. 已知函数 $f(x)$ 的定义域为 $(-1,0)$,则函数 $f(2x+1)$ 的定义域为_____.

A. $(-1,1)$
B. $\left(-1,-\dfrac{1}{2}\right)$

C. $(-1,0)$
D. $\left(\dfrac{1}{2},1\right)$

解 由 $-1<2x+1<0$,解得 $-1<x<-\dfrac{1}{2}$,故函数 $f(2x+1)$ 的定义域为

$\left(-1,-\dfrac{1}{2}\right)$. 故选 B.

点评 求抽象函数的定义域,要分清内层、外层函数之间的关系. 求函数 $y=f(t)$,$t=g(x)$ 的定义域的方法:

若 $y=f(t)$ 的定义域为 (a,b),则解不等式 $a<g(x)<b$,即可求出 $y=f(g(x))$ 的定义域;

若 $y=f(g(x))$ 的定义域为 (m,n),则求出 $g(x)$,$x\in(m,n)$ 的值域,即得 $f(t)$ 的定义域.

另外,请注意:函数 $f(g(x))$ 的定义域指的还是 x 的取值范围,求函数定义域时,对于解析式先不要化简,求出定义域后,一定要将其写成集合或区间的形式.

4. 在同一直角坐标系中,函数 $y=\dfrac{1}{a^{x}}$,$y=\log_{a}\left(x+\dfrac{1}{2}\right)(a>0$,且 $a\neq 1)$ 的图象可能是 _____.

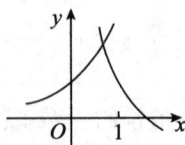 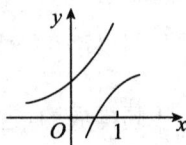 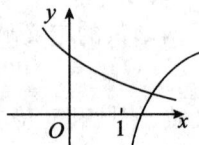 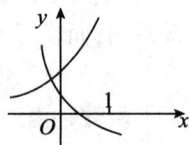

A B C D

解 **方法一** 若 $0<a<1$,则函数 $y=\dfrac{1}{a^{x}}$ 是增函数,$y=\log_{a}\left(x+\dfrac{1}{2}\right)$ 是减函数且其图象过点 $\left(\dfrac{1}{2},0\right)$,结合选项可知,选项 D 成立;若 $a>1$,则 $y=\dfrac{1}{a^{x}}$ 是减函数,而 $y=\log_{a}\left(x+\dfrac{1}{2}\right)$ 是增函数且其图象过点 $\left(\dfrac{1}{2},0\right)$,结合选项可知,没有符合的图象. 故选 D.

方法二 分别取 $a=\dfrac{1}{2}$ 和 $a=2$,在同一坐标系内画出相应函数的图象(图略),通过对比可知选 D.

5. 设 $f(x)=\begin{cases}\sqrt{x},0<x<1,\\2(x-1),x\geqslant 1.\end{cases}$ 若 $f(a)=f(a+1)$,则 $f\left(\dfrac{1}{a}\right)=$ _____.

A. 2   B. 4   C. 6   D. 8

解 当 $0<a<1$ 时,$a+1>1$,$f(a)=\sqrt{a}$,$f(a+1)=2(a+1-1)=2a$.

$\because f(a)=f(a+1)$,$\therefore \sqrt{a}=2a$,解得 $a=\dfrac{1}{4}$ 或 $a=0$(舍去),

$\therefore f\left(\dfrac{1}{a}\right)=f(4)=2\times(4-1)=6$;

当 $a>1$ 时,$a+1>2$,$\therefore f(a)=2(a-1)$,$f(a+1)=2(a+1-1)=2a$,

$\because f(a)=f(a+1)$,$\therefore 2(a-1)=2a$,无解;

当 $a=1$ 时,$a+1=2$,$f(1)=0$,$f(2)=2$,不符合题意.

综上,$f\left(\dfrac{1}{a}\right)=6$. 故选 C.

6. 已知函数 $f(x) = \begin{cases} (\ln x)^2 + a\ln x + b, x > 0, \\ e^x + \dfrac{1}{2}, x \leqslant 0, \end{cases}$ 若 $f(e^2) = f(1)$，$f(e) = \dfrac{4}{3}f(0)$，则函数 $f(x)$ 的值域为 _____.

A. $\left(\dfrac{1}{2}, \dfrac{3}{2}\right] \cup [2, +\infty)$ B. $\left[\dfrac{1}{2}, \dfrac{3}{2}\right) \cup [2, +\infty)$

C. $\left(\dfrac{1}{2}, \dfrac{3}{2}\right) \cup [2, +\infty)$ D. $\left(\dfrac{1}{2}, \dfrac{3}{2}\right] \cup (2, +\infty)$

解 由题意得 $\begin{cases} 4 + 2a + b = b, \\ 1 + a + b = 2, \end{cases}$ 解得 $\begin{cases} a = -2, \\ b = 3, \end{cases}$ 所以当 $x > 0$ 时，$f(x) = (\ln x)^2 - 2\ln x +$

$3 = (\ln x - 1)^2 + 2 \geqslant 2$；当 $x \leqslant 0$ 时，$\dfrac{1}{2} < e^x + \dfrac{1}{2} \leqslant e^0 + \dfrac{1}{2} = \dfrac{3}{2}$，则函数 $f(x)$ 的值域为

$\left(\dfrac{1}{2}, \dfrac{3}{2}\right] \cup [2, +\infty)$. 故选 A.

7. 若函数 $f(x) = \begin{cases} -x + 6, x \leqslant 2, \\ 3 + \log_a x, x > 2 \end{cases}$ $(a > 0，且 a \neq 1)$ 的值域是 $[4, +\infty)$，则实数 a 的取值范围是 _____.

A. $(1, 2]$ B. $[1, 2)$ C. $(0, 2)$ D. $(1, 4)$

解 因为 $f(x) = \begin{cases} -x + 6, x \leqslant 2, \\ 3 + \log_a x, x > 2, \end{cases}$ 所以当 $x \leqslant 2$ 时，$f(x) \geqslant 4$；

又因为函数 $f(x)$ 的值域为 $[4, +\infty)$，所以 $\begin{cases} a > 1, \\ 3 + \log_a 2 \geqslant 4, \end{cases}$ 解得 $1 < a \leqslant 2$. 故选 A.

8. 已知函数 $y = \sqrt{x^2 - 2x - 3}$，则该函数的单调增区间为 _____.

A. $(-\infty, 1]$ B. $[3, +\infty)$ C. $(-\infty, -1]$ D. $[1, +\infty)$

解 设 $t = g(x) = x^2 - 2x - 3$，由 $t \geqslant 0$，解得 $x \leqslant -1$ 或 $x \geqslant 3$. 所以复合函数的定义域为 $(-\infty, -1] \cup [3, +\infty)$. 因为内层函数 $t = g(x) = x^2 - 2x - 3$ 的图象的对称轴为直线 $x = 1$，所以函数 $t = g(x)$ 在 $(-\infty, -1]$ 上单调递减，在 $[3, +\infty)$ 上单调递增. 又外层函数 $y = \sqrt{t}$ 在 $[0, +\infty)$ 上为增函数，故复合函数 $y = \sqrt{x^2 - 2x - 3}$ 的增区间为 $[3, +\infty)$. 故选 B.

点评 复合函数 $y = f(g(x))$ 的单调性规律为"同增异减"，即若 $f(x)$ 与 $g(x)$ 具有相同的单调性，则 $y = f(g(x))$ 必为增函数；若两者的单调性相异，则 $y = f(g(x))$ 必为减函数.

9. 设 $f(x)$ 是定义域为 **R** 的偶函数，且在 $(0, +\infty)$ 上单调递减，则 _____.

A. $f\left(\log_3 \dfrac{1}{4}\right) > f\left(2^{-\frac{3}{2}}\right) > f\left(2^{-\frac{2}{3}}\right)$ B. $f\left(\log_3 \dfrac{1}{4}\right) > f\left(2^{-\frac{2}{3}}\right) > f\left(2^{-\frac{3}{2}}\right)$

C. $f\left(2^{-\frac{3}{2}}\right) > f\left(2^{-\frac{2}{3}}\right) > f\left(\log_3 \dfrac{1}{4}\right)$ D. $f\left(2^{-\frac{2}{3}}\right) > f\left(2^{-\frac{3}{2}}\right) > f\left(\log_3 \dfrac{1}{4}\right)$

解 因为 $y = 2^x$ 在 **R** 上是增函数，所以 $0 < 2^{-\frac{3}{2}} < 2^{-\frac{2}{3}} < 2^0 < 1$. 因为 $y = \log_3 x$ 在

$(0, +\infty)$ 上是增函数，所以 $\log_3 \dfrac{1}{4} < \log_3 \dfrac{1}{3} = -1$. 因为 $f(x)$ 为偶函数，所以 $f(-x) =$

$f(x)$. 因为函数 $f(x)$ 在 $(0, +\infty)$ 上单调递减,且 $0 < 2^{-\frac{3}{2}} < 2^{-\frac{2}{3}} < 2^0 < 1 < \log_3 4$,所以 $f(2^{-\frac{3}{2}}) > f(2^{-\frac{2}{3}}) > f(\log_3 4) = f\left(\log_3 \dfrac{1}{4}\right)$. 故选 C.

10. 函数 $f(x) = a^{x-b}$ 的图象如图 2 - 1 所示,其中 a, b 为常数,则下列结论正确的是_____.

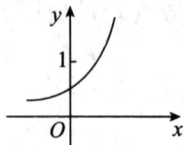

A. $a > 1, b < 0$

B. $a > 1, b > 0$

C. $0 < a < 1, b > 0$

D. $0 < a < 1, b < 0$

图 2 - 1

解 由 $f(x) = a^{x-b}$ 的图象可以观察出,函数 $f(x) = a^{x-b}$ 在定义域上单调递增,所以 $a > 1$. 又因为图象在 y 轴上的截距小于 1,所以 $a^{-b} < 1$,即 $-b < 0$,所以 $b > 0$. 故选 B.

11. 如果函数 $y = a^{2x} + 2a^x - 1$ $(a > 0,$ 且 $a \neq 1)$ 在区间 $[-1, 1]$ 上的最大值是 14,那么 a 的值为_____.

A. $\dfrac{1}{3}$ B. 1   C. 3   D. $\dfrac{1}{3}$ 或 3

解 设 $a^x = t$,则 $y = a^{2x} + 2a^x - 1 = t^2 + 2t - 1 = (t+1)^2 - 2$.

当 $a > 1$ 时,因为 $x \in [-1, 1]$,所以 $t \in \left[\dfrac{1}{a}, a\right]$. 又因为函数 $y = (t+1)^2 - 2$ 在 $\left[\dfrac{1}{a}, a\right]$ 上单调递增,所以 $y_{\max} = (a+1)^2 - 2 = 14$,解得 $a = 3$ 或 $a = -5$(舍去). 当 $0 < a < 1$ 时,因为 $x \in [-1, 1]$,所以 $t \in \left[a, \dfrac{1}{a}\right]$. 又函数 $y = (t+1)^2 - 2$ 在 $\left[a, \dfrac{1}{a}\right]$ 上单调递增,所以 $y_{\max} = \left(\dfrac{1}{a} + 1\right)^2 - 2 = 14$,解得 $a = \dfrac{1}{3}$ 或 $a = -\dfrac{1}{5}$(舍去). 综上可知 $a = 3$ 或 $a = \dfrac{1}{3}$. 故选 D.

12. 如果幂函数 $y = (m^2 - 3m + 3)x^{m^2 - m - 2}$ 的图象不过原点,那么实数 m 的取值范围是_____.

A. $-1 \leqslant m \leqslant 2$ B. $m = 1$ 或 $m = 2$

C. $m = 2$ D. $m = 1$

解 形如 $y = x^\alpha$ $(\alpha \in \mathbf{R})$ 的函数称为幂函数.

令 $m^2 - 3m + 3 = 1$,解得 $m = 2$ 或 $m = 1$.

又因为函数的图象不过原点,所以 $m^2 - m - 2 \leqslant 0$,解得 $-1 \leqslant m \leqslant 2$.

所以 $m = 2$ 或 $m = 1$. 故选 B.

13. 若函数 $f(x) = x^2$,设 $a = \log_5 4$,$b = \log_{\frac{1}{5}} \dfrac{1}{3}$,$c = 2^{\frac{1}{5}}$,则 $f(a)$,$f(b)$,$f(c)$ 的大小关系是_____.

A. $f(a) > f(b) > f(c)$ B. $f(b) < f(c) < f(a)$

C. $f(c) > f(b) > f(a)$ D. $f(c) > f(a) > f(b)$

解 因为 $f(x) = x^2$ 在 $(0, +\infty)$ 上单调递增,而 $0 < \log_{\frac{1}{5}} \dfrac{1}{3} = \log_5 3 < \log_5 4 < 1 < 2^{\frac{1}{5}}$,所

以 $f(b) < f(a) < f(c)$. 故选 D.

14. 已知函数 $f(x) = a^x + \log_a x (a > 0$, 且 $a \neq 1)$ 在 $[1,2]$ 上的最大值与最小值之和为 $\log_a 2 + 6$, 则 a 的值为 _____.

A. $\dfrac{1}{2}$ B. $\dfrac{1}{4}$ C. 2   D. 4

解 ∵ $y = a^x$ 与 $y = \log_a x$ 在区间 $[1,2]$ 上的单调性相同,

∴ $f(x) = a^x + \log_a x$ 在 $[1,2]$ 上的最大值与最小值之和为 $f(1) + f(2) = a + \log_a 1 + a^2 + \log_a 2 = a^2 + a + \log_a 2 = \log_a 2 + 6$, 即 $a^2 + a - 6 = 0$, 解得 $a = 2$ 或 $a = -3$(舍去). 故选 C.

15. 函数 $f(x) = \log_3 x + x - 2$ 的零点所在的区间为 _____.

A. $(1,2)$ B. $(2,3)$ C. $(3,4)$ D. $(0,1)$

解 函数 $f(x) = \log_3 x + x - 2$ 的定义域为 $(0, +\infty)$, 且 $f(x)$ 在 $(0, +\infty)$ 上单调递增, 图象是一条连续曲线.

∵ $f(1) = -1 < 0$, $f(2) = \log_3 2 > 0$,

∴ 由零点存在性定理可知, 函数 $f(x) = \log_3 x + x - 2$ 有唯一零点, 且该零点在区间 $(1,2)$ 内. 故选 A.

【填空题】

1. 已知函数 $f(2^x)$ 的定义域是 $[1,2]$, 则函数 $f(\log_2 x)$ 的定义域为 _____.

解 ∵ $f(2^x)$ 的定义域为 $[1,2]$, ∴ $1 \leq x \leq 2$, ∴ $2 \leq 2^x \leq 4$,

∴ $f(x)$ 的定义域为 $[2,4]$.

要求 $f(\log_2 x)$ 的定义域, 则有 $2 \leq \log_2 x \leq 4$, 即 $4 \leq x \leq 16$.

故 $f(\log_2 x)$ 的定义域为 $[4,16]$.

点评 一般地, 若函数 $f(x)$ 的定义域为 D, 则复合函数 $y = f(g(x))$ 的定义域由满足 $g(x) \in D$ 的 x 来确定. 求复合函数的定义域的关键是要明确其自变量是 x. 如本题中, 不要认为 $[1,2]$ 是 2^x 的取值范围.

2. 已知函数 $f(x) = \log_2(-x^2 + ax + 3)$, 若 $f(1) = 2$, 则 $a = $ _____.

解 因为 $f(1) = 2$, 即 $\log_2(-1 + a + 3) = 2$, 所以 $-1 + a + 3 = 4$, 故 $a = 2$.

3. 已知函数 $f(x)$ 满足 $f(x + 4) = f(x)(x \in \mathbf{R})$, 且在区间 $(-2, 2]$ 上, $f(x) = \begin{cases} \cos \dfrac{\pi x}{2}, & 0 < x \leq 2, \\ \left| x + \dfrac{1}{2} \right|, & -2 < x \leq 0, \end{cases}$ 则 $f(f(15))$ 的值为 _____.

解 因为函数 $f(x)$ 满足 $f(x + 4) = f(x)(x \in \mathbf{R})$,

所以函数 $f(x)$ 的周期是 4.

又因为在区间 $(-2, 2]$ 上, $f(x) = \begin{cases} \cos \dfrac{\pi x}{2}, & 0 < x \leq 2, \\ \left| x + \dfrac{1}{2} \right|, & -2 < x \leq 0, \end{cases}$

所以 $f(f(15)) = f(f(-1)) = f\left(\dfrac{1}{2}\right) = \cos\dfrac{\pi}{4} = \dfrac{\sqrt{2}}{2}$.

4. 函数 $f(x) = \begin{cases} \log_{\frac{1}{2}} x, & x \geq 1, \\ 2^x, & x < 1 \end{cases}$ 的值域为 _____.

解 分段函数是一个函数,不是两个函数. 分段函数的定义域是各段函数定义域的并集,值域是各段函数值域的并集.

当 $x \geq 1$ 时,$\log_{\frac{1}{2}} x \leq 0$;当 $x < 1$ 时,$0 < 2^x < 2$.

故分段函数的值域为 $(-\infty, 0] \cup (0, 2) = (-\infty, 2)$.

5. 若函数 $f(x) = a^x (a > 0,$ 且 $a \neq 1)$ 在 $[-1, 2]$ 上的最大值为 4,最小值为 m,且函数 $g(x) = (1 - 4m)\sqrt{x}$ 在 $[0, +\infty)$ 上是增函数,则 $a = $ _____.

解 方法一 当 $a > 1$ 时,$f(x) = a^x$ 为增函数,$\therefore a^2 = 4, a^{-1} = m$,即 $a = 2, m = \dfrac{1}{2}$. 此时 $g(x) = -\sqrt{x}$ 为减函数,不符合题意.

当 $0 < a < 1$ 时,$f(x) = a^x$ 为减函数,$\therefore a^{-1} = 4, m = a^2$,即 $a = \dfrac{1}{4}, m = \dfrac{1}{16}$,此时,$g(x) = \dfrac{3}{4}\sqrt{x}$ 在 $[0, +\infty)$ 上为增函数,故 $a = \dfrac{1}{4}$.

方法二 $\because g(x) = (1 - 4m)\sqrt{x}$ 在 $[0, +\infty)$ 上为增函数,

$\therefore 1 - 4m > 0$,即 $m < \dfrac{1}{4}$.

当 $a > 1$ 时,$f(x) = a^x$ 在 $[-1, 2]$ 上的最大值 $a^2 = 4$,解得 $a = 2$,最小值 $m = a^{-1} = \dfrac{1}{2}$,不符合题意,舍去.

当 $0 < a < 1$ 时,$f(x) = a^x$ 在 $[-1, 2]$ 上的最大值 $a^{-1} = 4$,即 $a = \dfrac{1}{4}$,最小值 $m = a^2 = \dfrac{1}{16} < \dfrac{1}{4}$,符合题意,故 $a = \dfrac{1}{4}$.

6. 化简:$\left(2\dfrac{7}{9}\right)^{0.5} + 0.1^{-2} + \left(2\dfrac{10}{27}\right)^{-\frac{2}{3}} - 3\pi^0 + \dfrac{37}{48} = $ _____.

解 原式 $= \left(\dfrac{25}{9}\right)^{\frac{1}{2}} + \dfrac{1}{0.1^2} + \left(\dfrac{64}{27}\right)^{-\frac{2}{3}} - 3 + \dfrac{37}{48}$

$= \dfrac{5}{3} + 100 + \dfrac{9}{16} - 3 + \dfrac{37}{48} = 100$.

7. 化简:$2(\lg\sqrt{2})^2 + \lg\sqrt{2} \cdot \lg 5 + \sqrt{(\lg\sqrt{2})^2 - 2\lg\sqrt{2} + 1} = $ _____.

解 原式 $= \lg\sqrt{2}(2\lg\sqrt{2} + \lg 5) + \sqrt{(\lg\sqrt{2} - 1)^2}$

$= \lg\sqrt{2}(\lg 2 + \lg 5) + |\lg\sqrt{2} - 1|$

$= \lg\sqrt{2} \times \lg 10 + 1 - \lg\sqrt{2} = 1$.

8. 已知函数 $y = f(x)$ 与 $y = e^x$ 互为反函数,函数 $y = g(x)$ 的图象与 $y = f(x)$ 的图象关

于 x 轴对称,若 $g(a)=1$,则实数 a 的值为_____.

解 $\because y=f(x)$ 与 $y=\mathrm{e}^x$ 互为反函数,

$\therefore f(x)=\ln x.$

又 $\because y=g(x)$ 的图象与 $y=f(x)$ 的图象关于 x 轴对称,

$\therefore g(x)=-\ln x.$

又由 $g(a)=1$,得 $\ln a=-1$,故 $a=\mathrm{e}^{-1}$.

9. 函数 $f(x)=x^{\frac{1}{2}}-\left(\dfrac{1}{2}\right)^{x}$ 的零点个数为_____.

解 $f(x)$ 的定义域为 $[0,+\infty)$.

因为 $y=x^{\frac{1}{2}}$ 在 $[0,+\infty)$ 上单调递增,$y=-\left(\dfrac{1}{2}\right)^{x}$ 在 $[0,+\infty)$ 上也单调递增,所以

$f(x)=x^{\frac{1}{2}}-\left(\dfrac{1}{2}\right)^{x}$ 在 $[0,+\infty)$ 上单调递增.

再注意到 $f(0)=-1<0,f(1)=\dfrac{1}{2}>0$,

故 $f(x)=x^{\frac{1}{2}}-\left(\dfrac{1}{2}\right)^{x}$ 在定义域内有唯一零点,即零点个数为 1.

10. 设函数 $f(x)=\begin{cases}2^x, & x\leqslant 0,\\ |\log_2 x|, & x>0,\end{cases}$ 则方程 $f(x)=1$ 的解集为_____.

解 由 $f(x)=1$,可知当 $x\leqslant 0$ 时,$2^x=1$,解得 $x=0$;

当 $x>0$ 时,$|\log_2 x|=1$,解得 $x=\dfrac{1}{2}$ 或 $x=2$. 所以所求解集为 $\left\{0,\dfrac{1}{2},2\right\}$.

【解答题】

1. 求下列函数的定义域:

(1) $f(x)=\dfrac{\sqrt{|x-2|-1}}{\log_2(x-1)}$;

(2) $f(x)=\dfrac{x^2}{\lg(4x+3)}+(5x-4)^0$.

解 (1)要使函数 $f(x)$ 有意义,必须且只需

$\begin{cases}|x-2|-1\geqslant 0,\\ x-1>0,\\ x-1\neq 1,\end{cases}$ 解不等式组得 $x\geqslant 3$. 故 $f(x)$ 的定义域为 $[3,+\infty)$.

(2)依题意得 $\begin{cases}4x+3>0,\\ 4x+3\neq 1,\\ 5x-4\neq 0,\end{cases}$ 解得 $x>-\dfrac{3}{4}$,且 $x\neq -\dfrac{1}{2},x\neq \dfrac{4}{5}$.

故函数 $f(x)$ 的定义域为 $\left(-\dfrac{3}{4},-\dfrac{1}{2}\right)\cup\left(-\dfrac{1}{2},\dfrac{4}{5}\right)\cup\left(\dfrac{4}{5},+\infty\right)$.

点评 对于由解析式给出的函数,其定义域可能有如下几种情形:

①若 $f(x)$ 是整式,则其定义域为由全体实数组成的集合,即 **R**.

②若 $f(x)$ 是分式,则其定义域是由使分母不为零的实数组成的集合.

③若 $f(x)$ 是偶次根式,则其定义域是由使被开方数非负的实数组成的集合.

④如果函数是由有限个基本初等函数通过四则运算构成的,那么它的定义域是各基本初等函数定义域的交集.

另外,若 $y = x^0$,则要求 $x \neq 0$;对数式中的真数要求大于零,底数大于零且不等于1;若 $y = \tan x$,则要求 $x \neq k\pi + \dfrac{\pi}{2}(k \in \mathbf{Z})$.

⑤实际问题中,除了要考虑函数解析式有意义以外,还应考虑实际问题本身的要求.

2. 求下列函数的值域:

$(1) y = \dfrac{2x^2 - 2x + 3}{x^2 - x + 1}$;

$(2) y = \sqrt{1+x} + \sqrt{1-x}$.

解 (1)方法一 函数解析式可化为 $(y-2)x^2 - (y-2)x + (y-3) = 0$. ($*$)

当 $y \neq 2$ 时,因为所给函数的定义域为 $\mathbf{R}$,所以方程($*$)有实数解,故 $\Delta = [-(y-2)]^2 - 4(y-2)(y-3) \geqslant 0$,解得 $2 < y \leqslant \dfrac{10}{3}$.

当 $y = 2$ 时,($*$)式不成立.

所以函数的值域为 $\left(2, \dfrac{10}{3}\right]$.

方法二 将函数解析式化为 $y = 2 + \dfrac{1}{x^2 - x + 1}$.

因为 $x \in \mathbf{R}$,所以 $x^2 - x + 1 = \left(x - \dfrac{1}{2}\right)^2 + \dfrac{3}{4} \geqslant \dfrac{3}{4}$,$\therefore 0 < \dfrac{1}{x^2 - x + 1} \leqslant \dfrac{4}{3}$.

于是 $2 < y \leqslant \dfrac{10}{3}$,故所求值域为 $\left(2, \dfrac{10}{3}\right]$.

(2)因为 $y^2 = 2 + 2\sqrt{(1+x)(1-x)}$,

所以 $2 \leqslant y^2 \leqslant 2 + (1+x) + (1-x) = 4$,即 $\sqrt{2} \leqslant y \leqslant 2$.

故函数的值域为 $[\sqrt{2}, 2]$.

点评 求函数值域的常用方法:

①配方法:适用于二次函数及能通过换元法等转化为二次函数的函数类型.

②判别式法:适用于分子、分母中含有二次项的函数类型. 如本题第(1)问.

③换元法:适用于无理函数、三角函数(用三角代换)等函数类型. 通过换元把它们转化为有理函数,然后通过求有理函数的值域,间接求解原函数的值域.

④不等式法:适用于能利用几个重要不等式及推论(如 $a^2 + b^2 \geqslant 2ab$, $a + b \geqslant 2\sqrt{ab}$ $(a, b$ 均为正实数$)$)来求得最值的函数类型. 如本题第(2)问.

⑤有界性法:充分利用一些三角函数或代数式的有界性,求出值域.

⑥单调性法:先判断函数的单调性,再由单调求函数的值域.

3. 求函数 $y = a^{1-x^2}(a > 0$,且 $a \neq 1)$ 的单调区间.

解 令 $t = 1 - x^2$,则 $t = 1 - x^2$ 的单调递增区间是 $(-\infty, 0]$,单调递减区间是

$[0,+\infty)$. 当 $a>1$ 时,$y=a^t$ 在 $(-\infty,+\infty)$ 上是增函数,所以当 $a>1$ 时,函数 $y=a^{1-x^2}$ 的单调递增区间是 $(-\infty,0]$,单调递减区间是 $[0,+\infty)$;

当 $0<a<1$ 时,$y=a^t$ 在 $(-\infty,+\infty)$ 上是减函数,所以当 $0<a<1$ 时,函数 $y=a^{1-x^2}$ 的单调递增区间是 $[0,+\infty)$,单调递减区间是 $(-\infty,0]$.

4. 已知 $f(x)$ 是定义域为 **R** 的偶函数,且在区间 $[0,+\infty)$ 上是增函数. 若 $f(m)\geqslant f(-2)$,求实数 m 的取值范围.

解 $\because f(x)$ 是 **R** 上的偶函数,且在 $[0,+\infty)$ 上是增函数,

$\therefore f(x)$ 在 $(-\infty,0]$ 上是减函数.

当 $m<0$ 时,由 $f(m)\geqslant f(-2)$,得 $m\leqslant -2$;

当 $m\geqslant 0$ 时,由 $f(m)\geqslant f(-2)=f(2)$,得 $m\geqslant 2$.

故实数 m 的取值范围为 $(-\infty,-2]\cup[2,+\infty)$.

5. 已知函数 $f(x^2-1)=\log_m\dfrac{x^2}{2-x^2}(m>1)$.

(1) 判断 $f(x)$ 的奇偶性;

(2) 解关于 x 的不等式 $f(x)\geqslant \log_m(3x+1)$.

解 (1) 设 $x^2-1=t(t\geqslant -1)$,则 $x^2=1+t$.

$\therefore f(t)=\log_m\dfrac{1+t}{1-t},t\in(-1,1)$.

$\therefore f(x)=\log_m\dfrac{1+x}{1-x},x\in(-1,1)$.

设 $x\in(-1,1)$,则 $-x\in(-1,1)$,

$f(-x)=\log_m\dfrac{1-x}{1+x}=-\log_m\dfrac{1+x}{1-x}=-f(x)$,故 $f(x)$ 为奇函数.

(2) 由 $\log_m\dfrac{1+x}{1-x}\geqslant \log_m(3x+1)$ 及 $m>1$,得 $\begin{cases}\dfrac{1+x}{1-x}\geqslant 3x+1,\\ 3x+1>0,\end{cases}$

解得 $-\dfrac{1}{3}<x\leqslant 0$ 或 $\dfrac{1}{3}\leqslant x<1$.

故不等式的解集为 $\left\{x\left|\ -\dfrac{1}{3}<x\leqslant 0\ 或\ \dfrac{1}{3}\leqslant x<1\right.\right\}$.

二、军考模拟训练

【选择题】

1. 函数 $f(x)=\sqrt{4-|x|}+\lg\dfrac{x^2-5x+6}{x-3}$ 的定义域为 _____.

A. $(2,3)$ 　　　　　　　　　　B. $(2,4]$

C. $(2,3)\cup(3,4]$ 　　　　　　D. $(-1,3)\cup(3,6]$

2. 设函数 $f(x)=\begin{cases}1+\log_2(2-x),x<1,\\ 2^{x-1},x\geqslant 1,\end{cases}$ 则 $f(-2)+f(\log_2 12)=$ _____.

A. 9 　　　　　B. 8 　　　　　C. 6 　　　　　D. 3

3. 下列函数为偶函数的是_____.

A. $y = x^2 \sin x$

B. $y = x^2 \cos x$

C. $y = |\ln x|$

D. $y = 2^{-x}$

4. 已知函数 $f(x)$ 是定义在 $\mathbf{R}$ 上的偶函数,且在 $[0, +\infty)$ 上单调递增,若实数 a 满足 $f(\log_2 a) + f(\log_{\frac{1}{2}} a) \leq 2f(1)$,则 a 的取值范围是_____.

A. $(0, 2]$

B. $\left[\dfrac{1}{2}, +\infty\right)$

C. $\left[\dfrac{1}{2}, 2\right)$

D. $\left[\dfrac{1}{2}, 2\right]$

5. 已知定义在 $\mathbf{R}$ 上的函数 $f(x) = 2^{|x-m|} - 1$(m 为实数)为偶函数,记 $a = f(\log_{0.5} 3)$,$b = f(\log_2 5)$,$c = f(2m)$,则 a, b, c 的大小关系为_____.

A. $a < b < c$

B. $a < c < b$

C. $c < a < b$

D. $c < b < a$

6. 已知一元二次不等式 $f(x) < 0$ 的解集为 $\left\{x \left| x < -1 \text{ 或 } x > \dfrac{1}{2}\right.\right\}$,则 $f(10^x) > 0$ 的解集为_____.

A. $\{x | x < -1 \text{ 或 } x > \lg 2\}$

B. $\{x | -1 < x < -\lg 2\}$

C. $\{x | x > -\lg 2\}$

D. $\{x | x < -\lg 2\}$

7. 下列函数在其定义域内,既是奇函数又存在零点的是_____.

A. $f(x) = e^x - 1$

B. $f(x) = x + \dfrac{1}{x}$

C. $f(x) = \dfrac{2}{x} - x$

D. $f(x) = \dfrac{2}{x} - x^2$

8. 若函数 $f(x) = \log_{\frac{1}{2}}(-x^2 + 4x + 5)$ 在区间 $(3m - 2, m + 2)$ 内单调递增,则实数 m 的取值范围为_____.

A. $\left[\dfrac{4}{3}, 3\right]$

B. $\left[\dfrac{4}{3}, 2\right]$

C. $\left[\dfrac{4}{3}, 2\right)$

D. $\left[\dfrac{4}{3}, +\infty\right)$

9. 已知定义域为 $\mathbf{R}$ 的函数 $f(x)$ 满足 $f(x+1) = 2f(x)$,且当 $x \in (0, 1)$ 时,$f(x) = x^2 - x$,则当 $x \in (-2, -1)$ 时,$f(x)$ 的最小值为_____.

A. $-\dfrac{1}{16}$

B. $-\dfrac{1}{8}$

C. $-\dfrac{1}{4}$

D. 0

10. 已知 $a = 2^{1.2}, b = \left(\dfrac{1}{2}\right)^{-0.8}, c = 2\log_5 2$, 则 a, b, c 的大小关系是 _____.

A. $c < b < a$ B. $c < a < b$

C. $b < a < c$ D. $b < c < a$

11. 函数 $f(x) = \ln(x^2 - 2x - 8)$ 的单调递增区间是 _____.

A. $(-\infty, -2)$ B. $(-\infty, 1)$

C. $(1, +\infty)$ D. $(4, +\infty)$

12. 若 $a > b$, 则下列结论成立的是 _____.

A. $\ln(a - b) > 0$ B. $3^a < 3^b$

C. $a^3 - b^3 > 0$ D. $|a| > |b|$

13. 已知 $a = \log_2 7, b = \log_3 8, c = 0.3^{0.2}$, 则 a, b, c 的大小关系为 _____.

A. $c < b < a$ B. $a < b < c$

C. $b < c < a$ D. $c < a < b$

14. 已知函数 $f(x) = \begin{cases} x^2 - 2x, & x \leqslant 0, \\ 1 + \dfrac{1}{x}, & x > 0, \end{cases}$ 则函数 $y = f(x) + 3x$ 的零点个数是 _____.

A. 0   B. 1   C. 2   D. 3

15. 下列函数, 既不是奇函数, 也不是偶函数的是 _____.

A. $y = \sqrt{1 + x^2}$ B. $y = x + \dfrac{1}{x}$

C. $y = 2^x + \dfrac{1}{2^x}$ D. $y = x + e^x$

【填空题】

1. 函数 $f(x) = \dfrac{3x^2}{\sqrt{1 - x}} + \sqrt{\lg(3x + 1)}$ 的定义域为 _____.

2. 已知函数 $f(x)$ 是定义在 **R** 上的单调递增函数, 且满足对任意的实数 x 都有 $f(f(x) - 3^x) = 4$, 则 $f(x) + f(-x)$ 的最小值等于 _____.

3. 设 $f(x)$ 是定义在 **R** 上的周期为 3 的函数, 当 $x \in [-2, 1)$ 时, $f(x) = \begin{cases} 4x^2 - 2, & -2 \leqslant x \leqslant 0, \\ x, & 0 < x < 1, \end{cases}$ 则 $f\left(\dfrac{5}{2}\right) =$ _____.

4. 若函数 $f(x) = x^3 + 3x$ 对任意的 $m \in [-2, 2]$, $f(mx - 2) + f(x) < 0$ 恒成立, 则 $x \in$ _____.

5. 已知函数 $f(x) = x^3 + \sin x$ 的定义域为 $[-1, 1]$, 若 $f(\log_2 m) < f(\log_4(m + 2))$ 成

立,则实数 m 的取值范围为_____.

6. 已知 $a = \cos 420°$, 函数 $f(x) = \begin{cases} a^x, x \leqslant 0, \\ \log_a x, x > 0, \end{cases}$ 则 $f\left(\dfrac{1}{4}\right) + f\left(\log_2 \dfrac{1}{6}\right)$ 的值等

于_____.

7. 设函数 $f(x) = \begin{cases} 2^x, x \geqslant 3, \\ f(x+1), x < 3, \end{cases}$ 则 $f(\log_2 6)$ 的值为_____.

8. 函数 $f(x) = \begin{cases} x^2 - 1, x \leqslant 0, \\ x - 2 + \ln x, x > 0 \end{cases}$ 的零点个数为_____.

9. 已知函数 $f(x) = \begin{cases} \log_2 x + a, x > 0, \\ 2^x + a, x \leqslant 0, \end{cases}$ 若函数 $y = f(x) + x$ 有且只有 1 个零点,则实数 a

的取值范围是_____.

10. 若不等式 $\lg \dfrac{1 + 2^x + (1-a)3^x}{3} \geqslant (x-1) \cdot \lg 3$ 对任意的 $x \in (-\infty, 1]$ 恒成立,则

实数 a 的取值范围是_____.

【解答题】

1. 设函数 $f(x) = \sqrt{x^2 + 1} - ax$, 其中 $a > 0$. 求 a 的取值范围,使函数 $f(x)$ 在区间 $[0, +\infty)$ 上是单调函数.

2. 求函数 $y = \left(\dfrac{1}{3}\right)^{x^2 - 2x - 3}$ 的值域及单调区间.

3. 解关于 x 的方程 $a^{2x} + 1 = a^{x+2} + a^{x-2}$,其中常数 a 满足 $a > 0$ 且 $a \neq 1$.

4. 解方程:$\lg(8 + 2^{x+1}) = 2x(1 - \lg 5)$.

5. 已知 $a > 2$,求证:$\log_a(a-1) \cdot \log_a(a+1) < 1$.

第三章 数列

一、典型例题精讲

【选择题】

1. 已知数列 $\{a_n\}$ 的前 n 项和 $S_n = n^2 - 1$，则 $a_1 + a_3 + a_5 + a_7 + a_9 =$ _____.

A. 40　　　　　　B. 44　　　　　　C. 45　　　　　　D. 49

解 方法一 因为 $S_n = n^2 - 1$，所以当 $n \geqslant 2$ 时，$a_n = S_n - S_{n-1} = n^2 - 1 - (n-1)^2 + 1 = 2n - 1$. 又 $a_1 = S_1 = 0$，所以 $a_n = \begin{cases} 0, & n = 1, \\ 2n - 1, & n \geqslant 2, \end{cases}$

于是 $a_1 + a_3 + a_5 + a_7 + a_9 = 0 + 5 + 9 + 13 + 17 = 44$. 故选 B.

方法二 因为 $S_n = n^2 - 1$，所以当 $n \geqslant 2$ 时，$a_n = S_n - S_{n-1} = 2n - 1$.

又 $a_1 = S_1 = 0$，所以 $a_n = \begin{cases} 0, & n = 1, \\ 2n - 1, & n \geqslant 2. \end{cases}$

所以 $\{a_n\}$ 从第二项起是等差数列，$a_2 = 3$，公差 $d = 2$.

所以 $a_1 + a_3 + a_5 + a_7 + a_9 = 0 + 4a_6 = 4 \times (2 \times 6 - 1) = 44$. 故选 B.

方法总结 数列的通项 a_n 与前 n 项和 S_n 的关系是 $a_n = \begin{cases} S_1, & n = 1, \\ S_n - S_{n-1}, & n \geqslant 2, \end{cases}$ 当 $n = 1$ 时，若 a_1 适合 $a_n = S_n - S_{n-1}(n \geqslant 2)$，则 $n = 1$ 的情况可并入 $n \geqslant 2$ 时的通项 a_n；当 $n = 1$ 时，若 a_1 不适合 $a_n = S_n - S_{n-1}(n \geqslant 2)$，则通项 a_n 用分段函数的形式表示.

2. 已知数列 $\{a_n\}$ 的前 n 项和为 S_n，$a_1 = 1$，$S_n = 2a_{n+1}$，则 $S_n =$ _____.

A. 2^{n-1}　　　　B. $\left(\dfrac{3}{2}\right)^{n-1}$　　　　C. $\left(\dfrac{2}{3}\right)^{n-1}$　　　　D. $\left(\dfrac{1}{2}\right)^{n-1}$

解 方法一 当 $n = 1$ 时，$S_1 = a_1 = 2a_2$，则 $a_2 = \dfrac{1}{2}$.

当 $n \geqslant 2$ 时，$S_n - S_{n-1} = a_n = 2a_{n+1} - 2a_n$，所以 $\dfrac{a_{n+1}}{a_n} = \dfrac{3}{2}$，

所以数列 $\{a_n\}$ 从第二项起是公比为 $\dfrac{3}{2}$ 的等比数列，

故 $a_n = \begin{cases} 1, & n = 1, \\ \dfrac{1}{2} \times \left(\dfrac{3}{2}\right)^{n-2}, & n \geqslant 2, \end{cases}$

所以 $S_n = 1 + \dfrac{1}{2} + \dfrac{1}{2} \times \dfrac{3}{2} + \cdots + \dfrac{1}{2} \times \left(\dfrac{3}{2}\right)^{n-2}$

$= 1 + \dfrac{\dfrac{1}{2} \times \left[1 - \left(\dfrac{3}{2}\right)^{n-1}\right]}{1 - \dfrac{3}{2}} = \left(\dfrac{3}{2}\right)^{n-1}$. 故选 B.

方法二 当 $n=1$ 时，$S_1=a_1=2a_2$，则 $a_2=\dfrac{1}{2}$，所以 $S_2=1+\dfrac{1}{2}=\dfrac{3}{2}$，结合选项可得只有 B 满足. 故选 B.

易错警示 本题需要注意的是数列 $\{a_n\}$ 从第二项起是等比数列，因此在求和时，需要从第二项起，运用等比数列的求和公式计算.

3. 记 S_n 为等差数列 $\{a_n\}$ 的前 n 项和，若 $S_4=0$，$a_5=5$，则以下结论正确的是 _____.

    A. $a_n=2n-5$ B. $a_n=3n-10$ C. $S_n=2n^2-8n$ D. $S_n=\dfrac{1}{2}n^2-2n$

解 **方法一** 设等差数列 $\{a_n\}$ 的公差为 d.

$\because \begin{cases} S_4=0, \\ a_5=5, \end{cases} \therefore \begin{cases} 4a_1+\dfrac{4\times 3}{2}d=0, \\ a_1+4d=5, \end{cases}$ 解得 $\begin{cases} a_1=-3, \\ d=2. \end{cases}$

$\therefore a_n=a_1+(n-1)d=-3+2(n-1)=2n-5$，

$S_n=na_1+\dfrac{n(n-1)}{2}d=n^2-4n$. 故选 A.

方法二 设等差数列 $\{a_n\}$ 的公差为 d.

$\because \begin{cases} S_4=0, \\ a_5=5, \end{cases} \therefore \begin{cases} 4a_1+\dfrac{4\times 3}{2}d=0, \\ a_1+4d=5, \end{cases}$ 解得 $\begin{cases} a_1=-3, \\ d=2. \end{cases}$

对于选项 A，$a_1=2\times 1-5=-3$；

对于选项 B，$a_1=3\times 1-10=-7$，排除 B；

对于选项 C，$S_1=2-8=-6$，排除 C；

对于选项 D，$S_1=\dfrac{1}{2}-2=-\dfrac{3}{2}$，排除 D. 故选 A.

4. 记 S_n 为等差数列 $\{a_n\}$ 的前 n 项和，若 $a_3=5$，$a_7=13$，则 $S_{10}=$ _____.

A. 80   B. 90   C. 100   D. 105

解 **方法一** 设等差数列 $\{a_n\}$ 的公差为 d，则由题意，得

$\begin{cases} a_1+2d=5, \\ a_1+6d=13, \end{cases}$ 解得 $\begin{cases} a_1=1, \\ d=2, \end{cases}$

所以 $S_{10}=10\times 1+\dfrac{10\times 9}{2}\times 2=100$. 故选 C.

方法二 依题意，得公差 $d=\dfrac{a_n-a_m}{n-m}=\dfrac{1}{4}(a_7-a_3)=2$，

所以 $a_4=a_3+d=7$. 所以 $S_{10}=\dfrac{10(a_1+a_{10})}{2}=5(a_4+a_7)=100$. 故选 C.

点评 在等差数列 $\{a_n\}$ 中，首项 a_1 和公差 d 是两个最基本的元素，有关等差数列的问题，若条件与结论间无明显联系，则均可以化成关于 a_1，d 的方程（组）求解；如果条件与结论存在明显的特点，一般运用数列的性质解题较为简便.

5. 记 S_n 为等差数列 $\{a_n\}$ 的前 n 项和,若 $3S_3 = S_2 + S_4$, $a_1 = 2$,则 $a_5 = \underline{\quad\quad}$.

A. -12　　　　　B. -10　　　　　C. 10　　　　　D. 12

解 方法一 设等差数列 $\{a_n\}$ 的公差为 d.

$\because 3S_3 = S_2 + S_4$,

$\therefore 3\left(3a_1 + \dfrac{3 \times 2}{2}d\right) = 2a_1 + d + 4a_1 + \dfrac{4 \times 3}{2}d$,解得 $d = -\dfrac{3}{2}a_1$.

$\because a_1 = 2, \therefore d = -3, \therefore a_5 = a_1 + 4d = 2 + 4 \times (-3) = -10$. 故选 B.

方法二 设等差数列 $\{a_n\}$ 的公差为 d.

$\because 3S_3 = S_2 + S_4$,

$\therefore 3S_3 = S_3 - a_3 + S_3 + a_4, \therefore S_3 = a_4 - a_3, \therefore 3a_1 + \dfrac{3 \times 2}{2}d = d$.

又 $\because a_1 = 2, \therefore d = -3$.

$\therefore a_5 = a_1 + 4d = 2 + 4 \times (-3) = -10$. 故选 B.

6. 记 S_n 为等差数列 $\{a_n\}$ 的前 n 项和,若 $a_4 + a_5 = 24$, $S_6 = 48$,则数列 $\{a_n\}$ 的公差 $d = \underline{\quad\quad}$.

A. 1　　　　　B. 2　　　　　C. 4　　　　　D. 8

解 由题意,得 $\begin{cases} a_1 + 3d + a_1 + 4d = 24, \\ 6a_1 + \dfrac{6 \times 5}{2}d = 48, \end{cases}$ 解得 $d = 4$. 故选 C.

点评 等差数列基本运算的常见类型及解题策略:

(1)求公差 d 或项数 n. 在求解时,一般要运用方程思想.

(2)求通项. a_1 和 d 是等差数列的两个基本元素,一般要求出 a_1 和 d 的值.

(3)求特定项. 利用等差数列的通项公式或等差数列的性质求解.

(4)求前 n 项和. 利用等差数列的前 n 项和公式直接求解,或利用等差中项间接求解.

7. 已知数列 $\{a_n\}$ 为等差数列,若 $a_2 + a_6 + a_{10} = \dfrac{\pi}{2}$,则 $\tan(a_3 + a_9)$ 的值为 $\underline{\quad\quad}$.

A. 0　　　　　B. $\dfrac{\sqrt{3}}{3}$　　　　　C. 1　　　　　D. $\sqrt{3}$

解 因为数列 $\{a_n\}$ 为等差数列,所以 $a_2 + a_6 + a_{10} = 3a_6 = \dfrac{\pi}{2}$,所以 $a_6 = \dfrac{\pi}{6}$.

所以 $a_3 + a_9 = 2a_6 = \dfrac{\pi}{3}$,所以 $\tan(a_3 + a_9) = \tan\dfrac{\pi}{3} = \sqrt{3}$. 故选 D.

点评 用好等差或等比数列的性质,可以快速解题. 应用时要注意加以区别,不要混淆,在等差数列中,若 $m + n = p + q(m, n, p, q \in \mathbf{N}^*)$,则 $a_m + a_n = a_p + a_q$;在等比数列中,若 $m + n = s + t(m, n, s, t \in \mathbf{N}^*)$,则 $a_m \cdot a_n = a_s \cdot a_t$.

8. 设 S_n 为等差数列 $\{a_n\}$ 的前 n 项和,$a_6 + a_8 = 6$,$S_9 - S_6 = 3$,则 S_n 取得最大值时 n 的值为 $\underline{\quad\quad}$.

A. 5　　　　　B. 6　　　　　C. 7　　　　　D. 8

解 方法一 设 $\{a_n\}$ 的公差为 d,则由题意得 $\begin{cases} a_1 + 5d + a_1 + 7d = 6, \\ a_1 + 6d + a_1 + 7d + a_1 + 8d = 3, \end{cases}$ 解得

$$\begin{cases} a_1 = 15, \\ d = -2. \end{cases}$$ 所以 $a_n = a_1 + (n-1)d = -2n + 17.$

因为 $a_8 > 0, a_9 < 0,$ 所以使 S_n 取得最大值时 n 的值是 8. 故选 D.

方法二 设 $\{a_n\}$ 的公差为 d, 则由题意得

$$\begin{cases} a_1 + 5d + a_1 + 7d = 6, \\ a_1 + 6d + a_1 + 7d + a_1 + 8d = 3, \end{cases} \quad 解得 \begin{cases} a_1 = 15, \\ d = -2. \end{cases}$$

所以 $S_n = 15n + \dfrac{n(n-1)}{2} \times (-2) = -(n-8)^2 + 64,$

所以当 $n = 8$ 时, S_n 取得最大值. 故选 D.

点评 求等差数列前 n 项和最值的常用方法:

(1)利用数列的通项公式, 求出数列中的项的符号开始变化时的 n 的值.

(2)从数列的前 n 项和公式入手, 利用二次函数的性质进行求解.

9. 已知数列 $\{a_n\}$ 为等比数列, 首项 $a_1 = 4,$ 数列 $\{b_n\}$ 满足 $b_n = \log_2 a_n,$ 且 $b_1 + b_2 + b_3 = 12,$ 则 $a_4 = $ _____.

A. 4   B. 32   C. 108   D. 256

解 设等比数列 $\{a_n\}$ 的公比为 $q,$ 由题意知 $q > 0,$ 又首项 $a_1 = 4,$ 所以数列 $\{a_n\}$ 的通项公式为 $a_n = 4 \cdot q^{n-1}.$ 又 $b_n = \log_2 a_n = \log_2 (4 \cdot q^{n-1}) = 2 + (n-1)\log_2 q,$ 所以 $\{b_n\}$ 为等差数列, 则 $b_1 + b_2 + b_3 = 3b_2 = 12,$ 所以 $b_2 = 4.$ 由 $b_2 = 2 + (2-1)\log_2 q = 4,$ 解得 $q = 4.$ 所以 $a_4 = 4 \times 4^{4-1} = 4^4 = 256.$ 故选 D.

10. 已知等比数列 $\{a_n\}$ 的各项均为正实数, 其前 n 项和为 $S_n.$ 若 $a_3 = 4, a_2 a_6 = 64,$ 则 $S_5 = $ _____.

A. 32   B. 31   C. 108   D. 63

解 **方法一** 设数列 $\{a_n\}$ 的首项为 $a_1,$ 公比为 $q.$

因为 $a_n > 0,$ 所以 $q > 0.$

由题设条件得 $\begin{cases} a_1 q^2 = 4, \\ a_1 q \cdot a_1 q^5 = 64, \end{cases}$ 所以 $\begin{cases} a_1 = 1, \\ q = 2. \end{cases}$

所以 $S_5 = \dfrac{1 - 2^5}{1 - 2} = 31.$ 故选 B.

方法二 设等比数列 $\{a_n\}$ 的首项为 $a_1,$ 公比为 $q.$ 因为 $a_n > 0,$ 所以 $q > 0.$

由 $a_2 a_6 = a_4^2 = 64, a_3 = 4,$ 得 $q = 2, a_1 = 1.$

所以 $S_5 = \dfrac{1 - 2^5}{1 - 2} = 31.$ 故选 B.

11. 已知 S_n 是等比数列 $\{a_n\}$ 的前 n 项和, 若公比 $q = 2,$ 则 $\dfrac{a_1 + a_3 + a_5}{S_6} = $ _____.

A. $\dfrac{1}{3}$ B. $\dfrac{1}{7}$ C. $\dfrac{2}{3}$ D. $\dfrac{3}{7}$

解 **方法一** 由题意知 $a_1 + a_3 + a_5 = (1 + 2^2 + 2^4)a_1 = 21a_1.$

而 $S_6 = \dfrac{(1 - 2^6)a_1}{1 - 2} = 63a_1,$ 所以 $\dfrac{a_1 + a_3 + a_5}{S_6} = \dfrac{21a_1}{63a_1} = \dfrac{1}{3}.$ 故选 A.

方法二 由题意知 $S_6 = a_1 + a_2 + a_3 + a_4 + a_5 + a_6$

$= a_1 + a_3 + a_5 + (a_2 + a_4 + a_6)$

$= a_1 + a_3 + a_5 + 2(a_1 + a_3 + a_5) = 3(a_1 + a_3 + a_5)$,

所以 $\dfrac{a_1 + a_3 + a_5}{S_6} = \dfrac{1}{3}$. 故选 A.

12. 设等比数列 $\{a_n\}$ 的前 n 项和为 S_n,若 $S_2 = 3$,$S_4 = 15$,则 $S_6 = $ _____.

  A. 31   B. 32   C. 63   D. 64

解 方法一 设等比数列 $\{a_n\}$ 的公比为 q.

若 $q = 1$,则 $S_n = na_1$,这显然不符合题意,故 $q \neq 1$.

由题意可知 $\begin{cases} \dfrac{a_1(1 - q^2)}{1 - q} = 3, ① \\ \dfrac{a_1(1 - q^4)}{1 - q} = 15, ② \end{cases}$ 两式相除得 $1 + q^2 = 5$,解得 $q = 2$ 或 $q = -2$.

若 $q = 2$,代入①式解得 $a_1 = 1$,故 $S_6 = \dfrac{1 - 2^6}{1 - 2} = 63$,

若 $q = -2$,代入①式解得 $a_1 = -3$,故 $S_6 = \dfrac{-3 \times [1 - (-2)^6]}{1 - (-2)} = 63$. 故选 C.

方法二 设等比数列 $\{a_n\}$ 的公比为 q.

若 $q = 1$,则 $S_n = na_1$,这显然不符合题意,所以 $q \neq 1$.

设其前 n 项和 $S_n = Aq^n - A$.

由题意可得 $\begin{cases} S_2 = A \cdot q^2 - A = 3, ① \\ S_4 = A \cdot q^4 - A = 15, ② \end{cases}$ 两式相除得 $q^2 = 4$,

代入①式解得 $A = 1$,故 $S_n = q^n - 1$. 所以 $S_6 = q^6 - 1 = (q^2)^3 - 1 = 4^3 - 1 = 63$. 故选 C.

方法三 设等比数列 $\{a_n\}$ 的公比为 q,则 $S_2 = a_1 + a_2 = 3$,

$S_4 = a_1 + a_2 + a_3 + a_4 = a_1 + a_2 + a_1 q^2 + a_2 q^2 = (a_1 + a_2) + (a_1 + a_2) q^2 = (1 + q^2)(a_1 + a_2) = 3(1 + q^2) = 15$,解得 $q^2 = 4$.

故 $S_6 = a_1 + a_2 + a_3 + a_4 + a_5 + a_6 = (1 + q^2 + q^4)(a_1 + a_2) = (1 + 4 + 4^2) \times 3 = 63$. 故选 C.

13. 已知各项均为正数的等比数列 $\{a_n\}$ 中,a_4 与 a_{14} 的等比中项为 $2\sqrt{2}$,则 $2a_7 + a_{11}$ 的最小值为 _____.

  A. 16   B. 8   C. 6   D. 4

解 $\because a_4 a_{14} = (2\sqrt{2})^2 = 8$,$\therefore a_9^2 = 8$,即 $a_9 = 2\sqrt{2}$.

设数列 $\{a_n\}$ 的公比为 q,则 $2a_7 + a_{11} = \dfrac{2a_9}{q^2} + a_9 q^2 \geq 2\sqrt{\dfrac{2a_9}{q^2} \cdot a_9 q^2} = 2\sqrt{2} a_9 = 8$,当且仅当 $\dfrac{2a_9}{q^2} = a_9 q^2$,即 $q^4 = 2$ 时取等号. 故选 B.

14. 一组样本容量为 10 的样本数据,它们组成一个公差不为 0 的等差数列 $\{a_n\}$,若 $a_3 = 8$,且 a_1, a_3, a_7 成等比数列,则此样本的平均数和中位数分别是 _____.

  A. 13,12   B. 13,14   C. 12,13   D. 13,13

解 设等差数列 $\{a_n\}$ 的公差为 $d(d\neq0)$.

由题意可得 $a_1a_7=a_3^2=64$,即 $(8-2d)(8+4d)=64$,所以 $d=2$.

所以样本数据为 $4,6,8,10,12,14,16,18,20,22$.

平均数为 $\dfrac{(4+22)\times5}{10}=13$,中位数为 $\dfrac{12+14}{2}=13$. 故选 D.

15. 若等差数列 $\{a_n\}$ 的前 m 项和为 30,前 $2m$ 项和为 100,则它的前 $3m$ 项和为 _____.

A. 120　　　　　B. 170　　　　　C. 210　　　　　D. 260

解 方法一 设等差数列 $\{a_n\}$ 的公差为 d,首项为 a_1.

依题意,得 $\begin{cases} ma_1+\dfrac{m(m-1)}{2}d=30, \\ 2ma_1+\dfrac{2m(2m-1)}{2}d=100, \end{cases}$

视 m 为已知数,解得 $d=\dfrac{40}{m^2}$,$a_1=\dfrac{10(m+2)}{m^2}$.

故 $S_{3m}=3ma_1+\dfrac{3m(3m-1)}{2}d=3m\cdot\dfrac{10(m+2)}{m^2}+\dfrac{3m(3m-1)}{2}\cdot\dfrac{40}{m^2}=210$. 故选 C.

方法二 设前 m 项的和为 S_1',第 $m+1$ 项到第 $2m$ 项的和为 S_2',第 $2m+1$ 项到第 $3m$ 项的和为 S_3',则 $S_1'=30$,$S_2'=100-S_1'=70$,且 S_1',S_2',S_3' 也成等差数列,所以 $S_3'+30=2\times70$,即 $S_3'=110$. 所以前 $3m$ 项之和 $S_{3m}=S_1'+S_2'+S_3'=30+70+110=210$. 故选 C.

方法三 设等差数列 $\{a_n\}$ 的公差为 d,首项为 a_1. 取 $m=1$,则 $a_1=S_1=30$,$a_2=S_2-S_1=70$,从而 $d=a_2-a_1=40$,于是 $a_3=a_2+d=70+40=110$,所以 $S_3=a_1+a_2+a_3=210$. 故选 C.

点评 方法一运用等差数列的前 n 项和公式求解;方法二利用等差数列的性质构造新数列解决问题;方法三利用选项所隐含信息"对任意变化的自然数 m,数列的前 $3m$ 项的和是与 m 无关的不变量",取特殊值 $m=1$ 来求解.

【填空题】

1. 已知方程 $(x^2-2x+m)\cdot(x^2-2x+n)=0$ 的四个根组成一个首项为 $\dfrac{1}{4}$ 的等差数列,则 $|m-n|=$ _____.

解 设 $a_1=\dfrac{1}{4}$,$a_2=\dfrac{1}{4}+d$,$a_3=\dfrac{1}{4}+2d$,$a_4=\dfrac{1}{4}+3d$.

因为方程 $x^2-2x+m=0$ 的两根之和为 2,$x^2-2x+n=0$ 的两根之和也是 2,所以

$a_1+a_2+a_3+a_4=1+6d=4$,解得 $d=\dfrac{1}{2}$.

所以 $a_1=\dfrac{1}{4}$,$a_4=\dfrac{7}{4}$ 是一个一元二次方程的两个根,$a_2=\dfrac{3}{4}$,$a_3=\dfrac{5}{4}$ 是另一个一元二

次方程的两个根,所以 $m=\dfrac{7}{16}$,$n=\dfrac{15}{16}$ 或 $m=\dfrac{15}{16}$,$n=\dfrac{7}{16}$,故 $|m-n|=\dfrac{1}{2}$.

2. 已知数列 $\{a_n\}$ 的前 n 项和为 S_n,若 $S_1=1$,$S_2=2$,且 $S_{n+1}-3S_n+2S_{n-1}=0(n\in\mathbf{N}^*$ 且 $n\geq2)$,则该数列的通项公式为 $a_n=$ _____.

解 ∵ $S_1 = 1, S_2 = 2$, ∴ $a_1 = 1, a_2 = 2 - a_1 = 2 - 1 = 1$.

又∵ $S_{n+1} - 3S_n + 2S_{n-1} = 0 (n \in \mathbf{N}^* 且 n \geq 2)$,

∴ $S_{n+1} - S_n = 2(S_n - S_{n-1})$, 即 $a_{n+1} = 2a_n (n \in \mathbf{N}^* 且 n \geq 2)$,

故数列 $\{a_n\}$ 是从第二项起, 以 2 为公比的等比数列.

故数列 $\{a_n\}$ 的通项公式为 $a_n = \begin{cases} 1, n = 1, \\ 2^{n-2}, n \geq 2, \end{cases} n \in \mathbf{N}^*$.

3. 已知正项等差数列 $\{a_n\}$ 的前 n 项和为 $S_n (n \in \mathbf{N}^*)$, $a_5 + a_7 - a_6^2 = 0$, 则 S_{11} 的值为_____.

解 **方法一** 设等差数列 $\{a_n\}$ 的公差为 $d(d > 0)$, 则 $(a_1 + 4d) + (a_1 + 6d) - (a_1 + 5d)^2 = 0$, 整理得 $(a_1 + 5d)(a_1 + 5d - 2) = 0$, 所以 $a_1 + 5d = 0$ 或 $a_1 + 5d = 2$. 又 $a_1 > 0$, 所以 $a_1 + 5d > 0$, 则 $a_1 + 5d = 2$. 于是 $S_{11} = 11a_1 + \dfrac{11 \times 10}{2}d = 11(a_1 + 5d) = 11 \times 2 = 22$. 故 S_{11} 的值为 22.

方法二 因为 $\{a_n\}$ 为正项等差数列, 所以由等差数列的性质及 $a_5 + a_7 - a_6^2 = 0$, 得 $2a_6 - a_6^2 = 0$, 故 $a_6 = 2$, 故 $S_{11} = \dfrac{11(a_1 + a_{11})}{2} = \dfrac{11 \times 2a_6}{2} = 11a_6 = 22$.

4. 设 S_n 是数列 $\{a_n\}$ 的前 n 项和, 且 $a_1 = -1, a_{n+1} = S_n S_{n+1}$, 则 $S_n = $_____.

解 当 $n = 1$ 时, $S_1 = a_1 = -1$, 所以 $\dfrac{1}{S_1} = -1$.

易知 $S_n \neq 0$, 因为 $a_{n+1} = S_{n+1} - S_n = S_n S_{n+1}$, 所以 $\dfrac{1}{S_{n+1}} - \dfrac{1}{S_n} = -1$,

故 $\left\{\dfrac{1}{S_n}\right\}$ 是以 -1 为首项, -1 为公差的等差数列,

所以 $\dfrac{1}{S_n} = -1 + (n-1) \cdot (-1) = -n$, 故 $S_n = -\dfrac{1}{n}$.

5. 已知等差数列 $\{a_n\}$ 的公差为 d, 若 a_1, a_2, a_3, a_4, a_5 的方差为 8, 则 d 的值为_____.

解 由等差数列的性质得 a_1, a_2, a_3, a_4, a_5 的平均数为 a_3, 则由方差公式得 $\dfrac{1}{5} \times$

$[(a_1 - a_3)^2 + (a_2 - a_3)^2 + (a_3 - a_3)^2 + (a_4 - a_3)^2 + (a_5 - a_3)^2] = 8$,

即 $2d^2 = 8$, 所以 $d = \pm 2$.

6. 记 S_n 为等比数列 $\{a_n\}$ 的前 n 项和. 若 $a_1 = 1, S_3 = \dfrac{3}{4}$, 则 $S_4 = $_____.

解 **方法一** 设等比数列 $\{a_n\}$ 的公比为 q, 由 $a_1 = 1$ 及 $S_3 = \dfrac{3}{4}$, 易知 $q \neq 1$.

把 $a_1 = 1$ 代入 $S_3 = \dfrac{a_1(1 - q^3)}{1 - q} = \dfrac{3}{4}$, 得 $1 + q + q^2 = \dfrac{3}{4}$, 解得 $q = -\dfrac{1}{2}$.

所以 $S_4 = \dfrac{a_1(1 - q^4)}{1 - q} = \dfrac{1 \times \left[1 - \left(-\dfrac{1}{2}\right)^4\right]}{1 - \left(-\dfrac{1}{2}\right)} = \dfrac{5}{8}$.

方法二 设等比数列 $\{a_n\}$ 的公比为 q.

因为 $S_3 = a_1 + a_2 + a_3 = a_1(1 + q + q^2) = \dfrac{3}{4}$，$a_1 = 1$，所以 $1 + q + q^2 = \dfrac{3}{4}$，解得 $q = -\dfrac{1}{2}$，

所以 $a_4 = a_1 q^3 = \left(-\dfrac{1}{2}\right)^3 = -\dfrac{1}{8}$.

故 $S_4 = S_3 + a_4 = \dfrac{3}{4} + \left(-\dfrac{1}{8}\right) = \dfrac{5}{8}$.

方法三 设等比数列 $\{a_n\}$ 的公比为 q，由题意知 $q \neq 1$.

设数列 $\{a_n\}$ 的前 n 项和 $S_n = A(1 - q^n)$（其中 A 为常数），

则 $a_1 = S_1 = A(1 - q) = 1$ ①，

$S_3 = A(1 - q^3) = \dfrac{3}{4}$ ②，由①②可得 $A = \dfrac{2}{3}$，$q = -\dfrac{1}{2}$，

所以 $S_4 = \dfrac{2}{3} \times \left[1 - \left(-\dfrac{1}{2}\right)^4\right] = \dfrac{5}{8}$.

7. 已知等比数列 $\{a_n\}$ 为单调递增数列，设其前 n 项和为 S_n. 若 $a_2 = 2$，$S_3 = 7$，则 $a_5 = $ _____.

解 设 $\{a_n\}$ 的公比为 q. 因为 $a_2 = 2$，所以 $a_1 = \dfrac{2}{q}$，$a_3 = a_2 q = 2q$.

由 $S_3 = 7$，得 $\dfrac{2}{q} + 2 + 2q = 7$，即 $2q^2 - 5q + 2 = 0$，解得 $q = 2$ 或 $q = \dfrac{1}{2}$（舍去）. 故 $a_5 = a_2 q^3 = 2^4 = 16$.

8. 若等比数列 $\{a_n\}$ 的各项均为正数，且 $a_{10}a_{11} + a_8 a_{13} = 64$，则 $\log_2 a_1 + \log_2 a_2 + \cdots + \log_2 a_{20} = $ _____.

解 方法一 设 $\{a_n\}$ 的公比为 $q(q > 0)$，则由题意，得 $a_1 q^9 \cdot a_1 q^{10} + a_1 q^7 \cdot a_1 q^{12} = 64$，即 $a_1^2 q^{19} = 32$.

所以 $\log_2 a_1 + \log_2 a_2 + \cdots + \log_2 a_{20} = \log_2 (a_1 a_2 \cdots a_{20}) = \log_2 (a_1^{20} q^{1 + 2 + \cdots + 19}) = \log_2 (a_1^{20} q^{190}) = \log_2 32^{10} = \log_2 2^{50} = 50$.

方法二 由题意知 $a_8 a_{13} = a_{10} a_{11}$，则 $a_{10}a_{11} + a_8 a_{13} = 2a_{10}a_{11} = 64$，即 $a_{10}a_{11} = 32$.

所以 $\log_2 a_1 + \log_2 a_2 + \cdots + \log_2 a_{20} = \log_2 (a_1 a_2 \cdots a_{20}) = \log_2 (a_{10}a_{11})^{10} = \log_2 32^{10} = \log_2 2^{50} = 50$.

9. 若等差数列 $\{a_n\}$ 和等比数列 $\{b_n\}$ 满足 $a_1 = b_1 = -1$，$a_4 = b_4 = 8$，则 $\dfrac{a_2}{b_2} = $ _____.

解 设等差数列 $\{a_n\}$ 的公差为 d，等比数列 $\{b_n\}$ 的公比为 q，则 $a_4 = -1 + 3d = 8$，解得 $d = 3 \left(\text{或 } d = \dfrac{a_n - a_m}{n - m} = \dfrac{a_4 - a_1}{4 - 1} = \dfrac{8 - (-1)}{3} = 3\right)$；$b_4 = -1 \cdot q^3 = 8$，解得 $q = -2$. 所以 $a_2 = -1 + 3 = 2$，$b_2 = -1 \times (-2) = 2$，故 $\dfrac{a_2}{b_2} = 1$.

10. 已知等比数列 $\{a_n\}$ 中，$a_5 = 3$，$a_4 a_7 = 45$，则 $\dfrac{a_7 - a_9}{a_5 - a_7}$ 的值为 _____.

解 设等比数列 $\{a_n\}$ 的公比为 q，则 $a_4 a_7 = \dfrac{a_5}{q} \cdot a_5 q^2 = 9q = 45$，所以 $q = 5$，所以

$$\frac{a_7-a_9}{a_5-a_7}=\frac{a_5q^2-a_7q^2}{a_5-a_7}=q^2=25.$$

【解答题】

1. 已知数列 $\{a_n\}$ 和 $\{b_n\}$ 满足 $a_1=1,b_1=0,4a_{n+1}=3a_n-b_n+4,4b_{n+1}=3b_n-a_n-4$.

(1) 求证: $\{a_n+b_n\}$ 是等比数列, $\{a_n-b_n\}$ 是等差数列;

(2) 求 $\{a_n\}$ 和 $\{b_n\}$ 的通项公式.

(1) **证明** 由题设得 $4(a_{n+1}+b_{n+1})=2(a_n+b_n)$, 即 $a_{n+1}+b_{n+1}=\frac{1}{2}(a_n+b_n)$.

又因为 $a_1+b_1=1$, 所以 $\{a_n+b_n\}$ 是首项为 1, 公比为 $\frac{1}{2}$ 的等比数列.

由题设得 $4(a_{n+1}-b_{n+1})=4(a_n-b_n)+8$, 即 $a_{n+1}-b_{n+1}=a_n-b_n+2$.

又因为 $a_1-b_1=1$, 所以 $\{a_n-b_n\}$ 是首项为 1, 公差为 2 的等差数列.

(2) **解** 由 (1) 知, $a_n+b_n=\frac{1}{2^{n-1}},a_n-b_n=2n-1$.

所以 $a_n=\frac{1}{2}\left[(a_n+b_n)+(a_n-b_n)\right]=\frac{1}{2^n}+n-\frac{1}{2}$,

$b_n=\frac{1}{2}\left[(a_n+b_n)-(a_n-b_n)\right]=\frac{1}{2^n}-n+\frac{1}{2}$.

点评 要证明数列 $\{a_n\}$ 为等差数列, 可利用 $a_{n+1}-a_n=d$ (常数) 或它的等价命题; 要证明数列 $\{a_n\}$ 为等比数列, 可利用 $\frac{a_{n+1}}{a_n}=q$ (常数) 或它的等价命题.

2. 已知数列 $\{a_n\}$ 满足 $a_1=1,na_{n+1}=2(n+1)a_n$, 设 $b_n=\frac{a_n}{n}$.

(1) 求 b_1,b_2,b_3 的值;

(2) 判断数列 $\{b_n\}$ 是不是等比数列, 并说明理由;

(3) 求 $\{a_n\}$ 的通项公式.

解 (1) 由条件可得 $a_{n+1}=\frac{2(n+1)}{n}a_n$.

将 $n=1$ 代入得 $a_2=4a_1$, 而 $a_1=1$, 所以 $a_2=4$.

将 $n=2$ 代入得 $a_3=3a_2$, 而 $a_2=4$, 所以 $a_3=12$.

从而 $b_1=1,b_2=2,b_3=4$.

(2) $\{b_n\}$ 是首项为 1, 公比为 2 的等比数列. 理由如下:

由条件可得 $\frac{a_{n+1}}{n+1}=\frac{2a_n}{n}$, 即 $b_{n+1}=2b_n$. 又 $b_1=1$,

所以 $\{b_n\}$ 是首项为 1, 公比为 2 的等比数列.

(3) 由 (2) 可得 $\frac{a_n}{n}=2^{n-1}$, 所以 $a_n=n\cdot2^{n-1}$.

3. 记 S_n 为等差数列 $\{a_n\}$ 的前 n 项和, 已知 $a_1=-7,S_3=-15$.

(1) 求 $\{a_n\}$ 的通项公式;

(2) 求 S_n, 并求 S_n 的最小值.

解 (1)设$\{a_n\}$的公差为d,由条件得$3a_1+3d=-15$,又$a_1=-7$,所以$d=2$.

所以$\{a_n\}$的通项公式为$a_n=a_1+(n-1)d=2n-9$.

(2)由(1)得$S_n=n^2-8n=(n-4)^2-16$,

所以当$n=4$时,S_n取得最小值,最小值为-16.

点评 数列是特殊的函数,研究数列最值问题,可利用函数性质,但要注意其定义域为正整数集这一限制条件,根据等差数列前n项和公式得二次函数解析式,根据二次函数图象的对称轴及自变量取正整数,求函数最值. 对于等差数列$\{a_n\}$,当首项为负、公差为正时,数列$\{a_n\}$的前n项和有最小值;当首项为正、公差为负时,数列$\{a_n\}$的前n项和有最大值.

4. 在等比数列$\{a_n\}$中,$a_1=1$,$a_5=4a_3$.

(1)求$\{a_n\}$的通项公式;

(2)记S_n为$\{a_n\}$的前n项和,若$S_m=63$,求m的值.

解 (1)设$\{a_n\}$的公比为q,由题设得$a_n=q^{n-1}$.

由已知得$q^4=4q^2$,解得$q=0$(舍去),$q=-2$或$q=2$.

故$a_n=(-2)^{n-1}$或$a_n=2^{n-1}$.

(2)若$a_n=(-2)^{n-1}$,则$S_n=\dfrac{1-(-2)^n}{3}$,

由$S_m=63$得$(-2)^m=-188$,此方程没有正整数解.

若$a_n=2^{n-1}$,则$S_n=2^n-1$.

由$S_m=63$得$2^m=64$,解得$m=6$.

点评 本题主要考查等比数列的通项公式和前n项和的求解,属于基础题. 等比数列的通项公式与前n项和公式共涉及五个基本量,知其三即可通过列方程组求解另外两个量,这是必须掌握的常规方法,但不能局限在这个层次上,还要对公式的内涵及公式的变形有深入的理解,利用等比数列更深层次的性质,可简化运算.

5. 已知等差数列$\{a_n\}$满足$a_3=7$,$a_5+a_7=26$,设$\{a_n\}$的前n项和为S_n.

(1)求a_n及S_n;

(2)令$b_n=\dfrac{1}{a_n^2-1}(n\in\mathbf{N}^*)$,求数列$\{b_n\}$的前$n$项和$T_n$.

解 (1)设等差数列$\{a_n\}$的首项为a_1,公差为d,则依题意有

$$\begin{cases}a_1+2d=7,\\2a_1+10d=26,\end{cases}\text{解得}\begin{cases}a_1=3,\\d=2.\end{cases}$$

$\therefore a_n=a_1+(n-1)d=3+(n-1)\times2=2n+1$,$S_n=\dfrac{(a_1+a_n)n}{2}=n(n+2)$.

(2)$\because a_n=2n+1$,$\therefore a_n^2-1=4n(n+1)$,

$\therefore b_n=\dfrac{1}{4n(n+1)}=\dfrac{1}{4}\left(\dfrac{1}{n}-\dfrac{1}{n+1}\right)$.

$\therefore T_n=b_1+b_2+b_3+\cdots+b_n=\dfrac{1}{4}\times\left(1-\dfrac{1}{2}+\dfrac{1}{2}-\dfrac{1}{3}+\dfrac{1}{3}-\dfrac{1}{4}+\cdots+\dfrac{1}{n}-\dfrac{1}{n+1}\right)$

$=\dfrac{1}{4}\left(1-\dfrac{1}{n+1}\right)=\dfrac{n}{4(n+1)}$.

二、军考模拟训练

【选择题】

1. 在等差数列 $\{a_n\}$ 中,若 $a_2 = 4$, $a_4 = 2$,则 $a_6 = $ _____.

  A. -1 B. 0   C. 1   D. 6

2. 设 S_n 是等差数列 $\{a_n\}$ 的前 n 项和,若 $a_1 + a_3 + a_5 = 3$,则 $S_5 = $ _____.

  A. 5   B. 7   C. 9   D. 11

3. 已知 $\{a_n\}$ 为等差数列,若 $a_2 = 2a_3 + 1$,$a_4 = 2a_3 + 7$,则 $a_5 = $ _____.

  A. 1   B. 2   C. 3   D. 6

4. 已知正项等差数列 $\{a_n\}$ 满足 $a_{n+1} + a_{n-1} = a_n^2 (n \geq 2)$,等比数列 $\{b_n\}$ 满足 $b_{n+1} b_{n-1} = 2b_n (n \geq 2)$,则 $\log_2 (a_2 + b_2) = $ _____.

  A. -1 或 2   B. 0 或 2   C. 2   D. 1

5. 已知等比数列 $\{a_n\}$ 满足 $a_1 = 3$,$a_1 + a_3 + a_5 = 21$,则 $a_3 + a_5 + a_7 = $ _____.

  A. 21   B. 42   C. 63   D. 84

6. 若等比数列 $\{a_n\}$ 满足 $a_n a_{n+1} = 16^n$,则公比为 _____.

  A. 8   B. 14   C. 18   D. 4

7. 已知单调递增的等比数列 $\{a_n\}$ 中,$a_2 \cdot a_6 = 16$,$a_3 + a_5 = 10$,则数列 $\{a_n\}$ 的前 n 项和 $S_n = $ _____.

  A. $2^{n-2} - \dfrac{1}{4}$ B. $2^{n-1} + \dfrac{1}{2}$ C. $2^{n-1} - \dfrac{1}{2}$ D. $2^{n+1} + 1$

8. 已知各项不为 0 的等差数列 $\{a_n\}$ 满足 $a_4 - 2a_7^2 + 3a_8 = 0$,数列 $\{b_n\}$ 是等比数列,且 $b_7 = a_7$,则 $b_2 b_8 b_{11} = $ _____.

  A. 1   B. 2   C. 4   D. 8

9. 已知数列 $\{a_n\}$ 为等差数列,$\{b_n\}$ 为等比数列,且满足 $a_{1\,003} + a_{1\,015} = \pi$,$b_6 b_9 = 2$,则 $\tan \dfrac{a_1 + a_{2\,017}}{1 + b_7 b_8} = $ _____.

  A. 1   B. -1 C. $\dfrac{\sqrt{3}}{3}$ D. $\sqrt{3}$

10. 在等差数列 $\{a_n\}$ 中,若 $a_1 + a_9 = 8$,则 $(a_2 + a_8)^2 - a_5 = $ _____.

  A. 60   B. 56   C. 12   D. 4

11. 设 S_n 是等差数列 $\{a_n\}$ 的前 n 项和,若 m 为大于 1 的正整数,且 $a_{m-1} - a_m^2 + a_{m+1} = 1$,$S_{2m-1} = 11$,则 $m = $ _____.

  A. 11   B. 10   C. 6   D. 5

【填空题】

1. 设 S_n 是等差数列 $\{a_n\}$ 的前 n 项和,若 $\dfrac{S_3}{S_6} = \dfrac{1}{3}$,则 $\dfrac{S_6}{S_{12}} = $ _____.

2. 已知 $\{a_n\}$ 是公差为 1 的等差数列,S_n 为 $\{a_n\}$ 的前 n 项和,若 $S_8 = 4S_4$,则 $a_{10} = $ _____.

3. 在等差数列 $\{a_n\}$ 中,若 $a_3 + a_4 + a_5 + a_6 + a_7 = 25$,则 $a_2 + a_8 = $ _____.

4. 在等差数列 $\{a_n\}$ 中,$a_1 = 7$,公差为 d,前 n 项和为 S_n,当且仅当 $n = 8$ 时,S_n 取得最大值,则 d 的取值范围是 _____.

5. 若数列 $\{a_n\}$ 的前 n 项和 $S_n = \dfrac{2}{3} a_n + \dfrac{1}{3}$,则 $\{a_n\}$ 的通项公式为 $a_n = $ _____.

6. 记等比数列 $\{a_n\}$ 的前 n 项和为 S_n，若 $S_3 + 3S_2 = 0$，则公比 $q = $ _____.

7. 已知等比数列 $\{a_n\}$ 是递增数列，S_n 是 $\{a_n\}$ 的前 n 项和. 若 a_1，a_3 是方程 $x^2 - 5x + 4 = 0$ 的两个根，则 $S_6 = $ _____.

8. 记 S_n 为等比数列 $\{a_n\}$ 的前 n 项和，若 $a_1 = \dfrac{1}{3}$，$a_4^2 = a_6$，则 $S_5 = $ _____.

9. 已知数列 $\{a_n\}$ 满足 $a_1 = 1$，且 $a_{n+1} - a_n = n + 1 (n \in \mathbf{N}^*)$，则数列 $\left\{\dfrac{1}{a_n}\right\}$ 的前 10 项和为 _____.

10. 若 S_n 为等差数列 $\{a_n\}$ 的前 n 项和，$S_9 = -36$，$S_{13} = -104$，则 a_5 与 a_7 的等比中项为 _____.

【解答题】

1. 已知等差数列 $\{a_n\}$ 满足 $a_2 + a_4 = 6$，$a_6 = S_3$，其中 S_n 为数列 $\{a_n\}$ 的前 n 项和.
(1) 求数列 $\{a_n\}$ 的通项公式；
(2) 若 $k \in \mathbf{N}^*$，且 a_k，a_{3k}，S_{2k} 成等比数列，求 k 的值.

2. 已知数列 $\{a_n\}$ 满足 $a_1 = 1$，$a_{n+1} = 2a_n$，数列 $\{b_n\}$ 满足 $b_1 = 3$，$b_2 = 6$，且 $\{b_n - a_n\}$ 为等差数列.
(1) 求数列 $\{a_n\}$ 和 $\{b_n\}$ 的通项公式；
(2) 求数列 $\{b_n\}$ 的前 n 项和 T_n.

3. 已知函数 $f(x) = x^2 + bx$ 为偶函数，数列 $\{a_n\}$ 满足 $a_{n+1} = 2f(a_n - 1) + 1$，且 $a_1 = 3$，$a_n > 1$.
(1) 设 $b_n = \log_2(a_n - 1)$，求证：数列 $\{b_n + 1\}$ 为等比数列；
(2) 设 $c_n = nb_n$，求数列 $\{c_n\}$ 的前 n 项和 S_n.

4. 已知数列 $\{a_n\}$ 中，$a_1 = 1$，二次函数 $f(x) = \dfrac{1}{2}a_n \cdot x^2 + (2^{-n} - a_{n+1}) \cdot x$ 的图象的对称轴为直线 $x = \dfrac{1}{2}$.
(1) 证明 $\{2^n a_n\}$ 是等差数列，并求 $\{a_n\}$ 的通项公式；
(2) 设 $\{a_n\}$ 的前 n 项和为 S_n，试求使 $S_n < 3$ 成立的 n 的值，并说明理由.

5. 已知数列 $\{a_n\}$ 满足 $a_1 = 1$，$na_{n+1} = (n+1)a_n + n(n+1)$，$n \in \mathbf{N}^*$.
(1) 求证：数列 $\left\{\dfrac{a_n}{n}\right\}$ 是等差数列；
(2) 设 $b_n = 3^n \cdot \sqrt{a_n}$，求数列 $\{b_n\}$ 的前 n 项和 S_n.

第四章 ▶ 三角函数与解三角形

一、典型例题精讲

【选择题】

1. 已知 $\cos \alpha - \sin \alpha = \dfrac{1}{5}$，则 $\cos\left(2\alpha - \dfrac{\pi}{2}\right) =$ _____.

A. $-\dfrac{24}{25}$ B. $-\dfrac{4}{5}$ C. $\dfrac{24}{25}$ D. $\dfrac{4}{5}$

解 由 $\cos \alpha - \sin \alpha = \dfrac{1}{5}$，得 $1 - \sin 2\alpha = \dfrac{1}{25}$，所以 $\sin 2\alpha = \dfrac{24}{25}$，所以 $\cos\left(2\alpha - \dfrac{\pi}{2}\right) = \sin 2\alpha = \dfrac{24}{25}$. 故选 C.

2. 函数 $f(x) = \dfrac{1}{5}\sin\left(x + \dfrac{\pi}{3}\right) + \cos\left(x - \dfrac{\pi}{6}\right)$ 的最大值为 _____.

A. $\dfrac{6}{5}$ B. 1   C. $\dfrac{3}{5}$ D. $\dfrac{1}{5}$

解 因为 $\cos\left(x - \dfrac{\pi}{6}\right) = \cos\left[\left(x + \dfrac{\pi}{3}\right) - \dfrac{\pi}{2}\right] = \sin\left(x + \dfrac{\pi}{3}\right)$，所以 $f(x) = \dfrac{6}{5}\sin\left(x + \dfrac{\pi}{3}\right)$，于是 $f(x)$ 的最大值为 $\dfrac{6}{5}$. 故选 A.

点评 求解正、余弦函数的最值(值域)的常用方法：

(1)直接法：利用 $y = \sin x$，$y = \cos x$ 的值域求解.

(2)化一法：化为 $y = A\sin(\omega x + \varphi) + k$ 的形式，确定 $\omega x + \varphi$ 的范围，根据正弦函数单调性求出函数的最值(值域).

(3)换元法：把 $\sin x$ 或 $\cos x$ 看作一个整体，把问题转化为求二次函数在给定区间上的最值(值域)问题.

3. 若 α，β 都是锐角，且 $\sin \alpha = \dfrac{2\sqrt{5}}{5}$，$\sin(\alpha - \beta) = \dfrac{\sqrt{10}}{10}$，则 $\sin \beta =$ _____.

A. $\dfrac{7\sqrt{2}}{10}$ B. $\dfrac{\sqrt{2}}{2}$ C. $\dfrac{1}{2}$ D. $\dfrac{1}{10}$

解 因为 $\sin \alpha = \dfrac{2\sqrt{5}}{5}$，$\alpha$ 为锐角，所以 $\cos \alpha = \dfrac{\sqrt{5}}{5}$. 因为 α，β 均为锐角，所以 $0 < \alpha < \dfrac{\pi}{2}$，$0 < \beta < \dfrac{\pi}{2}$，所以 $-\dfrac{\pi}{2} < -\beta < 0$，所以 $-\dfrac{\pi}{2} < \alpha - \beta < \dfrac{\pi}{2}$. 又 $\sin(\alpha - \beta) = \dfrac{\sqrt{10}}{10} > 0$，所以 $0 < \alpha - \beta < \dfrac{\pi}{2}$，所以 $\cos(\alpha - \beta) = \dfrac{3\sqrt{10}}{10}$，所以 $\sin \beta = \sin[\alpha - (\alpha - \beta)] = \sin \alpha \cos(\alpha - \beta) -$

$\cos\alpha\sin(\alpha-\beta)=\dfrac{2\sqrt{5}}{5}\times\dfrac{3\sqrt{10}}{10}-\dfrac{\sqrt{5}}{5}\times\dfrac{\sqrt{10}}{10}=\dfrac{\sqrt{2}}{2}$. 故选 B.

4. 已知 $\tan\theta=2$，则 $\dfrac{\sin\theta+\cos\theta}{\sin\theta}+\sin^2\theta$ 的值为 _____.

A. $\dfrac{19}{5}$ B. $\dfrac{16}{5}$ C. $\dfrac{23}{10}$ D. $\dfrac{17}{10}$

解 方法一 $\dfrac{\sin\theta+\cos\theta}{\sin\theta}+\sin^2\theta=\dfrac{\sin\theta+\cos\theta}{\sin\theta}+\dfrac{\sin^2\theta}{\sin^2\theta+\cos^2\theta}=\dfrac{\tan\theta+1}{\tan\theta}+\dfrac{\tan^2\theta}{\tan^2\theta+1}$,

将 $\tan\theta=2$ 代入，得原式 $=\dfrac{\tan\theta+1}{\tan\theta}+\dfrac{\tan^2\theta}{\tan^2\theta+1}=\dfrac{23}{10}$. 故选 C.

方法二 在平面直角坐标系 xOy 中，$\tan\theta=2=\dfrac{2}{1}$，不妨设 θ 为锐角，角 θ 的顶点与原

点 O 重合，始边与 x 轴的非负半轴重合，在终边上取一点 $P(1,2)$，则 $|OP|=\sqrt{5}$. 由三角

函数的定义，得 $\sin\theta=\dfrac{2}{\sqrt{5}}$，$\cos\theta=\dfrac{1}{\sqrt{5}}$，所以 $\dfrac{\sin\theta+\cos\theta}{\sin\theta}+\sin^2\theta=\dfrac{\dfrac{2}{\sqrt{5}}+\dfrac{1}{\sqrt{5}}}{\dfrac{2}{\sqrt{5}}}+\left(\dfrac{2}{\sqrt{5}}\right)^2=\dfrac{23}{10}$. 故

选 C.

5. 关于函数 $f(x)=\sin|x|+|\sin x|$，有下述四个结论：

① $f(x)$ 是偶函数；

② $f(x)$ 在 $\left(\dfrac{\pi}{2},\pi\right)$ 上单调递增；

③ $f(x)$ 在 $[-\pi,\pi]$ 上有 4 个零点；

④ $f(x)$ 的最大值为 2.

其中所有正确结论的序号为 _____.

A. ①②④ B. ②④ C. ①④ D. ①③

解 方法一 $\because f(x)$ 的定义域为 **R**，$f(-x)=\sin|-x|+$

$|\sin(-x)|=\sin|x|+|\sin x|=f(x)$，$\therefore f(x)$ 为偶函数，故①正确；

当 $\dfrac{\pi}{2}<x<\pi$ 时，$f(x)=\sin x+\sin x=2\sin x$，$\therefore f(x)$ 在 $\left(\dfrac{\pi}{2},\pi\right)$ 上单

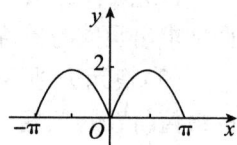

图 4-1

调递减，故②不正确；$f(x)$ 在 $[-\pi,\pi]$ 上的图象如图 4-1 所示，由

图可知函数 $f(x)$ 在 $[-\pi,\pi]$ 上只有 3 个零点，故③不正确；$\because y=$

$\sin|x|$ 与 $y=|\sin x|$ 的最大值都为 1 且可以同时取到，$\therefore f(x)$ 可以取到最大值 2，故④正

确. 综上，正确结论的序号为①④. 故选 C.

方法二 $\because f(x)$ 的定义域为 **R**，$f(-x)=\sin|-x|+|\sin(-x)|=\sin|x|+|\sin x|=$

$f(x)$，$\therefore f(x)$ 为偶函数，故①正确，排除 B；

又 $\because f(x)$ 在 $\left(\dfrac{\pi}{2},\pi\right)$ 上单调递减，故②不正确，排除 A；

$\because y=\sin|x|$ 与 $y=|\sin x|$ 的最大值都为 1 且可以同时取到，$\therefore f(x)$ 的最大值为 2，故

④正确. 故选 C.

6. 将函数 $y = \sin\left(2x + \dfrac{\pi}{5}\right)$ 的图象向右平移 $\dfrac{\pi}{10}$ 个单位长度,所得图象对应的函数_____.

A. 在区间 $\left[-\dfrac{\pi}{4}, \dfrac{\pi}{4}\right]$ 上单调递增

B. 在区间 $\left[-\dfrac{\pi}{4}, 0\right]$ 上单调递减

C. 在区间 $\left[\dfrac{\pi}{4}, \dfrac{\pi}{2}\right]$ 上单调递增

D. 在区间 $\left[\dfrac{\pi}{2}, \pi\right]$ 上单调递减

解 $y = \sin\left(2x + \dfrac{\pi}{5}\right) = \sin\left[2\left(x + \dfrac{\pi}{10}\right)\right]$,将其图象向右平移 $\dfrac{\pi}{10}$ 个单位长度,得到函数 $y = \sin 2x$ 的图象. 由 $2k\pi - \dfrac{\pi}{2} \leqslant 2x \leqslant 2k\pi + \dfrac{\pi}{2}, k \in \mathbf{Z}$,得 $k\pi - \dfrac{\pi}{4} \leqslant x \leqslant k\pi + \dfrac{\pi}{4}, k \in \mathbf{Z}$. 令 $k = 0$,可知函数 $y = \sin 2x$ 在区间 $\left[-\dfrac{\pi}{4}, \dfrac{\pi}{4}\right]$ 上单调递增. 故选 A.

7. $\triangle ABC$ 的内角 A, B, C 的对边分别为 a, b, c,已知 $\sin B + \sin A(\sin C - \cos C) = 0$,$a = 2, c = \sqrt{2}$,则 $C =$ _____.

A. $\dfrac{\pi}{12}$ B. $\dfrac{\pi}{6}$ C. $\dfrac{\pi}{4}$ D. $\dfrac{\pi}{3}$

解 因为 $\sin B + \sin A(\sin C - \cos C) = 0$,所以 $\sin(A + C) + \sin A \sin C - \sin A \cos C = 0$,所以 $\sin A \cos C + \cos A \sin C + \sin A \sin C - \sin A \cos C = 0$,

整理得 $\sin C(\sin A + \cos A) = 0$. 因为 $\sin C \neq 0$,所以 $\sin A + \cos A = 0$,即 $\tan A = -1$.

因为 $A \in (0, \pi)$,所以 $A = \dfrac{3\pi}{4}$.

由正弦定理得 $\sin C = \dfrac{c \cdot \sin A}{a} = \dfrac{\sqrt{2} \times \dfrac{\sqrt{2}}{2}}{2} = \dfrac{1}{2}$.

又 $0 < C < \dfrac{\pi}{4}$,所以 $C = \dfrac{\pi}{6}$. 故选 B.

8. 在 $\triangle ABC$ 中,三边长分别为 $a, a + 2, a + 4$,最小角的余弦值为 $\dfrac{13}{14}$,则这个三角形的面积为_____.

A. $\dfrac{15\sqrt{3}}{4}$ B. $\dfrac{15}{4}$

C. $\dfrac{21\sqrt{3}}{4}$ D. $\dfrac{35\sqrt{3}}{4}$

解 由题设可知,长为 a 的边所对的角最小,设为 A,则由余弦定理的推论,

得 $\cos A = \dfrac{(a+2)^2 + (a+4)^2 - a^2}{2(a+2)(a+4)} = \dfrac{13}{14}$,解得 $a = 3$ 或 $a = -2$(舍去),

则三边长分别为 $3,5,7$, 且 $\sin A = \dfrac{3\sqrt{3}}{14}$,

所以 $\triangle ABC$ 的面积 $S = \dfrac{1}{2} \times 5 \times 7 \times \dfrac{3\sqrt{3}}{14} = \dfrac{15\sqrt{3}}{4}$. 故选 A.

9. 在 $\triangle ABC$ 中, 设 a,b,c 分别是角 A,B,C 的对边, 且直线 $bx + y\cos A + \cos B = 0$ 与 $ax + y\cos B + \cos A = 0$ 平行, 则 $\triangle ABC$ 一定是 _____.

    A. 锐角三角形   B. 等腰三角形

    C. 直角三角形   D. 等腰或直角三角形

解 方法一 因为两直线平行, 所以 $b\cos B - a\cos A = 0$.

由正弦定理可知 $\sin B\cos B - \sin A\cos A = 0$, 即 $\sin 2B = \sin 2A$.

故 $2A = 2B$ 或 $2A + 2B = \pi$, 即 $A = B$ 或 $A + B = \dfrac{\pi}{2}$.

若 $A = B$, 则 $a = b$, $\cos A = \cos B$, 两直线重合, 不符合题意, 故 $A + B = \dfrac{\pi}{2}$, 所以 $\triangle ABC$ 一定是直角三角形. 故选 C.

方法二 由两直线平行可知 $b\cos B - a\cos A = 0$, 又由余弦定理的推论, 得

$a \cdot \dfrac{b^2 + c^2 - a^2}{2bc} = b \cdot \dfrac{a^2 + c^2 - b^2}{2ac}$, 所以 $a^2(b^2 + c^2 - a^2) = b^2(a^2 + c^2 - b^2)$,

即 $c^2(a^2 - b^2) = (a^2 + b^2)(a^2 - b^2)$, 即 $(a^2 - b^2)(a^2 + b^2 - c^2) = 0$,

所以 $a = b$ 或 $a^2 + b^2 = c^2$.

若 $a = b$, 则两直线重合, 不符合题意, 故 $a^2 + b^2 = c^2$, 即 $\triangle ABC$ 一定是直角三角形. 故选 C.

10. 在 $\triangle ABC$ 中, a,b,c 分别为内角 A,B,C 的对边, 且 $2a\sin A = (2b + c)\sin B + (2c + b)\sin C$, 则 $\sin B + \sin C$ 的最大值为 _____.

    A. 0   B. 1   C. $\dfrac{1}{2}$ D. $\sqrt{2}$

解 已知 $2a\sin A = (2b + c)\sin B + (2c + b)\sin C$,

由正弦定理, 得 $2a^2 = (2b + c)b + (2c + b)c$, 即 $a^2 = b^2 + c^2 + bc$.

又由余弦定理, 得 $a^2 = b^2 + c^2 - 2bc\cos A$, 所以 $\cos A = -\dfrac{1}{2}$.

因为 A 为三角形的内角, 所以 $A = 120°$,

故 $\sin B + \sin C = \sin B + \sin(60° - B) = \dfrac{1}{2}\sin B + \dfrac{\sqrt{3}}{2}\cos B = \sin(60° + B)$.

故当 $B = 30°$ 时, $\sin B + \sin C$ 取到最大值 1. 故选 B.

11. 已知锐角 α,β 满足 $\sin \alpha = \dfrac{\sqrt{5}}{5}$, $\cos \beta = \dfrac{3\sqrt{10}}{10}$, 则 $\alpha + \beta = $ _____.

    A. $\dfrac{3\pi}{4}$ B. $\dfrac{\pi}{4}$ 或 $\dfrac{3\pi}{4}$

    C. $\dfrac{\pi}{4}$ D. $2k\pi + \dfrac{\pi}{4}(k \in \mathbf{Z})$

解 由 $\sin \alpha = \dfrac{\sqrt{5}}{5}$, $\cos \beta = \dfrac{3\sqrt{10}}{10}$, 且 α, β 为锐角, 可得 $\cos \alpha = \dfrac{2\sqrt{5}}{5}$, $\sin \beta = \dfrac{\sqrt{10}}{10}$,

故 $\cos(\alpha + \beta) = \cos \alpha \cos \beta - \sin \alpha \sin \beta = \dfrac{2\sqrt{5}}{5} \times \dfrac{3\sqrt{10}}{10} - \dfrac{\sqrt{5}}{5} \times \dfrac{\sqrt{10}}{10} = \dfrac{\sqrt{2}}{2}$.

又 $0 < \alpha + \beta < \pi$, 故 $\alpha + \beta = \dfrac{\pi}{4}$. 故选 C.

点评 因为 $\alpha + \beta \in (0, \pi)$, $y = \cos x$ 在 $(0, \pi)$ 上是单调函数, 所以本题可通过 $\cos(\alpha + \beta)$ 的值来确定角 $\alpha + \beta$ 的大小. 因为 $y = \sin x$ 在 $(0, \pi)$ 上不是单调函数, 所以若求 $\sin(\alpha + \beta)$ 的值, 则需要求出 $\alpha + \beta$ 的取值范围, 才能确定 $\alpha + \beta$ 的大小.

12. 已知 $f(x)$ 是定义在 $\mathbf{R}$ 上的偶函数, 且在区间 $[0, +\infty)$ 上是增函数, 令 $a = f\left(\sin \dfrac{2\pi}{7}\right)$, $b = f\left(\cos \dfrac{5\pi}{7}\right)$, $c = f\left(\tan \dfrac{5\pi}{7}\right)$, 则 _____.

A. $b < a < c$　　　　B. $c < b < a$　　　　C. $b < c < a$　　　　D. $a < b < c$

解 $a = f\left(\sin \dfrac{2\pi}{7}\right) = f\left(\sin \dfrac{4\pi}{14}\right)$, $b = f\left(\cos \dfrac{5\pi}{7}\right) = f\left[\sin\left(\dfrac{\pi}{2} - \dfrac{5\pi}{7}\right)\right] = f\left(-\sin \dfrac{3\pi}{14}\right) =$

$f\left(\sin \dfrac{3\pi}{14}\right)$, $c = f\left(\tan \dfrac{5\pi}{7}\right) = f\left[\tan\left(\pi - \dfrac{2\pi}{7}\right)\right] = f\left(-\tan \dfrac{2\pi}{7}\right) = f\left(\tan \dfrac{2\pi}{7}\right)$.

$\because 0 < \dfrac{3\pi}{14} < \dfrac{4\pi}{14} = \dfrac{2\pi}{7} < \dfrac{\pi}{2}, \therefore 0 < \sin \dfrac{3\pi}{14} < \sin \dfrac{4\pi}{14} < \tan \dfrac{4\pi}{14}$.

又 $\because$ 函数 $f(x)$ 在 $[0, +\infty)$ 上是增函数, $\therefore b < a < c$. 故选 A.

13. 若 $\tan\left(\dfrac{\alpha}{2} + \dfrac{\pi}{4}\right) + \tan\left(\dfrac{\alpha}{2} - \dfrac{\pi}{4}\right) = 2$, 则 $\tan \alpha = $ _____.

A. 1　　　　　　B. $\sqrt{3}$　　　　　　C. $\dfrac{\sqrt{3}}{2}$　　　　　　D. $\dfrac{1}{2}$

解 $\tan\left(\dfrac{\alpha}{2} + \dfrac{\pi}{4}\right) + \tan\left(\dfrac{\alpha}{2} - \dfrac{\pi}{4}\right) = \dfrac{\tan \dfrac{\alpha}{2} + 1}{1 - \tan \dfrac{\alpha}{2}} + \dfrac{\tan \dfrac{\alpha}{2} - 1}{1 + \tan \dfrac{\alpha}{2}} = \dfrac{4\tan \dfrac{\alpha}{2}}{1 - \tan^2 \dfrac{\alpha}{2}} = 2\tan \alpha = 2$, 所

以 $\tan \alpha = 1$. 故选 A.

14. 函数 $f(x) = \cos^2\left(x - \dfrac{\pi}{6}\right) - \sin^2 x$ 在 $\left[0, \dfrac{\pi}{2}\right]$ 上的值域是 _____.

A. $\left[-\dfrac{3}{4}, \dfrac{\sqrt{3}}{2}\right]$　　　B. $\left[-\dfrac{3}{4}, \dfrac{3}{4}\right]$　　　C. $\left[\dfrac{3}{4}, \dfrac{\sqrt{3}}{2}\right]$　　　D. $\left[-\dfrac{3}{4}, 1\right]$

解 $f(x) = \cos^2\left(x - \dfrac{\pi}{6}\right) - \sin^2 x = \dfrac{1}{2}\left[1 + \cos\left(2x - \dfrac{\pi}{3}\right)\right] - \dfrac{1}{2}(1 - \cos 2x) =$

$\dfrac{1}{2}\left[\cos\left(2x - \dfrac{\pi}{3}\right) + \cos 2x\right] = \dfrac{1}{2}\left(\dfrac{\sqrt{3}}{2}\sin 2x + \dfrac{3}{2}\cos 2x\right) = \dfrac{\sqrt{3}}{2}\sin\left(2x + \dfrac{\pi}{3}\right)$. 因为 $x \in \left[0, \dfrac{\pi}{2}\right]$,

所以 $2x + \dfrac{\pi}{3} \in \left[\dfrac{\pi}{3}, \dfrac{4\pi}{3}\right]$, 所以 $-\dfrac{\sqrt{3}}{2} \leqslant \sin\left(2x + \dfrac{\pi}{3}\right) \leqslant 1$, 故 $-\dfrac{3}{4} \leqslant f(x) \leqslant \dfrac{\sqrt{3}}{2}$. 故选 A.

15. $\triangle ABC$ 的内角 A, B, C 的对边分别为 a, b, c, 已知 $b = a\left(\cos C + \dfrac{\sqrt{3}}{3}\sin C\right)$, $a = 2$,

$c = \dfrac{2\sqrt{6}}{3}$,则 $C = $ _____.

A. $\dfrac{3\pi}{4}$ B. $\dfrac{\pi}{3}$ C. $\dfrac{\pi}{6}$ D. $\dfrac{\pi}{4}$

解 由 $b = a\left(\cos C + \dfrac{\sqrt{3}}{3} \sin C \right)$,得 $\sin B = \sin A \left(\cos C + \dfrac{\sqrt{3}}{3} \sin C \right)$. 因为 $\sin B = \sin [\pi -$

$(A+C)] = \sin(A+C)$,所以 $\sin A \cos C + \cos A \sin C = \sin A \cos C + \dfrac{\sqrt{3}}{3} \sin A \sin C$ ($\sin C \neq$

0),即 $\cos A = \dfrac{\sqrt{3}}{3} \sin A$,所以 $\tan A = \sqrt{3}$. 因为 $0 < A < \pi$,所以 $A = \dfrac{\pi}{3}$. 由正弦定理 $\dfrac{a}{\sin A} =$

$\dfrac{c}{\sin C}$,得 $\sin C = \dfrac{\sqrt{2}}{2}$,又因为 $0 < C < \dfrac{2\pi}{3}$,所以 $C = \dfrac{\pi}{4}$. 故选 D.

【填空题】

1. $\triangle ABC$ 的内角 A,B,C 的对边分别为 a,b,c. 若 $a\cos C + c\cos A = 2b\sin A$,则 A 的大小为_____.

解 由 $a\cos C + c\cos A = 2b\sin A$ 结合正弦定理,可得 $\sin A\cos C + \sin C\cos A = 2\sin B \cdot$

$\sin A$,即 $\sin(A+C) = 2\sin B\sin A$,故 $\sin B = 2\sin B\sin A$. 又 $\sin B \neq 0$,所以 $\sin A = \dfrac{1}{2}$. 故

$A = \dfrac{\pi}{6}$ 或 $A = \dfrac{5\pi}{6}$.

2. 已知 $\sin \alpha + \cos \beta = 1$,$\cos \alpha + \sin \beta = 0$,则 $\sin(\alpha+\beta) = $ _____.

解 **方法一** 因为 $\sin \alpha + \cos \beta = 1$,$\cos \alpha + \sin \beta = 0$,

所以 $\sin^2 \alpha + \cos^2 \beta + 2\sin \alpha\cos \beta = 1$ ①,

$\cos^2 \alpha + \sin^2 \beta + 2\cos \alpha\sin \beta = 0$ ②,

①+②并化简整理,得 $\sin(\alpha+\beta) = -\dfrac{1}{2}$.

方法二 由已知可得 $\sin \alpha = 1 - \cos \beta$,$\cos \alpha = -\sin \beta$,

等号两边平方,得 $\sin^2 \alpha = (1 - \cos \beta)^2$,$\cos^2 \alpha = \sin^2 \beta$,

两式相加得 $\sin^2 \alpha + \cos^2 \alpha = (1 - \cos \beta)^2 + \sin^2 \beta$,

整理,解得 $\cos \beta = \dfrac{1}{2}$,所以 $\sin \alpha = \dfrac{1}{2}$.

又 $\cos \alpha = -\sin \beta$,所以 $\cos \alpha\sin \beta = -\cos^2 \alpha = \sin^2 \alpha - 1 = -\dfrac{3}{4}$.

故 $\sin(\alpha+\beta) = \sin \alpha\cos \beta + \cos \alpha\sin \beta = -\dfrac{1}{2}$.

3. 已知锐角 A 满足方程 $3\cos A - 8\tan A = 0$,则 $\cos 2A = $ _____.

解 由题意得 $3\cos^2 A - 8\sin A = 0$,所以 $3\sin^2 A + 8\sin A - 3 = 0$,

解得 $\sin A = \dfrac{1}{3}$ 或 $\sin A = -3$(舍去),所以 $\cos 2A = 1 - 2\sin^2 A = \dfrac{7}{9}$.

4. 已知 $\sin \alpha + \cos \alpha = \dfrac{7}{5}$，则 $\tan \alpha = $ _____.

解 方法一 由 $\sin \alpha + \cos \alpha = \dfrac{7}{5}$，得 $\sin \alpha = \dfrac{7}{5} - \cos \alpha$.

又因为 $\sin^2 \alpha + \cos^2 \alpha = 1$，所以 $25\cos^2 \alpha - 35\cos \alpha + 12 = 0$，解得 $\cos \alpha = \dfrac{3}{5}$ 或 $\cos \alpha = \dfrac{4}{5}$.

又 $\sin \alpha = \dfrac{7}{5} - \cos \alpha$，所以当 $\cos \alpha = \dfrac{3}{5}$ 时，$\sin \alpha = \dfrac{4}{5}$，故 $\tan \alpha = \dfrac{4}{3}$；

当 $\cos \alpha = \dfrac{4}{5}$ 时，$\sin \alpha = \dfrac{3}{5}$，所以 $\tan \alpha = \dfrac{3}{4}$. 综上可知 $\tan \alpha = \dfrac{4}{3}$ 或 $\tan \alpha = \dfrac{3}{4}$.

方法二 由 $\sin \alpha + \cos \alpha = \dfrac{7}{5}$，等号两边平方得 $1 + 2\sin \alpha \cos \alpha = \dfrac{49}{25}$，

所以 $\sin \alpha \cos \alpha = \dfrac{12}{25}$，则 $\dfrac{\sin \alpha \cos \alpha}{\sin^2 \alpha + \cos^2 \alpha} = \dfrac{12}{25}$，所以 $\dfrac{\tan \alpha}{\tan^2 \alpha + 1} = \dfrac{12}{25}$，

化简整理得 $12\tan^2 \alpha - 25\tan \alpha + 12 = 0$，解得 $\tan \alpha = \dfrac{4}{3}$ 或 $\tan \alpha = \dfrac{3}{4}$.

5. 函数 $f(x) = \cos\left(x + \dfrac{\pi}{6}\right) + \cos\left(x - \dfrac{\pi}{6}\right)$ 的最大值为 _____.

解 $\because f(x) = \cos\left(x + \dfrac{\pi}{6}\right) + \cos\left(x - \dfrac{\pi}{6}\right) = \cos x \cos \dfrac{\pi}{6} - \sin x \sin \dfrac{\pi}{6} + \cos x \cos \dfrac{\pi}{6} + \sin x \sin \dfrac{\pi}{6} = 2\cos x \cos \dfrac{\pi}{6} = \sqrt{3}\cos x$，

$\therefore$ 当 $x = 2k\pi$，$k \in \mathbf{Z}$ 时，$f(x)$ 取得最大值 $\sqrt{3}$.

6. 函数 $y = \sin x - \sqrt{3}\cos x$ 的图象可由函数 $y = 2\sin x$ 的图象至少向右平移 _____ 个单位长度得到.

解 因为 $y = \sin x - \sqrt{3}\cos x = 2\sin\left(x - \dfrac{\pi}{3}\right)$，

所以函数 $y = \sin x - \sqrt{3}\cos x$ 的图象可由函数 $y = 2\sin x$ 的图象至少向右平移 $\dfrac{\pi}{3}$ 个单位长度得到.

7. 函数 $f(x) = (\sqrt{3}\sin x + \cos x)(\sqrt{3}\cos x - \sin x)$ 的最小正周期是 _____.

解 方法一 由题意得 $f(x) = 3\sin x \cos x - \sqrt{3}\sin^2 x + \sqrt{3}\cos^2 x - \sin x \cos x = \sin 2x + \sqrt{3}\cos 2x = 2\sin\left(2x + \dfrac{\pi}{3}\right)$，故该函数的最小正周期 $T = \dfrac{2\pi}{2} = \pi$.

方法二 由题意得 $f(x) = 2\sin\left(x + \dfrac{\pi}{6}\right) \times 2\cos\left(x + \dfrac{\pi}{6}\right) = 2\sin\left(2x + \dfrac{\pi}{3}\right)$，故该函数的最小正周期 $T = \dfrac{2\pi}{2} = \pi$.

8. 设 $f(x) = 1 - 2\sin^2\left(x + \dfrac{\pi}{8}\right) + 2\sin\left(x + \dfrac{\pi}{8}\right)\cos\left(x + \dfrac{\pi}{8}\right)$，则函数 $f(x)$ 的单调递增区间是 _____.

解 因为 $f(x) = \cos\left(2x + \dfrac{\pi}{4}\right) + \sin\left(2x + \dfrac{\pi}{4}\right) = \sqrt{2}\sin\left(2x + \dfrac{\pi}{2}\right) = \sqrt{2}\cos 2x$,

所以当 $2k\pi - \pi \leqslant 2x \leqslant 2k\pi, k \in \mathbf{Z}$, 即 $k\pi - \dfrac{\pi}{2} \leqslant x \leqslant k\pi, k \in \mathbf{Z}$ 时,

函数 $f(x) = \sqrt{2}\cos 2x$ 是增函数, 故函数 $f(x)$ 的单调递增区间是 $\left[k\pi - \dfrac{\pi}{2}, k\pi\right], k \in \mathbf{Z}$.

9. 若 $\theta \in \left(-\dfrac{\pi}{6}, \dfrac{\pi}{12}\right)$, 且 $2\sin^2\theta + \sqrt{3}\sin 2\theta = -\dfrac{1}{5}$, 则 $\tan\left(2\theta + \dfrac{\pi}{12}\right) = $ _____.

解 由 $2\sin^2\theta + \sqrt{3}\sin 2\theta = -\dfrac{1}{5}$, 得 $1 - \cos 2\theta + \sqrt{3}\sin 2\theta = -\dfrac{1}{5}$,

即 $\cos 2\theta - \sqrt{3}\sin 2\theta = \dfrac{6}{5}$, 即 $\cos\left(2\theta + \dfrac{\pi}{3}\right) = \dfrac{3}{5}$.

$\because \theta \in \left(-\dfrac{\pi}{6}, \dfrac{\pi}{12}\right), \therefore 2\theta + \dfrac{\pi}{3} \in \left(0, \dfrac{\pi}{2}\right), \therefore \tan\left(2\theta + \dfrac{\pi}{3}\right) = \dfrac{4}{3}$.

故 $\tan\left(2\theta + \dfrac{\pi}{12}\right) = \tan\left[\left(2\theta + \dfrac{\pi}{3}\right) - \dfrac{\pi}{4}\right] = \dfrac{\tan\left(2\theta + \dfrac{\pi}{3}\right) - \tan\dfrac{\pi}{4}}{1 + \tan\left(2\theta + \dfrac{\pi}{3}\right)\tan\dfrac{\pi}{4}} = \dfrac{1}{7}$.

10. $\triangle ABC$ 的内角 A, B, C 的对边分别为 a, b, c, 已知 $b\sin A + a\cos B = 0$, 则 $B = $ _____.

解 **方法一** 由正弦定理得 $\sin B\sin A + \sin A\cos B = 0$, 即 $\sin B = -\cos B$, 则 $\tan B = -1$.

又因为 $0 < B < \pi$, 所以 $B = \dfrac{3\pi}{4}$.

方法二 由正弦定理得 $b\sin A = a\sin B$, 又 $b\sin A + a\cos B = 0$, 所以 $a\sin B + a\cos B = 0$, 即 $\sin B = -\cos B$, 则 $\tan B = -1$.

又因为 $0 < B < \pi$, 所以 $B = \dfrac{3\pi}{4}$.

方法三 依题意得 $b\sin A = -a\cos B > 0$, 故 $\cos B < 0, B$ 为钝角.

如图 $4 - 2$, 过点 C 作 $CE \perp AB$, 交 AB 的延长线于点 E,
则 $CE = b\sin\angle BAC, BE = -a\cos\angle ABC$, 故 $BE = CE$.

又 $CE \perp AB$, 所以 $\angle CBE = \dfrac{\pi}{4}$.

故 $\angle ABC = \dfrac{3\pi}{4}$.

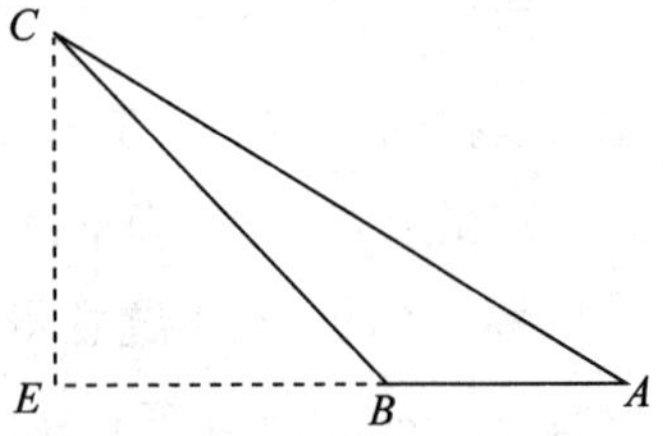

图 $4 - 2$

11. $\triangle ABC$ 的内角 A, B, C 的对边分别为 a, b, c. 若 $b = 6, a = 2c, B = \dfrac{\pi}{3}$, 则 $\triangle ABC$ 的面积为 _____.

解 **方法一** 因为 $a = 2c, b = 6, B = \dfrac{\pi}{3}$,

所以由余弦定理 $b^2 = a^2 + c^2 - 2ac\cos B$, 得 $6^2 = (2c)^2 + c^2 - 2 \times 2c \times c \times \cos\dfrac{\pi}{3}$, 解得

$c = 2\sqrt{3}$. 所以 $a = 4\sqrt{3}$,故 $\triangle ABC$ 的面积 $S = \dfrac{1}{2}ac\sin B = \dfrac{1}{2} \times 4\sqrt{3} \times 2\sqrt{3} \times \sin\dfrac{\pi}{3} = 6\sqrt{3}$.

方法二 因为 $a = 2c, b = 6, B = \dfrac{\pi}{3}$,

所以由余弦定理 $b^2 = a^2 + c^2 - 2ac\cos B$,得 $6^2 = (2c)^2 + c^2 - 2 \times 2c \times c \times \cos\dfrac{\pi}{3}$,解得

$c = 2\sqrt{3}$. 所以 $a = 4\sqrt{3}$,所以 $a^2 = b^2 + c^2$,故 $A = \dfrac{\pi}{2}$,所以 $\triangle ABC$ 的面积 $S = \dfrac{1}{2} \times 2\sqrt{3} \times 6 = 6\sqrt{3}$.

点评 在解有关三角形的问题时,如果已知式子中含有角的余弦或边的二次式,通常考虑用余弦定理;如果已知式子中含有角的正弦或边的一次式,通常考虑用正弦定理.

12. $\triangle ABC$ 的内角 A, B, C 的对边分别为 a, b, c ,若 $2a\cos(\theta - B) + 2b\cos(\theta + A) + c = 0$,则 $\cos\theta$ 的值为 _____.

解 由正弦定理,得 $2\sin A\cos(\theta - B) + 2\sin B\cos(\theta + A) + \sin C = 0$,

展开并化简,得 $2\cos\theta(\sin A\cos B + \cos A\sin B) + \sin C = 0$,即 $2\cos\theta\sin(A + B) + \sin C = 0$.

由三角形内角和定理,得 $\sin(A + B) = \sin C \neq 0$,故 $\cos\theta = -\dfrac{1}{2}$.

【解答题】

1. 已知函数 $f(x) = \cos 2x + \sin\left(2x - \dfrac{\pi}{6}\right)$.

(1)求函数 $f(x)$ 的最小正周期;

(2)若 $\alpha \in \left(0, \dfrac{\pi}{2}\right)$, $f(\alpha) = \dfrac{1}{3}$,求 $\cos 2\alpha$.

解 (1) $\because f(x) = \cos 2x + \sin\left(2x - \dfrac{\pi}{6}\right)$

$= \cos 2x + \dfrac{\sqrt{3}}{2}\sin 2x - \dfrac{1}{2}\cos 2x = \dfrac{\sqrt{3}}{2}\sin 2x + \dfrac{1}{2}\cos 2x = \sin\left(2x + \dfrac{\pi}{6}\right)$.

$\therefore f(x)$ 的最小正周期 $T = \dfrac{2\pi}{2} = \pi$.

(2)由 $f(\alpha) = \dfrac{1}{3}$ 可得 $\sin\left(2\alpha + \dfrac{\pi}{6}\right) = \dfrac{1}{3}$.

$\because \alpha \in \left(0, \dfrac{\pi}{2}\right), \therefore 2\alpha + \dfrac{\pi}{6} \in \left(\dfrac{\pi}{6}, \dfrac{7\pi}{6}\right)$.

又 $\because 0 < \sin\left(2\alpha + \dfrac{\pi}{6}\right) = \dfrac{1}{3} < \dfrac{1}{2}, \therefore 2\alpha + \dfrac{\pi}{6} \in \left(\dfrac{5\pi}{6}, \pi\right)$.

$\therefore \cos\left(2\alpha + \dfrac{\pi}{6}\right) = -\dfrac{2\sqrt{2}}{3}$.

故 $\cos 2\alpha = \cos\left[\left(2\alpha + \dfrac{\pi}{6}\right) - \dfrac{\pi}{6}\right] = \cos\left(2\alpha + \dfrac{\pi}{6}\right)\cos\dfrac{\pi}{6} + \sin\left(2\alpha + \dfrac{\pi}{6}\right)\sin\dfrac{\pi}{6} = \dfrac{1 - 2\sqrt{6}}{6}$.

2. 已知函数 $f(x) = 2\cos^2 x + (\sin x + \cos x)^2 - 2$.

(1)求 $f(x)$ 的最大值及取得最大值时 x 的取值集合;

(2)在 $\triangle ABC$ 中, 内角 A, B, C 的对边分别为 a, b, c, 且 $f(A) = 1$, 若 AC 边上的高等于 $\frac{1}{4}b$, 求 $\cos C$ 的值.

解 (1)由题意知 $f(x) = 2\cos^2 x + 1 + 2\sin x\cos x - 2 = \sin 2x + 2\cos^2 x - 1 = \sin 2x + \cos 2x$, 即 $f(x) = \sqrt{2}\sin\left(2x + \frac{\pi}{4}\right)$.

$\therefore f(x)$ 的最大值为 $\sqrt{2}$, 此时 $2x + \frac{\pi}{4} = 2k\pi + \frac{\pi}{2}$, $k \in \mathbf{Z}$, 即 $x = k\pi + \frac{\pi}{4} \times \frac{1}{2} = k\pi + \frac{\pi}{8}$,

$k \in \mathbf{Z}$. $\therefore f(x)$ 取得最大值时 x 的取值集合为 $\left\{ x \mid x = k\pi + \frac{\pi}{8}, k \in \mathbf{Z} \right\}$.

(2)$\because f(A) = \sqrt{2}\sin\left(2A + \frac{\pi}{4}\right) = 1$, $\therefore \sin\left(2A + \frac{\pi}{4}\right) = \frac{\sqrt{2}}{2}$.

又 $\because A \in (0, \pi)$, $\therefore 2A + \frac{\pi}{4} \in \left(\frac{\pi}{4}, \frac{9\pi}{4}\right)$, $\therefore 2A + \frac{\pi}{4} = \frac{3\pi}{4}$, 解得 $A = \frac{\pi}{4}$.

设 AC 边上的高为 BD, 则 $BD = \frac{1}{4}b$.

$\because A = \frac{\pi}{4}$, $\therefore BD = AD = \frac{1}{4}b$, $\therefore CD = \frac{3}{4}b$,

$\therefore AB = \frac{\sqrt{2}}{4}b$, $BC = \sqrt{BD^2 + CD^2} = \frac{\sqrt{10}}{4}b$,

故 $\cos C = \frac{CD}{BC} = \frac{3\sqrt{10}}{10}$.

3. 设 $f(x) = \sin x, x \in \mathbf{R}$.

(1)已知 $\theta \in [0, 2\pi]$, 函数 $f(x + \theta)$ 是偶函数, 求 θ 的值;

(2)求函数 $y = \left[f\left(x + \frac{\pi}{12}\right) \right]^2 + \left[f\left(x + \frac{\pi}{4}\right) \right]^2$ 的值域.

解 (1)因为 $f(x + \theta) = \sin(x + \theta)$ 是偶函数, 所以对任意实数 x 都有 $\sin(x + \theta) = \sin(-x + \theta)$, 即 $\sin x\cos\theta + \cos x\sin\theta = -\sin x\cos\theta + \cos x\sin\theta$,

即 $2\sin x\cos\theta = 0$, 所以 $\cos\theta = 0$. 又 $\theta \in [0, 2\pi]$, 故 $\theta = \frac{\pi}{2}$ 或 $\theta = \frac{3\pi}{2}$.

(2)$y = \left[f\left(x + \frac{\pi}{12}\right) \right]^2 + \left[f\left(x + \frac{\pi}{4}\right) \right]^2 = \sin^2\left(x + \frac{\pi}{12}\right) + \sin^2\left(x + \frac{\pi}{4}\right)$

$= \frac{1}{2}\left[1 - \cos\left(2x + \frac{\pi}{6}\right) \right] + \frac{1}{2}\left[1 - \cos\left(2x + \frac{\pi}{2}\right) \right]$

$= 1 - \frac{1}{2}\left(\frac{\sqrt{3}}{2}\cos 2x - \frac{3}{2}\sin 2x \right)$

$= 1 - \frac{\sqrt{3}}{2}\cos\left(2x + \frac{\pi}{3}\right)$,

所以所求函数的值域是 $\left[1-\dfrac{\sqrt{3}}{2},1+\dfrac{\sqrt{3}}{2}\right]$.

4. 已知函数 $f(x)=\sin^2 x-\cos^2 x-2\sqrt{3}\sin x\cos x(x\in\mathbf{R})$.

(1)求 $f\left(\dfrac{2\pi}{3}\right)$ 的值;

(2)求 $f(x)$ 的最小正周期及单调递增区间.

解 (1)$\because \sin\dfrac{2\pi}{3}=\dfrac{\sqrt{3}}{2},\cos\dfrac{2\pi}{3}=-\dfrac{1}{2},$

$\therefore f\left(\dfrac{2\pi}{3}\right)=\left(\dfrac{\sqrt{3}}{2}\right)^2-\left(-\dfrac{1}{2}\right)^2-2\sqrt{3}\times\dfrac{\sqrt{3}}{2}\times\left(-\dfrac{1}{2}\right)=2.$

(2)$\because \cos 2x=\cos^2 x-\sin^2 x,\sin 2x=2\sin x\cos x,$

$\therefore f(x)=-\cos 2x-\sqrt{3}\sin 2x=-2\sin\left(2x+\dfrac{\pi}{6}\right).$

$\therefore f(x)$ 的最小正周期是 π.

由正弦函数的性质得,$f(x)$ 在 x 满足 $2k\pi+\dfrac{\pi}{2}\leqslant 2x+\dfrac{\pi}{6}\leqslant\dfrac{3\pi}{2}+2k\pi,k\in\mathbf{Z}$ 时单调递增,解得 $\dfrac{\pi}{6}+k\pi\leqslant x\leqslant\dfrac{2\pi}{3}+k\pi,k\in\mathbf{Z}.$

$\therefore$ 函数 $f(x)=-2\sin\left(2x+\dfrac{\pi}{6}\right)$ 的单调递增区间是 $\left[\dfrac{\pi}{6}+k\pi,\dfrac{2\pi}{3}+k\pi\right](k\in\mathbf{Z}).$

点评 求形如 $y=A\sin(\omega x+\varphi)$ 或 $y=A\cos(\omega x+\varphi)$(其中 $\omega>0$)的单调区间时,要视 "$\omega x+\varphi$" 为一个整体,通过解不等式(组)求解. 若 $A<0$ 或 $\omega<0$,要注意其对单调性的影响.

5. △ABC 的内角 A,B,C 的对边分别为 a,b,c,设 $(\sin B-\sin C)^2=\sin^2 A-\sin B\sin C.$
(1)求角 A 的大小;
(2)若 $\sqrt{2}a+b=2c$,求 $\sin C$ 的值.

解 (1)由已知得 $\sin^2 B+\sin^2 C-\sin^2 A=\sin B\sin C,$
故由正弦定理得 $b^2+c^2-a^2=bc.$

由余弦定理的推论,得 $\cos A=\dfrac{b^2+c^2-a^2}{2bc}=\dfrac{1}{2}.$

因为 $0°<A<180°$,所以 $A=60°.$

(2)由(1)知 $B=120°-C$,由题设及正弦定理得

$\sqrt{2}\sin A+\sin(120°-C)=2\sin C$,即 $\dfrac{\sqrt{6}}{2}+\dfrac{\sqrt{3}}{2}\cos C+\dfrac{1}{2}\sin C=2\sin C$,亦即

$\cos(C+60°)=-\dfrac{\sqrt{2}}{2}.$

由于 $0°<C<120°$,所以 $\sin(C+60°)=\dfrac{\sqrt{2}}{2}$,

故 $\sin C=\sin(C+60°-60°)$

$$= \sin(C+60°)\cos 60° - \cos(C+60°)\sin 60°$$

$$= \frac{\sqrt{6}+\sqrt{2}}{4}.$$

6. 在 $\triangle ABC$ 中,$a=3$,$b-c=2$,$\cos B = -\dfrac{1}{2}$.

(1)求 b,c 的值;

(2)求 $\sin(B+C)$ 的值.

解 (1)由余弦定理 $b^2 = a^2 + c^2 - 2ac\cos B$,得

$$b^2 = 3^2 + c^2 - 2 \times 3 \times c \times \left(-\frac{1}{2}\right),$$

因为 $b = c + 2$,

所以 $(c+2)^2 = 9 + c^2 + 3c$,解得 $c = 5$,所以 $b = 7$.

(2)由 $\cos B = -\dfrac{1}{2}$,得 $\sin B = \dfrac{\sqrt{3}}{2}$.

由正弦定理得 $\sin A = \dfrac{a}{b}\sin B = \dfrac{3\sqrt{3}}{14}$.

在 $\triangle ABC$ 中,$B + C = \pi - A$,

所以 $\sin(B+C) = \sin A = \dfrac{3\sqrt{3}}{14}$.

7. $\triangle ABC$ 的内角 A,B,C 的对边分别为 a,b,c,已知 $\sin(A+C) = 8\sin^2\dfrac{B}{2}$.

(1)求 $\cos B$ 的值;

(2)若 $a+c=6$,$\triangle ABC$ 的面积为 2,求 b 的值.

解 (1)由题设及 $A + B + C = \pi$,得 $\sin B = 8\sin^2\dfrac{B}{2}$,

故有 $\sin B = 4(1 - \cos B)$,

将上式两边平方,整理得 $17\cos^2 B - 32\cos B + 15 = 0$,

解得 $\cos B = 1$(舍去)或 $\cos B = \dfrac{15}{17}$.

(2)由 $\cos B = \dfrac{15}{17}$,得 $\sin B = \dfrac{8}{17}$,

故 $S_{\triangle ABC} = \dfrac{1}{2}ac\sin B = \dfrac{4}{17}ac$.

又 $S_{\triangle ABC} = 2$,则 $ac = \dfrac{17}{2}$.

由余弦定理及 $a + c = 6$,得

$$b^2 = a^2 + c^2 - 2ac\cos B$$

$$= (a+c)^2 - 2ac(1 + \cos B)$$

$$= 36 - 2 \times \frac{17}{2} \times \left(1 + \frac{15}{17}\right)$$

$=4,$

所以 $b=2.$

二、军考模拟训练

【选择题】

1. 已知 $\alpha \in \left(0, \dfrac{\pi}{2}\right), 2\sin 2\alpha = \cos 2\alpha + 1,$ 则 $\sin \alpha =$ _____.

A. $\dfrac{1}{5}$ B. $\dfrac{\sqrt{5}}{5}$ C. $\dfrac{\sqrt{3}}{3}$ D. $\dfrac{2\sqrt{5}}{5}$

2. 已知角 α 的顶点为坐标原点,始边与 x 轴的非负半轴重合,终边上有两点 $A(1,a)$, $B(2,b)$,且 $\cos 2\alpha = \dfrac{2}{3},$ 则 $|a-b| =$ _____.

A. $\dfrac{1}{5}$ B. $\dfrac{\sqrt{5}}{5}$ C. $\dfrac{2\sqrt{5}}{5}$ D. 1

3. 若 $\tan \theta = -\dfrac{1}{3},$ 则 $\cos 2\theta =$ _____.

A. $-\dfrac{4}{5}$ B. $-\dfrac{1}{5}$ C. $\dfrac{1}{5}$ D. $\dfrac{4}{5}$

4. 计算 $\sin 133°\cos 197° + \cos 47°\cos 73°$ 的结果为 _____.

A. $\dfrac{1}{2}$ B. $-\dfrac{1}{2}$ C. $\dfrac{\sqrt{2}}{2}$ D. $\dfrac{\sqrt{3}}{2}$

5. 已知 $\sin\left(\theta - \dfrac{\pi}{6}\right) = \dfrac{1}{2},$ 且 $\theta \in \left(0, \dfrac{\pi}{2}\right),$ 则 $\cos\left(\theta - \dfrac{\pi}{3}\right) =$ _____.

A. 0 B. $\dfrac{1}{2}$ C. 1 D. $\dfrac{\sqrt{3}}{2}$

6. 若 $x_1 = \dfrac{\pi}{4}, x_2 = \dfrac{3\pi}{4}$ 是函数 $f(x) = \sin \omega x\ (\omega > 0)$ 的两个相邻的极值点,则 $\omega =$ _____.

A. 2 B. $\dfrac{3}{2}$ C. 1 D. $\dfrac{1}{2}$

7. 已知函数 $f(x) = A\sin(\omega x + \varphi)\ (A > 0, \omega > 0, |\varphi| < \pi)$ 是奇函数,且 $f(x)$ 的最小正周期为 $\pi,$ 将 $y = f(x)$ 的图象上所有点的横坐标伸长到原来的 2 倍(纵坐标不变),所得图象对应的函数为 $g(x).$ 若 $g\left(\dfrac{\pi}{4}\right) = \sqrt{2},$ 则 $f\left(\dfrac{3\pi}{8}\right) =$ _____.

A. -2 B. $-\sqrt{2}$ C. $\sqrt{2}$ D. 2

8. 已知函数 $f(x) = 2\cos^2 x - \sin^2 x + 2,$ 则下列结论正确的是 _____.

A. $f(x)$ 的最小正周期为 $\pi,$ 最大值为 3

B. $f(x)$ 的最小正周期为 $\pi,$ 最大值为 4

C. $f(x)$ 的最小正周期为 $2\pi,$ 最大值为 3

D. $f(x)$ 的最小正周期为 $2\pi,$ 最大值为 4

9. 为了得到函数 $y=2\cos 2x$ 的图象,可以将函数 $y=\cos 2x-\sqrt{3}\sin 2x$ 的图象_____.

A. 向左平移 $\dfrac{\pi}{6}$ 个单位长度　　　　　B. 向右平移 $\dfrac{\pi}{6}$ 个单位长度

C. 向左平移 $\dfrac{\pi}{3}$ 个单位长度　　　　　D. 向右平移 $\dfrac{\pi}{3}$ 个单位长度

10. $\triangle ABC$ 的内角 A,B,C 的对边分别为 a,b,c. 已知 $a\sin A-b\sin B=4c\sin C$,$\cos A=-\dfrac{1}{4}$,则 $\dfrac{b}{c}=$ _____.

A. 6　　　　　　B. 5　　　　　　C. 4　　　　　　D. 3

11. 在 $\triangle ABC$ 中,$\cos\dfrac{C}{2}=\dfrac{\sqrt{5}}{5}$,$BC=1$,$AC=5$,则 $AB=$ _____.

A. $4\sqrt{2}$　　　　　B. $\sqrt{30}$　　　　　C. $\sqrt{29}$　　　　　D. $2\sqrt{5}$

12. $\triangle ABC$ 的内角 A,B,C 的对边分别为 a,b,c,若 $\triangle ABC$ 的面积为 $\dfrac{a^2+b^2-c^2}{4}$,则 $C=$ _____.

A. $\dfrac{\pi}{2}$　　　　　B. $\dfrac{\pi}{3}$　　　　　C. $\dfrac{\pi}{4}$　　　　　D. $\dfrac{\pi}{6}$

13. 若 $\triangle ABC$ 的三个内角满足 $6\sin A=4\sin B=3\sin C$,则 $\triangle ABC$ 是_____.

A. 锐角三角形　　　B. 直角三角形　　　C. 钝角三角形　　　D. 以上都有可能

14. 在 $\triangle ABC$ 中,角 A,B,C 的对边分别为 a,b,c. 已知 $a=\sqrt{3}b$,$A-B=\dfrac{\pi}{2}$,则 $C=$ _____.

A. $\dfrac{\pi}{12}$　　　　　B. $\dfrac{\pi}{6}$　　　　　C. $\dfrac{\pi}{4}$　　　　　D. $\dfrac{\pi}{3}$

15. 在 $\triangle ABC$ 中,角 A,B,C 的对边分别为 a,b,c,若 $A=\dfrac{3\pi}{4}$,$\tan C=\dfrac{3}{4}$,$b=2$,则 $\triangle ABC$ 的面积 $S=$ _____.

A. 6　　　　　　B. 4　　　　　　C. $3\sqrt{2}$　　　　　D. $2\sqrt{2}$

【填空题】

1. 设 $\tan\alpha=-\dfrac{1}{2}$,则 $\dfrac{1}{\sin^2\alpha-\sin\alpha\cos\alpha-2\cos^2\alpha}=$ _____.

2. 已知函数 $y=\cos(2x+\varphi)$($-\pi\leqslant\varphi\leqslant\pi$)的图象向右平移 $\dfrac{\pi}{2}$ 个单位长度后,与函数 $y=\sin\left(2x+\dfrac{\pi}{3}\right)$ 的图象重合,则 $\varphi=$ _____.

3. 设 $x \in \left(0, \dfrac{\pi}{4}\right)$, 则函数 $y = \sin x(\cos x - \sin x)$ 的最大值是_____.

4. 设 $\triangle ABC$ 的内角 A, B, C 所对边的长分别是 a, b, c. 若 $b + c = 2a, 3\sin A = 5\sin B$, 则 $C =$ _____.

5. $\triangle ABC$ 的内角 A, B, C 所对的边分别为 a, b, c. 若 $B = 2A, a = 1, b = \sqrt{3}$, 则 $c =$ _____.

6. 若 $\triangle ABC$ 的内角满足 $\sin A + \sqrt{2}\sin B = 2\sin C$, 则 $\cos C$ 的最小值是_____.

7. 设 θ 为第二象限角, 若 $\tan\left(\theta + \dfrac{\pi}{4}\right) = \dfrac{1}{2}$, 则 $\sin\theta + \cos\theta =$ _____.

8. 已知锐角三角形 ABC 的内角 A, B, C 的对边分别为 a, b, c, 且 $23\cos^2 A + \cos 2A = 0$, $a = 7, c = 6$, 则 $b =$ _____.

9. 函数 $y = 2\sin\left(\dfrac{\pi x}{6} - \dfrac{\pi}{3}\right)(0 \leqslant x \leqslant 9)$ 的最大值与最小值之和为_____.

【解答题】

1. 将函数 $f(x) = \sin 2x$ 的图象向左平移 $\dfrac{\pi}{6}$ 个单位长度后得到函数 $g(x)$ 的图象, 设函数 $h(x) = f(x) - g(x)$.

(1) 求函数 $h(x)$ 的单调递增区间;

(2) 若 $g\left(\alpha + \dfrac{\pi}{6}\right) = \dfrac{1}{3}$, 求 $h(\alpha)$ 的值.

2. 已知 α, β 为锐角, $\tan\alpha = \dfrac{4}{3}, \cos(\alpha + \beta) = -\dfrac{\sqrt{5}}{5}$.

(1) 求 $\cos 2\alpha$ 的值;

(2) 求 $\tan(\alpha - \beta)$ 的值.

3. 已知函数 $f(x) = \sin^2 x + \sqrt{3}\sin x\cos x$.

(1) 求 $f(x)$ 的最小正周期;

(2) 若 $f(x)$ 在区间 $\left[-\dfrac{\pi}{3}, m\right]$ 上的最大值为 $\dfrac{3}{2}$, 求 m 的最小值.

4. 在 $\triangle ABC$ 中, 角 A, B, C 的对边分别为 a, b, c.

(1) 若 $a = 3c, b = \sqrt{2}, \cos B = \dfrac{2}{3}$, 求 c 的值;

(2) 若 $\dfrac{\sin A}{a} = \dfrac{\cos B}{2b}$, 求 $\sin\left(B + \dfrac{\pi}{2}\right)$ 的值.

5. 在 $\triangle ABC$ 中，内角 A,B,C 所对的边分别为 a,b,c，已知 $b+c=2a$，$3c\sin B = 4a\sin C$.

(1) 求 $\cos B$ 的值；

(2) 求 $\sin\left(2B+\dfrac{\pi}{6}\right)$ 的值.

6. 在 $\triangle ABC$ 中，角 A,B,C 的对边分别为 a,b,c，且 $\sqrt{3}a\cos C = (2b - \sqrt{3}c)\cos A$.

(1) 求角 A 的大小；

(2) 若 $a = 2$，求 $\triangle ABC$ 面积的最大值.

7. 在 $\triangle ABC$ 中，角 A,B,C 所对的边分别为 a,b,c，且 $\sin\dfrac{B}{2} - \cos\dfrac{B}{2} = \dfrac{1}{4}$.

(1) 求 $\cos B$ 的值；

(2) 若 $b^2 - a^2 = \dfrac{\sqrt{31}}{4}ac$，求 $\dfrac{\sin C}{\sin A}$ 的值.

8. 在 $\triangle ABC$ 中，内角 A,B,C 所对的边分别为 a,b,c，若 $\sin(A+C) = 2\sin A\cos(A+B)$，且 $\sin^2 A + \sin^2 B - \sin^2 C + \sqrt{2}\sin A\sin B = 0$.

(1) 求证：$a,b,2a$ 成等比数列；

(2) 若 $\triangle ABC$ 的面积是 2，求 c 的值.

第五章 ➡ 平面向量及其应用

一、典型例题精讲

【选择题】

1. 下列命题正确的是 _____ .

A. a 与 b 共线，b 与 c 共线，则 a 与 c 也共线

B. 若 $|a| = |b|$，则 $a = b$

C. 向量 a 与向量 b 相等的充要条件是 $|a| = |b|$ 且 $a /\!/ b$

D. 若 A,B,C,D 是不共线的四点，则 $\overrightarrow{AB} = \overrightarrow{DC}$ 是四边形 $ABCD$ 为平行四边形的充要条件

解 选项 A 不正确，因为零向量与任一向量都共线.

选项 B 不正确，因为两个向量的模相等，但它们的方向不一定相同.

选项 C 不正确，因为当 $a = -b$ 时，也有 $|a| = |b|$ 且 $a /\!/ b$，所以 $|a| = |b|$ 且 $a /\!/ b$ 不是 $a = b$ 的充要条件，而是必要不充分条件.

选项 D 正确，因为 $\overrightarrow{AB} = \overrightarrow{DC}$，所以 $|\overrightarrow{AB}| = |\overrightarrow{DC}|$ 且 $\overrightarrow{AB} /\!/ \overrightarrow{DC}$. 又 A,B,C,D 是不共线的四点，故四边形 $ABCD$ 是平行四边形. 反之，若四边形 $ABCD$ 是平行四边形，则 $AB /\!/ DC$，$AB = DC$ 且 $\overrightarrow{AB}$ 与 $\overrightarrow{DC}$ 方向相同，故 $\overrightarrow{AB} = \overrightarrow{DC}$. 故选 D.

2. 已知非零向量 a,b 满足 $|a| = 2|b|$，且 $(a-b) \perp b$，则 a 与 b 的夹角为 _____ .

A. $\dfrac{\pi}{6}$ 　　　　 B. $\dfrac{\pi}{3}$ 　　　　 C. $\dfrac{2\pi}{3}$ 　　　　 D. $\dfrac{5\pi}{6}$

解 方法一 由 $(a-b) \perp b$ 得 $(a-b) \cdot b = 0$，即 $a \cdot b = |b|^2$.

又 $a \cdot b = |a||b|\cos\langle a,b\rangle$，且注意到 $|a| = 2|b|$，所以 $2|b|^2 \cos\langle a,b\rangle = |b|^2$，故 $\cos\langle a,b\rangle = \dfrac{1}{2}$，即 $\langle a,b\rangle = \dfrac{\pi}{3}$. 故选 B.

方法二 如图 5-1，设 $\overrightarrow{OA} = a$，$\overrightarrow{OB} = b$，则 $\overrightarrow{BA} = a-b$，所以 $B = \dfrac{\pi}{2}$，$|\overrightarrow{OA}| =$

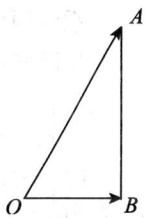

图 5-1

$2|\overrightarrow{OB}|$，所以 $\angle AOB = \dfrac{\pi}{3}$，即 $\langle a,b\rangle = \dfrac{\pi}{3}$. 故选 B.

3. 已知向量 $a = (\sqrt{3},1)$，$b = (-3,\sqrt{3})$，则向量 b 在向量 a 方向上的投影为 _____ .

A. $-\sqrt{3}$ 　　　 B. $\sqrt{3}$ 　　　 C. -1 　　　 D. 1

解 设向量 a 与 b 的夹角为 θ，向量 b 在向量 a 方向上的投影为 $|b|\cos\theta = \dfrac{a \cdot b}{|a|} = \dfrac{-3\sqrt{3}+\sqrt{3}}{2} = -\sqrt{3}$. 故选 A.

4. 已知平面向量 a,b，$|a| = 2$，$|b| = 1$，则 $|a-b|$ 的最大值为 _____ .

A. 1 　　　　 B. 2 　　　　 C. 3 　　　　 D. 5

解 方法一 $\because |a|=2,|b|=1,\therefore |a-b|=\sqrt{(a-b)^2}=\sqrt{a^2-2a\cdot b+b^2}=\sqrt{5-2a\cdot b}$,又 $a\cdot b\in[-2,2],\therefore |a-b|\in[1,3],|a-b|$ 的最大值为 3. 故选 C.

方法二 $\because |a-b|\leqslant |a|+|b|=2+1=3$,当且仅当 a 和 b 方向相反时等号成立,$\therefore |a-b|$ 的最大值是 3. 故选 C.

5. 已知向量 $a=(1,2),b=(x,1),c=a+2b,d=2a-b$,且 $c\,/\!/\,d$,则实数 $x=$ _____.

A. 1　　　　　　B. 2　　　　　　C. $\dfrac{1}{2}$　　　　　　D. $-\dfrac{1}{2}$

解 因为 $c=a+2b=(1,2)+2(x,1)=(2x+1,4)$,

$d=2a-b=2(1,2)-(x,1)=(2-x,3)$,且 $c\,/\!/\,d$,

所以 $3(2x+1)-4(2-x)=0$,解得 $x=\dfrac{1}{2}$. 故选 C.

6. 如果 e_1,e_2 是平面 α 内一组不共线的向量,那么下列四组向量中,不能作为平面 α 内所有向量的一组基底的是 _____.

A. e_1 与 e_1+e_2　　　　　　　　B. e_1-2e_2 与 e_1+2e_2

C. e_1+e_2 与 e_1-e_2　　　　　　　D. e_1+3e_2 与 $6e_2+2e_1$

解 对于选项 A,设 $e_1+e_2=\lambda e_1$,则 $\begin{cases}\lambda=1,\\1=0,\end{cases}$ 无解;

对于选项 B,设 $e_1-2e_2=\lambda(e_1+2e_2)$,则 $\begin{cases}\lambda=1,\\-2=2\lambda,\end{cases}$ 无解;

对于选项 C,设 $e_1+e_2=\lambda(e_1-e_2)$,则 $\begin{cases}\lambda=1,\\1=-\lambda,\end{cases}$ 无解;

对于选项 D,因为 $e_1+3e_2=\dfrac{1}{2}(6e_2+2e_1)$,

所以两向量是共线向量,它们不能作为一组基底. 故选 D.

7. 设向量 $a=(-3,4)$,向量 b 与 a 反向,且 $|b|=10$,则向量 b 的坐标为 _____.

A. $\left(-\dfrac{6}{5},\dfrac{8}{5}\right)$　　　B. $(-6,8)$　　　C. $\left(\dfrac{6}{5},-\dfrac{8}{5}\right)$　　　D. $(6,-8)$

解 方法一 因为 a 与 b 反向,所以可设 $b=(3t,-4t)(t>0)$,又 $|b|=10$,则 $9t^2+16t^2=100$,解得 $t=2$,或 $t=-2$(舍去),所以 $b=(6,-8)$. 故选 D.

方法二 与 a 方向相反的单位向量为 $\left(\dfrac{3}{5},-\dfrac{4}{5}\right)$,令 $b=t\left(\dfrac{3}{5},-\dfrac{4}{5}\right)(t>0)$. 由 $|b|=10$,得 $t=10$,所以 $b=(6,-8)$. 故选 D.

方法三 由两向量方向相反,排除 A,B,又 $|b|=10$,排除 C. 故选 D.

8. 已知向量 $a=(1,t),b=(3,-1)$,若 $|b+a|=|b-a|$,则实数 t 的值为 _____.

A. $-\dfrac{1}{3}$　　　　　B. ± 2　　　　　C. 3　　　　　D. $\dfrac{1}{3}$

解 方法一 设 $\overrightarrow{AB}=a,\overrightarrow{AD}=b$,以 AB,AD 为邻边作平行四边形 $ABCD$,则 $\overrightarrow{AC}=a+b$,$\overrightarrow{BD}=b-a$. 因为 $|b+a|=|b-a|$,所以 $|\overrightarrow{AC}|=|\overrightarrow{BD}|$,平行四边形 $ABCD$ 为矩形,于是 $a\perp b$,则 $a\cdot b=3-t=0$,即 $t=3$. 故选 C.

方法二　因为 $|b+a|=|b-a|$，所以两边平方得 $a^2+2a \cdot b+b^2=b^2-2a \cdot b+a^2$，整理得 $a \cdot b=0$，所以 $a \cdot b=3-t=0$，解得 $t=3$. 故选 C.

9. 已知平面向量 a,b,c 满足 $|a|=|b|=|c|=1$. 若 $a \cdot b=\dfrac{1}{2}$，则 $(a+c) \cdot (2b-c)$ 的最小值为 _____.

A. -2　　　　　　B. $-\sqrt{3}$　　　　　　C. -1　　　　　　D. 0

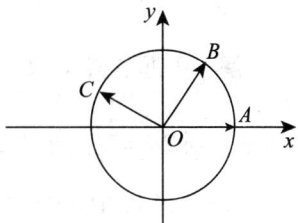

图 5-2

解　设 a 与 b 的夹角为 θ，则 $|a||b|\cos \theta=\dfrac{1}{2}$，即 $\cos \theta=\dfrac{1}{2}$. 因为 $0 \leqslant \theta \leqslant \pi$，所以 $\theta=\dfrac{\pi}{3}$. 令 $\overrightarrow{OA}=a, \overrightarrow{OB}=b$，以 $\overrightarrow{OA}$ 的方向为 x 轴的正方向建立如图 5-2 所示的平面直角坐标系，则 $a=\overrightarrow{OA}=(1,0), b=\overrightarrow{OB}=\left(\dfrac{1}{2},\dfrac{\sqrt{3}}{2}\right)$. 设 $c=\overrightarrow{OC}=(\cos \alpha, \sin \alpha)(0 \leqslant \alpha < 2\pi)$，则 $(a+c) \cdot (2b-c)=(1+\cos \alpha, \sin \alpha) \cdot (1-\cos \alpha, \sqrt{3}-\sin \alpha)=1-\cos^2 \alpha+\sqrt{3}\sin \alpha-\sin^2 \alpha=\sqrt{3}\sin \alpha \geqslant -\sqrt{3}\left(\right.$当且仅当 $\alpha=\dfrac{3\pi}{2}$ 时取等号$\left.\right)$. 故选 B.

10. 在 $\triangle ABC$ 中，$(\overrightarrow{BC}+\overrightarrow{BA}) \cdot \overrightarrow{AC}=\overrightarrow{AC}^2$，则 $\triangle ABC$ 的形状一定是 _____.

A. 等边三角形　　　　　　　　B. 等腰三角形
C. 直角三角形　　　　　　　　D. 等腰直角三角形

解　由 $(\overrightarrow{BC}+\overrightarrow{BA}) \cdot \overrightarrow{AC}=\overrightarrow{AC}^2$，得 $\overrightarrow{AC} \cdot (\overrightarrow{BC}+\overrightarrow{BA}-\overrightarrow{AC})=0$，即 $\overrightarrow{AC} \cdot (\overrightarrow{BC}+\overrightarrow{BA}+\overrightarrow{CA})=0$，亦即 $2\overrightarrow{AC} \cdot \overrightarrow{BA}=0$，所以 $\overrightarrow{AC} \perp \overrightarrow{BA}$，所以 $A=90°$. 又根据已知条件不能得到 $|\overrightarrow{AB}|=|\overrightarrow{AC}|$，所以 $\triangle ABC$ 一定是直角三角形. 故选 C.

【填空题】

1. 已知向量 $a=(\cos \alpha, \sin \alpha), b=(1,\sqrt{3})$，则 $|2a-b|$ 的最大值为 _____.

解　令 $\overrightarrow{OA}=2a, \overrightarrow{OB}=b$，则点 A,B 在以 $O(0,0)$ 为圆心，2 为半径的圆上，且 $|2a-b|=|\overrightarrow{AB}|$，所以 A,B 两点间的最大距离是圆 O 的直径，故 $|2a-b|$ 的最大值是 4.

2. 已知向量 $a=(3,1), b=(1,3), c=(k,7)$，若 $(a-c)//b$，则 $k=$ _____.

解　$\because a-c=(3-k,-6)$，且 $(a-c)//b, \therefore 3(3-k)=-6, \therefore k=5$.

3. 已知 a,b 为单位向量，且 $a \cdot b=0$. 若 $c=2a-\sqrt{5}b$，则 $\cos \langle a,c \rangle=$ _____.

解　设 $a=(1,0), b=(0,1)$，则 $c=(2,-\sqrt{5})$，所以 $\cos \langle a,c \rangle=\dfrac{2}{1 \times \sqrt{4+5}}=\dfrac{2}{3}$.

4. 已知向量 $a=(\sin \alpha, 1), b=(2\cos^2 \alpha-1, \cos \alpha)$，若 $a//b$，则 $\tan(2\,020\pi-2\alpha)=$

_____.

解　因为 $a//b$，所以 $\sin \alpha\cos \alpha=2\cos^2 \alpha-1$，即 $\dfrac{1}{2}\sin 2\alpha=\cos 2\alpha$，解得 $\tan 2\alpha=2$. 则 $\tan(2\,020\pi-2\alpha)=-\tan 2\alpha=-2$.

5. 在等腰梯形 $ABCD$ 中，$AD//BC, AB=AD=CD=2, BC=4$，若向量 a,b 满足 $\overrightarrow{BA}=$

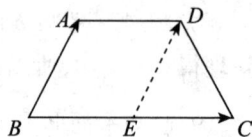

$2\boldsymbol{a}+\boldsymbol{b}, \overrightarrow{AD}=2\boldsymbol{a}$, 则向量 $\boldsymbol{a}, \boldsymbol{b}$ 的夹角为_____.

解 依题意, 作出等腰梯形 $ABCD$ 如图 $5-3$ 所示, 取 BC 的中点 E, 连接 DE, 则 $\overrightarrow{ED}=\overrightarrow{BA}=2\boldsymbol{a}+\boldsymbol{b}, \overrightarrow{EC}=\overrightarrow{AD}=2\boldsymbol{a}$. 易知 $\overrightarrow{CD}=\overrightarrow{ED}-\overrightarrow{EC}=2\boldsymbol{a}+\boldsymbol{b}-2\boldsymbol{a}=\boldsymbol{b}, \triangle EDC$ 是等边三角形, 则 $\boldsymbol{a}, \boldsymbol{b}$ 的夹角为 $\dfrac{2\pi}{3}$.

图 $5-3$

6. 设向量 $\boldsymbol{a}=(1,-1), \boldsymbol{b}=(\sin^2\alpha, \cos^2\alpha), \alpha\in\left(0, \dfrac{\pi}{2}\right]$, 若 $\boldsymbol{a}\cdot\boldsymbol{b}=\dfrac{1}{2}$, 则 $\alpha=$_____.

解 由题意得 $\boldsymbol{a}\cdot\boldsymbol{b}=\sin^2\alpha-\cos^2\alpha=\dfrac{1}{2}$, 即 $\cos 2\alpha=-\dfrac{1}{2}$. 又 $\alpha\in\left(0, \dfrac{\pi}{2}\right]$, 所以 $2\alpha\in(0, \pi]$, 则 $2\alpha=\dfrac{2\pi}{3}$, 所以 $\alpha=\dfrac{\pi}{3}$.

7. 在 $\triangle ABC$ 中, $AB=10, BC=6, CA=8$, 且 O 是 $\triangle ABC$ 的外心, 则 $\overrightarrow{CA}\cdot\overrightarrow{AO}=$_____.

解 方法一 由题意知 $AB^2=BC^2+CA^2$, 所以 $\triangle ABC$ 为直角三角形, 则 O 为斜边 AB 的中点, 所以 $\overrightarrow{CA}\cdot\overrightarrow{AO}=-\overrightarrow{AC}\cdot\overrightarrow{AO}=-|\overrightarrow{AC}||\overrightarrow{AO}|\cos\angle BAC=-|\overrightarrow{AC}|\cdot\dfrac{1}{2}|\overrightarrow{AB}|\cdot\dfrac{|\overrightarrow{AC}|}{|\overrightarrow{AB}|}=-\dfrac{1}{2}|\overrightarrow{AC}|^2=-32$.

方法二 由题意得 $AB^2=BC^2+CA^2$, 所以 $\triangle ABC$ 为直角三角形, 则 O 为斜边 AB 的中点, 所以 $\overrightarrow{AO}$ 在 $\overrightarrow{AC}$ 上的投影为 4, 则 $\overrightarrow{CA}\cdot\overrightarrow{AO}=-\overrightarrow{AC}\cdot\overrightarrow{AO}=-4|\overrightarrow{AC}|=-32$.

8. 已知非零向量 $\boldsymbol{a}, \boldsymbol{b}, \boldsymbol{c}$ 满足 $\boldsymbol{a}+\boldsymbol{b}+\boldsymbol{c}=\boldsymbol{0}$, 且 $\boldsymbol{a}$ 与 $\boldsymbol{b}$ 的夹角为 $120°$, 若 $|\boldsymbol{b}|=2|\boldsymbol{a}|$, 则 $\boldsymbol{a}$ 与 $\boldsymbol{c}$ 的夹角为_____.

解 由 $\boldsymbol{a}+\boldsymbol{b}+\boldsymbol{c}=\boldsymbol{0}$, 得 $\boldsymbol{c}=-(\boldsymbol{a}+\boldsymbol{b})$, 所以 $\boldsymbol{a}\cdot\boldsymbol{c}=-\boldsymbol{a}\cdot(\boldsymbol{a}+\boldsymbol{b})=-|\boldsymbol{a}|^2-\boldsymbol{a}\cdot\boldsymbol{b}=-|\boldsymbol{a}|^2-2|\boldsymbol{a}|^2\cos 120°=-|\boldsymbol{a}|^2+|\boldsymbol{a}|^2=0$, 所以 $\boldsymbol{a}$ 与 $\boldsymbol{c}$ 的夹角为 $90°$.

9. 已知向量 $\boldsymbol{a}=(x,2), \boldsymbol{b}=(2,1), \boldsymbol{c}=(3,2x)$, 若 $\boldsymbol{a}\perp\boldsymbol{b}$, 则 $|\boldsymbol{b}+\boldsymbol{c}|=$_____.

解 $\because \boldsymbol{a}=(x,2), \boldsymbol{b}=(2,1)$, 且 $\boldsymbol{a}\perp\boldsymbol{b}, \therefore \boldsymbol{a}\cdot\boldsymbol{b}=0$, 即 $2x+2=0, \therefore x=-1, \therefore \boldsymbol{c}=(3,-2), \boldsymbol{b}+\boldsymbol{c}=(5,-1)$, 故 $|\boldsymbol{b}+\boldsymbol{c}|=\sqrt{26}$.

10. 已知向量 $\boldsymbol{a}, \boldsymbol{b}$, 若 $\boldsymbol{a}//\boldsymbol{b}, \boldsymbol{a}\cdot\boldsymbol{b}=-3, |\boldsymbol{b}|=2$, 则 $|\boldsymbol{a}|=$_____.

解 方法一 设 $\boldsymbol{a}=(x,y)$, 则可设 $\boldsymbol{b}=\lambda(x,y)$. 由题意, 得 $\begin{cases}|\boldsymbol{b}|^2=\lambda^2(x^2+y^2)=4,\\ \boldsymbol{a}\cdot\boldsymbol{b}=\lambda(x^2+y^2)=-3,\end{cases}$ 解得 $\begin{cases}x^2+y^2=\dfrac{9}{4},\\ \lambda=-\dfrac{4}{3},\end{cases}$ 故 $|\boldsymbol{a}|=\dfrac{3}{2}$.

方法二 依题意不妨设 $\boldsymbol{b}=(2,0)$, 则可设 $\boldsymbol{a}=(2\lambda, 0)$, 所以 $\boldsymbol{a}\cdot\boldsymbol{b}=4\lambda=-3$, 即 $\lambda=-\dfrac{3}{4}$, 所以 $\boldsymbol{a}=\left(-\dfrac{3}{2}, 0\right)$, 故 $|\boldsymbol{a}|=\dfrac{3}{2}$.

【解答题】

1. 已知向量 $\boldsymbol{a}=(\sin x, \sqrt{3}\cos x), \boldsymbol{b}=(\cos x, -\cos x)$, 函数 $f(x)=\boldsymbol{a}\cdot\boldsymbol{b}+\dfrac{\sqrt{3}}{2}$.

(1)求函数$f(x)$图象的对称轴方程;

(2)求函数$f(x)$在$\left[0,\dfrac{\pi}{2}\right]$上的最大值和最小值.

解 (1)由已知,得$f(x)=\sin x\cos x-\sqrt{3}\cos^2 x+\dfrac{\sqrt{3}}{2}=\dfrac{1}{2}\sin 2x-\dfrac{\sqrt{3}}{2}(1+\cos 2x)+\dfrac{\sqrt{3}}{2}=$

$\dfrac{1}{2}\sin 2x-\dfrac{\sqrt{3}}{2}\cos 2x$,

所以$f(x)=\sin\left(2x-\dfrac{\pi}{3}\right)$,由$2x-\dfrac{\pi}{3}=k\pi+\dfrac{\pi}{2},k\in\mathbf{Z}$,得函数$f(x)$图象的对称轴方程

为$x=\dfrac{k\pi}{2}+\dfrac{5\pi}{12},k\in\mathbf{Z}$.

(2)因为$0\leqslant x\leqslant\dfrac{\pi}{2}$,所以$-\dfrac{\pi}{3}\leqslant 2x-\dfrac{\pi}{3}\leqslant\dfrac{2\pi}{3}$,则$-\dfrac{\sqrt{3}}{2}\leqslant\sin\left(2x-\dfrac{\pi}{3}\right)\leqslant 1$,

故函数$f(x)$在$\left[0,\dfrac{\pi}{2}\right]$上的最大值为1,最小值为$-\dfrac{\sqrt{3}}{2}$.

2. 已知向量$\boldsymbol{m}=(\cos x,\sin x),\boldsymbol{n}=(\cos x,\sqrt{3}\cos x),x\in\mathbf{R}$. 设函数$f(x)=\boldsymbol{m}\cdot\boldsymbol{n}+\dfrac{1}{2}$.

(1)求函数$f(x)$的解析式及单调递增区间;

(2)设a,b,c分别为$\triangle ABC$的内角A,B,C的对边,若$f(A)=2,b+c=2\sqrt{2}$,$\triangle ABC$的

面积为$\dfrac{1}{2}$,求a的值.

解 (1)由题意知,$f(x)=\cos^2 x+\sqrt{3}\sin x\cos x+\dfrac{1}{2}=\sin\left(2x+\dfrac{\pi}{6}\right)+1$.

令$2x+\dfrac{\pi}{6}\in\left[-\dfrac{\pi}{2}+2k\pi,\dfrac{\pi}{2}+2k\pi\right],k\in\mathbf{Z}$,解得$x\in\left[-\dfrac{\pi}{3}+k\pi,\dfrac{\pi}{6}+k\pi\right],k\in\mathbf{Z}$.

∴ 函数$f(x)$的单调递增区间为$\left[-\dfrac{\pi}{3}+k\pi,\dfrac{\pi}{6}+k\pi\right],k\in\mathbf{Z}$.

(2)∵$f(A)=\sin\left(2A+\dfrac{\pi}{6}\right)+1=2,\therefore\sin\left(2A+\dfrac{\pi}{6}\right)=1$.

∵$0<A<\pi,\therefore\dfrac{\pi}{6}<2A+\dfrac{\pi}{6}<\dfrac{13\pi}{6},\therefore 2A+\dfrac{\pi}{6}=\dfrac{\pi}{2}$,即$A=\dfrac{\pi}{6}$.

由$\triangle ABC$的面积$S=\dfrac{1}{2}bc\sin A=\dfrac{1}{2}$,得$bc=2$. 又$b+c=2\sqrt{2}$,

∴$a^2=b^2+c^2-2bc\cos A=(b+c)^2-2bc(1+\cos A)=4-2\sqrt{3}$,故$a=\sqrt{3}-1$.

3. 在平面直角坐标系xOy中,已知向量$\boldsymbol{a}=\left(\dfrac{\sqrt{2}}{2},-\dfrac{\sqrt{2}}{2}\right),\boldsymbol{b}=(\sin x,\cos x)$,

$x\in\left(0,\dfrac{\pi}{2}\right)$.

(1)若$\boldsymbol{a}\perp\boldsymbol{b}$,求$\tan x$的值;

(2)若$\boldsymbol{a}$与$\boldsymbol{b}$的夹角为$\dfrac{\pi}{3}$,求x的值.

解 $(1) \because a \perp b, \therefore a \cdot b = 0,$

$\therefore \dfrac{\sqrt{2}}{2} \sin x - \dfrac{\sqrt{2}}{2} \cos x = 0, \therefore \tan x = 1.$

$(2) \because a$ 与 b 的夹角为 $\dfrac{\pi}{3},$

$\therefore \cos \langle a, b \rangle = \dfrac{a \cdot b}{|a| \cdot |b|} = \dfrac{\sqrt{2}}{2} \sin x - \dfrac{\sqrt{2}}{2} \cos x = \dfrac{1}{2},$

故 $\sin \left(x - \dfrac{\pi}{4} \right) = \dfrac{1}{2}.$

又 $\because x \in \left(0, \dfrac{\pi}{2} \right), \therefore x - \dfrac{\pi}{4} \in \left(-\dfrac{\pi}{4}, \dfrac{\pi}{4} \right), \therefore x - \dfrac{\pi}{4} = \dfrac{\pi}{6},$ 即 $x = \dfrac{5\pi}{12}.$

$\therefore x$ 的值为 $\dfrac{5\pi}{12}.$

二、军考模拟训练

【选择题】

1. 已知向量 $a = (-1, 2), b = \left(\dfrac{2}{3}, \dfrac{3}{5} \right),$ 若向量 $ma + 2b (m \in \mathbf{R})$ 与向量 $3a - 2b$ 共线, 则 m 的值为 _____.

A. -3 B. 3 C. $\dfrac{1}{3}$ D. $-\dfrac{1}{3}$

2. 设向量 a 与 b 的夹角为 $\dfrac{3\pi}{4},$ 且 $a = (2, 2), a \cdot b = -2,$ 则 b 的坐标为 _____.

A. $(0, -1)$ B. $(-1, 0)$

C. $(0, -1)$ 或 $(-1, 0)$ D. 以上都不对

3. 若向量 a 与 b 的夹角为 $60°, a = (2, 0), |a + 2b| = 2\sqrt{3},$ 则 $|b| = $ _____.

A. $\sqrt{3}$ B. 1 C. 4 D. 3

4. 已知向量 a, b, c 满足 $|a| = 1, c = a + b, c \perp a,$ 则 $a \cdot b = $ _____.

A. -2 B. -1 C. 1 D. 2

5. 已知点 $A(0, 1), B(3, 2),$ 向量 $\overrightarrow{AC} = (-4, -3),$ 则向量 $\overrightarrow{BC} = $ _____.

A. $(-7, -4)$ B. $(7, 4)$ C. $(-1, 4)$ D. $(1, 4)$

6. 已知向量 $a = (1, 2), b = (1, 1), c = a + kb,$ 若 $b \perp c,$ 则实数 k 的值为 _____.

A. $\dfrac{3}{2}$ B. $-\dfrac{5}{3}$ C. $\dfrac{5}{3}$ D. $-\dfrac{3}{2}$

7. 设非零向量 a, b 满足 $|b| = 4|a|,$ 且 $a \perp (2a + b),$ 则 a 与 b 的夹角为 _____.

A. $\dfrac{\pi}{3}$ B. $\dfrac{\pi}{2}$ C. $\dfrac{2\pi}{3}$ D. $\dfrac{5\pi}{6}$

8. 设 a, b 是非零向量, 则 "$a \cdot b = |a||b|$" 是 "$a /\!/ b$" 的 _____.

A. 充分不必要条件   B. 必要不充分条件

C. 充要条件   D. 既不充分也不必要条件

9. 设向量 a,b 满足 $|a+b| = \sqrt{10}$，$|a-b| = \sqrt{6}$，则 $a \cdot b =$ _____.

A. 2　　　　　　B. 1　　　　　　C. 3　　　　　　D. 5

10. 已知点 A,B,C 在圆 $x^2 + y^2 = 1$ 上运动，且 $AB \perp BC$. 若点 P 的坐标为 $(2,0)$，则 $|\overrightarrow{PA} + \overrightarrow{PB} + \overrightarrow{PC}|$ 的最大值为_____.

A. 5　　　　　　B. 6　　　　　　C. 7　　　　　　D. 8

【填空题】

1. 若 a,b 均为非零向量，且 $(a-2b) \perp a$，$(b-2a) \perp b$，则 a,b 的夹角为_____.

2. 已知向量 $a = (2,3)$，$b = (x,-2)$，且 $a //(2a-b)$，则实数 x 的值为_____.

3. 已知向量 $a = (4,3)$，$b = (-2,1)$，若向量 $a + \lambda b$ 与 b 垂直，则 $|2a - \lambda b|$ 的值为_____.

4. 设 a,b 为向量，若 $a + b$ 与 a 的夹角为 $\dfrac{\pi}{3}$，$a + b$ 与 b 的夹角为 $\dfrac{\pi}{4}$，则 $\dfrac{|a|}{|b|} =$ _____.

5. 已知在直角梯形 $ABCD$ 中，$AD // BC$，$\angle ADC = 90°$，$AD = 2$，$BC = 1$，P 是腰 DC 上的动点，则 $|\overrightarrow{PA} + 3\overrightarrow{PB}|$ 的最小值为_____.

【解答题】

1. 已知向量 $a = (\cos x, \sin x)$，$b = (3, -\sqrt{3})$，$x \in [0, \pi]$.

（1）若 $a // b$，求 x 的值；

（2）记 $f(x) = a \cdot b$，求 $f(x)$ 的最大值和最小值以及对应的 x 的值.

2. 已知 $\triangle ABC$ 的内角 A,B,C 所对的边分别为 a,b,c，且向量 $m = (a, \sqrt{3}b)$ 与 $n = (\cos A, \sin B)$ 平行.

（1）求角 A 的大小；

（2）若 $a = \sqrt{7}$，$b = 2$，求 $\triangle ABC$ 的面积.

3. 已知 $|\overrightarrow{OP_1}| = |\overrightarrow{OP_2}| = |\overrightarrow{OP_3}| = 1$，$\overrightarrow{OP_1} + \overrightarrow{OP_2} + \overrightarrow{OP_3} = \mathbf{0}$，求证：$\triangle P_1P_2P_3$ 是正三角形.

第六章 ⟶ 不等式

一、典型例题精讲

【选择题】

1. 若 $a = \dfrac{\ln 3}{3}, b = \dfrac{\ln 4}{4}, c = \dfrac{\ln 5}{5}$, 则 _____.

A. $a < b < c$ B. $c < b < a$

C. $c < a < b$ D. $b < a < c$

解 **方法一** 显然 a, b, c 均为正数, $\dfrac{b}{a} = \dfrac{3\ln 4}{4\ln 3} = \log_{81} 64 < 1, \therefore b < a$;

$\dfrac{b}{c} = \dfrac{5\ln 4}{4\ln 5} = \log_{625} 1\,024 > 1, \therefore b > c$,

即 $c < b < a$. 故选 B.

方法二 令 $f(x) = \dfrac{\ln x}{x}$, 则 $f'(x) = \dfrac{1 - \ln x}{x^2}$, 易知当 $x > e$ 时, $f'(x) < 0$, 所以函数 $f(x)$ 在 $(e, +\infty)$ 上单调递减. 因为 $e < 3 < 4 < 5$, 所以有 $f(3) > f(4) > f(5)$, 即 $a > b > c$. 故选 B.

2. 已知 $x, y \in \mathbf{R}$, 且 $x > y > 0$, 则 _____.

A. $\dfrac{1}{x} - \dfrac{1}{y} > 0$ B. $\sin x - \sin y > 0$

C. $\left(\dfrac{1}{2}\right)^x - \left(\dfrac{1}{2}\right)^y < 0$ D. $\ln x + \ln y > 0$

解 **方法一** 已知 $x > y > 0$,

选项 A, 取 $x = 1, y = \dfrac{1}{2}$, 则 $\dfrac{1}{x} - \dfrac{1}{y} = -1 < 0$, 所以排除 A;

选项 B, 取 $x = \pi, y = \dfrac{\pi}{2}$, 则 $\sin x - \sin y = -1 < 0$, 所以排除 B;

选项 D, 取 $x = 2, y = \dfrac{1}{2}$, 则 $\ln x + \ln y = \ln 1 = 0$, 所以排除 D. 故选 C.

方法二 因为函数 $y = \left(\dfrac{1}{2}\right)^x$ 在 $\mathbf{R}$ 上单调递减, 且 $x > y > 0$, 所以 $\left(\dfrac{1}{2}\right)^x < \left(\dfrac{1}{2}\right)^y$, 即 $\left(\dfrac{1}{2}\right)^x - \left(\dfrac{1}{2}\right)^y < 0$. 故选 C.

3. 设 $0 < a < b$, 则下列不等式正确的是 _____.

A. $a < b < \sqrt{ab} < \dfrac{a+b}{2}$ B. $a < \sqrt{ab} < \dfrac{a+b}{2} < b$

C. $a < \sqrt{ab} < b < \dfrac{a+b}{2}$ D. $\sqrt{ab} < a < \dfrac{a+b}{2} < b$

解 方法一 $\because 0 < a < b, \therefore a = \sqrt{a^2} < \sqrt{ab} < \sqrt{b^2} = b$, 且 $a = \dfrac{a+a}{2} < \dfrac{a+b}{2} < \dfrac{b+b}{2} = b$.

又 $a+b > 2\sqrt{ab}$, 即 $\sqrt{ab} < \dfrac{a+b}{2}, \therefore a < \sqrt{ab} < \dfrac{a+b}{2} < b$. 故选 B.

方法二(排除法) 对于选项 A, $\because 0 < a < b, \therefore b = \sqrt{b^2} > \sqrt{ab}$, 即选项 A 错. 对于选项 C, $\because 0 < a < b, \therefore b = \dfrac{b+b}{2} > \dfrac{a+b}{2}, \therefore$ 选项 C 错. 对于选项 D, $\because 0 < a < b, \therefore a = \sqrt{a^2} < \sqrt{ab}. \therefore$ 选项 D 错. 故选 B.

4. 若 $a > 0, b > 0, a + b = ab$, 则 $a + b$ 的最小值为 _____.

A. 2 　　　　B. 4 　　　　C. 6 　　　　D. 8

解 方法一 由于 $a + b = ab \leqslant \dfrac{(a+b)^2}{4}$, 因此 $a + b \geqslant 4$ 或 $a + b \leqslant 0$(舍去),

当且仅当 $a = b = 2$ 时取等号. 故选 B.

方法二 由题意, 得 $\dfrac{1}{a} + \dfrac{1}{b} = 1$,

所以 $a + b = (a+b)\left(\dfrac{1}{a} + \dfrac{1}{b}\right) = 2 + \dfrac{a}{b} + \dfrac{b}{a} \geqslant 2 + 2 = 4$, 当且仅当 $a = b = 2$ 时取等号. 故选 B.

方法三 由题意知 $a = \dfrac{-b}{1-b} = \dfrac{b}{b-1}(b > 1)$,

所以 $a + b = \dfrac{b}{b-1} + b = 2 + (b-1) + \dfrac{1}{b-1} \geqslant 2 + 2 = 4$, 当且仅当 $a = b = 2$ 时取等号. 故选 B.

5. 已知 $p : A = \{x \mid (x-2)(x-3) < 0\}, q : B = \left\{x \,\middle|\, y = \lg\dfrac{x-(a^2+2)}{a-x}\right\}$, 若 q 是 p 的必要条件, 则实数 a 的取值范围是 _____.

A. $(-1, 2]$ 　　　　　　　　　　B. $(1, 2]$

C. $(-\infty, -1] \cup [1, 2]$ 　　　　D. $(-\infty, 1) \cup (1, 2]$

解 依题意知, $A = (2, 3) = \{x \mid 2 < x < 3\}$, 而集合 B 满足 $\dfrac{x-(a^2+2)}{a-x} > 0$,

因为 $a^2 + 2 - a = \left(a - \dfrac{1}{2}\right)^2 + \dfrac{7}{4} > 0$, 所以 $B = \{x \mid a < x < a^2 + 2\}$.

若 q 是 p 的必要条件, 则 $A \subseteq B$, 即 $\begin{cases} a \leqslant 2, \\ a^2 + 2 \geqslant 3, \end{cases}$ 解得 $a \leqslant -1$ 或 $1 \leqslant a \leqslant 2$. 故选 C.

6. 已知函数 $f(x) = 2x + \log_3\dfrac{2+x}{2-x}$, 若不等式 $f\left(\dfrac{1}{m}\right) > 3$ 成立, 则实数 m 的取值范围是 _____.

A. $(1, +\infty)$ 　　B. $(-\infty, 1)$ 　　C. $\left(0, \dfrac{1}{2}\right)$ 　　D. $\left(\dfrac{1}{2}, 1\right)$

解 由 $\dfrac{2+x}{2-x} > 0$ 得 $x \in (-2, 2)$. 又 $y = 2x$ 在 $(-2, 2)$ 上单调递增, $y = \log_3\dfrac{2+x}{2-x}$ 在定义

域内也是增函数(底数 $a = 3 > 1$),所以 $f(x)$ 是增函数. 又 $f(1) = 3$,所以不等式 $f\left(\dfrac{1}{m}\right) > 3$

成立等价于不等式 $f\left(\dfrac{1}{m}\right) > f(1)$ 成立,所以 $\begin{cases} -2 < \dfrac{1}{m} < 2, \\ \dfrac{1}{m} > 1, \end{cases}$ 解得 $\dfrac{1}{2} < m < 1$,所以实数 m 的

取值范围为 $\left(\dfrac{1}{2}, 1\right)$. 故选 D.

7. 已知 $f(x) = e^{-x} - e^{x} + x - \sin x$(其中 e 为自然对数的底数),则不等式 $f(x^2 - x) < f(x + 3)$ 的解集为_____.

A. $(-1, 3)$ B. $(-\infty, -3) \cup (1, +\infty)$

C. $(-3, 1)$ D. $(-\infty, -1) \cup (3, +\infty)$

解 $\because f(-x) = e^{x} - e^{-x} - x + \sin x = -f(x), x \in \mathbf{R}$,

$\therefore f(x)$ 为奇函数.

又 $f'(x) = -e^{-x} - e^{x} + 1 - \cos x$,$-e^{-x} - e^{x} = -\left(\dfrac{1}{e^x} + e^x\right) \le -2$,$\therefore f'(x) < 0$ 恒成立,

$\therefore f(x)$ 是 $\mathbf{R}$ 上的减函数,$\therefore$ 由 $f(x^2 - x) < f(x + 3)$,得 $x^2 - x > x + 3$,即 $x^2 - 2x - 3 > 0$,解得 $x > 3$ 或 $x < -1$,所以不等式的解集为 $(-\infty, -1) \cup (3, +\infty)$. 故选 D.

8. 若关于 x 的不等式 $x^2 + 2ax + 1 \ge 0$ 在 $[0, +\infty)$ 上恒成立,则实数 a 的取值范围为_____.

A. $(0, +\infty)$ B. $[-1, +\infty)$ C. $[-1, 1]$ D. $[0, +\infty)$

解 方法一 当 $x = 0$ 时,不等式 $1 \ge 0$ 恒成立;当 $x > 0$ 时,$x^2 + 2ax + 1 \ge 0 \Rightarrow 2ax \ge -(x^2 + 1) \Rightarrow 2a \ge -x - \dfrac{1}{x}$. 又 $-\left(x + \dfrac{1}{x}\right) \le -2$,当且仅当 $x = 1$ 时取等号,所以 $2a \ge -2 \Rightarrow a \ge -1$,所以实数 a 的取值范围为 $[-1, +\infty)$. 故选 B.

方法二 设 $f(x) = x^2 + 2ax + 1$,函数图象的对称轴为直线 $x = -a$,当 $-a \le 0$,即 $a \ge 0$ 时,$f(0) = 1 > 0$,所以当 $x \in [0, +\infty)$ 时,$f(x) \ge 0$ 恒成立;当 $-a > 0$,即 $a < 0$ 时,要使 $f(x) \ge 0$ 在 $[0, +\infty)$ 上恒成立,需 $f(-a) = a^2 - 2a^2 + 1 = -a^2 + 1 \ge 0$,得 $-1 \le a < 0$. 综上,实数 a 的取值范围为 $[-1, +\infty)$. 故选 B.

9. 已知对任意 $a \in [-1, 1]$,不等式 $x^2 + (a-4)x + 4 - 2a > 0$ 恒成立,则 x 的取值范围为_____.

A. $(-\infty, 2) \cup (3, +\infty)$ B. $(-\infty, 1) \cup (2, +\infty)$

C. $(-\infty, 1) \cup (3, +\infty)$ D. $(1, 3)$

解 把不等式的左端看成关于 a 的一次函数,记 $f(a) = (x-2)a + x^2 - 4x + 4$,

则 $f(a) > 0$ 对任意 $a \in [-1, 1]$ 恒成立,只需

$f(-1) = x^2 - 5x + 6 > 0$,①

且 $f(1) = x^2 - 3x + 2 > 0$. ②

联立①②,解得 $x < 1$ 或 $x > 3$.

所以 x 的取值范围为 $(-\infty, 1) \cup (3, +\infty)$. 故选 C.

10. 已知 $a > 0, b \in \mathbf{R}$,那么"$a + b > 0$"是"$a > |b|$ 成立"的_____.

A. 充分不必要条件   B. 必要不充分条件

C. 充要条件   D. 既不充分也不必要条件

解 当 $a=1, b=2$ 时,满足 $a+b>0$,但是 $a>|b|$ 不成立,即充分性不成立. 当 $a>|b|$ 时,一定有 $a+b>0$ 成立,所以"$a+b>0$"是"$a>|b|$ 成立"的必要不充分条件. 故选 B.

【填空题】

1. 设 $x>0, y>0, x+2y=4$,则 $\dfrac{(x+1)(2y+1)}{xy}$ 的最小值为_____.

解 **方法一** 由题意知 $x=4-2y$,因为 $x>0$,所以 $0<y<2$. 代入 $\dfrac{(x+1)(2y+1)}{xy}$ 得

$$\frac{(x+1)(2y+1)}{xy}=\frac{(4-2y+1)(2y+1)}{(4-2y)y}=\frac{-4y^2+8y+5}{-2y^2+4y}=2+\frac{5}{-2y^2+4y}.$$

当 $y=1$ 时,$-2y^2+4y$ 取得最大值 2,此时所求式取得最小值,

所以 $\dfrac{(x+1)(2y+1)}{xy} \geqslant 2+\dfrac{5}{2}=\dfrac{9}{2}$.

方法二 由题意知 $y=2-\dfrac{x}{2}$,因为 $y>0$,所以 $0<x<4$,代入 $\dfrac{(x+1)(2y+1)}{xy}$ 得

$$\frac{(x+1)(2y+1)}{xy}=\frac{(x+1)(4-x+1)}{x\left(2-\dfrac{x}{2}\right)}=\frac{-2x^2+8x+10}{-x^2+4x}=2+\frac{10}{-x^2+4x}.$$

当 $x=2$ 时,$-x^2+4x$ 取得最大值 4,此时所求式取得最小值,

所以 $\dfrac{(x+1)(2y+1)}{xy} \geqslant 2+\dfrac{5}{2}=\dfrac{9}{2}$.

方法三 由题意知 $\dfrac{(x+1)(2y+1)}{xy}=\dfrac{2xy+x+2y+1}{xy}=\dfrac{2xy+5}{xy}=2+\dfrac{5}{xy}$.

因为 $x>0, y>0$,所以 $4=x+2y \geqslant 2\sqrt{2xy}$,即 $xy \leqslant 2$,当且仅当 $x=2y=2$ 时取等号,所以 $\dfrac{(x+1)(2y+1)}{xy} \geqslant 2+\dfrac{5}{2}=\dfrac{9}{2}$.

点评 利用基本不等式求解函数的最值时,往往需要对式子进行适当的变形,创造应用基本不等式的条件.

2. 已知 $x \geqslant 0, y \geqslant 0$,且 $x+y=1$,则 x^2+y^2 的取值范围是_____.

解 **方法一** 由已知可得 $y=1-x$,代入 x^2+y^2,得 $x^2+y^2=x^2+(1-x)^2=2x^2-2x+1$,

即 $x^2+y^2=2\left(x-\dfrac{1}{2}\right)^2+\dfrac{1}{2}, x \in [0,1]$.

当 $x=0$ 或 $x=1$ 时,取得最大值 1. 当 $x=\dfrac{1}{2}$ 时,取得最小值 $\dfrac{1}{2}$.

故 x^2+y^2 的取值范围是 $\left[\dfrac{1}{2},1\right]$.

方法二 设直线 $x+y=1$ 与两坐标轴的交点分别为 $A(0,1), B(1,0)$,点 $P(x,y)$ 为

线段 AB 上一点,则 P 到原点 O 的距离 $|PO|=\sqrt{x^2+y^2} \geqslant \dfrac{|0+0-1|}{\sqrt{1^2+1^2}}=\dfrac{\sqrt{2}}{2}$.

又 $|PO| \leqslant |AO| = 1$，所以 $\dfrac{\sqrt{2}}{2} \leqslant \sqrt{x^2 + y^2} \leqslant 1$，所以 $\dfrac{1}{2} \leqslant x^2 + y^2 \leqslant 1$.

故 $x^2 + y^2$ 的取值范围是 $\left[\dfrac{1}{2}, 1 \right]$.

方法三 令 $x = t\cos\alpha, y = t\sin\alpha, \alpha \in \left[0, \dfrac{\pi}{2} \right]$, $x + y = t(\cos\alpha + \sin\alpha) = \sqrt{2}\, t\sin$

$\left(\alpha + \dfrac{\pi}{4} \right) = 1$，解得 $t = \dfrac{1}{\sqrt{2}\sin\left(\alpha + \dfrac{\pi}{4} \right)}$.

因为 $\alpha + \dfrac{\pi}{4} \in \left[\dfrac{\pi}{4}, \dfrac{3\pi}{4} \right]$，所以 $\dfrac{\sqrt{2}}{2} \leqslant \sin\left(\alpha + \dfrac{\pi}{4} \right) \leqslant 1$，即 $1 \leqslant \sqrt{2}\sin\left(\alpha + \dfrac{\pi}{4} \right) \leqslant \sqrt{2}$.

所以 $t \in \left[\dfrac{\sqrt{2}}{2}, 1 \right]$，所以 $x^2 + y^2 = t^2 \in \left[\dfrac{1}{2}, 1 \right]$.

3. 已知 $a, b \in \mathbf{R}$，且 $a - 3b + 6 = 0$，则 $2^a + \dfrac{1}{8^b}$ 的最小值为 _____.

解 由题设条件知 $a - 3b = -6$. 因为 $2^a > 0, 8^b > 0$，所以 $2^a + \dfrac{1}{8^b} \geqslant 2\sqrt{2^{a-3b}} = \dfrac{1}{4}$.

当且仅当 $2^a = \dfrac{1}{8^b}$，即 $a = -3b, a = -3, b = 1$ 时取等号，故 $2^a + \dfrac{1}{8^b}$ 的最小值为 $\dfrac{1}{4}$.

4. 设函数 $f(x) = \begin{cases} 0, x \leqslant 0, \\ 2^x - 2^{-x}, x > 0, \end{cases}$ 则满足不等式 $f(x^2 - 2) > f(x)$ 的 x 的取值范围是 _____.

解 当 $x > 0$ 时，函数 $f(x)$ 单调递增；当 $x \leqslant 0$ 时，$f(x) = 0$，故由 $f(x^2 - 2) > f(x)$，得 $\begin{cases} x > 0, \\ x^2 - 2 > x, \end{cases}$ 或 $\begin{cases} x \leqslant 0, \\ x^2 - 2 > 0, \end{cases}$ 解得 $x > 2$ 或 $x < -\sqrt{2}$，所以 x 的取值范围是 $(-\infty, -\sqrt{2}) \cup (2, +\infty)$.

5. 若关于 x 的不等式 $4^x - 2^{x+1} - a \geqslant 0$ 在 $[1, 2]$ 上恒成立，则实数 a 的取值范围为 _____.

解 因为 $4^x - 2^{x+1} - a \geqslant 0$ 在 $[1, 2]$ 上恒成立，

所以 $4^x - 2^{x+1} \geqslant a$ 在 $[1, 2]$ 上恒成立，即 $(4^x - 2^{x+1})_{\min} \geqslant a(x \in [1, 2])$.

令 $y = 4^x - 2^{x+1} = (2^x)^2 - 2 \times 2^x + 1 - 1 = (2^x - 1)^2 - 1$.

因为 $1 \leqslant x \leqslant 2$，所以 $2 \leqslant 2^x \leqslant 4$.

由二次函数的性质可知，当 $2^x = 2$，即 $x = 1$ 时，y 有最小值 0，

故 a 的取值范围为 $(-\infty, 0]$.

【解答题】

1. 求证：$a^2 + b^2 \geqslant ab + a + b - 1$.

证明 方法一（将差化成几个平方和）

$(a^2 + b^2) - (ab + a + b - 1) = \dfrac{1}{2}(2a^2 + 2b^2 - 2ab - 2a - 2b + 2)$

$= \dfrac{1}{2}\left[(a - b)^2 + (a - 1)^2 + (b - 1)^2 \right] \geqslant 0$,

所以 $a^2 + b^2 \geqslant ab + a + b - 1$.

方法二(将差看作 a 的二次三项式,再配成平方和)

$(a^2 + b^2) - (ab + a + b - 1)$

$= a^2 - (b+1)a + b^2 - b + 1$

$= \left(a - \dfrac{b+1}{2}\right)^2 + \dfrac{3}{4}(b-1)^2 \geqslant 0,$

所以 $a^2 + b^2 \geqslant ab + a + b - 1$.

方法三(将差看作 a 的二次三项式,利用判别式证明)

对于 a 的二次三项式 $a^2 - (b+1)a + b^2 - b + 1$,设 $f(a) = a^2 - (b+1)a + b^2 - b + 1$,

则 $\Delta = [-(b+1)]^2 - 4(b^2 - b + 1) = -3(b-1)^2 \leqslant 0,$

所以 $a^2 - (b+1)a + b^2 - b + 1 \geqslant 0$,即 $a^2 + b^2 \geqslant ab + a + b - 1$.

2. 设 $a \neq 0$,函数 $f(x) = \log_3(ax^2 - x + a)$.

(1)若函数 $f(x)$ 的定义域为 **R**,求实数 a 的取值范围;

(2)若函数 $f(x)$ 的值域为 **R**,求实数 a 的取值范围.

解 (1)$f(x)$ 的定义域为 **R** 等价于 $ax^2 - x + a > 0$ 对一切实数 x 都成立,即

$\begin{cases} a > 0, \\ 1 - 4a^2 < 0, \end{cases}$ 解得 $a > \dfrac{1}{2}$,即 $a \in \left(\dfrac{1}{2}, +\infty\right)$.

(2)$f(x)$ 的值域为 **R** 等价于 $ax^2 - x + a$ 能取遍大于 0 的所有实数值,即

$\begin{cases} a > 0, \\ 1 - 4a^2 \geqslant 0, \end{cases}$ 解得 $0 < a \leqslant \dfrac{1}{2}$,即 $a \in \left(0, \dfrac{1}{2}\right]$.

3. 设函数 $f(x) = mx^2 - mx - 1$.

(1)若对于一切实数 x,$f(x) < 0$ 恒成立,求 m 的取值范围;

(2)若对于 $m \in [-2, 2]$,$f(x) < -m + 5$ 恒成立,求 x 的取值范围.

解 (1)要求 $mx^2 - mx - 1 < 0$ 恒成立,

当 $m = 0$ 时,显然恒成立;

当 $m \neq 0$ 时,应有 $m < 0$,且 $\Delta = (-m)^2 + 4m < 0$,解得 $-4 < m < 0$.

综合两种情况可得 m 的取值范围为 $(-4, 0]$.

(2)将 $f(x) < -m + 5$ 变成关于 m 的不等式:$(x^2 - x + 1)m - 6 < 0$.

则命题等价于当 $m \in [-2, 2]$ 时,$g(m) = (x^2 - x + 1)m - 6 < 0$ 恒成立.

因为 $x^2 - x + 1 = \left(x - \dfrac{1}{2}\right)^2 + \dfrac{3}{4} > 0$,所以 $g(m)$ 在 $[-2, 2]$ 上单调递增,所以只要 $g(2) = 2(x^2 - x + 1) - 6 < 0$,即 $x^2 - x - 2 < 0$,解得 $-1 < x < 2$. 所以所求的 x 的取值范围为 $(-1, 2)$.

二、军考模拟训练

【选择题】

1. 若 $a > b > 0$,则下列不等式总能成立的是 _____.

A. $\dfrac{b}{a} > \dfrac{b+2}{a+2}$ 　　 B. $a + \dfrac{1}{b} > b + \dfrac{1}{a}$ 　　 C. $\dfrac{2a+b}{a+2b} > \dfrac{a}{b}$ 　　 D. $a + \dfrac{1}{a} > b + \dfrac{1}{b}$

2. 不等式"$a-b>a$ 且 $a+b<b$"成立的充要条件为_____.

A. $a>0$ 且 $b>0$ 　　　　　　　　B. $a<0$ 或 $b>0$

C. $a<0$ 且 $b<0$ 　　　　　　　　D. $a<0$ 或 $b<0$

3. 关于 x 的不等式 $x^2-2ax-8a^2<0(a>0)$ 的解集为 (x_1,x_2)，且 $x_2-x_1=15$，则 $a=$_____.

A. $\dfrac{5}{2}$ 　　　　　　　　　　B. $\dfrac{7}{2}$

C. $\dfrac{9}{2}$ 　　　　　　　　　　D. $\dfrac{15}{2}$

4. 已知集合 $P=\{x\mid x^2-4x+3<0\}$，$Q=\{x\mid y=\ln(x-2)\}$，则 $(\complement_{\mathbf{R}}Q)\cap P=$_____.

A. $\{x\mid -2\leqslant x<1\}$ 　　　　　B. $\{x\mid -2\leqslant x\leqslant 2\}$

C. $\{x\mid 1<x\leqslant 2\}$ 　　　　　　D. $\{x\mid x<2\}$

5. 若两个正实数 x,y 满足 $\dfrac{2}{x}+\dfrac{1}{y}=1$，并且 $x+2y>m^2+2m$ 恒成立，则实数 m 的取值范围是_____.

A. $(-\infty,-2)\cup[4,+\infty)$ 　　　B. $(-\infty,-4]\cup[2,+\infty)$

C. $(-2,4)$ 　　　　　　　　　　D. $(-4,2)$

6. 若 $\log_4(3a+4b)=\log_2\sqrt{ab}$，则 $a+b$ 的最小值是_____.

A. $6+2\sqrt{3}$ 　　　　　　　　　B. $7+2\sqrt{3}$

C. $6+4\sqrt{3}$ 　　　　　　　　　D. $7+4\sqrt{3}$

7. 若 $2^x+2^y=1$，则 $x+y$ 的取值范围是_____.

A. $[-2,+\infty)$ 　　　　　　　　B. $(-\infty,-2]$

C. $[0,2]$ 　　　　　　　　　　D. $[-2,0]$

8. 已知定义在 $(-1,1)$ 上的奇函数 $f(x)$，其导函数为 $f'(x)=1+\cos x$，若 $f(1-a)+f(1-a^2)<0$，则实数 a 的取值范围是_____.

A. $(0,1)$ 　　　　　　　　　　B. $(1,\sqrt{2})$

C. $(-2,-\sqrt{2})$ 　　　　　　　D. $(-\sqrt{2},-1)\cup(1,\sqrt{2})$

9. 已知 $a>b$，不等式 $ax^2+2x+b\geqslant 0$ 对一切实数 x 恒成立，又 $\exists x_0\in\mathbf{R}$，使 $ax_0^2+2x_0+b=0$ 成立，则 $\dfrac{a^2+b^2}{a-b}$ 的最小值为_____.

A. 1 　　　　　B. $\sqrt{2}$ 　　　　　C. 2 　　　　　D. $2\sqrt{2}$

10. 已知 $f(x)=\dfrac{1}{3}x^3+ax^2+(b-4)x(a>0,b>0)$ 在 $x=1$ 处取得极值，则 $\dfrac{2}{a}+\dfrac{1}{b}$ 的最小值为_____.

A. $\dfrac{3+2\sqrt{2}}{3}$ 　　　　　　　B. $3+2\sqrt{2}$

C. 3 　　　　　　　　　　　　D. $2\sqrt{2}$

【填空题】

1. 给出以下推理：

①若 $a>0,b>0$，则 $\lg a+\lg b\geq 2\sqrt{\lg a\cdot\lg b}$；

②要使 $\dfrac{b}{a}+\dfrac{a}{b}\geq 2$ 成立，必须有 $a>0,b>0$；

③若 $a>0,b>0$，且 $a+b=4$，则 $\dfrac{1}{a}+\dfrac{1}{b}\leq 1$；

④若 $ab>0$，则 $\sqrt{ab}\geq\dfrac{2ab}{a+b}$．

其中正确推理的序号是_____．

2. 若正数 x,y 满足 $x+3y=5xy$，则 $3x+4y$ 的最小值是_____．

3. 已知不等式 $(x+y)\left(\dfrac{1}{x}+\dfrac{a}{y}\right)\geq 9$ 对任意正实数 x,y 恒成立，则正数 a 的最小值为_____．

4. 若不等式 $ax^2+bx+2>0$ 的解集为 $\left\{x\left|-\dfrac{1}{2}<x<\dfrac{1}{3}\right.\right\}$，则不等式 $2x^2+bx+a<0$ 的解集是_____．

5. 不等式 $\dfrac{x^2-9}{x-2}>0$ 的解集是_____．

6. 集合 $A=\{x\,|\,x^2-x-2\leq 0\}$，$B=\{x\,|\,2^x\leq 1\}$，则 $A\cap(\complement_{\mathbf{R}}B)=$_____．

7. 已知函数 $f(x)=\begin{cases}x^2+1,&x\geq 0,\\1,&x<0,\end{cases}$ 则满足不等式 $f(1-x^2)>f(2x)$ 的 x 的取值范围为_____．

【解答题】

1. 已知 $a>0,b>0,a+b=1$．

(1) 求证：$\sqrt{a+\dfrac{1}{2}}+\sqrt{b+\dfrac{1}{2}}\leq 2$；

(2) 求 $\dfrac{1}{a}+\dfrac{1}{b}+\dfrac{1}{ab}$ 的最小值．

2. 已知不等式 $ax^2-3x+6>4$ 的解集为 $\{x\,|\,x<1\text{ 或 }x>b\}$．

(1) 求 a,b 的值；

(2) 解关于 x 的不等式：$ax^2-(ac+b)x+bc<0$．

3. 已知 $f(x)=2x^2+bx+c$，不等式 $f(x)<0$ 的解集是 $(0,5)$．

(1) 求 $f(x)$ 的解析式；

(2) 对于任意的 $x\in[-1,1]$，不等式 $f(x)+t\leq 2$ 恒成立，求 t 的取值范围．

第七章 ➡ 立体几何初步

一、典型例题精讲

【选择题】

1. 祖暅是我国南北朝时期伟大的科学家,他提出的"幂势既同,则积不容异"称为祖暅原理,利用该原理可以得到柱体体积公式 $V_{柱体} = Sh$,其中 S 是柱体的底面积,h 是柱体的高. 若某柱体的三视图如图 7-1 所示(单位:cm),则该柱体的体积(单位:cm^3)是_____.

    A. 158   B. 162   C. 182   D. 324

解:由三视图可知,该几何体是一个直五棱柱,所以其体积 $V = \frac{1}{2} \times (4 \times 3 + 2 \times 3 + 6 \times 6) \times 6 = 162$. 故选 B.

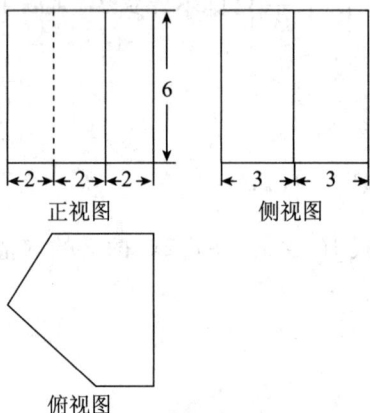

图 7-1

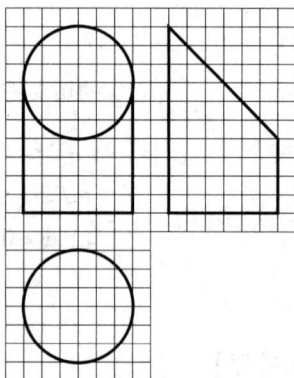

图 7-2

2. 如图 7-2,网格纸上的小正方形的边长为1,粗实线画出的是某几何体的三视图,该几何体由一平面将一圆柱截取一部分所得,则该几何体的体积为_____.

    A. 90π B. 63π C. 42π D. 36π

解:方法一   由题意知,该几何体由底面半径为3,高为10 的圆柱截去底面半径为3,高为6 的圆柱的一半所得,故其体积 $V = \pi \times 3^2 \times 10 - \frac{1}{2} \times \pi \times 3^2 \times 6 = 63\pi$. 故选 B.

    方法二   由题意知,该几何体由底面半径为3,高为10 的圆柱截去底面半径为3,高为6 的圆柱的一半所得,其体积等价于底面半径为3,高为7 的圆柱的体积,所以其体积 $V = \pi \times 3^2 \times 7 = 63\pi$. 故选 B.

3. 如图 7-3,网格纸上小正方形的边长为1,粗实线画出的是某几何体的三视图,其中俯视图由两个半圆和两条线段组成,则该几何体的表面积为_____.

    A. $17\pi + 12$ B. $12\pi + 12$ C. $20\pi + 12$ D. $16\pi + 12$

解:由三视图可知,该几何体是一个由大半圆柱挖去一个小半圆柱得到的,两个半圆柱的底面半径分别为 1 和 3,高均为 3,所以该几何体的表面积为

$$\frac{1}{2} \times 2\pi \times 3 \times 3 + \frac{1}{2} \times 2\pi \times 1 \times 3 + 2 \times$$

$$\left(\frac{1}{2}\pi \times 3^2 - \frac{1}{2}\pi \times 1^2\right) + 2 \times 2 \times 3 = 20\pi + 12.$$

故选 C.

点评 求空间几何体的体积的常用几种方法有:一是直接法,即公式法. 这种方法直接根据几何体的体积公式来计算. 二是等积法. 根据体积计算公式,通过转换空间几何体的底面和高使得体积计算更加容易.

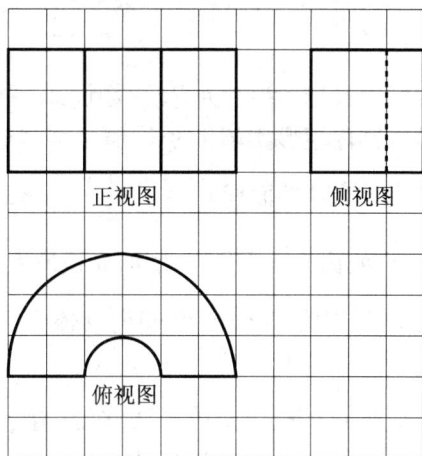

图 7-3

三是割补法. 当遇到不能直接计算体积的空间几何体时,通常进行适当的分割或补形,使得分割(或补形)后的几何体和分割掉(或补形的图形)都可以直接用公式计算,则所求几何体的体积为两体积之和(或之差). 求空间几何体的表面积的方法通常有两种:一是运用公式求解. 一般思路是将立体几何问题转化为平面图形问题,将立体图形平面化. 二是分割法. 遇到不规则图形时,通常将立体图形分割成柱体、锥体、台体等,先求出柱体、锥体、台体的表面积,再通过求和或差求得所给几何体的表面积.

4. 某几何体的三视图如图 7-4 所示,则该几何体的体积为_____.

A. $\frac{1}{3} + \pi$ 　　　　B. $\frac{2}{3} + \pi$

C. $\frac{1}{3} + 2\pi$ 　　　　D. $\frac{2}{3} + 2\pi$

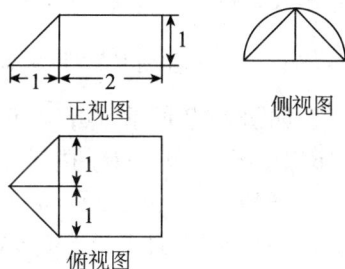

图 7-4

解 由三视图可知,该几何体是一个半圆柱与一个三棱锥的组合体,其中半圆柱的底面半径为 1,高为 2,三棱锥的底面是一个斜边长为 2 的等腰直角三角形,高为 1,因此该几何体的体积 $V = \frac{1}{3} \times \frac{1}{2} \times 2 \times 1 \times$

$1 + \frac{1}{2}\pi \times 1^2 \times 2 = \frac{1}{3} + \pi$. 故选 A.

点评 三视图重点考查转化能力、空间想象能力和运算求解能力. 解决这一类问题需要过好三关:一是还原关. 利用"长对正,宽相等,高平齐"还原出空间几何体的直观图. 二是转化关. 会把空间问题转化为平面问题来解决. 三是运算关. 一般而言,这类问题的计算结果可能带有根式,可能带有圆周率的倍数关系等,需要细心计算.

5. 如图 7-5,四棱锥 $P-ABCD$ 的底面为矩形,矩形的四个顶点 A,B,C,D 在球 O 的同一个大圆上,且球的表面积为 16π,点 P 在球面上,则四棱锥 $P-ABCD$ 体积的最大值为_____.

A. 8　　　　　　B. $\dfrac{8}{3}$　　　　　　C. 16　　　　　　D. $\dfrac{16}{3}$

解　设球的半径为 R，由题设知，$4\pi R^2 = 16\pi$，则半径 $R = 2$．再设大圆内矩形 $ABCD$ 的长、宽分别为 x，y，由题设得 $x^2 + y^2 = 16$，则矩形 $ABCD$ 的面积 $xy \leqslant \dfrac{x^2 + y^2}{2} = 8$，等号成立的条件是 $x = y = 2\sqrt{2}$，即底面为正方形时，底面面积最大．四棱锥 $P - ABCD$ 的高的最大值为 2，因此，四棱锥 $P - ABCD$ 体积的最大值为 $\dfrac{1}{3} \times 8 \times 2 = \dfrac{16}{3}$．故选 D.

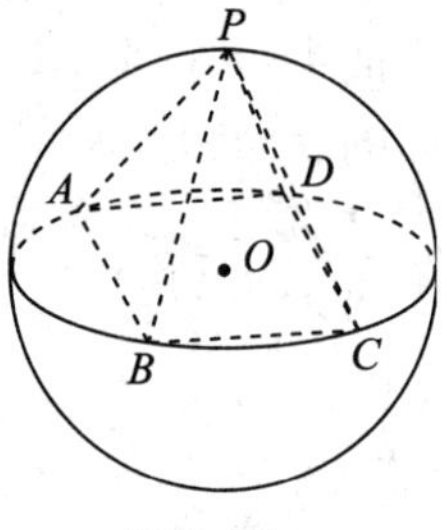

图 7 - 5

6. 在长方体 $ABCD - A_1B_1C_1D_1$ 中，$AB = AD = 4$，$AA_1 = 2$．过点 A_1 作平面 α 与 AB，AD 分别相交于 M，N 两点，若 AA_1 与平面 α 所成的角为 $45°$，则截面 A_1MN 面积的最小值是_____.

A. $2\sqrt{3}$　　　　　B. $4\sqrt{2}$　　　　　C. $4\sqrt{6}$　　　　　D. $8\sqrt{2}$

解　如图 7 - 6 所示，过点 A 作 $AE \perp MN$ 于点 E，连接 A_1E．$\because A_1A \perp$ 平面 $ABCD$，$\therefore A_1A \perp MN$，$\therefore MN \perp$ 平面 A_1AE，$\therefore A_1E \perp MN$，平面 $A_1AE \perp$ 平面 A_1MN，$\therefore \angle AA_1E$ 为 AA_1 与平面 A_1MN 所成的角，$\therefore \angle AA_1E = 45°$．在 $\text{Rt}\triangle A_1AE$ 中，$\because AA_1 = 2$，$\therefore AE = 2$，$A_1E = 2\sqrt{2}$．在 $\text{Rt}\triangle MAN$ 中，由射影定理得 $ME \cdot EN = AE^2 = 4$，由基本不等式得 $MN = ME + EN \geqslant 2\sqrt{ME \cdot EN} = 4$，当且仅当 $ME = EN$，即 E 为 MN 的中点时等号成立，$\therefore$ 截面 A_1MN 面积的最小值为 $\dfrac{1}{2} \times 4 \times 2\sqrt{2} = 4\sqrt{2}$．故选 B.

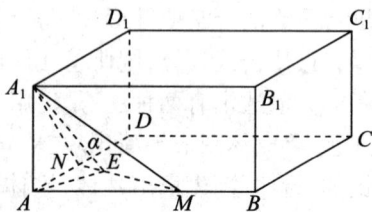

图 7 - 6

7. 如图 7 - 7 所示，点 N 为正方形 $ABCD$ 的中心，$\triangle ECD$ 为正三角形，平面 $ECD \perp$ 平面 $ABCD$，M 为线段 ED 的中点，则_____.

A. $BM = EN$，且直线 BM，EN 是相交直线

B. $BM \neq EN$，且直线 BM，EN 是相交直线

C. $BM = EN$，且直线 BM，EN 是异面直线

D. $BM \neq EN$，且直线 BM，EN 是异面直线

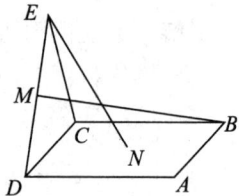

图 7 - 7

解　取 CD 的中点 O，连接 ON，EO，因为 $\triangle ECD$ 为正三角形，所以 $EO \perp CD$，又平面 $ECD \perp$ 平面 $ABCD$，平面 $ECD \cap$ 平面 $ABCD = CD$，所以 $EO \perp$ 平面 $ABCD$．

设正方形 $ABCD$ 的边长为 2，则 $EO = \sqrt{3}$，$ON = 1$，所以 $EN^2 = EO^2 + ON^2 = 4$，得 $EN = 2$，过 M 作 CD 的垂线，垂足为 P，连接 BP，则 $MP = \dfrac{\sqrt{3}}{2}$，$CP = \dfrac{3}{2}$，且 $MP \perp BP$，所以 $BM^2 = MP^2 + BP^2 = \left(\dfrac{\sqrt{3}}{2}\right)^2 + \left(\dfrac{3}{2}\right)^2 + 2^2 = 7$，得 $BM = \sqrt{7}$，所以 $BM \neq EN$，连接 BD，BE，因为四边形 $ABCD$ 为正方形，所以 N 为 BD 的中点，即 EN，MB 均在平面 BDE 内，所以直线 BM，EN 是

相交直线. 故选 B.

8. 在正方体 $ABCD - A_1B_1C_1D_1$ 中,M,N 分别是 BC_1,CD_1 的中点,则_____.

A. $MN /\!/ C_1D_1$
B. $MN \perp BC_1$
C. $MN \perp$ 平面 ACD_1
D. $MN \perp$ 平面 ACC_1

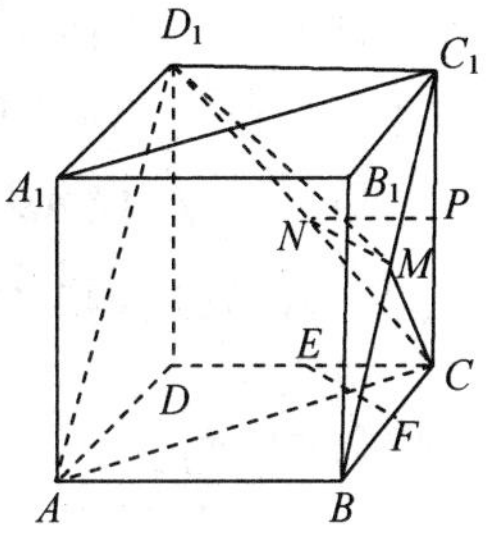

解:如图 7-8 所示,设 CC_1 的中点为 P,连接 NP,则 $NP /\!/$ C_1D_1,又 $MN \cap NP = N$,所以 $MN /\!/ C_1D_1$ 是不可能的(实际上,MN 与 C_1D_1 是异面直线),所以 A 选项错误;假设 $MN \perp BC_1$,连接 CM,易知 $CM \perp BC_1$,又 $MN \cap CM = M$,所以 $BC_1 \perp$ 平面 MNC,所以 $BC_1 \perp CD_1$,所以 $AD_1 \perp CD_1$,这与 $\triangle ACD_1$ 为等边三角形矛盾,所以假设错误,即 B 选项错误;假设 $MN \perp$ 平面 ACD_1,则 $MN \perp CD_1$,连接 MD_1,因为 N 为 CD_1 的中点,所以 $MC = MD_1$,这是不可能的$\left(\text{可设正方体的棱长为 1,则不难求得 } MC = \dfrac{\sqrt{2}}{2},\right.$

$\left. MD_1 = \dfrac{\sqrt{6}}{2}\right)$,所以假设错误,即 C 选项错误;设 CD,BC 的中点分别为 E,F,可证 $MN /\!/$ EF,且 $EF \perp$ 平面 ACC_1,所以 $MN \perp$ 平面 ACC_1,所以 D 选项正确. 故选 D.

图 7-8

9. 已知正方体 $ABCD - A_1B_1C_1D_1$ 的棱长为 1,P 是棱 BC 的中点,过点 P 的直线 l 与直线 AA_1,B_1D_1 分别交于 M,N 两点,则 $MN =$ _____.

A. $\dfrac{\sqrt{21}}{3}$ B. 2 C. $\dfrac{2\sqrt{10}}{3}$ D. $\dfrac{\sqrt{41}}{3}$

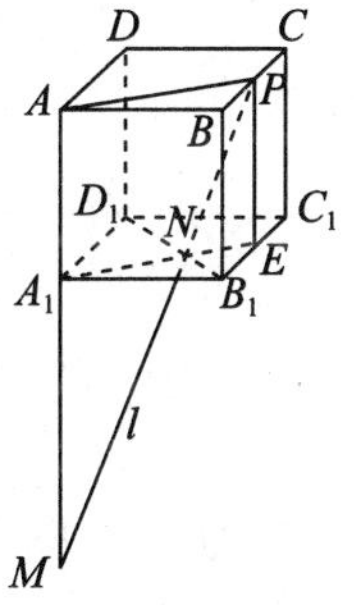

解 如图 7-9 所示,取 B_1C_1 的中点 E,连接 A_1E,AP,PE,则 $PE /\!/$ $BB_1 /\!/ AA_1$,易证 $AP /\!/ A_1E$,$\therefore$ A_1E 在点 P 与直线 AA_1 所确定的平面 $APNA_1$ 上. 又过点 P 的直线 l 与直线 B_1D_1 交于点 N,$\therefore$ 点 N 为 A_1E 与 B_1D_1 的交点. $\because$ 正方体 $ABCD - A_1B_1C_1D_1$ 的棱长为 1,$\therefore$ $AA_1 = AB = 1$,$BP =$ $\dfrac{1}{2}$,$\therefore AP = A_1E = \dfrac{\sqrt{5}}{2}$. 在正方形 $A_1B_1C_1D_1$ 中,$\triangle A_1ND_1 \backsim \triangle ENB_1$,

$\therefore$ $\dfrac{A_1N}{NE} = \dfrac{A_1D_1}{B_1E}$,$\therefore A_1N = \dfrac{2}{3}A_1E = \dfrac{\sqrt{5}}{3}$,$\therefore \dfrac{A_1M}{AM} = \dfrac{A_1N}{AP} = \dfrac{2}{3}$,$\therefore A_1M = 2$

. 在 $\triangle NA_1M$ 中,$MN^2 = MA_1^2 + A_1N^2$,$\therefore MN = \dfrac{\sqrt{41}}{3}$. 故选 D.

图 7-9

10. 在各棱长均相等的直三棱柱 $ABC - A_1B_1C_1$ 中,已知 M 是棱 BB_1 的中点,N 是棱 AC 的中点,则异面直线 A_1M 与 BN 所成角的正切值为_____.

A. $\sqrt{3}$
B. 1
C. $\dfrac{\sqrt{6}}{3}$
D. $\dfrac{\sqrt{2}}{2}$

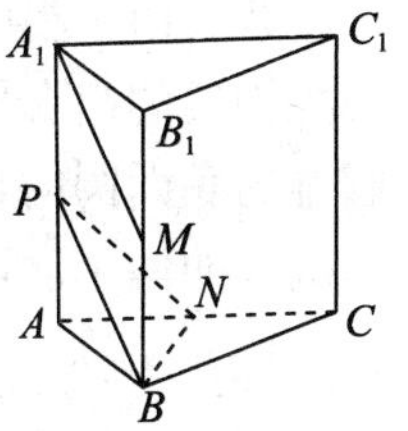

解 方法一 如图 7-10 所示,取 AA_1 的中点 P,连接 PN,PB,则由直三棱柱的性质可知 $A_1M /\!/ PB$,则 $\angle PBN$ 为异面直线 A_1M 与 BN 所成的角或其补角. 设三棱柱的各棱长均为 2,则 $PN = \sqrt{2}$,$PB = \sqrt{5}$,

图 7-10

$BN = \sqrt{3}$,所以 $PN^2 + BN^2 = PB^2$,所以 $\angle PNB = 90°$. 在 $\text{Rt} \triangle PBN$ 中,$\tan \angle PBN = \dfrac{PN}{BN} = \dfrac{\sqrt{2}}{\sqrt{3}} = \dfrac{\sqrt{6}}{3}$. 故选 C.

方法二 以 N 为坐标原点,NB,NC 所在的直线分别为 x 轴、y 轴,过点 N 与平面 ABC 垂直的直线为 z 轴,建立如图 $7-11$ 所示的空间直角坐标系. 设 $AB = 2$,则 $N(0,0,0)$,$A_1(0,-1,2)$,$B(\sqrt{3},0,0)$,$M(\sqrt{3},0,1)$,所以 $\overrightarrow{NB} = (\sqrt{3},0,0)$,$\overrightarrow{A_1 M} = (\sqrt{3},1,-1)$. 设直线 $A_1 M$ 与 BN 所成的角为 θ,则 $\cos \theta = |\cos \langle \overrightarrow{NB}, \overrightarrow{A_1 M} \rangle| = \dfrac{|\overrightarrow{NB} \cdot \overrightarrow{A_1 M}|}{|\overrightarrow{NB}| \cdot |\overrightarrow{A_1 M}|} = $

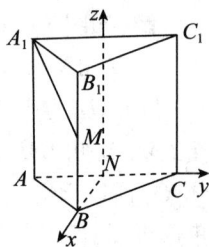

图 $7-11$

$\dfrac{3}{\sqrt{3} \times \sqrt{5}} = \dfrac{\sqrt{15}}{5}$,则 $\sin \theta = \dfrac{\sqrt{10}}{5}$,所以 $\tan \theta = \dfrac{\sqrt{6}}{3}$. 故选 C.

【填空题】

1. 某几何体由一个正方体去掉一个四棱柱所得,其三视图如图 $7-12$ 所示. 如果网格纸上的小正方形的边长为 1,则该几何体的体积为_____.

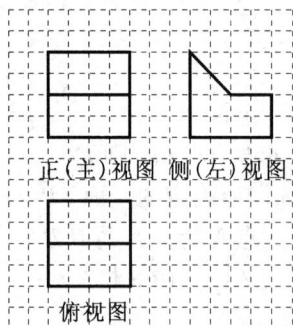

图 $7-12$

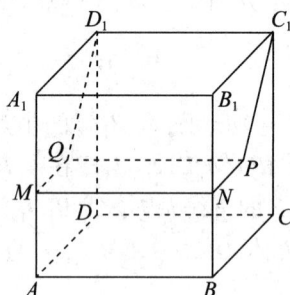

图 $7-13$

解 如图 $7-13$ 所示的正方体 $ABCD-A_1 B_1 C_1 D_1$ 的棱长为 4,去掉四棱柱 $MQD_1 A_1 - NPC_1 B_1$(其底面是一个上底为 2,下底为 4,高为 2 的直角梯形)所得的几何体为图中三视图对应的几何体,因此所求几何体的体积为 $4^3 - \dfrac{1}{2} \times (2+4) \times 2 \times 4 = 40$.

2. 一个几何体的三视图如图 $7-14$ 所示(单位:m),则该几何体的体积为_____.

解 由三视图可知该几何体是由两个圆锥和一个圆柱构成的组合体,圆柱的底面半径为 1 m,高为 2 m,圆锥的底面圆的半径和高都为 1 m,且圆锥的底面分别与圆柱的两个底面重合. 因此该组合体的体积为 $2\pi + 2 \times \dfrac{1}{3}\pi = \dfrac{8\pi}{3}$(m³).

3. 已知三棱锥 $A-BCD$ 的四个顶点都在球 O 的表

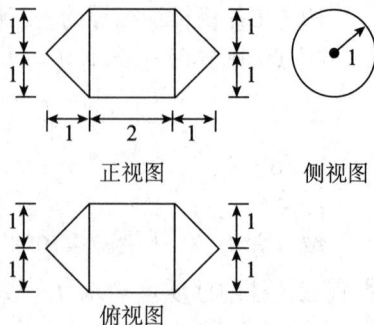

图 $7-14$

面上,若 $AB = AC = AD = 1$,$BC = CD = BD = \sqrt{2}$,则球 O 的表面积为_____.

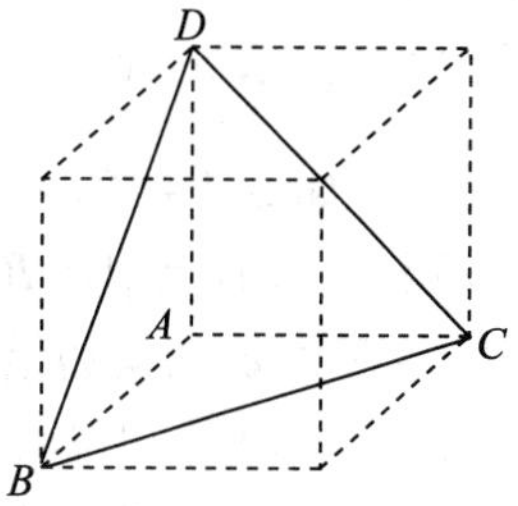

解 如图 7 - 15 所示,将三棱锥 $A - BCD$ 放入棱长为 1 的正方体内,则三棱锥的外接球为该正方体的外接球,所以外接球直径为正方体的体对角线,所以外接球直径 $2R = \sqrt{3}$,$4R^2 = 3$,所以外接球的表面积 $S = 4\pi R^2 = 3\pi$.

图 7 - 15

4.已知正三角形 ABC 的三个顶点都在半径为 2 的球面上,球心 O 到平面 ABC 的距离为 1,点 E 是线段 AB 的中点,过点 E 作球 O 的截面,则截面圆面积的最小值为_____.

解 设正三角形 ABC 的中心为 O_1,连接 OO_1,OA,O_1A,由题意得 $O_1O \perp$ 平面 ABC,$O_1O = 1$,$OA = 2$,

∴ 在 $\text{Rt}\triangle O_1OA$ 中,$O_1A = \sqrt{3}$,∴ $AB = 3$.∵ E 为 AB 的中点,∴ $AE = \dfrac{3}{2}$.

连接 OE,则 $OE \perp AB$.过点 E 作球 O 的截面,当截面与 OE 垂直时,截面圆的面积最小,此时截面圆的半径 $r = \dfrac{3}{2}$,可得截面圆面积的最小值为 $\pi r^2 = \dfrac{9\pi}{4}$.

5. 已知 $\triangle ABC$ 与 $\triangle BCD$ 都是正三角形,且 $AB = 4$,若平面 $ABC \perp$ 平面 BCD,且异面直线 AB 和 CD 所成的角为 θ,则 $\cos\theta = $ _____.

解 **方法一** 取 BC 的中点 O,连接 OA,OD,所以 $OA \perp OC$,$OD \perp OC$,因为平面 $ABC \perp$ 平面 BCD,平面 $ABC \cap$ 平面 $BCD = BC$,所以 $OA \perp$ 平面 BCD,所以 OA,OD,OC 两两垂直,以 OD,OC,OA 所在直线分别为 x 轴、y 轴、z 轴建立如图 7 - 16 所示的空间直角坐标系,因为 $AB = 4$,所以 $B(0,-2,0)$,$D(2\sqrt{3},0,0)$,$C(0,2,0)$,$A(0,0,2\sqrt{3})$,所以 $\overrightarrow{AB} = (0,-2,-2\sqrt{3})$,$\overrightarrow{CD} = (2\sqrt{3},-2,0)$,则 $\cos\theta = $

$\left| \dfrac{\overrightarrow{AB} \cdot \overrightarrow{CD}}{|\overrightarrow{AB}||\overrightarrow{CD}|} \right| = \left| \dfrac{0 \times 2\sqrt{3} + (-2) \times (-2) + (-2\sqrt{3}) \times 0}{\sqrt{0^2 + (-2)^2 + (-2\sqrt{3})^2} \times \sqrt{(2\sqrt{3})^2 + (-2)^2 + 0^2}} \right| = \dfrac{1}{4}$.

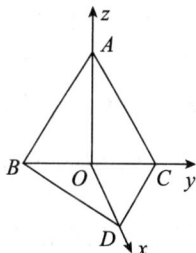

图 7 - 16

方法二 如图 7 - 17 所示,取 BC 的中点 O,取 BD 的中点 E,取 AC 的中点 F,连接 OA,OE,OF,EF,则 $OE /\!/ CD$,$OF /\!/ AB$,则 $\angle EOF$ 或其补角为异面直线 AB 与 CD 所成的角,依题得 $OE = \dfrac{1}{2}CD = 2$,$OF = \dfrac{1}{2}AB = 2$,过点 F 作 $FG \perp BC$ 于点 G,连接 EG,易得 $FG \perp$ 平面 BCD,且 $FG = \dfrac{1}{2}OA = \sqrt{3}$,$G$ 为 OC 的中点,则 $OG = 1$,又 $OE = 2$,$\angle EOG = 120°$,所以由余弦定理得 $EG = \sqrt{OG^2 + OE^2 - 2OG \cdot OE\cos\angle EOG} = \sqrt{1^2 + 2^2 - 2 \times 1 \times 2 \times \left(-\dfrac{1}{2}\right)} = \sqrt{7}$,由勾股定理得 $EF^2 = FG^2 + EG^2 = (\sqrt{3})^2 + (\sqrt{7})^2 = 10$,在 $\triangle OEF$ 中,由余弦定理的推论得 $\cos\angle EOF = \dfrac{OE^2 + OF^2 - EF^2}{2OE \cdot OF} = \dfrac{2^2 + 2^2 - 10}{2 \times 2 \times 2} = -$

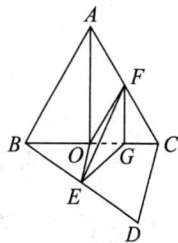

图 7 - 17

$\dfrac{1}{4}$，所以 $\cos\theta = \dfrac{1}{4}$.

6. 如图 7-18(1)，在三棱锥 $A-BCD$ 中，$AB = AC = BD = CD = 3$，$AD = BC = 2$，点 M, N 分别为 AD, BC 的中点，则异面直线 AN, CM 所成的角的余弦值是_____.

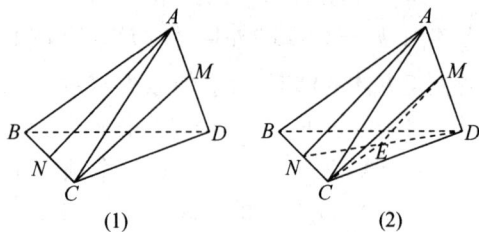

图 7-18

解 如图 7-18(2)，连接 ND，取 ND 的中点 E，连接 ME，CE，则 $ME /\!/ AN$，则异面直线 AN, CM 所成的角为 $\angle CME$ 或其补角. 由题设可知，$CN = 1$，$AN = 2\sqrt{2}$，所以 $ME = \sqrt{2}$. 又因为 $CM = 2\sqrt{2}$，$DN = 2\sqrt{2}$，$NE = \sqrt{2}$，所以 $CE = \sqrt{3}$，则由余弦定理的推论有 $\cos\angle CME = \dfrac{CM^2 + EM^2 - CE^2}{2CM \cdot EM} = \dfrac{8 + 2 - 3}{2 \times 2\sqrt{2} \times \sqrt{2}} = \dfrac{7}{8}$.

7. 在棱长为 1 的正方体 $ABCD - A_1B_1C_1D_1$ 中，点 A 关于平面 BDC_1 的对称点为 M，则 M 到平面 $A_1B_1C_1D_1$ 的距离为_____.

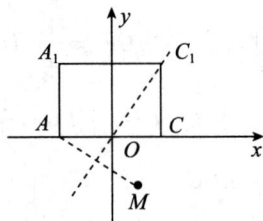

图 7-19

解 **方法一** 建立如图 7-19 所示的空间直角坐标系，因为正方体的棱长为 1，所以在正方体 $ABCD - A_1B_1C_1D_1$ 下面补一个棱长为 1 的正方体 $ABCD - A_2B_2C_2D_2$，连接 A_2C_2，B_2D_2，AC_2，设 $B_2D_2 \cap A_2C_2 = E$，连接 CE 交 AC_2 于 M（即 A 关于平面 BDC_1 的对称点），易得 $M\left(\dfrac{1}{3}, \dfrac{2}{3}, -\dfrac{2}{3}\right)$，所以点 M 到平面 $A_1B_1C_1D_1$ 的距离为 $1 - \left(-\dfrac{2}{3}\right) = \dfrac{5}{3}$.

方法二 依题意，点 M 在平面 ACC_1A_1 上，建立如图 7-20 所示的平面直角坐标系，由已知得 $A\left(-\dfrac{\sqrt{2}}{2}, 0\right)$，$C_1\left(\dfrac{\sqrt{2}}{2}, 1\right)$，直线 OC_1 的方程为 $y = \sqrt{2}x$，其斜率为 $\sqrt{2}$.

因为点 A 关于直线 OC_1 的对称点为 M，在图中作出 M 点，设 $M(a, b)$，

所以 $\begin{cases} \dfrac{b - 0}{a + \frac{\sqrt{2}}{2}} = -\dfrac{\sqrt{2}}{2}, \\ \dfrac{b + 0}{2} = \sqrt{2} \cdot \dfrac{a - \frac{\sqrt{2}}{2}}{2}, \end{cases}$ 解得 $\begin{cases} a = \dfrac{\sqrt{2}}{6}, \\ b = -\dfrac{2}{3}, \end{cases}$

图 7-20

所以点 M 到直线 A_1C_1 的距离为 $1 - \left(-\dfrac{2}{3}\right) = \dfrac{5}{3}$.

方法三 依题意，点 M 在平面 ACC_1A_1 上，如图 7-21 所示，取 AC 的中点 O，连接 C_1O 并延长，与过点 A 且垂直于 C_1O 的直线交于点 N，取 $MN = AN$，过 M 作 AC 的垂线 MP

交 AC 于点 P,交 A_1C_1 于点 Q,MQ 的长为点 A 关于平面 BDC_1 的对称点 M 到平面 $A_1B_1C_1D_1$ 的距离.

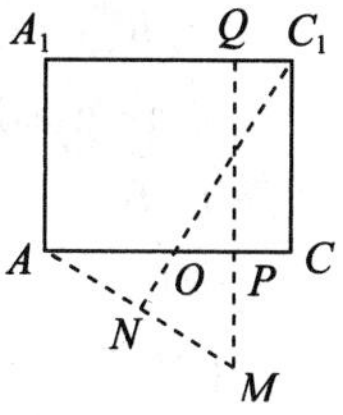

因为正方体的棱长为 1,所以 $CC_1=1$,$OA=OC=\dfrac{\sqrt{2}}{2}$. 在 $\mathrm{Rt}\triangle OCC_1$ 中,由勾股定理得 $OC_1=\dfrac{\sqrt{6}}{2}$,$\cos\angle COC_1=\dfrac{\sqrt{3}}{3}$,

所以 $\cos\angle AON=\dfrac{\sqrt{3}}{3}$,所以 $\sin\angle AON=\dfrac{\sqrt{6}}{3}$,$\sin\angle OAN=\dfrac{\sqrt{3}}{3}$,在 $\mathrm{Rt}\triangle OAN$ 中,$AN=OA\cdot\sin\angle AON=\dfrac{\sqrt{2}}{2}\times\dfrac{\sqrt{6}}{3}=\dfrac{\sqrt{3}}{3}$,所以 $AM=2AN=\dfrac{2\sqrt{3}}{3}$. 在 $\mathrm{Rt}\triangle AMP$ 中,

$PM=AM\cdot\sin\angle MAP=\dfrac{2\sqrt{3}}{3}\times\dfrac{\sqrt{3}}{3}=\dfrac{2}{3}$,所以 $MQ=\dfrac{5}{3}$,

所以点 A 关于平面 BDC_1 的对称点 M 到平面 $A_1B_1C_1D_1$ 的距离为 $\dfrac{5}{3}$.

图 7-21

8.已知长方体 $ABCD-A_1B_1C_1D_1$ 的外接球体积为 $\dfrac{32\pi}{3}$,且 $AA_1=BC=2$,则 A_1C 与平面 BB_1C_1C 所成的角为_____.

解 如图 7-22 所示,设长方体 $ABCD-A_1B_1C_1D_1$ 的外接球半径为 R,则长方体 $ABCD-A_1B_1C_1D_1$ 的外接球体积为 $\dfrac{4}{3}\pi R^3=\dfrac{32\pi}{3}$,所以 $R=2$,

即 $A_1C=\sqrt{AA_1^2+BC^2+AB^2}=2R=4$.

因为 $AA_1=BC=2$,所以 $AB=A_1B_1=2\sqrt{2}$.

连接 B_1C,因为 $A_1B_1\perp$ 平面 BB_1C_1C,所以 A_1C 与平面 BB_1C_1C 所成的角为 $\angle A_1CB_1$.

在 $\mathrm{Rt}\triangle BB_1C$ 中,$BB_1=BC=2$,所以 $B_1C=2\sqrt{2}=A_1B_1$,所以 $\angle A_1CB_1=\dfrac{\pi}{4}$.

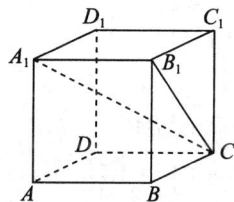

图 7-22

【解答题】

1.如图 7-23 所示,三棱台 $ABC-EFG$ 的底面是正三角形,平面 $ABC\perp$ 平面 $BCGF$,$CB=2GF$,$BF=CF$.

(1)求证:$AB\perp CG$.

(2)若 $\triangle ABC$ 和梯形 $BCGF$ 的面积都等于 $\sqrt{3}$,求三棱锥 $G-ABE$ 的体积.

(1)**证明** 如图 7-24 所示,取 BC 的中点 D,连接 DF.

由题意得,平面 $ABC\parallel$ 平面 EFG,平面 $ABC\cap$ 平面 $BCGF=BC$,平面 $EFG\cap$ 平面 $BCGF=FG$,$\therefore BC\parallel FG$.

$\because CB=2GF$,$\therefore CD\parallel GF$,且 $CD=GF$,

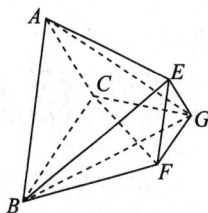

图 7-23

∴四边形 $CDFG$ 为平行四边形,∴ $CG /\!/ DF$.

∵ $BF = CF$, D 为 BC 的中点,

∴ $DF \perp BC$,∴ $CG \perp BC$.

∵平面 $ABC \perp$ 平面 $BCGF$,且平面 $ABC \cap$ 平面 $BCGF = BC$, $CG \subset$ 平面 $BCGF$,

∴ $CG \perp$ 平面 ABC. 又 $AB \subset$ 平面 ABC,∴ $AB \perp CG$.

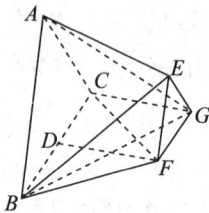

图 7 – 24

(2)解 ∵ $CB = 2GF$,∴ $AC = 2EG$. 又 $AC /\!/ EG$,∴ $S_{\triangle ACG} = 2S_{\triangle AEG}$,

∴ $V_{三棱锥G-ABE} = V_{三棱锥B-AEG} = \dfrac{1}{2} V_{三棱锥B-ACG} = \dfrac{1}{2} V_{三棱锥G-ABC}$.

由(1)知, $CG \perp BC$.

∵正三角形 ABC 的面积等于 $\sqrt{3}$,∴ $BC = 2$, $GF = 1$.

∵直角梯形 $BCGF$ 的面积等于 $\sqrt{3}$,∴ $\dfrac{(1+2) \cdot CG}{2} = \sqrt{3}$,∴ $CG = \dfrac{2\sqrt{3}}{3}$,

∴ $V_{三棱锥G-ABE} = \dfrac{1}{2} V_{三棱锥G-ABC} = \dfrac{1}{2} \times \dfrac{1}{3} S_{\triangle ABC} \cdot CG = \dfrac{1}{3}$.

点评 在空间垂直的关系中,线线垂直是问题的核心. 通常证明异面直线互相垂直的方法有两种:一是证明一条直线与另一条直线所在平面垂直,则这两条直线垂直. 这时一定要注意题中隐含的条件,如等腰三角形的顶角平分线、底边上的中线、高三线合一,圆的直径所对的圆周角为90°,矩形的每个内角都为90°,菱形对角线互相垂直等. 在长度已知的情况下,有时还需要利用勾股定理的逆定理得到垂直关系. 二是证明两直线的方向向量的数量积为 0,这时需要建立空间直角坐标系.

2. 如图 7 – 25 所示,在四棱锥 $P - ABCD$ 中,$\angle CAD = \angle ABC =$ 90°,$\angle BAC = \angle ADC = 30°$,$PA \perp$ 平面 $ABCD$,E 为 PD 的中点,$AC = 2$.

(1)求证:$AE /\!/$ 平面 PBC;

(2)若四面体 $PABC$ 的体积为 $\dfrac{\sqrt{3}}{3}$,求 $\triangle PCD$ 的面积.

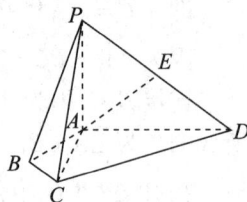

图 7 – 25

(1)**证明** 如图 7 – 26 所示,取 CD 的中点 F,连接 EF、AF,则 $EF /\!/ PC$. 又易知 $\angle BCD = \angle AFD = 120°$,∴ $AF /\!/ BC$.

又 $EF \cap AF = F$, $PC \cap BC = C$, EF、$AF \subset$ 平面 AEF, PC、$BC \subset$ 平面 PBC,∴ 平面 $AEF /\!/$ 平面 PBC.

又 $AE \subset$ 平面 AEF,∴ $AE /\!/$ 平面 PBC.

(2)**解** 由已知,得 $V_{四面体PABC} = \dfrac{1}{3} \cdot \dfrac{1}{2} AB \cdot BC \cdot PA = \dfrac{\sqrt{3}}{3}$,可得 $PA = 2$.

如图 7 – 26,过点 A 作 $AQ \perp CD$ 于点 Q,连接 PQ. 在 $\triangle ACD$ 中,$AC = 2$,$\angle CAD = 90°$,$\angle ADC = 30°$,

∴ $AD = 2\sqrt{3}$,$CD = 4$,$AQ = \dfrac{2 \times 2\sqrt{3}}{4} = \sqrt{3}$,

则 $PQ = \sqrt{2^2 + 3} = \sqrt{7}$.

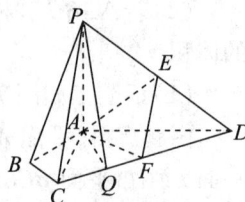

图 7 – 26

∵ $PA \perp$ 平面 $ABCD, \therefore PA \perp CD.$

又 $AQ \cap PA = A, AQ, PA \subset$ 平面 $PAQ,$

∴ $CD \perp$ 平面 $PAQ, \therefore CD \perp PQ.$

∴ $S_{\triangle PCD} = \dfrac{1}{2} \times 4 \times \sqrt{7} = 2\sqrt{7}.$

3. 如图 7 – 27 所示, 在直三棱柱 $ABC - A_1B_1C_1$ 中, D, E 分别为 BC, AC 的中点, $AB = BC.$ 求证:

(1) $A_1B_1 /\!/$ 平面 DEC_1;

(2) $BE \perp C_1E.$

证明 (1) 因为 D, E 分别为 BC, AC 的中点,

所以 $ED /\!/ AB.$

在直三棱柱 $ABC - A_1B_1C_1$ 中, $AB /\!/ A_1B_1,$

所以 $A_1B_1 /\!/ ED.$

又因为 $ED \subset$ 平面 $DEC_1, A_1B_1 \not\subset$ 平面 $DEC_1,$

所以 $A_1B_1 /\!/$ 平面 $DEC_1.$

(2) 因为 $AB = BC, E$ 为 AC 的中点, 所以 $BE \perp AC.$

因为三棱柱 $ABC - A_1B_1C_1$ 是直三棱柱,

所以 $C_1C \perp$ 平面 $ABC.$

又因为 $BE \subset$ 平面 $ABC,$

所以 $C_1C \perp BE.$

因为 $C_1C \subset$ 平面 $A_1ACC_1, AC \subset$ 平面 $A_1ACC_1, C_1C \cap AC = C,$

所以 $BE \perp$ 平面 $A_1ACC_1.$

因为 $C_1E \subset$ 平面 $A_1ACC_1,$

所以 $BE \perp C_1E.$

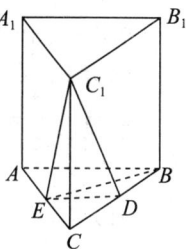

图 7 – 27

4. 如图 7 – 28 所示, 在四棱锥 $P - ABCD$ 中, $PA \perp$ 平面 $ABCD$, 底面 $ABCD$ 为菱形, E 为 CD 的中点.

(1) 求证: $BD \perp$ 平面 $PAC.$

(2) 若 $\angle ABC = 60°$, 求证: 平面 $PAB \perp$ 平面 $PAE.$

(3) 棱 PB 上是否存在点 F, 使得 $CF /\!/$ 平面 PAE? 说明理由.

(1) **证明** 因为 $PA \perp$ 平面 $ABCD, BD \subset$ 平面 $ABCD,$

所以 $PA \perp BD.$

又因为底面 $ABCD$ 为菱形,

所以 $BD \perp AC.$

又 $PA \cap AC = A, PA, AC \subset$ 平面 $PAC,$

所以 $BD \perp$ 平面 $PAC.$

(2) **证明** 因为 $PA \perp$ 平面 $ABCD, AE \subset$ 平面 $ABCD,$

所以 $PA \perp AE.$

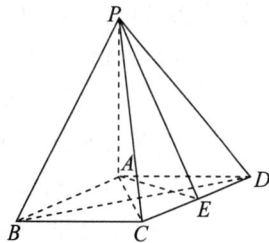

图 7 – 28

因为底面 $ABCD$ 为菱形,$\angle ABC = 60°$,且 E 为 CD 的中点,

所以 $AE \perp CD$. 所以 $AB \perp AE$.

又 $PA \cap AB = A$,PA,$AB \subset$ 平面 PAB,

所以 $AE \perp$ 平面 PAB.

又因为 $AE \subset$ 平面 PAE,

所以平面 $PAB \perp$ 平面 PAE.

(3)解 棱 PB 上存在点 F,使得 $CF //$ 平面 PAE. 理由如下:

如图 7-29 所示,取 F 为 PB 的中点,取 G 为 PA 的中点,连接 CF,FG,EG.

则 $FG // AB$,且 $FG = \dfrac{1}{2}AB$.

因为底面 $ABCD$ 为菱形,且 E 为 CD 的中点,

所以 $CE // AB$,且 $CE = \dfrac{1}{2}AB$.

所以 $FG // CE$,且 $FG = CE$.

所以四边形 $CEGF$ 为平行四边形.

所以 $CF // EG$.

因为 $CF \not\subset$ 平面 PAE,$EG \subset$ 平面 PAE,

所以 $CF //$ 平面 PAE.

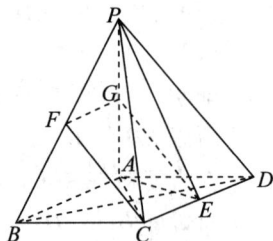

图 7-29

5. 在如图 7-30 所示的多面体中,四边形 ABB_1A_1 和 ACC_1A_1 都是矩形.

(1)若 $AC \perp BC$,求证:$BC \perp$ 平面 ACC_1A_1.

(2)设 D,E 分别是线段 BC,CC_1 的中点,在线段 AB 上是否存在一点 M,使得直线 $DE //$ 平面 A_1MC? 请证明你的结论.

(1)证明 因为四边形 ABB_1A_1 和 ACC_1A_1 都是矩形,

所以 $AA_1 \perp AB$,$AA_1 \perp AC$.

又 $AB \cap AC = A$,$AB \subset$ 平面 ABC,$AC \subset$ 平面 ABC,

所以 $AA_1 \perp$ 平面 ABC.

因为 $BC \subset$ 平面 ABC,所以 $AA_1 \perp BC$.

又 $AC \perp BC$,$AA_1 \cap AC = A$,$AA_1 \subset$ 平面 ACC_1A_1,$AC \subset$ 平面 ACC_1A_1,

所以 $BC \perp$ 平面 ACC_1A_1.

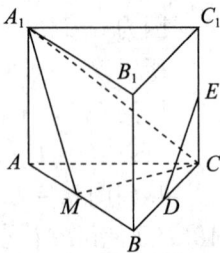

图 7-30

(2)解 存在,点 M 为 AB 的中点. 证明如下:

如图 7-31 所示,设 O 为 A_1C 的中点,连接 MO,MD,OE,则 $MD // AC$,$MD = \dfrac{1}{2}AC$,$OE // AC$,$OE = \dfrac{1}{2}AC$,所以 $MD // OE$,$MD = OE$.

所以四边形 $MDEO$ 为平行四边形,所以 $DE // MO$.

又 $DE \not\subset$ 平面 A_1MC,$MO \subset$ 平面 A_1MC,所以 $DE //$ 平面 A_1MC.

点评 通常证明线面平行的方法有两种:一是利用直线和平面平行的判定定理(主要方法). 在利用判定定理时,关键是找到平面内与已知直线平行的直线. 在没有直接符合条件的直线存在时,通

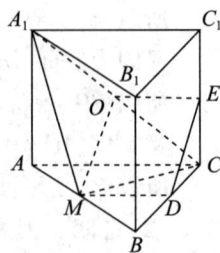

图 7-31

常需要作辅助线,重点考虑:三角形的中位线(特别是题中有中点信息时)、平行四边形的对边平行等.二是利用面面平行的性质,如果用其他方法证明两个平面平行(例如,证明两个平面的法向量互相平行),则一个平面内的所有直线与另一平面平行.

6. 如图 7 - 32,在三棱柱 $ABC - A_1B_1C_1$ 中,$\angle BAC = 90°$,$AB = AC = 2$,$A_1A = 4$,A_1 在底面 ABC 内的射影为 BC 的中点,D 是 B_1C_1 的中点.

(1)求证:$A_1D \perp$ 平面 A_1BC.

(2)求直线 A_1B 和平面 BB_1C_1C 所成的角的正弦值.

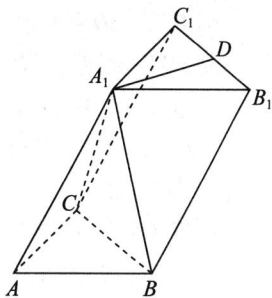

图 7 - 32

(1)证明 如图 7 - 33 所示,设 E 为 BC 的中点,连接 A_1E,AE.由题意得 $A_1E \perp$ 平面 ABC.

又 $AE \subset$ 平面 ABC,所以 $A_1E \perp AE$.

因为 $AB = AC$,E 为 BC 的中点,所以 $AE \perp BC$.

又 $A_1E \cap BC = E$,A_1E,$BC \subset$ 平面 A_1BC,所以 $AE \perp$ 平面 A_1BC.

连接 DE,由 D,E 分别为 B_1C_1,BC 的中点,得 $DE \parallel B_1B$ 且 $DE = B_1B$,从而 $DE \parallel A_1A$ 且 $DE = A_1A$,所以四边形 AA_1DE 为平行四边形.

于是 $A_1D \parallel AE$.

因为 $AE \perp$ 平面 A_1BC,所以 $A_1D \perp$ 平面 A_1BC.

(2)解 如图 7 - 33 所示,作 $A_1F \perp DE$,垂足为 F,连接 BF.

因为 $A_1E \perp$ 平面 ABC,所以 $BC \perp A_1E$.

因为 $BC \perp AE$,$AE \cap A_1E = E$,AE,$A_1E \subset$ 平面 AA_1DE,所以 $BC \perp$ 平面 AA_1DE.

又 $A_1F \subset$ 平面 AA_1DE,所以 $BC \perp A_1F$.

又 $DE \cap BC = E$,所以 $A_1F \perp$ 平面 BB_1C_1C.

所以 $\angle A_1BF$ 为直线 A_1B 和平面 BB_1C_1C 所成的角.

由 $AB = AC = 2$,$\angle CAB = 90°$,得 $EA = EB = \sqrt{2}$.

由 $A_1E \perp$ 平面 ABC,得 $A_1A = A_1B = 4$,$A_1E = \sqrt{14}$.

由 $DE = BB_1 = 4$,$DA_1 = EA = \sqrt{2}$,

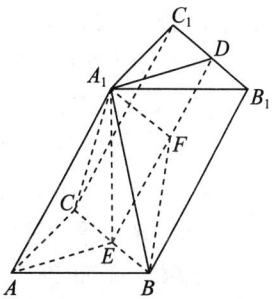

图 7 - 33

$\angle DA_1E = 90°$,得 $A_1F = \dfrac{\sqrt{7}}{2}$.所以 $\sin \angle A_1BF = \dfrac{\sqrt{7}}{8}$.

点评 通常证明线面垂直的方法有三种:一是利用判定定理,找到两条相交直线与该直线垂直,同样需要注意题中隐含条件(见线线垂直的点评)以及三垂线定理的应用.二是利用面面垂直的性质,证明两个平面垂直,则一个平面内垂直于两个平面交线的直线与另一平面垂直.三是证明直线的方向向量与平面的法向量平行,这时需要建立空间直角坐标系.

7. 如图 7 - 34,在三在棱台 $DEF - ABC$ 中,$AB = 2DE$,G,H 分别是 AC,BC 的中点.

(1)求证:$BD \parallel$ 平面 FGH.

(2)若 $CF \perp BC$,$AB \perp BC$,求证:平面 $BCD \perp$ 平面 EGH.

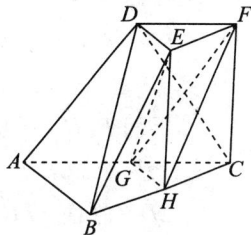

图 7 - 34

证明 （1）方法一　如图 7-35 所示，连接 DG，设 $CD \cap GF = M$，连接 MH. 在三棱台 $DEF-ABC$ 中，$AB=2DE$，G 为 AC 的中点，可得 $DF//GC$，$DF=GC$，所以四边形 $DFCG$ 为平行四边形，

则 M 为 CD 的中点，又 H 为 BC 的中点，所以 $HM//BD$.

又 $HM \subset$ 平面 FGH，$BD \not\subset$ 平面 FGH，

所以 $BD//$ 平面 FGH.

方法二　在三棱台 $DEF-ABC$ 中，

由 $BC=2EF$，H 为 BC 的中点，

可得 $BH//EF$，$BH=EF$，

所以四边形 $HBEF$ 为平行四边形，可得 $BE//HF$.

在 $\triangle ABC$ 中，G 为 AC 的中点，H 为 BC 的中点，所以 $GH//AB$.

又 $GH \cap HF = H$，$AB \cap BE = B$，GH，$HF \subset$ 平面 FGH，AB，$BE \subset$ 平面 $ABED$，

所以平面 $FGH//$ 平面 $ABED$.

因为 $BD \subset$ 平面 $ABED$，所以 $BD//$ 平面 FGH.

（2）如图 7-35 所示，

因为 G，H 分别为 AC，BC 的中点，

所以 $GH//AB$，由 $AB \perp BC$，得 $GH \perp BC$.

又 H 为 BC 的中点，所以 $EF//HC$，$EF=HC$，

所以四边形 $EFCH$ 是平行四边形，

所以 $CF//HE$.

又 $CF \perp BC$，所以 $HE \perp BC$.

又 HE，$GH \subset$ 平面 EGH，$HE \cap GH = H$，

所以 $BC \perp$ 平面 EGH.

又 $BC \subset$ 平面 BCD，所以平面 $BCD \perp$ 平面 EGH.

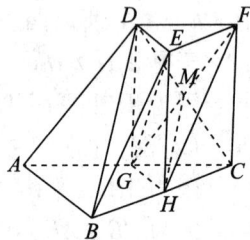

图 7-35

8. 如图 7-36 所示，在四棱锥 $P-ABCD$ 中，底面 $ABCD$ 是边长为 4 的正方形，$\triangle PAD$ 是正三角形，平面 $PAD \perp$ 平面 $ABCD$，E，F，G 分别是 PD，PC，BC 的中点.

（1）求证：平面 $EFG \perp$ 平面 PAD.

（2）若 M 是线段 CD 上一点，求三棱锥 $M-EFG$ 的体积.

（1）**证明**　$\because$ 平面 $PAD \perp$ 平面 $ABCD$，

平面 $PAD \cap$ 平面 $ABCD = AD$，$CD \subset$ 平面 $ABCD$，且 $CD \perp AD$，

$\therefore CD \perp$ 平面 PAD.

又在 $\triangle PCD$ 中，E，F 分别是 PD，PC 的中点，

$\therefore EF//CD$，$\therefore EF \perp$ 平面 PAD.

又 $EF \subset$ 平面 EFG，

$\therefore$ 平面 $EFG \perp$ 平面 PAD.

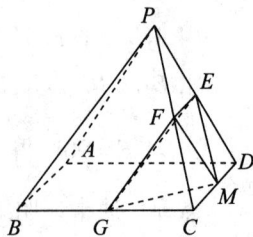

图 7-36

（2）**解**　$\because EF//CD$，$EF \subset$ 平面 EFG，$CD \not\subset$ 平面 EFG，

$\therefore CD//$ 平面 EFG，

$\therefore$ 线段 CD 上的点 M 到平面 EFG 的距离等于点 D 到平面 EFG 的距离.

如图 7 - 37 所示,连接 DG,DF,则 $V_{三棱锥M-EFG}=V_{三棱锥D-EFG}$.

取 AD 的中点 H,连接 GH,EH,FH,则 $EF/\!/GH$,

$\therefore V_{三棱锥D-EFG}=V_{三棱锥D-EFH}=V_{三棱锥F-EHD}=\dfrac{1}{3}\cdot S_{\triangle EHD}\cdot EF=$

$\dfrac{1}{3}\times\dfrac{1}{2}\times 2\times 2\times\sin 60°\times 2=\dfrac{2\sqrt{3}}{3}$.

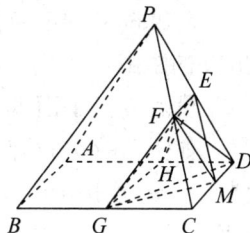

图 7 - 37

故三棱锥 $M-EFG$ 的体积为 $\dfrac{2\sqrt{3}}{3}$.

点评 求几何体的体积通常有三种方法:一是直接用公式,适用于底面积和对应的高都可求(已知);二是割补法,适用于体积不易直接求或几何体不规则的情况,通过分割或补全成几个规则的几何体再来求;三是顶点转换法,适用于规则几何体但底面积和对应的高二者之一不好求解时,根据顶点转化而体积相等,把原几何体的顶点转换为方便求解的形式.

9. 如图 7 - 38 所示,四边形 $ABCD$ 是平行四边形,平面 $AED\perp$ 平面 $ABCD$,$EF/\!/AB$,$AB=2$,$BC=EF=1$,$AE=\sqrt{6}$,$DE=3$,$\angle BAD=60°$,G 为 BC 的中点.

(1)求证:$FG/\!/$平面 BED.

(2)求证:$BD\perp$平面 AED.

(3)求点 F 到平面 BED 的距离.

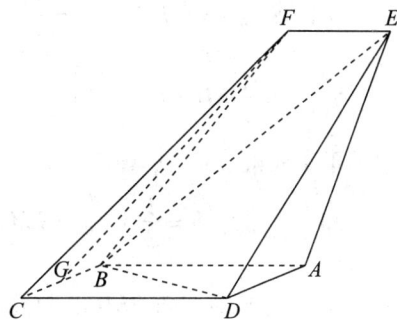

图 7 - 38

(1)**证明** 如图 7 - 39 所示,取 BD 的中点 O,连接 OE,OG.

在 $\triangle BCD$ 中,因为 G 是 BC 的中点,

所以 $OG/\!/DC$ 且 $OG=\dfrac{1}{2}DC=1$.

因为 $EF/\!/AB$,$AB/\!/DC$,$EF=1$,

所以 $EF/\!/OG$ 且 $EF=OG$,

所以四边形 $OGFE$ 是平行四边形,

所以 $FG/\!/OE$.

又 $FG\not\subset$ 平面 BED,$OE\subset$ 平面 BED,

所以 $FG/\!/$平面 BED.

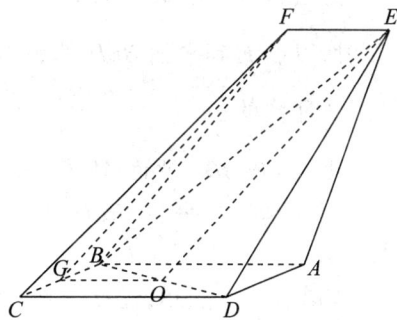

图 7 - 39

(2)**证明** 在 $\triangle ABD$ 中,$AD=1$,$AB=2$,$\angle BAD=60°$,

由余弦定理得 $BD=\sqrt{1^2+2^2-2\times 1\times 2\times\cos 60°}=\sqrt{3}$.

因为 $BD^2+AD^2=3+1=4=AB^2$,

所以 $BD\perp AD$.

因为平面 $AED\perp$ 平面 $ABCD$,$BD\subset$ 平面 $ABCD$,平面 $AED\cap$ 平面 $ABCD=AD$,

所以 $BD\perp$ 平面 AED.

(3)**解** 方法一 由(1)知 $FG/\!/$平面 BED,

所以点 F 到平面 BED 的距离等于点 G 到平面 BED 的距离.

设点 G 到平面 BED 的距离为 h,

如图 7 - 40,过点 E 作 $EM \perp DA$,交 DA 的延长线于点 M,连接 DG,EG, 则 $EM \perp$ 平面 $ABCD$,所以 EM 是三棱锥 $E - DBG$ 的高.

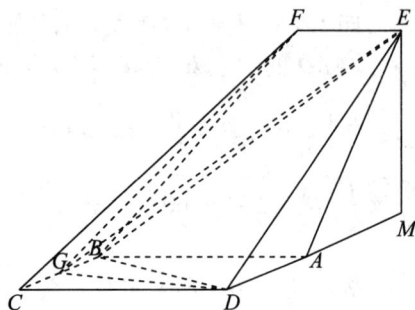

图 7 - 40

由余弦定理可得 $\cos \angle ADE = \dfrac{2}{3}$,

所以 $\sin \angle ADE = \dfrac{\sqrt{5}}{3}$,

所以 $EM = DE \cdot \sin \angle ADE = \sqrt{5}$.

易知 $BD \perp BC$,$BD \perp DE$,

所以 $S_{\triangle DBG} = \dfrac{1}{2} DB \cdot BG = \dfrac{\sqrt{3}}{4}$,

$S_{\triangle BDE} = \dfrac{1}{2} BD \cdot DE = \dfrac{3\sqrt{3}}{2}$.

由 $V_{三棱锥 G - BDE} = V_{三棱锥 E - DBG}$,

即 $\dfrac{1}{3} S_{\triangle BDE} \cdot h = \dfrac{1}{3} S_{\triangle DBG} \cdot EM$,解得 $h = \dfrac{\sqrt{5}}{6}$.

所以点 F 到平面 BED 的距离为 $\dfrac{\sqrt{5}}{6}$.

方法二　因为 $EF /\!/ AB$, $EF = \dfrac{1}{2} AB$,

所以点 F 到平面 BED 的距离等于点 A 到平面 BED 的距离的 $\dfrac{1}{2}$.

由(2)知 $BD \perp$ 平面 AED.

因为 $BD \subset$ 平面 BED,所以平面 $BED \perp$ 平面 AED.

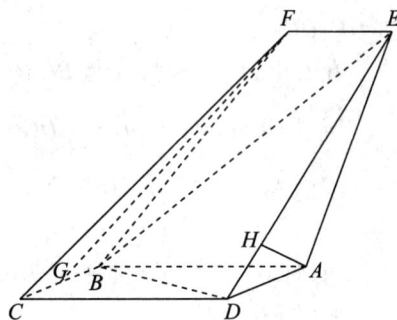

图 7 - 41

如图 7 - 41 所示,过点 A 作 $AH \perp DE$ 于点 H,因为平面 $BED \cap$ 平面 $AED = ED$,$AH \subset$ 平面 AED,

所以 $AH \perp$ 平面 BED.所以 AH 的长为点 A 到平面 BED 的距离.

在 $\triangle ADE$ 中,$AD = 1$,$DE = 3$,$AE = \sqrt{6}$,

由余弦定理可得 $\cos \angle ADE = \dfrac{2}{3}$,

所以 $\sin \angle ADE = \dfrac{\sqrt{5}}{3}$,

因此 $AH = AD \cdot \sin \angle ADE = \dfrac{\sqrt{5}}{3}$,

所以点 F 到平面 BED 的距离为 $\dfrac{\sqrt{5}}{6}$.

点评 求点到平面的距离通常有三种方法:一是证明过该点的直线与平面垂直,找到垂线段,再构造直角三角形计算.二是利用等体积法,即计算出该点与平面所构成的几何体的体积(通常用割补法或分割法等)和平面的面积,利用体积相等,计算出高就是点到平面的距离.三是利用向量法构造直角三角形,例如求点 P 到平面 $ABCD$ 的距离,首先在平面 $ABCD$ 中任选一点,例如选取 A 点,必须满足 P 点到该点的距离已知(此处假设 PA 的长度已知),然后根据向量夹角计算公式计算向量 $\overrightarrow{PA}$ 与平面 $ABCD$ 的一个法向量 $\boldsymbol{n}$ 之间的夹角 α 的余弦值 $\cos\alpha$,则点 P 到平面 $ABCD$ 的距离 $d=|\overrightarrow{PA}|\cdot|\cos\alpha|$.

10. 如图 7-42 所示,在三棱锥 $P-ABC$ 中,$AB=BC=2\sqrt{2}$,$PA=PB=PC=AC=4$,O 为 AC 的中点.

(1)求证:$PO\perp$ 平面 ABC.

(2)若点 M 在棱 BC 上,且二面角 $M-PA-C$ 为 $30°$,求 PC 与平面 PAM 所成角的正弦值.

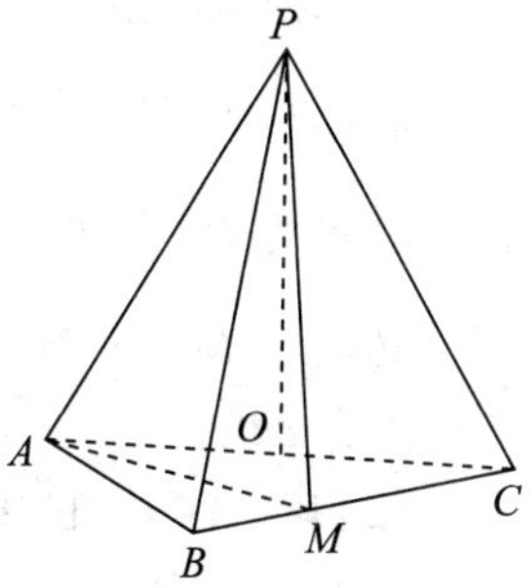

图 7-42

(1)**证明** 因为 $AP=CP=AC=4$,O 为 AC 的中点,

所以 $OP\perp AC$,且 $OP=2\sqrt{3}$.

连接 OB.因为 $AB^2+BC^2=AC^2$,所以 $\triangle ABC$ 为等腰直角三角形,且 $OB\perp AC$,$OB=\dfrac{1}{2}AC=2$.

由 $OP^2+OB^2=PB^2$ 知 $PO\perp OB$.

由 $OP\perp OB$,$OP\perp AC$,$OB\cap AC=O$,$OB,AC\subset$ 平面 ABC,知 $PO\perp$ 平面 ABC.

(2)**解** 如图 7-43,以 O 为坐标原点,$\overrightarrow{OB},\overrightarrow{OC},\overrightarrow{OP}$ 的方向分别为 x 轴、y 轴、z 轴的正方向,建立空间直角坐标系 $O-xyz$. 已知得 $O(0,0,0)$,$B(2,0,0)$,$A(0,-2,0)$,$C(0,2,0)$,$P(0,0,2\sqrt{3})$,则 $\overrightarrow{AP}=(0,2,2\sqrt{3})$. 取平面 PAC 的一个法向量 $\overrightarrow{OB}=(2,0,0)$.

设 $M(a,2-a,0)(0<a\leqslant 2)$,

则 $\overrightarrow{AM}=(a,4-a,0)$.

设平面 PAM 的一个法向量为 $\boldsymbol{n}=(x,y,z)$.

由 $\overrightarrow{AP}\cdot\boldsymbol{n}=0$,$\overrightarrow{AM}\cdot\boldsymbol{n}=0$,

得 $\begin{cases}2y+2\sqrt{3}z=0,\\ ux+(4-a)y=0,\end{cases}$ 可取 $\boldsymbol{n}=(\sqrt{3}(a-4),\sqrt{3}a,-a)$,

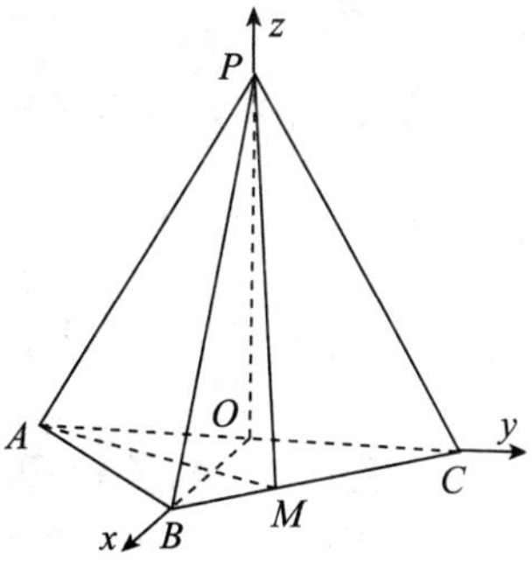

所以 $\cos\langle\overrightarrow{OB},\boldsymbol{n}\rangle=\dfrac{2\sqrt{3}(a-4)}{2\sqrt{3(a-4)^2+3a^2+a^2}}$.

图 7-43

由已知可得 $|\cos\langle\overrightarrow{OB},\boldsymbol{n}\rangle|=\dfrac{\sqrt{3}}{2}$,所以 $\dfrac{2\sqrt{3}|a-4|}{2\sqrt{3(a-4)^2+3a^2+a^2}}=\dfrac{\sqrt{3}}{2}$,

解得 $a=-4$(舍去),或 $a=\dfrac{4}{3}$,所以 $\boldsymbol{n}=\left(-\dfrac{8\sqrt{3}}{3},\dfrac{4\sqrt{3}}{3},-\dfrac{4}{3}\right)$.

又 $\overrightarrow{PC}=(0,2,-2\sqrt{3})$,

所以 $\cos\langle\overrightarrow{PC},\boldsymbol{n}\rangle=\dfrac{\sqrt{3}}{4}$. 所以 PC 与平面 PAM 所成角的正弦值为 $\dfrac{\sqrt{3}}{4}$.

11. 如图 7-44 所示,在四棱锥 $P-ABCD$ 中, $PA\perp$ 底面 $ABCD$, $AD/\!/BC$, $AB=AD=AC=3$, $PA=BC=4$, M 为线段 AD 上一点, $AM=2MD$, N 为 PC 的中点.

(1)求证: $MN/\!/$ 平面 PAB.

(2)求直线 AN 与平面 PMN 所成角的正弦值.

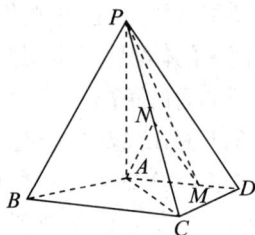
图 7-44

(1)证明　由已知得 $AM=\dfrac{2}{3}AD=2$.

取 BP 的中点 T,连接 AT,TN(图略).

由 N 为 PC 的中点,知 $TN/\!/BC$, $TN=\dfrac{1}{2}BC=2$.

又 $AD/\!/BC$,故 $TN/\!/AM$ 且 $TN=AM$,则四边形 $AMNT$ 为平行四边形,于是 $MN/\!/AT$. 因为 $AT\subset$ 平面 PAB, $MN\not\subset$ 平面 PAB,所以 $MN/\!/$ 平面 PAB.

(2)解　取 BC 的中点 E,连接 AE. 由 $AB=AC$ 得 $AE\perp BC$,

从而 $AE\perp AD$,且 $AE=\sqrt{AB^2-BE^2}=\sqrt{AB^2-\left(\dfrac{BC}{2}\right)^2}=\sqrt{5}$.

以 A 为坐标原点, $\overrightarrow{AE},\overrightarrow{AD},\overrightarrow{AP}$ 的方向分别为 x 轴、 y 轴、 z 轴的正方向,建立如图 7-45 所示的空间直角坐标系 $A-xyz$. 由题意知, $P(0,0,4)$, $M(0,2,0)$, $C(\sqrt{5},2,0)$, $N\left(\dfrac{\sqrt{5}}{2},1,2\right)$,则

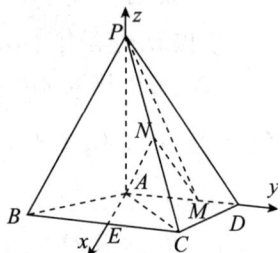
图 7-45

$\overrightarrow{PM}=(0,2,-4)$, $\overrightarrow{PN}=\left(\dfrac{\sqrt{5}}{2},1,-2\right)$, $\overrightarrow{AN}=\left(\dfrac{\sqrt{5}}{2},1,2\right)$.

设 $\boldsymbol{n}=(x,y,z)$ 为平面 PMN 的一个法向量,则 $\begin{cases}\boldsymbol{n}\cdot\overrightarrow{PM}=0,\\\boldsymbol{n}\cdot\overrightarrow{PN}=0,\end{cases}$

即 $\begin{cases}2y-4z=0,\\\dfrac{\sqrt{5}}{2}x+y-2z=0,\end{cases}$ 可取 $\boldsymbol{n}=(0,2,1)$.

于是 $|\cos\langle\boldsymbol{n},\overrightarrow{AN}\rangle|=\dfrac{|\boldsymbol{n}\cdot\overrightarrow{AN}|}{|\boldsymbol{n}||\overrightarrow{AN}|}=\dfrac{8\sqrt{5}}{25}$,

则直线 AN 与平面 PMN 所成角的正弦值为 $\dfrac{8\sqrt{5}}{25}$.

12. 如图 7-46,在四棱柱 $ABCD-A_1B_1C_1D_1$ 中,底面 $ABCD$ 为直角梯形,其中 $AD/\!/BC$ 且 $AD=2BC=2AB=4$, $AB\perp AD$,侧面 $ABB_1A_1\perp$ 平面 $ABCD$,且四边形 ABB_1A_1 是菱形, $\angle B_1BA=\dfrac{\pi}{3}$, M 为 A_1D 的中点.

(1)求证: $CM/\!/$ 平面 AA_1B_1B.

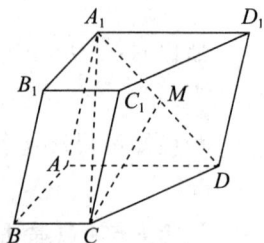
图 7-46

（2）求二面角 $A_1 - CD - A$ 的余弦值.

（1）**证明** **方法一** 如图 7 - 47 所示，取 AD 的中点 N，连接 MN,CN.

在 $\triangle ADA_1$ 中，$AN = ND$，$A_1M = MD$，所以 $MN // A_1A$.

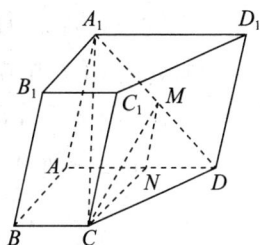

在直角梯形 $ABCD$ 中，$BC // AD$，且 $BC = \dfrac{1}{2}AD = AN$，

所以四边形 $ABCN$ 是平行四边形，

所以 $AB // CN$.

又 $AB \cap AA_1 = A$，$CN \cap MN = N$，

$AB,AA_1 \subset$ 平面 ABB_1A_1，$CN,MN \subset$ 平面 MNC，

所以平面 $AA_1B_1B //$ 平面 CMN.

图 7 - 47

又 $CM \subset$ 平面 CMN，所以 $CM //$ 平面 AA_1B_1B.

方法二 如图 7 - 48 所示，取 AA_1 的中点 E，连接 BE,ME.

在 $\triangle ADA_1$ 中，$AE = EA_1$，$A_1M = MD$，

所以 $ME // AD$ 且 $EM = \dfrac{1}{2}AD$.

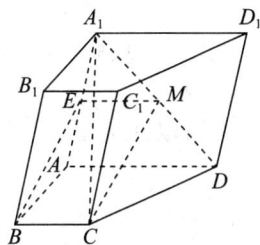

在直角梯形 $ABCD$ 中，$BC // AD$，且 $BC = \dfrac{1}{2}AD$，

所以 $EM // BC$，且 $EM = BC$，

所以四边形 $BCME$ 是平行四边形，

所以 $MC // EB$.

图 7 - 48

又 $MC \not\subset$ 平面 AA_1B_1B，$EB \subset$ 平面 AA_1B_1B，

所以 $CM //$ 平面 AA_1B_1B.

方法三 如图 7 - 49 所示，在梯形 $ABCD$ 中，延长 DC，AB 交于点 F，连接 A_1F.

在梯形 $ABCD$ 中，$BC // AD$，且 $BC = \dfrac{1}{2}AD$，

所以 $DC = CF$.

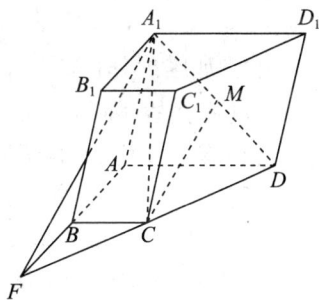

又 $DM = MA_1$，

所以 $CM // A_1F$.

又 $MC \not\subset$ 平面 AA_1B_1B，$A_1F \subset$ 平面 AA_1B_1B，

所以 $CM //$ 平面 AA_1B_1B.

图 7 - 49

（2）**解** 取 A_1B_1 的中点 P，连接 AP,AB_1.

因为在菱形 AA_1B_1B 中，$\angle B_1BA = \dfrac{\pi}{3}$，

所以 $AB = AA_1 = AB_1 = A_1B_1$，所以 $AP \perp A_1B_1$.

又 $AB // A_1B_1$，所以 $AP \perp AB$.

又侧面 $ABB_1A_1 \perp$ 平面 $ABCD$，侧面 $ABB_1A_1 \cap$ 平面 $ABCD = AB$，$AP \subset$ 平面 ABB_1A_1，

所以 $AP \perp$ 平面 $ABCD$.

又因为 $AB \perp AD$,所以以 A 为原点,AB,AD,AP 所在直线分别为 x 轴、y 轴、z 轴建立如图 $7-50$ 所示的空间直角坐标系.

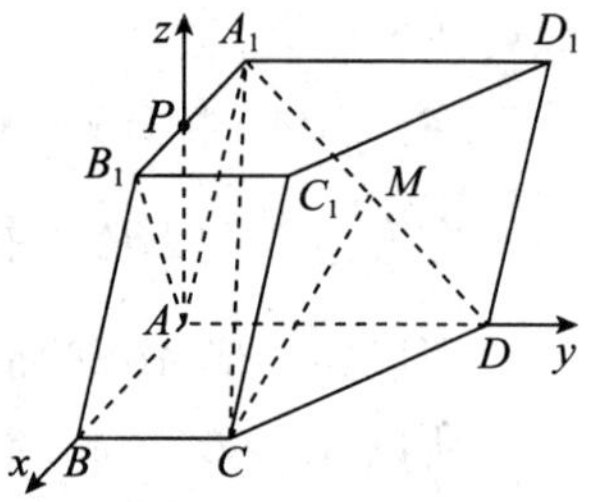

图 $7-50$

则 $A(0,0,0)$,$D(0,4,0)$,$C(2,2,0)$,$P(0,0,\sqrt{3})$,$A_1(-1,0,\sqrt{3})$,则 $\overrightarrow{CD}=(-2,2,0)$,$\overrightarrow{CA_1}=(-3,-2,\sqrt{3})$.

因为 $AP \perp$ 平面 $ABCD$,

所以 $\overrightarrow{AP}=(0,0,\sqrt{3})$ 为平面 $ABCD$ 的一个法向量.

设平面 A_1CD 的一个法向量为 $\boldsymbol{n}=(x,y,z)$,

由 $\begin{cases} \boldsymbol{n} \perp \overrightarrow{CD}, \\ \boldsymbol{n} \perp \overrightarrow{CA_1} \end{cases}$ 可得 $\begin{cases} \boldsymbol{n} \cdot \overrightarrow{CD}=-2x+2y=0, \\ \boldsymbol{n} \cdot \overrightarrow{CA_1}=-3x-2y+\sqrt{3}z=0, \end{cases}$

即 $\begin{cases} x-y=0, \\ -3x-2y+\sqrt{3}z=0, \end{cases}$

令 $x=1$,则 $y=1$,$z=\dfrac{5\sqrt{3}}{3}$,

所以 $\boldsymbol{n}=\left(1,1,\dfrac{5\sqrt{3}}{3}\right)$ 为平面 A_1CD 的一个法向量,

所以 $\cos \langle \overrightarrow{AP},\boldsymbol{n} \rangle = \dfrac{\overrightarrow{AP} \cdot \boldsymbol{n}}{|\overrightarrow{AP}||\boldsymbol{n}|} = \dfrac{\sqrt{3} \times \dfrac{5\sqrt{3}}{3}}{\sqrt{3} \times \sqrt{1^2+1^2+\left(\dfrac{5\sqrt{3}}{3}\right)^2}} = \dfrac{5\sqrt{31}}{31}$.

设二面角 A_1-CD-A 的大小为 θ,由图可知 $\theta \in \left(0,\dfrac{\pi}{2}\right)$,所以 $\cos \theta = \cos \langle \overrightarrow{AP},\boldsymbol{n} \rangle = \dfrac{5\sqrt{31}}{31}$.

13. 如图 $7-51$ 所示,长方体 $ABCD-A_1B_1C_1D_1$ 的底面 $ABCD$ 是正方形,点 E 在棱 AA_1 上,$BE \perp EC_1$.

(1)求证:$BE \perp$ 平面 EB_1C_1.

(2)若 $AE=A_1E$,求二面角 $B-EC-C_1$ 的正弦值.

解 (1)由已知得,$B_1C_1 \perp$ 平面 ABB_1A_1,$BE \subset$ 平面 ABB_1A_1,

故 $B_1C_1 \perp BE$. 又 $BE \perp EC_1$,$B_1C_1 \cap EC_1=C_1$,B_1C_1,$EC_1 \subset$ 平面 EB_1C_1,

所以 $BE \perp$ 平面 EB_1C_1.

图 $7-51$

(2)由(1)知 $\angle BEB_1=90°$.

由题设知 $\mathrm{Rt}\triangle ABE \cong \mathrm{Rt}\triangle A_1B_1E$,

所以 $\angle AEB=45°$,故 $AE=AB$,$AA_1=2AB$.

以 D 为坐标原点,$\overrightarrow{DA}$ 的方向为 x 轴正方向,$|\overrightarrow{DA}|$ 为单位长度,建立如图 $7-52$ 所示的空间直角坐标系 $D-xyz$,则 $C(0,1,0)$,$B(1,1,0)$,$C_1(0,1,2)$,$E(1,0,1)$,则 $\overrightarrow{CB}=(1,0,0)$,$\overrightarrow{CE}=(1,-1,1)$,$\overrightarrow{CC_1}=(0,0,2)$.

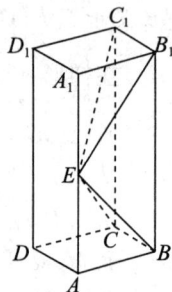

设平面 EBC 的一个法向量为 $\boldsymbol{n} = (x, y, z)$,

则 $\begin{cases} \overrightarrow{CB} \cdot \boldsymbol{n} = 0, \\ \overrightarrow{CE} \cdot \boldsymbol{n} = 0, \end{cases}$ 即 $\begin{cases} x = 0, \\ x - y + z = 0, \end{cases}$

所以可取 $\boldsymbol{n} = (0, -1, -1)$.

设平面 ECC_1 的一个法向量为 $\boldsymbol{m} = (x_1, y_1, z_1)$,

则 $\begin{cases} \overrightarrow{CC_1} \cdot \boldsymbol{m} = 0, \\ \overrightarrow{CE} \cdot \boldsymbol{m} = 0, \end{cases}$ 即 $\begin{cases} 2z_1 = 0, \\ x_1 - y_1 + z_1 = 0, \end{cases}$

所以可取 $\boldsymbol{m} = (1, 1, 0)$, 于是 $\cos \langle \boldsymbol{n}, \boldsymbol{m} \rangle = \dfrac{\boldsymbol{n} \cdot \boldsymbol{m}}{|\boldsymbol{n}||\boldsymbol{m}|} = -\dfrac{1}{2}$, 因此

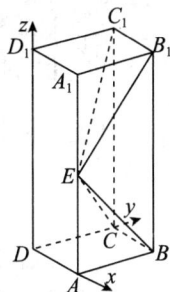

图 7-52

二面角 $B-EC-C_1$ 的正弦值为 $\sqrt{1 - \left(-\dfrac{1}{2}\right)^2} = \dfrac{\sqrt{3}}{2}$.

14. 如图 7-53 所示, 直四棱柱 $ABCD-A_1B_1C_1D_1$ 的底面 $ABCD$ 是菱形, $AA_1 = 4$, $AB = 2$, $\angle BAD = 60°$, E, M, N 分别是 BC, BB_1, A_1D 的中点.

(1) 求证: $MN /\!/$ 平面 C_1DE.

(2) 求二面角 $A-MA_1-N$ 的正弦值.

(1) 证明 连接 B_1C, ME. 因为 M, E 分别为 BB_1, BC 的中点, 所

以 $ME /\!/ B_1C$, 且 $ME = \dfrac{1}{2} B_1C$.

又因为 N 为 A_1D 的中点, 所以 $ND = \dfrac{1}{2} A_1D$.

由题设知 $A_1B_1 /\!/ DC, A_1B_1 = DC$,

所以四边形 A_1B_1CD 是平行四边形, 所以 $A_1D /\!/ B_1C$ 且 $A_1D = B_1C$.

所以 $ME /\!/ ND, ME = ND$,

因此四边形 $MNDE$ 是平行四边形, 所以 $MN /\!/ ED$.

又 $MN \not\subset$ 平面 $C_1DE, DE \subset$ 平面 C_1DE, 所以 $MN /\!/$ 平面 C_1DE.

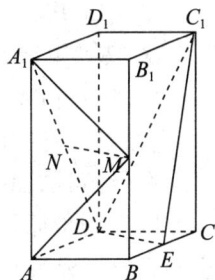

图 7-53

(2) 解 由已知可得 $DE \perp DA$. 以 D 为坐标原点, $\overrightarrow{DA}$ 的方向为 x

轴正方向, 建立如图 7-54 所示的空间直角坐标系 $D-xyz$, 则

$A(2, 0, 0), A_1(2, 0, 4), M(1, \sqrt{3}, 2), N(1, 0, 2)$, 则 $\overrightarrow{A_1A} = (0, 0, -4)$,

$\overrightarrow{A_1M} = (-1, \sqrt{3}, -2), \overrightarrow{A_1N} = (-1, 0, -2), \overrightarrow{MN} = (0, -\sqrt{3}, 0)$.

设 $\boldsymbol{m} = (x, y, z)$ 为平面 A_1MA 的一个法向量, 则

$\begin{cases} \boldsymbol{m} \cdot \overrightarrow{A_1M} = 0, \\ \boldsymbol{m} \cdot \overrightarrow{A_1A} = 0, \end{cases}$

所以 $\begin{cases} -x + \sqrt{3}y - 2z = 0, \\ -4z = 0. \end{cases}$ 可取 $\boldsymbol{m} = (\sqrt{3}, 1, 0)$.

设 $\boldsymbol{n} = (p, q, r)$ 为平面 A_1MN 的一个法向量, 则

$\begin{cases} \boldsymbol{n} \cdot \overrightarrow{MN} = 0, \\ \boldsymbol{n} \cdot \overrightarrow{A_1N} = 0. \end{cases}$

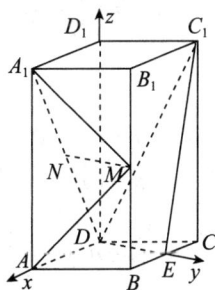

图 7-54

所以 $\begin{cases} -\sqrt{3}q = 0, \\ -p - 2r = 0. \end{cases}$ 可取 $\boldsymbol{n} = (2, 0, -1)$.

于是 $\cos\langle \boldsymbol{m}, \boldsymbol{n}\rangle = \dfrac{\boldsymbol{m} \cdot \boldsymbol{n}}{|\boldsymbol{m}||\boldsymbol{n}|} = \dfrac{2\sqrt{3}}{2 \times \sqrt{5}} = \dfrac{\sqrt{15}}{5}$,

所以二面角 $A - MA_1 - N$ 的正弦值为 $\dfrac{\sqrt{10}}{5}$.

15. 如图 7-55 所示,在四棱锥 $P - ABCD$ 中,$AB \parallel CD$,且 $\angle BAP = \angle CDP = 90°$.

(1)求证:平面 $PAB \perp$ 平面 PAD.

(2)若 $PA = PD = AB = DC$,$\angle APD = 90°$,求二面角 $A - PB - C$ 的余弦值.

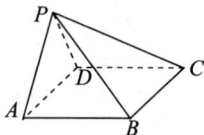

图 7-55

(1)**证明** 由已知 $\angle BAP = \angle CDP = 90°$,得 $AB \perp AP$,$CD \perp PD$.

由于 $AB \parallel CD$,故 $AB \perp PD$.

又 $AP \cap PD = P$,$AP, PD \subset$ 平面 PAD,从而 $AB \perp$ 平面 PAD.

又 $AB \subset$ 平面 PAB,

所以平面 $PAB \perp$ 平面 PAD.

(2)**解** 在平面 PAD 内作 $PF \perp AD$,垂足为 F.

由(1)可知,$AB \perp$ 平面 PAD,故 $AB \perp PF$,可得 $PF \perp$ 平面 $ABCD$.

以 F 为坐标原点,$\overrightarrow{FA}$ 的方向为 x 轴正方向,$|\overrightarrow{AB}|$ 为单位长度,建立如图 7-56 所示的空间直角坐标系 $F-xyz$.

由(1)及已知可得 $A\left(\dfrac{\sqrt{2}}{2}, 0, 0\right)$,$P\left(0, 0, \dfrac{\sqrt{2}}{2}\right)$,$B\left(\dfrac{\sqrt{2}}{2}, 1, 0\right)$,$C\left(-\dfrac{\sqrt{2}}{2}, 1, 0\right)$.

所以 $\overrightarrow{PC} = \left(-\dfrac{\sqrt{2}}{2}, 1, -\dfrac{\sqrt{2}}{2}\right)$,$\overrightarrow{CB} = (\sqrt{2}, 0, 0)$,

$\overrightarrow{PA} = \left(\dfrac{\sqrt{2}}{2}, 0, -\dfrac{\sqrt{2}}{2}\right)$,$\overrightarrow{AB} = (0, 1, 0)$.

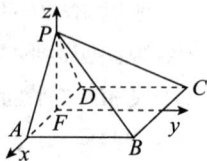

图 7-56

设 $\boldsymbol{n} = (x_1, y_1, z_1)$ 是平面 PCB 的一个法向量,则

$\begin{cases} \boldsymbol{n} \cdot \overrightarrow{PC} = 0, \\ \boldsymbol{n} \cdot \overrightarrow{CB} = 0, \end{cases}$ 即 $\begin{cases} -\dfrac{\sqrt{2}}{2}x_1 + y_1 - \dfrac{\sqrt{2}}{2}z_1 = 0, \\ \sqrt{2}x_1 = 0. \end{cases}$

可取 $\boldsymbol{n} = (0, -1, -\sqrt{2})$.

设 $\boldsymbol{m} = (x_2, y_2, z_2)$ 是平面 PAB 的一个法向量,则

$\begin{cases} \boldsymbol{m} \cdot \overrightarrow{PA} = 0, \\ \boldsymbol{m} \cdot \overrightarrow{AB} = 0, \end{cases}$ 即 $\begin{cases} \dfrac{\sqrt{2}}{2}x_2 - \dfrac{\sqrt{2}}{2}z_2 = 0, \\ y_2 = 0. \end{cases}$ 可取 $\boldsymbol{m} = (1, 0, 1)$.

则 $\cos\langle \boldsymbol{n}, \boldsymbol{m}\rangle = \dfrac{\boldsymbol{n} \cdot \boldsymbol{m}}{|\boldsymbol{n}||\boldsymbol{m}|} = -\dfrac{\sqrt{3}}{3}$.

由图可知二面角 $A - PB - C$ 为钝角,

所以二面角 $A-PB-C$ 的余弦值为 $-\dfrac{\sqrt{3}}{3}$.

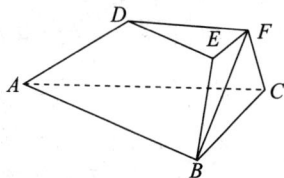

16. 如图 7-57 所示,在三棱台 $ABC-DEF$ 中,平面 $BCFE\perp$ 平面 ABC,$\angle ACB=90°$,$BE=EF=FC=1$,$BC=2$,$AC=3$.

(1)求证:$BF\perp$ 平面 $ACFD$.

(2)求二面角 $B-AD-F$ 的平面角的余弦值.

图 7-57

(1)**证明** 延长 AD,BE,CF 相交于一点 K,如图 7-58 所示.

因为平面 $BCFE\perp$ 平面 ACB,平面 $BCFE\cap$ 平面 $ABC=BC$,且 $AC\perp BC$,所以 $AC\perp$ 平面 BCK,因此 $BF\perp AC$.

又 $EF\parallel BC$,$BE=EF=FC=1$,$BC=2$,所以 $\triangle BCK$ 为等边三角形,且 F 为 CK 的中点,则 $BF\perp CK$,又 $AC\cap CK=C,AC,CK\subset$ 平面 $ACFD$,所以 $BF\perp$ 平面 $ACFD$.

(2)**解** 如图 7-58 所示,过点 F 作 $FQ\perp AK$ 于 Q,连接 BQ.

因为 $BF\perp$ 平面 ACK,$AK\subset$ 平面 ACK,

所以 $BF\perp AK$,又 $BF\cap FQ=F$,$BF,FQ\subset$ 平面 BQF,则 $AK\perp$ 平面 BQF.

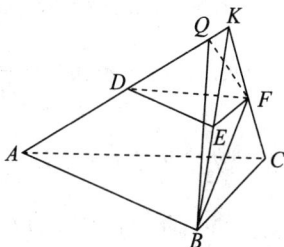

图 7-58

又 $BQ\subset$ 平面 BQF,所以 $BQ\perp AK$.

所以 $\angle BQF$ 是二面角 $B-AD-F$ 的平面角.

在 $Rt\triangle ACK$ 中,$AC=3$,$CK=2$,得 $AK=\sqrt{13}$,所以 $FQ=\dfrac{3\sqrt{13}}{13}$.

在 $Rt\triangle BQF$ 中,$FQ=\dfrac{3\sqrt{13}}{13}$,$BF=\sqrt{3}$,得 $\cos\angle BQF=\dfrac{\sqrt{3}}{4}$.

所以二面角 $B-AD-F$ 的平面角的余弦值为 $\dfrac{\sqrt{3}}{4}$.

17. 如图 7-59 所示,已知 $AB\perp$ 平面 ACD,$DE\perp$ 平面 ACD,$\triangle ACD$ 为等边三角形,$AD=DE=2AB$,F 为 CD 的中点.

(1)求证:$AF\parallel$ 平面 BCE.

(2)求二面角 $C-BE-D$ 的余弦值.

(1)**证明** 设 $AD=DE=2AB=2$,以 AC,AB 所在的直线分别为 x 轴、z 轴,以在平面 ACD 内过点 A 和 AC 垂直的直线为 y 轴,建立如图 7-60 所示的空间直角坐标系 $A-xyz$,则 $A(0,0,0)$,$B(0,0,1)$,$C(2,0,0)$,$D(1,\sqrt{3},0)$,$E(1,\sqrt{3},2)$.

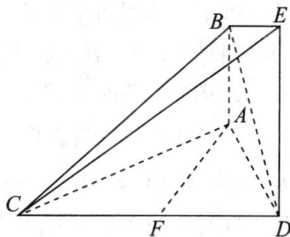

图 7-59

因为点 F 为 CD 的中点,所以 $F\left(\dfrac{3}{2},\dfrac{\sqrt{3}}{2},0\right)$.

易得 $\overrightarrow{AF}=\left(\dfrac{3}{2},\dfrac{\sqrt{3}}{2},0\right)$,$\overrightarrow{BE}=(1,\sqrt{3},1)$,$\overrightarrow{BC}=(2,0,$

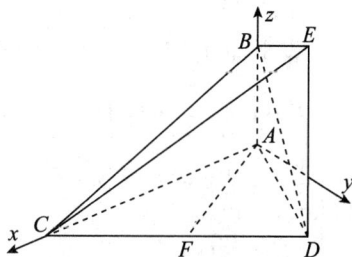

图 7-60

-1），所以 $\overrightarrow{AF}=\dfrac{1}{2}(\overrightarrow{BE}+\overrightarrow{BC})$.

所以 $\overrightarrow{AF},\overrightarrow{BE},\overrightarrow{BC}$ 共面.

又 $AF\not\subset$ 平面 BCE，所以 $AF\parallel$ 平面 BCE.

（2）**解** 设平面 BCE 的一个法向量为 $\boldsymbol{m}=(x,y,z)$，

则 $\begin{cases}\boldsymbol{m}\cdot\overrightarrow{BE}=0,\\ \boldsymbol{m}\cdot\overrightarrow{BC}=0,\end{cases}$ 即 $\begin{cases}x+\sqrt{3}y+z=0,\\ 2x-z=0,\end{cases}$ 取 $x=1$，得 $\boldsymbol{m}=(1,-\sqrt{3},2)$.

设平面 BDE 的一个法向量为 $\boldsymbol{n}=(x_1,y_1,z_1)$，

由（1）得 $\overrightarrow{BD}=(1,\sqrt{3},-1)$，则 $\begin{cases}\boldsymbol{n}\cdot\overrightarrow{BE}=0,\\ \boldsymbol{n}\cdot\overrightarrow{BD}=0,\end{cases}$ 即 $\begin{cases}x_1+\sqrt{3}y_1+z_1=0,\\ x_1+\sqrt{3}y_1-z_1=0,\end{cases}$

取 $x_1=\sqrt{3}$，得 $\boldsymbol{n}=(\sqrt{3},-1,0)$.

所以 $\cos\langle\boldsymbol{m},\boldsymbol{n}\rangle=\dfrac{\sqrt{3}+\sqrt{3}}{\sqrt{1+3+4}\times\sqrt{3+1}}=\dfrac{\sqrt{6}}{4}$.

故二面角 $C-BE-D$ 的余弦值为 $\dfrac{\sqrt{6}}{4}$.

18. 如图 7-61 所示，在多面体 $ABCD-A_1B_1D_1$ 中，四边形 AA_1B_1B，ADD_1A_1，$ABCD$ 均为正方形，E 为 B_1D_1 的中点，过 A_1，D，E 的平面交 CD_1 于 F.

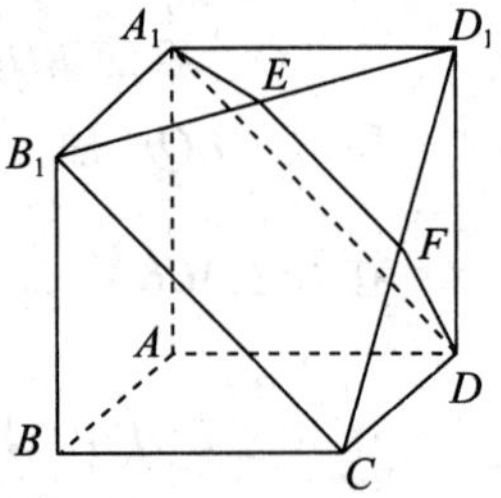

（1）求证：$EF\parallel B_1C$.

（2）求二面角 $E-A_1D-B_1$ 的余弦值.

（1）**证明** 由正方形的性质可知 $A_1B_1\parallel AB\parallel DC$，且 $A_1B_1=AB=DC$，所以四边形 A_1B_1CD 为平行四边形，从而 $B_1C\parallel A_1D$，又 $A_1D\subset$ 平面 A_1DE，$B_1C\not\subset$ 平面 A_1DE，于是 $B_1C\parallel$ 平面 A_1DE.

又 $B_1C\subset$ 平面 A_1CD，平面 $A_1DE\cap$ 平面 $B_1CD_1=EF$，所以 $EF\parallel B_1C$.

（2）**解** 因为四边形 AA_1B_1B，ADD_1A_1，$ABCD$ 均为正方形，所以 $AA_1\perp AB$，$AA_1\perp AD$，$AB\perp AD$ 且 $AA_1=AB=AD$，以 A 为原点，分别以 $\overrightarrow{AB},\overrightarrow{AD},\overrightarrow{AA_1}$ 为 x 轴、y 轴和 z 轴单位正向量建立如图 7-62 所示的空间直角坐标系，可得 $A(0,0,0)$，$B(1,0,0)$，$D(0,1,0)$，$A_1(0,0,1)$，$B_1(1,0,1)$，$D_1(0,1,1)$，而 E 点为 B_1D_1 的中点，所以 E 点的坐标为 $\left(\dfrac{1}{2},\dfrac{1}{2},1\right)$.

设平面 A_1DE 的一个法向量为 $\boldsymbol{n}_1=(r_1,s_1,t_1)$，而该面上向量 $\overrightarrow{A_1E}=\left(\dfrac{1}{2},\dfrac{1}{2},0\right)$，$\overrightarrow{A_1D}=(0,1,-1)$，由 $\boldsymbol{n}_1\perp\overrightarrow{A_1E}$，$\boldsymbol{n}_1\perp\overrightarrow{A_1D}$ 得 $\begin{cases}\dfrac{1}{2}r_1+\dfrac{1}{2}s_1=0,\\ s_1-t_1=0,\end{cases}$

因为 $(-1,1,1)$ 为其一组解，所以可取 $\boldsymbol{n}_1=(-1,1,1)$.

设平面 A_1B_1CD 的一个法向量为 $\boldsymbol{n}_2=(r_2,s_2,t_2)$，而该面上向

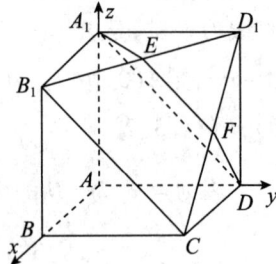

图 7-61

图 7-62

量 $\overrightarrow{A_1B_1} = (1,0,0)$，$\overrightarrow{A_1D} = (0,1,-1)$，由此同理可得 $\boldsymbol{n_2} = (0,1,1)$.

所以结合图形知二面角 $E - A_1D - B_1$ 的余弦值为 $\dfrac{\boldsymbol{n_1} \cdot \boldsymbol{n_2}}{|\boldsymbol{n_1}||\boldsymbol{n_2}|} = \dfrac{2}{\sqrt{3} \times \sqrt{2}} = \dfrac{\sqrt{6}}{3}$.

点评 线线角、线面角、二面角的求解通常有两种方法：一是定义法（直接法），此时分三步进行：一作图二证明三计算.首先根据定义作出所求的角,并证明该角就是所求的角,然后构造直角三角形进行计算或利用余弦定理进行计算.求线线角时,关键是把两条异面直线通过平移的方式移到一个平面内.求线面角时,关键是找出斜线在平面上的射影.求二面角时,关键是找到一个平面的垂线或者在两平面内垂直于两平面交线的直线.二是向量法.计算线线角时,计算两直线的方向向量分别为 $\boldsymbol{n_1}$，$\boldsymbol{n_2}$，则两异面直线的夹角 θ 满足 $\cos\theta = \left|\dfrac{\boldsymbol{n_1} \cdot \boldsymbol{n_2}}{|\boldsymbol{n_1}||\boldsymbol{n_2}|}\right|$；计算线面角时,设直线的方向向量为 $\boldsymbol{n_1}$，平面的一个法向量为 $\boldsymbol{n_2}$，线面角为 θ，则 $\sin\theta = \left|\dfrac{\boldsymbol{n_1} \cdot \boldsymbol{n_2}}{|\boldsymbol{n_1}||\boldsymbol{n_2}|}\right|$；计算二面角的平面角 α 的余弦值时,设两半平面的一个法向量分别为 $\boldsymbol{n_1}$，$\boldsymbol{n_2}$，则 $|\cos\alpha| = |\cos\langle\boldsymbol{n_1},\boldsymbol{n_2}\rangle| = \left|\dfrac{\boldsymbol{n_1} \cdot \boldsymbol{n_2}}{|\boldsymbol{n_1}||\boldsymbol{n_2}|}\right|$. 此时二面角是 α 还是 α 的补角,需要结合图形来判断.

19. 如图 $7-63$ 所示,已知直三棱柱 $ABC - A_1B_1C_1$ 中, $AC = BC = AA_1$，$AC \perp BC$，F 为 BC 的中点,E 在 AB 上,且 $BA = 3BE$，点 G 在 AA_1 上,且 $AC_1 \perp EG$.

（1）若 $AG = tAA_1$，求实数 t 的值；

（2）求二面角 $A - EF - G$ 的余弦值.

解 （1）以 C 为原点,$\overrightarrow{CB}$ 的方向为 x 轴正方向,$\overrightarrow{CA}$ 的方向为 y 轴正方向,$\overrightarrow{CC_1}$ 的方向为 z 轴正方向建立空间直角坐标系如图 $7-64$ 所示.

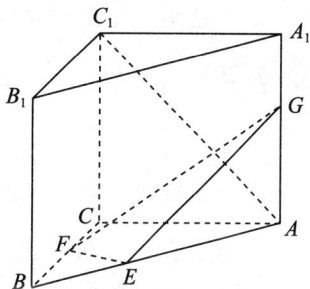
图 7-63

设 $AC = BC = AA_1 = 1$，则 $A(0,1,0)$，$C_1(0,0,1)$，$F\left(\dfrac{1}{2},0,0\right)$，$E\left(\dfrac{2}{3},\dfrac{1}{3},0\right)$，由 $AG = tAA_1$，得 $G(0,1,t)$，则 $\overrightarrow{AC_1} = (0,-1,1)$，$\overrightarrow{EG} = \left(-\dfrac{2}{3},\dfrac{2}{3},t\right)$.

由 $AC_1 \perp EG$，得 $\overrightarrow{AC_1} \perp \overrightarrow{EG}$，

即 $\overrightarrow{AC_1} \cdot \overrightarrow{EG} = 0 \times \left(-\dfrac{2}{3}\right) + (-1) \times \dfrac{2}{3} + 1 \times t = 0$，

故 $t = \dfrac{2}{3}$.

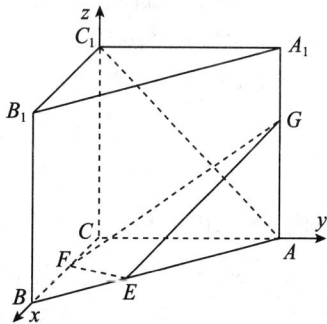
图 7-64

（2）由（1）知 $G\left(0,1,\dfrac{2}{3}\right)$，$\overrightarrow{EF} = \left(-\dfrac{1}{6},-\dfrac{1}{3},0\right)$，可得 $\overrightarrow{EG} = \left(-\dfrac{2}{3},\dfrac{2}{3},\dfrac{2}{3}\right)$. 设平面 EFG 的一个法向量为 $\boldsymbol{m} = (x,y,z)$，

由 $\begin{cases} \boldsymbol{m} \cdot \overrightarrow{EG} = 0, \\ \boldsymbol{m} \cdot \overrightarrow{EF} = 0, \end{cases}$ 得 $\begin{cases} -\dfrac{2}{3}x + \dfrac{2}{3}y + \dfrac{2}{3}z = 0, \\ -\dfrac{1}{6}x - \dfrac{1}{3}y = 0. \end{cases}$

不妨令 $x = 2$,则 $y = -1, z = 3$,即 $\boldsymbol{m} = (2, -1, 3)$.

又平面 AEF 的一个法向量为 $\overrightarrow{CC_1} = (0, 0, 1)$,

所以 $\cos \langle \boldsymbol{m}, \overrightarrow{CC_1} \rangle = \dfrac{2 \times 0 - 1 \times 0 + 3 \times 1}{\sqrt{2^2 + (-1)^2 + 3^2} \times \sqrt{0^2 + 0^2 + 1^2}} = \dfrac{3\sqrt{14}}{14}$,

故二面角 $A - EF - G$ 的余弦值为 $\dfrac{3\sqrt{14}}{14}$.

20. 如图 7-65 所示,在四棱锥 $P-ABCD$ 中,$PA \perp$ 平面 $ABCD$,$\triangle DAB \cong \triangle DCB$,$E$ 为线段 BD 上的点,且 $EB = ED = EC = BC$,延长 CE 交 AD 于点 F.

(1)若 G 为 PD 的中点,求证:平面 $PAD \perp$ 平面 CGF;

(2)若 $BC = 2, PA = 3$,求平面 BCP 与平面 DCP 所成锐二面角的余弦值.

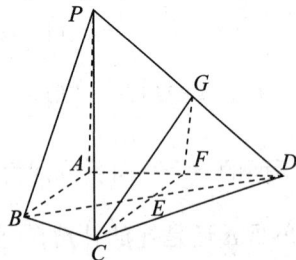

图 7-65

(1)证明 在 $\triangle BCD$ 中,$EB = ED = EC = BC$,故 $\angle BCD = \dfrac{\pi}{2}$,$\angle CBE = \angle CEB = \dfrac{\pi}{3}$,连接 AE,

$\because \triangle DAB \cong \triangle DCB$,$\therefore \triangle EAB \cong \triangle ECB$,

$\therefore \angle FED = \angle BEC = \angle AEB = \dfrac{\pi}{3}$,$AE = EC = ED$,

$\therefore \angle FED = \angle FEA$,故 $EF \perp AD$,$AF = FD$.

又 G 为 PD 的中点,$\therefore FG \parallel PA$.

又 $PA \perp$ 平面 $ABCD$,

$\therefore GF \perp$ 平面 $ABCD$,$\therefore GF \perp AD$.

又 $GF \cap EF = F$,$\therefore AD \perp$ 平面 CGF.

又 $AD \subset$ 平面 PAD,$\therefore$ 平面 $PAD \perp$ 平面 CGF.

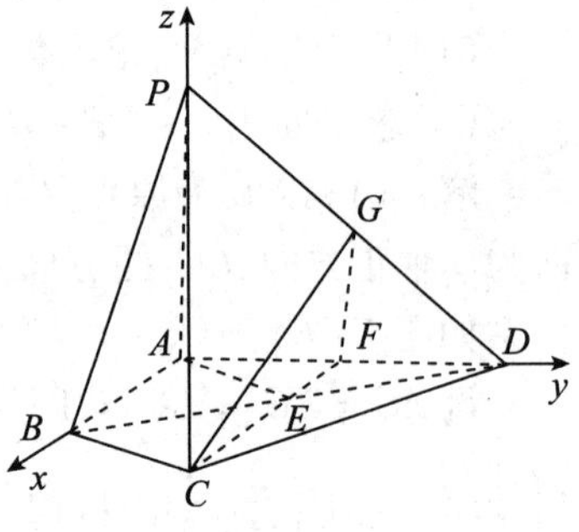

图 7-66

(2)解 由(1)知 AB, AD, AP 两两垂直,则以点 A 为坐标原点可建立如图 7-66 所示的空间直角坐标系,则 $A(0, 0, 0), B(2, 0, 0), C(3, \sqrt{3}, 0), D(0, 2\sqrt{3}, 0), P(0, 0, 3)$,

$\therefore \overrightarrow{BC} = (1, \sqrt{3}, 0), \overrightarrow{CP} = (-3, -\sqrt{3}, 3), \overrightarrow{CD} = (-3, \sqrt{3}, 0)$.

设平面 BCP 的一个法向量为 $\boldsymbol{m} = (1, y_1, z_1)$,则由 $\begin{cases} \boldsymbol{m} \perp \overrightarrow{BC}, \\ \boldsymbol{m} \perp \overrightarrow{CP}, \end{cases}$ 得

$\begin{cases} 1 + \sqrt{3}y_1 = 0, \\ -3 - \sqrt{3}y_1 + 3z_1 = 0, \end{cases}$ 得 $y_1 = -\dfrac{\sqrt{3}}{3}, z_1 = \dfrac{2}{3}$,$\therefore \boldsymbol{m} = \left(1, -\dfrac{\sqrt{3}}{3}, \dfrac{2}{3}\right)$.

设平面 DCP 的一个法向量为 $\boldsymbol{n} = (1, y_2, z_2)$,则由 $\begin{cases} \boldsymbol{n} \perp \overrightarrow{CD}, \\ \boldsymbol{n} \perp \overrightarrow{CP}, \end{cases}$ 得 $\begin{cases} -3 + \sqrt{3}y_2 = 0, \\ -3 - \sqrt{3}y_2 + 3z_2 = 0, \end{cases}$ 得 y_2

$=\sqrt{3}$, $z_2=2$, $\therefore \boldsymbol{n}=(1,\sqrt{3},2)$.

$\therefore$ 平面 BCP 与平面 DCP 所成锐二面角的余弦值为

$$|\cos\langle \boldsymbol{m},\boldsymbol{n}\rangle| = \left|\frac{\boldsymbol{m}\cdot\boldsymbol{n}}{|\boldsymbol{m}||\boldsymbol{n}|}\right| = \frac{\dfrac{4}{3}}{\sqrt{\dfrac{16}{9}}\times\sqrt{8}} = \frac{\sqrt{2}}{4}.$$

21. 如图 7 - 67 所示,在四棱锥 $P-ABCD$ 中,底面 $ABCD$ 是边长为 $\sqrt{2}$ 的正方形,$PA\perp BD$.

(1)求证:$PB=PD$.

(2)若 E,F 分别为 PC,AB 的中点,$EF\perp$ 平面 PCD,求直线 PB 与平面 PCD 所成角的大小.

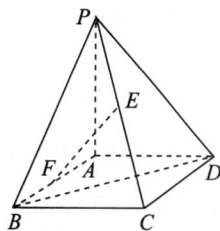

图 7 - 67

(1)**证明** 如图 7 - 68,连接 AC,交 BD 于点 O,连接 PO,

$\because$ 四边形 $ABCD$ 是正方形,

$\therefore AC\perp BD$,$OB=OD$.

又 $PA\perp BD$,$PA\subset$ 平面 PAC,

$AC\subset$ 平面 PAC,$PA\cap AC=A$,

$\therefore BD\perp$ 平面 PAC.

又 $PO\subset$ 平面 PAC,$\therefore BD\perp PO$.

又 $OB=OD$,$\therefore PB=PD$.

(2)**解** 设 PD 的中点为 Q,连接 AQ,EQ,如图 7 - 68.

$\because E$ 为 PC 的中点,

$\therefore EQ /\!/ CD$,$EQ=\dfrac{1}{2}CD$.

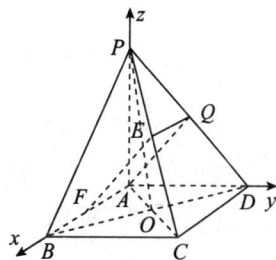

图 7 - 68

又 $AF /\!/ CD$,$AB=CD$,F 为 AB 的中点,

$\therefore AF=\dfrac{1}{2}AB=\dfrac{1}{2}CD$,$\therefore EQ /\!/ AF$,$EQ=AF$,

$\therefore$ 四边形 $AQEF$ 为平行四边形,$\therefore EF /\!/ AQ$.

$\because EF\perp$ 平面 PCD,$\therefore AQ\perp$ 平面 PCD.

又 $PD\subset$ 平面 PCD,$\therefore AQ\perp PD$.

$\because Q$ 是 PD 的中点,$\therefore AP=AD=\sqrt{2}$.

$\because AQ\perp$ 平面 PCD,$CD\subset$ 平面 PCD,$\therefore AQ\perp CD$.

又 $AD\perp CD$,$AQ\cap AD=A$,$\therefore CD\perp$ 平面 PAD.

又 $PA\subset$ 平面 PAD,$\therefore CD\perp PA$.

$\because PA\perp BD$,$BD\cap CD=D$,$BD\subset$ 平面 $ABCD$,$CD\subset$ 平面 $ABCD$.

$\therefore PA\perp$ 平面 $ABCD$.

以 A 为坐标原点,以 AB,AD,AP 所在直线分别为 x 轴、y 轴、z 轴建立如图 7 - 68 所示的空间直角坐标系,则 $A(0,0,0)$,$B(\sqrt{2},0,0)$,$P(0,0,\sqrt{2})$,$Q\left(0,\dfrac{\sqrt{2}}{2},\dfrac{\sqrt{2}}{2}\right)$,

$\therefore \overrightarrow{AQ}=\left(0,\dfrac{\sqrt{2}}{2},\dfrac{\sqrt{2}}{2}\right)$,$\overrightarrow{PB}=(\sqrt{2},0,-\sqrt{2})$.

$\because AQ \perp$ 平面 PCD,

$\therefore \overrightarrow{AQ}$ 为平面 PCD 的一个法向量,

易得 $\cos\langle \overrightarrow{AQ}, \overrightarrow{PB}\rangle = \dfrac{\overrightarrow{AQ} \cdot \overrightarrow{PB}}{|\overrightarrow{AQ}||\overrightarrow{PB}|} = -\dfrac{1}{2}$.

设直线 PB 与平面 PCD 所成的角为 θ,

则 $\sin\theta = |\cos\langle \overrightarrow{AQ}, \overrightarrow{PB}\rangle| = \dfrac{1}{2}$,

$\therefore$ 直线 PB 与平面 PCD 所成的角为 $\dfrac{\pi}{6}$.

22. 如图 $7-69(1)$ 所示,在矩形 $ABCD$ 中,$AB = 3\sqrt{5}$,$BC = 2\sqrt{5}$,点 E 在线段 DC 上,且 $DE = \sqrt{5}$,现将 $\triangle AED$ 沿 AE 折到 $\triangle AED'$ 的位置,连接 CD',BD',如图 $7-69(2)$.

(1)若点 P 在线段 BC 上,且 $BP = \dfrac{\sqrt{5}}{2}$,求证:$AE \perp D'P$.

(2)记平面 $AD'E$ 与平面 BCD' 的交线为 l. 若二面角 $B-AE-D'$ 的平面角为 $\dfrac{2\pi}{3}$,求直线 l 与平面 $D'CE$ 所成角的正弦值.

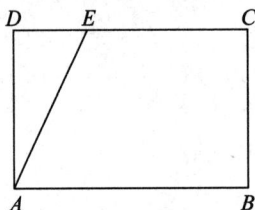 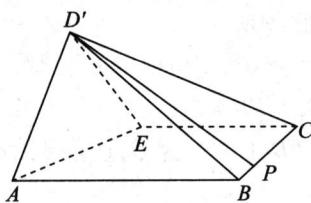

$\qquad (1) \qquad\qquad\qquad\qquad (2)$

图 $7-69$

(1)**证明** 如图 $7-70(1)$ 所示,$BP = \dfrac{\sqrt{5}}{2}$,连接 DP 交 AE 于点 O.

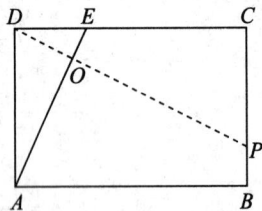 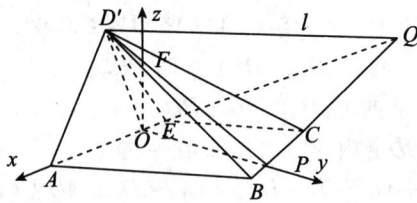

$\qquad (1) \qquad\qquad\qquad\qquad (2)$

图 $7-70$

因为四边形 $ABCD$ 是矩形,所以在 $\mathrm{Rt}\triangle PDC$ 中,$CD = AB = 3\sqrt{5}$,

$CP = BC - BP = 2\sqrt{5} - \dfrac{\sqrt{5}}{2} = \dfrac{3\sqrt{5}}{2}$,

所以 $\tan\angle PDC = \dfrac{CP}{CD} = \dfrac{1}{2}$.

在 $\mathrm{Rt}\triangle ADE$ 中,$AD = BC = 2\sqrt{5}$,$DE = \sqrt{5}$,

所以 $\tan \angle DAE = \dfrac{DE}{AD} = \dfrac{1}{2}$.

所以 $\angle PDC = \angle DAE$,

所以 $\angle DAE + \angle ADP = \angle PDC + \angle ADP = \dfrac{\pi}{2}$,

所以 $\angle DOA = \dfrac{\pi}{2}$.

从而 $AO \perp OD, AO \perp OP$,那么在图 $7-70(2)$ 中,$AE \perp OD', AE \perp OP$.

又 $D'O \cap PO = O, D'O, PO \subset$ 平面 POD',所以 $AE \perp$ 平面 POD'.

又 $D'P \subset$ 平面 POD',所以 $AE \perp D'P$.

(2)**解** 方法一 由(1)知 $OD' \perp AE, OP \perp AE, OP \subset$ 平面 $BAEC, OD' \subset$ 平面 AED',

所以 $\angle D'OP$ 是二面角 $B-AE-D'$ 的平面角,从而 $\angle D'OP = \dfrac{2\pi}{3}$.

在图 $7-70(2)$ 中,延长 AE, BC 交于点 Q,连接 $D'Q$,

则 $Q \in$ 平面 $AD'E, Q \in$ 平面 BCD'.

又 $D' \in$ 平面 $AD'E, D' \in$ 平面 BCD',

所以平面 $AD'E \cap$ 平面 $BCD' = D'Q$,直线 $D'Q$ 即直线 l.

在平面 POD' 内,过点 O 作 $OF \perp OP$ 交 $D'P$ 于点 F,

由(1)知 $AE \perp$ 平面 POD',又 $AE \subset$ 平面 $ABCE$,

所以平面 $ABCE \perp$ 平面 POD'.

又平面 $ABCE \cap$ 平面 $POD' = OP$,所以 $OF \perp$ 平面 $ABCE$.

以 O 为原点,分别以 $\overrightarrow{OA}, \overrightarrow{OP}, \overrightarrow{OF}$ 的方向为 x 轴、y 轴、z 轴的正方向建立空间直角坐标系,如图 $7-70(2)$.

在图 $7-70(1)$ 中,$CE = DC - DE = 2\sqrt{5}$,

在 $\mathrm{Rt}\triangle ADE$ 中,$AD = 2\sqrt{5}, DE = \sqrt{5}$,

所以 $AE = 5$,所以 $OD = 2, OE = 1$.

在 $\triangle ABQ$ 中,$EC // AB$,所以 $\dfrac{EQ}{QA} = \dfrac{EQ}{AE + EQ} = \dfrac{CE}{AB} = \dfrac{2}{3}$,

所以 $EQ = 10$,所以 $OQ = OE + EQ = 11$.

从而 $D'(0, -1, \sqrt{3}), E(-1, 0, 0), C(-3, 4, 0), Q(-11, 0, 0)$,

所以 $\overrightarrow{ED'} = (1, -1, \sqrt{3}), \overrightarrow{EC} = (-2, 4, 0), \overrightarrow{QD'} = (11, -1, \sqrt{3})$.

设 $\boldsymbol{n} = (x, y, z)$ 为平面 $D'CE$ 的一个法向量,

则 $\begin{cases} \overrightarrow{ED'} \cdot \boldsymbol{n} = 0, \\ \overrightarrow{EC} \cdot \boldsymbol{n} = 0, \end{cases}$

即 $\begin{cases} x - y + \sqrt{3}z = 0, \\ -2x + 4y = 0, \end{cases}$

取 $x = 2\sqrt{3}$,则 $y = \sqrt{3}, z = -1$,

所以 $\boldsymbol{n} = (2\sqrt{3}, \sqrt{3}, -1)$ 是平面 $D'CE$ 的一个法向量.

设直线 l 与平面 $D'CE$ 所成的角为 θ，

则 $\sin\theta = |\cos\langle\overrightarrow{QD'}, \boldsymbol{n}\rangle| = \left|\dfrac{\overrightarrow{QD'}\cdot\boldsymbol{n}}{|\overrightarrow{QD'}||\boldsymbol{n}|}\right| = \dfrac{20\sqrt{3}}{5\sqrt{5}\times 4} = \dfrac{\sqrt{15}}{5}$，

所以直线 l 与平面 $D'CE$ 所成角的正弦值为 $\dfrac{\sqrt{15}}{5}$.

方法二　由(1)知 $OD'\perp AE, OP\perp AE, OP\subset$ 平面 $BAEC, OD'\subset$ 平面 AED'，

所以 $\angle D'OP$ 是二面角 $B-AE-D'$ 的平面角，从而 $\angle D'OP = \dfrac{2\pi}{3}$.

在 AD' 上取点 M，使得 $AM = \dfrac{1}{3}AD'$，过 M 作 $MG\parallel AB$ 交 BD' 于点 G，连接 CG, EM，则

$MG = \dfrac{2}{3}AB$.

在图 $7-70(1)$ 中，因为 $CE = DC - DE = 3\sqrt{5} - \sqrt{5} = 2\sqrt{5}$，

所以 $\dfrac{CE}{AB} = \dfrac{2}{3}$，即 $CE = \dfrac{2}{3}AB$.

又 $CE\parallel AB$，所以 $CE\parallel MG$，且 $CE = MG$，

所以四边形 $MGCE$ 为平行四边形，所以 $ME\parallel CG$.

又 $EM\not\subset$ 平面 $BCD', CG\subset$ 平面 BCD'，

所以 $EM\parallel$ 平面 BCD'.

因为 $EM\subset$ 平面 $AD'E$，平面 $AD'E\cap$ 平面 $BCD' = l$，所以 $EM\parallel l$，

所以 l 与平面 $D'CE$ 所成的角等于直线 EM 与平面 $D'CE$ 所成的角.

在平面 POD' 内，过点 O 作 $OF\perp OP$ 交 $D'P$ 于点 F，

由(1)知 $AE\perp$ 平面 POD'，又 $AE\subset$ 平面 $ABCE$，所以平面 $ABCE\perp$ 平面 POD'.

因为平面 $ABCE\cap$ 平面 $POD' = OP$，所以 $OF\perp$ 平面 $ABCE$，

以 O 为原点，分别以 $\overrightarrow{OA}, \overrightarrow{OP}, \overrightarrow{OF}$ 的方向为 x 轴、y 轴、z 轴的正方向建立空间直角坐标系，如图 $7-71$ 所示.

在图 $7-70(1)$ 中，$CE = 2\sqrt{5}$，在 $\mathrm{Rt}\triangle ADE$ 中，$AD = 2\sqrt{5}$，$DE = \sqrt{5}$，所以 $AE = 5$，所以 $OD = 2, OE = 1$.

则 $A(4,0,0), D'(0,-1,\sqrt{3}), E(-1,0,0), C(-3,4,0)$，

从而 $\overrightarrow{ED'} = (1,-1,\sqrt{3}), \overrightarrow{EC} = (-2,4,0), \overrightarrow{AD'} = (-4,-1,\sqrt{3})$，

因为 $\overrightarrow{AM} = \dfrac{1}{3}\overrightarrow{AD'} = \left(-\dfrac{4}{3}, -\dfrac{1}{3}, \dfrac{\sqrt{3}}{3}\right)$，

所以 $M\left(\dfrac{8}{3}, -\dfrac{1}{3}, \dfrac{\sqrt{3}}{3}\right)$，

则 $\overrightarrow{EM} = \left(\dfrac{11}{3}, -\dfrac{1}{3}, \dfrac{\sqrt{3}}{3}\right)$.

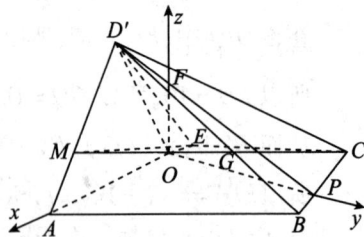

图 $7-71$

设 $\boldsymbol{n} = (x, y, z)$ 为平面 $D'CE$ 的一个法向量,

则 $\begin{cases} \overrightarrow{ED'} \cdot \boldsymbol{n} = 0, \\ \overrightarrow{EC} \cdot \boldsymbol{n} = 0, \end{cases}$

即 $\begin{cases} x - y + \sqrt{3}z = 0, \\ -2x + 4y = 0, \end{cases}$

取 $x = 2\sqrt{3}$,则 $y = \sqrt{3}$, $z = -1$,

所以 $\boldsymbol{n} = (2\sqrt{3}, \sqrt{3}, -1)$ 是平面 $D'CE$ 的一个法向量.

设直线 l 与平面 $D'CE$ 所成的角为 θ ,

则 $\sin\theta = |\cos\langle \overrightarrow{EM}, \boldsymbol{n} \rangle| = \left| \dfrac{\overrightarrow{EM} \cdot \boldsymbol{n}}{|\overrightarrow{EM}||\boldsymbol{n}|} \right| = \dfrac{\dfrac{20\sqrt{3}}{3}}{\dfrac{5\sqrt{5}}{3} \times 4} = \dfrac{\sqrt{15}}{5}.$

所以直线 l 与平面 $D'CE$ 所成角的正弦值为 $\dfrac{\sqrt{15}}{5}$.

点评 在解决平面图形翻折问题时,关键是要抓住折痕,准确把握平面图形翻折前后的两个"不变":一是与折痕垂直的线段,翻折前后的垂直关系不变;二是与折痕平行的线段,翻折前后的平行关系不变.

23. 如图 7 - 72 所示,正三棱柱 $ABC - A_1B_1C_1$ 的底面边长为 2,侧棱长为 $\sqrt{3}$, D 是 AC 的中点.

(1)求二面角 $A_1 - BD - A$ 的大小.

(2)在线段 AA_1 上是否存在一点 E ,使得平面 $B_1C_1E \perp$ 平面 A_1BD ?若存在,求出 AE 的长;若不存在,请说明理由.

解 (1)如图 7 - 73 所示,作 $CO \perp AB$ 于点 O ,所以 $CO \perp$ 平面 ABB_1A_1 ,

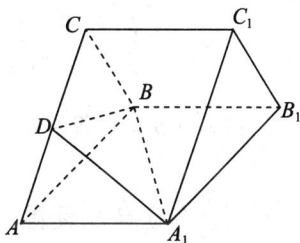

图 7 - 72

所以在正三棱柱 $ABC - A_1B_1C_1$ 中,建立空间直角坐标系 $O - xyz.$

因为 $AB = 2$, $AA_1 = \sqrt{3}$, D 是 AC 的中点,

所以 $A(1, 0, 0)$, $B(-1, 0, 0)$, $C(0, 0, \sqrt{3})$, $A_1(1, \sqrt{3}, 0)$,

所以 $D\left(\dfrac{1}{2}, 0, \dfrac{\sqrt{3}}{2}\right)$,所以 $\overrightarrow{BD} = \left(\dfrac{3}{2}, 0, \dfrac{\sqrt{3}}{2}\right)$, $\overrightarrow{BA_1} = (2, \sqrt{3}, 0).$

设 $\boldsymbol{n} = (x, y, z)$ 是平面 A_1BD 的一个法向量,

所以 $\begin{cases} \boldsymbol{n} \cdot \overrightarrow{BD} = 0, \\ \boldsymbol{n} \cdot \overrightarrow{BA_1} = 0, \end{cases}$

即 $\begin{cases} \dfrac{3}{2}x + \dfrac{\sqrt{3}}{2}z = 0, \\ 2x + \sqrt{3}y = 0, \end{cases}$

令 $x = -\sqrt{3}$,则 $y = 2$, $z = 3$,

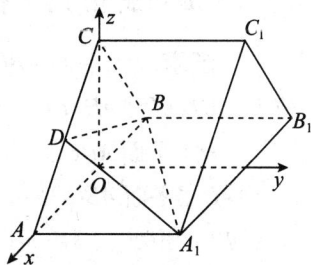

图 7 - 73

所以 $\boldsymbol{n} = (-\sqrt{3},2,3)$ 是平面 A_1BD 的一个法向量.

由题意可知 $\overrightarrow{AA_1} = (0,\sqrt{3},0)$ 是平面 ABD 的一个法向量,

所以 $\cos \langle \boldsymbol{n},\overrightarrow{AA_1} \rangle = \dfrac{\boldsymbol{n} \cdot \overrightarrow{AA_1}}{|\boldsymbol{n}||\overrightarrow{AA_1}|} = \dfrac{2\sqrt{3}}{4\sqrt{3}} = \dfrac{1}{2}.$

由题意知二面角 $A_1 - BD - A$ 为锐角,所以它的大小为 $\dfrac{\pi}{3}$.

(2)存在. 由题易知,$C_1(0,\sqrt{3},\sqrt{3})$,$B_1(-1,\sqrt{3},0)$,设 $E(1,x_0,0)$,

则 $\overrightarrow{C_1E} = (1,x_0 - \sqrt{3}, -\sqrt{3})$,$\overrightarrow{C_1B_1} = (-1,0, -\sqrt{3})$,

设平面 B_1C_1E 的一个法向量为 $\boldsymbol{m} = (x_1,y_1,z_1)$,

所以 $\begin{cases} \boldsymbol{m} \cdot \overrightarrow{C_1E} = 0, \\ \boldsymbol{m} \cdot \overrightarrow{C_1B_1} = 0, \end{cases}$

即 $\begin{cases} x_1 + (x_0 - \sqrt{3})y_1 - \sqrt{3}z_1 = 0, \\ -x_1 - \sqrt{3}z_1 = 0. \end{cases}$

令 $z_1 = -\sqrt{3}$,则 $x_1 = 3$,$y_1 = \dfrac{6}{\sqrt{3} - x_0}$,

所以 $\boldsymbol{m} = \left(3,\dfrac{6}{\sqrt{3} - x_0}, -\sqrt{3}\right)$ 为平面 B_1C_1E 的一个法向量,

又 $\boldsymbol{m} \cdot \boldsymbol{n} = 0$,即 $-3\sqrt{3} + \dfrac{12}{\sqrt{3} - x_0} - 3\sqrt{3} = 0$,解得 $x_0 = \dfrac{\sqrt{3}}{3}$,

所以存在点 E,使得平面 $B_1C_1E \perp$ 平面 A_1BD,且 $AE = \dfrac{\sqrt{3}}{3}$.

24. 如图 7 - 74 所示,等腰梯形 $ABCD$ 的底角 $\angle BAD = 60°$,直角梯形 $ADEF$ 所在的平面垂直于平面 $ABCD$,$\angle EDA = 90°$,且 $ED = AD = 2AF = 2AB = 2$.

(1)求证:平面 $ABE \perp$ 平面 EBD;

(2)点 M 在线段 EF 上,试确定点 M 的位置,使平面 MAB 与平面 ECD 所成角的余弦值为 $\dfrac{\sqrt{3}}{4}$.

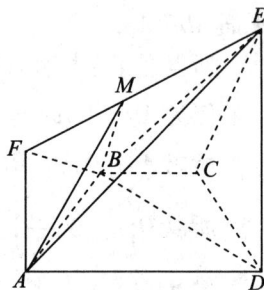

图 7 - 74

(1)**证明** ∵ 平面 $ABCD \perp$ 平面 $ADEF$,平面 $ABCD \cap$ 平面 $ADEF = AD$,$ED \perp AD$,$ED \subset$ 平面 $ADEF$,

∴ $ED \perp$ 平面 $ABCD$.

∵ $AB \subset$ 平面 $ABCD$,

∴ $ED \perp AB$.

∵ $AB = 1$,$AD = 2$,$\angle BAD = 60°$,

∴ $BD = \sqrt{1 + 4 - 2 \times 1 \times 2 \times \cos 60°} = \sqrt{3}$,

$\therefore AB^2 + BD^2 = AD^2, \therefore AB \perp BD.$

又 $BD \subset$ 平面 $BDE, ED \subset$ 平面 $BDE, BD \cap ED = D,$

$\therefore AB \perp$ 平面 $BDE,$ 又 $AB \subset$ 平面 $ABE,$

$\therefore$ 平面 $ABE \perp$ 平面 $EBD.$

(2) **解** 以 B 为原点, BA, BD 所在直线, 过点 B 且平行于 DE 的直线分别为 x 轴、y 轴、z 轴建立如图 7-75 所示的空间直角坐标系 $B-xyz,$

则 $A(1,0,0), B(0,0,0), C\left(-\dfrac{1}{2}, \dfrac{\sqrt{3}}{2}, 0\right), D(0, \sqrt{3}, 0), E(0, \sqrt{3}, 2), F(1, 0, 1),$ 则 $\overrightarrow{CD} = \left(\dfrac{1}{2}, \dfrac{\sqrt{3}}{2}, 0\right), \overrightarrow{DE} = (0, 0, 2), \overrightarrow{BA} = (1, 0, 0), \overrightarrow{EF} = (1, -\sqrt{3}, -1), \overrightarrow{BE} = (0, \sqrt{3}, 2),$

设 $\overrightarrow{EM} = \lambda \overrightarrow{EF} = (\lambda, -\sqrt{3}\lambda, -\lambda)(0 \le \lambda \le 1),$

则 $\overrightarrow{BM} = \overrightarrow{BE} + \overrightarrow{EM} = (\lambda, \sqrt{3} - \sqrt{3}\lambda, 2 - \lambda),$

设平面 ECD 的一个法向量为 $\boldsymbol{n}_1 = (x_1, y_1, z_1),$ 平面 MAB 的一个法向量为 $\boldsymbol{n}_2 = (x_2, y_2, z_2),$

则 $\begin{cases} \boldsymbol{n}_1 \cdot \overrightarrow{CD} = 0, \\ \boldsymbol{n}_1 \cdot \overrightarrow{DE} = 0, \end{cases} \begin{cases} \boldsymbol{n}_2 \cdot \overrightarrow{BA} = 0, \\ \boldsymbol{n}_2 \cdot \overrightarrow{BM} = 0, \end{cases}$

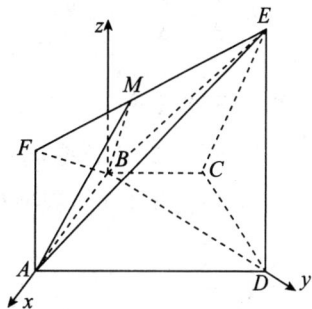

图 7-75

$\therefore \begin{cases} \dfrac{1}{2}x_1 + \dfrac{\sqrt{3}}{2}y_1 = 0, \\ 2z_1 = 0, \end{cases}$

$\begin{cases} x_2 = 0, \\ \lambda x_2 + (\sqrt{3} - \sqrt{3}\lambda)y_2 + (2 - \lambda)z_2 = 0, \end{cases}$

令 $y_1 = 1,$ 得 $x_1 = -\sqrt{3}, z_1 = 0, \therefore \boldsymbol{n}_1 = (-\sqrt{3}, 1, 0)$ 为平面 ECD 的一个法向量(也可以证明向量 $\overrightarrow{AC}$ 是平面 ECD 的一个法向量),

令 $y_2 = 2 - \lambda,$ 得 $x_2 = 0, z_2 = \sqrt{3}\lambda - \sqrt{3},$

$\therefore \boldsymbol{n}_2 = (0, 2 - \lambda, \sqrt{3}\lambda - \sqrt{3})$ 为平面 MAB 的一个法向量.

$\therefore |\cos \langle \boldsymbol{n}_1, \boldsymbol{n}_2 \rangle| = \dfrac{|\boldsymbol{n}_1 \cdot \boldsymbol{n}_2|}{|\boldsymbol{n}_1||\boldsymbol{n}_2|} = \dfrac{|2 - \lambda|}{2\sqrt{4\lambda^2 - 10\lambda + 7}} = \dfrac{\sqrt{3}}{4},$

解得 $\lambda = \dfrac{1}{2}$ 或 $\lambda = \dfrac{5}{4}$ (舍去).

$\therefore$ 当 M 为 EF 的中点时, 平面 MAB 与平面 ECD 所成角的余弦值为 $\dfrac{\sqrt{3}}{4}.$

点评 立体几何中, 在求解"是否存在""满足何条件"等问题时, 通常可以根据已知条件做出判断再进行证明, 也可以先假设存在, 在逐步论证的基础上再确定是否存在或满足的条件.

二、军考模拟训练

【选择题】

1. 某多面体的三视图如图 7 - 76 所示,其中正视图和侧视图都是由正方形和等腰直角三角形组成的,正方形的边长是 2,俯视图为等腰直角三角形. 该多面体的各个面中有若干个梯形,这些梯形的面积之和为_____.

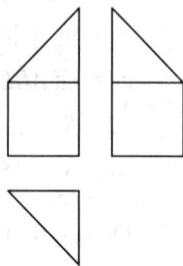

图 7 - 76

　　A. 10

　　B. 12

　　C. 14

　　D. 16

2. 一个由半球和四棱锥组成的几何体,其三视图如图 7 - 77 所示,则该几何体的体积为_____.

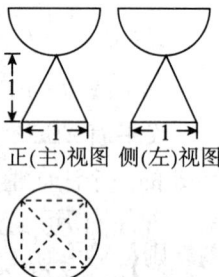

正(主)视图　侧(左)视图

俯视图

图 7 - 77

　　A. $\dfrac{1}{3} + \dfrac{2}{3}\pi$

　　B. $\dfrac{1}{3} + \dfrac{\sqrt{2}}{3}\pi$

　　C. $\dfrac{1}{3} + \dfrac{\sqrt{2}}{6}\pi$

　　D. $1 + \dfrac{\sqrt{2}}{6}\pi$

3. 设 A,B,C,D 是同一个半径为 4 的球的球面上四点,$\triangle ABC$ 为等边三角形且其面积为 $9\sqrt{3}$,则三棱锥 $D - ABC$ 体积的最大值为_____.

　　A. $12\sqrt{3}$

　　B. $18\sqrt{3}$

　　C. $24\sqrt{3}$

　　D. $54\sqrt{3}$

4. 四棱锥 $S - ABCD$ 的所有顶点都在同一个球面上,底面 $ABCD$ 是正方形且和球心 O 在同一平面内,当此四棱锥的体积取得最大值时,其表面积等于 $8 + 8\sqrt{3}$,则球 O 的体积等于_____.

　　A. $\dfrac{32\pi}{3}$　　　B. $\dfrac{32\sqrt{2}\,\pi}{3}$　　　C. 16π　　　D. $\dfrac{16\sqrt{2}\,\pi}{3}$

5. 如图 7 - 78,在三棱锥 $P - ABC$ 中,不能证明 $AP \perp BC$ 的条件是_____.

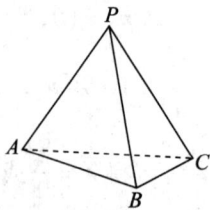

　　A. $AP \perp PB,AP \perp PC$

　　B. $AP \perp PB,BC \perp PB$

　　C. 平面 $BPC \perp$ 平面 $APC,BC \perp PC$

　　D. $AP \perp$ 平面 PBC

图 7 - 78

6. 设正方体 $ABCD - A_1B_1C_1D_1$ 的棱长为 1,E 为 DD_1 的中点,M 为直线 BD_1 上一点,N 为平面 AEC 内一点,则 M,N 两点间距离的最小值为_____.

　　A. $\dfrac{\sqrt{6}}{3}$　　　B. $\dfrac{\sqrt{6}}{6}$　　　C. $\dfrac{\sqrt{3}}{4}$　　　D. $\dfrac{\sqrt{3}}{6}$

【填空题】

1. 如图 7-79,已知正方体 $ABCD-A_1B_1C_1D_1$ 的棱长为 1,则四棱锥 $A_1-BB_1D_1D$ 的体积为_____.

2. 已知三棱锥 $S-ABC$ 的所有顶点都在球 O 的球面上,SC 是球 O 的直径. 若平面 $SCA \perp$ 平面 SCB,$SA=AC$,$SB=BC$,三棱锥 $S-ABC$ 的体积为 9,则球 O 的表面积为_____.

3. 正方形 $ABCD$ 和等腰直角三角形 DCE 组成如图 7-80 所示的梯形,M,N 分别是 AC,DE 的中点,将 $\triangle DCE$ 沿 CD 折起(点 E 始终不在平面 $ABCD$ 内),则下列说法一定正确的是_____(写出所有正确说法的序号).

①MN//平面 BCE;

②在折起过程中,一定存在某个位置,使 $MN \perp AC$;

③$MN \perp AE$;

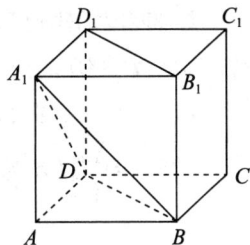

图 7-79

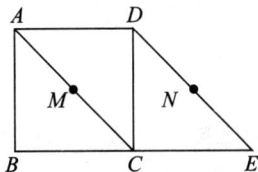

图 7-80

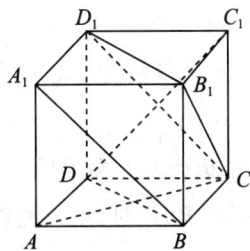

图 7-81

④在折起过程中,一定存在某个位置,使 $DE \perp AD$.

4. 如图 7-81 所示,在正方体 $ABCD-A_1B_1C_1D_1$ 中,下面结论中正确的是_____(写出所有正确结论的序号).

①BD//平面 CB_1D_1;

②$AC_1 \perp$ 平面 CB_1D_1;

③异面直线 AC 与 A_1B 成 60°角;

④AC_1 与底面 $ABCD$ 所成角的正切值是 $\sqrt{2}$.

【解答题】

1. 已知三棱锥 $P-ABC$(如图 7-82(1))的平面展开图(如图 7-82(2))中,四边形 $ABCD$ 为边长等于 $\sqrt{2}$ 的正方形,$\triangle ABE$ 和 $\triangle BCF$ 均为正三角形,在三棱锥 $P-ABC$ 中:

(1)求证:平面 $PAC \perp$ 平面 ABC.

(2)求三棱锥 $P-ABC$ 的表面积和体积.

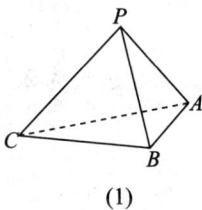

(1)

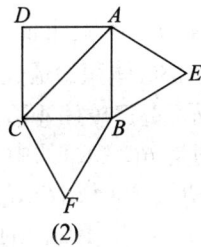

(2)

图 7-82

2. 如图 7-83,已知四棱锥 $P-ABCD$,$\triangle PAD$ 是以 AD 为斜边的等腰直角三角形,$BC \parallel AD$,$CD \perp AD$,$PC = AD = 2DC = 2CB$,E 为 PD 的中点.

(1)求证:$CE \parallel$ 平面 PAB;

(2)求直线 CE 与平面 PBC 所成角的正弦值.

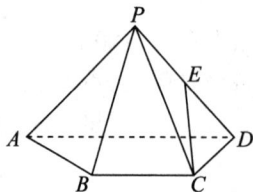
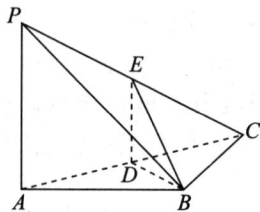

图 7-83   图 7-84

3. 如图 7-84,在三棱锥 $P-ABC$ 中,$PA \perp AB$,$PA \perp BC$,$AB \perp BC$,$PA = AB = BC = 2$,D 为线段 AC 的中点,E 为线段 PC 上的一点.

(1)求证:$PA \perp BD$;

(2)求证:平面 $BDE \perp$ 平面 PAC.

(3)当 $PA \parallel$ 平面 BDE 时,求三棱锥 $E-BCD$ 的体积.

4. 如图 7-85,在四棱锥 $P-ABCD$ 中,$PC \perp$ 平面 $ABCD$,$AB \parallel DC$,$DC \perp AC$.

(1)求证:$DC \perp$ 平面 PAC.

(2)求证:平面 $PAB \perp$ 平面 PAC.

(3)设点 E 为 AB 的中点,在棱 PB 上是否存在点 F,使得 $PA \parallel$ 平面 CEF?请说明理由.

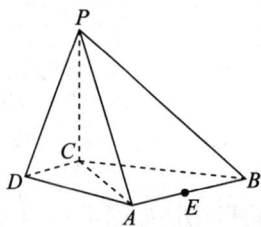
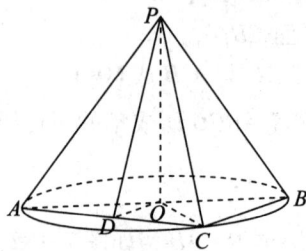

图 7-85   图 7-86

5. 如图 7-86 所示,AB 是圆 O 的直径,点 C 是圆 O 上异于 A,B 的点,PO 垂直于圆 O 所在的平面,且 $PO = OB = 1$.

(1)若 D 为线段 AC 的中点,求证:$AC \perp$ 平面 PDO.

(2)求三棱锥 $P-ABC$ 体积的最大值.

6. 如图 7-87 所示,直三棱柱 $ABC-A_1B_1C_1$ 的底面是边长为 2 的正三角形,E,F 分别是 BC,CC_1 的中点.

(1)求证:平面 $AEF \perp$ 平面 B_1BCC_1.

(2)若直线 A_1C 与平面 A_1ABB_1 所成的角为 $45°$,求三棱锥 $F-AEC$ 的体积.

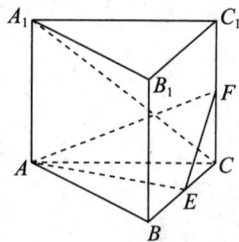

图 7-87

7. 如图 7 - 88 所示,在四棱锥 $P - ABCD$ 中,底面 $ABCD$ 为矩形,平面 $PAD \perp$ 平面 $ABCD$,$PA \perp PD$,$PA = PD$,E,F 分别为 AD,PB 的中点. 求证:

(1) $PE \perp BC$;

(2) 平面 $PAB \perp$ 平面 PCD;

(3) $EF /\!/$ 平面 PCD.

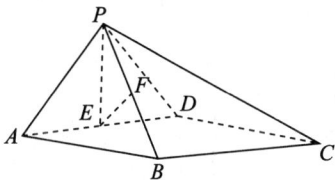
图 7 - 88

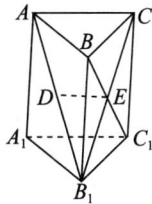
图 7 - 89

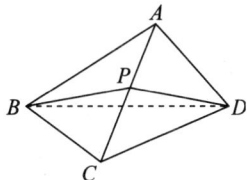
图 7 - 90

8. 如图 7 - 89 所示,在直三棱柱 $ABC - A_1B_1C_1$ 中,已知 $AC \perp BC$,$BC = CC_1$. 设 AB_1 的中点为 D,$B_1C \cap BC_1 = E$. 求证:

(1) $DE /\!/$ 平面 AA_1C_1C;

(2) $BC_1 \perp AB_1$.

9. 如图 7 - 90 所示,在三棱锥 $A - BCD$ 中,$\triangle ABC$ 是等边三角形,$\angle BAD = \angle BCD = 90°$,点 P 是 AC 的中点,连接 BP,DP.

(1) 求证:平面 $ACD \perp$ 平面 BDP.

(2) 若 $BD = \sqrt{6}$,$\cos \angle BPD = -\dfrac{\sqrt{3}}{3}$,求三棱锥 $A - BCD$ 的体积.

10. 如图 7 - 91 所示,在几何体 $ABCDEF$ 中,四边形 $ABCD$ 是菱形,$BE \perp$ 平面 $ABCD$,$DF /\!/ BE$,且 $DF = 2BE = 2$,$EF = 5$,AC,BD 交于点 O.

(1) 求证:平面 $AEC \perp$ 平面 $BEFD$.

(2) 若 $\cos \angle BAD = \dfrac{1}{3}$,求几何体 $ABCDFE$ 的体积.

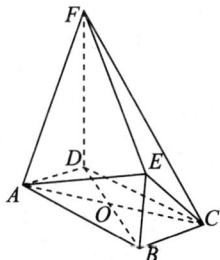
图 7 - 91

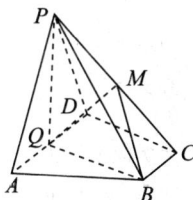
图 7 - 92

11. 如图 7 - 92 所示,在四棱锥 $P - ABCD$ 中,四边形 $ABCD$ 为直角梯形,$AD /\!/ BC$,$\angle ADC = 90°$,平面 $PAD \perp$ 平面 $ABCD$,Q,M 分别为 AD,PC 的中点,$PA = PD = 2$,$BC = \dfrac{1}{2} AD = 1$,$CD = \sqrt{3}$.

(1) 求证:平面 $PBC \perp$ 平面 PQB.

(2) 求三棱锥 $P - QMB$ 的体积.

12. 如图 7-93 所示,在直三棱柱 $ABC - A_1B_1C_1$ 中,D 为 BC 的中点,$AB = AC$,$BC_1 \perp B_1D$. 求证:

(1) $A_1C /\!/$ 平面 ADB_1;

(2) 平面 $A_1BC_1 \perp$ 平面 ADB_1.

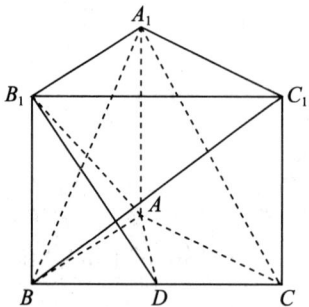

图 7-93

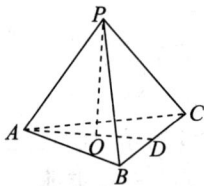

图 7-94

13. 如图 7-94 所示,在三棱锥 $P - ABC$ 中,$AB = AC$,P 在平面 ABC 上的射影 O 落在 $\triangle ABC$ 的中线 AD 上. $BC = 8$,$PO = 4$,$AO = 3$,$OD = 2$.

(1) 试求异面直线 PA 与 BC 所成角的大小.

(2) 在线 AP 上是否存在点 M,使得平面 $AMC \perp$ 平面 BMC? 若存在,求出 AM 的长;若不存在,请说明理由.

14. 如图 7-95 所示,$AE \perp$ 平面 $ABCD$,$CF /\!/ AE$,$AD /\!/ BC$,$AD \perp AB$,$AB = AD = 1$,$AE = BC = 2$.

(1) 求证:$BF /\!/$ 平面 ADE.

(2) 求直线 CE 与平面 BDE 所成角的正弦值.

(3) 若二面角 $E - BD - F$ 的余弦值为 $\dfrac{1}{3}$,求线段 CF 的长.

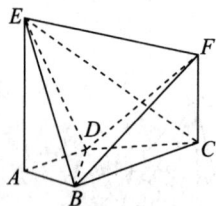

图 7-95

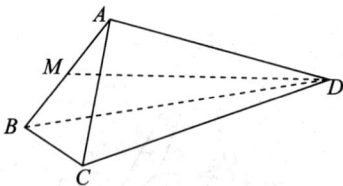

图 7-96

15. 如图 7-96 所示,在四面体 $ABCD$ 中,$\triangle ABC$ 是等边三角形,平面 $ABC \perp$ 平面 ABD,点 M 为棱 AB 的中点,$AB = 2$,$AD = 2\sqrt{3}$,$\angle BAD = 90°$.

(1) 求证:$AD \perp BC$;

(2) 求异面直线 BC 与 MD 所成角的余弦值;

(3) 求直线 CD 与平面 ABD 所成角的正弦值.

16. 如图 7 – 97, 在四面体 $ABCD$ 中, $\triangle ABC$ 是正三角形, $\triangle ACD$ 是直角三角形, $\angle ABD = \angle CBD$, $AB = BD$.

(1) 求证: 平面 $ACD \perp$ 平面 ABC.

(2) 过 AC 的平面交 BD 于点 E, 若平面 AEC 把四面体 $ABCD$ 分成体积相等的两部分, 求二面角 $D – AE – C$ 的余弦值.

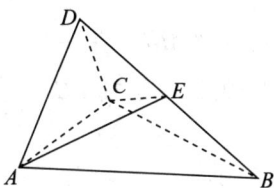 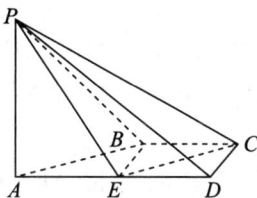

图 7 – 97　　　　　图 7 – 98

17. 如图 7 – 98 所示, 在四棱锥 $P – ABCD$ 中, $AD \parallel BC$, $\angle ADC = \angle PAB = 90°$, $BC = CD = \dfrac{1}{2}AD$. E 为棱 AD 的中点, 异面直线 PA 与 CD 所成的角为 $90°$.

(1) 在平面 PAB 内找一点 M, 使得直线 $CM \parallel$ 平面 PBE, 并说明理由;

(2) 若二面角 $P – CD – A$ 的大小为 $45°$, 求直线 PA 与平面 PCE 所成角的正弦值.

18. 如图 7 – 99 所示, 在四棱锥 $P – ABCD$ 中, $PA \perp$ 底面 $ABCD$, 底面 $ABCD$ 为直角梯形, $\angle CDA = \angle BAD = 90°$, $AB = AD = 2DC = 2\sqrt{2}$, E, F 分别为 PD, PB 的中点.

(1) 求证: $CF \parallel$ 平面 PAD.

(2) 若截面 CEF 与底面 $ABCD$ 所成锐二面角为 $\dfrac{\pi}{4}$, 求 PA 的长度.

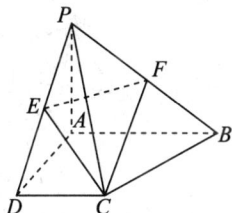 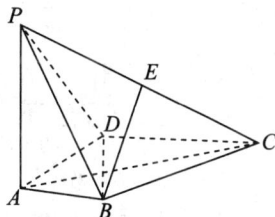

图 7 – 99　　　　　图 7 – 100

19. 如图 7 – 100 所示, 在四棱锥 $P – ABCD$ 中, $PA \perp$ 底面 $ABCD$, $AB \perp AD$, $AB \parallel DC$, $AD = DC = AP = 2AB = 2$, 点 E 为棱 PC 的中点.

(1) 求证: $BE \perp DC$.

(2) 若点 F 为棱 PC 上一点, 且 $BF \perp AC$, 求二面角 $F – AB – P$ 的余弦值.

20. 如图 7 – 101 所示, 在四棱锥 $E – ABCD$ 中, 底面 $ABCD$ 为直角梯形, 其中 $CD \parallel AB$, $BC \perp AB$, 侧面 $ABE \perp$ 平面 $ABCD$, 且 $AB = AE = BE = 2BC = 2CD = 2$, 动点 F 在棱 AE 上, 且 $EF = \lambda FA$.

(1) 试探究 λ 的值, 使 $CE \parallel$ 平面 BDF, 并给予证明;

(2) 当 $\lambda = 1$ 时, 求直线 CE 与平面 BDF 所成角的正弦值.

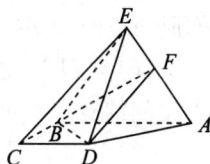

图 7 – 101

21. 在直三棱柱 $ABC-A_1B_1C_1$ 中，E,F 分别为 A_1C_1,BC 的中点，$AB=BC=2$，$C_1F \perp AB$.

(1) 求证：平面 $ABE \perp$ 平面 B_1BCC_1.

(2) 若直线 C_1F 和平面 ACC_1A_1 所成角的正弦值等于 $\frac{\sqrt{10}}{10}$，求二面角 $A-BE-C$ 的正弦值.

22. 如图 7-102 所示，在四棱锥 $P-ABCD$ 中，底面 $ABCD$ 是平行四边形，$PD \perp$ 平面 $ABCD$，$PD=AD=BD=2$，$AB=2\sqrt{2}$，E 是棱 PC 上的一点.

(1) 若 $PA //$ 平面 BDE，求证：$PE=EC$.

(2) 在(1)的条件下，棱 PB 上是否存在点 M，使直线 DM 与平面 BDE 所成角的大小为 $30°$？若存在，求 $PM:MB$ 的值；若不存在，请说明理由.

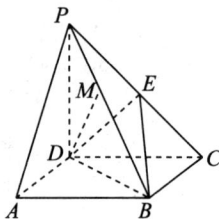

图 7-102

23. 已知几何体 $ABCC_1B_1N$ 的直观图和三视图如图 7-103 所示，其正视图为矩形，侧视图为等腰直角三角形，俯视图为直角梯形.

(1) 连接 B_1C，若 M 为 AB 的中点，在线段 CB 上是否存在一点 P，使得 $MP //$ 平面 CNB_1？若存在，求出 BP 的长；若不存在，请说明理由.

(2) 求二面角 $C-NB_1-C_1$ 的余弦值.

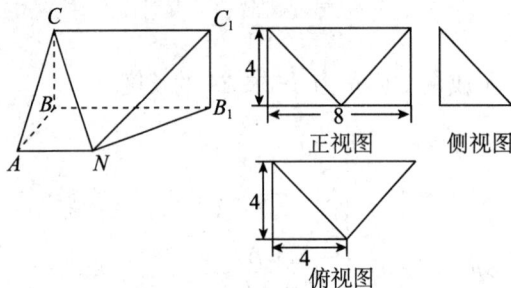

图 7-103

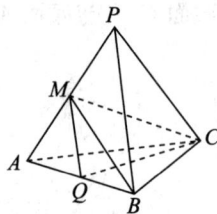

图 7-104

24. 如图 7-104 所示，在三棱锥 $P-ABC$ 中，$\triangle PAC$ 为正三角形，M 为线段 PA 的中点，$\angle CAB=90°$，$AC=AB$，平面 $PAB \perp$ 平面 PAC.

(1) 求证：平面 $PAC \perp$ 平面 ABC.

(2) 若 Q 是棱 AB 上一点，$V_{Q-BMC}=\frac{1}{4}V_{P-ABC}$，求二面角 $Q-MC-A$ 的余弦值.

25. 如图 7-105 所示，四棱锥 $S-ABCD$ 的底面 $ABCD$ 为直角梯形，$AB // CD$，$AB \perp BC$，$AB=2BC=2CD=2$，$\triangle SAD$ 为正三角形.

(1) 点 M 为棱 AB 上一点，若 $BC //$ 平面 SDM，$\overrightarrow{AM}=\lambda \overrightarrow{AB}$，求实数 λ 的值；

(2) 若 $BC \perp SD$，求二面角 $A-SB-C$ 的余弦值.

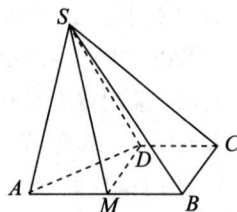

图 7-105

第八章 ➡ 直线与圆的方程

一、典型例题精讲

【选择题】

1. 若点 P 是函数 $y = \dfrac{2\sin x}{\sin x + \cos x}$ 图象上任意一点,直线 l 为点 P 处的切线,则直线 l 倾斜角的取值范围是_____.

　A. $\left[0, \dfrac{\pi}{4}\right]$ 　　　B. $\left[\dfrac{\pi}{4}, \dfrac{\pi}{3}\right]$ 　　　C. $\left[\dfrac{\pi}{4}, \dfrac{\pi}{2}\right)$ 　　　D. $\left(\dfrac{\pi}{2}, \dfrac{3\pi}{4}\right)$

解 因为 $\sin x + \cos x = \sqrt{2}\sin\left(x + \dfrac{\pi}{4}\right)$,由 $x + \dfrac{\pi}{4} \neq k\pi, k \in \mathbf{Z}$,知函数 $f(x)$ 的定义域为 $\left\{x \mid x \neq k\pi - \dfrac{\pi}{4}, k \in \mathbf{Z}\right\}$. 设 直 线 l 的 倾 斜 角 为 θ, $y' = \dfrac{2\left[\cos x(\sin x + \cos x) - \sin x(\cos x - \sin x)\right]}{(\sin x + \cos x)^2} = \dfrac{1}{\sin^2\left(x + \dfrac{\pi}{4}\right)}$. 因为 $0 < \sin^2\left(x + \dfrac{\pi}{4}\right) \leqslant 1$,所以 $y' \geqslant 1$,即 $\tan\theta \geqslant 1$. 又 $0 \leqslant \theta < \pi$,所以 $\dfrac{\pi}{4} \leqslant \theta < \dfrac{\pi}{2}$,即直线 l 倾斜角的取值范围是 $\left[\dfrac{\pi}{4}, \dfrac{\pi}{2}\right)$. 故选 C.

2. 直线 $x + y + 2 = 0$ 分别与 x 轴、y 轴交于 A, B 两点,点 P 在圆 $(x-2)^2 + y^2 = 2$ 上,则 $\triangle ABP$ 面积的取值范围是_____.

　A. $[2, 6]$ 　　　B. $[4, 8]$ 　　　C. $[\sqrt{2}, 3\sqrt{2}]$ 　　　D. $[2\sqrt{2}, 3\sqrt{2}]$

解 由题意知圆心的坐标为 $(2, 0)$,半径 $r = \sqrt{2}$. 圆心到直线 $x + y + 2 = 0$ 的距离 $d = \dfrac{|2+2|}{\sqrt{1+1}} = 2\sqrt{2}$,所以圆上的点到直线的最大距离是 $d + r = 3\sqrt{2}$,最小距离是 $d - r = \sqrt{2}$. 易知 $A(-2, 0), B(0, -2)$,所以 $|AB| = 2\sqrt{2}$,所以 $2 \leqslant S_{\triangle ABP} \leqslant 6$,即 $\triangle ABP$ 面积的取值范围是 $[2, 6]$. 故选 A.

3. 直线 $y = 2x$ 绕原点顺时针旋转 $45°$ 得到直线 l,若 l 的倾斜角为 α 则 $\cos 2\alpha$ 的值为_____.

　A. $\dfrac{8 + \sqrt{10}}{10}$ 　　　B. $\dfrac{8 - \sqrt{10}}{10}$ 　　　C. $-\dfrac{4}{5}$ 　　　D. $\dfrac{4}{5}$

解 设直线 $y = 2x$ 的倾斜角为 β,则 $\tan\beta = 2, \alpha = \beta - 45°$,所以 $\tan\alpha = \tan(\beta - 45°) = \dfrac{\tan\beta - 1}{1 + \tan\beta} = \dfrac{1}{3}$.

所以 $\cos 2\alpha = \cos^2\alpha - \sin^2\alpha = \dfrac{\cos^2\alpha - \sin^2\alpha}{\cos^2\alpha + \sin^2\alpha} = \dfrac{1 - \tan^2\alpha}{1 + \tan^2\alpha} = \dfrac{4}{5}$. 故选 D.

4. 若过点 $A(3,0)$ 的直线 l 与曲线 $(x-1)^2+y^2=1$ 有公共点，则直线 l 的斜率的取值范围为_____.

A. $(-\sqrt{3},\sqrt{3})$ B. $[-\sqrt{3},\sqrt{3}]$

C. $\left(-\dfrac{\sqrt{3}}{3},\dfrac{\sqrt{3}}{3}\right)$ D. $\left[-\dfrac{\sqrt{3}}{3},\dfrac{\sqrt{3}}{3}\right]$

解 方法一 由数形结合可知，直线 l 的斜率存在，设直线 l 的方程为 $y=k(x-3)$，则圆心 $(1,0)$ 到直线 $y=k(x-3)$ 的距离应小于或等于半径 1，即 $\dfrac{|2k|}{\sqrt{1+k^2}}\leqslant 1$，解得 $-\dfrac{\sqrt{3}}{3}\leqslant k\leqslant\dfrac{\sqrt{3}}{3}$，即直线 l 的斜率的取值范围为 $\left[-\dfrac{\sqrt{3}}{3},\dfrac{\sqrt{3}}{3}\right]$. 故选 D.

方法二 由数形结合可知，直线 l 的斜率存在，设为 k，当 $k=1$ 时，直线 l 的方程为 $x-y-3=0$，圆心 $(1,0)$ 到直线 l 的距离为 $\dfrac{|1-0-3|}{\sqrt{1+(-1)^2}}=\sqrt{2}>1$，直线与圆相离，故排除 A，B；当 $k=\dfrac{\sqrt{3}}{3}$ 时，直线 l 的方程为 $x-\sqrt{3}y-3=0$，圆心 $(1,0)$ 到直线 l 的距离为 $\dfrac{|1-\sqrt{3}\times 0-3|}{\sqrt{1+(-\sqrt{3})^2}}=1$，直线与圆相切，排除 C. 故选 D.

5. 直线 $3x-4y+5=0$ 关于 x 轴对称的直线的方程是_____.

A. $3x+4y+5=0$ B. $3x+4y-5=0$

C. $-3x+4y-5=0$ D. $-3x+4y+5=0$

解 在所求直线上任取一点 $P(x,y)$，则点 P 关于 x 轴的对称点 $P'(x,-y)$ 在已知的直线 $3x-4y+5=0$ 上，所以 $3x-4(-y)+5=0$，即 $3x+4y+5=0$. 故选 A.

6. 已知三点 $A(1,0)$，$B(0,\sqrt{3})$，$C(2,\sqrt{3})$，则 $\triangle ABC$ 外接圆的圆心到原点的距离为_____.

A. $\dfrac{5}{3}$ B. $\dfrac{\sqrt{21}}{3}$ C. $\dfrac{2\sqrt{5}}{3}$ D. $\dfrac{4}{3}$

解 方法一 设圆的一般方程为 $x^2+y^2+Dx+Ey+F=0$.

$\therefore\begin{cases}1+D+F=0,\\3+\sqrt{3}E+F=0,\\7+2D+\sqrt{3}E+F=0,\end{cases}$ 解得 $\begin{cases}D=-2,\\E=-\dfrac{4\sqrt{3}}{3},\\F=1.\end{cases}$ 所以 $\triangle ABC$ 的外接圆的圆心为 $\left(1,\dfrac{2\sqrt{3}}{3}\right)$，

故 $\triangle ABC$ 外接圆的圆心到原点的距离为 $\sqrt{1^2+\left(\dfrac{2\sqrt{3}}{3}\right)^2}=\dfrac{\sqrt{21}}{3}$. 故选 B.

方法二 $\because A(1,0)$，$B(0,\sqrt{3})$，$C(2,\sqrt{3})$，$\therefore |AB|=|BC|=|AC|=2$. $\therefore\triangle ABC$ 为等边三角形，故 $\triangle ABC$ 的外接圆的圆心是 $\triangle ABC$ 的中心. 易知 $\triangle ABC$ 的中心为 $\left(1,\dfrac{2\sqrt{3}}{3}\right)$，故 $\triangle ABC$ 外接圆的圆心到原点的距离为 $\sqrt{1^2+\left(\dfrac{2\sqrt{3}}{3}\right)^2}=\dfrac{\sqrt{21}}{3}$. 故选 B.

7. 平行于直线 $2x+y+1=0$ 且与圆 $x^2+y^2=5$ 相切的直线的方程是_____.

A. $2x+y+5=0$ 或 $2x+y-5=0$　　　　B. $2x+y+\sqrt{5}=0$ 或 $2x+y-\sqrt{5}=0$

C. $2x-y+5=0$ 或 $2x-y-5=0$　　　　D. $2x-y+\sqrt{5}=0$ 或 $2x-y-\sqrt{5}=0$

解　设所求直线方程为 $2x+y+c=0\,(c\neq 1)$,则 $\dfrac{|c|}{\sqrt{2^2+1^2}}=\sqrt{5}$. 所以 $c=\pm 5$. 故所求直线的方程为 $2x+y+5=0$ 或 $2x+y-5=0$. 故选 A.

8. 已知直线 $y=ax$ 与圆 $C:x^2+y^2-6y+6=0$ 相交于 A,B 两点, C 为圆心. 若 $\triangle ABC$ 为等边三角形,则 a 的值为_____.

A. 1　　　　　　　　　　　　　　B. ± 1

C. $\sqrt{3}$　　　　　　　　　　　　D. $\pm\sqrt{3}$

解　圆 C 的方程可化为 $x^2+(y-3)^2=3$,圆心为 $C(0,3)$,半径为 $\sqrt{3}$. 因为 $\triangle ABC$ 为等边三角形,所以 $AB=AC=BC=\sqrt{3}$,所以圆心 $C(0,3)$ 到直线 $y=ax$ 的距离 $d=\dfrac{\sqrt{3}}{2}\times$ $\sqrt{3}=\dfrac{3}{2}$. 所以 $\dfrac{3}{2}=\dfrac{|a\times 0-3|}{\sqrt{a^2+1}}$,解得 $a=\pm\sqrt{3}$. 故选 D.

9. 已知圆 $x^2+y^2+4x-4y=0$ 和圆 $x^2+y^2+2x-8=0$ 相交于两点 M,N ,则线段 MN 的长为_____.

A. $\dfrac{3\sqrt{5}}{5}$　　　　　　　　　　B. 4

C. $\dfrac{6\sqrt{5}}{5}$　　　　　　　　　　D. $\dfrac{12\sqrt{5}}{5}$

解　两圆方程相减,得直线 MN 的方程为 $x-2y+4=0$. 圆 $x^2+y^2+2x-8=0$ 的标准方程为 $(x+1)^2+y^2=9$,所以该圆的圆心为 $(-1,0)$,半径为 3,圆心 $(-1,0)$ 到直线 MN 的距离 $d=\dfrac{3}{\sqrt{5}}$,所以线段 MN 的长为 $2\sqrt{3^2-\left(\dfrac{3}{\sqrt{5}}\right)^2}=\dfrac{12\sqrt{5}}{5}$. 故选 D.

10. 已知圆 $C:x^2+y^2-4x-6y-3=0$,点 $M(-2,0)$ 是圆 C 外一点,则过点 M 的圆的切线方程是_____.

A. $x+2=0,7x-24y+14=0$　　　　B. $y+2=0,7x+24y+14=0$

C. $x+2=0,7x+24y+14=0$　　　　D. $y+2=0,7x-24y+14=0$

解　将圆 C 的方程化为标准形式为 $(x-2)^2+(y-3)^2=16$,则其圆心为 $(2,3)$,半径为 4,显然直线 $x+2=0$ 是满足条件的一条切线. 又圆心为 $(2,3)$,该点到直线 $7x+24y+14=0$ 的距离 $d=\dfrac{|14+72+14|}{\sqrt{7^2+24^2}}=4$. 所以选项 C 满足. 故选 C.

【填空题】

1. 在平面直角坐标系 xOy 中, P 是曲线 $y=x+\dfrac{4}{x}(x>0)$ 上的一个动点,则点 P 到直

线 $x+y=0$ 的距离的最小值是_____.

解 方法一 设 $P\left(x,x+\dfrac{4}{x}\right)(x>0)$，则点 P 到直线 $x+y=0$ 的距离 $d=\dfrac{\left|x+x+\dfrac{4}{x}\right|}{\sqrt{2}}=$

$\dfrac{2x+\dfrac{4}{x}}{\sqrt{2}}\geqslant\dfrac{2\sqrt{2x\cdot\dfrac{4}{x}}}{\sqrt{2}}=4$，当且仅当 $2x=\dfrac{4}{x}$，即 $x=\sqrt{2}$ 时取等号，故点 P 到直线 $x+y=0$ 的

距离的最小值是 4.

方法二 由 $y=x+\dfrac{4}{x}(x>0)$ 得 $y'=1-\dfrac{4}{x^2}$，令 $1-\dfrac{4}{x^2}=-1$，得 $x=\sqrt{2}$，则点 P 的坐标

为 $(\sqrt{2},3\sqrt{2})$ 时，点 P 到直线 $x+y=0$ 的距离最小，最小值为 $\dfrac{\sqrt{2}+3\sqrt{2}}{\sqrt{2}}=4$.

2. 已知直线 $l_1:y=2x$，则过圆 $x^2+y^2+2x-4y+1=0$ 的圆心且与直线 l_1 垂直的直线 l_2 的方程为_____.

解 由题意知，圆的标准方程为 $(x+1)^2+(y-2)^2=4$，所以圆的圆心坐标为 $(-1,2)$. 又因为 $k_{l_1}=2$，所以 $k_{l_2}=-\dfrac{1}{2}$，故直线 l_2 的方程为 $y-2=-\dfrac{1}{2}(x+1)$，即 $x+2y-3=0$.

3. 已知双曲线 $C:x^2-4y^2=1$，过点 $P(2,0)$ 的直线 l 与 C 有唯一公共点，则直线 l 的方程为_____.

解 因为双曲线 C 的方程为 $x^2-4y^2=1$，从而 $a=1,b=\dfrac{1}{2}$，所以双曲线 C 的渐近线方程为 $y=\dfrac{1}{2}x$ 或 $y=-\dfrac{1}{2}x$. 因为点 $P(2,0)$ 在双曲线内部且直线 l 与双曲线有唯一公共点，所以直线 l 与双曲线的渐近线平行，故直线 l 的方程为 $y=\pm\dfrac{1}{2}(x-2)$.

4. 已知圆 C 的圆心坐标是 $(0,m)$，半径是 r. 若直线 $2x-y+3=0$ 与圆 C 相切于点 $A(-2,-1)$，则 $m=$_____，$r=$_____.

解 方法一 过点 $A(-2,-1)$ 且与直线 $2x-y+3=0$ 垂直的直线方程为 $y+1=-\dfrac{1}{2}(x+2)$，即 $x+2y+4=0$. 令 $x=0$，得 $m=-2$，则 $r=\sqrt{(0+2)^2+(-2+1)^2}=\sqrt{5}$.

方法二 因为直线 $2x-y+3=0$ 与以点 $(0,m)$ 为圆心的圆相切，且切点为 $A(-2,-1)$，所以 $\dfrac{m+1}{0+2}\times2=-1$，即 $m=-2$，则 $r=\sqrt{(-2-0)^2+(-1+2)^2}=\sqrt{5}$.

5. 已知直线 $l:kx-y-k+2=0$ 与圆 $C:x^2+y^2-2y-7=0$ 相交于 A,B 两点，则 $|AB|$ 的最小值为_____.

解 因为直线 l 的方程为 $y-2=k(x-1)$，所以直线 l 经过定点 $P(1,2)$.

由圆 C 的标准方程为 $x^2+(y-1)^2=8$，可知圆心 $C(0,1)$，半径 $r=2\sqrt{2}$.

由圆的性质可知，当直线 l 与 CP 垂直时弦长最小.

因为 $|CP|=\sqrt{(1-0)^2+(2-1)^2}=\sqrt{2}$，所以 $|AB|_{\min}=2\sqrt{(2\sqrt{2})^2-(\sqrt{2})^2}=2\sqrt{6}$.

【解答题】

1. 已知直线 $l_1:x+y-1=0,l_2:2x-y+3=0$,求直线 l_2 关于直线 l_1 对称的直线 l 的方程.

解 方法一 由 $\begin{cases} x+y-1=0, \\ 2x-y+3=0, \end{cases}$ 得 $x=-\dfrac{2}{3},y=\dfrac{5}{3}$,显然直线 l 过点 $P\left(-\dfrac{2}{3},\dfrac{5}{3}\right)$.

点 $Q(-1,1)$ 是直线 l_2 上一点,设点 Q 关于直线 l_1 的对称点为 $Q'(x_0,y_0)$,则有

$\begin{cases} \dfrac{y_0-1}{x_0+1}\times(-1)=-1, \\ \dfrac{x_0-1}{2}+\dfrac{y_0+1}{2}-1=0, \end{cases}$ 解得 $\begin{cases} x_0=0, \\ y_0=2, \end{cases}$ 即 $Q'(0,2)$.

直线 l 经过 P,Q',由两点式得直线 l 的方程为 $x-2y+4=0$.

方法二 设点 $M(x,y)$ 是直线 l 上的任意一点,点 M 关于直线 l_1 的对称点为 $M'(x_0,y_0)$.

则有 $\begin{cases} \dfrac{y-y_0}{x-x_0}\times(-1)=-1, \\ \dfrac{x_0+x}{2}+\dfrac{y+y_0}{2}-1=0, \end{cases}$ 解得 $\begin{cases} x_0=1-y, \\ y_0=1-x, \end{cases}$ 即点 $M'(1-y,1-x)$.

因为点 M' 在直线 l_2 上,将它的坐标代入直线 l_2 的方程并化简得 $x-2y+4=0$,所以直线 l 的方程为 $x-2y+4=0$.

2. 求过直线 $2x+y+4=0$ 和圆 $x^2+y^2+2x-4y+1=0$ 的交点,且面积最小的圆的方程.

解 由 $\begin{cases} 2x+y+4=0, \\ x^2+y^2+2x-4y+1=0, \end{cases}$ 解得直线和圆的交点分别为 $A\left(-\dfrac{11}{5},\dfrac{2}{5}\right),$ $B(-3,2)$.

因为过 A,B 两点且面积最小的圆是以 AB 为直径的圆,所以所求圆的圆心横、纵坐标分别是 $x_0=\dfrac{-\dfrac{11}{5}-3}{2}=-\dfrac{13}{5},y_0=\dfrac{\dfrac{2}{5}+2}{2}=\dfrac{6}{5}$.

半径 $r=\dfrac{1}{2}|AB|=\dfrac{1}{2}\sqrt{\left(\dfrac{2}{5}-2\right)^2+\left(-\dfrac{11}{5}+3\right)^2}=\dfrac{2\sqrt{5}}{5}$,

故所求圆的方程为 $\left(x+\dfrac{13}{5}\right)^2+\left(y-\dfrac{6}{5}\right)^2=\dfrac{4}{5}$.

3. 已知 $\triangle ABC$ 的三个顶点分别为 $A(1,4),B(-2,3),C(4,-5)$,求 $\triangle ABC$ 的外接圆方程、外心坐标和外接圆半径.

解 方法一 设 $\triangle ABC$ 的外接圆方程为 $x^2+y^2+Dx+Ey+F=0$,则有 $\begin{cases} 1+16+D+4E+F=0, \\ 4+9-2D+3E+F=0, \\ 16+25+4D-5E+F=0, \end{cases}$ 解得 $D=-2,E=2,F=-23$.

所以 $\triangle ABC$ 的外接圆方程为 $x^2+y^2-2x+2y-23=0$,即 $(x-1)^2+(y+1)^2=25$.

故所求外心坐标为$(1,-1)$,外接圆半径为5.

方法二　因为$k_{AB}=\dfrac{1}{3}$,$k_{AC}=-3$,所以$\triangle ABC$是直角三角形,故$\triangle ABC$的外心是BC的中点$(1,-1)$,半径为$\dfrac{1}{2}|BC|=5$,所以外接圆方程为$(x-1)^2+(y+1)^2=25$.

二、军考模拟训练

【选择题】

1. 直线$x-\sqrt{3}y-1=0$的倾斜角$\alpha=$ _____.

A. 30° B. 60° C. 120° D. 150°

2. 已知直线$l_1:ax+3y+1=0$,$l_2:2x+(a+1)y+1=0$互相平行,则a的值是_____.

A. -3 B. 2 C. -3或2 D. 3或-2

3. "$m=-1$"是直线$mx+(2m-1)y+1=0$和直线$3x+my+3=0$垂直的_____.

A. 充分不必要条件 B. 必要不充分条件

C. 充要条件 D. 既不充分也不必要条件

4. 过点$P(1,2)$且与原点O的距离最大的直线l的方程为_____.

A. $2x+y-4=0$ B. $x+2y-5=0$

C. $x+3y-7=0$ D. $3x+y-5=0$

5. 若曲线$y=2x-x^3$在横坐标为-1的点处的切线为l,则点$P(3,2)$到直线l的距离为_____.

A. $\dfrac{7\sqrt{2}}{2}$ B. $\dfrac{9\sqrt{2}}{2}$ C. $\dfrac{11\sqrt{2}}{2}$ D. $\dfrac{9\sqrt{10}}{10}$

6. 如果方程$x^2+y^2-4x+2y+5k=0$表示圆,那么k的取值范围是_____.

A. $(-\infty,+\infty)$ B. $(-\infty,1)$ C. $(-\infty,1]$ D. $[1,+\infty)$

7. 已知圆心$(2,-3)$,一条直径的两个端点恰好在两坐标轴上,则这个圆的方程是_____.

A. $x^2+y^2-4x+6y+8=0$ B. $x^2+y^2-4x+6y-8=0$

C. $x^2+y^2-4x-6y=0$ D. $x^2+y^2-4x+6y=0$

8. 已知$m,n\in\mathbf{R}$,若直线$l:mx+ny-1=0$与x轴相交于点A,与y轴相交于点B,且l与圆$x^2+y^2=4$相交所得弦的弦长为2,O为坐标原点,则$\triangle AOB$的面积的最小值为_____.

A. 3 B. $2\sqrt{2}$ C. 6 D. $3\sqrt{3}$

9. 已知曲线$y=\dfrac{4}{x}$在点$P(1,4)$处的切线与直线l平行,且距离为$\sqrt{17}$,则直线l的方程为_____.

A. $4x-y+9=0$或$4x-y+25=0$ B. $4x-y+9=0$

C. $4x+y+9=0$或$4x+y-25=0$ D. $4x+y+9=0$

10. 已知点$M(a,b)$在圆$O:x^2+y^2=1$外,则直线$ax+by=1$与圆O的位置关系是_____.

A. 相切 B. 相交 C. 相离 D. 不能确定

11. 若点 $P(2,-1)$ 为圆 $(x-1)^2+y^2=25$ 的弦 AB 的中点,则直线 AB 的方程是_____.

A. $x-y-3=0$ 　　　　　　　　　　B. $2x+y-3=0$

C. $x+y-3=0$ 　　　　　　　　　　D. $2x-y-5=0$

【填空题】

1. 圆 $C_1:x^2+y^2-x+2y=0$ 关于直线 $l:x-y+1=0$ 对称的圆的方程为_____.

2. 已知直线 $l:y=x$,圆 $C_1:(x-3)^2+y^2=2$.若圆 C_2 与圆 C_1 关于直线 l 对称,点 A,B 分别为圆 C_1,C_2 上任意一点,则 $|AB|$ 的最小值为_____.

3. 已知圆 $x^2+y^2-4x+6y=0$ 和圆 $x^2+y^2-6x=0$ 相交于 A,B 两点,则 AB 的垂直平分线的方程为_____.

4. 已知直线 $l:x+ay-1=0(a\in\mathbf{R})$ 是圆 $C:x^2+y^2-4x-2y+1=0$ 的对称轴,过点 $A(-4,a)$ 作圆 C 的一条切线,切点为 B,则 $|AB|=$ _____.

5. 若圆 C 的半径为1,其圆心与点 $(1,0)$ 关于直线 $y=x$ 对称,则圆 C 的标准方程为_____.

6. 已知 $b>0$,直线 $(b^2+1)x+ay+2=0$ 与直线 $x-b^2y-1=0$ 互相垂直,则 ab 的最小值为_____.

7. 若直线 $l_1:(3+a)x+4y=5-3a$ 和直线 $l_2:2x+(5+a)y=8$ 平行,则 $a=$ _____.

【解答题】

1. 已知直线 l 经过直线 $2x+y-5=0$ 与直线 $x-2y=0$ 的交点.

(1)若点 $A(5,0)$ 到 l 的距离为3,求 l 的方程;

(2)求点 $A(5,0)$ 到 l 的距离的最大值.

2. 求圆心在直线 $y=-x+1$ 上,且与直线 $x+y-2=0$ 相切于点 $(1,1)$ 的圆的方程.

3. 已知直线 $l_1:2x+y-6=0$ 和点 $A(1,-1)$,过点 A 作直线 l 与已知直线 l_1 相交于点 B,且 $|AB|=5$,求直线 l 的方程.

4. 过点 $P(3,1)$ 的两条互相垂直的直线中,一条直线的倾斜角为 $\alpha(\alpha$ 为锐角$)$,当 α 为何值时,这两条直线与 y 轴的交点间的距离最小? 求出此时两条直线的方程.

第九章 ➡ 圆锥曲线

一、典型例题精讲

【选择题】

1. 已知椭圆 $\dfrac{x^2}{a^2}+\dfrac{y^2}{b^2}=1(a>b>0)$ 的左焦点为 F,下顶点为 P,平行于 FP 的直线 l 交椭圆于 A,B 两点,且 AB 的中点为 $M\left(1,\dfrac{1}{2}\right)$,则椭圆的离心率为_____.

A. $\dfrac{1}{2}$ B. $\dfrac{\sqrt{2}}{2}$ C. $\dfrac{1}{4}$ D. $\dfrac{\sqrt{3}}{2}$

解 因为 FP 的斜率为 $-\dfrac{b}{c}$,FP 与直线 l 平行,所以直线 l 的斜率为 $-\dfrac{b}{c}$.

设 A,B 两点的坐标分别为 $(x_1,y_1),(x_2,y_2)$.

由 $\begin{cases}\dfrac{x_1^2}{a^2}+\dfrac{y_1^2}{b^2}=1,\\[2mm]\dfrac{x_2^2}{a^2}+\dfrac{y_2^2}{b^2}=1\end{cases}$ 得 $\dfrac{y_1^2}{b^2}-\dfrac{y_2^2}{b^2}=-\left(\dfrac{x_1^2}{a^2}-\dfrac{x_2^2}{a^2}\right)$,

所以有 $-\dfrac{b}{c}=\dfrac{y_1-y_2}{x_1-x_2}=-\dfrac{b^2(x_1+x_2)}{a^2(y_1+y_2)}$. 又因为 AB 的中点为 $M\left(1,\dfrac{1}{2}\right)$,所以 $x_1+x_2=2,y_1+y_2=1$,所以 $\dfrac{b}{c}=\dfrac{2b^2}{a^2}$,即 $a^2=2bc$,所以 $a^2=b^2+c^2=2bc$,则 $b=c$,所以 $a^2=b^2+c^2=2b^2=2c^2$,所以离心率 $e=\dfrac{c}{a}=\sqrt{\dfrac{c^2}{a^2}}=\dfrac{\sqrt{2}}{2}$. 故选 B.

2. 已知椭圆 $\dfrac{x^2}{4}+\dfrac{y^2}{3}=1$ 的左、右焦点分别为 F_1,F_2,过点 F_2 且垂直于长轴的直线交椭圆于 A,B 两点,则 $\triangle ABF_1$ 内切圆的半径为_____.

A. $\dfrac{4}{3}$ B. 1   C. $\dfrac{4}{5}$ D. $\dfrac{3}{4}$

解 不妨设点 A 在点 B 上方,由题意知 $F_2(1,0)$.

设 A,B 两点的坐标分别为 $(1,y_1),(1,y_2)$.

因为点 $A(1,y_1),B(1,y_2)$ 在椭圆 $\dfrac{x^2}{4}+\dfrac{y^2}{3}=1$ 上,

所以 $\dfrac{1}{4}+\dfrac{y^2}{3}=1$,解得 $y_1=\dfrac{3}{2},y_2=-\dfrac{3}{2}$. 所以 $|AB|=|y_1-y_2|=3$.

所以 $\triangle ABF_1$ 内切圆的半径 $r=\dfrac{2S}{C}=\dfrac{6}{8}=\dfrac{3}{4}$(其中 S 为 $\triangle ABF_1$ 的面积,C 为 $\triangle ABF_1$ 的周长). 故选 D.

3. 如图 $9-1$ 所示，椭圆 $\dfrac{x^2}{a^2} + \dfrac{y^2}{4} = 1$（$a > 0$）的左、右焦点分别

为 F_1，F_2，过点 F_1 的直线交椭圆于 M，N 两点，交 y 轴于点 H。如果 F_1，H 是线段 MN 的三等分点，则 $\triangle F_2MN$ 的周长为_____.

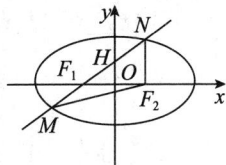

A. 20　　　　　　　　　　　　B. 10

C. $2\sqrt{5}$　　　　　　　　　　　D. $4\sqrt{5}$

图 $9-1$

解　由 F_1，H 是线段 MN 的三等分点，O 是 F_1F_2 的中点，得 $OH /\!/ NF_2$.

又因为 $NF_2 \perp x$ 轴，F_2 的坐标为 $(c, 0)$，所以点 N 的横坐标为 c.

由 $\begin{cases} x = c, \\ \dfrac{x^2}{a^2} + \dfrac{y^2}{4} = 1, \end{cases}$ 可得点 N 的坐标为 $\left(c, \dfrac{b^2}{a}\right)$，即 $\left(c, \dfrac{4}{a}\right)$.

又 $F_1(-c, 0)$，所以 $H\left(0, \dfrac{2}{a}\right)$，$M\left(-2c, -\dfrac{2}{a}\right)$.

而点 M 在椭圆上，所以 $\dfrac{4c^2}{a^2} + \dfrac{\dfrac{4}{a^2}}{4} = 1$.

所以 $\dfrac{4c^2 + 1}{a^2} = 1$. 则 $a^2 = 4c^2 + 1$.

又由题意知 $a^2 = 4 + c^2$，解得 $c^2 = 1$，所以 $a^2 = 5$，所以 $a = \sqrt{5}$.

所以 $\triangle F_2MN$ 的周长为 $|NF_2| + |MF_2| + |MN| = |NF_2| + |NF_1| + |MF_2| + |MF_1| = 2a + 2a = 4a = 4\sqrt{5}$. 故选 D.

4. 已知椭圆 $\dfrac{x^2}{a^2} + \dfrac{y^2}{b^2} = 1$（$a > b > 0$）的左、右焦点分别为 F_1，F_2，P 为椭圆上一动点，动点 Q 满足 $\overrightarrow{F_1P} \cdot \overrightarrow{PQ} = |\overrightarrow{F_1P}||\overrightarrow{PQ}|$ 且 $|\overrightarrow{PQ}| = |\overrightarrow{PF_2}|$，其中 $\overrightarrow{F_1P} \neq \mathbf{0}$ 且 $\overrightarrow{PQ} \neq \mathbf{0}$. 若 $|\overrightarrow{PQ}|$ 的最小值为 1，最大值为 9，则椭圆的方程为_____.

A. $\dfrac{x^2}{25} + \dfrac{y^2}{9} = 1$　　　　　　　B. $\dfrac{x^2}{9} + y^2 = 1$

C. $\dfrac{x^2}{25} + \dfrac{y^2}{16} = 1$　　　　　　D. $\dfrac{x^2}{81} + y^2 = 1$

解　由题设条件 $\overrightarrow{F_1P} \cdot \overrightarrow{PQ} = |\overrightarrow{F_1P}||\overrightarrow{PQ}|$ 知 $\overrightarrow{F_1P}$ 与 $\overrightarrow{PQ}$ 同向.

根据椭圆定义知 $|\overrightarrow{F_1P}| + |\overrightarrow{PF_2}| = 2a$. 又因为 $|\overrightarrow{PF_2}| = |\overrightarrow{PQ}|$，所以 $|\overrightarrow{F_1P}| + |\overrightarrow{PQ}| = |\overrightarrow{F_1Q}| = 2a$，所以动点 Q 在以 F_1 为圆心，$2a$ 为半径的圆上.

由平面几何知识知，当 P 位于右顶点时 $|\overrightarrow{PQ}|$ 取得最小值 $a - c$，位于左顶点时 $|\overrightarrow{PQ}|$ 取得最大值 $a + c$.

所以 $\begin{cases} a + c = 9, \\ a - c = 1, \end{cases}$ 解得 $a = 5$，$c = 4$，所以 $b^2 = a^2 - c^2 = 9$，

所以椭圆的方程为 $\dfrac{x^2}{25} + \dfrac{y^2}{9} = 1$. 故选 A.

5. 已知椭圆 C 的焦点为 $F_1(-1, 0)$，$F_2(1, 0)$，过 F_2 的直线与椭圆 C 交于 A，B 两

点，若 $|AF_2|=2|F_2B|$，$|AB|=|BF_1|$，则椭圆 C 的方程为_____．

A. $\dfrac{x^2}{2}+y^2=1$ 　　　　　　　　B. $\dfrac{x^2}{3}+\dfrac{y^2}{2}=1$

C. $\dfrac{x^2}{4}+\dfrac{y^2}{3}=1$ 　　　　　　　　D. $\dfrac{x^2}{5}+\dfrac{y^2}{4}=1$

解 由题意知，椭圆的焦点在 x 轴上，可设椭圆的方程为 $\dfrac{x^2}{a^2}+\dfrac{y^2}{b^2}=1\,(a>b>0)$．

连接 F_1A，令 $|F_2B|=m$，则 $|AF_2|=2m$，$|BF_1|=3m$．

由椭圆的定义知，$|BF_1|+|BF_2|=2a$，即 $4m=2a$，所以 $m=\dfrac{a}{2}$．

所以 $|F_2B|=\dfrac{a}{2}$，$|BF_1|=\dfrac{3a}{2}$，

$|AF_2|=a$，则点 A 为椭圆 C 的上顶点或下顶点．

不妨设 $A(0,b)$，则直线 AB 的方程为 $y=-bx+b$．

由 $\begin{cases} y=-bx+b, \\ \dfrac{x^2}{a^2}+\dfrac{y^2}{b^2}=1 \end{cases}$ 消去 y，并整理成关于 x 的一元二次方程，得 $(b^2+a^2b^2)x^2-$

$2a^2b^2x=0$，

解得 $x=0$ 或 $x=\dfrac{2a^2}{1+a^2}$．

所以 $x=0,y=b$ 或 $x=\dfrac{2a^2}{1+a^2}$，$y=\dfrac{1-a^2}{1+a^2}b$，则 B 点坐标为 $\left(\dfrac{2a^2}{1+a^2},\dfrac{1-a^2}{1+a^2}b\right)$．

因为 $|AB|=|BF_1|=\dfrac{3}{2}a$，所以 $\left(\dfrac{2a^2}{1+a^2}-0\right)^2+\left(\dfrac{1-a^2}{1+a^2}b-b\right)^2=\left(\dfrac{3}{2}a\right)^2=\dfrac{9}{4}a^2$，

所以 $\dfrac{4a^4}{(1+a^2)^2}+\dfrac{4a^4b^2}{(1+a^2)^2}=\dfrac{9}{4}a^2$．

根据题意知 $b^2=a^2-1$，所以 $\dfrac{4a^4+4a^4(a^2-1)}{(1+a^2)^2}=\dfrac{9}{4}a^2$，即 $16a^4=9(1+a^2)^2$，解得 $a^2=$

3 或 $a^2=-\dfrac{3}{7}$（舍去），所以 $b^2=a^2-1=2$，

所以椭圆的方程为 $\dfrac{x^2}{3}+\dfrac{y^2}{2}=1$．故选 B．

点评 解决直线与圆锥曲线的相交问题通常把直线方程和圆锥曲线方程联立起来，转化为一元二次方程或二次函数的问题求解．设直线与圆锥曲线交于 $A(x_1,y_1)$，$B(x_2$，$y_2)$ 两点，若直线 AB 的斜率存在，并设为 k，则 $|AB|=\sqrt{1+k^2}\,|x_1-x_2|$；若 $k\neq0$，则 $|AB|=\sqrt{1+\dfrac{1}{k^2}}\,|y_1-y_2|$．当 AB 的斜率不存在时，可先求出直线与圆锥曲线的交点坐标，再解决相关问题．

6. 已知椭圆 $C:\dfrac{x^2}{a^2}+\dfrac{y^2}{b^2}=1\,(a>b>0)$ 的离心率为 $\dfrac{1}{2}$，以原点为圆心、椭圆的短半轴长

为半径的圆与直线 $x - y + \sqrt{6} = 0$ 相切,则椭圆 C 的方程为_____.

A. $\dfrac{x^2}{8} + \dfrac{y^2}{6} = 1$

B. $\dfrac{x^2}{12} + \dfrac{y^2}{9} = 1$

C. $\dfrac{x^2}{4} + \dfrac{y^2}{3} = 1$

D. $\dfrac{x^2}{6} + \dfrac{y^2}{4} = 1$

解 由题意知椭圆的离心率 $e = \dfrac{c}{a} = \dfrac{1}{2}$,所以 $e^2 = \dfrac{c^2}{a^2} = \dfrac{a^2 - b^2}{a^2} = \dfrac{1}{4}$,则 $a^2 = \dfrac{4}{3}b^2$.

以原点为圆心、椭圆的短半轴长为半径的圆的方程为 $x^2 + y^2 = b^2$.

由题意可知 $b = \dfrac{\sqrt{6}}{\sqrt{1+1}} = \sqrt{3}$,即 $b^2 = 3$,所以 $a^2 = 4$,所以椭圆 C 的方程为 $\dfrac{x^2}{4} + \dfrac{y^2}{3} = 1$.

故选 C.

7. 已知 A,B 分别是椭圆 $\dfrac{x^2}{a^2} + \dfrac{y^2}{b^2} = 1(a > b > 0)$ 的左顶点和上顶点,点 P 是线段 AB 上任意一点,点 F_1,F_2 分别是椭圆的左焦点和右焦点,且 $\overrightarrow{PF_1} \cdot \overrightarrow{PF_2}$ 的最大值是 1,最小值为 $-\dfrac{11}{5}$,则椭圆的标准方程为_____.

A. $x^2 + \dfrac{y^2}{2} = 1$

B. $x^2 + \dfrac{y^2}{4} = 1$

C. $\dfrac{x^2}{2} + y^2 = 1$

D. $\dfrac{x^2}{4} + y^2 = 1$

解 设 $P(x,y)$,$F_1(-c,0)$,$F_2(c,0)$,则 $\overrightarrow{PF_1} = (-c-x,-y)$,$\overrightarrow{PF_2} = (c-x,-y)$,所以 $\overrightarrow{PF_1} \cdot \overrightarrow{PF_2} = x^2 + y^2 - c^2$.

由 P 点在直线 AB 上,$x^2 + y^2$ 可看成是 P 点到原点 O 的距离的平方,

易知当 P 点与 A 点重合时,$x^2 + y^2$ 取得最大值 a^2,当 $OP \perp AB$ 时,$x^2 + y^2$ 取得最小值 $\dfrac{a^2 b^2}{a^2 + b^2}$.

由题意有 $a^2 - c^2 = 1$,且 $\dfrac{a^2 b^2}{a^2 + b^2} - c^2 = -\dfrac{11}{5}$,又 $a^2 = c^2 + b^2$,所以 $a^2 = 4, b^2 = 1$,所以椭圆的标准方程为 $\dfrac{x^2}{4} + y^2 = 1$. 故选 D.

8. 已知椭圆 $E: \dfrac{x^2}{a^2} + \dfrac{y^2}{b^2} = 1(a > b > 0)$ 的右焦点为 $F(3,0)$,过点 F 的直线交椭圆 E 于 A,B 两点,若 AB 的中点坐标为 $(1,-1)$,则椭圆 E 的方程为_____.

A. $\dfrac{x^2}{45} + \dfrac{y^2}{36} = 1$ B. $\dfrac{x^2}{36} + \dfrac{y^2}{27} = 1$ C. $\dfrac{x^2}{27} + \dfrac{y^2}{18} = 1$ D. $\dfrac{x^2}{18} + \dfrac{y^2}{9} = 1$

解 由题意知 AB 的斜率存在,故可设直线 AB 的方程为 $y = k(x-3)$,$A(x_1,y_1)$,$B(x_2,y_2)$.

由 $\begin{cases} y = k(x-3), \\ \dfrac{x^2}{a^2} + \dfrac{y^2}{b^2} = 1 \end{cases}$ 消去 y,并整理,得 $(a^2 k^2 + b^2)x^2 - 6a^2 k^2 x + 9a^2 k^2 - a^2 b^2 = 0$.

所以 $x_1 + x_2 = \dfrac{6a^2k^2}{a^2k^2 + b^2} = 2$,①

所以 $y_1 + y_2 = k(x_1 - 3) + k(x_2 - 3) = k(x_1 + x_2 - 6) = -4k = -2$,

解得 $k = \dfrac{1}{2}$.

把 $k = \dfrac{1}{2}$ 代入①得 $a^2 = 2b^2$,

又根据题设条件有 $a^2 - b^2 = c^2 = 9$,所以 $a^2 = 18, b^2 = 9$,

所以椭圆 E 的方程为 $\dfrac{x^2}{18} + \dfrac{y^2}{9} = 1$. 故选 D.

9. 设 F_1,F_2 分别是椭圆 $\dfrac{x^2}{4} + y^2 = 1$ 的左、右焦点,若椭圆上存在一点 P,使 $(\overrightarrow{OP} + \overrightarrow{OF_2}) \cdot \overrightarrow{PF_2} = 0$($O$ 为坐标原点),则 $\triangle F_1PF_2$ 的面积是_____.

  A. 4   B. 3   C. 2   D. 1

解 令 $\overrightarrow{OP} + \overrightarrow{OF_2} = \overrightarrow{OB}$,因为 $(\overrightarrow{OP} + \overrightarrow{OF_2}) \cdot \overrightarrow{PF_2} = 0$,所以平行四边形 $OPBF_2$ 的对角线互相垂直,即平行四边形 $OPBF_2$ 是菱形.

由椭圆的方程知 $a = 2, b = 1$,则 $c = \sqrt{3}$,则 $|\overrightarrow{OP}| = |\overrightarrow{OF_2}| = \sqrt{3}$,即菱形 $OPBF_2$ 的边长为 $\sqrt{3}$,所以 $\triangle F_1PF_2$ 是直角三角形. 设 $|PF_2| = x$,$|PF_1| = y$,则 $x + y = 2a = 4$,平方后得 $x^2 + 2xy + y^2 = 16$.

因为 $x^2 + y^2 = (2c)^2 = 12$,所以 $2xy = 16 - 12 = 4$,所以 $xy = 2$,所以 $\triangle F_1PF_2$ 的面积为 $\dfrac{1}{2}xy = \dfrac{1}{2} \times 2 = 1$. 故选 D.

10. 点 P 为双曲线 $C_1: \dfrac{x^2}{a^2} - \dfrac{y^2}{b^2} = 1 (a > 0, b > 0)$ 和圆 $C_2: x^2 + y^2 = a^2 + b^2$ 的一个交点且 $2\angle PF_1F_2 = \angle PF_2F_1$,其中 F_1,F_2 为双曲线的两个焦点,则双曲线 C_1 的离心率为_____.

  A. $\sqrt{3} + 1$ B. $\sqrt{2} + 1$ C. $\sqrt{3}$ D. 2

解 在双曲线中 $a^2 + b^2 = c^2$,所以圆 $x^2 + y^2 = a^2 + b^2 = c^2$ 是以原点 $(0, 0)$ 为圆心,c 为半径的圆. 显然 $|PO| = c = |F_1O| = |F_2O|$.

根据题意知 $PF_1 \perp PF_2$,又因为 $2\angle PF_1F_2 = \angle PF_2F_1$,所以 $\angle PF_1F_2 = 30°$,所以 $|PF_1| = \sqrt{3}c$,$|PF_2| = c$.

由双曲线的定义可知 $|PF_1| - |PF_2| = 2a$,即 $\sqrt{3}c - c = 2a$,所以 $c = \dfrac{2a}{\sqrt{3} - 1} = (\sqrt{3} + 1)a$,

所以 $e = \dfrac{c}{a} = \sqrt{3} + 1$. 故选 A.

11. 双曲线 $C: \dfrac{x^2}{a^2} - \dfrac{y^2}{b^2} = 1 (a > 0, b > 0)$ 的一条渐近线的倾斜角为 $130°$,则双曲线 C 的离心率为_____.

  A. $2\sin 40°$ B. $2\cos 40°$ C. $\dfrac{1}{\sin 50°}$ D. $\dfrac{1}{\cos 50°}$

解 依题意可知，$-\dfrac{b}{a}=\tan 130°=-\tan 50°$，所以 $\dfrac{b}{a}=\tan 50°$，则 $\dfrac{b^2}{a^2}=\tan^2 50°=\dfrac{\sin^2 50°}{\cos^2 50°}$，所以 $\dfrac{b^2}{a^2}+1=\dfrac{\sin^2 50°}{\cos^2 50°}+1=\dfrac{1}{\cos^2 50°}$，即 $\dfrac{a^2+b^2}{a^2}=\dfrac{1}{\cos^2 50°}$.

而 $a^2+b^2=c^2$，所以离心率 $e=\dfrac{c}{a}=\sqrt{\dfrac{c^2}{a^2}}=\sqrt{\dfrac{1}{\cos^2 50°}}=\dfrac{1}{\cos 50°}$. 故选 D.

点评 这可以作为一个结论识记，若双曲线 $\dfrac{x^2}{a^2}-\dfrac{y^2}{b^2}=1\,(a>b>0)$ 的一条渐近线的倾斜角为 θ，则该双曲线的离心率 $e=\left|\dfrac{1}{\cos\theta}\right|$.

12. 设 F 为双曲线 $C:\dfrac{x^2}{a^2}-\dfrac{y^2}{b^2}=1\,(a>0,b>0)$ 的右焦点，O 为坐标原点，以 OF 为直径的圆与圆 $x^2+y^2=a^2$ 相交于 P,Q 两点，若 $|PQ|=|OF|$，则 C 的离心率为_____.

A. $\sqrt{2}$ B. $\sqrt{3}$ C. 2   D. $\sqrt{5}$

解 由题意知，以 OF 为直径的圆的圆心为 $\left(\dfrac{c}{2},0\right)$，半径为 $\dfrac{|OF|}{2}=\dfrac{c}{2}$，

所以其方程为 $\left(x-\dfrac{c}{2}\right)^2+y^2=\dfrac{c^2}{4}$，①

又由题意知该圆与圆 $x^2+y^2=a^2$ ② 相交于 P,Q 两点.

设 $P(x_1,y_1),Q(x_2,y_2)$，

则由①②解得 $x_1=x_2=\dfrac{a^2}{c}$，$y_1=\sqrt{a^2-\dfrac{a^4}{c^2}}=\sqrt{\dfrac{a^2c^2-a^4}{c^2}}$，$y_2=-\sqrt{\dfrac{a^2c^2-a^4}{c^2}}$，

所以 $|PQ|=|y_1-y_2|=2\sqrt{\dfrac{a^2c^2-a^4}{c^2}}$，由题意有 $|PQ|=|OF|=c$，

所以 $2\sqrt{\dfrac{a^2c^2-a^4}{c^2}}=c$，即 $c^4-4a^2c^2+4a^4=0$.

因为双曲线的离心率 $e=\dfrac{c}{a}$，所以 $e^4-4e^2+4=0$，所以 $e^2=2$，所以 $e=\sqrt{2}$. 故选 A.

13. 设 F_1，F_2 是双曲线 $C:\dfrac{x^2}{a^2}-\dfrac{y^2}{b^2}=1\,(a>0,b>0)$ 的左、右焦点，O 是坐标原点，过 F_2 作 C 的一条渐近线的垂线，垂足为 P，若 $|PF_1|=\sqrt{6}|OP|$，则 C 的离心率为_____.

A. $\sqrt{5}$ B. 2   C. $\sqrt{3}$ D. $\sqrt{2}$

解 由题意知，双曲线 $C:\dfrac{x^2}{a^2}-\dfrac{y^2}{b^2}=1$ 的一条渐近线方程为 $y=\dfrac{b}{a}x$，

则 $F_2(c,0)$ 到直线 $y=\dfrac{b}{a}x$ 的距离 $d=\dfrac{\left|\dfrac{bc}{a}-0\right|}{\sqrt{1+\dfrac{b^2}{a^2}}}=\dfrac{\dfrac{bc}{a}}{\dfrac{\sqrt{a^2+b^2}}{a}}=\dfrac{bc}{c}=b$.

在 $\mathrm{Rt}\triangle F_2PO$ 中，$|F_2O|=c$，所以 $|PO|=\sqrt{c^2-b^2}=a$.

由题设条件有 $|PF_1|=\sqrt{6}\,|OP|=\sqrt{6}\,a$,所以在 $\triangle F_1PO$ 与 $\triangle F_2PO$ 中,根据余弦定理有

$\cos\angle POF_1=\dfrac{a^2+c^2-(\sqrt{6}\,a)^2}{2ac}=-\cos\angle POF_2=-\dfrac{a}{c}$,即 $3a^2+c^2-(\sqrt{6}\,a)^2=0$,解得 $c^2=$

$3a^2$,所以 $e=\dfrac{c}{a}=\sqrt{\dfrac{c^2}{a^2}}=\sqrt{3}$. 故选 C.

点评 双曲线渐近线的求法是将双曲线的标准方程等号右边的"1"改为"0",再分解因式即可,因此当双曲线的方程确定时,它的渐近线的方程也就确定了,但已知双曲线的渐近线,双曲线却是不确定的,具有相同渐近线的双曲线叫做共渐近线的双曲线系.

若公共渐近线方程为 $y=\pm\dfrac{b}{a}x$,则双曲线系方程为 $\dfrac{x^2}{a^2}-\dfrac{y^2}{b^2}=\lambda(\lambda\neq0)$. 再根据已知条件确定 λ,即可确定双曲线的方程.

14.已知抛物线 $y^2=-4\sqrt{5}x$ 的准线 l 过双曲线 $\dfrac{x^2}{a^2}-\dfrac{y^2}{b^2}=1(a>0,b>0)$ 的一个焦点 F,且该双曲线的一条渐近线过点 $P(1,-2)$,则该双曲线的方程为_____.

A. $\dfrac{x^2}{4}-y^2=1$ 　　　　　　　　　B. $x^2-\dfrac{y^2}{4}=1$

C. $\dfrac{x^2}{4}-\dfrac{y^2}{2}=1$ 　　　　　　　D. $\dfrac{x^2}{2}-\dfrac{y^2}{4}=1$

解 抛物线 $y^2=-4\sqrt{5}x$ 的准线 l 的方程为 $x=\sqrt{5}$. 因为双曲线 $\dfrac{x^2}{a^2}-\dfrac{y^2}{b^2}=1$ 的一个焦点 F 在 l 上,所以 F 的坐标为 $(\sqrt{5},0)$. 所以 $a^2+b^2=c^2=5$. ①

因为双曲线的渐近线方程为 $y=\pm\dfrac{b}{a}x$,一条渐近线过点 $P(1,-2)$,所以 $-2=-\dfrac{b}{a}$,

即 $b=2a$,②

由①②解得 $a=1,b=2$.

所以双曲线的方程为 $x^2-\dfrac{y^2}{4}=1$. 故选 B.

15. 已知椭圆和双曲线有共同的焦点 F_1,F_2,P 是它们的一个交点,且 $\angle F_1PF_2=\dfrac{2\pi}{3}$,

记椭圆和双曲线的离心率分别为 e_1,e_2,则 $\dfrac{3}{e_1^2}+\dfrac{1}{e_2^2}=$_____.

A. 4　　　　　　B. $2\sqrt{3}$　　　　　　C. 2　　　　　　D. 3

解 设椭圆的长半轴长为 a_1,双曲线的实半轴长为 a_2,不妨设 P 在第一象限.

根据椭圆和双曲线的定义,有 $|PF_1|+|PF_2|=2a_1$,$|PF_1|-|PF_2|=2a_2$,所以 $|PF_1|=a_1+a_2$,$|PF_2|=a_1-a_2$,又因为 $|F_1F_2|=2c$,

所以在 $\triangle PF_1F_2$ 中,$|F_1F_2|^2=|PF_1|^2+|PF_2|^2-2|PF_1|\cdot|PF_2|\cos\angle F_1PF_2$,

即 $4c^2=(a_1+a_2)^2+(a_1-a_2)^2-2(a_1+a_2)(a_1-a_2)\cos\dfrac{2\pi}{3}=2a_1^2+2a_2^2+(a_1^2-a_2^2)=$

$3a_1^2+a_2^2$,两边同时除以 c^2,并注意到 $e_1=\dfrac{c}{a_1}$,$e_2=\dfrac{c}{a_2}$,则 $\dfrac{3}{e_1^2}+\dfrac{1}{e_2^2}=4$. 故选 A.

16. 如图 9-2 所示,双曲线 $C: \dfrac{x^2}{a^2} - \dfrac{y^2}{b^2} = 1 (a > 0, b > 0)$ 的左、右

焦点分别为 F_1, F_2, 过 F_2 的直线与 C 的渐近线交于 P 点, 若等腰三角形 PF_1F_2 的底边 PF_2 的长等于双曲线 C 的半焦距, 则双曲线 C 的离心率为_____.

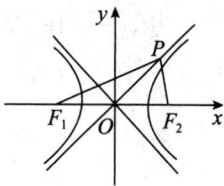

图 9-2

A. $\dfrac{2\sqrt{3}}{3}$ B. $\dfrac{2}{3}$ C. $\dfrac{2\sqrt{6}}{3}$ D. $\dfrac{3}{2}$

解 由题意知 OP 的斜率为 $\dfrac{b}{a}$,

在等腰三角形 PF_1F_2 中, $\cos \angle PF_2F_1 = \dfrac{\dfrac{|PF_2|}{2}}{|F_1F_2|} = \dfrac{\dfrac{c}{2}}{2c} = \dfrac{1}{4}$,

所以 $|OP|^2 = |OF_2|^2 + |PF_2|^2 - 2|OF_2||PF_2| \cos \angle PF_2F_1 = c^2 + c^2 - 2c^2 \cdot \dfrac{1}{4} = \dfrac{3}{2}c^2$.

所以 $\cos \angle POF_2 = \dfrac{|OP|^2 + |OF_2|^2 - |PF_2|^2}{2|OP| \cdot |OF_2|} = \dfrac{\dfrac{3}{2}c^2 + c^2 - c^2}{2 \cdot \sqrt{\dfrac{3}{2}c^2} \cdot c} = \dfrac{\sqrt{6}}{4}$,

所以 $\sin \angle POF_2 = \sqrt{1 - \dfrac{6}{16}} = \dfrac{\sqrt{10}}{4}$, 所以 $\tan \angle POF_2 = \dfrac{\sqrt{10}}{\sqrt{6}} = \dfrac{b}{a}$, 即 $5a^2 = 3b^2$, $b^2 = \dfrac{5}{3}a^2$,

所以 $c^2 = a^2 + b^2 = \dfrac{8}{3}a^2$, 所以 $e = \dfrac{c}{a} = \sqrt{\dfrac{c^2}{a^2}} = \dfrac{2\sqrt{6}}{3}$. 故选 C.

17. 已知双曲线 $\dfrac{x^2}{a^2} - \dfrac{y^2}{b^2} = 1 (a > 0, b > 0)$ 的离心率为 2, F_1, F_2 分别是双曲线的左、右焦点, 点 $M(-a, 0)$, $N(0, b)$, 点 P 为线段 MN 上的动点, 当 $\overrightarrow{PF_1} \cdot \overrightarrow{PF_2}$ 取得最小值和最大值时, $\triangle PF_1F_2$ 的面积分别为 S_1, S_2, 则 $\dfrac{S_2}{S_1} =$ _____.

A. 4   B. 8   C. $2\sqrt{3}$ D. $4\sqrt{3}$

解 因为双曲线的离心率为 2, 所以 $c = 2a$, $b = \sqrt{3}a$, 所以 $N(0, \sqrt{3}a)$, $F_1(-2a, 0)$, $F_2(2a, 0)$, 线段 MN 的方程为 $y = \sqrt{3}x + \sqrt{3}a (-a \leqslant x \leqslant 0)$.

设 $P(x_0, \sqrt{3}x_0 + \sqrt{3}a)$, $-a \leqslant x_0 \leqslant 0$, 则 $\overrightarrow{PF_1} = (-2a - x_0, -\sqrt{3}x_0 - \sqrt{3}a)$, $\overrightarrow{PF_2} = (2a - x_0, -\sqrt{3}x_0 - \sqrt{3}a)$,

所以 $\overrightarrow{PF_1} \cdot \overrightarrow{PF_2} = (-2a - x_0)(2a - x_0) + (-\sqrt{3}x_0 - \sqrt{3}a)^2 = 4x_0^2 + 6ax_0 - a^2 (-a \leqslant x_0 \leqslant 0)$.

所以当 $x_0 = -\dfrac{3}{4}a$ 时, $\overrightarrow{PF_1} \cdot \overrightarrow{PF_2}$ 取得最小值, 此时点 P 的坐标为 $\left(-\dfrac{3}{4}a, \dfrac{\sqrt{3}}{4}a\right)$, 则

$S_1 = 2a \cdot \dfrac{\sqrt{3}}{4}a = \dfrac{\sqrt{3}}{2}a^2$;

当 $x_0 = 0$ 时, $\overrightarrow{PF_1} \cdot \overrightarrow{PF_2}$ 取得最大值, 此时点 P 的坐标为 $(0, \sqrt{3}a)$, 则 $S_2 = 2a \cdot \sqrt{3}a = 2\sqrt{3}a^2$,

所以 $\dfrac{S_2}{S_1} = 4$. 故选 A.

18. 设 F 是双曲线 $\dfrac{x^2}{a^2} - \dfrac{y^2}{b^2} = 1(a > 0, b > 0)$ 的一个焦点, 过 F 作双曲线的一条渐近线的垂线, 与两条渐近线分别交于点 P, Q. 若 $\overrightarrow{FP} = 3\overrightarrow{FQ}$, 则双曲线的离心率为 _____.

A. $\dfrac{\sqrt{6}}{2}$ B. $\dfrac{\sqrt{5}}{2}$ C. $\sqrt{3}$ D. $\dfrac{\sqrt{10}}{2}$

解 不妨设 $F(-c, 0)$, 过 F 作双曲线的一条渐近线的垂线, 设 $y = -\dfrac{b}{a}x$ 为该渐近线, 则其垂线的方程为 $y = \dfrac{a}{b}(x + c)$.

联立 $\begin{cases} y = \dfrac{a}{b}(x + c), \\ y = \dfrac{b}{a}x, \end{cases}$ 解得 P 点坐标为 $\left(\dfrac{a^2c}{b^2 - a^2}, \dfrac{abc}{b^2 - a^2} \right)$.

联立 $\begin{cases} y = \dfrac{a}{b}(x + c), \\ y = -\dfrac{b}{a}x, \end{cases}$ 解得 Q 点坐标为 $\left(-\dfrac{a^2}{c}, \dfrac{ab}{c} \right)$.

所以 $\overrightarrow{FP} = (x_P - x_F, y_P - y_F) = \left(\dfrac{a^2c}{b^2 - a^2} - (-c), \dfrac{abc}{b^2 - a^2} \right) = \left(\dfrac{a^2c}{b^2 - a^2} + c, \dfrac{abc}{b^2 - a^2} \right) = \left(\dfrac{b^2c}{b^2 - a^2}, \dfrac{abc}{b^2 - a^2} \right), \overrightarrow{FQ} = (x_Q - x_F, y_Q - y_F) = \left(-\dfrac{a^2}{c} + c, \dfrac{ab}{c} \right) = \left(\dfrac{b^2}{c}, \dfrac{ab}{c} \right).$

由题设条件 $\overrightarrow{FP} = 3\overrightarrow{FQ}$, 得 $\dfrac{b^2c}{b^2 - a^2} = \dfrac{3b^2}{c}$,

所以 $c^2 = 3(b^2 - a^2)$.

又因为 $c^2 = a^2 + b^2$, 所以 $b^2 = 2a^2$, 所以 $c^2 = a^2 + b^2 = 3a^2$, 所以 $e = \dfrac{c}{a} = \sqrt{\dfrac{c^2}{a^2}} = \sqrt{3}$. 故选 C.

19. 过双曲线 $\dfrac{x^2}{a^2} - \dfrac{y^2}{b^2} = 1(a > 0, b > 0)$ 的右焦点 F 作圆 $x^2 + y^2 = a^2$ 的切线 FM, 切点为 M, 交 y 轴于点 P, 若 $\overrightarrow{PM} = \lambda \overrightarrow{MF}$, 且双曲线的离心率 $e = \dfrac{\sqrt{6}}{2}$, 则 $\lambda = $ _____.

A. 1   B. 2   C. 3   D. 4

解 不妨设 M 在第一象限, 由 $|OF| = c$, $|OM| = a$, 得 $|MF| = \sqrt{|OF|^2 - |OM|^2} = b$.

在 $\mathrm{Rt}\triangle POF$ 中, 根据射影定理, 有 $|PF| = \dfrac{|OF|^2}{|MF|} = \dfrac{c^2}{b}$,

所以 $|PM| = |PF| - |MF| = \dfrac{c^2}{b} - b = \dfrac{c^2 - b^2}{b} = \dfrac{a^2}{b}$.

由 $e = \dfrac{c}{a} = \dfrac{\sqrt{6}}{2}$,知 $c^2 = a^2 + b^2 = \dfrac{6}{4}a^2 = \dfrac{3}{2}a^2$,所以 $a^2 = 2b^2$.

所以 $|PM| = \dfrac{a^2}{b} = 2b$,所以 $\lambda = \dfrac{|\overrightarrow{PM}|}{|\overrightarrow{MF}|} = \dfrac{2b}{b} = 2$. 故选 B.

20. 已知双曲线 $\dfrac{x^2}{a^2} - \dfrac{y^2}{b^2} = 1(a>0,b>0)$ 与抛物线 $y^2 = 8x$ 有一个公共的焦点 F,且两曲线的一个交点为 P. 若 $|PF| = 5$,则双曲线的离心率为_____.

A. $\sqrt{5}$　　　　　　B. $\sqrt{3}$　　　　　　C. $\dfrac{2\sqrt{3}}{3}$　　　　　　D. 2

解 抛物线 $y^2 = 8x$ 的焦点为 $F(2,0)$,所以双曲线 $\dfrac{x^2}{a^2} - \dfrac{y^2}{b^2} = 1$ 的一个焦点为 $F(2,0)$,则 $c = 2$.

设 $P(m,n)$ 为抛物线与双曲线的交点,由抛物线的定义知 $|PF| = m + 2 = 5$,

所以 $m = 3$.

由 $\sqrt{(m-2)^2 + (n-0)^2} = 5$,即 $\sqrt{(3-2)^2 + n^2} = 5$,得 $n^2 = 24$.

由点 $P(m,n)$ 在双曲线 $\dfrac{x^2}{a^2} - \dfrac{y^2}{b^2} = 1$ 上知,$\dfrac{9}{a^2} - \dfrac{24}{b^2} = 1$,又 $a^2 + b^2 = c^2 = 4$,

所以 $a^2 = 1$,$b^2 = 3$,

所以离心率 $e = \dfrac{c}{a} = 2$. 故选 D.

21. 如图 9-3 所示,双曲线 $C:\dfrac{x^2}{a^2} - \dfrac{y^2}{b^2} = 1(a>0,b>0)$ 的左、右焦点分别为 $F_1(-c,0)$,$F_2(c,0)$,A 为双曲线 C 的右支上一点,且 $|AF_1| = 2c$,AF_1 与 y 轴交于点 B,若 F_2B 是 $\angle AF_2F_1$ 的平分线,则双曲线 C 的离心率为_____.

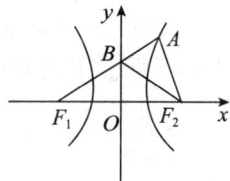

图 9-3

A. $\sqrt{5} - 1$　　　　　　　　　　B. $\dfrac{1+\sqrt{5}}{2}$

C. $\dfrac{3+\sqrt{5}}{2}$　　　　　　　　　　D. $\sqrt{5}$

解 由题设条件知 $|AF_1| = |F_1F_2| = 2c$,所以 $\angle F_1AF_2 = \angle F_1F_2A$.

因为 $|F_1B| = |F_2B|$,所以 $\angle BF_1F_2 = \angle BF_2F_1$.

又因为 F_2B 是 $\angle AF_2F_1$ 的平分线,所以 $\angle BF_1F_2 = \angle AF_2B$,所以 $\triangle ABF_2 \backsim \triangle AF_2F_1$,

所以 $|AF_2|^2 = |AB| \cdot |AF_1|$,而 $|AF_2| = |AF_1| - 2a = 2c - 2a$,

所以 $(2c-2a)^2 = |AB| \cdot 2c$. 解得 $|AB| = \dfrac{4(c-a)^2}{2c} = \dfrac{2(c-a)^2}{c}$.

又由角平分线定理知 $\dfrac{|AB|}{|BF_1|} = \dfrac{|AF_2|}{|F_1F_2|} = \dfrac{2c-2a}{2c} = \dfrac{c-a}{c}$,所以 $\dfrac{|BF_1|}{|AB|} = \dfrac{c}{c-a}$,所以

$\dfrac{|BF_1|+|AB|}{|AB|}=\dfrac{2c-a}{c-a}$，即 $\dfrac{2c}{|AB|}=\dfrac{2c-a}{c-a}$，所以 $|AB|=\dfrac{2c(c-a)}{2c-a}$，则 $\dfrac{2c(c-a)}{2c-a}=\dfrac{2(c-a)^2}{c}$.

化简并整理得 $c^2-3ac+a^2=0$，所以 $e^2-3e+1=0$，注意到 $e>1$，解得 $e=\dfrac{3+\sqrt{5}}{2}$. 故选 C.

22. 已知双曲线 $\dfrac{x^2}{a^2}-\dfrac{y^2}{b^2}=1(a>0,b>0)$ 的左、右焦点分别为 F_1,F_2，过点 F_1 的直线交双曲线的左支于点 M，交双曲线的右支于点 N，且 $MF_2\perp NF_2$，$|MF_2|=|NF_2|$，则该双曲线的离心率是_____.

   A. $\sqrt{3}$ B. $\sqrt{2}$ C. $\sqrt{5}$ D. $\sqrt{2}+1$

解 设 $|MF_2|=|NF_2|=m$.

由点 M 在双曲线的左支上及双曲线的定义知 $|MF_1|=|MF_2|-2a=m-2a$，

由点 N 在双曲线的右支上及双曲线的定义知 $|NF_1|=|NF_2|+2a=m+2a$.

因为 $MF_2\perp NF_2$，在 $\mathrm{Rt}\triangle MNF_2$ 中，$|MF_2|=|NF_2|=m$，所以 $|MN|=\sqrt{2}|MF_2|=\sqrt{2}m$，

所以 $|NF_1|=|MF_1|+|MN|=m-2a+\sqrt{2}m$，所以 $m+2a=m-2a+\sqrt{2}m$，解得 $m=2\sqrt{2}a$，

所以 $|MF_1|=m-2a=2\sqrt{2}a-2a=(2\sqrt{2}-2)a$，$|MF_2|=m=2\sqrt{2}a$.

又因为 $|F_1F_2|=2c$，$\angle F_1MF_2=135°$，

所以由余弦定理得 $4c^2=8a^2+(2\sqrt{2}-2)^2a^2-2\times 2\sqrt{2}a\times(2\sqrt{2}-2)a\cos 135°$，解得 $c^2=3a^2$，所以 $e=\dfrac{c}{a}=\sqrt{\dfrac{c^2}{a^2}}=\sqrt{3}$. 故选 A.

23. 设 F 为抛物线 $C:y^2=3x$ 的焦点，过 F 且倾斜角为 $30°$ 的直线交 C 于 A,B 两点，O 为坐标原点，则 $\triangle OAB$ 的面积为_____.

   A. $\dfrac{3\sqrt{3}}{4}$ B. $\dfrac{9\sqrt{3}}{8}$ C. $\dfrac{63}{32}$ D. $\dfrac{9}{4}$

解 由题意得抛物线 C 的焦点为 $F\left(\dfrac{3}{4},0\right)$，直线 AB 的方程为 $y=\dfrac{\sqrt{3}}{3}\left(x-\dfrac{3}{4}\right)$，即 $x=\sqrt{3}y+\dfrac{3}{4}$，代入抛物线方程并整理，得 $y^2-3\sqrt{3}y-\dfrac{9}{4}=0$.

设 $A(x_1,y_1)$，$B(x_2,y_2)$，则 $y_1+y_2=3\sqrt{3}$，$y_1y_2=-\dfrac{9}{4}$，则 $|y_1-y_2|=\sqrt{(y_1+y_2)^2-4y_1y_2}=6$，所以 $S_{\triangle OAB}=\dfrac{1}{2}\times\dfrac{3}{4}\times 6=\dfrac{9}{4}$. 故选 D.

24. 已知抛物线 $C:y^2=2x$，过原点 O 作两条互相垂直的直线交 C 于 A,B 两点（A,B 均不与坐标原点重合），则抛物线的焦点 F 到直线 AB 的距离的最大值为_____.

   A. 2   B. 3   C. $\dfrac{3}{2}$ D. 4

解 设直线 AB 的方程为 $x = my + t, A(x_1, y_1), B(x_2, y_2)$，把直线 AB 的方程代入抛物线的方程得 $y^2 - 2my - 2t = 0$，该方程有两解 y_1, y_2，所以其判别式 $\Delta = 4m^2 + 8t > 0$，且 $y_1 + y_2 = 2m, y_1 y_2 = -2t$.

因为 $OA \perp OB$，所以 $x_1 x_2 + y_1 y_2 = 0$，即 $\dfrac{y_1^2}{2} \cdot \dfrac{y_2^2}{2} + y_1 y_2 = 0$，解得 $y_1 y_2 = -4$. 所以 $-2t = -4$，解得 $t = 2$，所以直线 AB 恒过定点 $(2, 0)$，则抛物线的焦点 $F\left(\dfrac{1}{2}, 0\right)$ 到直线 AB 的距离的最大值为 $2 - \dfrac{1}{2} = \dfrac{3}{2}$. 故选 C.

25. 已知抛物线 $y^2 = 4x$ 的焦点为 F，准线 l 与 x 轴的交点为 K, P 是抛物线上一点，若 $|PF| = 5$，则 $\triangle PKF$ 的面积为 _____.

A. 4   B. 5   C. 8   D. 10

解 方法一 抛物线 $y^2 = 4x$ 的准线方程为 $x = -1$，过 P 点作 $PA \perp l$ 于点 A.

由抛物线的定义知 $|PF| = x_P + \dfrac{p}{2} = x_P + 1 = 5$，

所以 $x_P = 4$，代入 $y^2 = 4x$，得 $y_P = \pm 4$，

所以 $\triangle PKF$ 的面积 $S_{\triangle PKF} = \dfrac{1}{2} \times |KF| \times |y_P| = \dfrac{1}{2} \times p \times |y_P| = \dfrac{1}{2} \times 2 \times 4 = 4$. 故选 A.

方法二 由抛物线 $y^2 = 4x$ 知焦点为 $F(1, 0)$，准线方程为 $x = -1, K(-1, 0)$.

设 P 点坐标为 $\left(\dfrac{y_0^2}{4}, y_0\right)$，则由 $|PF| = 5$ 得 $\sqrt{\left(\dfrac{y_0^2}{4} - 1\right)^2 + y_0^2} = 5$，解得 $y_0 = \pm 4$. 所以 $S_{\triangle PKF} = \dfrac{1}{2} \times p \times |y_0| = 4$. 故选 A.

点评 这里的方法一是利用抛物线的定义把抛物线的焦点弦问题转化为点到准线的距离，从而使问题求解变得简单，这是求解"焦点弦"问题的常用方法.

【填空题】

1. 已知椭圆 $\dfrac{x^2}{9} + \dfrac{y^2}{5} = 1$ 的左焦点为 F，点 P 在椭圆上，且在 x 轴的上方，若线段 PF 的中点 M 在以原点 O 为圆心，$|OF|$ 为半径的圆上，则直线 PF 的斜率是 _____.

解 依题意，设点 $P(m, n)(n > 0)$，由题意知 $F(-2, 0)$，所以 PF 的中点 M 的坐标为 $\left(\dfrac{m-2}{2}, \dfrac{n}{2}\right)$. 以原点为圆心，$|OF|$ 为半径的圆的方程为 $x^2 + y^2 = 2^2$.

因为点 $M\left(\dfrac{m-2}{2}, \dfrac{n}{2}\right)$ 在圆上，所以 $\left(\dfrac{m-2}{2}\right)^2 + \left(\dfrac{n}{2}\right)^2 = 4$，①

又点 $P(m, n)$ 在椭圆 $\dfrac{x^2}{9} + \dfrac{y^2}{5} = 1$ 上，所以 $\dfrac{m^2}{9} + \dfrac{n^2}{5} = 1$. ②

由①②消去 n^2 可得 $4m^2 - 36m - 63 = 0$，解得 $m = -\dfrac{3}{2}$ 或 $m = \dfrac{21}{2}$（舍去），所以 $n = $

$\dfrac{\sqrt{15}}{2}$，所以直线 PF 的斜率为 $\dfrac{\dfrac{\sqrt{15}}{2}-0}{-\dfrac{3}{2}-(-2)}=\sqrt{15}$.

2. 已知平面直角坐标系 xOy 中，F 是椭圆 $\dfrac{x^2}{a^2}+\dfrac{y^2}{b^2}=1(a>b>0)$ 的右焦点，直线 $y=\dfrac{b}{2}$ 与椭圆相交于 B,C 两点，且 $\angle BFC=90°$，则该椭圆的离心率是 _____.

解 联立 $\begin{cases} y=\dfrac{b}{2}, \\ \dfrac{x^2}{a^2}+\dfrac{y^2}{b^2}=1, \end{cases}$ 解得 $\begin{cases} x_1=-\dfrac{\sqrt{3}}{2}a, \\ y_1=\dfrac{b}{2}, \end{cases} \begin{cases} x_2=\dfrac{\sqrt{3}}{2}a, \\ y_2=\dfrac{b}{2}. \end{cases}$

不妨设 $B\left(-\dfrac{\sqrt{3}}{2}a,\dfrac{b}{2}\right),C\left(\dfrac{\sqrt{3}}{2}a,\dfrac{b}{2}\right)$.

由 $\angle BFC=90°$ 知 $\overrightarrow{BF}\cdot\overrightarrow{CF}=0$，即 $\left(c+\dfrac{\sqrt{3}}{2}a,-\dfrac{b}{2}\right)\cdot\left(c-\dfrac{\sqrt{3}}{2}a,-\dfrac{b}{2}\right)=0$,

所以 $c^2-\dfrac{3}{4}a^2+\dfrac{1}{4}b^2=0$.

又因为 $b^2=a^2-c^2$，所以 $3c^2-2a^2=0$，即 $c=\dfrac{\sqrt{2}}{\sqrt{3}}a=\dfrac{\sqrt{6}}{3}a$，所以离心率 $e=\dfrac{c}{a}=\dfrac{\sqrt{6}}{3}$.

3. 椭圆 $ax^2+by^2=1$ 与直线 $y=-x+1$ 交于 A,B 两点，过原点 O 与线段 AB 的中点 M 的直线的斜率为 $\dfrac{\sqrt{2}}{2}$，则 $\dfrac{a}{b}=$ _____.

解 设 A,B 两点的坐标分别为 $(x_1,y_1),(x_2,y_2)$，则 AB 的中点 M 的坐标为 $\left(\dfrac{x_1+x_2}{2},\dfrac{y_1+y_2}{2}\right)$.

联立 $\begin{cases} ax^2+by^2=1, \\ y=-x+1, \end{cases}$ 消去 y 并整理可得 $(a+b)x^2-2bx+b-1=0$,

所以 $x_1+x_2=\dfrac{2b}{a+b},y_1+y_2=-x_1+1+(-x_2+1)=-(x_1+x_2)+2=-\dfrac{2b}{a+b}+2=$

$\dfrac{2a}{a+b}$，所以直线 OM 的斜率为 $\dfrac{\dfrac{y_1+y_2}{2}}{\dfrac{x_1+x_2}{2}}=\dfrac{y_1+y_2}{x_1+x_2}=\dfrac{a}{b}=\dfrac{\sqrt{2}}{2}$，则 $\dfrac{a}{b}=\dfrac{\sqrt{2}}{2}$.

4. 以 O 为中心，F_1,F_2 为两个焦点的椭圆上存在一点 M，满足 $|\overrightarrow{MF_1}|=2|\overrightarrow{MO}|=2|\overrightarrow{MF_2}|$，则椭圆的离心率为 _____.

解 不妨设 F_1 为椭圆的左焦点，F_2 为椭圆的右焦点，并设 $|\overrightarrow{MF_1}|=2|\overrightarrow{MO}|=2|\overrightarrow{MF_2}|=2t$. 过点 M 作 x 轴的垂线，交 x 轴于点 N，则点 N 坐标为 $\left(\dfrac{c}{2},0\right)$，根据勾股定理可知，$|MF_1|^2-|NF_1|^2=|MF_2|^2-|NF_2|^2$.

所以 $c = \dfrac{\sqrt{6}}{2}t$，而 $a = \dfrac{3t}{2}$，所以 $e = \dfrac{c}{a} = \dfrac{\sqrt{6}}{3}$，即椭圆的离心率为 $\dfrac{\sqrt{6}}{3}$.

5. 已知双曲线 $C: \dfrac{x^2}{a^2} - \dfrac{y^2}{b^2} = 1 (a>0, b>0)$ 的左、右焦点分别是 F_1，F_2，过 F_1 的直线与 C 的两条渐近线分别交于 A，B 两点，若 $\overrightarrow{F_1A} = \overrightarrow{AB}$，$\overrightarrow{F_1B} \cdot \overrightarrow{F_2B} = 0$，则 C 的离心率为_____.

解 方法一 因为 $\overrightarrow{F_1B} \cdot \overrightarrow{F_2B} = 0$，所以 $\overrightarrow{F_1B} \perp \overrightarrow{F_2B}$.

设坐标原点为 O，则 O 为 F_1F_2 的中点，所以 $|OB| = |OF_1| = |OF_2| = c$，所以 $\angle BF_1O = \angle F_1BO$，所以 $\angle BOF_2 = 2\angle BF_1O$. 因为 $\overrightarrow{F_1A} = \overrightarrow{AB}$，所以 A 为 F_1B 的中点，所以 $OA // BF_2$，所以 $F_1B \perp OA$. 注意到直线 OA，OB 为双曲线 C 的两条渐近线，所以 $\tan\angle BOF_2 = \dfrac{b}{a}$，

$\tan\angle BF_1O = \dfrac{a}{b}$，而 $\tan\angle BOF_2 = \tan 2\angle BF_1O = \dfrac{2\tan\angle BF_1O}{1 - \tan^2\angle BF_1O}$，所以 $\dfrac{b}{a} = \dfrac{2 \cdot \dfrac{a}{b}}{1 - \left(\dfrac{a}{b}\right)^2} = $

$\dfrac{2ab}{b^2 - a^2}$，化简得 $b^2 = 3a^2$，所以 $c^2 - a^2 = 3a^2$，则 $c = 2a$，所以离心率 $e = \dfrac{c}{a} = 2$.

方法二 因为 $\overrightarrow{F_1B} \cdot \overrightarrow{F_2B} = 0$，所以 $F_1B \perp F_2B$.

设坐标原点为 O，在 $\mathrm{Rt}\triangle F_1BF_2$ 中，$|OF_2| = |OB|$，所以 $\angle OBF_2 = \angle OF_2B$. 又 $\overrightarrow{F_1A} = \overrightarrow{AB}$，所以 A 为 F_1B 的中点，所以 $OA // F_2B$，所以 $\angle F_1OA = \angle OF_2B$，又因为 $\angle F_1OA = \angle BOF_2$，所以 $\triangle OBF_2$ 为等边三角形.

由 $F_2(c,0)$，可得 $B\left(\dfrac{c}{2}, \dfrac{\sqrt{3}}{2}c\right)$，因为点 B 在直线 $y = \dfrac{b}{a}x$ 上，所以 $\dfrac{\sqrt{3}}{2}c = \dfrac{b}{a} \cdot \dfrac{c}{2}$，所以 $\dfrac{b}{a} = \sqrt{3}$，即 $b = \sqrt{3}a$，所以 $c^2 = a^2 + b^2 = 4a^2$，则 $c = 2a$，所以离心率 $e = \dfrac{c}{a} = 2$.

6. 经过抛物线 $E: y^2 = 4x$ 的焦点 F 的直线 l 与 E 相交于 A，B 两点，与 E 的准线交于点 C. 若点 A 位于第一象限，且 B 是 AC 的中点，则直线 l 的斜率等于_____.

解 分别过 A，B 作准线的垂线，垂足分别为 P，D，
过 B 作 AP 的垂线，垂足为 M（图略），根据抛物线的定义及题设条件有 $|AM| = |PM| = |BD|$，$F(1,0)$.

设 $|BD| = m$，则 $|AP| = |AF| = 2m$，$|BF| = m$，$|AM| = m$.

所以在 $\mathrm{Rt}\triangle ABM$ 中，$|AB| = |AF| + |BF| = 3m$，所以 $\cos\angle BAM = \dfrac{1}{3}$. 所以 $\sin\angle BAM = $

$\sqrt{1 - \left(\dfrac{1}{3}\right)^2} = \dfrac{2\sqrt{2}}{3}$，所以直线 l 的斜率 $k = \tan\angle BAM = 2\sqrt{2}$.

7. 过抛物线 $y^2 = 4x$ 的焦点 F 的直线交该抛物线于 A，B 两点，若 $|AF| = 3$，则 $|BF| = $_____.

解 抛物线 $y^2 = 4x$ 的焦点 $F(1,0)$，因为 $|AF| = 3$，设 $A(x_1, y_1)$，所以 A 点到抛物线准线 $x = -1$ 的距离为 $x_1 + 1 = |AF| = 3$，所以 $x_1 = 2$. 又点 $A(2, y_1)$ 在抛物线 $y^2 = 4x$ 上，解

得 $y = \pm 2\sqrt{2}$.

不妨令 A 点坐标为 $(2, 2\sqrt{2})$，则直线 AF 的方程为 $y - 0 = 2\sqrt{2}(x - 1)$，即 $y = 2\sqrt{2}x - 2\sqrt{2}$.

设 $B(x_2, y_2)$，由 $\begin{cases} y = 2\sqrt{2}x - 2\sqrt{2}, \\ y^2 = 4x \end{cases}$ 解得 $\begin{cases} x_2 = \dfrac{1}{2}, \\ y_2 = -\sqrt{2} \end{cases}$ 或 $\begin{cases} x_1 = 2, \\ y_2 = 2\sqrt{2} \end{cases}$（与 A 点重合，舍去）.

所以 B 点坐标为 $\left(\dfrac{1}{2}, -\sqrt{2}\right)$. 所以 $|BF| = x_2 + \dfrac{p}{2} = \dfrac{1}{2} + 1 = \dfrac{3}{2}$.

8. 已知抛物线 $C: y^2 = 2px(p > 0)$ 的焦点为 F，准线 l 与 x 轴的交点为 A，P 是抛物线 C 上的点，且 $PF \perp x$ 轴. 若以 AF 为直径的圆截直线 AP 所得的弦长为 2，则实数 p 的值为_____.

解 由题设条件知，$\triangle APF$ 为直角三角形，设直线 AP 与以 AF 为直径的圆的另一个交点为 B，则 $BF \perp AB$.

因为 $|AF| = |PF| = p$，所以 $|BF| = \sqrt{p^2 - 4}$.

易知 $\triangle AFP \backsim \triangle ABF$，所以 $\dfrac{|AF|}{|AP|} = \dfrac{|AB|}{|AF|}$，所以 $|AF|^2 = |AB| \cdot |AP|$，即 $p^2 = 2|AP|$，则 $|AP| = \dfrac{p^2}{2}$.

又由 $\dfrac{1}{2}|AP| \cdot |BF| = \dfrac{1}{2}|AF| \cdot |PF|$，得 $\dfrac{p^2}{2} \cdot \sqrt{p^2 - 4} = p^2$，解得 $p = 2\sqrt{2}$.

9. 过点 $M(m, 0)$ 作直线 l_1, l_2 与抛物线 $E: y^2 = 4x$ 相交，其中 l_1 与 E 交于 A, B 两点，l_2 与 E 交于 C, D 两点，AD 过 E 的焦点 F. 若 AD, BC 的斜率 k_1, k_2 满足 $k_1 = 2k_2$，则实数 m 的值为_____.

解 设直线 l_1 的方程为 $x = t_1 y + m$，$A(x_1, y_1), B(x_2, y_2)$，

联立 $\begin{cases} x = t_1 y + m, \\ y^2 = 4x \end{cases}$ 消去 x 并整理得 $y^2 - 4t_1 y - 4m = 0$，所以 $y_1 + y_2 = 4t_1, y_1 y_2 = -4m$.

设直线 l_2 的方程为 $x = t_2 y + m$，$C(x_3, y_3), D(x_4, y_4)$，

由 $\begin{cases} x = t_2 y + m, \\ y^2 = 4x \end{cases}$ 消去 x 并整理得 $y^2 - 4t_2 y - 4m = 0$，所以 $y_1 + y_2 = 4t_2, y_1 y_2 = -4m$. 注意到 $A(x_1, y_1), D(x_4, y_4)$ 在抛物线 $y^2 = 4x$ 上，所以 $y_1^2 = 4x_1, y_4^2 = 4x_4$，即 $x_1 = \dfrac{1}{4}y_1^2, x_4 = \dfrac{1}{4}y_4^2$，所以直线 AD 的斜率 $k_1 = \dfrac{y_1 - y_4}{x_1 - x_4} = \dfrac{y_1 - y_4}{\dfrac{1}{4}y_1^2 - \dfrac{1}{4}y_4^2} = \dfrac{4}{y_1 + y_4}$.

同理，直线 BC 的斜率 $k_2 = \dfrac{4}{y_2 + y_3}$，注意到 $y_1 y_2 = -4m, y_3 y_4 = -4m$，所以 $y_2 = -\dfrac{4m}{y_1}$，$y_3 = -\dfrac{4m}{y_4}$，所以 $k_2 = \dfrac{4}{y_2 + y_3} = \dfrac{4}{-4m\left(\dfrac{1}{y_1} + \dfrac{1}{y_4}\right)} = -\dfrac{1}{m} \cdot \dfrac{y_1 y_4}{y_1 + y_4}$.

又因为 $k_1 = 2k_2$，所以 $\dfrac{4}{y_1 + y_4} = -\dfrac{1}{m} \cdot \dfrac{y_1 y_4}{y_1 + y_4} \cdot 2$，则 $y_1 y_4 = -2m$.

又因为 A, F, D 三点共线，所以 $\overrightarrow{AF} \parallel \overrightarrow{FD}$.

而 $F(1, 0)$，所以 $\overrightarrow{AF} = (1 - x_1, -y_1)$，$\overrightarrow{FD} = (x_4 - 1, y_4)$，

所以 $(1 - x_1) y_4 = -(x_4 - 1) y_1 = (1 - x_4) y_1$，即 $\left(1 - \dfrac{1}{4} y_1^2\right) y_4 = \left(1 - \dfrac{1}{4} y_4^2\right) y_1$，

整理得 $(y_1 - y_4)(y_1 y_4 + 4) = 0$.

因为 $y_1 \neq y_4$，所以 $y_1 y_4 + 4 = 0$，所以 $y_1 y_4 = -4$，即 $-2m = -4$，解得 $m = 2$.

10. 已知抛物线 $C: y^2 = 2px\ (p > 0)$ 的焦点是 F，过焦点 F 且斜率为 1 的直线 l_1 与抛物线交于 A, B 两点，分别从 A, B 两点向直线 $l_2: x = -4$ 引垂线，垂足分别为 D, C. 若四边形 $ABCD$ 的周长为 $36 + 8\sqrt{2}$，则抛物线 C 的方程为 _____.

解 由题设知 $F\left(\dfrac{p}{2}, 0\right)$，直线 l_1 的方程为 $y = x - \dfrac{p}{2}$.

设 A, B 两点的坐标分别为 (x_1, y_1)，(x_2, y_2). 联立 $\begin{cases} y^2 = 2px, \\ y = x - \dfrac{p}{2}, \end{cases}$ 消去 y 并整理得 $x^2 -$

$3px + \dfrac{p^2}{4} = 0$. 所以 $x_1 + x_2 = 3p$，$x_1 x_2 = \dfrac{p^2}{4}$，所以线段 $|AB| = |AF| + |BF| = x_1 + \dfrac{p}{2} + x_2 + \dfrac{p}{2} =$

$x_1 + x_2 + p = 4p$.

由题设条件并结合图形，知 $|AD| = x_1 + 4$，$|BC| = x_2 + 4$，所以 $|AD| + |BC| = x_1 + x_2 +$

$8 = 3p + 8$. 而 $|CD| = |AB| \sin 45° = 4p \cdot \dfrac{\sqrt{2}}{2} = 2\sqrt{2} p$，所以四边形 $ABCD$ 的周长 $= |AB| +$

$|AD| + |CD| + |BC| = 4p + 2\sqrt{2}p + 3p + 8 = 7p + 2\sqrt{2}p + 8 = 36 + 8\sqrt{2}$，解得 $p = 4$. 所以抛物线的方程为 $y^2 = 8x$.

【解答题】

1. 已知椭圆 $\dfrac{x^2}{a^2} + \dfrac{y^2}{b^2} = 1\ (a > b > 0)$ 和直线 $l: y = bx + 2$，椭圆的离心率 $e = \dfrac{\sqrt{6}}{3}$，坐标原点 O 到直线 l 的距离为 $\sqrt{2}$.

(1) 求椭圆的方程.

(2) 已知定点 $E(-1, 0)$，若直线 $y = kx + 2\ (k \neq 0)$ 与椭圆相交于 C, D 两点，试判断是否存在实数 k，使得以 CD 为直径的圆过定点 E. 若存在，求出 k 的值；若不存在，请说明理由.

解 (1) 由题设条件知坐标原点 O 到直线 $l: y = bx + 2$ 的距离为 $\sqrt{2}$，得 $\dfrac{2}{\sqrt{1 + b^2}} = \sqrt{2}$，

解得 $b = 1$. 又因为椭圆的离心率 $e = \dfrac{c}{a} = \dfrac{\sqrt{6}}{3}$，且 $a^2 - b^2 = c^2$，所以 $a^2 = 3$，$c^2 = 2$.

所以所求椭圆的方程为 $\dfrac{x^2}{3} + y^2 = 1$.

(2)存在. 将 $y=kx+2$ 代入椭圆方程, 消去 y 并整理得 $(1+3k^2)x^2+12kx+9=0$.

由 $\Delta=(12k)^2-4\times9\times(1+3k^2)=36k^2-36>0$, 解得 $k>1$ 或 $k<-1$.

设 $C(x_1,y_1)$, $D(x_2,y_2)$, 则 $x_1+x_2=-\dfrac{12k}{1+3k^2}$, $x_1x_2=\dfrac{9}{1+3k^2}$.

因为 $\overrightarrow{EC}=(x_1+1,y_1)$, $\overrightarrow{ED}=(x_2+1,y_2)$, 且以 CD 为直径的圆过定点 E, 所以 $\overrightarrow{EC}\perp\overrightarrow{ED}$, 则 $(x_1+1,y_1)\cdot(x_2+1,y_2)=0$, 即 $(x_1+1)(x_2+1)+y_1y_2=0$, 所以 $x_1x_2+x_1+x_2+1+(kx_1+2)(kx_2+2)=(1+k^2)x_1x_2+(2k+1)(x_1+x_2)+5=0$. 所以 $(1+k^2)\cdot\dfrac{9}{1+3k^2}+(2k+1)\cdot\dfrac{-12k}{1+3k^2}+5=0$, 整理化简, 得 $7-6k=0$, 解得 $k=\dfrac{7}{6}$.

所以存在实数 $k=\dfrac{7}{6}$, 使得以 CD 为直径的圆过定点 E.

2. 设椭圆 $\dfrac{x^2}{a^2}+\dfrac{y^2}{b^2}=1(a>b>0)$ 的左焦点为 F, 上顶点为 B. 已知椭圆的短轴长为 4, 离心率为 $\dfrac{\sqrt{5}}{5}$.

(1)求椭圆的方程.

(2)设点 P 在椭圆上, 且异于椭圆的上、下顶点, 点 M 为直线 PB 与 x 轴的交点, 点 N 在 y 轴的负半轴上. 若 $|ON|=|OF|$ (O 为坐标原点), 且 $OP\perp MN$, 求直线 PB 的斜率.

解 (1)由题设条件得 $2b=4$, $\dfrac{c}{a}=\dfrac{\sqrt{5}}{5}$, 又因为 $a^2=b^2+c^2$, 所以 $a=\sqrt{5}$, $b=2$, $c=1$.

所以椭圆的方程为 $\dfrac{x^2}{5}+\dfrac{y^2}{4}=1$.

(2)由题意, 设 P 点坐标为 $(x_P,y_P)(x_P\neq0)$, $M(x_M,0)$.

设直线 PB 的斜率为 $k(k\neq0)$, 又 $B(0,2)$,

则直线 PB 的方程为 $y=kx+2$.

由 $\begin{cases}y=kx+2,\\ \dfrac{x^2}{5}+\dfrac{y^2}{4}=1\end{cases}$ 消去 y 并整理后得 $(4+5k^2)x^2+20kx=0$, 解得 $x=0$ 或 $x=-\dfrac{20k}{4+5k^2}$.

又 $x_P\neq0$, 所以 $x_P=-\dfrac{20k}{4+5k^2}$, 所以 $y_P=kx_P+2=\dfrac{8-10k^2}{4+5k^2}$.

所以直线 OP 的斜率 $k_{OP}=\dfrac{y_P}{x_P}=\dfrac{10k^2-8}{20k}=\dfrac{5k^2-4}{10k}$.

在 $y=kx+2$ 中, 令 $y=0$ 得 M 的横坐标 $x_M=-\dfrac{2}{k}$, 所以 $M\left(-\dfrac{2}{k},0\right)$.

由题意易知 N 点坐标为 $(0,-1)$, 所以直线 MN 的斜率 $k_{MN}=\dfrac{1}{-\dfrac{2}{k}}=-\dfrac{k}{2}$.

因为 $MN\perp OP$, 所以 $k_{MN}\cdot k_{OP}=-1$, 即 $\left(-\dfrac{k}{2}\right)\cdot\dfrac{5k^2-4}{10k}=-1$, 解得 $k^2=\dfrac{24}{5}$, 所以 $k=$

$\pm\dfrac{2\sqrt{30}}{5}$. 所以直线 PB 的斜率为 $\dfrac{2\sqrt{30}}{5}$ 或 $-\dfrac{2\sqrt{30}}{5}$.

3. 设椭圆 $\dfrac{x^2}{a^2}+\dfrac{y^2}{b^2}=1(a>b>0)$ 的左焦点为 F,右顶点为 A,离心率为 $\dfrac{1}{2}$. 已知 A 是抛物线 $y^2=2px(p>0)$ 的焦点,F 到抛物线的准线 l 的距离为 $\dfrac{1}{2}$.

（1）求椭圆的方程和抛物线的方程.

（2）设 l 上的两点 P,Q 关于 x 轴对称,直线 AP 与椭圆相交于点 $B(B$ 异于点 $A)$,直线 BQ 与 x 轴相交于点 D. 若 $\triangle APD$ 的面积为 $\dfrac{\sqrt{6}}{2}$,求直线 AP 的方程.

解 （1）由题设条件知 $A(a,0)$,$F(-c,0)$,$\dfrac{c}{a}=\dfrac{1}{2}$,$a^2=b^2+c^2$,所以 $a^2=4c^2$,$b^2=3c^2$,抛物线 $y^2=2px$ 的焦点坐标为 $\left(\dfrac{p}{2},0\right)$,准线 l 的方程为 $x=-\dfrac{p}{2}$,所以 $a=\dfrac{p}{2}$,且 $-c+\dfrac{p}{2}=a-c=\dfrac{1}{2}$,即 $2c-c=\dfrac{1}{2}$,所以 $c=\dfrac{1}{2}$,$a=1$,$b=\dfrac{\sqrt{3}}{2}$,$p=2$.

所以椭圆的方程为 $x^2+\dfrac{4}{3}y^2=1$,抛物线的方程为 $y^2=4x$.

（2）设直线 AP 的方程为 $x=my+1(m\neq0)$,由 $\begin{cases}x=-1,\\x=my+1\end{cases}$ 得 $x=-1$,$y=-\dfrac{2}{m}$. 所以 P 点的坐标为 $\left(-1,-\dfrac{2}{m}\right)$. 又由题意知点 Q 在直线 $x=-1$ 上,且与点 P 关于 x 轴对称,所以 Q 点的坐标为 $\left(-1,\dfrac{2}{m}\right)$.

由 $\begin{cases}x=my+1,\\x^2+\dfrac{4}{3}y^2=1\end{cases}$ 消去 x 并整理,得 $(3m^2+4)y^2+6my=0$,所以 $y=0$ 或 $y=\dfrac{-6m}{3m^2+4}$.

由题意知 $A(1,0)$,$B(x_B,y_B)$ 是直线 $x=my+1$ 与椭圆 $x^2+\dfrac{4}{3}y^2=1$ 的交点.

所以 $y_B=\dfrac{-6m}{3m^2+4}$,则 $x_B=my_B+1=\dfrac{-3m^2+4}{3m^2+4}$,即 $B\left(\dfrac{-3m^2+4}{3m^2+4},\dfrac{-6m}{3m^2+4}\right)$.

所以直线 BQ 的方程为 $\left(\dfrac{-6m}{3m^2+4}-\dfrac{2}{m}\right)(x+1)-\left(\dfrac{-3m^2+4}{3m^2+4}+1\right)\left(y-\dfrac{2}{m}\right)=0$.

令 $y=0$,得 D 点的坐标为 $\left(\dfrac{2-3m^2}{3m^2+2},0\right)$. 所以 $|AD|=1-\dfrac{2-3m^2}{3m^2+2}=\dfrac{6m^2}{3m^2+2}$.

又因为 $S_{\triangle APD}=\dfrac{1}{2}|AD|\cdot|y_P|=\dfrac{\sqrt{6}}{2}$,所以 $\dfrac{1}{2}\times\dfrac{6m^2}{3m^2+2}\cdot\dfrac{2}{|m|}=\dfrac{\sqrt{6}}{2}$,

整理得 $3m^2-2\sqrt{6}|m|+2=0$,解得 $|m|=\dfrac{\sqrt{6}}{3}$,所以 $m=\pm\dfrac{\sqrt{6}}{3}$.

所以直线 AP 的方程为 $x = \dfrac{\sqrt{6}}{3}y + 1$ 或 $x = -\dfrac{\sqrt{6}}{3}y + 1$，即 $3x - \sqrt{6}y - 3 = 0$ 或 $3x + \sqrt{6}y - 3 = 0$.

4. 如图 9-4，设椭圆 $E : \dfrac{x^2}{a^2} + \dfrac{y^2}{b^2} = 1 (a > b > 0)$ 的离心率是 $\dfrac{\sqrt{2}}{2}$，点

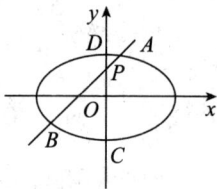

图 9-4

$P(0,1)$ 在短轴 CD 上，且 $\overrightarrow{PC} \cdot \overrightarrow{PD} = -1$.

（1）求椭圆 E 的方程.

（2）设 O 为坐标原点，过点 P 的动直线与椭圆交于 A,B 两点.
是否存在常数 λ，使得 $\overrightarrow{OA} \cdot \overrightarrow{OB} + \lambda \overrightarrow{PA} \cdot \overrightarrow{PB}$ 为定值？若存在，求 λ 的
值；若不存在，请说明理由.

解 （1）由题设条件知 $D(0,b)$，$C(0,-b)$，$\dfrac{c}{a} = \dfrac{\sqrt{2}}{2}$，所以 $\overrightarrow{PC} = (0, -b-1)$，$\overrightarrow{PD} = (0,$
$b - 1)$.

由题设 $\overrightarrow{PC} \cdot \overrightarrow{PD} = -1$，得 $(0, -b-1) \cdot (0, b-1) = -1$，所以 $-(b^2 - 1) = -1$，所以
$b^2 = 2$. 又由 $a^2 = b^2 + c^2$，$\dfrac{c}{a} = \dfrac{\sqrt{2}}{2}$，得 $a^2 = 4$，$c^2 = 2$，所以椭圆 E 的方程为 $\dfrac{x^2}{4} + \dfrac{y^2}{2} = 1$.

（2）存在. 当直线 AB 的斜率存在时，设直线 AB 的方程为 $y = kx + 1$，点 A,B 的坐标分
别为 (x_1, y_1)，(x_2, y_2).

由 $\begin{cases} y = kx + 1, \\ \dfrac{x^2}{4} + \dfrac{y^2}{2} = 1 \end{cases}$ 消去 y 并整理，得 $(2k^2 + 1)x^2 + 4kx - 2 = 0$，①

其判别式 $\Delta = (4k)^2 + 8(2k^2 + 1) > 0$，$x_1, x_2$ 为方程①的两根，所以 $x_1 + x_2 = -\dfrac{4k}{2k^2 + 1}$，

$x_1 x_2 = -\dfrac{2}{2k^2 + 1}$.

因为 $\overrightarrow{OA} = (x_1, y_1)$，$\overrightarrow{OB} = (x_2, y_2)$，$\overrightarrow{PA} = (x_1, y_1 - 1)$，$\overrightarrow{PB} = (x_2, y_2 - 1)$，

所以 $\overrightarrow{OA} \cdot \overrightarrow{OB} + \lambda \overrightarrow{PA} \cdot \overrightarrow{PB} = (x_1, y_1) \cdot (x_2, y_2) + \lambda (x_1, y_1 - 1) \cdot (x_2, y_2 - 1) = x_1 x_2 + y_1 y_2 + \lambda x_1 x_2 + \lambda (y_1 - 1)(y_2 - 1) = (1 + \lambda) x_1 x_2 + (1 + \lambda) y_1 y_2 - \lambda (y_1 + y_2) + \lambda = (1 + \lambda) \cdot x_1 x_2 + (1 + \lambda)(kx_1 + 1)(kx_2 + 1) - \lambda (kx_1 + 1 + kx_2 + 1) + \lambda = (1 + \lambda)(1 + k^2) x_1 x_2 + (1 + \lambda) k(x_1 + x_2) + 1 + \lambda - \lambda k(x_1 + x_2) - 2\lambda + \lambda = (1 + \lambda)(1 + k^2) x_1 x_2 + k(x_1 + x_2) + 1 = \dfrac{(-2\lambda - 4)k^2 + (-2\lambda - 1)}{2k^2 + 1} = -\dfrac{\lambda - 1}{2k^2 + 1} - \lambda - 2$.

当 $\lambda = 1$ 时，$-\dfrac{\lambda - 1}{2k^2 + 1} - \lambda - 2 = -3$（定值），即 $\overrightarrow{OA} \cdot \overrightarrow{OB} + \lambda \overrightarrow{PA} \cdot \overrightarrow{PB}$ 为定值. 所以存在
实数 $\lambda = 1$，使得 $\overrightarrow{OA} \cdot \overrightarrow{OB} + \lambda \overrightarrow{PA} \cdot \overrightarrow{PB}$ 为定值 -3.

当直线 AB 的斜率不存在时，

直线 AB 就是直线 CD，此时 $\overrightarrow{OA} \cdot \overrightarrow{OB} + \lambda \overrightarrow{PA} \cdot \overrightarrow{PB} = \overrightarrow{OC} \cdot \overrightarrow{OD} + \lambda \overrightarrow{PA} \cdot \overrightarrow{PB} = -2 - \lambda$.

当 $\lambda = 1$ 时，$-2 - \lambda = -3$（定值）.

综上，存在常数 $\lambda = 1$，使得 $\overrightarrow{OA} \cdot \overrightarrow{OB} + \lambda \overrightarrow{PA} \cdot \overrightarrow{PB}$ 为定值 -3.

5. 已知短轴长为 2 的椭圆 $E:\dfrac{x^2}{a^2}+\dfrac{y^2}{b^2}=1(a>b>0)$,直线 n 的横、纵截距分别为 a,-1,且原点到直线 n 的距离为 $\dfrac{\sqrt{3}}{2}$.

(1)求椭圆 E 的方程.

(2)直线 l 经过椭圆 E 的右焦点 F 且与椭圆 E 交于 A,B 两点. 若椭圆 E 上存在一点 C 满足 $\overrightarrow{OA}+\sqrt{3}\,\overrightarrow{OB}-2\overrightarrow{OC}=\mathbf{0}$($O$ 为坐标原点),求直线 l 的方程.

解 (1)由题设条件知 $2b=2$,所以 $b=1$. 由题设知直线 n 的斜率存在且不为 0,直线 n 的方程为 $\dfrac{x}{a}+\dfrac{y}{-1}=1$,即 $\dfrac{x}{a}-y=1$,则原点到直线 n 的距离 $d=\dfrac{|0-0-1|}{\sqrt{\left(\dfrac{1}{a}\right)^2+(-1)^2}}=$

$\dfrac{a}{\sqrt{a^2+1}}=\dfrac{\sqrt{3}}{2}$,解得 $a^2=3$,所以椭圆 E 的方程为 $\dfrac{x^2}{3}+y^2=1$.

(2)设 $A(x_1,y_1),B(x_2,y_2),C(x_3,y_3)$. 当直线 l 的斜率为 0 时,不符合题意. 由(1)知 $c^2=a^2-b^2=3-1=2$,所以 $c=\sqrt{2}$,所以 $F(\sqrt{2},0)$. 设直线 l 的方程为 $x=ty+\sqrt{2}$.

由 $\begin{cases}x=ty+\sqrt{2},\\ \dfrac{x^2}{3}+y^2=1\end{cases}$ 消去 x 并整理得 $(t^2+3)y^2+2\sqrt{2}ty-1=0$,所以 $y_1+y_2=-\dfrac{2\sqrt{2}t}{t^2+3}$,

$y_1y_2=-\dfrac{1}{t^2+3}$.

因为 $\overrightarrow{OA}+\sqrt{3}\,\overrightarrow{OB}-2\overrightarrow{OC}=\mathbf{0}$,所以 $(x_1,y_1)+\sqrt{3}(x_2,y_2)-2(x_3,y_3)=(0,0)$,即 $(x_1+\sqrt{3}x_2-2x_3$,$y_1+\sqrt{3}y_2-2y_3)=(0,0)$,所以 $x_3=\dfrac{x_1}{2}+\dfrac{\sqrt{3}}{2}x_2,y_3=\dfrac{y_1}{2}+\dfrac{\sqrt{3}}{2}y_2$.

因为点 C 在椭圆 E 上,所以 $\dfrac{x_3^2}{3}+y_3^2=\dfrac{1}{3}\left(\dfrac{x_1}{2}+\dfrac{\sqrt{3}}{2}x_2\right)^2+\left(\dfrac{y_1}{2}+\dfrac{\sqrt{3}}{2}y_2\right)^2=\dfrac{1}{4}\times\dfrac{1}{3}(x_1^2+$

$3x_2^2+2\sqrt{3}x_1x_2)+\dfrac{1}{4}(y_1^2+3y_2^2+2\sqrt{3}y_1y_2)=\dfrac{1}{4}\left(\dfrac{x_1^2}{3}+y_1^2\right)+\dfrac{3}{4}\left(\dfrac{x_2^2}{3}+y_2^2\right)+\dfrac{\sqrt{3}}{6}(x_1x_2+3y_1y_2)=1$.

又 $\dfrac{x_1^2}{3}+y_1^2=1,\dfrac{x_2^2}{3}+y_2^2=1$,所以 $x_1x_2+3y_1y_2=0$. 所以 $(ty_1+\sqrt{2})(ty_2+\sqrt{2})+3y_1y_2=0$,所以

$(3+t^2)y_1y_2+\sqrt{2}t(y_1+y_2)+2=0$,即 $(3+t^2)\cdot\left(-\dfrac{1}{t^2+3}\right)+\sqrt{2}t\cdot\left(-\dfrac{2\sqrt{2}t}{t^2+3}\right)+2=0$,整理得 $t^2=1$,所以 $t=\pm1$. 所以直线 l 的方程为 $x+y-\sqrt{2}=0$ 或 $x-y-\sqrt{2}=0$.

6. 设 $A(x_1,y_1),B(x_2,y_2)$ 是椭圆 $\dfrac{x^2}{b^2}+\dfrac{y^2}{a^2}=1(a>b>0)$ 上的两点,已知向量 $\boldsymbol{m}=\left(\dfrac{x_1}{b},\dfrac{y_1}{a}\right),\boldsymbol{n}=\left(\dfrac{x_2}{b},\dfrac{y_2}{a}\right)$,若 $\boldsymbol{m}\cdot\boldsymbol{n}=0$,且椭圆的离心率 $e=\dfrac{\sqrt{3}}{2}$,短轴长为 2,O 为坐标原点.

(1)求椭圆的方程.

(2)若直线 AB 过椭圆的焦点 $F(0,c)$(c 为半焦距),求直线 AB 的斜率 k 的值.

(3)试问:$\triangle AOB$ 的面积是不是定值? 若是,求出定值;若不是,请说明理由.

解 （1）由题意知，$2b=2$，$\dfrac{c}{a}=\dfrac{\sqrt{3}}{2}$，$a^2=b^2+c^2$，解得 $a=2$，$b=1$，$c=\sqrt{3}$，所以椭圆的

方程为 $\dfrac{y^2}{4}+x^2=1$.

（2）由（1）知，$F(0,\sqrt{3})$，且直线 AB 的方程为 $y=kx+\sqrt{3}$.

联立 $\begin{cases} y=kx+\sqrt{3}, \\ \dfrac{y^2}{4}+x^2=1 \end{cases}$ 消去 y 并整理得 $(k^2+4)x^2+2\sqrt{3}kx-1=0$，则 x_1,x_2 是该方程的两

根，所以 $\Delta=(2\sqrt{3}k)^2+4(k^2+4)=16(k^2+1)>0$，并且 $x_1+x_2=-\dfrac{2\sqrt{3}k}{k^2+4}$，$x_1x_2=-\dfrac{1}{k^2+4}$.

由 $\boldsymbol{m}\cdot\boldsymbol{n}=0$ 得 $\boldsymbol{m}\cdot\boldsymbol{n}=\left(\dfrac{x_1}{b},\dfrac{y_1}{a}\right)\cdot\left(\dfrac{x_2}{b},\dfrac{y_2}{a}\right)=\dfrac{x_1x_2}{b^2}+\dfrac{y_1y_2}{a^2}=\dfrac{x_1x_2}{b^2}+$

$\dfrac{(kx_1+\sqrt{3})(kx_2+\sqrt{3})}{a^2}=x_1x_2+\dfrac{1}{4}\left[k^2x_1x_2+\sqrt{3}k(x_1+x_2)+3\right]=\left(1+\dfrac{k^2}{4}\right)x_1x_2+\dfrac{\sqrt{3}k}{4}(x_1+$

$x_2)+\dfrac{3}{4}=\dfrac{k^2+4}{4}\cdot\left(-\dfrac{1}{k^2+4}\right)+\dfrac{\sqrt{3}k}{4}\cdot\dfrac{-2\sqrt{3}k}{k^2+4}+\dfrac{3}{4}=0$，解得 $k=\pm\sqrt{2}$. 所以直线 AB 的斜率

k 的值为 $\pm\sqrt{2}$.

（3）①若直线 AB 的斜率不存在，则 $x_1=x_2$，$y_1=-y_2$，由 $\boldsymbol{m}\cdot\boldsymbol{n}=0$ 得 $x_1^2-\dfrac{y_1^2}{4}=0$，即

$y_1^2=4x_1^2$. ①

又因为点 $A(x_1,y_1)$ 在椭圆 $\dfrac{y^2}{4}+x^2=1$ 上，所以 $\dfrac{y_1^2}{4}+x_1^2=1$. ②

联立①②，解得 $|x_1|=\dfrac{\sqrt{2}}{2}$，$|y_1|=\sqrt{2}$，

所以 $\triangle AOB$ 的面积 $S_{\triangle AOB}=\dfrac{1}{2}|x_1||y_1-y_2|=\dfrac{1}{2}|x_1|\cdot2|y_1|=1$（定值），所以此时

$\triangle AOB$ 的面积为定值 1.

②若直线 AB 的斜率存在，设直线 AB 的方程为 $y=k'x+t$.

联立 $\begin{cases} y=k'x+t, \\ \dfrac{y^2}{4}+x^2=1 \end{cases}$ 消去 y 并整理得 $(k'^2+4)x^2+2k'tx+t^2-4=0$，则 x_1,x_2 是该方程的

两根.

所以 $\Delta=(2k't)^2-4(k'^2+4)(t^2-4)=4k'^2t^2-4k'^2t^2+16k'^2-16t^2+64=16k'^2-16t^2+$

$64>0$，且 $x_1+x_2=-\dfrac{2k't}{k'^2+4}$，$x_1x_2=\dfrac{t^2-4}{k'^2+4}$.

由 $\boldsymbol{m}\cdot\boldsymbol{n}=0$ 得 $\boldsymbol{m}\cdot\boldsymbol{n}=\left(\dfrac{x_1}{b},\dfrac{y_1}{a}\right)\cdot\left(\dfrac{x_2}{b},\dfrac{y_2}{a}\right)=\dfrac{x_1x_2}{b^2}+\dfrac{y_1y_2}{a^2}=x_1x_2+\dfrac{1}{4}(k'x_1+t)(k'x_2+$

$t)=\left(1+\dfrac{k'^2}{4}\right)x_1x_2+\dfrac{k't}{4}(x_1+x_2)+\dfrac{t^2}{4}=\dfrac{k'^2+4}{4}\cdot\dfrac{t^2-4}{k'^2+4}+\dfrac{k't}{4}\cdot\left(-\dfrac{2k't}{k'^2+4}\right)+\dfrac{t^2}{4}=0$,整理得

$2t^2=k'^2+4$,此时判别式$\Delta=16k'^2-8(k'^2+4)+64=8k'^2+32>0$恒成立.

设点O到直线AB的距离为d,则$\triangle AOB$的面积$S_{\triangle AOB}=\dfrac{1}{2}d\cdot|AB|=\dfrac{1}{2}\cdot\dfrac{|t|}{\sqrt{1+k'^2}}\cdot$

$\sqrt{(1+k'^2)(x_1-x_2)^2}=\dfrac{|t|}{2}\cdot\sqrt{(x_1+x_2)^2-4x_1x_2}=\dfrac{|t|\sqrt{4k'^2-4t^2+16}}{k'^2+4}=\dfrac{|t|\cdot\sqrt{4t^2}}{2t^2}=1$

(定值).

综上,$\triangle AOB$的面积是定值,定值为1.

7. 已知点$A(0,-2)$,椭圆$E:\dfrac{x^2}{a^2}+\dfrac{y^2}{b^2}=1(a>b>0)$的离心率为$\dfrac{\sqrt{3}}{2}$,$F$是椭圆的右焦点,直线$AF$的斜率为$\dfrac{2\sqrt{3}}{3}$,$O$为坐标原点.

(1)求椭圆E的方程;

(2)设过点A的动直线l与E相交于P,Q两点,当$\triangle POQ$的面积最大时,求直线l的方程.

解 (1)由题意可设$F(c,0)$,则直线AF的斜率$k_{AF}=\dfrac{2}{c}=\dfrac{2\sqrt{3}}{3}$,所以$c=\sqrt{3}$. 由$\dfrac{c}{a}=$

$\dfrac{\sqrt{3}}{2}$得$a=2$,所以$b^2=a^2-c^2=1$. 所以椭圆E的方程为$\dfrac{x^2}{4}+y^2=1$.

(2)当过A的动直线l的斜率不存在,即$l\perp x$轴时,l的方程为$x=0$,此时,P,O,Q三点共线,构不成三角形,故不合题意. 当直线l的斜率存在时,设l的方程为$y=kx-2$.

设$P(x_1,y_1),Q(x_2,y_2)$,联立$\begin{cases}y=kx-2,\\\dfrac{x^2}{4}+y^2=1\end{cases}$消去$y$并整理得$(1+4k^2)x^2-16kx+12=0$,

则x_1,x_2是该方程的两根.

所以判别式$\Delta=(-16k)^2-4(1+4k^2)\cdot12=16(4k^2-3)>0$,即$k^2>\dfrac{3}{4}$,并且$x_1+$

$x_2=\dfrac{16k}{1+4k^2},x_1x_2=\dfrac{12}{1+4k^2}$.

又因为点O到PQ的距离$d=\dfrac{|2|}{\sqrt{1+k^2}}=\dfrac{2}{\sqrt{1+k^2}}$,所以$\triangle POQ$的面积$S_{\triangle POQ}=\dfrac{1}{2}d\cdot$

$|PQ|=\dfrac{1}{\sqrt{1+k^2}}\sqrt{(1+k^2)(x_1-x_2)^2}=\sqrt{(x_1+x_2)^2-4x_1x_2}=\dfrac{4\sqrt{4k^2-3}}{4k^2+1}$. 设$\sqrt{4k^2-3}=t$,则

$t>0$,此时,$S_{\triangle POQ}=\dfrac{4t}{t^2+4}=\dfrac{4}{t+\dfrac{4}{t}}\leqslant\dfrac{4}{2\sqrt{t\cdot\dfrac{4}{t}}}=1$(当且仅当$t=2$,即$k=\pm\dfrac{\sqrt{7}}{2}$时等号成

立),此时判别式$\Delta=16(4k^2-3)=64>0$恒成立.

所以当 $\triangle OPQ$ 的面积最大时,直线 l 的方程为 $y = \dfrac{\sqrt{7}}{2}x - 2$ 或 $y = -\dfrac{\sqrt{7}}{2}x - 2$.

8. 设椭圆 $\dfrac{x^2}{a^2} + \dfrac{y^2}{b^2} = 1(a > b > 0)$ 的左焦点为 F,左顶点为 A,上顶点为 B,已知 $\sqrt{3}\,|OA| = 2|OB|$(O 为坐标原点).

(1)求椭圆的离心率.

(2)设经过点 F 且斜率为 $\dfrac{3}{4}$ 的直线 l 与椭圆在 x 轴上方的交点为 P,圆 C 同时与 x 轴和直线 l 相切,圆心 C 在直线 $x = 4$ 上,且 $OC /\!/ AP$,求椭圆的方程.

解 (1)设椭圆的半焦距为 c,由题设条件有 $F(-c, 0)$,$A(-a, 0)$,$B(0, b)$,由 $\sqrt{3}\,|OA| = 2|OB|$ 得 $\sqrt{3}\,a = 2b$.

因为 $a^2 = b^2 + c^2$,所以 $c^2 = a^2 - b^2 = \left(\dfrac{2}{\sqrt{3}}b\right)^2 - b^2 = \dfrac{1}{3}b^2$.

所以离心率 $e = \dfrac{c}{a} = \sqrt{\dfrac{c^2}{a^2}} = \sqrt{\dfrac{\dfrac{1}{3}b^2}{\dfrac{4}{3}b^2}} = \dfrac{1}{2}$.

(2)由(1)知 $a = 2c$,$b = \sqrt{3}\,c$,则过焦点 $F(-c, 0)$,斜率为 $\dfrac{3}{4}$ 的直线 l 的方程为 $y = \dfrac{3}{4}(x + c)$.

设 P 点坐标为 (x_P, y_P),由 $\begin{cases} y = \dfrac{3}{4}(x + c), \\ \dfrac{x^2}{a^2} + \dfrac{y^2}{b^2} = 1, \\ a = 2c, b = \sqrt{3}\,c \end{cases}$ 消去 y 并化简整理,得 $7x^2 + 6cx - 13c^2 = 0$.

解得 $x_1 = c$,$x_2 = -\dfrac{13}{7}c$. 所以 $y_1 = \dfrac{3}{4}(x_1 + c) = \dfrac{3}{2}c$,$y_2 = \dfrac{3}{4}(x_2 + c) = -\dfrac{9}{14}c$.

因为点 P 在 x 轴上方,所以 P 点坐标为 $\left(c, \dfrac{3}{2}c\right)$.

设圆 C 的圆心 C 的坐标为 (x_C, y_C). 由题设知圆心 C 在直线 $x = 4$ 上,所以 $x_C = 4$,所以 $C(4, y_C)$. 又因为圆 C 与 x 轴相切,所以圆 C 的方程为 $(x - 4)^2 + (y - y_C)^2 = y_C^2$.

圆 C 与直线 l 相切,所以圆心 $C(4, y_C)$ 到直线 $l: y = \dfrac{3}{4}(x + c)$ 的距离 $d = $

$\dfrac{\left|\dfrac{3}{4}(4 + c) - y_C\right|}{\sqrt{1 + \left(-\dfrac{3}{4}\right)^2}} = |y_C|$,即 $|12 + 3c - 4y_C| = 5|y_C|$. ①

又因为 $OC /\!/ AP$,所以 $k_{OC} = \dfrac{y_C}{4} = k_{AP} = \dfrac{\dfrac{3}{2}c - 0}{c - (-a)} = \dfrac{\dfrac{3}{2}c}{c + 2c} = \dfrac{1}{2}$,解得 $y_C = 2$.

把 $y_C = 2$ 代入①式,得 $|12 + 3c - 8| = 10$,即 $|4 + 3c| = 10$.

又 $c > 0$,所以 $c = 2$. 所以 $a = 2c = 4$,$b = \sqrt{3}c = 2\sqrt{3}$.

所以椭圆的方程为 $\dfrac{x^2}{16} + \dfrac{y^2}{12} = 1$.

9.已知椭圆 $C : \dfrac{x^2}{a^2} + \dfrac{y^2}{b^2} = 1(a > 0, b > 0)$ 的离心率 $e = \dfrac{\sqrt{3}}{2}$,且圆 $x^2 + y^2 = 2$ 过椭圆 C 的上、下顶点.

(1)求椭圆 C 的方程.

(2)若直线 l 的斜率为 $\dfrac{1}{2}$,且直线 l 与椭圆 C 交于 P,Q 两点,点 P 关于原点的对称点为 E,点 $A(-2,1)$ 是椭圆 C 上的一点,判断直线 AE 与 AQ 的斜率之和是否是定值. 如果是,请求出此定值;如果不是,请说明理由.

解 (1)由题意易知椭圆 $C : \dfrac{x^2}{a^2} + \dfrac{y^2}{b^2} = 1(a > 0, b > 0)$ 的上、下顶点坐标分别为 $(0, b)$,$(0, -b)$,且这两个点在圆 $x^2 + y^2 = 2$ 上,所以 $b^2 = 2$.

又由 $e = \dfrac{c}{a} = \dfrac{\sqrt{3}}{2}$,$b^2 + c^2 = a^2$,可得 $a^2 = 8$,所以椭圆 C 的方程为 $\dfrac{x^2}{8} + \dfrac{y^2}{2} = 1$.

(2)直线 AE 与 AQ 的斜率之和是定值,且定值为 0.

由题意"直线 l 的斜率为 $\dfrac{1}{2}$",可设直线 l 的方程为 $y = \dfrac{1}{2}x + t(t \neq 0)$.

由 $\begin{cases} y = \dfrac{1}{2}x + t, \\ \dfrac{x^2}{8} + \dfrac{y^2}{2} = 1 \end{cases}$ 消去 y 并整理可得 $x^2 + 2tx + 2t^2 - 4 = 0$.

设 $P(x_1, y_1)$,$Q(x_2, y_2)$,因为直线 l 与椭圆 C 交于 P,Q 两点,所以 x_1, x_2 是方程 $x^2 + 2tx + 2t^2 - 4 = 0$ 的两根,所以 $\Delta = 4t^2 - 4(2t^2 - 4) > 0$,解得 $-2 < t < 2(t \neq 0)$,且 $x_1 + x_2 = -2t$,$x_1 x_2 = 2t^2 - 4$.

因为点 P 与点 E 关于原点对称,所以点 E 的坐标为 $(-x_1, -y_1)$,直线 AE 的斜率 $k_{AE} = \dfrac{1 + y_1}{-2 + x_1}$.

又直线 AQ 的斜率 $k_{AQ} = \dfrac{1 - y_2}{-2 - x_2}$,则直线 AE 与 AQ 的斜率之和为

$$k_{AE} + k_{AQ} = \dfrac{1 + y_1}{-2 + x_1} + \dfrac{1 - y_2}{-2 - x_2} = \dfrac{(1 + y_1)(-2 - x_2) + (1 - y_2)(-2 + x_1)}{(-2 + x_1)(-2 - x_2)}.$$

又因为 $y_1 = \dfrac{1}{2}x_1 + t$,$y_2 = \dfrac{1}{2}x_2 + t$,

所以 $(1 + y_1)(-2 - x_2) + (1 - y_2)(-2 + x_1)$

$= -4 + (x_1 - x_2) - x_2 y_1 - x_1 y_2 - 2(y_1 - y_2)$

$= -4 + (x_1 - x_2) - x_2\left(\dfrac{1}{2}x_1 + t\right) - x_1\left(\dfrac{1}{2}x_2 + t\right) - 2\left(\dfrac{1}{2}x_1 + t - \dfrac{1}{2}x_2 - t\right)$

$$= -4 - x_1x_2 - t(x_1 + x_2) = -4 - 2t^2 + 4 + 2t^2 = 0.$$

所以直线 AE 与 AQ 的斜率之和是定值,且定值为 0.

10. 已知直线 $l:y = x + 2$ 与双曲线 $C:\dfrac{x^2}{a^2} - \dfrac{y^2}{b^2} = 1(a>0,b>0)$ 相交于 B,D 两点,且 BD 的中点为 $M(1,3)$.

(1)求双曲线 C 的离心率.

(2)设双曲线 C 的右顶点为 A,右焦点为 F,$|FB| \cdot |DF| = 17$.试判断 $\triangle ABD$ 是不是直角三角形,并说明理由.

解 (1)设 $B(x_1,y_1),D(x_2,y_2)$,由 $\begin{cases} y = x + 2, \\ \dfrac{x^2}{a^2} - \dfrac{y^2}{b^2} = 1 \end{cases}$ 消去 y 并整理得 $(b^2 - a^2)x^2 - 4a^2x - 4a^2 - a^2b^2 = 0$,则 x_1,x_2 是该方程的两根,

所以 $\Delta = (-4a^2)^2 + 4(b^2 - a^2)(4a^2 + a^2b^2) = 4a^2b^2(4 + b^2 - a^2) > 0$,且 $x_1 + x_2 = \dfrac{4a^2}{b^2 - a^2}$,$x_1x_2 = -\dfrac{4a^2 + a^2b^2}{b^2 - a^2}$.

因为 BD 的中点为 $M(1,3)$,所以 $\dfrac{x_1 + x_2}{2} = 1$,即 $\dfrac{2a^2}{b^2 - a^2} = 1$,解得 $b^2 = 3a^2$,则 $c^2 = b^2 + a^2 = 4a^2$,所以双曲线 C 的离心率 $e = \dfrac{c}{a} = \sqrt{\dfrac{c^2}{a^2}} = 2$.

(2)$\triangle ABD$ 是直角三角形. 理由如下:

由(1)可知双曲线的方程为 $\dfrac{x^2}{a^2} - \dfrac{y^2}{3a^2} = 1$,$A(a,0)$,$F(2a,0)$,此时 $x_1 + x_2 = \dfrac{4a^2}{b^2 - a^2} = 2$,

$x_1x_2 = -\dfrac{4a^2 + a^2b^2}{b^2 - a^2} = -\dfrac{4a^2 + 3a^4}{2a^2} = -\dfrac{4 + 3a^2}{2} < 0$,

所以 x_1,x_2 异号,不妨设 $x_1 \leqslant -a$,$x_2 \geqslant a$,

则 $|FB| = \sqrt{(x_1 - 2a)^2 + y_1^2} = \sqrt{(x_1 - 2a)^2 + 3x_1^2 - 3a^2} = a - 2x_1$,$|DF| = \sqrt{(x_2 - 2a)^2 + y_2^2} = \sqrt{(x_2 - 2a)^2 + 3x_2^2 - 3a^2} = 2x_2 - a$,

从而 $|FB| \cdot |DF| = (a - 2x_1) \cdot (2x_2 - a) = 2a(x_1 + x_2) - 4x_1x_2 - a^2 = 5a^2 + 4a + 8 = 17$,解得 $a = 1$ 或 $a = -\dfrac{9}{5}$(舍去).

所以 $A(1,0)$,$x_1 + x_2 = 2$,$x_1x_2 = -\dfrac{7}{2}$,$\overrightarrow{AB} = (x_1 - 1,y_1) = (x_1 - 1,x_1 + 2)$,$\overrightarrow{AD} = (x_2 - 1,y_2) = (x_2 - 1,x_2 + 2)$,

所以 $\overrightarrow{AB} \cdot \overrightarrow{AD} = (x_1 - 1,x_1 + 2) \cdot (x_2 - 1,x_2 + 2) = (x_1 - 1)(x_2 - 1) + (x_1 + 2)(x_2 + 2) = 2x_1x_2 + (x_1 + x_2) + 5 = 0$,所以 $AB \perp AD$,即 $\triangle ABD$ 为直角三角形.

11. 已知抛物线 $C:y^2 = 3x$ 的焦点为 F,斜率为 $\dfrac{3}{2}$ 的直线 l 与 C 的交点为 A,B,与 x 轴的交点为 P.

(1)若 $|AF| + |BF| = 4$,求 l 的方程;

(2)若 $\overrightarrow{AP} = 3\overrightarrow{PB}$，求 $|AB|$.

解　(1)设直线 l 的方程为 $y = \dfrac{3}{2}x + t$，$A(x_1, y_1)$，$B(x_2, y_2)$.

根据抛物线的定义知，$|AF| = x_1 + \dfrac{p}{2}$，$|BF| = x_2 + \dfrac{p}{2}$，

所以 $|AF| + |BF| = x_1 + x_2 + p = x_1 + x_2 + \dfrac{3}{2}$，

所以 $x_1 + x_2 + \dfrac{3}{2} = 4$，则 $x_1 + x_2 = \dfrac{5}{2}$.

由 $\begin{cases} y = \dfrac{3}{2}x + t, \\ y^2 = 3x \end{cases}$ 消去 y 并整理得 $9x^2 + 12(t-1)x + 4t^2 = 0$，则 x_1, x_2 是该方程的

两根，

所以 $\Delta = \left[12(t-1) \right]^2 - 4 \times 9 \times 4t^2 = 144(1 - 2t) > 0$，即 $t < \dfrac{1}{2}$，且 $x_1 + x_2 =$

$-\dfrac{12(t-1)}{9} = -\dfrac{4(t-1)}{3}$，所以 $-\dfrac{4(t-1)}{3} = \dfrac{5}{2}$，解得 $t = -\dfrac{7}{8} < \dfrac{1}{2}$，符合要求，所以直线 l

的方程为 $y = \dfrac{3}{2}x - \dfrac{7}{8}$.

(2)直线 $l: y = \dfrac{3}{2}x + t$ 与 x 轴的交点为 $P\left(-\dfrac{2}{3}t, 0 \right)$，由 $\overrightarrow{AP} = 3\overrightarrow{PB}$ 得

$\left(-\dfrac{2}{3}t - x_1, -y_1 \right) = 3\left(x_2 + \dfrac{2}{3}t, y_2 \right)$，即 $-\dfrac{2}{3}t - x_1 = 3x_2 + 2t$，$-y_1 = 3y_2$，所以 $x_1 = -3x_2 -$

$\dfrac{8}{3}t$，$y_1 = -3y_2$.

所以 $x_1 + x_2 = -2x_2 - \dfrac{8t}{3} = -\dfrac{4(t-1)}{3}$，$y_1 + y_2 = -2y_2 = \dfrac{3}{2}(x_1 + x_2) + 2t = 2$，

解得 $x_2 = -\dfrac{2t+2}{3}$，$y_2 = -1$.

因为点 (x_2, y_2) 在抛物线 $y^2 = 3x$ 上，所以 $t = -\dfrac{3}{2}$，$x_2 = \dfrac{1}{3}$，$y_2 = -1$，

则 $x_1 = 3$，$y_1 = -3y_2 = 3$. 所以 $|AB| = \sqrt{(x_1 - x_2)^2 + (y_1 - y_2)^2} = \dfrac{4\sqrt{13}}{3}$.

12. 已知直线 $l: x - y + 1 = 0$ 与焦点为 F 的抛物线 $C: y^2 = 2px$ 相切.

(1)求抛物线 C 的方程；

(2)过点 F 的直线 m 与抛物线 C 交于 A, B 两点，求 A, B 两点到直线 l 的距离之和的

最小值.

解　(1)由 $\begin{cases} x - y + 1 = 0, \\ y^2 = 2px \end{cases}$ 消去 x 并整理得 $y^2 - 2py + 2p = 0$.

由题意知直线 l 与抛物线 C 相切，所以一元二次方程 $y^2 - 2py + 2p = 0$ 有且只有一个

根，所以 $\Delta = 4p^2 - 8p = 0$，解得 $p = 0$(舍去)或 $p = 2$. 所以抛物线的方程为 $y^2 = 4x$.

（2）由（1）知 $F(1,0)$，且直线 m 的斜率不为 0. 可设 m 的方程为 $x = ty + 1$.

由 $\begin{cases} x = ty + 1 \\ y^2 = 4x \end{cases}$ 消去 x 并整理可得 $y^2 - 4ty - 4 = 0$.

设 $A(x_1, y_1)$，$B(x_2, y_2)$，则 y_1, y_2 是该方程的两根，所以 $\Delta = 16t^2 + 16 > 0$，且 $y_1 + y_2 = 4t$，$y_1 y_2 = -4$，所以 $x_1 + x_2 = ty_1 + 1 + ty_2 + 1 = t(y_1 + y_2) + 2 = 4t^2 + 2$，则线段 AB 的中点 M 的坐标为 $(2t^2 + 1, 2t)$.

设点 A 到直线 l 的距离为 d_1，点 B 到直线 l 的距离为 d_2，

点 M 到直线 l 的距离为 d.

则 $d_1 + d_2 = 2d = 2 \times \dfrac{|2t^2 + 1 - 2t + 1|}{\sqrt{1^2 + 1^2}} = \sqrt{2}\,|2t^2 - 2t + 2| = 2\sqrt{2}\left|\left(t - \dfrac{1}{2}\right)^2 + \dfrac{3}{4}\right|$.

显然当 $t = \dfrac{1}{2}$ 时，$2d$ 取最小值，最小值为 $2\sqrt{2} \times \dfrac{3}{4} = \dfrac{3\sqrt{2}}{2}$.

因此，A, B 两点到直线 l 的距离之和的最小值为 $\dfrac{3\sqrt{2}}{2}$.

13. 已知直线 l 过抛物线 $C: x^2 = 2py\,(p > 0)$ 的焦点，且垂直于抛物线的对称轴，l 与抛物线两交点之间的距离为 2.

（1）求抛物线 C 的方程；

（2）若点 $P(2, 2)$，过点 $(-2, 4)$ 的直线与抛物线 C 相交于 A, B 两点，设直线 PA 与 PB 的斜率分别为 k_1 和 k_2，求证：$k_1 k_2$ 为定值，并求出此定值.

解　（1）抛物线 $x^2 = 2py$ 的焦点为 $\left(0, \dfrac{p}{2}\right)$，对称轴为直线 $x = 0$，

所以直线 l 的方程为 $y = \dfrac{p}{2}$，

由 $\begin{cases} y = \dfrac{p}{2} \\ x^2 = 2py \end{cases}$ 得两交点坐标分别为 $\left(-p, \dfrac{p}{2}\right)$ 和 $\left(p, \dfrac{p}{2}\right)$.

由题意有 $2p = 2$，所以 $p = 1$.

所以抛物线 C 的方程为 $x^2 = 2y$.

（2）由题意知直线 AB 的斜率存在，设 AB 的方程为 $y - 4 = k(x + 2)$，即 $y = kx + 2k + 4$，

由 $\begin{cases} y = kx + 2k + 4 \\ x^2 = 2y \end{cases}$ 消去 y 并整理得 $x^2 - 2kx - 4k - 8 = 0$.

设 $A(x_1, y_1)$，$B(x_2, y_2)$，则 x_1, x_2 是该方程的两根，$\Delta = 4k^2 + 16k + 32 > 0$，且 $x_1 + x_2 = 2k$，$x_1 x_2 = -4k - 8$.

因为 P, A, B 三点坐标分别为 $(2, 2)$，(x_1, y_1)，(x_2, y_2)，所以直线 PA 的斜率 $k_1 = \dfrac{y_1 - 2}{x_1 - 2}$，直线 PB 的斜率 $k_2 = \dfrac{y_2 - 2}{x_2 - 2}$，

所以　$k_1 k_2 = \dfrac{y_1 - 2}{x_1 - 2} \cdot \dfrac{y_2 - 2}{x_2 - 2} = \dfrac{(kx_1 + 2k + 4 - 2)(kx_2 + 2k + 4 - 2)}{(x_1 - 2)(x_2 - 2)} = $

$$\frac{k^2 x_1 x_2 + (2k^2 + 2k)(x_1 + x_2) + (2k+2)^2}{x_1 x_2 - 2(x_1 + x_2) + 4} = \frac{-4k^3 - 8k^2 + 4k^3 + 4k^2 + 4k^2 + 8k + 4}{-4k - 8 - 4k + 4} = \frac{8k + 4}{-8k - 4} = -1$$

（定值）.

所以 $k_1 k_2$ 为定值，且定值为 -1.

14. 已知抛物线 $C_1 : y^2 = 2px (p > 0)$ 与椭圆 $C_2 : \dfrac{x^2}{4} + \dfrac{y^2}{3} = 1$ 有一个相同的焦点，过点 $A(2, 0)$，且与 x 轴不垂直的直线 l 交抛物线 C_1 于 P, Q 两点，P 关于 x 轴的对称点为 M.

(1) 求抛物线 C_1 的方程.

(2) 试问直线 MQ 是否过定点？若是，求出该定点的坐标；若不是，请说明理由.

解 (1) 因为椭圆 $C_2 : \dfrac{x^2}{4} + \dfrac{y^2}{3} = 1$ 的半焦距 $c = \sqrt{a^2 - b^2} = 1$，所以其焦点坐标为 $(1, 0)$ 和 $(-1, 0)$. 所以抛物线 $y^2 = 2px$ 的焦点为 $\left(\dfrac{p}{2}, 0\right)$.

因为 $p > 0$，抛物线 C_1 与椭圆 C_2 有一个相同的焦点，所以 $\dfrac{p}{2} = 1$.

则 $p = 2$，所以抛物线 C_1 的方程为 $y^2 = 4x$.

(2) 是. **方法一** 因为点 P 与点 M 关于 x 轴对称，设 $P(x_1, y_1)$，$Q(x_2, y_2)$，则 $M(x_1, -y_1)$.

由题意知，直线 PQ 的斜率存在，且不为 0，设 PQ 的方程为 $y = k(x - 2) = kx - 2k$.

由 $\begin{cases} y = kx - 2k, \\ y^2 = 4x \end{cases}$ 消去 y 并整理得 $k^2 x^2 - 4(k^2 + 1)x + 4k^2 = 0$，

则 x_1, x_2 是该方程的两根，

所以 $\Delta = 16(k^2 + 1)^2 - 16k^4 = 32k^2 + 16 > 0$，并且 $x_1 + x_2 = \dfrac{4(k^2 + 1)}{k^2}$，$x_1 x_2 = 4$. ①

设直线 MQ 的方程为 $y = mx + n$.

由 $\begin{cases} y = mx + n, \\ y^2 = 4x \end{cases}$ 消去 y 并整理得 $m^2 x^2 + (2mn - 4)x + n^2 = 0$.

易知 $M(x_1, -y_1)$ 也在抛物线上，且 x_1, x_2 也是该方程的两根，

所以 $\Delta = (2mn - 4)^2 - 4m^2 n^2 = 16 - 16mn > 0$，且 $x_1 + x_2 = -\dfrac{(2mn - 4)}{m^2}$，$x_1 x_2 = \dfrac{n^2}{m^2}$. ②

由①②得 $\dfrac{n^2}{m^2} = 4$.

因为 $x_1 > 0$，$x_2 > 0$，$y_1 y_2 < 0$，

所以 $\dfrac{n}{m} = 2$，即 $n = 2m$，此时直线 MQ 的方程为 $y = mx + n = m(x + 2)$.

所以直线 MQ 过定点，且定点坐标为 $(-2, 0)$.

方法二 设 $P(x_1, y_1)$，$Q(x_2, y_2)$，则 $M(x_1, -y_1)$，显然 P, Q, M 都在抛物线 C_1 上.

设 PQ 的方程为 $x = ty + 2$.

由 $\begin{cases} x = ty + 2, \\ y^2 = 4x \end{cases}$ 消去 x 并整理得 $y^2 - 4ty - 8 = 0$，所以 $y_1 y_2 = -8$.

设直线 MQ 的方程为 $x = my + n$，由 $\begin{cases} x = my + n, \\ y^2 = 4x \end{cases}$ 消去 x 并整理得 $y^2 - 4my - 4n = 0$，则 M, Q 的纵坐标是该方程的两根.

所以 $-y_1 \cdot y_2 = -4n$，则 $y_1 y_2 = 4n$，所以 $4n = -8$.

解得 $n = -2$，此时直线 MQ 的方程为 $x = my - 2$.

所以直线 MQ 必过定点，且定点坐标为 $(-2, 0)$.

15. 过抛物线 $E : x^2 = 4y$ 的焦点 F 的直线交抛物线于 M, N 两点，抛物线在 M, N 两点处的切线交于点 P.

(1) 求证：点 P 落在抛物线 E 的准线上.

(2) 设 $\overrightarrow{MF} = 2 \overrightarrow{FN}$，求 $\triangle PMN$ 的面积.

(1) **证明** 由题意知 $F(0, 1)$，准线方程为 $y = -1$，当直线 MN 的斜率为 0 时，其方程为 $y = 1$.

由 $\begin{cases} y = 1, \\ x^2 = 4y \end{cases}$ 得 M, N 的坐标分别为 $(2, 1), (-2, 1)$.（不妨设 M 在 N 右边）

由 $x^2 = 4y$ 得 $y = \frac{1}{4} x^2$，所以 $y' = \frac{x}{2}$，则过 M 点的抛物线的切线的方程为 $y - 1 = \frac{2}{2}(x - 2) = x - 2$，即 $y = x - 1$，过 N 点的抛物线的切线的方程为 $y - 1 = \frac{-2}{2}(x + 2)$，即 $y = -x - 1$.

由 $\begin{cases} y = x - 1, \\ y = -x - 1 \end{cases}$ 得 P 点的坐标为 $(0, -1)$，在直线 $y = -1$ 上. 所以点 P 落在抛物线 E 的准线上.

当直线 MN 的斜率不为 0 时，设 $M(x_1, y_1), N(x_2, y_2)$，MN 的方程为 $y = kx + 1$.

由 $\begin{cases} y = kx + 1, \\ x^2 = 4y \end{cases}$ 消去 y 并整理得 $x^2 - 4kx - 4 = 0$，则 x_1, x_2 是该方程的两根，所以 $\Delta = 16k^2 + 16 > 0$，且 $x_1 + x_2 = 4k, x_1 x_2 = -4$.

由 $x^2 = 4y$ 得 $y = \frac{x^2}{4}$，所以 $y' = \frac{x}{2}$. 则直线 PM 的方程为 $y - y_1 = \frac{x_1}{2}(x - x_1)$，①

直线 PN 的方程为 $y - y_2 = \frac{x_2}{2}(x - x_2)$. ②

由 ①② 联立消去 x 得 $(x_2 - x_1)(y + 2) = -x_1 y_2 + x_2 y_1 = -x_1 \cdot \frac{x_2^2}{4} + x_2 \cdot \frac{x_1^2}{4} = \frac{x_1 x_2}{4} \cdot (x_1 - x_2) = x_2 - x_1$. 因为 $x_2 \neq x_1$，所以 $y = -1$. 所以点 P 落在抛物线 E 的准线上.

(2) **解** 因为 $\overrightarrow{MF} = (-x_1, 1 - y_1), \overrightarrow{FN} = (x_2, y_2 - 1)$，所以由 $\overrightarrow{MF} = 2 \overrightarrow{FN}$ 得 $-x_1 = 2x_2$，且 $1 - y_1 = 2(y_2 - 1)$，即 $x_1 = -2x_2, y_1 = 3 - 2y_2$.

因为点 $M(x_1, y_1), N(x_2, y_2)$ 在抛物线 $x^2 = 4y$ 上，所以 $y_1 = \frac{x_1^2}{4}, y_2 = \frac{x_2^2}{4}$，将其代入 $\begin{cases} x_1 = -2x_2, \\ y_1 = 3 - 2y_2, \end{cases}$ 解得 $x_1^2 = 8, x_2^2 = 2$.

不妨取 $x_1 = 2\sqrt{2}$，则 $x_2 = -\sqrt{2}$，解得 $y_1 = 2, y_2 = \frac{1}{2}$. 所以 $M(2\sqrt{2}, 2), N\left(-\sqrt{2}, \frac{1}{2}\right)$.

由(1)可解得 P 点的坐标为 $\left(\frac{\sqrt{2}}{2}, -1\right)$，则 P 点到直线 MN 的距离 $d = \frac{3\sqrt{2}}{2}$，$|MN| = \frac{9}{2}$.

所以 $\triangle PMN$ 的面积 $S = \frac{1}{2}d \cdot |MN| = \frac{1}{2} \times \frac{9}{2} \times \frac{3\sqrt{2}}{2} = \frac{27\sqrt{2}}{8}$.

16. 已知椭圆 C 的中心在原点，一个焦点为 $F_1(-\sqrt{3}, 0)$，且椭圆 C 经过点 $P\left(\sqrt{3}, \frac{1}{2}\right)$.

(1)求椭圆 C 的方程.

(2)设椭圆 C 与 y 轴的正半轴交于点 D，直线 $l: y = kx + m$ 与椭圆 C 交于 A, B 两点(l 不经过 D 点)，且 $AD \perp BD$. 证明直线 l 经过定点，并求出该定点的坐标.

解　(1)由题意可设椭圆 C 的方程为 $\frac{x^2}{a^2} + \frac{y^2}{b^2} = 1$，则 $c^2 = (-\sqrt{3})^2 = 3 = a^2 - b^2$. ①

又点 $P\left(\sqrt{3}, \frac{1}{2}\right)$ 在椭圆 C 上，所以 $\frac{3}{a^2} + \frac{\frac{1}{4}}{b^2} = 1$. ②

联立①②，解得 $a^2 = 4, b^2 = 1$，所以椭圆 C 的方程为 $\frac{x^2}{4} + y^2 = 1$.

(2)令方程 $\frac{x^2}{4} + y^2 = 1$ 中 $x = 0$，得 $y = \pm 1$，所以 $D(0, 1)$.

设 $A(x_1, y_1), B(x_2, y_2)$，

联立 $\begin{cases} y = kx + m, \\ \frac{x^2}{4} + y^2 = 1 \end{cases}$ 消去 y 并整理得 $(1 + 4k^2)x^2 + 8kmx + 4m^2 - 4 = 0$，

则 x_1, x_2 是该方程的两根，所以 $\Delta = 64k^2m^2 - 4(1 + 4k^2)(4m^2 - 4) = 64k^2 - 16m^2 + 16 > 0$，并且 $x_1 + x_2 = \frac{-8km}{1 + 4k^2}, x_1 x_2 = \frac{4m^2 - 4}{1 + 4k^2}$.

因为 $AD \perp BD, \overrightarrow{AD} = (-x_1, 1 - y_1), \overrightarrow{BD} = (-x_2, 1 - y_2)$，

所以 $\overrightarrow{AD} \cdot \overrightarrow{BD} = (-x_1, 1 - y_1) \cdot (-x_2, 1 - y_2) = x_1 x_2 + (1 - y_1)(1 - y_2) = x_1 x_2 + 1 - (y_1 + y_2) + y_1 y_2 = x_1 x_2 + 1 - (kx_1 + m + kx_2 + m) + (kx_1 + m)(kx_2 + m) = (1 + k^2)x_1 x_2 + (km - k)(x_1 + x_2) + m^2 - 2m + 1 = \frac{5m^2 - 2m - 3}{1 + 4k^2} = 0$，解得 $m = 1$ 或 $m = -\frac{3}{5}$.

当 $m = 1$ 时，直线方程为 $y = kx + 1$，恒过定点 $D(0, 1)$，与题意不符，舍去.

当 $m = -\frac{3}{5}$ 时，直线方程为 $y = kx - \frac{3}{5}$，此时 $\Delta > 0$，直线恒过定点 $\left(0, -\frac{3}{5}\right)$.

综上，直线 l 恒过定点，且定点坐标为 $\left(0, -\frac{3}{5}\right)$.

二、军考模拟训练

【选择题】

1. 已知 F_1,F_2 分别为椭圆 $C:\dfrac{x^2}{a^2}+\dfrac{y^2}{b^2}=1(a>b>0)$ 的左、右焦点，B 为椭圆 C 的短轴的一个端点，直线 BF_1 与椭圆 C 的另一个交点为 A，若 $\triangle BAF_2$ 为等腰三角形，则 $\dfrac{|AF_1|}{|AF_2|}=$ _____.

    A. $\dfrac{1}{3}$ B. $\dfrac{1}{2}$ C. $\dfrac{2}{3}$ D. 3

2. 已知 F 是椭圆 $E:\dfrac{x^2}{a^2}+\dfrac{y^2}{b^2}=1(a>b>0)$ 的左焦点，经过原点 O 的直线 l 与椭圆 E 交于 P,Q 两点，若 $|PF|=2|QF|$，且 $\angle PFQ=120°$，则椭圆 E 的离心率为 _____.

    A. $\dfrac{1}{3}$ B. $\dfrac{1}{2}$ C. $\dfrac{\sqrt{3}}{3}$ D. $\dfrac{\sqrt{2}}{2}$

3. 已知抛物线 $x^2=2py(p>0)$ 的焦点 F 是椭圆 $\dfrac{x^2}{b^2}+\dfrac{y^2}{a^2}=1(a>b>0)$ 的一个焦点，且该抛物线的准线与椭圆相交于 A,B 两点. 若 $\triangle FAB$ 是正三角形，则椭圆的离心率为 _____.

    A. $\dfrac{1}{2}$ B. $\dfrac{\sqrt{2}}{2}$ C. $\dfrac{\sqrt{3}}{3}$ D. $\dfrac{\sqrt{3}}{2}$

4. 已知双曲线 $\dfrac{x^2}{a^2}-\dfrac{y^2}{b^2}=1(a>0,b>0)$ 的离心率为 2，过右焦点且垂直于 x 轴的直线与双曲线交于 A,B 两点. 设 A,B 到双曲线的同一条渐近线的距离分别是 d_1 和 d_2，若 $d_1+d_2=6$，则双曲线的方程为 _____.

    A. $\dfrac{x^2}{4}-\dfrac{y^2}{12}=1$ B. $\dfrac{x^2}{12}-\dfrac{y^2}{4}=1$

    C. $\dfrac{x^2}{3}-\dfrac{y^2}{9}=1$ D. $\dfrac{x^2}{9}-\dfrac{y^2}{3}=1$

5. 已知 F 是双曲线 $C:x^2-\dfrac{y^2}{3}=1$ 的右焦点，P 是双曲线 C 上一点，且 $PF\perp x$ 轴，点 A 的坐标为 $(1,3)$，则 $\triangle APF$ 的面积是 _____.

    A. $\dfrac{1}{3}$ B. $\dfrac{1}{2}$ C. $\dfrac{2}{3}$ D. $\dfrac{3}{2}$

6. 已知双曲线 $C:\dfrac{x^2}{a^2}-\dfrac{y^2}{b^2}=1(a>0,b>0)$ 的一条渐近线方程为 $y=\dfrac{\sqrt{5}}{2}x$，且与椭圆 $\dfrac{x^2}{12}+\dfrac{y^2}{3}=1$ 有公共焦点，则双曲线 C 的方程为 _____.

    A. $\dfrac{x^2}{8}-\dfrac{y^2}{10}=1$ B. $\dfrac{x^2}{4}-\dfrac{y^2}{5}=1$ C. $\dfrac{x^2}{5}-\dfrac{y^2}{4}=1$ D. $\dfrac{x^2}{4}-\dfrac{y^2}{3}=1$

7. 已知双曲线 $\dfrac{x^2}{m^2} - \dfrac{y^2}{m^2-1} = 1$ 的左、右焦点分别为 F_1, F_2, 其右支上存在一点 P 满足 $PF_1 \perp PF_2$, 且 $\triangle PF_1F_2$ 的面积为 3, 则该双曲线的离心率为_____.

　A. $\dfrac{\sqrt{5}}{2}$　　　B. $\dfrac{\sqrt{7}}{2}$　　　C. 2　　　D. 3

8. 已知双曲线 $\dfrac{x^2}{a^2} - \dfrac{y^2}{b^2} = 1\,(a>0,b>0)$ 的左、右焦点分别为 F_1, F_2, 双曲线上存在一点 P 使得 $|PF_1| + |PF_2| = 3b$, $|PF_1||PF_2| = \dfrac{9}{4}ab$, 则该双曲线的离心率为_____.

　A. $\dfrac{4}{3}$　　　B. $\dfrac{5}{3}$　　　C. $\dfrac{9}{4}$　　　D. 3

9. 已知 $a>b>0$, 椭圆 C_1 的方程为 $\dfrac{x^2}{a^2} + \dfrac{y^2}{b^2} = 1$, 双曲线 C_2 的方程为 $\dfrac{x^2}{a^2} - \dfrac{y^2}{b^2} = 1$, 椭圆 C_1 与双曲线 C_2 的离心率之积为 $\dfrac{\sqrt{3}}{2}$, 则双曲线 C_2 的渐近线方程为_____.

　A. $x \pm \sqrt{2}y = 0$　　　　　B. $\sqrt{2}x \pm y = 0$
　C. $x \pm 2y = 0$　　　　　　D. $2x \pm y = 0$

10. 已知双曲线 $\dfrac{x^2}{4} - \dfrac{y^2}{12} = 1$ 的左焦点为 F, 点 P 是双曲线右支上的动点, A 点的坐标为 $(1,4)$, 则 $|PF| + |PA|$ 的最小值为_____.

　A. 8　　　B. 9　　　C. 10　　　D. 12

11. 过抛物线 $C: y^2 = 4x$ 的焦点 F, 且斜率为 $\sqrt{3}$ 的直线交 C 于点 M(M 在 x 轴的上方), l 为 C 的准线, 点 N 在 l 上且 $MN \perp l$, 则 M 到直线 NF 的距离为_____.

　A. $\sqrt{5}$　　　B. $2\sqrt{2}$　　　C. $2\sqrt{3}$　　　D. $3\sqrt{3}$

12. 已知 A, B 为抛物线 $y^2 = 4x$ 上两点, O 为坐标原点, 且 $OA \perp OB$, 则 $|AB|$ 的最小值为_____.

　A. $4\sqrt{2}$　　　B. $2\sqrt{2}$　　　C. 8　　　D. $8\sqrt{2}$

13. 过抛物线 $y^2 = 2px\,(p>0)$ 的焦点 F 作直线 l, 交抛物线于点 M, N, 交抛物线的准线于点 P, 若 $\overrightarrow{PM} = 2\overrightarrow{PN}$, 则直线 l 的斜率为_____.

　A. $\pm\sqrt{2}$　　　B. ± 2　　　C. $\pm 2\sqrt{2}$　　　D. ± 4

14. 过抛物线 $C: x^2 = 2y$ 的焦点 F 的直线 l 交抛物线 C 于 A, B 两点, 若抛物线 C 在点 B 处的切线斜率为 1, 则线段 $|AF| = $_____.

　A. 1　　　B. 2　　　C. 3　　　D. 4

15. 已知曲线 C_1 是以原点 O 为中心, F_1, F_2 为焦点的椭圆, 曲线 C_2 是以 O 为顶点, F_2 为焦点的抛物线, A 是曲线 C_1 与 C_2 的交点, 且 $\angle AF_2F_1$ 为钝角. 若 $|AF_1| = \dfrac{7}{2}$, $|AF_2| = \dfrac{5}{2}$, 则 $\triangle AF_1F_2$ 的面积是_____.

　A. $\sqrt{3}$　　　B. $\sqrt{6}$　　　C. 2　　　D. 4

16. 过抛物线 $y = \frac{1}{4}x^2$ 的焦点 F 的直线交抛物线于 A,B 两点,点 C 在直线 $y = -1$ 上,若 $\triangle ABC$ 为正三角形,则其边长为_____.

    A. 11   B. 12   C. 13   D. 14

17. 设 O 为坐标原点,直线 $x = 2$ 与抛物线 $C:y^2 = 2px(p > 0)$ 交于 D,E 两点,若 $OD \perp OE$,则抛物线 C 的焦点坐标为_____.

    A. $\left(\frac{1}{4}, 0\right)$ B. $\left(\frac{1}{2}, 0\right)$ C. $(1, 0)$ D. $(2, 0)$

18. 抛物线的方程为 $C:y^2 = 8x$,其焦点恰好是椭圆 $E:\frac{x^2}{a^2} + \frac{y^2}{b^2} = 1 (a > b > 0)$ 的右焦点,已知椭圆的离心率为 $\frac{1}{2}$,抛物线的准线交椭圆于 A,B 两点,则线段 AB 的长 $|AB|$ 为_____.

    A. 4   B. 6   C. 8   D. 10

【填空题】

1. 一个圆经过椭圆 $\frac{x^2}{16} + \frac{y^2}{4} = 1$ 的三个顶点,且圆心在 x 轴的正半轴上,则该圆的标准方程为_____.

2. 已知双曲线 $\frac{x^2}{a^2} - \frac{y^2}{b^2} = 1 (a > 0, b > 0)$ 的一条渐近线被圆 $x^2 + y^2 - 6x + 5 = 0$ 截得的弦长为 2,则该双曲线的离心率为_____.

3. 椭圆 $C:\frac{x^2}{a^2} + \frac{y^2}{b^2} = 1 (a > b > 0)$ 的右焦点 $F(c, 0)$ 关于直线 $y = \frac{b}{c}x$ 的对称点 Q 在椭圆 C 上,则椭圆 C 的离心率是_____.

4. 已知椭圆 $C:\frac{x^2}{a^2} + \frac{y^2}{b^2} = 1 (a > b > 0)$ 的左、右焦点分别为 F_1, F_2,P 为椭圆 C 上一点,且 $\angle F_1 P F_2 = \frac{\pi}{3}$,若 F_1 关于 $\angle F_1 P F_2$ 的平分线的对称点在椭圆 C 上,则椭圆 C 的离心率为_____.

5. 已知点 $P(1, \sqrt{3})$ 在双曲线 $C:\frac{x^2}{a^2} - \frac{y^2}{b^2} = 1 (a > 0, b > 0)$ 的渐近线上,F 为 C 的右焦点,O 为原点,若 $\angle FPO = 90°$,则双曲线 C 的方程为_____.

6. 过抛物线 $y^2 = -6x$ 的焦点作倾斜角为 $60°$ 的直线交抛物线于 A,B 两点,则弦长 $|AB| = $_____.

7. 设抛物线 $\begin{cases} x = 2pt^2 \\ y = 2pt \end{cases}$,($t$ 为参数,$p > 0$)的焦点为 F,准线为 l,过抛物线上一点 A 作 l 的垂线,垂足为 B,设 C 点的坐标为 $\left(\frac{7}{2}p, 0\right)$,$AF$ 与 BC 相交于点 E,若 $|CF| = 2|AF|$,且 $\triangle ACE$ 的面积为 $3\sqrt{2}$,则 p 的值为_____.

8. 若 P 为抛物线 $y^2 = 10x$ 上的动点,则 P 到直线 $x + y + 5 = 0$ 的距离的最小值为_____.

【解答题】

1. 已知椭圆 $\dfrac{x^2}{a^2} + \dfrac{y^2}{b^2} = 1(a > b > 0)$ 的离心率为 $\dfrac{\sqrt{3}}{2}$,$A(a,0)$,$B(0,b)$,$O(0,0)$,$\triangle OAB$ 的面积为 1.

(1)求椭圆 C 的方程.

(2)设 P 是椭圆 C 上一点,直线 PA 与 y 轴相交于点 M,直线 PB 与 x 轴交于点 N. 求证:$|AN| \cdot |BM|$ 为定值.

2. 已知椭圆 $E: \dfrac{x^2}{a^2} + \dfrac{y^2}{b^2} = 1(a > b > 0)$ 的离心率为 $\dfrac{\sqrt{3}}{2}$,点 $\left(1, \dfrac{\sqrt{3}}{2}\right)$ 在椭圆 E 上.

(1)求椭圆 E 的方程;

(2)设直线 $l: y = kx + 2$ 与椭圆 E 交于 A, B 两点,若 $\overrightarrow{OA} \cdot \overrightarrow{OB} = 2(O$ 为坐标原点),求 k 的值.

3. 已知椭圆 $C: \dfrac{x^2}{a^2} + \dfrac{y^2}{b^2} = 1(a > b > 0)$,$O$ 为坐标原点,$F(-\sqrt{2}, 0)$ 为椭圆 C 的左焦点,离心率为 $\dfrac{\sqrt{2}}{2}$,直线 l 与椭圆 C 相交于 A, B 两点.

(1)求椭圆 C 的方程;

(2)若 $M(1,1)$ 是弦 AB 的中点,P 是椭圆 C 上一点,求 $\triangle PAB$ 面积的最大值.

4. 如图 9 – 5 所示,在直角坐标系 xOy 中,椭圆 $C: \dfrac{y^2}{a^2} + \dfrac{x^2}{b^2} = 1$

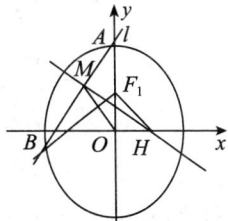

图 9 – 5

$(a > b > 0)$ 的上焦点为 F_1,椭圆 C 的离心率为 $\dfrac{1}{2}$,且过点 $\left(1, \dfrac{2\sqrt{6}}{3}\right)$.

(1)求椭圆 C 的方程;

(2)设过椭圆 C 的上顶点 A 的直线 l 与椭圆 C 交于点 $B(B$ 不在 y 轴上),垂直于 l 的直线与 l 交于点 M,与 x 轴交于点 H,若 $\overrightarrow{F_1 B} \cdot \overrightarrow{F_1 H} = 0$,且 $|MO| = |MA|$,求直线 l 的方程.

5. 设椭圆 $E: \dfrac{x^2}{a^2} + \dfrac{y^2}{b^2} = 1(a > b > 0)$ 的左、右焦点分别为 F_1, F_2,过点 F_1 的直线交椭圆 E 于 A, B 两点. 若椭圆 E 的离心率为 $\dfrac{\sqrt{2}}{2}$,$\triangle ABF_2$ 的周长为 $4\sqrt{6}$.

(1)求椭圆 E 的方程;

(2)设不经过椭圆的中心而平行于弦 AB 的直线交椭圆 E 于 C,D,设弦 AB,CD 的中点分别为 M,N,求证:O,M,N 三点共线.

6. 设椭圆 $C:\dfrac{x^2}{a^2}+\dfrac{y^2}{2}=1(a>0)$ 的左、右焦点分别为 F_1,F_2,A 是椭圆 C 上一点,$\overrightarrow{AF_2}\cdot\overrightarrow{F_1F_2}=0$,坐标原点 O 到直线 AF_1 的距离为 $\dfrac{1}{3}|OF_1|$.

(1)求椭圆 C 的方程;

(2)设 Q 是椭圆 C 上一点,$N(-1,0)$,过点 Q,N 的直线 l 与 y 轴交于 M 点,若 $|\overrightarrow{MQ}|=2|\overrightarrow{QN}|$,求直线 l 的斜率.

7. 已知椭圆 $E:\dfrac{x^2}{a^2}+\dfrac{y^2}{b^2}=1(a>b>0)$ 经过点 $M(-2,1)$,且右焦点为 $F(\sqrt{3},0)$.

(1)求椭圆 E 的方程;

(2)过点 $N(1,0)$ 且斜率存在的直线 AB 交椭圆 E 于 A,B 两点,记 $t=\overrightarrow{MA}\cdot\overrightarrow{MB}$,若 t 的最大值和最小值分别为 t_1,t_2,求 t_1+t_2 的值.

8. 已知椭圆 $C:\dfrac{x^2}{a^2}+\dfrac{y^2}{b^2}=1(a>b>0)$ 的左、右焦点分别为 F_1,F_2,且离心率为 $\dfrac{\sqrt{2}}{2}$,M 为椭圆上任意一点,当 $\angle F_1MF_2=90°$ 时,$\triangle F_1MF_2$ 的面积为 1.

(1)求椭圆 C 的方程.

(2)已知 A 是椭圆 C 上异于椭圆顶点的一点. 连接并延长 AF_1,AF_2,分别与椭圆交于 B,D 两点,设直线 BD 的斜率为 k_1,直线 OA 的斜率为 k_2(O 为坐标原点),求证:$k_1\cdot k_2$ 为定值.

9. 设椭圆 $C:\dfrac{x^2}{a^2}+\dfrac{y^2}{b^2}=1(a>b>0)$ 的两个焦点为 $F_1(-c,0)$,$F_2(c,0)$,设 P,Q 分别是椭圆 C 的上、下顶点,且四边形 PF_1QF_2 的面积为 $2\sqrt{3}$,其内切圆周长为 $\sqrt{3}\pi$.

(1)求椭圆 C 的方程.

(2)当 $b>c$ 时,A,B 为椭圆 C 上的动点,且 $PA\perp PB$. 试问:直线 AB 是否一定过定点?若是,求出此定点的坐标;若不是,请说明理由.

10. 已知椭圆 $C:\dfrac{x^2}{a^2}+\dfrac{y^2}{b^2}=1(a>b>0)$ 的左、右焦点 F_1,F_2 之间的距离为 4,直线 $l:x=-\dfrac{a^2}{c}$ 与 x 轴交于点 Q,$|F_1Q|=2$. 设 P 是椭圆 C 上位于第一象限的一点,直线 PF_1 和 PF_2 与椭圆 C 的另一交点分别为 A,B.

(1)求椭圆 C 的标准方程.

(2)是否存在实数 λ,使得 $\overrightarrow{QA}=\lambda\overrightarrow{QB}$ 成立?若存在,求出所有满足条件的 λ 的值;若不存在,请说明理由.

11. 已知双曲线 $C: \dfrac{x^2}{a^2} - \dfrac{y^2}{b^2} = 1 (a > 0, b > 0)$ 的离心率为 $\sqrt{3}$，点 $(\sqrt{3}, 0)$ 为双曲线的一个顶点.

(1) 求双曲线 C 的方程；

(2) 经过双曲线的右焦点 F，倾斜角为 $30°$ 的直线 l 与双曲线交于不同的两点 A, B，求线段 AB 的长.

12. 已知中心在原点的双曲线的右焦点为 $(2, 0)$，右顶点为 $(\sqrt{3}, 0)$.

(1) 求双曲线 C 的方程.

(2) 若直线 $l: y = kx + \sqrt{2}$ 与双曲线 C 恒有两个不同的交点 A 和 B，且 $\overrightarrow{OA} \cdot \overrightarrow{OB} > 2$（其中 O 为原点），求 k 的取值范围.

13. 已知抛物线 $C: y^2 = 2px$ 经过点 $P(1, 2)$，过点 $Q(0, 1)$ 的直线 l 与抛物线 C 有两个不同的交点 A, B，且直线 PA 交 y 轴于 M，直线 PB 交 y 轴于 N.

(1) 求直线 l 的斜率的取值范围.

(2) 设 O 为原点，$\overrightarrow{QM} = \lambda \overrightarrow{QO}$，$\overrightarrow{QN} = \mu \overrightarrow{QO}$，求证：$\dfrac{1}{\lambda} + \dfrac{1}{\mu}$ 为定值.

14. 已知椭圆 C 的中心在原点，离心率等于 $\dfrac{1}{2}$. 它的一个短轴的端点恰好是抛物线 $x^2 = 8\sqrt{3} y$ 的焦点.

(1) 求椭圆 C 的方程.

(2) 已知 $P(2, 3)$，$Q(2, -3)$ 是椭圆上的两点，A, B 是椭圆上位于直线 PQ 两侧的动点. 若直线 AB 的斜率为 $\dfrac{1}{2}$，求四边形 $APBQ$ 面积的最大值.

15. 已知椭圆 $E: \dfrac{x^2}{a^2} + \dfrac{y^2}{b^2} = 1 (a > b > 0)$ 的离心率为 $\dfrac{\sqrt{2}}{2}$，点 $P(0, 1)$ 在短轴 CD 上，且 $\overrightarrow{PC} \cdot \overrightarrow{PD} = -1$.

(1) 求椭圆 E 的方程；

(2) 过点 P 的直线 l 与椭圆 E 交于 A, B 两点，若 $\overrightarrow{PB} = \dfrac{1}{2}\overrightarrow{AP}$，求直线 l 的方程.

16. 已知椭圆 $C: \dfrac{x^2}{a^2} + \dfrac{y^2}{b^2} = 1 (a > b > 0)$ 的离心率为 $\dfrac{\sqrt{3}}{2}$，上顶点 M 到直线 $\sqrt{3}x + y + 4 = 0$ 的距离为 3.

(1) 求椭圆 C 的方程；

(2) 设直线 l 过点 $(4, -2)$，且与椭圆 C 相交于 A, B 两点，l 不经过点 M，求证：直线 MA 的斜率与直线 MB 的斜率之和为定值.

17. 已知椭圆 $C_1: \dfrac{x^2}{a^2} + \dfrac{y^2}{b^2} = 1 (a > b > 0)$ 的左、右顶点是双曲线 $C_2: \dfrac{x^2}{3} - y^2 = 1$ 的顶点,

且椭圆 C_1 的上顶点到双曲线 C_2 的渐近线的距离为 $\dfrac{\sqrt{3}}{2}$.

(1)求椭圆 C_1 的方程;

(2)若直线 l 与椭圆 C_1 相交于不同的两点 M_1, M_2,与双曲线 C_2 相交于不同的两点 Q_1, Q_2,且 $\overrightarrow{OQ_1} \cdot \overrightarrow{OQ_2} = -5$($O$ 为坐标原点),求 $|M_1 M_2|$ 的取值范围.

18. (12分)已知椭圆 $C: \dfrac{x^2}{a^2} + \dfrac{y^2}{b^2} = 1 (a > b > 0)$ 的左、右焦点分别为 F_1, F_2,上顶点为 M,$\triangle MF_1 F_2$ 为等腰直角三角形,且面积为 1.

(1)求椭圆 C 的方程;

(2)过点 M 分别作直线 MA, MB 交椭圆 C 于 A, B 两点,设这两条直线的斜率分别为 k_1, k_2,且 $k_1 + k_2 = 2$,求证:直线 AB 过定点.

19. 已知抛物线 $C: x^2 = 2py (p > 0)$ 和定点 $M(0, 1)$,设过点 M 的动直线交抛物线 C 于 A, B 两点,抛物线 C 在 A, B 处的切线的交点为 N.

(1)若 N 在以 AB 为直径的圆上,求 p 的值;

(2)若 $\triangle ABN$ 的面积的最小值为 4,求抛物线 C 的方程.

20. 如图 9 - 6 所示,椭圆 $E: \dfrac{x^2}{a^2} + \dfrac{y^2}{b^2} = 1 (a > b > 0)$ 经过点

$A(0, -1)$,且离心率为 $\dfrac{\sqrt{2}}{2}$.

(1)求椭圆 E 的方程;

(2)经过点 $(1, 1)$,且斜率为 k 的直线与椭圆 E 交于不同的两点 P, Q(均异于点 A),求证:直线 AP 与 AQ 的斜率之和为定值.

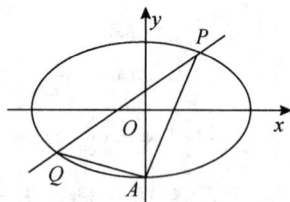

图 9 - 6

第十章 ▶▶▶ 排列、组合与二项式定理

一、典型例题精讲

【选择题】

1. 从 6 名战士中选派 4 人分别执行 A,B,C,D 四项任务,其中甲、乙两名战士不能执行任务 C,则选派方案共有_____种.

  A. 180   B. 280

  C. 96   D. 240

  解 本题适合使用优限法,即面对排列组合问题的时候,优先考虑题目中具有限制条件的元素(也就是最特殊的元素),以此作为解题突破口. 因为甲、乙两名战士都不能执行任务 C,所以任务 C 有 C_4^1 种安排方法;再从剩余 5 人中选择 3 人执行剩余 3 项任务,则一共有 $C_4^1 \cdot C_5^3 \cdot A_3^3 = 240$ 种选法. 故选 D.

  点评 特殊情况通常分类单独讨论,也可以把不满足条件的选派方案计算出来,排除掉. 例如,本题中,所有的选法有 $C_6^4 \cdot A_4^4 = 360$ 种. 不符合要求的有两种情况:①甲、乙都被选上,且甲或乙一人执行任务 C,则有 $C_4^2 \cdot C_2^1 \cdot A_3^3 = 72$ 种选法;②甲、乙有 1 人被选上且执行任务 C,有 $C_2^1 \cdot C_4^3 \cdot A_3^3 = 48$ 种选法. 则符合题目要求的选派方案共有 $360 - 72 - 48 = 240$ 种.

2. 将甲、乙等 5 名新学员分配到三间不同的宿舍,每间宿舍至少有一人,且甲、乙在同一间宿舍的分配方案共有_____.

  A. 72 种   B. 36 种

  C. 18 种   D. 12 种

  解 依题意,甲、乙要在同一宿舍,因此可将甲、乙"捆绑"起来一起分配,有 $C_4^2 \cdot A_3^3 = 36$ 种不同的分配方案. 故选 B.

3. 我们把各位数字之和为 6 的四位数称为"六合数"(如 2 013 是"六合数"). 则"六合数"中首位为 2 的"六合数"共有_____.

  A. 18 个   B. 15 个

  C. 12 个   D. 9 个

  解 四个数字之和为 6 且包含数字 2 的情况有 4 种:$(0,0,2,4)$,$(0,1,2,3)$,$(1,1,2,2)$,$(0,2,2,2)$. 数字为 $(0,0,2,4)$ 且首位为 2 的六合数有 2 004,2 040,2 400,共 3 个. 同理,数字为 $(0,1,2,3)$ 且首位为 2 的六合数有 6 个;数字为 $1,1,2,2$ 且首位为 2 的六合数有 3 个;数字为 $0,2,2,2$ 且首位为 2 的六合数有 3 个,所以一共有 $3 + 6 + 3 + 3 = 15$ 个符合要求的六合数. 故选 B.

4. 现有 3 名男军医、3 名女军医组成两个组,去支援两个灾区,每组至少 2 人,女医生不能全在同一组,且每组不能全为女医生,则不同的派遣方法有_____.

  A. 36 种   B. 54 种   C. 24 种   D. 60 种

解 组队情况有 2,4 型和 3,3 型. 2,4 型只能是 1 男 1 女和 2 男 2 女,3,3 型只能是 2 男 1 女和 1 男 2 女. 2,4 型有 $C_3^1 C_3^1 = 9$ 种方法,3,3 型有 $C_3^2 \cdot C_3^1 = 9$ 种方法,派往两个灾区,所以共有 $(9 + 9) A_2^2 = 36$ 种方法. 故选 A.

5. 把 7 个字符 1,1,1,A,A,α,β 排成一排,要求三个"1"两两不相邻,且两个"A"也不相邻,则这样的排法共有_____.

A. 12 种

B. 30 种

C. 96 种

D. 144 种

解 先排 A,A,α,β. 若 A,A 不相邻,则不同的排法有 $A_2^2 C_3^2 = 6$ 种;若 A,A 相邻,则有 $A_3^3 = 6$ 种. 则 A,A,α,β 共有 $6 + 6 = 12$ 种不同的排法. 从所形成的 5 个空中选 3 个空插入 1,1,1,排法有 $12 C_5^3 = 120$ 种. 当 A,A 相邻时,从所形成的 4 个空中选 3 个插入 1,1,1 共有 $6 C_4^3 = 24$ 种,故若三个"1"两两不相邻,且两个"A"也不相邻,这样的排法共有 $120 - 24 = 96$ 种. 故选 C.

6. 6 本不同的书在书架上摆成一排,要求甲、乙两本书必须摆在两端,丙、丁两本书必须相邻,则不同的摆放方法有_____.

A. 24 种

B. 36 种

C. 48 种

D. 60 种

解 将甲、乙两本书放在两端有 A_2^2 种放法,将丙、丁两本书"捆绑",与剩余的两本书进行排列,有 $A_2^2 \cdot A_3^3$ 种放法,所以不同的摆放方法有 $A_2^2 \times A_3^3 A_2^2 = 24$ 种. 故选 A.

7. 某军校计划从甲、乙、丙等 8 名教员中选派 4 名同时去 4 个学校培训(每个学校 1 名教员),其中甲和乙不能都去,甲和丙都去或都不去,则不同的选派方案有_____.

A. 900 种

B. 600 种

C. 300 种

D. 150 种

解 分两种情况:第一种情况,甲去,则丙一定去,乙一定不去,此时再从剩余的 5 名教员中选 2 名,派去 4 个不同的学校,不同的选派方案有 $C_5^2 \times A_4^4 = 240$ 种. 第二种情况,甲不去,则丙一定不去,乙可能去也可能不去,从乙和剩余的 5 名教员中选派 4 名,到不同的学校,不同的选派方案有 $C_6^4 \times A_4^4 = 360$ 种. 所以一共有 $240 + 360 = 600$ 种不同的选派方案. 故选 B.

8. 从 1,2,3,4,5,6 这 6 个数中,每次取出两个不同的数,分别记为 a,b. 共可以得到 $\lg a - \lg b$ 的不同值的个数是_____.

A. 28

B. 26

C. 24

D. 22

解 因为 $\lg a - \lg b = \lg \dfrac{a}{b}$,从 1,2,3,4,5,6 中每次取出 2 个不同的数,共有 $A_6^2 = 30$ 个 $\dfrac{a}{b}$,其中 $\dfrac{1}{2} = \dfrac{2}{4} = \dfrac{3}{6}, \dfrac{2}{1} = \dfrac{4}{2} = \dfrac{6}{3}, \dfrac{3}{1} = \dfrac{6}{2}, \dfrac{1}{3} = \dfrac{2}{6}, \dfrac{2}{3} = \dfrac{4}{6}, \dfrac{3}{2} = \dfrac{6}{4}$,因此可得到不同的 $\dfrac{a}{b}$ 的值共有 $30 - (2 + 2 + 1 + 1 + 1 + 1) = 22$ 个,即共可得到 22 个不同的 $\lg a - \lg b$ 的值. 故选 D.

9. 现有 16 张不同的卡片,其中红色、黄色、蓝色、绿色卡片各 4 张,从中任取 3 张,要求这 3 张卡片不能是同一种颜色,且红色卡片至多 1 张,则不同的取法的种数为_____.

A. 560　　　　　　B. 472　　　　　　C. 488　　　　　　D. 544

解　两种解法. **方法一**　排除法. 从 16 张不同的卡片中任取 3 张,不同取法的种数为 C_{16}^3,其中有 2 张红色卡片的不同取法种数为 $C_4^2 \cdot C_{12}^1$,其中 3 张卡片颜色相同的不同取法种数为 $C_4^1 \cdot C_4^3$,因此 3 张卡片不能是同一种颜色,且红色卡片至多 1 张的不同的取法的种数为 $C_{16}^3 - C_4^2 \cdot C_{12}^1 - C_4^1 \cdot C_4^3 = 472$. 故选 B.

方法二　分类考虑. ①选取的卡片中没有红色卡片. 此时需要从黄色、蓝色、绿色这三种颜色的卡片中任选 3 张,若都不同色,则不同取法的种数为 $C_4^1 \cdot C_4^1 \cdot C_4^1 = 64$;②选取的卡片中没有红色卡片,且黄色、蓝色、绿色这三种颜色的卡片中任选 3 张,有 2 张同色,则不同取法的种数为 $C_3^2 \cdot C_2^1 \cdot C_4^2 \cdot C_4^1 = 144$;③选取的卡片中有 1 张红色卡片,其余 2 张卡片不同色,不同取法的种数为 $C_4^1 \cdot C_3^2 \cdot C_4^1 \cdot C_4^1 = 192$;④选取的卡片中有 1 张红色卡片,其余 2 张卡片同色,不同取法的种数为 $C_4^1 \cdot C_3^1 \cdot C_4^2 = 72$. 根据分类加法计数原理,符合题意的不同取法种数为 $64 + 144 + 192 + 72 = 472$. 故选 B.

10. $\left(x^2 + \dfrac{2}{x}\right)^5$ 的展开式中 x^4 的系数为_____.

A. 10　　　　　　　　　　　　　　B. 20

C. 40　　　　　　　　　　　　　　D. 80

解　二项式 $\left(x^2 + \dfrac{2}{x}\right)^5$ 的展开式的通项 $T_{r+1} = C_5^r (x^2)^{5-r} \left(\dfrac{2}{x}\right)^r = C_5^r 2^r x^{10-3r}$,令 $10 - 3r = 4$,解得 $r = 2$,所以 x^4 的系数为 $C_5^r \cdot 2^r = C_5^2 \cdot 2^2 = 40$. 故选 C.

点评　注意区分二项式 $(a+b)^n$ 中"二项式系数"与二项式展开式中"项的系数". 二项式系数依次是 $C_n^0, C_n^1, C_n^2, \cdots, C_n^n$,仅与二项式的指数与项数有关,与 a, b 无关,但项的系数不但与二项式的指数与项数有关,还与 a, b 有关,例如本例中,含 x^4 的二项式系数为 C_5^2,含 x^4 的项的系数为 $C_5^2 \cdot 2^2$.

11. 在 $\left(x + \dfrac{3}{\sqrt{x}}\right)^n$ 的展开式中,各项系数和与二项式系数和之比为 $32:1$,则 x^2 的系数为_____.

A. 50　　　　　　B. 70　　　　　　C. 90　　　　　　D. 120

解　令 $x = 1$,得 $\left(x + \dfrac{3}{\sqrt{x}}\right)^n$ 的展开式中各项系数和为 $(1+3)^n = 4^n$,又因为二项式系数和为 2^n,由题设条件知 $4^n : 2^n = 32:1$,所以 $2^n = 32$,解得 $n = 5$,$\left(x + \dfrac{3}{\sqrt{x}}\right)^5$ 的展开式中通项 $T_{r+1} = C_5^r x^{5-r} \cdot \left(\dfrac{3}{\sqrt{x}}\right)^r = 3^r \cdot C_5^r \cdot x^{5-\frac{3}{2}r}$,令 $5 - \dfrac{3}{2}r = 2$,解得 $r = 2$. 所以 x^2 的系数为 $3^2 \cdot C_5^2 = 90$. 故选 C.

12. 二项式 $(x+1)^n (n \in \mathbf{N}^*)$ 的展开式中 x^2 的系数为 15,则 $n = $ _____.

A. 7　　　　　　B. 6　　　　　　C. 5　　　　　　D. 4

解 $(x+1)^n$ 的展开式中 x^2 的项为 $C_n^{n-2} \cdot x^2 \cdot 1^{n-2} = C_n^{n-2} \cdot x^2$,其系数为 $C_n^{n-2} = C_n^2$,所以 $C_n^2 = 15$,解得 $n = 6$. 故选 B.

13. 在 $\left(x^2 - \dfrac{1}{x}\right)^{10}$ 的展开式中系数最大的项是_____.

A. 第 6 项　　　　　B. 第 6,7 项　　　　C. 第 4,6 项　　　　D. 第 5,7 项

解 $\left(x^2 - \dfrac{1}{x}\right)^{10}$ 的展开式的通项 $T_{r+1} = C_{10}^r(x^2)^{10-r} \cdot \left(-\dfrac{1}{x}\right)^r = C_{10}^r(-1)^r \cdot x^{20-3r}$. 考虑 $(-1)^r$ 的正负及 C_{10}^r 的增减性,因为 $C_{10}^4 = C_{10}^6 < C_{10}^5$,但 $(-1)^5$ 是负数,$(-1)^4 = (-1)^6$ 且是正数,故当 $r = 4$ 或 $r = 6$ 时,$(-1)^r C_{10}^r$ 最大,即在 $\left(x^2 - \dfrac{1}{x}\right)^{10}$ 的展开式中系数最大的项是第 5 项和第 7 项. 故选 D.

点评 二项式系数的主要性质有:①对称性,即 $C_n^m = C_n^{n-m}$;②增减性,二项式系数先增后减,当 n 为偶数时,展开式中间一项的二项式系数最大,为 $C_n^{\frac{n}{2}}$(如本题为 C_{10}^5);当 n 为奇数时,展开式中间两项的二项式系数相等,且最大为 $C_n^{\frac{n-1}{2}}$ 和 $C_n^{\frac{n+1}{2}}$;③二项式系数之和为 $C_n^0 + C_n^1 + \cdots + C_n^n = 2^n$;④$C_n^0 + C_n^2 + \cdots = C_n^1 + C_n^3 + \cdots = 2^{n-1}$.

14. $(2 - \sqrt{x})^8$ 的展开式中不含 x^4 项的系数的和是_____.

A. -1　　　　　B. 0　　　　　C. 1　　　　　D. 2

解 $(2 - \sqrt{x})^8$ 的展开式的通项 $T_{r+1} = C_8^r \cdot 2^{8-r} \cdot (-\sqrt{x})^r = C_8^r(-1)^r \cdot 2^{8-r} \cdot x^{\frac{r}{2}}$ $(0 \leqslant r \leqslant 8, r \in \mathbf{N})$,令 $x^{\frac{r}{2}} = x^4$,解得 $r = 8$,此时含 x^4 的项的系数为 $C_8^8(-1)^8 \cdot 2^{8-8} = 1$. 令 $x = 1$,得展开式所有项的系数和为 $(2-1)^8 = 1$,因此展开式中不含 x^4 项的系数的和为 $1 - 1 = 0$. 故选 B.

点评 求二项展开式 $f(x)$ 各项系数和常采用赋值法,各项系数和为 $f(1) = a_0 + a_1 + a_2 + \cdots + a_n$,含偶次幂项系数和为 $\dfrac{f(1) + f(-1)}{2}$,含奇次幂项系数和为 $\dfrac{f(1) - f(-1)}{2}$,常数项为 $f(0)$.

15. 若 $\left(\dfrac{1}{x} - x\sqrt{x}\right)^n$ 的展开式中含有 x^2 项,则正整数 n 的值可能为_____.

A. 6　　　　　B. 10　　　　　C. 12　　　　　D. 13

解 $\left(\dfrac{1}{x} - x\sqrt{x}\right)^n$ 的展开式的通项为 $C_n^r\left(\dfrac{1}{x}\right)^{n-r} \cdot (-x\sqrt{x})^r = (-1)^r C_n^r \cdot x^{\frac{5r}{2}-n}$. 令 $\dfrac{5r}{2} - n = 2$,解得 $r = \dfrac{2n+4}{5}$,注意到 r 为整数,所以 $2n+4$ 是 5 的倍数,题目所给选项中只有 D 符合. 故选 D.

16. $(1 + x + x^2)(1 - x)^{10}$ 的展开式中含 x^4 项的系数为_____.

A. 120　　　　　B. 135　　　　　C. 140　　　　　D. 100

解 $(1 + x + x^2)(1 - x)^{10}$ 的展开式中,含 x^4 的项是由 1 与含 x^4 项的乘积,x 与含 x^3 项的乘积以及 x^2 与含 x^2 项的乘积相加得到的. $(1-x)^{10}$ 展开式的通项 $T_{r+1} = C_{10}^r 1^{10-r} \cdot$

$(-x)^r=(-1)^r C_{10}^r \cdot x^r$, 分别令 $r=4,3,2$, 得展开式中含 x^4 项的系数为 $(-1)^4 C_{10}^4 + (-1)^3 C_{10}^3 + (-1)^2 C_{10}^2 = 135$. 故选 B.

点评 这种题型也可以先利用相关公式进行变形, 使问题简化后再求解. 例如本题中, 注意到 $(1+x+x^2)(1-x)^{10} = (1-x)(1+x+x^2)(1-x)^9 = (1-x^3)(1-x)^9$, 展开式中含 x^4 的项是由 1 与含 x^4 的项的乘积和 $-x^3$ 与含 x 的项的乘积相加得到的. $(1-x)^9$ 的展开式的通项为 $C_9^r 1^{9-r} \cdot (-x)^r = (-1)^r C_9^r \cdot x^r$, 分别令 $r=4,1$, 即得含 x^4 的项的系数为 $1 \cdot (-1)^4 \cdot C_9^4 + (-1) \cdot (-1)^1 \cdot C_9^1 = 135$. 故选 B.

17. 在 $\left(x+\dfrac{1}{x}-1\right)^6$ 的展开式中, 含 x^5 项的系数为 _____.

A. 6   B. -6 C. 24   D. -24

解 因为 $\left(x+\dfrac{1}{x}-1\right)^6 = C_6^0\left(x+\dfrac{1}{x}\right)^6 - C_6^1\left(x+\dfrac{1}{x}\right)^5 + C_6^2\left(x+\dfrac{1}{x}\right)^4 - \cdots - C_6^5\left(x+\dfrac{1}{x}\right) + C_6^6$, 所以只有 $-C_6^1\left(x+\dfrac{1}{x}\right)^5$ 的展开式中含有 x^5, 所以 $\left(x+\dfrac{1}{x}-1\right)^6$ 的展开式中含有 x^5 项的系数为 $-C_5^0 \cdot C_6^1 = -6$. 故选 B.

18. 若 $\left(x^4-\dfrac{1}{x\sqrt{x}}\right)^n$ 的展开式含有常数项, 则 n 的最小值等于 _____.

A. 8   B. 10   C. 11   D. 12

解 $\left(x^4-\dfrac{1}{x\sqrt{x}}\right)^n$ 的展开式的通项 $T_{r+1} = C_n^r(x^4)^{n-r} \cdot \left(-\dfrac{1}{x\sqrt{x}}\right)^r = (-1)^r C_n^r x^{4n-\frac{11}{2}r}$, 当且仅当 $4n-\dfrac{11r}{2}=0$ 时, 二项式展开式中含有常数项, 此时, $n=\dfrac{11}{8}r$, n 的最小值为 11. 故选 C.

19. $(x+2y-3z)^9$ 的展开式中含 $x^4y^2z^3$ 项的系数为 _____.

A. $-136\ 000$ B. $-136\ 080$ C. $-136\ 160$ D. $-136\ 280$

解 由 $(x+2y-3z)^9 = [x+(2y-3z)]^9$ 得其展开式的通项 $T_{r+1} = C_9^r x^{9-r}(2y-3z)^r$, 含有 $x^4y^2z^3$ 的项只可能出现在 x^4 与 y^2z^3 的乘积中, 令 $9-r=4$ 得 $r=5$, $(2y-3z)^5$ 的展开式的通项 $T'_{r'+1} = C_5^{r'}(2y)^{5-r'} \cdot (-3z)^{r'} = 2^{5-r'} \cdot (-3)^{r'} C_5^{r'} \cdot y^{5-r'}z^{r'}$, 令 $r'=3$, 得到 y^2z^3 项的系数为 $2^2 \cdot (-3)^3 \cdot C_5^3$, 所以含 $x^4y^2z^3$ 项的系数为 $C_9^5 \cdot 2^2 \cdot (-3)^3 \cdot C_5^3 = -136\ 080$. 故选 B.

20. $(1+x)^5+(1+x)^6+(1+x)^7$ 的展开式中 x^4 的系数为 _____.

A. 50   B. 55   C. 45   D. 60

解 $(1+x)^5$ 中含 x^4 的项为 $C_5^4 x^4$, $(1+x)^6$ 中含 x^4 的项为 $C_6^4 x^4$, $(1+x)^7$ 中含 x^4 的项为 $C_7^4 x^4$, 所以 $(1+x)^5+(1+x)^6+(1+x)^7$ 的展开式中 x^4 的系数为 $C_5^4 + C_6^4 + C_7^4 = 55$. 故选 B.

【填空题】

1. 我国第一艘航母"辽宁舰"在某次舰载机起降飞行训练中, 有 5 架舰载机准备着舰. 如果甲、乙两机必须相邻着舰, 而丙、丁不能相邻着舰, 那么不同的着舰方法有 _____ 种.

解 丙、丁两机不能相邻着舰,则将剩余 3 机先排列,再将丙、丁进行插空排. 由于甲、乙两机必须相邻,将其"捆绑"在一起,剩余 3 机实际排列方法有 $2 \times 2 = 4$ 种,有三个"空位"供丙、丁插空,即有 $A_3^2 = 6$ 种,所以一共有 $4 \times 6 = 24$ 种不同的着舰方法.

2. 从 4 名男生、2 名女生中选 3 人参加科技比赛,且至少有 1 名女生入选,则不同的选法共有_____种(用数字作答).

解 可分为两种情况. 第一种情况,只有 1 名女生入选,不同的选法有 $C_2^1 C_4^2 = 12$ 种. 第二种情况,有 2 名女生入选,不同的选法有 $C_2^2 C_4^1 = 4$ 种. 因此一共有 $12 + 4 = 16$ 种.

点评 解决"至少……"这类排列、组合问题也可用排除法. 考虑 6 个人中选 3 人,共有 $C_6^3 = 20$ 种选法,3 个人全是男生,共有 $C_4^3 = 4$ 种选法,则至少有 1 名女生入选的选法有 $20 - 4 = 16$ 种.

3. 从 $1,3,5,7,9$ 中任取 2 个数字,从 $0,2,4,6$ 中任取 2 个数字,一共可以组成_____个没有重复数字的四位数(用数字作答).

解 所取的 4 个数字中不含 0,则有 $C_5^2 C_3^2 A_4^4 = 720$ 个没有重复数字的四位数. 若取的 4 个数字中包含 0,则组成四位数时 0 不能排首位,共有 $C_5^2 C_3^1 C_3^1 A_3^3 = 540$ 个没有重复数字的四位数. 因此一共有 $720 + 540 = 1\ 260$ 个没有重复数字的四位数,即一共可以组成 $1\ 260$ 个没有重复数字的四位数.

点评 本题也可以借鉴排除法的思想. 从 $1,3,5,7,9$ 中任取 2 个数字,从 $0,2,4,6$ 中任取 2 个数字排成没有重复数字的四位数共有 $C_5^2 C_4^2 A_4^4 = 1\ 440$ 个,其中不构成四位数的是 0 入选且 0 排首位,此时组成的没有重复数字的四位数有 $C_5^2 C_3^1 A_3^3 = 180$ 个,因此符合要求的四位数有 $1\ 440 - 180 = 1\ 260$ 个.

4. 某人将编号分别为 $1,2,3,4,5$ 的 5 个小球随机放入编号分别为 $1,2,3,4,5$ 的 5 个盒子中,每个盒子中放一个小球,若球的编号与盒子的编号相同,则视为放对,否则视为放错,则全部放错的情况有_____种.

解 分步考虑:第一步,若 1 号盒子放错,则放入的是编号为 $2,3,4,5$ 的小球中的一个,共有 $C_4^1 = 4$ 种不同的放法;第二步,考虑与 1 号盒子中所放小球编号相同的盒子中小球的放法,若该盒子中小球编号恰为 1,则 5 个小球全部放错的放法有 $C_2^1 = 2$ 种;若该盒子中小球编号不是 1,则 5 个小球全部放错的放法有 $C_3^1(1 + C_2^1) = 9$ 种,所以小球全部放错的放法共有 $4 \times (2 + 9) = 44$ 种.

点评 此题也可以用排除法. "全部放错"的对立面是"不全部放错",即分为只有 1 个放对、只有 2 个放对、只有 3 个放对、只有 4 个放对、5 个全放对共 5 种情况. 显然只有 4 个小球放对是不存在的,所以这种放法为 0 种. 5 个全放对共 1 种情况. 只有 1 个小球放对的放法有 $C_5^1 C_3^1(1 + C_2^1) = 45$ 种,只有 2 个小球放对的放法有 $C_5^2 C_2^1 = 20$ 种,只有 3 个小球放对的放法有 $C_5^3 = 10$ 种,所以全部放错的情况有 $A_5^5 - 45 - 20 - 10 - 1 = 44$ 种.

5. 某校在新学期开设 4 门选修课. 现有 3 名学员,每人只选报 1 门选修课. 恰有 2 门选修课没有学员选报的报法有_____种(用数字作答).

解 4 门选修课有 2 门没有学员选,说明 3 个学员中有 2 名学员选了同一门选修课. 因此可分两步分析:第一步,从 3 个学员中任选 2 名选 4 门课程中的一门,共有 $C_3^2 C_4^1 = 12$ 种选法. 第二步,从剩余的 3 门课程里选一门课程安排另一名学员选报,有 $C_3^1 \cdot C_1^1 = 3$ 种选法. 因此,按照分步乘法计数原理,共有 $12 \times 3 = 36$ 种不同的选报方法.

6. 某军队院校招聘 5 名文职人员,分给甲、乙两个系,其中 2 名英语专业人员不能分给同一个系,另 3 名计算机专业人员不能分给同一个系,则不同的分配方案种数为_____.

解 分 2 种情况考虑:①分给甲系 1 名英语专业人员和 1 名计算机专业人员,其余分给乙系,根据分步乘法计数原理,共有 $C_2^1 \cdot C_3^1 = 6$ 种不同的分配方案;②分给甲系 1 名英语专业人员和 2 名计算机专业人员,其余分给乙系. 根据分步乘法计数原理,共有 $C_2^1 \cdot C_3^2 = 6$ 种不同的分配方案. 根据分类加法计数原理,不同的分配方案种数为 $6 + 6 = 12$.

7. 将红、黄、蓝三颗棋子分别放入 3×3 方格图中的三个格内,如图 10 - 1,要求任意两颗棋子不同行、不同列,且不在 3×3 方格图中大正方形的同一条对角线上,则不同的放法有_____种.

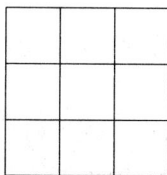

图 10 - 1

解 要想使任意两颗棋子不在同一行、同一列和同一条对角线上,则三颗棋子必有一颗在大正方形顶点处的方格内,另两颗在对角顶点处的两侧,如图 10 - 2 所示,由于大正方形有 4 个顶点,因此有四种不同的相对位置,而三颗棋子颜色不同,因此不同的放法有 $4A_3^3 = 24$ 种.

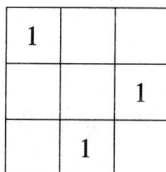

图 10 - 2

8. 从甲、乙、丙、丁、戊等 5 名学员中选出 4 名分别参加机器人、军事建模、通信工程、兵棋推演四种竞赛,其中甲不能参加兵棋推演竞赛,乙只能参加机器人竞赛,则不同的参赛方案有_____种.

解 分三类讨论. ①甲、乙两名学员都选,不同的参赛方案有:$C_2^1 \cdot A_3^2 = 12$ 种;②选乙不选甲,不同的参赛方案有:$A_3^3 = 6$ 种;③选甲不选乙,不同的参赛方案有:$C_3^1 \cdot A_3^3 = 18$ 种. 根据分类加法计数原理,不同的参赛方案共有:$12 + 6 + 18 = 36$ 种.

9. 在 $\left(2x + \sqrt{x}\right)^5$ 的展开式中,含 x^3 项的系数是_____(用数字作答).

解 $\left(2x + \sqrt{x}\right)^5$ 的展开式的通项 $T_{r+1} = C_5^r (2x)^{5-r} \left(\sqrt{x}\right)^r = 2^{5-r} C_5^r x^{5-\frac{r}{2}} = 2^{5-r} C_5^r x^{5-\frac{r}{2}}$,令 $5 - \frac{r}{2} = 3$,得 $r = 4$,则 x^3 的系数为 $2^{5-4} \cdot C_5^4 = 10$.

10. 在二项式 $\left(\sqrt{2} + x\right)^9$ 的展开式中,常数项是_____,系数为有理数的项的个数是_____.

解 二项式 $(\sqrt{2}+x)^9$ 的展开式的通项 $T_{r+1}=C_9^r(\sqrt{2})^{9-r}\cdot x^r=(\sqrt{2})^{9-r}C_9^r\cdot x^r$，当 $r=0$ 时，该项为常数项，常数项为 $C_9^0(\sqrt{2})^{9-0}=(\sqrt{2})^9=16\sqrt{2}$. 当 $r=1,3,5,7,9$ 时，对应的项的系数为有理数，一共有 5 项. 所以系数为有理数的项的个数为 5.

11. $(x-3)\left(x-\dfrac{2}{x}\right)^7$ 的展开式中，x^4 的系数是_____（用数字作答）.

解 $(x-3)\left(x-\dfrac{2}{x}\right)^7$ 的展开式中，x^4 出现在 x 与含 x^3 项的乘积或 -3 与含 x^4 项的乘积中. $\left(x-\dfrac{2}{x}\right)^7$ 的展开式的通项 $T_{r+1}=C_7^r x^{7-r}\left(-\dfrac{2}{x}\right)^r=(-2)^r C_7^r x^{7-2r}$. 令 $7-2r=3$，解得 $r=2$. 令 $7-2r=4$，无解. 所以 $\left(x-\dfrac{2}{x}\right)^7$ 的展开式中不含 x^4 的项，所以 $(x-3)\left(x-\dfrac{2}{x}\right)^7$ 的展开式中 x^4 的系数为 $(-2)^2 C_7^2=84$.

12. $(1+ax)^2(1-x)^5$ 的展开式中，所有 x 的奇数次幂项的系数和为 -64，则正实数 a 的值为_____.

解 设 $(1+ax)^2(1-x)^5=a_0+a_1x+a_2x^2+a_3x^3+a_4x^4+a_5x^5+a_6x^6+a_7x^7=f(x)$，令 $x=1$，得 $0=a_0+a_1+a_2+a_3+a_4+a_5+a_6+a_7=f(1)$. 令 $x=-1$，得 $(1-a)^2\cdot 2^5=a_0-a_1+a_2-a_3+a_4-a_5+a_6-a_7=f(-1)$. 所以 $a_1+a_3+a_5+a_7=\dfrac{f(1)-f(-1)}{2}=-(1-a)^2\cdot 2^4$. 由题设条件知 $-(1-a)^2\cdot 2^4=-64$，解得 $a=3$ 或 $a=-1$（不合题意，舍去）. 所以正实数 a 的值为 3.

13. $\left(ax+\dfrac{\sqrt{3}}{6}\right)^6$ 的展开式中含 x^5 的项的系数为 $\sqrt{3}$，则 $\sqrt[a+1]{x^3}$ 的导数 $\left(\sqrt[a+1]{x^3}\right)'$ 为_____.

解 $\left(ax+\dfrac{\sqrt{3}}{6}\right)^6$ 的展开式的通项 $T_{r+1}=C_6^r(ax)^{6-r}\left(\dfrac{\sqrt{3}}{6}\right)^r$，令 $r=1$，得 $\left(ax+\dfrac{\sqrt{3}}{6}\right)^6$ 的展开式中含 x^5 的项的系数为 $C_6^1 a^{6-1}\left(\dfrac{\sqrt{3}}{6}\right)^1=\sqrt{3}a^5$，由题设知 $\sqrt{3}a^5=\sqrt{3}$，解得 $a=1$. 因此 $\left(\sqrt[a+1]{x^3}\right)'=\left(x^{\frac{3}{2}}\right)'=\dfrac{3}{2}\sqrt{x}$.

14. $(x+y)(x-y)^8$ 的展开式中含 x^3y^6 的项的系数为_____.

解 因为 $(x+y)(x-y)^8=x(x-y)^8+y(x-y)^8$，所以 x^3y^6 的项出现在 x 与含 x^2y^6 项的乘积和 y 与含 x^3y^5 项的乘积中. 二项式 $(x-y)^8$ 的展开式的通项 $T_{r+1}=C_8^r x^{8-r}\cdot(-y)^r=(-1)^r C_8^r x^{8-r}y^r$. 令 $r=6$，得 x^2y^6 的系数为 $(-1)^6 C_8^6=28$. 令 $r=5$，得 x^3y^5 的系数为 $(-1)^5 C_8^5=-56$. 所以含 x^3y^6 的项的系数为 $28-56=-28$.

15. 设 n 为正整数，若 $\left(\sqrt{x}-\dfrac{2}{\sqrt[3]{x}}\right)^n$ 的展开式中仅有第 6 项的二项式系数最大，则其常数项是_____.

解 因为 $\left(\sqrt{x}-\dfrac{2}{\sqrt[3]{x}}\right)^n$ 的展开式中仅有第 6 项的二项式系数最大，所以 n 为偶数，其展开式

的中间项为$\frac{n}{2}+1=6$,解得$n=10$. $\left(\sqrt{x}-\frac{2}{\sqrt[3]{x}}\right)^{10}$的展开式的通项$T_{r+1}=C_{10}^r(\sqrt{x})^{10-r}\cdot\left(-\frac{2}{\sqrt[3]{x}}\right)^r=$

$(-2)^r\cdot C_{10}^r\cdot x^{\frac{30-5r}{6}}$. 令$\frac{30-5r}{6}=0$,解得$r=6$,所以其常数项为$(-2)^6\cdot C_{10}^6=13\,440$.

二、军考模拟训练

【选择题】

1. 用数字$1,2,3,4,5$组成没有重复数字的五位数,其中奇数的个数为_____.

  A. 24   B. 48   C. 60   D. 72

2. 用数字$0,2,4,7,8,9$组成没有重复数字的六位数,其中大于$420\,789$的正整数个数为_____.

  A. 479   B. 480   C. 455   D. 456

3. 某次文艺汇演,要将A,B,C,D,E,F这六个不同的节目编排成节目单,如下表:

序号	1	2	3	4	5	6
节目						

若A,B两个节目相邻,且都不排3号位置,则节目单上不同的排序方式种数为_____.

  A. 192   B. 144   C. 96   D. 72

4. 迎国庆花展期间,安排6位志愿者到4个展区提供服务,要求甲、乙两个展区各安排一个人,剩下两个展区各安排两个人,不同的安排方案共有_____.

  A. 90 种   B. 180 种   C. 270 种   D. 360 种

5. 小陈家来了六位同学(四女两男),包括他共7人. 小陈从果园摘了7个大小不同的百香果,每人一个. 小陈把最小的一个留给自己,四位女同学中的一人拿最大的一个,则百香果的不同分法共有_____.

  A. 96 种   B. 120 种   C. 480 种   D. 720 种

6. 从$\{1,2,3,\cdots,10\}$中选取3个不同的数,使得其中至少有两个相邻,则不同的选法种数是_____.

  A. 72   B. 70   C. 66   D. 64

7. 《红海行动》是一部现代化海军题材影片. 该片讲述了中国海军"蛟龙突击队"奉命执行撤侨任务的故事. 撤侨过程中,海军舰长要求队员们依次执行A,B,C,D,E,F六项任务,并对任务的顺序提出了如下要求:重点任务A必须排在前三位,且任务E,F必须排在一起,则这六项任务完成顺序的不同安排方案共有_____.

  A. 240 种   B. 188 种   C. 156 种   D. 120 种

8. 某公司有9个连在一起的停车位,现有5辆不同型号的小汽车需停放,若要求剩余4个车位中恰有3个连在一起,则不同的停放方法的种数为_____.

  A. 3 600   B. 2 400   C. 4 800   D. 7 200

9. 现有4种不同品牌的小车各2辆(同一品牌的小车完全相同),计划将其放在4个车库中(每个车库放2辆),则恰有2个车库放的是同一品牌的小车的不同放法共有_____.

  A. 144 种   B. 108 种   C. 72 种   D. 36 种

10. 设 i 是虚数单位,则 $(x+i)^6$ 的展开式中含 x^4 的项为_____.

A. $-15x^4$ B. $15x^4$ C. $-20ix^4$ D. $20ix^4$

11. 已知 $\left(\sqrt{x}-\dfrac{a}{\sqrt{x}}\right)^5$ 的展开式中,含 $x^{\frac{3}{2}}$ 的项的系数为 30,则 $a=$ _____.

A. $\sqrt{3}$ B. $-\sqrt{3}$ C. 6   D. -6

12. 设二项式 $(\sqrt{x}+3\sqrt[3]{y})^n$ 的展开式中各项系数之和为 M,二项式系数之和为 N,若 $M-2N=960$,则二项式的展开式中 xy 的系数为_____.

A. 270   B. 330   C. 210   D. -100

13. 已知 $\left(a\sqrt{x}+\dfrac{1}{\sqrt[3]{x}}\right)^n (a>0)$ 的展开式的第五、六项的二项式系数相等且最大,展开式中 x^2 项的系数为 84,则 a 的值为_____.

A. 1   B. $\dfrac{1}{4}$ C. 2   D. $\dfrac{1}{2}$

14. 使 $\left(3x+\dfrac{1}{x\sqrt{x}}\right)^n$ 的展开式中含有常数项的最小的 n 的值为_____.

A. 4   B. 5   C. 6   D. 7

15. 已知 $\left(x^2+\dfrac{1}{x}\right)^n$ 的展开式中,奇数项的二项式系数之和为 16,则展开式中含 x 项的系数是_____.

A. 5   B. -5 C. 10   D. -10

16. 已知 $(1+x+x^2)\left(x+\dfrac{1}{x^3}\right)^n$ 的展开式中没有常数项,$n\in \mathbf{N}^*,2\le n\le 8$,则 $n=$ _____.

A. 5   B. 6   C. 7   D. 8

【填空题】

1. 用数字 1,2,3,4,5,6,7,8,9 组成没有重复数字,且至多有一个数字是偶数的四位数,这样的四位数一共有_____个(用数字作答).

2. 从 6 男 2 女共 8 名学员中选出队长 1 人,副队长 1 人,普通队员 2 人,组成 4 人服务队,要求服务队中至少有 1 名女生,共有_____种不同的选法(用数字作答).

3. 为培养学员的综合素养,某校准备开设 A,B,C,D,E,F 共 6 门选修课程,学校规定每个学员必须从这 6 门课程中选 3 门,且 A,B 两门课程中至少要选 1 门,则学生甲共有_____种不同的选法(用数字作答).

4. 已知多项式 $(x+1)^3(x+2)^2=x^5+a_1x^4+a_2x^3+a_3x^2+a_4x+a_5$,则 $a_4=$ _____,$a_5=$ _____.

5. 已知 $(2x+\sqrt{2})^4=a_0+a_1x+a_2x^2+a_3x^3+a_4x^4$,则 $(a_0+a_2+a_4)^2-(a_1+a_3)^2=$ _____.

6. $\left(x-\dfrac{a}{x}\right)\left(2x-\dfrac{1}{x}\right)^5$ 的展开式中各项系数的和为 2,则该展开式中含 x^4 的项的系数为_____.

7. 若 $\left(ax^2+\dfrac{1}{\sqrt{x}}\right)^5$ 的展开式中 x^5 的系数是 -80,则实数 $a=$_____.

8. 已知 $\left(\dfrac{1}{x}+x^2\right)^n$ 的展开式中的各项系数和为 64,则展开式中 x^3 的系数为_____.

9. 已知 m 是常数,若 $(mx-1)^5=a_5x^5+a_4x^4+a_3x^3+a_2x^2+a_1x+a_0$ 且 $a_1+a_2+a_3+a_4+a_5=33$,则 $m=$_____.

10. 在 $\left(1-\dfrac{\sqrt{5}}{5}ax\right)^5\ (a>0)$ 的展开式中,若第三项的系数等于二项式的系数之和,则 $a=$_____.

11. 当 $x>0$ 时,$\left(\dfrac{x}{2}+\dfrac{4}{x}-2\sqrt{2}\right)^3$ 的展开式中常数项为_____(用数字作答).

第十一章 ▶▶▶ 概率与统计

一、典型例题精讲

【选择题】

1. 有 3 个兴趣小组, 甲、乙两名同学各自参加其中一个小组, 每名同学参加各个小组的可能性相同, 则这两名同学参加同一个兴趣小组的概率为 _____.

    A. $\dfrac{1}{3}$ B. $\dfrac{1}{2}$ C. $\dfrac{2}{3}$ D. $\dfrac{3}{4}$

解 甲、乙两名同学各自参加 3 个兴趣小组中的一个, 共有 $C_3^1 \times C_3^1 = 9$ 种可能, 这两名同学参加 3 个兴趣小组中的同一个小组, 共有 3 种可能, 故所求概率为 $\dfrac{3}{9} = \dfrac{1}{3}$. 故选 A.

2. 在一个袋子中装有分别标注数字 $1,2,3,4,5$ 的 5 个小球, 这些小球除标注的数字外完全相同. 现从中随机取出 2 个小球, 则取出的小球标注的数字之和是 3 或 6 的概率是 _____.

    A. $\dfrac{3}{10}$ B. $\dfrac{1}{5}$ C. $\dfrac{1}{10}$ D. $\dfrac{1}{12}$

解 记事件 $A = \{$取出的 2 个小球标注的数字之和为 $3\}$, 事件 $B = \{$取出的 2 个小球标注的数字之和为 $6\}$, 从标注数字 $1,2,3,4,5$ 这 5 个小球中任取 2 个小球, 共有 $C_5^2 = 10$ 种取法, 2 个小球标注的数字之和为 3 只有一种可能: 取出标注为 1 和 2 的 2 个小球, 则 $P(A) = \dfrac{1}{10}$. 同理, 取出 2 个小球标注的数字之和为 6 有两种可能: 1 和 5, 2 和 4, 所以 $P(B) = \dfrac{2}{10} = \dfrac{1}{5}$. 显然 A, B 互斥, 所以所求概率为 $P(A) + P(B) = \dfrac{1}{10} + \dfrac{1}{5} = \dfrac{3}{10}$. 故选 A.

3. 将编号为 $1,2,3,4$ 的 4 个小球任意地放入 A, B, C, D 这 4 个小盒中, 每个盒中放球的个数不受限制, 恰好有一个盒子是空的概率为 _____.

    A. $\dfrac{9}{16}$ B. $\dfrac{1}{4}$ C. $\dfrac{3}{4}$ D. $\dfrac{7}{16}$

解 根据题意, 4 个小球随意放入 4 个小盒当中, 一共有 $4 \times 4 \times 4 \times 4 = 4^4 = 256$ 种放法. 若有一个空盒, 则必然有一个盒子放了 2 个小球, 共有 $C_4^3 \cdot C_3^1 \cdot C_4^2 \cdot C_2^1 = 144$ 种放法, 则所求概率为 $\dfrac{144}{256} = \dfrac{9}{16}$. 故选 A.

4. 袋中共有 15 个除了颜色外完全相同的球, 其中有 10 个白球, 5 个红球, 从袋中任取 2 个球, 所取的球中恰有 1 个白球、1 个红球的概率为 _____.

    A. $\dfrac{5}{21}$ B. $\dfrac{10}{21}$ C. $\dfrac{11}{21}$ D. $\dfrac{13}{21}$

解 15 个球中任取 2 个球, 共有 C_{15}^2 种取法, 恰有 1 个白球、1 个红球, 共有 $C_{10}^1 C_5^1$ 种

取法,则所求概率为$\dfrac{C_{10}^1 C_5^1}{C_{15}^2}=\dfrac{10}{21}$. 故选 B.

5. 4 名同学每人从甲、乙、丙 3 门课程中选修 1 门,则恰有 2 人选修甲课程的概率为_____.

  A. $\dfrac{4}{27}$ B. $\dfrac{8}{27}$ C. $\dfrac{10}{27}$ D. $\dfrac{4}{9}$

  解 2 人选甲课程共有 C_4^2 种方法,另外 2 人从乙、丙中任选一门均有 2 种方法,即 $C_2^1\cdot C_2^1=4$ 种方法,故共有 $4C_4^2$ 种选法,而 4 名同学从 3 门课程中任选一门共有 $C_3^1\cdot C_3^1\cdot C_3^1\cdot C_3^1=81$ 种选法,则所求概率为 $\dfrac{4C_4^2}{81}=\dfrac{8}{27}$. 故选 B.

6. 连续两次掷骰子得到的点数分别为 m 和 n,若记向量 $\boldsymbol{a}=(m,n)$ 与向量 $\boldsymbol{b}=(1,-2)$ 的夹角为 θ,则 θ 为锐角的概率是_____.

  A. $\dfrac{5}{36}$ B. $\dfrac{1}{6}$ C. $\dfrac{7}{36}$ D. $\dfrac{2}{9}$

  解 由题意知 $\boldsymbol{a}\cdot\boldsymbol{b}=m-2n>0$,满足该条件的点数对有$(3,1),(4,1),(5,1),(6,1),(5,2),(6,2)$,共 6 个,而点数对总共有 $6\times 6=36$ 个,所以所求概率为 $\dfrac{6}{36}=\dfrac{1}{6}$. 故选 B.

7. 甲、乙、丙、丁 4 个足球队参加比赛,假设每场比赛各队取胜的概率相等,任意将这 4 个队分成两个小组,每个小组两个队进行比赛,胜出再赛,则甲、乙相遇的概率为_____.

  A. $\dfrac{1}{6}$ B. $\dfrac{1}{4}$ C. $\dfrac{1}{3}$ D. $\dfrac{1}{2}$

  解 初赛中分组有三种:①甲、乙,丙、丁;②甲、丙,乙、丁;③甲、丁,乙、丙. 所以甲、乙初赛相遇的概率为 $\dfrac{1}{3}$,甲、乙初赛不相遇的概率为 $\dfrac{2}{3}$. 若甲、乙复赛相遇,则初赛必不相遇,且初赛都战胜对手,概率为 $\dfrac{1}{2}\times\dfrac{1}{2}=\dfrac{1}{4}$,所以甲、乙复赛相遇的概率为 $\dfrac{2}{3}\times\dfrac{1}{4}=\dfrac{1}{6}$. 所以甲、乙相遇的概率为 $\dfrac{1}{6}+\dfrac{1}{3}=\dfrac{1}{2}$. 故选 D.

8. 两名男同学和两名女同学随机排成一列,则两名女同学相邻的概率是_____.

  A. $\dfrac{1}{6}$ B. $\dfrac{1}{4}$ C. $\dfrac{1}{3}$ D. $\dfrac{1}{2}$

  解 两名男同学、两名女同学随机排成一列,共有 $A_4^4=24$ 种排法,其中两名女同学相邻,"捆绑"在一块,则有 $A_2^2 A_3^3=12$ 种排法(对应"女女男男""男女女男""男男女女"排列),所以所求概率为 $\dfrac{12}{24}=\dfrac{1}{2}$. 故选 D.

9. 已知 5 件产品中有 2 件次品,其余为合格品,现从这 5 件产品中任取 2 件,恰有一件次品的概率为_____.

  A. 0.4   B. 0.6   C. 0.8   D. 1

解 5 件产品中任取 2 件,共有 $C_5^2 =10$ 种取法,共有 2 件次品,则所取 2 件产品中有一件次品的取法有 $C_2^1 \cdot C_3^1 =6$ 种,所以所求概率为 $\frac{6}{10} =0.6$. 故选 B.

10. 为美化环境,从红、黄、白、紫 4 种颜色的花中任选 2 种花种在一个花坛中,余下的 2 种花种在另一个花坛中,则红色和紫色的花不在同一个花坛的概率为_____.

A. $\frac{1}{3}$　　　　B. $\frac{1}{2}$　　　　C. $\frac{2}{3}$　　　　D. $\frac{5}{6}$

解 从红、黄、白、紫 4 种颜色的花中任选 2 种花种在一个花坛中,余下的 2 种花种在另一个花坛中,共有 $C_4^2 =6$ 种种法. 红花和紫花分别在不同花坛中,有 $2C_2^1 =4$ 种种法,则所求概率为 $\frac{4}{6} =\frac{2}{3}$. 故选 C.

点评 此题也可以运用对立事件的概率公式 $P(\overline{A}) =1-P(A)$ 求解."红色和紫色的花不在同一花坛"的对立事件是"红色和紫色的花在同一个花坛".因为有两个花坛,所以红色和紫色的花在同一花坛共有 2 种种法,则不在同一花坛的概率为 $1-\frac{2}{6} =\frac{2}{3}$. 通常在求解含"至少""至多"等关键词的事件概率时,运用对立事件概率公式求解更简捷.

11. 甲、乙两人下棋,两人下成和棋的概率是 $\frac{1}{2}$,甲获胜的概率是 $\frac{1}{3}$,则甲不输的概率为_____.

A. $\frac{5}{6}$　　　　B. $\frac{2}{5}$　　　　C. $\frac{1}{6}$　　　　D. $\frac{1}{3}$

解 设 A 为"甲不输",B 为"甲获胜",C 为"两人下成和棋",则 $A=B+C$,且事件 B,C 互斥,所以 $P(A) =P(B+C) =P(B) +P(C) =\frac{1}{3} +\frac{1}{2} =\frac{5}{6}$. 故选 A.

点评 用字母表示事件,分清事件间的关系,并利用相关公式求解是计算概率的步骤.

典型公式有:①若 A 与 B 互斥,则 $P(A+B) =P(A) +P(B)$.

②若 A 与 B 互为对立事件,则 $P(A) =1-P(B)$.

③若 A,B 相互独立,则 $P(AB) =P(A) \cdot P(B)$.

12. 若 3 个正整数可作为一个直角三角形三条边的边长,则称这 3 个数为一组勾股数. 从 1,2,3,4,5 中任取 3 个不同的数,则这 3 个数能构成一组勾股数的概率为_____.

A. $\frac{3}{10}$　　　　B. $\frac{1}{5}$　　　　C. $\frac{1}{10}$　　　　D. $\frac{1}{20}$

解 从 1,2,3,4,5 中任取 3 个不同的数,有 $\{1,2,3\}$,$\{1,2,4\}$,$\{1,2,5\}$,$\{1,3,4\}$,$\{1,3,5\}$,$\{1,4,5\}$,$\{2,3,4\}$,$\{2,3,5\}$,$\{2,4,5\}$,$\{3,4,5\}$,共 10 个基本事件(或 $C_5^3 =10$),其中能构成勾股数的只有 $\{3,4,5\}$ 一组,所以所求概率为 $\frac{1}{10}$. 故选 C.

13. 为扩大市场影响,某集团向广大市民开展"参加体验,征求意见"的活动,市民可以通过集团 App 抢体验票. 小陈抢到了三张体验票,准备从四位朋友小王、小张、小赵、小李中随机选两位与自己一起去参加体验活动,则小王和小李至多一人被选中的概率为_____.

A. $\dfrac{1}{6}$ B. $\dfrac{1}{3}$ C. $\dfrac{2}{3}$ D. $\dfrac{5}{6}$

解 方法一 设 A 表示"小王和小李至多一人被选中", B 表示"小王和小李都没被选中", C 表示"小王和小李只有一人被选中",则 $A = B + C$, 且事件 B, C 互斥. 又 $P(B) = \dfrac{C_2^2}{C_4^2} = \dfrac{1}{6}$, $P(C) = \dfrac{C_2^1 \cdot C_2^1}{C_4^2} = \dfrac{2}{3}$, 所以 $P(A) = P(B + C) = P(B) + P(C) = \dfrac{1}{6} + \dfrac{2}{3} = \dfrac{5}{6}$. 故选 D.

方法二 设 A 表示"小王和小李至多一人被选中",事件 A 的对立事件 $\overline{A}$ 表示"小王和小李都被选中",且 $P(\overline{A}) = \dfrac{C_2^2}{C_4^2} = \dfrac{1}{6}$, 所以 $P(A) = 1 - P(\overline{A}) = \dfrac{5}{6}$. 故选 D.

14. 一张储蓄卡的密码共由 6 位数字组成,每位数字都可以是 $0 \sim 9$ 中的任意一个. 某人在银行自动取款机上取钱时,忘记了密码的最后一位数字. 如果任意按最后一位数字,不超过 2 次就按对的概率为_____.

A. $\dfrac{2}{5}$ B. $\dfrac{3}{10}$ C. $\dfrac{1}{5}$ D. $\dfrac{1}{10}$

解 事件 A"不超过 2 次就按对"包含事件 B"按一次就按对"和事件 C"按 2 次才按对",且 B 与 C 互斥,即 $A = B + C$. 因为密码最后一位数是 $0 \sim 9$ 中的任意一个,所以 $P(B) = \dfrac{1}{C_{10}^1} = \dfrac{1}{10}$, $P(C) = \dfrac{C_9^1 \cdot C_1^1}{C_{10}^1 \cdot C_9^1} = \dfrac{1}{10}$, 所以 $P(A) = P(B + C) = P(B) + P(C) = \dfrac{1}{10} + \dfrac{1}{10} = \dfrac{1}{5}$. 故选 C.

15. 投篮测试中,每人投 3 次,至少投中 2 次才能通过测试,已知某同学每次投篮投中的概率是 0.6,且每次投篮是否投中相互独立,则该同学通过测试的概率为_____.

A. 0.648   B. 0.432   C. 0.36   D. 0.312

解 由题意知,投篮可以看作一个独立重复试验,因此所求概率为 $C_3^2 \times 0.6^2 \times (1 - 0.6) + C_3^3 \times 0.6^3 = 0.648$. 故选 A.

16. 在区间 $[0,1]$ 上随机取两个数 x, y, 记 p_1 为事件"$x + y \geqslant \dfrac{1}{2}$"的概率, p_2 为事件"$|x - y| \leqslant \dfrac{1}{2}$"的概率, p_3 为事件"$xy \leqslant \dfrac{1}{2}$"的概率,则_____.

A. $p_1 < p_2 < p_3$ B. $p_2 < p_3 < p_1$

C. $p_3 < p_1 < p_2$ D. $p_3 < p_2 < p_1$

解 由题设条件知,这是一个几何概型. $x, y \in [0,1]$,事件"$x + y \geqslant \dfrac{1}{2}$"表示的区域如图 $11 - 1(1)$ 中的阴影部分 S_1, 事件"$|x - y| \leqslant \dfrac{1}{2}$"表示的区域如图 $11 - 1(2)$ 中的阴影部分 S_2, 事件"$xy \leqslant \dfrac{1}{2}$"表示的区域如图 $11 - 1(3)$ 中的阴影部分 S_3. 由图形知, $S_2 < S_3 < S_1$, 正方形的面积为 $1 \times 1 = 1$, 根据几何概型的概率计算公式,有 $p_2 < p_3 < p_1$. 故选 B.

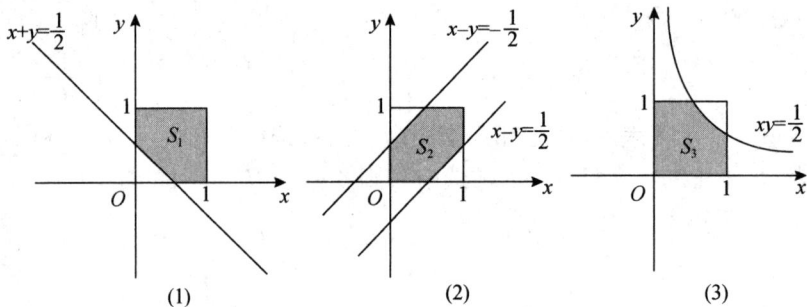

图 11 - 1

【填空题】

1. 甲、乙两袋装有大小相同的红球和白球. 甲袋装有 2 个红球和 2 个白球;乙袋装有 2 个红球和 3 个白球. 从甲、乙两袋中各任取 2 个球,则这 4 个球全是红球的概率为_____.

解 "4 个球全是红球"等同于"从甲袋中取的 2 个球全是红球,从乙袋中取的 2 个球全是红球",则所求概率为 $\dfrac{C_2^2 \cdot C_2^2}{C_4^2 \cdot C_5^2} = \dfrac{1}{6 \times 10} = \dfrac{1}{60}$.

或者可以理解为:事件 A 表示"从甲袋中任取 2 个球,2 个球是红球",事件 B 表示"从乙袋中任取 2 个球,2 个球是红球",且 A,B 相互独立,则所求概率 $P(AB) = P(A) \cdot P(B) = \dfrac{C_2^2}{C_4^2} \cdot \dfrac{C_2^2}{C_5^2} = \dfrac{1}{60}$.

2. 已知口袋中有形状和大小完全相同的四个球,球的编号分别为 $1,2,3,4$,若从袋中随机抽取两个球,则取出的两个球的编号之和大于 5 的概率为_____.

解 用 x,y 表示从袋子中抽取的两个球的编号,用 (x,y) 表示其中一个基本事件,则事件总体所包含的基本事件有 $(1,2)$,$(1,3)$,$(1,4)$,$(2,3)$,$(2,4)$,$(3,4)$,共 6 个,取出的两个球的编号之和大于 5 的基本事件有 $(2,4)$,$(3,4)$,共 2 个,故所求概率为 $\dfrac{2}{6} = \dfrac{1}{3}$.

3. 某学生通过英语听力测试的概率为 $\dfrac{2}{3}$,如果她连续测试 3 次,那么恰有一次通过的概率为_____.

解 这是一个独立重复试验,所求概率为 $C_3^1 \times \dfrac{2}{3} \times \left(1 - \dfrac{2}{3}\right)^2 = \dfrac{2}{9}$.

4. 从边长是 1 的正方形的中心和顶点这 5 个点中,随机等可能地取两点,则该两点间的距离为 $\dfrac{\sqrt{2}}{2}$ 的概率是_____.

解 设此正方形的 4 个顶点为 A,B,C,D,中心为 O,则从 5 个点中随机等可能地取两点,有 $C_5^2 = 10$ 种取法,两点间的距离为 $\dfrac{\sqrt{2}}{2}$ 的只有 AO,BO,CO,DO,因此取法有 4 种,则所求概率为 $\dfrac{4}{10} = \dfrac{2}{5}$.

5. 从 3 名男同学和 2 名女同学中任选 2 名同学参加志愿者服务,则选出的 2 名同学中至少有 1 名女同学的概率是_____.

解 从 5 名同学中选 2 名同学,共有 $C_5^2 = 10$ 种选法."2 名同学中至少有 1 名女同学"包括"2 名同学中只有 1 名女同学"和"2 名同学都是女同学",分别有 $C_2^1 C_3^1$ 种和 C_2^2 种选法,因此所求概率为 $\dfrac{C_2^1 C_3^1 + C_2^2}{10} = \dfrac{7}{10}$.

6. 将一颗质地均匀的骰子(一种各个面上分别标有 1,2,3,4,5,6 个点的正方体玩具)先后抛掷两次,则出现向上的点数之和小于 10 的概率为_____.

解 将骰子抛掷两次,出现的向上的点数有 $C_6^1 \cdot C_6^1 = 36$ 种,点数之和小于 10 的情况较多,考虑点数之和不小于 10 的情况,共有 $(4,6)$,$(5,5)$,$(5,6)$,$(6,4)$,$(6,5)$,$(6,6)$,共 6 种,则所求概率为 $1 - \dfrac{6}{36} = \dfrac{5}{6}$.

7. 从 2,3,8,9 中任取两个不同的数字,分别记为 a, b,则 $\log_a b$ 为整数的概率为_____.

解 从 2,3,8,9 中任取两个不同的数字,共有 $A_4^2 = 12$ 种取法,$\log_a b$ 为整数的只有 $\log_2 8$ 和 $\log_3 9$ 两种,则所求概率为 $\dfrac{2}{12} = \dfrac{1}{6}$.

8. 甲盒中有红、黑皮笔记本各 2 本,乙盒中有黄、黑皮笔记本各 1 本,从两盒中各取 1 本,则取出的 2 本笔记本是不同颜色的概率为_____.

解 方法一 甲盒中有 4 本笔记本,乙盒中有 2 本笔记本,从两盒中各取 1 本笔记本,共有 $C_4^1 \cdot C_2^1 = 8$ 种取法."取出 2 本笔记本颜色不同"包含"取出 2 本笔记本中甲红乙黄"和"取出 2 本笔记本中甲黑乙黄"和"取出 2 本笔记本中甲红乙黑"三种情况,分别有 $C_2^1 C_1^1$,$C_2^1 C_1^1$,$C_2^1 C_1^1$ 种取法,所以所求概率为 $\dfrac{C_2^1 C_1^1 + C_2^1 C_1^1 + C_2^1 C_1^1}{8} = \dfrac{6}{8} = \dfrac{3}{4}$.

方法二 "取出 2 本笔记本是不同颜色"的对立事件是"取出 2 本笔记本颜色相同"."取出 2 本笔记本颜色相同"即为"取出的 2 本笔记本都是黑色",共有 $C_2^1 C_1^1$ 种取法,则所求概率为 $1 - \dfrac{C_2^1 C_1^1}{8} = 1 - \dfrac{1}{4} = \dfrac{3}{4}$.

9. 一批产品的二等品率为 0.02,从这批产品中每次随机取一件,有放回地抽取 100 次,X 表示抽取到的二等品件数,则 $D(X) =$ _____.

解 根据题意,X 服从二项分布,且 $p = 0.02$,$n = 100$,则 $D(X) = np(1-p) = 100 \times 0.02 \times 0.98 = 1.96$.

10. 同时抛掷两枚质地均匀的硬币,当至少有一枚硬币正面向上时,就说这次试验成功,则在 2 次试验中成功次数 X 的均值为_____.

解 "同时抛掷两枚硬币"结果包含"正正""正反""反正""反反"四种情况,则"至少有一枚硬币正面向上"的概率 $p = \dfrac{3}{4}$. 由题意知,X 服从二项分布,且 $n = 2$,$p = \dfrac{3}{4}$,则 $E(X) = np = \dfrac{3}{2}$.

点评 随机变量 X 服从二项分布时,若试验次数为 n,每次事件发生的概率为 p,则均值 $E(X) = np$,方差 $D(X) = np(1-p)$.

11. 某兴趣小组有 2 名男生和 3 名女生,现从中任选 2 名学生去参加活动,则恰好选中 2 名女生的概率为_____.

解 记 2 名男生分别为 A,B,3 名女生分别为 a,b,c,则从中任选 2 名学生有 AB,Aa,Ab,Ac,Ba,Bb,Bc,ab,ac,bc,共 10(或 $C_5^2 = 10$)种情况,其中恰好选中 2 名女生有 ab,ac,bc,共 3(或 $C_3^2 = 3$)种情况,故所求概率为 $\dfrac{3}{10}$.

12. 如图 $11-2$,在平面直角坐标系 xOy 中,O 为正八边形 $A_1 A_2 \cdots A_8$ 的中心,$A_1(1,0)$.任取不同的两点 A_i,A_j,点 P 满足 $\overrightarrow{OP} + \overrightarrow{OA_i} + \overrightarrow{OA_j} = \mathbf{0}$,则点 P 落在第一象限的概率是_____.

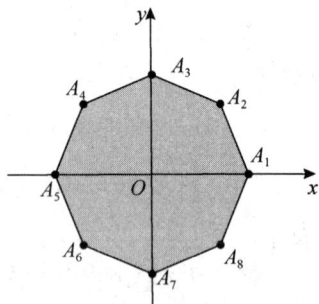

图 $11-2$

解 依题意,从正八边形的 8 个顶点中任取 2 个不同的顶点的方法共有 $C_8^2 = 28$ 种,其中能使点 P 落在第一象限,且 $\overrightarrow{OA_i} + \overrightarrow{OA_j} = -\overrightarrow{OP}$ 的情形有 (A_4, A_7),(A_5, A_6),(A_5, A_7),(A_5, A_8),(A_6, A_7),因此所求的概率等于 $\dfrac{5}{28}$.

【解答题】

1. 甲、乙 2 人各进行一次射击,如果 2 人击中目标的概率都是 0.6,计算:
(1)两人都击中目标的概率;
(2)其中恰有 1 人击中目标的概率;
(3)至少有 1 人击中目标的概率.

解 设 A 表示"甲、乙 2 人各进行一次射击,甲击中目标",B 表示"甲、乙 2 人各进行一次射击,乙击中目标".

(1)事件"两人都击中目标"为 AB. 由于 A,B 相互独立,则所求概率为 $P(AB) = P(A) \cdot P(B) = 0.6 \times 0.6 = 0.36$.

(2)"其中恰有 1 人击中目标"包含两个事件:①甲击中目标,而乙未击中目标,即 $A\bar{B}$;甲未击中目标,而乙击中目标,即 $\bar{A}B$. 注意到这两个事件互斥,且 A 与 $\bar{B}$,$\bar{A}$ 与 B 都相互独立,则所求概率为 $P(A\bar{B} + \bar{A}B) = P(A\bar{B}) + P(\bar{A}B) = P(A)P(\bar{B}) + P(\bar{A})P(B) = 0.6 \times (1-0.6) + (1-0.6) \times 0.6 = 0.48$.

(3)方法一 事件"至少有 1 人击中目标"包含"两人都击中目标"和"其中恰有 1 人击中目标"两个事件,且这两个事件互斥. 由(1)(2)知其概率分别为 0.36 和 0.48,则所求概率为 $0.36 + 0.48 = 0.84$.

方法二 事件"至少有 1 人击中目标"的对立事件是"两人都未击中目标",即 $\bar{A}\bar{B}$,且 $\bar{A}$ 与 $\bar{B}$ 相互独立,则所求概率为 $1 - P(\bar{A}\bar{B}) = 1 - P(\bar{A}) \cdot P(\bar{B}) = 1 - (1-0.6) \times (1-0.6) = 1 - 0.16 = 0.84$.

2. 一个口袋中有 4 个不同的红球和 6 个不同的白球,从中任取 4 个不同的球,试求红球的个数不比白球少的概率.

解 从袋中任取 4 个球,记 A 为"恰有 2 个红球,2 个白球",B 为"恰有 3 个红球和 1 个白球",C 为"4 个球都是红球",则事件"红球的个数不比白球少"包含事件 A,B,C,且 A,B,C 两两互斥. 因为 $P(A)=\dfrac{C_4^2 C_6^2}{C_{10}^4}$,$P(B)=\dfrac{C_4^3 C_6^1}{C_{10}^4}$,$P(C)=\dfrac{C_4^4}{C_{10}^4}$,所以所求概率为 $P(A+B+C)=P(A)+P(B)+P(C)=\dfrac{23}{42}$.

点评 求复杂事件的概率要注意:一是用字母表示事件,需要把复杂事件拆分成若干事件,分清这若干事件间的关系(互斥、对立、相互独立等);二是分清复杂事件与这若干事件的关系(是事件的积还是和等);三是熟练掌握互斥事件、对立事件的概率计算公式,过好计算关.

3. 在一次口答中,要从 20 道题中随机抽出 6 道题进行回答,答对了其中的 5 道题就获得优秀,答对其中的 4 道题就获得及格. 某学员会回答 20 道题中的 8 道题.

(1)他获得优秀的概率为多少?

(2)他获得及格与及格以上的概率为多少?

解 (1)记 A 表示"该学员获得优秀",则 A 包含"答对 6 道题中的 5 道"和"答对 6 道题"两个事件,分别记为 A_1,A_2,且 A_1,A_2 互斥,所以 $P(A)=P(A_1+A_2)=P(A_1)+P(A_2)=\dfrac{C_8^5 C_{12}^1}{C_{20}^6}+\dfrac{C_8^6}{C_{20}^6}=\dfrac{35}{1\,938}$.

(2)"获得及格与及格以上"包含"答对 6 道题中的 4 道""答对 6 道题中的 5 道"和"答对 6 道题"这三个事件,分别记为 A_1,A_2,A_3,且 A_1,A_2,A_3 两两互斥,则所求概率 $P(A_1+A_2+A_3)=P(A_1)+P(A_2)+P(A_3)=\dfrac{C_8^4 C_{12}^2}{C_{20}^6}+\dfrac{C_8^5 C_{12}^1}{C_{20}^6}+\dfrac{C_8^6}{C_{20}^6}=\dfrac{7}{51}$.

4. 某迷宫有 3 个通道,进入迷宫的每个人都要经过一扇智能门,首次到达此门,系统会随机等可能地为你打开一个通道(一共 3 个通道). 若是 1 号通道,则需要 1 小时走出迷宫;若是 2 号、3 号通道,则分别需要 2 小时、3 小时返回智能门,再次到达智能门时,系统会随机打开一个你没到过的通道,直至走出迷宫为止.

(1)求走出迷宫恰好用了 1 小时的概率;

(2)求走出迷宫的时间超过 3 小时的概率.

解 设 A_i,B_i,C_i 分别表示事件"第 i 次走 1 号通道""第 i 次走 2 号通道"和"第 i 次走 3 号通道"(其中 $i-1,2,3$),则 $P(A_1)=P(B_1)=P(C_1)=\dfrac{1}{3}$,$P(A_2)=P(B_2)=P(C_2)=\dfrac{1}{2}$,$P(A_3)=P(B_3)=P(C_3)=1$.

(1)走出迷宫恰好用了 1 小时的概率为 $P(A_1)=\dfrac{1}{3}$.

(2)事件"走出迷宫的时间超过 3 小时"包含"第一次走 2 号通道,第二次走 3 号通道,第三次走 1 号通道"和"第一次走 3 号通道,第二次走 1 号通道",以及"第一次走 3 号通道,第二次走 2 号通道,第三次走 1 号通道",即 $B_1C_2A_3$,C_1A_2 和 $C_1B_2A_3$,则所求概率为

$$P(B_1C_2A_3 + C_1A_2 + C_1B_2A_3) = P(B_1C_2A_3) + P(C_1A_2) + P(C_1B_2A_3) = P(B_1)P(C_2)P(A_3) +$$
$$P(C_1)P(A_2) + P(C_1)P(B_2)P(A_3) = \frac{1}{3} \times \frac{1}{2} \times 1 + \frac{1}{3} \times \frac{1}{2} + \frac{1}{3} \times \frac{1}{2} \times 1 = \frac{3}{6} = \frac{1}{2}.$$

5. 在心理学研究中,常采用对比试验的方法评价不同心理暗示对人的影响,具体方法如下:将参加试验的志愿者随机分成两组,一组接受甲种心理暗示,另一组接受乙种心理暗示,通过对比这两组志愿者按受心理暗示后的结果来评价两种心理暗示的作用. 现有 6 名男志愿者 $A_1, A_2, A_3, A_4, A_5, A_6$ 和 4 名女志愿者 B_1, B_2, B_3, B_4,从中随机抽取 5 人接受甲种心理暗示,另 5 人接受乙种心理暗示.

(1)求接受甲种心理暗示的志愿者中包含 A_1 但不包含 B_1 的概率;

(2)用 X 表示接受乙种心理暗示的女志愿者人数,求 X 的分布列与数学期望 $E(X)$.

解析 (1)记接受甲种心理暗示的志愿者中包含 A_1 但不包含 B_1 的事件为 M,

则 $P(M) = \dfrac{C_8^4}{C_{10}^5} = \dfrac{5}{18}$.

(2)由题意知 X 可取的值为:0,1,2,3,4,则

$$P(X=0) = \frac{C_6^5}{C_{10}^5} = \frac{1}{42},$$

$$P(X=1) = \frac{C_6^4 C_4^1}{C_{10}^5} = \frac{5}{21},$$

$$P(X=2) = \frac{C_6^3 C_4^2}{C_{10}^5} = \frac{10}{21},$$

$$P(X=3) = \frac{C_6^2 C_4^3}{C_{10}^5} = \frac{5}{21},$$

$$P(X=4) = \frac{C_6^1 C_4^4}{C_{10}^5} = \frac{1}{42}.$$

因此 X 的分布列为:

X	0	1	2	3	4
P	$\frac{1}{42}$	$\frac{5}{21}$	$\frac{10}{21}$	$\frac{5}{21}$	$\frac{1}{42}$

X 的数学期望
$$E(X) = 0 \times P(X=0) + 1 \times P(X=1) + 2 \times P(X=2) + 3 \times P(X=3) + 4 \times P(X=4)$$
$$= 0 + 1 \times \frac{5}{21} + 2 \times \frac{10}{21} + 3 \times \frac{5}{21} + 4 \times \frac{1}{42}$$
$$= 2.$$

6. 袋中有黑球和白球共 7 个,从中任取 2 个球都是白球的概率是 $\dfrac{1}{7}$. 现在甲、乙两人从袋中轮流摸取一球,甲先取乙后取,然后甲再取……取后不放回,直到两人中有一人取到白球时终止. 每个球在每一次被取出的机会是均等的,用 ξ 表示取球终止时所需的取球次数.

(1)求袋中原有白球的个数;

(2)求随机变量 ξ 的概率分布;

(3)求甲取到白球的概率.

解 (1)设袋中原有 n 个白球,则任取 2 个球都是白球的概率为 $\dfrac{C_n^2}{C_7^2} = \dfrac{1}{7}$,即 $\dfrac{n(n-1)}{42} = \dfrac{1}{7}$,所以 $n = 3$,即袋中原有 3 个白球.

(2)由(1)知袋中有 3 个白球,4 个黑球,ξ 的可能取值为 1,2,3,4,5,则

$$P(\xi=1) = \dfrac{C_3^1}{C_7^1} = \dfrac{3}{7}, P(\xi=2) = \dfrac{C_4^1 \cdot C_3^1}{C_7^1 \cdot C_6^1} = \dfrac{2}{7}, P(\xi=3) = \dfrac{C_4^1 \cdot C_3^1 \cdot C_3^1}{C_7^1 \cdot C_6^1 \cdot C_5^1} = \dfrac{6}{35}, P(\xi=4) =$$

$$\dfrac{C_4^1 \cdot C_3^1 \cdot C_2^1 \cdot C_3^1}{C_7^1 \cdot C_6^1 \cdot C_5^1 \cdot C_4^1} = \dfrac{3}{35}, P(\xi=5) = \dfrac{C_4^1 \cdot C_3^1 \cdot C_2^1 \cdot C_1^1 \cdot C_3^1}{C_7^1 \cdot C_6^1 \cdot C_5^1 \cdot C_4^1 \cdot C_3^1} = \dfrac{1}{35}.$$

所以取球次数 ξ 的分布列为:

ξ	1	2	3	4	5
P	$\dfrac{3}{7}$	$\dfrac{2}{7}$	$\dfrac{6}{35}$	$\dfrac{3}{35}$	$\dfrac{1}{35}$

(3)因为甲先取,所以甲只能在第 1 次、第 3 次和第 5 次取球,所以甲取到白球的概率为 $P(\xi=1) + P(\xi=3) + P(\xi=5) = \dfrac{3}{7} + \dfrac{6}{35} + \dfrac{1}{35} = \dfrac{22}{35}$.

7. 甲、乙两旅参加基层政工知识竞赛. 在某一环节,每旅派 3 名选手,每人回答一个问题,答对即为本旅赢 1 分,答错得零分. 假设甲旅中每人答对的概率均为 $\dfrac{2}{3}$,乙旅中 3 人答对的概率分别为 $\dfrac{2}{3}, \dfrac{2}{3}, \dfrac{1}{2}$,且各人回答正确与否相互之间没有影响,用 ξ 表示甲旅的总得分.

(1)求 ξ 的分布列和数学期望;

(2)用 A 表示事件"甲、乙两个旅得分之和等于 3",B 表示事件"甲旅总得分大于乙旅总得分",求 $P(AB)$.

解 (1)根据题意,ξ 服从二项分布,且试验次数 $n = 3$,$p = \dfrac{2}{3}$,即 $\xi \sim B\left(3, \dfrac{2}{3}\right)$. ξ 的可能取值为 0,1,2,3,且 $P(\xi=0) = C_3^0 \cdot p^0 \cdot (1-p)^3 = \left(1 - \dfrac{2}{3}\right)^3 = \dfrac{1}{27}$,$P(\xi=1) = C_3^1 p^1 (1-p)^2 = 3 \times \dfrac{2}{3} \times \left(\dfrac{1}{3}\right)^2 = \dfrac{6}{27}$,$P(\xi=2) = C_3^2 p^2 (1-p) = 3 \times \left(\dfrac{2}{3}\right)^2 \times \dfrac{1}{3} = \dfrac{12}{27}$,$P(\xi=3) = C_3^3 \cdot p^3 = \dfrac{8}{27}$.

所以 ξ 的分布列为:

ξ	0	1	2	3
P	$\dfrac{1}{27}$	$\dfrac{6}{27}$	$\dfrac{12}{27}$	$\dfrac{8}{27}$

所以 ξ 的数学期望 $E(\xi) = 0 \times \dfrac{1}{27} + 1 \times \dfrac{6}{27} + 2 \times \dfrac{12}{27} + 3 \times \dfrac{8}{27} = 2$.

（2）用 A_k 表示事件"甲旅得 k 分"，B_k 表示"乙旅得 k 分"，则 k 可能取值有 $0,1,2,3$.
AB 表示"甲、乙两个旅总得分之和等于 3 且甲旅总得分大于乙旅总得分"，则 $AB = A_2B_1 + A_3B_0$，且 A_2B_1 与 A_3B_0 互斥，A_2 与 B_1，A_3 与 B_0 相互独立，则所求概率 $P(AB) = P(A_2B_1 + A_3B_0) = P(A_2)P(B_1) + P(A_3)P(B_0) = C_3^2 \cdot \left(\frac{2}{3}\right)^2 \cdot \frac{1}{3} \times \left(\frac{1}{2} \times \frac{1}{3^2} + \frac{1}{2} \times C_2^1 \times \frac{2}{3^2}\right) + \left(\frac{2}{3}\right)^3 \times \left(\frac{1}{3^2} \times \frac{1}{2}\right) = \frac{34}{243}$.

8. 某小组共有 10 人，利用假期参加义工活动，已知参加义工活动次数为 $1,2,3$ 的人数分别为 $3,3,4$. 现从这 10 人中随机选出 2 人作为该组代表参加座谈会.

（1）设 A 为事件"选出的 2 人参加义工活动次数之和为 4"，求事件 A 发生的概率；

（2）设 X 为选出的 2 人参加义工活动次数之差的绝对值，求随机变量 X 的分布列和数学期望.

解 （1）设 B 表示事件"选出的 2 人参加义工活动次数一人为 1，一人为 3"，C 表示事件"选出的 2 人参加义工活动次数都为 2"，则 $A = B + C$，且 B 与 C 互斥. 由题意知，
$P(B) = \frac{C_3^1 \cdot C_4^1}{C_{10}^2} = \frac{4}{15}$，$P(C) = \frac{C_3^2}{C_{10}^2} = \frac{1}{15}$. 所以 $P(A) = P(B + C) = P(B) + P(C) = \frac{4}{15} + \frac{1}{15} = \frac{5}{15} = \frac{1}{3}$.

（2）随机变量 X 的所有可能取值为 $0,1,2$，
$P(X = 0) = \frac{C_3^2 + C_3^2 + C_4^2}{C_{10}^2} = \frac{4}{15}$，$P(X = 1) = \frac{C_3^1 C_3^1 + C_3^1 C_4^1}{C_{10}^2} = \frac{7}{15}$，$P(X = 2) = \frac{C_3^1 C_4^1}{C_{10}^2} = \frac{4}{15}$.

所以随机变量 X 的分布列为：

X	0	1	2
P	$\frac{4}{15}$	$\frac{7}{15}$	$\frac{4}{15}$

随机变量 X 的数学期望 $E(X) = 0 \times \frac{4}{15} + 1 \times \frac{7}{15} + 2 \times \frac{4}{15} = 1$.

9. 某单位调查了某班全部 45 名学员参加书法社团和演讲社团的情况，数据（单位：人）如下表：

	参加书法社团	未参加书法社团
参加演讲社团	8	5
未参加演讲社团	2	30

（1）从该班随机选 1 名同学，求该同学至少参加上述一个社团的概率；

（2）在既参加书法社团又参加演讲社团的 8 名同学中，有 5 名男同学 A_1, A_2, A_3, A_4, A_5，3 名女同学 B_1, B_2, B_3，现从这 5 名男同学和 3 名女同学中各随机选 1 人，求 A_1 被选中且 B_1 未被选中的概率.

解 （1）从调查数据表中可知，既未参加书法社团又未参加演讲社团的有 30 人，则至少参加一个社团的共有 $45 - 30 = 15$（人）（或利用表中信息，得 $8 + 2 + 5 = 15$（人）），则

从该班随机选 1 名同学,该同学至少参加一个社团的概率为 $\dfrac{C_{15}^1}{C_{45}^1}=\dfrac{1}{3}$.

(2)从 5 名男同学和 3 名女同学中各随机选 1 人,共有 $C_5^1C_3^1=15$ 种选法,而 A_1 被选中且 B_1 未被选中,有 $C_1^1\cdot C_2^1=2$ 种选法,则所求概率为 $\dfrac{2}{15}$.

10. 某超市随机选取 1 000 位顾客,记录了他们购买甲、乙、丙、丁四种商品的情况,整理成如下统计表,其中"√"表示购买,"×"表示未购买.

商品 顾客人数	甲	乙	丙	丁
100	√	×	√	√
217	×	√	×	√
200	√	√	√	×
300	√	×	√	×
85	√	×	×	×
98	×	√	×	×

(1)估计顾客同时购买乙和丙的概率;

(2)估计顾客在甲、乙、丙、丁中同时购买 3 种商品的概率;

(3)如果顾客购买了甲,则该顾客同时购买乙、丙、丁中哪种商品的可能性最大?

解 (1)从统计表中可以看出,在这 1 000 位顾客中,有 200 位顾客同时购买了乙和丙,所以顾客同时购买乙和丙的概率可以估计为 $\dfrac{200}{1\,000}=\dfrac{1}{5}$.

(2)从统计表中可以看出,这 1 000 名顾客中,有 100 人同时购买了甲、丙、丁,200 人同时购买了甲、乙、丙,则顾客在甲、乙、丙、丁中同时购买 3 种商品的概率为 $\dfrac{100+200}{1\,000}=\dfrac{3}{10}$.

(3)顾客同时购买甲、乙的概率可以估计为 $\dfrac{200}{1\,000}=\dfrac{1}{5}$,同时购买甲、丙的概率可以估计为 $\dfrac{100+200+300}{1\,000}=\dfrac{3}{5}$,同时购买甲、丁的概率可以估计为 $\dfrac{100}{1\,000}=\dfrac{1}{10}$. 因为 $\dfrac{3}{5}>\dfrac{1}{5}>\dfrac{1}{10}$,所以如果顾客购买了甲,则该顾客同时购买丙的可能性最大.

11. 口袋中有 5 个除颜色和标号之外均相同的小球,其中白色小球有 3 个,标号分别为 1,3,5;黑色小球有 2 个,标号分别为 2,4. 每次从口袋中取出 2 个小球,若取出的这 2 个小球同色,则所得分数 X 为 2 个小球的标号之和;若取出的 2 个小球不同色,则所得分数 X 为 2 个小球的标号之差的绝对值.

(1)求 $X=1$ 的概率.

(2)若 $X>5$,则获得一个精美水杯,若 $1<X<4$,则获得一提精美抽纸,问获得 2 种奖品的概率是否相等? 请说明理由.

解 (1)从5个小球中任取2个小球,有$C_5^2=10$种取法."$X=1$"包含"取出小球标号为1,2""取出小球标号为3,2""取出小球标号为3,4""取出小球标号为5,4",共4种情况,所以$P(X=1)=\dfrac{4}{10}=\dfrac{2}{5}$.

(2)"$X>5$"包含"取出的2个小球分别标有1,5"和"取出的2个小球分别标有3,5"及"取出的2个小球分别标有2,4"共3种情况,所以$P(X>5)=\dfrac{3}{10}$.

"$1<X<4$"包含"取出2个小球分别标有1,4"和"取出2个小球分别标有5,2"两种情况,所以$P(1<X<4)=\dfrac{2}{10}=\dfrac{1}{5}$.

因为$P(X>5)>P(1<X<4)$,所以获得两种奖品的概率不相等,获得一个精美水杯的概率比获得一提精美抽纸的概率大.

12.11分制乒乓球比赛,每赢一球得1分,当某局打成10∶10平后,每球交换发球权,先多得2分的一方获胜,该局比赛结束.甲、乙两名同学进行单打比赛,假设甲发球时甲得分的概率为0.5,乙发球时甲得分的概率为0.4,各球的结果相互独立,在某局双方10∶10平后,甲先发球,两人又打了X个球,该局比赛结束.

(1)求$P(X=2)$;

(2)求事件"$X=4$且甲获胜"的概率.

解 (1)"$X=2$"表示甲、乙双方在10∶10平后两人又打了2个球,该局比赛结束.由于此时是甲先发球,故这2个球都是甲赢或者都是乙赢,所以$P(X=2)=0.5\times0.4+(1-0.5)\times(1-0.4)=0.5$.

(2)"$X=4$且甲获胜"表示平局后两人又打了4个球且甲赢了,该局比赛结束.因此这4个球的得分情况为前两球甲、乙各得1分,后两球均为甲得分.因此所求概率为$[0.5\times(1-0.4)+(1-0.5)\times0.4]\times0.5\times0.4=0.1$.

13.已知某单位甲、乙、丙三个部门的员工人数分别为24,16,16.现采取分层抽样的方法,从中抽取7人,进行睡眠时间的调查.

(1)应从甲、乙、丙三个部门的员工中分别抽取多少人?

(2)若抽出的7人中有4人睡眠不足,3人睡眠充足,现从这7人中随机抽取3人做进一步的身体检查.

(i)用X表示抽取的3人中睡眠不足的员工人数,求随机变量X的分布列与数学期望;

(ii)设A为事件"抽取的3人中,既有睡眠充足的员工,也有睡眠不足的员工",求事件A发生的概率.

解 (1)由题意知,甲、乙、丙三个部门的员工人数之比为24∶16∶16=3∶2∶2,分层抽样共抽取7人,则应从甲、乙、丙三个部门的员工中分别抽取3人、2人、2人.

(2)(i)X的所有可能取值为0,1,2,3,且$P(X=0)=\dfrac{C_3^3}{C_7^3}=\dfrac{1}{35}$,$P(X=1)=\dfrac{C_4^1C_3^2}{C_7^3}=\dfrac{12}{35}$,

$P(X=2)=\dfrac{C_4^2C_3^1}{C_7^3}=\dfrac{18}{35}$,$P(X=3)=\dfrac{C_4^3}{C_7^3}=\dfrac{4}{35}$.

则 X 的分布列为:

X	0	1	2	3
P	$\dfrac{1}{35}$	$\dfrac{12}{35}$	$\dfrac{18}{35}$	$\dfrac{4}{35}$

所以随机变量 X 的数学期望 $E(X) = 0 \times \dfrac{1}{35} + 1 \times \dfrac{12}{35} + 2 \times \dfrac{18}{35} + 3 \times \dfrac{4}{35} = \dfrac{12}{7}$.

(ii)事件"抽取的 3 人中,既有睡眠充足的员工,也有睡眠不足的员工",它包含"抽取的 3 人中,2 人睡眠充足,1 人睡眠不足"和"抽取的 3 人中,1 人睡眠充足,2 人睡眠不足"两个事件,分别记为 B 和 C,则 B 与 C 互斥,且 $P(B) = P(X = 1) = \dfrac{12}{35}$,$P(C) = P(X = 2) = \dfrac{18}{35}$,所以 $P(A) = P(B + C) = P(B) + P(C) = \dfrac{12}{35} + \dfrac{18}{35} = \dfrac{6}{7}$.

14. 排球比赛采用 5 局 3 胜制,前 4 局比赛采用 25 分制,每个队只有赢得至少 25 分,并超过对方 2 分时,才能胜 1 局;在决胜局(第 5 局)采取 15 分制,每个队只有赢得至少 15 分,并超过对方 2 分时,才能获胜. 在每局比赛中,发球方赢得此球后可以得 1 分,并获得下一球的发球权,否则交换发球权,并且对方得 1 分. 现有甲、乙两支球队进行排球比赛.

(1)若前 3 局比赛中甲已经赢 2 局、乙赢 1 局,接下来两队赢得每局比赛的概率均为 $\dfrac{1}{2}$,求甲队最后赢得整场比赛的概率.

(2)若前 4 局比赛中甲、乙两队已经各赢 2 局,在决胜局(第 5 局)中,两队当前的比分为甲、乙各 14 分,并且甲已经获得下一球的发球权. 若甲发球时甲赢得 1 分的概率为 $\dfrac{2}{5}$,乙发球时甲赢得 1 分的概率为 $\dfrac{3}{5}$,得分者获得下一球的发球权,求两队打下了 $X(X \leqslant 4)$ 个球后,甲赢得整场比赛的概率.

解 (1)设字母 $A_i(i = 4,5)$ 表示事件"甲在第 i 局赢得 1 分",则由题意知 $P(A_4) = P(A_5) = \dfrac{1}{2}$,字母 C 表示事件"甲队最后赢得整场比赛",则 $C = A_4 + \overline{A_4} A_5$,因为事件 A_4 与 $\overline{A_4} A_5$ 互斥,且 $\overline{A_4}$ 与 A_5 相互独立,

所以 $P(C) = P(A_4 + \overline{A_4} A_5) = P(A_4) + P(\overline{A_4} A_5) = P(A_4) + P(\overline{A_4})P(A_5) = \dfrac{1}{2} + \left(1 - \dfrac{1}{2}\right) \times \dfrac{1}{2} = \dfrac{3}{4}$.

(2)设字母 B 表示事件"甲发球时甲赢得 1 分",字母 D 表示事件"乙发球时甲赢得 1 分",则 $P(B) = \dfrac{2}{5}$,$P(D) = \dfrac{3}{5}$. 在"前 4 局比赛中甲、乙两队已经各赢 2 局,在决胜局(第 5 局)中,两队当前的比分为甲、乙各 14 分,并且甲已经获得下一球的发球权"的情况下,甲要赢得整场比赛,甲、乙比分只可能是 16∶14 或 17∶15. 当甲、乙比分为 16∶14 时,X 的取值为 2,比赛赢球情况为"甲甲",对应发球顺序为"甲甲";当甲、乙比分为 17∶15 时,X 的取值为 4,比赛赢球情况为"甲乙甲甲"或"乙甲甲甲",对应发球顺序为"甲甲乙甲"

或"甲乙甲甲",因此 X 的取值为2或4.则 $P(X=2)=P(BB)=P(B)P(B)=\frac{2}{5}\times\frac{2}{5}=$

$\frac{4}{25}$. $P(X=4)=P(B\overline{B}DB+\overline{B}DBB)$,注意到事件 $B\overline{B}DB$, $\overline{B}DBB$ 互斥,且事件 $B,\overline{B},D$ 两两相互独立,所以 $P(X=4)=P(B\overline{B}DB+\overline{B}DBB)=P(B\overline{B}DB)+P(\overline{B}DBB)=$

$P(B)P(\overline{B})P(D)P(B)+P(\overline{B})P(D)P(B)P(B)=\frac{2}{5}\times\frac{3}{5}\times\frac{3}{5}\times\frac{2}{5}+\frac{3}{5}\times\frac{3}{5}\times\frac{2}{5}\times$

$\frac{2}{5}=\frac{72}{625}$. 因此,两队打下了 $X(X\leqslant4)$ 个球后,甲赢得整场比赛的概率 $P=P(X=2)+$

$P(X=4)=\frac{4}{25}+\frac{72}{625}=\frac{172}{625}$.

15. 从甲地到乙地要经过3个十字路口,设各个路口信号灯相互独立,且在各路口遇到红灯的概率分别为 $\frac{1}{2}$, $\frac{1}{3}$, $\frac{1}{4}$.

(1)记 X 表示一辆车从甲地到乙地遇到红灯的个数,求随机变量 X 的分布列和数学期望;

(2)若有2辆车独立地从甲地到乙地,求这2辆车共遇到1个红灯的概率.

解 (1)随机变量 X 的所有可能取值为0,1,2,3.

$P(X=0)=\left(1-\frac{1}{2}\right)\times\left(1-\frac{1}{3}\right)\times\left(1-\frac{1}{4}\right)=\frac{1}{4}$,

$P(X=1)=\frac{1}{2}\times\left(1-\frac{1}{3}\right)\times\left(1-\frac{1}{4}\right)+\left(1-\frac{1}{2}\right)\times\frac{1}{3}\times\left(1-\frac{1}{4}\right)+\left(1-\frac{1}{2}\right)\times$

$\left(1-\frac{1}{3}\right)\times\frac{1}{4}=\frac{11}{24}$,

$P(X=2)=\left(1-\frac{1}{2}\right)\times\frac{1}{3}\times\frac{1}{4}+\frac{1}{2}\times\left(1-\frac{1}{3}\right)\times\frac{1}{4}+\frac{1}{2}\times\frac{1}{3}\times\left(1-\frac{1}{4}\right)=\frac{1}{4}$,

$P(X=3)=\frac{1}{2}\times\frac{1}{3}\times\frac{1}{4}=\frac{1}{24}$,

所以随机变量 X 的分布列为:

X	0	1	2	3
P	$\frac{1}{4}$	$\frac{11}{24}$	$\frac{1}{4}$	$\frac{1}{24}$

随机变量 X 的数学期望 $E(X)=0\times\frac{1}{4}+1\times\frac{11}{24}+2\times\frac{1}{4}+3\times\frac{1}{24}=\frac{13}{12}$.

(2)记 Y 表示第一辆车遇到红灯的个数, Z 表示第二辆车遇到红灯的个数,则所求事件为"$Y+Z=1$",其概率 $P(Y+Z=1)=P(Y=0,Z=1)+P(Y=1,Z=0)=P(Y=0)\cdot$

$P(Z=1)+P(Y=1)\cdot P(Z=0)=\frac{1}{4}\times\frac{11}{24}+\frac{11}{24}\times\frac{1}{4}=\frac{11}{48}$.

16. 某商场举行有奖促销活动,顾客购买一定金额的商品后即可抽奖,每次抽奖都是从装有4个红球、6个白球的甲箱和装有5个红球、5个白球的乙箱中各随机摸出1球.在摸出的 2 个球中,若都是红球,则获一等奖;若只有 1 个红球,则获二等奖;若没有红球,则不获奖.

(1)求顾客抽奖 1 次能获奖的概率;

(2)若某顾客有 3 次抽奖机会,记该顾客在 3 次抽奖中获得一等奖的次数为 X,求 X 的分布列和数学期望.

解 (1)记事件 $A_1 = \{$从甲箱中摸出的 1 个球是红球$\}$,$A_2 = \{$从乙箱中摸出的 1 个球是红球$\}$,$B_1 = \{$顾客抽奖 1 次获一等奖$\}$,$B_2 = \{$顾客抽奖 1 次获二等奖$\}$,$C = \{$顾客抽奖 1 次能获奖$\}$,则 $C = B_1 + B_2$,$B_1 = A_1 A_2$,$B_2 = A_1 \overline{A_2} + \overline{A_1} A_2$,并且 B_1 与 B_2,$A_1 \overline{A_2}$ 与 $\overline{A_1} A_2$ 互斥,A_1 与 A_2,$\overline{A_1}$ 与 A_2,A_1 与 $\overline{A_2}$ 相互独立,所以 $P(C) = P(B_1 + B_2) = P(B_1) + P(B_2) = P(A_1 A_2) + P(A_1 \overline{A_2} + \overline{A_1} A_2) = P(A_1) P(A_2) + P(A_1) P(\overline{A_2}) + P(\overline{A_1}) P(A_2) = \dfrac{C_4^1}{C_{10}^1} \cdot \dfrac{C_5^1}{C_{10}^1} + \dfrac{C_4^1}{C_{10}^1} \cdot \dfrac{C_5^1}{C_{10}^1} + \dfrac{C_6^1}{C_{10}^1} \cdot \dfrac{C_5^1}{C_{10}^1} = \dfrac{7}{10}$.

(2)顾客抽奖 1 次获得一等奖的概率 $P(B_1) = \dfrac{C_4^1 \cdot C_5^1}{C_{10}^1 \cdot C_{10}^1} = \dfrac{1}{5}$,则 $X \sim B\left(3, \dfrac{1}{5}\right)$,$X$ 的所有可能取值为 $0, 1, 2, 3$,且 $P(X = 0) = C_3^0 p^0 \cdot (1-p)^3 = \left(1 - \dfrac{1}{5}\right)^3 = \dfrac{64}{125}$,$P(X = 1) = C_3^1 p^1 \cdot (1-p)^2 = 3 \times \dfrac{1}{5} \times \left(1 - \dfrac{1}{5}\right)^2 = \dfrac{48}{125}$,$P(X = 2) = C_3^2 p^2 \cdot (1-p) = 3 \times \left(\dfrac{1}{5}\right)^2 \times \dfrac{4}{5} = \dfrac{12}{125}$,$P(X = 3) = C_3^3 \cdot p^3 \cdot (1-p)^0 = \dfrac{1}{125}$.

所以随机变量 X 的分布列为:

X	0	1	2	3
P	$\dfrac{64}{125}$	$\dfrac{48}{125}$	$\dfrac{12}{125}$	$\dfrac{1}{125}$

所以 X 的数学期望 $E(X) = 0 \times \dfrac{64}{125} + 1 \times \dfrac{48}{125} + 2 \times \dfrac{12}{125} + 3 \times \dfrac{1}{125} = \dfrac{3}{5}$.

17. 现有两类投资方案,一年后投资盈亏的情况如下表:

投资股市

投资结果	获利40%	不赔不赚	亏损20%
概率	$\dfrac{1}{2}$	$\dfrac{1}{8}$	$\dfrac{3}{8}$

购买基金

投资结果	获利20%	不赔不赚	亏损10%
概率	p	$\dfrac{1}{3}$	q

(1)当 $p = \dfrac{1}{4}$ 时,求 q 的值.

(2)已知甲、乙两人分别选择了"投资股市"和"购买基金"进行投资,如果一年后,他们中至少有一人获利的概率大于$\frac{4}{5}$,求p的取值范围.

(3)丙要将家中闲置的10万元进行投资,决定在"投资股市"和"购买基金"这两种方案中选择一种,已知$p=\frac{1}{2}$,$q=\frac{1}{6}$,那么丙选择哪种投资方案,才能使一年后投资收益的数学期望较大? 请说明理由.

解 (1)当$p=\frac{1}{4}$时,$q=1-\frac{1}{4}-\frac{1}{3}=\frac{5}{12}$.

(2)记事件A为"甲投资股市且获利",事件B为"乙购买基金且获利",事件C为"一年后甲、乙两人中至少有一人投资获利",则$C=\overline{A}B+A\overline{B}+AB$,且$\overline{A}B$,$A\overline{B}$,$AB$两两互斥,$A$与$B$,$\overline{A}$与$B$,$A$与$\overline{B}$相互独立,由题意知$P(A)=\frac{1}{2}$,$P(B)=p$. 则

$P(C)=P(\overline{A}B+A\overline{B}+AB)=P(\overline{A}B)+P(A\overline{B})+P(AB)=P(\overline{A})P(B)+P(A)P(\overline{B})+P(A)P(B)=\left(1-\frac{1}{2}\right)p+\frac{1}{2}(1-p)+\frac{1}{2}p=\frac{1}{2}+\frac{1}{2}p$.

由题意知$P(C)>\frac{4}{5}$,即$\frac{1}{2}+\frac{1}{2}p>\frac{4}{5}$,解得$p>\frac{3}{5}$.

又因为$p+\frac{1}{3}+q=1$,$q\geqslant0$,则$p\leqslant\frac{2}{3}$.

所以p的取值范围为$\left(\frac{3}{5},\frac{2}{3}\right]$.

(3)假设丙选择"投资股市"的方案投资,一年后投资收益为X万元,则X的分布列为:

X	4	0	-2
P	$\frac{1}{2}$	$\frac{1}{8}$	$\frac{3}{8}$

则X的数学期望$E(X)=4\times\frac{1}{2}+0\times\frac{1}{8}+(-2)\times\frac{3}{8}=\frac{5}{4}$.

假设丙选择"购买基金"的方案投资,一年后投资收益为Y万元,则Y的分布列为:

Y	2	0	-1
P	$\frac{1}{2}$	$\frac{1}{3}$	$\frac{1}{6}$

则Y的数学期望$E(Y)=2\times\frac{1}{2}+0\times\frac{1}{3}+(-1)\times\frac{1}{6}=\frac{5}{6}$.

因为$E(X)>E(Y)$,所以丙选择"投资股市"的方案进行投资,才能使一年后的投资收益的数学期望值较大.

18. 某厂用鲜奶在某台设备上生产A,B两种奶制品. 生产1吨A产品需要鲜牛奶2吨,使用设备1小时,获利1 000元;生产1吨B产品需要鲜牛奶1.5吨,使用设备1.5小时,获利1 200元. 要求每天B产品的产量不超过A产品产量的2倍,设备每天生产A,B两种产品时间之和不超过12小时. 假定每天可获取的鲜牛奶数量W(单位:吨)是一个随机变量,其分布列为:

数学

W	12	15	18
P	0.3	0.5	0.2

该厂每天根据获取的鲜牛奶数量安排生产,使其获利最大,因此每天的最大获利 Z(单位:元)是一个随机变量.

(1)求随机变量 Z 的分布列和数学期望;

(2)若每天可获取的鲜牛奶数量相互独立,求 3 天中至少有 1 天的最大获利超过 10 000 元的概率.

解 (1)设每天 A,B 两种产品的生产数量分别为 x 吨、y 吨,相应的获利为 z 元,则有

$$\begin{cases} 2x + 1.5y \leqslant W, \\ x + 1.5y \leqslant 12, \\ 2x - y \geqslant 0, \\ x \geqslant 0, y \geqslant 0. \end{cases} \quad (*)$$

目标函数为 $z = 1\,000x + 1\,200y$.

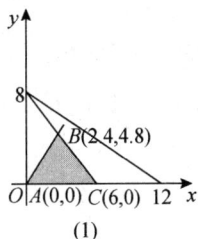

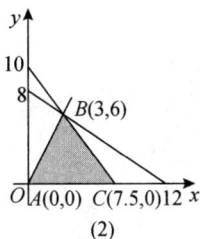

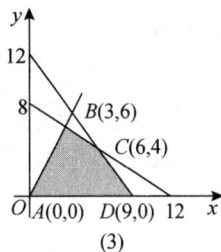

图 11 - 3

当 $W = 12$ 时,($*$)表示的平面区域如图 11 - 3(1)阴影部分所示,三个顶点分别为 $A(0,0)$,$B(2.4,4.8)$,$C(6,0)$.

将 $z = 1\,000x + 1\,200y$ 变形为 $y = -\dfrac{5}{6}x + \dfrac{z}{1\,200}$,

当 $x = 2.4$,$y = 4.8$ 时,直线 l:$y = -\dfrac{5}{6}x + \dfrac{z}{1\,200}$ 在 y 轴上的截距最大,最大获利 $Z = z_{\max} = 2.4 \times 1\,000 + 4.8 \times 1\,200 = 8\,160$.

当 $W = 15$ 时,($*$)表示的平面区域如图 11 - 3(2)阴影部分所示,三个顶点分别为 $A(0,0)$,$B(3,6)$,$C(7.5,0)$.

将 $z = 1\,000x + 1\,200y$ 变形为 $y = -\dfrac{5}{6}x + \dfrac{z}{1\,200}$.

当 $x = 3$,$y = 6$ 时,直线 l:$y = -\dfrac{5}{6}x + \dfrac{z}{1\,200}$ 在 y 轴上的截距最大,最大获利 $Z = z_{\max} = 3 \times 1\,000 + 6 \times 1\,200 = 10\,200$.

当 $W = 18$ 时,($*$)表示的平面区域如图 11 - 3(3)阴影部分所示,

四个顶点分别为 $A(0,0)$,$B(3,6)$,$C(6,4)$,$D(9,0)$.

将 $z = 1\,000x + 1\,200y$ 变形为 $y = -\dfrac{5}{6}x + \dfrac{z}{1\,200}$,

331

当 $x = 6, y = 4$ 时,直线 $l: y = -\dfrac{5}{6}x + \dfrac{z}{1\,200}$ 在 y 轴上的截距最大.

最大获利 $Z = z_{\max} = 6 \times 1\,000 + 4 \times 1\,200 = 10\,800$.

故最大获利 Z 的分布列为:

Z	8 160	10 200	10 800
P	0.3	0.5	0.2

因此,$E(Z) = 8\,160 \times 0.3 + 10\,200 \times 0.5 + 10\,800 \times 0.2 = 9\,708$.

(2)由(1)知,一天最大获利超过 10 000 元的概率 $p_1 = P(Z > 10\,000) = 0.5 + 0.2 = 0.7$,

由二项分布,3 天中至少有 1 天最大获利超过 10 000 元的概率为

$1 - (1 - p_1)^3 = 1 - 0.3^3 = 0.973$.

二、军考模拟训练

【选择题】

1. 连续抛掷两次普通的正方体骰子得到的点数分别为 m 和 n,记向量 $\boldsymbol{a} = (m, n)$, $\boldsymbol{b} = (1, -2)$,则 $\boldsymbol{a} \perp \boldsymbol{b}$ 的概率是_____.

A. $\dfrac{1}{12}$ B. $\dfrac{1}{6}$ C. $\dfrac{7}{36}$ D. $\dfrac{2}{9}$

2. 有 5 支彩笔(除颜色外无差别),颜色分别为红、黄、蓝、绿、紫. 从这 5 支彩笔中任取 2 支不同颜色的彩笔,则取出的 2 支彩笔中含有红色彩笔的概率为_____.

A. $\dfrac{4}{5}$ B. $\dfrac{3}{5}$ C. $\dfrac{2}{5}$ D. $\dfrac{1}{5}$

3. 从分别标有数字 $1, 2, \cdots, 9$ 的 9 张卡片中不放回地随机抽取 2 次,每次抽取 1 张,则抽到的 2 张卡片上的数奇偶性不同的概率是_____.

A. $\dfrac{5}{18}$ B. $\dfrac{4}{9}$ C. $\dfrac{5}{9}$ D. $\dfrac{7}{9}$

4. 从分别写有数字 $1, 2, 3, 4, 5$ 的 5 张卡片中随机抽取 1 张,放回后再随机抽取 1 张,则抽得的第一张卡片上的数大于第二张卡片上的数的概率为_____.

A. $\dfrac{1}{10}$ B. $\dfrac{1}{5}$ C. $\dfrac{3}{10}$ D. $\dfrac{2}{5}$

5. 小敏打开计算机时,忘记了开机密码的前两位,只记得第一位是 M,I,N 中的一个字母,第二位是 1,2,3,4,5 中的一个数字,则小敏输入一次密码能够成功开机的概率是_____.

A. $\dfrac{8}{15}$ B. $\dfrac{1}{8}$ C. $\dfrac{1}{15}$ D. $\dfrac{1}{30}$

6. 将一枚骰子先后投掷两次,并记朝上的点数分别为 m,n. 当 m 为 2 或 4 时,$m + n > 5$ 的概率为_____.

A. $\dfrac{2}{27}$　　　　　　B. $\dfrac{2}{9}$　　　　　　C. $\dfrac{1}{3}$　　　　　　D. $\dfrac{2}{3}$

7. 某英语初学者在拼写单词"sreak"时,对后面三个字母的记忆有些模糊,他只记得由"a""e""k"三个字母组成,并且"k"只可能在最后两个位置. 如果他根据已有信息填入上述三个字母,那么他拼写正确的概率为_____.

A. $\dfrac{1}{6}$　　　　　　B. $\dfrac{1}{4}$　　　　　　C. $\dfrac{1}{2}$　　　　　　D. $\dfrac{1}{3}$

【填空题】

1. 今有一批球票,按票价分类如下:10 元票 5 张,20 元票 3 张,50 元票 2 张. 从这 10 张票中随机抽取 3 张,票价为 70 元的概率是_____.

2. 袋中有形状、大小都相同的 4 个球,其中 1 个白球、1 个红球、2 个黄球. 从中一次性随机摸出 2 个球,则这 2 个球颜色不同的概率为_____.

3. 某校选定 4 名教师去 3 个边远地区支教(每个地区至少 1 人),则甲、乙不在同一边远地区的概率是_____.

4. 甲、乙两队进行篮球决赛,采取七场四胜制(当一队赢得四场胜利时,该队获胜,决赛结束). 根据前期比赛成绩,甲队的主客场安排依次为"主主客客主客主". 设甲队主场取胜的概率为 0.6,客场取胜的概率为 0.5,且各场比赛结果相互独立,则甲队以 4:1 获胜的概率是_____.

5. 甲、乙、丙三名同学独立解决同一个问题,已知三名同学能够正确解决这个问题的概率分别是 $\dfrac{1}{2}$,$\dfrac{1}{3}$,$\dfrac{1}{4}$,则有人能够解决这个问题的概率是_____.

6. 赌博有陷阱. 某种赌博每局的规则是:赌客先在标记有 1,2,3,4,5 的卡片中随机摸取一张,将卡片上的数字作为其赌金(单位:元);随后放回该卡片,再随机摸取两张,将这两张卡片上数字之差的绝对值的 1.4 倍作为其奖金(单位:元). 若随机变量 ξ_1 和 ξ_2 分别表示赌客在一局赌博中的赌金和奖金,则 $E(\xi_1) - E(\xi_2) = $ _____.

7. 已知随机变量 X 服从二项分布 $B(n,p)$,若 $E(X) = 30$,$D(X) = 20$,则 $p = $ _____.

8. 在 $[-1,1]$ 上随机地取一个数 k,则事件"直线 $y = kx$ 与圆 $(x - 5)^2 + y^2 = 9$ 相交"发生的概率为_____.

【解答题】

1. 甲、乙两人参加普法知识竞赛,共有 10 道不同的题目,其中选择题 6 道,判断题 4 道,甲、乙两人依次各抽一题.

(1)甲抽到选择题、乙抽到判断题的概率是多少?

(2)甲、乙两人中至少有 1 人抽到选择题的概率是多少?

2. 甲、乙、丙三名同学独立完成 6 道习题,他们答题及格的概率分别为 $\frac{4}{5}, \frac{3}{5}, \frac{7}{10}$, 求:

(1) 三人中有且只有 2 人答及格的概率;

(2) 三人中至少有 1 人不及格的概率.

3. 甲、乙两人玩投篮游戏,规则如下:两人轮流投篮,每人至多投 2 次,甲先投,若有人投中即停止投篮,结束游戏. 已知甲每次投中的概率为 $\frac{1}{4}$, 乙每次投中的概率为 $\frac{1}{3}$, 求游戏结束时:

(1) 甲、乙投篮次数之和为 3 的概率;

(2) 乙投篮次数不超过 1 次的概率.

4. 某商场进行购物抽奖促销活动,规定每位顾客从装有编号为 0,1,2,3 的四个相同小球中抽取,每次取出一球记下编号后放回,连续取两次,若取出的两个小球的编号之和等于 6,则中一等奖;等于 5,则中二等奖;等于 4 或 3,则中三等奖.

(1) 求中三等奖的概率;

(2) 求中奖的概率.

5. 甲、乙、丙三人独立破译同一份密码,已知甲、乙、丙各自破译出密码的概率分别为 $\frac{1}{3}, \frac{1}{4}, p$, 且他们是否破译出密码互不影响,若三人中只有甲破译出密码的概率为 $\frac{1}{6}$.

(1) 求 p 的值;

(2) 设在甲、乙、丙三人中破译出密码的总人数为 X, 求 X 的分布列和数学期望 $E(X)$.

6. 一个袋子里装有 7 个球,其中有红球 4 个,编号分别为 1,2,3,4. 白球 3 个,编号分别为 1,2,3. 从袋子中任取 4 个球(假设取到任何一个球的可能性相同).

(1) 求取出的 4 个球中,含有编号为 3 的球的概率;

(2) 在取出的 4 个球中,设红球编号的最大值为 X, 求随机变量 X 的分布列.

7. 改革开放以来,人们的支付方式发生了巨大转变. 近年来,移动支付已成为主要支付方式之一. 为了了解某校学生上个月 A,B 两种移动支付方式的使用情况,从全校学生中随机抽取了 100 人,发现样本中 A,B 两种支付方式都不使用的有 5 人,样本中仅使用 A 支付方式或仅使用 B 支付方式的学生的支付金额分布情况如下表:

支付金额/元　支付方式	(0,1 000]	(1 000,2 000]	大于 2 000
仅使用 A	18 人	9 人	3 人
仅使用 B	10 人	14 人	1 人

(1) 从全校学生中随机抽取 1 人,估计该学生上个月 A,B 两种支付方式都使用的概率.

(2) 从样本仅使用 A 支付方式和仅使用 B 支付方式的学生中各随机抽取 1 人,以 X 表示这 2 人中上个月支付金额大于 1 000 元的人数,求 X 的分布列和数学期望.

(3) 已知上个月样本学生的支付方式在本月没有变化. 现从样本仅使用 A 支付方式的学生中,随机抽取 3 人,发现他们本月的支付金额都大于 2 000 元,根据抽取结果,能否认为样本仅使用 A 支付方式的学生中,本月支付金额大于 2 000 元的人数有变化? 并说明理由.

8. 甲、乙两人组成"星队"参加猜成语活动. 每轮活动中,由甲、乙各猜一个成语,在一轮活动中,若两人都猜对,则"星队"得 3 分;若只有一人猜对,则"星队"得 1 分;若两人都没有猜对,则"星队"得 0 分. 已知甲每轮猜对的概率是 $\frac{3}{4}$,乙每轮猜对的概率是 $\frac{2}{3}$,每轮活动中甲、乙猜对与否互不影响,各轮结果互不影响. 假设"星队"参加两轮活动,求:

(1)"星队"至少猜对 3 个成语的概率;

(2)"星队"两轮得分之和 X 的分布列和数学期望 $E(X)$.

9. 若 n 是一个三位正整数,且 n 的个位数字大于十位数字,十位数字大于百位数字,则称 n 为"三位递增数"(如 134,567,689 等). 在某次数学趣味活动中,每位参加者需从所有的"三位递增数"中随机抽取 1 个数,且只能抽取 1 次,得分规则如下:若抽取的"三位递增数"的三个数字之积不能被 5 整除,参加者得 0 分;若能被 5 整除但不能被 10 整除,得 -1 分;若能被 10 整除,得 1 分.

(1)写出所有个位数字是 5 的"三位递增数";

(2)若甲参加活动,求甲的得分 X 的分布列和数学期望.

10. 某排球比赛采用五局三胜制,现按照以下规则进行积分:在比赛中以大比分 3:0 或 3:1 获胜的球队积 3 分,失败的球队积 0 分;在比赛中以 3:2 获胜的球队积 2 分,失败的球队积 1 分. 在甲队对乙队的比赛中,每局甲队获胜的概率都为 $\frac{2}{3}$;在甲队对丙队的比赛中,每局甲队获胜的概率都为 $\frac{1}{2}$.

(1)求甲队经过两轮比赛后积 6 分的概率;

(2)已知甲队对丙队的比赛中甲队积 2 分,求甲队经过两轮比赛后积分 Y 的分布列和数学期望.

11. 已知 2 件次品和 3 件正品混放在一起,现在需要通过检测将其区分,每次随机检测一件产品,检测后不放回,直到检测出 2 件次品或者检测出 3 件正品时,检测结束.

(1)求第一次检测出的是次品且第二次检测出的是正品的概率;

(2)已知每检测一件产品需要费用 100 元,设 X 表示直到检测出 2 件次品或者检测出 3 件正品时所需要的检测费用(单位:元),求随机变量 X 的分布列和数学期望.

12. 设某校新、老校区之间开车单程所需要时间为 T,T 只与道路畅通状况有关,对其容量为 100 的样本进行统计,结果如下:

T/min	25	30	35	40
频数	20	30	40	10

(1)求 T 的分布列和数学期望 $E(T)$;

(2)刘教授驾车从老校区出发,前往新校区做一个 50 min 的讲座,结束后立即返回老校区,求刘教授从离开老校区到返回老校区共用时间不超过 120 min 的概率.

13. 某银行规定,一张银行卡若在一天内出现 3 次密码尝试错误,该银行卡将被锁定. 小王到该银行取钱时,发现自己忘记了银行卡的密码,但可以确定该银行卡的正确密码是他常用的 6 个密码之一,小王决定从中不重复地随机选择 1 个进行尝试. 若密码正确,则尝试结束;否则继续尝试,直到银行卡被锁定.

(1)求当天小王的该银行卡被锁定的概率;

(2)设当天小王用该银行卡尝试密码的次数为 X,求随机变量 X 的分布列和数学期望.

14. 端午节吃粽子是我国的传统风俗. 设一盘中装有 10 个粽子,其中豆沙粽 2 个,肉粽 3 个,白粽 5 个,这 3 种粽子的外观完全相同,从中任意选取 3 个.

(1)求三种粽子各取到 1 个的概率;

(2)设 X 为取到的豆沙粽个数,求随机变量 X 的分布列和数学期望.

15. 为推动乒乓球运动的发展,某乒乓球比赛允许不同协会的运动员组队参加. 现有来自甲协会的运动员 3 名,其中种子选手 2 名,乙协会的运动员 5 名,其中种子选手 3 名. 从这 8 名运动员中随机选择 4 人参加比赛.

(1)设 A 为事件"选出的 4 人中恰有 2 名种子选手,且这 2 名种子选手来自同一协会",求事件 A 发生的概率;

(2)设 X 为选出的 4 人中种子选手的人数,求随机变量 X 的分布列和数学期望.

第十二章 推理与证明

一、典型例题精讲

【选择题】

1. 在"一带一路"知识测验后,甲、乙、丙三人对成绩进行预测.

甲:我的成绩比乙高;

乙:丙的成绩比我和甲的都高.

丙:我的成绩比乙高.

成绩公布后,三人成绩互不相同,且只有一个人预测正确,那么三人按成绩由高到低的顺序排列依次为_____.

A.甲、乙、丙　　　　　　　　　　B.乙、甲、丙

C.丙、乙、甲　　　　　　　　　　D.甲、丙、乙

解　若甲预测正确,则乙、丙预测都错误,此时三人成绩按由高到低的顺序排列依次为甲、乙、丙;若乙预测正确,此时丙也预测正确,这与题设条件矛盾;若丙预测正确,则甲预测错误,此时乙也预测正确,与题设条件矛盾.综上,只有甲预测正确,三人成绩由高到低依次为甲、乙、丙.故选 A.

2. 袋中装有偶数个球,其中红球、黑球各占一半,甲、乙、丙共三个空盒,每次从袋中任意取出两个球,将其中一个球放入甲盒,如果这个球是红球,就将另一个球放入乙盒,否则就放入丙盒.重复上述过程,直到袋中所有球都被放入盒中,则_____.

A.乙盒中黑球不多于丙盒中黑球　　B.乙盒中红球与丙盒中黑球一样多

C.乙盒中红球不多于丙盒中红球　　D.乙盒中黑球与丙盒中红球一样多

解　若袋中有两个球,则红球、黑球各一个.若红球放入甲盒,则黑球放入乙盒,此时丙盒中没有球,乙盒中黑球多于丙盒中黑球,乙盒中黑球比丙盒中红球多,故可以排除 A,D.若袋中有四个球,则红球、黑球各两个.若取出两个红球,则红球一个放在甲盒,一个放在乙盒;再取出余下的两个黑球,一个放在甲盒,余下的一个放在丙盒,此时甲盒一红一黑,乙盒一个红球,丙盒一个黑球,排除 C.故选 B.

3. 为缓解交通压力,某市实行机动车辆限行政策,每辆机动车每周一到周五都要限行一天,周末(周六和周日)不限行.某公司有 A,B,C,D,E 五辆车,每天至少有四辆车可以上路行驶,已知 E 车周四限行,B 车昨天限行,从今天算起,A,C 两车连续四天都能在路上行驶,E 车明天可以上路.由此可知下列推测一定正确的是_____.

A.今天是周四　　　　　　　　　　B.今天是周六

C.A 车周三限行　　　　　　　　D.C 车周五限行

解　在限行政策下,要保证每天至少有四辆车可以上路行驶,周一到周五每天只能有一辆车限行.由周末不限行,B 车昨天限行知今天不是周一,也不是周日;由 E 车周四限行且明天可以上路,知今天不是周三;由 E 车周四限行,B 车昨天限行知今天不是周

五;从今天算起,A,C 两车可以连续四天上路行驶,如果今天是周二,则 A,C 两车可同时在周五上路行驶,则 A,C 同时在周一限行,这与题意不符;如果今天是周六,则 B 车周五限行,又 E 车周四限行,所以 A,C 两车连续行驶至周二,只能同时在周三限行,与题意不符,所以今天是周四. 故选 A.

4. 一名法官在审理一起珍宝盗窃案时,四名嫌疑人甲、乙、丙、丁供词如下. 甲说:"我不是罪犯,罪犯在乙、丙、丁三人之中. "乙说:"我没有作案,是丙偷的. "丙说:"甲、乙两人中有一人是小偷. "丁说:"乙说的是事实. "经过调查核实,四个人中有两个人说的是真话,另外两个人说的是假话,且这四个人中有且仅有一个人是罪犯. 由此可以判断罪犯是_____.

A. 甲   B. 乙   C. 丙   D. 丁

解 由题设条件知,乙、丁两个人观点一致,则要么同真要么同假,假设乙、丁两个人所说的是真话,则甲说的也是真话,这与题设不符,因此乙、丁两个人所说的为假话,甲、丙两个人所说的为真话,由此可知,乙为罪犯. 故选 B.

5. 我国南北朝数学家何承天发明的"调日法"是程序化寻求精确分数来表示数值的算法,其理论依据如下:假设实数 x 的不足近似值和过剩近似值分别为 $\frac{b}{a}$ 和 $\frac{d}{c}$($a,b,c,d \in \mathbf{N}^*$),则 $\frac{b+d}{a+c}$ 是 x 的更为精确的不足近似值或过剩近似值. 我们知道 $\pi = 3.141\ 59\cdots$,如果初始值取 $3.1 < \pi < 3.2$,即 $\frac{31}{10} < \pi < \frac{16}{5}$,在此基础上使用三次"调日法",得出的 π 的更为精确的近似分数值为_____.

A. $\frac{22}{7}$ B. $\frac{47}{15}$ C. $\frac{63}{20}$ D. $\frac{69}{22}$

解 第一次为 $\frac{31+16}{10+5} = \frac{47}{15}$,则该值为 π 的第一个不足近似分数值,即 $\frac{47}{15} < \pi < \frac{16}{5}$;第二次为 $\frac{47+16}{15+5} = \frac{63}{20}$,该值为 π 的一个过剩近似值,即 $\frac{47}{15} < \pi < \frac{63}{20}$;第三次为 $\frac{47+63}{15+20} = \frac{22}{7}$,该值为 π 的一个更为精确的过剩近似分数值. 故选 A.

6. 设 $\triangle ABC$ 的三边长分别是 a,b,c,$\triangle ABC$ 的面积为 S,内切圆半径为 r,则 $r = \frac{2S}{a+b+c}$. 类比这个结论可知,四面体 $P-ABC$ 的四个面的面积分别为 S_1,S_2,S_3,S_4,内切球的半径为 R,四面体 $P-ABC$ 的体积为 V,则 $R = $ _____.

A. $\dfrac{V}{S_1+S_2+S_3+S_4}$ B. $\dfrac{2V}{S_1+S_2+S_3+S_4}$

C. $\dfrac{3V}{S_1+S_2+S_3+S_4}$ D. $\dfrac{4V}{S_1+S_2+S_3+S_4}$

解 设四面体的内切球的球心为 O,则球心 O 到四个面的距离都等于 R,所以四面体的体积等于以 O 为顶点,分别以四个面为底面的四个三棱锥体积的和. 所以四面体的体积为 $V = \frac{1}{3}(S_1+S_2+S_3+S_4)R$,所以 $R = \dfrac{3V}{S_1+S_2+S_3+S_4}$. 故选 C.

7. 观察下面关于循环小数化分数的等式:$0.\dot{3} = \frac{3}{9} = \frac{1}{3}$,$0.\dot{1}\dot{8} = \frac{18}{99} = \frac{2}{11}$,$0.\dot{3}5\dot{2} = \frac{352}{999}$,

$0.000\dot{5}\dot{9} = \dfrac{1}{1\,000} \times \dfrac{59}{99}$,由此可以推测,循环小数$0.2\dot{3}$可化为分数_____.

A. $\dfrac{23}{90}$ B. $\dfrac{23}{99}$ C. $\dfrac{8}{15}$ D. $\dfrac{7}{30}$

解 $0.2\dot{3} = 0.2 + 0.0\dot{3} = \dfrac{2}{10} + \dfrac{1}{10} \times \dfrac{3}{9} = \dfrac{7}{30}$. 故选 D.

8. 观察下列各式:$5^5 = 3\,125$,$5^6 = 15\,625$,$5^7 = 78\,125$,则可知$5^{2\,020}$的末尾四个数字为_____.

A. 3125 B. 5625 C. 0625 D. 8125

解 由题意知$5^5 = 3\,125$,$5^6 = 15\,625$,$5^7 = 78\,125$,$5^8 = 390\,625$,$5^9 = 1\,953\,125$,$5^{10} = 9\,765\,625$,5^{11}的末尾四位数字为8125,5^{12}的末尾四位数字为0625……由此可知,末尾四位数字的周期为4,规律性交替出现,由于$5^{2\,020} = 5^{4 \times 503 + 8}$,所以$5^{2\,020}$的末尾四位数为$0625$. 故选 C.

9. 用数学归纳法证明$1 + 2 + 3 + \cdots + (2n + 1) = (n + 1) \cdot (2n + 1)$时,从$n = k$到$n = k + 1$,左边需要添加的代数式是_____.

A. $2k + 2$ B. $2k + 3$
C. $2k + 1$ D. $(2k + 2) + (2k + 3)$

解 当$n = k$时,左边共有$(2k + 1)$个连续自然数相加,即$1 + 2 + 3 + \cdots + (2k + 1)$,所以当$n = k + 1$时,左边共有$(2k + 3)$个连续自然数相加,即$1 + 2 + 3 + \cdots + (2k + 1) + (2k + 2) + (2k + 3)$,因此需要添加的代数式是$(2k + 2) + (2k + 3)$. 故选 D.

【填空题】

1. 某学习小组由学生和教师组成,人员构成同时满足以下三个条件:

①男学生人数多于女学生人数;②女学生人数多于教师人数;③教师人数的两倍多于男学生人数. 若教师人数为4,则女学生人数的最大值为_____;该小组人数的最小值为_____.

解 令男学生、女学生、教师的人数分别为x, y, z,且$x > y > z$,当$z = 4$时,由题设条件知$4 < y < x < 8$,当$x = 7$时,y取最大值6. 所以当教师人数为4时,女学生人数的最大值为6. 当$z = 1$时,由$1 = z < y < x < 2$,x, y取整数,知不合题意. 当$z = 2$时,$2 = z < y < x < 4$,显然也不合题意. 当$z = 3$时,$3 = z < y < x < 6$,得$y = 4$,$x = 5$,此时该组人数的值最小,最小值为$3 + 4 + 5 = 12$.

2. 观察下列各式:

$C_1^0 = 4^0$;

$C_3^0 + C_3^1 = 4^1$;

$C_5^0 + C_5^1 + C_5^2 = 4^2$;

$C_7^0 + C_7^1 + C_7^2 + C_7^3 = 4^3$;

……

依照此规律,当$n \in \mathbf{N}^*$时,$C_{2n-1}^0 + C_{2n-1}^1 + C_{2n-1}^2 + \cdots + C_{2n-1}^{n-1} = $_____.

解 观察第一个式子,$n=1$,右边式子为 $4^0=4^{1-1}$;第二个式子 $n=2$,右边式子为 $4^1=4^{2-1}$;第三个式子,$n=3$,右边式子为 $4^2=4^{3-1}$;第 4 个式子,$n=4$,右边式子为 $4^3=4^{4-1}$,所以所求式子为 $C_{2n-1}^0+C_{2n-1}^1+C_{2n-1}^2+\cdots+C_{2n-1}^{n-1}=4^{n-1}$.

3. 观察下列等式:

$$1-\frac{1}{2}=\frac{1}{2};$$

$$1-\frac{1}{2}+\frac{1}{3}-\frac{1}{4}=\frac{1}{3}+\frac{1}{4};$$

$$1-\frac{1}{2}+\frac{1}{3}-\frac{1}{4}+\frac{1}{5}-\frac{1}{6}=\frac{1}{4}+\frac{1}{5}+\frac{1}{6};$$

······

据此规律,第 n 个等式可为 _____.

解 根据规律可知,等式左边是偶数项,按照规律,第 n 个等式为

$$1-\frac{1}{2}+\frac{1}{3}-\frac{1}{4}+\cdots+\frac{1}{2n-1}-\frac{1}{2n}=\frac{1}{n+1}+\frac{1}{n+2}+\cdots+\frac{1}{2n}.$$

4. 古希腊毕达哥拉斯学派的数学家研究过各种多边形数,如三角形数 $1,3,6,10,\cdots$,第 n 个三角形数为 $\frac{n(n+1)}{2}=\frac{1}{2}n^2+\frac{1}{2}n$. 记第 n 个 k 边形数为 $N(n,k)(k\geqslant3)$,以下列出了部分 k 边形数中第 n 个数的表达式:

三角形数 $N(n,3)=\frac{1}{2}n^2+\frac{1}{2}n$;

四边形数 $N(n,4)=n^2$;

五边形数 $N(n,5)=\frac{3}{2}n^2-\frac{1}{2}n$;

六边形数 $N(n,6)=2n^2-n$;

······

依照这个规律,可以推测 $N(n,k)$ 的表达式,由此计算 $N(10,24)=$ _____.

解 观察 n^2 和 n 前面的系数,可知一个为递增的等差数列,另一个为递减的等差数列,易知 n^2 前面的系数为 $\frac{1}{2}(k-2)$,而 n 前面的系数为 $\frac{1}{2}(4-k)$,则 $N(n,k)=\frac{1}{2}(k-2)n^2+\frac{1}{2}(4-k)n$,所以 $N(10,24)=\frac{1}{2}\times(24-2)\times10^2+\frac{1}{2}\times(4-24)\times10=1\,000$.

5. 学校艺术节对同一类的 A,B,C,D 四项参赛作品只评一项一等奖. 在评奖揭晓前,甲、乙、丙、丁四位同学对这四项参赛作品预测如下:

甲说:"C 或 D 作品获得一等奖."乙说:"B 作品获得一等奖."丙说:"A,D 两项作品未获得一等奖."丁说:"C 作品获得一等奖."

若这四位同学中只有两位的话是正确的,则获得一等奖的作品是 _____.

解 若获得一等奖的是 A 作品,则甲、乙、丙、丁四位同学的话都是错的,不合题意. 若获得一等奖的是 B 作品,则甲、丁是错的,乙、丙是对的,符合题意. 若获得一等奖的是 C 作品,则甲、丙、丁三人都对,不合题意. 若获得一等奖的是 D 作品,则甲一个人的话正

确,不合题意. 因此获得一等奖的作品是 B.

6. 第七届世界军人运动会于 2019 年 10 月 18 日至 27 日在湖北武汉举行. 在此期间,有关部门组建 A,B,C,D 四个宣讲小组,其中甲、乙、丙、丁四人在不同的四个小组中,在被问及参加了哪个宣讲小组时,甲说:"我没有参加 A 和 B 小组."乙说:"我没有参加 A 和 D 小组."丙说:"我也没有参加 A 和 D 小组".丁说:"如果乙不参加 B 小组,我就不参加 A 小组."则参加 C 小组的人是_____.

解 由题设甲、乙、丙三人的话中可以看出甲、乙、丙三人都没有参加 A 小组,所以丁参加 A 小组. 由丁所说的话中可以判断乙参加 B 小组. 丙没有参加 D 小组,因此只能参加 C 小组,所以参加 C 小组的人是丙.

7. 观察下列等式:

$1^2 = 1$;

$1^2 - 2^2 = -3$;

$1^2 - 2^2 + 3^2 = 6$;

$1^2 - 2^2 + 3^2 - 4^2 = -10$;

……

依照此规律,第 n 个等式可以为_____.

解 观察等式的左边可知,奇数项为正号,偶数项为负号. 第 1 个等式右边, $n = 1$, $1 = \frac{1 \times (1 + 1)}{2}$,第 2 个等式右边, $n = 2$, $-3 = (-1)^{2+1} \cdot \frac{2 \times (2 + 1)}{2}$,第 3 个等式右边, $n = 3, 6 = (-1)^{3+1} \cdot \frac{3 \times (3 + 1)}{2}$,第 4 个等式右边, $n = 4$, $-10 = (-1)^{4+1} \cdot \frac{4 \times (4 + 1)}{2}$,因此可以推断第 n 个等式右边为 $(-1)^{n+1} \cdot \frac{n(n+1)}{2}$. 所以第 n 个等式可以为 $1^2 - 2^2 + 3^2 - 4^2 + \cdots + (-1)^{n+1} n^2 = (-1)^{n+1} \cdot \frac{n(n+1)}{2}$.

8. 观察下列不等式:

$1 + \frac{1}{2^2} < \frac{3}{2}$;

$1 + \frac{1}{2^2} + \frac{1}{3^2} < \frac{5}{3}$;

$1 + \frac{1}{2^2} + \frac{1}{3^2} + \frac{1}{4^2} < \frac{7}{4}$;

……

依照此规律,第五个不等式为_____.

解 观察已知的三个不等式,左边都是 1 加上 $\frac{1}{2^2}, \frac{1}{3^2}, \frac{1}{4^2}$ 中的一个、两个或三个,可猜测第五个不等式的左边肯定是 $1 + \frac{1}{2^2} + \frac{1}{3^2} + \frac{1}{4^2} + \frac{1}{5^2} + \frac{1}{6^2}$. 在题设条件中,不等式右边是一个分子依次是 3,5,7,分母依次是 2,3,4 的分数,可猜测第五个不等式右边的分数应该是

$\dfrac{11}{6}$，因此第五个不等式为 $1 + \dfrac{1}{2^2} + \dfrac{1}{3^2} + \dfrac{1}{4^2} + \dfrac{1}{5^2} + \dfrac{1}{6^2} < \dfrac{11}{6}$.

9. 用数学归纳法证明某命题时，等式左边为 $1 - \dfrac{1}{2} + \dfrac{1}{3} - \dfrac{1}{4} + \cdots + \dfrac{1}{n-1} - \dfrac{1}{n}$（$n$ 为正偶数）. 从"$n = 2k$"到"$n = 2k+2$"，左边需增加的代数式为_____.

解 当 $n = 2k$ 时，等式左边为 $1 - \dfrac{1}{2} + \dfrac{1}{3} - \dfrac{1}{4} + \cdots + \dfrac{1}{2k-1} - \dfrac{1}{2k}$；当 $n = 2k+2$ 时，等式左边为 $1 - \dfrac{1}{2} + \dfrac{1}{3} - \dfrac{1}{4} + \cdots + \dfrac{1}{2k-1} - \dfrac{1}{2k} + \dfrac{1}{2k+1} - \dfrac{1}{2k+2}$. 故知从"$n = 2k$"到"$n = 2k+2$"，左边需增加的代数式为 $\dfrac{1}{2k+1} - \dfrac{1}{2k+2}$.

【解答题】

1. 已知数列 $\{x_n\}$ 满足 $x_1 = 1$, $x_n = x_{n+1} + \ln(1 + x_{n+1})$（$n \in \mathbf{N}^*$）.

证明：当 $n \in \mathbf{N}^*$ 时，(1) $0 < x_{n+1} < x_n$；(2) $2x_{n+1} - x_n \leqslant \dfrac{x_n x_{n+1}}{2}$；(3) $\dfrac{1}{2^{n-1}} \leqslant x_n < \dfrac{1}{2^{n-2}}$.

证明 (1) 用数学归纳法证明 $x_n > 0$.

当 $n = 1$ 时，$x_1 = 1 > 0$. 假设当 $n = k$ 时，$x_k > 0$，即 $x_k = x_{k+1} + \ln(1 + x_{k+1}) > 0$，那么当 $n = k+1$ 时，若 $x_{k+1} \leqslant 0$，则 $0 < x_k = x_{k+1} + \ln(1 + x_{k+1}) \leqslant 0$，矛盾. 故 $x_{k+1} > 0$. 这就是说，当 $n = k+1$ 时，假设成立，即 $x_{k+1} > 0$. 所以对任意的 $n \in \mathbf{N}^*$，$x_n > 0$.

因为 $x_n > 0$，$x_{n+1} > 0$，所以 $1 + x_{n+1} > 1$，所以 $\ln(1 + x_{n+1}) > \ln 1 = 0$，所以 $x_n = x_{n+1} + \ln(1 + x_{n+1}) > x_{n+1} + 0 = x_{n+1} > 0$.

所以 $0 < x_{n+1} < x_n$.

(2) 由 $x_n = x_{n+1} + \ln(1 + x_{n+1})$（$n \in \mathbf{N}^*$），得 $x_n x_{n+1} - 4x_{n+1} + 2x_n = x_{n+1}^2 - 2x_{n+1} + (x_{n+1} + 2)\ln(1 + x_{n+1})$. 记函数 $f(x) = x^2 - 2x + (x+2)\ln(1 + x)$（$x \geqslant 0$），$f'(x) = \dfrac{2x^2 + x}{x+1} + \ln(1 + x) > 0$（$x \geqslant 0$），函数 $f(x)$ 在 $[0, +\infty)$ 上单调递增，所以 $f(x) \geqslant f(0) = 0$. 因此 $x_{n+1}^2 - 2x_{n+1} + (x_{n+1} + 2)\ln(1 + x_{n+1}) = f(x_{n+1}) \geqslant 0$，所以 $x_n x_{n+1} - 4x_{n+1} + 2x_n \geqslant 0$，即 $2x_{n+1} - x_n \leqslant \dfrac{x_n x_{n+1}}{2}$（$n \in \mathbf{N}^*$）.

(3) 因为当 $x > 0$ 时，$\ln(1 + x) < x$，所以 $x_n = x_{n+1} + \ln(1 + x_{n+1}) < x_{n+1} + x_{n+1} = 2x_{n+1}$，所以 $x_n \geqslant \dfrac{1}{2^{n-1}}$.

又由(2)知 $\dfrac{x_n x_{n+1}}{2} \geqslant 2x_{n+1} - x_n$，所以 $\dfrac{1}{x_{n+1}} - \dfrac{1}{2} \geqslant 2\left(\dfrac{1}{x_n} - \dfrac{1}{2}\right) > 0$，

所以 $\dfrac{1}{x_n} - \dfrac{1}{2} \geqslant 2\left(\dfrac{1}{x_{n-1}} - \dfrac{1}{2}\right) \geqslant \cdots \geqslant 2^{n-1}\left(\dfrac{1}{x_1} - \dfrac{1}{2}\right) = 2^{n-2}$，

所以 $\dfrac{1}{x_n} \geqslant 2^{n-2} + \dfrac{1}{2}$，即 $x_n \leqslant \dfrac{1}{2^{n-2} + \dfrac{1}{2}} < \dfrac{1}{2^{n-2}}$.

综上,有 $\dfrac{1}{2^{n-1}} \leqslant x_n < \dfrac{1}{2^{n-2}}$.

2.已知数列 $\{a_n\}$ 的前 n 项和 $S_n = -a_n - \left(\dfrac{1}{2}\right)^{n-1} + 2$($n$ 为正整数).

(1)令 $b_n = 2^n a_n$,证明数列 $\{b_n\}$ 是等差数列,并求数列 $\{a_n\}$ 的通项公式;

(2)令 $c_n = \dfrac{n+1}{n} a_n$,$T_n = c_1 + c_2 + \cdots + c_n$,试比较 T_n 与 $\dfrac{5n}{2n+1}$ 的大小,并予以证明.

解 (1)由 $S_n = -a_n - \left(\dfrac{1}{2}\right)^{n-1} + 2$ 及 $S_1 = a_1$,得 $S_1 = -a_1 - 1 + 2 = a_1$,解得 $a_1 = \dfrac{1}{2}$.

当 $n \geqslant 2$ 时,由 $a_n = S_n - S_{n-1} = -a_n + a_{n-1} + \left(\dfrac{1}{2}\right)^{n-1}$,所以 $2a_n = a_{n-1} + \left(\dfrac{1}{2}\right)^{n-1}$,

所以 $2^n a_n = 2^{n-1} a_{n-1} + 1$. 由题设条件知 $b_n = 2^n a_n$,所以 $b_n = b_{n-1} + 1$.

即 $b_n - b_{n-1} = 1$(常数).

又因为 $b_1 = 2a_1 = 1$,所以数列 $\{b_n\}$ 是以 $b_1 = 1$ 为首项,公差为 1 的等差数列,所以 $b_n = 1 + (n-1) \cdot 1 = n$,即 $2^n a_n = b_n = n$,所以 $a_n = \dfrac{n}{2^n}$.

(2)由(1)知 $c_n = \dfrac{n+1}{n} a_n = (n+1) \cdot \left(\dfrac{1}{2}\right)^n$.

所以 $T_n = 2 \times \dfrac{1}{2} + 3 \times \left(\dfrac{1}{2}\right)^2 + 4 \times \left(\dfrac{1}{2}\right)^3 + \cdots + (n+1) \times \left(\dfrac{1}{2}\right)^n$,①

又 $\dfrac{1}{2} T_n = 2 \times \left(\dfrac{1}{2}\right)^2 + 3 \times \left(\dfrac{1}{2}\right)^3 + \cdots + n \cdot \left(\dfrac{1}{2}\right)^n + (n+1)\left(\dfrac{1}{2}\right)^{n+1}$,②

①－②得 $\dfrac{1}{2} T_n = 1 + \left(\dfrac{1}{2}\right)^2 + \left(\dfrac{1}{2}\right)^3 + \cdots + \left(\dfrac{1}{2}\right)^n - (n+1) \cdot \left(\dfrac{1}{2}\right)^{n+1} = 1 +$

$\dfrac{\dfrac{1}{4}\left[1 - \left(\dfrac{1}{2}\right)^{n-1}\right]}{1 - \dfrac{1}{2}} - (n+1) \cdot \left(\dfrac{1}{2}\right)^{n+1} = \dfrac{3}{2} - \dfrac{n+3}{2^{n+1}}$.

所以 $T_n = 3 - \dfrac{n+3}{2^n}$. 所以 $T_n - \dfrac{5n}{2n+1} = 3 - \dfrac{n+3}{2^n} - \dfrac{5n}{2n+1} = \dfrac{(n+3)(2^n - 2n - 1)}{2^n(2n+1)}$.

所以比较 T_n 与 $\dfrac{5n}{2n+1}$ 的大小等价于比较 2^n 与 $2n+1$ 的大小.

由 $2 < 2 \times 1 + 1, 2^2 < 2 \times 2 + 1, 2^3 > 2 \times 3 + 1, 2^4 > 2 \times 4 + 1, 2^5 > 2 \times 5 + 1, \cdots$ 可以猜想,当 $n \geqslant 3$ 时,$2^n > 2n + 1$. 下面用数学归纳法来证明.

(ⅰ)当 $n = 3$ 时,由上面的验算知猜想成立.

(ⅱ)假设当 $n = k(k \geqslant 3)$ 时,猜想成立,即 $2^k > 2k + 1$,则当 $n = k + 1$ 时,$2^{k+1} = 2 \cdot 2^k > 2(2k+1) = 4k + 2 = 2(k+1) + 1 + (2k-1) > 2(k+1) + 1$.

这就是说,当 $n = k + 1$ 时,猜想也成立.

所以,对一切 $n \geqslant 3$ 的正整数,都有 $2^n > 2n + 1$.

综上可知,当 $n = 1, 2$ 时,$T_n < \dfrac{5n}{2n+1}$;当 $n \geqslant 3$ 时,$T_n > \dfrac{5n}{2n+1}$.

3. 观察下列等式：

$1 = 1$；

$2 + 3 + 4 = 9$；

$3 + 4 + 5 + 6 + 7 = 25$；

$4 + 5 + 6 + 7 + 8 + 9 + 10 = 49$；

……

照此规律下去：

(1) 写出第 5 个等式.

(2) 你能作出什么一般性的猜想？试用数学归纳法证明猜想.

解 (1) 第 5 个等式为 $5 + 6 + 7 + 8 + 9 + 10 + 11 + 12 + 13 = 81$.

(2) 根据等式所给规律，第一个等式左边为一项，右边为 1^2；第二个等式左边为 3 项，右边为 3^2；第三个等式左边为 5 项，右边为 5^2；第四个等式左边为 7 项，右边为 7^2，并且每个等式依次从 1，2，3，4 开始往后相加，因此第 n 个等式可以猜想为 $n + (n + 1) + (n + 2) + \cdots + (3n - 2) = (2n - 1)^2$. 用数学归纳法证明如下：

① 当 $n = 1$ 时，显然成立.

② 假设当 $n = k (k \geqslant 1, k \in \mathbf{N}^*)$ 时，猜想也成立，即 $k + (k + 1) + (k + 2) + \cdots + (3k - 2) = (2k - 1)^2$，则当 $n = k + 1$ 时，$(k + 1) + (k + 2) + (k + 3) + \cdots + [3(k + 1) - 2] = (k + 1) + (k + 2) + (k + 3) + \cdots + (3k - 2) + (3k - 1) + 3k + (3k + 1) = k + (k + 1) + (k + 2) + \cdots + (3k - 2) + (3k - 1) + 3k + (3k + 1) - k = (2k - 1)^2 + 8k = (2k + 1)^2 = [2(k + 1) - 1]^2$.

这就是说，当 $n = k + 1$ 时，猜想也成立.

根据①②可知，对任意的 $n \in \mathbf{N}^*$，猜想都成立，因此一般性的猜想为

$$n + (n + 1) + (n + 2) + \cdots + (3n - 2) = (2n - 1)^2.$$

4. 设 $a_1 = 1, a_{n+1} = \sqrt{a_n^2 - 2a_n + 2} + b (n \in \mathbf{N}^*)$.

(1) 若 $b = 1$，求 a_2, a_3 及数列 $\{a_n\}$ 的通项公式.

(2) 若 $b = -1$，问：是否存在实数 c，使得 $a_{2n} < c < a_{2n+1}$ 对所有 $n \in \mathbf{N}^*$ 成立？证明你的结论.

解 (1) 由题设条件知，当 $b = 1, a_1 = 1$ 时，$a_2 = \sqrt{a_1^2 - 2a_1 + 2} + 1 = 2$，$a_3 = \sqrt{a_2^2 - 2a_2 + 2} + 1 = \sqrt{2} + 1$，且 $(a_{n+1} - 1)^2 = a_n^2 - 2a_n + 2 = (a_n - 1)^2 + 1$，所以数列 $\{(a_n - 1)^2\}$ 是以 $(a_1 - 1)^2 = 0$ 为首项，$(a_2 - 1)^2 - (a_1 - 1)^2 = 1$ 为公差的等差数列，所以 $(a_n - 1)^2 = (a_1 - 1)^2 + (n - 1) \cdot 1 = n - 1$，即 $a_n = \sqrt{n - 1} + 1 (n \in \mathbf{N}^*)$.

(2) 设 $f(x) = \sqrt{(x - 1)^2 + 1} - 1$，即 $a_{n+1} = f(a_n)$，令 $c = f(c)$，即 $c = \sqrt{(c - 1)^2 + 1} - 1$，解得 $c = \dfrac{1}{4}$. 下面证明 $a_{2n} < c < a_{2n+1} < 1$.

① 当 $n = 1$ 时，$a_2 = f(1) = 0, a_3 = f(0) = \sqrt{2} - 1$，所以 $a_2 < \dfrac{1}{4} < a_3 < 1$，结论成立.

② 假设 $n = k$ 时结论成立，即 $a_{2k} < c < a_{2k+1} < 1$，可证 $f(x)$ 在 $(-\infty, 1]$ 上为减函数，从而 $c = f(c) > f(a_{2k+1}) > f(1) = a_2$，即 $1 > c > a_{2k+2} > 0$. 因为 $f(x)$ 在 $(-\infty, 1]$ 上为减函数，

所以 $c=f(c)<f(a_{2k+2})<f(a_2)=a_3<1$，即 $c<a_{2k+3}<1$.

所以 $a_{2k+2}<c<a_{2k+3}<1$，即 $a_{2(k+1)}<c<a_{2(k+1)+1}<1$. 这就是说，当 $n=k+1$ 时，命题也成立. 综上，存在符合条件的 c，其中的一个值为 $c=\dfrac{1}{4}$.

二、军考模拟训练

【选择题】

1. 甲、乙、丙、丁四位同学一起向老师询问期中考试成绩. 老师说，你们四个人中有两位优秀，两位良好. 我现在给甲看乙、丙的成绩，给乙看丙的成绩，给丁看甲的成绩，看后甲对大家说：我还是不知道我的成绩. 根据以上信息，则_____.

 A. 乙可以知道四人的成绩   B. 丁可以知道四人的成绩

 C. 乙、丁可以知道对方的成绩   D. 乙、丁可以知道自己的成绩

2. 甲、乙、丙三人中，一人是工人，一人是农民，一人是知识分子. 已知：丙的年龄比知识分子大；甲的年龄和农民不同；农民的年龄比乙小. 根据以上情况，下列判断正确的是_____.

 A. 甲是工人，乙是知识分子，丙是农民

 B. 甲是知识分子，乙是农民，丙是工人

 C. 甲是知识分子，乙是工人，丙是农民

 D. 甲是农民，乙是知识分子，丙是工人

3. 已知军事训练体能考核 5 000 米和俯卧撑的成绩均被评定为三个等级，依次为"优秀""合格""不合格". 若战士甲的 5 000 米和俯卧撑成绩都不低于战士乙，且其中至少有一项成绩高于战士乙，则称"战士甲比战士乙成绩好". 如果一组战士中没有哪位战士比另一位战士成绩好，并且不存在两项成绩都完全相同的战士，则这组战士最多有_____人.

 A. 2   B. 3   C. 4   D. 5

4. 观察下列各式：$a+b=1,a^2+b^2=3,a^3+b^3=4,a^4+b^4=7,a^5+b^5=11,\cdots$ 则 $a^{10}+b^{10}=$_____.

 A. 28   B. 76   C. 123   D. 199

5. 已知"整数对"按如下规律排成一列：$(1,1),(1,2),(2,1),(1,3),(2,2),(3,1),$ $(1,4),(2,3),(3,2),(4,1),\cdots$，则第 60 个"整数对"是_____.

 A. $(7,5)$ B. $(5,7)$ C. $(2,10)$ D. $(10,1)$

6. 已知 n 为正偶数，用数学归纳法证明 $1-\dfrac{1}{2}+\dfrac{1}{3}-\dfrac{1}{4}+\cdots-\dfrac{1}{n}=$ $2\left(\dfrac{1}{n+2}+\dfrac{1}{n+4}+\cdots+\dfrac{1}{2n}\right)$ 时，若已经假设 $n=k(k\geqslant2$ 且 k 为偶数$)$ 时命题为真，则还需要用归纳假设再证 $n=$_____时等式成立.

 A. $k+1$ B. $k+2$ C. $2k+2$ D. $2(k+2)$

【填空题】

1. 有三张卡片，分别写有 1 和 2,1 和 3,2 和 3. 甲、乙、丙三人各取走一张卡片，甲看了乙的卡片后说："我与乙的卡片上相同的数字不是 2." 乙看了丙的卡片后说："我和丙的卡片相同的数字不是 1." 丙说："我的卡片上的数字之和不是 5." 则甲卡片上的数字是_____.

2. 公元前 6 世纪,古希腊的毕达哥拉斯学派通过研究正五边形和正十边形的边图,发现了黄金分割值均为 0.618,这一数值也可以表示为 $m = 2\sin 18°$. 若 $m^2 + n = 4$,则 $\dfrac{1 - 2\cos^2 27°}{3m\sqrt{n}} =$ _____.

3. 某单位在军事职业教育平台网课评比活动中,评审组从幕课的"点播量"和"专家打分"两个角度来进行评比. 若 A 课的"点播量"和"专家评分"至少有一项高于 B 课,则称 A 课不亚于 B 课. 假设共有 5 节幕课参评,如果某课不亚于其他 4 节,就称此课为优秀课,那么在这 5 节课中,最有可能有_____节优秀课.

4. 在平面几何中有如下结论:正三角形 ABC 的内切圆面积为 S_1,外接圆面积为 S_2,则 $\dfrac{S_1}{S_2} = \dfrac{1}{4}$. 推广到空间可以得到类似结论:已知正四面体 $ABCD$ 的内切球体积为 V_1,外接球体积为 V_2,则 $\dfrac{V_1}{V_2} =$ _____.

5. 对大于或等于 2 的自然数 m 的 n 次方有如下分解方式:

$2^2 = 1 + 3$;$3^2 = 1 + 3 + 5$;$4^2 = 1 + 3 + 5 + 7$;$2^3 = 3 + 5$;$3^3 = 7 + 9 + 11$,$4^3 = 13 + 15 + 17 + 19$. 根据以上分析规律,则 $5^2 = 1 + 3 + 5 + 7 + 9$. 若 $m^3 (m \in \mathbf{N}^*)$ 的分解中最小的数是 73,则 m 的值为_____.

6. 已知 $f(n) = \dfrac{1}{n} + \dfrac{1}{n+1} + \dfrac{1}{n+2} + \cdots + \dfrac{1}{n^2}$,则 $f(n)$ 共有_____项,且当 $n = 2$ 时,$f(2) =$ _____.

7. 设函数 $f(x) = \dfrac{x}{x+2}(x > 0)$,观察:

$f_1(x) = f(x) = \dfrac{x}{x+2}$;

$f_2(x) = f(f_1(x)) = \dfrac{x}{3x+4}$;

$f_3(x) = f(f_2(x)) = \dfrac{x}{7x+8}$;

$f_4(x) = f(f_3(x)) = \dfrac{x}{15x+16}$;

……

根据以上事实,由归纳推理可得,当 $n \in \mathbf{N}^*$ 且 $n \geq 2$ 时,$f_n(x) = f(f_{n-1}(x)) =$ _____.

【解答题】

1. 用数学归纳法证明：

$$\frac{1}{2\times4}+\frac{1}{4\times6}+\frac{1}{6\times8}+\cdots+\frac{1}{2n(2n+2)}=\frac{n}{4(n+1)}(n\in\mathbf{N}^*).$$

2. 已知 $f(n)=1+\dfrac{1}{2}+\dfrac{1}{3}+\cdots+\dfrac{1}{n}$，当 $n>1,n\in\mathbf{N}^*$ 时，求证：$f(2^n)>\dfrac{n+2}{2}$.

3. 已知函数 $f(x)=\dfrac{2}{2-x}$，记数列 $\{a_n\}$ 的前 n 项和为 S_n，且有 $a_1=f(1)$，当 $n\geq2$ 时，

$$S_n-\frac{2}{f(a_n)}=\frac{1}{2}(n^2+5n-2).$$

（1）计算 a_1,a_2,a_3,a_4；

（2）求出数列 $\{a_n\}$ 的通项公式，并给予证明.

第十三章 ➡ 导数及其应用

一、典型例题精讲

【选择题】

1. 等比数列 $\{a_n\}$ 中，$a_1 = -1$，前 n 项之和 S_n 满足 $\dfrac{S_{10}}{S_5} = \dfrac{31}{32}$，则该等比数列的所有项之和 $S = $ _____.

    A. $\dfrac{2}{3}$ B. $-\dfrac{2}{3}$ C. $\dfrac{1}{3}$ D. $-\dfrac{1}{3}$

解 设等比数列 $\{a_n\}$ 的公比为 q，易知 $q \neq 1$，则 $\dfrac{a_1 \cdot \dfrac{1-q^{10}}{1-q}}{a_1 \cdot \dfrac{1-q^5}{1-q}} = \dfrac{31}{32}$，解得 $q^5 = -\dfrac{1}{32}$，所以

$q = -\dfrac{1}{2}$，则等比数列所有项之和 $S = \lim\limits_{n \to \infty} S_n = \lim\limits_{n \to \infty} \dfrac{a_1(1-q^n)}{1-q} = \dfrac{a_1}{1-q} = -\dfrac{2}{3}$. 故选 B.

点评 等比数列 $\{a_n\}$ 的前 n 项和 $S_n = \dfrac{a_1(1-q^n)}{1-q}$，当且仅当 $|q| < 1$ 时，等比数列所有项之和的极限存在，也即所有项的和 S 存在，并且 $S = \lim\limits_{n \to \infty} S_n = \dfrac{a_1}{1-q}$.

2. 把 $1 + (1+x) + (1+x)^2 + \cdots + (1+x)^n$ 展开成关于 x 的多项式，其各项系数和为 a_n，则 $\lim\limits_{n \to \infty} \dfrac{2a_n - 1}{a_n + 1} = $ _____.

    A. $\dfrac{1}{4}$ B. $\dfrac{1}{2}$ C. 1   D. 2

解 设 $1 + (1+x) + (1+x)^2 + \cdots + (1+x)^n = b_n x^n + b_{n-1} x^{n-1} + \cdots + b_1 x + b_0$. 令 $x = 1$，可得 $a_n = b_n + b_{n-1} + \cdots + b_1 + b_0 = 1 + 2 + \cdots + 2^{n-1} + 2^n = \dfrac{1-2^{n+1}}{1-2} = 2^{n+1} - 1$，所以

$\lim\limits_{n \to \infty} \dfrac{2a_n - 1}{a_n + 1} = \lim\limits_{n \to \infty} \dfrac{2^{n+2} - 3}{2^{n+1}} = \lim\limits_{n \to \infty} \dfrac{2^2 - 3 \cdot \dfrac{1}{2^n}}{2} = \dfrac{2^2}{2} = 2$. 故选 D.

3. 计算：$\lim\limits_{x \to 1} \left(\dfrac{1}{x^2 - 3x + 2} - \dfrac{2}{x^2 - 4x + 3} \right) = $ _____.

    A. $-\dfrac{1}{2}$ B. $\dfrac{1}{2}$ C. $-\dfrac{1}{6}$ D. $\dfrac{1}{6}$

解 $\lim\limits_{x \to 1} \left(\dfrac{1}{x^2 - 3x + 2} - \dfrac{2}{x^2 - 4x + 3} \right) = \lim\limits_{x \to 1} \left[\dfrac{1}{(x-1)(x-2)} - \dfrac{2}{(x-1)(x-3)} \right] = $ $\lim\limits_{x \to 1} \dfrac{-(x-1)}{(x-1)(x-2)(x-3)} = -\lim\limits_{x \to 1} \dfrac{1}{(x-2)(x-3)} = -\dfrac{1}{2}$. 故选 A.

点评 对于"$\infty - \infty$"型极限问题,一般都是转化成"$\dfrac{0}{0}$"型极限问题. 一般来说,若 $f(x_0) = 0, g(x_0) = 0$,求解 $\lim\limits_{x \to x_0} \dfrac{f(x)}{g(x)}$ 分为三步:第一步,把 $f(x)$ 和 $g(x)$ 分解因式,分离出含有 $(x - x_0)$ 的项. 第二步,约分,再把 $x = x_0$ 分别代入分子、分母,看是否等于 0. 第三步,若分子、分母仍然等于 0,继续分解出 $(x - x_0)$ 的项,约分. 否则,若分子等于 0,分母不为 0,则极限等于 0. 若分子、分母均不为 0,则直接把 $x = x_0$ 代入分子、分母,计算结果即为极限值. 若分子不为 0,分母为 0,则极限不存在.

4. 计算:$\lim\limits_{x \to 1} \dfrac{\sqrt{x+3} - 2}{\sqrt{x} - 1} = $ _____.

A. $\dfrac{1}{2}$ B. 0   C. $-\dfrac{1}{2}$ D. 不存在

解 $\lim\limits_{x \to 1} \dfrac{\sqrt{x+3} - 2}{\sqrt{x} - 1} = \lim\limits_{x \to 1} \dfrac{(\sqrt{x+3} - 2)(\sqrt{x+3} + 2)(\sqrt{x} + 1)}{(\sqrt{x} - 1)(\sqrt{x} + 1)(\sqrt{x+3} + 2)}$

$= \lim\limits_{x \to 1} \dfrac{(x - 1)(\sqrt{x} + 1)}{(x - 1)(\sqrt{x+3} + 2)} = \lim\limits_{x \to 1} \dfrac{\sqrt{x} + 1}{\sqrt{x+3} + 2} = \dfrac{1 + 1}{\sqrt{4} + 2} = \dfrac{1}{2}$. 故选 A.

点评 碰到含根式的极限问题,首先想到有理化.

5. 已知数列 $\{\log_2(a_n - 1)\}$ $(n \in \mathbf{N}^*)$ 为等差数列,且 $a_1 = 3, a_2 = 5$,则 $\lim\limits_{n \to +\infty} \left(\dfrac{1}{a_2 - a_1} + \dfrac{1}{a_3 - a_2} + \cdots + \dfrac{1}{a_{n+1} - a_n} \right) = $ _____.

A. 2   B. $\dfrac{3}{2}$ C. 1   D. $\dfrac{1}{2}$

解 由题设条件知,公差 $d = \log_2(a_2 - 1) - \log_2(a_1 - 1) = \log_2 4 - \log_2 2 = 1$,所以数列 $\{\log_2(a_n - 1)\}$ 的通项公式为 $\log_2(a_n - 1) = \log_2(a_1 - 1) + (n - 1)d = \log_2(3 - 1) + (n - 1) \cdot 1 = 1 + (n - 1) = n$,所以 $a_n - 1 = 2^n$,即 $a_n = 2^n + 1$,则 $a_{n+1} - a_n = 2^{n+1} - 2^n = 2^n(2 - 1) = 2^n$,所以 $\dfrac{1}{a_{n+1} - a_n} = \dfrac{1}{2^n}$. 所以 $\lim\limits_{n \to +\infty} \left(\dfrac{1}{a_2 - a_1} + \dfrac{1}{a_3 - a_2} + \cdots + \dfrac{1}{a_{n+1} - a_n} \right) =$

$\lim\limits_{n \to +\infty} \left(\dfrac{1}{2} + \dfrac{1}{2^2} + \cdots + \dfrac{1}{2^n} \right) = \dfrac{\dfrac{1}{2}}{1 - \dfrac{1}{2}} = 1$. 故选 C.

6. 若 $\lim\limits_{x \to 1} \left(\dfrac{a}{1 - x} - \dfrac{b}{1 - x^2} \right) = 1$,则常数 a, b 的值分别为 _____.

A. $-2, 4$ B. $2, -4$ C. $-2, -4$ D. $2, 4$

解 因为 $\lim\limits_{x \to 1} \left(\dfrac{a}{1 - x} - \dfrac{b}{1 - x^2} \right) = \lim\limits_{x \to 1} \dfrac{a(1 + x) - b}{(1 + x)(1 - x)} = \lim\limits_{x \to 1} \dfrac{ax + a - b}{(1 + x)(1 - x)} = 1$,所以 $ax + a - b = 2(1 - x) = -2x + 2$,所以 $a = -2, b = -4$. 故选 C.

7. 在等比数列 $\{a_n\}$ 中,$a_1 = 2, a_8 = 4$,函数 $f(x) = x(x - a_1)(x - a_2) \cdots (x - a_8)$,则 $f'(0) = $ _____.

A. 2^6 B. 2^9 C. 2^{12} D. 2^{15}

解 $\because f'(x) = [x(x-a_1)(x-a_2)\cdots(x-a_8)]' = (x-a_1)(x-a_2)\cdots(x-a_8) + x(x-a_2)\cdots(x-a_8) + \cdots + x(x-a_1)(x-a_2)\cdots(x-a_7), \therefore f'(0) = a_1 a_2 a_3 \cdots a_8 + 0 + \cdots + 0 = a_1 a_2 \cdots a_8. \because \{a_n\}$ 是等比数列，$a_1 = 2, a_8 = 4, \therefore a_2 a_7 = a_3 a_6 = a_4 a_5 = a_1 a_8 = 8, \therefore f'(0) = 8^4 = 2^{12}$. 故选 C.

点评 基本初等函数的求导公式和导数的四则运算法则是本章所有题型的最基本工具，复习巩固之前首先要牢记基本初等函数的求导公式：(1) $C' = 0$（C 为常数），(2) $(x^n)' = nx^{n-1}$（$n > 0$ 且 $n \in \mathbf{Q}$），(3) $(\sin x)' = \cos x, (\cos x)' = -\sin x$，(4) $(\ln x)' = \dfrac{1}{x}(x > 0), (\log_a x)' = \dfrac{1}{x\ln a}(x > 0, a > 0$ 且 $a \neq 1)$，(5) $(e^x)' = e^x, (a^x)' = a^x \ln a (a > 0$ 且 $a \neq 1)$. 要熟练掌握导数的四则运算法则：(1) $(u \pm v)' = u' \pm v' \Rightarrow [f_1(x) + f_2(x) + \cdots + f_n(x)]' = f_1'(x) + f_2'(x) + \cdots + f_n'(x)$. (2) $(uv)' = u'v + uv' \Rightarrow (uvw)' = u'vw + uv'w + uvw'$, $(Cu)' = Cu'$（C 为常数）. (3) $\left(\dfrac{u}{v}\right)' = \dfrac{u'v - uv'}{v^2}(v \neq 0)$，此公式也可按公式(2)和复合函数求导公式导出：$\left(\dfrac{u}{v}\right)' = (uv^{-1})' = u'v^{-1} + u(v^{-1})' = u'v^{-1} - uv^{-2}v' = \dfrac{u'v - uv'}{v^2}$. (4) $[f(u)]' = f'(u)u'$. 特别地，$[f(2x)]' = 2f'(2x)$.

8. 函数 $f(x) = e^x \sin x$ 的图象在点 $(0, f(0))$ 处的切线的倾斜角为_____.

A. $\dfrac{3\pi}{4}$ B. $\dfrac{\pi}{3}$ C. $\dfrac{\pi}{4}$ D. $\dfrac{\pi}{6}$

解 $\because f'(x) = (e^x \sin x)' = e^x \sin x + e^x \cos x, \therefore f'(0) = e^0 \sin 0 + e^0 \cos 0 = 1, \therefore$ 切线的斜率 $k = 1$，则倾斜角为 $\dfrac{\pi}{4}$. 故选 C.

9. 曲线 $y = 2\sin x + \cos x$ 在点 $(\pi, -1)$ 处的切线方程为_____.
A. $x - y - \pi - 1 = 0$ B. $2x - y - 2\pi - 1 = 0$
C. $2x + y - 2\pi + 1 = 0$ D. $x + y - \pi + 1 = 0$

解 $\because y' = (2\sin x + \cos x)' = 2\cos x - \sin x, \therefore$ 曲线在点 $(\pi, -1)$ 处的切线的斜率 $k = 2\cos \pi - \sin \pi = -2, \therefore$ 所求切线的方程为 $y - (-1) = -2(x - \pi) = -2x + 2\pi$，即 $2x + y - 2\pi + 1 = 0$. 故选 C.

点评 导数是解决实际问题强有力的数学工具，运用导数的有关知识研究函数的性质是历年军考的重点. 求函数图象在某一点处的切线（或切线倾斜角等相关问题）可能以选择题、填空题出现，也可能在大题中以已知条件或某一小问出现，关键是牢记基本知识点：曲线 $y = f(x)$ 在 $(x_0, f(x_0))$ 处的切线方程为 $y = f'(x_0)(x - x_0) + f(x_0)$，法线方程为 $y = -\dfrac{1}{f'(x_0)}(x - x_0) + f(x_0)$（其中 $f'(x_0) \neq 0$）. 当 $f'(x_0) = 0$ 时，$y = f(x)$ 在 $(x_0, f(x_0))$ 处的切线方程为 $y = f(x_0)$，法线方程为 $x = x_0$.

10. 曲线 $y = \dfrac{1}{x}(x > 0)$ 在点 $P(x_0, y_0)$ 处的切线为 l，若直线 l 与 x 轴、y 轴的交点分别为 A, B，则 $\triangle OAB$ 的周长的最小值为_____.

A. $4 + 2\sqrt{2}$ B. $2\sqrt{2}$ C. 2   D. $5 + 2\sqrt{7}$

解 $\because$ 切线 l 的斜率 $k = y'(x_0) = -\dfrac{1}{x_0^2}, \therefore$ 切线 $l: y - y_0 = -\dfrac{1}{x_0^2}(x - x_0)$, 即 $y = -\dfrac{1}{x_0^2}x + \dfrac{2}{x_0}, \therefore$ 直线 l 与 x 轴、y 轴的交点 A, B 的坐标分别为 $(2x_0, 0), \left(0, \dfrac{2}{x_0}\right), \therefore \triangle OAB$ 的周长

$$C = 2x_0 + \frac{2}{x_0} + \sqrt{(2x_0)^2 + \left(\frac{2}{x_0}\right)^2} = 2x_0 + \frac{2}{x_0} + \sqrt{4\left(x_0^2 + \frac{1}{x_0^2}\right)} \geqslant 2\sqrt{4} + \sqrt{4 \times 2} = 4 + 2\sqrt{2}$$

(当且仅当 $x_0 = 1$ 时取等号). 故选 A.

11. 对二次函数 $f(x) = ax^2 + bx + c$(a 为非零整数), 下面有四个结论, 其中有且仅有一个是错误的, 则错误的结论是 _____.

A. -1 是 $f(x)$ 的零点   B. 1 是 $f(x)$ 的极值点

C. 3 是 $f(x)$ 的极值   D. 点 $(2, 8)$ 在曲线 $y = f(x)$ 上

解 这是一道导数与推理的综合题, 解决这类问题的方法是假设某三个选项成立得出矛盾或不能推出第 4 个选项. 本题中, 由 A 选项知 $a - b + c = 0$; 由 B 选项知 $f'(x) = 2ax + b, f'(1) = 0$, 即 $2a + b = 0$; 由 C 选项知 $f\left(-\dfrac{b}{2a}\right) = \dfrac{4ac - b^2}{4a} = 3$; 由 D 选项知 $4a + 2b + c = 8$.

假设 A, B, C 正确, 则 $\begin{cases} a - b + c = 0, \\ 2a + b = 0, \\ \dfrac{4ac - b^2}{4a} = 3, \end{cases}$ 解得 $a = 0$ 或 $a = -\dfrac{3}{4}$, 与题设 a 为非零整数矛盾. 同理, 假设 B, C, D 正确, 解得 $\begin{cases} a = 5, \\ b = -10, \\ c = 8, \end{cases}$ 符合题意, 假设成立. 故选 A.

12. 已知函数 $f(x)$ 在 $\mathbf{R}$ 上连续可导, $f'(x)$ 为其导函数, 且 $f(x) = e^x + e^{-x} - f'(1)x(e^x - e^{-x})$, 则 $f'(2) + f'(-2) - f'(0) \cdot f'(1) =$ _____.

A. $4e^2 + 4e^{-2}$ B. $4e^2 - 4e^{-2}$ C. 0   D. $4e^2$

解 因为 $f'(x) = [e^x + e^{-x} - f'(1)x(e^x - e^{-x})]'$
$= e^x - e^{-x} - [f'(1)(e^x - e^{-x}) + f'(1)x(e^x + e^{-x})]$,
所以 $f'(1) = e^1 - e^{-1} - [f'(1)(e^1 - e^{-1}) + f'(1) \cdot 1 \cdot (e^1 + e^{-1})]$
$= e - e^{-1} - 2f'(1)e$,
$f'(0) = e^0 - e^0 - [f'(1)(e^0 - e^0) + f'(1) \cdot 0 \cdot (e^0 + e^0)] = 0$,
$f'(2) = e^2 - e^{-2} - [f'(1)(e^2 - e^{-2}) + f'(1) \cdot 2 \cdot (e^2 + e^{-2})]$
$= e^2 - e^{-2} - [3f'(1)e^2 + f'(1)e^{-2}]$,
同理可得 $f'(-2) = e^{-2} - e^2 - [-3f'(1)e^2 - f'(1)e^{-2}]$,
显然 $f'(2) + f'(-2) = 0$, 所以 $f'(2) + f'(-2) - f'(0)f'(1) = 0$. 故选 C.

点评 解这类带导数值的未知函数题通常需注意两点: 一是复合函数的求导公式 $[f(u)]' = f'(u) \cdot u'$, 常见的有: $[f(2x)]' = 2f'(2x)$, $[f(-x)]' = -f'(-x)$, $[f(x^2)]' = 2xf'(x^2)$. 二是解决这类题的关键是正确理解导数值, 它是一个常数. 因此通常是对整个

式子求导,然后再令自变量取已知条件中所含导数值的自变量值,得到一个关于该导数值的方程,解这个方程得到导数值,就可以求出抽象函数的表达式. 例如,本题中求导后令 $x = 1$,得到关于 $f'(1)$ 的方程,求出 $f'(1)$ 后就求出了 $f(x)$ 的表达式.

13. 函数 $f(x) = x^2 - \ln x$ 的最小值为_____.

A. $1 + \ln 2$ B. $1 - \ln 2$ C. $\dfrac{1 + \ln 2}{2}$ D. $\dfrac{1 - \ln 2}{2}$

解 $\because f(x) = x^2 - \ln x (x > 0), \therefore f'(x) = 2x - \dfrac{1}{x}$,令 $2x - \dfrac{1}{x} = 0$,得 $x = \dfrac{\sqrt{2}}{2}$. 由 $f'(x) >$ 0 解得 $x > \dfrac{\sqrt{2}}{2}$,由 $f'(x) < 0$ 解得 $0 < x < \dfrac{\sqrt{2}}{2}$,因此 $f(x)$ 在 $\left(0, \dfrac{\sqrt{2}}{2}\right)$ 上单调递减,在 $\left(\dfrac{\sqrt{2}}{2}, +\infty\right)$ 上单调递增,所以 $f(x)$ 的极小值(此时也是最小值)为 $\left(\dfrac{\sqrt{2}}{2}\right)^2 - \ln \dfrac{\sqrt{2}}{2} = \dfrac{1 + \ln 2}{2}$. 故选 C.

14. 已知函数 $f(x) = (x^2 - m)e^x$,若函数 $f(x)$ 的图象在 $x = 1$ 处切线的斜率为 $3e$,则 $f(x)$ 的极大值是_____.

A. $4e^{-2}$ B. $4e^2$ C. e^{-2} D. e^2

解 $\because f'(x) = 2xe^x + (x^2 - m)e^x = (x^2 + 2x - m)e^x$,函数 $f(x)$ 的图象在 $x = 1$ 处切线的斜率为 $3e, \therefore f'(1) = (1^2 + 2 - m)e = 3e, \therefore m = 0$. 由 $f'(x) > 0$ 解得 $x > 0$ 或 $x < -2$,由 $f'(x) < 0$ 解得 $-2 < x < 0, \therefore f(x)$ 在 $(-2, 0)$ 上单调递减,在 $(-\infty, -2), (0, +\infty)$ 上单调递增. $\therefore$ 当 $x = 0$ 时 $f(x)$ 取得极小值,当 $x = -2$ 时取得极大值,为 $f(-2) = 4e^{-2}$. 故选 A.

15. $f'(x)$ 是 $f(x)$ 的导函数,若 $f'(x)$ 的图象如图 13-1 所示,则 $f(x)$ 的图象可能是_____.

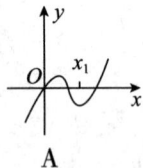

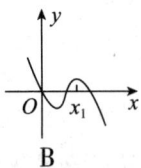

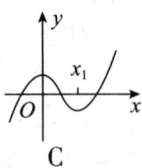

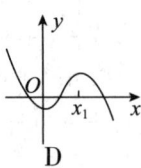

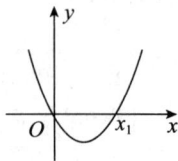

图 13-1

解 由导函数 $f'(x)$ 的图象可知,当 $x < 0$ 时, $f'(x) > 0$,函数 $f(x)$ 为增函数,由此可排除选项 B, D. 当 $0 < x < x_1$ 时, $f'(x) < 0$,函数 $f(x)$ 为减函数,选项 A 排除. 当 $x > x_1$ 时, $f'(x) > 0$,函数 $f(x)$ 为增函数, $x = x_1$ 为函数 $f(x)$ 的极小值点. 故选 C.

16. 若 $a > 0, b > 0$,且函数 $f(x) = 4x^3 - ax^2 - 2bx + 2$ 在 $x = 1$ 处有极值,则 ab 的最大值等于_____.

A. 9 B. 6 C. 3 D. 2

解 $\because f'(x) = 12x^2 - 2ax - 2b$,且 $f'(1) = 0, \therefore 12 - 2a - 2b = 0, \therefore a + b = 6$. 由 $a + b = 6 \geqslant 2\sqrt{ab}$ 知 $ab \leqslant 9$(当且仅当 $a = b = 3$ 时等号成立). 故选 A.

点评 求解与函数极值相关的问题通常可分三步进行:第一步,求导数,解出导数为 0 的点. 第二步,求函数的单调区间,可分别求解不等式 $f'(x) > 0, f'(x) < 0$,也可分别判

断导数为 0 的点将定义域分成的不同区间中 $f'(x)$ 的符号,若在该区间上 $f'(x)>0$,则该区间为函数的单调递增区间,若在该区间上 $f'(x)<0$,则该区间为函数的单调递减区间.第三步,根据函数的单调性判断出相邻增、减区间的交点为函数的极大(小)值点.

17. 已知直线 l 既是曲线 $C_1:y=e^x$ 的切线,又是曲线 $C_2:y=\dfrac{1}{4}e^2x^2$ 的切线,则直线 l 在 x 轴上的截距为_____.

A. 2   B. 1   C. e^2 D. $-e^2$

解 设直线 l 与曲线 $C_1:y=e^x$ 的切点为 $A(x_1,e^{x_1})$,与曲线 $C_2:y=\dfrac{1}{4}e^2x^2$ 的切点为 $B\left(x_2,\dfrac{1}{4}e^2x_2^2\right)$. 由 $y=e^x$ 得 $y'=e^x$,由 $y=\dfrac{1}{4}e^2x^2$ 得 $y'=\dfrac{1}{2}e^2x$,所以曲线 C_1 的切线方程为 $y-e^{x_1}=e^{x_1}(x-x_1)$,即 $y=e^{x_1}x-e^{x_1}(x_1-1)$,曲线 C_2 的切线方程是 $y-\dfrac{1}{4}e^2x_2^2=\dfrac{1}{2}e^2x_2(x-x_2)$,即 $y=\dfrac{1}{2}e^2x_2x-\dfrac{1}{4}e^2x_2^2$. 由题意知曲线 C_1 与曲线 C_2 的切线是同一条直线,所以有

$$\begin{cases} e^{x_1}=\dfrac{1}{2}e^2x_2, \\ e^{x_1}(x_1-1)=\dfrac{1}{4}e^2x_2^2, \end{cases}$$ 解得 $\begin{cases} x_1=2, \\ x_2=2, \end{cases}$ 所以直线 l 的方程为 $y=e^2x-e^2$. 令 $y=0$,得 $x=1$. 可知直线 l 在 x 轴上的截距为 1. 故选 B.

18. 已知函数 $f(x)=(x-a)e^x(a>0,a\in\mathbf{R})$ 的图象在点 $(2,f(2))$ 处的切线 l_1 的斜率与在点 $(-2,f(-2))$ 处的切线 l_2 的斜率之积为 -3,则切线 l_1 与坐标轴围成的三角形的面积为_____.

A. $4e^2$ B. $2e^2$ C. e^2 D. $\dfrac{2}{e^2}$

解 $\because f'(x)=e^x+(x-a)e^x=(x-a+1)e^x,\therefore$ 函数 $f(x)$ 的图象在点 $(2,f(2))$ 处的切线 l_1 的斜率为 $f'(2)=(2-a+1)e^2=(3-a)e^2$,在点 $(-2,f(-2))$ 处的切线 l_2 的斜率为 $f'(-2)=(-2-a+1)e^{-2}=(-1-a)e^{-2},\therefore(3-a)e^2\cdot(-1-a)e^{-2}=-3$,即 $(a+1)(3-a)=3$,解得 $a=0$(与题设 $a>0$ 矛盾,舍去)或 $a=2$. $\therefore f(x)=(x-2)e^x$. $\therefore f(2)=0$,在点 $(2,0)$ 处的切线 l_1 的方程为 $y=e^2(x-2)$,与两坐标轴的交点分别为 $(2,0),(0,-2e^2)$,则所求三角形的面积为 $\dfrac{1}{2}\times2\times2e^2=2e^2$. 故选 B.

19. 已知函数 $f(x)=x\ln x-\dfrac{m}{2}x^2-x$ 有极值,则实数 m 的取值范围是_____.

A. $\left(0,\dfrac{1}{e}\right)$ B. $\left(-\infty,\dfrac{1}{e}\right)$ C. $\left(0,\dfrac{1}{e}\right]$ D. $\left(-\infty,\dfrac{1}{e}\right]$

解 可用排除法. 若 $m=0$,则 $f(x)=x\ln x-x,f'(x)=\ln x$,当 $0<x<1$ 时,$f'(x)<0$,当 $x>1$ 时,$f'(x)>0$,所以 $f(x)$ 在 $(0,1)$ 上单调递减,在 $(1,+\infty)$ 上单调递增,故 $f(x)$ 在 $x=1$ 处有极小值,符合题意,故排除 A,C. 若 $m=\dfrac{1}{e}$,则 $f(x)=x\ln x-\dfrac{1}{2e}x^2-x$,所以

$f'(x)=\ln x+1-\dfrac{1}{e}x-1=\ln x-\dfrac{1}{e}x.$ 令 $g(x)=f'(x)=\ln x-\dfrac{1}{e}x$,则 $g'(x)=\dfrac{1}{x}-\dfrac{1}{e}$,当

$0<x<e$ 时,$g'(x)>0$,$g(x)$ 单调递增,当 $x>e$ 时,$g'(x)<0$,$g(x)$ 单调递减,所以 $g(x)$ 在

$x=e$ 处有极大值 $g(e)=\ln e-1=0$,$\therefore g(x)\leq0$,即 $f'(x)\leq0$,$f(x)$ 在定义域上单调递

减,没有极值,所以 $m=\dfrac{1}{e}$ 不符合题意,排除选项 D. 故选 B.

20. 已知函数 $f(x)=(x-a)^3-3x+a(a>0)$ 在 $[-1,b]$ 上的值域为 $[-2-2a,0]$,则 b 的取值范围是_____.

A. $[0,3]$ B. $[0,2]$ C. $[2,3]$ D. $(1,3]$

解 $\because f'(x)=3(x-a)^2-3=3(x-a+1)(x-a-1)$,$\therefore$ 由 $f'(x)=0$ 可得 $x=a+1$ 或 $x=a-1$,当 $a-1<x<a+1$ 时,$f'(x)<0$,$f(x)$ 在 $(a-1,a+1)$ 上单调递减;当 $x>a+1$ 或 $x<a-1$ 时,$f'(x)>0$,$f(x)$ 在 $(-\infty,a-1)$,$(a+1,+\infty)$ 上单调递增. 所以 $x=a-1$ 是 $f(x)$ 的极大值点,$x=a+1$ 是 $f(x)$ 的极小值点,且 $f(a+1)=-2a-2$,$f(a-1)=-2a+2$. 若 $f(-1)=-2a-2$,即 $(-1-a)^3+3+a=-2a-2$,解得 $a=1$,此时 $f(x)=(x-1)^3-3x+1$,且 $f(2)=-4$,$f(0)=0$. 由 $f(x)=0$ 解得 $x=0$ 或 $x=3$. 因为函数 $f(x)$ 在 $[-1,b]$ 上的取值范围为 $[-4,0]$,所以 $0\leq b\leq3$. 若 $f(-1)>-2a-2$,因为 $a>0$,所以 $a-1>-1$,要使 $f(x)$ 在 $[-1,b]$ 上的值域为 $[-2-2a,0]$,则必须 $a+1\leq b$,所以 $\begin{cases}f(-1)>-2a-2,\\ f(a-1)\leq0,\end{cases}$即$\begin{cases}(-1-a)^3+3+a>-2a-2,\\ -2a+2\leq0,\end{cases}$无解. 综上,$b$ 的取值范围为 $[0,3]$. 故选 A.

点评 此题也可用特殊值排除法解. 若 $b=0$,$\because a>0$,$\therefore a-1>-1$,$a+1>1$,若 $a-1\in(-1,0)$,即 $0<a\leq1$,则 $1<a+1\leq2$,此时 $a-1\in(-1,0)$,$f(x)$ 在 $[-1,0]$ 上的最小值为 $f(0)$ 或 $f(-1)$,最大值为 $f(a-1)$,所以有 $\begin{cases}-2a+2=0,\\ -a^3+a=-2-2a\end{cases}$或 $\begin{cases}-2a+2=0,\\ (-1-a)^3+3+a=-2-2a,\end{cases}$前一个方程组无解,后一个方程组解得 $a=1$,符合题设 $a>0$,所以 $b=0$ 符合题意,排除 C. 同理令 $b=3$ 排除 B 选项,令 $b=\dfrac{1}{2}$ 排除 D 选项.

【填空题】

1. 计算:$\lim\limits_{n\to\infty}\dfrac{6n^3+1}{(n^2+1)n}=$ _____.

解 $\lim\limits_{n\to\infty}\dfrac{6n^3+1}{(n^2+1)n}=\lim\limits_{n\to\infty}\dfrac{6n^3+1}{n^3+n}=\lim\limits_{n\to\infty}\dfrac{6+\dfrac{1}{n^3}}{1+\dfrac{1}{n^2}}=6.$

点评 "$\dfrac{\infty}{\infty}$"型极限都是化为"$\dfrac{a+\dfrac{1}{\infty}}{b+\dfrac{1}{\infty}}$"的方法来求解极限. 对于两个多项式相除的极

限，有如下结论：$\lim\limits_{n \to \infty} \dfrac{a_m n^m + a_{m-1} n^{m-1} + \cdots + a_1 n + a_0}{b_l n^l + b_{l-1} n^{l-1} + \cdots + b_1 n + b_0} = \begin{cases} \dfrac{a_m}{b_l}, & m = l, \\ 0, & m < l, \\ \infty, & m > l, \end{cases}$ 即两个多项式相除的极

限等于分子、分母最高次数的项的系数之比，我们称之为"抓大头".

2. 设数列 $\{a_n\}$ 是以 a_1 为首项，$-\dfrac{1}{2}$ 为公比的无穷等比递减数列，且 $\lim\limits_{n \to \infty}(a_1 + a_3 + a_5 + \cdots + a_{2n-1}) = \dfrac{8}{3}$，则 $a_1 = $ _____.

解 因为 $\{a_n\}$ 是等比数列，且 $q = -\dfrac{1}{2}$，所以容易证明 $\{a_{2n-1}\}$ 是以 a_1 为首项，$q^2 = \dfrac{1}{4}$ 为公比的等比数列，所以 $\lim\limits_{n \to \infty}(a_1 + a_3 + a_5 + \cdots + a_{2n-1}) = \dfrac{a_1}{1 - q^2} = \dfrac{a_1}{1 - \dfrac{1}{4}} = \dfrac{8}{3}$，解得 $a_1 = 2$.

3. 计算：$\lim\limits_{x \to -\infty} \dfrac{2^x - 3^{x+1}}{3^x + 2^{x-1}} = $ _____.

解 $\lim\limits_{x \to -\infty} \dfrac{2^x - 3^{x+1}}{3^x + 2^{x-1}} \xlongequal{x = -t} \lim\limits_{t \to +\infty} \dfrac{2^{-t} - 3^{-t+1}}{3^{-t} + 2^{-t-1}} = \lim\limits_{t \to +\infty} \dfrac{3^t - 3 \cdot 2^t}{2^t + 2^{-1} \cdot 3^t} = \lim\limits_{t \to +\infty} \dfrac{1 - 3 \cdot \left(\dfrac{2}{3}\right)^t}{\left(\dfrac{2}{3}\right)^t + 2^{-1}} = 2.$

点评 本题解题的根本思路是基本结论：当 $|q| < 1$ 时，$\lim\limits_{n \to \infty} q^n = 0$. 所以一定要区分 $x \to -\infty$ 与 $x \to +\infty$ 的情况. 本题若改为 $\lim\limits_{x \to +\infty} \dfrac{2^x - 3^{x+1}}{3^x + 2^{x-1}}$，则结果与之不同. 显然，$\lim\limits_{x \to +\infty} \dfrac{2^x - 3^{x+1}}{3^x + 2^{x-1}} = $

$\lim\limits_{x \to +\infty} \dfrac{\left(\dfrac{2}{3}\right)^x - 3}{1 + 2^{-1} \cdot \left(\dfrac{2}{3}\right)^x} = -3.$

4. 计算：$\lim\limits_{n \to \infty} \sqrt{n}(\sqrt{n+2} - \sqrt{n-3}) = $ _____.

解 $\lim\limits_{n \to \infty} \sqrt{n}(\sqrt{n+2} - \sqrt{n-3}) = \lim\limits_{n \to \infty} \dfrac{\sqrt{n}[(n+2) - (n-3)]}{\sqrt{n+2} + \sqrt{n-3}} = \lim\limits_{n \to \infty} \dfrac{5\sqrt{n}}{\sqrt{n+2} + \sqrt{n-3}} = $

$\lim\limits_{n \to \infty} \dfrac{5}{\sqrt{1 + \dfrac{2}{n}} + \sqrt{1 - \dfrac{3}{n}}} = \dfrac{5}{1 + 1} = \dfrac{5}{2}.$

5. 计算：$\lim\limits_{t \to -2} \dfrac{e^t + 1}{t} = $ _____.

解 当 $t = -2$ 时，分母 $t = -2 \neq 0$，所以 $\lim\limits_{t \to -2} \dfrac{e^t + 1}{t} = \dfrac{e^{-2} + 1}{-2} = -\dfrac{1}{2} - \dfrac{1}{2}e^{-2}.$

6. 若 $f(x) = x^2 - 2x - 4\ln x$，则 $f'(x) > 0$ 的解集为 _____.

解 注意到 $f(x)$ 的定义域为 $(0, +\infty)$，且 $f'(x) = 2x - 2 - \dfrac{4}{x} = \dfrac{2x^2 - 2x - 4}{x}$，由 $f'(x) > 0$，

得 $\dfrac{2x^2-2x-4}{x}=\dfrac{2(x-2)(x+1)}{x}>0$,解得 $x>2$. 所以 $f'(x)>0$ 的解集为 $\{x\,|\,x>2\}$.

7. 已知 $f(x)=ax-\ln x$(其中 $a\in\mathbf{R}$)的图象在点 $(1,f(1))$ 处的切线为 l,则 l 在 y 轴上的截距为_____.

解 由题设条件知 $f(1)=a-\ln 1=a$,$f'(x)=a-\dfrac{1}{x}$,所以曲线 $y=f(x)=ax-\ln x$ 在点 $(1,a)$ 处的切线 l 的斜率 $k=a-1$,则切线的方程为 $y-a=(a-1)(x-1)$,令 $x=0$,得 $y=1$,则 l 在 y 轴上的截距为 1.

8. 函数 $y=x\mathrm{e}^x$ 图象在其极值点处的切线方程为_____.

解 $\because y'=\mathrm{e}^x+x\mathrm{e}^x=(x+1)\mathrm{e}^x$,$\therefore$ 由 $y'=0$ 解得 $x=-1$. 当 $x>-1$ 时,$y'>0$,当 $x<-1$ 时,$y'<0$,$\therefore x=-1$ 是 $y=x\mathrm{e}^x$ 的极小值点,极值为 $f(-1)=-\mathrm{e}^{-1}$,函数 $y=x\mathrm{e}^x$ 图象在点 $(-1,-\mathrm{e}^{-1})$ 处的切线的斜率 $k=y'\,|_{x=-1}=0$,$\therefore$ 所求切线的方程为 $y=-\mathrm{e}^{-1}=-\dfrac{1}{\mathrm{e}}$.

9. 曲线 $y=\mathrm{e}^{-2x}+1$ 在点 $(0,2)$ 处的切线与直线 $y=0$ 和直线 $y=x$ 围成的三角形的面积为_____.

解 $\because y'=-2\mathrm{e}^{-2x}$,$\therefore$ 曲线 $y=\mathrm{e}^{-2x}+1$ 在点 $(0,2)$ 处的切线斜率 $k=y'\,|_{x=0}=-2$,$\therefore$ 曲线在点 $(0,2)$ 处的切线方程为 $y-2=-2(x-0)$,即 $y=-2x+2$. 易知 $y=-2x+2$ 与直线 $y=0$ 的交点为 $(1,0)$,与直线 $y=x$ 的交点是 $\left(\dfrac{2}{3},\dfrac{2}{3}\right)$. 数形结合,易知三条直线围成的三角形面积为 $\dfrac{1}{2}\times 1\times\dfrac{2}{3}=\dfrac{1}{3}$.

10. 在平面直角坐标系 xOy 中,若曲线 $y=ax^2+\dfrac{b}{x}$(a,b 为常数)过点 $P(2,-5)$,且该曲线在点 P 处的切线与直线 $7x+2y+3=0$ 平行,则 $a+b$ 的值是_____.

解 由题设条件可知 $4a+\dfrac{b}{2}=-5$①. 又 $y'=2ax-\dfrac{b}{x^2}$,所以曲线 $y=ax^2+\dfrac{b}{x}$ 在点 $P(2,-5)$ 处的切线的斜率 $k=2a\times 2-\dfrac{b}{2^2}=4a-\dfrac{b}{4}=-\dfrac{7}{2}$②. 由①②可解得 $a=-1$,$b=-2$. 故 $a+b=-3$.

11. 设曲线 $y=\mathrm{e}^x$ 在点 $(0,1)$ 处的切线与曲线 $y=\dfrac{1}{x}$($x>0$)在点 P 处的切线垂直,则点 P 的坐标为_____.

解 曲线 $y=\mathrm{e}^x$ 在点 $(0,1)$ 处的切线的斜率为 $y'\,|_{x=0}=\mathrm{e}^x\,|_{x=0}=1$,曲线 $y=\dfrac{1}{x}$($x>0$)在点 P 处的切线与该切线垂直,设点 P 的坐标为 $\left(x_0,\dfrac{1}{x_0}\right)$,则有 $-\dfrac{1}{x_0^2}=-1$,解得 $x_0=\pm 1$. 注意到 $x>0$,所以 $x_0=1$,此时点 P 的坐标为 $(1,1)$.

12. 已知函数 $f(x)=x^3-2x+\mathrm{e}^x-\dfrac{1}{\mathrm{e}^x}$,其中 e 是自然对数的底数. 若 $f(a-1)+f(2a^2)\leqslant$

0，则实数 a 的取值范围是_____．

解 易知 $f(-x)=(-x)^3+2x+e^{-x}-e^x=-\left(x^3-2x+e^x-\dfrac{1}{e^x}\right)=-f(x)$，所以 $f(x)$

在 $(-\infty,+\infty)$ 上是奇函数．$\because f'(x)=3x^2-2+e^x+\dfrac{1}{e^x}\geqslant 3x^2-2+2\sqrt{e^x\cdot\dfrac{1}{e^x}}=3x^2\geqslant 0$，当

且仅当 $x=0$ 时取等号，所以 $f(x)$ 在 $(-\infty,+\infty)$ 上单调递增．由 $f(a-1)+f(2a^2)\leqslant 0$ 得

$f(a-1)\leqslant -f(2a^2)=f(-2a^2)$．根据单调函数的性质，有 $a-1\leqslant -2a^2$，解得 $-1\leqslant a\leqslant\dfrac{1}{2}$，

所以实数 a 的取值范围是 $\left[-1,\dfrac{1}{2}\right]$．

13. 若函数 $f(x)=ax-\dfrac{3}{x}$ 的图象在点 $(1,f(1))$ 处的切线过点 $(2,4)$，则 $a=$

_____．

解 $\because f'(x)=a+\dfrac{3}{x^2}$，$\therefore$ 函数 $f(x)=ax-\dfrac{3}{x}$ 的图象在点 $(1,f(1))$ 处的切线的斜率

为 $f'(1)=a+3$．注意到 $f(1)=a-3$，则切线方程为 $y-(a-3)=(a+3)(x-1)$，由题设

知点 $(2,4)$ 在该切线上，则 $4-(a-3)=a+3$，解得 $a=2$．

14. 若函数 $f(x)=2x^2-\ln x$ 在其定义域的一个子区间 $(k-1,k+1)$ 内不是单调函数，
则实数 k 的取值范围是_____．

解 函数 $f(x)=2x^2-\ln x$ 的定义域为 $(0,+\infty)$，且 $f'(x)=4x-\dfrac{1}{x}$．令 $f'(x)=0$，解

得 $x=\dfrac{1}{2}$，当 $x>\dfrac{1}{2}$ 时，$f'(x)>0$，$f(x)$ 在 $\left(\dfrac{1}{2},+\infty\right)$ 内单调递增，当 $0<x<\dfrac{1}{2}$ 时，$f'(x)<$

0，$f(x)$ 在 $\left(0,\dfrac{1}{2}\right)$ 内单调递减．因为 $f(x)$ 在 $(k-1,k+1)$ 内不是单调函数，所以有

$\begin{cases}k-1<\dfrac{1}{2}<k+1,\\ k-1\geqslant 0,\end{cases}$ 解得 $1\leqslant k<\dfrac{3}{2}$．

15. 若函数 $f(x)=2x^3-ax^2+1(a\in\mathbf{R})$ 在 $(0,+\infty)$ 内有且仅有一个零点，则 $f(x)$ 在
$[-1,1]$ 上的最大值与最小值之和为_____．

解 $\because f'(x)=6x^2-2ax=2x(3x-a)(a\in\mathbf{R})$，$\therefore$ 由 $f'(x)=0$ 得 $x_1=0$，$x_2=\dfrac{a}{3}$，当

$a\leqslant 0$ 时，$f'(x)=2x(3x-a)$ 在 $(0,+\infty)$ 上恒大于 0，则 $f(x)$ 在 $(0,+\infty)$ 上单调递增，注

意到 $f(0)=1>0$，所以 $f(x)>f(0)>0$，此时 $f(x)$ 在 $(0,+\infty)$ 内没有零点，不合题意，所

以 $a>0$．令 $f'(x)>0$，得 $x>\dfrac{a}{3}$，令 $f'(x)<0$，得 $0<x<\dfrac{a}{3}$，所以 $f(x)$ 在 $\left(0,\dfrac{a}{3}\right)$ 上单调递

减，在 $\left(\dfrac{a}{3},+\infty\right)$ 上单调递增，因为 $f(x)$ 在 $(0,+\infty)$ 内有且仅有一个零点，所以 $f\left(\dfrac{a}{3}\right)=0$

$\left(\text{若 } f\left(\dfrac{a}{3}\right)<0，\text{则根据单调性知 } f(x) \text{ 有两个零点；若 } f\left(\dfrac{a}{3}\right)>0，\text{则 } f(x) \text{ 没有零点}\right)$．所以

$2 \cdot \left(\dfrac{a}{3}\right)^3 - a \cdot \left(\dfrac{a}{3}\right)^2 + 1 = 0$，解得 $a = 3$，则 $f(x) = 2x^3 - 3x^2 + 1$，且 $f'(x) = 6x(x-1)$，由 $f'(x) = 0$ 知 $x = 0$ 或 $x = 1$，把区间 $[-1,1]$ 分为 $[-1,0)$，$[0,1]$，当 $-1 \leqslant x < 0$ 时，$f'(x) > 0$，当 $0 < x < 1$ 时，$f'(x) < 0$，且 $f(0) = 1$，$f(-1) = -4$，$f(1) = 0$，所以 $f(x)$ 在 $[-1,1]$ 上的最大值为 1，最小值为 -4，两者之和为 -3.

【解答题】

1. 设 $f(x) = a(x-5)^2 + 6\ln x$，其中 $a \in \mathbf{R}$，曲线 $y = f(x)$ 在点 $(1, f(1))$ 处的切线与 y 轴相交于点 $(0,6)$.

(1) 求 a 的值；

(2) 求函数 $f(x)$ 的单调区间与极值.

解 (1) $f'(x) = 2a(x-5) + \dfrac{6}{x}$，令 $x = 1$，得 $f(1) = 16a$，$f'(1) = 6 - 8a$，$\therefore$ 曲线 $y = f(x)$ 在点 $(1, f(1))$ 处的切线方程为 $y - 16a = (6 - 8a)(x-1)$，即 $y = (6 - 8a)x + 24a - 6$. 又由题设条件知点 $(0,6)$ 在直线 $y = (6 - 8a)x + 24a - 6$ 上，$\therefore 6 = 24a - 6$，解得 $a = \dfrac{1}{2}$.

(2) 由 (1) 知，$f(x) = \dfrac{1}{2}(x-5)^2 + 6\ln x (x > 0)$，$f'(x) = x - 5 + \dfrac{6}{x} = \dfrac{(x-2)(x-3)}{x}$. 令 $f'(x) > 0$，解得 $x > 3$ 或 $0 < x < 2$. 令 $f'(x) < 0$，解得 $2 < x < 3$. 因此 $f(x)$ 在 $(2,3)$ 上单调递减，在 $(0,2)$ 和 $(3, +\infty)$ 上单调递增. $x = 2$ 是 $f(x)$ 的极大值点，$x = 3$ 为 $f(x)$ 的极小值点. $\therefore$ 函数 $f(x)$ 的单调递增区间为 $(0,2)$ 和 $(3, +\infty)$，单调递减区间为 $(2,3)$，极小值为 $f(3) = 2 + 6\ln 3$，极大值为 $f(2) = \dfrac{9}{2} + 6\ln 2$.

2. 已知函数 $f(x) = 2x^3 - ax^2 + b$.

(1) 讨论 $f(x)$ 的单调性.

(2) 是否存在 a, b，使得 $f(x)$ 在区间 $[0,1]$ 上的最小值为 -1，且最大值为 1？若存在，求出 a, b 的所有值；若不存在，请说明理由.

解 (1) $f'(x) = 6x^2 - 2ax = 2x(3x - a)$，令 $f'(x) = 0$，得 $x = 0$ 或 $x = \dfrac{a}{3}$. 当 $a > 0$ 时，令 $f'(x) > 0$，解得 $x < 0$ 或 $x > \dfrac{a}{3}$，$f(x)$ 在 $(-\infty, 0)$ 和 $\left(\dfrac{a}{3}, +\infty\right)$ 上单调递增，令 $f'(x) < 0$，解得 $0 < x < \dfrac{a}{3}$，$f(x)$ 在 $\left(0, \dfrac{a}{3}\right)$ 上单调递减；当 $a = 0$ 时，$f'(x) = 6x^2 \geqslant 0$（当 $x = 0$ 时取等号），则 $f(x)$ 在 $(-\infty, +\infty)$ 上单调递增；当 $a < 0$ 时，令 $f'(x) > 0$，解得 $x < \dfrac{a}{3}$ 或 $x > 0$，$f(x)$ 在 $\left(-\infty, \dfrac{a}{3}\right)$ 和 $(0, +\infty)$ 上单调递增，令 $f'(x) < 0$，解得 $\dfrac{a}{3} < x < 0$，$f(x)$ 在 $\left(\dfrac{a}{3}, 0\right)$ 上单调递减.

(2) 满足题设条件的 a, b 存在.

(i) 当 $a \leqslant 0$ 时，由 (1) 知 $f(x)$ 在 $[0,1]$ 上单调递增，所以 $f(x)$ 在 $[0,1]$ 上的最大值为

$f(1) = 2 - a + b$，最小值为 $f(0) = b$. 由题设条件有 $\begin{cases} b = -1, \\ 2 - a + b = 1, \end{cases}$ 解得 $\begin{cases} a = 0, \\ b = -1. \end{cases}$

（ii）当 $\dfrac{a}{3} \geqslant 1$，即 $a \geqslant 3$ 时，由（1）知 $f(x)$ 在 $[0,1]$ 上单调递减，所以 $f(x)$ 在区间 $[0,1]$ 上的最大值为 $f(0) = b$，最小值为 $f(1) = 2 - a + b$，由题设条件有 $\begin{cases} 2 - a + b = -1, \\ b = 1, \end{cases}$ 解得 $\begin{cases} a = 4, \\ b = 1. \end{cases}$

（iii）当 $0 < \dfrac{a}{3} < 1$，即 $0 < a < 3$ 时，由（1）知 $f(x)$ 在 $[0,1]$ 上的最小值为 $f\left(\dfrac{a}{3}\right) = -\dfrac{a^3}{27} + b$，最大值可能为 $f(0) = b$，也可能为 $f(1) = 2 - a + b$. 由 $\begin{cases} -\dfrac{a^3}{27} + b = -1, \\ b = 1, \end{cases}$ 得 $a = 3\sqrt[3]{2}$，与

$0 < a < 3$ 矛盾. 由 $\begin{cases} -\dfrac{a^3}{27} + b = -1, \\ 2 - a + b = 1, \end{cases}$ 得 $a = 0$ 或 $a = 3\sqrt{3}$ 或 $a = -3\sqrt{3}$，均与 $0 < a < 3$ 矛盾.

综上，存在 $a = 0, b = -1$ 或 $a = 4, b = 1$，使得 $f(x)$ 在区间 $[0,1]$ 上的最小值为 -1，且最大值为 1.

3. 已知函数 $f(x) = \dfrac{1}{4}x^3 - x^2 + x$.

（1）求曲线 $y = f(x)$ 的斜率为 1 的切线的方程；

（2）当 $x \in [-2,4]$ 时，求证：$x - 6 \leqslant f(x) \leqslant x$；

（3）设 $F(x) = |f(x) - (x + a)| (a \in \mathbf{R})$，记 $F(x)$ 在区间 $[-2,4]$ 上的最大值为 $M(a)$，当 $M(a)$ 最小时，求 a 的值.

解 （1）设曲线 $y = f(x)$ 的斜率为 1 的切线的切点为 (x_0, y_0). 由 $y' = \dfrac{3}{4}x^2 - 2x + 1$ 得切线的斜率为 $\dfrac{3}{4}x_0^2 - 2x_0 + 1$，所以有 $\dfrac{3}{4}x_0^2 - 2x_0 + 1 = 1$，解得 $x_0 = 0$ 或 $x_0 = \dfrac{8}{3}$. 由题设条件知 $f(0) = 0, f\left(\dfrac{8}{3}\right) = \dfrac{8}{27}$，所以曲线 $y = f(x)$ 的斜率为 1 的切线方程为 $y = x$ 和 $y - \dfrac{8}{27} = x - \dfrac{8}{3}$，即 $y = x$ 与 $y = x - \dfrac{64}{27}$.

（2）令 $G(x) = f(x) - x = \dfrac{1}{4}x^3 - x^2$，则 $G'(x) = \dfrac{3}{4}x^2 - 2x$. 令 $G'(x) = 0$，得 $x = 0$ 或 $x = \dfrac{8}{3}$. 把区间 $[-2,4]$ 分成 $[-2,0], \left(0, \dfrac{8}{3}\right), \left[\dfrac{8}{3}, 4\right]$ 三个子区间，且当 $x \in (-2,0) \cup \left(\dfrac{8}{3}, 4\right)$ 时，$G'(x) > 0$，$G(x)$ 在 $(-2,0)$ 和 $\left(\dfrac{8}{3}, 4\right)$ 上单调递增. 当 $x \in \left(0, \dfrac{8}{3}\right)$ 时，$G'(x) < 0$，$G(x)$ 在 $\left(0, \dfrac{8}{3}\right)$ 上单调递减，$\therefore x = 0$ 是 $G(x)$ 的极大值点，极大值为 $G(0) = 0$，$x = \dfrac{8}{3}$ 是

$G(x)$ 的极小值点，极小值为 $G\left(\dfrac{8}{3}\right)=-\dfrac{64}{27}$，又 $G(-2)=-6$，$G(4)=0$，所以当 $x\in[-2,4]$ 时，$-6\leqslant G(x)\leqslant 0$，即 $-6\leqslant f(x)-x\leqslant 0$，所以有 $x-6\leqslant f(x)\leqslant x$.

(3)由(2)知，当 $a<-3$ 时，$M(a)\geqslant F(0)=|G(0)-a|=-a>3$；

当 $a>-3$ 时，$M(a)\geqslant F(-2)=|G(-2)-a|=6+a>3$；

当 $a=-3$ 时，$M(a)=3$.

综上，当 $M(a)$ 最小时，$a=-3$.

4.设函数 $f(x)=(x-a)(x-b)(x-c)$，$a,b,c\in\mathbf{R}$，$f'(x)$ 为 $f(x)$ 的导函数.

(1)当 $a=b=c$，$f(4)=8$ 时，求 a 的值；

(2)若 $a\neq b$，$b=c$，且 $f(x)$ 和 $f'(x)$ 的零点均在集合 $\{-3,1,3\}$ 中，求 $f(x)$ 的极小值.

解 (1)因为 $a=b=c$，所以 $f(x)=(x-a)(x-b)(x-c)=(x-a)^3$，由 $f(4)=8$ 得 $(4-a)^3=8$，解得 $a=2$.

(2)因为 $b=c$，所以 $f(x)=(x-a)(x-b)^2$，则 $f'(x)=(x-b)^2+2(x-a)(x-b)=(x-b)(3x-2a-b)$，令 $f'(x)=0$，得 $x=b$ 或 $x=\dfrac{2a+b}{3}$，由题意知，$a,b,\dfrac{2a+b}{3}$ 都在集合 $\{-3,1,3\}$ 中，若 $-a=\dfrac{2a+b}{3}$，则 $b=-5a$，若 $-b=\dfrac{2a+b}{3}$，则 $a=-2b$，所以有 $\dfrac{2a+b}{3}=1$，$a=3$，$b=-3$，此时 $f(x)=(x-3)(x+3)^2$，$f'(x)=3(x+3)(x-1)$. 令 $f'(x)=0$，得 $x=-3$ 或 $x=1$. 由 $f'(x)>0$ 得 $x>1$ 或 $x<-3$，$f(x)$ 在 $(-\infty,-3)$ 和 $(1,+\infty)$ 上单调递增，由 $f'(x)<0$ 得 $-3<x<1$，$f(x)$ 在 $(-3,1)$ 上单调递减.

所以 $x=1$ 是 $f(x)$ 的极小值点，极小值为 $f(1)=(1-3)\times(1+3)^2=-32$.

5.设 $a,b\in\mathbf{R}$，$|a|\leqslant 1$. 已知函数 $f(x)=x^3-6x^2-3a(a-4)x+b$，$g(x)=\mathrm{e}^x f(x)$.

(1)求 $f(x)$ 的单调区间；

(2)已知函数 $y=g(x)$ 和 $y=\mathrm{e}^x$ 的图象在公共点 (x_0,y_0) 处有相同的切线，求证：$f(x)$ 在 $x=x_0$ 处的导数等于0.

解 (1)由 $f(x)=x^3-6x^2-3a(a-4)x+b$ 可得 $f'(x)=3x^2-12x-3a(a-4)=3(x-a)\cdot[x-(4-a)]$. 令 $f'(x)=0$，解得 $x=a$ 或 $x=4-a$，因为 $|a|\leqslant 1$，所以 $a<4-a$. 令 $f'(x)>0$，得 $x>4-a$ 或 $x<a$，令 $f'(x)<0$，得 $a<x<4-a$，函数 $f(x)$ 在 $(a,4-a)$ 上单调递减，在 $(-\infty,a)$ 和 $(4-a,+\infty)$ 上单调递增. 所以 $(a,4-a)$ 是 $f(x)$ 的单调递减区间，$(-\infty,a)$ 和 $(4-a,+\infty)$ 是 $f(x)$ 的单调递增区间.

(2)因为 $g(x)=\mathrm{e}^x f(x)$，所以 $g'(x)=\mathrm{e}^x[f(x)+f'(x)]$，点 (x_0,y_0) 在曲线 $y=g(x)$ 和 $y=\mathrm{e}^x$ 上，所以 $\begin{cases}\mathrm{e}^{x_0}f(x_0)=y_0,\\ \mathrm{e}^{x_0}=y_0,\end{cases}$ 即 $\mathrm{e}^{x_0}f(x_0)=\mathrm{e}^{x_0}$，所以 $f(x_0)=1$. 又因为函数 $y=g(x)$ 和 $y=\mathrm{e}^x$ 的图象在公共点 (x_0,y_0) 处有相同的切线，所以切线斜率相等，即 $g'(x_0)=\mathrm{e}^{x_0}$，也即 $\mathrm{e}^{x_0}[f(x_0)+f'(x_0)]=\mathrm{e}^{x_0}$，把 $f(x_0)=1$ 代入其中得 $f'(x_0)=0$，所以 $f(x)$ 在 $x=x_0$ 处的导数等于0.

6.设函数 $f(x)=\mathrm{e}^{2x}-a\ln x$.

(1)讨论 $f(x)$ 的导函数 $f'(x)$ 零点的个数.

(2)求证:当 $a>0$ 时,$f(x)\geqslant 2a+a\ln\dfrac{2}{a}$.

解 (1)因为 $f(x)=\mathrm{e}^{2x}-a\ln x$,所以 $f(x)$ 的定义域为 $(0,+\infty)$,且 $f'(x)=2\mathrm{e}^{2x}-\dfrac{a}{x}$,当 $a\leqslant 0$ 时,$f'(x)>0$,$f'(x)$ 没有零点. 当 $a>0$ 时,因为 $y=\mathrm{e}^{2x}$ 单调递增,$y=-\dfrac{a}{x}$ 单调递增,所以 $f'(x)$ 在 $(0,+\infty)$ 上单调递增. 又因为 $f'(a)=2\mathrm{e}^{2a}-1>0$,当 b 满足 $0<b<\dfrac{a}{4}$ 且 $b<\dfrac{1}{4}$ 时,$f'(b)=2\mathrm{e}^{2b}-\dfrac{a}{b}<0$,所以当 $a>0$ 时,$f'(x)$ 存在唯一零点.

(2)由(1)知,$f'(x)$ 在 $(0,+\infty)$ 上有唯一零点 x_0,且 $f'(a)>0$,所以当 $x\in(0,x_0)$ 时有 $f'(x)<0$,当 $x\in(x_0,+\infty)$ 时,$f'(x)>0$,因此 $f(x)$ 在 $(0,x_0)$ 上单调递减,在 $(x_0,+\infty)$ 上单调递增,所以当 $x=x_0$ 时,$f(x)$ 取得最小值,最小值为 $f(x_0)$,$f(x_0)=\mathrm{e}^{2x_0}-a\ln x_0$,注意到 $f'(x_0)=0$,即 $2\mathrm{e}^{2x_0}-\dfrac{a}{x_0}=0$,所以 $\mathrm{e}^{2x_0}=\dfrac{a}{2x_0}$ 且 $\ln x_0=\ln\dfrac{a}{2}-2x_0$,因此 $f(x_0)=\mathrm{e}^{2x_0}-a\ln x_0=\dfrac{a}{2x_0}-a\left(\ln\dfrac{a}{2}-2x_0\right)=\dfrac{a}{2x_0}+2ax_0+a\ln\dfrac{2}{a}\geqslant 2\sqrt{\dfrac{a}{2x_0}\cdot 2ax_0}+a\ln\dfrac{2}{a}=2a+a\ln\dfrac{2}{a}$. 所以当 $a>0$ 时,$f(x)\geqslant 2a+a\ln\dfrac{2}{a}$.

7. 已知函数 $f(x)=\ln\dfrac{1+x}{1-x}$.

(1)求曲线 $y=f(x)$ 在点 $(0,f(0))$ 处的切线方程;

(2)求证:当 $x\in(0,1)$ 时,$f(x)>2\left(x+\dfrac{x^3}{3}\right)$.

解 (1)因为 $f(x)=\ln\dfrac{1+x}{1-x}$,所以 $f(0)=\ln 1=0$,$f(x)$ 的定义域为 $(-1,1)$,且

$$f'(x)=\dfrac{1}{\dfrac{1+x}{1-x}}\cdot\left(\dfrac{1+x}{1-x}\right)'=\dfrac{1-x}{1+x}\cdot\dfrac{(1-x)+(1+x)}{(1-x)^2}=\dfrac{1-x}{1+x}\cdot\dfrac{2}{(1-x)^2}=\dfrac{2}{(1+x)\times(1-x)},$$

所以曲线 $y=f(x)$ 在点 $(0,0)$ 处的切线的斜率 $k=\dfrac{2}{(1+0)\times(1-0)}=2$,所以所求切线的方程为 $y=2x$.

(2)令 $g(x)=f(x)-2\left(x+\dfrac{x^3}{3}\right)=\ln\dfrac{1+x}{1-x}-2\left(x+\dfrac{x^3}{3}\right)$,则 $g'(x)=f'(x)-2(1+x^2)=\dfrac{2}{1-x^2}-2(1+x^2)=\dfrac{2x^4}{1-x^2}$. 由题设条件 $x\in(0,1)$ 知 $g'(x)>0$,所以 $g(x)$ 在 $(0,1)$ 上单调递增. 又因为 $g(0)=f(0)-0=0$,所以当 $x>0$ 时,$g(x)>g(0)=0$,即 $f(x)-2\left(x+\dfrac{x^3}{3}\right)>0$,所以当 $x\in(0,1)$ 时,$f(x)>2\left(x+\dfrac{x^3}{3}\right)$.

8. 已知函数 $f(x)=(a-1)\ln x-\dfrac{a}{x}-x(a\in\mathbf{R})$.

(1)当 $a=2$ 时,求曲线 $y=f(x)$ 在点 $(2,f(2))$ 处的切线方程;

(2)若函数 $f(x)$ 在 $[1,3]$ 上的最大值为 -2,求实数 a 的值.

解 (1)当 $a=2$ 时, $f(x)=\ln x-\dfrac{2}{x}-x$, $f'(x)=\dfrac{1}{x}+\dfrac{2}{x^2}-1$, 且 $f(2)=\ln 2-1-2=$

$\ln 2-3$. 所以曲线 $y=f(x)$ 在点 $(2,f(2))$ 处的切线方程的斜率为 $\dfrac{1}{2}+\dfrac{2}{2^2}-1=0$, 所以所

求切线的方程为 $y=\ln 2-3$.

(2) $f'(x)=\dfrac{a-1}{x}+\dfrac{a}{x^2}-1=\dfrac{-(x+1)(x-a)}{x^2}$, $x\in[1,3]$, 显然当 $a\leqslant 1$ 时, $f'(x)\leqslant$

0, $f(x)$ 在 $[1,3]$ 上单调递减, $f(x)$ 的最小值为 $f(3)$, 最大值为 $f(1)$, 最大值 $f(1)=(a-$

$1)\ln 1-a-1=-a-1$. 由题设条件知 $f(1)=-2$, 则 $-a-1=-2$, 解得 $a=1$. 当 $a\geqslant 3$

时, $f'(x)\geqslant 0$, $f(x)$ 在 $[1,3]$ 上单调递增, $f(1)$ 为最小值, $f(3)$ 为最大值. 由 $f(3)=(a-$

$1)\ln 3-\dfrac{a}{3}-3=-2$, 得 $a=\dfrac{\ln 3+1}{\ln 3-\dfrac{1}{3}}<3$, 与 $a\geqslant 3$ 矛盾, 故舍去. 当 $1<a<3$ 时, $f(x)$ 在

$(1,a)$ 上单调递增, 在 $(a,3)$ 上单调递减, $f(a)$ 为最大值, 此时 $f(a)=(a-1)\cdot$

$\ln a-1-a=-2$, 解得 $a=e$.

综上, 符合题意的 a 的值为 1 或 e.

9. 已知函数 $f(x)=\dfrac{1}{3}x^3-\dfrac{1}{2}(a^2+a+2)x^2+a^2(a+2)x$, $a\in\mathbf{R}$.

(1)当 $a=-1$ 时, 求函数 $y=f(x)$ 的单调区间;

(2)求函数 $y=f(x)$ 的极值点.

解 (1)当 $a=-1$ 时, $f(x)=\dfrac{1}{3}x^3-\dfrac{1}{2}(1-1+2)x^2+x=\dfrac{1}{3}x^3-x^2+x$, 所以 $f'(x)=$

$x^2-2x+1=(x-1)^2\geqslant 0$, 当 $x=1$ 时取等号. 所以 $f(x)$ 在定义域 $(-\infty,+\infty)$ 上单调递

增. 所以 $f(x)$ 的单调递增区间为 $(-\infty,+\infty)$, 无单调递减区间.

(2)因为 $f(x)=\dfrac{1}{3}x^3-\dfrac{1}{2}(a^2+a+2)x^2+a^2(a+2)x$, 所以 $f'(x)=x^2-(a^2+a+2)x+$

$a^2(a+2)=(x-a^2)[x-(a+2)]$. 令 $a^2=a+2$, 解得 $a=-1$ 或 $a=2$. ①当 $a=-1$ 或

$a=2$ 时, $a^2=a+2$, $f'(x)=(x-a^2)^2\geqslant 0$, 当 $x=a^2$ 时取等号, $f(x)$ 在定义域 $(-\infty,$

$+\infty)$ 上单调递增, $f(x)$ 无极值, 没有极值点. ②当 $a<-1$ 或 $a>2$ 时, $a^2>a+2$, 由 $f'(x)$

>0 解得 $x>a^2$ 或 $x<a+2$, $f(x)$ 在 $(-\infty,a+2)$ 和 $(a^2,+\infty)$ 上单调递增. 由 $f'(x)<0$ 得 a

$+2<x<a^2$, $f(x)$ 在 $(a+2,a^2)$ 上单调递减, 所以 $x=a+2$ 是 $f(x)$ 的极大值点, $x=a^2$ 是

$f(x)$ 的极小值点. ③当 $-1<a<2$ 时, $a^2<a+2$, 由 $f'(x)>0$ 解得 $x>a+2$ 或 $x<a^2$, $f(x)$

在 $(-\infty,a^2)$ 和 $(a+2,+\infty)$ 上单调递增, 由 $f'(x)<0$ 解得 $a^2<x<a+2$, $f(x)$ 在 $(a^2,$

$a+2)$ 上单调递减, 所以 $x=a^2$ 是 $f(x)$ 的极大值点, $x=a+2$ 是 $f(x)$ 的极小值点.

综上, 当 $a=-1$ 或 $a=2$ 时, 函数 $y=f(x)$ 没有极值点;

当 $a<-1$ 或 $a>2$ 时, 函数 $f(x)$ 有极大值点 $x=a+2$, 有极小值点 $x=a^2$.

当 $-1<a<2$ 时, 函数 $f(x)$ 有极大值点 $x=a^2$, 有极小值点 $x=a+2$.

10. 已知函数 $f(x)=x(e^x+1)-a(e^x-1)$.

(1) 若曲线 $y=f(x)$ 在点 $(1,f(1))$ 处的切线的斜率为 1,求实数 a 的值;

(2) 当 $x\in(0,+\infty)$ 时,$f(x)>0$ 恒成立,求实数 a 的取值范围.

解 (1) 因为 $f(x)=x(e^x+1)-a(e^x-1)$,所以 $f'(x)=(e^x+1)+xe^x-ae^x=(1+x-a)e^x+1$,由题设条件知 $f'(1)=1$,即 $(1+1-a)e+1=1$,解得 $a=2$.

(2) 设 $g(x)=f'(x)=(1+x-a)e^x+1$,所以 $g'(x)=e^x+(1+x-a)e^x=(2+x-a)\cdot e^x=[x-(a-2)]e^x$,记 $h(x)=x-a+2$,注意到 $f(0)=0$,$f'(0)=g(0)=2-a$.

①当 $a\leqslant 2$ 时,$h(x)=x+2-a>0$ 在 $(0,+\infty)$ 上恒成立,所以 $g(x)$ 在 $(0,+\infty)$ 上单调递增,所以当 $x\in(0,+\infty)$ 时,$g(x)>g(0)=2-a\geqslant 0$,即 $f'(x)=g(x)\geqslant 0$,所以 $f(x)$ 在 $(0,+\infty)$ 上单调递增,所以当 $x>0$ 时,$f(x)>f(0)=0$ 恒成立,符合题意.

②当 $a>2$ 时,$h(0)=2-a<0$,$h(a)=2>0$,则存在 $x_0\in(0,a)$,使得 $h(x_0)=0$.当 $x\in(0,x_0)$ 时,$h(x)<0$,所以 $g'(x)<0$,所以 $g(x)$ 在 $(0,x_0)$ 上单调递减,$g(x)<g(0)=2-a<0$,所以 $f'(x)=g(x)<0$,$f(x)$ 在 $(0,x_0)$ 上单调递减,则当 $x\in(0,x_0)$ 时,$f(x)<f(0)=0$,不合题意.

综上,当且仅当 $a\leqslant 2$ 时,对一切的 $x\in(0,+\infty)$,$f(x)>0$ 恒成立,所以实数 a 的取值范围为 $(-\infty,2]$.

11. 已知函数 $f(x)=e^x(-x+\ln x+a)$ (e 为自然对数的底数,a 为常数,且 $a\leqslant 1$).

(1) 判断函数 $f(x)$ 在区间 $(1,e)$ 内是否存在极值点,并说明理由;

(2) 当 $a=\ln 2$ 时,$f(x)<k(k\in\mathbf{Z})$ 恒成立,求整数 k 的最小值.

解 (1) 函数 $f(x)$ 在区间 $(1,e)$ 内无极值点,理由是:

函数 $f(x)=e^x(-x+\ln x+a)$ 的定义域为 $(0,+\infty)$,且 $f'(x)=e^x\left(\ln x-x+\dfrac{1}{x}+a-1\right)$,令 $g(x)=\ln x-x+\dfrac{1}{x}+a-1$,则 $g'(x)=-\dfrac{x^2-x+1}{x^2}<0$ 恒成立,所以函数 $g(x)$ 在 $(1,e)$ 上单调递减,所以 $g(x)<g(1)=a-1\leqslant 0$,因此 $f'(x)=e^xg(x)=0$ 在 $(1,e)$ 内无解,所以函数 $f(x)$ 在区间 $(1,e)$ 内无极值点.

(2) 当 $a=\ln 2$ 时,$f(x)=e^x(-x+\ln x+a)=e^x(-x+\ln x+\ln 2)$,其定义域为 $(0,+\infty)$,且 $f'(x)=e^x\left(\ln x-x+\dfrac{1}{x}+\ln 2-1\right)$,令 $h(x)=\ln x-x+\dfrac{1}{x}+\ln 2-1$,由 (1) 知,$h(x)$ 在 $(0,+\infty)$ 上单调递减,又 $h\left(\dfrac{1}{2}\right)=\dfrac{1}{2}>0$,$h(1)=\ln 2-1<0$,所以存在 $x_0\in\left(\dfrac{1}{2},1\right)$,使得 $h(x_0)=0$,且当 $x\in(0,x_0)$ 时,$h(x)>0$,即 $f'(x)>0$;当 $x\in(x_0,+\infty)$ 时,$h(x)<0$,即 $f'(x)<0$.所以 $f(x)$ 在 $(0,x_0)$ 上单调递增,在 $(x_0,+\infty)$ 上单调递减,所以 $f(x)$ 在 $x=x_0$ 时取得极大值,也是最大值,$f(x)_{\max}=f(x_0)=e^{x_0}(\ln x_0-x_0+\ln 2)$.由 $h(x_0)=\ln x_0-x_0+\dfrac{1}{x_0}+\ln 2-1=0$,得 $\ln x_0-x_0+\ln 2=$

$1 - \dfrac{1}{x_0}$，因此 $f(x_0) = e^{x_0}(\ln x_0 - x_0 + \ln 2) = e^{x_0}\left(1 - \dfrac{1}{x_0}\right)$，$x_0 \in \left(\dfrac{1}{2}, 1\right)$. 设 $F(x) = e^x\left(1 - \dfrac{1}{x}\right)$，$x \in \left(\dfrac{1}{2}, 1\right)$，则 $F'(x) = e^x\left(\dfrac{1}{x^2} - \dfrac{1}{x} + 1\right) > 0$ 恒成立，所以 $F(x)$ 在 $\left(\dfrac{1}{2}, 1\right)$ 上单调递增，所以 $-\sqrt{e} = F\left(\dfrac{1}{2}\right) < F(x) < F(1) = 0$，所以 $f(x)_{\max} < 0$. 又因为 $f\left(\dfrac{1}{2}\right) = e^{\frac{1}{2}}\left(\ln\dfrac{1}{2} - \dfrac{1}{2} + \ln 2\right) = -\dfrac{1}{2}e^{\frac{1}{2}} > -1$，所以 $-1 < f(x)_{\max} < 0$，因此若 $f(x) < k(k \in \mathbf{Z})$ 恒成立，则整数 k 的最小值为 0.

12. 已知函数 $f(x) = \ln x + \dfrac{a-1}{x}$，$g(x) = \dfrac{a(\sin x + 1) - 2}{x}$，$a \in \mathbf{R}$.

（1）求函数 $f(x)$ 的极小值；

（2）求证：当 $-1 \leqslant a \leqslant 1$ 时，$f(x) > g(x)$.

解　（1）函数 $f(x) = \ln x + \dfrac{a-1}{x}$ 的定义域为 $(0, +\infty)$，且 $f'(x) = \dfrac{1}{x} - \dfrac{a-1}{x^2} = \dfrac{x - (a-1)}{x^2}$.

①当 $a - 1 \leqslant 0$，即 $a \leqslant 1$ 时，$f'(x) = \dfrac{x - (a-1)}{x^2} > 0$，函数 $f(x)$ 在区间 $(0, +\infty)$ 上单调递增，无极小值.

②当 $a - 1 > 0$，即 $a > 1$ 时，由 $f'(x) > 0$ 解得 $x > a - 1$，函数 $f(x)$ 在区间 $(a-1, +\infty)$ 上单调递增；由 $f'(x) < 0$ 解得 $0 < x < a - 1$，函数 $f(x)$ 在区间 $(0, a-1)$ 上单调递减. 所以 $f(x)$ 在点 $x = a - 1$ 处取得极小值，极小值为 $f(a-1) = 1 + \ln(a-1)$.

综上，当 $a \leqslant 1$ 时，函数 $f(x)$ 无极小值；当 $a > 1$ 时，函数 $f(x)$ 在点 $x = a - 1$ 处取得极小值，极小值为 $1 + \ln(a-1)$.

（2）令 $F(x) = f(x) - g(x) = \ln x + \dfrac{a-1}{x} - \dfrac{a(\sin x + 1) - 2}{x} = \dfrac{x\ln x - a\sin x + 1}{x}$，$x \in (0, +\infty)$. 当 $-1 \leqslant a \leqslant 1$ 时，要证 $f(x) > g(x)$，即证 $F(x) > 0$，即证 $x\ln x - a\sin x + 1 > 0$.

证法一　要证 $x\ln x - a\sin x + 1 > 0$，即证 $x\ln x > a\sin x - 1$. ①若 $0 < a \leqslant 1$，令 $h(x) = x - \sin x$，则 $h'(x) = 1 - \cos x \geqslant 0$，所以函数 $h(x)$ 在 $(0, +\infty)$ 上单调递增，故 $h(x) > 0$，即 $x > \sin x$，$x \in (0, +\infty)$，所以 $ax - 1 > a\sin x - 1$. 再令 $q(x) = x\ln x - x + 1$，则 $q'(x) = \ln x$. 当 $x \in (0,1)$ 时，$q'(x) < 0$，函数 $q(x)$ 在区间 $(0,1)$ 上单调递减；当 $x \in (1, +\infty)$ 时，$q'(x) > 0$，函数 $q(x)$ 在区间 $(1, +\infty)$ 上单调递增，所以 $q(x) \geqslant q(1) = 0$，即 $x\ln x - x + 1 \geqslant 0$，所以 $x\ln x \geqslant x - 1$，当且仅当 $x = 1$ 时等号成立. 又因为 $0 < a \leqslant 1$，所以 $x\ln x \geqslant x - 1 \geqslant ax - 1 > a\sin x - 1$，所以当 $0 < a \leqslant 1$ 时，$x\ln x > a\sin x - 1$ 成立.

②若 $a = 0$，要证 $x\ln x - a\sin x + 1 > 0$，即证 $x\ln x > -1$. 令 $m(x) = x\ln x$，$x \in (0,$

$+\infty$），则 $m'(x) = \ln x + 1$，易知 $m(x)$ 在 $\left(0, \dfrac{1}{e}\right)$ 上单调递减，在 $\left(\dfrac{1}{e}, +\infty\right)$ 上单调递增，所以 $m(x)$ 在 $x = \dfrac{1}{e}$ 取得极小值，也为最小值，$m(x)_{\min} = m\left(\dfrac{1}{e}\right) = -\dfrac{1}{e} > -1$，因此 $m(x) = x\ln x \geqslant m(x)_{\min} = -\dfrac{1}{e} > -1$，即 $x\ln x > -1$.

③若 $-1 \leqslant a < 0$，当 $0 < x \leqslant 1$ 时，$a\sin x - 1 < -1$，由②知 $m(x) = x\ln x \geqslant -\dfrac{1}{e} > -1$，因此有 $x\ln x > a\sin x - 1$；当 $x > 1$ 时，$a\sin x - 1 \leqslant 0$，由②知当 $x > 1$ 时，$m(x) = x\ln x > m(1) = 0$，故 $x\ln x > a\sin x - 1$. 所以当 $x \in (0, +\infty)$ 时，有 $x\ln x > a\sin x - 1$.

综合①②③知，当 $-1 \leqslant a \leqslant 1$ 时，$f(x) > g(x)$.

证法二 ①当 $x > 1$ 时，易知 $x\ln x > 0$，$a\sin x - 1 \leqslant 0$，故 $x\ln x - a\sin x + 1 > 0$.

②当 $x = 1$ 时，$0 - a\sin 1 + 1 > 0$ 恒成立，所以 $x\ln x - a\sin x + 1 > 0$.

③当 $0 < x < 1$ 时，$\sin x > 0$，故 $-\sin x \leqslant a\sin x \leqslant \sin x$. 令 $h(x) = x - \sin x$，则 $h'(x) = 1 - \cos x \geqslant 0$，所以函数 $h(x)$ 在 $(0, +\infty)$ 上单调递增，故 $h(x) > 0$，即 $x > \sin x$，$x \in (0, +\infty)$，所以有 $a\sin x \leqslant \sin x < x$. 此时要证 $x\ln x - a\sin x + 1 > 0$，只需证明 $x\ln x - x + 1 > 0$，令 $q(x) = x\ln x - x + 1$，$x \in (0, +\infty)$，则 $q'(x) = \ln x$，当 $x \in (0, 1)$ 时，$q'(x) < 0$，函数 $q(x)$ 在区间 $(0,1)$ 上单调递减；当 $x \in (1, +\infty)$ 时，$q'(x) > 0$，函数 $q(x)$ 在区间 $(1, +\infty)$ 上单调递增，所以 $q(x) \geqslant q(1) = 0$，即 $x\ln x - x + 1 \geqslant 0$，所以 $x\ln x \geqslant x - 1$，当且仅当 $x = 1$ 时等号成立. 因此 $x\ln x - a\sin x + 1 > 0$.

综合①②③知，当 $-1 \leqslant a \leqslant 1$ 时，$f(x) > g(x)$.

13. 已知函数 $f(x) = (x^2 + x)\ln\dfrac{1}{x} - ax$，$g(x) = \dfrac{2}{3}x^3 + (1 - a)x^2 - 2ax + b$，$a, b \in \mathbf{R}$.

（1）求函数 $g(x)$ 的单调区间；

（2）若 $f(x) \leqslant g(x)$ 恒成立，求 $b - 2a$ 的最小值.

解 （1）函数 $g(x)$ 的定义域为 $(-\infty, +\infty)$，且 $g'(x) = 2x^2 + 2(1 - a)x - 2a = 2(x + 1)(x - a)$，由 $g'(x) = 0$，解得 $x = -1$ 或 $x = a$.

①若 $a < -1$，则当 $x \in (-\infty, a)$ 时，$g'(x) > 0$，函数 $g(x)$ 在区间 $(-\infty, a)$ 上单调递增；当 $x \in (a, -1)$ 时，$g'(x) < 0$，函数 $g(x)$ 在区间 $(a, -1)$ 上单调递减；当 $x \in (-1, +\infty)$ 时，$g'(x) > 0$，函数 $g(x)$ 在区间 $(-1, +\infty)$ 上单调递增.

②若 $a = -1$，则 $g'(x) = 2(x + 1)(x - a) = 2(x + 1)^2 \geqslant 0$，函数 $g(x)$ 在区间 $(-\infty, +\infty)$ 上单调递增.

③若 $a > -1$，则当 $x \in (-\infty, -1)$ 时，$g'(x) > 0$，函数 $g(x)$ 在区间 $(-\infty, -1)$ 上单调递增；当 $x \in (-1, a)$ 时，$g'(x) < 0$，函数 $g(x)$ 在区间 $(-1, a)$ 上单调递减；当 $x \in (a, +\infty)$ 时，$g'(x) > 0$，函数 $g(x)$ 在区间 $(a, +\infty)$ 上单调递增.

综上，当 $a < -1$ 时，函数 $g(x)$ 的单调递增区间为 $(-\infty, a)$，$(-1, +\infty)$；单调递减

区间为 $(a, -1)$. 当 $a = -1$ 时,函数 $g(x)$ 的单调递增区间为 $(-\infty, +\infty)$. 当 $a > -1$ 时,函数 $g(x)$ 的单调递增区间为 $(-\infty, -1)$,$(a, +\infty)$;单调递减区间为 $(-1, a)$.

(2)"$f(x) \leqslant g(x)$ 恒成立"等价于"$g(x) - f(x) \geqslant 0$ 恒成立",设 $F(x) = g(x) - f(x)$,$x \in (0, +\infty)$,则 $F'(x) = (2x + 1)\ln x + (x^2 + x)\dfrac{1}{x} + 2x^2 + 2(1 - a)x - a = (2x + 1)(\ln x + x + 1 - a)$,由 $F'(x) = 0$ 可得 $\ln x + x + 1 - a = 0$,设 $h(x) = \ln x + x + 1 - a$,则 $h'(x) = \dfrac{1}{x} + 1 > 0$,$h(x)$ 在 $(0, +\infty)$ 上单调递增. 当 $x \to 0$ 时,$h(x) \to -\infty$;当 $x \to +\infty$ 时,$h(x) \to +\infty$,所以存在唯一的零点 $x_0 \in (0, +\infty)$,使得 $h(x_0) = 0$,即 $\ln x_0 + x_0 + 1 - a = 0$,所以 $a = \ln x_0 + x_0 + 1$. 当 $0 < x < x_0$ 时,$F'(x) < 0$,$F(x)$ 在 $(0, x_0)$ 上单调递减,当 $x > x_0$ 时,$F'(x) > 0$,函数 $F(x)$ 在 $(x_0, +\infty)$ 上单调递增.

所以当 $x \in (0, +\infty)$ 时,$F(x)_{\min} = F(x_0) = \dfrac{2}{3}x_0^3 + (1 - a)x_0^2 - 2ax_0 + b - \left[(x_0^2 + x_0)\ln \dfrac{1}{x_0} - ax_0\right] = (x_0^2 + x_0)\ln x_0 + \dfrac{2}{3}x_0^3 + (1 - a)x_0^2 - ax_0 + b = (x_0^2 + x_0)\ln x_0 + \dfrac{2}{3}x_0^3 + (-x_0 - \ln x_0)x_0^2 - (\ln x_0 + x_0 + 1)x_0 + b = -\dfrac{1}{3}x_0^3 - x_0^2 - x_0 + b$,因为 $g(x) - f(x) \geqslant 0$ 恒成立,所以 $F(x)_{\min} = F(x_0) = -\dfrac{1}{3}x_0^3 - x_0^2 - x_0 + b \geqslant 0$,则 $b \geqslant \dfrac{1}{3}x_0^3 + x_0^2 + x_0$,从而 $b - 2a \geqslant \dfrac{1}{3}x_0^3 + x_0^2 + x_0 - 2a = \dfrac{1}{3}x_0^3 + x_0^2 - x_0 - 2\ln x_0 - 2$. 设 $\varphi(x) = \dfrac{1}{3}x^3 + x^2 - x - 2\ln x - 2$,$x \in (0, +\infty)$,则 $\varphi'(x) = x^2 + 2x - 1 - \dfrac{2}{x} = \dfrac{x^3 + 2x^2 - x - 2}{x} = \dfrac{(x - 1)(x^2 + 3x + 2)}{x}$,当 $0 < x < 1$ 时,$\varphi'(x) < 0$,所以函数 $\varphi(x)$ 在 $(0, 1)$ 上单调递减,当 $x > 1$ 时,$\varphi'(x) > 0$,所以函数 $\varphi(x)$ 在 $(1, +\infty)$ 上单调递增. 因此当 $x \in (0, +\infty)$ 时,$\varphi(x)_{\min} = \varphi(1) = -\dfrac{5}{3}$. 所以当 $x_0 = 1$,即 $a = \ln x_0 + x_0 + 1 = 2$,$b = \dfrac{1}{3}x_0^3 + x_0^2 + x_0 = \dfrac{7}{3}$ 时,$b - 2a$ 取得最小值,为 $-\dfrac{5}{3}$.

14. 已知函数 $f(x) = x(e^{2x} - a)$.

(1)若直线 $y = 2x$ 是曲线 $y = f(x)$ 的切线,求 a 的值;

(2)若 $f(x) \geqslant 1 + x + \ln x$,求 a 的取值范围.

解 (1)由题设知函数 $f(x)$ 的定义域为 $(-\infty, +\infty)$,且 $f'(x) = (2x + 1)e^{2x} - a$.

设直线 $y = 2x$ 与曲线 $y = f(x)$ 相切于点 $(x_0, f(x_0))$,则 $f'(x_0) = (2x_0 + 1)e^{2x_0} - a = 2$,切点 $(x_0, f(x_0))$ 在直线 $y = 2x$ 与曲线 $y = f(x)$ 上,则 $f(x_0) = 2x_0$,$f(x_0) = x_0(e^{2x_0} - a)$.

由 $\begin{cases} (2x_0 + 1)\mathrm{e}^{2x_0} - a = 2, \\ f(x_0) = 2x_0, \\ f(x_0) = x_0(\mathrm{e}^{2x_0} - a), \end{cases}$ 解得 $x_0 = 0$ 或 $a = -2$.

若 $x_0 = 0$,则由 $(2x_0 + 1)\mathrm{e}^{2x_0} - a = \mathrm{e}^0 - a = 1 - a = 2$,解得 $a = -1$,符合题意.

若 $a = -2$,则由 $(2x_0 + 1)\mathrm{e}^{2x_0} - a = (2x_0 + 1)\mathrm{e}^{2x_0} + 2 = 2$,解得 $x_0 = -\dfrac{1}{2}$.

此时 $f(x_0) = 2x_0 = -1$. 但 $f(x_0) = x_0(\mathrm{e}^{2x_0} - a) = -\dfrac{1}{2}(\mathrm{e}^{-1} + 2) \neq -1$,所以 $a = -2$ 不合题意,舍去. 因此,$a = -1$.

(2)方法一 由题设 $f(x) \geqslant 1 + x + \ln x$ 得 $x(\mathrm{e}^{2x} - a) \geqslant 1 + x + \ln x$,即 $x\mathrm{e}^{2x} - (1 + \ln x) \geqslant (a + 1)x$. 因为 $x > 0$,所以 $x\mathrm{e}^{2x} - (1 + \ln x) \geqslant (a+1)x$ 等价于 $\mathrm{e}^{2x} - \dfrac{1 + \ln x}{x} \geqslant a + 1$. 设 $F(x) = \mathrm{e}^{2x} - \dfrac{1 + \ln x}{x}$,则 $F'(x) = 2\mathrm{e}^{2x} + \dfrac{\ln x}{x^2} = \dfrac{2x^2\mathrm{e}^{2x} + \ln x}{x^2}$. 设 $h(x) = 2x^2\mathrm{e}^{2x} + \ln x$,因为 $h'(x) = 4x\mathrm{e}^{2x}(x + 1) + \dfrac{1}{x} > 0$,所以函数 $h(x)$ 在 $(0, +\infty)$ 上单调递增,又 $h(\mathrm{e}^{-1}) = \dfrac{2}{\mathrm{e}^2} \times \mathrm{e}^{\frac{2}{\mathrm{e}}} - 1 < \dfrac{2}{\mathrm{e}^2} \times \mathrm{e} - 1 = \dfrac{2}{\mathrm{e}} - 1 < 0$,且 $h(1) = 2\mathrm{e}^2 > 0$,所以存在 $x_0 \in \left(\dfrac{1}{\mathrm{e}}, 1\right)$,使得 $h(x_0) = 0$,即 $2x_0^2\mathrm{e}^{2x_0} + \ln x_0 = 0$,所以当 $x \in (0, x_0)$ 时,$h(x) < 0$,则 $F'(x) < 0$,$F(x)$ 在 $(0, x_0)$ 上单调递减,当 $x \in (x_0, +\infty)$ 时,$h(x) > 0$,则 $F'(x) > 0$,$F(x)$ 在 $(x_0, +\infty)$ 上单调递增,所以 $F(x)_{\min} = F(x_0) = \mathrm{e}^{2x_0} - \dfrac{1 + \ln x_0}{x_0}$.

由题意得 $a + 1 \leqslant F(x_0) = \mathrm{e}^{2x_0} - \dfrac{1 + \ln x_0}{x_0}$,令 $x_0^2\mathrm{e}^{2x_0} = t$,则 $t > 0$,取对数得 $2x_0 + 2\ln x_0 = \ln t$,由 $2x_0^2\mathrm{e}^{2x_0} + \ln x_0 = 0$,得 $2t + \ln x_0 = 0$,则由 $\begin{cases} 2x_0 + 2\ln x_0 = \ln t, \\ 2t + \ln x_0 = 0 \end{cases}$ 可得 $2x_0 + \ln x_0 = 2t + \ln t$,设 $\varphi(x) = 2x + \ln x$,则有 $\varphi(x_0) = \varphi(t)$. 因为函数 $\varphi(x) = 2x + \ln x$ 在 $(0, +\infty)$ 上单调递增,所以 $x_0 = t$,则由 $2x_0 + \ln x_0 = 0$,得 $\ln x_0 = -2x_0$. 所以 $F(x_0) = \mathrm{e}^{2x_0} - \dfrac{1 + \ln x_0}{x_0} = 2$,因此 $a + 1 \leqslant F(x_0) = 2$,解得 $a \leqslant 1$,所以 a 的取值范围为 $(-\infty, 1]$.

方法二 设 $F(x) = x(\mathrm{e}^{2x} - a) - (1 + x + \ln x), x > 0$,

则 $F'(x) = (2x + 1)\mathrm{e}^{2x} - \dfrac{(a + 1)x + 1}{x}$.

①当 $a = 1$ 时,令 $G(x) = x\mathrm{e}^{2x} - 2x - \ln x - 1$,

则 $G'(x) = (2x + 1)\left(\mathrm{e}^{2x} - \dfrac{1}{x}\right)$,

设 $g(x) = e^{2x} - \dfrac{1}{x}, x > 0$,则 $g'(x) = 2e^{2x} + \dfrac{1}{x^2} > 0$,

所以 $g(x)$ 在 $(0, +\infty)$ 上单调递增,又 $g\left(\dfrac{1}{4}\right) = \sqrt{e} - 4 < 0, g(1) = e^2 - 1 > 0$,

所以存在 $x_0 \in \left(\dfrac{1}{4}, 1\right)$,使得 $g(x_0) = 0$.

所以 $e^{2x_0} = \dfrac{1}{x_0}$,两边取对数得 $2x_0 = -\ln x_0$.

所以当 $x \in (0, x_0)$ 时,$g(x) < 0, G'(x) < 0, G(x)$ 单调递减;当 $x \in (x_0, +\infty)$ 时,$g(x) > 0, G'(x) > 0, G(x)$ 单调递增.

所以 $G(x)_{\min} = G(x_0) = x_0 e^{2x_0} - 2x_0 - \ln x_0 - 1 = 0$.

即 $a = 1$ 时,有 $x(e^{2x} - 1) \geqslant 1 + x + \ln x$. 所以 $a = 1$ 符合题意.

②当 $a > 1$ 时,因为 $x > 0$,

所以 $F(x) = x(e^{2x} - a) - (1 + x + \ln x) < x(e^{2x} - 1) - (1 + x + \ln x) = G(x)$,

由①知,存在 $x_0 \in (0, +\infty)$,使得 $F(x_0) < G(x_0) = 0$,

所以 $a > 1$ 不符合题意.

③当 $a < 1$ 时,$F(x) > G(x) \geqslant 0$,符合题意,

综上,a 的取值范围是 $(-\infty, 1]$.

方法三　考察函数 $m(t) = e^t - t - 1$,因为 $m'(t) = e^t - 1$,所以当 $t = 0$ 时,$m'(t) = 0$;当 $t \in (-\infty, 0)$ 时,$m'(t) < 0$;当 $t \in (0, +\infty)$ 时,$m'(t) > 0$.

所以 $m(t)$ 在 $(-\infty, 0)$ 上单调递减,在 $(0, +\infty)$ 上单调递增.

所以 $m(t) \geqslant m(0) = 0$,即 $e^t \geqslant t + 1$.

①当 $a + 1 \leqslant 2$,即 $a \leqslant 1$ 时,因为 $x > 0$,

所以 $xe^{2x} = e^{2x + \ln x} \geqslant 2x + \ln x + 1 \geqslant (a + 1)x + \ln x + 1$,符合题意.

②当 $a + 1 > 2$,即 $a > 1$ 时,设 $g(x) = e^{2x + \ln x} - \ln x - (a + 1)x - 1$,

因为 $x > 0$,所以 $g(x) < e^{2x + \ln x} - \ln x - 2x - 1$,

令 $h(x) = e^{2x + \ln x} - \ln x - 2x - 1$,考察 $t(x) = 2x + \ln x (x > 0)$.

因为 $t'(x) = 2 + \dfrac{1}{x} > 0$,所以 $t(x)$ 在 $(0, +\infty)$ 上单调递增.

因为 $t\left(\dfrac{1}{e}\right) = \dfrac{2}{e} - 1 < 0, t(1) = 2 > 0$,

所以存在 $x_0 \in \left(\dfrac{1}{e}, 1\right)$,使得 $t(x_0) = 0$,即 $2x_0 + \ln x_0 = 0$,

所以存在 $x_0 \in \left(\dfrac{1}{e}, 1\right)$,使得 $h(x_0) = e^{2x_0 + \ln x_0} - (2x_0 + \ln x_0) - 1 = 0$,

因为 $g(x) < h(x)$,所以存在 $x_0 \in \left(\dfrac{1}{e}, 1\right)$,使得 $g(x_0) < h(x_0) = 0$,

所以 $a > 1$ 不符合题意.

综上，a 的取值范围是 $(-\infty, 1]$.

方法四 由题意得 $xe^{2x} \geqslant 1 + \ln x + (a+1)x$，即 $xe^{2x} - (1 + \ln x) - x \geqslant ax$.

因为 $x > 0$，所以 $e^{2x} - \dfrac{1 + \ln x}{x} - 1 \geqslant a$.

设 $F(x) = \dfrac{xe^{2x} - \ln x - x - 1}{x} = \dfrac{e^{2x + \ln x} - (2x + \ln x) - 1}{x} + 1$.

$G(x) = e^{2x + \ln x} - (2x + \ln x) - 1$.

考察函数 $m(t) = e^t - t - 1$，因为 $m'(t) = e^t - 1$，

所以当 $t \in (-\infty, 0)$ 时，$m'(t) < 0$，$m(t)$ 在 $(-\infty, 0)$ 上单调递减；

当 $t \in (0, +\infty)$ 时，$m'(t) > 0$，$m(t)$ 在 $(0, +\infty)$ 上单调递增.

所以 $m(t)_{\min} = m(0) = 0$，所以 $m(t) \geqslant m(0) = 0$.

所以 $G(x) = e^{2x + \ln x} - (2x + \ln x) - 1 \geqslant 0$，当且仅当 $2x + \ln x = 0$ 时，"="成立.

以下证明：存在 $x_0 \in (0, +\infty)$，使得 $2x_0 + \ln x_0 = 0$.

因为 $t(x) = 2x + \ln x$ 在 $(0, +\infty)$ 上单调递增，$t\left(\dfrac{1}{e}\right) = \dfrac{2}{e} - 1 < 0$，$t(1) = 2 > 0$，

所以存在 $x_0 \in \left(\dfrac{1}{e}, 1\right)$ 使得 $t(x_0) = 0$，故 $G(x) \geqslant 0$，当且仅当 $x = x_0$ 时，"="成立.

所以当 $x > 0$ 时，$F(x) = \dfrac{G(x)}{x} + 1 \geqslant 1$.

又 $F(x_0) = \dfrac{G(x_0)}{x_0} + 1 = 1$，所以当 $x > 0$ 时，$F(x)_{\min} = 1$，

故 a 的取值范围是 $(-\infty, 1]$.

15. 已知函数 $f(x) = a\ln x - \sqrt{x} + 1$.

(1) 当 $a = 1$ 时，求证：$f(x) \leqslant \dfrac{1}{2}x - \dfrac{1}{2}$.

(2) 若不等式 $f(x) \leqslant 0$ 在 $[1, e]$ 上恒成立，求 a 的取值范围.

(1)**证明** $a = 1$ 时，函数 $f(x) = \ln x - \sqrt{x} + 1$ 的定义域为 $(0, +\infty)$，令 $h(x) = f(x) - \left(\dfrac{1}{2}x - \dfrac{1}{2}\right) = \ln x - \sqrt{x} - \dfrac{1}{2}x + \dfrac{3}{2}$，则 $h'(x) = \dfrac{1}{x} - \dfrac{1}{2\sqrt{x}} - \dfrac{1}{2} = -\dfrac{x + \sqrt{x} - 2}{2x} = -\dfrac{(\sqrt{x} - 1)(\sqrt{x} + 2)}{2x}$，所以 $h(x)$ 在 $(0, 1)$ 上单调递增，在 $(1, +\infty)$ 上单调递减，所以 $h(x)$ 在 $x = 1$ 处取得极大值，也是最大值，则 $h(x) \leqslant h(1) = 0$，即 $\ln x - \sqrt{x} - \dfrac{1}{2}x - \dfrac{3}{2} \leqslant 0$，

所以 $f(x) \leqslant \dfrac{1}{2}x - \dfrac{1}{2}$.

(2)**解** 因为 $f(x) = a\ln x - \sqrt{x} + 1$，所以 $f'(x) = \dfrac{a}{x} - \dfrac{1}{2\sqrt{x}} = -\dfrac{\sqrt{x} - 2a}{2x}$，

①当 $a \leqslant 0$ 时,因为 $x \in [1, e]$,所以 $f'(x) = -\dfrac{\sqrt{x} - 2a}{2x} < 0$,所以函数 $f(x)$ 在 $[1, e]$ 上单调递减,所以 $f(x) \leqslant f(1) = 0$,因此 $a \leqslant 0$ 符合题意.

②当 $a > 0$ 时,令 $f'(x) = -\dfrac{\sqrt{x} - 2a}{2x} = 0$,得 $x = 4a^2$,所以当 $x \in (0, 4a^2)$ 时,$f'(x) > 0$,函数 $f(x)$ 在 $(0, 4a^2)$ 上单调递增,当 $x \in (4a^2, +\infty)$ 时,$f'(x) < 0$,函数 $f(x)$ 在 $(4a^2, +\infty)$ 上单调递减.当 $4a^2 \geqslant e$,即 $a \geqslant \dfrac{\sqrt{e}}{2}$ 时,函数 $f(x)$ 在 $[1, e]$ 上单调递增,所以当 $x \in [1, e]$ 时,有 $f(x) \leqslant f(e) = a - \sqrt{e} + 1$,由题设"不等式 $f(x) \leqslant 0$ 在 $[1, e]$ 上恒成立"有 $a - \sqrt{e} + 1 \leqslant 0$,解得 $a \leqslant \sqrt{e} - 1$,此时无解.当 $1 < 4a^2 < e$,即 $\dfrac{1}{2} < a < \dfrac{\sqrt{e}}{2}$ 时,函数 $f(x)$ 在 $(1, 4a^2)$ 上单调递增,在 $(4a^2, e)$ 上单调递减,所以 $f(x) \leqslant f(4a^2) = a\ln(4a^2) - \sqrt{4a^2} + 1 = 2a\ln 2a - 2a + 1$,由题设"不等式 $f(x) \leqslant 0$ 在 $[1, e]$ 上恒成立"有 $2a\ln 2a - 2a + 1 \leqslant 0$.设 $G(x) = 2x\ln 2x - 2x + 1$,则 $G'(x) = 2\ln 2x$,当 $\dfrac{1}{2} < x < \dfrac{\sqrt{e}}{2}$ 时,$G'(x) > 0$,所以 $G(x)$ 在 $\left(\dfrac{1}{2}, \dfrac{\sqrt{e}}{2}\right)$ 上单调递增,则当 $x \in \left(\dfrac{1}{2}, \dfrac{\sqrt{e}}{2}\right)$ 时,$G(x) > G\left(\dfrac{1}{2}\right) = 0$,与 $2a\ln 2a - 2a + 1 \leqslant 0$ 矛盾.当 $0 < 4a^2 \leqslant 1$,即 $0 < a \leqslant \dfrac{1}{2}$ 时,函数 $f(x)$ 在 $[1, e]$ 上单调递减,所以当 $x \in [1, e]$ 时有 $f(x) \leqslant f(1) = 0$,所以 $0 < a \leqslant \dfrac{1}{2}$ 符合题意.

综上,a 的取值范围为 $\left(-\infty, \dfrac{1}{2}\right]$.

二、军考模拟训练

【选择题】

1. 已知 $\lim\limits_{x \to 1} \dfrac{x^2 - 2x - 5}{ax^2 + 2} = -\dfrac{5}{6}$,则 a 的值为 _____.

A. $-\dfrac{6}{5}$ B. $-\dfrac{5}{6}$ C. $-\dfrac{26}{5}$ D. $\dfrac{26}{5}$

2. 计算:$\lim\limits_{n \to +\infty} \left(\dfrac{3}{n^2} + \dfrac{7}{n^2} + \dfrac{11}{n^2} + \cdots + \dfrac{4n - 1}{n^2}\right) =$ _____.

A. 2   B. 4   C. $\dfrac{1}{2}$ D. $\dfrac{1}{4}$

3. 计算:$\lim\limits_{x \to 1} \dfrac{x^2 - 3x + 2}{x^2 - 1} =$ _____.

A. 1   B. -1 C. $\dfrac{1}{2}$ D. $-\dfrac{1}{2}$

4. 已知函数 $f(x) = \begin{cases} x+2, & x \leq 0, \\ x^2 + a, & 0 < x < 1, \\ \dfrac{bx}{2}, & x \geq 1 \end{cases}$ 为连续函数,则 a,b 的值分别为 _____.

    A. $2, -6$ B. $2, 6$ C. $-2, 6$ D. $-2, -6$

5. 设函数 $f(x) = x^3 + (a-1)x^2 + ax$. 若 $f(x)$ 为奇函数,则曲线 $y = f(x)$ 在点 $(0,0)$ 处的切线方程为 _____.

    A. $y = -2x$ B. $y = -x$ C. $y = 2x$ D. $y = x$

6. 已知曲线 $y = ae^x + x\ln x$ 在点 $(1, ae)$ 处的切线方程为 $y = 2x + b$,则 _____.

    A. $a = e, b = -1$ B. $a = e, b = 1$

    C. $a = e^{-1}, b = 1$ D. $a = e^{-1}, b = -1$

7. 设函数 $f'(x)$ 是偶函数 $f(x)$ $(x \in \mathbf{R})$ 的导函数,当 $x \in [0, +\infty)$ 时,$f'(x) > x$,若 $f(2-a) - f(a) \geq 2 - 2a$,则实数 a 的取值范围为 _____.

    A. $(-\infty, 1]$ B. $(-\infty, 2]$ C. $[1, +\infty)$ D. $(2, +\infty)$

8. 函数 $y = f(x)$ 的导函数 $y = f'(x)$ 的图象如图 13-2 所示,则函数 $y = f(x)$ 的图象可能是 _____.

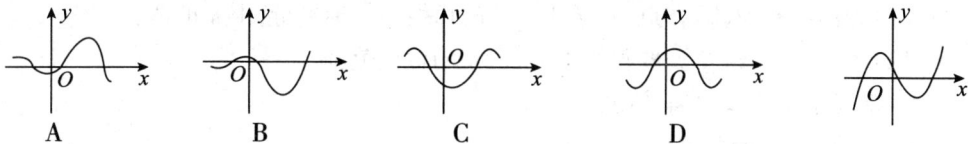

    A   B   C   D

9. 已知函数 $f(x) = x^3 - 2ex^2 + mx - \ln x$,若 $f(x) > x$ 恒成立,则实数 m 的取值范围是 _____.   图 13-2

    A. $\left(e^2 + \dfrac{1}{e} + 1, +\infty\right)$ B. $\left(0, e^2 + \dfrac{1}{e} + 1\right]$

    C. $\left(-\infty, e^2 + \dfrac{1}{e} + 1\right]$ D. $\left(-\infty, e^2 + \dfrac{1}{e}\right]$

10. 已知定义域为 $\mathbf{R}$ 的奇函数 $y = f(x)$ 的导函数为 $y = f'(x)$,当 $x > 0$ 时,$xf'(x) - f(x) < 0$,若 $a = \dfrac{f(e)}{e}, b = \dfrac{f(\ln 2)}{\ln 2}, c = -\dfrac{f(-3)}{3}$,则 a, b, c 的大小关系正确的是 _____.

    A. $a < c < b$ B. $b < c < a$ C. $a < b < c$ D. $c < a < b$

【填空题】

1. 若 $\lim\limits_{x \to \infty} \dfrac{ax^2 + 2}{3x^2 + 1} = 2$,则 $a = $ _____.

2. 计算:$\lim\limits_{n \to \infty} \dfrac{1 + 3 + \cdots + (2n-1)}{2n^2 - n - 1} = $ _____.

3. 计算:$\lim\limits_{n \to \infty} \left[\dfrac{1}{1 \times 2} + \dfrac{1}{2 \times 3} + \dfrac{1}{3 \times 4} + \cdots + \dfrac{1}{n(n+1)}\right] = $ _____.

4. 计算:$\lim\limits_{n\to\infty}\dfrac{\dfrac{1}{2}+\dfrac{1}{4}+\dfrac{1}{8}+\cdots+\dfrac{1}{2^n}}{\dfrac{1}{3}+\dfrac{1}{9}+\dfrac{1}{27}+\cdots+\dfrac{1}{3^n}}=$ _____.

5. $\lim\limits_{n\to\infty}\left[\sqrt{1+2+\cdots+n}-\sqrt{1+2+\cdots+(n-1)}\right]=$ _____.

6. 已知函数 $f(x)=ax^3+x+1$ 的图象在点 $(1,f(1))$ 处的切线过点 $(2,7)$,则 $a=$ _____.

7. 已知 $f(x)$ 为偶函数,当 $x<0$ 时,$f(x)=\ln(-x)+3x$,则曲线 $y=f(x)$ 在点 $(1,-3)$ 处的切线方程是 _____.

8. 已知函数 $f(x)=\ln x+2x^2-4x$,则函数 $f(x)$ 的图象在 $x=1$ 处的切线方程为 _____.

9. 若直线 $y=kx+b$ 是曲线 $y=\ln x+2$ 的切线,也是曲线 $y=\ln(x+1)$ 的切线,则 $b=$ _____.

【解答题】

1. 设函数 $f(x)=\left[ax^2-(4a+1)x+4a+3\right]e^x$.

(1)若曲线 $y=f(x)$ 在点 $(1,f(1))$ 处的切线与 x 轴平行,求 a 的值;

(2)若 $f(x)$ 在 $x=2$ 处取得极小值,求 a 的取值范围.

2. 设函数 $f(x)=(1-x^2)e^x$.

(1)讨论 $f(x)$ 的单调性;

(2)当 $x\geq0$ 时,$f(x)\leq ax+1$,求 a 的取值范围.

3. 已知函数 $f(x)=\ln x+ax^2+(2a+1)x$.

(1)讨论 $f(x)$ 的单调性;

(2)当 $a<0$ 时,求证:$f(x)\leq-\dfrac{3}{4a}-2$.

4. 已知函数 $f(x)=\ln x+a(1-x)$.

(1)讨论 $f(x)$ 的单调性;

(2)当 $f(x)$ 有最大值,且最大值大于 $2a-2$ 时,求 a 的取值范围.

5. 已知函数 $f(x)=x^3+ax^2+bx+1(a>0,b\in\mathbf{R})$ 有极值,且导函数 $f'(x)$ 的极值点是 $f(x)$ 的零点. (极值点是指函数取极值时对应的自变量的值)

(1)求 b 关于 a 的函数关系式,并写出定义域;

(2)求证:$b^2>3a$;

(3)若 $f(x)$,$f'(x)$ 这两个函数的所有极值之和不小于 $-\dfrac{7}{2}$,求 a 的取值范围.

6. 设 $f(x)=x\ln x-ax^2+(2a-1)x$,$a\in\mathbf{R}$.

(1)令 $g(x)=f'(x)$,求 $g(x)$ 的单调区间;

(2)已知 $f(x)$ 在 $x=1$ 处取得极大值,求实数 a 的取值范围.

7. 已知函数 $f(x) = (e^x - 2a)e^x$，$g(x) = 4a^2x$.

(1)设 $h(x) = f(x) - g(x)$，试讨论 $h(x)$ 在定义域内的单调性；

(2)若函数 $y = f(x)$ 的图象恒在函数 $y = g(x)$ 的图象的上方，求 a 的取值范围.

8. 已知函数 $f(x) = a\ln x + \frac{1}{2}x^2 + (a+1)x + 1$.

(1)当 $a = -1$ 时，求函数 $f(x)$ 的单调递增区间；

(2)若函数 $f(x)$ 在 $(0, +\infty)$ 上单调递增，求实数 a 的取值范围.

9. 已知函数 $f(x) = \frac{3}{4}ax^2 + \left(\frac{3}{2}a - 1\right)x - \ln x - 2$（$a \in \mathbf{R}$）.

(1)求函数 $f(x)$ 的单调区间；

(2)若 $a > 0$，求证：$f(x) \geqslant -\frac{1}{a}$.

10. 已知函数 $f(x) = xe^x + x^2 + ax + b$，曲线 $y = f(x)$ 在点 $(0, f(0))$ 处的切线方程为 $4x - 2y - 3 = 0$.

(1)求 a, b 的值；

(2)求证：$f(x) > \ln x$.

11. 已知函数 $f(x) = \ln\frac{1+x}{1-x} - ax$.

(1)讨论 $f(x)$ 的单调性；

(2)当 $x \in (0, 1)$ 时，$e^{ax} - e^{-ax} < \frac{4x}{1 - x^2}$，求实数 a 的取值范围.

12. 已知函数 $f(x) = 2x(\ln x + 1)$.

(1)求函数 $f(x)$ 的单调区间；

(2)若斜率为 k 的直线与曲线 $y = f'(x)$ 交于 $A(x_1, y_1)$，$B(x_2, y_2)$ 两点，其中 $x_1 < x_2$，求证：$x_1 < \frac{2}{k} < x_2$.

13. 已知函数 $f(x) = \ln x$，$g(x) = ax - a$，$a \in \mathbf{R}$.

(1)若直线 $y = g(x)$ 是曲线 $y = \ln x$ 的一条切线，求 a 的值；

(2)若 $P(x_1, y_1)$，$Q(x_2, y_2)$ 是曲线 $y = h(x) = f(x) - g(x)$ 上的两个不同的点，求证：$h'\left(\frac{x_1 + x_2}{2}\right) < \frac{y_2 - y_1}{x_2 - x_1}$.

14. 已知函数 $f(x) = \frac{ax + 1}{xe^x}$，其中 $x \in (0, +\infty)$，$a \in \mathbf{R}$.

(1)讨论函数 $f(x)$ 的单调性；

(2)若对任意的 $x > 0$，$f(x) < \frac{1}{e^x - 1}$ 恒成立，求实数 a 的取值范围.

15. 已知函数 $f(x) = x\ln x - \frac{a}{2}x^2 + a - x$，$a \in \mathbf{R}$.

（1）若函数 $f(x)$ 有两个不同的极值点，求实数 a 的取值范围；

（2）若 $a = 2, g(x) = 2 - 2x - x^2$，且当 $x > 2$ 时，不等式 $k(x - 2) + g(x) < f(x)$，$k \in \mathbf{N}$ 恒成立，试求 k 的最大值.

16. 已知函数 $f(x) = x^2 + a\ln(x + 1) - 2x, a \in \mathbf{R}$.

（1）讨论函数 $f(x)$ 的单调性；

（2）若对任意的 $-1 < x < 0$，都有 $f(x) < (a - 2)x$，求实数 a 的取值范围.

17. 已知函数 $f(x) = (ax - 1)e^{1-x}$.

（1）当 $a > 0$ 时，求函数 $f(x)$ 的单调区间.

（2）当 $a = 1$ 时，若函数 $f(x)$ 与函数 $y = x^2 - 4x + m(m \in \mathbf{R})$ 的图象总有两个交点，设两个交点的横坐标分别为 x_1, x_2. ①求 m 的取值范围；②求证：$x_1 + x_2 > 4$.

18. 已知函数 $f(x) = (x^2 + ax + b)e^x$.

（1）当 $a + b = 0$ 时，讨论函数 $f(x)$ 的单调性；

（2）当 $a = b$ 时，若 $f(x) + e \geq 0$ 恒成立，求实数 a 的取值范围.

19. 已知函数 $f(x) = \log_a x + \dfrac{1}{x}$（$a > 0$，且 $a \neq 1$）.

（1）当 $a = e$ 时，曲线 $y = f(x)$ 与直线 $y = m$ 相切，求 m 的值；

（2）若 $f(x) \geq \dfrac{e}{a}$，求 a 的取值范围.

第十四章 ➡ 复数

一、典型例题精讲

【选择题】

1. 复数 $\dfrac{2}{1-\mathrm{i}}$ 的共轭复数是 _____.

A. $1+\mathrm{i}$ B. $1-\mathrm{i}$ C. $-1+\mathrm{i}$ D. $-1-\mathrm{i}$

解 因为 $z=\dfrac{2}{1-\mathrm{i}}=\dfrac{2(1+\mathrm{i})}{(1-\mathrm{i})(1+\mathrm{i})}=\dfrac{2(1+\mathrm{i})}{1-\mathrm{i}^2}=1+\mathrm{i}$，所以 $\bar{z}=1-\mathrm{i}$. 故选 B.

2. 设复数 z 满足 $(1+\mathrm{i})z=2\mathrm{i}$，则 $|z|=$ _____.

A. $\dfrac{1}{2}$ B. $\dfrac{\sqrt{2}}{2}$ C. $\sqrt{2}$ D. 2

解 这类题有两类解法. **方法一** 按照复数的四则运算法则进行计算.

$\because (1+\mathrm{i})z=2\mathrm{i}, \therefore z=\dfrac{2\mathrm{i}}{1+\mathrm{i}}=\dfrac{2\mathrm{i}(1-\mathrm{i})}{(1+\mathrm{i})(1-\mathrm{i})}=\mathrm{i}(1-\mathrm{i})=1+\mathrm{i}, \therefore |z|=\sqrt{2}$. 故选 C.

方法二 利用复数模的相关性质. 注意识记 $|z|^2=z\cdot\bar{z}$，$|z|^2=|\bar{z}|^2=|z^2|=|\bar{z}^2|=z\bar{z}$.

$\left|\dfrac{z_1}{z_2}\right|=\dfrac{|z_1|}{|z_2|}$. 此题中 $z=\dfrac{2\mathrm{i}}{1+\mathrm{i}}, \therefore |z|=\dfrac{|2\mathrm{i}|}{|1+\mathrm{i}|}=\dfrac{2}{\sqrt{2}}=\sqrt{2}$. 故选 C.

3. 设 $(1+2\mathrm{i})(a+\mathrm{i})$ 的实部和虚部相等，其中 a 为实数，则 $a=$ _____.

A. -3 B. -2 C. 2 D. 3

解 $(1+2\mathrm{i})(a+\mathrm{i})=(a-2)+(2a+1)\mathrm{i}$. 由题设知 $a-2=2a+1$，解得 $a=-3$. 故选 A.

点评 复数的相关概念及基本运算是这一章的主要考查点，解决这类问题主要过好三关：第一关是概念关，如复数 $z=a+b\mathrm{i}$，当且仅当 $a\in\mathbf{R}$ 且 $b\in\mathbf{R}$ 时，a 才是复数 z 的实部，b 是 z 的虚部；复数 z 的共轭复数 $\bar{z}=a-b\mathrm{i}$；$|z|=\sqrt{a^2+b^2}$. 第二关是运算关，即熟练掌握复数的四则运算，牢记复数的除法运算的关键是把分母实数化，其根本是把所给复数转化为 $z=a+b\mathrm{i}(a,b\in\mathbf{R})$ 的形式. 第三关是识记关，要记一些常用结论：① $(1\pm\mathrm{i})^2=\pm 2\mathrm{i}$. ② $\dfrac{1+\mathrm{i}}{1-\mathrm{i}}=\mathrm{i}, \dfrac{1-\mathrm{i}}{1+\mathrm{i}}=-\mathrm{i}$. ③ $\mathrm{i}^{4n}=1, \mathrm{i}^{4n+1}=\mathrm{i}, \mathrm{i}^{4n+2}=-1, \mathrm{i}^{4n+3}=-\mathrm{i}, \mathrm{i}^{4n}+\mathrm{i}^{4n+1}+\mathrm{i}^{4n+2}+\mathrm{i}^{4n+3}=0$，及其变形如 $\mathrm{i}^{4n}+\mathrm{i}^{4n+2}+\mathrm{i}^{4n+3}=-\mathrm{i}^{4n+1}=-\mathrm{i}$ 等. ④ $w=-\dfrac{1}{2}\pm\dfrac{\sqrt{3}}{2}\mathrm{i}$，则 $w^0=1, w^2=\bar{w}, w^3=1, 1+w+w^2=0$.

4. 若复数 z 满足 $\dfrac{\bar{z}}{1-\mathrm{i}}=\mathrm{i}$，则 $\dfrac{\bar{z}}{z}=$ _____.

A. 1 B. i C. -1 D. $-\mathrm{i}$

解　由 $\dfrac{\bar{z}}{1-i}=i$ 得 $\bar{z}=(1-i)i=1+i$，则 $\dfrac{\bar{z}}{z}=\dfrac{\bar{z}^2}{z\bar{z}}=\dfrac{(1+i)^2}{|z|^2}=\dfrac{1+2i+i^2}{2}=i$. 故选 B.

5. 已知复数 $z=\dfrac{a+i}{2i}(a\in\mathbf{R})$ 的实部等于虚部，则 $a=$ _____.

A. $-\dfrac{1}{2}$ 　　　　B. $\dfrac{1}{2}$ 　　　　C. -1 　　　　D. 1

解　$\because z=\dfrac{a+i}{2i}=\dfrac{(a+i)\cdot i}{2i^2}=-\dfrac{1}{2}(ai-1)=\dfrac{1}{2}-\dfrac{1}{2}ai,\therefore\dfrac{1}{2}=-\dfrac{1}{2}a$，解得 $a=-1$.
故选 C.

6. 设复数 z 满足 $z(1-i)=2$（其中 i 为虚数单位），则下列说法正确的是 _____.
A. $|z|=2$
B. $(z^m)^n=z^{mn}(m,n\in\mathbf{R})$
C. $\bar{z}=-1+i$
D. 复数 z 在复平面内所对应的点在第一象限

解　$\because z(1-i)=2,\therefore z=\dfrac{2}{1-i}=\dfrac{2(1+i)}{(1-i)(1+i)}=1+i,\therefore |z|=\sqrt{2},\bar{z}=1-i$，故 A, C 错误. 复数 z 在复平面内所对应的点为 $(1,1)$，在第一象限. 故选 D.

点评　复数的加法、乘法满足交换律、结合律以及乘法对加、减的分配律，实数的正整数指数幂运算也能推广到复数中，即 $z^m\cdot z^n=z^{m+n},(z^m)^n=z^{mn},(z_1\cdot z_2)^n=z_1^n\cdot z_2^n(m,n\in\mathbf{N}^*)$.

7. 若复数 z 满足 $(1+i)z=1-2i^3$，则 $|z|=$ _____.

A. $\dfrac{\sqrt{10}}{2}$ 　　　　B. $\dfrac{3}{2}$ 　　　　C. $\dfrac{\sqrt{2}}{2}$ 　　　　D. $\dfrac{1}{2}$

解　$\because (1+i)z=1-2i^3,\therefore z=\dfrac{1-2i^3}{1+i}=\dfrac{1+2i}{1+i}=\dfrac{(1+2i)(1-i)}{(1+i)(1-i)}=\dfrac{3+i}{2}=\dfrac{3}{2}+\dfrac{1}{2}i,\therefore |z|=$
$\sqrt{\left(\dfrac{3}{2}\right)^2+\left(\dfrac{1}{2}\right)^2}=\dfrac{\sqrt{10}}{2}$. 故选 A.

8. 若 $m+i=(1+2i)\cdot ni(m,n\in\mathbf{R},i$ 是虚数单位$)$，则 $n-m=$ _____.
A. 3 　　　　B. 2 　　　　C. 0 　　　　D. -1

解　$\because m+i=(1+2i)\cdot ni=-2n+ni,\therefore m=-2n,n=1,\therefore m=-2,n=1,\therefore n-m=3$. 故选 A.

9. 已知复数 $z=|(\sqrt{3}-i)i|-i^5$，则 $\bar{z}=$ _____.

A. $2-i$ 　　　　B. $2+i$ 　　　　C. $4-i$ 　　　　D. $4+i$

解　$\because z=|(\sqrt{3}-i)i|-i^5=|1+\sqrt{3}i|-i=2-i,\therefore \bar{z}=2+i$. 故选 B.

10. 已知复数 $z=1+bi$ 满足 $\dfrac{z\cdot\bar{z}}{z-\bar{z}}=-i$，则实数 $b=$ _____.

A. -1 　　　　B. 2 　　　　C. 1 　　　　D. 1 或 -1

解　$\because\dfrac{z\cdot\bar{z}}{z-\bar{z}}=\dfrac{|z|^2}{1+bi-(1-bi)}=\dfrac{1+b^2}{2bi}=-\dfrac{1+b^2}{2b}i=-i,\therefore-\dfrac{1+b^2}{2b}=-1$，解得 $b=1$.
故选 C.

【填空题】

1. 若复数 z 满足 $\mathrm{i} \cdot z = 1 + 2\mathrm{i}$，其中 i 是虚数单位，则 z 的实部为 _____.

解 $\because \mathrm{i} \cdot z = 1 + 2\mathrm{i}, \therefore z = \dfrac{1+2\mathrm{i}}{\mathrm{i}} = \dfrac{\mathrm{i}+2\mathrm{i}^2}{\mathrm{i}^2} = -(\mathrm{i}-2) = 2 - \mathrm{i}, \therefore z$ 的实部为 2.

2. 设 $a \in \mathbf{R}$. 若复数 $(1+\mathrm{i})(a+\mathrm{i})$ 在复平面内对应的点位于实轴上，则 $a =$ _____.

解 $\because (1+\mathrm{i})(a+\mathrm{i}) = (a-1) + (a+1)\mathrm{i}$ 在复平面内对应的点位于实轴上，$\therefore a + 1 = 0$，$\therefore a = -1$.

3. 设复数 z 满足 $z^2 = 3 + 4\mathrm{i}$（i 是虚数单位），则 z 的模为 _____.

解 此题有两种解法. **方法一** 利用复数运算的基本法则和两个复数相等的充要条件，得到方程组.

设 $z = a + b\mathrm{i}(a, b \in \mathbf{R})$，$\therefore z^2 = (a+b\mathrm{i})^2 = a^2 - b^2 + 2ab\mathrm{i} = 3 + 4\mathrm{i}$，$\therefore \begin{cases} a^2 - b^2 = 3 \\ 2ab = 4, \end{cases}$ 解得 $\begin{cases} a = 2, \\ b = 1 \end{cases}$ 或 $\begin{cases} a = -2, \\ b = -1, \end{cases}$ $\therefore z = \pm(2+\mathrm{i})$，$\therefore |z| = \sqrt{5}$.

方法二 利用复数模的运算性质. $\because z^2 = 3 + 4\mathrm{i}$，$\therefore |z^2| = |3 + 4\mathrm{i}|$，$\therefore |z|^2 = |3 + 4\mathrm{i}| = 5$，$\therefore |z| = \sqrt{5}$.

4. 复数 $z = \log_{\frac{1}{2}} 5 - \mathrm{i}\log_5 \dfrac{1}{2}$（$\mathrm{i}$ 为虚数单位）在复平面内对应的点位于第 _____ 象限.

解 $z = \log_{\frac{1}{2}} 5 + \left(-\log_5 \dfrac{1}{2}\right)\mathrm{i} = \log_{\frac{1}{2}} 5 + \mathrm{i}\log_5 2$，$\because \log_{\frac{1}{2}} 5 < 0$，$\log_5 2 > 0$，$\therefore z$ 在复平面内对应的点位于第二象限.

5. 设复数 z 满足 $z + |\bar{z}| = 2 + \mathrm{i}$，则 $z =$ _____.

解 设 $z = a + b\mathrm{i}(a, b \in \mathbf{R})$，则 $a + b\mathrm{i} + \sqrt{a^2 + b^2} = 2 + \mathrm{i}$，$\therefore \begin{cases} a + \sqrt{a^2 + b^2} = 2, \\ b = 1, \end{cases}$ 解得 $\begin{cases} a = \dfrac{3}{4}, \\ b = 1, \end{cases}$ $\therefore z = \dfrac{3}{4} + \mathrm{i}$.

二、军考模拟训练

【选择题】

1. 设 $z = \dfrac{3-\mathrm{i}}{1+2\mathrm{i}}$，则 $|z| =$ _____.

A. 2 B. $\sqrt{3}$ C. $\sqrt{2}$ D. 1

2. 若 $z(1+\mathrm{i}) = 2\mathrm{i}$，则 $z =$ _____.

A. $-1 - \mathrm{i}$ B. $-1 + \mathrm{i}$ C. $1 - \mathrm{i}$ D. $1 + \mathrm{i}$

3. 在复平面内，复数 $\dfrac{1}{1-\mathrm{i}}$ 的共轭复数对应的点位于 _____.

A. 第一象限   B. 第二象限   C. 第三象限   D. 第四象限

4. 设复数 z 满足 $z + i = 3 - i$, 则 $\bar{z} =$ _____.

  A. $-1 + 2i$ B. $1 - 2i$ C. $3 + 2i$ D. $3 - 2i$

5. 已知 $z = (m+3) + (m-1)i$ 在复平面内对应的点在第四象限, 则实数 m 的取值范围是 _____.

  A. $(-3, 1)$ B. $(-1, 3)$ C. $(1, +\infty)$ D. $(-\infty, -3)$

6. 若 $z = 4 + 3i$, 则 $\dfrac{\bar{z}}{|z|} =$ _____.

  A. 1 B. -1 C. $\dfrac{4}{5} + \dfrac{3}{5}i$ D. $\dfrac{4}{5} - \dfrac{3}{5}i$

7. 若 $z = 1 + 2i$, 则 $\dfrac{4i}{z\bar{z} - 1} =$ _____.

  A. 1 B. -1 C. i D. $-i$

8. 已知 $\dfrac{(1-i)^2}{z} = 1 + i$ (i 为虚数单位), 则复数 $z =$ _____.

  A. $1 + i$ B. $1 - i$ C. $-1 + i$ D. $-1 - i$

9. 若 i 是虚数单位, 则复数 $\dfrac{2+3i}{1+i}$ 的实部与虚部之积为 _____.

  A. $-\dfrac{5}{4}$ B. $\dfrac{5}{4}$ C. $-\dfrac{5}{4}i$ D. $\dfrac{5}{4}i$

10. 已知 i 是虚数单位, 若复数 $z = \dfrac{a}{1-2i} + i$ $(a \in \mathbf{R})$ 的实部与虚部互为相反数, 则 $a =$ _____.

  A. -5 B. -1 C. $-\dfrac{1}{3}$ D. $-\dfrac{5}{3}$

【填空题】

1. 复数 $z = \dfrac{1}{1+i}$, 则 $|z| =$ _____.

2. 已知复数 $(a+2i)(1+i)$ 的实部为 0, 则实数 a 的值是 _____.

3. 已知复数 $z = (1+i)(1+2i)$, 则 $|z| =$ _____.

4. 若复数 $z = m(m-1) + (m-1)i$ 是纯虚数, 其中 m 是实数, 则 $\dfrac{1}{z} =$ _____.

5. 若复数 $z_1 = 4 + 29i$, $z_2 = 6 + 9i$, 其中 i 是虚数单位, 则复数 $(z_1 - z_2)i$ 的实部为 _____.

6. 复数 $\dfrac{1}{2+i} + \dfrac{1}{1+2i}$ (其中 i 为虚数单位) 的虚部为 _____.

参考答案与解析

第一章　集合与常用逻辑用语

【选择题】

1. C　**解析**　因为集合 A 中至少有 3 个元素，所以 $\log_2 k > 4$，所以 $k > 2^4 = 16$. 故选 C.

2. D　**解析**　由 $M \cup N = M$，得 $N \subseteq M$. 因为 M 中有 2 个元素，故其子集的个数为 $2^2 = 4$，所以集合 N 的个数为 4. 故选 D.

3. A　**解析**　由题意知 $U = \{0,1,2,3,4,5\}$，$A = \{0,1,2\}$，则 $(\complement_U A) \cap B = \{3,5\}$. 故选 A.

4. D　**解析**　∵ $P = \{-2,-1,0,1,2\}$，$Q = \{x \mid -2 < x < 1\}$，∴ $P \cap Q = \{-1,0\}$. 故选 A.

5. B　**解析**　因为 $A = \{0,1,2,x\}$，$B = \{1,x^2\}$，$A \cup B = A$，所以 $x^2 = 0$ 或 $x^2 = 2$ 或 $x^2 = x$，解得 $x = 0$ 或 $x = \pm\sqrt{2}$ 或 $x = 1$. 经检验，当 $x = \pm\sqrt{2}$ 时符合题意. 故选 B.

6. B　**解析**　∵ $A = \{x \mid 0 \leq x \leq 1\}$，∴ $B = \{y \mid 1 \leq y \leq 2\}$，$\complement_{\mathbf{R}} A = \{x \mid x < 0$ 或 $x > 1\}$，∴ $(\complement_{\mathbf{R}} A) \cap B = (1, 2]$. 故选 B.

7. A　**解析**　由题意可得 $\complement_U A = \{-1,3\}$，所以 $(\complement_U A) \cap B = \{-1\}$. 故选 A.

8. C　**解析**　因为命题 p：$\exists x \in (-\infty,0)$，$2^x < 3^x$ 为假命题，命题 q：$\forall x \in (0,1)$，$\log_2 x < 0$ 为真命题，所以 $(\neg p) \wedge q$ 为真命题. 故选 C.

9. A　**解析**　因为 $a > 0$，$b > 0$，所以 $a + b \geq 2\sqrt{ab}$，由 $a + b \leq 4$ 可得 $2\sqrt{ab} \leq 4$，解得 $ab \leq 4$，所以充分性成立；当 $ab \leq 4$ 时，取 $a = 8$，$b = \dfrac{1}{3}$，满足 $ab \leq 4$，但 $a + b > 4$，所以必要性不成立. 故"$a + b \leq 4$"是"$ab \leq 4$"的充分不必要条件. 故选 A.

10. C　**解析**　$b = 0$ 时，$f(x) = \cos x$，显然 $f(x)$ 是偶函数，故"$b = 0$"是"$f(x)$ 为偶函数"的充分条件；$f(x)$ 是偶函数，则有 $f(-x) = f(x)$，即 $\cos(-x) + b\sin(-x) = \cos x + b\sin x$. 又 $\cos(-x) = \cos x$，$\sin(-x) = -\sin x$，所以 $\cos x - b\sin x = \cos x + b\sin x$，则 $2b\sin x = 0$ 对任意 $x \in \mathbf{R}$ 恒成立，得 $b = 0$，所以"$b = 0$"是"$f(x)$ 为偶函数"的必要条件. 所以"$b = 0$"是"$f(x)$ 为偶函数"的充要条件. 故选 C.

【填空题】

1. $\varnothing$　**解析**　因为 $M = \{-1,-4\}$，$N = \{1,4\}$，所以 $M \cap N = \varnothing$.

2. $\{1,2,3\}$　**解析**　因为 $\complement_U B = \{2\}$，所以 $A \cup (\complement_U B) = \{1,2,3\}$.

3. 4　**解析**　$A = \{x \in \mathbf{N} \mid x^2 + 2x - 3 \leq 0\} = \{x \in \mathbf{N} \mid -3 \leq x \leq 1\} = \{0,1\}$，故集合 A 有 $2^2 = 4$ 个子集，故集合 B 中元素个数为 4.

4. 1　**解析**　因为 p,q 均为假命题，所以"$p \vee q$"为假命题，"$p \wedge q$"为假命题，"$\neg p$"为真命题. 故真命题的个数为 1.

5. 充要　**解析**　因为 $y = \log_2 x$ 在 $(0, +\infty)$ 上单调递增，所以 $a > b > 1 \Leftrightarrow \log_2 a > \log_2 b > \log_2 1 = 0$，故"$a > b > 1$"是"$\log_2 a > \log_2 b > 0$"的充要条件.

6. $\left[-\dfrac{1}{2}, 0\right)$　**解析**　当 $g(x) = \lg(2x^2 - x) \leq 0$ 时，$0 < 2x^2 - x \leq 1$，∴ $-\dfrac{1}{2} \leq x < 0$ 或 $\dfrac{1}{2} < x \leq 1$，∴ $A = \left[-\dfrac{1}{2}, 0\right) \cup \left(\dfrac{1}{2}, 1\right]$. 当 $x \in \left[-2, -\dfrac{1}{2}\right]$ 时，$2x^2 - x \in [1, 10]$，∴ $0 \leq g(x) \leq 1$，故 $B = [0,1]$，∴ $\complement_{\mathbf{R}} B = (-\infty, 0) \cup (1, +\infty)$，∴ $A \cap (\complement_{\mathbf{R}} B) = \left[-\dfrac{1}{2}, 0\right)$.

【解答题】

1. **解**　∵ $A \cup B = A$，$A \cap C = C$，∴ $B \subseteq A$，$C \subseteq A$.
又 ∵ $A = \{1,3\}$，∴ A 的子集有 $\varnothing$，$\{1\}$，$\{3\}$，$\{1,3\}$.
①若 $B = \varnothing$，则 $\Delta = a^2 - 4(a - 1) < 0$，无解；
若 $B = \{1\}$，则 $\begin{cases} \Delta = 0, \\ 1^2 - a + a - 1 = 0, \end{cases}$ 解得 $a = 2$；
若 $B = \{3\}$，则 $\begin{cases} \Delta = 0, \\ 3^2 - 3a + a - 1 = 0, \end{cases}$ 无解；
若 $B = \{1,3\}$，则 $\begin{cases} 1^2 - a + a - 1 = 0, \\ 3^2 - 3a + a - 1 = 0, \end{cases}$ 解得 $a = 4$.
故 $a = 2$ 或 $a = 4$.
②同上，对集合 C 分情况讨论，得 $-2 \leq b \leq 2$.

2. **解**　由 p 可得 x 的取值范围：$-2 \leq x \leq 10$，故 $\neg p$ 对应的集合 $A = \{x \mid x < -2$ 或 $x > 10\}$；由 q 可得 x 的取值范围：$1 - m \leq x \leq m + 1$，故 $\neg q$ 对应的集合 $B = \{x \mid x < 1 - m$ 或 $x > 1 + m\}$.

依题意¬p是¬q的必要不充分条件,所以$A \supsetneqq B$,即$1 - m \leq -2$且$1 + m \geq 10$且等号不能同时取得,解得$m \geq 9$.

3. 解　$A = \{x \mid x^2 - x - 6 < 0\} = \{x \mid -2 < x < 3\}$,$B = \{x \mid x - a \geq 0\} = \{x \mid x \geq a\}$.

(1)若$A \cap B = \varnothing$,则$a \geq 3$.(见图1-1)

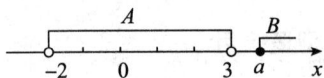 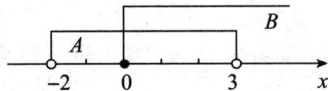

图1-1　　　　　　　　　　　　　　　　　图1-2

(2)存在.若$A \cap B = \{x \mid 0 \leq x < 3\}$,则$a = 0$,于是对应的$A \cup B = \{x \mid x > -2\}$.(见图1-2)

点评　利用数形结合的思想,将满足条件的集合在数轴上表示出来,从而求得集合的交集、并集、补集,既简单又直观,这是最基本、最常见的方法之一.

第二章　函数

【选择题】

1. C　解析　由$\begin{cases} 4 - |x| \geq 0, \\ \dfrac{x^2 - 5x + 6}{x - 3} > 0, \end{cases}$得$\begin{cases} -4 \leq x \leq 4, \\ x > 2 \text{且} x \neq 3, \end{cases}$即$2 < x < 3$或$3 < x \leq 4$,故函数的定义域为$(2,3) \cup (3,4]$.故选C.

2. A　解析　$\because f(-2) = 1 + \log_2 4 = 3$,$f(\log_2 12) = 2^{\log_2 12 - 1} = 2^{\log_2 6} = 6$,$\therefore f(-2) + f(\log_2 12) = 3 + 6 = 9$.故选A.

3. B　解析　显然函数$y = x^2 \sin x$为奇函数.而函数$y = |\ln x|$的定义域为$(0, +\infty)$,不关于原点对称,故为非奇非偶函数.$y = 2^{-x}$也是非奇非偶函数.对于选项B,令$f(x) = x^2 \cos x$,则$f(-x) = (-x)^2 \cdot \cos(-x) = x^2 \cos x = f(x)$,所以函数$y = x^2 \cos x$为偶函数.故选B.

4. D　解析　由题意知$f(-x) = f(x)$,$\therefore f(\log_{\frac{1}{2}} a) = f(-\log_2 a) = f(\log_2 a)$,$\therefore$原不等式可化为$f(\log_2 a) \leq f(1)$.又$f(x)$在$[0, +\infty)$上单调递增,$\therefore |\log_2 a| \leq 1$,解得$\dfrac{1}{2} \leq a \leq 2$.故选D.

5. C　解析　由$f(x) = 2^{|x - m|} - 1$是偶函数,得$m = 0$,则$f(x) = 2^{|x|} - 1$,且$f(x) = 2^{|x|} - 1$在$[0, +\infty)$上单调递增.又$a = f(\log_{0.5} 3) = f(\log_{\frac{1}{2}} 3) = f(-\log_2 3) = f(\log_2 3)$,$c = f(0)$,且$0 < \log_2 3 < \log_2 5$,故有$f(0) < f(\log_2 3) < f(\log_2 5)$,即$c < a < b$.故选C.

6. D　解析　因为一元二次不等式$f(x) < 0$的解集为$\left\{x \mid x < -1 \text{或} x > \dfrac{1}{2}\right\}$,所以可设$f(x) = a(x + 1)\left(x - \dfrac{1}{2}\right)(a < 0)$,由$f(10^x) > 0$,可得$(10^x + 1)\left(10^x - \dfrac{1}{2}\right) < 0$,即$10^x < \dfrac{1}{2}$,亦即$x < -\lg 2$.故选D.

7. C　解析　对于函数$f(x) = e^x - 1$,因为$f(-x) = e^{-x} - 1 \neq -f(x)$,所以$f(x) = e^x - 1$不是奇函数,排除A.由于函数$f(x) = x + \dfrac{1}{x}$满足$f(-x) = -f(x)$,且定义域关于原点对称,故$f(x) = x + \dfrac{1}{x}$是奇函数,但方程$f(x) = 0$无解,故不存在零点,排除B.由于函数$f(x) = \dfrac{2}{x} - x$满足$f(-x) = -f(x)$,且定义域关于原点对称,故$f(x) = \dfrac{2}{x} - x$是奇函数.又$f(1) \cdot f(2) = 1 \times (-1) < 0$,故$f(x)$在$(1,2)$上存在零点,C满足条件.对于函数$f(x) = \dfrac{2}{x} - x^2$,$f(-x) = \dfrac{2}{-x} - (-x)^2 \neq f(x)$,所以$f(x) = \dfrac{2}{x} - x^2$不是奇函数,排除D.故选C.

8. C　解析　方法一　要使函数$f(x) = \log_{\frac{1}{2}}(-x^2 + 4x + 5)$有意义,只需$-x^2 + 4x + 5 > 0$,即$x^2 - 4x - 5 < 0$,解得$-1 < x < 5$,所以函数$f(x)$的定义域为$(-1,5)$.设$u = -x^2 + 4x + 5$$(-1 < x < 5)$,则$u = -(x - 2)^2 + 9$$(-1 < x < 5)$.因为$y = \log_{\frac{1}{2}} u$在定义域内单调递减,$u = -(x - 2)^2 + 9$$(-1 < x < 5)$的单调递减区间为$[2,5)$,所以$f(x) = \log_{\frac{1}{2}}(-x^2 + 4x + 5)$的单调递增区间为$[2,5)$.因为函数$f(x)$在区间$(3m - 2, m + 2)$内单调递增,所以$(3m - 2, m + 2) \subseteq [2,5)$,所以$\begin{cases} 3m - 2 \geq 2, \\ m + 2 \leq 5, \\ 3m - 2 < m + 2, \end{cases}$解得$\dfrac{4}{3} \leq m < 2$,故实数$m$的取值范围为$\left[\dfrac{4}{3}, 2\right)$.故选C.

方法二　取$m = 2$,则$3m - 2 = m + 2 = 4$,不满足题意,所以$m \neq 2$,排除A、B、D.故选C.

9. A　解析　当$x \in (-2, -1)$时,有$x + 2 \in (0,1)$,所以$f(x + 2) = (x + 2)^2 - (x + 2) = x^2 + 3x + 2$.又因为$f(x + 1) = 2f(x)$,所以$f(x + 2) = 2f(x + 1) = 4f(x)$,故$f(x) = \dfrac{1}{4}x^2 + \dfrac{3}{4}x + \dfrac{1}{2} = \dfrac{1}{4}\left(x + \dfrac{3}{2}\right)^2 - \dfrac{1}{16}$.

显然,当 $x = -\dfrac{3}{2}$ 时, $f(x)$ 取得最小值 $-\dfrac{1}{16}$. 故选 A.

10. A **解析** $\because a = 2^{1.2} > 2, b = \left(\dfrac{1}{2}\right)^{-0.8} = 2^{0.8} < 2, \therefore 1 < b < 2 < a.$ 又 $\because c = 2\log_5 2 = \log_5 4 < 1, \therefore c < b < a.$ 故选 A.

11. D **解析** 由 $x^2 - 2x - 8 > 0$, 得 $x < -2$ 或 $x > 4$. 因此, 函数 $f(x) = \ln(x^2 - 2x - 8)$ 的定义域为 $(-\infty, -2) \cup (4, +\infty)$. 再注意到函数 $y = x^2 - 2x - 8$ 在 $(4, +\infty)$ 上单调递增, 由复合函数的单调性, 知 $f(x) = \ln(x^2 - 2x - 8)$ 的单调递增区间是 $(4, +\infty)$. 故选 D.

点评 ①对于 $y = \log_a f(x)$ 型的复合函数的单调性, 有以下结论: 函数 $y = \log_a f(x)$ 的单调性与函数 $u = f(x)(f(x) > 0)$ 的单调性在 $a > 1$ 时相同, 在 $0 < a < 1$ 时相反. ②研究 $y = f(\log_a x)$ 型的复合函数的单调性, 一般用换元法, 即令 $t = \log_a x$, 则只需研究 $t = \log_a x$ 及 $y = f(t)$ 的单调性即可.

12. C **解析** **方法一** 由函数 $y = \ln x$ 的图象(图略)知, 当 $0 < a - b < 1$ 时, $\ln(a - b) < 0$, 故选项 A 不正确; 因为函数 $y = 3^x$ 在 **R** 上单调递增, 所以当 $a > b$ 时, $3^a > 3^b$, 故选项 B 不正确; 因为函数 $y = x^3$ 在 **R** 上单调递增, 所以当 $a > b$ 时, $a^3 > b^3$, 即 $a^3 - b^3 > 0$, 故选项 C 正确; 当 $b < a < 0$ 时, $|a| < |b|$, 故选项 D 不正确. 故选 C.

方法二 当 $a = 0.3, b = -0.4$ 时, $\ln(a - b) < 0, 3^a > 3^b, |a| < |b|$, 故排除 A, B, D. 故选 C.

13. A **解析** $\because a = \log_2 7 > \log_2 4 = 2, b = \log_3 8 < \log_3 9 = 2, c = 0.3^{0.2} < 1, \therefore c < b < a.$ 故选 A.

14. C **解析** 令 $f(x) + 3x = 0$, 则 $\begin{cases} x \leqslant 0, \\ x^2 - 2x + 3x = 0 \end{cases}$ 或 $\begin{cases} x > 0, \\ 1 + \dfrac{1}{x} + 3x = 0, \end{cases}$ 解得 $x = 0$ 或 $x = -1$, 所以函数 $y = f(x) + 3x$ 的零点个数是 2. 故选 C.

15. D **解析** 选项 A 中的函数是偶函数; 选项 B 中的函数为奇函数; 选项 C 中的函数为偶函数; 只有选项 D 中的函数既不是奇函数也不是偶函数. 故选 D.

【填空题】

1. $[0, 1)$ **解析** 由 $\begin{cases} \lg(3x + 1) \geqslant 0, \\ 3x + 1 > 0, \\ 1 - x > 0, \end{cases}$ 得 $0 \leqslant x < 1$, 故函数的定义域为 $[0, 1)$.

2. 4 **解析** 由 $f(x)$ 的单调性可知存在唯一实数 k, 使得 $f(k) = 4$, 即 $f(x) = 3^x + k$. 令 $x = k$, 得 $f(k) = 3^k + k = 4$, 所以 $k = 1$, 从而 $f(x) = 3^x + 1$. 于是 $f(x) + f(-x) = 3^x + 3^{-x} + 2 \geqslant 2\sqrt{3^x \cdot 3^{-x}} + 2 = 4$, 当且仅当 $x = 0$ 时取等号, 故 $f(x) + f(-x)$ 的最小值为 4.

3. -1 **解析** 依题意有 $f\left(\dfrac{5}{2}\right) = f\left(-\dfrac{1}{2} + 3\right) = f\left(-\dfrac{1}{2}\right) = 4 \times \left(-\dfrac{1}{2}\right)^2 - 2 = -1.$

4. $\left(-2, \dfrac{2}{3}\right)$ **解析** 因为 $f(x) = x^3 + 3x$ 为奇函数, 且在定义域内为增函数, 所以由 $f(mx - 2) < f(-x)$, 得 $mx - 2 < -x$, 于是 $xm - 2 + x < 0$. 将不等式左端视作关于 m 的一次函数, 设 $g(m) = xm - 2 + x, m \in [-2, 2]$, 于是对任意的 $m \in [-2, 2], g(m) < 0$ 恒成立等价于 $\begin{cases} g(2) < 0, \\ g(-2) < 0, \end{cases}$ 解得 $-2 < x < \dfrac{2}{3}$, 即 $x \in \left(-2, \dfrac{2}{3}\right)$.

5. $\left[\dfrac{1}{2}, 2\right)$ **解析** 易知函数 $f(x) = x^3 + \sin x$ 在定义域 $[-1, 1]$ 上单调递增, 由 $f(\log_2 m) < f(\log_4(m + 2))$, 可得 $\begin{cases} -1 \leqslant \log_2 m \leqslant 1, \\ -1 \leqslant \log_4(m + 2) \leqslant 1, \\ \log_2 m < \log_4(m + 2), \\ m > 0, \\ m + 2 > 0, \end{cases}$ 即 $\begin{cases} \dfrac{1}{2} \leqslant m \leqslant 2, \\ -\dfrac{7}{4} \leqslant m \leqslant 2, \\ 0 < m < 2, \end{cases}$ 解得 $\dfrac{1}{2} \leqslant m < 2$, 故实数 m 的取值范围为 $\left[\dfrac{1}{2}, 2\right)$.

6. 8 **解析** 因为 $a = \cos 420° = \cos(360° + 60°) = \cos 60° = \dfrac{1}{2}$,

所以 $f(x) = \begin{cases} \left(\dfrac{1}{2}\right)^x, x \leqslant 0, \\ \log_{\frac{1}{2}} x, x > 0. \end{cases}$

于是 $f\left(\dfrac{1}{4}\right) = \log_{\frac{1}{2}} \dfrac{1}{4} = 2, f\left(\log_2 \dfrac{1}{6}\right) = 2^{\log_2 6} = 6$,

故 $f\left(\dfrac{1}{4}\right) + f\left(\log_2 \dfrac{1}{6}\right) = 2 + 6 = 8.$

7. 12　**解析**　因为 $\log_2 6 < \log_2 8 = 3$，所以 $f(\log_2 6) = f(\log_2 6 + 1) = f(\log_2 12)$. 而 $\log_2 12 > \log_2 8 = 3$，所以 $f(\log_2 12) = 2^{\log_2 12} = 12$，即 $f(\log_2 6) = 12$.

8. 2　**解析**　当 $x \leqslant 0$ 时，令 $f(x) = 0$，得 $x^2 - 1 = 0$，故 $x = -1$. 当 $x > 0$ 时，在同一个平面直角坐标系中画出 $y = 2 - x$ 和 $y = \ln x$ 的图象（图略），易知当 $x > 0$ 时，两图象交点个数为 1，即 $f(x)$ 在 $x > 0$ 时有 1 个零点. 综上所述，函数 $f(x)$ 的零点个数为 2.

9. $(-\infty, -1)$　**解析**　依题意，可知该问题相当于函数 $g(x) = \begin{cases} \log_2 x, & x > 0, \\ 2^x, & x \leqslant 0 \end{cases}$ 的图象与直线 $y = -x - a$ 只有 1 个交点，结合函数图象可知 $-a > 1$，即 $a < -1$，故 a 的取值范围为 $(-\infty, -1)$.

10. $(-\infty, 1]$　**解析**　$\because \lg \dfrac{1 + 2^x + (1-a)3^x}{3} \geqslant (x-1) \cdot \lg 3$，

$\therefore \lg \dfrac{1 + 2^x + (1-a)3^x}{3} \geqslant \lg \dfrac{3^x}{3}$，即 $\dfrac{1 + 2^x + (1-a)3^x}{3} \geqslant \dfrac{3^x}{3}$，

$\therefore a \leqslant \left(\dfrac{1 + 2^x}{3^x} \right)_{\min}, x \in (-\infty, 1]$.

$\because y = \dfrac{1 + 2^x}{3^x} = \left(\dfrac{1}{3} \right)^x + \left(\dfrac{2}{3} \right)^x$ 为减函数，

$\therefore$ 当 $x = 1$ 时，函数 $y = \dfrac{1 + 2^x}{3^x}$ 取得最小值，最小值为 1，

故 $a \leqslant 1$，即 a 的取值范围为 $(-\infty, 1]$.

【解答题】

1. 解　因为 $f'(x) = \dfrac{x}{\sqrt{1 + x^2}} - a$，所以要使 $f(x)$ 在 $[0, +\infty)$ 上是单调函数，则在区间 $[0, +\infty)$ 上，$f'(x) \geqslant 0$ 恒成立或 $f'(x) \leqslant 0$ 恒成立，且不恒为 0.

令 $g(x) = \dfrac{x}{\sqrt{1 + x^2}}$，则当 $x = 0$ 时，$g(x) = 0$；当 $x > 0$ 时，$g(x) = \dfrac{1}{\sqrt{1 + \frac{1}{x^2}}}$，而 $1 + \dfrac{1}{x^2} > 1$，所以 $0 <$

$g(x) < 1$. 所以当 $x \in [0, +\infty)$ 时，$0 \leqslant g(x) < 1$，则 $a \leqslant 0$ 或 $a \geqslant 1$.

又 $a > 0$，故 $a \geqslant 1$.

当 $a \geqslant 1$ 时，$f'(x) = g(x) - a < 0$ 恒成立.

从而当 $a \geqslant 1$ 时，$f(x)$ 在 $[0, +\infty)$ 上为单调函数.

2. 解　所给函数的定义域为 $\mathbf{R}$.

设 $u = x^2 - 2x - 3 = (x-1)^2 - 4 \geqslant -4$.

$\because y = \left(\dfrac{1}{3} \right)^u$ 是减函数，

$\therefore 0 < y \leqslant \left(\dfrac{1}{3} \right)^{-4} = 81$，即函数的值域为 $(0, 81]$.

$\because u = x^2 - 2x - 3 = (x-1)^2 - 4$ 在区间 $(-\infty, 1]$ 上为减函数，在区间 $[1, +\infty)$ 上为增函数，$y = \left(\dfrac{1}{3} \right)^u$

为减函数，$\therefore y = \left(\dfrac{1}{3} \right)^{x^2 - 2x - 3}$ 的减区间为 $[1, +\infty)$，增区间为 $(-\infty, 1]$.

点评　判别复合函数的单调性法则是"同增异减".

3. 解　原方程可化为 $a^{2x} - \left(a^2 + \dfrac{1}{a^2} \right) a^x + 1 = 0$，即 $\left(a^x - a^2 \right) \left(a^x - \dfrac{1}{a^2} \right) = 0$.

于是 $a^x = a^2$ 或 $a^x = a^{-2}$，故原方程的解为 $x = 2$ 或 $x = -2$.

4. 解　原方程可化为 $\lg(8 + 2^{x+1}) = 2x \lg 2$，即 $\lg(8 + 2^{x+1}) = \lg 2^{2x}$，

即 $(2^x)^2 - 2 \cdot 2^x - 8 = 0$，$(2^x - 4)(2^x + 2) = 0$，解得 $x = 2$.

5. 证明　由题设条件可得 $\log_a(a+1) > \log_a(a-1) > 0$，

则 $2\sqrt{\log_a(a-1) \cdot \log_a(a+1)} \leqslant \log_a(a-1) + \log_a(a+1) = \log_a(a^2 - 1) < \log_a a^2 = 2$.

故 $\log_a(a-1) \cdot \log_a(a+1) < 1$.

第三章　数列

【选择题】

1. B　**解析**　方法一　$\because a_2 + a_6 = 2a_4, \therefore a_6 = 2a_4 - a_2 = 4 - 4 = 0$. 故选 B.

方法二　$\because d = \dfrac{a_4 - a_2}{4 - 2} = -1, \therefore a_6 = a_2 + (6-2)d = 4 - 4 = 0$. 故选 B.

2. A　**解析**　方法一　∵ $\{a_n\}$ 为等差数列，∴ $a_1+a_3+a_5=3a_3=3$，∴ $a_3=1$.

∴ $S_5=\dfrac{5(a_1+a_5)}{2}=\dfrac{5\times 2a_3}{2}=5$. 故选 A.

方法二　设 $\{a_n\}$ 的公差为 d，则 $a_1+a_3+a_5=3a_1+6d=3$，即 $a_1+2d=1$.

∴ $S_5=5a_1+\dfrac{5\times 4}{2}d=5(a_1+2d)=5\times 1=5$. 故选 A.

3. B　**解析**　设数列 $\{a_n\}$ 的公差为 d，由题知 $a_2=2a_3+1$，$a_4=2a_3+7$，两式相减得 $2d=6$，所以 $d=3$，于是 $a_2=2(a_2+3)+1$，解得 $a_2=-7$. 所以 $a_5=a_2+(5-2)d=-7+9=2$. 故选 B.

4. C　**解析**　由 $a_{n+1}+a_{n-1}=2a_n=a_n^2$，解得 $a_n=2(n\geqslant 2)$（由于 $\{a_n\}$ 的每项都是正数）.

由 $b_{n+1}b_{n-1}=b_n^2=2b_n\neq 0$，解得 $b_n=2(n\geqslant 2)$. 所以 $\log_2(a_2+b_2)=\log_2 4=2$. 故选 C.

5. B　**解析**　设等比数列 $\{a_n\}$ 的公比为 q，则 $a_1+a_3+a_5=a_1(1+q^2+q^4)=21$. 又 $a_1=3$，所以 $q^4+q^2-6=0$，解得 $q^2=2$ 或 $q^2=-3$（舍去）.

所以 $a_3+a_5+a_7=q^2(a_1+a_3+a_5)=2\times 21=42$. 故选 B.

6. D　**解析**　设等比数列 $\{a_n\}$ 的公比为 q，由 $a_n a_{n+1}=16^n$，得 $a_{n+1}a_{n+2}=16^{n+1}$，

两式相除得 $\dfrac{a_{n+1}a_{n+2}}{a_n a_{n+1}}=\dfrac{16^{n+1}}{16^n}=16$，即 $q^2=16$.

因为 $a_n a_{n+1}=16^n$，所以公比 q 为正数，故 $q=4$，故选 D.

7. C　**解析**　∵ $a_3\cdot a_5=a_2\cdot a_6=16$，$a_3+a_5=10$，且等比数列 $\{a_n\}$ 单调递增，

∴ $a_3=2$，$a_5=8$，∴ 公比 $q=2$，$a_1=\dfrac{1}{2}$.

∴ $S_n=\dfrac{\dfrac{1}{2}(1-2^n)}{1-2}=2^{n-1}-\dfrac{1}{2}$. 故选 C.

8. D　**解析**　设等差数列 $\{a_n\}$ 的公差为 d. 由 $a_4-2a_7^2+3a_8=0$，得 $a_7-3d-2a_7^2+3(a_7+d)=0$，解得 $a_7=2$（因为 $a_n\neq 0$，所以含去 $a_7=0$）. 设等比数列 $\{b_n\}$ 的公比为 q. 又 $a_7=b_7=2$，所以 $b_2 b_8 b_{11}=b_5^3 b_{11}=\dfrac{b_7^2}{q^4}\cdot b_7 q^4=b_7^3=8$. 故选 D.

9. D　**解析**　因为 $\{a_n\}$ 为等差数列，$\{b_n\}$ 为等比数列，且 $a_{1\,003}+a_{1\,015}=\pi$，$b_6 b_9=2$，

所以 $a_1+a_{2\,017}=a_{1\,003}+a_{1\,015}=\pi$，$b_7 b_8=b_6 b_9=2$.

所以 $\tan\dfrac{a_1+a_{2\,017}}{1+b_7 b_8}=\tan\dfrac{\pi}{3}=\sqrt 3$. 故选 D.

10. A　**解析**　在等差数列中，$a_1+a_9=a_2+a_8=2a_5=8$，

所以 $(a_2+a_8)^2-a_5=64-4=60$. 故选 A.

11. C　**解析**　由 $a_{m-1}-a_m^2+a_{m+1}=1$ 可得 $2a_m-a_m^2=1$，即 $a_m^2-2a_m+1=0$，

解得 $a_m=1$. 由 $S_{2m-1}=\dfrac{(a_1+a_{2m-1})(2m-1)}{2}=a_m\cdot(2m-1)=11$，可得 $2m-1=11$，

解得 $m=6$，故选 C.

【填空题】

1. $\dfrac{3}{10}$　**解析**　不妨令 $S_3=1$，则 $S_6=3$. 因为 $\{a_n\}$ 是等差数列，所以 S_3，S_6-S_3，S_9-S_6，$S_{12}-S_9$ 成等差数列. 又 $S_3=1$，$S_6=3$，所以 $S_6-S_3=2$，所以 $S_9-S_6=3$，$S_{12}-S_9=4$，于是 $S_9=S_6+3=6$，$S_{12}=S_9+4=10$，所以 $\dfrac{S_6}{S_{12}}=\dfrac{3}{10}$.

2. $\dfrac{19}{2}$　**解析**　设 $\{a_n\}$ 的首项为 a_1，因为公差 $d=1$，所以 $8a_1+28=4(4a_1+6)$，解得 $a_1=\dfrac{1}{2}$. 故 $a_{10}=a_1+(10-1)d=\dfrac{1}{2}+9=\dfrac{19}{2}$.

3. 10　**解析**　∵ $a_3+a_4+a_5+a_6+a_7=5a_5=25$，即 $a_5=5$，∴ $a_2+a_8=2a_5=10$.

4. $\left(-1,-\dfrac{7}{8}\right)$　**解析**　由题意知 $\begin{cases} d<0,\\ a_8>0,\\ a_9<0, \end{cases}$ 即 $\begin{cases} d<0,\\ 7+7d>0,\\ 7+8d<0, \end{cases}$ 解得 $-1<d<-\dfrac{7}{8}$.

故等差数列 $\{a_n\}$ 的公差 d 的取值范围是 $\left(-1,-\dfrac{7}{8}\right)$.

5. $(-2)^{n-1}$　**解析**　当 $n=1$ 时，$a_1=S_1=\dfrac{2}{3}a_1+\dfrac{1}{3}$，解得 $a_1=1$；

当 $n \geqslant 2$ 时，$a_n = S_n - S_{n-1} = \dfrac{2}{3}a_n + \dfrac{1}{3} - \dfrac{2}{3}a_{n-1} - \dfrac{1}{3} = \dfrac{2}{3}a_n - \dfrac{2}{3}a_{n-1}$，即 $a_n = -2a_{n-1}$. 所以数列 $\{a_n\}$ 是以 1 为首项，-2 为公比的等比数列，故 $a_n = (-2)^{n-1}$.

综上所述，$a_n = (-2)^{n-1}$.

6. -2 **解析** 由 $S_3 + 3S_2 = 0$，得 $a_1 + a_2 + a_3 = -3(a_1 + a_2)$，即 $4a_1 + 4a_2 + a_3 = 0$，即 $4a_1 + 4a_1 q + a_1 q^2 = 0$，化简得 $q^2 + 4q + 4 = 0$，故 $q = -2$.

7. 63 **解析** $\because a_1 + a_3 = 5, a_1 a_3 = 4$，且数列 $\{a_n\}$ 是递增数列，$\therefore a_1 = 1, a_3 = 4$，从而公比 $q = 2$，故
$S_6 = \dfrac{a_1(1 - q^6)}{1 - q} = 63$.

8. $\dfrac{121}{3}$ **解析** **方法一** 设等比数列 $\{a_n\}$ 的公比为 q. 因为 $a_4^2 = a_6$，所以 $(a_1 q^3)^2 = a_1 q^5$，所以 $a_1 q = 1$. 又 $a_1 = \dfrac{1}{3}$，所以 $q = 3$，故 $S_5 = \dfrac{\frac{1}{3} \times (1 - 3^5)}{1 - 3} = \dfrac{121}{3}$.

方法二 设等比数列 $\{a_n\}$ 的公比为 q. 因为 $a_4^2 = a_6$，所以 $a_2 a_6 = a_6$，

所以 $a_2 = 1$. 又 $a_1 = \dfrac{1}{3}$，所以 $q = 3$.

所以 $S_5 = \dfrac{a_1(1 - q^5)}{1 - q} = \dfrac{\frac{1}{3} \times (1 - 3^5)}{1 - 3} = \dfrac{121}{3}$.

9. $\dfrac{20}{11}$ **解析** $\because a_1 = 1, a_{n+1} - a_n = n + 1 (n \in \mathbf{N}^*)$，

$\therefore a_n = a_1 + (a_2 - a_1) + (a_3 - a_2) + (a_4 - a_3) + \cdots + (a_n - a_{n-1}) = 1 + 2 + 3 + 4 + \cdots + n = \dfrac{n(n+1)}{2}$.

于是 $\dfrac{1}{a_n} = \dfrac{2}{n(n+1)} = 2\left(\dfrac{1}{n} - \dfrac{1}{n+1}\right)$. 故数列 $\left\{\dfrac{1}{a_n}\right\}$ 的前 10 项和为

$S_{10} = 2 \times \left(1 - \dfrac{1}{2} + \dfrac{1}{2} - \dfrac{1}{3} + \cdots + \dfrac{1}{10} - \dfrac{1}{11}\right) = 2 \times \left(1 - \dfrac{1}{11}\right) = \dfrac{20}{11}$.

10. $\pm 4\sqrt{2}$ **解析** 因为 $S_9 = -36, S_{13} = -104$，所以由等差数列的性质可得
$9a_5 = -36, 13a_7 = -104$，即 $a_5 = -4, a_7 = -8$，
所以 a_5 与 a_7 的等比中项为 $\pm \sqrt{a_5 \cdot a_7} = \pm 4\sqrt{2}$.

【解答题】

1. **解** (1) 设数列 $\{a_n\}$ 的公差为 d. 由条件得 $\begin{cases} 2a_1 + 4d = 6, \\ a_1 + 5d = 3a_1 + 3d, \end{cases}$ 解得 $\begin{cases} a_1 = 1, \\ d = 1. \end{cases}$

故 $a_n = n$.

(2) 由 (1) 可得 $S_n = \dfrac{n(n+1)}{n}$. 由题意知 $a_{3k}^2 = a_k \cdot S_{2k}$，即 $9k^2 = k \cdot k(2k+1)$，解得 $k = 4$ 或 $k = 0$（舍去）.

2. **解** (1) 由题设条件可知数列 $\{a_n\}$ 是首项为 1，公比 $q = 2$ 的等比数列，
故 $a_n = 2^{n-1}$.
因为 $b_1 - a_1 = 3 - 1 = 2, b_2 - a_2 = 6 - 2 = 4$，所以数列 $\{b_n - a_n\}$ 的公差 $d = 2$.
所以 $b_n - a_n = (b_1 - a_1) + (n-1)d = 2n$，即 $b_n = 2n + 2^{n-1}$.
(2) $T_n = b_1 + b_2 + \cdots + b_n = 2(1 + 2 + \cdots + n) + (1 + 2 + 2^2 + \cdots + 2^{n-1})$
$= \dfrac{2(1+n)n}{2} + \dfrac{1 \times (1 - 2^n)}{1 - 2}$
$= n(n+1) + 2^n - 1$.

3. (1) **证明** 因为 $f(x) = x^2 + bx$ 为偶函数，所以 $b = 0$，则 $a_{n+1} = 2(a_n - 1)^2 + 1$，
即 $a_{n+1} - 1 = 2(a_n - 1)^2$，则 $\log_2(a_{n+1} - 1) = 2\log_2(a_n - 1) + 1$，即 $b_{n+1} = 2b_n + 1$，
即 $b_{n+1} + 1 = 2(b_n + 1)$.
又 $b_1 + 1 = \log_2(a_1 - 1) + 1 = \log_2(3 - 1) + 1 = \log_2 2 + 1 = 2$，
所以数列 $\{b_n + 1\}$ 是首项为 2，公比为 2 的等比数列.
(2) **解** 由 (1) 知 $b_n = 2^n - 1$，则 $c_n = n \cdot b_n = n \cdot 2^n - n$.
记 $S = 1 \times 2^1 + 2 \times 2^2 + 3 \times 2^3 + \cdots + n \cdot 2^n$，
则 $2S = 1 \times 2^2 + 2 \times 2^3 + 3 \times 2^4 + \cdots + n \cdot 2^{n+1}$，
两式相减得 $-S = 2 + 2^2 + 2^3 + \cdots + 2^n - n \cdot 2^{n+1} = \dfrac{2(1 - 2^n)}{1 - 2} - n \cdot 2^{n+1} = (1 - n) \cdot 2^{n+1} - 2$.

所以 $S = 2 + (n-1) \cdot 2^{n+1}$,

故 $S_n = 2 + (n-1) \cdot 2^{n+1} - \dfrac{n(n+1)}{2}$.

4. 解 （1）依题意得 $a_n \neq 0$, $-\dfrac{2^{-n} - a_{n+1}}{2 \times \dfrac{1}{2} a_n} = \dfrac{1}{2}$, 化简整理得 $a_{n+1} = \dfrac{1}{2} a_n + \dfrac{1}{2^n}$, 左、右两边同乘 2^{n+1},

得 $2^{n+1} a_{n+1} = 2^n a_n + 2$, 即 $2^{n+1} a_{n+1} - 2^n a_n = 2$.

又 $2a_1 = 2$, 所以数列 $\{2^n a_n\}$ 是首项为 2, 公差为 2 的等差数列.

故 $2^n a_n = 2 + (n-1) \cdot 2 = 2n$, 即 $a_n = \dfrac{n}{2^{n-1}}$.

（2）$S_n = \dfrac{1}{2^0} + \dfrac{2}{2^1} + \dfrac{3}{2^2} + \cdots + \dfrac{n-1}{2^{n-2}} + \dfrac{n}{2^{n-1}}$,

$\dfrac{1}{2} S_n = \dfrac{1}{2^1} + \dfrac{2}{2^2} + \dfrac{3}{2^3} + \cdots + \dfrac{n-1}{2^{n-1}} + \dfrac{n}{2^n}$,

两式相减得:

$\dfrac{1}{2} S_n = 1 + \dfrac{1}{2^1} + \dfrac{1}{2^2} + \dfrac{1}{2^3} + \cdots + \dfrac{1}{2^{n-1}} - \dfrac{n}{2^n}$

$= \dfrac{1 - \left(\dfrac{1}{2}\right)^n}{1 - \dfrac{1}{2}} - \dfrac{n}{2^n}$,

整理得 $S_n = 4 - \dfrac{n+2}{2^{n-1}}$.

要使 $S_n < 3$ 成立, 即 $4 - \dfrac{n+2}{2^{n-1}} < 3$ 成立, 即 $n + 2 > 2^{n-1}$ 成立,

故 $n = 1, 2, 3$.

5. （1）**证明** 由已知条件可得:

$\dfrac{a_{n+1}}{n+1} - \dfrac{a_n}{n} = 1$, 所以数列 $\left\{\dfrac{a_n}{n}\right\}$ 是以 $\dfrac{a_1}{1} = 1$ 为首项, 1 为公差的等差数列.

（2）**解** 由（1）得 $\dfrac{a_n}{n} = 1 + (n-1) \times 1 = n$, 故 $a_n = n^2$, $b_n = n \cdot 3^n$.

所以 $S_n = 1 \times 3^1 + 2 \times 3^2 + 3 \times 3^3 + \cdots + (n-1) \cdot 3^{n-1} + n \cdot 3^n$,

$3S_n = 1 \times 3^2 + 2 \times 3^3 + 3 \times 3^4 + \cdots + (n-1) \cdot 3^n + n \cdot 3^{n+1}$,

两式相减得:

$-2S_n = 3^1 + 3^2 + 3^3 + \cdots + 3^n - n \cdot 3^{n+1} = \dfrac{3(1 - 3^n)}{1 - 3} - n \cdot 3^{n+1}$,

化简整理, 得 $S_n = \dfrac{(2n-1) \cdot 3^{n+1} + 3}{4}$.

第四章 三角函数与解三角形

【选择题】

1. B **解析** **方法一** 依题意得 $4\sin \alpha \cos \alpha = 2\cos^2 \alpha$. 由 $\alpha \in \left(0, \dfrac{\pi}{2}\right)$, 知 $\cos \alpha > 0$, 所以 $2\sin \alpha = \cos \alpha$. 又 $\sin^2 \alpha + \cos^2 \alpha = 1$, 所以 $\sin^2 \alpha + 4\sin^2 \alpha = 1$, 即 $\sin^2 \alpha = \dfrac{1}{5}$. 因为 $\alpha \in \left(0, \dfrac{\pi}{2}\right)$, 所以 $\sin \alpha = \dfrac{\sqrt{5}}{5}$. 故选 B.

方法二 依题意得 $\dfrac{\sin 2\alpha}{1 + \cos 2\alpha} = \dfrac{1}{2}$, 即 $\tan \alpha = \dfrac{1}{2}$,

所以 $\sin \alpha = \sqrt{\dfrac{\sin^2 \alpha}{\sin^2 \alpha + \cos^2 \alpha}} = \sqrt{\dfrac{\tan^2 \alpha}{\tan^2 \alpha + 1}} = \dfrac{\sqrt{5}}{5}$. 故选 B.

2. B **解析** **方法一** 由题意知 $\cos \alpha > 0$, 因为 $\cos 2\alpha = 2\cos^2 \alpha - 1 = \dfrac{2}{3}$,

所以 $\cos \alpha = \sqrt{\dfrac{5}{6}}$, $\sin \alpha = \pm \sqrt{\dfrac{1}{6}}$, 从而得 $|\tan \alpha| = \dfrac{\sqrt{5}}{5}$.

由题意知 $|\tan \alpha| = \left| \dfrac{a-b}{1-2} \right|$, 所以 $|a-b| = \dfrac{\sqrt{5}}{5}$. 故选 B.

方法二 因为点 A 和 B 为角 α 的终边上的两点, 所以 $\dfrac{1}{2} = \dfrac{a}{b}$, 即 $b = 2a$.

由三角函数的定义, 得 $\cos \alpha = \dfrac{1}{\sqrt{1+a^2}}$, $\cos 2\alpha = 2\cos^2 \alpha - 1 = \dfrac{2}{1+a^2} - 1 = \dfrac{2}{3}$,

解得 $|a| = \dfrac{\sqrt{5}}{5}$. 故 $|a-b| = |a-2a| = |a| = \dfrac{\sqrt{5}}{5}$. 故选 B.

3. D **解析** **方法一** 由 $\tan \theta = -\dfrac{1}{3}$, 得 $\sin \theta = -\dfrac{\sqrt{10}}{10}$, $\cos \theta = \dfrac{3\sqrt{10}}{10}$ 或 $\sin \theta = \dfrac{\sqrt{10}}{10}$, $\cos \theta = -\dfrac{3\sqrt{10}}{10}$.

所以 $\cos 2\theta = \cos^2 \theta - \sin^2 \theta = \dfrac{4}{5}$. 故选 D.

方法二 $\cos 2\theta = \dfrac{\cos^2 \theta - \sin^2 \theta}{\cos^2 \theta + \sin^2 \theta} = \dfrac{1 - \tan^2 \theta}{1 + \tan^2 \theta} = \dfrac{1 - \left(-\dfrac{1}{3}\right)^2}{1 + \left(-\dfrac{1}{3}\right)^2} = \dfrac{4}{5}$. 故选 D.

4. B **解析** $\sin 133° \cos 197° + \cos 47° \cos 73°$

$= -\sin 47° \cos 17° + \cos 47° \cos 73°$

$= -\sin 47° \sin 73° + \cos 47° \cos 73°$

$= \cos 120° = -\dfrac{1}{2}$. 故选 B.

5. C **解析** **方法一** 由 $\sin \left(\theta - \dfrac{\pi}{6}\right) = \dfrac{1}{2}$, 且 $\theta \in \left(0, \dfrac{\pi}{2}\right)$, 得 $\theta = \dfrac{\pi}{3}$.

所以 $\cos \left(\theta - \dfrac{\pi}{3}\right) = \cos 0 = 1$. 故选 C.

方法二 由 $\sin \left(\theta - \dfrac{\pi}{6}\right) = \dfrac{1}{2}$, 且 $\theta \in \left(0, \dfrac{\pi}{2}\right)$, 得 $\cos \left(\theta - \dfrac{\pi}{6}\right) = \dfrac{\sqrt{3}}{2}$.

所以 $\cos \left(\theta - \dfrac{\pi}{3}\right) = \cos \left[\left(\theta - \dfrac{\pi}{6}\right) - \dfrac{\pi}{6}\right] = \cos \left(\theta - \dfrac{\pi}{6}\right)\cos \dfrac{\pi}{6} + \sin \left(\theta - \dfrac{\pi}{6}\right)\sin \dfrac{\pi}{6} = 1$. 故选 C.

6. A **解析** 依题意得函数 $f(x)$ 的最小正周期 $T = \dfrac{2\pi}{\omega} = 2 \times \left(\dfrac{3\pi}{4} - \dfrac{\pi}{4}\right) = \pi$, 解得 $\omega = 2$. 故选 A.

7. C **解析** 因为 $f(x) = A\sin(\omega x + \varphi)$ $(A > 0, \omega > 0, |\varphi| < \pi)$ 是奇函数, 且其最小正周期为 π, 所以 $\varphi = 0, \omega = 2$, 即 $f(x) = A\sin 2x$, $g(x) = A\sin x$.

又 $g\left(\dfrac{\pi}{4}\right) = A\sin \dfrac{\pi}{4} = \sqrt{2}$, 所以 $A = 2$.

故 $f(x) = 2\sin 2x$, 即 $f\left(\dfrac{3\pi}{8}\right) = 2\sin \dfrac{3\pi}{4} = \sqrt{2}$. 故选 C.

8. B **解析** $f(x) = 2\cos^2 x - \sin^2 x + 2 = 3\cos^2 x + 1 = \dfrac{3}{2}(2\cos^2 x - 1) + \dfrac{3}{2} + 1 = \dfrac{3}{2}\cos 2x + \dfrac{5}{2}$,

所以 $f(x)$ 的最小正周期为 π, 当 $x = k\pi (k \in \mathbf{Z})$ 时, $f(x)$ 取得最大值, 最大值为 4. 故选 B.

9. B **解析** 因为 $y = \cos 2x - \sqrt{3}\sin 2x = 2\cos \left(2x + \dfrac{\pi}{3}\right) = 2\cos \left[2\left(x + \dfrac{\pi}{6}\right)\right]$,

所以要得到函数 $y = 2\cos 2x$ 的图象, 可以将函数 $y = \cos 2x - \sqrt{3}\sin 2x$ 的图象向右平移 $\dfrac{\pi}{6}$ 个单位长度. 故选 B.

点评 解答本题易出现两个错误:

(1) 将函数 $y = \cos 2x - \sqrt{3}\sin 2x$ 化为 $y = 2\cos \left[2\left(x - \dfrac{\pi}{6}\right)\right]$, 从而错选 A;

(2) 不注意两个函数中 x 的系数为 2, 认为平移 $\dfrac{\pi}{3}$ 个单位长度, 从而错选 C 或 D.

10. A **解析** 由题意及正弦定理, 可得 $b^2 - a^2 = -4c^2$,

所以由余弦定理的推论得 $\cos A = \dfrac{b^2 + c^2 - a^2}{2bc} = \dfrac{-3c^2}{2bc} = -\dfrac{1}{4}$,

得 $\dfrac{b}{c}=6$. 故选 A.

11. A 解析 因为 $\cos\dfrac{C}{2}=\dfrac{\sqrt5}{5}$, 所以 $\cos C=2\cos^2\dfrac{C}{2}-1=2\times\left(\dfrac{\sqrt5}{5}\right)^2-1=-\dfrac{3}{5}$.

于是, 在 $\triangle ABC$ 中, 由余弦定理得

$$AB^2=AC^2+BC^2-2AC\times BC\times\cos C=5^2+1^2-2\times5\times1\times\left(-\dfrac{3}{5}\right)=32,$$

所以 $AB=4\sqrt2$. 故选 A.

12. C 解析 因为 $S_{\triangle ABC}=\dfrac{1}{2}ab\sin C$, 所以 $\dfrac{a^2+b^2-c^2}{4}=\dfrac{1}{2}ab\sin C$.

由余弦定理 $a^2+b^2-c^2=2ab\cos C$, 得 $ab\cos C=ab\sin C$, 即 $\cos C=\sin C$,

所以在 $\triangle ABC$ 中, $C=\dfrac{\pi}{4}$. 故选 C.

13. C 解析 由题意及正弦定理可得 $6a=4b=3c$, 则可设 $a=2k,b=3k,c=4k,k>0$, 则 $\cos C=\dfrac{4k^2+9k^2-16k^2}{2\times2k\times3k}<0$, 所以 C 是钝角, 故 $\triangle ABC$ 是钝角三角形. 故选 C.

14. B 解析 因为在 $\triangle ABC$ 中, $A-B=\dfrac{\pi}{2}$, 所以 $A=B+\dfrac{\pi}{2}$,

所以 $\sin A=\sin\left(B+\dfrac{\pi}{2}\right)=\cos B$.

又因为 $a=\sqrt3 b$, 所以由正弦定理得 $\sin A=\sqrt3\sin B$,

所以 $\cos B=\sqrt3\sin B$, 即 $\tan B=\dfrac{\sqrt3}{3}$.

因为 $B\in(0,\pi)$, 所以 $B=\dfrac{\pi}{6}$. 故 $C=\pi-\left(\dfrac{\pi}{6}+\dfrac{\pi}{2}\right)-\dfrac{\pi}{6}=\dfrac{\pi}{6}$. 故选 B.

15. A 解析 在 $\triangle ABC$ 中, 因为 $\tan C=\dfrac{3}{4}$, 所以 $\sin C=\dfrac{3}{5},\cos C=\dfrac{4}{5}$.

又 $A=\dfrac{3\pi}{4}$, 所以 $\sin B=\sin(A+C)=\sin\left(\dfrac{3\pi}{4}+C\right)=\dfrac{\sqrt2}{2}(\cos C-\sin C)=\dfrac{\sqrt2}{10}$.

由正弦定理 $\dfrac{b}{\sin B}=\dfrac{c}{\sin C}$, 得 $\dfrac{2}{\dfrac{\sqrt2}{10}}=\dfrac{c}{\dfrac{3}{5}}$, 解得 $c=6\sqrt2$,

故 $\triangle ABC$ 的面积 $S=\dfrac{1}{2}bc\sin A=6$. 故选 A.

【填空题】

1. -1 解析 原式 $=\dfrac{\sin^2\alpha+\cos^2\alpha}{\sin^2\alpha-\sin\alpha\cos\alpha-2\cos^2\alpha}=\dfrac{\tan^2\alpha+1}{\tan^2\alpha-\tan\alpha-2}=\dfrac{\dfrac{1}{4}+1}{\dfrac{1}{4}+\dfrac{1}{2}-2}=-1$.

2. $\dfrac{5\pi}{6}$ 解析 因为原函数的解析式可化为 $y=\sin\left(2x+\varphi+\dfrac{\pi}{2}\right)$, 所以图象平移后的解析式为 $y=\sin\left(2x-\pi+\varphi+\dfrac{\pi}{2}\right)=\sin\left(2x+\dfrac{\pi}{3}\right)$, 即 $-\pi+\varphi+\dfrac{\pi}{2}=\dfrac{\pi}{3}$, 即 $\varphi=\dfrac{5\pi}{6}$.

3. $\dfrac{\sqrt2-1}{2}$ 解析 $y=\sin x(\cos x-\sin x)=\sin x\cos x-\sin^2 x=\dfrac{1}{2}\sin 2x-\dfrac{1-\cos 2x}{2}=$

$\dfrac{1}{2}(\sin 2x+\cos 2x)-\dfrac{1}{2}=\dfrac{\sqrt2}{2}\sin\left(2x+\dfrac{\pi}{4}\right)-\dfrac{1}{2}$.

$\because 0<x<\dfrac{\pi}{4},\therefore\dfrac{\pi}{4}<2x+\dfrac{\pi}{4}<\dfrac{3\pi}{4}$,

$\therefore$ 当 $2x+\dfrac{\pi}{4}=\dfrac{\pi}{2}$, 即 $x=\dfrac{\pi}{8}$ 时, $\sin\left(2\times\dfrac{\pi}{8}+\dfrac{\pi}{4}\right)=\sin\dfrac{\pi}{2}=1$.

故 $y_{\max}=\dfrac{\sqrt2-1}{2}$.

4. $\dfrac{2\pi}{3}$ 解析 利用正弦定理可将 $3\sin A=5\sin B$ 化为 $3a=5b$, 代入 $b+c=2a$, 可得 $c=\dfrac{7}{3}b$.

由余弦定理的推可得 $\cos C = \dfrac{b^2+a^2-c^2}{2ab} = -\dfrac{1}{2}$，故 $C=\dfrac{2\pi}{3}$.

5.2 **解析** 由题设条件及正弦定理可得

$\dfrac{1}{\sin A} = \dfrac{\sqrt{3}}{\sin B} = \dfrac{\sqrt{3}}{\sin 2A} = \dfrac{\sqrt{3}}{2\sin A\cos A}$，所以 $\cos A = \dfrac{\sqrt{3}}{2}$，所以 $A=30°$.

又由余弦定理得 $1^2=(\sqrt{3})^2+c^2-2c\times\sqrt{3}\times\dfrac{\sqrt{3}}{2}$，即 $c^2-3c+2=0$，解得 $c=1$ 或 $c=2$.

当 $c=1$ 时，$\triangle ABC$ 为等腰三角形，$A=C=30°$，$B=2A=60°$，不满足三角形内角和定理，故 $c=2$.

6. $\dfrac{\sqrt{6}-\sqrt{2}}{4}$ **解析** 由正弦定理可得 $a+\sqrt{2}b=2c$，又 $\cos C=\dfrac{a^2+b^2-c^2}{2ab}=\dfrac{a^2+b^2-\frac{1}{4}(a+\sqrt{2}b)^2}{2ab}=$

$\dfrac{3a^2+2b^2-2\sqrt{2}ab}{8ab} \geqslant \dfrac{2\sqrt{6}ab-2\sqrt{2}ab}{8ab}=\dfrac{\sqrt{6}-\sqrt{2}}{4}$，当且仅当 $\sqrt{3}a=\sqrt{2}b$ 时取等号，

所以 $\cos C$ 的最小值是 $\dfrac{\sqrt{6}-\sqrt{2}}{4}$.

7. $-\dfrac{\sqrt{10}}{5}$ **解析** **方法一** 由 θ 是第二象限角，且 $\tan\left(\theta+\dfrac{\pi}{4}\right)=\dfrac{1}{2}$，得 $\sin\left(\theta+\dfrac{\pi}{4}\right)=-\dfrac{\sqrt{5}}{5}$，故

$\sin\theta+\cos\theta=\sqrt{2}\sin\left(\theta+\dfrac{\pi}{4}\right)=-\dfrac{\sqrt{10}}{5}$.

方法二 将 $\tan\left(\theta+\dfrac{\pi}{4}\right)=\dfrac{1}{2}$ 展开，解得 $\tan\theta=-\dfrac{1}{3}$. 又 θ 为第二象限角，则 $\sin\theta=\dfrac{1}{\sqrt{10}}$，$\cos\theta=$

$-\dfrac{3}{\sqrt{10}}$，故 $\sin\theta+\cos\theta=-\dfrac{2}{\sqrt{10}}=-\dfrac{\sqrt{10}}{5}$.

8.5 **解析** 由 $23\cos^2 A+\cos 2A=0$，得 $23\cos^2 A+2\cos^2 A-1=0$，解得 $\cos A=\dfrac{1}{5}$ 或 $\cos A=-\dfrac{1}{5}$（舍

去）. 再由余弦定理，知 $a^2=b^2+c^2-2bc\cos A$，代入数据，得 $5b^2-12b-65=0$，解得 $b=5$.

9. $2-\sqrt{3}$ **解析** 当 $0\leqslant x\leqslant 9$ 时，$-\dfrac{\pi}{3}\leqslant\dfrac{\pi x}{6}-\dfrac{\pi}{3}\leqslant\dfrac{7\pi}{6}$，所以 $-\dfrac{\sqrt{3}}{2}\leqslant\sin\left(\dfrac{\pi x}{6}-\dfrac{\pi}{3}\right)\leqslant 1$，

所以函数 $y=2\sin\left(\dfrac{\pi x}{6}-\dfrac{\pi}{3}\right)(0\leqslant x\leqslant 9)$ 的最大值为 2，最小值为 $-\sqrt{3}$，其和为 $2-\sqrt{3}$.

【解答题】

1. **解** （1）由已知条件可得 $g(x)=\sin\left(2x+\dfrac{\pi}{3}\right)$，则 $h(x)=\sin 2x-\sin\left(2x+\dfrac{\pi}{3}\right)=\sin\left(2x-\dfrac{\pi}{3}\right)$.

令 $-\dfrac{\pi}{2}+2k\pi\leqslant 2x-\dfrac{\pi}{3}\leqslant\dfrac{\pi}{2}+2k\pi$，$k\in\mathbf{Z}$，得 $-\dfrac{\pi}{12}+k\pi\leqslant x\leqslant\dfrac{5\pi}{12}+k\pi$，$k\in\mathbf{Z}$.

故函数 $h(x)$ 的单调递增区间为 $\left[-\dfrac{\pi}{12}+k\pi,\dfrac{5\pi}{12}+k\pi\right]$，$k\in\mathbf{Z}$.

（2）由 $g\left(\alpha+\dfrac{\pi}{6}\right)=\dfrac{1}{3}$，得 $\sin\left[2\left(\alpha+\dfrac{\pi}{6}\right)+\dfrac{\pi}{3}\right]=\sin\left(2\alpha+\dfrac{2\pi}{3}\right)=\dfrac{1}{3}$，

所以 $\sin\left(2\alpha-\dfrac{\pi}{3}\right)=-\dfrac{1}{3}$，即 $h(\alpha)=-\dfrac{1}{3}$.

2. **解** （1）因为 $\tan\alpha=\dfrac{4}{3}$，$\tan\alpha=\dfrac{\sin\alpha}{\cos\alpha}$，所以 $\sin\alpha=\dfrac{4}{3}\cos\alpha$.

又 $\sin^2\alpha+\cos^2\alpha=1$，所以 $\cos^2\alpha=\dfrac{9}{25}$.

故 $\cos 2\alpha=2\cos^2\alpha-1=-\dfrac{7}{25}$.

（2）因为 α,β 为锐角，所以 $\alpha+\beta\in(0,\pi)$.

因为 $\cos(\alpha+\beta)=-\dfrac{\sqrt{5}}{5}$，所以 $\sin(\alpha+\beta)=\sqrt{1-\cos^2(\alpha+\beta)}=\dfrac{2\sqrt{5}}{5}$，

因此 $\tan(\alpha+\beta)=-2$.

又 $\tan\alpha=\dfrac{4}{3}$，所以 $\tan 2\alpha=\dfrac{2\tan\alpha}{1-\tan^2\alpha}=-\dfrac{24}{7}$.

故 $\tan(\alpha-\beta)=\tan[2\alpha-(\alpha+\beta)]=\dfrac{\tan 2\alpha-\tan(\alpha+\beta)}{1+\tan 2\alpha\cdot\tan(\alpha+\beta)}=-\dfrac{2}{11}$.

3. 解 （1）因为 $f(x)=\dfrac{1}{2}-\dfrac{1}{2}\cos 2x+\dfrac{\sqrt{3}}{2}\sin 2x=\sin\left(2x-\dfrac{\pi}{6}\right)+\dfrac{1}{2}$,

所以 $f(x)$ 的最小正周期 $T=\dfrac{2\pi}{2}=\pi$.

（2）由（1）知 $f(x)=\sin\left(2x-\dfrac{\pi}{6}\right)+\dfrac{1}{2}$,

依题意知 $-\dfrac{\pi}{3}\leqslant x\leqslant m$,

所以 $-\dfrac{5\pi}{6}\leqslant 2x-\dfrac{\pi}{6}\leqslant 2m-\dfrac{\pi}{6}$.

要使得 $f(x)$ 在 $\left[-\dfrac{\pi}{3},m\right]$ 上的最大值为 $\dfrac{3}{2}$,则 $y=\sin\left(2x-\dfrac{\pi}{6}\right)$ 在 $\left[-\dfrac{\pi}{3},m\right]$ 上的最大值为 1,所以

$2m-\dfrac{\pi}{6}\geqslant\dfrac{\pi}{2}$,即 $m\geqslant\dfrac{\pi}{3}$.

故 m 的最小值为 $\dfrac{\pi}{3}$.

4. 解 （1）因为 $a=3c,b=\sqrt{2},\cos B=\dfrac{2}{3}$,

由余弦定理的推论 $\cos B=\dfrac{a^2+c^2-b^2}{2ac}$,得 $\dfrac{2}{3}=\dfrac{(3c)^2+c^2-(\sqrt{2})^2}{2\cdot 3c\cdot c}$,即 $c^2=\dfrac{1}{3}$,故 $c=\dfrac{\sqrt{3}}{3}$.

（2）因为 $\dfrac{\sin A}{a}=\dfrac{\cos B}{2b}$,

所以由正弦定理 $\dfrac{a}{\sin A}=\dfrac{b}{\sin B}$,得 $\dfrac{\cos B}{2b}=\dfrac{\sin B}{b}$,所以 $\cos B=2\sin B$.

从而 $\cos^2 B=(2\sin B)^2$,即 $\cos^2 B=4(1-\cos^2 B)$,故 $\cos^2 B=\dfrac{4}{5}$.

因为 $\sin B>0$,所以 $\cos B=2\sin B>0$.

从而 $\cos B=\dfrac{2\sqrt{5}}{5}$,故 $\sin\left(B+\dfrac{\pi}{2}\right)=\cos B=\dfrac{2\sqrt{5}}{5}$.

5. 解 （1）在 $\triangle ABC$ 中,由正弦定理 $\dfrac{b}{\sin B}=\dfrac{c}{\sin C}$,得 $b\sin C=c\sin B$.

又由 $3c\sin B=4a\sin C$,得 $3b\sin C=4a\sin C$,又 $\sin C>0$,故 $3b=4a$.

又因为 $b+c=2a$,所以 $b=\dfrac{4}{3}a,c=\dfrac{2}{3}a$.

由余弦定理的推论可得 $\cos B=\dfrac{a^2+c^2-b^2}{2ac}=\dfrac{a^2+\dfrac{4}{9}a^2-\dfrac{16}{9}a^2}{2\cdot a\cdot\dfrac{2}{3}a}=-\dfrac{1}{4}$.

（2）由（1）可得 $\sin B=\sqrt{1-\cos^2 B}=\dfrac{\sqrt{15}}{4}$.

从而 $\sin 2B=2\sin B\cos B=-\dfrac{\sqrt{15}}{8},\cos 2B=\cos^2 B-\sin^2 B=-\dfrac{7}{8}$,

故 $\sin\left(2B+\dfrac{\pi}{6}\right)=\sin 2B\cos\dfrac{\pi}{6}+\cos 2B\sin\dfrac{\pi}{6}=-\dfrac{3\sqrt{5}+7}{16}$.

6. 解 （1）由正弦定理可得 $\sqrt{3}\sin A\cos C=(2\sin B-\sqrt{3}\sin C)\cos A$,

从而可得 $\sqrt{3}\sin(A+C)=2\sin B\cos A$,即 $\sqrt{3}\sin B=2\sin B\cos A$.

又 B 为三角形的内角,所以 $\sin B\neq 0$,于是 $\cos A=\dfrac{\sqrt{3}}{2}$.

又 A 为三角形的内角,所以 $A=\dfrac{\pi}{6}$.

（2）由 $a^2=b^2+c^2-2bc\cos A$,得 $4=b^2+c^2-2bc\times\dfrac{\sqrt{3}}{2}\geqslant 2bc-\sqrt{3}bc$,

所以 $bc\leqslant\dfrac{4}{2-\sqrt{3}}=4(2+\sqrt{3})$,

故 $S = \dfrac{1}{2} bc \sin A \leqslant 2 + \sqrt{3}$. 故 $\triangle ABC$ 面积的最大值为 $2 + \sqrt{3}$.

7. 解 （1）将 $\sin \dfrac{B}{2} - \cos \dfrac{B}{2} = \dfrac{1}{4}$ 两边同时平方得

$1 - \sin B = \dfrac{1}{16}$，即 $\sin B = \dfrac{15}{16}$，故 $\cos B = \pm \dfrac{\sqrt{31}}{16}$.

又 $\sin \dfrac{B}{2} - \cos \dfrac{B}{2} = \dfrac{1}{4} > 0$，所以 $\sin \dfrac{B}{2} > \cos \dfrac{B}{2}$，所以 $\dfrac{B}{2} \in \left(\dfrac{\pi}{4}, \dfrac{\pi}{2} \right)$，即 $B \in \left(\dfrac{\pi}{2}, \pi \right)$，故 $\cos B =$

$-\dfrac{\sqrt{31}}{16}$.

（2）由余弦定理得 $b^2 = a^2 + c^2 - 2ac \cos B = a^2 + \dfrac{\sqrt{31}}{4} ac$,

所以 $\dfrac{\sqrt{31}}{4} a = c - 2a \cos B = c + \dfrac{\sqrt{31}}{8} a$,

所以 $c = \dfrac{\sqrt{31}}{8} a$，故 $\dfrac{\sin C}{\sin A} = \dfrac{c}{a} = \dfrac{\sqrt{31}}{8}$.

8. （1）**证明** $\because A + B + C = \pi, \sin(A + C) = 2 \sin A \cos(A + B)$,

$\therefore \sin B = -2 \sin A \cos C$.

在 $\triangle ABC$ 中，由正弦定理得 $b = -2a \cos C$.

$\because \sin^2 A + \sin^2 B - \sin^2 C + \sqrt{2} \sin A \sin B = 0$,

由正弦定理得 $a^2 + b^2 - c^2 + \sqrt{2} ab = 0$,

$\therefore \cos C = \dfrac{a^2 + b^2 - c^2}{2ab} = -\dfrac{\sqrt{2}}{2}, \therefore C = \dfrac{3\pi}{4}$.

$\therefore b = \sqrt{2} a$，则 $b^2 = 2a^2 = a \cdot 2a$,

$\therefore a, b, 2a$ 成等比数列.

（2）**解** $\triangle ABC$ 的面积 $S = \dfrac{1}{2} ab \sin C = \dfrac{\sqrt{2}}{4} ab = 2$，则 $ab = 4\sqrt{2}$.

由（1）知 $b = \sqrt{2} a$,

联立两式解得 $a = 2, b = 2\sqrt{2}$.

$\therefore c^2 = a^2 + b^2 - 2ab \cos C = 4 + 8 - 2 \times 2 \times 2\sqrt{2} \times \left(-\dfrac{\sqrt{2}}{2} \right) = 20$,

故 $c = 2\sqrt{5}$.

第五章　平面向量及其应用

【选择题】

1. A　解析　方法一　由题意可得 $ma + 2b = \left(\dfrac{4}{3} - m, 2m + \dfrac{6}{5} \right), 3a - 2b = \left(-\dfrac{13}{3}, \dfrac{24}{5} \right)$. 因为向量

$ma + 2b (m \in \mathbf{R})$ 与向量 $3a - 2b$ 共线，所以 $\left(\dfrac{4}{3} - m \right) \times \dfrac{24}{5} = -\dfrac{13}{3} \times \left(2m + \dfrac{6}{5} \right)$，解得 $m = -3$. 故选 A.

方法二　因为 $ma + 2b (m \in \mathbf{R})$ 与 $3a - 2b$ 共线，

所以 $ma + 2b = \lambda(3a - 2b)(\lambda \in \mathbf{R})$,

所以 $\begin{cases} m = 3\lambda, \\ -2\lambda = 2, \end{cases}$ 解得 $\lambda = -1, m = -3$. 故选 A.

2. C　解析　设 $b = (x, y)$，则 $a \cdot b = 2x + 2y = -2$，即 $x + y = -1$. ①

又 $\cos \dfrac{3\pi}{4} = \dfrac{a \cdot b}{|a||b|}$，即 $-\dfrac{\sqrt{2}}{2} = \dfrac{-2}{\sqrt{x^2 + y^2} \times 2\sqrt{2}}$，即 $x^2 + y^2 = 1$. ②

由①②，得 $\begin{cases} x = -1, \\ y = 0, \end{cases}$ 或 $\begin{cases} x = 0, \\ y = -1, \end{cases}$ 故 $b = (0, -1)$ 或 $b = (-1, 0)$. 故选 C.

3. B　解析　因为 $|a + 2b|^2 = (a + 2b)^2 = |a|^2 + 4a \cdot b + 4|b|^2 = 4 + 8|b| \cos 60° + 4|b|^2 = 12$，整理得 $|b|^2 + |b| - 2 = 0$，所以 $|b| = 1$. 故选 B.

4. B　解析　由 $c \perp a$，得 $c \cdot a = 0$. 又 $c = a + b$，所以 $c \cdot a = (a + b) \cdot a = a^2 + a \cdot b = 1 + a \cdot b = 0$，所以 $a \cdot b = -1$. 故选 B.

5. A　解析　方法一　$\because \overrightarrow{BA} = (-3, -1), \overrightarrow{AC} = (-4, -3)$,

$\therefore \overrightarrow{BC} = \overrightarrow{BA} + \overrightarrow{AC} = (-7,-4)$. 故选 A.

方法二 设 $C(x,y)$, $\because A(0,1)$, $\therefore \overrightarrow{AC} = (x,y-1)$. 又 $\overrightarrow{AC} = (-4,-3)$,

$\therefore \begin{cases} x = -4 \\ y-1 = -3, \end{cases}$ 解得 $\begin{cases} x = -4 \\ y = -2, \end{cases}$ $\therefore C(-4,-2)$.

又 $B(3,2)$, $\therefore \overrightarrow{BC} = (-7,-4)$. 故选 A.

6. D **解析** $\because c = (1+k,2+k)$, $b \cdot c = 0$, $\therefore 1+k+2+k = 0$, 故 $k = -\dfrac{3}{2}$. 故选 D.

7. C **解析** 依题意得 $a \cdot (2a+b) = 2a^2 + a \cdot b = 0$, 即 $a \cdot b = -2a^2$, 所以 $\cos\langle a,b\rangle = \dfrac{a \cdot b}{|a||b|} =$

$\dfrac{-2a^2}{4a^2} = -\dfrac{1}{2}$, 从而 $\langle a,b\rangle = \dfrac{2\pi}{3}$. 故选 C.

8. A **解析** 若 $a \cdot b = |a||b|$, 则 a 与 b 的方向相同, 所以 $a /\!/ b$.

反之, 若 $a /\!/ b$, 则 $a \cdot b = |a||b|$ 或 $a \cdot b = -|a||b|$.

所以 "$a \cdot b = |a||b|$" 是 "$a /\!/ b$" 的充分不必要条件. 故选 A.

9. B **解析** $\because |a+b| = \sqrt{10}$, $\therefore |a+b|^2 = 10$, 即 $a^2 + 2a \cdot b + b^2 = 10.$ ①

又 $\because |a-b| = \sqrt{6}$, $\therefore |a-b|^2 = 6$, 即 $a^2 - 2a \cdot b + b^2 = 6.$ ②

由 ①－② 得 $4a \cdot b = 4$, 故 $a \cdot b = 1$. 故选 B.

10. C **解析** 方法一 因为 A,B,C 均在单位圆上, AC 为直径, 故 $\overrightarrow{PA} + \overrightarrow{PC} = 2\overrightarrow{PO} = (-4,0)$. 所以 $|\overrightarrow{PA} + \overrightarrow{PB} + \overrightarrow{PC}| = |2\overrightarrow{PO} + \overrightarrow{PB}| \leqslant 2|\overrightarrow{PO}| + |\overrightarrow{PB}|$. 又 $|\overrightarrow{PB}| \leqslant |\overrightarrow{PO}| + 1 = 3$, 所以 $|\overrightarrow{PA} + \overrightarrow{PB} + \overrightarrow{PC}| \leqslant 4+3 = 7$, 故最大值为 7. 故选 C.

方法二 因为 A,B,C 均在单位圆上, AC 为直径, 不妨设 $A(\cos x, \sin x)$, $B(\cos(x+\alpha), \sin(x+\alpha))$ $(\alpha \neq k\pi, k \in \mathbf{Z})$, $C(-\cos x, -\sin x)$, 则 $\overrightarrow{PA} + \overrightarrow{PB} + \overrightarrow{PC} = (\cos(x+\alpha) - 6, \sin(x+\alpha))$,

所以 $|\overrightarrow{PA} + \overrightarrow{PB} + \overrightarrow{PC}| = \sqrt{[\cos(x+\alpha) - 6]^2 + \sin^2(x+\alpha)} = \sqrt{37 - 12\cos(x+\alpha)} \leqslant 7$. 故选 C.

【填空题】

1. $\dfrac{\pi}{3}$ **解析** $\because a \cdot (a-2b) = |a|^2 - 2a \cdot b = 0$, $b \cdot (b-2a) = |b|^2 - 2a \cdot b = 0$,

$\therefore |a|^2 = |b|^2$, 即 $|a| = |b|$,

故 $|a|^2 - 2a \cdot b = |a|^2 - 2|a|^2\cos\langle a,b\rangle = 0$, 即 $\cos\langle a,b\rangle = \dfrac{1}{2}$.

又 $0 \leqslant \langle a,b\rangle \leqslant \pi$, 故 $\langle a,b\rangle = \dfrac{\pi}{3}$.

2. $-\dfrac{4}{3}$ **解析** 方法一 $\because a /\!/ (2a-b)$, $\therefore 2a-b = ka(k \in \mathbf{R})$,

则 $(4-x,8) = (2k,3k)$, 即 $\begin{cases} 4-x = 2k \\ 8 = 3k, \end{cases}$ 消去 k, 解得 $x = -\dfrac{4}{3}$.

方法二 $2a-b = (4-x,8)$, 由 a 与 $2a-b$ 平行, 可得 $3(4-x) = 16$, 即 $x = -\dfrac{4}{3}$.

3. $5\sqrt{5}$ **解析** $\because a = (4,3)$, $\lambda b = (-2\lambda, \lambda)$,

$\therefore a + \lambda b = (4-2\lambda, 3+\lambda)$.

又 $a + \lambda b$ 与 b 垂直, $\therefore (4-2\lambda, 3+\lambda) \cdot (-2,1) = 0$, 解得 $\lambda = 1$.

$\therefore 2a - \lambda b = (10,5)$, 故 $|2a - \lambda b| = \sqrt{10^2 + 5^2} = 5\sqrt{5}$.

4. $\dfrac{\sqrt{6}}{3}$ **解析** 记 $\overrightarrow{OA} = a$, $\overrightarrow{OB} = b$, $\overrightarrow{OC} = a+b$, 以 OA, OB 为邻边构造平行四边形 $OACB$, 在 $\triangle OAC$ 中,

由 $\dfrac{OA}{\sin\dfrac{\pi}{4}} = \dfrac{AC}{\sin\dfrac{\pi}{3}}$, 得 $\dfrac{|a|}{|b|} = \dfrac{\sin\dfrac{\pi}{4}}{\sin\dfrac{\pi}{3}} = \dfrac{\sqrt{6}}{3}$.

5. 5 **解析** 建立如图 5-1 所示的平面直角坐标系.

设 $DC = m$, $P(0,t)(t \in [0,m])$.

由题意可知, $A(2,0)$, $B(1,m)$,

所以 $\overrightarrow{PA} = (2,-t)$, $\overrightarrow{PB} = (1,m-t)$,

所以 $\overrightarrow{PA} + 3\overrightarrow{PB} = (5, 3m-4t)$, 所以 $|\overrightarrow{PA} + 3\overrightarrow{PB}| = \sqrt{5^2 + (3m-4t)^2} \geqslant 5$,

当且仅当 $t = \dfrac{3m}{4}$ 时取等号, 故 $|\overrightarrow{PA} + 3\overrightarrow{PB}|$ 的最小值为 5.

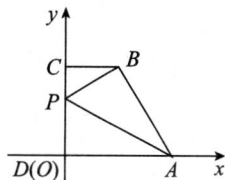
图 5-1

【解答题】

1. 解 （1）因为 $a=(\cos x,\sin x)$，$b=(3,-\sqrt{3})$，$a\parallel b$，

所以 $-\sqrt{3}\cos x=3\sin x$.

若 $\cos x=0$，则 $\sin x=0$，与 $\cos^2 x+\sin^2 x=1$ 矛盾，故 $\cos x\neq 0$.

于是 $\tan x=-\dfrac{\sqrt{3}}{3}$.

又 $x\in[0,\pi]$，所以 $x=\dfrac{5\pi}{6}$.

（2）$f(x)=a\cdot b=3\cos x-\sqrt{3}\sin x=2\sqrt{3}\cos\left(x+\dfrac{\pi}{6}\right)$.

因为 $x\in[0,\pi]$，所以 $x+\dfrac{\pi}{6}\in\left[\dfrac{\pi}{6},\dfrac{7\pi}{6}\right]$，从而 $-1\leqslant\cos\left(x+\dfrac{\pi}{6}\right)\leqslant\dfrac{\sqrt{3}}{2}$.

于是当 $x+\dfrac{\pi}{6}=\dfrac{\pi}{6}$，即 $x=0$ 时，$f(x)$ 取到最大值 3；

当 $x+\dfrac{\pi}{6}=\pi$，即 $x=\dfrac{5\pi}{6}$ 时，$f(x)$ 取到最小值 $-2\sqrt{3}$.

2. 解 （1）$\because m\parallel n$，$\therefore a\sin B-\sqrt{3}b\cos A=0$，

由正弦定理，得 $\sin A\sin B-\sqrt{3}\sin B\cos A=0$，

又 $\sin B\neq 0$，$\therefore \tan A=\sqrt{3}$.

$\because 0<A<\pi$，$\therefore A=\dfrac{\pi}{3}$.

（2）**方法一** 由余弦定理得 $a^2=b^2+c^2-2bc\cos A$，将 $a=\sqrt{7}$，$b=2$，$A=\dfrac{\pi}{3}$ 代入上式，得 $c^2-2c-3=0$，解得 $c=3$ 或 $c=-1$（舍去）.

故 $\triangle ABC$ 的面积 $S=\dfrac{1}{2}bc\sin A=\dfrac{3\sqrt{3}}{2}$.

方法二 由正弦定理，得 $\dfrac{\sqrt{7}}{\sin A}=\dfrac{2}{\sin B}$，将 $\sin A=\dfrac{\sqrt{3}}{2}$ 代入，得 $\sin B=\dfrac{\sqrt{21}}{7}$.

又由 $a>b$，知 $A>B$，$\therefore \cos B=\dfrac{2\sqrt{7}}{7}$.

于是 $\sin C=\sin(A+B)=\sin\left(\dfrac{\pi}{3}+B\right)=\sin B\cos\dfrac{\pi}{3}+\cos B\sin\dfrac{\pi}{3}=\dfrac{3\sqrt{21}}{14}$.

故 $\triangle ABC$ 的面积 $S=\dfrac{1}{2}ab\sin C=\dfrac{3\sqrt{3}}{2}$.

3. 证明 由已知得 $\overrightarrow{OP_1}+\overrightarrow{OP_2}=-\overrightarrow{OP_3}$，则 $(\overrightarrow{OP_1}+\overrightarrow{OP_2})^2=(-\overrightarrow{OP_3})^2$，$\overrightarrow{OP_1}^2+\overrightarrow{OP_2}^2+2\overrightarrow{OP_1}\cdot\overrightarrow{OP_2}=\overrightarrow{OP_3}^2$，于是 $\overrightarrow{OP_1}\cdot\overrightarrow{OP_2}=-\dfrac{1}{2}$，$|\overrightarrow{P_1P_2}|^2=|\overrightarrow{OP_2}-\overrightarrow{OP_1}|^2=\overrightarrow{OP_1}^2+\overrightarrow{OP_2}^2-2\overrightarrow{OP_1}\cdot\overrightarrow{OP_2}=3$.

同理可证 $|\overrightarrow{P_1P_3}|^2=|\overrightarrow{P_2P_3}|^2=|\overrightarrow{P_1P_2}|^2=3$，所以 $|\overrightarrow{P_1P_2}|=|\overrightarrow{P_1P_3}|=|\overrightarrow{P_2P_3}|=\sqrt{3}$，

故 $\triangle ABC$ 是正三角形.

第六章　不等式

【选择题】

1. B　解析 方法一（直接利用不等式的性质）

$\because \dfrac{b}{a}-\dfrac{b+2}{a+2}=\dfrac{2(b-a)}{a(a+2)}$，又 $a>b>0$，$\therefore \dfrac{2(b-a)}{a(a+2)}<0$，即 $\dfrac{b}{a}<\dfrac{b+2}{a+2}$，故选项 A 不正确；

$\because a>b>0$，$\therefore \dfrac{1}{b}>\dfrac{1}{a}$，$\therefore a+\dfrac{1}{b}>b+\dfrac{1}{a}$，故选项 B 正确；

$\because \dfrac{2a+b}{a+2b}-\dfrac{a}{b}=\dfrac{b^2-a^2}{(a+2b)b}<0$，$\therefore \dfrac{2a+b}{a+2b}<\dfrac{a}{b}$，故选项 C 不正确；

$\because a+\dfrac{1}{a}-\left(b+\dfrac{1}{b}\right)=\dfrac{(a-b)(ab-1)}{ab}$，不一定总有 $\dfrac{(a-b)(ab-1)}{ab}>0$，故选项 D 不正确. 故选 B.

方法二(利用特殊值法)

$\because a > b > 0, \therefore$ 取 $a = 1, b = \dfrac{1}{2}$,

则 $\dfrac{b}{a} = \dfrac{1}{2}, \dfrac{b+2}{a+2} = \dfrac{5}{6}, \dfrac{b}{a} < \dfrac{b+2}{a+2}$, 故排除 A;

$\dfrac{2a+b}{a+2b} = \dfrac{5}{4}, \dfrac{a}{b} = 2, \dfrac{2a+b}{a+2b} < \dfrac{a}{b}$, 故排除 C;

$a + \dfrac{1}{a} = 2, b + \dfrac{1}{b} = \dfrac{5}{2}, a + \dfrac{1}{a} < b + \dfrac{1}{b}$, 故排除 D. 所以只有 B 正确.

2. C **解析** 本题涉及不等式的性质. 充要条件和逻辑联结词等知识. 利用不等式性质, 注意逻辑关系, 即可求解.

$\because a - b > a, \therefore b < 0$. 又 $a + b < b, \therefore a < 0$. 它们之间的逻辑联结词为"且", $\therefore$ 原不等式等价于 $a < 0$ 且 $b < 0$, 即不等式"$a - b > a$ 且 $a + b < b$"成立的充要条件是 $a < 0$ 且 $b < 0$. 故选 C.

3. A **解析** 由题意可知 x_1, x_2 为方程 $x^2 - 2ax - 8a^2 = 0$ 的两根, 则 $x_1 + x_2 = 2a, x_1 x_2 = -8a^2$. 所以 $(x_2 - x_1)^2 = (x_1 + x_2)^2 - 4x_1 x_2 = 4a^2 - 4 \times (-8a^2) = 36a^2 = 15^2$, 解得 $a = \dfrac{5}{2}$. 故选 A.

4. C **解析** 由 $x^2 - 4x + 3 < 0$, 得 $1 < x < 3$, 故集合 $P = \{x \mid 1 < x < 3\}$. 又易知 $Q = \{x \mid x > 2\}$, 故 $(\complement_{\mathbf{R}} Q) \cap P = \{x \mid 1 < x \leqslant 2\}$. 故选 C.

5. D **解析** $x + 2y = (x + 2y)\left(\dfrac{2}{x} + \dfrac{1}{y}\right) = 4 + \dfrac{4y}{x} + \dfrac{x}{y} \geqslant 4 + 2\sqrt{\dfrac{4y}{x} \cdot \dfrac{x}{y}} = 8$, 当且仅当 $\dfrac{4y}{x} = \dfrac{x}{y}$, 即 $4y^2 = x^2$ 时等号成立.

$\because x + 2y > m^2 + 2m$ 恒成立, $\therefore 8 > m^2 + 2m$, 即 $m^2 + 2m - 8 < 0$, 解得 $-4 < m < 2$. 故选 D.

6. D **解析** $\log_4(3a + 4b) = \log_2 \sqrt{ab} = \log_4(ab)$, 即 $3a + 4b = ab$, 且 $\begin{cases} 3a + 4b > 0, \\ ab > 0, \end{cases}$ 即 $a > 0, b > 0$, 所以 $\dfrac{4}{a} + \dfrac{3}{b} = 1 (a > 0, b > 0)$.

于是 $a + b = (a + b)\left(\dfrac{4}{a} + \dfrac{3}{b}\right) = 7 + \dfrac{4b}{a} + \dfrac{3a}{b} \geqslant 7 + 2\sqrt{\dfrac{4b}{a} \cdot \dfrac{3a}{b}} = 7 + 4\sqrt{3}$, 当且仅当 $\dfrac{4b}{a} = \dfrac{3a}{b}$ 时取等号. 故选 D.

7. B **解析** $\because 1 = 2^x + 2^y \geqslant 2\sqrt{2^{x+y}}$ (当且仅当 $2^x = 2^y$ 时等号成立),

$\therefore \sqrt{2^{x+y}} \leqslant \dfrac{1}{2}$, 即 $2^{x+y} \leqslant \dfrac{1}{4} = 2^{-2}$, 亦即 $x + y \leqslant -2$. 故选 B.

8. B **解析** 由题意知 $f'(x) > 0$, 则 $f(x)$ 在 $(-1, 1)$ 上是单调递增的奇函数.
不等式 $f(1 - a) + f(1 - a^2) < 0 \Leftrightarrow f(1 - a^2) < -f(1 - a) = f(a - 1)$,
所以 $-1 < 1 - a^2 < a - 1 < 1$, 由此解得 $1 < a < \sqrt{2}$. 故选 B.

9. D **解析** 依题意知 $a > 0$, 且 $\Delta = 4 - 4ab = 0$, 即 $ab = 1$. $\dfrac{a^2 + b^2}{a - b} = \dfrac{(a-b)^2 + 2ab}{a - b} = a - b + \dfrac{2}{a - b} \geqslant 2\sqrt{2}$, 当且仅当 $(a - b)^2 = 2$ 时等号成立. 故选 D.

10. C **解析** 因为 $f'(x) = x^2 + 2ax + b - 4$. 由题意得 $f'(1) = 1 + 2a + b - 4 = 0$, 则 $2a + b = 3$. 所以 $\dfrac{2}{a} + \dfrac{1}{b} = \left(\dfrac{2}{a} + \dfrac{1}{b}\right) \times \dfrac{2a + b}{3} = \dfrac{1}{3}\left(5 + \dfrac{2b}{a} + \dfrac{2a}{b}\right) \geqslant \dfrac{1}{3}\left(5 + 2\sqrt{\dfrac{2b}{a} \cdot \dfrac{2a}{b}}\right) = 3$, 当且仅当 $\dfrac{2b}{a} = \dfrac{2a}{b}$, 即 $a = b = 1$ 时, 等号成立, 故 $\dfrac{2}{a} + \dfrac{1}{b}$ 的最小值为 3. 故选 C.

【填空题】

1. ④ **解析** 当 $a > 0, b > 0$ 时, 不一定有 $\lg a > 0, \lg b > 0$, 故不一定有 $\lg a + \lg b \geqslant 2\sqrt{\lg a \cdot \lg b}$, 所以①是错误的;

要使 $\dfrac{b}{a} + \dfrac{a}{b} \geqslant 2$ 成立, 只要 $\dfrac{b}{a} > 0, \dfrac{a}{b} > 0$ 即可, 这时只需 a, b 同号, 故②错;

当 $a > 0, b > 0$, 且 $a + b = 4$ 时, $\dfrac{1}{a} + \dfrac{1}{b} = \dfrac{a + b}{ab} = \dfrac{4}{ab}$. 因为 $ab \leqslant \left(\dfrac{a+b}{2}\right)^2 = 4$, 即 $\dfrac{1}{ab} \geqslant \dfrac{1}{4}$,

所以 $\dfrac{1}{a} + \dfrac{1}{b} = \dfrac{4}{ab} \geqslant 1$, 故③错;

当 $a > 0, b > 0$ 时, $a + b \geqslant 2\sqrt{ab}$, 所以 $\dfrac{2ab}{a + b} \leqslant \dfrac{2ab}{2\sqrt{ab}} = \sqrt{ab}$.

当 $a < 0, b < 0$ 时, 显然有 $\sqrt{ab} \geqslant \dfrac{2ab}{a + b}$.

所以当 $ab>0$ 时，一定有 $\sqrt{ab}\geq\dfrac{2ab}{a+b}$，故④正确.

2.5 **解析** $\because x+3y=5xy, \therefore \dfrac{1}{y}+\dfrac{3}{x}=5,$

$\therefore 3x+4y=(3x+4y)\cdot 1=(3x+4y)\cdot\dfrac{1}{5}\left(\dfrac{1}{y}+\dfrac{3}{x}\right)=\dfrac{1}{5}\left(\dfrac{3x}{y}+\dfrac{12y}{x}\right)+\dfrac{13}{5}\geq\dfrac{1}{5}\times 2\times\sqrt{36}+\dfrac{13}{5}=5,$

当且仅当 $\dfrac{3x}{y}=\dfrac{12y}{x}$，即 $x=1, y=\dfrac{1}{2}$ 时，等号成立. 故 $3x+4y$ 的最小值为 5.

3.4 **解析** $(x+y)\left(\dfrac{1}{x}+\dfrac{a}{y}\right)=1+a+\dfrac{ax}{y}+\dfrac{y}{x}\geq 1+a+2\sqrt{a}\,(a>0)$，当且仅当 $\dfrac{ax}{y}=\dfrac{y}{x}$ 时取等号，

所以要使原不等式恒成立，则只需 $1+a+2\sqrt{a}\geq 9$，即 $(\sqrt{a}-2)(\sqrt{a}+4)\geq 0$，故 $\sqrt{a}\geq 2$，即 $a\geq 4$，所以正数 a 的最小值是 4.

4. $\{x\mid -2<x<3\}$ **解析** 依题意可知 $-\dfrac{1}{2}$ 和 $\dfrac{1}{3}$ 是一元二次方程 $ax^2+bx+2=0$ 的两根，且 $a<0$，

所以 $\begin{cases}-\dfrac{1}{2}+\dfrac{1}{3}=-\dfrac{b}{a},\\[1mm]-\dfrac{1}{2}\times\dfrac{1}{3}=\dfrac{2}{a},\end{cases}$ 解得 $\begin{cases}a=-12,\\ b=-2,\end{cases}$ 则不等式 $2x^2+bx+a<0$ 可转化为 $2x^2-2x-12<0$，其解集为 $\{x\mid -2<x<3\}$.

5. $\{x\mid -3<x<2$ 或 $x>3\}$ **解析** $\dfrac{x^2-9}{x-2}>0$ 等价于 $(x+3)(x-3)(x-2)>0$，利用数轴标根法易得 $-3<x<2$ 或 $x>3$，故不等式的解集为 $\{x\mid -3<x<2$ 或 $x>3\}$.

6. $\{x\mid 0<x\leq 2\}$ **解析** 因为 $A=\{x\mid -1\leq x\leq 2\}, B=\{x\mid x\leq 0\}$，则 $\complement_{R}B=\{x\mid x>0\}$，所以 $A\cap(\complement_{R}B)=\{x\mid 0<x\leq 2\}$.

7. $(-1,\sqrt{2}-1)$ **解析** 依题意得 $\begin{cases}1-x^2>0,\\ 2x<0,\end{cases}$ 或 $\begin{cases}1-x^2>2x,\\ 2x\geq 0,\end{cases}$ 解得 $-1<x<0$ 或 $0\leq x<\sqrt{2}-1$，故 x 的取值范围为 $(-1,\sqrt{2}-1)$.

【解答题】

1. (1)**证明** $\because 1=a+b\geq 2\sqrt{ab}, \therefore ab\leq\dfrac{1}{4}, \therefore\dfrac{1}{2}(a+b)+ab+\dfrac{1}{4}\leq 1$，即 $\sqrt{\left(a+\dfrac{1}{2}\right)\left(b+\dfrac{1}{2}\right)}\leq 1$，

从而 $2+2\sqrt{\left(a+\dfrac{1}{2}\right)\left(b+\dfrac{1}{2}\right)}\leq 4$，亦即 $\left(a+\dfrac{1}{2}\right)+\left(b+\dfrac{1}{2}\right)+2\sqrt{\left(a+\dfrac{1}{2}\right)\left(b+\dfrac{1}{2}\right)}\leq 4$.

$\therefore\left(\sqrt{a+\dfrac{1}{2}}+\sqrt{b+\dfrac{1}{2}}\right)^2\leq 4$. 故所证不等式成立.

(2)**解** $\dfrac{1}{a}+\dfrac{1}{b}+\dfrac{1}{ab}=\dfrac{a+b}{ab}+\dfrac{1}{ab}=\dfrac{2}{ab}.$

$\because a>0, b>0, a+b=1, \therefore\sqrt{ab}\leq\dfrac{a+b}{2}=\dfrac{1}{2}$，即 $ab\leq\dfrac{1}{4}$，当且仅当 $a=b=\dfrac{1}{2}$ 时等号成立.

$\therefore\dfrac{1}{a}+\dfrac{1}{b}+\dfrac{1}{ab}=\dfrac{2}{ab}\geq 8$. 故当 $a=b=\dfrac{1}{2}$ 时，$\dfrac{1}{a}+\dfrac{1}{b}+\dfrac{1}{ab}$ 取得最小值为 8.

2. **解** (1)依题意知方程 $ax^2-3x+2=0$ 的两根分别为 $1,b$，从而有 $\begin{cases}b=\dfrac{2}{a},\\[1mm]1+b=\dfrac{3}{a},\end{cases}$

解得 $a=1, b=2$.

(2)由(1)知 $x^2-(c+2)x+2c<0$，即 $(x-c)(x-2)<0$.

若 $c=2$，则该不等式的解集为 $\varnothing$；

若 $c>2$，则该不等式的解集为 $\{x\mid 2<x<c\}$；

若 $c<2$，则该不等式的解集为 $\{x\mid c<x<2\}$.

3. **解** (1)$\because$ 不等式 $2x^2+bx+c<0$ 的解集是 $(0,5)$，

$\therefore$ 方程 $2x^2+bx+c=0$ 的两根分别为 $0,5$.

$\therefore 0+5=-\dfrac{b}{2}, 0\times 5=\dfrac{c}{2}$，即 $b=-10, c=0$，故 $f(x)=2x^2-10x$.

(2)$\forall x\in[-1,1]$，不等式 $f(x)+t\leq 2$ 恒成立，只需要 $f(x)_{max}\leq 2-t(x\in[-1,1])$ 即可.

$\because f(x)=2x^2-10x=2\left(x-\dfrac{5}{2}\right)^2-\dfrac{25}{2}, x\in[-1,1],$

$\therefore f(x)_{\max} = f(-1) = 12$, 故 $12 \leqslant 2 - t$, 即 $t \leqslant -10$. 故 t 的取值范围为 $(-\infty, -10]$.

第七章　立体几何初步

【选择题】

1. B 　**解析**　由三视图可知该多面体是一个组合体, 下面是一个底面为等腰直角三角形的直三棱柱, 上面是一个底面为等腰直角三角形的三棱锥, 等腰直角三角形的腰长为 2, 直三棱柱的高为 2, 三棱锥的高为 2, 易知该多面体有 2 个面是梯形, 这些梯形的面积之和为 $\dfrac{(2+4) \times 2}{2} \times 2 = 12$. 故选 B.

2. C　**解析**　由三视图可知, 四棱锥的底面是边长为 1 的正方形, 高为 1, 其体积 $V_1 = \dfrac{1}{3} \times 1^2 \times 1 = \dfrac{1}{3}$. 设半球的半径为 R, 则 $2R = \sqrt{2}$, 即 $R = \dfrac{\sqrt{2}}{2}$, 所以半球的体积 $V_2 = \dfrac{1}{2} \times \dfrac{4\pi}{3} R^3 = \dfrac{1}{2} \times \dfrac{4\pi}{3} \times \left(\dfrac{\sqrt{2}}{2}\right)^3 = \dfrac{\sqrt{2}}{6}\pi$. 故该几何体的体积 $V = V_1 + V_2 = \dfrac{1}{3} + \dfrac{\sqrt{2}}{6}\pi$. 故选 C.

3. B　**解析**　如图 7−1 所示, 因为 $\triangle ABC$ 是正三角形, 所以该三角形的外接圆 (平面 ABC 截球面所得) 的圆心就是三角形的中心 M. 连接球心 O 与点 M, 则 $OM \perp$ 平面 ABC. 因为 D 也在球面上, 所以点 D 到平面 ABC 的距离最大时, D 为射线 MO 与球面的交点, 此时 $DM \perp$ 平面 ABC.

由题意知 $OD = OB = 4$,

$\triangle ABC$ 的面积 $S_{\triangle ABC} = \dfrac{\sqrt{3}}{4} AB^2 = 9\sqrt{3}$, 所以 $AB = 6$. 连接 BM 并延长交 AC 于点 E, 因为点 M 为三角形 ABC 的重心, 所以 $BM = \dfrac{2}{3}BE = 2\sqrt{3}$,

连接 OM, 则在 $\mathrm{Rt}\triangle OBM$ 中, 有 $OM = \sqrt{OB^2 - BM^2} = 2$,

所以 $DM = OD + OM = 4 + 2 = 6$,

所以三棱锥 $D-ABC$ 体积的最大值为 $\dfrac{1}{3} \times 9\sqrt{3} \times 6 = 18\sqrt{3}$. 故选 B.

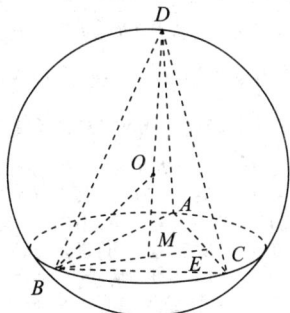

图 7−1

4. A　**解析**　由题意得, 当此四棱锥的体积取得最大值时, 四棱锥为正四棱锥. 如图 7−2, 连接 AC, 则球心 O 为 AC 的中点, 连接 SO, 设球 O 的半径为 R, 则 $AC = 2R$, $SO = R$, $\therefore AB = BC = \sqrt{2}R$. 取 AB 的中点 E, 连接 OE, SE, 则 $OE = \dfrac{1}{2}BC = \dfrac{\sqrt{2}}{2}R$, $SE = \sqrt{SO^2 + OE^2} = \dfrac{\sqrt{6}}{2}R$. $\because$ 该四棱锥的体积取得最大值时, 其表面积等于 $8 + 8\sqrt{3}$, $\therefore (\sqrt{2}R)^2 + 4 \times \dfrac{1}{2} \times \sqrt{2}R \times \dfrac{\sqrt{6}}{2}R = 8 + 8\sqrt{3}$, 解得 $R = 2$, $\therefore$ 球 O 的体积等于 $\dfrac{4}{3}\pi R^3 = \dfrac{32\pi}{3}$. 故选 A.

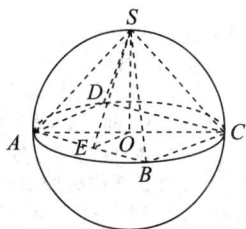

图 7−2

5. B　**解析**　选项 A 中, 因为 $AP \perp PB$, $AP \perp PC$, $PB \cap PC = P$, 所以 $AP \perp$ 平面 PBC, 又 $BC \subset$ 平面 PBC, 所以 $AP \perp BC$; 选项 C 中, 因为平面 $BPC \perp$ 平面 APC, 平面 $BPC \cap$ 平面 $APC = PC$, $BC \perp PC$, 所以 $BC \perp$ 平面 APC, 又 $AP \subset$ 平面 APC, 所以 $AP \perp BC$; 选项 D 中, 由选项 A 知选项 D 正确; 选项 B 中的条件不能判断出 $AP \perp BC$. 故选 B.

6. B　**解析**　如图 7−3 所示, 连接 BD 交 AC 于点 O, 连接 OE, 则 $BD_1 // OE$, $OE \subset$ 平面 AEC, $BD_1 \not\subset$ 平面 AEC, 所以 $BD_1 //$ 平面 AEC. 易得平面 $AEC \perp$ 平面 BDD_1, 所以 M, N 两点间距离的最小值即直线 BD_1 与平面 AEC 的距离, 即直线 BD_1 与直线 OE 的距离. 过 O 作 $OH \perp BD_1$ 于 H, 则 OH 的长为所求. 由 $\mathrm{Rt}\triangle OBH \sim \mathrm{Rt}\triangle D_1BD$, 得 $\dfrac{OB}{BD_1} = \dfrac{OH}{DD_1}$, 则 $OH = \dfrac{OB \cdot DD_1}{BD_1}$. 在 $\mathrm{Rt}\triangle BDD_1$ 中, $DD_1 = 1$, $BD = \sqrt{2}$, $BD_1 = \sqrt{3}$, 所以 $OH = \dfrac{\dfrac{\sqrt{2}}{2} \times 1}{\sqrt{3}} = \dfrac{\sqrt{6}}{6}$. 故选 B.

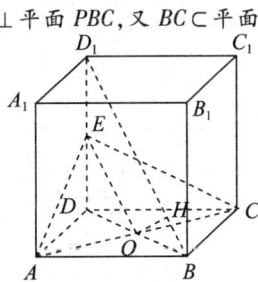

图 7−3

【填空题】

1. $\dfrac{1}{3}$　**解析**　**方法一**　连接 A_1C_1, 交 B_1D_1 于点 E, 则 $A_1E \perp B_1D_1$, $A_1E \perp BB_1$, 则 $A_1E \perp$ 平面 BB_1D_1D, 所以 A_1E 为四棱锥 $A_1-BB_1D_1D$ 的高, 且 $A_1E = \dfrac{\sqrt{2}}{2}$, 矩形 BB_1D_1D 的长和宽分别为 $\sqrt{2}$, 1, 故

$V_{四棱锥A_1-BB_1D_1D} = \dfrac{1}{3} \times 1 \times \sqrt{2} \times \dfrac{\sqrt{2}}{2} = \dfrac{1}{3}.$

方法二　连接 BD_1，则四棱锥 $A_1-BB_1D_1D$ 被分成两个三棱锥 $B-A_1DD_1$ 与三棱锥 $B-A_1B_1D_1$，故

$V_{四棱锥A_1-BB_1D_1D} = V_{三棱锥B-A_1DD_1} + V_{三棱锥B-A_1B_1D_1} = \dfrac{1}{3} \times \dfrac{1}{2} \times 1 \times 1 \times 1 + \dfrac{1}{3} \times \dfrac{1}{2} \times 1 \times 1 \times 1 = \dfrac{1}{3}.$

2. 36π　**解析**　设球 O 的半径为 R，$\because SC$ 为球 O 的直径，$\therefore$ 点 O 为 SC 的中点，连接 AO,OB，$\because SA = AC,SB = BC$，$\therefore AO \perp SC,BO \perp SC$，$\therefore$ 平面 $SCA \perp$ 平面 SCB，平面 $SCA \cap$ 平面 $SCB = SC$，$\therefore AO \perp$ 平面 SCB，$\therefore V_{三棱锥S-ABC} = V_{三棱锥A-SBC} = \dfrac{1}{3} \times S_{\triangle SBC} \times AO = \dfrac{1}{3} \times \left(\dfrac{1}{2} \times SC \times OB \right) \times AO$，即 $9 = \dfrac{1}{3} \times \left(\dfrac{1}{2} \times 2R \times R \right) \times R$，解得 $R = 3$，$\therefore$ 球 O 的表面积 $S = 4\pi R^2 = 4\pi \times 3^2 = 36\pi.$

3. ①④　**解析**　折起后的图形如图 7-4 所示，①取 CD 的中点 O，连接 MN,MO,NO，则在 $\triangle ACD$ 中，M,O 分别是 AC,CD 的中点，$\therefore MO // AD // BC$，同理 $NO // CE$，又 $BC \cap CE = C$，$\therefore$ 平面 $MON //$ 平面 BCE，$\therefore MN //$ 平面 BCE，故①正确；②易知 $MO \perp CD,NO \perp CD$，又 $MO \cap NO = O$，$\therefore CD \perp$ 平面 MNO，$\therefore MN \perp$ CD，若 $MN \perp AC$，又 $AC \cap CD = C$，$\therefore MN \perp$ 平面 $ABCD$，$\therefore MN \perp MO$，又 $MO = \dfrac{1}{2}AD =$

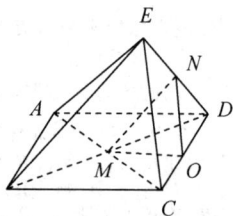

图 7-4

$\dfrac{1}{2}EC = NO$，MN 不可能垂直于 MO，故 $MN \perp AC$ 不成立，故②错误；③连接 BD 交 AC 于 M，易证 $MN // BE$，所以 MN 与 AE 所成的角即为 BE 与 AE 所成的角，易知 $AB \perp$ 平面 ABE，所以 $\triangle ABE$ 为直角三角形，所以 AE 与 BE 所成的角为锐角，故③错误；④当平面 $CDE \perp$ 平面 $ABCD$ 时，又平面 $CDE \cap$ 平面 $ABCD = CD,AD \perp CD,AD \subset$ 平面 $ABCD$，$\therefore AD \perp$ 平面 CDE，$\therefore AD \perp DE$，故④正确．综上所述，正确的说法是①④.

4. ①②③　**解析**　对于①，$BD // B_1D_1,BD \not\subset$ 平面 $CB_1D_1,B_1D_1 \subset$ 平面 CB_1D_1，$\therefore BD //$ 平面 CB_1D_1，①正确；对于②，$\because AA_1 \perp$ 平面 $A_1B_1C_1D_1$，$\therefore AA_1 \perp B_1D_1$，连接 A_1C_1，又 $A_1C_1 \perp B_1D_1$，$\therefore B_1D_1 \perp$ 平面 AA_1C_1，$\therefore B_1D_1 \perp AC_1$，同理 $B_1C \perp AC_1$，$\therefore AC_1 \perp$ 平面 CB_1D_1，②正确；对于③，易知 $AC // A_1C_1$，异面直线 AC 与 A_1B 所成的角为 $\angle BA_1C_1$，连接 BC_1，又 $\triangle A_1C_1B$ 为等边三角形，$\therefore \angle BA_1C_1 = 60°$，即异面直线 AC 与 A_1B 成 $60°$ 角，③正确；对于④，AC_1 与底面 $ABCD$ 所成的角的正切值是 $\dfrac{CC_1}{AC} = \dfrac{1}{\sqrt{2}} = \dfrac{\sqrt{2}}{2} \neq \sqrt{2}$，故④不正确．故正确的结论为①②③.

【解答题】

1.（1）证明　如图 7-5 所示，设 AC 的中点为 O，连接 BO,PO.
由题意，得 $PA = PB = PC = \sqrt{2}$，$PO = 1$，$AO = BO = CO = 1$.
因为在 $\triangle PAC$ 中，$PA = PC$，O 为 AC 的中点，所以 $PO \perp AC$.
因为在 $\triangle POB$ 中，$PO = 1$，$OB = 1$，$PB = \sqrt{2}$，
所以 $PO^2 + OB^2 = PB^2$，所以 $PO \perp OB$.
因为 $AC \cap OB = O,AC,OB \subset$ 平面 ABC，
所以 $PO \perp$ 平面 ABC.
因为 $PO \subset$ 平面 PAC，所以平面 $PAC \perp$ 平面 ABC.

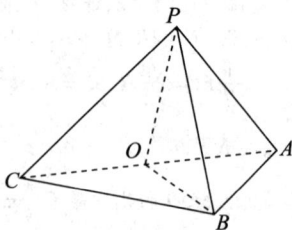

图 7-5

（2）解　三棱锥 $P-ABC$ 的表面积 $S = \sqrt{2} \times \sqrt{2} + 2 \times \dfrac{\sqrt{3}}{4} \times (\sqrt{2})^2 = 2 + \sqrt{3}$，

由（1）知，$PO \perp$ 平面 ABC，所以三棱锥 $P-ABC$ 的体积 $V = \dfrac{1}{3}S_{\triangle ABC} \times PO = \dfrac{1}{3} \times \dfrac{1}{2} \times \sqrt{2} \times \sqrt{2} \times 1 = \dfrac{1}{3}.$

2.（1）证明　如图 7-6，设 PA 的中点为 F，连接 EF,FB.
因为 E,F 分别为 PD,PA 的中点，
所以 $EF // AD$，且 $EF = \dfrac{1}{2}AD$.

因为 $BC // AD,BC = \dfrac{1}{2}AD$，所以 $EF // BC$，且 $EF = BC$，
即四边形 $BCEF$ 为平行四边形，所以 $CE // BF$，
又 $BF \subset$ 平面 $PAB,CE \not\subset$ 平面 PAB，因此 $CE //$ 平面 PAB.

（2）解　分别取 BC,AD 的中点 M,N，连接 BN．连接 PN 交 EF 于点 Q，连接 MQ，如图 7-6.

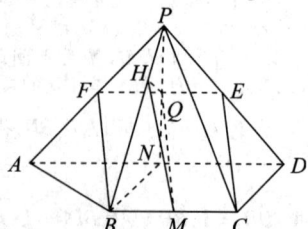

图 7-6

因为 E,F,N 分别是 PD,PA,AD 的中点，
所以 Q 为 EF 的中点，在平行四边形 $BCEF$ 中，$MQ // CE$.
由 $\triangle PAD$ 为等腰直角三角形，得 $PN \perp AD$，
由 $DC \perp AD,N$ 是 AD 的中点，得 $BN \perp AD$，
又 $PN \cap BN = N,PN,BN \subset$ 平面 PBN，所以 $AD \perp$ 平面 PBN.

由 $BC/\!/AD$,得 $BC\perp$ 平面 PBN,又 $BC\subset$ 平面 PBC,所以平面 $PBC\perp$ 平面 PBN.

过点 Q 作 PB 的垂线,垂足为 H,连接 MH,

MH 是 MQ 在平面 PBC 上的射影,所以 $\angle QMH$ 是直线 CE 与平面 PBC 所成的角.

设 $CD=1$.

在 $\triangle PCD$ 中,由 $PC=2,CD=1,PD=\sqrt{2}$,得 $CE=\sqrt{2}$.

在 $\triangle PBN$ 中,由 $PN=BN=1,PB=\sqrt{3}$,得 $QH=\dfrac{1}{4}$.

在 $\mathrm{Rt}\triangle MQH$ 中,$QH=\dfrac{1}{4}$,$MQ=\sqrt{2}$,

所以 $\sin\angle QMH=\dfrac{\sqrt{2}}{8}$,

所以直线 CE 与平面 PBC 所成角的正弦值是 $\dfrac{\sqrt{2}}{8}$.

3. (1)**证明** 因为 $PA\perp AB,PA\perp BC$,又 $AB\cap BC=B$,所以 $PA\perp$ 平面 ABC.

又因为 $BD\subset$ 平面 ABC,所以 $PA\perp BD$.

(2)**证明** 因为 $AB=BC,D$ 为 AC 的中点,所以 $BD\perp AC$.

由(1)知,$PA\perp BD$,又 $A\cap AC=A$,所以 $BD\perp$ 平面 PAC.因为 $BD\subset$ 平面 BDE,

所以平面 $BDE\perp$ 平面 PAC.

(3)**解** 因为 $PA/\!/$ 平面 BDE,平面 $PAC\cap$ 平面 $BDE=DE$,所以 $PA/\!/DE$.

因为 D 为 AC 的中点,所以 $DE=\dfrac{1}{2}PA=1,BD=DC=\sqrt{2}$.

由(1)知,$PA\perp$ 平面 ABC,所以 $DE\perp$ 平面 ABC.

所以三棱锥 $E-BCD$ 的体积 $V=\dfrac{1}{6}BD\cdot DC\cdot DE=\dfrac{1}{3}$.

4. (1)**证明** 因为 $PC\perp$ 平面 $ABCD,CD\subset$ 平面 $ABCD$,所以 $PC\perp DC$.

又因为 $DC\perp AC,PC\cap AC=C$,所以 $DC\perp$ 平面 PAC.

(2)**证明** 因为 $AB/\!/DC,DC\perp AC$,所以 $AB\perp AC$.

因为 $PC\perp$ 平面 $ABCD$,所以 $PC\perp AB$.又 $PC\cap AC=C$,

所以 $AB\perp$ 平面 PAC.因为 $AB\subset$ 平面 PAB,

所以平面 $PAB\perp$ 平面 PAC.

(3)**解** 在棱 PB 上存在点 F,使得 $PA/\!/$ 平面 CEF.理由如下:

如图 $7-7$,取 PB 的中点 F,连接 EF,CE,CF.

因为 E 为 AB 的中点,所以 $EF/\!/PA$.

又因为 $PA\not\subset$ 平面 $CEF,EF\subset$ 平面 CEF,

所以 $PA/\!/$ 平面 CEF.

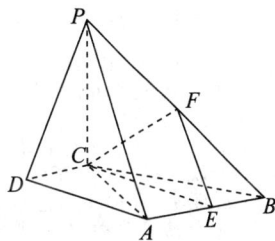

图 $7-7$

5. (1)**证明** 在 $\triangle AOC$ 中,因为 $OA=OC,D$ 为 AC 的中点,

所以 $AC\perp DO$.

又 $PO\perp$ 圆 O 所在平面,$AC\subset$ 圆 O 所在平面,

所以 $PO\perp AC$.

而 $PO\cap DO=O,PO\subset$ 平面 $PDO,DO\subset$ 平面 PDO,

所以 $AC\perp$ 平面 PDO.

(2)**解** 因为点 C 在圆 O 上,所以当 $CO\perp AB$ 时,点 C 到 AB 的距离最大,由 $PO=OB=1$ 且 $CO\perp AB$ 知,$CO=1$.

此时 $\triangle ABC$ 的面积最大值为 $\dfrac{1}{2}\times 2\times 1=1$.

又因为三棱锥 $P-ABC$ 的高 $PO=1$,

所以三棱锥 $P-ABC$ 体积的最大值为 $\dfrac{1}{3}\times 1\times 1=\dfrac{1}{3}$.

6. (1)**证明** 如图 $7-8$ 所示,因为三棱柱 $ABC-A_1B_1C_1$ 是直三棱柱,

所以 $AE\perp BB_1$.又 E 是正三角形 ABC 的边 BC 的中点,所以 $AE\perp BC$.

因为 $BB_1\cap BC=B$,所以 $AE\perp$ 平面 B_1BCC_1.

而 $AE\subset$ 平面 AEF,所以平面 $AEF\perp$ 平面 B_1BCC_1.

(2)**解** 如图 $7-8$ 所示,设 AB 的中点为 D,连接 A_1D,CD.

因为 $\triangle ABC$ 是正三角形,

所以 $CD\perp AB$.

又三棱柱 $ABC-A_1B_1C_1$ 是直三棱柱,所以 $CD\perp AA_1$.

又 $AB\cap AA_1=A$,所以 $CD\perp$ 平面 A_1ABB_1,于是 $\angle CA_1D$ 为直线 A_1C 与平面 A_1ABB_1 所成的角.

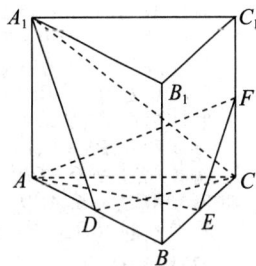

图 $7-8$

所以 $\angle CA_1D = 45°$,

所以 $A_1D = CD = \dfrac{\sqrt{3}}{2}AB = \sqrt{3}$.

在 $Rt\triangle AA_1D$ 中,$AA_1 = \sqrt{A_1D^2 - AD^2} = \sqrt{3-1} = \sqrt{2}$,

所以 $FC = \dfrac{1}{2}AA_1 = \dfrac{\sqrt{2}}{2}$.

故三棱锥 $F-AEC$ 的体积 $V = \dfrac{1}{3}S_{\triangle AEC} \times FC = \dfrac{1}{3} \times \dfrac{\sqrt{3}}{2} \times \dfrac{\sqrt{2}}{2} = \dfrac{\sqrt{6}}{12}$.

7. 证明 (1)因为 $PA=PD$,E 为 AD 的中点,所以 $PE\perp AD$.

因为底面 $ABCD$ 为矩形,

所以 $BC // AD$,

所以 $PE\perp BC$.

(2)因为底面 $ABCD$ 为矩形,

所以 $AB\perp AD$.

又因为平面 $PAD\perp$ 平面 $ABCD$,平面 $PAD\cap$ 平面 $ABCD=AD$,$AB\subset$ 平面 $ABCD$,

所以 $AB\perp$ 平面 PAD.

又因为 $PD\subset$ 平面 PAD,

所以 $AB\perp PD$.

又因为 $PA\perp PD$,$PA\cap AB=A$,

所以 $PD\perp$ 平面 PAB.

又 $PD\subset$ 平面 PCD,

所以平面 $PAB\perp$ 平面 PCD.

(3)如图 7-9 所示,取 PC 的中点 G,连接 FG,DG.

因为 F,G 分别为 PB,PC 的中点,

所以 $FG // BC$,$FG = \dfrac{1}{2}BC$.

因为四边形 $ABCD$ 为矩形,且 E 为 AD 的中点,

所以 $DE // BC$,$DE = \dfrac{1}{2}BC$.

所以 $DE // FG$,$DE = FG$,

所以四边形 $DEFG$ 为平行四边形.

所以 $EF // DG$.

又因为 $EF\not\subset$ 平面 PCD,$DG\not\subset$ 平面 PCD,

所以 $EF //$ 平面 PCD.

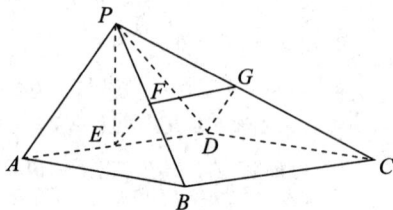

图 7-9

8. 证明 (1)由题意知,E 为 B_1C 的中点,

又 D 为 AB_1 的中点,所以 $DE // AC$.

因为 $DE\not\subset$ 平面 AA_1C_1C,$AC\subset$ 平面 AA_1C_1C,

所以 $DE //$ 平面 AA_1C_1C.

(2)因为棱柱 $ABC-A_1B_1C_1$ 是直三棱柱,

所以 $CC_1\perp$ 平面 ABC.

因为 $AC\subset$ 平面 ABC,所以 $AC\perp CC_1$.

因为 $AC\perp BC$,$CC_1\subset$ 平面 BCC_1B_1,

$BC\subset$ 平面 BCC_1B_1,$BC\cap CC_1=C$,所以 $AC\perp$ 平面 BCC_1B_1.

因为 $BC_1\subset$ 平面 BCC_1B_1,所以 $BC_1\perp AC$.

因为 $BC=CC_1$,所以矩形 BCC_1B_1 是正方形,所以 $BC_1\perp B_1C$.

因为 AC,$B_1C\subset$ 平面 B_1AC,$AC\cap B_1C=C$,所以 $BC_1\perp$ 平面 B_1AC.

因为 $AB_1\subset$ 平面 B_1AC,所以 $BC_1\perp AB_1$.

9. (1)**证明** 因为 $\triangle ABC$ 是等边三角形,$\angle BAD = \angle BCD = 90°$,

所以 $Rt\triangle ABD\cong Rt\triangle CBD$,可得 $AD=CD$.

因为点 P 是 AC 的中点,所以 $PD\perp AC$,$PB\perp AC$,

因为 $PD\cap PB=P$,$PD\subset$ 平面 BDP,$PB\subset$ 平面 BDP,

所以 $AC\perp$ 平面 BDP.

因为 $AC\subset$ 平面 ACD,

所以平面 $ACD\perp$ 平面 BDP.

(2)**解** 设 $AB=a$,在 $Rt\triangle ABD$ 中,$BD=\sqrt{6}$,则 $AD=\sqrt{BD^2-AB^2}=\sqrt{6-a^2}$.

在等边三角形 ABC 中,$BP=\dfrac{\sqrt{3}}{2}AB=\dfrac{\sqrt{3}}{2}a$,

在等腰三角形 ACD 中, $DP = \sqrt{AD^2 - AP^2} = \sqrt{6 - a^2 - \left(\frac{1}{2}a\right)^2} = \sqrt{6 - \frac{5}{4}a^2}$,

在 $\triangle BPD$ 中, 由 $\cos \angle BPD = -\frac{\sqrt{3}}{3}$, 得 $\sin \angle BPD = \frac{\sqrt{6}}{3}$,

由余弦定理得 $BD^2 = BP^2 + DP^2 - 2 \cdot BP \cdot DP \cdot \cos \angle BPD$,

得 $6 = \frac{3}{4}a^2 + 6 - \frac{5}{4}a^2 - 2 \times \frac{\sqrt{3}}{2}a \times \sqrt{6 - \frac{5}{4}a^2} \times \left(-\frac{\sqrt{3}}{3}\right)$,

解得 $a = 2$.

所以 $\triangle BPD$ 的面积 $S = \frac{1}{2} \cdot BP \cdot DP \cdot \sin \angle BPD = \frac{\sqrt{2}}{2}$.

所以三棱锥 $A-BCD$ 的体积 $V = \frac{1}{3} \cdot AC \cdot S_{\triangle BPD} = \frac{1}{3} \times 2 \times \frac{\sqrt{2}}{2} = \frac{\sqrt{2}}{3}$.

10. (1) 证明 ∵ 四边形 $ABCD$ 是菱形, ∴ $AC \perp BD$.
∵ $BE \perp$ 平面 $ABCD$, $AC \subset$ 平面 $ABCD$,
∴ $BE \perp AC$. 又 $BE \cap BD = B$,
∴ $AC \perp$ 平面 $BEFD$.
∵ $AC \subset$ 平面 AEC,
∴ 平面 $AEC \perp$ 平面 $BEFD$.
(2) 解 ∵ $BE \perp$ 平面 $ABCD$, $BD \subset$ 平面 $ABCD$, ∴ $BE \perp BD$.
∵ $DF /\!/ BE$, ∴ $DF \perp BD$.
∴ $BD^2 = EF^2 - (DF - BE)^2 = 24$, ∴ $BD = 2\sqrt{6}$,
∴ $S_{\text{四边形}BEFD} = \frac{1}{2}(BE + DF) \cdot BD = 3\sqrt{6}$.

设 $AB = a (a > 0)$,

∵ $\cos \angle BAD = \frac{1}{3}$,

∴ $BD^2 = AB^2 + AD^2 - 2AB \cdot AD \cdot \cos \angle BAD = \frac{4}{3}a^2 = 24$,

∴ $a = 3\sqrt{2}$.
∴ $OA^2 = AB^2 - OB^2 = 12$, ∴ $OA = 2\sqrt{3}$.
由 (1) 得 $AC \perp$ 平面 $BEFD$, $OA = OC$,
∴ $V_{\text{几何体}ABCDFE} = 2V_{\text{四棱锥}A-BEFD} = \frac{2}{3}S_{\text{四边形}BEFD} \cdot OA = 12\sqrt{2}$.

11. (1) 证明 ∵ $AD /\!/ BC$, Q 为 AD 的中点, $BC = \frac{1}{2}AD$,

∴ $BC = QD$, ∴ 四边形 $BCDQ$ 为平行四边形.
∵ $\angle ADC = 90°$, ∴ $BC \perp BQ$.
∵ $PA = PD$, $AQ = QD$,
∴ $PQ \perp AD$, 又 平面 $PAD \perp$ 平面 $ABCD$,
平面 $PAD \cap$ 平面 $ABCD = AD$, $PQ \subset$ 平面 PAD, ∴ $PQ \perp$ 平面 $ABCD$.
又 $BC \subset$ 平面 $ABCD$, ∴ $PQ \perp BC$, 又 $PQ \cap BQ = Q$, ∴ $BC \perp$ 平面 PQB.
∵ $BC \subset$ 平面 PBC, ∴ 平面 $PBC \perp$ 平面 PQB.

(2) 解 方法一 ∵ $PQ = \sqrt{PA^2 - AQ^2} = \sqrt{3}$,

$BQ = CD = \sqrt{3}$, ∴ $S_{\triangle PQB} = \frac{1}{2}PQ \cdot QB = \frac{3}{2}$.

由 (1) 知 $BC \perp$ 平面 PQB, 连接 QC,

∴ $V_{\text{三棱锥}C-PQB} = \frac{1}{3}S_{\triangle PQB} \times BC = \frac{1}{3} \times \frac{3}{2} \times 1 = \frac{1}{2}$.

又 M 是线段 PC 的中点,

∴ $V_{\text{三棱锥}P-QMB} = V_{\text{三棱锥}M-PQB} = \frac{1}{2}V_{\text{三棱锥}C-PQB} = \frac{1}{2} \times \frac{1}{2} = \frac{1}{4}$,

故三棱锥 $P-QMB$ 的体积为 $\frac{1}{4}$.

方法二 如图 7-10, 连接 QC, 记 QC 的中点为 E, 连接 ME.
在 $\triangle PQC$ 中, ∵ M 为 PC 的中点,

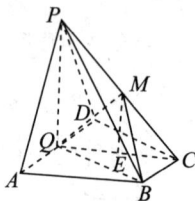

∴ ME 为 △PQC 的中位线，则 $ME = \dfrac{1}{2}PQ$ 且 $PQ /\!/ ME$.

由 (1) 可知 $PQ \perp$ 平面 $ABCD$, ∴ $ME \perp$ 平面 $ABCD$.

在 △PAD 中, ∵ $PA = PD = AD = 2$, Q 为 AD 的中点, ∴ $PQ = \sqrt{3}$.

∵ $BC = \dfrac{1}{2}AD = 1$, $AD /\!/ BC$, $\angle ADC = 90°$,

∴ 四边形 $BCDQ$ 为矩形. 又 $CD = \sqrt{3}$, ∴ $QB = \sqrt{3}$,

∴ $S_{\triangle BQC} = \dfrac{1}{2}BC \cdot QB = \dfrac{\sqrt{3}}{2}$.

∴ $V_{三棱锥P-QMB} = V_{三棱锥P-BQC} - V_{三棱锥M-BQC} = \dfrac{1}{3}(PQ - ME) \times S_{\triangle BQC} = \dfrac{1}{3} \times \dfrac{1}{2}PQ \times S_{\triangle BQC} = \dfrac{1}{6} \times \sqrt{3} \times \dfrac{\sqrt{3}}{2} = \dfrac{1}{4}$,

故三棱锥 $P-QMB$ 的体积为 $\dfrac{1}{4}$.

12. 证明 (1) 记 $AB_1 \cap A_1B = E$, 连接 DE,

在直三棱柱 $ABC-A_1B_1C_1$ 中, 四边形 ABB_1A_1 为矩形, 则 E 是 A_1B 的中点,

又 D 为 BC 的中点, 所以 $A_1C /\!/ DE$.

因为 $A_1C \not\subset$ 平面 ADB_1, $DE \subset$ 平面 ADB_1, 所以 $A_1C /\!/$ 平面 ADB_1.

(2) 在直三棱柱 $ABC-A_1B_1C_1$ 中, $CC_1 \perp$ 平面 ABC.

因为 $AD \subset$ 平面 ABC, 所以 $AD \perp CC_1$.

因为 $AB = AC$, D 为 BC 的中点, 所以 $AD \perp BC$.

因为 $BC \cap CC_1 = C$, $BC \subset$ 平面 BCC_1B_1, $CC_1 \subset$ 平面 BCC_1B_1, 所以 $AD \perp$ 平面 BCC_1B_1.

因为 $BC_1 \subset$ 平面 BCC_1B_1, 所以 $AD \perp BC_1$.

又 $BC_1 \perp B_1D$, $AD \cap B_1D = D$, $AD \subset$ 平面 ADB_1, $B_1D \subset$ 平面 ADB_1,

所以 $BC_1 \perp$ 平面 ADB_1.

因为 $BC_1 \subset$ 平面 A_1BC_1, 所以平面 $A_1BC_1 \perp$ 平面 ADB_1.

13. 解 (1) 由 $AB = AC$, AD 是 △ABC 的中线, 得 $AD \perp BC$.

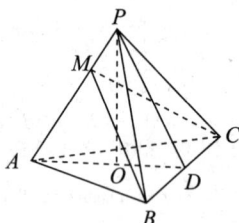

因为 P 在平面 ABC 上的射影是 O, 所以 $PO \perp$ 平面 ABC, 所以 $PO \perp BC$.

如图 7 – 11, 连接 PD.

因为 $PO \cap AD = O$, $PO \subset$ 平面 PAD, $AD \subset$ 平面 PAD, 所以 $BC \perp$ 平面 PAD.

又 $AP \subset$ 平面 PAD, 所以 $AP \perp BC$. 故异面直线 PA 与 BC 所成角的大小为 $\dfrac{\pi}{2}$.

(2) 在线段 AP 上存在点 M, 使得平面 $AMC \perp$ 平面 BMC. 理由如下:

如图 7 – 11, 在平面 PAB 内作 $MB \perp PA$ 于 M, 连接 CM.

由 (1) 知 $AP \perp BC$, 因为 $BM \cap BC = B$, $BM \subset$ 平面 BCM, $BC \subset$ 平面 BCM, 所以 $PA \perp$ 平面 BCM.

又 $PA \subset$ 平面 PAC, 所以平面 $BCM \perp$ 平面 PAC, 即平面 $BCM \perp$ 平面 AMC.

在 Rt△ADB 中, $AB^2 = AD^2 + BD^2 = 41$, 所以 $AB = \sqrt{41}$.

在 Rt△POD 中, $PD^2 = PO^2 + OD^2 = 20$.

在 Rt△PDB 中, $PB^2 = PD^2 + BD^2 = 36$, 所以 $PB = 6$.

在 Rt△POA 中, $PA^2 = AO^2 + PO^2 = 25$, 所以 $PA = 5$.

在 △PAB 中, 由余弦定理得, $\cos \angle BPA = \dfrac{PA^2 + PB^2 - AB^2}{2PA \cdot PB} = \dfrac{1}{3}$,

所以 $PM = PB\cos \angle BPA = 2$, 所以 $AM = PA - PM = 3$.

所以存在点 M 符合题意, 此时 $AM = 3$.

14. 解 依题意, 可以建立以 A 为原点, 分别以 $\overrightarrow{AB}$, $\overrightarrow{AD}$, $\overrightarrow{AE}$ 的方向为 x 轴、y 轴、z 轴正方向的空间直角坐标系 (如图 7 – 12), 可得 $A(0,0,0)$, $B(1,0,0)$, $C(1,2,0)$, $D(0,1,0)$, $E(0,0,2)$. 设 $CF = h(h>0)$, 则 $F(1,2,h)$.

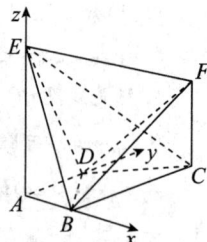

(1) 证明 依题意, $\overrightarrow{AB} = (1,0,0)$ 是平面 ADE 的一个法向量, 又 $\overrightarrow{BF} = (0,2,h)$, 可得 $\overrightarrow{BF} \cdot \overrightarrow{AB} = 0$, 又因为直线 $BF \not\subset$ 平面 ADE, 所以 $BF /\!/$ 平面 ADE.

(2) 依题意, $\overrightarrow{BD} = (-1,1,0)$, $\overrightarrow{BE} = (-1,0,2)$, $\overrightarrow{CE} = (-1,-2,2)$.

设 $\boldsymbol{n} = (x,y,z)$ 为平面 BDE 的一个法向量,

则 $\begin{cases} \boldsymbol{n} \cdot \overrightarrow{BD} = 0, \\ \boldsymbol{n} \cdot \overrightarrow{BE} = 0, \end{cases}$ 即 $\begin{cases} -x + y = 0, \\ -x + 2z = 0, \end{cases}$ 不妨令 $z = 1$, 可得 $\boldsymbol{n} = (2,2,1)$.

因此有 $\cos\langle\overrightarrow{CE},\boldsymbol{n}\rangle=\dfrac{\overrightarrow{CE}\cdot\boldsymbol{n}}{|\overrightarrow{CE}||\boldsymbol{n}|}=-\dfrac{4}{9}$.

所以直线 CE 与平面 BDE 所成角的正弦值为 $\dfrac{4}{9}$.

(3)设 $\boldsymbol{m}=(x_1,y_1,z_1)$ 为平面 BDF 的一个法向量,

则 $\begin{cases}\boldsymbol{m}\cdot\overrightarrow{BD}=0,\\ \boldsymbol{m}\cdot\overrightarrow{BF}=0,\end{cases}$ 即 $\begin{cases}-x_1+y_1=0,\\ 2y_1+hz_1=0,\end{cases}$

不妨令 $y=1$,可得 $\boldsymbol{m}=\left(1,1,-\dfrac{2}{h}\right)$.

由题意,有 $|\cos\langle\boldsymbol{m},\boldsymbol{n}\rangle|=\dfrac{|\boldsymbol{m}\cdot\boldsymbol{n}|}{|\boldsymbol{m}||\boldsymbol{n}|}=\dfrac{\left|4-\dfrac{2}{h}\right|}{3\sqrt{2+\dfrac{4}{h^2}}}=\dfrac{1}{3}$,

解得 $h=\dfrac{8}{7}$.经检验,符合题意.

所以线段 CF 的长为 $\dfrac{8}{7}$.

15. (1)**证明** 由平面 $ABC\perp$ 平面 ABD,平面 $ABC\cap$ 平面 $ABD=AB$,$AD\perp AB$,可得 $AD\perp$ 平面 ABC,故 $AD\perp BC$.

(2)**解** 如图 7-13 所示,取棱 AC 的中点 N,连接 MN,ND.又因为 M 为棱 AB 的中点,故 $MN\parallel BC$.所以 $\angle DMN$(或其补角)为异面直线 BC 与 MD 所成的角.

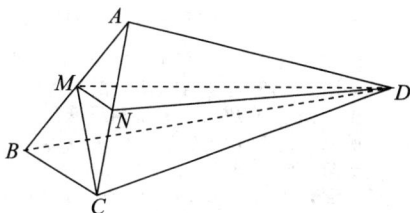
图 7-13

在 Rt$\triangle DAM$ 中,$AM=1$,故 $DM=\sqrt{AD^2+AM^2}=\sqrt{13}$.

因为 $AD\perp$ 平面 ABC,故 $AD\perp AC$.在 Rt$\triangle DAN$ 中,$AN=1$,故 $DN=\sqrt{AD^2+AN^2}=\sqrt{13}$.

在等腰三角形 DMN 中,$MN=1$,可得 $\cos\angle DMN=\dfrac{\frac{1}{2}MN}{DM}=\dfrac{\sqrt{13}}{26}$.

所以异面直线 BC 与 MD 所成角的余弦值为 $\dfrac{\sqrt{13}}{26}$.

(3)**解** 如图 7-13,连接 CM.因为 $\triangle ABC$ 为等边三角形,M 为边 AB 的中点,故 $CM\perp AB$,$CM=\sqrt{3}$.又因为平面 $ABC\perp$ 平面 ABD,平面 $ABC\cap$ 平面 $ABD=AB$,而 $CM\subset$ 平面 ABC,故 $CM\perp$ 平面 ABD.所以 $\angle CDM$ 为直线 CD 与平面 ABD 所成的角.

在 Rt$\triangle CAD$ 中,$CD=\sqrt{AC^2+AD^2}=4$.

在 Rt$\triangle CMD$ 中,$\sin\angle CDM=\dfrac{CM}{CD}=\dfrac{\sqrt{3}}{4}$.

所以直线 CD 与平面 ABD 所成角的正弦值为 $\dfrac{\sqrt{3}}{4}$.

16. (1)**证明** 由题设可得 $\triangle ABD\cong\triangle CBD$,从而 $AD=CD$.

又 $\triangle ACD$ 是直角三角形,

所以 $\angle ADC=90°$.

如图 7-14,取 AC 的中点 O,连接 DO,BO,则 $DO\perp AC$,$DO=AO$.

又由于 $\triangle ABC$ 是正三角形,故 $BO\perp AC$.

所以 $\angle DOB$ 为二面角 $D-AC-B$ 的平面角.

在 Rt$\triangle AOB$ 中,$BO^2+AO^2=AB^2$.

又 $AB=BD$,

所以 $BO^2+DO^2=BO^2+AO^2=AB^2=BD^2$,故 $\angle DOB=90°$.

所以平面 $ACD\perp$ 平面 ABC.

(2)**解** 由题设及(1)知,OA,OB,OD 两两垂直.以 O 为坐标原点,$\overrightarrow{OA}$ 的方向为 x 轴正方向,$|\overrightarrow{OA}|$ 为单位长度,建立如图 7-14 所示的空间直角坐标系 $O-xyz$,则 $A(1,0,0)$,$B(0,\sqrt{3},0)$,$C(-1,0,0)$,$D(0,0,1)$.

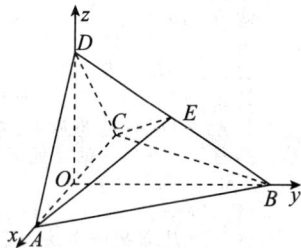
图 7-14

由题设知,四面体 $ABCE$ 的体积为四面体 $ABCD$ 的体积的 $\dfrac{1}{2}$,从而 E 到平面 ABC 的距离为 D 到平面 ABC 的距离的 $\dfrac{1}{2}$,即 E 为 DB 的中点,得 $E\left(0,\dfrac{\sqrt{3}}{2},\dfrac{1}{2}\right)$. 故 $\overrightarrow{AD}=(-1,0,1)$,$\overrightarrow{AC}=(-2,0,0)$,$\overrightarrow{AE}=\left(-1,\dfrac{\sqrt{3}}{2},\dfrac{1}{2}\right)$.

设 $\boldsymbol{n}=(x,y,z)$ 是平面 DAE 的一个法向量,则
$$\begin{cases}\boldsymbol{n}\cdot\overrightarrow{AD}=0,\\ \boldsymbol{n}\cdot\overrightarrow{AE}=0,\end{cases}\text{即}\begin{cases}-x+z=0,\\ -x+\dfrac{\sqrt{3}}{2}y+\dfrac{1}{2}z=0.\end{cases}$$

可取 $\boldsymbol{n}=\left(1,\dfrac{\sqrt{3}}{3},1\right)$.

设 $\boldsymbol{m}$ 是平面 AEC 的一个法向量,则 $\begin{cases}\boldsymbol{m}\cdot\overrightarrow{AC}=0,\\ \boldsymbol{m}\cdot\overrightarrow{AE}=0.\end{cases}$ 同理可取 $\boldsymbol{m}=(0,-1,\sqrt{3})$.

则 $\cos\langle\boldsymbol{n},\boldsymbol{m}\rangle=\dfrac{\boldsymbol{n}\cdot\boldsymbol{m}}{|\boldsymbol{n}||\boldsymbol{m}|}=\dfrac{\sqrt{7}}{7}$.

又通过观察图形可得二面角 $D-AE-C$ 的余弦值为 $\dfrac{\sqrt{7}}{7}$.

17. 解 (1)由题设条件可知,在梯形 $ABCD$ 中,AB 与 CD 不平行.
如图 7-15,延长 AB,DC 相交于点 $M(M\in$ 平面 $PAB)$,点 M 为所求的一个点. 理由如下:
由已知可得 $BC\ /\!/\ ED$ 且 $BC=ED$.
所以四边形 $BCDE$ 是平行四边形.
从而 $CM\ /\!/\ EB$.
又 $EB\subset$ 平面 PBE,$CM\not\subset$ 平面 PBE,
所以 $CM\ /\!/$ 平面 PBE.

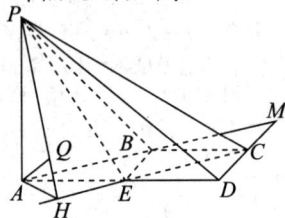

图 7-15

(2)**方法一** 由已知得 $CD\perp PA$,$CD\perp AD$,$PA\cap AD=A$,
所以 $CD\perp$ 平面 PAD.
又 $PD\subset$ 平面 PAD,从而 $CD\perp PD$.
所以 $\angle PDA$ 是二面角 $P-CD-A$ 的平面角.
所以 $\angle PDA=45°$.
设 $BC=1$,则在 $\mathrm{Rt}\triangle PAD$ 中,$PA=AD=2$.
如图 7-15,过点 A 作 $AH\perp CE$,交 CE 的延长线于点 H,连接 PH.
易知 $PA\perp$ 平面 $ABCD$,$CE\subset$ 平面 $ABCD$,从而 $PA\perp CE$.
又 $PA\cap AH=A$,PA,$AH\subset$ 平面 PAH,
于是 $CE\perp$ 平面 PAH.
又 $CE\subset$ 平面 PCE,
所以平面 $PCE\perp$ 平面 PAH.
过点 A 作 $AQ\perp PH$ 于 Q,因为平面 $PAH\cap$ 平面 $PCE=PH$,$AQ\subset$ 平面 PAH,则 $AQ\perp$ 平面 PCE.
所以 $\angle APH$ 是 PA 与平面 PCE 所成的角.

在 $\mathrm{Rt}\triangle AEH$ 中,$\angle AEH=45°$,$AE=1$,所以 $AH=\dfrac{\sqrt{2}}{2}$.

在 $\mathrm{Rt}\triangle PAH$ 中,$PH=\sqrt{PA^2+AH^2}=\dfrac{3\sqrt{2}}{2}$,

所以 $\sin\angle APH=\dfrac{AH}{PH}=\dfrac{1}{3}$.

方法二 由已知可得 $CD\perp PA$,$CD\perp AD$,$PA\cap AD=A$,所以 $CD\perp$ 平面 PAD,于是 $CD\perp PD$.
从而 $\angle PDA$ 是二面角 $P-CD-A$ 的平面角.
所以 $\angle PDA=45°$.
由 $PA\perp AB$,可得 $PA\perp$ 平面 $ABCD$.
设 $BC=1$,则在 $\mathrm{Rt}\triangle PAD$ 中,$PA=AD=2$.
作 $Ay\perp AD$,以 A 为原点,以 $\overrightarrow{AD}$,$\overrightarrow{AP}$ 的方向分别为 x 轴、z 轴的正方向,
建立如图 7-16 所示的空间直角坐标系 $A-xyz$,则 $A(0,0,0)$,$P(0,0,2)$,$C(2,1,0)$,$E(1,0,0)$.
所以 $\overrightarrow{PE}=(1,0,-2)$,$\overrightarrow{EC}=(1,1,0)$,$\overrightarrow{AP}=(0,0,2)$.
设平面 PCE 的一个法向量为 $\boldsymbol{n}=(x,y,z)$,

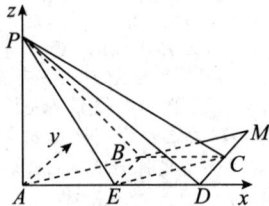

图 7-16

由 $\begin{cases} \boldsymbol{n} \cdot \overrightarrow{PE} = 0, \\ \boldsymbol{n} \cdot \overrightarrow{EC} = 0, \end{cases}$ 得 $\begin{cases} x - 2z = 0, \\ x + y = 0, \end{cases}$ 设 $x = 2$，解得 $\boldsymbol{n} = (2, -2, 1)$．

设直线 PA 与平面 PCE 所成角为 α，则 $\sin \alpha = \dfrac{|\boldsymbol{n} \cdot \overrightarrow{AP}|}{|\boldsymbol{n}| |\overrightarrow{AP}|} = \dfrac{2}{2 \times \sqrt{2^2 + (-2)^2 + 1^2}} = \dfrac{1}{3}$．

所以直线 PA 与平面 PCE 所成角的正弦值为 $\dfrac{1}{3}$．

18. (1) **证明** 取 PA 的中点 Q，连接 QF，QD，

∵ F 是 PB 的中点，

∴ $QF // AB$ 且 $QF = \dfrac{1}{2} AB$．

∵ 四边形 $ABCD$ 为直角梯形，$\angle CDA = \angle BAD = 90°$，$AB = AD = 2DC = 2\sqrt{2}$，∴ $CD // AB$，$CD = \dfrac{1}{2} AB$，

∴ $QF // CD$ 且 $QF = CD$，

∴ 四边形 $QFCD$ 是平行四边形，

∴ $CF // QD$．

又 $CF \not\subset$ 平面 PAD，$QD \subset$ 平面 PAD，

∴ $CF //$ 平面 PAD．

(2) 如图 7-17 所示，分别以 AD，AB，AP 所在的直线为 x 轴、y 轴、z 轴建立空间直角坐标系，设 $PA = a$，则 $C(2\sqrt{2}, \sqrt{2}, 0)$，$E\left(\sqrt{2}, 0, \dfrac{a}{2}\right)$，$F\left(0, \sqrt{2}, \dfrac{a}{2}\right)$，

取平面 $ABCD$ 的一个法向量为 $\boldsymbol{n}_1 = (0, 0, 1)$．

$\overrightarrow{CE} = \left(-\sqrt{2}, -\sqrt{2}, \dfrac{a}{2}\right)$，$\overrightarrow{CF} = \left(-2\sqrt{2}, 0, \dfrac{a}{2}\right)$，设平面 CEF 的一个法向量为 $\boldsymbol{n}_2 = (x, y, z)$，则有 $\begin{cases} \overrightarrow{CE} \cdot \boldsymbol{n}_2 = 0, \\ \overrightarrow{CF} \cdot \boldsymbol{n}_2 = 0, \end{cases}$

即 $\begin{cases} -\sqrt{2}x - \sqrt{2}y + \dfrac{a}{2}z = 0, \\ -2\sqrt{2}x + \dfrac{a}{2}z = 0. \end{cases}$

不妨取 $z = 4\sqrt{2}$，则 $x = a$，$y = a$，即 $\boldsymbol{n}_2 = (a, a, 4\sqrt{2})$．

∴ $|\cos \langle \boldsymbol{n}_1, \boldsymbol{n}_2 \rangle| = \dfrac{|\boldsymbol{n}_1 \cdot \boldsymbol{n}_2|}{|\boldsymbol{n}_1| |\boldsymbol{n}_2|} = \dfrac{\sqrt{2}}{2}$，解得 $a = 4$，即 $PA = 4$．

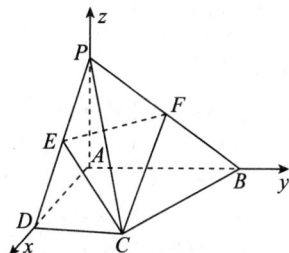

图 7-17

19. (1) **证明** 由题设条件知，$PA \perp$ 底面 $ABCD$，$AB \perp AD$，以 A 为原点，分别以 AB，AD，AP 所在直线为 x 轴、y 轴、z 轴，建立如图 7-18 所示的空间直角坐标系 $A-xyz$，则 $B(1, 0, 0)$，$P(0, 0, 2)$，$C(2, 2, 0)$，$E(1, 1, 1)$，$D(0, 2, 0)$．

∴ $\overrightarrow{BE} = (0, 1, 1)$，$\overrightarrow{DC} = (2, 0, 0)$．

∴ $\overrightarrow{BE} \cdot \overrightarrow{DC} = 0$，即 $BE \perp DC$．

(2) **解** 由 (1) 知，$\overrightarrow{BC} = (1, 2, 0)$，$\overrightarrow{CP} = (-2, -2, 2)$，$\overrightarrow{AC} = (2, 2, 0)$，$\overrightarrow{AB} = (1, 0, 0)$．由点 F 在棱 PC 上，

设 $\overrightarrow{CF} = \lambda \overrightarrow{CP} = (-2\lambda, -2\lambda, 2\lambda)(0 \leqslant \lambda \leqslant 1)$．

∴ $\overrightarrow{BF} = \overrightarrow{BC} + \overrightarrow{CF} = (1 - 2\lambda, 2 - 2\lambda, 2\lambda)$．

∵ $BF \perp AC$，

∴ $\overrightarrow{BF} \cdot \overrightarrow{AC} = 2(1 - 2\lambda) + 2(2 - 2\lambda) = 0$，解得 $\lambda = \dfrac{3}{4}$．

∴ $\overrightarrow{BF} = \left(-\dfrac{1}{2}, \dfrac{1}{2}, \dfrac{3}{2}\right)$．

设平面 FAB 的一个法向量为 $\boldsymbol{n}_1 = (x, y, z)$，

则 $\begin{cases} \boldsymbol{n}_1 \cdot \overrightarrow{AB} = x = 0, \\ \boldsymbol{n}_1 \cdot \overrightarrow{BF} = -\dfrac{1}{2}x + \dfrac{1}{2}y + \dfrac{3}{2}z = 0. \end{cases}$

不妨令 $z = 1$，可得 $\boldsymbol{n}_1 = (0, -3, 1)$，其为平面 FAB 的一个法向量．

取平面 ABP 的一个法向量 $\boldsymbol{n}_2 = (0, 1, 0)$，

则 $\cos \langle \boldsymbol{n}_1, \boldsymbol{n}_2 \rangle = \dfrac{\boldsymbol{n}_1 \cdot \boldsymbol{n}_2}{|\boldsymbol{n}_1| |\boldsymbol{n}_2|} = -\dfrac{3}{\sqrt{10}} = -\dfrac{3\sqrt{10}}{10}$．

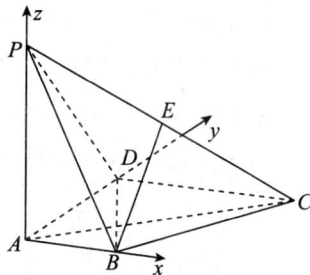

图 7-18

易知,二面角 $F-AB-P$ 是锐角,∴其余弦值为 $\dfrac{3\sqrt{10}}{10}$.

20. 解 (1)当 $\lambda=\dfrac{1}{2}$ 时,$CE\parallel$ 平面 BDF. 证明如下:

连接 AC 交 BD 于点 G,连接 GF,

∵ $CD\parallel AB,AB=2CD,\therefore\dfrac{CG}{GA}=\dfrac{CD}{AB}=\dfrac{1}{2}$.

∵ $EF=\dfrac{1}{2}FA,\therefore\dfrac{EF}{FA}=\dfrac{CG}{GA}=\dfrac{1}{2},\therefore GF\parallel CE$.

又 $CE\not\subset$ 平面 $BDF,GF\subset$ 平面 $BDF,\therefore CE\parallel$ 平面 BDF.

(2)取 AB 的中点 O,连接 EO,则 $EO\perp AB$,

∵ 平面 $ABE\perp$ 平面 $ABCD$,平面 $ABE\cap$ 平面 $ABCD=AB$,且 $EO\subset$ 平面 ABE,

∴ $EO\perp$ 平面 $ABCD$.

连接 DO,∵ $BO\parallel CD$,且 $BO=CD=1$,

∴ 四边形 $BODC$ 为平行四边形,

∴ $BC\parallel DO$,又 $BC\perp AB,\therefore AB\perp OD$,

则 OD,OA,OE 两两垂直. 以 OD,OA,OE 所在直线分别为 x 轴、y 轴、z 轴,建立空间直角坐标系 $O-xyz$(如图 $7-19$),

则 $O(0,0,0),A(0,1,0),B(0,-1,0),D(1,0,0),C(1,-1,0),E(0,0,\sqrt{3})$.

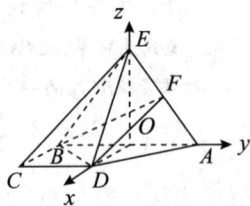

图 $7-19$

当 $\lambda=1$ 时,有 $\overrightarrow{EF}=\overrightarrow{FA},\therefore F\left(0,\dfrac{1}{2},\dfrac{\sqrt{3}}{2}\right)$,

∴ $\overrightarrow{BD}=(1,1,0),\overrightarrow{CE}=(-1,1,\sqrt{3}),\overrightarrow{BF}=\left(0,\dfrac{3}{2},\dfrac{\sqrt{3}}{2}\right)$.

设平面 BDF 的一个法向量为 $\boldsymbol{n}=(x,y,z)$,

则有 $\begin{cases}\boldsymbol{n}\cdot\overrightarrow{BD}=0,\\\boldsymbol{n}\cdot\overrightarrow{BF}=0,\end{cases}$

即 $\begin{cases}x+y=0,\\\dfrac{3}{2}y+\dfrac{\sqrt{3}}{2}z=0,\end{cases}$

令 $z=\sqrt{3}$,得 $y=-1,x=1$,

则 $\boldsymbol{n}=(1,-1,\sqrt{3})$ 为平面 BDF 的一个法向量.

设直线 CE 与平面 BDF 所成的角为 θ,

则 $\sin\theta=|\cos\langle\overrightarrow{CE},\boldsymbol{n}\rangle|=\dfrac{1}{5}$,

故直线 CE 与平面 BDF 所成角的正弦值为 $\dfrac{1}{5}$.

21. (1)**证明** 在直三棱柱 $ABC-A_1B_1C_1$ 中,$CC_1\perp AB$,

又 $C_1F\perp AB,C_1F\subset$ 平面 $B_1BCC_1,C_1C\subset$ 平面 $B_1BCC_1,CC_1\cap C_1F=C_1$,

所以 $AB\perp$ 平面 B_1BCC_1.

又 $AB\subset$ 平面 ABE,

所以平面 $ABE\perp$ 平面 B_1BCC_1.

(2)**解** 由(1)可知,$AB\perp BC$,在直三棱柱 $ABC-A_1B_1C_1$ 中,以 B 点为坐标原点,分别以 $\overrightarrow{BC},\overrightarrow{BA},\overrightarrow{BB_1}$ 的方向为 x 轴、y 轴、z 轴正方向,建立如图 $7-20$ 所示的空间直角坐标系.

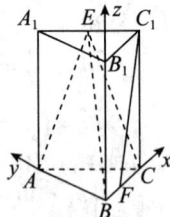

图 $7-20$

设 $AA_1=a$,则 $B(0,0,0),C(2,0,0),A(0,2,0),B_1(0,0,a),C_1(2,0,a),A_1(0,2,a),E(1,1,a),F(1,0,0)$,

易知直线 FC_1 的一个方向向量为 $\boldsymbol{u}=(1,0,a)$,平面 ACC_1A_1 的一个法向量为 $\boldsymbol{m}=(1,1,0)$,

可知 $\left|\dfrac{\boldsymbol{m}\cdot\boldsymbol{u}}{|\boldsymbol{m}||\boldsymbol{u}|}\right|=\dfrac{\sqrt{10}}{10}$,所以 $\dfrac{1}{\sqrt{2}\times\sqrt{1+a^2}}=\dfrac{\sqrt{10}}{10}$,

又 $a>0$,所以 $a=2$,易知 $\overrightarrow{BA}=(0,2,0),\overrightarrow{BE}=(1,1,2),\overrightarrow{BC}=(2,0,0)$,设平面 ABE 的一个法向量为 $\boldsymbol{n}_1=(x,y,z)$,

所以 $\begin{cases}2y=0,\\x+y+2z=0,\end{cases}$ 取 $z=-1$,则 $\boldsymbol{n}_1=(2,0,-1)$.

设平面 CBE 的一个法向量为 $\boldsymbol{n}_2 = (x_1, y_1, z_1)$,

所以 $\begin{cases} 2x_1 = 0, \\ x_1 + y_1 + 2z_1 = 0, \end{cases}$ 取 $z_1 = -1$, 则 $\boldsymbol{n}_2 = (0, 2, -1)$.

记二面角 $A - BE - C$ 的平面角为 θ,

则 $|\cos \theta| = |\cos \langle \boldsymbol{n}_1, \boldsymbol{n}_2 \rangle| = \dfrac{|\boldsymbol{n}_1 \cdot \boldsymbol{n}_2|}{|\boldsymbol{n}_1| |\boldsymbol{n}_2|} = \dfrac{1}{\sqrt{5} \times \sqrt{5}} = \dfrac{1}{5}$.

因为 $\theta \in [0, \pi]$,

所以 $\sin \theta = \sqrt{1 - \cos^2 \theta} = \dfrac{2\sqrt{6}}{5}$,

所以二面角 $A - BE - C$ 的正弦值为 $\dfrac{2\sqrt{6}}{5}$.

22. (1)**证明** 如图 7 - 21 所示, 连接 AC 交 BD 于 F, 连接 EF,
则 EF 是平面 PAC 与平面 BDE 的交线.
因为 $PA \parallel$ 平面 BDE, $PA \subset$ 平面 PAC,
所以 $PA \parallel EF$.
又 F 是 AC 的中点, 所以 E 是 PC 的中点.
所以 $PE = EC$.

(2)**解** 由已知条件可知 $AD^2 + BD^2 = AB^2$, 所以 $AD \perp BD$, 以 D 为坐标原点, DA 所在直线为 x 轴, DB 所在直线为 y 轴, DP 所在直线为 z 轴建立空间直角坐标系.
则 $D(0,0,0)$, $A(2,0,0)$, $B(0,2,0)$, $P(0,0,2)$, $C(-2,2,0)$, $E(-1,1,1)$, 则 $\overrightarrow{DE} = (-1,1,1)$, $\overrightarrow{DB} = (0,2,0)$.

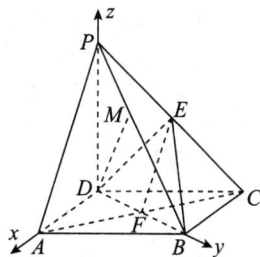
图 7 - 21

假设在棱 PB 上存在点 M, 设 $\overrightarrow{PM} = \lambda \overrightarrow{PB} (0 \le \lambda \le 1)$, 得 $M(0, 2\lambda, 2 - 2\lambda)$, 所以 $\overrightarrow{DM} = (0, 2\lambda, 2 - 2\lambda)$.

记平面 BDE 的一个法向量为 $\boldsymbol{n}_1 = (x_1, y_1, z_1)$, 则 $\begin{cases} \boldsymbol{n}_1 \cdot \overrightarrow{DE} = 0, \\ \boldsymbol{n}_1 \cdot \overrightarrow{DB} = 0, \end{cases}$

即 $\begin{cases} -x_1 + y_1 + z_1 = 0, \\ 2y_1 = 0. \end{cases}$ 取 $z_1 = 1$, 则 $x_1 = 1$,

所以 $\boldsymbol{n}_1 = (1, 0, 1)$ 为平面 BDE 的一个法向量.
要使直线 DM 与平面 BDE 所成角的大小为 $30°$,

则 $\dfrac{|\overrightarrow{DM} \cdot \boldsymbol{n}_1|}{|\overrightarrow{DM}| |\boldsymbol{n}_1|} = \sin 30°$,

即 $\dfrac{|1 \times 0 + 0 \times 2\lambda + 1 \times (2 - 2\lambda)|}{\sqrt{1^2 + 0^2 + 1^2} \cdot \sqrt{0^2 + (2\lambda)^2 + (2 - 2\lambda)^2}} = \dfrac{1}{2}$, 解得 $\lambda = \dfrac{1}{2} \in [0, 1]$.

所以在棱 PB 上存在点 M, 使直线 DM 与平面 BDE 所成角的大小为 $30°$.
此时 $PM : MB = 1$.

23. **解** 如图 7 - 22, 建立空间直角坐标系 $B - xyz$, 则由该几何体的三视图可知, $C(0,0,4)$, $N(4,4,0)$, $B_1(0,8,0)$, $C_1(0,8,4)$.

(1)设平面 CNB_1 的一个法向量 $\boldsymbol{n} = (x, y, z)$.
易知 $\overrightarrow{NC} = (-4, -4, 4)$, $\overrightarrow{NB_1} = (-4, 4, 0)$,

$\therefore \begin{cases} \overrightarrow{NC} \cdot \boldsymbol{n} = -4x - 4y + 4z = 0, \\ \overrightarrow{NB_1} \cdot \boldsymbol{n} = -4x + 4y = 0, \end{cases}$

令 $x = 1$, 可得平面 CNB_1 的一个法向量 $\boldsymbol{n} = (1, 1, 2)$.
设 $P(0, 0, a)(0 \le a \le 4)$, 由于 $M(2, 0, 0)$,
则 $\overrightarrow{PM} = (2, 0, -a)$.
又 $MP \parallel$ 平面 CNB_1,
$\therefore \overrightarrow{PM} \cdot \boldsymbol{n} = 2 - 2a = 0$, 解得 $a = 1$.
$\therefore$ 在线段 CB 上存在一点 P, 使得 $MP \parallel$ 平面 CNB_1, 此时 $BP = 1$.

(2)设平面 C_1NB_1 的一个法向量为 $\boldsymbol{m} = (x', y', z')$,
易知 $\overrightarrow{NC_1} = (-4, 4, 4)$,

$\therefore \begin{cases} \overrightarrow{NC_1} \cdot \boldsymbol{m} = -4x' + 4y' + 4z' = 0, \\ \overrightarrow{NB_1} \cdot \boldsymbol{m} = -4x' + 4y' = 0, \end{cases}$

令 $x' = 1$, 可得平面 C_1NB_1 的一个法向量为 $\boldsymbol{m} = (1, 1, 0)$.

$\therefore \cos \langle \boldsymbol{m}, \boldsymbol{n} \rangle = \dfrac{\boldsymbol{m} \cdot \boldsymbol{n}}{|\boldsymbol{m}| |\boldsymbol{n}|} = \dfrac{1 + 1}{\sqrt{2} \times \sqrt{6}} = \dfrac{\sqrt{3}}{3}$.

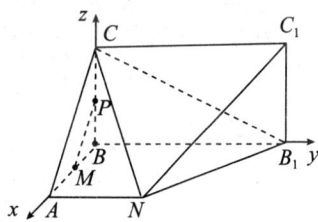
图 7 - 22

由图可知,所求二面角为锐角,故二面角 $C-NB_1-C_1$ 的余弦值为 $\dfrac{\sqrt{3}}{3}$.

24. (1)**证明** 因为 $\triangle PAC$ 为正三角形,M 为线段 PA 的中点,所以 $CM\perp PA$.

又平面 $PAC\perp$ 平面 PAB,平面 $PAC\cap$ 平面 $PAB=PA$,$CM\subset$ 平面 PAC,

所以 $CM\perp$ 平面 PAB.

因为 $AB\subset$ 平面 PAB,所以 $CM\perp AB$.

又 $CA\perp AB$,$CM\cap CA=C$,所以 $AB\perp$ 平面 PAC.

又 $AB\subset$ 平面 ABC,所以平面 $PAC\perp$ 平面 ABC.

(2)**解** **方法一** 连接 PQ,由题意及(1)得 $V_{三棱锥Q-BMC}=V_{三棱锥M-BQC}=$

$\dfrac{1}{2}V_{三棱锥P-BQC}=\dfrac{1}{4}V_{三棱锥P-ABC}$,

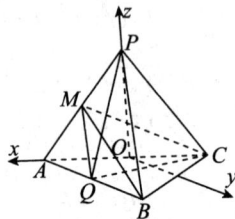

图 7-23

所以 $S_{\triangle QBC}=\dfrac{1}{2}S_{\triangle ABC}$,所以 Q 为 AB 的中点.

取 AC 的中点 O,连接 OP,以 O 为坐标原点,$\overrightarrow{OA}$,$\overrightarrow{AB}$,$\overrightarrow{OP}$ 的方向分别为 x 轴、y 轴、z 轴的正方向建立如图 7-23 所示的空间直角坐标系 $O-xyz$,设 $AC=AB=2$,

则 $A(1,0,0)$,$B(1,2,0)$,$Q(1,1,0)$,$C(-1,0,0)$,$M\left(\dfrac{1}{2},0,\dfrac{\sqrt{3}}{2}\right)$,则 $\overrightarrow{CM}=$

$\left(\dfrac{3}{2},0,\dfrac{\sqrt{3}}{2}\right)$,$\overrightarrow{CQ}=(2,1,0)$,$\overrightarrow{AB}=(0,2,0)$,易知平面 AMC 的一个法向量为 $\overrightarrow{AB}=(0,2,0)$.

设平面 QMC 的一个法向量为 $\boldsymbol{n}=(x,y,z)$,

则 $\begin{cases}\boldsymbol{n}\cdot\overrightarrow{CM}=0,\\ \boldsymbol{n}\cdot\overrightarrow{CQ}=0,\end{cases}$ 即 $\begin{cases}\dfrac{3}{2}x+\dfrac{\sqrt{3}}{2}z=0,\\ 2x+y=0,\end{cases}$

令 $x=1$,则 $\boldsymbol{n}=(1,-2,-\sqrt{3})$.

由图可知二面角 $Q-MC-A$ 为锐角,

故所求二面角的余弦值为 $|\cos\langle\boldsymbol{n},\overrightarrow{AB}\rangle|=\dfrac{|\boldsymbol{n}\cdot\overrightarrow{AB}|}{|\boldsymbol{n}||\overrightarrow{AB}|}=\dfrac{|-4|}{2\sqrt{2}\times 2}=\dfrac{\sqrt{2}}{2}$.

方法二 连接 PQ,由题意及(1)得 $V_{三棱锥Q-BMC}=V_{三棱锥M-BQC}=\dfrac{1}{2}V_{三棱锥P-BQC}=\dfrac{1}{4}V_{三棱锥P-ABC}$,所以

$S_{\triangle QBC}=\dfrac{1}{2}S_{\triangle ABC}$,所以 Q 为线段 AB 的中点.

由(1)知,$CM\perp$ 平面 AMB,

由 $AM\perp CM$,$QM\perp CM$,所以 $\angle AMQ$ 是二面角 $Q-MC-A$ 的平面角.

因为 $AB\perp$ 平面 PAC,所以 $\angle PAB=90°$,

又 $AB=AC=AP$,所以 $\angle APB=45°$.

因为 M,Q 都是中点,所以 $QM/\!/PB$,

所以 $\angle AMQ=\angle APB=45°$,$\cos\angle AMQ=\dfrac{\sqrt{2}}{2}$.

故二面角 $Q-MC-A$ 的余弦值为 $\dfrac{\sqrt{2}}{2}$.

25. **解** (1)因为 $BC/\!/$ 平面 SDM,$BC\subset$ 平面 $ABCD$,平面 $SDM\cap$ 平面 $ABCD=DM$,所以 $BC/\!/DM$.

因为 $AB/\!/CD$,所以四边形 $BCDM$ 为平行四边形.

又 $AB=2CD$,所以 M 为 AB 的中点.

因为 $\overrightarrow{AM}=\lambda\overrightarrow{AB}$,所以 $\lambda=\dfrac{1}{2}$.

(2)因为 $AB/\!/CD$,$AB\perp BC$,所以 $BC\perp CD$,又 $BC\perp SD$,$SD\cap CD=D$,SD,$CD\subset$ 平面 SCD,

所以 $BC\perp$ 平面 SCD.

又 $BC\subset$ 平面 $ABCD$,

所以平面 $SCD\perp$ 平面 $ABCD$.

在平面 SCD 内过点 S 作 SE 垂直 CD,交 CD 的延长线于点 E,如图 7-24 所示,

又平面 $SCD\cap$ 平面 $ABCD=CD$,$SE\subset$ 平面 SCD,所以 $SE\perp$ 平面 $ABCD$.

连接 AE,因为 $\triangle SAD$ 为正三角形,所以 $SA=SD$. 在 $Rt\triangle SEA$ 和 $Rt\triangle SED$ 中,

因为 $SA=SD$,所以 $AE=\sqrt{SA^2-SE^2}=\sqrt{SD^2-SE^2}=DE$,

由题易知 $\angle EDA=\angle DAB=45°$,$SA=AD=\sqrt{2}$,所以 $AE\perp ED$,

所以 $AE=ED=SE=1$.

以点 E 为坐标原点，EA,EC,ES 所在直线分别为 x 轴、y 轴、z 轴建立如图 $7-24$ 所示的空间直角坐标系，则 $E(0,0,0)$，$S(0,0,1)$，$A(1,0,0)$，$B(1,2,0)$，$C(0,2,0)$，则 $\overrightarrow{SA}=(1,0,-1)$，$\overrightarrow{AB}=(0,2,0)$，$\overrightarrow{SC}=(0,2,-1)$，$\overrightarrow{CB}=(1,0,0)$，

设平面 SAB 的一个法向量为 $\boldsymbol{n}_1=(x,y,z)$，则 $\begin{cases} \boldsymbol{n}_1 \cdot \overrightarrow{SA}=0, \\ \boldsymbol{n}_1 \cdot \overrightarrow{AB}=0, \end{cases}$

所以 $\begin{cases} x-z=0, \\ 2y=0, \end{cases}$ 得 $\begin{cases} x=z, \\ y=0, \end{cases}$ 令 $x=1$，得 $z=1$，所以 $\boldsymbol{n}_1=(1,0,1)$，其为平面 SAB 的一个法向量.

设平面 SBC 的一个法向量为 $\boldsymbol{n}_2=(a,b,c)$，则 $\begin{cases} \boldsymbol{n}_2 \cdot \overrightarrow{CB}=0, \\ \boldsymbol{n}_2 \cdot \overrightarrow{SC}=0, \end{cases}$

所以 $\begin{cases} a=0, \\ 2b-c=0, \end{cases}$ 令 $b=1$，得 $c=2$，

所以 $\boldsymbol{n}_2=(0,1,2)$，其为平面 SBC 的一个法向量.

所以 $\cos\langle \boldsymbol{n}_1,\boldsymbol{n}_2\rangle=\dfrac{\boldsymbol{n}_1 \cdot \boldsymbol{n}_2}{|\boldsymbol{n}_1| \cdot |\boldsymbol{n}_2|}=\dfrac{\sqrt{10}}{5}$，

由图易知二面角 $A-SB-C$ 为钝角，

所以二面角 $A-SB-C$ 的余弦值为 $-\dfrac{\sqrt{10}}{5}$.

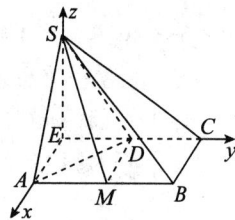
图 $7-24$

第八章 直线与圆的方程

【选择题】

1. A **解析** $\because$ 直线 $x-\sqrt{3}y-1=0$ 的斜率 $k=\dfrac{\sqrt{3}}{3}$，由斜率和倾斜角的关系，得 $\tan\alpha=\dfrac{\sqrt{3}}{3}$. 又 $\because 0° \leqslant \alpha<180°$，$\therefore \alpha=30°$. 故选 A.

2. A **解析** 因为 $l_1 // l_2$，所以由两直线平行的充要条件有：$\begin{cases} a(a+1)-2\times 3=0, \\ a\neq 2, \end{cases}$ 解得 $a=-3$. 故选 A.

3. A **解析** 当 $m=-1$ 时，两直线方程分别为 $-x-3y+1=0$ 和 $3x-y+3=0$，其斜率之积为 -1，故两直线垂直. 若题设中两直线垂直，考虑斜率不存在的情况：

当 $m=0$ 时，两直线方程分别为 $y=1,x=-1$，显然也垂直. 因此 "$m=-1$" 可推出两直线垂直，但两直线垂直还可推出 $m=0$. 所以 "$m=-1$" 是 "直线 $mx+(2m-1)y+1=0$ 和直线 $3x+my+3=0$ 垂直" 的充分不必要条件. 故选 A.

4. B **解析** 直线 l 过点 $P(1,2)$ 且与原点 O 的距离最大，则 $OP\perp l$. 因为直线 OP 的斜率 $k=2$，所以直线 l 的斜率为 $-\dfrac{1}{2}$，所以直线 l 的方程为 $y-2=-\dfrac{1}{2}(x-1)$，即 $x+2y-5=0$. 故选 B.

5. A **解析** 由题意得切点坐标为 $(-1,-1)$，切线斜率 $k=y'|_{x=-1}=2-3\times(-1)^2=-1$，所以切线 l 的方程为 $y+1=-1\times(x+1)$，即 $x+y+2=0$. 所以点 $P(3,2)$ 到直线 $l:x+y+2=0$ 的距离 $d=\dfrac{|3+2+2|}{\sqrt{1^2+1^2}}=\dfrac{7\sqrt{2}}{2}$. 故选 A.

6. B **解析** 把方程化为标准形式，得 $(x-2)^2+(y+1)^2=5-5k$. 若方程表示圆，只需 $5-5k>0$，即 $k<1$. 故选 B.

7. D **解析** 由题意可设直径的两个端点分别为 $A(a,0)$，$B(0,b)$，圆心为 $(2,-3)$，由中点坐标公式可得 $a=4,b=-6$，则半径 $r=\dfrac{|AB|}{2}=\sqrt{13}$. 故所求的圆的方程为 $(x-2)^2+(y+3)^2=13$，即 $x^2+y^2-4x+6y=0$. 故选 D.

8. A **解析** 由于直线 l 与圆相交所得弦长为 2，所以圆心 $(0,0)$ 到直线 l 的距离 $d=\sqrt{2^2-1^2}=\sqrt{3}$，即 $\dfrac{1}{\sqrt{m^2+n^2}}=\sqrt{3}$，所以 $m^2+n^2=\dfrac{1}{3}\geqslant 2|mn|$，即 $|mn|\leqslant\dfrac{1}{6}$.

又 $A\left(\dfrac{1}{m},0\right)$，$B\left(0,\dfrac{1}{n}\right)$，所以 $\triangle AOB$ 的面积 $S=\dfrac{1}{2}\cdot\dfrac{1}{|mn|}\geqslant\dfrac{1}{2\times\frac{1}{6}}=3$.

故 $\triangle AOB$ 的面积的最小值为 3. 故选 A.

9. C **解析** 由 $y=\dfrac{4}{x}$，得 $y'=-\dfrac{4}{x^2}$，所以曲线 $y=\dfrac{4}{x}$ 在点 $P(1,4)$ 处的切线的斜率为 -4，方程为

$4x + y - 8 = 0$. 设直线 l 的方程为 $4x + y + c = 0(c \neq -8)$, 则由题意有 $\dfrac{|c+8|}{\sqrt{17}} = \sqrt{17}$, 解得 $c = 9$ 或 $c = -25$. 因此直线 l 的方程为 $4x + y + 9 = 0$ 或 $4x + y - 25 = 0$. 故选 C.

10. B **解析** $\because$ 点 $M(a,b)$ 在圆 O 外, $\therefore a^2 + b^2 > 1$, $\therefore$ 圆心 O 到直线 $ax + bx = 1$ 的距离 $d = \dfrac{1}{\sqrt{a^2+b^2}} < 1 = r(r$ 为圆 O 的半径$)$, $\therefore$ 直线与圆 O 相交. 故选 B.

11. A **解析** 由题意可知, 圆心为 $C(1,0)$. 因为点 $P(2,-1)$ 为圆 $(x-1)^2 + y^2 = 25$ 的弦的中点, 所以 CP 与弦垂直, 即 $k_{弦} = -\dfrac{1}{k_{CP}} = -\dfrac{2-1}{-1} = 1$. 所以弦 AB 的方程为 $y - (-1) = 1 \cdot (x-2)$, 即 $x - y - 3 = 0$. 故选 A.

【填空题】

1. $(x+2)^2 + \left(y - \dfrac{3}{2}\right)^2 = \dfrac{5}{4}$ **解析** 圆 $C_1 : x^2 + y^2 - x + 2y = 0$ 化为标准方程为 $\left(x - \dfrac{1}{2}\right)^2 + (y+1)^2 = \dfrac{5}{4}$, 其圆心为 $\left(\dfrac{1}{2}, -1\right)$, 半径 $r = \dfrac{\sqrt{5}}{2}$. 设点 $\left(\dfrac{1}{2}, -1\right)$ 关于直线 $l : x - y + 1 = 0$ 对称的点的坐标为 (a,b), 则有 $\begin{cases} \dfrac{\frac{1}{2}+a}{2} - \dfrac{b-1}{2} + 1 = 0, \\ \dfrac{b+1}{a - \frac{1}{2}} = -1, \end{cases}$ 解得 $a = -2, b = \dfrac{3}{2}$, 故圆 C_1 关于直线 l 对称的圆的方程为 $(x+2)^2 + \left(y - \dfrac{3}{2}\right)^2 = \dfrac{5}{4}$.

2. $\sqrt{2}$ **解析** 因为圆 C_1 的圆心为 $C_1(3,0)$, 半径为 $\sqrt{2}$, 所以点 C_1 到直线 l 的距离 $d = \dfrac{|3-0|}{\sqrt{2}} = \dfrac{3\sqrt{2}}{2}$. 所以圆 C_1 上的点到直线 l 的最短距离为 $\dfrac{3\sqrt{2}}{2} - \sqrt{2} = \dfrac{\sqrt{2}}{2}$. 因为圆 C_2 与圆 C_1 关于直线 l 对称, 所以 $|AB|_{\min} = 2 \times \dfrac{\sqrt{2}}{2} = \sqrt{2}$.

3. $3x - y - 9 = 0$ **解析** 圆 $x^2 + y^2 - 4x + 6y = 0$ 和圆 $x^2 + y^2 - 6x = 0$ 相交于 A, B 两点, 则 AB 的垂直平分线的方程就是两圆的圆心所在直线的方程. 因为圆 $x^2 + y^2 - 4x + 6y = 0$ 的圆心为 $(2, -3)$, 圆 $x^2 + y^2 - 6x = 0$ 的圆心为 $(3, 0)$, 所以所求直线方程为 $\dfrac{y+3}{3} = \dfrac{x-2}{3-2}$, 即 $3x - y - 9 = 0$.

4. 6 **解析** 由题意可知, 直线 l 通过圆 $C : x^2 + y^2 - 4x - 2y + 1 = 0$ 的圆心, 即圆心 $C(2,1)$ 在直线 $l : x + ay - 1 = 0$ 上, 所以 $2 + a - 1 = 0$, 解得 $a = -1$, 则 $A(-4, -1)$. 从而 $|AB| = \sqrt{|AC|^2 - r^2} = \sqrt{|AC|^2 - 4} = 6$.

5. $x^2 + (y-1)^2 = 1$ **解析** 点 $(1,0)$ 关于直线 $y = x$ 的对称点是 $(0,1)$, 所以圆 C 的圆心为 $(0,1)$, 半径为 1, 则圆的标准方程为 $x^2 + (y-1)^2 = 1$.

6. 2 **解析** 已知两直线垂直, $b > 0$, 可得 $(b^2+1) - ab^2 = 0$, 即 $ab^2 = b^2 + 1$, 两边同除以 b, 得 $ab = \dfrac{b^2+1}{b} = b + \dfrac{1}{b} \geqslant 2\sqrt{b \cdot \dfrac{1}{b}} = 2$, 当且仅当 $b = 1$ 时等号成立, 故 ab 的最小值为 2.

7. -7 **解析** 由两直线平行的充要条件可得 $\begin{cases} (3+a)(5+a) - 2 \times 4 = 0, \\ (3+a) \times 8 - 2 \times (5 - 3a) \neq 0, \end{cases}$ 解得 $a = -7$.

【解答题】

1. **解** (1) 由题意易知点 A 到直线 $x - 2y = 0$ 的距离不等于 3, 所以可设经过两已知直线交点的直线系方程为 $(2x + y - 5) + \lambda(x - 2y) = 0$, 即 $(2+\lambda)x + (1-2\lambda)y - 5 = 0$,

依题意得 $\dfrac{|10 + 5\lambda - 5|}{\sqrt{(2+\lambda)^2 + (1-2\lambda)^2}} = 3$, 即 $2\lambda^2 - 5\lambda + 2 = 0$, 解得 $\lambda = 2$ 或 $\lambda = \dfrac{1}{2}$, 故 l 的方程为 $4x - 3y - 5 = 0$ 或 $x = 2$.

(2) 由 $\begin{cases} 2x + y - 5 = 0, \\ x - 2y = 0, \end{cases}$ 解得交点为 $P(2,1)$. 如图 8-1 所示, 连接 PA, 过点 P 作任一直线 l, 设 d 为点 A 到 l 的距离, 则 $d \leqslant |PA|$ (当 $l \perp PA$ 时等号成立), 所以 $d_{\max} = |PA| = \sqrt{10}$.

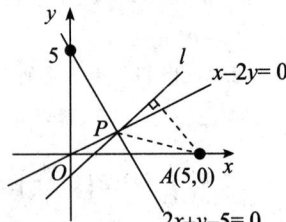

图 8-1

2.解 （几何法）因为圆心在过切点且与切线垂直的直线上，所以圆心在直线 $y-1=x-1$，即 $x-y=0$ 上.又已知圆心在直线 $y=-x+1$ 上，联立得方程组 $\begin{cases} x-y=0, \\ y+x=1, \end{cases}$ 解得 $x=\dfrac{1}{2},y=\dfrac{1}{2}$.故圆心坐标是 $\left(\dfrac{1}{2},\dfrac{1}{2}\right)$.

圆的半径 $r=\sqrt{\left(1-\dfrac{1}{2}\right)^2+\left(1-\dfrac{1}{2}\right)^2}=\dfrac{\sqrt{2}}{2}\left(\text{或 } r=\dfrac{\left|\dfrac{1}{2}+\dfrac{1}{2}-2\right|}{\sqrt{1^2+1^2}}=\dfrac{\sqrt{2}}{2}\right)$,

故所求圆的方程为 $\left(x-\dfrac{1}{2}\right)^2+\left(y-\dfrac{1}{2}\right)^2=\dfrac{1}{2}$.

3.解 设过点 $A(1,-1)$ 的直线 l 的方程为 $y+1=k(x-1)$.

解方程组 $\begin{cases} 2x+y-6=0, \\ y+1=k(x-1), \end{cases}$ 得 l_1 与 l 交点的坐标为 $\begin{cases} x=\dfrac{k+7}{k+2}, \\ y=\dfrac{4k-2}{k+2}, \end{cases}$ 显然 $k\neq-2$,否则 l 与已知直线 l_1 平行.因为 $|AB|=5$,由两点间的距离公式得 $\left(\dfrac{k+7}{k+2}-1\right)^2+\left(\dfrac{4k-2}{k+2}+1\right)^2=5^2$,解得 $k=-\dfrac{3}{4}$.所以 l 的方程 $y+1=-\dfrac{3}{4}(x-1)$,即 $3x+4y+1=0$.又因为过点 $A(1,-1)$ 且与 x 轴垂直的直线方程为 $x=1$,它与直线 l_1 的交点坐标为方程组 $\begin{cases} x=1, \\ 2x+y-6=0 \end{cases}$ 的解,解得交点 B 的坐标为 $(1,4)$,此时 $|AB|=5$ 也成立,故方程 $x=1$ 也适合直线 l 的题设条件.因此,所求直线 l 的方程分别是 $3x+4y+1=0$ 或 $x=1$.

点评 本题有两个"亮点",第一个"亮点"是:在斜率 k 存在的情形下,必须说明斜率 k 不能等于 -2,若 $k=-2$,则 $l_1//l$,于是 l_1 与 l 无交点,这不符合题意;第二个"亮点"是:要考虑斜率 k 不存在的情形,否则就会漏掉直线方程 $x=1$.

4.解 由 $\tan\left(\dfrac{\pi}{2}+\alpha\right)=-\dfrac{1}{\tan\alpha}$,令 $\tan\alpha=k$,因为 α 为锐角,所以 $k>0$.设两条直线的方程分别为 $y-1=k(x-3)$ 和 $y-1=-\dfrac{1}{k}(x-3)$.令 $x=0$,得这两条直线与 y 轴的交点分别为 $(0,1-3k)$ 和 $\left(0,1+\dfrac{3}{k}\right)$,所以两交点间的距离为 $\left|1-3k-1-\dfrac{3}{k}\right|=3\left|k+\dfrac{1}{k}\right|\geqslant6$,当 $k=\dfrac{1}{k}$ 时,两交点间的距离取最小值.又 α 为锐角,所以当 $k=1$,即 $\alpha=45°$时,两交点间的距离最小,此时所求直线方程为 $y=x-2$ 和 $y=-x+4$.

第九章　圆锥曲线

【选择题】

1.A **解析** 如图 9-1 所示,不妨设点 B 在 y 轴的正半轴上,根据椭圆的定义,得 $|BF_1|+|BF_2|=2a$,$|AF_1|+|AF_2|=2a$.

由题意知 $|AB|=|AF_2|$,$|BF_1|=|BF_2|=a$,

所以 $|AF_1|=\dfrac{a}{2}$,$|AF_2|=\dfrac{3a}{2}$.

所以 $\dfrac{|AF_1|}{|AF_2|}=\dfrac{1}{3}$.故选 A.

2.C **解析** **方法一** 设 F_1 是椭圆 E 的右焦点,如图 9-2 所示,连接 PF_1,QF_1.

根据对称性,线段 FF_1 与线段 PQ 在点 O 处互相平分,

所以四边形 $PFQF_1$ 是平行四边形,

$|FQ|=|PF_1|$,$\angle PFF_1=180°-\angle PFQ=60°$.

根据椭圆的定义,得 $|PF|+|PF_1|=2a$.

又 $|PF|=2|QF_1|$,

所以 $|PF_1|=\dfrac{2}{3}a$,$|PF|=\dfrac{4}{3}a$.

而 $|F_1F|=2c$,在 $\triangle F_1PF$ 中,由余弦定理,

得 $(2c)^2=\left(\dfrac{2}{3}a\right)^2+\left(\dfrac{4}{3}a\right)^2-2\times\dfrac{2}{3}a\times\dfrac{4}{3}a\times\cos60°$,解得 $\dfrac{c^2}{a^2}=\dfrac{1}{3}$,

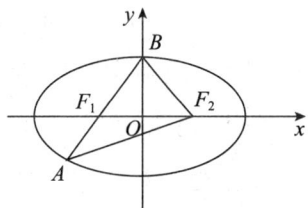

图 9-1

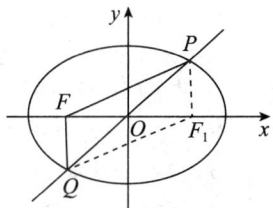

图 9-2

所以椭圆 E 的离心率 $e=\dfrac{c}{a}=\dfrac{\sqrt{3}}{3}$.故选 C.

方法二 设 F_1 是椭圆 E 的右焦点,连接 PF_1,QF_1.

根据对称性,知线段 FF_1 与线段 PQ 在点 O 处互相平分,

所以四边形 $PFQF_1$ 是平行四边形,

$|FQ|=|PF_1|$,$\angle FPF_1=180°-\angle PFQ=60°$.

又 $|PF|=2|QF|=2|PF_1|$,所以 $\triangle FPF_1$ 是直角三角形,$\angle FF_1P=90°$.

不妨设 $|PF_1|=1$,则 $|PF|=2$,$|FF_1|=2c=\sqrt{|PF|^2-|PF_1|^2}=\sqrt{2^2-1^2}=\sqrt{3}$,

根据椭圆的定义,得 $2a=|PF|+|PF_1|=1+2=3$,

所以椭圆 E 的离心率 $e=\dfrac{c}{a}=\dfrac{\sqrt{3}}{3}$.故选 C.

3. C **解析** 如图 9-3,由 $|AB|=\dfrac{2b^2}{a}$,$\triangle FAB$ 是正三角形,

得 $\dfrac{\sqrt{3}}{2}\times\dfrac{2b^2}{a}=2c$,又 $a^2-c^2=b^2$,

所以 $\sqrt{3}(a^2-c^2)=2ac$,即 $\sqrt{3}\left(\dfrac{c}{a}\right)^2+2\times\dfrac{c}{a}-\sqrt{3}=0$,解得 $\dfrac{c}{a}=\dfrac{\sqrt{3}}{3}$ 或

$\dfrac{c}{a}=-\sqrt{3}$(舍去),

所以椭圆的离心率 $e=\dfrac{c}{a}=\dfrac{\sqrt{3}}{3}$.故选 C.

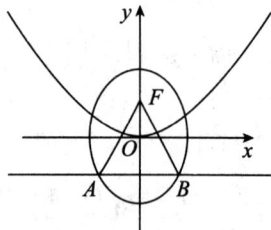

图 9-3

4. C **解析** **方法一** 因为直线 AB 经过双曲线的右焦点,

所以不妨设 $A\left(c,\dfrac{b^2}{a}\right)$,$B\left(c,-\dfrac{b^2}{a}\right)$.

取双曲线的一条渐近线为直线 $bx-ay=0$.由点到直线的距离公式得

$d_1=\dfrac{|bc-b^2|}{\sqrt{a^2+b^2}}=\dfrac{bc-b^2}{c}$,$d_2=\dfrac{|bc+b^2|}{\sqrt{a^2+b^2}}=\dfrac{bc+b^2}{c}$.

因为 $d_1+d_2=6$,所以 $\dfrac{bc-b^2}{c}+\dfrac{bc+b^2}{c}=6$,所以 $2b=6$,解得 $b=3$.

因为双曲线 $\dfrac{x^2}{a^2}-\dfrac{y^2}{b^2}=1(a>0,b>0)$ 的离心率为 2,

即 $\dfrac{c}{a}=2$,所以 $\dfrac{a^2+b^2}{a^2}=4$,即 $\dfrac{a^2+9}{a^2}=4$,解得 $a^2=3$.

所以双曲线的方程为 $\dfrac{x^2}{3}-\dfrac{y^2}{9}=1$.故选 C.

方法二 由 $d_1+d_2=6$,得双曲线的右焦点到渐近线的距离为 3,

所以 $b=3$.因为双曲线 $\dfrac{x^2}{a^2}-\dfrac{y^2}{b^2}=1(a>0,b>0)$ 的离心率为 2,

即 $\dfrac{c}{a}=2$,所以 $\dfrac{a^2+b^2}{a^2}=4$,

即 $\dfrac{a^2+9}{a^2}=4$,解得 $a^2=3$,

所以双曲线的方程为 $\dfrac{x^2}{3}-\dfrac{y^2}{9}=1$.故选 C.

5. D **解析** **方法一** 由题意可知,双曲线的右焦点为 $F(2,0)$.

把 $x=2$ 代入双曲线 C 的方程,得 $4-\dfrac{y^2}{3}=1$,解得 $y=\pm 3$.

不妨取点 $P(2,3)$,因为点 $A(1,3)$,所以 $AP\parallel x$ 轴.

又 $PF\perp x$ 轴,所以 $AP\perp PF$,

所以 $S_{\triangle APF}=\dfrac{1}{2}|PF|\cdot|AP|=\dfrac{1}{2}\times 3\times 1=\dfrac{3}{2}$.故选 D.

方法二 由题意可知,双曲线的右焦点为 $F(2,0)$.

把 $x=2$ 代入双曲线 C 的方程,得 $4-\dfrac{y^2}{3}=1$,解得 $y=\pm 3$.

不妨取点 $P(2,3)$,因为点 $A(1,3)$,

所以 $\overrightarrow{AP}=(1,0)$,$\overrightarrow{PF}=(0,-3)$,所以 $\overrightarrow{AP}\cdot\overrightarrow{PF}=0$,

所以 $AP\perp PF$,所以 $S_{\triangle APF}=\dfrac{1}{2}|PF||AP|=\dfrac{1}{2}\times3\times1=\dfrac{3}{2}$. 故选 D.

6. B 解析 根据双曲线 C 的一条渐近线方程为 $y=\dfrac{\sqrt{5}}{2}x$,可知 $\dfrac{b}{a}=\dfrac{\sqrt{5}}{2}$. ①

又椭圆 $\dfrac{x^2}{12}+\dfrac{y^2}{3}=1$ 的焦点坐标为 $(3,0)$ 和 $(-3,0)$,

所以 $a^2+b^2=9$. ②

根据①②可知 $a^2=4,b^2=5$,

所以双曲线 C 的方程为 $\dfrac{x^2}{4}-\dfrac{y^2}{5}=1$. 故选 B.

7. B 解析 $\because PF_1\perp PF_2$,$\therefore |F_1F_2|^2=|PF_1|^2+|PF_2|^2$,

即 $4c^2=|PF_1|^2+|PF_2|^2$. 又 $S_{\triangle PF_1F_2}=\dfrac{1}{2}|PF_1||PF_2|=3$,

$\therefore |PF_1||PF_2|=6$.

$\because (|PF_1|-|PF_2|)^2=|PF_1|^2+|PF_2|^2-2|PF_1||PF_2|=4c^2-12=4a^2$,

$\therefore c^2-a^2=3$,即 $b^2=3=m^2-1$,$\therefore a^2=m^2=4$,

$\therefore e=\dfrac{c}{a}=\sqrt{\dfrac{4+3}{4}}=\dfrac{\sqrt{7}}{2}$. 故选 B.

8. B 解析 因为 $|PF_1|+|PF_2|=3b$,$||PF_1|-|PF_2||=2a$,所以 $|PF_1|^2+|PF_2|^2+2|PF_1||PF_2|=9b^2$,$|PF_1|^2+|PF_2|^2-2|PF_1||PF_2|=4a^2$. 两式相减可得 $4|PF_1||PF_2|=9b^2-4a^2$.

由题意知 $4|PF_1||PF_2|=9ab$,则 $9b^2-9ab-4a^2=0$,解得 $a=\dfrac{3}{4}b$ 或 $a=-3b$(含去). 所以 $e=\dfrac{c}{a}=$

$\dfrac{\sqrt{a^2+b^2}}{a}=\sqrt{\dfrac{a^2+b^2}{a^2}}=\dfrac{5}{3}$. 故选 B.

9. A 解析 由题意知 $e_1e_2=\sqrt{1-\left(\dfrac{b}{a}\right)^2}\times\sqrt{1+\left(\dfrac{b}{a}\right)^2}=\dfrac{\sqrt{3}}{2}$,所以 $\dfrac{b}{a}=\dfrac{1}{\sqrt{2}}$,则双曲线的渐近线方

程为 $y=\pm\dfrac{b}{a}x=\pm\dfrac{1}{\sqrt{2}}x$,即 $x\pm\sqrt{2}y=0$. 故选 A.

10. B 解析 由题意知,双曲线 $\dfrac{x^2}{4}-\dfrac{y^2}{12}=1$ 的左焦点 F 的坐标为 $(-4,0)$.

设双曲线的右焦点为 B,则 $B(4,0)$. 由双曲线的定义知,

$|PF|+|PA|=4+|PB|+|PA|\geqslant4+|AB|=4+\sqrt{(4-1)^2+(0-4)^2}=4+5=9$,

当且仅当 A,P,B 三点共线且 P 在 A,B 之间时取等号. 故选 B.

11. C 解析 **方法一** 依题意,得 $F(1,0)$,则直线 FM 的方程是 $y=\sqrt{3}(x-1)$.

由 $\begin{cases}y=\sqrt{3}(x-1)\\y^2=4x\end{cases}$,得 $x=\dfrac{1}{3}$ 或 $x=3$.

由 M 在 x 轴的上方,得 $M(3,2\sqrt{3})$.

由 $MN\perp l$,得 $|MN|=|MF|=3+1=4$.

又 $\angle NMF$ 等于直线 FM 的倾斜角,即 $\angle NMF=60°$,

所以 $\triangle MNF$ 是边长为 4 的等边三角形,

点 M 到直线 NF 的距离为 $4\times\dfrac{\sqrt{3}}{2}=2\sqrt{3}$. 故选 C.

方法二 依题意,得直线 FM 的倾斜角为 $60°$,

则 $|MN|=|MF|=\dfrac{2}{1-\cos60°}=4$,又 $\angle NMF$ 等于直线 FM 的倾斜角,

即 $\angle NMF=60°$,因此 $\triangle MNF$ 是边长为 4 的等边三角形,

点 M 到直线 NF 的距离为 $4\times\dfrac{\sqrt{3}}{2}=2\sqrt{3}$. 故选 C.

12. C 解析 ①当直线 AB 的斜率不存在,即 $AB\perp x$ 轴时,

因为抛物线方程为 $y^2=4x$,$OA\perp OB$,

所以 $\triangle AOB$ 是等腰直角三角形,

可取 $A(4,4)$,$B(4,-4)$,所以 $|AB|=8$.

②当直线AB的斜率存在时,设直线AB的方程为$x=my+b(m\neq 0,b\neq 0)$.

联立$\begin{cases}y^2=4x,\\x=my+b\end{cases}$消去$x$得$y^2-4my-4b=0$,

$\Delta=16m^2+16b>0$,由根与系数的关系知$y_1+y_2=4m,y_1y_2=-4b$.

设$A(x_1,y_1),B(x_2,y_2)$,

由$x_1=my_1+b,x_2=my_2+b$得$x_1x_2=m^2y_1y_2+mb(y_1+y_2)+b^2=-4bm^2+4bm^2+b^2=b^2$,

因为$OA\perp OB$,所以$\overrightarrow{OA}\cdot\overrightarrow{OB}=0$,

即$x_1x_2+y_1y_2=0$,所以$b^2-4b=0$,解得$b=4$或$b=0$(含去),

所以$|AB|=\sqrt{1+m^2}\cdot\sqrt{16m^2+16b}=\sqrt{(1+m^2)(16m^2+64)}=4\sqrt{m^4+5m^2+4}>8$,

所以当直线AB的斜率存在时,$|AB|$无最小值.

综上,$|AB|_{\min}=8$.故选C.

13. C **解析** **方法一** 由题意知,直线l的斜率存在且不等于0,抛物线的焦点为$F\left(\dfrac{p}{2},0\right)$.

设直线l的方程为$x=ty+\dfrac{p}{2}(t\neq 0)$,

代入抛物线的方程,得$y^2-2pty-p^2=0$.

设$M(x_1,y_1),N(x_2,y_2)$,则$y_1+y_2=2pt,y_1y_2=-p^2$.

抛物线的准线方程为$x=-\dfrac{p}{2}$,则$P\left(-\dfrac{p}{2},-\dfrac{p}{t}\right)$.

由$\overrightarrow{PM}=2\overrightarrow{PN}$,得$\left(x_1+\dfrac{p}{2},y_1+\dfrac{p}{t}\right)=2\left(x_2+\dfrac{p}{2},y_2+\dfrac{p}{t}\right)$,所以$y_1+\dfrac{p}{t}=2\left(y_2+\dfrac{p}{t}\right)$,

即$y_1=2y_2+\dfrac{p}{t}$,代入$y_1+y_2=2pt$,

得$y_2=\dfrac{1}{3}\left(2pt-\dfrac{p}{t}\right)=\dfrac{2pt}{3}-\dfrac{p}{3t}$,

则$y_1=2y_2+\dfrac{p}{t}=\dfrac{4pt}{3}+\dfrac{p}{3t}$.

又$y_1y_2=-p^2$,所以$\left(\dfrac{4pt}{3}+\dfrac{p}{3t}\right)\left(\dfrac{2pt}{3}-\dfrac{p}{3t}\right)=-p^2$,

整理得$8t^4+7t^2-1=0$,解得$t^2=\dfrac{1}{8}$或$t^2=-1$(含去),

所以$t=\pm\dfrac{\sqrt{2}}{4}$,所以直线l的斜率为$\pm 2\sqrt{2}$.故选C.

方法二 如图9-4所示,设点M在第一象限,分别过M,N作抛物线准线的垂线,垂足为M',N'.

由$\overrightarrow{PM}=2\overrightarrow{PN}$,得$N$为$MP$的中点.

设$|NN'|=t$,则$|MM'|=2t$,根据抛物线的定义得$|MN|=3t$,

所以$|MP|=6t$,所以$|PM'|=4\sqrt{2}t$,

所以$\tan\angle PMM'=2\sqrt{2}$,此时直线$l$的斜率为$2\sqrt{2}$.

当点N在第一象限时可得直线l的斜率为$-2\sqrt{2}$.

综上,直线l的斜率为$\pm 2\sqrt{2}$.故选C.

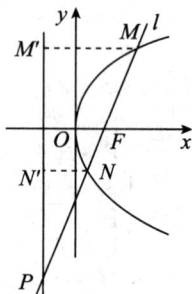

图9-4

14. A **解析** 因为$x^2=2y$,所以$y'=x$.又由于抛物线C在点$B(x_B,y_B)$处的切线的斜率为1,所以$x_B=1$,则$y_B=\dfrac{1}{2}x_B^2=\dfrac{1}{2}$.所以$B$点坐标为$\left(1,\dfrac{1}{2}\right)$.注意到抛物线$C:x^2=2y$的焦点为$F\left(0,\dfrac{1}{2}\right)$,准线方程为$y=-\dfrac{1}{2}$.

直线l过点B,F,所以直线l的方程为$y=\dfrac{1}{2}$.则直线l与抛物线$x^2=2y$的另一交点A的坐标为$\left(-1,\dfrac{1}{2}\right)$,所以$|AF|=1$.故选A.

15. B **解析** 不妨设F_1位于x轴负半轴上,F_2位于x轴正半轴上,$A(x_0,y_0)$位于第一象限,如图9-5.

设抛物线的方程为$y^2=2px(p>0)$.

作抛物线的准线l,则l过点F_1,过点A作AD垂直准线l于点D.

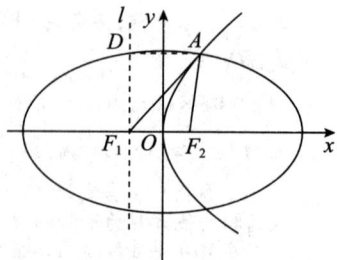

图9-5

由抛物线的定义可得 $|AD| = x_0 + \dfrac{p}{2} = |AF_2| = \dfrac{5}{2}$，所以 $y_0 = \sqrt{\left(\dfrac{7}{2}\right)^2 - \left(\dfrac{5}{2}\right)^2} = \sqrt{6}$.

因为点 A 在抛物线上，所以 $y_0^2 = 2px_0 = 6$.

由 $\begin{cases} 2px_0 = 6, \\ x_0 + \dfrac{p}{2} = \dfrac{5}{2}, \end{cases}$ 解得 $\begin{cases} p = 2, \\ x_0 = \dfrac{3}{2} \end{cases}$ 或 $\begin{cases} p = 3, \\ x_0 = 1. \end{cases}$

又 $\angle AF_2F_1$ 为钝角，所以 $p = 2$，所以 $F_2(1, 0)$，

所以 $|F_1F_2| = 2$，所以 $\triangle AF_1F_2$ 的面积

$S = \dfrac{1}{2} \times 2 \times \sqrt{6} = \sqrt{6}$. 故选 B.

16. B 解析 由题意可知，焦点为 $F(0, 1)$，

易知过焦点 F 的直线 AB 的斜率存在且不为零.

设斜率为 $k(k \neq 0)$，则直线 AB 的方程为 $y = kx + 1(k \neq 0)$，

与抛物线的方程联立，得 $\begin{cases} y = \dfrac{1}{4}x^2, \\ y = kx + 1, \end{cases}$ 消去 y 得 $x^2 - 4kx - 4 = 0$.

设 $A(x_1, y_1)$，$B(x_2, y_2)$，则 $x_1 + x_2 = 4k$，$x_1x_2 = -4$.

设线段 AB 的中点为 M，则 $M(2k, 2k^2 + 1)$，

$|AB| = \sqrt{(1 + k^2)[(x_1 + x_2)^2 - 4x_1x_2]} = \sqrt{(1 + k^2)(16k^2 + 16)} = 4(1 + k^2)$.

设 $C(m, -1)$，连接 MC. $\because \triangle ABC$ 为正三角形，

$\therefore k_{MC} = \dfrac{2k^2 + 2}{2k - m} = -\dfrac{1}{k}$，$\therefore m = 2k^3 + 4k$.

点 $C(m, -1)$ 到直线 $y = kx + 1$ 的距离 $|MC| = \dfrac{|km + 2|}{\sqrt{1 + k^2}} = \dfrac{\sqrt{3}}{2}|AB|$，

即 $\dfrac{|km + 2|}{\sqrt{1 + k^2}} = \dfrac{\sqrt{3}}{2} \times 4(1 + k^2)$，

$\therefore \dfrac{2k^4 + 4k^2 + 2}{\sqrt{1 + k^2}} = 2\sqrt{3}(1 + k^2)$，

$\therefore \sqrt{1 + k^2} = \sqrt{3}$，

$\therefore |AB| = 4(1 + k^2) = 12$. 故选 B.

17. B 解析 方法一 将直线的方程 $x = 2$ 与抛物线的方程 $y^2 = 2px$ 联立，得 $\begin{cases} x = 2, \\ y = \pm 2\sqrt{p}. \end{cases}$ 由题意不妨设 D，E 两点坐标分别为 $(2, 2\sqrt{p})$，$(2, -2\sqrt{p})$，由题设 $OD \perp OE$，得 $\overrightarrow{OD} \cdot \overrightarrow{OE} = 4 - 4p = 0$，解得 $p = 1$，所以抛物线 $C: y^2 = 2x$，则焦点坐标为 $\left(\dfrac{1}{2}, 0\right)$. 故选 B.

方法二 由题意知过抛物线 C 的顶点 O 的两条弦 OD 和 OE 相互垂直，则直线 DE 过定点 $(2p, 0)$，所以 $2p = 2$，则 $p = 1$，所以抛物线 $C: y^2 = 2x$，则焦点坐标为 $\left(\dfrac{1}{2}, 0\right)$. 故选 B.

18. B 解析 方法一 因为抛物线 $C: y^2 = 8x$ 的焦点坐标为 $(2, 0)$，准线的方程为 $x = -2$，①

所以椭圆 E 的半焦距 $c = 2$. 椭圆 E 的方程为 $\dfrac{x^2}{a^2} + \dfrac{y^2}{b^2} = 1(a > b > 0)$，

又椭圆 E 的离心率为 $\dfrac{1}{2}$，所以 $a = 4$，所以 $b = 2\sqrt{3}$，

所以椭圆 E 的方程为 $\dfrac{x^2}{16} + \dfrac{y^2}{12} = 1$. ②

联立①②，解得 $A(-2, 3)$，$B(-2, -3)$ 或 $A(-2, -3)$，$B(-2, 3)$，

所以 $|AB| = 6$. 故选 B.

方法二 因为抛物线 $C: y^2 = 8x$ 的焦点坐标为 $(2, 0)$，

准线 l 的方程为 $x = -2$，所以椭圆 E 的半焦距 $c = 2$.

椭圆 E 的方程为 $\dfrac{x^2}{a^2} + \dfrac{y^2}{b^2} = 1(a > b > 0)$，

又椭圆 E 的离心率为 $\dfrac{1}{2}$，

所以 $a = 4$，$b = 2\sqrt{3}$，

由于准线 $x = -2$ 过椭圆 E 的左焦点,

所以 AB 为椭圆 E 的通径,所以 $|AB| = \dfrac{2b^2}{a} = 6$. 故选 B.

【填空题】

1. $\left(x - \dfrac{3}{2}\right)^2 + y^2 = \dfrac{25}{4}$ **解析** 由题意知,圆过椭圆的三个顶点 $(4,0)$,$(0,2)$,$(0,-2)$.

设圆心为 $(a,0)$,其中 $a > 0$,由 $4 - a = \sqrt{a^2 + 4}$,解得 $a = \dfrac{3}{2}$,

所以该圆的标准方程为 $\left(x - \dfrac{3}{2}\right)^2 + y^2 = \dfrac{25}{4}$.

2. $\dfrac{\sqrt{6}}{2}$ **解析** ∵ 圆 $x^2 + y^2 - 6x + 5 = 0$ 的标准方程为 $(x-3)^2 + y^2 = 4$,∴ 圆心为 $(3,0)$,半径为 2.

又 $\dfrac{x^2}{a^2} - \dfrac{y^2}{b^2} = 1$ $(a > 0, b > 0)$ 的渐近线方程为 $bx \pm ay = 0$,双曲线的一条渐近线被圆截得的弦长为 2,

∴ 圆心 $(3,0)$ 到渐近线 $bx \pm ay = 0$ 的距离为 $\dfrac{3b}{\sqrt{b^2 + a^2}} = \sqrt{2^2 - 1^2} = \sqrt{3}$,

∴ $b^2 = \dfrac{1}{2} a^2$,

∴ 该双曲线的离心率 $e = \sqrt{\dfrac{c^2}{a^2}} = \sqrt{\dfrac{a^2 + b^2}{a^2}} = \dfrac{\sqrt{6}}{2}$.

3. $\dfrac{\sqrt{2}}{2}$ **解析** 设左焦点为 F_1,O 为坐标原点,由 F 关于直线 $y = \dfrac{b}{c}x$ 的对称点 Q 在椭圆 C 上,得 $|OQ| = |OF|$. 连接 $F_1 Q$,FQ. 又 $|OF_1| = |OF|$,所以 $F_1 Q \perp QF$.

不妨设 $|QF_1| = ck$,则 $|QF| = bk$,$|F_1 F| = ak$,因此 $2c = ak$.

又 $2a = ck + bk$,由以上二式可得 $\dfrac{2c}{a} = k = \dfrac{2a}{b + c}$,

即 $\dfrac{c}{a} = \dfrac{a}{b + c}$,即 $a^2 = c^2 + bc$,所以 $b = c$,所以 $e = \dfrac{\sqrt{2}}{2}$.

4. $\dfrac{\sqrt{3}}{3}$ **解析** **方法一** 如图 $9-6$ 所示,设点 F_1 关于 $\angle F_1 P F_2$ 的平分线的对称点为 Q,

则根据椭圆的对称性和角平分线的性质知,P,F_2,Q 三点共线,且 $|PF_1| = |PQ|$.

又 $\angle F_1 P F_2 = \dfrac{\pi}{3}$,所以 $\triangle PF_1 Q$ 为正三角形.

设 $|PF_1| = |PQ| = x$,

则由椭圆的定义知 $|PF_2| = 2a - x$,

所以 $|QF_2| = |PQ| - |PF_2| = 2x - 2a$.

再由椭圆的定义知 $|QF_1| = 2a - (2x - 2a) = 4a - 2x$,

则 $4a - 2x = x$,即 $x = \dfrac{4}{3}a$,所以 $|PF_2| = \dfrac{2}{3}a$.

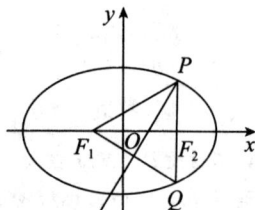

图 $9-6$

在 $\triangle PF_1 F_2$ 中,由余弦定理,得 $4c^2 = \left(\dfrac{4}{3}a\right)^2 + \left(\dfrac{2}{3}a\right)^2 - 2 \times \dfrac{4}{3}a \times \dfrac{2}{3}a \cos\dfrac{\pi}{3}$,

整理,得 $3c^2 = a^2$,

所以椭圆的离心率 $e = \dfrac{c}{a} = \dfrac{\sqrt{3}}{3}$.

方法二 如图 $9-6$,设点 F_1 关于 $\angle F_1 P F_2$ 的平分线的对称点为 Q,

则根据椭圆的对称性和角平分线的性质知,P,F_2,Q 三点共线,且 $|PF_1| = |PQ|$.

又 $\angle F_1 P F_2 = \dfrac{\pi}{3}$,

所以 $\triangle PF_1 Q$ 为正三角形,所以 $|F_1 P| = |F_1 Q|$.

根据椭圆的对称性知,PQ 垂直于 x 轴,且过焦点 F_2,

所以 $|F_1 F_2| = \dfrac{\sqrt{3}}{2} |PQ|$,

即 $2c = \dfrac{\sqrt{3}}{2} \cdot \dfrac{2b^2}{a}$,

所以 $2ac = \sqrt{3}b^2 = \sqrt{3}(a^2 - c^2)$,

即 $\sqrt{3}c^2 + 2ac - \sqrt{3}a^2 = 0$,

所以 $\sqrt{3}e^2 + 2e - \sqrt{3} = 0$,

解得 $e = \dfrac{\sqrt{3}}{3}$ 或 $e = -\sqrt{3}$(舍去).

即椭圆的离心率为 $\dfrac{\sqrt{3}}{3}$.

5. $\dfrac{x^2}{4} - \dfrac{y^2}{12} = 1$ **解析** 设双曲线的一条渐近线方程为 $y = \dfrac{b}{a}x$,

由渐近线过点 $P(1, \sqrt{3})$,得 $\dfrac{b}{a} = \sqrt{3}$,且 $|OP| = 2$.

又焦点到渐近线的距离是 b,

即 $|PF| = b$,在 $Rt\triangle OPF$ 中,$|OF|^2 = |OP|^2 + |PF|^2$,

即 $c^2 = 2^2 + b^2$. 又 $c^2 = a^2 + b^2$,

所以 $a = 2, b = 2\sqrt{3}$,所以双曲线 C 的方程为 $\dfrac{x^2}{4} - \dfrac{y^2}{12} = 1$.

6. 8 **解析** 抛物线 $y^2 = -6x$ 的焦点为 $F\left(-\dfrac{3}{2}, 0\right)$,直线 AB 的方程为 $y = \sqrt{3}\left(x + \dfrac{3}{2}\right)$,代入抛

物线方程,并整理得 $x^2 + 15x + \dfrac{27}{4} = 0$,所以 $\begin{cases} x_1 + x_2 = -5, \\ x_1 x_2 = \dfrac{9}{4}, \end{cases}$ 则由弦长公式,有 $|AB| = \sqrt{1+k^2}|x_1 - x_2| = \sqrt{(1+k^2)(x_1-x_2)^2} = \sqrt{(1+k^2)[(x_1+x_2)^2 - 4x_1x_2]} = \sqrt{(1+3) \times [(-5)^2 - 9]} = 8$.

7. $\sqrt{6}$ **解析** 由题意得,抛物线的普通方程为 $y^2 = 2px$,故 $F\left(\dfrac{p}{2}, 0\right), l: x = -\dfrac{p}{2}$.

由 $|CF| = 2|AF|$,得 $|AF| = \dfrac{3}{2}p$.

不妨设点 $A(x, y)$ 在第一象限,则 $x + \dfrac{p}{2} = \dfrac{3p}{2}$,即 $x = p$,所以 $y = \sqrt{2}p$.

易知 $\triangle ABE \backsim \triangle FCE$,所以 $\dfrac{|AB|}{|CF|} = \dfrac{|AE|}{|EF|} = \dfrac{1}{2}$,

所以 $|EF| = 2|AE|$,所以 $\triangle ACF$ 的面积等于 $\triangle ACE$ 的面积的 3 倍,即 $S_{\triangle ACF} = 9\sqrt{2}$,

所以 $S_{\triangle ACF} = \dfrac{1}{2} \times 3p \times \sqrt{2}p = 9\sqrt{2}$,解得 $p = \sqrt{6}$.

8. $\dfrac{5\sqrt{2}}{4}$ **解析** 由题意可设 P 点坐标为 $\left(\dfrac{1}{10}y_0^2, y_0\right)$,则 P 点到直线 $x + y + 5 = 0$ 的距离 $d = \dfrac{\left|\dfrac{1}{10}y_0^2 + y_0 + 5\right|}{\sqrt{1+1}} = \dfrac{|(y_0+5)^2 + 25|}{10\sqrt{2}}$,显然当 $y_0 = -5$ 时,$x_0 = \dfrac{5}{2}$,此时 d 取得最小值,最小值为 $\dfrac{25}{10\sqrt{2}} = \dfrac{5\sqrt{2}}{4}$.

【解答题】

1. **解** (1)由题意得 $\begin{cases} \dfrac{c}{a} = \dfrac{\sqrt{3}}{2}, \\ \dfrac{1}{2}ab = 1, \\ a^2 = b^2 + c^2, \end{cases}$ 所以 $a = 2, b = 1$.

所以椭圆 C 的方程为 $\dfrac{x^2}{4} + y^2 = 1$.

(2)由(1)知,$A(2, 0), B(0, 1)$.

设 $P(x_0, y_0)$,则 $x_0^2 + 4y_0^2 = 4$.

当 $x_0 \neq 0$ 时，直线 PA 的方程为 $y = \dfrac{y_0}{x_0 - 2}(x - 2)$.

令 $x = 0$，得 $y_M = -\dfrac{2y_0}{x_0 - 2}$，

从而 $|BM| = |1 - y_M| = \left|1 + \dfrac{2y_0}{x_0 - 2}\right|$.

直线 PB 的方程为 $y = \dfrac{y_0 - 1}{x_0}x + 1$.

令 $y = 0$，得 $x_N = -\dfrac{x_0}{y_0 - 1}$，

从而 $|AN| = |2 - x_N| = \left|2 + \dfrac{x_0}{y_0 - 1}\right|$.

所以 $|AN| \cdot |BM| = \left|2 + \dfrac{x_0}{y_0 - 1}\right| \cdot \left|1 + \dfrac{2y_0}{x_0 - 2}\right|$

$= \left|\dfrac{x_0^2 + 4y_0^2 + 4x_0y_0 - 4x_0 - 8y_0 + 4}{x_0y_0 - x_0 - 2y_0 + 2}\right| = \left|\dfrac{4x_0y_0 - 4x_0 - 8y_0 + 8}{x_0y_0 - x_0 - 2y_0 + 2}\right| = 4.$

当 $x_0 = 0$ 时，$y_0 = -1$，$|BM| = 2$，$|AN| = 2$，

所以 $|AN| \cdot |BM| = 4$.

综上，$|AN| \cdot |BM|$ 为定值.

2. 解 （1）由题意得 $e = \dfrac{c}{a} = \dfrac{\sqrt{3}}{2}$，所以 $c = \dfrac{\sqrt{3}}{2}a$，

所以 $b^2 = a^2 - c^2 = \dfrac{1}{4}a^2$. ①

又点 $\left(1, \dfrac{\sqrt{3}}{2}\right)$ 在椭圆 E 上，所以 $\dfrac{1}{a^2} + \dfrac{\frac{3}{4}}{b^2} = 1$，②

联立①②，解得 $\begin{cases} a = 2, \\ b = 1, \end{cases}$

所以椭圆 E 的方程为 $\dfrac{x^2}{4} + y^2 = 1$.

（2）设 A，B 两点的坐标分别为 (x_1, y_1)，(x_2, y_2)，

联立 $\begin{cases} \dfrac{x^2}{4} + y^2 = 1, \\ y = kx + 2, \end{cases}$ 消去 y 得 $(1 + 4k^2)x^2 + 16kx + 12 = 0$.

由 $\Delta = (16k)^2 - 48(1 + 4k^2) > 0$，得 $k^2 > \dfrac{3}{4}$.

由根与系数的关系得 $x_1 + x_2 = \dfrac{-16k}{1 + 4k^2}$，$x_1x_2 = \dfrac{12}{1 + 4k^2}$，

所以 $\overrightarrow{OA} \cdot \overrightarrow{OB} = x_1x_2 + y_1y_2$

$= x_1x_2 + (kx_1 + 2)(kx_2 + 2)$

$= (1 + k^2)x_1x_2 + 2k(x_1 + x_2) + 4$

$= (1 + k^2) \cdot \dfrac{12}{1 + 4k^2} + 2k \cdot \dfrac{-16k}{1 + 4k^2} + 4$

$= \dfrac{12 - 20k^2}{1 + 4k^2} + 4.$

因为 $\overrightarrow{OA} \cdot \overrightarrow{OB} = 2$，

所以 $\dfrac{12 - 20k^2}{1 + 4k^2} + 4 = 2$，

得 $k^2 = \dfrac{7}{6} > \dfrac{3}{4}$，

所以 $k = \pm\dfrac{\sqrt{42}}{6}$.

3. 解 （1）$\because F(-\sqrt{2}, 0)$ 为椭圆 C 的左焦点，

$\therefore c = \sqrt{2}$，

又离心率为 $\dfrac{\sqrt{2}}{2}$，∴ $a=2,b=\sqrt{2}$，

∴ 椭圆 C 的方程为 $\dfrac{x^2}{4}+\dfrac{y^2}{2}=1$.

(2)设 $A(x_1,y_1)$，$B(x_2,y_2)$.

∵ $M(1,1)$ 是弦 AB 的中点，∴ 直线 l 的斜率存在，设斜率为 k，

则直线 l 的方程为 $y-1=k(x-1)$，即 $y=kx+1-k$，

由 $\begin{cases} y=kx+1-k, \\ \dfrac{x^2}{4}+\dfrac{y^2}{2}=1 \end{cases}$ 整理得 $(1+2k^2)x^2+4k(1-k)x+2(1-k)^2-4=0$.

∵ 直线与椭圆相交，∴ $\Delta>0$ 成立.

∴ $x_1+x_2=\dfrac{-4k(1-k)}{1+2k^2}$，$x_1x_2=\dfrac{2(1-k)^2-4}{1+2k^2}$.

又由已知得 $x_1+x_2=\dfrac{-4k(1-k)}{1+2k^2}=2$，

∴ $k=-\dfrac{1}{2}$，

∴ 直线 l 的方程为 $x+2y-3=0$，$x_1+x_2=2$，$x_1x_2=\dfrac{1}{3}$，

∴ $|AB|=\sqrt{1+k^2}\,|x_1-x_2|=\sqrt{1+k^2}\sqrt{(x_1+x_2)^2-4x_1x_2}=\dfrac{\sqrt{5}}{2}\times\sqrt{4-\dfrac{4}{3}}=\sqrt{\dfrac{10}{3}}$.

$|AB|$ 是定值，要使 $\triangle PAB$ 的面积最大，需 P 点到 AB 的距离最大.

设与直线 l 平行的直线方程为 $x+2y+m=0(m\neq-3)$，

由 $\begin{cases} x+2y+m=0, \\ \dfrac{x^2}{4}+\dfrac{y^2}{2}=1 \end{cases}$ 得 $6y^2+4my+m^2-4=0$，

令 $\Delta_1=16m^2-24(m^2-4)=0$，得 $m=\pm2\sqrt{3}$.

∵ P 是椭圆 C 上一点，

∴ P 点到 AB 的最大距离，即直线 $x+2y+2\sqrt{3}=0$ 到直线 l 的距离 d.

而 $d=\dfrac{|-3-2\sqrt{3}|}{\sqrt{1+4}}=\dfrac{3+2\sqrt{3}}{\sqrt{5}}$，

此时 $S_{\triangle PAB}=\dfrac{1}{2}d|AB|=\dfrac{1}{2}\times\dfrac{3+2\sqrt{3}}{\sqrt{5}}\times\sqrt{\dfrac{10}{3}}=\dfrac{\sqrt{6}+2\sqrt{2}}{2}$.

因此，$\triangle PAB$ 面积的最大值为 $\dfrac{\sqrt{6}+2\sqrt{2}}{2}$.

4.解 (1)因为椭圆 C 的离心率为 $\dfrac{1}{2}$，

即 $\dfrac{c}{a}=\dfrac{1}{2}$，所以 $a=2c$.

又 $a^2=b^2+c^2$，所以 $b^2=3c^2$，所以 $b^2=\dfrac{3}{4}a^2$，所以椭圆 C 的方程为 $\dfrac{y^2}{a^2}+\dfrac{x^2}{\frac{3}{4}a^2}=1$.

把 $\left(1,\dfrac{2\sqrt{6}}{3}\right)$ 代入椭圆 C 的方程中，解得 $a^2=4$.

所以椭圆 C 的方程为 $\dfrac{y^2}{4}+\dfrac{x^2}{3}=1$.

(2)方法一 由(1)知，$A(0,2)$，设直线 l 的斜率为 $k(k\neq0)$，

则直线 l 的方程为 $y=kx+2$，

由 $\begin{cases} y=kx+2, \\ \dfrac{x^2}{3}+\dfrac{y^2}{4}=1 \end{cases}$ 得 $(3k^2+4)x^2+12kx=0$，解得 $x=0$ 或 $x=\dfrac{-12k}{3k^2+4}$.

又 $A(0,2)$，即点 A 的横坐标为 0，所以点 B 的横坐标为 $\dfrac{-12k}{3k^2+4}$.

设 $B(x_B,y_B)$，则 $x_B=\dfrac{-12k}{3k^2+4}$，

所以 $y_B = \dfrac{-6k^2+8}{3k^2+4}$，所以 $B\left(\dfrac{-12k}{3k^2+4}, \dfrac{-6k^2+8}{3k^2+4}\right)$.

设 $M(x_M, y_M)$，因为 $|MO|=|MA|$，所以点 M 在线段 OA 的垂直平分线上，

所以 $y_M = 1$，因为 $y_M = kx_M + 2$，

所以 $x_M = -\dfrac{1}{k}$，即 $M\left(-\dfrac{1}{k}, 1\right)$.

设 $H(x_H, 0)$，

又直线 HM 垂直于直线 l，

所以 $k_{MH} = -\dfrac{1}{k}$，即 $\dfrac{1}{-\dfrac{1}{k}-x_H} = -\dfrac{1}{k}$.

所以 $x_H = k - \dfrac{1}{k}$，即 $H\left(k-\dfrac{1}{k}, 0\right)$.

又 $F_1(0,1)$，所以 $\overrightarrow{F_1B} = \left(\dfrac{-12k}{3k^2+4}, \dfrac{4-9k^2}{3k^2+4}\right)$，$\overrightarrow{F_1H} = \left(k-\dfrac{1}{k}, -1\right)$.

因为 $\overrightarrow{F_1B} \cdot \overrightarrow{F_1H} = 0$，

所以 $\dfrac{-12k}{3k^2+4} \cdot \left(k-\dfrac{1}{k}\right) - \dfrac{4-9k^2}{3k^2+4} = 0$，

解得 $k = \pm\dfrac{2\sqrt{6}}{3}$.

所以直线 l 的方程为 $y = \pm\dfrac{2\sqrt{6}}{3}x + 2$.

方法二 由(1)知，$A(0,2)$，设直线 l 的斜率为 $k\,(k\neq 0)$，

则直线 l 的方程为 $y = kx + 2$.

由 $\begin{cases} y = kx + 2, \\ \dfrac{x^2}{3} + \dfrac{y^2}{4} = 1 \end{cases}$ 得 $(3k^2+4)x^2 + 12kx = 0$，解得 $x = 0$ 或 $x = \dfrac{-12k}{3k^2+4}$.

又 $A(0,2)$，即点 A 的横坐标为 0，所以点 B 的横坐标为 $\dfrac{-12k}{3k^2+4}$.

设 $B(x_B, y_B)$，则 $x_B = \dfrac{-12k}{3k^2+4}$，

所以 $y_B = \dfrac{-6k^2+8}{3k^2+4}$，即 $B\left(\dfrac{-12k}{3k^2+4}, \dfrac{-6k^2+8}{3k^2+4}\right)$.

又 $F_1(0,1)$，所以 $\overrightarrow{F_1B} = \left(\dfrac{-12k}{3k^2+4}, \dfrac{4-9k^2}{3k^2+4}\right)$，

设 $H(x_H, 0)$，则 $\overrightarrow{F_1H} = (x_H, -1)$.

因为 $\overrightarrow{F_1B} \cdot \overrightarrow{F_1H} = 0$，所以 $\dfrac{-12k}{3k^2+4} \cdot x_H - \dfrac{4-9k^2}{3k^2+4} = 0$，解得 $x_H = \dfrac{9k^2-4}{12k}$.

所以直线 MH 的方程为 $y = -\dfrac{1}{k}\left(x - \dfrac{9k^2-4}{12k}\right)$.

设 $M(x_M, y_M)$，因为 $|MO|=|MA|$，

所以 $x_M^2 + y_M^2 = x_M^2 + (y_M-2)^2$，解得 $y_M = 1$.

联立 $\begin{cases} y = kx + 2, \\ y = -\dfrac{1}{k}\left(x - \dfrac{9k^2-4}{12k}\right), \end{cases}$ 解得 $y_M = \dfrac{9k^2+20}{12(1+k^2)}$.

所以 $\dfrac{9k^2+20}{12(1+k^2)} = 1$，解得 $k = \pm\dfrac{2\sqrt{6}}{3}$.

所以直线 l 的方程为 $y = \pm\dfrac{2\sqrt{6}}{3}x + 2$.

5. (1)解 由题意知，$4a = 4\sqrt{6}$，所以 $a = \sqrt{6}$.

又 $e = \dfrac{c}{a} = \dfrac{\sqrt{2}}{2}$，$\therefore c = \sqrt{3}$，$\therefore b = \sqrt{3}$，$\therefore$ 椭圆 E 的方程为 $\dfrac{x^2}{6} + \dfrac{y^2}{3} = 1$.

(2)证明 当直线 AB,CD 的斜率不存在时，由椭圆的对称性知，中点 M,N 均在 x 轴上，所以 O,M，N 三点共线；

当直线 AB,CD 的斜率存在时,设其斜率为 k,且设 $A(x_1,y_1)$,$B(x_2,y_2)$,$M(x_0,y_0)$,

则 $\begin{cases} \dfrac{x_1^2}{6}+\dfrac{y_1^2}{3}=1, \\ \dfrac{x_2^2}{6}+\dfrac{y_2^2}{3}=1, \end{cases}$

两式相减,得 $\dfrac{x_1^2}{6}+\dfrac{y_1^2}{3}-\left(\dfrac{x_2^2}{6}+\dfrac{y_2^2}{3}\right)=0$,

$\therefore \dfrac{x_1^2-x_2^2}{6}=-\dfrac{y_1^2-y_2^2}{3}$,即 $\dfrac{(x_1-x_2)(x_1+x_2)}{6}=-\dfrac{(y_1-y_2)(y_1+y_2)}{3}$,

$\therefore \dfrac{y_1-y_2}{x_1-x_2}\cdot\dfrac{y_1+y_2}{x_1+x_2}=-\dfrac{3}{6}$,$\therefore \dfrac{y_1-y_2}{x_1-x_2}\cdot\dfrac{y_0}{x_0}=-\dfrac{3}{6}$,

即 $k\cdot k_{OM}=-\dfrac{1}{2}$,

$\therefore k_{OM}=-\dfrac{1}{2k}$.

同理可得 $k_{ON}=-\dfrac{1}{2k}$,

$\therefore k_{OM}=k_{ON}$,$\therefore O,M,N$ 三点共线.

6.解 (1)由题意知 $F_1(-\sqrt{a^2-2},0)$,$F_2(\sqrt{a^2-2},0)$,其中 $a>\sqrt{2}$.

因为 $\overrightarrow{AF_2}\cdot\overrightarrow{F_1F_2}=0$,所以 $AF_2\perp F_1F_2$,

所以点 A 的坐标为 $\left(\sqrt{a^2-2},\pm\dfrac{2}{a}\right)$,故直线 AF_1 的方程为 $y=\pm\left(\dfrac{x}{a\sqrt{a^2-2}}+\dfrac{1}{a}\right)$,

所以坐标原点 O 到直线 AF_1 的距离为 $\dfrac{\sqrt{a^2-2}}{a^2-1}$.

又因为 $|OF_1|=\sqrt{a^2-2}$,所以 $\dfrac{\sqrt{a^2-2}}{a^2-1}=\dfrac{1}{3}\sqrt{a^2-2}$,

所以 $a=2$,所以椭圆 C 的方程为 $\dfrac{x^2}{4}+\dfrac{y^2}{2}=1$.

(2)由题意可知直线 l 的斜率存在,设直线 l 的斜率为 k,

则直线 l 的方程为 $y=k(x+1)$,因此有 $M(0,k)$.设 $Q(x_1,y_1)$,由于 Q,N,M 三点共线,且 $|\overrightarrow{MQ}|=2|\overrightarrow{QN}|$,所以 $(x_1,y_1-k)=\pm 2(x_1+1,y_1)$,

解得 $\begin{cases} x_1=-2, \\ y_1=-k \end{cases}$ 或 $\begin{cases} x_1=-\dfrac{2}{3}, \\ y_1=\dfrac{k}{3}. \end{cases}$

又点 Q 在椭圆 C 上,故 $\dfrac{(-2)^2}{4}+\dfrac{(-k)^2}{2}=1$ 或 $\dfrac{\left(-\dfrac{2}{3}\right)^2}{4}+\dfrac{\left(\dfrac{k}{3}\right)^2}{2}=1$,

解得 $k=0$ 或 $k=\pm 4$.

综上,直线 l 的斜率为 0 或 ± 4.

7.解 (1)由椭圆 $\dfrac{x^2}{a^2}+\dfrac{y^2}{b^2}=1$ 的右焦点为 $(\sqrt{3},0)$,知 $a^2-b^2=3$,即 $b^2=a^2-3$,

则 $\dfrac{x^2}{a^2}+\dfrac{y^2}{a^2-3}=1$,$a^2>3$.

又椭圆过点 $M(-2,1)$,$\therefore \dfrac{4}{a^2}+\dfrac{1}{a^2-3}=1$,

又 $a^2>3$,$\therefore a^2=6$.$\therefore$ 椭圆 E 的标准方程为 $\dfrac{x^2}{6}+\dfrac{y^2}{3}=1$.

(2)设直线 AB 的方程为 $y=k(x-1)$,$A(x_1,y_1)$,$B(x_2,y_2)$.

由 $\begin{cases} \dfrac{x^2}{6}+\dfrac{y^2}{3}=1, \\ y=k(x-1) \end{cases}$,得 $x^2+2k^2(x-1)^2=6$,

即 $(1+2k^2)x^2-4k^2x+2k^2-6=0$.

$\therefore \Delta>0$,

$$\therefore \begin{cases} x_1 + x_2 = \dfrac{4k^2}{1+2k^2}, \text{①} \\ x_1 x_2 = \dfrac{2k^2-6}{2k^2+1}. \text{②} \end{cases}$$

由题意得 $t = \overrightarrow{MA} \cdot \overrightarrow{MB} = (x_1+2)(x_2+2) + (y_1-1)(y_2-1)$

$= x_1 x_2 + 2(x_1+x_2) + 4 + (kx_1 - k - 1)(kx_2 - k - 1)$

$= (1+k^2)x_1 x_2 + (2-k^2-k)(x_1+x_2) + k^2 + 2k + 5$, ③

将①②代入③得,

$t = (1+k^2) \cdot \dfrac{2k^2-6}{2k^2+1} + (2-k^2-k) \cdot \dfrac{4k^2}{2k^2+1} + k^2 + 2k + 5, \therefore t = \dfrac{15k^2+2k-1}{2k^2+1}$,

$\therefore (15-2t)k^2 + 2k - 1 - t = 0, k \in \mathbf{R}$,

则 $\Delta_1 = 2^2 + 4(15-2t)(1+t) \geqslant 0$,

$\therefore (2t-15)(t+1) - 1 \leqslant 0$, 即 $2t^2 - 13t - 16 \leqslant 0$.

由题意知 t_1, t_2 是 $2t^2 - 13t - 16 = 0$ 的两根,

$\therefore t_1 + t_2 = \dfrac{13}{2}$.

8. (1)**解** 设 $|MF_1| = r_1, |MF_2| = r_2$, 由题意, 得

$$\begin{cases} e = \dfrac{c}{a} = \dfrac{\sqrt{2}}{2}, \\ r_1 + r_2 = 2a, \\ r_1^2 + r_2^2 = 4c^2, \\ \dfrac{1}{2} r_1 \cdot r_2 = 1, \end{cases}$$

$\therefore a = \sqrt{2}, c = 1$, 则 $b^2 = a^2 - c^2 = 1$,

$\therefore$ 椭圆 C 的方程为 $\dfrac{x^2}{2} + y^2 = 1$.

(2)**证明** 易知直线 AF_1, AF_2 的斜率均不为 0.

设 $B(x_1, y_1), D(x_2, y_2)$,

当直线 AF_1 的斜率不存在时, 不妨令 $A\left(-1, \dfrac{\sqrt{2}}{2}\right)$, 则 $B\left(-1, -\dfrac{\sqrt{2}}{2}\right)$,

又 $F_1(-1, 0), F_2(1, 0)$,

$\therefore$ 直线 AF_2 的方程为 $y = -\dfrac{\sqrt{2}}{4}(x-1)$, 将其代入 $\dfrac{x^2}{2} + y^2 = 1$,

整理可得 $5x^2 - 2x - 7 = 0$,

$\therefore x_2 = \dfrac{7}{5}, \therefore y_2 = -\dfrac{\sqrt{2}}{10}$, 则 $D\left(\dfrac{7}{5}, -\dfrac{\sqrt{2}}{10}\right)$,

$\therefore$ 直线 BD 的斜率 $k_1 = \dfrac{-\dfrac{\sqrt{2}}{10} - \left(-\dfrac{\sqrt{2}}{2}\right)}{\dfrac{7}{5} - (-1)} = \dfrac{\sqrt{2}}{6}$, 直线 OA 的斜率 $k_2 = -\dfrac{\sqrt{2}}{2}$,

$\therefore k_1 \cdot k_2 = \dfrac{\sqrt{2}}{6} \times \left(-\dfrac{\sqrt{2}}{2}\right) = -\dfrac{1}{6}$.

当直线 AF_2 的斜率不存在时, 同理可得 $k_1 \cdot k_2 = -\dfrac{1}{6}$.

当直线 AF_1, AF_2 的斜率都存在且不为 0 时,

设 $A(x_0, y_0)$, 则 $x_0 y_0 \neq 0$,

则直线 AF_1 的方程为 $y = \dfrac{y_0}{x_0+1}(x+1)$,

由 $\begin{cases} y = \dfrac{y_0}{x_0+1}(x+1), \\ \dfrac{x^2}{2} + y^2 = 1, \end{cases}$

消去 y 可得 $[(x_0+1)^2 + 2y_0^2]x^2 + 4y_0^2 x + 2y_0^2 - 2(x_0+1)^2 = 0$.

又 $\dfrac{x_0^2}{2}+y_0^2=1$，$\therefore 2y_0^2=2-x_0^2$，

$\therefore (3+2x_0)x^2+2(2-x_0^2)x-3x_0^2-4x_0=0$，

$\therefore x_1 \cdot x_0=\dfrac{-3x_0^2-4x_0}{3+2x_0}$，

$\therefore x_1=\dfrac{-3x_0-4}{3+2x_0}$，则 $y_1=\dfrac{y_0}{x_0+1}\left(\dfrac{-3x_0-4}{3+2x_0}+1\right)=-\dfrac{y_0}{3+2x_0}$，

$\therefore B\left(-\dfrac{3x_0+4}{2x_0+3},-\dfrac{y_0}{2x_0+3}\right)$.

直线 AF_2 的方程为 $y=\dfrac{y_0}{x_0-1}(x-1)$，

同理可得 $D\left(\dfrac{3x_0-4}{2x_0-3},\dfrac{y_0}{2x_0-3}\right)$，

$\therefore$ 直线 BD 的斜率 $k_1=\dfrac{\dfrac{y_0}{2x_0-3}+\dfrac{y_0}{2x_0+3}}{\dfrac{3x_0-4}{2x_0-3}+\dfrac{3x_0+4}{2x_0+3}}=\dfrac{4x_0y_0}{12x_0^2-24}=\dfrac{x_0y_0}{3x_0^2-6}$.

$\because$ 直线 OA 的斜率 $k_2=\dfrac{y_0}{x_0}$，

$\therefore k_1\cdot k_2=\dfrac{x_0y_0}{3x_0^2-6}\cdot\dfrac{y_0}{x_0}=\dfrac{y_0^2}{3x_0^2-6}=\dfrac{1-\dfrac{x_0^2}{2}}{3x_0^2-6}=-\dfrac{1}{6}$.

综上，$k_1\cdot k_2$ 为定值，且定值为 $-\dfrac{1}{6}$.

9. 解 （1）依题意，四边形 PF_1QF_2 的面积为 $2\sqrt{3}$，

则 $4\times\dfrac{1}{2}\times b\times c=2\sqrt{3}$，即 $bc=\sqrt{3}$.

四边形 PF_1QF_2 的内切圆周长为 $\sqrt{3}\pi$，记内切圆半径为 r，

由 $2\pi r=\sqrt{3}\pi$，得 $r=\dfrac{\sqrt{3}}{2}$.

由 $bc=ar=\sqrt{3}$，得 $a=2$，

又 $a^2=b^2+c^2=4$，且 $bc=\sqrt{3}$，

所以 $\begin{cases}b=\sqrt{3},\\ c=1\end{cases}$ 或 $\begin{cases}b=1,\\ c=\sqrt{3}.\end{cases}$

所以椭圆 C 的方程为 $\dfrac{x^2}{4}+\dfrac{y^2}{3}=1$ 或 $\dfrac{x^2}{4}+y^2=1$.

（2）直线 AB 一定过定点. 因为 $b>c$，所以椭圆 C 的方程为 $\dfrac{x^2}{4}+\dfrac{y^2}{3}=1$，则 $P(0,\sqrt{3})$.

设 $A(x_1,y_1)$，$B(x_2,y_2)$，由题意知直线 AB 的斜率存在.

设直线 AB 的方程为 $y=kx+m$.

由 $\begin{cases}\dfrac{x^2}{4}+\dfrac{y^2}{3}=1,\\ y=kx+m,\end{cases}$

消去 y，得 $(4k^2+3)x^2+8kmx+(4m^2-12)=0$，

则 $x_1+x_2=\dfrac{-8km}{4k^2+3}$，$x_1x_2=\dfrac{4m^2-12}{4k^2+3}$，

$\Delta=64k^2m^2-4(4k^2+3)(4m^2-12)>0$.（＊）

由 $PA\perp PB$，可得 $\overrightarrow{PA}\cdot\overrightarrow{PB}=0$，

即 $(x_1-0)(x_2-0)+(y_1-\sqrt{3})(y_2-\sqrt{3})=0$，

即 $x_1x_2+y_1y_2-\sqrt{3}(y_1+y_2)+3=0$.

又 $y_1=kx_1+m$，$y_2=kx_2+m$，

所以 $\dfrac{4m^2-12}{4k^2+3}+\dfrac{4k^2m^2-12k^2}{4k^2+3}-\dfrac{8k^2m^2}{4k^2+3}+m^2+\dfrac{8\sqrt{3}k^2m}{4k^2+3}-2\sqrt{3}m+3=0$.

整理得 $\dfrac{7m^2 - 6\sqrt{3}\,m - 3}{4k^2 + 3} = 0$,

解得 $m = \sqrt{3}$(舍去)或 $m = -\dfrac{\sqrt{3}}{7}$.

因为 $m = -\dfrac{\sqrt{3}}{7}$ 满足(*)式,

所以直线 AB 的方程为 $y = kx - \dfrac{\sqrt{3}}{7}$.

故直线 AB 恒过定点 $\left(0, -\dfrac{\sqrt{3}}{7}\right)$.

10. 解 (1)因为椭圆的左、右焦点 F_1,F_2 之间的距离为 4,

所以 $c = 2$,所以 $F_1(-2,0)$,$Q\left(-\dfrac{a^2}{2},0\right)$.

又 $|F_1Q| = 2$,所以 $\dfrac{a^2}{2} - 2 = 2$,得 $a^2 = 8$,

又 $a^2 = b^2 + c^2$,所以 $b^2 = 4$.

故椭圆 C 的标准方程为 $\dfrac{x^2}{8} + \dfrac{y^2}{4} = 1$.

(2)存在. ①当直线 PB 的斜率不存在时,直线 PB 的方程为 $x = 2$,

所以 $P(2,\sqrt{2})$,$B(2,-\sqrt{2})$,

则直线 PA 的方程为 $y = \dfrac{\sqrt{2}}{4}(x + 2)$,

与椭圆方程联立,并消去 y,得 $5x^2 + 4x - 28 = 0$,解得 $x = 2$ 或 $x = -\dfrac{14}{5}$.

因为 $P(2,\sqrt{2})$,即 $x_P = 2$,所以 $x_A = -\dfrac{14}{5}$,

所以 $y_A = -\dfrac{\sqrt{2}}{5}$,即 $A\left(-\dfrac{14}{5}, -\dfrac{\sqrt{2}}{5}\right)$.

易知 $Q(-4,0)$,所以 $\overrightarrow{QA} = \left(\dfrac{6}{5}, -\dfrac{\sqrt{2}}{5}\right)$,$\overrightarrow{QB} = (6, -\sqrt{2})$.

所以 $\overrightarrow{QA} = \dfrac{1}{5}\overrightarrow{QB}$,所以 $\lambda = \dfrac{1}{5}$.

②当直线 PB 的斜率存在时,设 $P(x_0,y_0)$,

则 $x_0 > 0$,$x_0 \neq 2$,$y_0 > 0$ 且 $x_0^2 + 2y_0^2 = 8$.

设 $A(x_1,y_1)$,$B(x_2,y_2)$,直线 PB 的方程为 $y = \dfrac{y_0}{x_0 - 2}(x - 2)$,

与椭圆方程联立,并消去 y,得 $(3 - x_0)x^2 - 2y_0^2 x - 3x_0^2 + 8x_0 = 0$,

所以 $x_0 x_2 = \dfrac{3x_0^2 - 8x_0}{x_0 - 3}$,即 $x_2 = \dfrac{3x_0 - 8}{x_0 - 3}$,

所以 $y_2 = \dfrac{y_0}{x_0 - 3}$,即 $B\left(\dfrac{3x_0 - 8}{x_0 - 3}, \dfrac{y_0}{x_0 - 3}\right)$,

同理可得,$A\left(-\dfrac{3x_0 + 8}{x_0 + 3}, -\dfrac{y_0}{x_0 + 3}\right)$,

若存在实数 λ,使得 $\overrightarrow{QA} = \lambda \overrightarrow{QB}$ 成立,则 Q,A,B 三点共线,即 $k_{QA} = k_{QB}$.

因为 $Q(-4,0)$,所以 $k_{QA} - k_{QB} = \dfrac{-\dfrac{y_0}{x_0 + 3}}{-\dfrac{3x_0 + 8}{x_0 + 3} + 4} - \dfrac{\dfrac{y_0}{x_0 - 3}}{\dfrac{3x_0 - 8}{x_0 - 3} + 4} = -\dfrac{y_0}{x_0 + 4} - \dfrac{y_0}{7x_0 - 20} = 0$,

解得 $x_0 = 2$,不满足条件,舍去.

综上,存在实数 $\lambda = \dfrac{1}{5}$,使得 $\overrightarrow{QA} = \lambda \overrightarrow{QB}$ 成立.

11. 解 (1)由题意知 $\dfrac{c}{a} = \sqrt{3}$,$a = \sqrt{3}$,所以 $c = 3$,则 $b^2 = c^2 - a^2 = 9 - 3 = 6$,所以双曲线 C 的方程为

$$\frac{x^2}{3} - \frac{y^2}{6} = 1.$$

(2) 由(1)知双曲线 $\frac{x^2}{3} - \frac{y^2}{6} = 1$ 的右焦点为 $F(3,0)$，则过点 $F(3,0)$，倾斜角为 $30°$ 的直线 l 的方程

为 $y - 0 = \frac{\sqrt{3}}{3}(x-3) = \frac{\sqrt{3}}{3}x - \sqrt{3}$，即 $y = \frac{\sqrt{3}}{3}x - \sqrt{3}$. 由 $\begin{cases} y = \frac{\sqrt{3}}{3}x - \sqrt{3}, \\ \frac{x^2}{3} - \frac{y^2}{6} = 1 \end{cases}$ 消去 y 并整理得 $5x^2 + 6x - 27 = 0$. 设

$A(x_1,y_1), B(x_2,y_2)$，则 x_1, x_2 是该方程的两根，所以 $x_1 + x_2 = -\frac{6}{5}, x_1 x_2 = -\frac{27}{5}$，所以 $|AB| =$

$\sqrt{(x_1 - x_2)^2 + (y_1 - y_2)^2} = \sqrt{(x_1 - x_2)^2 + \left[\frac{\sqrt{3}}{3}(x_1 - x_2)\right]^2} = \sqrt{\left(1 + \frac{1}{3}\right)\left[(x_1 + x_2)^2 - 4x_1 x_2\right]} =$

$\sqrt{\frac{4}{3} \times \left(\frac{36}{25} + \frac{27 \times 4}{5}\right)} = \frac{16\sqrt{3}}{5}$.

12. **解** (1) 设双曲线的方程为 $\frac{x^2}{a^2} - \frac{y^2}{b^2} = 1 (a > 0, b > 0)$.

由已知得 $a = \sqrt{3}, c = 2$，

再由 $a^2 + b^2 = c^2$，得 $b^2 = 1$，故双曲线 C 的方程为 $\frac{x^2}{3} - y^2 = 1$.

(2) 设 $A(x_A, y_A), B(x_B, y_B)$，将 $y = kx + \sqrt{2}$ 代入 $\frac{x^2}{3} - y^2 = 1$，得

$(1 - 3k^2)x^2 - 6\sqrt{2}kx - 9 = 0$.

由直线 l 与双曲线 C 交于不同的两点，得

$\begin{cases} 1 - 3k^2 \neq 0, \\ \Delta = (-6\sqrt{2}k)^2 + 36(1 - 3k^2) = 36(1 - k^2) > 0, \end{cases}$

得 $k^2 \neq \frac{1}{3}$，且 $k^2 < 1$. ①

且 $x_A + x_B = \frac{6\sqrt{2}k}{1 - 3k^2}, x_A x_B = \frac{-9}{1 - 3k^2}$.

又 $\overrightarrow{OA} \cdot \overrightarrow{OB} > 2$，则 $x_A x_B + y_A y_B > 2$，

而 $x_A x_B + y_A y_B = x_A x_B + (kx_A + \sqrt{2})(kx_B + \sqrt{2}) = (k^2 + 1)x_A x_B + \sqrt{2}k(x_A + x_B) + 2 = (k^2 + 1) \cdot \frac{-9}{1 - 3k^2} +$

$\sqrt{2}k \cdot \frac{6\sqrt{2}k}{1 - 3k^2} + 2 = \frac{3k^2 + 7}{3k^2 - 1}$，则有 $\frac{3k^2 + 7}{3k^2 - 1} > 2$.

解得 $\frac{1}{3} < k^2 < 3$，②

由①②可得 $\frac{1}{3} < k^2 < 1$，则 $-1 < k < -\frac{\sqrt{3}}{3}$ 或 $\frac{\sqrt{3}}{3} < k < 1$.

所以 k 的取值范围为 $\left(-1, -\frac{\sqrt{3}}{3}\right) \cup \left(\frac{\sqrt{3}}{3}, 1\right)$.

13. (1) **解** 因为抛物线 $y^2 = 2px$ 过点 $P(1, 2)$，
所以 $2p = 4$，即 $p = 2$.
故抛物线 C 的方程为 $y^2 = 4x$.
由题意知，直线 l 的斜率存在且不为 0.
设直线 l 的方程为 $y = kx + 1 (k \neq 0)$.
由 $\begin{cases} y^2 = 4x, \\ y = kx + 1 \end{cases}$ 得 $k^2 x^2 + (2k - 4)x + 1 = 0$.
依题意，得 $\Delta = (2k - 4)^2 - 4 \times k^2 \times 1 > 0$，
解得 $k < 0$ 或 $0 < k < 1$.
又 PA, PB 均与 y 轴相交，
故直线 l 不过点 $(1, -2)$.
从而 $k \neq -3$.
所以直线 l 斜率的取值范围是 $(-\infty, -3) \cup (-3, 0) \cup (0, 1)$.
(2) **证明** 设 $A(x_1, y_1), B(x_2, y_2)$.

由(1)知 $x_1+x_2=-\dfrac{2k-4}{k^2},x_1x_2=\dfrac{1}{k^2}.$

直线 PA 的方程为 $y-2=\dfrac{y_1-2}{x_1-1}(x-1).$

令 $x=0$，得点 M 的纵坐标 $y_M=\dfrac{-y_1+2}{x_1-1}+2=\dfrac{-kx_1+1}{x_1-1}+2.$

同理得点 N 的纵坐标 $y_N=\dfrac{-kx_2+1}{x_2-1}+2.$

由 $\overrightarrow{QM}=\lambda\overrightarrow{QO},\overrightarrow{QN}=\mu\overrightarrow{QO}$ 得 $\lambda=1-y_M,\mu=1-y_N.$

所以 $\dfrac{1}{\lambda}+\dfrac{1}{\mu}=\dfrac{1}{1-y_M}+\dfrac{1}{1-y_N}=\dfrac{x_1-1}{(k-1)x_1}+\dfrac{x_2-1}{(k-1)x_2}=\dfrac{1}{k-1}\cdot\dfrac{2x_1x_2-(x_1+x_2)}{x_1x_2}=\dfrac{1}{k-1}\cdot\dfrac{\frac{2}{k^2}+\frac{2k-4}{k^2}}{\frac{1}{k^2}}=2.$

所以 $\dfrac{1}{\lambda}+\dfrac{1}{\mu}$ 为定值.

14.解 （1）设椭圆 C 的方程为 $\dfrac{x^2}{a^2}+\dfrac{y^2}{b^2}=1(a>b>0)$，

由题意知 $b=2\sqrt{3}$，又 $\dfrac{c}{a}=\dfrac{1}{2},a^2=b^2+c^2$，解得 $a=4$，

所以椭圆 C 的方程为 $\dfrac{x^2}{16}+\dfrac{y^2}{12}=1.$

（2）设 $A(x_1,y_1),B(x_2,y_2)$，直线 AB 的方程为 $y=\dfrac{1}{2}x+t$，

则由 $\begin{cases}y=\dfrac{1}{2}x+t\\\dfrac{x^2}{16}+\dfrac{y^2}{12}=1\end{cases}$ 消去 y 并整理，得 $x^2+tx+t^2-12=0.$

由 $\Delta>0$ 得 $-4<t<4.$ 由根与系数的关系有 $x_1+x_2=-t,x_1x_2=t^2-12$，

所以四边形 $APBQ$ 的面积 $S=\dfrac{1}{2}\times6\times|x_1-x_2|=3\sqrt{48-3t^2}$，

所以当 $t=0$ 时，S 取得最大值，为 $12\sqrt{3}.$

15.解 （1）由题意知，$e=\dfrac{c}{a}=\dfrac{\sqrt{2}}{2}$，所以 $a=\sqrt{2}c=\sqrt{2}b.$

不妨取 $C(0,b),D(0,-b)$，则 $\overrightarrow{PC}\cdot\overrightarrow{PD}=(b-1)(-b-1)=1-b^2=-1$，

$\therefore b^2=2,\therefore a=2.$

$\therefore$ 椭圆 E 的方程为 $\dfrac{x^2}{4}+\dfrac{y^2}{2}=1.$

（2）当直线 l 的斜率不存在时，不妨设点 A 在点 B 的下方，则 $\overrightarrow{PB}=(0,\sqrt{2}-1),\overrightarrow{AP}=(0,\sqrt{2}+1)$，可得 $\overrightarrow{PB}\neq\dfrac{1}{2}\overrightarrow{AP}$，不符合题意，$\therefore$ 不存在这样的直线 $l.$

当直线 l 的斜率存在时，设直线 l 的方程为 $y=kx+1,A(x_1,y_1),B(x_2,y_2).$

由 $\begin{cases}\dfrac{x^2}{4}+\dfrac{y^2}{2}=1\\y=kx+1\end{cases}$，消去 y 并整理，得 $(1+2k^2)x^2+4kx-2=0.$

由根与系数的关系，得 $x_1+x_2=\dfrac{-4k}{1+2k^2},x_1x_2=\dfrac{-2}{1+2k^2}.$

由 $\overrightarrow{PB}=\dfrac{1}{2}\overrightarrow{AP}$，得 $(x_2,y_2-1)=\dfrac{1}{2}(-x_1,1-y_1)$，

$\therefore x_2=-\dfrac{1}{2}x_1,\therefore x_1+x_2=\dfrac{1}{2}x_1=\dfrac{-4k}{1+2k^2},\therefore x_1=\dfrac{-8k}{1+2k^2}.$

又由 $x_1x_2=-\dfrac{1}{2}x_1^2=\dfrac{-2}{1+2k^2}$，得 $x_1^2=\dfrac{4}{1+2k^2}$，

故 $\dfrac{(-8k)^2}{(1+2k^2)^2}=\dfrac{4}{1+2k^2},\therefore k^2=\dfrac{1}{14},\therefore k=\pm\dfrac{\sqrt{14}}{14}$，

∴ 直线 l 的方程为 $y = \pm \dfrac{\sqrt{14}}{14} x + 1$.

16. (1)解 由题意可得 $\begin{cases} e = \dfrac{c}{a} = \dfrac{\sqrt{3}}{2}, \\ \dfrac{|b+4|}{2} = 3, \\ a^2 = b^2 + c^2, \end{cases}$ 解得 $\begin{cases} a = 4, \\ b = 2, \end{cases}$ 所以椭圆 C 的方程为 $\dfrac{x^2}{16} + \dfrac{y^2}{4} = 1$.

(2)证明 易知直线 l 的斜率恒小于 0,设直线 l 的方程为 $y + 2 = k(x-4)$,$k < 0$ 且 $k \neq -1$,$A(x_1, y_1)$,$B(x_2, y_2)$.

由 $\begin{cases} y + 2 = k(x-4), \\ \dfrac{x^2}{16} + \dfrac{y^2}{4} = 1, \end{cases}$ 得 $(1 + 4k^2)x^2 - 16k(2k+1)x + 64k(k+1) = 0$,

则 $x_1 + x_2 = \dfrac{16k(2k+1)}{1 + 4k^2}$,$x_1 x_2 = \dfrac{64k(k+1)}{1 + 4k^2}$.

因为 $k_{MA} + k_{MB} = \dfrac{y_1 - 2}{x_1} + \dfrac{y_2 - 2}{x_2} = \dfrac{(kx_1 - 4k - 4)x_2 + (kx_2 - 4k - 4)x_1}{x_1 x_2}$,

所以 $k_{MA} + k_{MB} = 2k - (4k+4) \times \dfrac{x_1 + x_2}{x_1 x_2} = 2k - 4(k+1) \times \dfrac{16k(2k+1)}{64k(k+1)} = 2k - (2k+1) = -1$（为定值）.

17. 解 (1)由题意可知 $a^2 = 3$,椭圆 C_1 的上顶点为 $(0, b)$,易知双曲线 C_2 的渐近线方程为 $y = \pm \dfrac{\sqrt{3}}{3} x$,即 $x \pm \sqrt{3} y = 0$.

由点到直线的距离公式,得 $\dfrac{|\pm \sqrt{3} b|}{2} = \dfrac{\sqrt{3}}{2}$,所以 $b = 1$,

所以椭圆 C_1 的方程为 $\dfrac{x^2}{3} + y^2 = 1$.

(2)易知直线 l 的斜率存在,设直线 l 的方程为 $y = kx + m$,将其代入 $\dfrac{x^2}{3} - y^2 = 1$,消去 y 并整理,得 $(1 - 3k^2)x^2 - 6kmx - 3m^2 - 3 = 0$.

因为直线 l 与双曲线 C_2 相交于不同的两点,

所以 $\begin{cases} 1 - 3k^2 \neq 0, \\ 36k^2m^2 - 4(1 - 3k^2)(-3m^2 - 3) > 0 \end{cases} \Rightarrow \begin{cases} 1 - 3k^2 \neq 0, \\ m^2 + 1 > 3k^2, \end{cases}$ ①

设 $Q_1(x_1, y_1)$,$Q_2(x_2, y_2)$,

则 $x_1 + x_2 = \dfrac{6km}{1 - 3k^2}$,$x_1 x_2 = \dfrac{-3m^2 - 3}{1 - 3k^2}$.

又 $\overrightarrow{OQ_1} \cdot \overrightarrow{OQ_2} = x_1 x_2 + y_1 y_2 = x_1 x_2 + (kx_1 + m)(kx_2 + m) = (1 + k^2)x_1 x_2 + km(x_1 + x_2) + m^2 = -5$,

所以 $\dfrac{1}{1 - 3k^2}[(1 + k^2)(-3m^2 - 3) + 6k^2m^2 + m^2(1 - 3k^2)] = -5$,得 $m^2 = 1 - 9k^2$,②

将 $y = kx + m$ 代入 $\dfrac{x^2}{3} + y^2 = 1$,消去 y 并整理,得 $(1 + 3k^2)x^2 + 6kmx + 3m^2 - 3 = 0$.

易知 $\Delta = 36k^2m^2 - 4(1 + 3k^2)(3m^2 - 3) > 0 \Rightarrow 3k^2 + 1 > m^2$,③

由①②③得,$0 < k^2 \leqslant \dfrac{1}{9}$.

设 $M_1(x_3, y_3)$,$M_2(x_4, y_4)$,

则 $x_3 + x_4 = \dfrac{-6km}{1 + 3k^2}$,$x_3 x_4 = \dfrac{3m^2 - 3}{1 + 3k^2}$.

$|M_1 M_2| = \sqrt{1 + k^2} \cdot \sqrt{\dfrac{36k^2m^2 - 4(3m^2 - 3)(1 + 3k^2)}{(1 + 3k^2)^2}}$

$= \sqrt{1 + k^2} \sqrt{\dfrac{-4(3m^2 - 3 - 9k^2)}{(1 + 3k^2)^2}}$,

将 $m^2 = 1 - 9k^2$ 代入,得 $|M_1 M_2| = \sqrt{1 + k^2} \cdot \sqrt{\dfrac{144k^2}{(1 + 3k^2)^2}} = \dfrac{12|k|}{1 + 3k^2} \sqrt{1 + k^2}$,

即 $|M_1M_2| = 12\sqrt{\dfrac{k^2(1+k^2)}{(1+3k^2)^2}}$，令 $t = k^2$，则 $t \in \left(0, \dfrac{1}{9}\right]$，

令 $f(t) = \dfrac{t(1+t)}{(1+3t)^2}$，则 $f'(t) = \dfrac{1-t}{(1+3t)^3}$. 又 $t \in \left(0, \dfrac{1}{9}\right]$，

所以 $f'(x) > 0$ 在 $t \in \left(0, \dfrac{1}{9}\right]$ 内恒成立，故函数 $f(t)$ 在 $\left(0, \dfrac{1}{9}\right]$ 内单调递增.

所以 $f(t) \in \left(0, \dfrac{5}{72}\right]$，所以 $|M_1M_2| \in (0, \sqrt{10}\,]$.

18.(1)解 由题意得 $\dfrac{1}{2}a^2 = 1$，$\therefore a = \sqrt{2}$. 又 $b = c, a^2 = b^2 + c^2$，$\therefore b = 1$，

$\therefore$ 椭圆 C 的方程为 $\dfrac{x^2}{2} + y^2 = 1$.

(2)证明 由(1)得 $M(0,1)$. 当直线 AB 的斜率不存在时，设 $A(x_0, y_0)$，则 $B(x_0, -y_0)$，由 $k_1 + k_2 = 2$ 得 $\dfrac{y_0 - 1}{x_0} + \dfrac{-y_0 - 1}{x_0} = 2$，得 $x_0 = -1$.

当直线 AB 的斜率存在时，设直线 AB 的方程为 $y = kx + m(m \neq 1)$，$A(x_1, y_1)$，$B(x_2, y_2)$.

由 $\begin{cases} \dfrac{x^2}{2} + y^2 = 1 \\ y = kx + m \end{cases}$，可得 $(1+2k^2)x^2 + 4kmx + 2m^2 - 2 = 0$，

则 $\Delta = 8(2k^2 - m^2 + 1) > 0$，$x_1 + x_2 = \dfrac{-4km}{1+2k^2}$，$x_1 x_2 = \dfrac{2m^2 - 2}{1+2k^2}$.

由 $k_1 + k_2 = 2$，得 $\dfrac{y_1 - 1}{x_1} + \dfrac{y_2 - 1}{x_2} = 2$，

即 $\dfrac{(kx_2 + m - 1)x_1 + (kx_1 + m - 1)x_2}{x_1 x_2} = 2$，

$\therefore (2 - 2k)x_1 x_2 = (m-1)(x_1 + x_2)$，$\therefore (2-2k)(2m^2 - 2) = (m-1)(-4km)$.

由 $m \neq 1$，得 $(1-k)(m+1) = -km$，$\therefore m = k - 1$，

即 $y = kx + m = kx + k - 1 = k(x+1) - 1$，

故直线 AB 过定点 $(-1, -1)$.

综上所述，直线 AB 过定点 $(-1, -1)$.

19.解 设直线 $AB: y = kx + 1$，$A(x_1, y_1)$，$B(x_2, y_2)$.

将直线 AB 的方程代入抛物线 C 的方程得 $x^2 - 2pkx - 2p = 0$，

则 $x_1 + x_2 = 2pk$，$x_1 x_2 = -2p$. ①

(1) 由 $x^2 = 2py$ 得 $y' = \dfrac{x}{p}$，则 A, B 两点处的切线斜率的乘积为 $\dfrac{x_1 x_2}{p^2} = -\dfrac{2}{p}$.

$\therefore$ 点 N 在以 AB 为直径的圆上，$\therefore AN \perp BN$，$\therefore -\dfrac{2}{p} = -1$，$\therefore p = 2$.

(2) 易得直线 $AN: y - y_1 = \dfrac{x_1}{p}(x - x_1)$，直线 $BN: y - y_2 = \dfrac{x_2}{p}(x - x_2)$，联立，得 $\begin{cases} y - y_1 = \dfrac{x_1}{p}(x - x_1), \\ y - y_2 = \dfrac{x_2}{p}(x - x_2), \end{cases}$

结合①式，解得 $\begin{cases} x = pk, \\ y = -1, \end{cases}$ 即 $N(pk, -1)$.

$|AB| = \sqrt{1+k^2}\,|x_2 - x_1| = \sqrt{1+k^2}\sqrt{(x_1+x_2)^2 - 4x_1 x_2} = \sqrt{1+k^2}\sqrt{4p^2k^2 + 8p}$，

点 N 到直线 AB 的距离 $d = \dfrac{|kx_N + 1 - y_N|}{\sqrt{1+k^2}} = \dfrac{|pk^2 + 2|}{\sqrt{1+k^2}}$，

则 $\triangle ABN$ 的面积 $S_{\triangle ABN} = \dfrac{1}{2} \cdot |AB| \cdot d = \sqrt{p(pk^2 + 2)^3} \geq 2\sqrt{2p}$，当 $k = 0$ 时，取等号.

$\therefore \triangle ABN$ 的面积的最小值为 4，

$\therefore 2\sqrt{2p} = 4$，$\therefore p = 2$，故抛物线 C 的方程为 $x^2 = 4y$.

20.(1)解 由题意知 $\dfrac{\sqrt{a^2 - b^2}}{a} = \dfrac{\sqrt{2}}{2}$，$b = 1$，所以 $a = \sqrt{2}$，

所以椭圆 E 的方程为 $\dfrac{x^2}{2} + y^2 = 1$.

(2)**证明** 设直线 PQ 的方程为 $y=k(x-1)+1(k\neq 2)$，代入 $\dfrac{x^2}{2}+y^2=1$，

得 $(1+2k^2)x^2-4k(k-1)x+2k(k-2)=0$. 由题意知 $\Delta>0$，

设 $P(x_1,y_1),Q(x_2,y_2)$，且 $x_1x_2\neq 0$，则 $x_1+x_2=\dfrac{4k(k-1)}{1+2k^2}$，$x_1x_2=\dfrac{2k(k-2)}{1+2k^2}$，

所以 $k_{AP}+k_{AQ}=\dfrac{y_1+1}{x_1}+\dfrac{y_2+1}{x_2}$

$$=\dfrac{kx_1-k+2}{x_1}+\dfrac{kx_2-k+2}{x_2}$$

$$=2k+(2-k)\dfrac{x_1+x_2}{x_1x_2}$$

$$=2k+(2-k)\dfrac{4k(k-1)}{2k(k-2)}$$

$$=2k-2(k-1)$$

$$=2.$$

故直线 AP 与 AQ 的斜率之和为定值 2.

第十章 排列、组合与二项式定理

【选择题】

1. **D 解析** 由题设条件知，要排成五位数的奇数，因此末位数字只能在 1,3,5 中选，有 C_3^1 种排法. 其他数位上的数可以从剩下的 4 个数字中任选，进行全排列，有 A_4^4 种排法. 所以奇数的个数为 $C_3^1A_4^4=72$. 故选 D.

2. **C 解析** 当首位为 7,8,9 时，符合条件的六位数共有 $C_3^1A_5^5=360$ 个. 当首位为 4，第二位 7,8,9 中的一个时，符合条件的六位数共有 $C_3^1A_4^4=72$ 个. 当首位为 4，第二位数字为 2，第三位数字为 7,8,9 中的一个时，符合条件的六位数共有 $C_3^1A_3^3=18$ 个；当首位数字为 4，第二位数字为 2，第三位为 0，第四位数字为 8,9 中的一个时，符合条件的六位数共有 $C_2^1A_2^2=4$ 个；当首位数字为 4，第二位数字为 2，第三位为 0，第四位数字为 7，第五数字为 9 时，符合条件的六位数只有 1 个. 因此符合条件的六位数共有 $360+72+18+4+1=455$ 个. 故选 C.

3. **B 解析** 由题意知，A，B 两个节目相邻，且都不排在 3 号位置，可以分两步：第一步，A，B 两个节目可以排在 1 号、2 号两个位置，可以排在 4 号、5 号两个位置，也可以排在 5 号、6 号两个位置，所以 A，B 两个节目的排法有 $C_3^1A_2^2=6$ 种；第二步，C，D，E，F 四个节目在剩下的位置全排列，排法有 $A_4^4=24$ 种. 所以节目单上不同的排序方式一共有 $6\times 24=144$ 种. 故选 B.

4. **B 解析** 可分两步：第一步，甲、乙两个展区各安排一人，有 A_6^2 种不同的安排方案；第二步，剩下两个展区各安排两个人，有 $C_4^2C_2^2$ 种不同的安排方案. 根据分步乘法计数原理，不同的安排方案种数为 $A_6^2C_4^2C_2^2=180$. 故选 B.

5. **C 解析** 可分两步考虑. 第一步，四位女同学中的一人拿最大的一个的分法种数为 C_4^1；第二步，余下 5 人的分法种数为 A_5^5. 根据分步乘法计数原理，百香果的不同分法共有 $C_4^1A_5^5=480$ 种. 故选 C.

6. **D 解析** 从 $\{1,2,3,\cdots,10\}$ 中选取 3 个不同的数，恰有两个数相邻，共有 $C_2^1C_7^1+C_7^1C_6^1=56$ 种选法. 3 个数相邻共有 $C_8^1=8$ 种选法. 所以符合题意的选法一共有 $56+8=64$ 种. 故选 D.

7. **D 解析** 因为任务 A 必须排在前三位，任务 E，F 必须排在一起，所以可以把 A 固定，E，F "捆绑" 在一起，然后分类讨论. ①当 A 排在第一位时，符合条件的排法有 $A_2^2A_4^4=48$ 种；②当 A 排在第二位时，第一位只能是 B，C，D 中的一个，E，F 只能在 A 的后面，所以有 $C_3^1A_2^2A_3^3=36$ 种；③当 A 排在第三位时，又分两种情况，一种情况是 E，F 在 A 之前，共有 $A_2^2A_3^3$ 种排法；一种情况是 E，F 在 A 后面，共有 $A_3^3A_2^2A_2^2$ 种排法. 所以 A 排在第三位时，共有 $A_2^2A_3^3+A_3^3A_2^2A_2^2=36$ 种排法. 所以符合要求的不同安排方案共有 $48+36+36=120$ 种. 故选 D.

8. **A 解析** 方法一 分两步安排. 第一步，把 3 个连在一起的停车位 "捆绑" 在一起当一个元素，剩下的一个空位也当一个元素，这两个不同元素插到 5 辆不同型号的小汽车的 6 个空隙，共有 A_6^2 种不同方法；第二步，5 辆不同型号的小汽车全排列共有 A_5^5 种不同的排法. 所以根据分步乘法计数原理，不同的停放方法有 $A_6^2A_5^5=3\,600$ 种. 故选 A.

　　方法二 将 9 个连在一起的停车位依次编号为 1~9. ①当 3 个连在一起的停车位在两端时，有 1,2,3 或 7,8,9 两种情况，此时不同的停放方法有 $C_2^1C_5^2A_5^5=1\,200$ 种. ②当 3 个连在一起的停车位在中间时，有 2,3,4 或 3,4,5 或 4,5,6 或 5,6,7 或 6,7,8，共 5 种情况，此时不同的停放方法有 $C_5^1C_4^1A_5^5=2\,400$ 种. 由分类加法计数原理可知，不同的停放方法有 $1\,200+2\,400=3\,600$ 种. 故选 A.

9. **C 解析** 从 4 对小车中选取 2 对共有 C_4^2 种选法，从 4 个车库中选取 2 个车库共有 C_4^2 种选法，然后将这 2 对小车放入这 2 个车库共有 A_2^2 种放法. 将剩下的 2 对小车，每对都分开来放. 因为同一品牌

的小车完全相同,只有1种放法.所以共有 $C_4^2 C_2^2 A_2^2 = 72$ 种不同的放法.故选C.

10. A **解析** 二项式 $(x+i)^6$ 的展开式的通项 $T_{r+1} = C_6^r x^{6-r} i^r$.令 $6-r=4$,解得 $r=2$,所以含 x^4 的项为 $C_6^2 x^4 \cdot i^2 = -15x^4$.故选A.

11. D **解析** 由 $\left(\sqrt{x}-\dfrac{a}{\sqrt{x}}\right)^5$ 的展开式的通项 $T_{r+1} = C_5^r (\sqrt{x})^{5-r} \cdot \left(-\dfrac{a}{\sqrt{x}}\right)^r = (-a)^r C_5^r x^{\frac{5-2r}{2}}$ 知,当 $\dfrac{5-2r}{2} = \dfrac{3}{2}$ 时该项含 $x^{\frac{3}{2}}$,解得 $r=1$.所以 $(-a)C_5^1 = 30$,解得 $a=-6$.故选D.

12. A **解析** 根据题意知 $N=2^n$.令 $x=1,y=1$,则 $(\sqrt{x}+3\sqrt[3]{y})^n$ 的二项式展开式中各项系数之和 $M=4^n$.所以 $M-2N=4^n-2\cdot 2^n=960$,即 $(2^n)^2-2\cdot 2^n-960=0$,所以 $2^n=32$,所以 $n=5$.二项式 $(\sqrt{x}+3\sqrt[3]{y})^5$ 的展开式的通项 $T_{r+1} = C_5^r (\sqrt{x})^{5-r} \cdot (3\sqrt[3]{y})^r = 3^r \cdot C_5^r \cdot x^{\frac{5-r}{2}} \cdot y^{\frac{r}{3}}$,令 $\dfrac{5-r}{2}=1$,$\dfrac{r}{3}=1$,得 $r=3$,所以二项式的展开式中 xy 的系数为 $3^3 C_5^3 = 270$.故选A.

13. A **解析** 由展开式的第五、六项的二项式系数相等且最大可知 $n=9$.$\left(a\sqrt{x}+\dfrac{1}{\sqrt[3]{x}}\right)^9$ 的展开式的通项 $T_{r+1} = C_9^r (a\sqrt{x})^{9-r} \left(\dfrac{1}{\sqrt[3]{x}}\right)^r = a^{9-r} \cdot C_9^r \cdot x^{\frac{9-r}{2}} \cdot x^{-\frac{r}{3}} = a^{9-r} C_9^r \cdot x^{\frac{9}{2}-\frac{5}{6}r}$,令 $\dfrac{9}{2}-\dfrac{5}{6}r=2$,解得 $r=3$,则 x^2 的系数为 $a^{9-3}C_9^3 = a^6 C_9^3$,所以 $a^6 C_9^3 = 84$,又 $a>0$,所以 $a=1$.故选A.

14. B **解析** $\left(3x+\dfrac{1}{x\sqrt{x}}\right)^n$ 的展开式的通项 $T_{r+1} = C_n^r (3x)^{n-r} \cdot \left(\dfrac{1}{x\sqrt{x}}\right)^r = 3^{n-r} \cdot C_n^r \cdot x^{n-r} \cdot x^{-\frac{3}{2}r} = 3^{n-r} C_n^r \cdot x^{n-\frac{5}{2}r}$,要使二项式的展开式中含有常数项,则存在 n,r 为正整数,使 $n-\dfrac{5}{2}r=0$,即 $n=\dfrac{5}{2}r$,当 $n=5$ 时为满足条件的最小整数.故选B.

15. C **解析** $\left(x^2+\dfrac{1}{x}\right)^n$ 的展开式中奇数项的二项式系数之和为 2^{n-1},所以 $2^{n-1}=16$,解得 $n=5$.$\left(x^2+\dfrac{1}{x}\right)^5$ 的展开式的通项 $T_{r+1} = C_5^r (x^2)^{5-r} \left(\dfrac{1}{x}\right)^r = C_5^r \cdot x^{10-3r}$.令 $10-3r=1$,解得 $r=3$.所以展开式中含 x 项的系数为 $C_5^3 = 10$.故选C.

16. A **解析** $\left(x+\dfrac{1}{x^3}\right)^n$ 的展开式的通项 $T_{r+1} = C_n^r x^{n-r} \cdot \left(\dfrac{1}{x^3}\right)^r = C_n^r x^{n-4r}$,$(1+x+x^2)\left(x+\dfrac{1}{x^3}\right)^n$ 的展开式中没有常数项,则意味着 $\left(x+\dfrac{1}{x^3}\right)^n$ 的展开式中不含常数项、x^{-1} 项和 x^{-2} 项,所以 $n-4r\neq 0$,且 $n-4r\neq -1$,且 $n-4r\neq -2$,即 $n\neq 4r$,且 $n\neq 4r-1$,且 $n\neq 4r-2$.当 $r=1$ 时,$n\neq 4,3,2$;当 $r=2$ 时,$n\neq 8,7,6$;当 $r=3$ 时,$n\neq 12,11,10$.又因为 $2\leqslant n\leqslant 8$,所以 n 的值为 5.故选A.

【填空题】

1. 1 080 **解析** 一个数字是偶数,三个数字是奇数的四位数有 $C_4^1 C_5^3 A_4^4 = 960$ 个;四个数字都是奇数的四位数有 $A_5^4 = 120$ 个,则至多有一个数字是偶数的四位数一共有 $960+120=1\,080$ 个.

2. 660 **解析** 分两步.第一步,选出 4 个人,因为要求至少有 1 名女生,故有 $C_8^4 - C_6^4 = 55$ 种选法(或 $C_2^1 C_6^3 + C_2^2 C_6^2 = 55$ 种);第二步,从 4 人中选出队长、副队长各 1 人,有 $A_4^2 = 12$ 种不同的选法.根据分步乘法计数原理,知共有 $55\times 12 = 660$ 种不同的符合要求的选法.

3. 16 **解析** **方法一** 根据题意,符合要求的情况可分成三类:①选 A 课程不选 B 课程,有 C_4^2 种不同选法;②选 B 课程不选 A 课程,有 C_4^2 种不同选法;③同时选 A 课程和 B 课程,有 C_4^1 种不同选法.所以根据分类加法计数原理,一共有 $C_4^2 + C_4^2 + C_4^1 = 16$ 种不同选法.

方法二(排除法) 从 6 门课程中选 3 门,不同的选法有 C_6^3 种,而 A 课程和 B 课程都不选的选法有 C_4^3 种,所以一共有 $C_6^3 - C_4^3 = 16$ 种不同选法.

4. 16 4 **解析** 由题设条件知 a_4 为含 x 项的系数,a_5 为展开式中的常数项.因为 $(x+1)^3$ 的展开式的通项 $T_{r+1} = C_3^r x^{3-r} \cdot 1^r = C_3^r x^{3-r}$,$(x+2)^2$ 的展开式的通项 $T_{k+1} = C_2^k x^{2-k} \cdot 2^k = 2^k C_2^k x^{2-k}$,其中 $k=0,1,2$,$r=0,1,2,3$,所以 $(x+1)^3 (x+2)^2$ 的通项为 $2^k \cdot C_3^r \cdot C_2^k x^{3-r} \cdot x^{2-k} = 2^k C_3^r \cdot C_2^k \cdot x^{5-r-k}$.令 $5-r-k=1$,得 $r+k=4$.则 $k=1,r=3$ 或 $k=2,r=2$,所以含 x 项的系数为 $2^1 C_3^3 C_2^1 + 2^2 C_3^2 C_2^2 = 4+12=16$.令 $5-r-k=0$,得 $r+k=5$,此时符合条件的只有 $r=3,k=2$,所以常数项为 $2^2 C_3^3 C_2^2 = 4$.

5. 16 **解析** **方法一** 因为 $(2x+\sqrt{2})^4 = a_0 + a_1 x + a_2 x^2 + a_3 x^3 + a_4 x^4$,所以令 $x=1$ 可以得到 $a_0 + a_1 + a_2 + a_3 + a_4 = (2+\sqrt{2})^4$,同理令 $x=-1$,得到 $a_0 - a_1 + a_2 - a_3 + a_4 = (2-\sqrt{2})^4$.所以有 $(a_0+a_2+a_4) + (a_1+a_3) = (2+\sqrt{2})^4$,① $(a_0+a_2+a_4) - (a_1+a_3) = (2-\sqrt{2})^4$.② ①②相乘,得 $(a_0+a_2+a_4)^2 - (a_1+a_3)^2 = (2+\sqrt{2})^4 \times (2-\sqrt{2})^4 = [(2+\sqrt{2})\times(2-\sqrt{2})]^4 = 2^4 = 16$(也可由①②联立方程组,求出

$a_0 + a_2 + a_4$ 和 $a_1 + a_3$).

方法二(直接利用展开式求 a_0, a_1, a_2, a_3, a_4) $(2x + \sqrt{2})^4$ 的展开式的通项 $T_{r+1} = C_4^r (2x)^{4-r} \cdot$

$(\sqrt{2})^r = 2^{4-r} \cdot 2^{\frac{r}{2}} \cdot C_4^r \cdot x^{4-r} = 2^{4-\frac{r}{2}} C_4^r x^{4-r}$，依次令 $r = 4, 3, 2, 1, 0$，可分别求出 $a_0 = 4, a_1 = 16\sqrt{2}, a_2 = 48$,

$a_3 = 32\sqrt{2}, a_4 = 16$. 所以 $(a_0 + a_2 + a_4)^2 - (a_1 + a_3)^2 = 16$.

6. -48 **解析** 因为 $\left(x - \dfrac{a}{x}\right)\left(2x - \dfrac{1}{x}\right)^5$ 的展开式中各项系数的和为 2，令 $x = 1$，得

$(1 - a)(2 - 1)^5 = 2$，解得 $a = -1$. $\left(2x - \dfrac{1}{x}\right)^5$ 的展开式的通项 $T_{r+1} = C_5^r (2x)^{5-r} \cdot \left(-\dfrac{1}{x}\right)^r = (-1)^r \cdot 2^{5-r}$

$C_5^r \cdot x^{5-2r}$，含 x^4 的项出现在 x 与含 x^3 的项的乘积和 $\left(-\dfrac{a}{x}\right)$ 即 $\dfrac{1}{x}$ 与含 x^5 的项的乘积中. 令 $5 - 2r = 3$，解

得 $r = 1$，$\left(2x - \dfrac{1}{x}\right)^5$ 的展开式中 x^3 的系数为 $(-1)^1 2^{5-1} C_5^1 = -80$. 令 $5 - 2r = 5$，解得 $r = 0$，$\left(2x - \dfrac{1}{x}\right)^5$ 的展

开式中 x^5 的系数为 $(-1)^0 2^{5-0} C_5^0 = 32$，所以 $\left(x - \dfrac{a}{x}\right)\left(2x - \dfrac{1}{x}\right)^5$ 的展开式中含 x^4 的项的系数为 $-80 +$

$32 = -48$.

7. -2 **解析** $\left(ax^2 + \dfrac{1}{\sqrt{x}}\right)^5$ 的展开式的通项 $T_{r+1} = C_5^r (ax^2)^{5-r} \cdot \left(\dfrac{1}{\sqrt{x}}\right)^r = a^{5-r} \cdot C_5^r x^{10-2r} \cdot x^{-\frac{r}{2}} =$

$a^{5-r} C_5^r x^{10 - \frac{5r}{2}}$，令 $10 - \dfrac{5r}{2} = 5$，解得 $r = 2$，所以 x^5 的系数为 $a^{5-2} \cdot C_5^2 = -80$，解得 $a = -2$.

8. 20 **解析** 令 $x = 1$，得 $\left(\dfrac{1}{x} + x^2\right)^n$ 的展开式中各项系数和为 2^n，所以 $2^n = 64$，解得 $n = 6$. 二项式

$\left(\dfrac{1}{x} + x^2\right)^6$ 的展开式的通项 $T_{r+1} = C_6^r \left(\dfrac{1}{x}\right)^{6-r} \cdot (x^2)^r = C_6^r x^{3r-6}$，令 $3r - 6 = 3$，解得 $r = 3$，所以 x^3 的系数

为 $C_6^3 = 20$.

9. 3 **解析** 由题意 $(mx - 1)^5 = a_5 x^5 + a_4 x^4 + a_3 x^3 + a_2 x^2 + a_1 x + a_0$，令 $x = 1$ 可得 $a_5 + a_4 + a_3 + a_2 + a_1$

$+ a_0 = (m - 1)^5$，令 $x = 0$ 可得 $a_0 = (-1)^5 = -1$，所以 $a_5 + a_4 + a_3 + a_2 + a_1 = (m - 1)^5 - a_0 = (m - 1)^5 +$

$1 = 33$，所以 $(m - 1)^5 = 32$，解得 $m = 3$.

10. 4 **解析** $\left(1 - \dfrac{\sqrt{5}}{5}ax\right)^5$ 的第三项系数为 $C_5^2 \cdot 1^3 \cdot \left(-\dfrac{\sqrt{5}}{5}a\right)^2$，二项式系数之和为 2^5，所以 $C_5^2 \cdot$

$\left(-\dfrac{\sqrt{5}}{5}a\right)^2 = 2^5$，解得 $a = 4$.

11. $-40\sqrt{2}$ **解析** 方法一 因为 $\left(\dfrac{x}{2} + \dfrac{4}{x} - 2\sqrt{2}\right)^3 = \left[\left(\dfrac{\sqrt{x}}{\sqrt{2}} - \dfrac{2}{\sqrt{x}}\right)^2\right]^3 = \left(\dfrac{\sqrt{x}}{\sqrt{2}} - \dfrac{2}{\sqrt{x}}\right)^6$，其二项展开式

的通项 $T_{r+1} = C_6^r \left(\dfrac{\sqrt{x}}{\sqrt{2}}\right)^{6-r} \cdot \left(-\dfrac{2}{\sqrt{x}}\right)^r = (-2)^r C_6^r \cdot \left(\dfrac{1}{\sqrt{2}}\right)^{6-r} \cdot x^{\frac{6-2r}{2}}$，令 $\dfrac{6 - 2r}{2} = 0$，得 $r = 3$，所以

$\left(\dfrac{x}{2} + \dfrac{4}{x} - 2\sqrt{2}\right)^3$ 即 $\left(\dfrac{\sqrt{x}}{\sqrt{2}} - \dfrac{2}{\sqrt{x}}\right)^6$ 的二项展开式的常数项为 $(-2)^3 C_6^3 \cdot \left(\dfrac{1}{\sqrt{2}}\right)^{6-3} = -2^3 \cdot \dfrac{1}{(\sqrt{2})^3} \cdot$

$C_6^3 = -40\sqrt{2}$.

方法二 因为 $\left(\dfrac{x}{2} + \dfrac{4}{x} - 2\sqrt{2}\right)^3 = \left[\left(\dfrac{x}{2} + \dfrac{4}{x}\right) - 2\sqrt{2}\right]^3$ 的二项展开式的通项 $T_{r+1} = C_3^r \cdot$

$\left(\dfrac{x}{2} + \dfrac{4}{x}\right)^{3-r} \cdot (-2\sqrt{2})^r$，所以展开式的常数项为 $(-2\sqrt{2})^r$ 与 $\left(\dfrac{x}{2} + \dfrac{4}{x}\right)^{3-r}$ 的展开式常数项的乘积.

$\left(\dfrac{x}{2} + \dfrac{4}{x}\right)^{3-r}$ 的展开式的通项 $T_{k+1} = C_{3-r}^k \left(\dfrac{x}{2}\right)^{3-r-k} \cdot \left(\dfrac{4}{x}\right)^k = 2^{k+r-3} \cdot 4^k \cdot C_{3-r}^k \cdot x^{3-r-2k}$，其中 $k \leqslant r$,

$r = 0, 1, 2, 3$ 且均为正整数. 令 $3 - r - 2k = 0$ 得 $2k + r = 3$，符合题意的 r, k 为 $k = 0, r = 3$ 或 $k = 1, r = 1$. 所

以 $\left(\dfrac{x}{2} + \dfrac{4}{x}\right)^{3-r}$ 的展开式的常数项为 $2^0 \cdot 4^0 \cdot C_0^0 = 1$ 和 $2^{-1} \cdot 4^1 \cdot C_2^1 = 4$. 所以 $\left(\dfrac{x}{2} + \dfrac{4}{x} - 2\sqrt{2}\right)^3$ 的常数

项为 $(-2\sqrt{2})^3 \cdot C_3^3 \cdot 1 + (-2\sqrt{2})^1 \cdot C_3^1 \cdot 4 = -16\sqrt{2} - 24\sqrt{2} = -40\sqrt{2}$.

第十一章　概率与统计

【选择题】

1. **A** **解析** 由 $a \perp b$ 得 $m - 2n = 0$，即 $m = 2n$，所以 $a \perp b$ 包含的基本事件为 $(2,1),(4,2),(6,3)$，共 3 个，故 $a \perp b$ 的概率为 $\dfrac{3}{36} = \dfrac{1}{12}$. 故选 A.

2. **C** **解析** 从 5 支彩笔中任取 2 支不同颜色的彩笔，有 $C_5^2 = 10$ 种取法. 取出的 2 支彩笔中含有红色彩笔，共有 $C_4^1 = 4$ 种取法，则所求概率为 $\dfrac{4}{10} = \dfrac{2}{5}$. 故选 C.

3. **C** **解析** 在分别标有数字 $1, 2, \cdots, 9$ 的 9 张卡片中，标有奇数的有 5 张，标有偶数的有 4 张，所以抽到的 2 张卡片上的数奇偶性不同的概率为 $\dfrac{C_5^1 C_4^1}{C_9^2} = \dfrac{5}{9}$. 故选 C.

4. **D** **解析** 由题意知，记两次取得卡片上的数依次为 a, b，则一共有 $C_5^1 C_5^1 = 25$ 个不同的数组，其中满足 $a > b$ 的数组为 $(2,1),(3,1),(3,2),(4,1),(4,2),(4,3),(5,1),(5,2),(5,3),(5,4)$，共 10 个，则所求概率为 $\dfrac{10}{25} = \dfrac{2}{5}$. 故选 D.

5. **C** **解析** 开机密码所有可能组合数为 $C_3^1 C_5^1 = 15$，开机密码只有一个，则小敏输入一次密码能够成功开机的概率为 $\dfrac{1}{15}$. 故选 C.

6. **D** **解析** 依题意知，先后抛掷骰子所得的点数对共有 $C_6^1 C_6^1 = 36$ 对，当 $m = 2$ 或 4 时点数对共有 $C_2^1 C_6^1 = 12$ 对. 当 $m = 2$ 时，满足 $m + n > 5$，即 $n > 3$，共有 3 种情况；当 $m = 4$ 时，满足 $m + n > 5$，即 $n > 1$，有 5 种情况，则所求概率为 $\dfrac{3 + 5}{12} = \dfrac{8}{12} = \dfrac{2}{3}$. 故选 D.

7. **B** **解析** "a""e""k"排一起，且"k"排在最后两个位置，共有"aek""ake""eak""eka"4 种排法，而正确的排法只有 1 种，则所求概率为 $\dfrac{1}{4}$. 故选 B.

【填空题】

1. $\dfrac{1}{6}$ **解析** 3 张票价之和为 70 元的类型只能是 50 元的 1 张，10 元的 2 张，共有 $C_2^1 C_5^2$ 种情况，而从 10 张票中随机抽取 3 张，共有 C_{10}^3 种可能，故所求概率为 $\dfrac{C_2^1 C_5^2}{C_{10}^3} = \dfrac{1}{6}$.

2. $\dfrac{5}{6}$ **解析** **方法一** 从 4 个球中任取 2 个，共有 $C_4^2 = 6$ 种取法. 其中这 2 个球颜色相同，则只可能是 2 个黄球，只有 1 种可能，所以所求概率为 $1 - \dfrac{1}{6} = \dfrac{5}{6}$.

方法二 从 4 个球中任取 2 个，共有 $C_4^2 = 6$ 种取法，其中这 2 个球颜色不同，则可能是"白红""白黄""白黄""红黄""红黄"共 5 种，则所求概率为 $\dfrac{5}{6}$.

3. $\dfrac{5}{6}$ **解析** 选定 4 名教师去 3 个边远地区支教（每个地区至少 1 人），有 $C_4^2 A_3^3$ 种情况，而甲、乙两人在同一地区支教有 $C_2^2 A_3^3$ 种情况，则甲、乙两人不在同一边远地区支教的概率为 $1 - \dfrac{C_2^2 A_3^3}{C_4^2 A_3^3} = \dfrac{5}{6}$.

4. **0.18** **解析** 记事件 M 为甲队以 4:1 获胜，则甲队共比赛 5 场，且第 5 场甲获胜，前四场甲队三胜一负，所以 $P(M) = 0.6 \times (0.6^2 \times 0.5^2 \times 2 + 0.6 \times 0.4 \times 0.5^2 \times 2) = 0.18$.

5. $\dfrac{3}{4}$ **解析** 这个问题没有被解决的概率为 $\left(1 - \dfrac{1}{2}\right) \times \left(1 - \dfrac{1}{3}\right) \times \left(1 - \dfrac{1}{4}\right) = \dfrac{1}{4}$，则被解决的概率为 $1 - \dfrac{1}{4} = \dfrac{3}{4}$.

6. **0.2** **解析** 依题意得 ξ_1 的所有可能取值分别为 $1,2,3,4,5$，且取得每个值的概率均等于 $\dfrac{1}{5}$，因此 $E(\xi_1) = \dfrac{1}{5} \times (1+2+3+4+5) = 3$；$\xi_2$ 的所有可能取值分别为 $1.4 \times 1, 1.4 \times 2, 1.4 \times 3, 1.4 \times 4$，且

$P(\xi_2 = 1.4 \times 1) = \dfrac{4}{10}, P(\xi_2 = 1.4 \times 2) = \dfrac{3}{10}, P(\xi_2 = 1.4 \times 3) = \dfrac{2}{10}, P(\xi_2 = 1.4 \times 4) = \dfrac{1}{10},$ 因此 $E(\xi_2) =$ $\dfrac{1.4}{10} \times (1 \times 4 + 2 \times 3 + 3 \times 2 + 4 \times 1) = 2.8, E(\xi_1) - E(\xi_2) = 0.2.$

7. $\dfrac{1}{3}$ **解析** 根据二项分布的期望和方差的计算公式,有 $\begin{cases} np = 30, \\ np(1-p) = 20, \end{cases}$ 解得 $p = \dfrac{1}{3}.$

8. $\dfrac{3}{4}$ **解析** 圆 $(x-5)^2 + y^2 = 9$ 的圆心为 $C(5,0)$,半径 $r = 3$,故由直线与圆相交可得 $\dfrac{|5k-0|}{\sqrt{k^2+1}} <$

r,即 $\dfrac{|5k|}{\sqrt{k^2+1}} < 3$,整理得 $k^2 < \dfrac{9}{16}$,得 $-\dfrac{3}{4} < k < \dfrac{3}{4}.$

故所求事件的概率为 $\dfrac{\dfrac{3}{4} - \left(-\dfrac{3}{4}\right)}{1 - (-1)} = \dfrac{3}{4}.$

【解答题】

1. **解** (1)甲从 6 道选择题中抽一题的可能结果有 C_6^1 个,乙从 4 道判断题中抽一题的可能结果有 C_4^1 个,则甲抽到选择题、乙抽到判断题的可能结果有 $C_6^1 C_4^1$ 个,而甲、乙依次抽取一题的可能结果有 $C_{10}^1 C_9^1$ 个.所以甲抽到选择题、乙抽到判断题的概率是 $\dfrac{C_6^1 C_4^1}{C_{10}^1 C_9^1} = \dfrac{4}{15}.$

(2)甲、乙两人依次都抽到判断题的可能结果有 $C_4^1 C_3^1$ 个,则所求概率为 $1 - \dfrac{C_4^1 C_3^1}{C_{10}^1 C_9^1} = \dfrac{13}{15}.$

2. **解** 设甲、乙、丙答题及格分别为事件 A, B, C,则 A, B, C 相互独立,且 $P(A) = \dfrac{4}{5}, P(B) = \dfrac{3}{5}, P(C) = \dfrac{7}{10}$,则 $P(\overline{A}) = 1 - \dfrac{4}{5} = \dfrac{1}{5}, P(\overline{B}) = 1 - \dfrac{3}{5} = \dfrac{2}{5}, P(\overline{C}) = 1 - \dfrac{7}{10} = \dfrac{3}{10}.$

(1)三人中有且只有 2 人答及格的概率为 $P_1 = P(AB\overline{C}) + P(A\overline{B}C) + P(\overline{A}BC) = P(A) \cdot P(B) \cdot P(\overline{C}) + P(A) \cdot P(\overline{B}) \cdot P(C) + P(\overline{A}) \cdot P(B) \cdot P(C) = \dfrac{113}{250}.$

(2)"三人中至少有 1 人不及格"的对立事件是"三人全部及格",即 ABC,则所求概率为 $1 - P(ABC) = 1 - P(A)P(B)P(C) = \dfrac{83}{125}.$

3. **解** (1)记"甲投篮投中"为事件 A,"乙投篮投中"为事件 B,A, B 相互独立,则甲、乙投篮次数之和为 3 的概率 $P(\overline{A}\,\overline{B}A) = P(\overline{A})P(\overline{B})P(A) = \dfrac{3}{4} \times \dfrac{2}{3} \times \dfrac{1}{4} = \dfrac{1}{8}.$

(2)乙投篮次数不超过 1 次,包含"甲投一次命中""甲投一次不中,乙投一次命中"和"甲投一次不中,乙投一次不中,甲再投即命中"三个事件,即 $A + \overline{A}B + \overline{A}\,\overline{B}A$,而事件 $A, \overline{A}B, \overline{A}\,\overline{B}A$ 两两互斥,且 A 与 $B, \overline{B}$ 与 A, A 与 B, A 与 B 都相互独立,所以所求概率 $P(A + \overline{A}B + \overline{A}\,\overline{B}A) = P(A) + P(\overline{A})P(B) + P(\overline{A})P(\overline{B})P(A) = \dfrac{1}{4} + \dfrac{3}{4} \times \dfrac{1}{3} + \dfrac{3}{4} \times \dfrac{2}{3} \times \dfrac{1}{4} = \dfrac{5}{8}.$

4. **解** 设"中三等奖"为事件 A,"中奖"为事件 B,从 4 个小球中有放回地取 2 个,共有 $C_4^1 C_4^1 = 16$ 种不同的结果.

(1)记两个小球编号之和为 X,由题意知,事件 $A = \{X = 3\} \cup \{X = 4\}$.而 $\{X = 4\}$ 的取法有 $(1,3), (2,2), (3,1)$,共 3 种,则 $P(X = 4) = \dfrac{3}{16}$,事件 $\{X = 3\}$ 的取法有 $(0,3), (1,2), (2,1), (3,0)$,共 4 种,则 $P(X = 3) = \dfrac{4}{16}$,所以 $P(A) = P(X = 3) + P(X = 4) = \dfrac{4}{16} + \dfrac{3}{16} = \dfrac{7}{16}.$

(2)由题意知,事件 $B = A \cup \{X = 6\} \cup \{X = 5\}$,且这三个事件两两互斥.$\{X = 6\}$ 的取法只有 $(3,3)$ 一种,则 $P(X = 6) = \dfrac{1}{16}$,$\{X = 5\}$ 的取法有 $(3,2), (2,3)$,共 2 种,则 $P(X = 5) = \dfrac{2}{16}$,由(1)知 $P(A) = \dfrac{7}{16}$,所以 $P(B) = \dfrac{7}{16} + \dfrac{1}{16} + \dfrac{2}{16} = \dfrac{10}{16} = \dfrac{5}{8}.$

5. **解** 记"甲、乙、丙三人各自破译出密码"分别为事件 A_1, A_2, A_3,依题意有 $P(A_1) = \dfrac{1}{3}, P(A_2) =$

$\frac{1}{4}$，$P(A_3)=p$，且 A_1,A_2,A_3 相互独立.

(1)记"三人中只有甲破译出密码"为事件 B，则 $B=A_1\overline{A_2}\,\overline{A_3}$，所以 $P(B)=P(A_1\overline{A_2}\overline{A_3})=$

$P(A_1)P(\overline{A_2})P(\overline{A_3})=\frac{1}{3}\times\frac{3}{4}\times(1-p)=\frac{1-p}{4}$.

由题意知 $P(B)=\frac{1}{6}$，则 $\frac{1-p}{4}=\frac{1}{6}$，解得 $p=\frac{1}{3}$.

(2)X 的所有可能取值为 $0,1,2,3$. 所以 $P(X=0)=P(\overline{A_1}\,\overline{A_2}\,\overline{A_3})=\frac{2}{3}\times\frac{3}{4}\times\frac{2}{3}=\frac{1}{3}$，

$P(X=1)=P(A_1\overline{A_2}\overline{A_3}+\overline{A_1}A_2\overline{A_3}+\overline{A_1}\overline{A_2}A_3)=\frac{4}{9}$，$P(X=2)=P(A_1A_2\overline{A_3}+A_1\overline{A_2}A_3+\overline{A_1}A_2A_3)=\frac{1}{3}\times\frac{1}{4}\times\frac{2}{3}+\frac{1}{3}\times$

$\frac{3}{4}\times\frac{1}{3}+\frac{2}{3}\times\frac{1}{4}\times\frac{1}{3}=\frac{7}{36}$，$P(X=3)=P(A_1A_2A_3)=\frac{1}{3}\times\frac{1}{4}\times\frac{1}{3}=\frac{1}{36}$. 则 X 的分布列为：

X	0	1	2	3
P	$\frac{1}{3}$	$\frac{4}{9}$	$\frac{7}{36}$	$\frac{1}{36}$

其数学期望 $E(X)=0\times\frac{1}{3}+1\times\frac{4}{9}+2\times\frac{7}{36}+3\times\frac{1}{36}=\frac{11}{12}$.

6.解 (1)设"取出的 4 个球中，含有编号为 3 的球"为事件 A，由题意知，从 7 个球中取出 4 个球共有 C_7^4 种取法，其中含有编号为 3 的球的取法共有 $(C_2^1C_5^3+C_2^2C_5^2)$ 种，则所求概率 $P(A)=\dfrac{C_2^1C_5^3+C_2^2C_5^2}{C_7^4}=\dfrac{6}{7}$.

(2)随机变量 X 的所有可能取值为 $1,2,3,4$，则

$P(X=1)=\dfrac{C_3^3}{C_7^4}=\dfrac{1}{35}$，$P(X=2)=\dfrac{C_4^3}{C_7^4}=\dfrac{4}{35}$，$P(X=3)=\dfrac{C_5^3}{C_7^4}=\dfrac{2}{7}$，$P(X=4)=\dfrac{C_6^3}{C_7^4}=\dfrac{4}{7}$.

所以随机变量 X 的分布列为：

X	1	2	3	4
P	$\frac{1}{35}$	$\frac{4}{35}$	$\frac{2}{7}$	$\frac{4}{7}$

7.解 (1)由题意知，样本中仅使用 A 支付方式的学生有 $18+9+3=30$ 人，仅使用 B 支付方式的学生有 $10+14+1=25$ 人，A，B 两种支付方式都不使用的学生有 5 人. 所以样本中 A，B 两种支付方式都使用的学生有 $100-30-25-5=40$ 人. 所以从全校学生中随机抽取 1 人，该学生上个月 A，B 两种支付方式都使用的概率估计为 $\frac{40}{100}=0.4$.

(2)X 的所有可能取值为 $0,1,2$.

记事件 C 为"从样本仅使用 A 支付方式的学生中随机抽取 1 人，该学生上个月的支付金额大于 1 000 元"，事件 D 为"从样本仅使用 B 支付方式的学生中随机抽取 1 人，该学生上个月的支付金额大于 1 000 元".

由题意知，事件 C,D 相互独立，且 $P(C)=\dfrac{9+3}{30}=0.4$，$P(D)=\dfrac{14+1}{25}=0.6$，所以 $P(X=2)=P(CD)=P(C)P(D)=0.24$，$P(X=0)=P(\overline{C}\,\overline{D})=P(\overline{C})\cdot P(\overline{D})=0.6\times0.4=0.24$，则 $P(X=1)=1-P(X=2)-P(X=0)=1-0.48=0.52$. [或者 $P(X=1)=P(C\overline{D}+\overline{C}D)=P(C\overline{D})+P(\overline{C}D)=P(C)P(\overline{D})+P(\overline{C})\cdot P(D)=0.4\times(1-0.6)+(1-0.4)\times0.6=0.52$]

所以 X 的分布列为：

X	0	1	2
P	0.24	0.52	0.24

所以 X 的数学期望 $E(X)=0\times0.24+1\times0.52+2\times0.24=1$.

(3)记事件 E 为"从样本仅使用 A 支付方式的学生中随机抽取 3 人，他们本月的支付金额都大于 2 000 元". 假设样本仅使用 A 支付方式的学生中，本月支付金额大于 2 000 元的人数没有变化，则由上个月的样本数据得 $P(E)=\dfrac{1}{C_{30}^3}=\dfrac{1}{4\,060}$.

答案示例1：可以认为有变化. 理由如下：$P(E)$ 比较小，概率比较小的事件一般不容易发生，一旦发生，就有理由认为本月的支付金额大于 2 000 元的人数发生了变化，所以可以认为有变化.

答案示例2：无法确定有没有变化. 理由如下：事件 E 是随机事件，$P(E)$ 比较小，一般不容易发生，但还是有可能发生，所以无法确定有没有变化.

8. 解 （1）记事件 A 为"甲第一轮猜对"，记事件 B 为"乙第一轮猜对"，记事件 C 为"甲第二轮猜对"，记事件 D 为"乙第二轮猜对"，记事件 E 为"'星队'至少猜对 3 个成语"，则 $E = ABCD + \overline{A}BCD + A\overline{B}CD + AB\overline{C}D + ABC\overline{D}$，且事件 $ABCD$，$\overline{A}BCD$，$A\overline{B}CD$，$AB\overline{C}D$，$ABC\overline{D}$ 两两互斥，$A，B，C，D$ 及 $\overline{D}$ 都相互独立，所以 $P(E) = P(ABCD + \overline{A}BCD + A\overline{B}CD + AB\overline{C}D + ABC\overline{D}) = P(A)P(B)P(C)P(D) + P(\overline{A})P(B) \cdot P(C)P(D) + P(A)P(\overline{B})P(C)P(D) + P(A)P(B)P(\overline{C})P(D) + P(A)P(B)P(C)P(\overline{D})$. 由题意知，$P(A) = P(C) = \dfrac{3}{4}$，$P(B) = P(D) = \dfrac{2}{3}$，所以 $P(\overline{A}) = P(\overline{C}) = 1 - P(A) = \dfrac{1}{4}$，$P(\overline{B}) = P(\overline{D}) = 1 - \dfrac{2}{3} = \dfrac{1}{3}$，把数据代入 $P(E)$ 表达式得 $P(E) = \dfrac{2}{3}$. 所以"星队"至少猜对 3 个成语的概率为 $\dfrac{2}{3}$.

（2）由题意得，随机变量 X 可能的取值为 $0，1，2，3，4，6$. 由事件的独立性和互斥可得，

$P(X = 0) = P(\overline{A}\,\overline{B}\,\overline{C}\,\overline{D}) = \dfrac{1}{4} \times \dfrac{1}{3} \times \dfrac{1}{4} \times \dfrac{1}{3} = \dfrac{1}{144}$，

$P(X = 1) = P(A\overline{B}\,\overline{C}\,\overline{D} + \overline{A}B\overline{C}\,\overline{D} + \overline{A}\,\overline{B}C\overline{D} + \overline{A}\,\overline{B}\,\overline{C}D) = \dfrac{3}{4} \times \dfrac{1}{3} \times \dfrac{1}{4} \times \dfrac{1}{3} + \dfrac{1}{4} \times \dfrac{2}{3} \times \dfrac{1}{4} \times \dfrac{1}{3} + \dfrac{1}{4} \times \dfrac{1}{3} \times \dfrac{3}{4} \times \dfrac{1}{3} + \dfrac{1}{4} \times \dfrac{1}{3} \times \dfrac{1}{4} \times \dfrac{2}{3} = \dfrac{5}{72}$，

$P(X = 2) = P(A\overline{B}C\overline{D} + A\overline{B}\,\overline{C}D + \overline{A}BC\overline{D} + \overline{A}B\overline{C}D) = \dfrac{3}{4} \times \dfrac{1}{3} \times \dfrac{3}{4} \times \dfrac{1}{3} + \dfrac{3}{4} \times \dfrac{1}{3} \times \dfrac{1}{4} \times \dfrac{2}{3} + \dfrac{1}{4} \times \dfrac{2}{3} \times \dfrac{3}{4} \times \dfrac{1}{3} + \dfrac{1}{4} \times \dfrac{2}{3} \times \dfrac{1}{4} \times \dfrac{2}{3} = \dfrac{25}{144}$，

$P(X = 3) = P(AB\overline{C}\,\overline{D} + \overline{A}\,\overline{B}CD) = \dfrac{3}{4} \times \dfrac{2}{3} \times \dfrac{1}{4} \times \dfrac{1}{3} + \dfrac{1}{4} \times \dfrac{1}{3} \times \dfrac{3}{4} \times \dfrac{2}{3} = \dfrac{1}{12}$，

$P(X = 4) = P(ABC\overline{D} + \overline{A}BCD + A\overline{B}CD + AB\overline{C}D) = \dfrac{3}{4} \times \dfrac{2}{3} \times \dfrac{3}{4} \times \dfrac{1}{3} + \dfrac{1}{4} \times \dfrac{2}{3} \times \dfrac{3}{4} \times \dfrac{2}{3} + \dfrac{3}{4} \times \dfrac{1}{3} \times \dfrac{3}{4} \times \dfrac{2}{3} + \dfrac{3}{4} \times \dfrac{2}{3} \times \dfrac{1}{4} \times \dfrac{2}{3} = \dfrac{5}{12}$，

$P(X = 6) = P(ABCD) = \dfrac{3}{4} \times \dfrac{2}{3} \times \dfrac{3}{4} \times \dfrac{2}{3} = \dfrac{1}{4}$.

所以随机变量 X 的分布列为：

X	0	1	2	3	4	6
P	$\dfrac{1}{144}$	$\dfrac{5}{72}$	$\dfrac{25}{144}$	$\dfrac{1}{12}$	$\dfrac{5}{12}$	$\dfrac{1}{4}$

所以 X 的数学期望 $E(X) = 0 \times \dfrac{1}{144} + 1 \times \dfrac{5}{72} + 2 \times \dfrac{25}{144} + 3 \times \dfrac{1}{12} + 4 \times \dfrac{5}{12} + 6 \times \dfrac{1}{4} = \dfrac{23}{6}$.

9. 解 （1）个位数字是 5 的"三位递增数"有 125，135，145，235，245，345，共 6 个.

（2）由题意知，全部"三位递增数"的个数为 $C_9^3 = 84$（或者用列举法知，百位数字为 1 的"三位递增数"有 $7 + 6 + 5 + 4 + 3 + 2 + 1 = 28$ 个，百位数字为 2 的"三位递增数"有 $6 + 5 + 4 + 3 + 2 + 1 = 21$ 个，百位数字为 3 的"三位递增数"有 $5 + 4 + 3 + 2 + 1 = 15$ 个，百位数字为 4 的"三位递增数"有 $4 + 3 + 2 + 1 = 10$ 个，百位数字为 5 的"三位递增数"有 $3 + 2 + 1 = 6$ 个，百位数字为 6 的"三位递增数"有 $2 + 1 = 3$ 个，百位数字为 7 的"三位递增数"有 1 个，故所有"三位递增数"共 $28 + 21 + 15 + 10 + 6 + 3 + 1 = 84$ 个）. 由题意知，随机变量 X 的所有可能取值为 0，-1，1，则 $P(X = 0) = \dfrac{C_8^3}{C_9^3} = \dfrac{2}{3}$，$P(X = -1) = \dfrac{C_4^2}{C_9^3} = \dfrac{1}{14}$，$P(X = 1) = 1 - \dfrac{1}{14} - \dfrac{2}{3} = \dfrac{11}{42}$.

所以随机变量 X 的分布列为：

X	0	-1	1
P	$\dfrac{2}{3}$	$\dfrac{1}{14}$	$\dfrac{11}{42}$

则随机变量 X 的数学期望 $E(X)=0\times\dfrac{2}{3}+(-1)\times\dfrac{1}{14}+1\times\dfrac{11}{42}=\dfrac{4}{21}$.

10. 解 (1) 记"甲队经过两轮比赛后积 6 分"为事件 A, "甲队以大比分 $3:0$ 或 $3:1$ 胜乙队"为事件 B, "甲队以大比分 $3:0$ 或 $3:1$ 胜丙队"为事件 C. 则

$$P(B)=C_3^3\left(\dfrac{2}{3}\right)^3+C_3^2\left(\dfrac{2}{3}\right)^2\times\left(1-\dfrac{2}{3}\right)\times\dfrac{2}{3}=\dfrac{8}{27}+\dfrac{8}{27}=\dfrac{16}{27}.$$

$$P(C)=C_3^3\left(\dfrac{1}{2}\right)^3+C_3^2\left(\dfrac{1}{2}\right)^2\times\left(1-\dfrac{1}{2}\right)\times\dfrac{1}{2}=\dfrac{1}{8}+\dfrac{3}{16}=\dfrac{5}{16}.$$

所以 $P(A)=P(B)P(C)=\dfrac{16}{27}\times\dfrac{5}{16}=\dfrac{5}{27}.$

(2) 记甲队对乙队的比赛中甲队的积分为 X, 则 $Y=X+2$, Y 的可能取值为 $5,4,3,2$, 由 (1) 知 $P(Y=5)=P(X=3)=P(B)=\dfrac{16}{27}$, $P(Y=4)=P(X=2)=C_4^2\cdot\left(\dfrac{2}{3}\right)^2\times\left(1-\dfrac{2}{3}\right)^2\times\dfrac{2}{3}=\dfrac{16}{81}$, $P(Y=3)=P(X=1)=C_4^2\left(1-\dfrac{2}{3}\right)^2\times\left(\dfrac{2}{3}\right)^2\times\left(1-\dfrac{2}{3}\right)=\dfrac{8}{81}$, $P(Y=2)=P(X=0)=C_3^0\left(\dfrac{2}{3}\right)^0\times\left(1-\dfrac{2}{3}\right)^3+C_3^1\left(\dfrac{2}{3}\right)^1\times\left(1-\dfrac{2}{3}\right)^2\times\left(1-\dfrac{2}{3}\right)=\dfrac{1}{9}.$

所以随机变量 Y 的分布列为:

Y	5	4	3	2
P	$\dfrac{16}{27}$	$\dfrac{16}{81}$	$\dfrac{8}{81}$	$\dfrac{1}{9}$

所以数学期望 $E(Y)=5\times\dfrac{16}{27}+4\times\dfrac{16}{81}+3\times\dfrac{8}{81}+2\times\dfrac{1}{9}=\dfrac{346}{81}.$

11. 解 (1) 记"第一次检测出的是次品且第二次检测出的是正品"为事件 A,

$$P(A)=\dfrac{A_2^1 A_3^1}{A_5^2}=\dfrac{3}{10}.$$

(2) X 的可能取值为 $200,300,400$.

$$P(X=200)=\dfrac{A_2^2}{A_5^2}=\dfrac{1}{10}.$$

$$P(X=300)=\dfrac{A_3^3+C_2^1 C_3^1 A_2^2}{A_5^3}=\dfrac{3}{10},$$

$$P(X=400)=1-P(X=200)-P(X=300)=1-\dfrac{1}{10}-\dfrac{3}{10}=\dfrac{3}{5}.$$

故随机变量 X 的分布列为:

X	200	300	400
P	$\dfrac{1}{10}$	$\dfrac{3}{10}$	$\dfrac{3}{5}$

所以随机变量 X 的数学期望 $E(X)=200\times\dfrac{1}{10}+300\times\dfrac{3}{10}+400\times\dfrac{6}{10}=350.$

12. 解 (1) 由统计结果可得 T 的频率分布为:

T/min	25	30	35	40
频率	0.2	0.3	0.4	0.1

以频率估计概率得 T 的分布列为:

T	25	30	35	40
P	0.2	0.3	0.4	0.1

从而 $E(T) = 25 \times 0.2 + 30 \times 0.3 + 35 \times 0.4 + 40 \times 0.1 = 32(\min)$.

(2)设 T_1,T_2 分别表示往、返所需时间,T_1,T_2 的取值相互独立,且与 T 的分布列相同. 设事件 A 表示"刘教授共用时间不超过 120 min",由于讲座时间为 50 min,所以事件 A 对应于"刘教授在路途中的时间不超过 70 min".

解法一 $P(A) = P(T_1 + T_2 \leqslant 70) = P(T_1 = 25, T_2 \leqslant 45) + P(T_1 = 30, T_2 \leqslant 40) + P(T_1 = 35, T_2 \leqslant 35) + P(T_1 = 40, T_2 \leqslant 30) = 0.2 \times 1 + 0.3 \times 1 + 0.4 \times 0.9 + 0.1 \times 0.5 = 0.91$.

解法二 $P(\overline{A}) = P(T_1 + T_2 > 70) = P(T_1 = 35, T_2 = 40) + P(T_1 = 40, T_2 = 35) + P(T_1 = 40, T_2 = 40) = 0.4 \times 0.1 + 0.1 \times 0.4 + 0.1 \times 0.1 = 0.09$.

故 $P(A) = 1 - P(\overline{A}) = 0.91$.

13. 解 (1)设"当天小王的该银行卡被锁定"的事件为 A,

则 $P(A) = \dfrac{5}{6} \times \dfrac{4}{5} \times \dfrac{3}{4} = \dfrac{1}{2}$.

(2)依题意得,X 所有可能的取值是 1,2,3.

又 $P(X=1) = \dfrac{1}{6}$,$P(X=2) = \dfrac{5}{6} \times \dfrac{1}{5} = \dfrac{1}{6}$,$P(X=3) = \dfrac{5}{6} \times \dfrac{4}{5} \times 1 = \dfrac{2}{3}$.

所以随机变量 X 的分布列为:

X	1	2	3
P	$\dfrac{1}{6}$	$\dfrac{1}{6}$	$\dfrac{2}{3}$

所以随机变量 X 的数学期望 $E(X) = 1 \times \dfrac{1}{6} + 2 \times \dfrac{1}{6} + 3 \times \dfrac{2}{3} = \dfrac{5}{2}$.

14. 解 (1)令 A 表示事件"三种粽子各取到 1 个",

则由古典概型的概率计算公式得 $P(A) = \dfrac{C_2^1 C_3^1 C_5^1}{C_{10}^3} = \dfrac{1}{4}$.

(2)X 的所有可能取值为 0,1,2,则

$P(X=0) = \dfrac{C_8^3}{C_{10}^3} = \dfrac{7}{15}$,$P(X=1) = \dfrac{C_2^1 C_8^2}{C_{10}^3} = \dfrac{7}{15}$,

$P(X=2) = \dfrac{C_2^2 C_8^1}{C_{10}^3} = \dfrac{1}{15}$.

综上可知,随机变量 X 的分布列为:

X	0	1	2
P	$\dfrac{7}{15}$	$\dfrac{7}{15}$	$\dfrac{1}{15}$

故 $E(X) = 0 \times \dfrac{7}{15} + 1 \times \dfrac{7}{15} + 2 \times \dfrac{1}{15} = \dfrac{3}{5}$.

15. 解 (1)由已知,有 $P(A) = \dfrac{C_2^2 C_3^2 + C_3^2 C_3^2}{C_8^4} = \dfrac{6}{35}$.

所以事件 A 发生的概率为 $\dfrac{6}{35}$.

(2)随机变量 X 的所有可能取值为 1,2,3,4.

$P(X=k) = \dfrac{C_5^k C_3^{4-k}}{C_8^4} (k=1,2,3,4)$.

所以随机变量 X 的分布列为:

X	1	2	3	4
P	$\dfrac{1}{14}$	$\dfrac{3}{7}$	$\dfrac{3}{7}$	$\dfrac{1}{14}$

随机变量 X 的数学期望 $E(X) = 1 \times \dfrac{1}{14} + 2 \times \dfrac{3}{7} + 3 \times \dfrac{3}{7} + 4 \times \dfrac{1}{14} = \dfrac{5}{2}$.

第十二章　推理与证明

【选择题】

1. D　**解析**　依题意,4 人中有 2 位优秀,2 位良好,由于甲知道乙、丙的成绩且不知道自己的成绩,所以乙、丙两人必有 1 位优秀,1 位良好(否则若乙、丙都是优秀,则甲必为良好;若乙、丙都为良好,则甲必为优秀),所以甲、丁两人中必有 1 位良好,1 位优秀. 因此丙知道丙的成绩后必然知道自己的成绩;丁知道甲的成绩后必然知道自己的成绩. 故选 D.

2. C　**解析**　由"甲的年龄和农民不同"和"农民的年龄比乙小"知甲和乙都不是农民,所以丙是农民. 所以丙的年龄比乙小;再由题设条件中"丙的年龄比知识分子大"可推知乙不是知识分子,因此甲是知识分子,乙是工人. 故选 C.

3. B　**解析**　战士甲的成绩比战士乙好,即战士甲的两项成绩中一项高于战士乙,一项不低于战士乙,一组战士中没有哪位战士比另一位战士成绩好,并且不存在完全相同的成绩,因此最多 3 人,其中一个 5 000 米最好,俯卧撑最差,另一个 5 000 米最差,俯卧撑最好,第三个两项都为中等. 故选 B.

4. C　**解析**　设 $a^n + b^n = f(n)$,则 $f(3) = f(1) + f(2) = 1 + 3 = 4$;$f(4) = f(2) + f(3) = 3 + 4 = 7$;$f(5) = f(3) + f(4) = 4 + 7 = 11$. 通过观察不难发现:$f(n) = f(n-1) + f(n-2)(n \in \mathbf{N}^*, n \geqslant 3)$,则 $f(6) = f(4) + f(5) = 18$,$f(7) = f(5) + f(6) = 29$,$f(8) = f(6) + f(7) = 47$,$f(9) = f(7) + f(8) = 76$,$f(10) = f(8) + f(9) = 123$,所以 $a^{10} + b^{10} = 123$. 故选 C.

5. B　**解析**　依题意把"整数对"的和相同的分为一组,不难得知第 n 组中每个整数对的和均为 $n + 1$,且第 n 组共有 n 个"整数对",这样的话前 n 组一共有 $\dfrac{n(n+1)}{2}$ 个"整数对",注意到 $\dfrac{10 \times (10+1)}{2} < 60 < \dfrac{11 \times (11+1)}{2}$,因此第 60 个"整数对"处于第 11 组(每个"整数对"的和为 12 的组)的第 5 个位置. 结合题意知,每个"整数对"的和为 12 的组中各对数依次为 $(1,11),(2,10),(3,9),(4,8),(5,7),\cdots$,因此第 60 个"整数对"是 $(5,7)$. 故选 B.

6. B　**解析**　$n = k(k \geqslant 2$ 且 k 为偶数$)$ 的下一个偶数为 $k + 2$,所以根据数学归纳法的步骤可知应选 B.

【填空题】

1. 1 和 3　**解析**　由题设条件"丙的卡片上的数字之和不是 5",所以丙两卡片上的数字只可能是 1 和 3,或 1 和 2,都含有数字 1. 而由乙与丙的卡片上相同的数字不是 1 知,乙卡片上的数字必然是 2 和 3. 又由甲与乙卡片上相同的数字不是 2 知,他们相同的数字必然是 3,因此甲卡片上的数字是 1 和 3.

2. $-\dfrac{1}{6}$　**解析**　由 $m^2 + n = 4$ 得 $n = 4 - m^2 = 4 - 4\sin^2 18° = 4\cos^2 18°$,所以 $\dfrac{1 - 2\cos^2 27°}{3m\sqrt{n}} = \dfrac{-\cos 54°}{3 \cdot 2\sin 18° \cdot 2\cos 18°} = -\dfrac{\cos 54°}{6\sin 36°} = -\dfrac{\sin 36°}{6\sin 36°} = -\dfrac{1}{6}$.

3. 5　**解析**　设参评的 5 节课用符号 A_1, A_2, A_3, A_4, A_5 代替. 先看 2 节课的情形:假设 A_1 的点播量 $> A_2$ 的点播量且 A_2 的专家评分 $> A_1$ 的专家评分,则优秀课最多有 2 节. 再看 3 节课的情形:若 A_1 的点播量 $> A_2$ 的点播量 $> A_3$ 的点播量,且 A_3 的专家评分 $> A_2$ 的专家评分 $> A_1$ 的专家评分,则优秀课最多有 3 节. 以此类推可知,这 5 节参评课中,优秀课最多可能有 5 节.

4. $\dfrac{1}{27}$　**解析**　(图略)过点 D 作 $DE \perp$ 平面 ABC,垂足为 E,球心为 O. 连接 AE, AO. 设正四面体的棱长为 a,其内切球与外接球的半径分别为 r, R,则正四面体 $ABCD$ 的高 $DE = \dfrac{\sqrt{6}}{3}a, AE = \dfrac{\sqrt{3}}{3}a$. 在 $\mathrm{Rt}\triangle AEO$ 中,$R^2 = \left(\dfrac{\sqrt{3}}{3}a\right)^2 + \left(\dfrac{\sqrt{6}}{3}a - R\right)^2$,解得 $R = \dfrac{\sqrt{6}}{4}a$,所以 $r = \dfrac{\sqrt{6}}{3}a - \dfrac{\sqrt{6}}{4}a = \dfrac{\sqrt{6}}{12}a$,所以正四面体 $ABCD$ 的内切球与外接球的半径之比为 $r : R = 1 : 3$,故 $\dfrac{V_1}{V_2} = \dfrac{r^3}{R^3} = \dfrac{1}{27}$.

5. 9　**解析**　根据 $2^3 = 3 + 5, 3^3 = 7 + 9 + 11, 4^3 = 13 + 15 + 17 + 19$,从 2^3 起,m^3 的分解规律为数 $3, 7, 13, \cdots$ 起到若干连续项之和,2^3 为两项之和,3^3 为三项之和,故 m^3 的首个数为 $m^2 - m + 1$,则由 $m^2 - m + 1 = 73$,解得 $m = 9$.

6. $n^2 - n + 1$;$\dfrac{1}{2} + \dfrac{1}{3} + \dfrac{1}{4}$(或 $\dfrac{13}{12}$)　**解析**　由题设条件知每一项的分母从 $n, n+1, n+2, \cdots$ 到 n^2,构

成以 n 为首项,1 为公差的等差数列,所以共有 $\dfrac{n^2-n}{1}+1=(n^2-n+1)$ 项,$f(2)$ 共有 $4-2+1=3$(项),

所以 $f(2)=\dfrac{1}{2}+\dfrac{1}{3}+\dfrac{1}{4}=\dfrac{13}{12}$.

7. $\dfrac{x}{(2^n-1)x+2^n}$　　**解析**　依题意可知,$f_1(x)$,$f_2(x)$,$f_3(x)$,$f_4(x)$ 的分母中常数项依次为 $2,4,8$,

16,显然是一个以 2 为首项,2 为公比的等比数列,故通项为 2^n.而分母中 x 的系数 $1,3,7,15$ 依次比 2,

$4,8,16$ 少 1,故通项为 2^n-1,所以当 $n\geqslant2$ 时,$f_n(x)=f(f_{n-1}(x))=\dfrac{x}{(2^n-1)x+2^n}$.

【解答题】

1. **证明**　(1)当 $n=1$ 时,等式左边 $=\dfrac{1}{2\times1\times(2\times1+2)}=\dfrac{1}{2\times4}=\dfrac{1}{8}=\dfrac{1}{4\times(1+1)}=$ 等式右边,此时

命题成立.

(2)假设当 $n=k(k\in\mathbf{N}^*$ 且 $k\geqslant1)$ 时等式成立,即有

$\dfrac{1}{2\times4}+\dfrac{1}{4\times6}+\dfrac{1}{6\times8}+\cdots+\dfrac{1}{2k(2k+2)}=\dfrac{k}{4(k+1)}$.

则当 $n=k+1$ 时,

$\dfrac{1}{2\times4}+\dfrac{1}{4\times6}+\dfrac{1}{6\times8}+\cdots+\dfrac{1}{2(k+1)[2(k+1)+2]}=\dfrac{1}{2\times4}+\dfrac{1}{4\times6}+\dfrac{1}{6\times8}+\cdots+\dfrac{1}{2(k+1)(2k+4)}=$

$\dfrac{1}{2\times4}+\dfrac{1}{4\times6}+\dfrac{1}{6\times8}+\cdots+\dfrac{1}{2k(2k+2)}+\dfrac{1}{2(k+1)[2(k+1)+2]}=\dfrac{k}{4(k+1)}+\dfrac{1}{4(k+1)(k+2)}=$

$\dfrac{k(k+2)+1}{4(k+1)(k+2)}=\dfrac{(k+1)^2}{4(k+1)(k+2)}=\dfrac{k+1}{4(k+2)}=\dfrac{k+1}{4[(k+1)+1]}$.

这就是说,当 $n=k+1$ 时,等式也成立.

由(1)(2)可知,对一切的 $n\in\mathbf{N}^*$,等式都成立.

2. **证明**　(1)当 $n=2$ 时,$f(2^2)=f(4)=1+\dfrac{1}{2}+\dfrac{1}{3}+\dfrac{1}{4}=\dfrac{25}{12}>\dfrac{2+2}{2}$,原不等式成立.

(2)假设当 $n=k(k\in\mathbf{N}^*$ 且 $k\geqslant2)$ 时不等式成立,即 $f(2^k)=1+\dfrac{1}{2}+\dfrac{1}{3}+\dfrac{1}{4}+\cdots+\dfrac{1}{2^k}>\dfrac{k+2}{2}$ 成立,

则当 $n=k+1$ 时,$f(2^{k+1})=1+\dfrac{1}{2}+\dfrac{1}{3}+\dfrac{1}{4}+\cdots+\dfrac{1}{2^{k+1}}$

$=1+\dfrac{1}{2}+\dfrac{1}{3}+\dfrac{1}{4}+\cdots+\dfrac{1}{2^k}+\dfrac{1}{2^k+1}+\dfrac{1}{2^k+2}+\cdots+\dfrac{1}{2^k+2^k}$

$>\dfrac{k+2}{2}+\dfrac{1}{2^k+1}+\dfrac{1}{2^k+2}+\cdots+\dfrac{1}{2^k+2^k}>\dfrac{k+2}{2}+\dfrac{2^k}{2^k+2^k}=\dfrac{k+2}{2}+\dfrac{1}{2}=\dfrac{(k+1)+2}{2}$.

这就是说,当 $n=k+1$ 时,不等式也成立.

由(1)(2)可知,当 $n\in\mathbf{N}^*$ 且 $n>1$ 时,原不等式都成立.

3. **解**　(1)由题设 $S_n-\dfrac{2}{f(a_n)}=\dfrac{1}{2}(n^2+5n-2)$,且 $f(a_n)=\dfrac{2}{2-a_n}$ 知,$S_n+a_n=\dfrac{1}{2}(n^2+5n+2)$,当 $n=1$ 时,

有 $S_1+a_1=\dfrac{1}{2}\times(1^2+5+2)=4$,即 $2a_1=4$,所以 $a_1=2$;当 $n=2$ 时,$S_2+a_2=\dfrac{1}{2}\times(2^2+5\times2+2)=$

8,即 $a_1+a_2+a_2=8$,解得 $a_2=3$. 同理当 $n=3$ 时,解得 $a_3=4$. 当 $n=4$ 时,解得 $a_4=5$. 所以 $a_1=2,a_2=3$,

$a_3=4,a_4=5$.

(2)由(1)可猜想 $a_n=n+1$. 下面用数学归纳法证明.

①当 $n=1$ 时,$a_1=2=1+1$,猜想成立.

②假设当 $n=k(k\in\mathbf{N}^*$ 且 $k\geqslant1)$ 时,猜想成立,即 $a_k=k+1$. 由题设 $S_n-\dfrac{2}{f(a_n)}=\dfrac{1}{2}(n^2+5n-2)$ 及

$f(a_n)=\dfrac{2}{2-a_n}$ 得,$S_n+a_n=\dfrac{1}{2}(n^2+5n+2)$. 则当 $n=k+1$ 时,有 $S_{k+1}+a_{k+1}=\dfrac{1}{2}[(k+1)^2+5(k+1)+2]$.

又 $S_k+a_k=\dfrac{1}{2}(k^2+5k+2)$,所以有 $S_{k+1}+a_{k+1}-S_k-a_k=\dfrac{1}{2}[(k+1)^2+5(k+1)+2]-\dfrac{1}{2}(k^2+5k+$

$2)=k+3$,即 $a_{k+1}+a_{k+1}-a_k=k+3$,所以 $2a_{k+1}=k+3+a_k=k+3+k+1=2k+4$,所以 $a_{k+1}=k+2=(k+$

$1)+1$.

这就是说,当 $n=k+1$ 时猜想也成立.

由①②可知,对一切的 $n\in\mathbf{N}^*$,猜想都成立.所以 $a_n=n+1(n\in\mathbf{N}^*)$.

第十三章 导数及其应用

【选择题】

1. D 解析 当 $x=1$ 时,分子 $x^2-2x-5=1-2-5=-6\neq0$,原式极限存在,所以有 $\dfrac{-6}{a+2}=-\dfrac{5}{6}$,

解得 $a=\dfrac{26}{5}$. 故选 D.

2. A 解析 因为 $\dfrac{3}{n^2}+\dfrac{7}{n^2}+\cdots+\dfrac{4n-1}{n^2}=\dfrac{\frac{(3+4n-1)\cdot n}{2}}{n^2}=\dfrac{2n^2+n}{n^2}$,所以原式 $=\lim\limits_{n\to+\infty}\dfrac{2n^2+n}{n^2}=2$. 故选 A.

3. D 解析 $\lim\limits_{x\to1}\dfrac{x^2-3x+2}{x^2-1}=\lim\limits_{x\to1}\dfrac{(x-2)(x-1)}{(x+1)(x-1)}=\lim\limits_{x\to1}\dfrac{x-2}{x+1}=\dfrac{1-2}{1+1}=-\dfrac{1}{2}$. 故选 D.

4. B 解析 根据连续函数的性质,有 $\lim\limits_{x\to0^-}f(x)=\lim\limits_{x\to0^-}(x+2)=0+2=2=\lim\limits_{x\to0^+}(x^2+a)=0^2+a$,所以 $a=2$.另一方面,$\lim\limits_{x\to1^+}f(x)=\lim\limits_{x\to1^+}\dfrac{bx}{2}=\dfrac{b}{2}=\lim\limits_{x\to1^-}f(x)=\lim\limits_{x\to1^-}(x^2+a)=1^2+2=3$,所以 $b=6$. 故选 B.

5. D 解析 方法一 因为函数 $f(x)=x^3+(a-1)x^2+ax$ 为奇函数,所以 $f(-x)=-f(x)$,所以 $(-x)^3+(a-1)x^2-ax=-x^3+(a-1)x^2-ax=-[x^3-(a-1)x^2+ax]=-[x^3+(a-1)x^2+ax]$ 恒成立,所以 $a-1=0$,则 $a=1$. 所以 $f(x)=x^3+x$,所以 $f'(x)=3x^2+1$,则 $f'(0)=1$. 所以曲线 $y=f(x)$ 在点 $(0,0)$ 处的切线方程为 $y=x$. 故选 D.

方法二 因为函数 $f(x)$ 是奇函数,所以 $f(-1)+f(1)=0$,则 $-1+a-1-a+1+a-1+a=0$,解得 $a=1$. 所以 $f(x)=x^3+x$,所以 $f'(x)=3x^2+1$,则 $f'(0)=1$. 所以曲线 $y=f(x)$ 在点 $(0,0)$ 处的切线方程为 $y=x$. 故选 D.

方法三 易知 $f(x)=x^3+(a-1)x^2+ax=x[x^2+(a-1)x+a]$,因为 $f(x)$ 为奇函数,所以 $g(x)=x^2+(a-1)x+a$ 为偶函数,所以 $a-1=0$,即 $a=1$,所以 $f(x)=x^3+x$,所以 $f'(x)=3x^2+1$,则 $f'(0)=1$. 所以曲线 $y=f(x)$ 在点 $(0,0)$ 处的切线方程为 $y=x$. 故选 D.

6. D 解析 函数 $y=ae^x+x\ln x$ 的导数 $y'=ae^x+\ln x+x\cdot\dfrac{1}{x}=ae^x+\ln x+1$,所以曲线 $y=ae^x+x\ln x$ 在 $(1,ae)$ 处的切线的斜率 $k=2=y'\big|_{x=1}=ae^1+\ln1+1=ae+1$,所以 $a=e^{-1}$,所以切点为 $(1,1)$,该点在 $y=2x+b$ 上,则 $1=2+b$,解得 $b=-1$. 所以 $a=e^{-1}$,$b=-1$,故选 D.

7. A 解析 令 $g(x)=f(x)-\dfrac{1}{2}x^2$,则 $g'(x)=f'(x)-x$,当 $x\in[0,+\infty)$ 时,由题意 $f'(x)>x$ 知 $g'(x)=f'(x)-x>0$,所以 $g(x)$ 在 $[0,+\infty)$ 上是增函数,又因为 $g(-x)=f(-x)-\dfrac{1}{2}(-x)^2=f(x)-\dfrac{1}{2}x^2=g(x)$,所以 $g(x)$ 为偶函数,所以 $g(x)$ 在 $(-\infty,0)$ 上是减函数.又由题意 $f(2-a)-f(a)\geq2-2a$ 知,$f(2-a)-\dfrac{(2-a)^2}{2}\geq f(a)-\dfrac{a^2}{2}$,即 $g(2-a)\geq g(a)$,所以 $|2-a|\geq|a|$,解得 $a\leq1$. 故选 A.

8. D 解析 根据 $f'(x)$ 的图象知,$f'(x)$ 有三个零点,从左至右不妨设为 x_1,x_2,x_3,显然 $x_1<0,x_2>0,x_3>0$,并且每个零点的左、右两边导函数值符号相反,所以这三个点 x_1,x_2,x_3 是函数 $f(x)$ 的极值点,并且 x_1 是极小值点,x_2 是极大值点,x_3 是极小值点,排除 A,C. 因为 $x_2>0$,所以 $(x_2,f(x_2))$ 的图象在 y 轴右侧,排除 B. 故选 D.

9. A 解析 $f(x)>x$ 恒成立,即 $x^3-2ex^2+mx-\ln x>x$ 恒成立,即 $x^3-2ex^2+(m-1)x-\ln x>0$ 恒成立.因为 $x>0$,所以有 $x^2-2ex+(m-1)-\dfrac{\ln x}{x}>0$,则 $m-1>\dfrac{\ln x}{x}-x^2+2ex$ 恒成立.令 $g(x)=\dfrac{\ln x}{x}-x^2+2ex$,则 $g'(x)=\dfrac{1-\ln x}{x^2}-2x+2e$,当 $0<x<e$ 时,$\dfrac{1-\ln x}{x^2}>0,2e-2x>0$,则 $g'(x)>0$,函数 $g(x)$ 单调递增;当 $x>e$ 时,$\dfrac{1-\ln x}{x^2}<0,2e-2x<0$,所以 $g'(x)<0$,函数 $g(x)$ 单调递减,所以 $x=e$ 是 $g(x)$ 的极大值点.$g(e)=\dfrac{1}{e}+e^2$,则 $m-1>\dfrac{1}{e}+e^2$,即 $m>e^2+\dfrac{1}{e}+1$. 故选 A.

10. D 解析 由题设构造函数 $F(x)=\dfrac{f(x)}{x}$,则 $F'(x)=\dfrac{xf'(x)-f(x)}{x^2}$. 由题意知 $x>0$ 时,$xf'(x)-$

$f(x) < 0$,所以 $x > 0$ 时,$F'(x) < 0$,所以 $F(x)$ 在 $(0, +\infty)$ 上单调递减. 又因为 $f(x)$ 为奇函数,所以 $c = -\dfrac{f(-3)}{3} = \dfrac{f(3)}{3}$,所以 $F(-x) = \dfrac{f(-x)}{-x} = \dfrac{-f(x)}{-x} = \dfrac{f(x)}{x} = F(x)$,故 $F(x)$ 是偶函数. 因为当 $x > 0$ 时,$F(x)$ 单调递减,并且 $3 > e > \ln e > \ln 2 > \ln 1 = 0$,所以 $F(3) < F(e) < F(\ln 2)$,即 $c < a < b$. 故选 D.

点评 解这些问题的关键是设函数,平时可适当积累,例如,对 $f'(x) + f(x)$ 的情形可设 $F(x) = e^x f(x)$,对 $f'(x) - f(x)$ 的情形,可设 $F(x) = \dfrac{f(x)}{e^x}$,对 $f'(x) \cdot x \ln x + f(x)$ 的情形可设 $F(x) = f(x) \ln x$,对 $f'(x) \cos x + f(x) \sin x$ 的情形,可设 $F(x) = \dfrac{f(x)}{\cos x}$,对 $f(x) \cos x + f'(x) \sin x$ 的情形,可设 $F(x) = f(x) \sin x$ 等.

【填空题】

1. 6 **解析** 因为 $\lim\limits_{x \to \infty} \dfrac{ax^2 + 2}{3x^2 + 1} = \dfrac{a}{3} = 2$,所以 $a = 6$.

2. $\dfrac{1}{2}$ **解析** $\lim\limits_{n \to \infty} \dfrac{1 + 3 + \cdots + (2n-1)}{2n^2 - n - 1} = \lim\limits_{n \to \infty} \dfrac{[1 + (2n-1)] \cdot \dfrac{n}{2}}{2n^2 - n - 1} = \lim\limits_{n \to \infty} \dfrac{n^2}{2n^2 - n - 1} = \dfrac{1}{2}$.

3. 1 **解析** 因为 $\dfrac{1}{n(n+1)} = \dfrac{1}{n} - \dfrac{1}{n+1}$,所以 $\lim\limits_{n \to \infty} \left[\dfrac{1}{1 \times 2} + \dfrac{1}{2 \times 3} + \dfrac{1}{3 \times 4} + \cdots + \dfrac{1}{n(n+1)} \right] = \lim\limits_{n \to \infty} \left[\left(1 - \dfrac{1}{2}\right) + \left(\dfrac{1}{2} - \dfrac{1}{3}\right) + \left(\dfrac{1}{3} - \dfrac{1}{4}\right) + \cdots + \left(\dfrac{1}{n} - \dfrac{1}{n+1}\right) \right] = \lim\limits_{n \to \infty} \left(1 - \dfrac{1}{n+1}\right) = 1$.

4. 2 **解析** $\lim\limits_{n \to \infty} \dfrac{\dfrac{1}{2} + \dfrac{1}{4} + \dfrac{1}{8} + \cdots + \dfrac{1}{2^n}}{\dfrac{1}{3} + \dfrac{1}{9} + \dfrac{1}{27} + \cdots + \dfrac{1}{3^n}} = \dfrac{\lim\limits_{n \to \infty} \left(\dfrac{1}{2} + \dfrac{1}{4} + \dfrac{1}{8} + \cdots + \dfrac{1}{2^n} \right)}{\lim\limits_{n \to \infty} \left(\dfrac{1}{3} + \dfrac{1}{9} + \dfrac{1}{27} + \cdots + \dfrac{1}{3^n} \right)} = \dfrac{\dfrac{\dfrac{1}{2}}{1 - \dfrac{1}{2}}}{\dfrac{\dfrac{1}{3}}{1 - \dfrac{1}{3}}} = 2$.

5. $\dfrac{\sqrt{2}}{2}$ **解析** $\lim\limits_{n \to \infty} \left[\sqrt{1 + 2 + \cdots + n} - \sqrt{1 + 2 + \cdots + (n-1)} \right] = \lim\limits_{n \to \infty} \left[\sqrt{\dfrac{n(n+1)}{2}} - \sqrt{\dfrac{n(n-1)}{2}} \right] = \lim\limits_{n \to \infty} \dfrac{[\sqrt{n(n+1)} + \sqrt{n(n-1)}][\sqrt{n(n+1)} - \sqrt{n(n-1)}]}{\sqrt{2}[\sqrt{n(n+1)} + \sqrt{n(n-1)}]} = \lim\limits_{n \to \infty} \dfrac{2n}{\sqrt{2}[\sqrt{n(n+1)} + \sqrt{n(n-1)}]} = \dfrac{2}{2\sqrt{2}} = \dfrac{\sqrt{2}}{2}$.

6. 1 **解析** 因为 $f(x) = ax^3 + x + 1$,所以 $f'(x) = 3ax^2 + 1$ 且 $f(1) = a + 2$,所以 $f(x)$ 的图象在点 $(1, a+2)$ 处的切线的斜率 $k = 3a + 1$,则切线的方程为 $y - (a+2) = (3a+1)(x-1)$. 因为点 $(2, 7)$ 在切线上,所以有 $7 - (a+2) = (3a+1)(2-1) = 3a+1$,即 $4a = 4$,解得 $a = 1$.

7. $y = -2x - 1$ **解析** 由题意可知,当 $x > 0$ 时,$f(x) = \ln x - 3x$,则 $f'(x) = \dfrac{1}{x} - 3$,所以 $f'(1) = -2$,则在点 $(1, -3)$ 处的切线方程为 $y + 3 = -2(x-1)$,即 $y = -2x - 1$.

8. $y = x - 3$ **解析** 因为 $f(x) = \ln x + 2x^2 - 4x$,所以当 $x = 1$ 时,$f(1) = \ln 1 + 2 - 4 = -2$,并且 $f'(x) = \dfrac{1}{x} + 4x - 4$,所以 $f(x)$ 的图象在 $x = 1$ 处的切线的斜率 $k = 1 + 4 - 4 = 1$. 所以在点 $(1, -2)$ 处切线的方程为 $y - (-2) = 1 \cdot (x-1) = x - 1$,即 $y = x - 3$.

9. $1 - \ln 2$ **解析** 设直线 $y = kx + b$ 与曲线 $y = \ln x + 2$ 相切于点 $A(x_1, \ln x_1 + 2)$,与曲线 $y = \ln(x+1)$ 相切于点 $B(x_2, \ln(x_2 + 1))$. 则切线的方程分别为 $y - \ln x_1 - 2 = \dfrac{1}{x_1}(x - x_1)$,$y - \ln(x_2 + 1) = \dfrac{1}{x_2 + 1}(x - x_2)$,即分别为 $y = \dfrac{1}{x_1}x + \ln x_1 + 1$,$y = \dfrac{1}{x_2+1}x - \dfrac{x_2}{x_2+1} + \ln(x_2+1)$. 因为两曲线的切线是同一直线 $y = kx + b$,所以有 $\begin{cases} \dfrac{1}{x_1} = \dfrac{1}{x_2+1}, \\ \ln x_1 + 1 = -\dfrac{x_2}{x_2+1} + \ln(x_2+1) = b, \end{cases}$ 解得 $x_1 = \dfrac{1}{2}$,$x_2 = -\dfrac{1}{2}$,$b = 1 - \ln 2$.

【解答题】

1. **解** (1) 因为 $f(x) = [ax^2 - (4a+1)x + 4a + 3]e^x$,所以 $f'(x) = [ax^2 - (4a+1)x + 4a+3]'e^x + [ax^2 - (4a+1)x + 4a+3]e^x = [2ax - (4a+1)]e^x + [ax^2 - (4a+1)x + 4a+3]e^x = [ax^2 - (2a+1)x + 2]e^x$,所

以 $f'(1)=(1-a)e$. 由题设知 $f'(1)=0$, 即 $(1-a)e=0$, 解得 $a=1$. 此时 $f(1)=3e\neq0$, 所以 a 的值为 1.

(2) 由 (1) 得 $f'(x)=(ax-1)(x-2)e^x$, 若 $a>\dfrac{1}{2}$, 当 $x\in\left(\dfrac{1}{a},2\right)$ 时, $f'(x)<0$; 当 $x\in(2,+\infty)$ 时, $f'(x)>0$. 所以 $f(x)$ 在 $x=2$ 处取得极小值. 若 $a\leqslant\dfrac{1}{2}$, 当 $x\in(0,2)$ 时, $x-2<0$, $ax-1\leqslant\dfrac{1}{2}x-1<0$, 所以 $f'(x)>0$, 所以 $x=2$ 不可能是 $f(x)$ 的极小值点.

综上, a 的取值范围是 $\left(\dfrac{1}{2},+\infty\right)$.

2. 解 (1) 因为 $f(x)=(1-x^2)e^x$, 所以 $f'(x)=[(1-x^2)e^x]'=(1-x^2)'e^x+(1-x^2)(e^x)'=(1-2x-x^2)e^x$. 令 $f'(x)=0$, 得 $x_1=-1-\sqrt{2}$, $x_2=-1+\sqrt{2}$. 当 $x\in(-\infty,-1-\sqrt{2})$ 时, $f'(x)<0$, $f(x)$ 在 $(-\infty,-1-\sqrt{2})$ 上单调递减; 当 $x\in(-1-\sqrt{2},-1+\sqrt{2})$ 时, $f'(x)>0$, $f(x)$ 在 $(-1-\sqrt{2},-1+\sqrt{2})$ 上单调递增; 当 $x\in(-1+\sqrt{2},+\infty)$ 时, $f'(x)<0$, $f(x)$ 在 $(-1+\sqrt{2},+\infty)$ 上单调递减. 所以 $f(x)$ 在 $(-\infty,-1-\sqrt{2})$ 和 $(-1+\sqrt{2},+\infty)$ 上单调递减, 在 $(-1-\sqrt{2},-1+\sqrt{2})$ 上单调递增.

(2) $f(x)=(1-x^2)e^x=(1+x)(1-x)e^x$,

①当 $a\geqslant1$ 时, 设 $g(x)=(1-x)e^x$, 则 $g'(x)=-xe^x<0(x>0)$, 因此 $g(x)$ 在 $[0,+\infty)$ 上单调递减. 而 $g(0)=1$, 故 $g(x)\leqslant1$, 所以 $f(x)=(x+1)g(x)\leqslant x+1\leqslant ax+1$.

②当 $0<a<1$ 时, 设 $h(x)=e^x-x-1$, $h'(x)=e^x-1>0(x>0)$, 所以 $h(x)$ 在 $[0,+\infty)$ 上单调递增, 而 $h(0)=0$, 故 $e^x\geqslant x+1$. 当 $0<x<1$ 时, $f(x)>(1-x)(1+x)^2$, 而 $(1-x)(1+x)^2-ax-1=x(1-a-x-x^2)$. 取 $x_0=\dfrac{\sqrt{5-4a}-1}{2}$, 则 $x_0\in(0,1)$, $(1-x_0)\cdot(1+x_0)^2-ax_0-1=0$, 故 $f(x_0)>ax_0+1$, 故 $a\in(0,1)$ 不合题意.

当 $a\leqslant0$ 时, 取 $x_0=\dfrac{\sqrt{5}-1}{2}$, 则 $x_0\in(0,1)$, $f(x_0)>(1-x_0)(1+x_0)^2=1\geqslant ax_0+1$.

综上, a 的取值范围为 $[1,+\infty)$.

3. (1) 解 因为 $f(x)=\ln x+ax^2+(2a+1)x$, 所以 $f(x)$ 的定义域为 $(0,+\infty)$, 且 $f'(x)=\dfrac{1}{x}+2ax+2a+1=\dfrac{(x+1)(2ax+1)}{x}$.

若 $a\geqslant0$, 则当 $x\in(0,+\infty)$ 时, $f'(x)>0$, 故 $f(x)$ 在 $(0,+\infty)$ 上单调递增.

若 $a<0$, 则当 $x\in\left(0,-\dfrac{1}{2a}\right)$ 时, $f'(x)>0$, $f(x)$ 在 $\left(0,-\dfrac{1}{2a}\right)$ 上单调递增; 当 $x\in\left(-\dfrac{1}{2a},+\infty\right)$ 时, $f'(x)<0$, $f(x)$ 在 $\left(-\dfrac{1}{2a},+\infty\right)$ 上单调递减. 所以, 当 $a<0$ 时, $f(x)$ 在 $\left(0,-\dfrac{1}{2a}\right)$ 上单调递增, 在 $\left(-\dfrac{1}{2a},+\infty\right)$ 上单调递减.

(2) 证明 由 (1) 知, 当 $a<0$ 时, $f(x)$ 在 $x=-\dfrac{1}{2a}$ 处取得最大值, 最大值为 $f\left(-\dfrac{1}{2a}\right)=\ln\left(-\dfrac{1}{2a}\right)-1-\dfrac{1}{4a}$. 所以 $f(x)\leqslant-\dfrac{3}{4a}-2$ 等价于 $\ln\left(-\dfrac{1}{2a}\right)-1-\dfrac{1}{4a}\leqslant-\dfrac{3}{4a}-2$, 即 $\ln\left(-\dfrac{1}{2a}\right)+\dfrac{1}{2a}+1\leqslant0$.

设 $g(x)=\ln x-x+1$, 则 $g'(x)=\dfrac{1}{x}-1=\dfrac{1-x}{x}$, 当 $x\in(0,1)$ 时, $g'(x)>0$, 当 $x\in(1,+\infty)$ 时, $g'(x)<0$, 所以 $g(x)$ 在 $(0,1)$ 上单调递增, 在 $(1,+\infty)$ 上单调递减. 所以当 $x=1$ 时, $g(x)$ 取得最大值, 最大值为 $g(1)=0$.

所以当 $x>0$ 时, $g(x)\leqslant0$, 所以当 $a<0$, 即 $-\dfrac{1}{2a}>0$ 时, $g\left(-\dfrac{1}{2a}\right)\leqslant0$, 所以 $\ln\left(-\dfrac{1}{2a}\right)+\dfrac{1}{2a}+1\leqslant0$, 也即 $f(x)\leqslant-\dfrac{3}{4a}-2$.

4. 解 (1) 因为 $f(x)=\ln x+a(1-x)$, 所以 $f(x)$ 的定义域为 $(0,+\infty)$, 且 $f'(x)=\dfrac{1}{x}-a$.

①若 $a\leqslant0$, 则 $f'(x)>0$, $f(x)$ 在 $(0,+\infty)$ 上单调递增.

②若 $a>0$, 则当 $x\in\left(0,\dfrac{1}{a}\right)$ 时, $f'(x)>0$, 当 $x\in\left(\dfrac{1}{a},+\infty\right)$ 时, $f'(x)<0$, 所以 $f(x)$ 在 $\left(0,\dfrac{1}{a}\right)$ 上单

调递增,在 $\left(\dfrac{1}{a}, +\infty\right)$ 上单调递减.

(2)由(1)知,当 $a \leqslant 0$ 时,$f(x)$ 在 $(0, +\infty)$ 上单调递增,无最大值;当 $a > 0$ 时,$f(x)$ 在 $x = \dfrac{1}{a}$ 处取得最大值,最大值为 $f\left(\dfrac{1}{a}\right) = \ln \dfrac{1}{a} + a\left(1 - \dfrac{1}{a}\right) = -\ln a + a - 1$. 由题意,$f(x)$ 的最大值大于 $2a - 2$,则 $-\ln a + a - 1 > 2a - 2$,即 $\ln a + a - 1 < 0$. 令 $g(x) = \ln x + x - 1$,则 $g'(x) = \dfrac{1}{x} + 1 > 0$,故 $g(x)$ 在 $(0, +\infty)$ 上单调递增. 注意到 $g(1) = 0$,则当 $0 < x < 1$ 时,$g(x) < g(1) = 0$,所以当 $0 < a < 1$ 时,$g(a) < 0$,当 $a > 1$ 时,$g(a) > g(1) = 0$,所以 a 的取值范围是 $(0, 1)$.

5. (1)**解** 由题设知 $f'(x) = 3x^2 + 2ax + b = 3\left(x + \dfrac{a}{3}\right)^2 + b - \dfrac{a^2}{3}$,当 $x = -\dfrac{a}{3}$ 时,$f'(x)$ 有极小值 $b - \dfrac{a^2}{3}$. 由题设 $f'(x)$ 的极值点是 $f(x)$ 的零点,所以 $f\left(-\dfrac{a}{3}\right) = 0$,即 $-\dfrac{a^3}{27} + \dfrac{a^3}{9} - \dfrac{ab}{3} + 1 = 0$,注意到 $a > 0$,所以 $b = \dfrac{2a^2}{9} + \dfrac{3}{a}$.

由题意知 $f(x)$ 有极值,所以方程 $f'(x) = 0$ 有实根,从而 $b - \dfrac{a^2}{3} = \dfrac{1}{9a}(27 - a^3) \leqslant 0$,即 $a \geqslant 3$. 当 $a = 3$ 时,$b = 3$,$f'(x) = 3x^2 + 6x + 3 > 0 (x \neq -1)$,所以 $f(x)$ 在定义域 **R** 上是增函数,$f(x)$ 没有极值;当 $a > 3$ 时,$f'(x) = 0$ 有两个相异的实根,$x_1 = \dfrac{-a - \sqrt{a^2 - 3b}}{3}$,$x_2 = \dfrac{-a + \sqrt{a^2 - 3b}}{3}$. 当 $x \in (-\infty, x_1)$ 时,$f'(x) > 0$,$f(x)$ 单调递增;当 $x \in (x_1, x_2)$ 时,$f'(x) < 0$,$f(x)$ 单调递减;当 $x \in (x_2, +\infty)$ 时,$f'(x) > 0$,$f(x)$ 单调递增. 所以 x_1 是 $f(x)$ 的极大值点,x_2 是 $f(x)$ 的极小值点,符合题意.

综上,$b = \dfrac{2a^2}{9} + \dfrac{3}{a}$,$a \in (3, +\infty)$.

(2)**证明** 由(1)知 $b = \dfrac{2a^2}{9} + \dfrac{3}{a}$,所以 $\dfrac{b}{\sqrt{a}} = \dfrac{2a\sqrt{a}}{9} + \dfrac{3}{a\sqrt{a}}$,设 $g(t) = \dfrac{2t}{9} + \dfrac{3}{t}$,则 $g'(t) = \dfrac{2}{9} - \dfrac{3}{t^2} = \dfrac{2t^2 - 27}{9t^2}$,当 $t \in \left(\dfrac{3\sqrt{6}}{2}, +\infty\right)$ 时,$g'(t) > 0$,$g(t)$ 在 $\left(\dfrac{3\sqrt{6}}{2}, +\infty\right)$ 上单调递增. 因为 $a > 3$,所以 $a\sqrt{a} > 3\sqrt{3}$,所以 $g(a\sqrt{a}) > g(3\sqrt{3}) = \sqrt{3}$,即 $\dfrac{b}{\sqrt{a}} > \sqrt{3}$,注意到 $a > 0$,$b > 0$,所以 $b^2 > 3a$.

(3)**解** 由(1)知 $f(x)$ 的极值点是 x_1, x_2,且 $x_1 + x_2 = -\dfrac{2}{3}a$,$x_1 \cdot x_2 = \dfrac{b}{3}$,所以 $x_1^2 + x_2^2 = \dfrac{4a^2 - 6b}{9}$,所以 $f(x_1) + f(x_2) = x_1^3 + ax_1^2 + bx_1 + 1 + x_2^3 + ax_2^2 + bx_2 + 1 = \dfrac{x_1}{3}(3x_1^2 + 2ax_1 + b) + \dfrac{x_2}{3}(3x_2^2 + 2ax_2 + b) + \dfrac{a}{3}(x_1^2 + x_2^2) + \dfrac{2}{3}b(x_1 + x_2) + 2 = 0 + 0 + \dfrac{a}{3} \cdot \dfrac{4a^2 - 6b}{9} + \dfrac{2b}{3} \cdot \left(-\dfrac{2a}{3}\right) + 2 = \dfrac{4a^3 - 6ab}{27} - \dfrac{4ab}{9} + 2 = 0$. 记 $f(x)$,$f'(x)$ 的所有极值之和为 $h(a)$,由(1)知 $f'(x)$ 的极值为 $b - \dfrac{a^2}{3} = -\dfrac{1}{9}a^2 + \dfrac{3}{a}$,所以 $h(a) = f(x_1) + f(x_2) - \dfrac{1}{9}a^2 + \dfrac{3}{a} = -\dfrac{1}{9}a^2 + \dfrac{3}{a}$,$a > 3$,则 $h'(a) = -\dfrac{2}{9}a - \dfrac{3}{a^2} < 0$,所以 $h(a)$ 在 $(3, +\infty)$ 上单调递减,由题意知 $h(a) \geqslant -\dfrac{7}{2}$,所以 $-\dfrac{1}{9}a^2 + \dfrac{3}{a} \geqslant -\dfrac{7}{2}$,即 $a^3 - \dfrac{63}{2}a - 27 \leqslant 0$,即 $(a - 6) \cdot \left(a^2 + 6a + \dfrac{9}{2}\right) \leqslant 0$,其中 $a > 0$,解得 $a \leqslant 6$. 所以 a 的取值范围为 $(3, 6]$.

6. **解** (1)由题设 $f(x) = x\ln x - ax^2 + (2a - 1)x$ 知 $f(x)$ 的定义域为 $(0, +\infty)$,且 $f'(x) = \ln x + x \cdot \dfrac{1}{x} - 2ax + (2a - 1) = \ln x - 2ax + 2a$. 令 $g(x) = \ln x - 2ax + 2a$,则 $g'(x) = \dfrac{1}{x} - 2a = \dfrac{1 - 2ax}{x}$.

①当 $a \leqslant 0$ 时,$x \in (0, +\infty)$,$g'(x) > 0$,$g(x)$ 在 $(0, +\infty)$ 上单调递增;

②当 $a > 0$ 时,$x \in \left(0, \dfrac{1}{2a}\right)$ 时,$g'(x) > 0$,$g(x)$ 在 $\left(0, \dfrac{1}{2a}\right)$ 上单调递增;$x \in \left(\dfrac{1}{2a}, +\infty\right)$ 时,$g'(x) < 0$,$g(x)$ 在 $\left(\dfrac{1}{2a}, +\infty\right)$ 上单调递减.

综上,当 $a \leqslant 0$ 时, $g(x)$ 的单调递增区间为 $(0, +\infty)$; 当 $a > 0$ 时, $g(x)$ 的单调增区间为 $\left(0, \dfrac{1}{2a}\right)$, 单调减区间为 $\left(\dfrac{1}{2a}, +\infty\right)$.

(2)由(1)知 $f'(1) = 0$.

①当 $a \leqslant 0$ 时, $f'(x)$ 单调递增. 所以当 $x \in (0, 1)$ 时, $f'(x) < f'(1) = 0$, $f(x)$ 单调递减; 当 $x \in (1, +\infty)$ 时, $f'(x) > f'(1) = 0$, $f(x)$ 单调递增, 所以 $f(x)$ 在 $x = 1$ 处取得极小值, 不合题意.

②当 $0 < a < \dfrac{1}{2}$ 时, $\dfrac{1}{2a} > 1$, 由(1)知 $f'(x)$ 在 $\left(0, \dfrac{1}{2a}\right)$ 内单调递增, 可知当 $x \in (0, 1)$ 时, $f'(x) < f'(1) = 0$, 当 $x \in \left(1, \dfrac{1}{2a}\right)$ 时, $f'(x) > f'(1) = 0$, 所以 $f(x)$ 在 $(0, 1)$ 上单调递减, 在 $\left(1, \dfrac{1}{2a}\right)$ 上单调递增. 所以 $f(x)$ 在 $x = 1$ 处取得极小值, 不合题意.

③当 $a = \dfrac{1}{2}$ 时, $\dfrac{1}{2a} = 1$, $f'(x)$ 在 $(0, 1)$ 内单调递增, 在 $(1, +\infty)$ 内单调递减, 所以 $x \in (0, +\infty)$ 时, $f'(x) \leqslant f'(1) = 0$, $f(x)$ 单调递减, 不合题意.

④当 $a > \dfrac{1}{2}$, $0 < \dfrac{1}{2a} < 1$, $x \in \left(\dfrac{1}{2a}, 1\right)$ 时, $f'(x) > f'(1) = 0$, $f(x)$ 单调递增, 当 $x \in (1, +\infty)$ 时, $f'(x) < f'(1) = 0$, $f(x)$ 单调递减, 所以 $f(x)$ 在 $x = 1$ 处取得极大值, 符合题意.

综上, a 的取值范围为 $\left(\dfrac{1}{2}, +\infty\right)$.

7. 解 (1)由题意知 $h(x) = f(x) - g(x) = (e^x - 2a)e^x - 4a^2 x$, 所以 $h'(x) = e^x \cdot e^x + (e^x - 2a)e^x - 4a^2 = 2(e^x + a)(e^x - 2a)$.

①当 $a = 0$ 时, $h'(x) = 2e^{2x} > 0$, 所以 $h(x)$ 在定义域 $\mathbf{R}$ 上单调递增.

②当 $a > 0$ 时, $e^x + a > 0$, 令 $h'(x) = 0$, 解得 $x = \ln 2a$, 当 $x < \ln 2a$ 时, $h'(x) < 0$, $h(x)$ 单调递减; 当 $x > \ln 2a$ 时, $h'(x) > 0$, $h(x)$ 单调递增.

③当 $a < 0$ 时, $e^x - 2a > 0$, 令 $h'(x) = 0$, 解得 $x = \ln(-a)$. 当 $x < \ln(-a)$ 时, $h'(x) < 0$, $h(x)$ 单调递减; 当 $x > \ln(-a)$ 时, $h'(x) > 0$, $h(x)$ 单调递增.

综上, 当 $a = 0$ 时, $h(x)$ 在定义域 $\mathbf{R}$ 上单调递增; 当 $a > 0$ 时, $h(x)$ 在 $(-\infty, \ln 2a)$ 上单调递减, 在 $(\ln 2a, +\infty)$ 上单调递增; 当 $a < 0$ 时, $h(x)$ 在 $(-\infty, \ln(-a))$ 上单调递减, 在 $(\ln(-a), +\infty)$ 上单调递增.

(2)若函数 $y = f(x)$ 的图象恒在函数 $y = g(x)$ 的图象上方, 则 $h(x) > 0$ 恒成立, 即 $h(x)_{\min} > 0$.

①当 $a = 0$ 时, $h(x) = e^{2x} > 0$ 恒成立;

②当 $a > 0$ 时, 由(1)知 $h(x)$ 在 $x = \ln 2a$ 处取得极小值, 也为最小值, $h(x)_{\min} = h(\ln 2a) = -4a^2 \ln 2a$, 所以 $-4a^2 \ln 2a > 0$, 即 $\ln 2a < 0$, 解得 $0 < a < \dfrac{1}{2}$.

③当 $a < 0$ 时, 由(1)知 $h(x)$ 在 $x = \ln(-a)$ 处取得极小值, 也为最小值, $h(x)_{\min} = h(\ln(-a)) = 3a^2 - 4a^2 \ln(-a) > 0$, 所以有 $\ln(-a) < \dfrac{3}{4}$, 解得 $-e^{\frac{3}{4}} < a < 0$.

综上, a 的取值范围为 $\left(-e^{\frac{3}{4}}, \dfrac{1}{2}\right)$.

8. 解 (1)当 $a = -1$ 时, $f(x) = -\ln x + \dfrac{1}{2}x^2 + 1$, $f(x)$ 的定义域为 $(0, +\infty)$, 且 $f'(x) = -\dfrac{1}{x} + x = \dfrac{(x+1)(x-1)}{x}$. 由 $f'(x) > 0$ 解得 $x > 1$, 所以当 $x \in (1, +\infty)$ 时, $f(x)$ 单调递增, 函数 $f(x)$ 的单调递增区间为 $(1, +\infty)$.

(2)因为 $f(x) = a\ln x + \dfrac{1}{2}x^2 + (a+1)x + 1$, 所以 $f(x)$ 的定义域为 $(0, +\infty)$, 且 $f'(x) = \dfrac{a}{x} + x + a + 1 = \dfrac{x^2 + (a+1)x + a}{x} = \dfrac{(x+1)(x+a)}{x}$. 又由题意知, 函数 $f(x) = a\ln x + \dfrac{1}{2}x^2 + (a+1)x + 1$ 在 $(0, +\infty)$ 上单调递增, 所以对任意的实数 $x \in (0, +\infty)$, 都有 $f'(x) = \dfrac{(x+1)(x+a)}{x} \geqslant 0$ 恒成立, 即 $x + a \geqslant 0$ 对任意的 $x \in (0, +\infty)$ 恒成立, 所以 $a \geqslant 0$.

所以, 若函数 $f(x)$ 在 $(0, +\infty)$ 上单调递增, 则实数 a 的取值范围为 $[0, +\infty)$.

9. (1)解 函数 $f(x) = \dfrac{3}{4}ax^2 + \left(\dfrac{3}{2}a - 1\right)x - \ln x - 2 (a \in \mathbf{R})$ 的定义域为 $(0, +\infty)$, 且 $f'(x) =$

$\dfrac{3}{2}ax + \dfrac{3}{2}a - 1 - \dfrac{1}{x} = \dfrac{3ax^2 + (3a-2)x - 2}{2x} = \dfrac{(3ax-2)(x+1)}{2x}$. ①若 $a \leqslant 0$，则 $f'(x) < 0$ 恒成立，

$f(x)$ 在定义域 $(0, +\infty)$ 上单调递减；②若 $a > 0$，由 $f'(x) > 0$ 解得 $x > \dfrac{2}{3a}$；由 $f'(x) < 0$ 解得 $0 < x$

$< \dfrac{2}{3a}$，所以 $f(x)$ 在区间 $\left(\dfrac{2}{3a}, +\infty\right)$ 上单调递增，在 $\left(0, \dfrac{2}{3a}\right)$ 上单调递减.

综上，当 $a \leqslant 0$ 时，$f(x)$ 的单调递减区间是 $(0, +\infty)$；当 $a > 0$ 时，$f(x)$ 的单调递减区间是

$\left(0, \dfrac{2}{3a}\right)$，单调递增区间是 $\left(\dfrac{2}{3a}, +\infty\right)$.

(2)**证明** 若 $a > 0$，由(1)知，$f(x)$ 在区间 $\left(0, \dfrac{2}{3a}\right)$ 上单调递减，在区间 $\left(\dfrac{2}{3a}, +\infty\right)$ 上单调递增. 所以

当 $x = \dfrac{2}{3a}$ 时 $f(x)$ 取得极小值，也是最小值，为 $f\left(\dfrac{2}{3a}\right) = \ln\dfrac{3a}{2} - \dfrac{1}{3a} - 1$，要证明 $f(x) \geqslant -\dfrac{1}{a}$，只需证明

$\ln\dfrac{3a}{2} - \dfrac{1}{3a} - 1 \geqslant -\dfrac{1}{a}$，即 $\ln\dfrac{3a}{2} \geqslant 1 - \dfrac{2}{3a}$. 令 $g(a) = \ln\dfrac{3a}{2} - 1 + \dfrac{2}{3a}(a>0)$，则 $g'(a) = \dfrac{1}{a} - \dfrac{2}{3a^2} =$

$\dfrac{3a-2}{3a^2}(a>0)$，所以当 $a \in \left(0, \dfrac{2}{3}\right)$ 时，$g'(a) < 0$，当 $a \in \left(\dfrac{2}{3}, +\infty\right)$ 时，$g'(a) > 0$，所以 $g(a)$ 在

区间 $\left(0, \dfrac{2}{3}\right)$ 上单调递减，在区间 $\left(\dfrac{2}{3}, +\infty\right)$ 上单调递增. 所以 $g(a)_{\min} = g\left(\dfrac{2}{3}\right)$，而 $g\left(\dfrac{2}{3}\right) = 0$，所

以 $g(a) \geqslant g\left(\dfrac{2}{3}\right) = 0$，即 $\ln\dfrac{3a}{2} - 1 + \dfrac{2}{3a} \geqslant 0$，所以 $f(x) \geqslant -\dfrac{1}{a}$ 成立.

10. (1)**解** 函数 $f(x) = xe^x + x^2 + ax + b$ 的定义域为 $(-\infty, +\infty)$，且 $f'(x) = xe^x + e^x + 2x + $

a，点 $(0, f(0))$ 在切线 $4x - 2y - 3 = 0$ 上，所以 $f(0) = -\dfrac{3}{2}$，且 $f'(0) = 2$，因此

$\begin{cases} f(0) = b = -\dfrac{3}{2}, \\ f'(0) = e^0 + a = 1 + a = 2, \end{cases}$ 解得 $\begin{cases} a = 1, \\ b = -\dfrac{3}{2}. \end{cases}$

(2)**证明** 方法一 由(1)知 $f(x) = xe^x + x^2 + x - \dfrac{3}{2}$，设 $h(x) = xe^x + x^2 + x - \ln x$，$h(x)$ 的定

义域为 $(0, +\infty)$，且 $h'(x) = xe^x + e^x + 2x + 1 - \dfrac{1}{x} = (x+1)\left(e^x + 2 - \dfrac{1}{x}\right)$，则证明 $f(x) > \ln x$ 只

需证明 $h(x) > \dfrac{3}{2}$. 令 $g(x) = e^x + 2 - \dfrac{1}{x}$，则 $g'(x) = e^x + \dfrac{1}{x^2} > 0$，所以 $g(x)$ 在区间 $(0, +\infty)$ 上

单调递增，而 $g\left(\dfrac{1}{4}\right) = e^{\frac{1}{4}} + 2 - 4 < 0$，$g\left(\dfrac{1}{3}\right) = e^{\frac{1}{3}} + 2 - 3 > 0$，所以在 $\left(\dfrac{1}{4}, \dfrac{1}{3}\right)$ 内存在 x_0 使得 $g(x_0) = $

0，且当 $x \in (0, x_0)$ 时，$g(x) < 0$，当 $x \in (x_0, +\infty)$ 时，$g(x) > 0$. 所以当 $x \in (0, x_0)$ 时，$h'(x) < 0$，

$h(x)$ 在区间 $(0, x_0)$ 上单调递减；当 $x \in (x_0, +\infty)$ 时，$h'(x) > 0$，$h(x)$ 在区间 $(x_0, +\infty)$ 上单调递

增. 所以 $h(x)$ 在 $x = x_0$ 处取得极小值，也是最小值，$h(x)_{\min} = h(x_0) = x_0 e^{x_0} + x_0^2 + x_0 - \ln x_0$，由

$g(x_0) = e^{x_0} + 2 - \dfrac{1}{x_0} = 0$ 得 $e^{x_0} = \dfrac{1}{x_0} - 2$，所以 $h(x_0) = x_0 e^{x_0} + x_0^2 + x_0 - \ln x_0 = x_0\left(\dfrac{1}{x_0} - 2\right) + x_0^2 + x_0 - $

$\ln x_0 = x_0^2 - x_0 - \ln x_0 + 1$，再令 $\varphi(x) = x^2 - x - \ln x + 1$，$x \in \left(\dfrac{1}{4}, \dfrac{1}{3}\right)$，则当 $x \in \left(\dfrac{1}{4}, \dfrac{1}{3}\right)$ 时，$\varphi'(x) = $

$2x - 1 - \dfrac{1}{x} = \dfrac{(2x+1)(x-1)}{x} < 0$，所以 $\varphi(x)$ 在区间 $\left(\dfrac{1}{4}, \dfrac{1}{3}\right)$ 上单调递减. 所以有 $h(x_0) = \varphi(x_0) > $

$\varphi\left(\dfrac{1}{3}\right) = \left(\dfrac{1}{3}\right)^2 - \dfrac{1}{3} + 1 - \ln\dfrac{1}{3} = \dfrac{7}{9} + \ln 3 > \dfrac{3}{2}$，因此 $h(x) \geqslant h(x_0) > \dfrac{3}{2}$，即 $f(x) > \ln x$.

方法二 先证当 $x \geqslant 0$ 时，$f(x) = xe^x + x^2 + x - \dfrac{3}{2} \geqslant 2x - \dfrac{3}{2}$，即证 $xe^x + x^2 - x \geqslant 0$. 设 $h(x) = $

$xe^x + x^2 - x$，$x \in (0, +\infty)$. 则 $h'(x) = xe^x + e^x + 2x - 1$，$x \in (0, +\infty)$，显然 $h'(0) = 0$. 再设 $\varphi(x) = $

$h'(x) = xe^x + e^x + 2x - 1$，则 $\varphi'(x) = xe^x + 2e^x + 2 > 0$，所以 $\varphi(x)$ 在定义域 $(0, +\infty)$ 上单调递增，

则当 $x \geqslant 0$ 时，$h'(x) = \varphi(x) \geqslant \varphi(0) = 0$，所以 $h(x)$ 在定义域 $(0, +\infty)$ 上单调递增，即 $x \geqslant 0$ 时

有 $h(x) \geqslant h(0) = 0$，即 $xe^x + x^2 - x \geqslant 0$（或者根据：要证 $xe^x + x^2 - x \geqslant 0$，即证 $e^x + x - 1 \geqslant 0$）. 再

证 $2x - \dfrac{3}{2} > \ln x$. 设 $g(x) = 2x - \dfrac{3}{2} - \ln x$，$x \in (0, +\infty)$. 则 $g'(x) = 2 - \dfrac{1}{x} = \dfrac{2x-1}{x}$，令 $g'(x) = 0$，

得 $x = \dfrac{1}{2}$. 则当 $x \in \left(0, \dfrac{1}{2}\right)$ 时, $g'(x) < 0$, $g(x)$ 单调递减;当 $x \in \left(\dfrac{1}{2}, +\infty\right)$ 时, $g'(x) > 0$, $g(x)$ 单调递增. 所以 $g(x)$ 在 $x = \dfrac{1}{2}$ 处取得极小值,也是最小值. 所以 $g(x) \geqslant g\left(\dfrac{1}{2}\right) = 1 - \dfrac{3}{2} - \ln\dfrac{1}{2} = -\dfrac{1}{2} + \ln 2 > 0$, 即 $2x - \dfrac{3}{2} - \ln x > 0$, 所以 $2x - \dfrac{3}{2} > \ln x$. 因此有:当 $x > 0$ 时, $f(x) = xe^x + x^2 + x - \dfrac{3}{2} > 2x - \dfrac{3}{2} > \ln x$.

11. **解** (1)由 $\dfrac{1+x}{1-x} > 0$, 解得 $-1 < x < 1$. 所以函数 $f(x)$ 的定义域为 $(-1, 1)$, 且 $f'(x) = \dfrac{1-x}{1+x} \times \left(\dfrac{1+x}{1-x}\right)' - a = \dfrac{2}{1-x^2} - a$, 因为 $-1 < x < 1$, 所以有 $f'(x) \geqslant 2 - a$. 当 $a \leqslant 2$ 时, $f'(x) \geqslant 0$, 函数 $f(x)$ 在定义域 $(-1, 1)$ 上单调递增;当 $a > 2$ 时,由 $f'(x) < 0$ 解得 $-\sqrt{1 - \dfrac{2}{a}} < x < \sqrt{1 - \dfrac{2}{a}}$, 所以函数 $f(x)$ 在 $\left(-\sqrt{1 - \dfrac{2}{a}}, \sqrt{1 - \dfrac{2}{a}}\right)$ 上单调递减,在 $\left(-1, -\sqrt{1 - \dfrac{2}{a}}\right)$, $\left(\sqrt{1 - \dfrac{2}{a}}, 1\right)$ 上单调递增.

(2)当 $a \leqslant 2$ 时,由(1)知, $f'(x) \geqslant 0$, 函数 $f(x)$ 在定义域 $(-1, 1)$ 上单调递增. 所以当 $x \in (0, 1)$ 时, $f(x) > f(0) = 0 > f(-x)$, 即 $\ln\dfrac{1+x}{1-x} - ax > 0$, $\ln\dfrac{1-x}{1+x} + ax < 0$, 也即 $\dfrac{1+x}{1-x} > e^{ax}$, $\dfrac{1-x}{1+x} < e^{-ax}$. 所以有 $e^{ax} - e^{-ax} < \dfrac{1+x}{1-x} - \dfrac{1-x}{1+x} = \dfrac{4x}{1-x^2}$. 当 $a > 2$ 时,由(1)知,函数 $f(x)$ 在 $\left(-\sqrt{1 - \dfrac{2}{a}}, \sqrt{1 - \dfrac{2}{a}}\right)$ 上单调递减,所以当 $x \in \left(0, \sqrt{1 - \dfrac{2}{a}}\right)$ 时, $f(x) < f(0) = 0 < f(-x)$, 即 $\ln\dfrac{1+x}{1-x} - ax < 0$, $\ln\dfrac{1-x}{1+x} + ax > 0$, 也即 $\dfrac{1+x}{1-x} < e^{ax}$, $\dfrac{1-x}{1+x} > e^{-ax}$. 所以有 $e^{ax} - e^{-ax} > \dfrac{1+x}{1-x} - \dfrac{1-x}{1+x} = \dfrac{4x}{1-x^2}$, 不合题意,舍去.

综上,实数 a 的取值范围为 $(-\infty, 2]$.

12. (1)**解** 函数 $f(x) = 2x(\ln x + 1)$ 的定义域为 $(0, +\infty)$, 且 $f'(x) = 2(\ln x + 1) + 2x \cdot \dfrac{1}{x} = 2\ln x + 4$. 令 $f'(x) = 0$, 解得 $x = e^{-2}$. 当 $x \in (0, e^{-2})$ 时, $f'(x) < 0$, $f(x)$ 在 $(0, e^{-2})$ 上单调递减;当 $x \in (e^{-2}, +\infty)$ 时, $f'(x) > 0$, $f(x)$ 在 $(e^{-2}, +\infty)$ 上单调递增. 所以函数 $f(x)$ 的单调递增区间为 $(e^{-2}, +\infty)$, 单调递减区间为 $(0, e^{-2})$.

(2)**证明** 由题设知斜率 $k = \dfrac{f'(x_2) - f'(x_1)}{x_2 - x_1} = \dfrac{2\ln x_2 - 2\ln x_1}{x_2 - x_1}$, 要证明 $x_1 < \dfrac{2}{k} < x_2$, 即证 $x_1 < \dfrac{x_2 - x_1}{\ln x_2 - \ln x_1} < x_2$, 即证 $1 < \dfrac{\dfrac{x_2}{x_1} - 1}{\ln\dfrac{x_2}{x_1}} < \dfrac{x_2}{x_1}$. 令 $\dfrac{x_2}{x_1} = t$ (由 $x_1 < x_2$, 知 $t > 1$), 要证 $1 < \dfrac{\dfrac{x_2}{x_1} - 1}{\ln\dfrac{x_2}{x_1}} < \dfrac{x_2}{x_1}$, 即证 $1 < \dfrac{t - 1}{\ln t} < t$. 由 $t > 1$ 知 $\ln t > 0$, 因此等价于证明 $\ln t < t - 1 < t\ln t$ (其中 $t > 1$). ①设 $g(t) = t - 1 - \ln t$, 则当 $t > 1$ 时, $g'(t) = 1 - \dfrac{1}{t} > 0$, 所以 $g(t)$ 在 $(1, +\infty)$ 上单调递增. 因此当 $t > 1$ 时, $g(t) = t - 1 - \ln t > g(1) = 0$, 即 $t - 1 - \ln t > 0$, 所以 $t - 1 > \ln t$. ②设 $h(t) = t\ln t - (t - 1)$, 则当 $t > 1$ 时, $h'(t) = \ln t + 1 - 1 = \ln t > 0$, 所以 $h(t)$ 在 $(1, +\infty)$ 上单调递增. 因此当 $t > 1$ 时, $h(t) = t\ln t - (t - 1) > h(1) = 0$, 即 $t\ln t - (t - 1) > 0$, 所以 $t - 1 < t\ln t$. 由①②知 $\ln t < t - 1 < t\ln t$ 成立. 所以有 $x_1 < \dfrac{2}{k} < x_2$.

13. (1)**解** 设直线 $y = g(x)$ 与曲线 $y = \ln x$ 相切于点 $(t, \ln t)$, 因为 $f'(x) = \dfrac{1}{x}$ $(x > 0)$, 所以切线的斜率 $k = f'(t) = \dfrac{1}{t}$, 切线的方程为 $y - \ln t = \dfrac{1}{t}(x - t)$, 即 $y = \dfrac{1}{t}x + \ln t - 1$, 由题设知它与 $g(x) = ax - a$ 的图象是同一条直线,所以有 $\begin{cases} \dfrac{1}{t} = a, \\ \ln t - 1 = -a, \end{cases}$ 消去 t 得 $a - \ln a - 1 = 0$, 设 $\varphi(a) = a - \ln a - 1$,

则 $\varphi'(a) = 1 - \dfrac{1}{a}$. 所以当 $0 < a < 1$ 时, $\varphi'(a) < 0$, $\varphi(a)$ 单调递减; 当 $a > 1$ 时, $\varphi'(a) > 0$, $\varphi(a)$ 单调递增. 所以 $\varphi(a)$ 在 $a = 1$ 处取得极小值也是最小值, $\varphi(x)_{\min} = \varphi(1) = 1 - \ln 1 - 1 = 0$. 所以 $a = 1$.

(2) **证明** $h(x) = f(x) - g(x) = \ln x - ax + a$, 其定义域为 $(0, +\infty)$, 且 $y_2 - y_1 = h(x_2) - h(x_1) = \ln x_2 - \ln x_1 + a(x_1 - x_2)$, 因此

$$\frac{y_2 - y_1}{x_2 - x_1} = \frac{\ln x_2 - \ln x_1 + a(x_1 - x_2)}{x_2 - x_1} = \frac{\ln x_2 - \ln x_1}{x_2 - x_1} - a.$$

又 $h'(x) = \dfrac{1}{x} - a$, 所以 $h'\left(\dfrac{x_1 + x_2}{2}\right) = \dfrac{2}{x_1 + x_2} - a$. 因此

$$h'\left(\frac{x_1 + x_2}{2}\right) - \frac{y_2 - y_1}{x_2 - x_1} = \frac{2}{x_1 + x_2} - \frac{\ln x_2 - \ln x_1}{x_2 - x_1} = \frac{1}{x_2 - x_1}\left[\frac{2(x_2 - x_1)}{x_1 + x_2} - (\ln x_2 - \ln x_1)\right]$$

$$= \frac{1}{x_2 - x_1}\left[\frac{2\left(\dfrac{x_2}{x_1} - 1\right)}{\dfrac{x_2}{x_1} + 1} - \ln\frac{x_2}{x_1}\right].$$

不妨设 $0 < x_1 < x_2$, $\dfrac{x_2}{x_1} = t$ (由 $x_1 < x_2$, 知 $t > 1$), 则

$$\frac{2\left(\dfrac{x_2}{x_1} - 1\right)}{\dfrac{x_2}{x_1} + 1} - \ln\frac{x_2}{x_1} = \frac{2(t - 1)}{t + 1} - \ln t.$$

令 $u(t) = \dfrac{2(t - 1)}{t + 1} - \ln t\ (t > 1)$, 则 $u'(t) = -\dfrac{(t - 1)^2}{t(t + 1)^2} < 0$, 所以 $u(t)$ 在 $(1, +\infty)$ 上单调递减, 所以 $u(t) < u(1) = 0$, 又因为 $0 < x_1 < x_2$, 所以 $x_2 - x_1 > 0$, 所以 $h'\left(\dfrac{x_1 + x_2}{2}\right) - \dfrac{y_2 - y_1}{x_2 - x_1} < 0$, 即 $h'\left(\dfrac{x_1 + x_2}{2}\right) < \dfrac{y_2 - y_1}{x_2 - x_1}$ 成立.

14. 解 (1) $f'(x) = \left(\dfrac{ax + 1}{xe^x}\right)' = \dfrac{axe^x - (ax + 1)(e^x + xe^x)}{(xe^x)^2} = \dfrac{-ax^2 - x - 1}{x^2 e^x}$. 当 $a \geqslant 0$ 时, $f'(x) = \dfrac{-ax^2 - x - 1}{x^2 e^x} < 0$, $f(x)$ 在 $(0, +\infty)$ 上单调递减. 当 $a < 0$ 时, 对于方程 $-ax^2 - x - 1 = 0$, 其判别式 $\Delta = 1 - 4a > 0$, 方程 $-ax^2 - x - 1 = 0$ 有两个不相等的实数根, 分别为 $x_1 = \dfrac{1 - \sqrt{1 - 4a}}{-2a}$, $x_2 = \dfrac{1 + \sqrt{1 - 4a}}{-2a}$, 易知 $x_1 < 0$, $x_2 > 0$, 令 $f'(x) > 0$, 则 $x > x_2$; 令 $f'(x) < 0$, 则 $0 < x < x_2$. 所以 $f(x)$ 在 $\left(0, \dfrac{1 + \sqrt{1 - 4a}}{-2a}\right)$ 上单调递减, 在 $\left(\dfrac{1 + \sqrt{1 - 4a}}{-2a}, +\infty\right)$ 上单调递增.

综上, 当 $a \geqslant 0$ 时, $f(x)$ 在 $(0, +\infty)$ 上单调递减; 当 $a < 0$ 时, $f(x)$ 在 $\left(0, \dfrac{1 + \sqrt{1 - 4a}}{-2a}\right)$ 上单调递减, 在 $\left(\dfrac{1 + \sqrt{1 - 4a}}{-2a}, +\infty\right)$ 上单调递增.

(2) $f(x) < \dfrac{1}{e^x - 1}$ 可化为 $\dfrac{ax + 1}{xe^x} < \dfrac{1}{e^x - 1}$, 因为 $x > 0$, 所以 $e^x - 1 > 0$, $xe^x > 0$. 所以 $\dfrac{ax + 1}{xe^x} < \dfrac{1}{e^x - 1}$ 等价于 $(ax + 1)(e^x - 1) < xe^x$, 即 $(ax + 1)(e^x - 1) - xe^x < 0$. 令 $\varphi(x) = (ax + 1)(e^x - 1) - xe^x$, 则根据题意有: 对任意的 $x > 0$, 有 $\varphi(x) < 0$ 恒成立. 而 $\varphi'(x) = a(e^x - 1) + (ax + 1)e^x - xe^x - e^x = [(a - 1)x + a]e^x - a$, 令 $h(x) = [(a - 1)x + a]e^x - a$, 则 $h'(x) = [(a - 1)x + 2a - 1]e^x$, 令 $\begin{cases} a - 1 \leqslant 0, \\ 2a - 1 \leqslant 0, \end{cases}$ 解得 $a \leqslant \dfrac{1}{2}$, 则 $h'(x) \leqslant 0$. 此时 $h(x)$ 在 $(0, +\infty)$ 上是减函数, 所以当 $x > 0$ 时, $h(x) < h(0) = 0$, 所以 $\varphi'(x) = h(x) < 0$, 所以 $\varphi(x)$ 在 $(0, +\infty)$ 上是减函数, 当 $x > 0$ 时, $\varphi(x) < \varphi(0) = $

0，符合题意.

当 $a \geqslant 1$ 时，$a - 1 \geqslant 0$，$2a - 1 > 0$. 当 $x > 0$ 时，$h'(x) = [(a-1)x + 2a - 1]e^x > 0$. 此时 $h(x)$ 在 $(0, +\infty)$ 上是增函数，所以当 $x > 0$ 时，$h(x) > h(0) = 0$，所以 $\varphi'(x) = h(x) > 0$，所以 $\varphi(x)$ 在 $(0, +\infty)$ 上是增函数，当 $x > 0$ 时，$\varphi(x) > \varphi(0) = 0$，这与 $\varphi(x) < 0$ 恒成立矛盾，不合题意.

当 $\dfrac{1}{2} < a < 1$ 时，令 $h'(x) = [(a-1)x + 2a - 1]e^x > 0$，则 $(a-1)x + 2a - 1 > 0$，解得 $x < \dfrac{1-2a}{a-1}$，所以 $h(x)$ 在 $\left(0, \dfrac{1-2a}{a-1}\right)$ 上是增函数，则当 $0 < x < \dfrac{1-2a}{a-1}$ 时，$h(x) > h(0) = 0$，所以 $\varphi'(x) = h(x) > 0$，所以 $\varphi(x)$ 在 $\left(0, \dfrac{1-2a}{a-1}\right)$ 上是增函数，当 $0 < x < \dfrac{1-2a}{a-1}$ 时，$\varphi(x) > \varphi(0) = 0$，这与 $\varphi(x) < 0$ 恒成立矛盾，不合题意.

综上，实数 a 的取值范围为 $\left(-\infty, \dfrac{1}{2}\right]$.

15. 解 (1) 由题意知，函数 $f(x)$ 的定义域为 $(0, +\infty)$，且 $f'(x) = \ln x - ax$，令 $f'(x) = 0$，得 $a = \dfrac{\ln x}{x}$. 令 $h(x) = \dfrac{\ln x}{x}$，由题意“函数 $f(x)$ 有两个不同的极值点”知，方程 $f'(x) = 0$ 有两个不同的实根，因此直线 $y = a$ 与曲线 $h(x) = \dfrac{\ln x}{x}$ 有两个不同的交点，因为 $h'(x) = \dfrac{1 - \ln x}{x^2}$，令 $h'(x) = 0$，解得 $x = e$，所以 $h(x)$ 在 $(0, e)$ 上单调递增，在 $(e, +\infty)$ 上单调递减，所以 $h(x)$ 在 $x = e$ 处取得极大值也是最大值，$h(x)_{\max} = h(e) = \dfrac{1}{e}$. 又 $h(1) = 0$，$h(x)$ 在 $(0, e)$ 上单调递增，当 $x \to 0$ 时，$h(x) \to -\infty$，当 $x \in (e, +\infty)$ 时，$\dfrac{\ln x}{x} > 0$. 又 $h(x)$ 在 $(e, +\infty)$ 上单调递减，当 $x \to +\infty$ 时，$h(x) \to 0$，所以结合 $h(x)$ 的图象可知，实数 a 的取值范围为 $\left(0, \dfrac{1}{e}\right)$.

(2) 当 $a = 2$ 时，$f(x) = x\ln x - x^2 + 2 - x$，当 $x > 2$ 时，不等式 $k(x-2) + g(x) < f(x)$ 即为 $k(x-2) + 2 - 2x - x^2 < x\ln x - x^2 + 2 - x$，也即 $k(x-2) < x\ln x + x$. 因此，当 $x > 2$ 时，不等式 $k(x-2) + g(x) < f(x)$，$k \in \mathbf{N}$ 恒成立等价于 $k < \dfrac{x\ln x + x}{x-2}$ 恒成立. 令 $F(x) = \dfrac{x\ln x + x}{x-2}$ $(x > 2)$，则 $F'(x) = \dfrac{x - 4 - 2\ln x}{(x-2)^2}$，再令 $m(x) = x - 4 - 2\ln x$ $(x > 2)$，则 $m'(x) = 1 - \dfrac{2}{x} > 0$，所以 $m(x)$ 在 $(2, +\infty)$ 上单调递增. 又 $m(8) = 4 - 2\ln 8 < 4 - 2\ln e^2 = 0$，$m(10) = 6 - 2\ln 10 > 6 - 2\ln e^3 = 0$，所以 $m(x)$ 在 $(8, 10)$ 内有唯一的零点 x_0，即 $x_0 - 4 - 2\ln x_0 = 0$，解得 $\ln x_0 = \dfrac{x_0 - 4}{2}$. 当 $2 < x < x_0$ 时，$m(x) < 0$，即 $F'(x) < 0$. 当 $x > x_0$ 时，$m(x) > 0$，即 $F'(x) > 0$. 所以 $F(x)$ 在 $x = x_0$ 处取得极小值也是最小值，$F(x)_{\min} = F(x_0) = \dfrac{x_0 \ln x_0 + x_0}{x_0 - 2} = \dfrac{x_0\left(1 + \dfrac{x_0 - 4}{2}\right)}{x_0 - 2} = \dfrac{x_0}{2}$. 所以由 $k < \dfrac{x\ln x + x}{x-2}$ 恒成立有 $k < \dfrac{x_0}{2}$. 因为 $x_0 \in (8, 10)$，所以 $\dfrac{x_0}{2} \in (4, 5)$，注意到 $k \in \mathbf{N}$，所以 k 的最大值为 4.

16. 解 (1) 由题意知，函数 $f(x)$ 的定义域为 $(-1, +\infty)$，且 $f'(x) = 2x + \dfrac{a}{x+1} - 2 = \dfrac{2x^2 + a - 2}{x+1}$. 当 $a \geqslant 2$ 时，$f'(x) = \dfrac{2x^2 + a - 2}{x+1} \geqslant 0$，函数 $f(x)$ 在 $(-1, +\infty)$ 上单调递增；当 $a < 2$ 时，方程 $2x^2 + a - 2 = 0$ 的两根分别为 $x_1 = -\sqrt{1 - \dfrac{a}{2}}$，$x_2 = \sqrt{1 - \dfrac{a}{2}}$，易知 $x_1 < 0 < x_2$. 若 $0 < a < 2$，则 $x_1 = -\sqrt{1 - \dfrac{a}{2}} > -1$，令 $f'(x) > 0$，解得 $-1 < x < -\sqrt{1 - \dfrac{a}{2}}$ 或 $x > \sqrt{1 - \dfrac{a}{2}}$. 令 $f'(x) < 0$，解得 $-\sqrt{1 - \dfrac{a}{2}} < x < \sqrt{1 - \dfrac{a}{2}}$. 若 $a \leqslant 0$，则 $-1 \geqslant x_1 = -\sqrt{1 - \dfrac{a}{2}}$，令 $f'(x) > 0$，解得 $x > \sqrt{1 - \dfrac{a}{2}}$. 令 $f'(x) < 0$，解得 $-1 < x < \sqrt{1 - \dfrac{a}{2}}$.

综上，当 $a \geqslant 2$ 时，函数 $f(x)$ 在 $(-1, +\infty)$ 上单调递增；当 $0 < a < 2$ 时，函数 $f(x)$ 在 $\left(-1, -\sqrt{1-\dfrac{a}{2}}\right), \left(\sqrt{1-\dfrac{a}{2}}, +\infty\right)$ 上单调递增，在 $\left(-\sqrt{1-\dfrac{a}{2}}, \sqrt{1-\dfrac{a}{2}}\right)$ 上单调递减；当 $a \leqslant 0$ 时，函数 $f(x)$ 在 $\left(-1, \sqrt{1-\dfrac{a}{2}}\right)$ 上单调递减，在 $\left(\sqrt{1-\dfrac{a}{2}}, +\infty\right)$ 上单调递增.

(2) 令 $h(x) = f(x) - (a-2)x = x^2 + a\ln(x+1) - ax$，由题意知，对任意的 $-1 < x < 0$，都有 $f(x) < (a-2)x$，即对任意的 $-1 < x < 0$，都有 $h(x) < 0$. 函数 $h(x)$ 的定义域为 $(-1, +\infty)$，且有：

$$h'(x) = 2x + \frac{a}{x+1} - a = \frac{2x^2 + (2-a)x}{x+1} = \frac{2x(x+1) - ax}{x+1} = \frac{2x\left(x+1-\dfrac{a}{2}\right)}{x+1}.$$

当 $a \geqslant 2$ 时，$2 - a \leqslant 0$，注意到 $-1 < x < 0$，所以 $(2-a)x > 0$，此时 $h'(x) = \dfrac{2x^2 + (2-a)x}{x+1} > 0$，函数 $h(x)$ 在 $(-1, 0)$ 上单调递增，则 $h(x) < h(0) = 0$，符合题意.

当 $0 < a < 2$ 时，$0 < 1 - \dfrac{a}{2} < 1$，令 $h'(x) = \dfrac{2x\left(x+1-\dfrac{a}{2}\right)}{x+1} < 0$，则 $\dfrac{a}{2} - 1 < x < 0$，函数 $h(x)$ 在 $\left(\dfrac{a}{2} - 1, 0\right)$ 上单调递减，则 $h(x) > h(0) = 0$，不符合题意.

当 $a \leqslant 0$ 时，因为 $-1 < x < 0$，所以 $-ax \leqslant 0$，$2x(x+1) < 0$，此时 $h'(x) = \dfrac{2x(x+1) - ax}{x+1} < 0$，函数 $h(x)$ 在 $(-1, 0)$ 上单调递减，则 $h(x) > h(0) = 0$，不符合题意.

综上，实数 a 的取值范围为 $[2, +\infty)$.

17. (1) **解** 根据题设有：函数 $f(x)$ 的定义域为 $(-\infty, +\infty)$，且 $f'(x) = -a\mathrm{e}^{1-x}\left(x - \dfrac{a+1}{a}\right)$，因为 $\mathrm{e}^{1-x} > 0, a > 0$，所以由 $f'(x) > 0$ 得 $x < \dfrac{a+1}{a}$. 由 $f'(x) < 0$ 得 $x > \dfrac{a+1}{a}$. 所以，当 $a > 0$ 时，函数 $f(x)$ 的单调递增区间为 $\left(-\infty, \dfrac{a+1}{a}\right)$，单调递减区间为 $\left(\dfrac{a+1}{a}, +\infty\right)$.

(2)① **解** 方法一 当 $a = 1$ 时，令 $h(x) = f(x) - (x^2 - 4x + m)$，则 $h(x) = (x-1)\mathrm{e}^{1-x} - x^2 + 4x - m$，所以 $h'(x) = -(\mathrm{e}^{1-x} + 2)(x-2)$，由 $h'(x) < 0$ 得 $x > 2$，由 $h'(x) > 0$ 得 $x < 2$，因此函数 $h(x)$ 在 $x = 2$ 处取得极大值也是最大值，$h(x)_{\max} = h(2) = \dfrac{1}{\mathrm{e}} + 4 - m$，显然当 $x \to -\infty$ 时，$h(x) \to -\infty$，当 $x \to +\infty$ 时，$h(x) \to -\infty$，由题意知，只需要 $h(x)_{\max} = h(2) = \dfrac{1}{\mathrm{e}} + 4 - m > 0$，解得 $m < \dfrac{1}{\mathrm{e}} + 4$. 所以 m 的取值范围为 $\left(-\infty, \dfrac{1}{\mathrm{e}} + 4\right)$.

方法二 当 $a = 1$ 时，$f(x) = (x-1)\mathrm{e}^{1-x}$，$f'(x) = -\mathrm{e}^{1-x}(x-2)$，由 $f'(x) > 0$ 得 $x < 2$. 由 $f'(x) < 0$ 得 $x > 2$. 因此函数 $f(x)$ 在 $x = 2$ 处取得极大值也是最大值，$f(x)_{\max} = f(2) = \dfrac{1}{\mathrm{e}}$. 而函数 $y = x^2 - 4x + m(m \in \mathbf{R})$ 在 $x = 2$ 处取得最小值，为 $m - 4$. 由题意，只需满足 $f(2) = \dfrac{1}{\mathrm{e}} > m - 4$，解得 $m < \dfrac{1}{\mathrm{e}} + 4$. 所以 m 的取值范围为 $\left(-\infty, \dfrac{1}{\mathrm{e}} + 4\right)$.

② **证明** 由题意知，x_1, x_2 为函数 $h(x) = (x-1)\mathrm{e}^{1-x} - x^2 + 4x - m$ 的两个零点，由①知，不妨设 $x_1 < 2 < x_2$，则 $4 - x_2 < 2$，且 $h(x)$ 在 $(-\infty, 2)$ 上单调递增. 要证明 $x_1 + x_2 > 4$，只需证明 $h(x_1) > h(4 - x_2)$，而 $h(x_1) = h(x_2)$，因此只需证明 $h(x_2) > h(4 - x_2)$. 令 $G(x_2) = h(x_2) - h(4 - x_2)$，$x_2 > 2$，则 $G(x_2) = h(x_2) - h(4 - x_2) = (x_2 - 1)\mathrm{e}^{1-x_2} + (x_2 - 3)\mathrm{e}^{x_2 - 3}$，$G'(x_2) = (x_2 - 2)(\mathrm{e}^{x_2 - 3} - \mathrm{e}^{1-x_2})$. 因为 $x_2 > 2$，所以 $x_2 - 2 > 0$，且 $\dfrac{\mathrm{e}^{x_2 - 3}}{\mathrm{e}^{1-x_2}} = \mathrm{e}^{2x_2 - 4} > 1$，即 $\mathrm{e}^{x_2 - 3} > \mathrm{e}^{1-x_2}$，所以 $\mathrm{e}^{x_2 - 3} - \mathrm{e}^{1-x_2} > 0$. 因此 $G'(x_2) = (x_2 - 2)(\mathrm{e}^{x_2 - 3} - \mathrm{e}^{1-x_2}) > 0$. 所以函数 $G(x_2)$ 在 $(2, +\infty)$ 上为增函数，所以 $G(x_2) > G(2) = 0$，所以 $h(x_2) > h(4 - x_2)$ 成立. 因此，$x_1 + x_2 > 4$.

18. **解** (1) 因为 $b = -a$，所以 $f(x) = (x^2 + ax - a)\mathrm{e}^x$，且定义域为 $(-\infty, +\infty)$，$f'(x) = [x^2 + (a+2)x]\mathrm{e}^x$. 令 $f'(x) = 0$，解得 $x = 0$ 或 $x = -a - 2$.

①当 $-a-2>0$，即 $a<-2$ 时，$x\in(-\infty,0)$，$f'(x)>0$，函数 $f(x)$ 在 $(-\infty,0)$ 上单调递增；$x\in(0,-a-2)$，$f'(x)<0$，函数 $f(x)$ 在 $(0,-a-2)$ 上单调递减；$x\in(-a-2,+\infty)$，$f'(x)>0$，函数 $f(x)$ 在 $(-a-2,+\infty)$ 上单调递增；

②当 $-a-2=0$，即 $a=-2$ 时，$x\in(-\infty,+\infty)$，$f'(x)\geqslant0$，函数 $f(x)$ 在 $(-\infty,+\infty)$ 上单调递增；

③当 $-a-2<0$，即 $a>-2$ 时，$x\in(-\infty,-a-2)$，$f'(x)>0$，函数 $f(x)$ 在 $(-\infty,-a-2)$ 上单调递增；$x\in(-a-2,0)$，$f'(x)<0$，函数 $f(x)$ 在 $(-a-2,0)$ 上单调递减；$x\in(0,+\infty)$，$f'(x)>0$，函数 $f(x)$ 在 $(0,+\infty)$ 上单调递增.

(2)当 $b=a$ 时，$f(x)=(x^2+ax+a)e^x$，$f(x)+e\geqslant0$ 恒成立，即 $f(x)_{\min}\geqslant-e$. $f'(x)=(x+2)(x+a)e^x$，①当 $0\leqslant a\leqslant4$ 时，$x^2+ax+a\geqslant0$，$e^x>0$，所以 $f(x)=(x^2+ax+a)e^x\geqslant0>-e$ 恒成立.

②当 $a>4$ 时，$x\in(-\infty,-a)$，$x^2+ax+a=x(x+a)+a>0$，$e^x>0$，所以 $f(x)=(x^2+ax+a)e^x\geqslant-e$ 恒成立.当 $x\in(-a,-2)$ 时，$f'(x)<0$，函数 $f(x)$ 在 $(-a,-2)$ 上单调递减.当 $x\in(-2,+\infty)$ 时，$f'(x)>0$，函数 $f(x)$ 在 $(-2,+\infty)$ 上单调递增，所以当 $x\in(-a,+\infty)$ 时，函数 $f(x)$ 在 $x=-2$ 处取得极小值也是最小值，$f(x)_{\min}=f(-2)=(4-a)e^{-2}$，令 $(4-a)e^{-2}\geqslant-e$，解得 $a\leqslant e^3+4$. 所以 $4<a\leqslant e^3+4$.

③当 $a<0$ 时，$x\in(-\infty,-2)$，$f(x)=(x^2+ax+a)e^x>0>-e$；$x\in(-2,-a)$ 时，$f'(x)<0$，函数 $f(x)$ 在 $(-2,-a)$ 上单调递减；$x\in(-a,+\infty)$ 时，$f'(x)>0$，函数 $f(x)$ 在 $(-a,+\infty)$ 上单调递增.所以 $x\in(-2,+\infty)$ 时，函数 $f(x)$ 在 $x=-a$ 处取得极小值也是最小值，$f(x)_{\min}=f(-a)=ae^{-a}$，令 $ae^{-a}\geqslant-e$，即 $a+e^{a+1}\geqslant0$. 设 $G(a)=a+e^{a+1}$ $(a<0)$，则 $G'(a)=1+e^{a+1}>0$，所以 $G(a)$ 在 $(-\infty,0)$ 上单调递增，注意到 $G(-1)=0$，所以由 $G(a)\geqslant0$ 解得 $-1\leqslant a<0$.

综上，a 的取值范围为 $[-1,e^3+4]$.

19. 解 (1)当 $a=e$ 时，函数 $f(x)=\log_a x+\dfrac{1}{x}=\ln x+\dfrac{1}{x}$，定义域为 $(0,+\infty)$，且 $f'(x)=\dfrac{1}{x}-\dfrac{1}{x^2}$，设曲线 $y=f(x)$ 与直线 $y=m$ 相切于点 $(x_0,f(x_0))$，则 $f'(x_0)=\dfrac{1}{x_0}-\dfrac{1}{x_0^2}=0$，解得 $x_0=1$，则 $f(x_0)=f(1)=\ln1+1=1$，切点为 $(1,1)$. 切点 $(1,1)$ 在直线 $y=m$ 上，所以 $m=1$.

(2)依题意得 $f(1)\geqslant\dfrac{e}{a}$，所以 $1\geqslant\dfrac{e}{a}$，所以 $a\geqslant e$. 因为 $f'(x)=\dfrac{1}{x\ln a}-\dfrac{1}{x^2}=\dfrac{x-\ln a}{x^2\ln a}$，$a\geqslant e$，所以当 $0<x<\ln a$ 时，$f'(x)<0$，函数 $f(x)$ 单调递减；当 $x>\ln a$ 时，$f'(x)>0$，函数 $f(x)$ 单调递增.所以函数 $f(x)$ 在 $x=\ln a$ 处取得极小值也是最小值，$f(x)_{\min}=f(\ln a)=\log_a\ln a+\dfrac{1}{\ln a}$，设 $g(x)=e\ln x-x$，$x\geqslant e$，则 $g'(x)=\dfrac{e}{x}-1=\dfrac{e-x}{x}\leqslant0$，所以 $g(x)$ 在 $(e,+\infty)$ 上单调递减，从而有 $g(x)\leqslant g(e)=0$，所以 $e\ln x\leqslant x$. 又因为 $a\geqslant e$，所以有 $e\ln a\leqslant a$，从而有 $\dfrac{1}{\ln a}\geqslant\dfrac{e}{a}$，当且仅当 $a=e$ 时等号成立.由 $a\geqslant e$ 知 $\ln a\geqslant1$，所以 $\log_a\ln a\geqslant0$，因此有 $\log_a\ln a+\dfrac{1}{\ln a}\geqslant\dfrac{e}{a}$.

综上，满足题设的 a 的取值范围为 $[e,+\infty)$.

第十四章 复数

【选择题】

1. C 解析 方法一 $|z|=\left|\dfrac{3-i}{1+2i}\right|=\dfrac{|3-i|}{|1+2i|}=\dfrac{\sqrt{3^2+1^2}}{\sqrt{1^2+2^2}}=\dfrac{\sqrt{10}}{\sqrt{5}}=\sqrt{2}$，故选 C.

方法二   因为 $z=\dfrac{3-i}{1+2i}=\dfrac{(3-i)(1-2i)}{(1+2i)(1-2i)}=\dfrac{1-7i}{5}$，所以 $|z|=\left|\dfrac{1-7i}{5}\right|=\dfrac{1}{5}\sqrt{1^2+7^2}=\sqrt{2}$. 故选 C.

2. D 解析 因为 $z(1+i)=2i$，所以 $z=\dfrac{2i}{1+i}=\dfrac{2i(1-i)}{(1+i)(1-i)}=\dfrac{2i+2}{2}=i+1$，故选 D.

3. D 解析 复数 $\dfrac{1}{1-i}=\dfrac{1+i}{(1-i)(1+i)}=\dfrac{1+i}{2}=\dfrac{1}{2}+\dfrac{1}{2}i$，其共轭复数为 $\dfrac{1}{2}-\dfrac{1}{2}i$，它对应的点为 $\left(\dfrac{1}{2},-\dfrac{1}{2}\right)$，在复平面内位于第四象限，故选 D.

4. C 解析 因为 $z + i = 3 - i$,所以 $z = 3 - i - i = 3 - 2i$,所以 $\bar{z} = 3 + 2i$,故选 C. 也可以对 $z + i = 3 - i$ 两边同时取共轭运算,即 $\overline{z + i} = \overline{3 - i}$,即 $\bar{z} - i = 3 + i$,则 $\bar{z} = 3 + 2i$. 故选 C.

5. A 解析 $z = (m + 3) + (m - 1)i$ 在复平面内对应的点为 $(m + 3, m - 1)$,该点位于第四象限,所以 $m + 3 > 0$ 且 $m - 1 < 0$,解得 $-3 < m < 1$. 故选 A.

6. D 解析 因为 $z = 4 + 3i$,所以 $\bar{z} = 4 - 3i$ 且 $|z| = \sqrt{4^2 + 3^2} = 5$,所以 $\dfrac{\bar{z}}{|z|} = \dfrac{4 - 3i}{5} = \dfrac{4}{5} - \dfrac{3}{5}i$. 故选 D.

7. C 解析 因为 $z = 1 + 2i$,所以 $|z| = \sqrt{1^2 + 2^2} = \sqrt{5}$,所以 $\dfrac{4i}{z\bar{z} - 1} = \dfrac{4i}{|z|^2 - 1} = \dfrac{4i}{4} = i$,故选 C.

8. D 解析 因为 $\dfrac{(1 - i)^2}{z} = 1 + i$,所以 $(1 + i)z = (1 - i)^2 = 1 - 2i + i^2 = -2i$,所以 $z = -\dfrac{2i}{1 + i} = -\dfrac{2i(1 - i)}{(1 + i)(1 - i)} = -i(1 - i) = -i + i^2 = -1 - i$. 故选 D.

9. B 解析 $\dfrac{2 + 3i}{1 + i} = \dfrac{(2 + 3i)(1 - i)}{(1 + i)(1 - i)} = \dfrac{5 + i}{2} = \dfrac{5}{2} + \dfrac{1}{2}i$,其实部为 $\dfrac{5}{2}$,虚部为 $\dfrac{1}{2}$,两者之积为 $\dfrac{5}{4}$. 故选 B.

10. D 解析 因为 $z = \dfrac{a}{1 - 2i} + i = \dfrac{a(1 + 2i)}{(1 - 2i)(1 + 2i)} + i = \dfrac{a + 2ai}{5} + i = \dfrac{a}{5} + \dfrac{2a + 5}{5}i$,其实部与虚部互为相反数,所以 $\dfrac{a}{5} + \dfrac{2a + 5}{5} = 0$,即 $\dfrac{3a + 5}{5} = 0$,解得 $a = -\dfrac{5}{3}$. 故选 D.

【填空题】

1. $\dfrac{\sqrt{2}}{2}$ 解析 方法一 因为 $z = \dfrac{1}{1 + i} = \dfrac{1 - i}{(1 + i)(1 - i)} = \dfrac{1 - i}{2} = \dfrac{1}{2} - \dfrac{1}{2}i$,所以 $|z| = \sqrt{\left(\dfrac{1}{2}\right)^2 + \left(-\dfrac{1}{2}\right)^2} = \dfrac{\sqrt{2}}{2}$.

方法二 因为 $z = \dfrac{1}{1 + i}$,所以 $|z| = \left|\dfrac{1}{1 + i}\right| = \dfrac{1}{|1 + i|} = \dfrac{1}{\sqrt{2}} = \dfrac{\sqrt{2}}{2}$.

2. 2 解析 因为 $(a + 2i)(1 + i) = (a - 2) + (a + 2)i$,其实部 $a - 2 = 0$,所以 $a = 2$.

3. $\sqrt{10}$ 解析 方法一 因为 $z = (1 + i)(1 + 2i) = 1 - 2 + 3i = -1 + 3i$,所以 $|z| = \sqrt{(-1)^2 + 3^2} = \sqrt{10}$.

方法二 因为 $z = (1 + i)(1 + 2i)$,所以 $|z| = |(1 + i)(1 + 2i)| = |1 + i| \cdot |1 + 2i| = \sqrt{2} \times \sqrt{5} = \sqrt{10}$.

4. i 解析 因为 $z = m(m - 1) + (m - 1)i$ 是纯虚数,所以 $m(m - 1) = 0$ 且 $m - 1 \neq 0$,解得 $m = 0$. 此时 $z = -i$,所以 $\dfrac{1}{z} = \dfrac{1}{-i} = \dfrac{i}{-i^2} = i$.

5. -20 解析 因为 $z_1 - z_2 = 4 + 29i - (6 + 9i) = -2 + 20i$,所以 $(z_1 - z_2)i = -2i + 20i^2 = -20 - 2i$,其实部为 -20.

6. $-\dfrac{3}{5}$ 解析 复数 $\dfrac{1}{2 + i} + \dfrac{1}{1 + 2i} = \dfrac{2 - i}{(2 + i)(2 - i)} + \dfrac{1 - 2i}{(1 + 2i)(1 - 2i)} = \dfrac{2 - i}{5} + \dfrac{1 - 2i}{5} = \dfrac{3}{5} - \dfrac{3}{5}i$,其虚部为 $-\dfrac{3}{5}$.

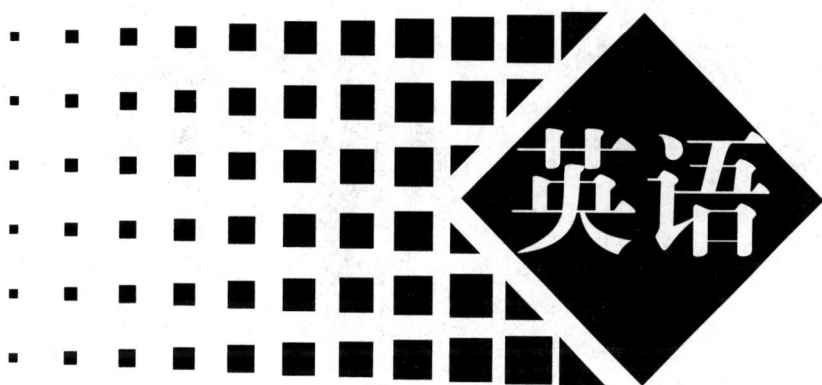

英语 ➡ 强化练习题

一、选择填空

1. always   A. b<u>a</u>sket   B. <u>a</u>sk   C. t<u>a</u>ble   D. gr<u>a</u>ss

2. h<u>a</u>t   A. th<u>a</u>t   B. l<u>a</u>te   C. gr<u>a</u>de   D. n<u>a</u>me

3. <u>i</u>nvent   A. l<u>i</u>ke   B. f<u>i</u>nd   C. k<u>i</u>te   D. c<u>i</u>ty

4. <u>e</u>xercise   A. s<u>e</u>cond   B. m<u>e</u>ss   C. F<u>e</u>bruary   D. c<u>i</u>nema

5. br<u>ea</u>k   A. gr<u>ea</u>t   B. r<u>ea</u>d   C. s<u>ea</u>son   D. r<u>ea</u>son

6. th<u>er</u>e   A. fif<u>th</u>   B. mou<u>th</u>   C. bir<u>th</u>   D. wi<u>th</u>

7. <u>u</u>sually   A. d<u>u</u>ck   B. m<u>u</u>sic   C. l<u>u</u>nch   D. s<u>u</u>nny

8. f<u>oo</u>t   A. f<u>oo</u>d   B. l<u>oo</u>k   C. sch<u>oo</u>l   D. g<u>oo</u>se

9. wind<u>ow</u>   A. yell<u>ow</u>   B. h<u>ow</u>   C. fl<u>ow</u>er   D. br<u>ow</u>n

10. crowd<u>ed</u>   A. walk<u>ed</u>   B. jump<u>ed</u>   C. kick<u>ed</u>   D. want<u>ed</u>

11. ag<u>ai</u>nst   A. r<u>ai</u>n   B. tr<u>ai</u>n   C. s<u>ai</u>d   D. p<u>ai</u>nt

12. deci<u>s</u>ion   A. na<u>t</u>ion   B. ac<u>t</u>ion   C. ten<u>s</u>ion   D. vi<u>s</u>ion

13. sorr<u>y</u>   A. tr<u>y</u>   B. m<u>y</u>   C. wh<u>y</u>   D. happ<u>y</u>

14. b<u>ir</u>d   A. tig<u>er</u>   B. h<u>er</u>   C. offic<u>er</u>   D. doct<u>or</u>

15. w<u>ar</u>n   A. w<u>ar</u>m   B. p<u>ar</u>ty   C. g<u>ar</u>den   D. m<u>ar</u>ket

16. He is a success as a leader, but he doesn't have _____ in teaching.

     A. many experience   B. much experience

     C. an experience   D. a lot experience

17. _____ are very cute. I want to buy the same one as theirs.

     A. The twin's coats   B. The twins' coats

     C. The twin coats   D. The twins' coat

18. I was so angry when I knew that Mary broke a _____ while she was washing up.

     A. tea cup   B. a cup of tea   C. tea's cup   C. cup tea

19. —What do you think of these two books?

     —_____ of them are interesting. And I've read them several times.

     A. Both   B. Neither   C. None   D. Either

20. _____ are you taking this book to? And _____ is going to have this class?

     A. Whom; who   B. Who; whom

     C. Whose; who   D. Whom; whom

21. Do you know the scientist _____ gave us a talk just now?

     A. who   B. whom   C. which   D. whose

22. _____ as the maths problem is, I can work it out.
    A. Difficult   B. Difficulty
    C. Difficulties   D. Though difficulty

23. You do deserve our admiration since you are such a woman as always think _____ of yourself than others.
    A. much   B. much more   C. little   D. much less

24. It was really comfortable to live in this house. There was a _____ beautiful view from the bedroom.
    A. true   B. truly   C. good   D. nice

25. When we speak to people who are older than us, we should speak _____ we speak to our grandparents.
    A. as polite so   B. as polite as   C. as politely so   D. as politely as

26. Peter Spence, _____ headmaster of the school, told us, " _____ fifth of pupils here will go to study at Oxford and Cambridge. "
    A. 不填；A   B. 不填；The   C. the；The   D. a；A

27. In communication, a smile is usually _____ strong sign of a friendly and _____ open attitude.
    A. the；/   B. a；an   C. a；/   D. the；an

28. It's _____ good feeling for people to admire the Shanghai World Expo that gives them _____ pleasure.
    A. 不填；a   B. a；不填   C. the；a   D. a；the

29. Years ago we didn't know this, but recent science _____ that people who don't sleep well will soon get ill.
    A. showed   B. will show   C. has shown   D. is showing

30. The policeman's attention was suddenly caught by a small box which _____ placed under the Minister's car.
    A. has been   B. was being
    C. had been   D. would be

31. The hero's story _____ differently in the newspapers.
    A. was reported   B. was reporting   C. reports   D. reported

32. The coffee is wonderful! It doesn't taste like anything I _____ before.
    A. was having   B. have
    C. have ever had   D. had ever had

33. Let's keep to the point or we _____ any decisions.
    A. will never reach   B. have never reached
    C. never reach   D. never reached

34. My mind wasn't on what he was saying, so I'm afraid I _____ half of it.
    A. was missing   B. had missing   C. will miss   D. missed

35. —Has Sam finished his homework today?

　　—I have no idea. He _____ it at 10 this morning.

　　A. did　　　　　B. has done　　　　C. was doing　　　　D. had done

36. I _____ you not to move my dictionary; now I can't find it.

　　A. asked　　　　B. ask　　　　　　C. was asking　　　　D. had asked

37. According to the art dealer, the painting _____ to go for at least a million dollars.

　　A. is expected　　B. expects　　　　C. expected　　　　D. is expecting

38. —The window is dirty.

　　—I know. It _____ for weeks.

　　A. hasn't cleaned　　　　　　　　　B. didn't clean

　　C. wasn't cleaned　　　　　　　　　D. hasn't been cleaned

39. —What's that terrible noise?

　　—The neighbors _____ for a party.

　　A. have prepared　　B. are preparing　　C. prepare　　　　D. will prepare

40. Now that she is out of job, Lucy _____ going back to school, but she hasn't decided yet.

　　A. had considered　　　　　　　　　B. has been considering

　　C. considered　　　　　　　　　　　D. is going to consider

41. In some parts of the world, tea _____ with milk and sugar.

　　A. is serving　　　B. is served　　　C. serves　　　　　D. served

42. This is Ted's phone. We miss him a lot. He _____ trying to save a child in the earthquake.

　　A. killed　　　　　B. is killed　　　C. was killed　　　D. was killing

43. —Have you moved into the new house?

　　—Not yet, the rooms _____.

　　A. are being painted　　　　　　　　B. are painting

　　C. are painted　　　　　　　　　　　D. are being painting

44. When and where to go for the on-salary holiday _____ yet.

　　A. are not decided　　　　　　　　　B. have not been decided

　　C. is not being decided　　　　　　　D. has not been decided

45. The manager entered the office and was happy to learn that four-fifths of the tickets _____.

　　A. was booked　　　　　　　　　　　B. had been booked

　　C. were booked　　　　　　　　　　　D. have been booked

46. Helen had to shout _____ above the sound of the music.

　　A. making herself hear　　　　　　　B. to make herself hear

　　C. making herself heard　　　　　　　D. to make herself heard

47. Reading is an experience quite different from watching TV; there are pictures _____ in your mind instead of before your eyes.
    A. to form   B. form   C. forming   D. having formed

48. The man insisted _____ a taxi for me even though I told him I lived nearby.
    A. find   B. to find   C. on finding   D. in finding

49. The old man, _____ abroad for twenty years, is on the way back to his motherland.
    A. to work   B. working
    C. to have worked   D. having worked

50. You were silly not _____ your car.
    A. to lock   B. to have locked   C. locking   D. having locked

51. _____ has recently been done to provide more buses for the people, a shortage of public vehicles remains a serious problem.
    A. That   B. What   C. In spite of what   D. Though what

52. As we have much time left, let's discuss the matter _____ tea and cake.
    A. over   B. with   C. by   D. at

53. Mr. Black must be worried about something. You can _____ it from the look on his face.
    A. react   B. reach   C. read   D. research

54. It is the management rule of our hotel that payment _____ be made in cash.
    A. shall   B. need   C. will   D. can

55. If you win the competition, you will be given _____ to Europe for two.
    A. a free 7-day trip   B. a free trip for 7-day
    C. a 7-day free trip   D. a trip for 7-day free

56. The stone on the river bank rolled under her feet; she was _____ into the river, and she called out for help.
    A. being jumped   B. jumped   C. pulled   D. being pulled

57. —Did you write to Mary last month?
    —No, but I'll _____ her over Christmas Day.
    A. be seen   B. be seeing   C. have seen   D. have been seeing

58. The little boy is dirty from head to foot because he _____ in the mud all morning.
    A. has played   B. is playing
    C. has been playing   D. was playing

59. —What happened in that new area?
    —New houses _____ recently over there.
    A. are built   B. build   C. have built   D. have been built

60. The necklace she _____ with the money her mother _____ her is valuable.
    A. bought; had given   B. had bought; gave
    C. buys; gave   D. bought; gave

61. Tom was disappointed that most of the guests _____ when he _____ at the party.

    A. left; had arrived   B. left; arrived

    C. had left; had arrived   D. had left; arrived

62. I _____ ten minutes to decide whether I should reject the offer.

    A. gave   B. was given   C. was giving   D. had given

63. He wrote to his friends _____ information.

    A. asked for   B. to ask for   C. ask for   D. asks for

64. What about the two of us _____ a walk after supper?

    A. to take   B. take   C. taking   D. to be taking

65. Be sure to write to us, _____?

    A. will you   B. aren't you   C. can you   D. mustn't you

66. _____ 55th BDS-3 satellite was launched on 23 June 2020 at _____ Xichang Satellite Launch Centre in southwest China.

    A. The; the   B. 不填; the   C. A; the   D. A; 不填

67. _____ to take this adventure course will certainly learn a lot of useful skills.

    A. Brave enough students   B. Enough brave students

    C. Students brave enough   D. Students enough brave

68. I like this jacket better than that one, but it costs almost three times _____.

    A. as much   B. as many   C. so much   D. so many

69. You may drop in or just give me a call. _____ will do.

    A. Either   B. Each   C. Neither   D. All

70. —How far can you run without stopping?

    —_____. I've never tried.

    A. Don't mention it   B. That's all right

    C. I have no idea   D. Go ahead

71. Mark needs to learn Chinese _____ his company is opening a branch in Beijing.

    A. unless   B. until   C. although   D. since

72. —Oh no! We're too late. The train _____.

    —That's OK. We'll catch the next train to London.

    A. was leaving   B. had left   C. has left   D. has been leaving

73. _____ I have to give a speech, I get extremely nervous before I start.

    A. Whatever   B. Whenever   C. Whoever   D. However

74. It's good to know _____ the dogs will be well cared for while we're away.

    A. what   B. whose   C. which   D. that

75. Not until I began to work _____ how much time I had wasted.

    A. didn't I realize   B. did I realize   C. I didn't realize   D. I realized

76. Though you may hate some customs in other countries, _____, you must remember "When in Rome, do as the Romans do."

    A. likewise   B. therefore   C. otherwise   D. anyway

77. What the leader referred to in the report was really something _____.

    A. worthy of considering   B. worth to be considered

    C. worthy to be considered   D. worth being considered

78. _____ the Internet is bridging the distance between people, it may also be breaking some homes or will cause other family problems.

    A. When   B. If   C. While   D. As

79. _____ today, he would get there by Saturday.

    A. Did he leave   B. Was he leaving   C. Would he leave   D. Were he to leave

80. After he retired from office, Rogers _____ painting for a while, but soon lost interest.

    A. took up   B. saved up   C. kept up   D. drew up

81. I don't know who invented _____ computer, but I think it is _____ useful invention.

    A. the; a   B. the; the   C. an; the   D. an; a

82. You're driving too fast. Can you drive _____?

    A. more slowly a bit   B. slowly a bit more

    C. a bit more slowly   D. slowly more a bit

83. If it is quite _____ to you, I will visit you next Tuesday.

    A. convenient   B. fair   C. easy   D. comfortable

84. When you're learning to drive, _____ a good teacher makes a big difference.

    A. have   B. having   C. had   D. has

85. —Could you tell me how to get to Victoria Street?

    —Victoria Street? _____ is where the Grand Theatre is.

    A. Such   B. There   C. That   D. This

86. I didn't think I'd like the movie, but actually it _____ pretty good.

    A. has been   B. was   C. had been   D. would been

87. I would love _____ to the party last night, but I had to work extra hours to finish a report.

    A. to go   B. to have gone   C. going   D. having gone

88. Not once _____ their plan.

    A. did they change   B. they changed   C. changed they   D. they did change

89. How I wish every family _____ a large house with a beautiful garden!

    A. has   B. had   C. will have   D. had had

90. There is no simple answer, _____ is often the case in science.

    A. as   B. that   C. when   D. where

91. —This is a really lively party. There's a great atmosphere, isn't there?

    —_____. The hosts know how to host a party.

    A. Don't worry   B. Yes, indeed   C. No, there isn't   D. It all depends

92. The Smiths are praised _____ the way they bring up their children.

    A. from   B. by   C. at   D. for

93. Finally he reached a lonely island _____ was completely cut off from the outside world.

    A. when   B. where   C. which   D. whom

94. One of the requirements for the fire is that the material _____ to its burning temperature.

    A. is heated   B. will be heated   C. would be heater   D. be heated

95. They swear they will push ahead with the experiment whatever _____ they might meet with.

    A. disadvantages   B. shortcomings   C. troubles   D. hardships

96. Henry's news report covering the conference was so _____ that nothing had been omitted.

    A. understanding   B. comprehensible   C. comprehensive   D. understandable

97. The managing director took the _____ for the accident, although it was not really his fault.

    A. guilt   B. charge   C. blame   D. accusation

98. The fire was out, but _____, the smell of smoke was strong.

    A. even so   B. ever so   C. as yet   D. so far

99. The policeman stopped him when he was driving home and _____ him of speeding.

    A. charged   B. accused   C. blamed   D. deprived

100. Maybe if I _____ science, and not literature then, I would be able to give you more help.

    A. studied   B. would study   C. had studied   D. was studying

101. When asked about their opinions about the schoolmaster, many teachers would prefer to see him step aside _____ younger men.

    A. in terms of   B. in need of   C. in favor of   D. in praise of

102. I have bought such a watch _____ was advertised on TV.

    A. that   B. which   C. as   D. it

103. We each took _____ tea after having _____ wonderful supper at my uncle's yesterday.

    A. a; \   B. \; a   C. a; a   D. the; the

104. She told me she hadn't enjoyed the film, but I decided to go and see it _____.

    A. at all   B. in all   C. all the same   D. above all

105. Anna was reading a piece of science fiction, completely _____ to the outside world.

    A. having been lost   B. to be lost

    C. losing   D. lost

106. _____ to secret document is denied to all but few.

    A. Access   B. Approach   C. Contact   D. Touch

107. Will all those _____ the proposal raise their hands?

    A. in relation to   B. in excess of   C. in contrast to   D. in favor of

108. A cold is nothing to you _____ it is merely a cold; but it sometimes becomes a danger.

    A. no matter   B. as well as   C. so long as   D. so far as

109. He usually goes to work on time _____.

    A. except for raining days   B. besides it rains

    C. but that it rains   D. except on rainy days

110. In Australia, he made a lot of friends _____ a very practical knowledge of the English language.

    A. get   B. to get   C. getting   D. got

111. He is among those lucky students who have won _____ to a first-rate university.

    A. permission   B. admittance   C. profession   D. admission

112. Mathematics as well as other subjects _____ a science.

    A. was   B. is   C. are   D. belong to

113. We should _____ our human and material resources if we are to succeed in the joint venture.

    A. pour   B. plunge   C. pool   D. pick

114. I would appreciate _____ it a secret.

    A. your keeping   B. that you keep   C. you to keep   D. that you will keep

115. Some old people don't like pop songs because they can't _____ so much noise.

    A. resist   B. tolerate   C. sustain   D. undergo

116. I think it's wise to put our children into a situation _____ they can only depend on themselves.

    A. why   B. where   C. which   D. when

117. —Alison, I'm sorry. I can't go to the wedding with you tomorrow morning.

    —_____?

    —My grandma was severely ill, so I have to stay in the hospital to look after her.

    A. How is it   B. How come

      C. So what   D. What's the problem

118. _____ I got over from the failure of my entrance examination. And I made up my mind to devote myself to my study again.

    A. Considerably   B. Constantly   C. Eventually   D. Frequently

119. —Yesterday, I didn't see Ben at the party.

　　—You _____ him. He just came back from Beijing this morning.

　　A. mustn't have seen　　　　　　B. can't have seen

　　C. couldn't see　　　　　　　　D. needn't have seen

120. Powerful earthquake hit Tokyo on August 11, 2009, _____ two nuclear reactors

　　(核反应堆)to be shut down for safety checks.

　　A. forcing　　　B. forced　　　C. to force　　　D. force

121. In order to be a good scientist, _____.

　　A. mathematics is vital

　　B. one must master mathematics

　　C. mathematics is important to understand

　　D. one to understand mathematics

122. I'm _____ him to arrive on Sunday.

　　A. awaiting　　　B. waiting　　　C. expecting　　　D. hoping

123. It's high time that something _____ to prohibit selling fake commodities.

　　A. must be done　B. was done　　C. be done　　　D. were done

124. What's the matter? I smell something _____.

　　A. burn　　　　B. burns　　　　C. being burned　　D. burning

125. It was a long time before the cut on my hand _____ completely.

　　A. healed　　　B. recovered　　C. improved　　　D. cured

126. I hear someone _____ at the door. Please go and see who _____ is.

　　A. knock; he　　B. knocking; he　C. knock; it　　　D. knocking; it

127. The light in the room wasn't _____ for me to read.

　　A. enough bright　　　　　　　B. brightly enough

　　C. enough brightly　　　　　　D. bright enough

128. —Excuse me. May I use your computer?

　　—_____. It's broken.

　　A. Sure　　　　　　　　　　　B. Yes, here you are

　　C. With pleasure　　　　　　　D. I'm afraid not

129. —Mary isn't going out this evening, is she?

　　—_____. She has to stay at home to look after her sick mother.

　　A. Yes, she is　　　　　　　　B. No, she isn't

　　C. Yes, she isn't　　　　　　　D. No, she is

130. A spaceship flies at about ten kilometers _____ second.

　　A. /　　　　　　B. the　　　　C. a　　　　　　D. an

131. Is there _____ food in the fridge? I'm hungry.

　　A. some　　　　B. any　　　　C. something　　　D. anything

132. —_____ have you been to Xi'an?

—Twice.

A. How soon   B. How many times   C. How often   D. How long

133. There are a lot _____ people today than yesterday.

A. of   B. most   C. /   D. more

134. Shanghai is larger than _____ city in New Zealand.

A. any other   B. other   C. all other   D. any

135. —Would you like some more fish?

—_____. I'm full.

A. Yes, please   B. No, thanks

C. No, I won't have it   D. Yes, I won't to

136. He has read many books on history, so it's _____ for him to answer these questions.

A. hard   B. impossible   C. easy   D. serious

137. When he heard a cry for help, he ran out as _____ as he could.

A. hardly   B. quickly   C. finally   D. slowly

138. My uncle called and asked me if I had _____ the birthday gift from him.

A. invented   B. raised   C. received   D. ordered

139. I was told to meet Mr. Green at the airport. But I don't know _____ he will arrive.

A. where   B. why   C. how   D. when

140. Anyone who sings well can _____ the activity in our school.

A. take part in   B. take off   C. take out   D. take care of

141. We have to _____ the wheat as soon as possible because a storm is on the way.

A. get away   B. get across   C. get through   D. get in

142. They've won their last three matches, _____ I find a bit surprising.

A. that   B. when   C. what   D. which

143. Dr. Smith, together with his wife and daughters, _____ visit Beijing this summer.

A. is going to   B. are going to

C. was going to   D. were going to

144. The children had only _____ slight temperature, but the doctor regarded _____ illness as serious enough for _____ hospital treatment.

A. a; the; /   B. /; /; the

C. a; /; /   D. /; the; the

145. It is widely accepted that young babies learn to do things because certain acts lead to _____.

A. rewards   B. prizes   C. awards   D. result

146. I can't hear clearly _____ the noise outside so loud.

    A. because   B. because of   C. with   D. for

147. All bodies are strengthened by taking exercise. _____, our minds are developed by learning.

    A. Probably   B. Likely   C. Similarly   D. Generally

148. The girl in the snapshot was smiling sweetly, _____.

    A. her long hair flowed in the breeze

    B. her long hair was flowing in the breeze

    C. her long hair were flowing in the breeze

    D. her long hair flowing in the breeze

149. It was _____ late to catch a bus after the party, and therefore we called a taxi.

    A. too very   B. much too   C. too much   D. for

150. —Do you mind if I record your lecture?

    —_____. Go ahead.

    A. Never mind   B. No way

    C. Not at all   D. No. You'd better not

二、阅读理解

第一节:阅读下列短文,从每题所给的 A、B、C 和 D 四个选项中,选出最佳选项。

Passage 1

In 2018, *Science* magazine asked some young scientists what schools should teach students. Most said students should spend less time memorizing facts and have more space for creative activities. As the Internet grows more powerful, students can access knowledge easily. Why should they be required to carry so much of it around in their heads?

Civilizations(文明) develop through forgetting life skills that were once necessary. In the Agricultural Age, a farmer could afford to forget hunting skills. When societies industrialized, the knowledge of farming could be safe to forget. Nowadays, smart machines give us access to most human knowledge. It seems that we no longer need to remember most things. Does it matter?

Researchers have recognized several problems that may happen. For one, human beings have biases(偏见), and smart machines are likely to increase our biases. Many people believe smart machines are necessarily correct and objective, but machines are trained through a repeated testing and scoring process. In the process, human beings still decide on the correct answers.

Another problem relates to the ease of accessing information. When there were no computers, efforts were required to get knowledge from other people, or go to the library. We know what knowledge lies in other brains or books, and what lies in our heads. But today, the Internet gives us the information we need quickly. This can lead to the mistaken belief—the knowledge we found was part of what we knew all along.

In a new civilization rich in machine intelligence, we have easy access to smart memory networks where information is stored. But dependency on a network suggests possibilities of being harmed easily. The collapse of any of the networks of relations our well-being(健康) depends upon, such as food and energy, would produce terrible results. Without food we get hungry; without energy we feel cold. And it is through widespread loss of memory that civilizations are at risk of falling into a dark age.

We forget old ways to free time and space for new skills. As long as the older forms of knowledge are stored somewhere in our networks, and can be found when we need them, perhaps they're not really forgotten. Still, as time goes on, we gradually but unquestionably become strangers to future people.

1. Why are smart machines likely to increase our biases?

    A. Because they go off course in testing and scoring.

    B. Because we control the training process on them.

    C. Because we offer them too much information.

    D. Because they overuse the provided answers.

2. The ease of accessing information from the Internet _____.

    A. frees us from making efforts to learn new skills

    B. prevents civilizations from being lost at a high speed

    C. misleads us into thinking we already knew the knowledge

    D. separates the facts we have from those in the smart machines

3. The underlined word "collapse" in Paragraph 5 probably means "_____".

    A. a sudden failure   B. the basic rule

    C. a disappointing start   D. the gradual development

4. What is the writer's main purpose in writing this passage?

    A. To question about the standards of information storage.

    B. To discuss our problems of communication with machines.

    C. To stress the importance of improving our memorizing ability.

    D. To remind us of the risk of depending on machines to remember.

5. The best title for this passage is "_____".

    A. Why Should Students Be Required to Carry So Much of Knowledge?

    B. We No Longer Need to Remember Most Things

    C. How Much Can We Afford to Forget?

    D. We Forget Old Ways for New Skills

Passage 2

In our daily life, robots are often found to do work that is too dangerous, boring, difficult, or dirty. And we often see kids play with toy robots.

But what exactly is a robot? There are some important characteristics(特征) that a robot must have. These characteristics might help you to decide what is and what is not a robot. It will also help you to decide what you will need to build into a machine before it can be considered as a robot. A robot has these important characteristics.

Sensing First of all, your robot would have to be able to sense the environment around it. Give your robot sensors: light sensors (eyes), touch sensors (hands), chemical sensors (nose), hearing sensors (ears) and taste sensors (tongue).

Movement A robot needs to be able to move around its environment. It can move on wheels, walk on legs or be driven by small engines. A robot can move either the whole body or just parts of it.

Energy A robot needs to be able to power itself. Some robots might power itself with sunlight, some might with electricity, while others with the battery. The way your robot gets its energy will depend on what your robot needs to do.

Intelligence A robot needs some kind of "smarts". A programmer is the person who gives the robot its "smarts". The robot will have to have a certain way to receive the program so that it knows what it is to do.

6. The underlined word "it" in Paragraph 2 is about _____.
   A. the toy   B. the characteristic   C. the machine   D. the engine

7. The chemical sensors may help a robot to _____.
   A. see   B. catch   C. hear   D. smell

8. In how many ways can a robot power itself according to the passage?
   A. Two.   B. Three.   C. Four.   D. Five.

9. The Chinese meaning of "Intelligence" in the last paragraph is _____.
   A. 能源   B. 勤奋   C. 智能   D. 外观

10. What is the main purpose of the passage?
   A. To help people understand what a robot is.
   B. To tell what a robot can do in our life.
   C. To describe the movement of a robot.
   D. To introduce the history of robots.

Passage 3

The world uses about a thousand million tons of water a day. Water is a human right and everyone should have their share. Yet more than 700 million people around the world have trouble getting clean, safe water.

Treating wastewater is a good way to provide fresh water for us. And it also helps the environment by keeping waste out of rivers and oceans. 80% of wastewater around the world is not treated at all, and it is running into oceans. But now we have got the technology to treat and reuse the wastewater.

While 70.8% of our planet is covered with water, only about 2% is fresh water—that comes from rivers, lakes, ice and snow. The rest, 98% of the water, is in seas and oceans. It is too salty to drink. Then desalination businesses come in. More than 19,000 factories have been built around the world, mostly in coastal countries. They process more than 92 million tons of water every day. But the technology they use requires a lot of energy.

Scientists are working to create a less costly technology. They want to produce 20 times more clean water and make sure everyone has enough. But for now, the world still faces each day with not having enough water for everyone.

11. How many people have trouble in getting clean water around the world?

    A. Under 10 million.　　　　　　　　B. Only 19 million.

    C. About 92 million.　　　　　　　　D. Over 700 million.

12. Treating wastewater helps the environment by _____.

    A. storing waste in ice and snow

    B. letting waste run into oceans

    C. keeping waste out of rivers and oceans

    D. sending waste to coastal countries

13. What does the underlined word "desalination" in Paragraph 3 mean?

    A. 远洋运输　　　B. 潮汐发电　　　C. 食盐销售　　　D. 海水淡化

14. At present, the technology to process water _____.

    A. needs much energy　　　　　　　　B. saves much money

    C. satisfies everyone　　　　　　　　D. causes pollution

15. What can we infer from the last paragraph?

    A. Water should be a human right.

    B. The water problem is still serious.

    C. Our planet is covered with water.

    D. Everyone has enough clean water.

Passage 4

The problem of robocalls(机器人电话,即自动拨号播放录音信息的推销电话) has gotten so bad that many people now refuse to pick up calls from numbers they don't know. By next year, half of the calls we receive will be scams(欺诈). We are finally waking up to the severity of the problem by supporting and developing a group of tools, apps and approaches intended to prevent scammers from getting through. Unfortunately, it's too little, too late. By the time these "solutions" become widely available, scammers will have moved onto cleverer means.

These developments are likely to make our current problems with robocalls much worse. The reason that robocalls are a headache has less to do with amount than precision. A decade of data breaches(数据侵入) of personal information has led to a situation where scammers can easily learn your mother's name, and far more. Armed with this knowledge, they're able to carry out individually targeted campaigns to cheat people. This means, for example, that a scammer could call you from what looks to be a familiar number and talk to you using a voice that sounds exactly like your bank teller's, tricking you into "confirming" your address, mother's name, and card number. Scammers follow money, so companies will be the worst hit. A lot of business is still done over the phone, and much of it is based on trust and existing relationships. Voice manipulation technologies may weaken that gradually.

We need to deal with the insecure nature of our telecom networks. Phone carriers and consumers need to work together to find ways of determining and communicating what is real. That might mean either developing a uniform way to mark videos and images, showing when and who they were made by, or abandoning phone calls altogether and moving towards data-based communications—using apps like FaceTime or WhatsApp, which can be tied to your identity.

<u>Credibility</u> is hard to earn but easy to lose, and the problem is only going to get harder from here on out.

16. How does the author feel about the solutions to problem of robocalls?

    A. Panicked.   B. Confused.   C. Embarrassed.   D. Disappointed.

17. Taking advantage of the new technologies, scammers can _____.

    A. aim at victims precisely   B. damage databases easily

    C. start campaigns rapidly   D. spread information widely

18. What does the passage imply?

    A. Honesty is the best policy.

    B. Technologies can be double-edged.

    C. There are more solutions than problems.

    D. Credibility holds the key to development.

19. Which of the following would be the best title for the passage?

    A. Where the Problem of Robocalls Is Rooted

    B. Who Is to Blame for the Problem of Robocalls

    C. Why Robocalls Are About to Get More Dangerous

    D. How Robocalls Are Affecting the World of Technology

20. What does the underlined word "Credibility" in the last paragraph refer to?

    A. 可信性   B. 荣誉   C. 方案   D. 精确度

Passage 5

The 65-year-old Steve Goodwin was found suffering from early Alzheimer's(阿尔兹海默症). He was losing his memory. A software engineer by profession, Steve was a keen lover of the piano, and the only musician in his family.

Melissa, his daughter, felt it more than worthwhile to save his music. She thought about hiring a professional pianist to work with her father.

Naomi, Melissa's best friend and a talented pianist showed willingness to help. Naomi drove to the Goodwin's home and told Steve she'd love to hear him play. Long pauses, heart sinking. But Steve pressed on, playing for the first time in his life for a stranger. "It was beautiful," Naomi said after listening to the recording. "The music was worth saving."

Naomi and Steve met every other week and spent hours together. He'd move his fingers clumsily on the piano, and then she'd take his place. He struggled to explain what he heard in his head. Steve and Naomi spoke in musical code: lines, beats, intervals, moving from the root to end a song in a new key. Steve heard it. All of it. He just couldn't play it.

Working with Naomi did wonders for Steve. It had excited within him the belief he could write one last song. One day, Naomi received an email. Attached was a recording, a recording of loss and love, of the fight. Steve called it "Melancholy Flower".

Naomi managed to figure out 16 of Steve's favorites, and most personal songs. With Naomi's help, the Goodwin family found a sound engineer to record Naomi playing Steve's songs. His wife Joni called him "honey" and encouraged him. Then, Joni thought that would be the end. But it wasn't.

In the months leading up to the 2016 Oregon Repertory Singers Christmas concert, Naomi told the director "Melancholy Flower" and the story. The director agreed to add it to the playing list. After the concert, Naomi told the family that Steve's music was beautiful and professional. It needed to be shared in public.

The family rented a former church in downtown Portland and scheduled a concert. Steve was having a hard time remembering the names of some of his friends. He knew the path his life was now taking. He told his family he was at peace.

21. Why did Melissa want to save her father's music?

    A. His music could stop his disease from worsening.

    B. She wanted to please her dying old father.

    C. His music deserved to be preserved in the family.

    D. She wanted to make her father a professional.

22. After hearing Steve's playing, Naomi _____ .

    A. refused to make a comment on it

    B. was deeply impressed by his music

    C. decided to free Steve from suffering

    D. regretted offering help to her friend

23. How can the process of Steve's recording be described?

    A. It was slow but productive.

    B. It was beneficial to his health.

    C. It was tiresome for Naomi.

    D. It was vital for Naomi's career.

24. Before Steve finished "Melancholy Flower", his wife Joni _____ .

    A. thought the music talent of Steve was exhausted

    B. didn't expect the damage the disease brought about

    C. didn't fully realize the value of her husband's music

    D. brought her husband's music career to perfection

25. How did Steve feel at the concert held in downtown Portland?

    A. He felt concerned about his illness.

    B. He sensed a responsibility for music.

    C. He regained his faith in music.

    D. He got into a state of being quiet.

Passage 6

For Canaan Elementary's second grade in Patchogue, N. Y. , today is speech day, and right now it's Chris Palaez's turn. The 8-year-old is the joker of the class. With shining dark eyes, he seems like the kid who would enjoy public speaking.

But he's nervous. "I'm here to tell you today why you should…should…" Chris trips on the "-ld, " a pronunciation difficulty for many non-native English speakers. His teacher, Thomas Whaley, is next to him, whispering support, "…Vote for…me…" Except for some <u>stumbles</u>, Chris is doing amazingly well. When he brings his speech to a nice conclusion, Whaley invites the rest of the class to praise him.

A son of immigrants, Chris started learning English a little over three years ago. Whaley recalls how at the beginning of the year, when called upon to read, Chris would excuse himself to go to the bathroom.

Learning English as a second language can be a painful experience. What you need is a great teacher who lets you make mistakes. "It takes a lot for any student," Whaley explains, "especially for a student who is learning English as their new language, to feel confident enough to say, ' I don't know, but I want to know. '"

Whaley got the idea of this second-grade presidential campaign project when he asked the children one day to raise their hands if they thought they could never be a president. The answer broke his heart. Whaley says the project is about more than just learning to read and speak in public. He wants these kids to learn to boast(夸耀) about themselves.

"Boasting about yourself, and your best qualities," Whaley says, "is very difficult for a child who came into the classroom not feeling confident. "

26. What made Chris nervous?

    A. Telling a story.   B. Making a speech.

    C. Taking a test.   D. Answering a question.

27. What does the underlined word "<u>stumbles</u>" in Paragraph 2 refer to?

    A. Improper pauses.   B. Bad manners.

    C. Spelling mistakes.   D. Silly jokes.

28. We can infer that the purpose of Whaley's project is to   .

    A. help students see their own strengths

    B. assess students' public speaking skills

    C. prepare students for their future jobs

    D. inspire students' love for politics

29. Which of the following best describes Whaley as a teacher?

    A. Humorous.   B. Ambitious.   C. Caring.   D. Demanding.

30. What can be a suitable title for the passage?

    A. The 8-year-old Boy Is Nervous

    B. Praise Helps the Boy Set Up Confidence to Enjoy Public Speaking

    C. Thomas Whaley Taught How to Make a Speech

    D. Boasting About Yourself is Very Difficult

Passage 7

I must have always known reading was very important because the first memories I have as a child deal with books. There was not one night that I don't remember Mom reading me a storybook by my bedside. I was extremely inspired by the elegant way the words sounded.

I always wanted to know what my mom was reading. Hearing Mom say "I can't believe what's printed in the newspaper this morning" made me want to grab it out of her hands and read it myself. I wanted to be like my mom and know all of the things she knew. So I carried around a book, and each night, just to be like her, I would pretend to be reading.

This is how everyone learned to read. We would start off with sentences, then paragraphs, and then stories. It seemed an unending journey, but even as a six-year-old girl I realized that knowing how to read could open many doors. When Mom said, "The C-A-N-D-Y is hidden on the top shelf," I knew where the candy was. My progress in reading raised my curiosity, and I wanted to know everything. I often found myself telling my mom to drive more slowly, so that I could read all of the road signs we passed.

Most of my reading through primary, middle and high school was factual reading. I read for knowledge, and to make A's on my tests. Occasionally, I would read a novel that was assigned, but I didn't enjoy this type of reading. I liked facts, things that are concrete. I thought anything abstract left too much room for argument.

Yet, now that I'm growing and the world I once knew as being so simple is becoming more complex, I find myself needing a way to escape. By opening a novel, I can leave behind my burdens and enter into a wonderful and mysterious world where I am now a new character. In these worlds I can become anyone. I don't have to write down what happened or what technique the author was using when he or she wrote this. I just read to relax.

We're taught to read because it's necessary for much of human understanding. Reading is a vital part of my life. Reading satisfies my desire to keep learning. And I've found that the possibilities that lie within books are limitless.

31. Why did the author want to grab the newspaper out of Mom's hands?

    A. She wanted Mom to read the news to her.

    B. She was anxious to know what had happened.

    C. She couldn't wait to tear the newspaper apart.

    D. She couldn't help but stop Mom from reading.

32. According to Paragraph 3, the author's reading of road signs indicates _____.

    A. her unique way to locate herself

    B. her eagerness to develop her reading ability

    C. her effort to remind Mom to obey traffic rules

    D. her growing desire to know the world around her

33. What was the author's view on factual reading?

    A. It would help her update test-taking skills.

    B. It would allow much room for free thinking.

    C. It would provide true and objective information.

    D. It would help shape a realistic and serious attitude to life.

34. The author takes novel reading as a way to _____.

    A. explore a fantasy land   B. develop a passion for leaning

    C. learn about the adult community   D. get away from a confusing world

35. What could be the best title for the passage?

    A. The Magic of Reading   B. The Pleasure of Reading

    C. Growing up with Reading   D. Reading Makes a Full Man

Passage 8

Would you BET on the future of this man? He is 53 years old. Most of his adult life has been a losing struggle against debt and misfortune. A war injury has made his left hand stop functioning, and he has often been in prison. Driven by heaven-knows-what motives, he determines to write a book.

The book turns out to be one that has appealed to the world for more than 350 years. That former prisoner was Cervantes, and the book was *Don Quixote*(《堂吉诃德》).

We've all known people who run out of steam before they reach life's halfway mark. I'm not talking about those who fail to get to the top. We can't all get there. I'm talking about people who have stopped learning on growing because they have adopted the fixed attitudes and opinions that all too often come with passing years.

Most of us, in fact, progressively narrow the variety of our lives. We succeed in our field of specialization and then become trapped in it. Nothing surprises us. We lose our sense of wonder. But, if we are willing to learn, the opportunities are everywhere.

The things we learn in maturity seldom involve information and skills. We learn to bear with the things we can't change. We learn to avoid self-pity. We learn that however much we try to please, some people are never going to love us—an idea that troubles at first but is eventually relaxing.

With high motivation and enthusiasm, we can keep on learning. Then we will know how important it is to have meaning in our life. Doing any ordinary job as well as one can is in itself an admirable commitment. People who work toward such excellence—whether they are driving a truck, or running a store—make the world better just by being the kind of people they are. They've learned life's most valuable lesson.

36. The passage starts with the story of Cervantes to show that _____.

    A. loss of freedom stimulates one's creativity

    B. age is not a barrier to achieving one's goal

    C. misery inspires a man to fight against his fate

    D. disability cannot stop a man's pursuit of success

37. What does the underlined part "run out of steam" in Paragraph 3 probably mean?

    A. End one's struggle for liberty.

    B. Waste one's energy taking risks.

    C. Miss the opportunity to succeed.

    D. Lose the interest to continue learning.

38. What could be inferred from Paragraph 4?

    A. Those who dare to try often get themselves trapped.

    B. Those who tend to think back can hardly go ahead.

    C. Opportunity favors those with a curious mind.

    D. Opportunity awaits those with a cautious mind.

39. What does the author intend to tell us in Paragraph 5?

    A. A tough man can tolerate suffering.

    B. A wise man can live without self-pity.

    C. A man should try to satisfy people around him.

    D. A man should learn suitable ways to deal with life.

40. What is the author's purpose in writing the passage?

    A. To provide guidance on leading a meaningful adult life.

    B. To stress the need of shouldering responsibilities at work.

    C. To state the importance of generating motivation for learning.

    D. To suggest a way of pursuing excellence in our lifelong career.

Passage 9

While clean energy is increasingly used in our daily life, global warming will continue for some decades after CO_2 emissions(排放) peak. So even if emissions were to begin to decrease today, we would still face the challenge of adapting to climate change.

When it comes to adaptation, it is important to understand that climate change is a process. We are therefore not talking about adapting to a new standard, but to a constantly shifting set of conditions. This is why, in part at least, the US National Climate Assessment says "There is no 'one-size fits all' adaptation." Nevertheless, there are some actions that offer much and carry little risk or cost.

Around the world, people are adapting in surprising ways, especially in some poor countries. Floods have become more damaging in Bangladesh in recent decades. Mohammed Rezwan saw opportunity where others saw only disaster. His not-for-profit organization runs 100 river boats that serve as floating libraries, schools, and health clinics, and are equipped with solar panels and other communicating facilities.

Elsewhere in Asia even more astonishing actions are being taken. Chewang Norphel lives in a mountainous region in India, where he is known as the Ice Man. The loss of glaciers(冰川) there due to global warming represents an enormous threat to agriculture. Without the glaciers, water will arrive in the rivers at times when it can damage crops. Norphel's inspiration came from seeing the waste of water over winter when it was not needed. He directed the wasted water into shallow basins where it froze, and was stored until the spring. His fields of ice supply perfectly timed irrigation(灌溉) water.

In Peru, local farmers around a mountain with a glacier that has already fallen victim to climate change have begun painting the entire mountain peak white in the hope that the added reflectiveness will restore the life-giving ice. The outcome is still far from clear. But the World Bank has included the project on its list of "100 ideas to save the planet".

Human beings will continue to adapt to the changing climate in both ordinary and astonishing ways. But the most sensible form of adaptation is surely to adapt our energy systems to emit less carbon pollution. After all, if we adapt in that way, we may avoid the need to change in so many others.

41. The underlined part in Paragraph 2 implies _____.

    A. adaptation is an ever-changing process

    B. the cost of adaptation varies with time

    C. global warming affects adaptation forms

    D. adaptation to climate change is challenging

42. What is special with regard to Rezwan's project?

    A. The project receives government support.

    B. Different organizations work with each other.

    C. His organization makes the best of a bad situation.

    D. The project connects flooded roads and highways.

43. What did the Ice Man do to reduce the effect of global warming?

    A. Storing ice for future use.

    B. Protecting the glaciers from melting.

    C. Changing the irrigation time.

    D. Postponing the melting of the glaciers.

44. What do we learn from the Peru example?

    A. White paint is usually safe for buildings.

    B. The global warming trend cannot be stopped.

    C. This country is heating up too quickly.

    D. Sunlight reflection may relieve global warming.

45. What's the author's preferred solution to global warming?

    A. Setting up a new standard.   B. Reducing carbon emissions.

    C. Adapting to climate change.   D. Monitoring polluting industries.

Passage 10

Fifteen years ago, I took a summer vacation in Lecce in southern Italy. After climbing up a hill for a panoramic(全景的) view of the blue sea, white buildings and green olive trees, I paused to catch my breath and then positioned myself to take the best photo of this panorama.

Unfortunately, just as I took out my camera, a woman approached from behind, and planted herself right in front of my view. Like me, this woman was here to stop, sigh and appreciate the view.

Patient as I was, after about 15 minutes, my camera scanning the sun and reviewing the shot I would eventually take, I grew frustrated. Was it too much to ask her to move so I could take just one picture of the landscape? Sure, I could have asked her, but something prevented me from doing so. She seemed so content in her observation. I didn't want to mess with that.

Another 15 minutes passed and I grew bored. The woman was still there. I decided to take the photo anyway. And now when I look at it, I think her presence in the photo is what makes the image interesting. The landscape, beautiful on its own, somehow comes to life and breathes because this woman is engaging with it.

This photo, with the unique beauty that unfolded before me and that woman who "ruined" it, now hangs on a wall in my bedroom. What would she think if she knew that her figure is captured(捕捉) and frozen on some stranger's bedroom wall? A bedroom, after all, is a very private space, in which some woman I don't even know has been immortalized(使……永存). In some ways, she lives in my house.

Perhaps we all live in each other's spaces. Perhaps this is what photos are for: to remind us that we all appreciate beauty, that we all share a common desire for pleasure, for connection, for something that is greater than us.

That photo is a reminder, a captured moment, an unspoken conversation between two women, separated only by a thin square of glass.

46. What happened when the author was about to take a photo?

    A. Her camera stopped working.　　B. A woman blocked her view.

    C. Someone asked her to leave.　　D. A friend approached from behind.

47. According to the author, the woman was probably _____.

    A. enjoying herself　　B. losing her patience

    C. waiting for the sunset　　D. thinking about her past

48. In the author's opinion, what makes the photo so alive?

    A. The rich color of the landscape.

    B. The perfect positioning of the camera.

    C. The woman's existence in the photo.

    D. The soft sunlight that summer day.

49. The photo on the bedroom wall enables the author to better understand _____.

    A. the need to be close to nature　　B. the importance of private space

    C. the joy of the vacation in Italy　　D. the shared passion for beauty

50. The passage can be seen as the author's reflections upon _____.

    A. a particular life experience   B. the pleasure of traveling

    C. the art of photography   D. a lost friendship

Passage 11

Every man wants his son to be somewhat of a clone, not in features but in footsteps. As he grows you also age, and your ambitions become more unachievable. You begin to realize that your boy, in your footsteps, could probably accomplish what you hoped for. But footsteps can be muddied and they can go off in different directions.

My son Jody has hated school since the first day in kindergarten. Science projects waited until the last moment. Book reports weren't written until the final threat.

I've been a newspaperman all my adult life. My daughter is a university graduate working toward her master's degree in English. But Jody? When he entered the tenth grade he became a "vo-tech" student(技校学生). They're called "motorheads" by the rest of the student body.

When a secretary in my office first called him "motorhead", I was shocked. "Hey, he's a good kid," I wanted to say, "and smart, really."

I learned later that motorheads are, indeed, different. They usually have dirty hands and wear dirty work clothes. And they don't often make school honor rolls(光荣榜).

But being the parent of a motorhead is itself an experience in education. We who labor in clean shirts in offices don't have the abilities that motorheads have. I began to learn this when I had my car crashed. The cost to repair it was estimated at $800. "Hey, I can fix it," said Jody. I doubted it, but let him go ahead, for I had nothing to lose. My son, with other motorheads, fixed the car. They got parts(零件) from a junk yard, and ability from vo-tech classes.

Since that first repair job, a broken air-conditioner, a non-functioning washer and a non-toasting toaster have been fixed. Neighbors and co-workers trust their car repairs to him. These kids are happiest when doing repairs. And their minds are bright despite their dirty hands and clothes.

I have learned a lot from my motorhead: publishers need printers, engineers need mechanics, and architects need builders. Most importantly, I have learned that fathers don't need clones in footsteps or anywhere else.

My son may never make the school honor roll. But he made mine.

51. What used to be the author's hope for his son?

    A. To avoid becoming his clone.

    B. To resemble him in appearance.

    C. To develop in a different direction.

    D. To reach the author's unachieved goals.

52. What can we learn about the author's children?

    A. His daughter does better in school.

B. His daughter has got a master's degree.

C. His son tried hard to finish homework.

D. His son couldn't write his book reports.

53. The author let his son repair the car because he believed that _____.

　　A. his son had the ability to fix it

　　B. it would save him much time

　　C. it wouldn't cause him any more loss

　　D. other motorheads would come to help

54. In the author's eyes, motorheads are _____.

　　A. tidy and hardworking　　　　　B. cheerful and smart

　　C. lazy but bright　　　　　　　　D. relaxed but rude

55. What did the author realize in the end?

　　A. It is unwise to expect your child to follow your path.

　　B. It is important for one to make the honor roll.

　　C. Architects play a more important role than builders.

　　D. Motorheads have greater ability than office workers.

Passage 12

Failure is probably the most exhausting experience a person ever has. There is nothing more tiring than not succeeding.

We experience this tiredness in two ways: as start-up fatigue (疲惫) and performance fatigue. In the former case, we keep putting off a task because it is either too boring or too difficult. And the longer we delay it, the more tired we feel.

Such start-up fatigue is very real, even if not actually physical, not something in our muscles and bones. The solution is obvious though perhaps not easy to apply: always handle the most difficult job first.

Performance fatigue is more difficult to handle. Though willing to get started, we cannot seem to do the job right. Its difficulties appear so great that, however hard we work, we fail again and again. In such a situation, I work as hard as I can—then let the unconscious take over.

Years ago, when planning *Encyclopedia Britannica*(《大英百科全书》), I had to create a table of contents based on the topics of its articles. Day after day I kept coming up with solutions, but none of them worked. My fatigue became almost unbearable.

One day, mentally exhausted, I wrote down all the reasons why this problem could not be solved. Then I sat back in an easy chair and fell asleep. An hour later, I woke up suddenly with the solution clearly in mind. In the weeks that followed, the solution which had come up in my unconscious mind proved correct at every step. Though I worked as hard as before, I felt no fatigue. Success was now as exciting as failure had been depressing.

Human beings, I believe, must try to succeed. Success, then, means never feeling tired.

56. People with start-up fatigue are most likely to _____.

    A. delay tasks   B. work hard

    C. seek help   D. accept failure

57. What does the author recommend doing to prevent start-up fatigue?

    A. Writing essays in strict order.   B. Building up physical strength.

    C. Leaving out the toughest ideas.   D. Dealing with the hardest task first.

58. On what occasion does a person probably suffer from performance fatigue?

    A. Before starting a difficult task.   B. When all the solutions fail.

    C. If the job is rather boring.   D. After finding a way out.

59. According to the author, the unconscious mind may help us _____.

    A. ignore mental problems   B. get some nice sleep

    C. gain complete relief   D. find the right solution

60. What could be the best title for the passage?

    A. Success Is Built upon Failure

    B. How to Handle Performance Fatigue

    C. Getting over Fatigue: A Way to Success

    D. Fatigue: An Early Sign of Health Problems

Passage 13

In England, people often talk about the weather because the weather here is changeable and people can experience four seasons in one day. In the morning the weather is warm just like in spring. An hour later clouds come, and then it rains hard. In the afternoon, the sky will be clear, the sun will begin to shine, and it will be sunny at this time of the day. People can also have summer in winter, or have winter in summer. So in winter they can swim sometimes, and in summer sometimes they should take warm clothes.

The rain water is abundant. When you go to England, you will see that some English people usually take an umbrella or a raincoat with them in the sunny morning, but you should not laugh at them. If you don't take an umbrella or a raincoat, you will regret later in the day.

61. The best title for this passage is _____.

    A. Bad Seasons   B. Summer or Winter

    C. The Weather in England   D. Strange English People

62. From the story we know that when _____ come, there is a heavy rain.

    A. sunshine and snow   B. black clouds

    C. summer and winter   D. spring and autumn

63. "People can also have summer in winter" means "it is sometimes too _____ in winter".

    A. warm   B. cool   C. cold   D. rainy

64. In the sunny morning, English people usually take a raincoat or an umbrella because _____.

A. it often rains in England

B. it is their customs

C. it looks cool

D. they can prevent the sunshine

65. Why do people in England often talk about the weather?

A. The weather is very interesting there.

B. They don't like to talk other things.

C. There are a lot of rain.

D. People can experience various weather in one day.

Passage 14

If you ask some people "How did you learn English so well?", you may get a surprising answer: "In my sleep!"

These are the people who have taken part in one of the recent experiments to test the method of learning while you sleep, which is now being tried in several countries, and with several subjects. English is among them.

Scientists say that this sleep study method greatly speeds language learning. They say that the ordinary person can learn two or three times as much during sleep as in the same period during the day—and this does not affect his rest in any way. However, sleep teaching will only put into your head what you have studied already while you are awake.

In one experiment, ten lessons were broadcast over the radio for two weeks. Each lesson lasted twelve hours—from 8 p. m. to 8 a. m. The first three hours of English grammar and vocabulary were given with the student awake. At 11 p. m. a lullaby(催眠曲) was broadcast to send the student to sleep and for the next three hours the radio in a soft and low voice broadcast the lesson again into his sleeping ears. At 2 a. m. a sharp noise was sent over the radio to wake the sleeping student up for a few minutes to go over the lesson. The soft music sent him back to rest again while the radio went on. At 5 o'clock his sleep ended and he had to go through the lesson again for three hours before breakfast.

66. By the method of learning while you sleep, one _____.

A. starts to learn a new lesson in sleep

B. learns how to sleep better

C. is made to remember his lesson in sleep

D. can listen to the radio broadcast while lying in bed

67. When students learn something while sleeping, _____.

A. it will do harm to their health

B. it won't affect their rest

C. they will feel tired tomorrow

D. they will stay awake

68. In the experiment, lessons were given _____.

A. in the night time

B. after lullabies were broadcast

C. while the student was awake

D. all through the twelve hours

69. Before each lesson finishes, the student has to _____.

A. get up and take breakfast

B. be woken up by a loud voice

C. listen to the lesson again in sleep

D. review the lesson by himself

70. The sleep study method is being tried in many countries to teach _____.

    A. the English language   B. grammar and vocabulary

    C. a number of subjects   D. foreign languages

Passage 15

Five years ago, David Smith wore an expensive suit to work every day. "I was a clothes addict," he jokes. "I used to carry a fresh suit to work with me so I could change if my clothes got wrinkled." Today David wears casual clothes—khaki pants and a sports shirt—to the office. He hardly ever wears a necktie. "I'm working harder than ever," David says, "and I need to feel comfortable."

More and more companies are allowing their office workers to wear casual clothes to work. In the United States, the change from formal to casual office wear has been gradual. In the early 1990s, many companies allowed their employees to wear casual clothes on Friday (but only on Friday). This became known as "a dress-down Friday" or "a casual Friday". "What started out as an extra one-day-a-week benefit for employees has really become an everyday thing," said business consultant Maisly Jones.

Why have so many companies started allowing their employees to wear casual clothes? One reason is that it's easier for a company to attract new employees if it has a casual dress code. "A lot of young people don't want to dress up for work," says the owner of a software company, "so it's hard to hire people if you have a conservative (保守的) dress code." Another reason is that people seem happier and more productive when they are wearing comfortable clothes. In a study conducted by Levi Strauss & Co., 85 percent of employers said that they believe that casual dress improves employee morale (士气). Only 4 percent of employers said that casual dress has a negative impact on productivity. Supporters of casual office wear also argue that a casual dress code helps them save money. "Suits are expensive, if you have to wear one every day," one person said. "For the same amount of money, you can buy a lot more casual clothes."

71. David Smith refers to himself as having been "a clothes addict" because _____.

    A. he often wore khaki pants and a sports shirt

    B. he couldn't stand a clean appearance

    C. he wanted his clothes to look neat all the time

    D. he didn't want to spend much money on clothes

72. David Smith wears casual clothes now, because _____.

    A. they make him feel at ease when working

    B. he cannot afford to buy expensive clothes

    C. he looks handsome in casual clothes

    D. he no longer works for any company

73. According to this passage, which of the following statements is false?

    A. Many employees don't like a conservative dress code.

    B. Comfortable clothes make employees more productive.

    C. A casual clothes code is welcomed by young employees.

    D. All the employers in the U. S. are for casual office wear.

74. According to this passage, which of the following statements is true?

    A. Company workers started to dress down about twenty years ago.

    B. Dress-down has become an everyday phenomenon since the early 1990s.

    C. "Dress-down Friday" was first given as a favor from employers.

    D. Many workers want to wear casual clothes to impress people.

75. In this passage, the following advantages of casual office wear are mentioned in the passage except _____.

    A. saving employees' money

    B. making employees more attractive

    C. improving employees' motivation

    D. making employees happier

Passage 16

Death Valley is one of the most famous deserts in the United States, covering a wide area with its alkali sand. Almost 20 percent of this area is well below sea level, and Badwater, a salt water pool, is about 280 feet below sea level and the lowest point in the United States.

Long ago the Panamint Indians called this place "Tomesha"—the land of fire. Death Valley's present name dates back to 1849, when a group of miners coming across from Nevada became lost in its unpleasantness and hugeness and their adventure turned out to be a sad story. Today Death Valley has been declared a National Monument(纪念碑) and is crossed by several well-marked roads where good services can be found easily. Luckily the change created by human settlement has hardly ruined the special beauty of this place.

Here nature created a lot of surprising, almost like the sights on the moon, ever-changing as the frequent wind moves the sand about, showing the most unusual colors. One of the most astonishing and variable parts of Death Valley is the Devil's Golf Course, where it seems hard for one to tell reality from terrible dreams. Sand sculptures(沙雕) stand on a frightening ground, as evening shadows move and lengthen.

76. _____ is the lowest place in the desert.

    A. Tomesha   B. Death Valley   C. Nevada   D. Badwater

77. The name of the valley comes from _____.

    A. an Indian name   B. the death of the miners

    C. the local people   D. a National Movement

78. From the passage we can learn that _____.

    A. no one had ever known the desert before the miners

    B. it's still not easy to travel across the desert

C. people can find gas-stations, cafes and hotels in the desert

D. people have changed the natural sight of the desert

79. Devil's Golf Course is famous for _____.

    A. the frequent winds   B. the colors of the sand

    C. dreamlike sights   D. the sand sculptures

80. From the passage we can see that the writer _____ the Death Valley.

    A. appreciates   B. is fearful of   C. dislikes   D. is tired of

Passage 17

Since we are social beings, the quality of our lives depends in large measure on our interpersonal relationships. One strength of the human conditions is our possibility to give and receive support from one another under stressful conditions. Social support makes up of the exchange of resources among people based on their interpersonal ties. Those of us with strong support systems appear better able to deal with major life changes and daily problems. People with strong social ties live longer and have better health than those without such ties. Studies over types of illnesses, from depression to heart disease, show that the presence of social support helps people defend themselves against illness, and the absence of such support makes poor health more likely.

Social support cushions stress in a number of ways. First, friends, relatives and co-workers may let us know that they value us. Our self-respect is strengthened when we feel accepted by others in spite of our faults and difficulties. Second, other people often provide us with informational support. They help us to define and understand our problems and find solutions to them. Third, we typically find social companionship supportive. Taking part in free-time activities with others helps us to meet our social needs while at the same time distracting(转移注意力) us from our worries and troubles. Finally, other people may give us instrumental support—money aid, material resources, and needed services—that reduces stress by helping us resolve and deal with our problems.

81. Interpersonal relationships are important because they can _____.

    A. make people live more easily   B. smooth away daily problems

    C. deal with life changes   D. cure types of illnesses

82. The researches show that people's physical and mental health _____.

    A. lies in the social medical care systems which support them

    B. has much to do with the amount of support they get from others

    C. depends on their ability to deal with daily worries and troubles

    D. is related to their courage for dealing with major life changes

83. Which of the following is closest in the meaning to the underlined word "cushions"?

    A. takes place of   B. makes up of

    C. lessens the effect of   D. gets rid of

84. Helping a sick neighbor with some repair work in spare time is an example of _____ .

    A. instrumental support   B. informational support

    C. social companionship   D. the strengthening of self-respect

85. What is the subject discussed in the text?

    A. Interpersonal relationships.   B. Kinds of social support.

    C. Ways to deal with stress.   D. Effects of stressful conditions.

Passage 18

Motherhood may make women smarter and may help prevent dementia(痴呆) in old age by bathing the brain in protective hormones(荷尔蒙), U.S. researchers reported on Thursday.

Tests on rats show that those who raise two or more litters of pups do considerably better in tests of memory and skills than rats who have no babies, and their brains show changes that suggest they may be protected against diseases such as Alzheimer's disease(阿尔茨海默病). University of Richmond psychology professor Craig Kinsley believes his findings will translate into humans.

"Our research shows that the hormones of pregnancy(怀孕) are protecting the brain, including estrogen(雌激素), which we know has many neuroprotective (保护神经的) effects," Kinsley said.

"It's rat data, but humans are mammals just like these animals are mammals," he added in a telephone interview. "They go through pregnancy and hormonal changes."

Kinsley said he hoped public health officials and researchers will look to see if having had children protects a woman from Alzheimer's disease and other forms of age-related brain decline.

"When people think about pregnancy, they think about what happens to babies and the mother from the neck down," said Kinsley, who presented his findings to the annual meeting of the Society of Neuroscience in Orlando, Florida.

"They do not realize that hormones are washing on the brain. If you look at female animals who have never gone through pregnancy, they act differently toward young. But if she goes through pregnancy, she will sacrifice her life for her infant—that is a great change in her behavior that showed in genetic alterations(改变) to the brain."

86. How do scientists know "Motherhood may make women smarter"?

    A. Some researchers have told them.

    B. Many women say so.

    C. They know it by experimenting on rats.

    D. They know it through their own experience.

87. What does the phrase "litters of pups" mean in the second paragraph?

    A. Baby rats.   B. Animals.   C. Old rats.   D. Grown-up rats.

88. What can protect the brain of a woman according to the passage?

    A. Estrogen.   B. The hormones of pregnancy.

    C. More exercise.   D. Taking care of children.

89. "It's rat data, but humans are mammals just like these animals are mammals." What does the sentence suggest?

   A. The experiments on the rats have nothing to do with humans.

   B. The experiments on the rats are very important for animals.

   C. The experiments on the rats are much the same on humans.

   D. The experiments on the rats are much the same on other animals.

90. Which title is the best for this passage?

   A. Do You Want to Be Smarter?

   B. Motherhood Makes Women Smarter

   C. Mysterious Hormones

   D. An Important Study

Passage 19

What are you going to do if you are in a burning house? How will you escape? Do you know how to save yourself? Please read the following.

Escaping from a fire is a serious matter. Knowing what to do during a fire can save you life. It is important to know the ways you can use and show them to everyone in the family, such as stairways and fire escapes, but not lifts.

From the lower floors of the buildings, escaping through windows is possible. Learn the best way of leaving through windows with the least chance of serious injury.

The second floor window is usually not very high from the ground. An average person, hanging by the finger-tips will have a drop of about six feet to the ground. It is about the height of an average man. Of course, it is safer to jump a short way than to stay in a burning building.

Windows are also useful when you are waiting for help. Be sure to keep the door closed, or smoke and fire may be drawn into the room. Keep your head low at the window to be sure you get fresh air rather than smoke that may leak(渗) into the room.

On a second or third floor, the best windows for escape are those that open onto a roof. From the roof a person can drop to the ground more safely. Dropping onto a cement(水泥) floor might end in injury. Bushes(灌木丛) and grass can help to break a fall.

91. It is important to _____.

   A. put out the fire in a burning house   B. know the ways to escape from the fire

   C. jump off a burning house   D. keep the door closed

92. It is possible to escape through the windows if _____.

   A. there are some bushes on the ground   B. you are strong enough

   C. you live on a lower floor   D. you have a long rope

93. Which of the following escaping ways is NOT true?

   A. You can escape through stairways.

B. You can choose fire escapes.

C. Escape from the windows that open onto a roof.

D. Use a lift to come down at once.

94. Open the window so that you can _____ if the building is on fire according to the passage.

    A. get fresh air   B. call for help

    C. easily jump off   D. be seen first

95. The best title of the passage is _____.

    A. Escaping From the Windows   B. Save Yourself in a Burning House

    C. Knowledge on Fire   D. Waiting for Help

Passage 20

A couple from Miami, Bill and Simone Butler, spent sixty-six days in a life raft(救生艇) in the seas of Central America after their boat sank.

Twenty-one days after they left Panama in their boat, Simony, they met some whales. "They started to hit the side of the boat," said Bill, "and then suddenly we heard water." Two minutes later, the boat was sinking. They jumped into the life raft and watched the boat go under the water.

For twenty days they had tins of food, biscuits, and bottles of water. They also had a fishing line and a machine to make salt water into drinking water—two things which saved their lives. They caught eight to ten fish a day and ate them raw. Then the line broke. "So we had no more fish until something strange happened. Some sharks came to feed, and the fish under the raft were afraid and came to the surface. I caught them with my hands."

About twenty ships passed them, but no one saw them. After fifty days at sea their life raft was beginning to break up. Then suddenly it was all over. A fishing boat saw them and picked them up. They couldn't stand up. So the captain carried them onto his boat and took them to Costa Rica. Their two months at sea was over.

96. Bill and Simone were traveling _____ when they met some whales.

    A. in a life raft   B. in Miami   C. in Simony   D. in Panama

97. The whales hit the side of the boat, and then _____.

    A. they brought in a lot of water   B. they broke the side of the boat

    C. they pulled the boat   D. they went under the water

98. After their boat sank, the couple _____.

    A. jumped into the life raft   B. heard water

    C. watched the boat go under the water   D. stayed in the life raft

99. During their days at sea, _____ saved their lives.

    A. tins of food and bottles of water   B. a fishing line and a machine

    C. whales and sharks   D. twenty passing ships

100. When they saw the fishing boat which later picked them up, _____.

    A. they were too excited to stand up

B. they couldn't wait to climb onto the boat

C. their life raft was beginning to break up

D. they knew their two months at sea would be over

Passage 21

It was already dark when an old man came to a small town. He found an inn and wanted to stay there for the night. After he had gone to his room, the owner said to his wife, "Look at his bag, dear. I'm sure there are lots of valuable things in it. I want to steal it when he is asleep."

"No, no," said the woman. "He must look for his bag tomorrow morning. Then he'll take you to the judge." They thought and at last the woman had an idea. "We have forgetful grass," said the woman. "Why not put some into his food? If he has the food, he will forget to take his bag away." "How clever you are!" said the owner. "Don't forget it when you prepare supper for him."

The old man had the food with the forgetful grass and went to bed. The next morning, when the owner got up, he found the door was open and the old man had left with his bag. He woke his wife up and said angrily, "What a fool! Your forgetful grass isn't useful at all." "No, no," said the woman. "I don't think so. He must forget something." "Oh, I've remembered!" the owner cried out suddenly. "He forgot…"

101. The old man came to the inn _____ .

    A. in the morning   B. in the afternoon   C. in the evening   D. at night

102. The owner and his wife wanted to _____ .

    A. get the man's bag   B. steal the man's money

    C. make the man pay them more   D. hide the man's bag

103. The owner and his wife put the forgetful grass into the food because _____ .

    A. the old man always forgot something

    B. they wanted to make the food better

    C. they hoped the old man would leave the bag in the inn

    D. they wanted to know if the grass was useful

104. According to the passage the old man forgot _____ .

    A. to take his bag away

    B. to tell the owner when he left

    C. to close the door when he went to sleep

    D. to pay them the inn money

105. Which of the following statements is TRUE according to the passage?

    A. Both the owner and his wife were clever.

    B. The owner of the inn got nothing from the old man.

    C. The old man left the inn without his bag.

    D. The woman forgot to put the grass into the food.

Passage 22

A <u>punctual</u> person is in the habit of doing a thing at the proper time and is never late in keeping an appointment.

The unpunctual man, on one hand, never does what he has to do at the proper time. He is always in a hurry and in the end loses both time and his good name. A lost thing may be found again, but lost time can never be regained. Time is more valuable than material things. In fact, time is life itself. The unpunctual man is for ever wasting and mismanaging his most valuable asset (财产) as well as others'. The unpunctual person is always complaining that he finds no time to answer letters, or return calls or keep appointments promptly. But the man who really has a great deal to do is very careful of his time and seldom complains of want of it. He knows that he can not get through his huge amount of work unless he faithfully keeps every piece of work when it has to be attended to.

Failure to be punctual in keeping one's appointments is a sign of disrespect towards others. If a person is invited to dinner and arrives later than the appointed time, he keeps all the other guests waiting for him. Usually this will be regarded as a great disrespect to the host and all other guests present.

Unpunctuality, moreover, is very harmful when it comes to do one's duty, whether public or private. Imagine how it would be if those who are put in charge of important tasks failed to be at their proper place at the appointed time. A man who is known to be habitually unpunctual is never trusted by his friends or fellow men.

106. The underlined word "punctual" in Paragraph 1 probably refers to "＿＿＿＿＿".

    A. be on time   B. be strict with   C. keep a promise   D. take a chance

107. What does the author think is the main difference between a punctual person and an unpunctual person?

    A. A punctual person does everything ahead of time while an unpunctual person does everything behind schedule.

    B. A punctual person does everything at the right time while an unpunctual person seldom does anything at the correct time.

    C. A punctual person has a lot of appointments while an unpunctual person has few appointments.

    D. A punctual person has much time to do everything while an unpunctual person has little time to do anything.

108. According to the passage, the main reason that a person is always unpunctual is that ＿＿＿＿＿.

    A. he has more work to do than other people

    B. he is always in a hurry when he works

    C. he doesn't care much about time

    D. he always mismanages and wastes his time

109. According to the third paragraph, when you are invited to dinner, you should arrive there _____.

    A. after other guests have arrived   B. before all other guests

    C. at the appointed time   D. after the host has got things ready

110. Which of the following statements best describes the harm of unpunctuality?

    A. If you are an unpunctual person, you cannot be in charge of any important task.

    B. If your friends know that you are unpunctual, they may not see you again.

    C. Unpunctuality may bring about heavy losses for both public and private affairs.

    D. Unpunctuality may make you miss a lot of appointments and lose friends.

Passage 23

The first breathtaking pictures of the Earth taken from space showed it as a solid ball covered by brown land masses and blue-green oceans. We had never seen the Earth from that distance before. To us, it appeared as though the Earth had always looked that way and always would. Scientists now know, however, that the surface of the Earth is not as permanent as we had thought.

Scientists explain that the surface of our planet is always moving. Continents moves about the Earth like huge ships at sea. They float on pieces of the Earth's outer skin. New outer skin is created as melted rock pushed up from below the ocean floor. Old outer skin is destroyed as it rolls down into the hot area and melts again.

Only since the 1960s have scientists really begun to understand that the Earth is a great living machine. Some experts have said this new understanding is one of the most important revolutions in scientific thought. The revolution is based on the work of scientists who study the movement of the continents—a science called plate <u>tectonics</u>.

The modern story of plate tectonics begins with the German scientist Alfred Wegener. Before World War Ⅰ, Wegener argued that the continents had moved and were still moving. He said the idea first occurred to him when he observed that the coastlines of South America and Africa could fit together like two pieces of a puzzle. He proposed that the two continents might have been one and then split apart.

Wegener was not the first person to wonder about the shape of the continents. About 500 years ago, explorers thought about it when they made the first maps of Americas. The explorers noted the east coast of North America and South America would fit almost exactly into the west coast of Europe and South Africa. What the explorers did not do, but Wegener did, was to investigate the idea that the continents move.

111. What does the writer mainly tell us in the passage?

    A. The first breathtaking pictures of the Earth taken from space.

    B. Human's recognition of the Earth's surface.

    C. The German scientist Alfred Wegener.

    D. The early explorers' discovery.

112. Which of the following is true according to the passage?

    A. We didn't see the Earth from far away until we saw the pictures taken in the space.

    B. Ancient people thought that the surface of the earth is still.

    C. Alfred Wegener was not the first person to investigate the idea that the continents move.

    D. The coastline of India and Africa fit together.

113. The surface of the Earth _____.

    A. is always looked that way

    B. is permanently the same as before

    C. keeps changing and moving

    D. can never be seen from the space

114. The last word of the third paragraph "tectonics" means "_____".

    A. study of construction

    B. study of architecture

    C. earth surface

    D. structural geology

115. What did the explorers find?

    A. The coastlines of South America and Africa could fit together.

    B. The coastlines of North America and Africa could fit together.

    C. The east coastlines of North America and the west coast of Europe could fit together.

    D. The coastlines of North America and India could fit together.

Passage 24

Why do men die earlier than women? The latest research makes it known that the reason could be that men's hearts go into rapid decline when they reach middle age.

The largest study of the effects of ageing on the heart has found that women's longevity may be linked to the fact that their hearts do not lose their pumping power with age.

"We have found that the power of the male heart falls by 20-25 percent between 18 and 70 years of age," said the head of the study, David Goldspink of Liverpool John Moores University in the UK.

"Within the heart there are millions of cells that enable it to beat. Between the age of 20 and 70, one-third of those cells die and are not replaced in men," said Goldspink. "This is part of the ageing process."

What surprises scientists is that the female heart sees very little loss of these cells. A healthy 70-year-old woman's heart could perform almost as well as a 20-year-old one's.

"This gender difference might just explain why women live longer than men," said Goldspink. They studied more than 250 healthy men and women between the ages of 18 and 80, focusing on healthy persons to remove the confusing influence of disease. "The team has yet to find why ageing takes a greater loss on the male heart," said Goldspink.

The good news is that men can improve the health of their heart with regular exercise. Goldspink stressed that women also need regular exercise to prevent their leg muscles becoming smaller and weaker as they age.

116. The underlined word "longevity" in the second paragraph probably refers to "_____".

    A. health   B. long life   C. ageing   D. effect

117. The text mainly talks about _____.

    A. men's heart cells   B. women's ageing process

    C. the gender difference   D. hearts and long life

118. According to the text, the UK scientists have known that _____.

    A. women have more cells than men when they are born

    B. women can replace the cells that enable the heart to beat

    C. the female heart loses few of the cells with age

    D. women never lose their pumping power with age

119. If you want to live longer, you should _____.

    A. enable your heart to beat much faster

    B. find out the reason for ageing

    C. exercise regularly to keep your heart healthy

    D. prevent your cells from being lost

120. We can know from the passage that _____.

    A. the reason why ageing takes a greater loss on the male heart than the female heart has been found out

    B. scientists are on the way to finding out why the male heart loses more of the cells

    C. the team has done something to prevent the male from suffering the greater loss

    D. women over 70 could lose more heart cells than those at the age of 20

Passage 25

Even before my father left us, my mother had to go back to work to support our family. Once I came out of the kitchen, complaining, "Mom, I can't peel potatoes. I have only one hand."

Mom never looked up from sewing. "You get yourself into that kitchen and peel those potatoes," she told me. "And don't ever use that as an excuse for anything again!"

In the second grade, our teacher lined up my class on the playground and had each of us race across the monkey bars, swinging from one high steel rod to the next. When it was my turn, I shook my head. Some kids behind me laughed, and I went home crying.

That night I told Mom about it. She hugged me, and I saw her "we'll see about that" look. The next afternoon, she took me back to school. At the deserted playground, Mom looked carefully at the bars.

"Now, pull up with your right arm," she advised. She stood by as I struggled to lift myself with my right hand until I could hook the bar with my other elbow. Day after day we practiced, and she praised me for every rung I reached. I'll never forget the next time, crossing the rungs, I looked down at the kids who were standing with their mouths open.

One night, after a dance at my new junior high, I lay in bed sobbing. I could hear Mom come into my room. "Mom," I said, weeping, "none of the boys would dance with me."

For a long time, I didn't hear anything. Then she said, "Oh, honey, someday you'll be beating those boys off with a bat." Her voice was faint and cracking. I peeked out from my covers to see tears running down her cheeks. Then I knew how much she suffered on my behalf. She had never let me see her tears.

121. Which of the following expressions can be used most suitably to describe Mom's attitude when she made the author to peel potatoes?

    A. Cruel.   B. Serious.   C. Strict.   D. Cold.

122. From the passage, we know monkey bars can help a child train _____.

    A. the skill to throw and catch things

    B. the speed of one's hand movement

    C. the strength and skill to hang and sway

    D. the bodily skill to rotate round a bar

123. What does the sentence in Paragraph 4 "I saw her 'we'll see about that' look" imply?

    A. Mom believed every aim could be achieved if you stuck to it.

    B. The race across monkey bars was not difficult enough for a child to give up.

    C. Mom was determined to prove she herself was better than the teacher.

    D. What the child had said brought Mom great attraction and curiosity.

124. When the child looked down at the kids, they were standing with their mouths open because _____.

    A. they felt sorry for what they had done before

    B. they were afraid the author might fall off and get hurt

    C. they wanted to see what the author would do on the bars

    D. they were astonished to find the author's progress

125. The most probable conclusion we can draw after reading the passage is _____.

    A. the last incident was sad enough to make Mom weep

    B. the author's experience reminded Mom of that of her own

    C. Mom could solve any problem except the one in the last paragraph

    D. in fact Mom suffered more in the process of the author's growth

Passage 26

The railroad industry could not have grown as large as it did without steel. The first rails were made of iron. But iron rails were not strong enough to support heavy trains running at high speeds. Railroad executives wanted to replace them with steel rails because steel was ten or fifteen times stronger and lasted twenty times longer. Before the 1870's, however, steel was too expensive to be widely used. It was made by a slow and expensive process of heating, stirring and reheating iron ore.

Then the inventor Henry Bessemer discovered that directing a blast of air at melted iron in a furnace would burn out the impurities that made the iron brittle. As the air shot through the furnace, the bubbling metal would erupt in showers of sparks. When the fire cooled, the metal had been changed, or converted to steel. The Bessemer converter made the mass production of steel possible. Now three to five tons of iron could be changed into steel in a matter of minutes.

Just when the demand for more and more steel developed, prospectors discovered huge new deposits of iron ore in the Mesabi Range, a 120-mile-long region in Minnesota near Lake Superior. The Mesabi deposits were so near the surface that they could be mined with steam shovels.

Barges and steamers carried the iron ore through Lake Superior to depots on the southern shores of Lake Michigan and Lake Erie. With dizzying speed Gary, Indiana, and Toledo, Youngstown, and Cleveland, Ohio, became major steel manufacturing centers. Pittsburgh was the greatest steel city of all.

Steel was the basic building material of the industrial age. Production skyrocketed from seventy-seven thousand tons in 1870 to over eleven million tons in 1900.

126. According to the passage, the railroad industry preferred steel to iron because steel was _____ .

    A. cheaper and more plentiful   B. lighter and easier to mold

    C. cleaner and easier to mine   D. stronger and more durable

127. According to the passage, how did Bessemer method make the mass production of steel possible?

    A. It directed air at melted iron in a furnace, removing all impurities.

    B. It slowly heated iron ore then stirred it and heated it again.

    C. It changed iron ore into iron which was a substitute for steel.

    D. It could quickly find deposits of iron ore under the ground.

128. According to the passage, where were large deposits of iron uncovered?

    A. In Pittsburgh.   B. In the Mesabi Range.

    C. Near Lake Michigan.   D. Near Lake Erie.

129. The words "Barges and steamers" could be best replaced by _____ .

    A. Trains.   B. Planes.   C. Boats.   D. Trucks.

130. It can be inferred from the passage that the mass production of steel caused _____ .

    A. a decline in the railroad industry   B. a revolution in the industrial world

    C. an increase in the price of steel   D. a feeling of discontent among steel workers

Passage 27

Ask someone what they have done to help the environment recently and they will almost certainly mention recycling. Recycling in the home is very important of course. However, being forced to recycle often means we already have more material than we need. We are dealing with the results of that over-consumption in the greenest way possible, but it would be far better if we did not need to bring so much material home in the first place.

The total amount of packaging increased by 12% between 1999 and 2005. It now makes up a third of a typical household's waste in the UK. In many supermarkets nowadays food items are packaged twice with plastic and cardboard.

Too much packaging is doing serious damage to the environment. The UK, for example, is running out of it for carrying this unnecessary waste. If such packaging is burnt, it gives off greenhouse gases which go on to cause the greenhouse effect. Recycling helps, but the process itself uses energy. The solution is not to produce such items in the first place. Food waste is a serious problem, too. Too many supermarkets encourage customers to buy more than they need. However, a few of them are coming round to the idea that this cannot continue, encouraging customers to reuse their plastic bags, for example.

But this is not just about supermarkets. It is about all of us. We have learned to associate packaging with quality. We have learned to think that something unpackaged is of poor quality. This is especially true of food. But it also applies to a wide range of consumer products, which often have far more packaging than necessary.

There are signs of hope. As more of us recycle, we are beginning to realize just how much unnecessary material we are collecting. We need to face the wastefulness of our consumer culture, but we have a mountain to climb.

131. What does the underlined phrase "that over-consumption" refer to?

    A. Using too much packaging.   B. Recycling too many wastes.

    C. Making more products than necessary. D. Having more material than is needed.

132. The author uses figures in Paragraph 2 to show _____ .

    A. the tendency of cutting household waste

    B. the increase of packaging recycling

    C. the rapid growth of supermarkets

    D. the fact of packaging overuse

133. According to the text, recycling _____ .

    A. helps control the greenhouse effect   B. means burning packaging for energy

    C. is the solution to gas shortage   D. leads to a waste of land

134. What can be inferred from Paragraph 4?

    A. Unpackaged products are of bad quality.

    B. Supermarkets care more about packaging.

    C. It is improper to judge quality by packaging.

    D. Other products are better packaged than food.

135. What can we learn from the last paragraph?

    A. Fighting wastefulness is difficult.

B. Needless material is mostly recycled.

C. People like collecting recyclable waste.

D. The author is proud of their consumer culture.

Passage 28

Maybe it's a sign of a mature mind when some of life's bigger questions—about love, faith, ambition—suddenly seem more manageable than smaller ones, such as: Why did I just open the refrigerator? Where on earth did I put my keys? Where did I write down that phone number?

Our capacity for storing and recalling information does not stream down like sand through an hourglass, as neurologists once believed. On the contrary, new research suggests that, when stimulated in the right way, brains of almost any age can give birth to cells and forge fresh pathways to file away new information. This emerging picture has not only encouraged those who treat and care for the 5% of older adults who have dementia such as Alzheimer's disease, but also generated a wave of optimism among those studying memory changes in the other 95%, as well as an increasing public fascination with "memory enhancement" dietary supplements, books and brain-improving techniques.

The slight failures of memory that many of us attribute to a failing brain are often due to something entirely different: anxiety, sleep problems, depression, even heart disease. The biological <u>nuts and bolts</u> of learning and memory in fact change little over time in healthy people, researchers say. "There's very little cell loss, and structurally all the machinery is there, even very late in life, " said a neuroscientist Greg Cole. It's the cells' speed and ability to send and receive signals that diminish gradually, which is what makes the mind go blank when trying to recall familiar words and names.

For more than a decade, researchers have known that people who have active, intellectually challenging lives are less likely to develop dementia than those who do not. Part of this difference is attributable to intelligence. Some doctors believe: The more you start with, the longer it takes to lose it. And new evidence suggests that the act of using your brain is in itself protective, no matter who you are.

All of the activities, such as reading newspapers, watching TV, playing games, etc. , can improve people's scores on standard tests measuring recall of numbers and names, experts say. They also acknowledge, however, that there is a big difference between playing chess with a friend and doing a mental exercise, such as memorizing numbers. One is an organic part of a person's life, the other a purely intellectual exercise, done in isolation. The first is fun; the second, often, is a tiring task.

136. According to the passage, adult persons usually _____.

    A. stress the settlement of bigger problems

    B. focus their attention on great issues

    C. overlook the remembrance of trivial things

    D. suffer memory decline related to age

137. According to new research, it's distinct that _____.

    A. our brain cells can be producible

    B. our memory may be renewable

    C. most mental illnesses are curable

    D. brain-mending methods are available

138. The underlined phrase "nuts and bolts" (Paragraph 3) most probably means _____.

    A. basic structures   B. complex tasks

    C. practical aspects   D. working parts

139. Experts suggest that the best way to avoid memory failures is to _____.

    A. take more dietary supplements   B. keep mental function alive

    C. find an intellectual occupation   D. do more intellectual exercises

140. The passage is mainly about _____.

    A. brain-improving techniques   B. love and ambition

    C. memory   D. intelligence

Passage 29

Health, Wellness and the Politics of Food

9:00—9:45 a. m. Blue Tent

Panelists(小组成员):Jami Bernard, David Kamp, Marion Nestle and Peter Singer.

Hosted by Denise Grady, science writer for *The New York Times*.

How does what we eat not only affect our bodies, but also the world? The food and nutrition experts debate the role that the diet plays in both personal and global health, and present a look at food politics.

Sports Writing:For the Love of the Game

9:50—10:35 a. m. Blue Tent

Panelists:Christine Brennan, Ira Rosen, Joe Wallace and Joe Drape.

Hosted by William C. Rhoden, sports writer for *The New York Times*.

Whether catching that key moment of victory or defeat, or covering breaking news, sports writers are anything but audience. Listen as some professionals discuss the special experience in reporting of sports news.

The Art of the Review

11:15—12:00 a. m. Green Tent

Panelists:John Freeman, Barry Gewen, David Orr, Celia McGee and Jennifer Schuessler.

Hosted by Sam Tanenhaus, editor for *The New York Times* Book Review.

How much of an effect does the book review have on book sales? Join this group of critics as they discuss the reality of book review and bestseller lists, and how they choose books for review.

New York Writers, New York Stories

3:00—3:45 p. m. Green Tent

Panelists: Cindy Adams, Richard Cohen, Ric Klass and Lauren Redniss.

Hosted by Clyde Haberman, columnist for the City Section of *The New York Times*.

Join this inspiring group of New York-centric writers as they talk about why New York is a gold mine of ideas for their work.

141. If you are free in the afternoon, you can attend _____.

    A. the Art of the Review

    B. New York Writers, New York Stories

    C. Health, Wellness and the Politics of Food

    D. Sports Writing: For the Love of the Game

142. Sam Tanenhaus is in charge of _____.

    A. the Art of the Review

    B. Health, Wellness and the Politics of Food

    C. New York Writers, New York Stories

    D. Sports Writing: For the Love of the Game

143. All the four activities above _____.

    A. are about writing   B. will last 45 minutes each

    C. can be attended freely   D. will attract many readers

144. We can learn from the passage that _____.

    A. sports writers are a type of audience

    B. the *New York Times* is popular

    C. Denise Grady will discuss politics

    D. book reviews may affect book sales

145. The purpose of this passage is mainly to _____.

    A. introduce some lectures and activities

    B. introduce some new books

    C. hold a debate competition

    D. recommend sports

Passage 30

You've probably read the books. You've probably seen the movies. But have you heard the music? The latest Harry Potter news is that bands have been forming to play what is called "wizard rock" or sometimes just "wrock".

The new kind of music began when Joe DeGeorge and his brother Paul decided that the characters from Harry Potter would make a great band. Ron on guitar, Hermione on bass, Hagrid on drums and Harry singing up front would make for an excellent group. In one day, the brothers wrote, practiced and performed six songs about life at Hogwarts. After the first performance, Paul decided that "we're Harry and the Potters".

Wizard rock is pretty much what it sounds like: rock 'n' roll inspired by and set in the world of Harry Potter. The DeGeorges started a trend. Today, there are dozens of wizard-rock bands: the Whomping Willows, the Remus Lupins and the Moaning Myrtles to name a few. Rockers dress like Hogwarts students and play at conventions and festivals.

People who like Harry Potter think wizard rock music is totally awesome. The songs can be funny, but the music is not a joke. It's serious. Just ask the DeGeorge brothers. They've played more than 500 shows in 49 states. They dress in Hogwarts house colors, and their hit songs are inspired by characters from the books: "Save Ginny Weasley" and "Voldemort Can't Stop the Rock!" The themes of their music are the same as the themes of Rowling's books: love and friendship, upset and struggle.

Wizard rock is just one more spin-off in the Harry Potter craze. Two years after J. K. Rowling published her last book in the series, Potter popularity continues to grow. There are Potter conventions and Potter clubs that try to get kids and grown-ups to help fight hunger, for example. And the fact that they may do it while humming "Wizard Chess" or "Platform 9" makes those meetings fun.

146. Which of the following is a band's name?

    A. Hermione.   B. The Whomping Willows.

    C. Harry Potter.   D. Save Ginny Weasley.

147. Which of the following is wizard rock's characteristic?

    A. Funny and joking.   B. Joking and serious.

    C. Funny and serious.   D. Serious and dull.

148. Which of the following is NOT true according to the passage?

    A. The DeGeorge has been popular in the USA.

    B. People think highly of wizard rock.

    C. The wizard rock's themes are related to struggle.

    D. Wizard rock is only popular among teenagers.

149. From the last paragraph, we can learn that _____.

    A. Harry Potter has had great effect on American's music

    B. Wizard rock has created another hit about Harry Potter

    C. Harry Potter continues to be liked by its fans

    D. J. K. Rowling will continue to write something about Harry Potter

150. Which of the following can be the best title for this passage?

    A. Wizard Rock   B. Harry Potter and Music

    C. Life at Hogwarts   D. Rock Band

第二节:根据短文内容,从短文后的选项中选出能填入空白处的最佳选项。选项中的两项为多余选项。

Passage 1

Is Fresh Air Really Good for You?

We all grew up hearing people tell us to "go out and get some fresh air". ___1___ According to recent studies, the answer is a big YES, if the air quality in your camping area is good.

2 If the air you're breathing is clean—which it would be if you're away from the smog of cities—then the air is filled with life-giving, energizing oxygen. If you exercise out of doors, your body will learn to breathe more deeply, allowing even more oxygen to get to your muscles (肌肉) and your brain.

Recently, people have begun studying the connection between the natural world and healing(治愈). **3** In these places patients can go to be near nature during their recovery. It turns out that just looking at green, growing things can reduce stress, lower blood pressure, and put people into a better mood(情绪). Greenery is good for us. Hospital patients who see tree branches out their window are likely to recover at a faster rate than patients who see buildings or sky instead. **4** It gives us a great feeling of peace.

5 While the sun's rays can age and harm our skin, they also give us beneficial Vitamin D. To make sure you get enough Vitamin D—but still protect your skin—put on sunscreen right as you head outside. It takes sunscreen about fifteen minutes to start working, and that's plenty of time for your skin to absorb a day's worth of Vitamin D.

A. Fresh air cleans our lungs.

B. So what are you waiting for?

C. Being in nature refreshes us.

D. Another side benefit of getting fresh air is sunlight.

E. But is fresh air really as good for you as your mother always said?

F. Just as importantly, we tend to associate fresh air with health care.

G. All across the country, recovery centers have begun building Healing Gardens.

Passage 2

In an online class, developing healthy patterns of communication with professors is very important. **1** While I have only listed two of each, there are obviously many other situations that can arise. Students should be able to extend the logic(逻辑) of each to their particular circumstance.

Do's

· **2** Questions about subject content are generally welcomed. Before asking questions about the course design, read the syllabus(教学大纲) and learning management system information to be sure the answer isn't hiding in plain sight.

· Participate in discussion forums(论坛), blogs and other open-ended forums for dialogue. **3** Be sure to stay on topic and not offer irrelevant information. Make a point, and make it safe for others to do the same.

Don'ts

· Don't share personal information or stories. Professors are not trained nurses, financial aid experts or your best friends. If you are in need of a deadline extension, simply explain the situation to the professor. **4**

· Don't openly express annoyance at a professor or class. **5** When a student attacks a professor on the social media, the language used actually says more about the student. If there is truly a concern about a professor's professionalism or ability, be sure to use online course evaluations to calmly offer your comments.

A. That's what they are for.

B. Turn to an online instructor for help.

C. If more information is needed, they will ask.

D. Remember that online professors get a lot of emails.

E. Below are some common do's and don'ts for online learners.

F. Everyone has taken a not-so-great class at one time or another.

G. Ask questions, but make sure they are good, thoughtful questions.

Passage 3

Rock music consists of many different styles. Even though there is a common spirit among all music groups, they make very different music. **1** At that time the Beatles entered the world of music from Liverpool.

After they were given an invitation to appear live on BBC, the Beatles quickly became famous in Britain with nationwide tours. By mid-1963, the Beatles had been extremely popular in England. **2** They held large concerts and performed at clubs. They became the hottest thing on the pop music scene in England. They began as a modestly successful musician group and ended the year as show business legends(传说). John Lennon and Paul McCartney were named composers of the year.

3 They were not sure how the Americans would react to the new type of music. Beatlemania hit New York on February 7, 1964. Hundreds of fans jammed the airport to greet them. **4** The concert was broadcast live and attracted the largest one night audience in the history of television up to that time. The Beatles were described as a British invasion(入侵) by local and nationwide newspapers at that time. Their victory in America was still remembered as a major turning point in the history of rock and roll. Thanks to the Beatles, a lot of opportunities were opened up to new faces on the market. **5**

A. They decided on a tour to the United States in 1964.

B. Even their hairstyles became major trends at that time.

C. Rock music developed in the 1950s and the early 1960s.

D. However, their songs changed the lives of generations to come.

E. Many rock bands were able to follow in the footsteps of the Beatles.

F. They appeared in the films *A Hard Day's Night* (1964) and *Help!* (1965).

G. They performed their first concert in America at CBS television's 53rd street studio.

Passage 4

Color is fundamental in home design—something you'll always have in every room. A grasp of how to manage color in your spaces is one of the first steps to creating rooms you'll love to live in. Do you want a room that's full of life? Professional? Or are you just looking for a place to relax after a long day? ___1___, color is the key to making a room feel the way you want it to feel.

Over the years, there have been a number of different techniques to help designers approach this important point. ___2___, they can get a little complex. But good news is that there're really only three kinds of decisions you need to make about color in your home: the small ones, the medium ones, and the large ones.

___3___. They're the little spots of color like throw pillows, mirrors and baskets that most of us use to add visual interest to our rooms. Less tiring than painting your walls and less expensive than buying a colorful sofa, small color choices bring with them the significant benefit of being easily changeable.

Medium color choices are generally furniture pieces such as sofas, dinner tables or bookshelves. ___4___. They require a bigger commitment than smaller ones, and they have a more powerful effect on the feeling of a space.

The large color decisions in your rooms concern the walls, ceilings, and floors. Whether you're looking at wallpaper or paint, the time, effort and relative expense put into it are significant. ___5___.

A. While all of them are useful

B. Whatever you're looking for

C. If you're experimenting with a color

D. Small color choices are the ones we're most familiar with

E. It's not really a good idea to use too many small color pieces

F. So it pays to be sure, because you want to get it right the first time

G. Color choices in this range are a step up from the small ones in two major ways

Passage 5

Much of the work in today's world is accomplished（完成）in teams. Most people believe the best way to build a great team is to gather a group of the most talented individuals. ___1___ Companies spend millions hiring top business people. Is their money well spent?

___2___ They focused on football, basketball and baseball. The results are mixed. For football and basketball, adding talented players to a team proves a good method, but only up to the point where 70% of the players are top talent; above that level, the team's performance begins to decline. Interestingly, this trend isn't evident in baseball, where additional individual talent keeps improving the team's performance.

To explain this phenomenon, the researchers explored the degree to which a good performance by a team requires its members to coordinate（协调）their actions. ___3___ In baseball, the performance of individual players is less dependent on teammates. They conclude that when task interdependence is high, team performance will suffer when there is too much talent, while individual talent will have positive effects on team performance when task interdependence is lower. If a basketball star is, for example, trying to gain a high personal point total, he may take a shot himself when it would be better to pass the ball to a teammate, affecting the team's performance. Young children learning to play team sports are often told, "There is no I in TEAM." __4__

Another possibility is that when there is a lot of talent on a team, some players may make less effort. Just as in a game of tug-of-war(拔河比赛), whenever a person is added, everyone else pulls the rope with less force.

__5__. An A-team may require a balance—not just A players, but a few generous B players as well.

A. It's not a simple matter to determine the nature of talent.

B. Sports team owners spend millions of dollars attracting top talent.

C. The group interaction and its effect drew the researchers' attention.

D. Stars apparently do not follow this basic principle of sportsmanship.

E. Several recent studies examined the role of talent in the sports world.

F. Building up a dream team is more complex than simply hiring the best talent.

G. This task interdependence distinguishes baseball from football and basketball.

Passage 6
Why Do We Get Angry?

Anger seems simple when we are feeling it, but the causes of anger are various. Knowing these causes can make us examine our behavior, and correct bad habits. The main reasons we get angry are triggering(触发) events, personality traits(特征), and our assessment of situations. __1__

Triggering events for anger are so many that to describe them all would take hundreds of pages. However, here are some examples: being cut off in traffic, a deadline approaching, experiencing physical pain, and much more. __2__ The reason why someone is triggered by something and others are not is often due to one's personal history and psychological traits.

Each person, no matter who they are, has psychological imbalances. People who have personality traits that connect with competitiveness and low upset tolerance are much more likely to get angry. __3__ Also, sometimes pre-anger does not have to do with a lasting condition, but rather a temporary state before a triggering event has occurred.

__4__ Sometimes even routine occurrences become sources of pre-anger, or anger itself. Sometimes ignorance and negative(消极的) outlooks on situations can create anger.

__5__ However, anger can easily turn violent, and it is best to know the reasons for anger to appear in order to prevent its presence. With these main reasons in mind, we can evaluate our level of anger throughout the day and prevent cases of outbursts by comprehending the reasons for our feelings.

A. Our attitude and viewpoint on situations can create anger within us as well.

B. But some types of situations can help us to get rid of the occurrence of anger.

C. Anger is rarely looked upon as a beneficial character trait, and is usually advised to reduce it.

D. Anger is a particularly strong feeling and maybe people think that they have reasons to feel angry.

E. Having these personality traits implies the pre-anger state, where anger is in the background of your mind.

F. Understanding these reasons will control our own anger if we are willing to evaluate ourselves with a critical eye.

G. Not everyone acts the same in response to events, and that is why what triggers one person may or may not trigger another.

Passage 7

Imagine a child standing on a diving board four feet high and asking himself the question: "Should I jump?" This is what motivation or the lack of it can do. Motivation and goal setting are the two sides of the same coin. __1__ Like the child on the diving board, you will stay undecided.

__2__ More than that, how should you stay motivated to achieve the goal? First, you need to evaluate yourself, your values, your strengths, your weaknesses, your achievements, your desires, etc. Only then should you set your goals.

You also need to judge the quality and depth of your motivation. This is quite important, because it is directly related to your commitment. There are times when your heart is not in your work. __3__ So, slow down and think what you really want to do at that moment. Clarity (清晰) of thoughts can help you move forward.

Another way of setting realistic goals is to analyze your short and long term objectives, keeping in mind your beliefs, values and strengths. Remember that goals are flexible. __4__ They also need to be measurable. You must keep these points in mind while setting your goals.

Your personal circumstances are equally important. For example, you may want to be a pilot but can't become one because your eyesight is not good enough. __5__ You should reassess your goals, and motivate yourself to set a fresh goal.

You will surely need to overcome some difficulties, some planned, but most unplanned. You cannot overcome them without ample motivation. Make sure that you plan for these difficulties at the time of setting your goals.

A. This can affect your work.

B. So how should you motivate yourself?

C. However, this should not discourage you.

D. So why should we try to set specific goals?

E. They can change according to circumstances.

F. Motivation is what you need most to do a good job.

G. Without motivation you can neither set a goal nor reach it

三、完形填空

Passage 1

Four years ago, Joel Kline gave up his job as a magazine editor to become a freelance copywriter(自由撰稿人) for advertisements, but now he had money trouble. He says that he wishes he'd never ___1___ to set up his own business.

"I am now in such a bad situation," says Joel. "I hope I am ___2___ working as an editor.

"You see, I was ___3___ with my job, and I used to get really angry at my boss and the way he used to ___4___ me around all the time. I talked to a few friends and they said that they could give me ___5___, so I told my boss I was leaving. At first, everything was ___6___: I had so much work that I had to take on an assistant, my best friend at work, Don, just to be ___7___ to finish things on time. And soon we ___8___ large amounts of money. Don and I had a really great lifestyle, and when the work was finished, we used to take good ___9___ in places like Cancun and the Bahamas, just to get relaxed.

"At first, we were busy having fun, and charged(支付) everything to my credit cards instead, but then I began to ___10___ how much in debt I was. At last, I had to ___11___ Don off. I then had to sell all my office equipment. Now I could do almost nothing even if people ___12___ me. Things got so bad that I even asked my old boss if I could do some work for the ___13___, but he said that I'd been so ___14___ to him when I left that he would never employ me again. I've had to ___15___ my business now and I don't know what I'm going to do for money. It just goes to show, if you set up your own business, you shouldn't spend money you don't have."

1. A. pretended   B. learned   C. failed   D. decided
2. A. specially   B. still   C. also   D. certainly
3. A. pleased   B. strict   C. bored   D. patient
4. A. show   B. order   C. serve   D. lead
5. A. time   B. money   C. food   D. work
6. A. perfect   B. wrong   C. hard   D. fun
7. A. afraid   B. ready   C. able   D. about
8. A. lost   B. borrowed   C. donated   D. made
9. A. vacations   B. pictures   C. courses   D. chances
10. A. imagine   B. remember   C. wonder   D. realize
11. A. lay   B. see   C. take   D. put
12. A. paid   B. helped   C. forgot   D. asked
13. A. advertisement   B. magazine   C. equipment   D. lifestyle
14. A. shy   B. rude   C. lazy   D. straight
15. A. close down   B. pick up   C. turn down   D. set up

Passage 2

Body image—the way people feel about their looks—is a big problem for many young people today. According to a ___1___, more than half the teenage girls in the USA think ___2___ should be on a diet and almost one in five teenage boys are ___3___ about their bodies and their weight.

But what's the cause? In the study, many blame the media. Turn on the TV and you'll ___4___ see beautiful models, handsome actors and fit sports stars. ___5___ a magazine or a newspaper, look through the Internet, and it's usually ___6___.

Many young people feel pressure to ___7___ these "perfect" people. But for most, this is just not possible. In the USA, the average woman is 163cm tall and weighs 64 kilos, ___8___ the average model is 180cm tall and weighs 53 kilos.

When people don't look the way many ___9___ people look, they may become less confident. Some stop eating ___10___ in order to lose weight. Students can lose so much confidence that they start to ___11___ taking part in classroom activities at school.

Body image problems don't ___12___ as we get older, either. In the UK, for example, women over 50 spend more money on cosmetics(化妆品)than any other ___13___ group. Older men spend a lot of money trying to ___14___ hair loss.

Is there a solution to the problem? A 2016 study in the UK suggested that body image lessons should be provided in ___15___. Others believe it's a problem that all of society needs to deal with. As Meaghan Ramsey says, "We need to judge people by what they do, not what they look like."

1. A. newspaper	B. magazine	C. study	D. book
2. A. we	B. they	C. you	D. she
3. A. confident	B. sure	C. worried	D. happy
4. A. probably	B. hardly	C. never	D. finally
5. A. Get	B. Open	C. Take	D. Find
6. A. the same	B. different	C. special	D. interesting
7. A. look after	B. look for	C. look at	D. look like
8. A. because	B. although	C. but	D. or
9. A. kind	B. strong	C. young	D. famous
10. A. early	B. properly	C. slowly	D. carefully
11. A. enjoy	B. stop	C. finish	D. forget
12. A. come	B. continue	C. disappear	D. happen
13. A. age	B. job	C. hobby	D. man
14. A. make	B. avoid	C. refuse	D. protect
15. A. supermarkets	B. streets	C. parks	D. schools

Passage 3

Katy Sullivan is an actress, an athlete, and a person who also refuses to accept the words *no* or *I can't.*

She was born without the lower half of her ___1___ and has worn prosthetic (假体) ones all her life. She grew up in Alabama, US and had a(n) ___2___ childhood. She kept up with her sisters and brothers at the gym and the swimming pool. She feels lucky ___3___ her family treated her in just the same way as the other members.

When a person is born without legs, there are plenty of things that are __4__ to do. But Katy believed she could __5__ anything. So she chose two jobs that are difficult, __6__ with both legs. As a teenager, she once saw a good movie. Before it was __7__ , Katy had made her mind up to be a(n) __8__ .

She got a degree in theater and then moved to Los Angeles, where she has played __9__ in theater, television and movies. She has a positive view of life. She thinks that if you believe __10__ can do something, you should __11__ it. So when Katy's friend asked her __12__ she'd like to try running, she said "yes". She was given a pair of running legs and she __13__ her new life.

Katy was the first person in the world with two prosthetic legs to __14__ running as a competitive sport. She entered the final of the 100 meters in the 2012 London Paralympics.

Katy's family, friends, and fans look up to her as an __15__ of someone who has overcome her difficulty and achieved her dreams.

1. A. arms   B. legs   C. feet   D. hands
2. A. embarrassing B. lonely   C. active   D. strange
3. A. though   B. unless   C. before   D. because
4. A. difficult   B. important   C. possible   D. easy
5. A. achieve   B. accept   C. examine   D. prevent
6. A. just   B. also   C. even   D. ever
7. A. up   B. over   C. on   D. out
8. A. athlete   B. writer   C. actress   D. coach
9. A. games   B. music   C. sports   D. roles
10. A. you   B. we   C. she   D. they
11. A. depend on   B. go for   C. get used to   D. look after
12. A. whether   B. how   C. when   D. why
13. A. shared   B. started   C. changed   D. prepared
14. A. fix up   B. show up   C. take up   D. set up
15. A. ancestor   B. enemy   C. influence   D. example

Passage 4

Regardless of the weather or the distance, Paul Wilson will make sure low-income students in his neighbourhood arrive at their college classes on time.

A retired engineer, 76-year-old Wilson has been __1__ free rides to college students for the past eight years. Since he first started __2__ his car to the young people, Wilson has __3__ an astonishing 64,000 miles, and has had countless pleasant and often humorous __4__ with the students he transports to and from school. The students who he's __5__ have gone on to become physicians, teachers and engineers, but what they've also got out of their time in school is finding a role model and a friend in Wilson. Some students __6__ call him "Grandpa".

Tina Stern ___7___ rides from Wilson for all her four years in college, and the trips meant much more to her than just free ___8___ . "It's not just a ride; you're not just sitting there in ___9___ silence or with your headphones on," Stern said. "He asks you questions and actually ___10___ the answers, so the next time you ride with him, he'll ___11___ those things."

Wilson first worked as a driver through a student-support program of the non-profit organization, On Point for College. Although the ___12___ asks the members only to drive students to and from their classes, Wilson often goes ___13___ to ensure the welfare and safety of the students. Whenever they met with problems or whatever problems they have, Wilson is there to assist them.

For many students, Wilson's help is not only appreciated, it's also entirely necessary for them to be able to complete their college education. Some students don't have a reliable car, while others have to ___14___ vehicles with parents who work six days a week. For them, riding with Wilson has allowed them to complete their education—but according to Wilson, he benefits just as much from the ___15___ . "I just love driving and I love these kids," Wilson said. "It's such a privilege to be a part of these kids' lives, even just for a few hours, getting to know them and hearing their stories."

1. A. linking   B. sending   C. offering   D. distributing
2. A. donating   B. lending   C. delivering   D. volunteering
3. A. paved   B. covered   C. measured   D. wandered
4. A. arguments   B. interviews   C. negotiations   D. conversations
5. A. met   B. driven   C. addressed   D. greeted
6. A. even   B. ever   C. once   D. already
7. A. earned   B. received   C. assessed   D. demanded
8. A. transportation   B. style   C. time   D. communication
9. A. forced   B. awkward   C. ridiculous   D. suspicious
10. A. selects   B. recites   C. guesses   D. remembers
11. A. act on   B. settle on   C. check on   D. agree on
12. A. club   B. league   C. college   D. program
13. A. far   B. around   C. beyond   D. forwards
14. A. share   B. fuel   C. repair   D. exchange
15. A. experience   B. arrangement   C. appreciation   D. employment

Passage 5

The small town of Rjukan in Norway is situated between several mountains and does not get direct sunlight from late September to mid-March— ___1___ six months out of the year.

"Of course, we ___2___ it when the sun is shining," says Karin Ro, who works for the town's tourism office. "We see the sky is ___3___ , but down in the valley it's darker—it's like on a ___4___ day."

But that __5__ when a system of high-tech __6__ was introduced to reflect sunlight from neighboring peaks into the valley below. Wednesday, residents of Rjukan __7__ their very first ray of winter sunshine: A row of reflective boards on a nearby mountainside were put to __8__. The mirrors are controlled by a computer that __9__ them to turn along with the sun throughout the __10__ and to close during windy weather. They reflect a concentrated beam(束) of light onto the town's central __11__, creating an area of sunlight roughly 600 square meters. When the light __12__, Rjukan residents gathered together.

"People have been sitting there and standing there and taking __13__ of each other," Ro says. "The town square was totally full. I think almost all the people in the town were there."

The 3,500 residents cannot all __14__ the sunshine at the same time. However, the new light feels like more than enough for the town's sun-starved residents.

"It's not very __15__," she says, "but it is enough when we are sharing."

1. A. only	B. obviously	C. nearly	D. precisely
2. A. fear	B. believe	C. hear	D. notice
3. A. empty	B. blue	C. high	D. wide
4. A. cloudy	B. normal	C. different	D. warm
5. A. helped	B. changed	C. happened	D. mattered
6. A. computers	B. telescopes	C. mirrors	D. cameras
7. A. remembered	B. forecasted	C. received	D. imagined
8. A. repair	B. risk	C. rest	D. use
9. A. forbids	B. directs	C. predicts	D. follows
10. A. day	B. night	C. month	D. year
11. A. library	B. hall	C. square	D. street
12. A. appeared	B. returned	C. faded	D. stopped
13. A. pictures	B. notes	C. care	D. hold
14. A. block	B. avoid	C. enjoy	D. store
15. A. big	B. clear	C. cold	D. easy

Passage 6

No one is born a winner. People make themselves into winners by their own __1__.

I learned this lesson from a(n) __2__ many years ago. I took the head __3__ job at a school in Baxley, Georgia. It was a small school with a weak football program.

It was a tradition for the school's old team to play against the __4__ team at the end of spring practice. The old team had no coach, and they didn't even practice to __5__ the game. Being the coach of the new team, I was excited because I knew we were going to win, but to my disappointment we were defeated. I couldn't __6__ I had got into such a situation. Thinking hard about it, I came to __7__ that my team might not be the number one team in Georgia, but they were __8__ me. I had to change my __9__ about their ability and potential.

I started doing anything I could to help them build a little ___10___ . Most important, I began to treat them like ___11___ . That summer, when the other teams enjoyed their ___12___ , we met every day and practiced passing and kicking the football.

Six months after suffering our defeat on the spring practice field, we won our first game and our second, and continued to ___13___ . Finally, we faced the number one team in the state. I felt that it would be a victory for us even if we lost the game. But that wasn't what happened. My boys beat the best team in Georgia, giving me one of the greatest ___14___ of my life!

From the experience I learnt a lot about how the attitude of the leader can affect the members of a team. Instead of seeing my boys as losers, I pushed and ___15___ them. I helped them to see themselves differently, and they built themselves into winners.

Winners are made, not born.

1. A. luck   B. tests   C. efforts   D. nature
2. A. experiment   B. experience   C. visit   D. show
3. A. operating   B. editing   C. consulting   D. coaching
4. A. successful   B. excellent   C. strong   D. new
5. A. cheer for   B. prepare for   C. help with   D. finish with
6. A. believe   B. agree   C. describe   D. regret
7. A. realize   B. claim   C. permit   D. demand
8. A. reacting to   B. looking for   C. depending on   D. caring about
9. A. decision   B. attitude   C. conclusion   D. intention
10. A. pride   B. culture   C. fortune   D. relationship
11. A. leaders   B. partners   C. winners   D. learners
12. A. rewards   B. vacations   C. health   D. honor
13. A. relax   B. improve   C. expand   D. defend
14. A. chances   B. thrills   C. concerns   D. offers
15. A. encouraged   B. observed   C. protected   D. impressed

Passage 7

We have all heard how time is more valuable than money, but is it ___1___ to have too much time?

I ___2___ back in high school I spent most of my day at school since I also ___3___ a team sport. By the time I got home, I only had a few hours to do my homework, and I had to do it ___4___ .

When I got into college, things ___5___ . I suddenly found myself out of class before noon time. Because of all this ___6___ time, there was no sense of ___7___ to do my schoolwork immediately. I was performing this action of waiting until it later became a ___8___ . Once that happened, I just kept ___9___ my studying further and further back in my day. Then I got to the point where I was ___10___ really late at night to get my work alone.

One day I ___11___ a former classmate of mine who was making a lot of money running a sideline(副业). Since his regular job was ___12___ , I asked him why he just didn't do his sideline full-time. He said without the job, he would simply have too much time and would just do what I did back in ___13___. He said that if he quit the job, he would lose his drive to work and succeed.

So, try filling up your time with other work. This is why there is a ___14___ that if you want something done, ask a ___15___ person to do it.

1. A. true   B. fair   C. strange   D. possible

2. A. remember   B. admit   C. understand   D. expect

3. A. watched   B. loved   C. coached   D. played

4. A. at last   B. right away   C. of course   D. as usual

5. A. happened   B. repeated   C. changed   D. mattered

6. A. extra   B. difficult   C. valuable   D. limited

7. A. duty   B. achievement   C. urgency   D. direction

8. A. burden   B. relief   C. risk   D. habit

9. A. pushing   B. taking   C. setting   D. calling

10. A. hanging out   B. staying up   C. jogging round   D. showing off

11. A. met   B. helped   C. treated   D. hired

12. A. safe   B. important   C. boring   D. rewarding

13. A. childhood   B. college   C. town   D. business

14. A. message   B. story   C. saying   D. fact

15. A. careful   B. busy   C. reliable   D. kind

Passage 8

In 1973, I was teaching elementary school. Each day, 27 kids ___1___ "The Thinking Laboratory". That was the ___2___ students voted for after deciding that "Room 104" was too ___3___.

Freddy was an average ___4___, but not an average person. He had the rare balance of fun and compassion(同情). He would laugh the loudest over fun and be the saddest over anyone's misfortune.

Before the school year ended, I gave the kids a special ___5___, T-shirts with the words "Verbs Are Your ___6___" on them. I had advised the kids that while verbs may seem dull, most of the ___7___ things they do throughout their lives will be verbs.

Through the years, I'd run into former students who would provide ___8___ on old classmates. I learned that Freddy did several jobs after his ___9___ from high school and remained the same ___10___ person I met forty years before. Once, while working overnight at a store, he let a homeless man ___11___ in his truck. Another time, he ___12___ a friend money to buy a house.

Just last year, I was ___13___ a workshop when someone knocked at the classroom door. A woman ___14___ the interruption and handed me an envelope. I stopped teaching and ___15___ it up. Inside were the "Verbs" shirt and a note from Freddy's mother. "Freddy passed away on Thanksgiving. He wanted you to have this."

I told the story to the class. As sad as it was, I couldn't help smiling. Although Freddy was taken from us, we all took something from Freddy.

1. A. built   B. entered   C. decorated   D. ran

2. A. name   B. rule   C. brand   D. plan

3. A. small   B. dark   C. strange   D. dull

4. A. scholar   B. student   C. citizen   D. worker

5. A. lesson   B. gift   C. report   D. message

6. A. Friends   B. Awards   C. Masters   D. Tasks

7. A. simple   B. unique   C. fun   D. clever

8. A. assessments   B. comments   C. instructions   D. updates

9. A. graduation   B. retirement   C. separation   D. resignation

10. A. daring   B. modest   C. caring   D. smart

11. A. wait   B. sleep   C. study   D. live

12. A. paid   B. charged   C. lent   D. owed

13. A. observing   B. preparing   C. designing   D. conducting

14. A. regretted   B. avoided   C. excused   D. ignored

15. A. opened   B. packed   C. gave   D. held

Passage 9

Alia Baker is a librarian in Iraq. Her library used to be a meeting place for all who loved books and liked to share knowledge. They discussed various matters all over the world. When the war was near, Alia was __1__ that the fires of war would destroy the books, which are more __2__ to her than mountains of gold. The books are in every language—new books, ancient books, __3__ a book on the history of Iraq that is seven hundred years old.

She had asked the government for permission to move the books to a __4__ place, but they refused. So Alia took matters into her own hands. __5__, she brought books home every night, __6__ her car late after work. Her friends came to __7__ her when the war broke out. Anis who owned a restaurant agreed to hide some books. All through the __8__, Alia, Anis, his brothers and neighbors took the books from the library, __9__ them over the seven-foot wall and __10__ them in the restaurant. The books stayed hidden as the war __11__. Then nine days later, a fire burned the __12__ to the ground.

One day, the bombing stopped and the __13__ left. But the war was not over yet. Alia knew that if the books were to be safe, they must be __14__ again while the city was __15__. So she hired a truck to bring all the books to the houses of friends in the suburbs. Now Alia waited for the war to end and dreamed of peace and a new library.

1. A. worried   B. angry   C. doubtful   D. curious

2. A. practical   B. precious   C. reliable   D. expensive

3. A. then   B. still   C. even   D. rather

4. A. large   B. public   C. distant   D. safe

5. A. Fortunately   B. Surprisingly   C. Seriously   D. Secretly

6. A. starting   B. parking   C. filling   D. testing

7. A. stop   B. help   C. warn   D. rescue

8. A. war   B. night   C. building   D. way

9. A. put   B. opened   C. passed   D. threw

10. A. hid   B. exchanged   C. burnt   D. distributed

11. A. approached   B. erupted   C. continued   D. ended

12. A. restaurant   B. library   C. city   D. wall

13. A. neighbors   B. soldiers   C. friends   D. customers

14. A. sold   B. read   C. saved   D. moved

15. A. occupied   B. bombed   C. quiet   D. busy

Passage 10

In the 1960s, Douglas McGregor, one of the key thinkers in the art of management, developed the now famous Theory X and Theory Y. Theory X is the idea that people instinctively   1   work and will do anything to avoid it. Theory Y is the view that everyone has the potential to find satisfaction in work.

In any case, despite so much evidence to the   2 , many managers still agree to Theory X. They believe,   3 , that their employees need constant supervision if they are to work effectively, or that decisions must be imposed from   4   without consultation. This, of course, makes for authoritarian(专制的) managers.

Different cultures have different ways of   5   people. Unlike authoritarian management, some cultures, particularly in Asia, are well known for the consultative nature of decision-making—all members of the department or work group are asked to   6   to this process. This is management by the collective opinion. Many western companies have tried to imitate such Asian ways of doing things, which are based on general   7 . Some experts say that women will become more effective managers than men because they have the power to reach common goals in a way that traditional   8   managers cannot.

A recent trend has been to encourage employees to use their own initiative, to make decisions on their own without   9   managers first. This empowerment(授权) has been part of the trend towards downsizing: 10   the number of management layers in companies. After delayering in this way, a company may be   11   with just a top level of senior managers, front-line managers and employees with direct contact with the public. Empowerment takes the idea of delegation(委托) much further than has   12   been the case. Empowerment and delegation mean new forms of management control to   13   that the overall business plan is being followed, and that operations become more profitable under the new organization, rather than less.

Another trend is off-site or   14   management, where teams of people linked by e-mail and the Internet work on projects from their own houses. Project managers evaluate the   15 of the team members in terms of what they produce for projects, rather than the amount of time they spend on them.

1. A. desire   B. seek   C. lose   D. dislike
2. A. contrary   B. expectation   C. degree   D. extreme
3. A. vice versa   B. for example   C. however   D. otherwise
4. A. outside   B. inside   C. below   D. above
5. A. replacing   B. assessing   C. managing   D. encouraging
6. A. refer   B. contribute   C. object   D. apply
7. A. agreement   B. practice   C. election   D. impression
8. A. bossy   B. experienced   C. western   D. male
9. A. asking   B. training   C. warning   D. firing
10. A. doubling   B. maintaining   C. reducing   D. estimating
11. A. honored   B. left   C. crowded   D. compared
12. A. economically B. traditionally C. inadequately D. occasionally
13. A. deny   B. admit   C. assume   D. ensure
14. A. virtual   B. ineffective   C. day-to-day   D. on-the-scene
15. A. opinion   B. risk   C. performance   D. attractiveness

Passage 11

As the plane circled over the airport, everyone sensed that something was wrong. The plane was moving unsteadily through the air, and __1__ the passengers had fastened their seat belts, they were suddenly __2__ forward. At that moment, an air hostess __3__. She looked very pale, but was quite __4__. Speaking quickly but almost in a whisper, she asked if any of the passengers knew anything about machines. After a moment's __5__, a man got up and followed the hostess into the pilot's cabin. The man took his seat and listened carefully to the __6__ instructions that were being sent by radio from the airport below. The plane was now dangerously close __7__ the ground, but to everyone's __8__, it soon began to climb. The man had to __9__ the airport several times to become __10__ with the controls of the plane. __11__ the danger had not yet passed. The terrible __12__ came when he had to land. Following the __13__, the man guided the plane toward the airfield. It shook violently __14__ it touched the ground and then moved rapidly __15__ the runway and after a long run it stopped safely.

1. A. although   B. while   C. therefore   D. then
2. A. shifted   B. thrown   C. put   D. moved
3. A. showed   B. presented   C. exposed   D. appeared
4. A. well   B. still   C. calm   D. quiet
5. A. hesitation   B. surprise   C. doubt   D. delay
6. A. patient   B. anxious   C. urgent   D. nervous
7. A. to   B. by   C. near   D. on

8. A. horror   B. trust   C. pleasure   D. relief

9. A. surround   B. circle   C. observe   D. view

10. A. intimate   B. familiar   C. understood   D. close

11. A. Then   B. Therefore   C. But   D. Moreover

12. A. moment   B. movement   C. idea   D. affair

13. A. impression   B. information   C. inspections   D. instructions

14. A. as   B. unless   C. while   D. so

15. A. around   B. over   C. along   D. above

Passage 12

Before the 20th century the horse provided day to day transportation in the United States. Trains were used only for long-distance transportation. Today the car is the most popular ___1___ of transportation in all of the United States. It has completely ___2___ the horse as a means of everyday transportation. Americans use their car for ___3___ 90 percent of all personal ___4___ .

Most Americans are able to ___5___ cars. The average price of a ___6___ made car was $2050 in 1950, $2740 in 1960 and up to $4750 ___7___ 1975. During this period American car manufacturers set about ___8___ their products and work efficiency.

As a result, the yearly income of the ___9___ family increased from 1950 to 1975 ___10___ than the price of cars. For this reason ___11___ a new car takes a smaller ___12___ of a family's total earnings today.

In 1951 ___13___ it took 8.1 months of an average family's ___14___ to buy a new car. In 1962 a new car needed 8.3 of a family's annual earnings. By 1975 it only took 4.75 months income. In addition, the 1975 cars were technically ___15___ to models from previous years.

1. A. kinds   B. means   C. mean   D. types

2. A. denied   B. reproduced   C. replaced   D. ridiculed

3. A. hardly   B. nearly   C. certainly   D. probably

4. A. trip   B. works   C. business   D. travel

5. A. buy   B. sell   C. race   D. see

6. A. quickly   B. regularly   C. rapidly   D. recently

7. A. on   B. in   C. behind   D. about

8. A. raising   B. making   C. reducing   D. improving

9. A. unusual   B. interested   C. average   D. biggest

10. A. slowest   B. equal   C. faster   D. less

11. A. bringing   B. obtain   C. bought   D. purchasing

12. A. part   B. half   C. number   D. side

13. A. clearly   B. proportionally   C. personally   D. suddenly

14. A. income   B. work   C. plants   D. debts

15. A. famous   B. superior   C. fastest   D. secondary

Passage 13

Mr. Robinson had to travel somewhere on business, and as he was in a hurry, he decided to go by __1__. He liked sitting __2__ a window when he was flying, so he wanted to look for a window seat. He __3__ all of them taken except one. There was a young man __4__ beside it, and Robinson was surprised that he had not taken the one by the window. Anyhow, he went towards it.

When he __5__ it, however, he saw that there was a notice on it, written __6__ capital letters, __7__ "This seat is kept for proper balance. Thank you." Mr. Robinson had never seen such a notice before, but he thought the plane must be carrying something particularly heavy in its room __8__ made it necessary to have the passengers properly balance. So he walked on and found __9__ empty seat, not beside the window __10__.

Two or three other people __11__ to sit in the window seat next to the young man, but they also read the notice and went on. Then when the plane was nearly __12__ a very beautiful girl __13__ into the plane. The young man, who was watching the passengers coming in, __14__ took the notice __15__ the seat beside him, and by this means succeeded in having a pretty companion during the whole trip.

1. A. air   B. water   C. train   D. bus
2. A. on   B. nearly   C. beside   D. far from
3. A. wanted   B. found   C. thought   D. hoped
4. A. seating   B. seated   C. seat   D. sat
5. A. arrived   B. sat on   C. reached   D. left
6. A. through   B. by   C. with   D. in
7. A. said   B. saying   C. spoken   D. speaking
8. A. and   B. this   C. who   D. which
9. A. another   B. other   C. the other   D. the only
10. A. to sit   B. to be sat   C. to sit on   D. to be sat in
11. A. stuck   B. tried   C. managed   D. refused
12. A. empty   B. full   C. up   D. down
13. A. reached   B. stepped   C. entered   D. left
14. A. quickly   B. fast   C. slowly   D. soon
15. A. onto   B. away   C. off   D. up

Passage 14

Once upon a time, a rich man wanted to make a trip to another town. He tried not only to take things to sell but also to take money to __1__ things with. He __2__ to take ten servants with him. They would __3__ the things to sell and the food to __4__ on their trip. Before they started, a little boy ran up to __5__ and asked to __6__ with them.

The rich man said to the little boy, "Well, __7__ may go with us. __8__ you are the smallest, the thinnest and the weakest of all my __9__, you can't carry a __10__ load. You must __11__ the lightest one to carry. " The boy thanked his master and chose the biggest load to carry. That was bread.

" You are __12__ , " said his master. " That is the biggest and the heaviest one. " The boy said __13__ and lifted the load gladly.

On the trip they walked for days and at last they got to the town. All the servants were tired __14__ the little servant. Do you know __15__ ? Most of the bread was eaten during the trip and a little was left when they arrived at the town.

1. A. eat   B. buy   C. change   D. get
2. A. decided   B. liked   C. hoped   D. tried
3. A. take   B. bring   C. carry   D. borrow
4. A. cook   B. eat   C. buy   D. drink
5. A. the load   B. the servants   C. the road   D. the rich man
6. A. stop   B. stay   C. go   D. talk
7. A. you   B. he   C. I   D. they
8. A. While   B. If   C. Because   D. But
9. A. family   B. guests   C. servants   D. things
10. A. heavy   B. light   C. small   D. difficult
11. A. eat   B. choose   C. pick up   D. understand
12. A. brave   B. right   C. clever   D. foolish
13. A. sorry   B. nothing   C. angrily   D. good-bye
14. A. besides   B. of   C. except   D. with
15. A. who   B. him   C. that   D. why

Passage 15

While attending a conference, I returned to my hotel room late one evening. The overhead light outside my door was burned out and I had __1__ finding the keyhole. When I __2__ to open the door, I __3__ around the wall for a light switch. I found a plate where a switch was once installed...but no switch!

Not discouraged easily, I remembered __4__ a lamp by the bed when I deposited my luggage earlier in the day. I found the bed in the __5__ but when I switched it on, nothing __6__ ! I thought that perhaps if I opened the __7__ I might be able to use the light from the street to find another lamp. So I __8__ my way slowly across the room to the curtains and...no drawstring! I finally stumbled(跌跌撞撞地走)around until I found a desk lamp which actually __9__ !

That evening I discovered in a whole new way just how dark the world can be and how necessary light is! But even more necessary than __10__ light is the light that shines from people—the light of __11__ , sympathy and faith. Because, for many people, the world is a dark and __12__ place. For someone today just may be stumbling in discouragement or sadness or fear and in need of some light. So let your light shine. Whatever light you __13__ may be a beacon of hope and encouragement. And if you feel that your light is __14__ a candle in a forest, remember there isn't enough darkness in the world to __15__ the light of one small candle.

1. A. confidence	B. respect	C. admiration	D. difficulty
2. A. managed	B. failed	C. wished	D. meant
3. A. touched	B. felt	C. sensed	D. looked
4. A. equipping	B. producing	C. spotting	D. removing
5. A. light	B. dark	C. room	D. corner
6. A. happened	B. operated	C. fired	D. developed
7. A. machine	B. curtains	C. room	D. car
8. A. wound	B. forced	C. made	D. lost
9. A. helped	B. affected	C. worked	D. inspired
10. A. mental	B. psychological	C. electrical	D. physical
11. A. existence	B. love	C. truth	D. wisdom
12. A. lonely	B. colorful	C. friendly	D. complex
13. A. make	B. offer	C. take	D. contribute
14. A. not more than	B. other than	C. no more than	D. rather than
15. A. put out	B. give out	C. get over	D. set up

Passage 16

My son Joey was born with club feet. The doctors said that with treatment he would be able to walk, but would never run very well. The first three years of his life was __1__ in hospital. By the time he was eight, you wouldn't know he has a problem when you saw him __2__.

Children in our neighborhood always ran around __3__ their play, and Joey would jump and ran and play, __4__. We never told him that he probably wouldn't be __5__ to run like the other children. So he didn't know.

In __6__ grade he decided to join the school running team. Every day he trained. He ran more than any of the others, __7__ only the top seven runners would be chosen to run for the __8__. We didn't tell him he probably would never make the team, so he didn't know.

He ran four to five miles every day—even when he had a fever. I was __9__, so I went to __10__ him after school. I found him running __11__. I asked him how he felt. "Okay," he said. He had two more miles to go. Yet he looked straight ahead and kept __12__.

Two weeks later, the names of the team __13__ were out. Joey was number six on the list. Joey had __14__ the team. He was in seventh grade—the other six team members were all eighth graders. We never told him he couldn't do it...so he didn't know. He just __15__ it.

1. A. spent	B. taken	C. cost	D. paid
2. A. talk	B. sit	C. study	D. walk
3. A. after	B. before	C. during	D. till

4. A. either   B. too   C. though   D. yet

5. A. able   B. sorry   C. glad   D. afraid

6. A. sixth   B. seventh   C. eighth   D. ninth

7. A. so   B. if   C. then   D. because

8. A. neighborhood   B. family   C. school   D. grade

9. A. excited   B. tired   C. pleased   D. worried

10. A. think about   B. hear from   C. agree with   D. look for

11. A. again   B. away   C. almost   D. already

12. A. riding   B. walking   C. playing   D. running

13. A. jumpers   B. runners   C. doctors   D. teachers

14. A. got   B. kept   C. made   D. found

15. A. did   B. left   C. had   D. took

Passage 17

My work keeps me in Hong Kong most of the year, but I do try to get __1__ for a month in __2__ —usually in July. Now as you probably know, that's the main __3__ season in Europe, the favourite places for holiday and the famous cities are usually very __4__. But I'm not seeking the sun—I get plenty of __5__ in Hong Kong—and I'm certainly not seeking the __6__! So when I go on holiday I buy a Train Pass (a sort of train ticket) that __7__ me first-class travel on most of the __8__ of Western Europe. First-class compartments (车厢) are __9__ crowded and they are very comfortable. If you're going on an overnight __10__ you can take a sleeping train for some extra money. There are usually dining cars in the train.

I find that __11__ travel is restful and __12__. There's always something to see. I particularly enjoy __13__ through Switzerland and Italy. You can get a very good __14__ of what a country is like from a train; you don't go too fast and you stop quite often. Also rail travel is very safe and I am never sick on a train __15__ I am on a ship!

1. A. back   B. off   C. home   D. away

2. A. holiday   B. vacation   C. summer   D. autumn

3. A. holiday   B. visiting   C. windy   D. rainy

4. A. quiet   B. peaceful   C. beautiful   D. crowded

5. A. pleasure   B. daylight   C. sunshine   D. money

6. A. crowds   B. children   C. help   D. city life

7. A. shows   B. allows   C. gives   D. takes

8. A. highways   B. paths   C. roads   D. railways

9. A. hardly   B. always   C. certainly   D. much

10. A. way   B. journey   C. service   D. work

11. A. sea   B. plane   C. car   D. train

12. A. interesting   B. tiresome   C. lonely   D. cheap

13. A. to travel   B. travelling   C. to drive   D. driving

14. A. idea   B. looking   C. drawing   D. painting

15. A. when   B. while   C. as   D. and

Passage 18

I've been singing and __1__ poetry for four years. I've __2__ since I was eight. I __3__ to sing for my mother's friends, and then I started singing for charity galas(慈善活动) __4__ by church groups, women's clubs and stuff like that.

I have three books of poetry and songs. A fourth is in __5__. I __6__ all of the money from the books to children's charities. Money from my first book went to a school for deaf and blind kids in Great Falls, Montana. They did a __7__ called Sight First to help the blind. Money from the second book went to Home on the Range, a __8__ for abused children.

I __9__ people at a local nursing home. I __10__ the women's hair and they ask me to come by on Sundays and perform for them. I guess that's what's really __11__ to me, when I sing to someone who is __12__, someone who is really sick, and who isn't __13__ of much of what's happening, __14__ when I've done these there's a smile on that person's face.

I find that everyone needs love, everyone can give love, and that love is __15__ everyone wants.

1. A. writing   B. reciting   C. learning   D. performing

2. A. attempted   B. volunteered   C. succeeded   D. managed

3. A. hated   B. preferred   C. used   D. stopped

4. A. put on   B. put off   C. put up   D. put down

5. A. place   B. use   C. practice   D. production

6. A. make   B. donate   C. earn   D. collect

7. A. war   B. fight   C. battle   D. campaign

8. A. shelter   B. room   C. house   D. factory

9. A. find   B. see   C. visit   D. notice

10. A. sell   B. do   C. play   D. make

11. A. fulfilling   B. amusing   C. exciting   D. embarrassing

12. A. anxious   B. eager   C. worried   D. dying

13. A. afraid   B. tired   C. aware   D. fond

14. A. so   B. and   C. but   D. otherwise

15. A. what   B. that   C. which   D. where

Passage 19

An old man lay in a hospital bed, heavily sedated(服镇静剂) to ease the pain from his heart attack. The nurse arrived and said, "Your son is here," reporting the words several times before the __1__ conscious man opened his eyes. His son was a __2__ who had come back from service to __3__ to his beloved father.

The elderly man __4__ out to touch his son's hand and held it gently. All through the night, the young soldier sat in the dimly lit ward offering words of __5__ to his dying dad, who said nothing, but kept a feeble grip of his child. ___6___ of the noise of the oxygen tank and the moans of the other patients, the marine remained ___7___ by the old man's side.

Several times in the course of that long night, the nurse returned and ___8___ that the marine leave to rest for a while. But each time he would refuse. As dawn approached the elderly man ___9___. His loving son rested the old man's ___10___ hand on the bed and left to find the nurse. The young man waited while the nurse carried his father's body away and when she returned, offering words of ___11___, the marine interrupted her.

"Who was that man?" he asked.

___12___, the nurse replied, "He was your father."

"No, he wasn't," the young man said. "I've never seen him before in my life."

"Then why didn't you say something?"

"When I arrived the ___13___, I knew right away there had been a mistake," the young man explained. "But I also knew that man needed his son, and he wasn't here. I could tell he was too ___14___ to know who sat beside him but he needed someone there, so I just decided to ___15___."

1. A. simply	B. actually	C. barely	D. totally
2. A. director	B. marine	C. policeman	D. businessman
3. A. talk	B. stick	C. tend	D. adjust
4. A. reached	B. moved	C. helped	D. picked
5. A. respect	B. encouragement	C. truth	D. wisdom
6. A. Unaware	B. Afraid	C. Free	D. Sick
7. A. calm	B. still	C. serious	D. loyal
8. A. explained	B. suggested	C. ordered	D. stopped
9. A. awoke	B. screamed	C. died	D. fainted
10. A. active	B. lifeless	C. alive	D. useful
11. A. inspiration	B. love	C. admiration	D. sympathy
12. A. Surprised	B. Curious	C. Upset	D. Annoyed
13. A. home	B. office	C. ward	D. airport
14. A. sick	B. anxious	C. careless	D. disappointed
15. A. live	B. leave	C. remain	D. stay

Passage 20

Where did you go yesterday? Did you hear ___1___ at any of those places? Today most stores and restaurants play music. You might ___2___ hear music in an office or on a farm.

Scientists believe that music changes the ___3___ people behave. According to some scientists, the sound of western classical music makes people ___4___ rich. When a restaurant plays classical music, people spend ___5___ money on food and drinks. When the restaurant plays ___6___ music, people spend less money. With ___7___ music, people spend even less.

Scientists also __8__ that loud, fast music makes people eat faster. In fact people __9__ their food faster when the music gets faster. Some restaurants play fast music during their __10__ hours. This gets people to eat faster and leave more quickly. In this way, restaurants __11__ make more money.

Some scientists think that music makes you think and learn better. They say __12__ music helps students to be more active. It is true that people learn better when they are __13__. And listening to music can help you relax.

The __14__ time you hear music somewhere, be __15__. It might change the way you do things.

1. A. music   B. stores   C. songs   D. sound
2. A. already   B. even   C. hardly   D. never
3. A. way   B. time   C. idea   D. place
4. A. become   B. get   C. feel   D. look
5. A. much   B. more   C. little   D. less
6. A. pop   B. modern   C. light   D. country
7. A. no   B. much   C. any   D. some
8. A. expect   B. hope   C. realize   D. believe
9. A. cook   B. order   C. eat   D. make
10. A. free   B. busy   C. happy   D. sad
11. A. can   B. should   C. can't   D. needn't
12. A. how   B. why   C. what   D. that
13. A. excited   B. interested   C. confident   D. relaxed
14. A. first   B. second   C. next   D. last
15. A. quiet   B. quick   C. happy   D. careful

Passage 21

Recently, my husband and I had the opportunity to do something good for two complete strangers. This __1__ us feel so good that I felt I had to share our experience.

We were traveling to Mexico for __2__ week with our family. Since I traveled a lot for work, we had enough frequent flier miles(累计飞行里程) and could upgrade our tickets to first-class seats. We were sitting in the very first two seats in the first row, __3__ the plane to depart. I overheard one of the flight attendants telling the others that there was a couple sitting in the __4__ of the plane who had just got married the previous day and were heading off on their __5__. They had booked their flight eight months in advance but, due to some schedule changes, had not been able to get __6__ together. No one else on the plane was willing to move and the bride was in tears.

I turned to my husband and told him what I __7__. We immediately __8__ and I called the flight attendant over to tell her that we would be happy to __9__ our seats for this couple. The flight attendant seemed shocked and __10__ and said, "Really? Are you sure?" We said, "Absolutely!"

So we moved to the back of the plane. I sat in a middle seat and my __11__ sat in the window seat in the last row of the plane.

The flight attendants were extremely thankful and __12__ good care of us even though we were no longer sitting in first class. We both made friends with the people __13__ around us and had a great flight. I had to go back to the front of the plane to pick up a forgotten item at one point during the __14__. I saw that the newly-weds were sitting very close together, __15__ enjoying champagne.

It didn't just make my day—it made my whole Thanksgiving week get off to such a wonderful start!

1. A. forced   B. made   C. allowed   D. persuaded
2. A. Christmas   B. New Year   C. Thanksgiving   D. Halloween
3. A. watching   B. waiting for   C. listening to   D. recognizing
4. A. front   B. beside   C. back   D. left
5. A. honeymoon   B. holiday   C. vacation   D. dream
6. A. bags   B. seats   C. luggage   D. wishes
7. A. saw   B. noticed   C. found   D. heard
8. A. agreed   B. answered   C. replied   D. moved
9. A. give out   B. give up   C. give off   D. give away
10. A. glad   B. interested   C. tired   D. amazed
11. A. friend   B. husband   C. son   D. daughter
12. A. cared   B. thought   C. took   D. looked
13. A. sitting   B. standing   C. walking   D. talking
14. A. time   B. flight   C. space   D. schedule
15. A. satisfactorily B. shamefully   C. terribly   D. happily

Passage 22

For many people today, reading is no longer relaxation. To keep up their work they must __1__ letters, reports, trade publications, inter-office communication etc. In __2__ a job or advancing in one, the ability to read and comprehend __3__ can mean the difference between success and failure. Yet the unfortunate fact is that most of us are __4__ readers. Most of us develop poor reading __5__ at an early age, and never get over them. The main deficiency __6__ in the actual stuff of language itself—words. Taken individually, words have __7__ meaning until they are strung together into phrases, sentences and paragraphs. __8__, however, the untrained reader does not read groups of words. He laboriously reads one word at a time, often regressing to __9__ words or passages. Regression, the tendency to look back over __10__ you have just read, is a common bad habit in reading. Another habit which __11__ down the speed of reading is vocalization—sounding each word either orally or mentally as __12__ reads.

To overcome these bad habits, some reading clinics use a device called an __13__, which moves a bar (or curtain) down the page at a predetermined speed. The bar is set at a slightly faster rate __14__ the reader finds comfortable, in order to "stretch" him. The accelerator forces the reader to read fast, __15__ word-by-word reading, regression and sub vocalization, practically impossible.

1. A. write   B. read   C. discuss   D. review
2. A. applying   B. doing   C. offering   D. getting
3. A. quickly   B. easily   C. roughly   D. decidedly
4. A. good   B. curious   C. poor   D. urgent
5. A. training   B. habits   C. situations   D. custom
6. A. lies   B. combines   C. touches   D. involves
7. A. some   B. a lot   C. little   D. dull
8. A. Fortunately B. In fact   C. Logically   D. Unfortunately
9. A. reuse   B. reread   C. rewrite   D. recite
10. A. what   B. which   C. that   D. if
11. A. scales   B. cuts   C. slows   D. measures
12. A. some one   B. one   C. he   D. reader
13. A. accelerator B. actor   C. amplifier   D. observer
14. A. then   B. as   C. beyond   D. than
15. A. enabling   B. leading   C. making   D. indicating

Passage 23

A group of adults, highly succeeded in their jobs, went to visit their old professor. Soon they began to __1__ the stress in work and life.

The professor went to the kitchen and returned __2__ a pot of coffee and all kinds of cups—crystal, glass, plastic, some nice looking, some plain looking, some __3__, some cheap. And he told them to help __4__ to the coffee.

When all the students had a cup of coffee in hand, the professor said, "I've noticed that all the nice looking and expensive cups were __5__, leaving behind the plain and cheap ones. While it is __6__ for you to want only the best for yourselves, that is the source of your __7__ and stress.

You know that the cup itself adds no quality to the coffee. __8__ you really wanted was coffee, not the cup, __9__ you consciously went for the best cups.

Now consider this: Life is the coffee; the jobs, money and __10__ in society are the cups. They are just __11__ to hold and contain life, and the type of cup does not change the quality of our life. Sometimes, by __12__ only on the cup, we fail to enjoy the coffee that has been __13__ us. Please enjoy your coffee!"

The happiest people don't have the best of everything. They just make __14__ of everything.

Live simply. Love passionately. Care deeply. Speak __15__. And leave the rest to life.

1. A. think of　　　　B. think for　　　　C. complain about　　D. drop out

2. A. for　　　　　　B. at　　　　　　　C. in　　　　　　　D. with

3. A. expensive　　　B. ordinary　　　　C. strong　　　　　D. serious

4. A. them　　　　　B. themselves　　　C. him　　　　　　D. everyone

5. A. mixed up　　　B. left　　　　　　C. taken up　　　　D. refused

6. A. normal　　　　B. important　　　　C. impossible　　　D. necessary

7. A. thoughts　　　B. failure　　　　　C. questions　　　　D. problems

8. A. Who　　　　　B. How much　　　　C. What　　　　　D. That

9. A. and　　　　　B. but　　　　　　　C. so　　　　　　　D. or

10. A. position　　　B. age　　　　　　C. health　　　　　D. purpose

11. A. cups　　　　　B. tools　　　　　　C. bags　　　　　　D. bowls

12. A. putting　　　　B. getting　　　　　C. turning　　　　　D. concentrating

13. A. taught　　　　B. provided　　　　C. returned　　　　D. brought

14. A. fun　　　　　B. use　　　　　　C. the best　　　　　D. the worst

15. A. kindly　　　　B. sadly　　　　　　C. rudely　　　　　D. seriously

Passage 24

When I was a child of seven ___1___ old, my mother, on a holiday, gave me some ___2___. I went at once to a shop ___3___ they sold toys for children. Being charmed with the sound of a whistle that I had seen by the way, in the hands of ___4___ I handed over all my money for one. I then came home, and went ___5___ all over the house, much pleased with my whistle, but disturbing all the ___6___. My brothers and sisters and cousins, said I had given four times as ___7___ as the whistle was worth. They told me what good things I ___8___ with the rest of the money, and laughed at me so much for my ___9___ that I cried with anger. Thinking about the matter gave me more regrets ___10___ the whistle gave me ___11___.

This, ___12___, was afterwards of use to me, for the impression continued on my mind, so that often, when I was tempted to buy something I ___13___ need, I said to myself, "Don't give too much for the whistle," and I ___14___ my money. As I grew up, came into the world, and observed the actions of men, I thought I met with many, very many, ___15___ "give too much for the whistle."

1. A. year　　　　　B. years　　　　　C. age　　　　　　D. ages

2. A. candies　　　　B. books　　　　　C. flowers　　　　D. money

3. A. what　　　　　B. that　　　　　　C. where　　　　　D. which

4. A. other　　　　　B. another　　　　C. the other　　　D. others

5. A. whistled　　　　B. whistling　　　C. whistle　　　　D. to whistle

6. A. family　　　　　B. school　　　　C. shop　　　　　D. street

7. A. much　　　　　B. many　　　　　C. a lot　　　　　D. lots

8. A. has bought　　　　　　　　　　　B. having bought

　　C. had bought　　　　　　　　　　D. might have bought

9. A. cleverness   B. folly   C. pleasure   D. happiness

10. A. than   B. to   C. for   D. as

11. A. pleasure   B. satisfaction   C. hatred   D. curiosity

12. A. moreover   B. whatever   C. however   D. besides

13. A. didn't   B. did   C. do   D. must

14. A. gave   B. cost   C. saved   D. invested

15. A. who   B. which   C. that   D. whom

Passage 25

Overhead bridges can be seen in many parts of Singapore, in the place where traffic is very heavy and crossing the road is ___1___.

These bridges can make people ___2___ roads safely. Overhead bridges are used in very much the same way as zebra crossings.

They are more efficient, ___3___ less convenient because people have to climb up a lot of steps. This is inconvenient to the old. When people ___4___ an overhead bridge, they do not hold up traffic. But when they cross a ___5___ road using a zebra crossing, traffic is held up. This is ___6___ the government has ___7___ many overhead bridges to help people and ___8___ traffic moving at the same time.

The government of Singapore has ___9___ a lot of money building these bridges. For their own safety, people should be given hope to use them ___10___ rushing across the road. Old people may find it a little ___11___ climbing up and down the steps, but it is still much safer than walking across the road ___12___ all the moving traffic.

Overhead bridges are very useful. People, ___13___ old and young, should ___14___ use them. This will stop accidents ___15___ happening.

1. A. noisy   B. not safe   C. crowded   D. not busy

2. A. cross   B. crossing   C. across   D. through

3. A. though   B. or   C. if   D. till

4. A. pass   B. use   C. visit   D. build

5. A. wide   B. narrow   C. busy   D. free

6. A. what   B. why   C. when   D. where

7. A. made   B. let   C. built   D. asked

8. A. see   B. keep   C. find   D. feel

9. A. used   B. made   C. spent   D. borrowed

10. A. full of   B. fond of   C. in spite of   D. instead of

11. A. difficult   B. different   C. worried   D. excited

12. A. past   B. along   C. about   D. with

13. A. both   B. either   C. neither   D. not

14. A. almost   B. always   C. nearly   D. hardly

15. A. in   B. at   C. with   D. from

四、句子翻译

1. Life in nowadays is a hundred times better than it used to be.

2. The daily number of new confirmed cases in the city is falling down.

3. He won the lead position in this variety show.

4. People don't need anything more than what they already have around them.

5. Don't underestimated how powerful encouragement and praise can be.

6. The question being discussed now is very important to us.

7. With the arrival of summer, there will be more mosquitoes and flies.

8. Whatever great achievements he has made, he is always modest.

9. If you want to be successful, you'll have to catch hold of every chance that comes to you.

10. That area is world famous for its wine of good quality.

11. Shanghai is described as an international financial and business center.

12. He differs completely from his sister in appearance and character.

13. The scientists claim that they have found a new cure for this disease.

14. This monument was set up in honor of the soldiers who died during the Liberation War.

15. We couldn't help cheering up when we learned the news that he had been made captain.

16. The United Nations Infantry Battalion is the backbone of United Nations peacekeeping.

17. Although she was not fond of paintings, she insisted that she should go to the exhibition with me.

18. Whether we'll hold a graduation ceremony on the playground tomorrow depends on the weather.

19. It's important to help young talents improve their innovation awareness as well as the ability to solve practical problems.

20. Young people should be able to endure loneliness, and also be able to withstand hardships.

21. Hong Kong affairs are China's internal affairs, and other countries have no right to interfere.

22. No one should underestimate the firm determination of us to safeguard our sovereignty.

23. It is the time you have wasted for your rose that makes your rose so important.

24. I wish to spend more time with my family and find new "courts" for other competitions in my life.

25. There is at first no road at all and that a road is created simply by the treading of passers-by.

26. It always puts a smile on my face seeing how beautiful the scenery is.

27. People who had transient contact with express delivery have a very low risk of infection of the COVID-19.

28. The United Nations should play its key role in safeguarding international peace.

29. Taking care of one's health is of course important, but there is no need to be too much afraid of illness.

30. Despite the continuous aftershocks, soldiers rushed to the scene of the accident for the rescue.

31. Over the past years the Chinese military has participated in great number of joint drills training exercises and military competitions.

32. Judging from his facial expression, he must have known the disappointing result.

33. He is not afraid to go after what he wants but does so in appropriate ways.

34. Throughout the meeting he remained silent except what he brought up for discussion.

35. Whoever wants to survive in the fields must be dependent on teamwork.

36. The experience of taking a UN Peacekeeping in South Sudan benefits me a lot.

37. It is necessary for cadets to read some more books that are beyond their majors.

38. This summer the air temperature was much higher than people had expected.

39. Only those soldiers who have been strictly trained can undertake the task.

40. It is said that another three subways will be completed by the end of next year.

41. We encourage everyone in the meeting brainstorm new solutions to cope with the problem.

42. Because of the heavy fog, the flight from Hangzhou to Beijing was delayed nearly two hours.

43. The Chinese Navy fleet has just finished a four-month escort mission in the Gulf of Aden.

44. The government has taken a series of measures to protect the cultural heritage.

45. At first, the marines must run the course of "psychological preparation", which aims to give them a glimpse of the real combat condition.

五、写作

1. 你的朋友 Jack 要来杭州,但你有事(参加一个重要的会议或处理一件重要的事……)不能去机场接他。请写信告诉他,已安排司机去机场接他,去接的人手里举着写有 Jack 的牌子。告诉 Jack 你准备晚上在家宴请他。

注意:①词数 100 左右,文章开头已提供,不计入总词数;②短文必须包括所列内容,可适当增加细节,以使行文连贯。

Dear Jack,

Knowing that you will come to visit Hangzhou, I'm so happy. _____

_____

Wish you a good journey!

Yours,

Wang Lin

2. 现代社会中生活、学习和娱乐方式日益革新,书籍也不断受到电视、电脑、手机等新媒体的冲击。有人认为传统书籍的未来岌岌可危。请以"Books—An Endangered Species?"为题写一篇英语短文,阐述你的观点。

注意:①词数 100 左右。②短文必须包括所列内容,可适当增加细节,以使行文连贯。

3. 如今全球旅游越来越简单便捷,价格也日趋合理,因此更多的人走出家门,环游世界。请以"Merits and Demerits of International Travel"为题写一篇英语短文,谈谈日益蓬勃的国际旅游业给旅行者带来的利弊。

注意:①词数 100 左右。②短文必须包括所列内容,可适当增加细节,以使行文连贯。

4. 假设在学校开展的研究性学习中,你们小组以"World Food Crisis"为题进行研究,现在请你代表你们小组向全体人员简要介绍你们的研究成果。主要内容如下:

造成的原因:气候变化造成粮食减产,工业发展,城市化加速,耕地减少

应对的措施:注重环保,改善生态,严格保护耕地

如何做出自己的贡献:……

注意:①词数 100 左右,文章开头已提供,不计入总词数;②短文必须包括所列内容,可适当增加细节,以使行文连贯。

参考词汇:城市化 urbanization;生物燃料 biofuel

Hello, everyone,

Now I'll tell you something about our research project World Food Crisis on behalf of our group. _____

5. 对于"成功"二字,不同的人有不同的看法。有些人认为,成功就是在工作中取得成就;有些人认为,成功就是赚很多的钱;还有人则说,成功意味着身居要职。请以"Success"为题,写一篇英语短文谈谈你对成功的看法。

注意:①词数 100 左右;②短文必须包括所列内容,可适当增加细节,以使行文连贯。

6. 假如你是王林,你发现有些同学每次遇到重要考试都会出现一些焦虑的症状。请你用英语写一封信,向学校的心理健康老师描述该问题,并提出自己的建议。

焦虑症状:头晕,乏力,睡眠不好,食欲不振等

建议:考前制订好适当的复习计划;考试期间正常作息;睡前洗热水澡、喝热牛奶等有助于睡眠……

注意:①词数 100 左右,文章开头已提供,不计入总词数;②短文必须包括所列内容,可适当增加细节,以使行文连贯。

Dear madam,

I'm Wang Lin. I'm writing to tell you about some symptoms of anxiety among us students before exams. _____

_____

Yours,

Wang Lin

7. 近几年,奥运会获奖运动员的高薪问题引起了广泛的社会关注。有些人支持这种做法,认为运动员们付出了很多努力,应该得到回报;有些人则持反对意见。请你就此写

一篇英语短文发表自己的看法。

注意:①词数100左右;②短文必须包括所列内容,可适当增加细节,以使行文连贯。

8. 请以"Online Education"为题写一篇英语短文,内容包括:近年来网络化学习发展迅速;网络教育蓬勃发展的原因;你对网络学习的看法……

注意:①词数100左右;②短文必须包括所列内容,可适当增加细节,以使行文连贯。

9. 人们完成工作的方式通常有两种:独立完成和合作完成。两种方式各有特点。以"Working Individually or Working in a Team"为题写一篇英语短文。

内容包括:独立完成(自行安排,自己解决问题);合作完成(一起讨论,相互学习);喜欢的方式和理由

注意:①词数100左右;②短文必须包括所列内容,可适当增加细节,以使行文连贯。

10. 新型冠状病毒是今年最严重的全球性传染疾病,我们应该如何预防传染,保持健康?请根据以下提示,以"How to Prevent COVID-19"为题写一篇预防新型冠状病毒感染的短文。

要点:避免到人群聚集的场所,佩戴口罩,勤洗手,注意消毒,加强锻炼,……

注意:①词数100左右;②短文必须包括所列内容,可适当增加细节,以使行文连贯。

参考词汇:COVID-19 新型冠状病毒;epidemic/infectious disease 传染病

11. 随着社会的发展,各种压力日益增加,越来越多的人产生了心理上的健康问题。请以"How to Keep Psychologically Healthy?"为题谈谈你的观点。内容包括:心理健康问题往往是导致疾病的原因;分析产生心理健康问题的原因(失业、压力过大、缺乏人际交往能力等);你认为应如何保持心理健康。

注意:①词数100左右;②短文必须包括所列内容,可适当增加细节,以使行文连贯。

12. 假设你是王林,你校英语协会招聘志愿者。志愿者负责接待来访的国外中学生。请你写信应聘,内容包括:口语能力;相关经验;应聘目的。

注意:①词数100左右;②短文必须包括所列内容,可适当增加细节,以使行文连贯。

13. 请以"The Person Who Has Influenced Me Most"为题,写一篇英语短文。内容包括:对我影响最大的人是我的妈妈;她总是耐心倾听我的问题,并提出建议;作为一名医生,她常说再怎么仔细也不为过。她总是加班,把大部分时间都奉献给工作;我认为她不仅是一位好妈妈,也是一名好医生。

注意:①词数100左右;②短文必须包括所列内容,可适当增加细节,以使行文连贯。

14. 假设你是王林,你校将于6月26日接待来自美国的访问团。受学校委托,你将负责安排他们在天津的活动。请根据提示,给美国的领队 Smith 先生写一封电子邮件,介绍活动安排,最后征求对方的意见:上午与我校学生座谈(如校园文化、文化差异等);中午与我校学生共进午餐(饺子、面条等);下午和我校学生游览海河。

注意:①词数100左右;②短文必须包括所列内容,可适当增加细节,以使行文连贯。

15. 知道如何调整情绪对我们非常重要,请以"Turning a Bad Mood into a Good One"为题,写一篇英语短文,谈谈你的观点和做法。

注意:①词数100左右;②可适当增加细节,以使行文连贯。

16. 假定你住在一个涉外小区。社区委员会请你帮忙用英文写一封电子邮件,将周末农家采摘活动的安排传达给住户。内容包括:时间(下周六上午 8:00—11:00);活动主题(采摘苹果);报名(物业管理办公室,下周四下午 5:00 前);提示(戴帽子和手套)。

注意:①词数 100 左右;②短文必须包括所列内容,可适当增加细节,以使行文连贯。

(参考词汇:property management office 物业管理办公室)

17. 假设你应邀参加学校组织的英语学习座谈会,请根据自己学习英语的情况,写一篇发言稿,内容包括:英语学习的目的和方法;对教与学提出合理的建议。

注意:①词数 100 左右;②短文必须包括所列内容,可适当增加细节,以使行文连贯。

18. 学校举办兴趣课,开设了以下课程:园艺、烹饪、健身、护理。假设你是王林,请写一封申请信,报名参加其中一门课程的学习。内容包括:你感兴趣的课程;你期望从中学到什么;为什么想学这些内容。

注意:①词数 100 左右;②短文必须包括所列内容,可适当增加细节,以使行文连贯。

(参考词汇:gardening 园艺,cooking 烹饪,fitness 健身,nursing 护理)

19. 请根据你看到的以下内容,给这位家长写一封回信。表明自己的看法;陈述自己的理由;提出至少 2 条建议。

I'm the mother of a fourteen-year-old girl. I have a rule for my daughter: be among the top 5 students or get punished in one way or another. She has been doing very well in school, but some of my friends keep telling me that I put too much pressure on her. Am I wrong?

注意:①词数 100 左右;②短文必须包括所列内容,可适当增加细节,以使行文连贯。

20. 如今,我们和家人围坐在一起吃饭的时间越来越少。研究表明,跟家人一起吃饭更有利于身体健康。对此你有何看法? 你又是如何做的? 请以"Eating with Families Makes Us Healthier"为题,写一篇短文陈述你的理由。

注意:①词数 100 左右;②短文必须包括所列内容,可适当增加细节,以使行文连贯。

参考答案与解析

一、选择填空

1. C　**解析**:always 画线部分发音为[eɪ],A、B、C、D 四个选项中,只有 C 项 table 画线部分发音与其一样。故选 C。

2. A　**解析**:hat 画线部分发音为[æ],A、B、C、D 四个选项中,只有 A 项 that 画线部分发音与其一样。故选 A。

3. D　**解析**:invent 画线部分发音为[ɪ],A、B、C、D 四个选项中,只有 D 项 city 画线部分发音与其一样。故选 D。

4. D　**解析**:exercise 画线部分发音为[ə],A、B、C、D 四个选项中,只有 D 项 cinema 画线部分发音与其一样。故选 D。

5. A　**解析**:break 画线部分发音为[eɪ],A、B、C、D 四个选项中,只有 A 项 great 画线部分发音与其一样。故选 A。

6. D　**解析**:there 画线部分发音为[ð],A、B、C、D 四个选项中,只有 D 项 with 画线部分发音与其一样。故选 D。

7. B　**解析**:usually 画线部分发音为[juː],A、B、C、D 四个选项中,只有 B 项 music 画线部分发音与其一样。故选 B。

8. B　**解析**:foot 画线部分发音为[ʊ],A、B、C、D 四个选项中,只有 B 项 look 画线部分发音与其一样。故选 B。

9. A　**解析**:window 画线部分发音为[əʊ],A、B、C、D 四个选项中,只有 A 项 yellow 画线部分发音与其一样。故选 A。

10. D　**解析**:crowded 画线部分发音为[ɪd],A、B、C、D 四个选项中,只有 D 项 wanted 画线部分发音与其一样。故选 D。

11. C　**解析**:against 画线部分发音为[e],A、B、C、D 四个选项中,只有 C 项 said 画线部分发音与其一样。故选 C。

12. D　**解析**:decision 画线部分发音为[ʒn],A、B、C、D 四个选项中,只有 D 项 vision 画线部分发音与其一样。故选 D。

13. D　**解析**:sorry 画线部分发音为[i],A、B、C、D 四个选项中,只有 D 项 happy 画线部分发音与其一样。故选 D。

14. B　**解析**:bird 画线部分发音为[ə:],A、B、C、D 四个选项中,只有 B 项 her 画线部分发音与其一样。故选 B。

15. A　**解析**:warn 画线部分发音为[ɔ:],A、B、C、D 四个选项中,只有 A 项 warm 画线部分发音与其一样。故选 A。

16. B　**解析**:experience 作"经验"讲时是不可数名词,作"经历"讲时是可数名词。本句中应理解为"经验",因此是不可数名词。

17. B　**解析**:复数名词 twins 以-s 结尾,可在 s 后面加"-'"构成所有格。又因双胞胎的衣服为两件而非一件,所以用 coats。

18. A　**解析**:根据句意可知,打破的应该是杯子,而不是茶。名词作定语表类别不用变名词所有格。

19. A　**解析**:both 表示两者都,neither 表示两者都不,none 表示三者或三者以上都不,either 表示两者中的一个。根据句意可知两者都有趣,故选择 A。

20. A　**解析**:第一句中 whom 用来作 to 的宾语,第二句中 who 用来作句子的主语。

21. A　**解析**:先行词为 the scientist,在定语从句中作主语代指人,因此排除 B、C 选项。D 选项意思为"谁的",后面需要加名词,排除 D。

22. A　**解析**:be 动词后面应该接形容词,句中形容词提前,可还原为 As the maths problem is difficult。

23. D　**解析**:句中表达意思为:为自己想的比为别人想的少,排除 A、B。than 为比较级标志。因此选 D,much 修饰比较级。

24. B　**解析**:修饰形容词要用副词,truly 为副词。

25. D　**解析**:首先修饰动词 speak 要用副词,排除 A、B。其次不存在 as...so...的结构。

26. A　**解析**:考查冠词的用法。校长 Peter Spence 告诉我们"我校五分之一的学生将到牛津和剑桥去学习。"headmaster"校长",职务前面不加冠词;a fifth 表示五分之一。

27. C　**解析**:考查冠词的用法。句意为"在相互交流中,微笑通常是一种友好和开放的态度的明显特征。"a 用在可数名词 sign 前,泛指一类事物;friendly and open 并列修饰 attitude。

28. B　**解析**:good feeling 并非特指,故用 a;pleasure 是抽象名词,无需冠词。句意为:"人们喜欢上海世博会给他们的快乐,这是一种不错的感觉。"a good feeling"一种不错的感觉",give sb. pleasure"带给某人快乐"。

29. C　解析：从题意可知"近来的科学研究已经表明睡眠不好的人很快会生病"，强调结果用现在完成时，关键词是 recent。

30. C　解析："把小盒子放置在汽车下"这一动作发生在警察注意到之前，是过去的过去，并且小盒子是动作的承受者，所以用过去完成时的被动形式。

31. A　解析：由于 story 与 report 是被动关系，故选 A。

32. C　解析：由题意可知"我从来没有尝过这么美味的咖啡"。再根据时态判断，故选 C。

33. A　解析：前一个分句是祈使句，and/or 后的分句的谓语动词要用一般将来时，表示将要发生的事情。

34. D　解析：根据 My mind wasn't on what he was saying 可判断出，刚才只听了对方说的一半，要用一般过去时。

35. C　解析：was doing 表示过去某个时间正在做，与 I have no idea 呼应，强调当时正在做而不知道结果。

36. A　解析：根据"现在找不到了"可知，前半句隐含了"以前告诉过你不要动我的字典"，所以用过去式。

37. A　解析：主语 the painting 与谓语动词 expect 是被动关系。

38. D　解析：根据时间状语 for weeks 可知用现在完成时，表示已经有好几周没擦窗户了，并且主语 It（即 the window）与 clean 是被动关系，故选 D。

39. B　解析：只有正在准备聚会才会发出那么大的噪音，所以用现在进行时。

40. B　解析：根据 but she hasn't decided yet 说明了 Lucy 还在考虑这件事，要用现在完成进行时，表示动作还在继续。

41. B　解析：因为 serve 是及物动词，且其动作承受者 tea 作主语，表经常发生的情况，故用一般现在时的被动语态。

42. C　解析：Ted 是 kill 的承受者，用被动语态，且 Ted 救人发生在过去，所以用一般过去时的被动语态。

43. A　解析：rooms 与 paint 应该是被动的关系，排除 B、D。后者未搬进新居的原因是正在粉刷房子，所以要用现在进行时的被动语态。一般现在时表示习惯性动作，排除 C。

44. D　解析：decide 是及物动词，动作的发出者通常是人，句中的主语是动作的承受者，所以 decide 要用被动语态。从题干的语境与关键词 yet 可判断用现在完成时，"疑问词＋不定式"作主语时，谓语动词用单数，故用现在完成时的被动语态。

45. B　解析：句中 tickets 是 book（预订）的承受者，主谓为逻辑上的动宾关系，又因票已被订出应发生在 entered the office 这个过去动作之前，所以要用过去完成时的被动语态。

46. D　解析：因为 Helen 要使自己讲的话被别人听到，所以要用过去分词作宾语补足语，即 make herself heard；又因为 make herself heard 是 shout 的目的，所以用不定式。

47. C　解析：form 表示"出现，产生"，pictures 与 form 是主动关系，故用现在分词。

48. C　解析：因为 insist 后接 that 从句/on sth. 或 on doing sth.，所以选 C。insist on doing sth"坚持要做某事"。

49. D　解析：因 work abroad for twenty years 发生在谓语动作（返回祖国）之前，所以用现在分词的完成式。

50. B　解析：因为动词-ing 形式作状语只能修饰谓语，而不定式作状语既可修饰谓语又可修饰形容词或副词，此处修饰形容词 silly，要用不定式。又因为"没有锁车"发生在谓语之前，所以用完成式。

51. C　解析：句意为：尽管最近已经采取了许多措施给人们提供更多的公交车，但公交车辆的缺乏仍是个严峻的问题。what 引导的是名词性从句，相当于名词或名词性短语，不可放在 though 后，但可放在 in spite of 后。

52. A　解析：考查介词。over 表示"在……期间"。此处表示：一边喝茶吃蛋糕，一边讨论这事。

53. C　解析：句意为"布莱克先生肯定在为某事担心，你可以通过脸上的表情揣摩出来。"read"揣摩"，符合句意。react"反应"；reach"到达"；research"研究"。

54. A　解析：考查情态动词的用法。shall 用于主语是第一、三人称的陈述句中，表示命令、许诺等，语气很强。can 表示可能性，will 表将来，need 意为"需要"，都不适用。

55. C　解析："数词＋连字符＋名词"只能作定语，放在被修饰的名词前，由于 free 与被修饰对象更紧密一些，因此 C 项正确。

56. D　解析：河岸上的石头滚动的同时她被拉入河中，呼喊救命。was being pulled 是过去进行时的被动形式。

57. B　解析：将来进行时 will/shall be doing sth. 可用于表达预计即将发生或势必要发生的动作。

58. C　解析：从 is dirty from head to foot 和 all morning 判断这个小男孩一直在玩，故用现在完成进行时态表示动作的反复性和持续性。

59. D　解析：考查时态。现在完成时态一般和 yet、already、by this time、so far、recently、since、for a long time 等词连用。

60. A　解析：由题意可知，给钱在买项链之前，第二空的时态应该用过去完成时态。

61. D　解析：由题意可知，事情发生在过去，客人离开的动作发生在他到来之前，应该用过去完成时态。

62. B　**解析**:考查动词 give 的用法:give sb. sth.。该句中间接宾语提前,故用被动形式。

63. B　**解析**:不定式表示目的。

64. C　**解析**:该句中动词-ing 结构作宾语。

65. A　**解析**:祈使句的反意疑问句的附加问句要用 will you。

66. A　**解析**:"_____ 55th BDS-3 satellite"意为"第 55 颗北斗三号卫星",序数词前需加定冠词 the。"_____ Xichang Satellite Launch Centre"特指某个地区,前面须用定冠词 the。故选 A。

67. C　**解析**:"enough"修饰形容词要后置,排除选项 B 和 D;"brave enough"与后面的不定式构成形容词短语作定语,要放在所修饰的名词"Students"后,排除 A 项。故选 C。

68. A　**解析**:it costs almost three times 是指几乎"花了三倍的钱",three times 后面接不可数名词 money,因此要用 as much。反之如果后面接可数名词,则要用 as many。故选 A。

69. A　**解析**:由前句可知是指两者中的"任何一个",用 either 表示两者择一。故选 A。

70. C　**解析**:情景交际。A 项 Don't mention it 意为"别提了";B 项 That's all right 意为"没关系";C 项 I have no idea 相当于 I don't know,意为"我不知道";D 项 Go ahead 意为"去吧"。由下句"我没试过"可知应选 C。

71. D　**解析**:连词意义辨析。A 项 unless"除非",B 项 until"直到……",C 项 although"虽然",D 项 since"因为,自从"。根据句意可知,Mark 学习中文的原因是 his company is opening a branch in Beijing。故选 D。

72. C　**解析**:根据前一句话"We're too late."可知火车已经离开,我们只有等下一班。现在完成时表示动作发生在过去,强调对现在的影响。故选 C。

73. B　**解析**:A 项 Whatever"无论什么",B 项 Whenever"无论何时",C 项 Whoever"无论谁",D 项 However"无论怎样"。由句意可知应选 B。

74. D　**解析**:it 为形式主语,句子的真正的主语是"to know _____ the dogs will be well cared for while we're away"。know 后面带有一个成分完整的宾语从句。故选 D。

75. B　**解析**:倒装的用法。Not until 置于句首时句子要部分倒装,需要将助动词提至主语前。故选 B。

76. D　**解析**:A 项 likewise"同样地",B 项 therefore"因此",C 项 otherwise"否则",D 项 anyway"不过;尽管;即使这样"。根据前半句 Though you may hate some customs in other countries 的意思可知,应选 D。

77. C　**解析**:worth 的固定结构为 be worth doing,但表示"某事值得被做"要用 be worthy to be done,形容词短语作后置定语,其前省略了 that is。故选 C。

78. C　**解析**:状语从句连接词辨析。while 在此意为"尽管",表示对比,引导一个让步状语从句。故选 C。

79. D　**解析**:虚拟语气。虚拟条件句中有 were/should/had 时,可省略 if,把 were/should/had 提前。故选 D。

80. C　**解析**:动词短语辨析。take up"开始从事",save up"储蓄",keep up"坚持,继续",draw up"起草,制订"。根据"Rogers _____ painting for a while, but soon lost interest"可知,Rogers 只短暂坚持了一阵画画就失去兴趣了。故选 C。

81. A　**解析**:冠词。定冠词 the 接单数名词表类别,泛指用不定冠词 a 或 an。第一处考查类别,第二处考查泛指。故选 A。

82. C　**解析**:比较级前副词及副词短语的用法。"slowly"的比较级是不规则变化,需在其前面加"more"。"a bit"用来修饰比较级表示"一点儿"。故选 C。

83. A　**解析**:形容词义辨析。A 项 convenient"方便的",B 项 fair"公平的",C 项 easy"容易的",D 项 comfortable"舒适的"。根据句意"如果你方便的话……"可知应选 A。

84. B　**解析**:doing 形式作主语。having a good teacher 为主句主语。故选 B。

85. C　**解析**:代词。此处 that 代替上文提到的地方 Victoria Street。故选 C。

86. B　**解析**:but 连接两个句子,前后句的时态要保持一致。前一句用了一般过去时,后一句也要用一般过去时。故选 B。

87. B　**解析**:would love to do 想做某事;would love to have done 想做而没有做某事。根据后半句 I had to work extra hours to finish a report 可知,"我"没有去 the party。故选 B。

88. A　**解析**:否定词 not 置于句首,句子部分倒装,即只将助动词前置。故选 A。

89. B　**解析**:wish 后面宾语从句的谓语用过去式表示不可能实现的愿望。故选 B。

90. A　**解析**:定语从句中 as 的用法。as 在此处意为"正如",一般用在 as is often the case 句型中,表示"情况常如此"。故选 A。

91. B　**解析**:日常用语。A 项 Don't worry"不要着急",B 项 Yes, indeed"的确是",C 项 No, there isn't"不,这儿没有",D 项 It all depends"看情况"。根据"The hosts know how to host a party."可知同意对方的观点。故选 B。

92. D　**解析**:介词。be praised for"因/由于……受到称赞"。故选 D。

93. C　**解析**:定语从句。此处 island 后面跟一个定语从句,A、B、C、D 四个选项中,which 引导定语从句,代替先行词 island,在定语从句中作主语。故选 C。

94. D　解析:requirement 后的表语从句的谓语要用"(should +)动词原形";material(材料)与 heat (加热)是被动关系,用被动语态,所以是 be heated。故选 D。

95. D　解析:hardship"艰难,苦难,辛苦";disadvantage"不利之处";shortcoming"缺点";trouble"困难,麻烦"。故选 D。

96. C　解析:comprehensive"全面的,无所不包的";comprehensible"能懂的,可以理解的"; understandable"可以理解的",主要用来修饰人的行为。understanding 用来修饰人,表示"善解人意的; 体谅的"。故选 C。

97. C　解析:take the blame for…"对……承担责任";take charge of"负责管理(照顾)",charge 前无冠词 the。故选 C。

98. A　解析:ever so"非常",与名词搭配时则用 ever such。as yet"至今",so far"迄今为止",even so"即使如此"。故选 A。

99. B　解析:accuse sb. of…"控告某人犯(罪行)"。warn sb. of"警告某人"。deprive sb. of sth."剥夺某人某物"。charge sb. with murder"指控某人犯有谋杀罪"。故选 B。

100. C　解析:then 表示过去的时间,if 引导的从句是对过去的虚拟,因此使用过去完成时。故选 C。

101. C　解析:in praise of"表扬",in terms of"就……而言",in need of"需要",in favor of"有利于"。故选 C。

102. C　解析:当先行词被 such 修饰时,引导定语从句的关系代词要用 as。as 在从句中作主语。故选 C。

103. C　解析:冠词。a tea 相当于 a cup of tea, have a wonderful supper"吃丰盛的晚餐"。故选 C。

104. C　解析:all the same"尽管如此,仍然";at all"根本,究竟";in all"总计";above all"最重要的是;尤其是"。故选 C。

105. D　解析:过去分词短语作伴随状语,此处表示"沉浸于"。故选 D。

106. A　解析:近义词辨析,尤其是 A、B 两项易混淆。access"接近……的权利/途径",后常跟 to。approach"靠近;路径";contact"联系",一般与 with 连用;keep in contact with sb."与某人保持联系"; touch"接触";keep in touch with sb."与某人保持联系"。故选 A。

107. D　解析:介词短语辨析。in favor of"赞同;有利于"。in relation to"关于,涉及";in excess of"超过";in contrast to"与……形成对照"。根据句意判断应选 D。

108. C　解析:连词的用法。so long as"只要……",用作连词,符合句意。no matter 一般不单独使用,而应与 what/which/when/where 等疑问词连用,表示"无论……"。as well as"也,又"。so far as"远到,至于",so far as I know"就我所知"。故选 C。

109. D　解析:except 后接动词不定式可与 but 连用,但 except 后还可接介词短语或 that/when/where 等引导的从句,在表示对细节加以纠正之意时用 except for。故选 D。

110. B　解析:该句的含义是"他在澳大利亚交了许多朋友,学到了英语语言的实用知识"。不定式 to get a very practical knowledge of the English language 在句中作结果状语。故选 B。

111. D　解析:此题既是近义词辨析,又是形近词辨析。admission"(机构、组织等的)准许加入,加入权"。admission 常与介词 to 搭配使用。permission"允许,同意",一般用于 give sb. permission to do sth. "允许某人做某事",不能与表示机构的词搭配使用。admittance"(建筑物等的)进入权";profession"职业";表示入学只能用 admission to a school,为固定搭配。故选 D。

112. B　解析:主谓一致和时态。此题主语是 mathematics,学科作主语时是表示单数意义的词,故只能在 A、B 两项中选择,而 A 项时态不对,belong to"属于"。故选 B。

113. C　解析:词义辨析。pool"集中资源(或材料等)"。pour"倾注,倾倒"。plunge"使前冲(或下落)"。pick"摘"。本句意为"如果我们想办成功合资企业的话,就必须集中我们的人力和物力资源"。故选 C。

114. A　解析:动词搭配。appreciate 后面一般不接宾语从句,而用动名词形式,所以 A 项正确。句意为"如果你能保守秘密我将十分感激"。注意:appreciate 的用法同 mind,类似的词还有 consider。故选 A。

115. B　解析:动词词义辨析。tolerate"忍受,容忍";resist"抵抗,抵制";sustain"支撑;维持"; undergo"经历"。有些老人不喜欢流行音乐,因为他们接受不了这种音乐方式,是一种态度取向问题,而不是身体上是否能承受的问题。故选 B。

116. B　解析:定语从句。先行词是 situation,在句中指地点,关系词在从句中作地点状语,用关系副词 where。故选 B。

117. B　解析:交际用语。根据上下文可知,下句是对上句事情的解释,因此可知 B 项正确。how come"为什么"。故选 B。

118. C　解析:副词辨析。从第二句可以看出作者下定决心好好学习,可以知道上句是终于从考试失利中摆脱出来。eventually"最后,终于";considerably"相当多地";constantly"经常地";frequently"常常,频繁地"。故选 C。

119. B　解析:情态动词。答句意为"你不可能见到他"。can't have done 表示对过去发生的事情的否定推测。故选 B。

120. A 解析:考查现在分词作结果状语。"two nuclear reactors(核反应堆) to be shut down for safety checks"是前面的 earthquake 造成的结果,故此处用现在分词。故选 A。

121. B 解析:考查不定式作状语时与主句的关系。"In order to be a good scientist"是目的状语,句子缺少主句。根据不定式作目的状语时其逻辑主语是主句主语的原则,可判定主句的主语应该是人而不是物,据此可排除 A、C 两项。而 D 项缺少谓语,不是句子。故 B 项正确。

122. C 解析:此题主要考搭配。四个选项中,只有 expect 能用于 expect sb. to do sth. 结构中。await = wait for,为及物动词,用于 await sb./sth.。wait 为不及物动词,必须用于 wait for sb. 或 wait to do sth. 结构。hope 只能用于 hope to do sth. 或 hope sth. 结构中。故选 C。

123. B 解析:考查虚拟语气。It's high time... 结构后应使用虚拟语气,something 后应接过去时态的单数谓语动词 was。故选 B。

124. D 解析:考查非谓语动词形式。表示感官的动词如:see, hear, watch, listen to, smell, feel 等均可接复合宾语,可用动词原形或现在分词充当宾语补足语。如果宾语与补语之间存在逻辑上的主谓关系,可用动词原形或现在分词充当补语。现在分词表示动作正在进行之中,而动词原形则表示动作的全过程。如果宾语与补语之间存在逻辑上的动宾关系,则用过去分词充当补语。故选 D。

125. A 解析:此题为近义词辨析题。heal 指伤口的愈合;recover "康复",一般用人作主语;improve "改善;提高";cure "治愈",主要指疾病的治愈。故选 A。

126. D 解析:hear sb. do sth. 意为"听见某人做某事",hear sb. doing sth. 意为"听见某人正在做某事",符合题意。在英语中常常用 it 来指代身份(姓名、职业等)不详的人。有人敲门时我们常常问"Who is it?",故应选 D。

127. D 解析:在英语中当 enough 修饰形容词或副词时一定要后置;所缺的成分是表语,作表语时应该用形容词而不用副词。故选 D。

128. D 解析:此题易犯草率答题的错误而误选 A 或 B。对于别人的请求大多数要用肯定回答,但由下文的"It's broken."可知,这里应该是拒绝对方的请求,故应选 D。此处"I'm afraid not."意为"恐怕不行。"

129. B 解析:对否定的疑问句的回答与肯定的疑问句的回答方式是一样的,答案肯定的就用"Yes,肯定的省略句";答案是否定的就用"No,否定的省略句"。否定疑问句的答语中 Yes 要译作"不",No 要译作"是的"。故选 B。

130. C 解析:由于思维定式,这里的 second 易被认为是序数词,这时前面应该用定冠词 the 修饰。但此处 second 是"秒"的意思,故选 C。句意为"宇宙飞船的飞行速度大约为每秒 10,000 米"。

131. A 解析:本题考查不定代词的用法。从题干上可知 C、D 不作定语,应考虑 A、B 两个选项,这时就需要领会附加成分"I'm hungry."的含义,它的意思是"我饿了。"言下之意希望冰箱里有食物,即希望得到肯定回答,故选 A。

132. B 解析:本题主要是对疑问词的考查。由于 A 用于将来时态,D 用于表一段时间,故均予以排除。本题的关键在 Twice 这个附加成分上,表示"两次",并不是多久多次,故选 B。

133. D 解析:仔细分析题干可知,此句有比较级标志词 than,故这是个比较结构,排除 A、C 项,B 是最高级应排除,故应选 D。本题的考查点应是副词 a lot 修饰比较级 more,意为"多得多"。

134. D 解析:此题是考查比较级句型。新西兰这个国家与上海所在国家(中国)不是同一地理范围,上海不是与本国的城市相比,而是与别国的城市相比,不必排除"自身"这个比较对象。不必加 other 一词。故本题选 D。

135. B 解析:本题考查英语的口语表达习惯,在西方国家,想接受或拒绝对方盛情时用"Yes, please."或"No, thanks.",由题意可知应选 B。

136. C 解析:考查形容词的词义。hard "困难的";impossible "不可能的";easy "容易的";serious "严肃的"。句意为"他读了很多关于历史的书籍,所以对他来说回答这些问题很容易。"选 C。

137. B 解析:考查副词的词义。hardly "几乎不";quickly "快地";finally "最后";slowly "慢慢地"。句意为"当听到呼救声的时候,他尽可能快地跑了出去。"故选 B。

138. C 解析:考查动词的词义。invent "发明";raise "提高";receive "收到";order "订购"。句意为"我的叔叔打电话询问我是否收到了他送给我的生日礼物"。故选 C。

139. D 解析:考查特殊疑问词的选择。句意为"我被通知去机场接格林先生,但我不知道他什么时候到达"。故选 D。

140. A 解析:考查动词词组词义的辨析。take part in "参加";take off "起飞";take out "取出;拿出";take care of "照顾;照看"。句意为"任何唱歌好的人都可以参加我们学校的活动。"故选 A。

141. D 解析:句意:因为暴风雨就要来了,我们得尽快把麦子收起来。get away "离开;去度假";get across "解释清楚";get through "顺利通过";get (sth.) in "收集/收获某物"。故选 D。

142. D 解析:考查非限制性定语从句关系词的辨析。此处意思是"他们已经赢得了最后的三场比赛,我认为这有点儿令人吃惊",which 代替上句"They've won their last three matches",作 find 的宾语,故选 D。A 项不能用于非限制性定语从句中,B、C 选项在此处不合适。

143. A 解析:考查动词时态和主谓一致。主语中心词是 Dr. Smith,表单数,谓语动词用单数形式;时间状语是 this summer,表计划性的将来,故时态用一般将来时。故选 A。

144. A　**解析**：第一空填a, have a temperature 意为"发烧", the illness 指前文出现的"发烧"情况, 是特指, 因此加定冠词, hospital treatment 表示泛指的"住院治疗", 不特定哪种疗法。

145. A　**解析**：reward "报酬"; "奖赏"; prize "奖金"; award "奖(项)"; "奖金"; result "结果"。题干中that 引导的主语从句意思是"幼儿做事情是因为某些行为可得到回报", 因此 A 项最合适。

146. C　**解析**：本题考查句子结构和连词、介词的用法。because 后面跟从句, because of 后面跟代词、名词、动词-ing 或其短语作宾语, with 后面可以是名词或复合结构, for 表示原因时, 后面跟从句。从本题来看, 空格后是个复合结构, 因此只有 with 在结构和含义上都符合本题。

147. C　**解析**：本题考查副词词义及对题干意思的正确理解的能力。根据题干意思"我们的身体因为锻炼而强健, 就像我们的思想因为学习而不断发展", 表示"类似地; 相似地", similarly 是首选。probably "可能地"; likely "有可能的"; generally "普遍地"。

148. D　**解析**：逗号不能连接两个句子, 因此B、C 两项不对, 且C 项动词应用单数形式。her hair 和flow 之间应为主动关系, 故用 flow 的动词-ing 形式。故选D。

149. B　**解析**：本题考查形容词和副词的用法。too much 可单独使用, 也可用来修饰名词, 意为"太多, 过分"; much too 常用来修饰形容词、副词, 意为"太, 过于"。题中修饰形容词late, 应用 much too。

150. C　**解析**：由答语"Go ahead"可知, 表示"一点儿也不介意", 故用"Not at all."。

二、阅读理解
第一节

1. B　**解析**：细节理解题。根据短文第三段中 For one, human beings have biases(偏见), and smart machines are likely to increase our biases. Many people believe smart machines are necessarily correct and objective, but machines are trained through a repeated testing and scoring process. In the process, human beings still decide on the correct answers. 可知, 需要对智能机器进行测试和评分过程的重复训练, 在这个过程中, 人类仍然决定着正确的答案。故选项 B 符合文意。

2. C　**解析**：细节理解题。根据短文第四段中 But today, the Internet gives us the information we need quickly. This can lead to the mistaken belief—the knowledge we found was part of what we knew all along. 可知, 互联网给我们提供了方便, 可以让我们快速得到所需要的信息, 但这可能会导致错误的想法：我们发现的知识是我们一直都知道的一部分。由此可知应选C。

3. A　**解析**：词义猜测题。根据上下文语境 But dependency on a network suggests possibilities of being harmed easily. The collapse of any of the networks of relations our well-being(健康) depends upon, such as food and energy, would produce terrible results. 可知, 对网络的依赖很容易带来伤害, 后面举例说明网络的……会导致可怕的后果。结合选项：A 是"突然的失败"; B 是"基本规则"; C 是"令人失望的开始"; D是"逐渐的发展"。根据文意可知应选A。

4. D　**解析**：推理判断题。根据短文中的"It seems that we no longer need to remember most things. Does it matter?"(第二段)、"Researchers have recognized several problems that may happen."(第三段)、"Another problem relates to the ease of accessing information."(第四段)和"But dependency on a network suggests possibilities of being harmed easily."(第五段)等内容可知, 短文作者先提出问题"我们还需要再记忆很多东西吗?", 然后分析了这个问题, 发现如果不靠自己的记忆, 而去依赖机器会导致很多问题的发生, 由此可推知作者写这篇文章的目的是提醒我们依赖机器记忆是有风险的。故应选D。

5. C　**解析**：主旨大意题。根据全文内容可知, 最符合本文的题目为"How Much Can We Afford to Forget(我们能忘记多少)"。

6. C　**解析**：细节理解题。根据单词所在的句子 It will also help you to decide what you will need to build into a machine before it can be considered as a robot(在它被认为是一个机器人之前, 这些特征能帮你决定你在机器里组装什么), 可知 it 在这里指的是机器。故选C。

7. D　**解析**：细节理解题。根据 chemical sensors(nose), 可知鼻子是用来闻的。故选D。

8. B　**解析**：细节理解题。根据倒数第二段中 Some robots might power itself with sunlight, some might with electricity, while others with the battery, 可知有太阳能、电和电池三种方法。故选B。

9. C　**解析**：词义猜测题。根据 A robot needs some kind of "smarts" 和 it knows what it is to do(它知道做什么), 可猜测为智能。故选C。

10. A　**解析**：主旨大意题。根据第二段和后面介绍的机器人应该有的特征, 可知文章的目的是帮助人们理解什么是机器人。故选A。

11. D　**解析**：细节理解题。根据短文第一段最后一句 Yet more than 700 million people around the world have trouble getting clean, safe water. 可知, 有超过7亿人在获得清洁、安全的水方面存在困难。由此可知应选D。

12. C　**解析**：细节理解题。根据短文第二段 Treating wastewater is a good way to provide fresh water for us. And it also helps the environment by keeping waste out of rivers and oceans. 可知, 处理废水可以使废物远离河流和海洋, 从而有利于保护环境。由此可知应选C。

13. D　**解析**：词义猜测题。根据单词所在上下文语境 The rest, 98% of the water, is in seas and oceans. It is too salty to drink. Then desalination businesses come in. 可知, 地球上98%的水在海洋里, 是咸水不能喝, 然后下面 More than 19,000 factories have been built around the world 提到了很多处理海水的工厂。由此可推测 desalination 的意思应该是"海水淡化", 故应选D。

14. A　解析:细节理解题。根据短文第三段最后一句 But the technology they use requires a lot of energy. 可知,现在处理海水的技术需要大量的能源。由此可知应选 A。

15. B　解析:推理判断题。根据短文最后一句 But for now, the world still faces each day with not having enough water for everyone. 可知,现在,仍然没有足够的水供每个人使用。由此可知现在水问题仍然非常严重,故应选 B。

16. D　解析:推理判断题。根据第一段中的 We are finally waking up to the severity of the problem by supporting and developing a group of tools, apps and approaches intended to prevent scammers from getting through. Unfortunately, it's too little, too late. By the time these "solutions" become widely available, scammers will have moved onto cleverer means. 可知,最后,我们通过支持和开发旨在防止欺诈的工具、应用程序和方法,认识到了问题的严重性。不幸的是,我们的努力太少了,也太晚了。在这些"解决方案"被广泛使用的时候,骗子将转移到更巧妙的手段上。由此推知,作者认为这些"解决办法"对于解决问题起不了什么作用,因此作者感到很"失望"。故应选 D。

17. A　解析:细节理解题。根据第二段中的 The reason that robocalls are a headache has less to do with amount than precision. A decade of data breaches(数据侵入)of personal information has led to a situation where scammers can easily learn your mother's name, and far more. Armed with this knowledge, they're able to carry out individually targeted campaigns to cheat people. This means, for example, that a scammer could call you from what looks to be a familiar number and talk to you using a voice that sounds exactly like your bank teller's, tricking you into "confirming" your address, mother's name, and card number. 可知,自动语言电话之所以令人头痛,与其说与数量有关,不如说与精确度有关。长达十年的个人信息泄露已经导致了这样一种情况:骗子可以轻易地知道你母亲的名字,甚至更多。有了这些信息,他们就能够开展有针对性的活动来欺骗人们。由此可知,利用这种新的技术,欺诈者可以精确地确定他们行骗的目标。故选项 A 正确。

18. B　解析:推理判断题。根据第二段的叙述可知,欺诈者们可以利用这项新技术来进行欺诈。由此推知,这项新技术既可以发挥好的作用,但也可能为坏人所利用,产生不好的作用,因此可以说它是一把双刃剑。故选项 B 正确。

19. C　解析:主旨大意题。第一段提到:robocalls(自动语音电话:自动拨号播放录音信息的推销电话)在未来变得会越来越严重。第二段介绍了语音操作和自动化技术发展会使得自动语音电话产生的问题更加严重。最后两段提出我们该如何应对这些问题。综上,文章第一段点明文章中心:自动语音电话问题在未来会变得越来越严重。下文都是围绕这一话题展开的。故选项 C 适合作标题。

20. A　解析:词义猜测题。Credibility is hard to earn but easy to lose 意为"可信性很难获取,却很容易失去"。根据上下文理解及单词释义可知应当选 A。

21. C　解析:细节理解题。根据第一段可知,Steve 的职业是软件工程师,还是一个钢琴热爱者,是家里唯一的音乐家。根据第二段 Melissa, his daughter, felt it more than worthwhile to save his music. 可知,他的女儿 Melissa 觉得保存他的音乐很有价值,故选 C。

22. B　解析:推理判断题。根据第三段 "It was beautiful," Naomi said after listening to the recording. "The music was worth saving." 可知,听了录音之后,Naomi 说音乐很美,值得保存,故可以得出 Naomi 对 Steve 的音乐印象深刻,故选 B。

23. A　解析:推理判断题。根据第四段 He'd move his fingers clumsily on the piano, and then she'd take his place. He struggled to explain what he heard in his head. Steve and Naomi spoke in musical code: lines, beats, intervals, moving from the root to end a song in a new key. Steve heard it. All of it, he just couldn't play it. 可知,Steve 会笨拙地把手指放在钢琴上,然后 Naomi 把手指放在他放的地方,并且 Steve 努力解释脑海里的内容,所有的这些,都是 Naomi 在弹奏,而 Steve 在听,故可知这个录制过程很慢。根据第六段 Naomi managed to figure out 16 of Steve's favorites, and most personal songs. 可知作品很多。故选 A。

24. C　解析:推理判断题。根据第六段 Joni thought that would be the end. But it wasn't. 以及后文 Steve 取得的成就可知,在完成 Melancholy Flower 之前,他的妻子还没完全意识到丈夫的音乐的真正价值,故选 C。

25. C　解析:推理判断题。根据最后一段 He knew the path his life was now taking. He told his family he was at peace. 可知,他知道自己一生要选择的路,告诉家人他很平静,故可知,家乡的音乐会让他重新坚定了对音乐的信念,故选 C。

26. B　解析:细节理解题。根据第一段 today is speech day 和本段最后一句 With shining dark eyes, he seems like the kid who would enjoy public speaking. 以及第二段第一句 But he's nervous. 可知,Chris 眼睛黑亮,似乎是那种喜欢公开演讲的孩子,但是他却很紧张,故可知 Chris 是因为做演讲紧张,故选 B。

27. A　解析:词义猜测题。根据第二段 "I'm here to tell you today why you should…should…" Chris trips on the "-ld", a pronunciation difficulty for many non-native English speakers. 以及后文 Except for some stumbles, Chris is doing amazingly well. 可知,Chris 发 -ld 音比较困难,这对于英语不是母语的学习者来说都是一个困难,总体来说 Chris 做得出奇的好。根据前文可知,-ld 发音不准,因此有些结巴,停顿得不准,故选 A。

28. A　解析:推理判断题。根据倒数第二段 Whaley says the project is about more than just learning to read and speak in public. He wants these kids to learn to boast(夸耀) about themselves. 以及最后一段 "Boasting about yourself, and your best qualities," Whaley says, "is very difficult for a child who came into the classroom not feeling confident." 可知,这个课程不仅仅教孩子阅读以及公开演讲,还要让孩子学会夸自己,而夸自己对于那些进入教室没有信心的学生来说很困难,故可知,Whaley 老师这么做是为了帮助学生认识自己的优势,增加信心,故选 A。

29. C　解析:推理判断题。根据倒数第二段 Whaley got the idea of this second-grade presidential campaign project when he asked the children one day to raise their hands if they thought they could never be a president. 和 He wants these kids to learn to boast(夸耀) about themselves. 可知,当他有一天问学生认为自己当不了总统请举手的时候,有了这个想法,这个课程就是要帮助学生树立自己的信心,故可以看出这位老师很关心学生的成长。humorous "幽默的",ambitious "有雄心壮志的";caring "关心的";demanding "要求高的"。故选 C。

30. B　解析:主旨大意题。本文主要讲述 Whaley 老师如何帮助学生进行公开演讲,如何认识自己的优势并增加信心。B 项概括了全文内容,是最佳标题。故选 B。

31. B　解析:细节理解题。根据第二段主题句 I always wanted to know what my mom was reading. 和 Hearing Mom say…made me want to grab it out of her hands and read it myself. 可知,作者一直想知道妈妈在读什么。作者想抢过妈妈读的报纸,因为作者自己迫切想看一看报纸上写的内容,故选 B。

32. D　解析:推理判断题。根据第三段 My progress in reading raised my curiosity, and I wanted to know everything. 可以推断出,让妈妈开车慢一点,她能够读出所有路标,正是作者在阅读方面的进步引起了她的好奇心,想要了解周围的一切,故选 D。

33. C　解析:推理判断题。根据第四段第一句 Most of my reading through primary, middle and high school was factual reading. I read for knowledge, and to make A's on my tests. 可知,小学和中学阶段的阅读都是事实性阅读,读书是为了获取知识,考试得 A。因此事实性阅读能够提供真实而客观的信息,故选 C。

34. D　解析:细节理解题。根据第五段 By opening a novel, I can leave behind my burdens and enter into a wonderful and mysterious world where I am now a new character. In these worlds I can become anyone. (打开一本小说,我可以摆脱我的负担,进入一个奇妙而神秘的世界,在那里我现在是一个新的角色。在这些世界里,我可以成为任何人。)可知,阅读小说可以让作者避开复杂的现实而投入到小说中的世界去,故选 D。

35. C　解析:主旨大意题。根据上下文可知,作者按时间顺序回忆了自己的阅读经历和感悟,伴着阅读成长,故选项 C 符合题意。

36. B　解析:推理判断题。第一段讲述塞万提斯一生不幸,负债累累,因为战争导致左手残疾,同时还身陷囹圄,在 53 岁的时候决定写书,最终写出成名作《堂吉诃德》。根据后文可知,所有的困境都没有阻挡他的成功,年龄也是如此,故选 B。

37. D　解析:词义猜测题。根据第三段 I'm talking about people who have stopped learning on growing because they have adopted the fixed attitudes and opinions that all too often come with passing years. 可知,作者谈论的不是那些没有到达巅峰的人,而是谈论那些不再学习成长的人,故可知 run out of steam 表示"停止学习",故选 D。

38. C　解析:推理判断题。根据第四段 We lose our sense of wonder. But, if we are willing to learn, the opportunities are everywhere. 可知,我们失去了好奇心,但是如果我们愿意学习,机会无处不在,故可知,机会总是留给那些有好奇心的人,故选 C。

39. D　解析:推理判断题。根据第五段 We learn to bear with the things we can't change. We learn to avoid self-pity. We learn that however much we try to please, some people are never going to love us—an idea that troubles at first but is eventually relaxing. 可知,我们学会承受那些无法改变的事情,学会避免自怜,也学会了无论我们怎么去取悦别人,有些人是无法喜欢我们的,这个观点起初让我们苦恼,但是最后会让我们释怀。故可知,本段中作者告诉我们要学会使用恰当的方式来对待生活,故选 D。

40. A　解析:主旨大意题。本文讲述要成功就需要不断学习,这样的生活才会有意义,故本文作者的目的是为了指导我们过一个有意义的成年人的生活,故选 A。

41. A　解析:句意理解题。根据上文中的"We are therefore…but to a constantly shifting set of conditions."可知,对于不断变化的环境,没有一个通用的方法来解决所有这样的问题。故画线部分暗示的是适应环境也是一个不断变化的过程。故选 A。

42. C　解析:细节理解题。根据第三段首句可知,世界范围内尤其是一些贫穷地区的人们使用了令人意想不到的方法去适应环境的改变,化劣势为优势,再结合下文的内容可知,Rezwan 就是这么做的,故选 C。

43. A　解析:细节理解题。由第四段中的 He directed the wasted water into shallow basins where it froze, and was stored until the spring. 可知,他把废水引进盆地,水在那里结冰并被存储到春天使用,故选 A。

44. D　解析:细节理解题。根据第五段的内容可知,在秘鲁,当地的农民会把整个山峰涂成白色来增强对阳光的反射,希望借此来保护冰不被融化,反射太阳光可能会减轻全球变暖,故选 D。

45. B 解析:细节理解题。根据最后一段第二句 But the most sensible form of adaptation is surely to adapt our energy systems to emit less carbon pollution. 可知,作者认为最明智的应对全球变暖的方法是减少碳排放,故选 B。

46. B 解析:推理判断题。根据第二段第一句 Unfortunately, just as I took out my camera, a woman approached from behind, and planted herself right in front of my view. 可知,当作者准备拍照时,一位女士从后面过来,挡住了视野。故选 B。

47. A 解析:细节理解题。根据第三段倒数第二句 She seemed so content in her observation. 可知,这位女士玩得很高兴。故选 A。

48. C 解析:细节理解题。根据第四段第四、五句 And now when I look at it, I think her presence in the photo is what makes the image interesting. The landscape, beautiful on its own, somehow comes to life and breathes because this woman is engaging with it. 可知,是这位女士的存在让照片生动起来。故选 C。

49. D 解析:推理判断题。根据第五段第一句 This photo, with the unique beauty that unfolded before me and that woman who "ruined" it, now hangs on a wall in my bedroom. 可知,这张照片让作者更好地理解了与他人共同分享美而获得的乐趣。故选 D。

50. A 解析:推理判断题。文章最后两段内容是作者对这次特殊经历的感悟,所以这篇文章是作者对一次特殊经历的深入思考。故选 A。

51. D 解析:细节理解题。根据第一段第三句 You begin to realize that your boy, in your footsteps, could probably accomplish what you hoped for. 可知,作者希望儿子完成他没有实现的目标。故选 D。

52. A 解析:推理判断题。根据第三段第二句 My daughter is a university graduate working toward her master's degree in English. 可知,作者的女儿学习很好。故选 A。

53. C 解析:细节理解题。根据第六段倒数第三句 I doubted it, but let him go ahead, for I had nothing to lose. 可知,作者认为儿子修车不会给他带来任何损失。故选 C。

54. B 解析:推理判断题。根据倒数第三段的句子 These kids are happiest when doing repairs. And their minds are bright… 可知,在作者眼中,motorheads 是快乐的、聪明的。故选 B。

55. A 解析:细节理解题。根据倒数第二段的最后一句 Most importantly, I have learned that fathers don't need clones in footsteps or anywhere else. 可知,作者最后意识到希望孩子按自己期望的道路走是不明智的。故选 A。

56. A 解析:细节理解题。根据第二段中的 In the former case, we keep putting off a task 可知,有"启动疲惫"的人更可能拖延任务。故选 A。

57. D 解析:细节理解题。根据第三段第二句 The solution is obvious though perhaps not easy to apply: always handle the most difficult job first. 可知,为了防止"启动疲惫",作者建议首先完成最难的任务。故选 D。

58. B 解析:细节理解题。根据第四段的内容 Performance fatigue is more difficult to handle… 可知,当所有的解决方法都失败的时候,一个人可能会有"表现疲惫"。故选 B。

59. D 解析:细节理解题。根据第四段的最后一句话可知,无意识的行为可能帮助我们发现正确的解决方法。故选 D。

60. C 解析:主旨大意题。由最后一段的内容可知,文章主要介绍造成失败的两种疲惫以及如何克服疲惫。故选 C。

61. C 解析:通读全文可知本文介绍的是英国的天气。

62. B 解析:乌云来了要下雨了。

63. A 解析:在冬天里过夏天当然是说有时天气很暖和。

64. A 解析:从第二段内容尤其是第一句可知,英国的雨水非常充沛,经常会下雨。

65. D 解析:文章的第一句告诉了我们答案,人们经常谈论天气的原因是那儿的天气非常多变。

66. C 解析:由第三段最后一句可知 C 项正确。

67. B 解析:由第三段第二句可知 B 项正确。

68. A 解析:由第四段可知,授课是从晚上八点到早晨八点。

69. D 解析:由第四段最后一句可推知,这种方法正好几门功课中进行尝试。

70. C 解析:由第二段可知,大卫自嘲以前是服装爱好者,衣服一起皱,他就得换上备用的服装。

71. C 解析:大卫自嘲以前是服装爱好者,衣服一起皱,他就得换上备用的服装。

72. A 解析:从第一段最后一句话"'I'm working harder than ever,' David says, 'and I need to feel comfortable.'"可找到答案。

73. D 解析:根据最后一段中的 Only 4 percent of employers said that casual dress has a negative impact on productivity 可知还有一些雇主不赞同穿便服上班。

74. C 解析:从第二段最后一句中的"What started out as an extra one-day-a-week benefit for employees has really become an everyday thing"可以做出正确判断。

75. B 解析:通读最后一段可知选项 A(为员工省钱)、C(提高员工的积极性)、D(使员工高兴)在原文中均被提到,只有 B 项未被提到。

76. D 解析:根据"…and Badwater, a salt water pool, is about 280 feet below sea level and the lowest point in the United States."可推知此题答案为 D。

77. B　解析：根据"… when a group of miners coming across from Nevada became lost in its unpleasantness and hugeness and their adventure turned out to be a sad story."可知"死亡谷"的名称来源于这些迷路矿工的死亡。

78. C　解析：根据"…well-marked roads where good services can be found easily."可以判断 C 为最佳答案。

79. C　解析：根据"…where it seems hard for one to tell reality from terrible dreams."可推知答案为 C。

80. A　解析：根据 the special beauty of this place、like the sights on the moon、ever-changing 以及 showing the most unusual colors 等关键词语可以知道作者是带着赞赏的语气来描述"死亡谷"的。

81. A　解析：虽然选项 B、C、D 的内容在文章中都谈到了，但选项 A 更全面。另一方面，根据文章第一段的第一句也可推知答案为 A。

82. B　解析：从第一段的最后一句话可以判断应选 B 项。

83. C　解析：词意猜测题。文章第二段告诉我们人与人之间互相支持和帮助可以从几个方面缓解人的压力。注意文章最后一句中的 reduces 与选项 C 中的 lessens 大致同义。

84. C　解析：从文章第二段内容，采用排除法，可以得知答案为 C。

85. A　解析：通读全文可知答案。

86. C　解析：根据"Tests on rats show…"可知科学家是通过用老鼠做实验得出的这个结论。

87. A　解析：词义猜测题。后面的对比 who have no babies 实际上提供了一个相反的情况，所以我们可以推测 those who raise two or more litters of pups 中的 litters of pups 指的是"刚出生不久的小老鼠"。

88. B　解析：根据文章第三段中的"…the hormones of pregnancy（怀孕）are protecting the brain"可得出答案。

89. C　解析：科学家通过用老鼠做实验来说明人的问题，因为人和老鼠都属于哺乳动物，很多生理机能都相同。

90. B　解析：短文第一句中的 Motherhood may make women smarter 是主题句，据此可以得出答案。

91. B　解析：从句子"It is important to know the ways you can use and show them to everyone in the family, …"可知，当房子着火后，重要的是你要知道逃生方式，故选 B。

92. C　解析：根据第三段的"From the lower floors of the buildings, escaping through windows is possible."可知应选 C。

93. D　解析：在短文中特别强调在大火发生时，人们可以从 stairways 和 fire escapes 逃生，but not lifts（但不能使用电梯），因为那是相当危险的。

94. A　解析：短文的第五段提到了 Keep your head low at the window to be sure you get fresh air…"，可知应选 A 项。

95. B　解析：通读全文后可知，本文的主题是在着火的大楼中自救的方法，故选 B。

96. C　解析：第二段的第一句"…they left Panama in their boat, Simony, they met some whales."说明他们是在 Simony 上旅游时遇见了鲸鱼。

97. B　解析：从第二段的"They started to hit the side of the boat… suddenly we heard water."可知 the whales broke the side of the boat。

98. D　解析：在他们的船沉没之后，他们一直待在船上直至获救。

99. B　解析：根据第三段的第二句"They also had a fishing line and a machine to make salt water into drinking water—two things which saved their lives."可知，a fishing line 和 a machine 救了他们的命。

100. D　解析：由最后一段可知，他们太虚弱，所以不能站起来，是由船长 carried them onto his boat；而救生艇在海上经过 50 天就坏掉了，而不是获救当天坏的，A、B、C 都可以排除，所以 D 项正确。

101. C　解析：根据文章第一段第一句 It was already dark when an old man came to a small town 可推知此题答案为 C。

102. A　解析：根据文章第一段最后一句 I want to steal it when he is asleep 可推知此题答案为 A。

103. C　解析：根据文章第二段倒数第三句妻子所说的话"If he has the food, he will forget to take his bag away."可推知此题答案为 C。

104. D　解析：根据文章最后一段的描述可知，第二天早晨，房门开着，老头及他的包已经不见了，也就是说，老头没付住宿费，从而可推知此题答案为 D。

105. B　解析：根据文章最后一段的描述可知，第二天早晨，老头不但没留下包，连住宿费也没有付，从而可推知此题答案为 B。

106. A　解析：根据文章第一段可知 punctual 意思是"准时"，故选 A。

107. B　解析：根据文章第一段及第二段第一句可推知此题答案为 B。

108. D　解析：根据文章第二段第六句"The unpunctual man is for ever wasting and mismanaging his most valuable asset（财产）as well as others'."可推知此题答案为 D。

109. C　解析：根据文章第三段第一句"Failure to be punctual in keeping one's appointments is a sign of disrespect towards others."及后面的内容可推知此题答案为 C。

110. C　解析：根据文章最后一段可推知此题答案为 C。

111. B　解析：根据文章第一段最后一句中的 however 及全文内容可知，文章主要谈论人类对地球表面的形成的认识。故选 B。

112. A 解析：根据文章第一段的前两句可知,人们直到看到从太空拍的地球的照片后才知道从远方看地球的情形。故选 A。

113. C 解析：根据文章第二段可知,地球表面是不停变动的。故选 C。

114. D 解析：根据其所在的句子中的 who study the movement of the continents—a science called plate... 及地理常识可知选 D。

115. C 解析：根据文章最后一段中的 The explorers noted the east coast of North America and South America would fit almost exactly into the west coast of Europe and South Africa 及倒数第二段中的 the coastlines of South America and Africa could fit together like two pieces of a puzzle 可知应该选 C。

116. B 解析：根据文章第一段的第一句 Why do men die earlier than women 及全文内容可知本题答案为 B。

117. D 解析：根据文章第一段的第二句 ...the reason could be that men's hearts go into rapid decline when they reach middle age 和第二段中的 women's longevity may be linked to the fact that their hearts do not lose their pumping power with age 及全文内容可知,本题的答案为 D。

118. C 解析：根据文章第五段的第一句 What surprises scientists is that the female heart sees very little loss of these cells 可知,本题的答案为 C。

119. C 解析：根据文章最后一段的第一句 The good news is that men can improve the health of their heart with regular exercise 及文章主题可知,本题的答案为 C。

120. B 解析：根据文章倒数第二段中的 The team has yet to find why ageing takes a greater loss on the male heart 可推知,本题的答案为 B。

121. C 解析：由妈妈的话 And don't ever use that as an excuse for anything again 可知妈妈对作者要求很严,故选 C。

122. C 解析：根据 "had each of us race across the monkey bars, swinging from one high steel rod to the next" 可知 C 正确。

123. A 解析：第二天妈妈带作者去学校练习 monkey bars,可推知妈妈是个很有恒心的人,故选 A。

124. D 解析：根据 "I'll never forget the next time, crossing the rungs, I looked down at the kids who were standing with their mouths open." 可知同学们对作者的表现都很吃惊,故选 D。

125. D 解析：根据 "Then I knew how much she suffered on my behalf. She had never let me see her tears." 可知,对作者成长中的痛苦妈妈比作者承受得还要多,故选 D。

126. D 解析："because steel was ten or fifteen times stronger and lasted twenty times longer" 表明人们以钢代铁的理由是钢的强度大些,更耐用,所以 D 选项正确。A 项表示"更便宜更丰富";B 项表示"更轻且更易于铸造";C 项表示"更干净更易于开采";D 项表示"强度更大,更耐用"。

127. A 解析：文中第二段开头提到 Henry Bessemer 在炼铁时发现给熔炉鼓入空气,除去杂质,铁就会变成钢,这使钢的生产向大规模化发展。所以答案为 A。缓慢加热铁矿,搅拌后再次加热,文中未提到。该方法将铁矿转变为可替代钢的铁,与文义不符。该方法能迅速发现地下铁矿,这与 Bessemer 的发明无关。

128. B 解析：根据第三段中的 prospectors discovered huge new deposits of iron ore in the Mesabi Range 可知,勘探者在 Mesabi Range 发现了丰富的铁矿,所以答案为 B。

129. C 解析：barge 意为"驳船",steamer 意为"轮船",因为 boat 是船的总称,所以两者均可称为 boat,所以答案为 C。

130. B 解析：文章最后指出,钢是工业时代的基本建筑材料,据此可以推断,钢的大量生产将会带来一场工业革命,所以答案为 B。A 项表示"铁路产业的下降",B 项表示"工业界的革命",C 项表示"钢价格的上扬",D 项表示"钢铁工人的不满情绪"。

131. D 解析：根据文中的 "We are dealing with the results of that over-consumption in the greenest way possible, but it would be far better if we did not need to bring so much material home in the first place." 可知,画线部分意为"过度消费",所以 D 项正确。

132. D 解析：根据作者在文中使用的数字可知,作者使用数字的目的是为了让读者清楚地理解过度包装的现实问题,所以 D 项正确。

133. A 解析：根据 "If such packaging is burnt, it gives off greenhouse gases which go on to cause the greenhouse effect. Recycling helps, but the process itself uses energy." 可知 A 项正确。

134. C 解析：第四段讲述了人们对于包装不好的物品的固有认识,即:人们普遍认为包装不好的物品质量肯定差,所以 C 项正确。

135. A 解析：文章讲述了人们对于过度包装的危害的认识及人们应有的积极态度,所以最后一段给我们带来了希望,但是最后一句中的 we have a mountain to climb 提示我们事情不会一蹴而就,所以 A 项正确。

136. D 解析：推理判断题。题干中的 adult person 相当于第一段中的 mature mind。此段表明,对成年人而言,一些较大的问题比较小的问题更容易处理(manageable),而所列举的一些"小问题"都是成人(尤其是中老年人)常遗忘的琐事,只有 D 项正确。

137. A 解析：细节理解题。new research 出现在第二段第二句,此句意为:……当受到适当的刺激时,任何年龄的大脑都能产生细胞,并形成存档新资料的渠道。据此可知,选项 A 符合句意。其余三项皆非 new research 的结论。

138. D　解析:词义猜测题。由下文可知,此段中的 nuts and bolts 和 machinery 应指同一样东西。machinery 意为"机械装置,机器",结合语境可以推测出此处 nuts and bolts 指生物部件,选项 D 符合题意。

139. B　解析:推理判断题。文章末段提到改善记忆的一些脑力活动,但未提到 dietary supplements(食用补品)和 intellectual occupation(智力工作),故 A、C 两项可以排除。D 项只是脑力活动的一种。B 项"使脑力机能保持活跃"最为概括、全面。

140. C　解析:主旨大意题。由全文可知本文介绍的主题是 memory(记忆)。

141. B　解析:细节理解题。由四项活动的安排时间可知,只有 B 项的活动时间是在下午。

142. A　解析:细节理解题。第三项活动中提到了 Hosted by Sam Tanenhaus,由此可知此人负责的是 the Art of the Review。

143. B　解析:细节理解题。由四项活动的时间安排可知,它们都持续 45 分钟。

144. D　解析:推理判断题。根据第三项活动中的"How much of an effect does the book review have on book sales?"可推断,书评可能影响书的销售。

145. A　解析:主旨大意题。通读全文可知,本文主旨是推介一些讲座和活动。

146. B　解析:细节理解题。第三段第三句中列举了一些巫师摇滚乐队的名字:the Whomping Willows,the Remus Lupins 和 the Moaning Myrtles,故选项 B 正确。

147. C　解析:细节理解题。根据第四段第二、三句中的 funny 和 serious 得出正确选项。

148. D　解析:细节理解题。根据第四段第一句"People who like Harry Potter think wizard rock music is totally awesome."可推知"巫师音乐不仅深受孩子们喜爱,也受大人的喜爱"。故选项 D 是错误的。

149. C　解析:推理判断题。根据最后一段的描述可知,巫师摇滚只是"哈利·波特"其中一个副产品,人们还以"哈利·波特"的名字做了很多事情。这说明"哈利·波特"依旧受到人们的喜爱。

150. A　解析:主旨大意题。通读全文可知,最适合本文的标题应是——Wizard Rock(Wrock)"巫师摇滚乐"。

第二节

Passage 1

1. E　解析:根据下一句中的"the answer is a big YES"可知,该空应该是一个一般疑问句,只有 E 项是一般疑问句。故选 E:但是新鲜空气真的像你母亲说的那样对你有好处吗? 空前的 people tell us to "go out and get some fresh air" 和 E 项中的"your mother always said"前后呼应。

2. A　解析:根据下一句"If the air you're breathing is clean…the air is filled with life-giving, energizing oxygen."可知,新鲜空气充满赋予人生命的、充满活力的氧气。下文中"…breathe more deeply, allowing even more oxygen to get to your muscles(肌肉) and your brain."是对前文的递进:在户外,更多的氧气进入你的肌肉和大脑。根据前面的分析可以推知,该空应该提到新鲜空气的基本作用,根据常识可知吸入的空气首先进入的是肺部,然后才会使肌肉和大脑受益,故应选 A 项:新鲜空气清洁肺部。

3. G　解析:根据下一句中提到的"these places"可以推知,该空应该提到表示地点的复数名词。只有 G 项提到该类名词,故选 G 项:在全国,康复中心已经开始建造"康复花园"。these places 就是指 Healing Gardens。

4. C　解析:前文介绍的是"康复花园"中的绿色植物对于病人康复的好处:绿色的正在成长的植物可以减轻压力,降低血压,使人情绪良好。空后提到"它给我们一种平和的感觉",该空要承上启下的作用,要提到处于"康复花园"这种自然环境中的好处,空后的 It 也要指代这种情况。故 C 项切题:身处大自然可以使人精神焕发。

5. D　解析:根据下文中提到的"the sun's rays…give us beneficial Vitamin D."可知,该段介绍阳光的好处。故该选项应该提到阳光,只有 D 项涉及阳光。故选 D:获得新鲜空气的另一个好处是阳光。

Passage 2

1. E　解析:根据文章段落结构和本段首句"In an online class, developing healthy patterns of communication with professors is very important."可知,在网络课堂上,与教授建立健康的交流模式是非常重要的,作者在下文中列举了一些规矩与禁忌,故 E 项符合语境。

2. G　解析:空后的句子"Questions about subject content are generally welcomed.(与课程内容相关的问题是受欢迎的)"解释了什么样的问题是好问题,G 项中的"make sure they are good, thoughtful questions"与其相呼应,要提一些好的、令人深思的问题,故选 G。

3. A　解析:根据前一句"Participate in discussion forums(论坛), blogs and other open-ended forums for dialogue."可知,要参与论坛讨论、博客和其他开放式的对话论坛,而这正是网络课堂采用的交流途径,故选 A。

4. C　解析:根据本段中的"Professors are not trained nurses, financial aid experts or your best friends."可知,教授不是训练有素的护士,不是经济援助专家,也不是你最好的朋友,不要分享个人信息或故事,如果他们需要更多信息的话,他们会主动问起,故 C 项符合语境。

5. F　解析:通读本段并根据本段主题句"Don't openly express annoyance at a professor or class."可知,每个人都可能曾经上过不太好的课,但不要在社交媒体上攻击教授,不要公开表达对教授或班级的不满,要利用课程评价冷静地提出你的意见。F 项符合上下文语境。

Passage 3

1. C 解析:第一段讲述摇滚音乐,根据空后的 At that time 可知前句提到了时间,而且与 rock music 有关,只有 C 项讲的是摇滚音乐,并且讲述了其发展的时间,故选 C。

2. B 解析:空前后都是讲述披头士的出名程度,根据空前的 extremely popular in England 以及后文的 They became the hottest thing 可知此处描述了他们的影响,B 项(甚至他们的发型在那时也成为一种潮流)符合文意,且关键词 Even 是一个提示,故选 B。

3. A 解析:根据空后的"They were not sure how the Americans would react to the new type of music."可知,他们首次去美国演出,所以 A 项(1964 年他们决定到美国巡回演出)符合文意,故选 A。

4. G 解析:根据空后的"The concert was broadcast live…"可知空格处的句子中应该出现 concert,G 项中的关键词 their first concert 呼应上句。故选 G。

5. E 解析:空前提到,由于披头士,市场上出现了很多机会。E 项(很多摇滚乐队都追随披头士),符合逻辑。故选 E。

Passage 4

1. B 解析:本题以逗号结尾,后面另起一个句子,可以从句子结构排除 D、E、F、G 项。根据前文的三个问句可知,此处是从中选择一种。故选 B(不管你寻找哪一种)。

2. A 解析:前文:在过去的许多年里,有许多技术帮助设计者实现这一要点;下文:它们有点复杂。所以 A(然而都很有用)承上启下,符合题意。

3. D 解析:本空是一个主题句,总说选择小块的颜色是我们很熟悉的方法。后文分说小块的颜色选择具体在哪些方面。故选 D。

4. G 解析:根据前文"中块的颜色选择通常是指一些例如沙发、餐桌或者书架等家具的颜色选择",接着表明这种范围的颜色选择是比小块颜色选择更高一级,故选 G。

5. F 解析:根据前文的"the time, effort and relative expense put into it are significant"可知你所付出的时间、精力和相关的费用是巨大的,F 项(那肯定是值得的,因为你想第一次就把它弄好)是上文的结果。故选 F。

Passage 5

1. B 解析:上文说"大多数人相信建立一个伟大团队的最好方法就是聚集一群最有天赋的人"。下文说"公司花费数百万雇用顶级商业人士"。该空承上启下,也是在举例,B 选项"运动队老板花费数百万美元吸引顶尖人才。"切题,故选 B。

2. E 解析:下文说"他们专注于足球、篮球和棒球。结果有好有坏。"该空引出下文,E 选项"最近的几项研究调查了体育界中人才的作用。"切题,故选 E。

3. G 解析:上文说"为了解释这一现象,研究人员探索了一场好的表现要求队员们协调行动的程度",下文说明了研究结果。该空承上启下,G 选项"这项任务的相互依赖性使棒球区别于足球和篮球。"切题,故选 G。

4. D 解析:上文说了"一个球星为了个人得分而影响团队的表现",该空承接上文,D 选项"球星显然没有遵守运动员精神的基本原则"切题,故选 D。

5. F 解析:下文主要讲述一个优秀的团队需要一种平衡而不仅仅是顶尖球员。F 选项"建立一支最佳阵容球队比简单地雇用最优秀的人才要复杂得多。"切题,故选 F。

Passage 6

1. F 解析:考查上下文理解和逻辑推理能力。上一句提到导致人们生气的三个主要原因:triggering(触发)events, personality traits(特征), our assessment of situations,下面的几段具体分析了这三个原因与生气的关系。故该句应该起承上启下的作用,故选 F 项(如果我们愿意用批判性的目光来评估自己的话,那么了解这些原因将会控制我们的愤怒)承上启下,故选 F。

2. G 解析:考查上下文理解和逻辑推理能力。该空前面两句提到引发愤怒的事件很多。例如:堵车,截止日期临近,身体疼痛等。下一句提到:某件事会激发一个人的怒气,但其他人却不会为此而生气的原因是由于个人的历史和心理特征。该空承上启下,应当提到某件事会使某些人生气,但不会让别人生气这个现象,故 G 选项(人们对这些事情的反应不一样,导致一个人生气的事情可能会让另一个人生气,也可能不会让另一个人生气)承上启下,故选 G。

3. E 解析:考查上下文理解和逻辑推理能力。上一句提到:每个人都有自己的心理不平衡的地方。那些比较好强、气量比较小的人更容易生气。下一句提到:而且,有时候,pre-anger 并不一定是一种持久的状态,而是一种触发事件发生前的暂时状态。该空承上启下,既要提到上一句中的那些性格特征,又要提到下一句中的 pre-anger,故"Having these personality traits implies the pre-anger state, where anger is in the background of your mind.(拥有这些个性特征意味着愤怒之前的状态,愤怒就在你的大脑背景中。)"承上启下,故选 E。

4. A 解析:考查上下文理解和逻辑推理能力。下一句提到:有时候,甚至常规性的事件也会变成 pre-anger 或恼怒的来源。有时候对这些情况的无知和负面观点会产生愤怒。该空位于段首,引出下文,故 A 选项(我们对情况的态度和看法也会在我们内心产生愤怒。)是本段的主题句,概括全段内容,故选 A。

5. D 解析:考查上下文理解和逻辑推理能力。下一句提到:但是生气很容易转变为暴力,所以最好了解一下愤怒的原因来阻止它的存在。该句和上一句之间是转折关系,结合剩余选项可知,D 选项(愤怒是一种特别强烈的感情,或许人们认为他们有理由生气。)和下文构成转折关系,故选 D。

Passage 7

1. **G** 解析:上文说"动机和目标设定是同一枚硬币的两面"。下文说"就像孩子在跳水台,难以决定"。该空承上启下,G 选项"没有目标,你就既不能设定目标,也无法实现它"切题,故选 G。

2. **B** 解析:下文说"不仅如此,你应该如何为实现你的目标保持积极性"。该空引出下文,B 选项"那么你应该如何激励自己呢"切题,故选 B。

3. **A** 解析:上文说"有时候你的心不在工作上",下文说"所以,减慢速度,想一想那时候,你到底想干什么"。该空承上启下,A 选项"这会影响你的工作"切题,故选 A。

4. **E** 解析:上文说"记住,目标是灵活的"。该空承接上文,E 选项"它们会根据环境的改变而改变"切题,故选 E。

5. **C** 解析:上文说"比如你可能想当一名飞行员,但是不能成为一名飞行员,因为你的视力不够好。"下文说"你应该重新评估你的目标,并且设定一个新的目标"。该空承上启下,C 选项"然而,这也不应使你沮丧"切题,故选 C。

三、完形填空   Passage 1

1. **D** 解析:句意:他说他希望自己从未 __1__ 开始他自己的生意。本题考查动词辨析。pretend 假装;learn 学习;fail 失败;decide 决定。根据"Four years ago, Joel Kline gave up his job as a magazine editor to become a freelance copywriter(自由撰稿人) for advertisements, but now he had money trouble."可知,他辞去了杂志编辑的工作,成为一个广告方面的自由作家,所以此处表示"他希望自己从来没有决定开始自己的生意",故选 D。

2. **B** 解析:句意:乔尔说,我现在处于一个如此坏的形势,我希望我仍然在做编辑工作。specially 特别地;still 仍然;also 也;certainly 当然。根据"Four years ago, Joel Kline gave up his job as a magazine editor to become a freelance copywriter(自由撰稿人) for advertisements…"可知,他以前是一个杂志的编辑,后来辞职了,现在处于困境,所以他希望自己现在仍然是一个编辑。故选 B。

3. **C** 解析:句意:你看,我以前厌倦我的工作,我过去常常对我的老板非常生气,而且对他过去一直使唤我的方式生气。本题考查形容词辨析。pleased 高兴的;strict 严格的;bored 感到厌倦的;patient 耐心的。根据文意可知选 C。

4. **B** 解析:本题考查动词辨析。show 展示;order 要求,命令,指示;serve 服务;lead 带领。根据句意可知,order 合适,order sb. around 意为"使唤某人",故选 B。

5. **D** 解析:句意:我和几个朋友谈话,他们说他们会给我工作,所以我告诉我的老板我要离开了。本题考查名词辨析。time 时间;money 钱;food 食物;work 工作。根据 so I told my boss I was leaving 可知,"我"的朋友会给"我"工作,所以"我"向老板提出辞职,故选 D。

6. **A** 解析:起初,一切都非常好:我有如此多的工作,以至于我不得不雇用我的好朋友唐作为助理来工作,这样仅仅能按时完成工作。本题考查形容词辨析。perfect 完美的;wrong 错误的;hard 困难的;fun 有趣的。根据"I had so much work that I had to take on an assistant, my best friend at work, Don, just to be __7__ to finish things on time."可知,"我"的工作很多,"我"不得不雇用一个助手帮忙,这样也仅仅能保证按时完成任务,说明一开始,一切都很完美,故选 A。

7. **C** 解析:本题考查形容词辨析。afraid 害怕的;ready 准备好的;able 能;about 大约。根据句意可知,"我"雇用了一个助理,这样仅仅能按时完成任务。be able to 表示"能",故选 C。

8. **D** 解析:句意:不久,我们就赚了大量的钱。本题考查动词辨析。lose 丢失;borrow 借;donate 捐赠;make 制造。根据"Don and I had a really great lifestyle, and when the work was finished, we used to take good __9__ in places like Cancun and the Bahamas, just to get relaxed."可知,工作结束后,"我们"可以出去度假放松,这说明"我们"赚了许多钱。make money 赚钱,故选 D。

9. **A** 解析:句意:我和唐有非常好的生活方式。当工作结束后,我们过去常常去像坎昆和巴哈马这样的地方去度假,仅仅是为了放松。本题考查名词辨析。vacation 假期;picture 图片;course 课程;chance 机会。根据句意可知,表示工作结束后出去度假,故选 A。

10. **D** 解析:句意:一开始,我们忙于娱乐,并用信用卡支付所有的开销,但是后来我开始意识到我负了许多债务。本题考查动词辨析。imagine 想象;remember 记得;wonder 想知道;realize 意识到。根据 and charged(支付) everything to my credit cards instead 可知,"我"之前全部刷信用卡,后来意识到"我"负了许多债,故选 D。

11. **A** 解析:句意:最后,我不得不解雇唐。本题考查动词词组辨析。lay…off 把……解雇;see…off 给……送行;take…off 脱掉;put…off 把……推迟。根据前文可知,"我"毫无节制地刷信用卡,且根据 I then had to sell all my office equipment 可知,"我"不得不卖掉办公设备,说明资金紧张,所以"我"没钱雇用唐了,不得不"解雇唐"。故选 A。

12. **D** 解析:句意:现在即使有人要我做,我也什么都做不了。本题考查动词辨析。pay 支付;help 帮助;forget 忘记;ask 询问,要求。根据"I then had to sell all my office equipment."可知,"我"把设备卖了,所以现在有人让"我"做,"我"也做不了,故选 D。

13. **B** 解析:句意:事情变得如此糟糕,以至于我甚至询问以前的老板我是否能为杂志做一些工作,但是他说我离开的时候对他太粗鲁了,他不会再次雇用我。本题考查名词辨析。advertisement 广告;magazine 杂志;equipment 设备;lifestyle 生活方式。根据"Four years ago, Joel Kline gave up his job as a

magazine editor to become a freelance copywriter(自由撰稿人) for advertisements"可知,乔尔以前是一个杂志编辑,故选 B。

14. B 解析:本题考查形容词辨析。shy 害羞的;rude 粗鲁的;lazy 懒惰的;straight 直的。根据 he would never employ me again 可推断出,"我"以前辞职时对老板很粗鲁,所以老板以后不会再雇用"我",故选 B。

15. A 解析:句意:我现在已经不得不关掉我的生意了,我不知道我能做什么赚钱。本题考查动词短语辨析。close down 关闭;pick up 捡起;turn down 调低,拒绝;set up 建立。根据"I then had to sell all my office equipment."以及 I don't know what I'm going to do for money 可知,"我"把设备卖了,不知道做什么赚钱,所以可推断出"我"关掉了"我"的生意,故选 A。

Passage 2

1. C 解析:句意:根据一项调查……newspaper 报纸;magazine 杂志;study 调查;book 书。根据下一段中的 In the study,…可知是调查;故选 C。

2. B 解析:句意:……美国一半以上的少女认为她们应该节食……we 我们;they 他/她们;you 你(们);she 她。根据 more than half the teenage girls 可知是她们,故选 B。

3. C 解析:句意:……几乎五分之一的少年担心他们的身体和体重。confident 自信的;sure 确信的;worried 担心的;happy 高兴的。根据 According to a __1__, more than half the teenage girls in the USA think __2__ should be on a diet and almost one in five teenage boys are __3__ about their bodies and their weight. 可知是 be worried about 担心;故选 C。

4. A 解析:句意:打开电视,你也许会看见漂亮的模特……probably 也许;hardly 几乎不;never 从不;finally 最后。根据…see beautiful models, handsome actors and fit sports stars. __5__ a magazine or a newspaper, look through the Internet…和语境可知,是也许会看见;故选 A。

5. B 解析:句意:打开一本杂志……get 可得到;open 打开;take 带走;find 找到。根据 Turn on the TV and you'll __4__ see beautiful models, handsome actors and fit sports stars. __5__ a magazine or a newspaper, look through the Internet…和语境可知是打开杂志也能看见;故选 B。

6. A 解析:句意:……它通常是一样的。the same 一样的;different 不同的;special 特殊的;interesting 有趣的。根据 Turn on the TV and you'll __4__ see beautiful models, handsome actors and fit sports stars. __5__ a magazine or a newspaper, look through the Internet 可知,电视、杂志和网络上是一样的。故选 A。

7. D 解析:句意:看起来像这些"完美的"人让许多年轻人有压力。look after 照顾;look for 寻找;look at 看;look like 看起来像。根据上文看电视里漂亮的模特和青少年减肥、担心自己的体重及"But for most, this is just not possible. In the USA, the average woman is 163cm tall and weighs 64 kilos, __8__ the average model is 180cm tall and weighs 53 kilos."可知是看起来像这些"完美的人"有压力。故选 D。

8. C 解析:句意:……但是模特平均身高 180 厘米,体重 53 公斤。because 因为;although 尽管;but 但是;or 或者,否则。根据 In the USA, the average woman is 163cm tall and weighs 64 kilos 和 the average model is 180cm tall and weighs 53 kilos 之间是转折关系,but 表示"但是"。故选 C。

9. D 解析:句意:当人们看起来不是许多名人看起来的样子时,他们就变得不那么自信。kind 善良的;strong 强壮的;young 年轻的;famous 著名的。根据上文年轻人想让自己看起来像模特、明星一样,可知是著名的人。故选 D。

10. B 解析:句意:一些人为了减肥停止正确地饮食。early 早地;properly 合适地;slowly 慢地;carefully 仔细地。根据"Some stop eating __10__ in order to lose weight."可知答案为 B。

11. B 解析:句意:学生失去太多的自信,以至于在学校他们开始不参加教室活动。enjoy 喜欢;stop 停止;finish 完成;forget 忘记。根据 lose so much confidence 可知是失去自信,所以停止参加活动。故选 B。

12. C 解析:句意:形体、形象的问题也不会因为我们年龄的增长而消失。come 来;continue 继续;disappear 消失;happen 发生。根据上文青少年注意自己的形体、形象,和"In the UK, for example, women over 50 spend more money on cosmetics(化妆品) than any other __13__ group. Older men spend a lot of money trying to __14__ hair loss."可知这个问题不会因为我们年龄的增长而消失。故选 C。

13. A 解析:句意:例如,在英国 50 多岁的女士比其他年龄段的人群花更多的钱买化妆品。age 年龄;job 工作;hobby 爱好;man 男人。根据"Body image problems don't __12__ as we get older, either."可知是年龄。故选 A。

14. B 解析:句意:上年纪的男人花许多钱避免掉头发。make 制造;avoid 避免;refuse 拒绝;protect 保护。根据前文"Body image problems don't __12__ as we get older, either."和"…women over 50 spend more money on cosmetics(化妆品) than any other __13__ group. Older men spend a lot of money trying to __14__ hair loss."可知是避免脱发。故选 B。

15. D 解析:句意:……应该在学校提供自我形体形象课。supermarket 超市;street 街道;park 公园;school 学校。根据上文青少年注意形体、形象的问题和 lessons,可知是在学校提供这样的课程。故选 D。

Passage 3

1. B 解析:句意:她生来就没有下半截腿,终生都戴着假肢。考查名词辨析。arm 胳膊;leg 腿;foot

脚;hand 手。根据空后 has worn prosthetic(假体) ones all her life 以及下文"When a person is born without legs…"可知,Katy 没有下半截腿。故应选 B。

2. C **解析**:考查形容词辨析。embarrassing 令人尴尬的;lonely 孤独的;active 忙碌的,活跃的;strange 奇怪的。根据下句"She kept up with her sisters and brothers at the gym and the swimming pool."可知,Katy 小时候跟着兄弟姐姐在体育馆和游泳池,可见她的生活是非常忙碌的,活跃的。故应选 C。

3. D **解析**:句意:她感觉很幸运,因为她的家人对待她就像对待其他成员一样。考查连词辨析。though 虽然,尽管;unless 除非,如果不;before 在……之前;because 因为。根据句意可知,空前说 She feels lucky"她感觉幸运",空后 her family treated her in just the same way as the other members 解释她感觉幸运的原因,故应选 D 引导原因状语从句。

4. A **解析**:句意:当一个人生来就没有腿的时候,有很多事做起来都是很困难的。考查形容词辨析。difficult 困难的;important 重要的;possible 可能的;easy 容易的。根据句意和常识可知,如果一个人生下来就没有腿,那么很多事都是很困难的。故应选 A。

5. **解析**:句意:但是 Katy 相信她能完成任何事。考查动词辨析。achieve 完成,获得,实现;accept 接受;examine 检查;prevent 阻止。根据句意和下文可知,Katy 觉得自己能完成任何事情,下文举例进行了介绍,故应选 。

6. C **解析**:句意:因此她选择了两份困难的工作,甚至需要用双腿完成。考查副词辨析。just 仅仅,刚刚;also 也;even 甚至;ever 曾经。根据空前 she chose two jobs that are difficult 可知,她选择的工作非常难,空后表示递进关系,甚至需要用到双腿。故应选 C。

7. B **解析**:句意:在电影结束之前,她下定决心成为一名演员。考查副词辨析。up 向上;over 结束;on 在……上面;关于;out 出去,外出。根据文意可知,受电影的影响,Katy 决定成为演员,在电影还没结束的时候她就下了这个决心。故选 B。

8. C **解析**:句意:在电影结束之前,她下定决心成为一名演员。考查名词辨析。athlete 运动员;writer 作家;actress 女演员;coach 教练。根据短文第一句"Katy Sullivan is an actress, an athlete, and a person who also refuses to accept the words *no* or *I can't*."可知,Katy 是一个女演员,故选 C。

9. D **解析**:句意:她获得了戏剧学位,然后搬到了洛杉矶,在那里她在剧院、电视和电影中扮演角色。考查名词辨析。game 游戏;music 音乐;sport 运动;role 角色。根据空后的"in theater, television and movies"可知,这里考查短语 play roles in…在……中扮演角色,故应选 D。

10. A **解析**:句意:她认为如果你相信自己能做到某件事,就要为它全力以赴。考查代词辨析。you 你,你们;we 我们;she 她;they 他/她们。根据句意"you believe…,you should…"可知,这里应表示"你能做到某件事",故应选 A。

11. B **解析**:句意:她认为如果你相信自己能做到某件事,就要为它全力以赴。考查动词短语辨析。depend on 依靠,依赖;go for 努力争取;get used to 习惯于;look after 照顾。根据句意可知,想要做到某件事,应该全力以赴,努力争取。故应选 B。

12. A **解析**:句意:所以当 Katy 的朋友问她是否愿意尝试跑步的时候,她说"行"。考查连词辨析。whether 是否;how 怎样;when 当……时候;why 为什么。根据下文 she said "yes""她说'行'"可知,这里问的是是否愿意,故应选 A。

13. B **解析**:句意:她得到了一双跑步的腿,开始了新的生活。考查动词辨析。share 分享;start 开始;change 改变;prepare 准备。根据句意和空后的 new life 可知,Katy 开始跑步,她的新生活开始了。故应选 B。

14. C **解析**:句意:Katy 是世界上第一个用两条假腿从事竞技跑步运动的人。考查动词短语辨析。fix up 修理,解决;show up 出现,露面;take up 拿起,从事;set up 建立。根据句意可知,这里表示"从事竞技跑步运动",故应选 C。

15. **解析**:句意:Katy 的家人、朋友和粉丝都将她视为克服困难、实现梦想的榜样。考查名词辨析。ancestor 祖先;enemy 敌人;influence 影响;example 例子,榜样。根据文意可知,Katy 虽然没有腿,但是她非常坚强、乐观。她不仅能像正常人一样生活,还成了演员、运动员,因此是我们的榜样。故选 D。

Passage 4

1. C **解析**:根据第一段可知,Paul Wilson 确保低收入的学生能按时到达学校。由此可以推知,该句应指:Wilson 给那些学生提供免费的乘车服务。故 C 选项正确。

2. D **解析**:根据上文中的 free rides 可知,Wilson 是主动自愿将他的汽车提供给那些学生的。故 D 选项正确。

3. B **解析**:Wilson 让那些学生免费搭车,迄今他已行程 64,000 英里。表示"行走一段路程",应用 cover。故 B 选项正确。

4. D **解析**:Wilson 在接送学生们上下学的过程中,和学生之间肯定有"谈话,交谈",故 D 选项正确。

5. B **解析**:根据上文可知,Wilson 每天接送那些学生,这些学生现在已经成为了物理学家、教师、工程师等。该空应该对应上一句中的 he transports to and from school,故 B 选项正确。drive 意为"驾车送(人)"。

6. A **解析**:这些学生将 Wilson 当作他们的偶像和朋友,有的甚至称他为"爷爷"。该空表示递进,故 A 选项正确。

7. B　**解析:**根据后面的介词 from 可以推知,Tina Stern 从 Wilson 那儿获得免费的乘车机会。故 B 选项正确。

8. A　**解析:**对 Tina Stern 来说,这些行程不仅仅只是免费的运送而已。故 A 选项正确。transportation 意为"运送"。

9. B　**解析:**Tina 说:"那不仅仅是坐车而已。你并不只是坐在那儿,陷入令人尴尬的沉默中,也不是戴着耳麦坐在那儿。"坐在车里,彼此不交谈,只是沉默,这当然是令人尴尬的。故 B 选项正确。

10. D　**解析:**在坐车的时候,Wilson 会问这些学生问题,然后记住答案。故 D 选项正确。

11. C　**解析:**在坐车的时候,Wilson 会问这些学生问题,然后记住答案。下一次这些学生再坐车的时候,Wilson 会检查上次提到的这些东西。该句指的是在乘车期间,Wilson 会利用这个机会了解学生们的情况。故 C 选项正确。

12. D　**解析:**根据上一句中的 program 可知,D 选项正确。Wilson 最初通过一个非盈利组织 On Point for College 的一个项目做一名司机。该项目只要求它的成员们接送孩子们上下学。

13. C　**解析:**结合下文中提到的 Whenever they met with problems or whatever problems they have, Wilson is there to assist them. 可知,Wilson 的所作所为超过了该项目的要求。故 C 选项正确。

14. A　**解析:**有的学生没法得到可靠的汽车,有的学生必须和他们一周工作六天的家长共用车辆。表示"共用",需用 share。故 A 选项正确。

15. A　**解析:**Wilson 认为自己从接送学生们上学的"经历"中受益颇多。故 A 选项正确。

Passage 5

1. C　**解析:**考查副词词义辨析。only 仅仅;obviously 显然地;nearly 几乎;precisely 准确地。根据前文 from late September to mid-March 可知,从九月底到三月中旬,差不多半年,故选 C。

2. D　**解析:**考查动词词义辨析。fear 害怕;believe 相信;hear 听见;notice 注意。根据后文"We see the sky is ___3___, but down in the valley it's darker"可知,"我们"看到天空是蓝色,但是到山谷的时候,就会变得更暗了,可知句意为:太阳照耀的时候,我们能观察到……故选 D。

3. B　**解析:**考查形容词词义辨析。empty 空的;blue 蓝色的;high 高;wide 宽的。根据常识可知,有太阳的时候,天空是蓝色的,故选 B。

4. A　**解析:**考查形容词词义辨析。cloudy 多云的;normal 正常的;different 不同的;warm 温暖的。根据前文 down in the valley it's darker 可知,在山谷,天变暗了,像阴天一样,故选 A。

5. B　**解析:**考查动词词义辨析。help 帮助;change 改变;happen 发生;matter 关系重大。根据后文可知,该镇引入一套阳光反射镜来改变这种情况,故选 B。

6. C　**解析:**考查名词词义辨析。computer 电脑;telescope 望远镜;mirror 镜子;camera 相机。根据后文 to reflect sunlight from neighboring peaks 及 The mirrors are controlled by ... 可知,从附近的山顶上反射太阳光的为镜子,故选 C。

7. C　**解析:**考查动词词义辨析。remember 记得;forecast 预报;receive 获得,收到;imagine 想象。根据句意可知,该镇的居民获得了冬天里的第一缕阳光,故选 C。

8. D　**解析:**考查名词词义辨析。repair 修理;risk 风险;rest 休息;use 使用。根据 their very first ray of winter sunshine 可知,获得了冬天的第一缕阳光,是由于反射板投入使用了,故选 D。put sth. to use 把某物投入使用。

9. B　**解析:**考查动词词义辨析。句意:这些镜子由电脑控制,指导它们整天随着太阳位置的移动而移动,在大风的天气就自动关闭。forbid 禁止;direct 指导,导演;predict 预测;follow 跟随,追随。本句描述这套系统的工作原理,电脑控制镜子的移动,故选 B。

10. A　**解析:**考查名词词义辨析。day 白天;night 夜晚;month 月;year 年。太阳光出现在白天,故选 A。

11. C　**解析:**考查名词词义辨析。library 图书馆;hall 大厅;square 广场;street 街道。根据后文 The town square 可知,镜子反射聚集的光会照在小镇的中心广场上,故选 C。

12. A　**解析:**考查动词词义辨析。appear 出现;return 归还;fade 褪去;stop 停止。根据后文 Rjukan residents gathered together. 可知,当光照出现的时候,居民出来,故选 A。

13. A　**解析:**考查名词词义辨析。picture 照片,图片;note 笔记;care 照顾;hold 抓住。根据文章可知,人们会彼此拍照,故选 A。

14. C　**解析:**考查动词词义辨析。block 阻挡;avoid 避免;enjoy 喜欢,享受;store 储存。根据句意可知,并不是 3,500 名居民都能同时享受到太阳光,故选 C。

15. A　**解析:**考查形容词词义辨析。big 大的;clear 清晰的;cold 冷的;easy 容易的。根据前文可知,镜子反射的光线有限,范围不够大,故选 A。

Passage 6

1. C　**解析:**考查名词以及对语境的理解。luck 幸运;test 测试;effort 努力;nature 自然。根据前一句 No one is born a winner. (没有人天生就是赢家)和常识可知,只有依靠自己的努力才能成为赢家。故选 C。

2. B　**解析:**考查名词以及对语境的理解。experiment 实验;experience 经历;visit 参观;show 展示。根据下文可知,作者是从一次经历中得出这样的教训的。故选 B。

3. D　**解析:**考查动词以及对语境的理解。operate 操作;edit 编辑;consult 咨询;coach 指导。根据后文 Being the coach of the new team, I was excited because I knew we were going to win, but to my disappointment we were defeated. 可知,作者在一所学校担任总教练。故选D。

4.D　解析:考查形容词以及对语境的理解。successful 成功的;excellent 杰出的;strong 强壮的;new 新的。根据前半句 It was a tradition for the school's old team 中的 old team 提示可知,春季训练结束时,学校新老队伍对抗是一个传统。故选D。

5.B　解析:考查动词短语以及对语境的理解。cheer for 为……欢呼;prepare for 为……准备;help with sth 帮助做某事;finish with sth 结束。老队没有教练,他们甚至不练习。故选B。

6.A　解析:考查动词以及对语境的理解。believe 相信;agree 同意;describe 描述;regret 后悔。根据前句中的 but to my disappointment we were defeated 可知,作者不能相信会遇到这样的情况。故选A。

7.A　解析:考查动词以及对语境的理解。realize 意识到;claim 宣称;permit 允许;demand 要求。come to realize 开始意识到。"我"开始意识到"我"的队也许不是佐治亚州的头号队伍。故选A。

8.C　解析:考查动词短语以及对语境的理解。react to 对……起反应;look for 寻找;depend on 依靠;care about 关心。但他们都在依靠"我"。故选C。

9.B　解析:考查名词以及对语境的理解。decision 决定;attitude 态度;conclusion 结论;intention 意图。"我"不得不改变"我"对他们能力和潜力的态度。故选B。

10.A　解析:考查名词以及对语境的理解。pride 自豪,自尊心;culture 文化;fortune 幸运;relationship 关系。"我"开始做任何"我"能做的事情来帮助他们建立一点自尊心。故选A。

11.C　解析:考查名词以及对语境的理解。leader 领导;partner 伙伴;winner 获胜者;learner 学习者。根据后文 Instead of seeing my boys as losers, I pushed and ___15___ them. 以及文中最后一句提示可知,作者开始像对待获胜者一样对待他们。故选C。

12.B　解析:考查名词以及对语境的理解。reward 报酬;vacation 假期;health 健康;honor 荣誉。根据 That summer 可知,当其他队的队员享受着他们假期的时候。故选B。

13.B　解析:考查动词以及对语境的理解。relax 放松;improve 提高,改善;expand 扩大;defend 防御。根据前文 we won our first game and our second 可知,"我们"在继续提高。故选B。

14.B　解析:考查名词以及对语境的理解。chance 机会;thrill 激动;concern 关心;offer 建议,主动提议。根据前文 My boys beat the best team in Georgia 可知,这是作者一生中最激动人心的一次!故选B。

15.A　解析:考查动词以及对语境的理解。encourage 鼓励;observe 观察;protect 保护;impress 给……留下深刻印象。根据 I pushed 可知,作者在推动和鼓励他们。故选A。

Passage 7

1.D　解析:考查形容词。true 真实的;fair 公平的;strange 奇怪的;possible 可能的。句意:我们都听说过时间比金钱更珍贵,但是可能拥有的时间太多吗?表示"可能的",表示作者的疑问,故选D。

2.A　解析:考查动词。remember 记得;admit 承认;understand 理解;expect 期望。此处作者回忆起中学时自己的生活,表示"回忆起"是 remember back,故选A。

3.D　解析:考查动词。watch 观察;love 热爱;coach 训练;play 参加运动/比赛。此处指自从"我"进行团体体育锻炼后,多数时间在学校。表示"进行体育锻炼"是 play sports,故选D。

4.B　解析:考查固定短语。at last 最后;right away 立刻,马上;of course 当然;as usual 像平常一样。因为在校时间多,在家做作业的时间就少了,所以在家时必须马上写作业。下文 do my schoolwork immediately 给了提示,故选B。

5.C　解析:考查动词。happen 发生;repeat 重复;change 改变;matter 要紧。大学生活和中学生活不一样,所以说发生了改变。根据常识选C。

6.A　解析:考查形容词。extra 额外的;difficult 困难的;valuable 有价值的;limited 有限的。此处指大学里有许多额外的时间,故选A。

7.C　解析:考查名词。duty 责任;achievement 成就;urgency 紧急;direction 方向。大学里没有马上做作业的紧迫感,与中学时抓紧时间做作业形成对比,故选C。

8.D　解析:考查名词。burden 负担;relief 救济;risk 冒险;habit 习惯。由于不急着写作业,所以后来就形成了等的习惯。故选D。

9.A　解析:考查动词。push 推;take 拿;set 放置;call 呼唤。与上文的 waiting 呼应,指形成等待(拖延)的习惯后,"我"就不断地把学习往后推,越推越远。根据常识也可知答案,故选A。

10.B　解析:考查动词短语。hang out 挂出,闲逛;stay up 熬夜;jog round 慢跑;show off 炫耀。根据 late at night 可知,是熬夜,此处指等到最后熬夜完成作业,故选B。

11.A　解析:考查动词。meet 遇见;help 帮助;treat 对待;hire 雇用。此处指遇到了以前的同学,选A。

12.C　解析:考查形容词。safe 安全的;important 重要的;boring 无聊的;rewarding 有报酬的。因为他的常规工作是无聊的,所以作者建议他把副业作为全职工作。故选C。

13.B　解析:考查名词。childhood 童年时期;college 大学;town 城镇;business 生意,商业。他就会像"我"大学时一样因为有太多的时间而不忙着做事,与上文内容呼应,故选B。

14.C　解析:考查名词。message 消息;story 故事;saying 谚语;fact 事实。此处指 if you want something done, ask a ___15___ person to do it 这句谚语,故选C。

15.B　解析:考查形容词。careful 小心的;busy 忙碌的;reliable 可靠的;kind 善良的。此处指如果你想做事,请忙碌的人去做。忙碌的人会抓紧时间完成,不忙的人只会拖延时间。故选B。

Passage 8

1. B　解析:考查动词。在 1973 年,作者正在教小学。每天 27 个小孩进入"思想实验室"。enter "进入",符合语境。build"建造";decorate"装饰";run"管理,经营"。

2. A　解析:考查名词。根据下文的 Room 104 可知,The Thinking Laboratory 是学生们选举出来的名字。name"名字";rule"规则";brand "品牌";plan"计划"。故选 A 项。

3. D　解析:考查形容词。Room 104 这个名字被学生们选举换成 The Thinking Laboratory,所以可判断出学生们认为 Room 104 这个名字太乏味了。dull"枯燥的,无趣的",符合语境。故选 D 项。

4. B　解析:考查名词。根据下文中的 but not an average person 可知,Freddy 是一个普通的学生,但并不平凡。故选 B 项。

5. B　解析:考查名词。在学年结束前,给孩子们的应是礼物。故选 B 项。

6. A　解析:考查名词。根据下文可知,作者认为尽管动词看起来是枯燥的,但是孩子们在一生中所做的大多数趣事就是动词。再结合选项可知,A 符合语境。

7. C　解析:考查形容词。由 while 可知,空处与 dull 形成对比,故选 C 项。simple "简单的";unique "独特的";clever"聪明的"。

8. C　解析:考查名词。根据语境可知,很多年来,作者偶然遇到以前的学生会给他提供一些他们老同学的最新消息,所以作者了解到 Freddy 的一些情况。update"最新消息",符合语境。assessment "评估,评价";comment "评论";instruction"指导,教学"。

9. A　解析:考查名词。根据空前的 did several jobs 可知,此处表示 Freddy 从中学毕业后。graduation "毕业",符合语境,故选 A 项。retirement"退休";separation"分离";resignation "辞职"。

10. C　解析:考查形容词。根据下文中的 he let a homeless man…a friend money to buy a house 可知,他让一个无家可归的人睡在他的卡车里,还借给朋友钱去买房子,故可推知他仍然是作者四十年前遇到的那个乐于助人的人。caring"乐于助人的",符合语境。故选 C 项。

11. B　解析:考查动词。根据上文中的 while working overnight 可知,Freddy 上夜班时,让一位无家可归的人在他的卡车里睡觉。故选 B 项。

12. C　解析:考查动词。因为 Freddy 是一位乐于助人的人,所以是借钱给朋友买房子。lend"借出",符合语境。pay"支付";charge"(向)……收费";owe"欠(钱),负(债)"。

13. D　解析:考查动词。作者正在举办一个研习班,这时有人敲教室的门。conduct "实施,执行",符合语境。故选 D 项。observe"观察";prepare"准备";design"设计"。

14. C　解析:考查动词。根据下文中的 I stopped teaching 可知作者当时正在上课,所以这位女士为打断作者讲课而请求原谅,并递给作者一个信封。excuse"原谅(某人的小错)",符合语境。regret"遗憾,后悔";avoid"避免";ignore"忽视"。

15. A　解析:考查动词短语。根据上文中的"…handed me an envelope. I stopped teaching…"可知,一位女士递给作者一个信封,作者停止了教学并打开它。故选 A 项。open up 意为"打开";pack up"包装";give up"放弃";hold up"抑制,阻塞"。

Passage 9

1. A　解析:考查形容词。worried 担心的;angry 生气的;doubtful 怀疑的;curious 好奇的。根据后文 Alia 和朋友将书搬走了可知她应该是担心战争会损坏书。故选 A。

2. B　解析:考查形容词。practical 实践的;precious 珍贵的;reliable 可靠的;expensive 昂贵的。根据后文"which are more ___2___ to her than mountains of gold"可知,是将书与金山作比较,指书对她来说比金山更珍贵。故选 B。

3. C　解析:考查副词。then 然后;still 仍然;even 甚至;rather 相当,稍微。甚至一本关于伊拉克历史的书已经七百年了,与前面的 new books,ancient books 是一种层次上的递进关系。故选 C。

4. D　解析:考查形容词。large 大的;public 公共的;distant 遥远的;safe 安全的。她向政府申请将书搬到一个安全的地方,故选 D。

5. D　解析:考查副词。fortunately 幸运地;surprisingly 惊奇地;seriously 严重地;secretly 秘密地。根据 she brought books home every night 可知,她是在秘密地转移书籍。故选 D。

6. C　解析:考查动词。start 开始;park 停车;fill 装满;test 测试。根据 ___6___ her car late after work 可知,下班后,她的车都装满了书。故选 C。

7. B　解析:考查动词。stop 停止;help 帮助;warn 警告;rescue 营救。根据 Anis who owned a restaurant agreed to hide some books. 可知,她的朋友们都过来帮她转移书,故选 B。

8. B　解析:考查名词。war 战争;night 夜晚;building 建筑物;way 方法。根据前文 she brought books home every night 可知,他们每天晚上都去图书馆搬书,故选 B。

9. C　解析:考查动词。put 放;open 打开;pass 通过;throw 扔。根据 over the seven-foot wall 可知,他们是越过(pass over)七英尺高的墙搬的书。故选 C。

10. A　解析:考查动词。hide 隐藏;exchange 交换;burn 燃烧;distribute 分发。根据上文中的"Anis who owned a restaurant agreed to hide some books."可知,把书藏在 Anis 的饭店。故选 A。

11. C　解析:考查动词。approach 接近;erupt 爆发;continue 继续;end 结束。由后文 Then nine days later, a fire burned the ___12___ to the ground. 可知,战争仍在继续。故选 C。

12．B　解析：考查名词。restaurant 饭店；library 图书馆；city 城市；wall 墙壁。根据后文 Now Alia waited for the war to end and dreamed of peace and a new library. 可知，这里指图书馆被一场大火烧毁。故选 B。

13．B　解析：考查名词。neighbor 邻居；soldier 士兵；friend 朋友；customer 顾客。and 连接两个并列分句，轰炸停止，与之相对应的是，士兵离开了。故选 B。

14．D　解析：考查动词。sell 卖；read 阅读；save 救；move 移动。根据 So she hired a truck to bring all the books to the houses of friends in the suburbs. 可知，她决定再次把书转移走。故选 D。

15．C　解析：考查形容词。occupied 被占据的；bombed 轰炸的；quiet 安静的；busy 忙的。根据 the bombing stopped and the ___13___ left 可知，战争结束了，士兵们也离开了，因此城市应该很安静。

Passage 10

1．D　解析：考查动词辨析。根据后半句 will do anything to avoid it 可知人们本能上不喜欢工作，他们为逃避工作可以做任何事情。故 D 项正确。

2．A　解析：考查固定词组辨析。to the contrary 相反的；to the expectation 对……的期望；to the degree 在某种程度上；to the extreme 走向极端。此处是说，无论如何，尽管很多证据证明与这个理论相反，很多管理人仍然同意 X 理论。故 A 项正确。

3．B　解析：考查副词(词组)辨析。由后面的例子可知，他们认为如果要员工效率高，就需要给予他们不断的监督，可知此处是举例说明。故 B 项正确。

4．D　解析：考查副词辨析。根据后句可知，此处是说，他们的决定是自上而下的，没有任何商量的余地。故 D 项 above"在上面"正确。

5．C　解析：考查动词辨析。根据前段可知本文讨论的是管理学的理论，此处是说，不同的文化中有不同的管理人的方法。故 C 项正确。

6．B　解析：考查动词短语辨析。refer to 提到，谈到；contribute to 做贡献，导致；object to 反对；apply to 适用于。此处是说，亚洲人使用的是协商式的管理方法，所有人都被要求对管理的过程做出自己的贡献。故 B 项正确。

7．A　解析：考查名词辨析。agreement 同意；practice 练习；election 选举；impression 印象。此处是说，亚洲人使用协商式的管理方法，这种方法是建立在共同协商基础之上的，西方人也想模仿这样的管理方法。故 A 项正确。

8．D　解析：考查形容词辨析。根据前半句中的"…women will become more effective managers than men…."可知，有些专家认为女性比男性管理更高效，因为女性更有亲和力，比男性管理人更容易与别人达成一致的目标。故 D 项正确。

9．A　解析：考查动词辨析。根据前文中的"…encourage employees to use their own initiative…"(鼓励员工使用自己的首创精神)，也就是说在做出决定的时候不用先请示上级经理。故 A 项正确。

10．C　解析：考查动词辨析。根据 the trend towards downsizing(缩小规模的趋势)可知，也就是要减少管理层的数量，可以直接做出决定而不需要请示上级。故动词 reduce"减少"符合语境。

11．B　解析：考查动词短语辨析。be honored with 被授予；be left with 留下，剩下；be crowded with 挤满；be compared with 与……相比。通过这种方法，公司只剩下高层管理者和前线的与公众直接联系的一线管理人和雇员，省略了很多中间环节，提高了管理的效率。故 B 项正确。

12．B　解析：考查副词辨析。economically 经济地；traditionally 传统地；inadequately 不充分地；occasionally 偶尔地。根据后句"Empowerment and delegation mean new forms of management control"可知授权管理是一个新型的管理方法，与传统的管理模式不一样。故 B 项正确。

13．D　解析：考查动词辨析。deny 否认；admit 承认；assume 假定，设想；ensure 保证，确保。授权管理是一种新型的管理方法，省略了中间管理环节，保证了整个商业计划被采用。根据句意可知 D 正确。

14．A　解析：考查形容词辨析。virtual 虚拟的；ineffective 低效的；day-to-day 日常的；on-the-scene 现场的。根据后文中 where teams of people linked by e-mail and the Internet work on projects from their own houses 可知，在这种新型的管理方法中，人们都是通过邮件和网络联系，说明这是一种新型通过虚拟网络进行的管理方法。故 A 项正确。

15．C　解析：考查名词辨析。opinion 观点；risk 冒险；performance 表现；attractiveness 魅力。根据后半句中的"in terms of what they produce for projects, rather than the amount of time they spend on them"可知，我们评价员工的表现是根据他们的项目产品，而不是他们的工作时间。故 C 项正确。

Passage 11

1．A　解析：尽管乘客们都已经系好安全带，他们还是被突然向前抛去。although 尽管，引导让步状语从句，符合句意。while 当……时候；therefore 因此；then 接着、然后。

2．B　解析：根据上题注释可知，这里选择 throw 扔、抛，最为合适。shift 转移；put 放；move 移动。

3．D　解析：show 展示、表明；present 呈现、陈述，及物动词；expose 暴露。appear 出现，符合句意。

4．C　解析：well 健康的；still 静止的；calm 镇静的；quiet 安静的。前句说她看上去脸色苍白，后半句进行转折，calm 符合句意。

5．A　解析：hesitation 犹豫；surprise 吃惊；doubt 疑问；delay 延迟。hesitation 符合句意。

6．C　解析：本句意为：这个人坐到飞行员的座位上，认真听机场通过无线电发出的紧急指令。patient 耐心的；anxious 焦急的；nervous 紧张的，都不符合句意。

7. A 　解析：close 与介词 to 连用,意为"近的"。其他介词不与 close 搭配。

8. D 　解析：horror 恐惧;trust 信任;pleasure 愉快;relief(痛苦、忧虑的)解除。to one's relief 意为"让某人松了一口气",符合句意。

9. B 　解析：surround 包围;circle 盘旋;observe 观察;view 认为。此处 circle 符合句意。

10. B 　解析：be familiar with 为固定搭配,意为"熟悉",符合句意。

11. C 　解析：本句意为危险还没过去,与前句形成转折关系。then 表顺承,therefore 表结果,but 表转折,moreover 表递进。

12. A 　解析：根据句意推断,空格处所填词应与 when he had to land 对照,故 moment 符合句意。movement 运动;idea 想法;affair 事件。

13. D 　解析：following...的逻辑主语应为 the man,本句意思应为,这个人遵照指令,驾驶飞机朝机场飞去。impression 印象;information 消息;inspection 视察;instruction 指令。

14. A 　解析：as 当……的时候,符合句意。unless 除非。while 当……时候,引导的从句的动作所需的时间比 as 引导从句动作所需的时间要长。so"因此",表结果,不符合句意。

15. C 　解析：本句意为飞机沿着跑道滑行了很长一段距离后,安全地停了下来。move along 沿着……移动。around 在……周围;over 在……之上;above 在……上方。只有 along 符合句意。

Passage 12

1. B 　解析：kind"种类";type"种类、样式"。本题易错选 C,需要注意 mean 一般作动词,作名词时表示"平均值";表示"手段"和"方式"的名词为 means。

2. C 　解析：deny"否认",reproduce"复制,再生产",ridicule"奚落,嘲笑"。根据句意判断,replace"代替"正确。

3. B 　解析：nearly 的意思是"几乎,大约",符合句意。hardly 的意思是"几乎不";certainly 的意思是"当然,确定";probably 的意思是"可能"。

4. A 　解析：本题易错选 D。但 travel 指远距离的旅行,而 trip 指以工作和娱乐为目的的短距离旅行。

5. A 　解析：buy"购买",sell"销售",race"参加比赛",see"看见"。根据下句的意思判断应选 A。

6. D 　解析：quickly"快速地",regularly"有规律地",rapidly"快速地",recently"近期地"。根据句子意思判断,recently made"最近生产的",符合语境。

7. B 　解析：在某一年用介词 in。

8. D 　解析：raise"提高",make"制造",reduce"减少",improve"改进,提高"。improve their products and work efficiency 表示"改进产品,提高工作效率",符合上下文。

9. C 　解析：unusual"不同寻常的",interested"有兴趣的",average"平均的",biggest"最大的"。句中提到的应为"平均家庭年收入",所以应选 C。

10. C 　解析：根据后文"than the price of cars"可知这是一个含比较级的句子,故只能从 C 和 D 中选择。faster"更快的",less"更少的",C 符合句意。

11. D 　解析：bring"带来",obtain"获得",bought 是 buy 的过去式,purchase"购买"。根据句子意思判断,purchasing a new car 意为"买一辆新车",符合句意。

12. A 　解析：take a part 在本句中意为"占一部分"。

13. B 　解析：clearly "清楚地",proportionally 表达"成比例地;相称地",personally"个人地",suddenly"突然地"。根据上文意思应选 B。

14. A 　解析：上文中已提到 a family's total earnings。income 和 earning 的意思相同,故选 A。

15. B 　解析：famous"著名的",superior"更好的",fastest"最快的",secondary"中等的"。technically superior to"技术上更优于",符合句意,故选 B。

Passage 13

1. A 　解析：因为下文叙述的是飞机上发生的事情,故选 A。by air = by plane。

2. C 　解析：他喜欢坐在窗子"旁边"。

3. B 　解析：此处表示结果,B 项与上句的 look for(表动作)相呼应。

4. B 　解析：从句子结构看,此空应填非谓语动词形式。seat 是及物动词,意思是"使某人就座",与 a young man 是动宾关系,所以用 seated 表示状态;而 sit 是不及物动词,与 a young man 是主谓关系,要用 sitting 表示动作。

5. C 　解析：不能选 A,因为 arrive 为不及物动词;由下文可知,他根本没坐下来,所以也不能选 B;若选 D,则与上句的 he went towards it 相矛盾。

6. D 　解析：in capital letters 意为"用大写字母"。

7. B 　解析：这里应用现在分词表示伴随动作。say 强调"说"的内容,而 speak 则指"说"的动作,故不选 D。

8. D 　解析：which 引导定语从句,指代先行词 something particularly heavy。

9. A 　解析：another 为泛指,表示"另一个"。

10. C 　解析：此处不定式 to sit 用作定语,应与被修饰的名词 seat 构成动宾关系,而 sit 是不及物动词,必须加上介词 on。

11. B 　解析：try 表示设法去做某事,而不表示是否做成;manage 表示设法做成了某事。由本句末的 but they also read the notice and went on 可知不选 C。

12. B 解析:飞机上的人越来越多,快要"满了",所以用 full。

13. B 解析:enter 作"进入"讲时,不与 into 连用,故不选 C。

14. A 解析:quickly 表示立刻行动,毫不延迟,用于此处符合 the man 的心境,也大大增强了文章的幽默感。

15. C 解析:take...off...是固定搭配,意为"把……从……取下"。

Passage 14

1. B 解析:这位富人不仅带了东西去卖,而且带钱去"买"东西。解这道题时要注意将句中 but also 前后的内容进行比较。

2. A 解析:根据他的想法,他"决定"要带十个仆人。这件事完全可以由他自己决定,所以没有必要"喜欢带……""希望带……"或"努力带……",故 B、C、D 不符合题意。

3. C 解析:carry 在句中意为"携带、运送";take 意为"带走";bring 意为"带来"。本句意为"他们将携带要卖的东西和在路上要吃的食物"。

4. B 解析:the food to eat"要吃的食物"。

5. D 解析:一个小男孩来找这位富人,要求和他们一起去,故选 the rich man。

6. C 解析:asked to go with them"请求和他们一起去"。

7. A 解析:富人同意小男孩随行,故选 A。

8. D 解析:此句和上文是转折关系,意为"但是你是我所有的仆人中最小的、最瘦弱的一个,你不能挑重担",故选 but。

9. C 解析:the smallest, the thinnest and the weakest of all my servants"是我所有的仆人中最小的、最瘦弱的一个"。

10. A 解析:you can't carry a heavy load"你不能挑重担"。

11. B 解析:此句意为"你要选择挑最轻的担子", pick up 意为"捡起"。故选 choose。

12. D 解析:主人看到这个小仆人选择了最重的担子,感到他很"愚蠢",故选 foolish。

13. B 解析:听了主人的话后小男孩什么也没说,而是高兴地挑起了担子。

14. C 解析:由于小男孩的聪明,"除了"他自己,其他仆人都累坏了。

15. D 解析:Do you know why? 用在文章最后用来引出原因,告诉读者其中的奥秘。

Passage 15

1. D 解析:根据上文可知灯坏了,"我"寻找钥匙孔有困难,故选 D。

2. A 解析:根据下文可知,"我"已经把门打开。manage to do sth. 表示"成功地做某事"。

3. B 解析:根据文意可知,由于晚上没有灯,"我"只好摸索前进,只有 felt 表达此意。

4. C 解析:上文提到这是一个旅馆,作者是暂时住在这里,排除了 A 项。从下文的"when I deposited my luggage"可推知 C 项正确, spot 此处为"注意到,看到,发现"。

5. B 解析:因为是晚上,所以选择 dark。

6. A 解析:根据文意排除 C、D。主语是 nothing 而非 lamp,故动词 operated 不正确。因此,只有 A 项正确。

7. B 解析:根据文意可推知,作者现在处在黑暗中,只能拉开窗帘,靠外边街道上的光来找到另一盏灯,故选 B。

8. C 解析:根据文意和下文的 slowly across the room 可知,作者摸索着去拉窗帘。make one's way 意为"前往,到……去",符合文意。

9. C 解析:根据从句的主语 a desk lamp 和副词 actually 可知,这盏灯亮了。只有 work 可以表达此意。

10. D 解析:根据文意可知,人们心中的光比实际生活中的光更重要,physical 在此为"物质的,有形的"。

11. B 解析:由文意可知,我们心中应该有"爱、怜悯和信任"之光,才能战胜 discouragement、sadness、fear,故选 love。

12. A 解析:由文意和 dark 可知,有时我们中许多人会处在黑暗和孤独的世界中,故选 lonely。

13. B 解析:由上文的"So let your light shine."可知,作者鼓励我们要主动去帮助别人,故选 B。

14. C 解析:细心揣摩文意可知,我们的爱心之灯在茫茫的黑暗中是如此渺小,好像是森林中的一支蜡烛,故选 no more than。

15. A 解析:由文意可知,黑暗再强大,也不足以扑灭小如蜡烛的"爱心之灯",故 put out 最佳。

Passage 16

1. A 解析:联系此处的语境,再对照选项,可知这里应是"他生命中的头三年是在医院里度过的"。spend 有"花(时间、钱),度过"的意思,是及物动词,符合语境和本句的语法结构。故选 A。

2. D 解析:根据前文中 The doctors said that with treatment he would be able to walk 可知,医生认为作者的儿子在经过治疗后是能够走路的。因此可推知此处是"在他 8 岁时,当你看到他走路时,你察觉不出他有什么问题"。故选 D。

3. C 解析:联系此处的语境,再对照选项,可知这里应是"邻居家的孩子在做游戏时总是跑来跑去"。during 的意思为"在……期间",放在此处符合此处的语境。故选 C。

4. B 解析:前文提到医生认为作者的儿子将不能正常地跑动,而后文提到作者没有把这个情况告诉儿子,因此 Joey 不知道。综合前后文可知,此处是"Joey 也跳、跑、玩耍"。故选 B。

5．A　解析：联系此处的语境,再对照选项,可知这里应是"他也许不能像其他的小朋友那样能够正常地跑动"。be able to do 的意思为"能够做……",故选 A。

6．B　解析：根据后文中"He was in seventh grade—the other six team members were all eighth graders."可推知,这里是"在七年级时他决定加入校田径队"。故选 B。

7．D　解析：前文提到 Joey 每天坚持训练,而且比其他任何人都努力,后文则讲述只有顶尖的七名选手才能被选中,因此不难得出前后文之间为因果关系,即 Joey 每天刻苦训练是因为只有顶尖的七名选手才能被选中。故选 D。

8．C　解析：联系此处的语境,再对照选项,可知这里应是"只有顶尖的七名选手才能被选中代表学校参赛"。故选 C。

9．D　解析：这里提到 Joey 每天坚持跑4~5英里,即使在他发烧的时候也没有中断,而前文提到 Joey 早在出生时就被医生认定是不能正常地跑动,所以作者作为 Joey 的家长此时一定感到很担心。故选 D。

10．D　解析：根据前文综述,再对照选项,可知作者决定在 Joey 放学后去找他。故选 D。

11．D　解析：根据后文中 He had two more miles to go,再对照选项,可推知此处是"我发现他已经在跑了"。故选 D。

12．D　解析：联系此处的语境,再对照选项,可知这里应是"他径直地看着前方,并且一直跑着"。故选 D。

13．B　解析：联系此处的语境,再对照选项,可知这里应是"两周后,队员名单被公布出来了",再因为 Joey 选择的是跑步运动,故选 B。

14．C　解析：根据前文中 We didn't tell him he probably would never make the team,再对照选项,可推知此处应填 made。make 有"作为……的一分子"的意思,放在此处,意为 Joey 加入了田径队。故选 C。

15．A　解析：根据前文"We never told him he couldn't do it...so he didn't know.",再结合 Joey 入选校田径队的事实,可推知此处要表达的内容是"他确实做到了"。故选 A。

Passage 17

1．D　解析：but 表示转折,由此可知作者是想去一个香港以外的地方。

2．C　解析：破折号后面的 July 是对前面名词的解释,即 summer。

3．A　解析：由逗号后面的 the favourite places for holiday 可知,本题应选 holiday。

4．D　解析：因为是旅游旺季,所以人多为患。

5．C　解析：由上文 But I'm not seeking the sun 可知,香港有充足的阳光,度假时自然就不再寻求阳光了。

6．A　解析："人群"不是度假时所要寻求的目标。

7．B　解析：根据句意应选 allows,表示"允许"。

8．D　解析：根据上文的 Train Pass 可知,此处指乘火车旅行。

9．A　解析：头等车厢里旅客通常不多,hardly 表否定意义。

10．B　解析：根据句意应选 journey,指"旅行"。

11．D　解析：此处指乘火车旅行。

12．A　解析：根据上文 restful 和下文"There's always something to see."可推断出作者认为乘火车旅行是"有趣的"。

13．B　解析：enjoy 后接动名词,driving 指"驾车",根据全文大意应排除,故选项 B 正确。

14．A　解析：get a good idea of 是固定词组,意为"对……有清楚的了解"。

15．C　解析：as 引导状语从句,意为"像,如同"。

Passage 18

1．D　解析：由下文可知,此处表示作者给他人唱歌或表演诗歌朗诵,故应该选 performing。

2．B　解析：由下文可知,此处表示"我"开始从事志愿者活动,故选用 volunteered。

3．C　解析：此处意为"我"由过去给母亲的朋友唱歌,慢慢地转向给别人或其他组织或团体唱歌。used to do 表示"过去习惯/常常做"。

4．A　解析：charity galas 表示"义演",从搭配角度考虑,此处应选 put on(上演)。

5．D　解析：四个选项均可与 in 搭配,从语境看应选 production。in production 表示"在生产中",意即还未出版。in place 在正确的位置;in use 在使用中;in practice 在实践中。

6．B　解析：此处表示"我"把卖书得来的资金全部捐给儿童慈善机构。

7．D　解析：war 战争;fight 打斗,打架;battle 战役。此处 campaign 意为"(为社会、商业或政治目的而进行的一系列有计划的)运动",符合语境。

8．A　解析：根据后面的 abused 可知此处应用 shelter,表示为受到虐待的儿童找到一个收容所(庇护所)。

9．C　解析：根据后面的 perform for them 可以推断此处使用 visit,表示"看望"。

10．B　解析：do one's hair 表示"给某人梳头,给某人整理头发"。

11．A　解析：fulfilling 表示"让人感觉有意义的;令人满足的;有成就感的"。根据后面的 I've done these there's a smile on that person's face 可知,作者对自己做的事情感到很满意,故 fulfilling 符合语境。

12．D　解析：根据后面的 really sick 可知此处使用 dying,表示一些即将离世的或一些危重病人。

13. C 解析:根据前面的 really sick 可知,此处使用 aware,表示对外界发生的事情没有多少意识的病人。

14. C 解析:前面提到病人的病情很严重,此处使用 but 表示转折,"我"给他们唱完歌以后,他们的脸上露出了微笑。

15. A 解析:分析句子成分可以看出,此处 what 引导一个表语从句,what 在从句中作 wants 的宾语。

Passage 19

1. C 解析:护士不断地告诉那个病危的老人他的儿子来了,由此可以看出老人的病情很严重,几乎没有意识。simply 仅仅,简单地;actually 事实上;barely 几乎不;totally 完全地。

2. B 解析:语境为:他的儿子是个海军战士,从部队回来照顾他挚爱的父亲。从文中的 come back from service 和第二段的 the young soldier sat in the dimly lit ward offering words of…to his dying dad 可得出答案。marine"海军,水兵"。

3. C 解析:talk to 与……交谈;stick to 坚持;tend to 照顾;adjust to 适应。前面提到他的父亲病重,所以他是回来照顾父亲的。

4. A 解析:语境为:父亲伸出手去握儿子的手。reach out 伸出。

5. B 解析:respect 尊敬;encouragement 鼓励;truth 真相;wisdom 智慧。从语境上看,是儿子在鼓励奄奄一息的父亲。

6. A 解析:这个海军战士守候在老人的旁边,没有意识到氧气瓶的噪音和其他病人的呻吟。unaware"未觉察到的",符合语境。

7. D 解析:calm"镇静的";still"静止的";serious"认真的,严重的";loyal"忠诚的"。表现儿子对父亲的忠心的爱。

8. B 解析:护士建议他离开休息一会儿。explain 解释;suggest 建议;order 命令;stop 停止。

9. C 解析:从下文"His loving son rested the old man's…hand on the bed and left to find the nurse. The young man waited while the nurse carried his father's body away…"可知,老人去世了。

10. B 解析:由上文可知,老人去世了,这里指老人的没有生命的(lifeless)手。

11. D 解析:因为海军战士的父亲去世了,所以护士表达对他的同情(sympathy)。inspiration 鼓舞,灵感;love 爱;admiration 羡慕。

12. A 解析:从上文的"'Who was that man?' he asked."可知,护士对这个海军的疑问感到吃惊(surprised),那个人明明是他的父亲。

13. C 解析:那个年轻人解释道:"当我到达病房(ward)的时候,我很快知道这是个误会,我知道他需要他的儿子,可他儿子不在,我看得出来他病得很厉害,不知道谁坐在他的旁边。所以我决定留下来。"

14. A 解析:sick"生病的",anxious"焦虑的",careless"粗心的",disappointed"失望的"。too sick to know…"病得太厉害,而无法知道……",故选A。

15. D 解析:语境:所以我决定留下来。remain 保持,依然;stay 留下。

Passage 20

1. A 解析:联系前文的 hear 及本段第四句"You might _____ hear music in an office or on a farm."可知此处指的是听音乐。

2. B 解析:already 已经;even 甚至,即使;hardly 几乎不;never 从来不。结合语境可知此处指的是"你甚至可以在办公室或者农场听音乐"。故选B。

3. A 解析:联系下文可知此处指的是 the way people behave,科学家们认为音乐能改变人们的行为方式。

4. C 解析:结合下文描述可知,此处指的是古典音乐让人们感到富有,而不是 become/get"变得"或者 look"看起来"富有。

5. B 解析:联系前文描述可知,此处指的是听古典音乐会使人们花更多的钱(spend more money on food and drinks)。

6. B 解析:与古典音乐相对的是现代音乐。pop music 流行音乐,modern music 现代音乐,light music 轻音乐,country music 乡村音乐。联系前文描述可知,此处指的是现代音乐。故选B。

7. A 解析:结合上下文可知此处指的是"With no music, people spend even less."没有音乐,人们花费较少。

8. D 解析:expect 期望,hope 希望,realize 认识到,believe 认为。"Scientists also believe that loud, fast music makes people eat faster."意为"科学家们同样认为……"。

9. C 解析:根据上下文提到的 restaurant 可知,此处指的是当音乐变快时,人们吃得更快,而非 cook 烹饪(食物),order 点餐,make 制作。

10. B 解析:free 空闲的;busy 忙碌的;happy 高兴的;sad 伤心的。根据逻辑可知,有些餐馆在客流量多的时候放节奏快的音乐,是想让客人加快进餐的速度。故选B。

11. A 解析:情态动词辨析。结合语境可知此处指的是 restaurants can make more money"这样饭店就能挣到更多的钱"。

12. D **解析:** 此处需要填一个宾语从句的引导词。根据句子"They say _____ music helps students to be more active."可知宾语从句 music helps students to be more active 不缺少句子成分,故用引导词 that。

13. D **解析:** excited 激动的; interested 感兴趣的; confident 自信的; relaxed 放松的。此处 people learn better when they are relaxed 指的是当人们放松的时候学得更好。

14. C **解析:** 联系下文,可知此处"The _____ time you hear music somewhere, be _____."指的是你下次听音乐的时候,要注意……

15. D **解析:** quiet 安静的,quick 快速的,happy 高兴的,careful 认真的。根据最后一句话"It might change the way you do things."可知此处指的是 be careful"要认真"。

Passage 21

1. B **解析:** 句中的 feel 用的是动词原形。make sb do sth 让某人做某事; force sb to do sth 强迫某人做某事; allow sb to do sth 允许某人做某事; persuade sb to do sth 说服某人做某事。故选 B 项。

2. C **解析:** 从文章最后一段的 it made my whole Thanksgiving week 可知作者要和家人共度感恩节。

3. B **解析:** 从下文的 the plane to depart 可知作者和丈夫在等飞机起飞。

4. C **解析:** 从第四段的"I sat in a middle seat and my…sat in the window seat in the last row of the plane."可知这对新婚夫妇的座位是靠后的。

5. A **解析:** 从本句中的"there was a couple sitting in the…of the plane who had just got married the previous day"可知,他们在度蜜月。

6. B **解析:** 从第四段的"I sat in a middle seat and my…sat in the window seat in the last row of the plane."可知他们的座位没有在一起。此处指座位。

7. D **解析:** 从第二段的 I overheard one of the flight attendants telling the others 可知是作者听到的,故用 heard。

8. A **解析:** 从下文的"I called the flight attendant over to tell her that we would be happy to…our seats for this couple."可知作者和她的丈夫对换座位取得了一致意见。

9. D **解析:** give out 分发,发出; give up 放弃; give off 发出; give away 捐赠。此处指作者和她的丈夫把他们的座位让给那对新婚夫妇。give up the seats 让座。

10. D **解析:** glad 高兴的; interested 感兴趣的; tired 累的; amazed 吃惊的。从下文的"Really? Are you sure?"可知空乘很吃惊。故选 D 项。

11. B **解析:** 从文章的开头 my husband and I had the opportunity to do something good for two complete strangers 可知是作者的丈夫。

12. C **解析:** take good care of 是固定搭配。故选 C 项。

13. A **解析:** 从下文的 around us 和作者在飞机上可知,应该是坐在他们周围的人们。故选 A 项。

14. B **解析:** 从文章中 I had to go back to the front of the plane to pick up a forgotten item 和 I saw that the newly-weds were sitting very close together 可知答案。

15. D **解析:** satisfactorily"满意地"; shamefully"可耻地"; terribly"非常地"; happily"幸福地"。从上文的 I saw that the newly-weds were sitting very close together 可知那对新婚夫妇是幸福的。

Passage 22

1. B **解析:** 根据第一句话中的 reading 可知 B 项正确。

2. D **解析:** 此处表示如果想谋得一份差事。apply for 的意思是"申请";B、C 项均不符合题意,只有 D 项(获得)适合。

3. A **解析:** 只有 quickly 符合语境。easily 容易地; roughly 粗略地; decidedly 果断地,均与原文内容不符。

4. C **解析:** 英语中,阅读速度快的人称为 good reader,反之,就是 poor reader。根据上下文的内容可知,多数人都属于 poor reader,因此选 poor(差的)。其他选项不妥。

5. B **解析:** 此处的意思是"大多数人早期养成看书慢的习惯",因此选 habits(习惯)。training 训练,培训; situation 形势; custom 风俗习惯。

6. A **解析:** 此处说的是"主要的困难在于语言的自身要素,即单词"。combine 联合; touch 接触; involve 包括,这三项的词义与原文不符。lie in 意为"在于"。

7. C **解析:** 这里的意思是"如果单看这些词,它们并没有什么意义"。some 有点儿; a lot 许多; dull 单调的,均不符合题意。little(很少)是否定词,合乎逻辑。

8. D **解析:** 作者对未受过阅读训练的人的不良习惯感到遗憾。fortunately 幸运地; in fact 事实上,logically 合乎逻辑地,均不妥; unfortunately 不幸地,符合句意。

9. A **解析:** 此处意为"在阅读时经常重读(反复读)"。因此,reread"重读"符合句意。reuse 再使用; rewrite 改写; recite 背诵。

10. A **解析:** 此处所填的词既是 look back over 的宾语,又是 you have just read 的宾语,只有 what 能充当这种双重成分。

11. C **解析:** scale down 按比例减少; cut down 削减,均不符合句意。measure 不能与 down 搭配。slow down"放慢",符合句意。

12. B **解析:** 本段前文已经出现 you,在此选 one(泛指人们)来代替 you。some one 无此用法。如果用 reader,前面应加定冠词。he 不能与该段逻辑一致。

13. A 解析:训练快速阅读所使用的工具必然与提高阅读速度有关,因此选 accelerator 快读器。actor 演员;amplifier 放大器;observer 观察者。

14. D 解析:根据前面的 faster 可知应选 than,构成比较级。

15. C 解析:快速阅读器促使你加快阅读速度,使你再也不能逐词阅读、回顾前文内容或者默读。enable 相当于 make something possible;lead 引导;indicate 指出,表明。都不符合题意。只有 make (使,使得)最合适。

Passage 23

1. C 解析:think of "记起,想起",think for "认为",complain about "抱怨",drop out "退学"。根据句意可知,他们开始抱怨生活和工作中的压力(complain about the stress in work and life)。

2. D 解析:介词 with 此处表伴随,指手里拿着。

3. A 解析:expensive "昂贵的",ordinary "普通的",strong "强壮的",serious "认真的"。根据下文的 some cheap 可知,此处 expensive "昂贵的"符合句意。

4. B 解析:help oneself to "自便",固定搭配。

5. C 解析:mix up "混合",leave "留下",take up "拿起",refuse "拒绝"。根据后面的 leaving behind the plain and cheap ones 可知昂贵、好看的杯子都被拿走了,故此处选 take up "拿起"。此

6. A 解析:normal "正常的",important "重要的",impossible "不可能的",necessary "必要的"。此处意思为"如果你日常只想要最好的……",故 normal 符合句意。

7. D 解析:此处易错选 C 项。problem 和 question 都表示"问题",但 problem 指棘手的问题、难题、困难、逻辑数学题,而 question 主要指疑问、议题、困惑等。此处指生活中的问题,故选 problem。

8. C 解析:此处意为"你真正想要的是咖啡"。故选 C。

9. B 解析:but 连接后面的分句,表示转折。

10. A 解析:position "职位、地位",age "年龄",health "健康",purpose "目的"。根据句意可知,这里应填 position "职位"。

11. B 解析:此处意为"它们仅仅是承载生活的工具",因此 tools 符合句意。

12. D 解析:put on "穿上,上演",get on "上车,进展",turn on "打开,发动",concentrate on "专注于"。此处 D 项符合句意。

13. B 解析:teach "教导",provide "提供",return "返回",bring "带来"。此处只有 B 项符合句意。

14. C 解析:根据句意"最幸福的人并不一定拥有最好的东西,他们只是最擅长利用每一件东西。"可知 make the best of 正确。

15. A 解析:kindly "和蔼可亲地",sadly "悲伤地",rudely "粗鲁地",seriously "严肃认真地"。此处句子意思为"简单生活,热烈去爱,用心照料,和蔼交谈",故 kindly 符合句意。

Passage 24

1. B 解析:year 是可数名词,放在 seven 后,要用复数形式 years。表示年龄有固定说法:…years old。

2. D 解析:下文说作者去商店买东西,由此可以推测此处应该是 money。

3. C 解析:关系副词 where 在定语从句中作地点状语。

4. B 解析:another 的意思是"另一个"。other 后面要跟复数名词。

5. B 解析:固定用法 go doing sth.,例如:go fishing, go dancing, etc.。

6. A 解析:下文提到兄弟、姐妹、表亲等,说明是家人 "family"。

7. B 解析:此句话的意思是"花了四倍的价钱"。money 是不可数名词,要用 much 指代。

8. D 解析:might have done 构成虚拟语气,表示"本可以……"。在本句中应为 might have bought。

9. B 解析:根据上下文可知,此处应该是名词 folly。

10. A 解析:more…than…表示比较。

11. A 解析:根据上下文可知,此处应该是与上文中 regrets 相对的名词 pleasure。

12. C 解析:根据上下文逻辑可知,此处应为转折,表示"然而"。

13. A 解析:根据上下文可知,此处的意思为"受到诱惑,买不需要的东西时",且时态应一致,所以要用过去时 didn't。

14. C 解析:上文说道没买不必要的东西,所以推测此处应该是"省钱"saved。

15. A 解析:先行词为 many,在本文中指的是"许多人",且在句中作逻辑主语,所以要用关系代词 who。

Passage 25

1. B 解析:此处是定语从句中的第二个小分句,意为"在交通拥挤和过马路不太安全的地方"。

2. A 解析:make sb. do sth. 使某人做某事。其他词性不对。

3. A 解析:"效率高"与"不方便"意思上相反,故用 though,有"尽管"的意思。

4. B 解析:pass 与 bridge 无法搭配,而 visit、build 与 bridge 搭配意思不符。

5. C 解析:busy road 繁忙的马路。

6. B 解析:why 引导表语从句,意为"……的原因"。

7. C 解析:build 表示"建造"。

8. B 解析:keep…doing sth. 意为"让……一直干某事"。

9. C　**解析**：spend...(in) doing sth. 意为"在做某事上花费……"。

10. D　**解析**：立交桥有利于安全,所以人们应该使用它们,而不是横穿马路(如在建立交桥之前)。instead of "而不是,代替"。

11. A　**解析**：老人上下立交桥当然是有点困难,difficult 形容词作宾语补足语。

12. D　**解析**：指过去没有立交桥时,既有人又有车辆过马路,with"伴有,带有"。

13. A　**解析**：both 表示两者都(老年人和年轻人)。

14. B　**解析**：建议人们应经常使用立交桥,其他选项在意思上都不对。

15. D　**解析**：固定短语 stop...from doing...,本句意为"防止交通事故的发生"。

四、句子翻译

1. 现在的生活比以前好百倍。

2. 这个城市每日新增病例数正逐渐回落。

3. 他赢得了这个综艺节目中的最重要的位置。

4. 人们不需要太多身外之物。

5. 不要低估鼓励和赞美的力量。

6. 现在讨论的这个问题对我们非常重要。

7. 随着夏天的到来,越来越多的蚊蝇也将出现。

8. 无论取得了多大的成绩,他总是很谦虚。

9. 要想成功,你就必须抓住身边的每一个机会。

10. 那个地区以优质葡萄酒而闻名于世。

11. 上海已然成为国际金融和商业中心。

12. 他在外貌和性格上都与妹妹截然不同。

13. 科学家们声称找到了治疗这种疾病的新方法。

14. 这座纪念碑是为纪念在解放战争中牺牲的士兵建立的。

15. 听到他当选为队长的消息时,我们禁不住欢呼起来。

16. 联合国步兵营是联合国维和行动的骨干力量。

17. 尽管她并不喜欢画,她却坚持要和我一起去看画展。

18. 我们明天能否在操场举行毕业典礼完全取决于天气。

19. 帮助青年人才提高创新意识和实践能力非常重要。

20. 年轻人要耐得住寂寞,也要能吃得了苦。

21. 香港事务是中国内政,外国无权干涉。

22. 任何人都不要低估我们捍卫国家主权的决心。

23. 正是因为你为你的玫瑰花费了时间,这才使你的玫瑰变得如此重要。

24. 我希望花更多的时间陪伴家人,也会去寻找人生中的新的"赛场"。

25. 路本没有,因为走的人多了便成了路。

26. 每次看到这么美的景色,我都会忍不住微笑。

27. 短时间接触快递的人感染新冠病毒的几率很低。

28. 联合国应该为保卫世界和平发挥关键作用。

29. 注意个人健康当然是重要的,但过害怕疾病也是没有必要的。

30. 尽管余震不断,战士们依然迅速赶到事发地点,实施救援。

31. 几年来中国军队多次参加联演联训和军事竞赛。

32. 从他脸上的表情可以判断他肯定已经知道了这个令人失望的结果。

33. 他敢于无所畏惧的追求自己的目标,而且行之有道。

34. 除了提出大家讨论的事情之外,整个会议过程中他一直保持沉默。

35. 凡是想要在野外获得生存的人都要依靠团队合作。

36. 参加联合国南苏丹的维和经历让我受益匪浅。

37. 军校学员有必要多读一些专业以外的书籍。

38. 今年夏天的气温比人们预料的高得多。

39. 只有经过严格训练的战士才能承担这项任务。

40. 据说明年年底前又将建成三条地铁线路。

41. 我们鼓励每一位参会者积极找出解决问题的新方法。

42. 由于大雾,从杭州飞往北京的航班延误了近两小时。

43. 中国海军编队刚刚在亚丁湾执行完为期4个月的护航任务。

44. 政府采取了一系列措施来保护文化遗产。

45. 海战队员首先必须经历"心理准备"的训练课程,以便让他们对实战场景有所了解。

五、写作

1.【范文】

Dear Jack,

Knowing that you will come to visit Hangzhou, I'm so happy. However, my company will hold a marketing meeting on Nov. 23rd. I may have no time to meet you at the Xiaoshan Airport by myself that afternoon. My driver, Liu, will wait for you at the exit of the airport. He will hold a board with your name on it. His English is perfect. If you have any problem, don't hesitate to tell him. He will do his best to help you. Furthermore, my wife wish to see you too. So we intend to invite you to have dinner at home, and she would like to show you her specialty dishes.

Wish you a good journey!

Yours,
Wang Lin

2.【范文】

Books—An Endangered Species?

Under the fierce competition of modern media, books have been facing an embarrassing condition. With the easy accessibility to mobile and the Internet, alongside the mass information from TV and other new media, some people believe that traditional books are endangered, even to extinguish.

I don't believe so. Traditional books have their own advantages. Although they are facing competition, they still maintained eternal attractiveness. Unlike electronic productions, traditional books transmit knowledge and information more slowly and gently, which is like old friends who can always accompany you. You can enjoy books anywhere anytime. Furthermore traditional books are just a bundle of printed papers, which produce no pollution or no radiation to readers and environment. So traditional books won't become an endangered species. Instead, when people realize their convenience and value, they will be more flourish.

3.【范文】

Merits and Demerits of International Travel

International travel is no longer a luxury. It has become a common way of leisure as a result of highly-developed transnational transportation and economic prosperity in many countries. However, it can be both a blessing and a disaster.

It is a blessing for most international travelers. They can greatly broaden their horizons, get to know totally different cultures, see views they've never seen before, enjoy food that is prepared in different ways… It all seems fascinating and alluring. But there are disadvantages, too. In additional to complex religion and traditional formalities in some countries, if travelers don't know them well, they may offend them and encounter cultural hostility. Second, the environment of countries are quite different, if the travelers couldn't get used to the climate, food or water there, they would get ill. The tour could turn into an absolute disaster.

All in all, convenient and economic international travel is a precious gift from the modern society. We should enjoy it and try our best to decrease the defects of it.

4.【范文】

Hello, everyone,

Now I'll tell you something about our research project World Food Crisis on behalf of our group. As is known to us all, the world's climate is getting hotter and hotter, which has caused food production not more than before. And it is also an important reason that with the development of industry and the acceleration of urbanization, cultivated land of the world keeps decreasing.

So, how can we solve the food crisis? From nation angle, the government should protect the environment, improving the ecological environment. Be strict with protecting cultivated land.

And what should we do as a student? I think we should not waste food and set up the consciousness of saving grains in our mind. Persuading our parents and friends to live thriftily. And we should study hard to develop the science and help solve the food shortage in the future.

5.【范文】

Success

Different people hold views on success. Some think that one is successful if he can make a great deal of money. Others argue that success means holding an important government post. It is clear that there are quite different opinions on success.

In order to become successful, you should first of all be both perseverant and hard-working. Even when you fail, you should never lose heart. You should always keep in mind that perseverance is the mother of success and industry is the key to it. In addition, you should pay great attention to your work method. It is necessary for you to sum up your experience constantly and improve the efficiency of your work.

In my opinion, success means achieving brilliant results in one's work, that is, making outstanding contributions to the development of the country and bringing happiness to the people.

6.【范文】

Dear madam,

I'm Wang Lin. I'm writing to tell you about some symptoms of anxiety among us students before exams.

Most of us feel nervous whenever we're taking an important exam. Some will feel dizzy or tired, some will suffer from lack of sleep, and some will lose their appetite. In fact, all these symptoms have terrible effects on our exams and we are all eager to get rid of them.

First of all, in my opinion, it's important for us to have a right attitude towards exams. They are only a means of checking how we are getting along with our studies, so there is no need to worry too much about the results. Study hard every day and make careful plans for every exam. In this way we can avoid suffering from the pressure of exams.

Besides, enough sleep can make us energetic and enable us to perform well in an exam. Therefore, during the period of exams, we should not stay up too late. We can also try a warm bath or a cup of warm milk before going to bed. They might help us to have a sound sleep.

Those are all my suggestions. Hope you can help me share these with other students. Thank you!

Yours,
Wang Lin

7.【范文】

In recent years, the topic whether it is fair for athletes to pocket large sums of money has aroused more and more discussion.

Those who support giving sportsmen high salaries think that athletes have won a great reputation for our country in the Olympic Games. What's more, athletes must undergo painstaking physical and psychological training. Besides, they offer a lot of encouragement to young people to take part in physical activities.

However, some people have different opinions. They consider that athletes do little to boost the national economy directly. Thus they should not receive so much money.

I believe that they should get high salaries, considering all the efforts they have made.

8.【范文】

Online Education

The past decade has witnessed a boom in Internet-based instruction both at home and abroad. Online education with or without record of formal schooling is readily available.

The attraction of the fenceless school for students is obvious. Learners can cast aside the restriction of age, profession or educational background and select freely according to their own need. Additionally, with the instructors posting syllabuses, reading assignments, and schedules on Websites, and students sending in their assignments online, time and space are no obstacles to anyone. Meanwhile, expenses and resources are accordingly saved for both students and schools. Obviously, web education broadens the channel of knowledge reception, realizes learner-centered auto-study and enhances the learners' ability of knowledge acquisition and knowledge updating.

As for me, to enhance integrated quality by selecting some popular web courses annually will be a long-term mission.

9.【范文】

Working Individually or Working in a Team

There are basically two ways to get work done. One is to work individually. In this way, people can decide for themselves when to start work and how to do it. What's more, they will be able to learn how to solve problems on their own.

People may also choose to work in a team, where they can learn from each other and help each other. Besides, they may work out better ways to get work done by discussion.

Personally, I prefer to work in a team, which offers me a chance to learn how to get along with others and to share my experiences with them. As the work can be divided among several people, it can be done efficiently. Teamwork is always important.

10.【范文】

How to Prevent COVID-19

This year, the epidemic situation around the world is very serious. People around the world all suffered from a new infectious disease named COVID-19. How can we avoid being infected?

First, avoid crowded public places. Don't go to the stuffy place with a lot of people. Because COVID-19 is spread from person to person mainly through speaking, coughing or sneezing. If it is necessary to go to such places, you must wear a mask.

Second, wash your hands often. We usually get used to touch eyes, nose and mouth with hands which may early touched infected people, public facilities, or other items. The experts suggest that it's effective to prevent the disease by cleaning our hands frequently with soap and water.

Third, don't spit everywhere. It is really a bad habit which may not only spread virus but also spoil your image.

Furthermore, remember to cover mouth and nose with tissue or elbow when sneezing or coughing, exercise more, keep the air circulating inside, avoid eating wild animals, and so on.

In one word, when facing fighting against COVID-19, the importance of personal healthy habits and public sanitation cannot be over emphasized.

11.【范文】

How to Keep Psychologically Healthy?

One in four people will experience some kind of mental problems in the course of a year. When you fail to manage these problems, they are likely to cause various mental illnesses.

The cause of mental health problems often varies a lot from one case to another. In today's society, a good number of people are suffering from heavy pressure. Others lack communication skills. In addition, a lot of people are ignorant of psychological knowledge about how to keep mentally fit.

There are a lot of ways to curb mental health problems and keep psychologically healthy. Firstly, find the real cause of your mental health problem and see whether you can do something about it. Secondly, learn to relax yourself and take exercises to release the pressure. Lastly, you may find it helpful to talk to your partner or friend about your problem, or seek support and advice from a psychological consultant.

12.【范文】

Dear sir or madam,

My name is Wang Lin. And I am writing to apply for being a volunteer of our school English association to provide help for foreign students.

I have a good command of English and have been to America for one year as an exchange student. I can communicate well with English native speakers. What's more, I am outgoing, kind and friendly to other people. So I can get along well with foreign students.

I'm particularly interested in this job because I want to enrich my volunteer experience, improve my language capabilities and interpersonal communication skills.

Hopefully I can receive your acceptance.

Yours sincerely,
Wang Lin

13.【范文】

The Person Who Has Influenced Me Most

My mother is the person who has influenced me most.

She is in her forties. She always listens to my problems patiently. And she advises me how to solve them. As a doctor, she often says she can't be too careful. She often works extra hours. She has devoted most of her time to her work. So I think she is not only a good mother but also a good doctor.

I hope I can be a person like her. I also hope she will pay more attention to her own health. She'd better have more time to take exercises and relax herself.

14.【范文】

Dear Mr. Smith,

I am Wang Lin, chairman of the student union. I am very pleased to learn that you are coming to visit our school on June 26. I am writing to tell you what we have arranged for you.

In the morning, there will be a forum in the school auditorium, where visitors and students from our school will communicate with each other, talking about school life and cultural differences. At noon, you are invited to have lunch in our school cafeteria with students from our school. You can taste dumplings, noodles and other Chinese foods. In the afternoon, the students in our school will show you around the Haihe River.

How do you like the arrangements? I hope you will have a nice time in Tianjin.

Yours sincerely,
Wang Lin

15.【范文】

Turning a Bad Mood into a Good One

It is very important for people to have a good mood in daily life. If you have a good mood, you will be happy with everything. You will have an optimistic effect on the people around you. Most importantly, you will live a harmonious and happy life which is good for your health as well.

However, sometimes when you meet with some annoyances, for example quarreling with others or failing in examinations, you may have a bad mood. So how can you get rid of it as soon as possible? As we all know, everything has two sides. Try to find the positive side of the accident, and tell yourself that being angry and crying are useless. The wisest way is learning from the lesson. We often say that time is the best solution to every problem. Be sure that everything will be better with time passing by.

I hope that there is more laughing in the world and everyone has a good mood every day!

16.【范文】

Hi，everyone，

　　We'll have an important community activity—picking apples. The picking will go on from 8:00 a. m to 11:00 a. m next Saturday in a suburb apple orchard. Welcome all of the people in our community to join in the activity.

　　To join in the activity，you should sign your name in the property management office before 5:00 p. m. next Thursday，which is the deadline! Don't miss it!

　　Attention! It is suggested that all the people who will join in the picking had better wear a hat and a pair of gloves. Because there may be some insects or weathered leaves that will fall on your head and make your hands dirty.

　　Be active，everyone in our community!

　　The Community Board

17.【范文】

Dear teachers and schoolmates，

　　It's a great pleasure for me to be here today and share my experience of learning English with you. I'm interested in English，and hope to be an interpreter in the future. Therefore it's very important for me to learn English well. As everybody knows，vocabulary is an important part of language，just like bricks in a building. I usually memorize twenty new words a day and put them to use whenever possible. After class，I often listen to English programs on TV and on the radio. Besides，I've learnt a lot from the Internet and other sources.

　　Now，I'd like to make some suggestions on English teaching and learning in our school. Firstly，we should be given more opportunities to use what we've learned in order to have a better grasp of it. Secondly，I hope our teachers can recommend more interesting magazines and give us more free time to read them. Finally，I suggest we have more English activities，such as English speech contests and cultural festivals.

　　Thank you for your listening.

18.【范文】

Dear sir or madam，

　　I am very glad that our school will hold after-school courses which contain many contents，such as gardening，cooking，fitness，nursing and so on.

　　I want to register to attend a course about gardening because I have been fond of flowers，grasses etc. since I was a little child. I especially like planting in the garden where I can enjoy the beauty of nature. For one thing，I want to gain a bit more knowledge of gardening so that it can help me to major in the gardening after attending college. For another，I can realize the bitterness of the gardeners and treasure plants much more consequently. What's more，after graduation，I plan to devote my life to cultivating flowers and grasses to turn our country into a more beautiful place，attracting more people to come to visit it.

　　　　　　　　　　　　　　　　　　　　　　　　　　　　　　　　　　Yours，

　　　　　　　　　　　　　　　　　　　　　　　　　　　　　　　　　　Wang Lin

19.【范文】

Hi，Puzzled Mom，

　　What puzzles you is actually a puzzle for many parents in China. My idea is that it is not right for you to do so.

　　Although high grades are an important factor in evaluating students and for their future university admission，development in mental health，physical body and life capability should never be ignored. There are many examples around us. Some of the excellent students in school have turned out not to be as successful in society as they were expected. The reason is often that the pressure from their parents allows them almost no time for other activities. Furthermore，punishment is by no means a wise choice to help children grow up mentally and physically.

　　So I suggest that you take your friends' advice. More importantly，let your daughter live like a lovely girl; let her have more friends and take part in social activities; and let her make mistakes as we teenagers often do.

20.【范文】

Eating with Families Makes Us Healthier

　　Nowadays we have less time to meet with our families，not to mention eating with them. However，more and more studies show that sitting down and having a dinner with families will do well to people's health.

　　First，as we know，a happy mood keeps people healthy. Talking more with families is a better way of relieving stress and solving problems in our daily life. The dinner time is more like a party for family communication.

　　Also，home-made meals are healthier for our body. As the food problems seem more and more serious now，it is safer to have dinner at home.

　　As for me，I have dinner with my families at least four times a week. My family all think the time for dinner is the most important moment for each of us.

政治

第一单元 ——▶ 马克思主义哲学常识

第一章 物质和意识

1. 什么是物质?

答:所谓物质就是不依赖于人的意识而又能被意识所反映的客观实在。

首先,这里的物质概念,从物质和意识对立的高度,指出了物质对于意识的根源性,坚持了唯物论,同唯心论划清了界限。

其次,物质不等于具体的事物,它是从客观存在着的各种事物和现象中抽象概括出的共同本性,即客观实在性。

再次,物质是可以被人们认识的。物质既然是客观实在,就能被人们所认识,只有尚未被认识的物质,没有不可认识的物质,认识只是迟早而已。这种物质观与不可知论划清了界限。

2. 什么是意识? 如何理解意识的本质?

答:意识是具有高度组织、高度完善的物质——人脑的机能,是人脑对客观存在的反映,这种反映是在人们的实践中实现并随实践的发展而提高的。

第一,意识是人脑的机能。人脑是意识活动的物质器官,没有人脑就没有意识的产生和存在。世界上没有什么"独立自在"的意识现象,意识依赖于人的大脑这种高度完善、复杂而严密的物质器官,而人脑又是自然界长期进化的结果。

第二,意识是客观存在在人脑中的主观映象。人脑是意识的器官,但只有人脑还不能产生意识,人脑只是生产意识产品的"加工厂",意识的产生还需要"原材料",它的"原材料"只能来源于客观世界。人们只有在社会实践中同外在的客观世界打交道,使人脑和其他反映器官同客观世界发生联系,才能获得各种外在刺激,在人脑中产生意识。意识是人脑对客观存在的反映,是客观存在在人脑中的主观映象,没有被反映者,就没有反映和反映结果。意识虽然或表现为感觉、知觉、表象,或表现为概念、判断、推理等不同的主观形式,但其反映的对象和内容是客观的。

第三,意识还是社会实践的产物。语言是意识产生的关键,而社会实践和社会交往活动是语言产生的基本条件。人类在社会性的生产劳动中不仅改变了自己的生理结构,也实现了由动物心理向人类意识的质的飞跃。

总之,意识是物质世界长期发展的产物,是人脑的机能,是客观世界的主观映象,是人脑对客观世界的反映。只有把这两方面结合起来,才能完整地说明意识的本质。

3. 如何认识主观能动性和客观规律性的关系?

答:一方面,尊重客观规律是正确发挥主观能动性的前提。人们只有在认识和掌握客观规律的基础上,才能正确地认识世界,有效地改造世界。人创造历史,但不是随心所欲地创造历史。只有遵循历史的规律和进程,把握时代的脉搏和契机,人才能真正成为历史的主人。

另一方面,只有充分发挥主观能动性,才能正确认识和利用客观规律。承认规律的客观性,并不是说人在规律面前无能为力、无所作为。人能够通过自觉活动去认识规律,并按照客观规律去改造世界,以满足自身的需要。

因此,尊重事物发展的客观规律性与发挥人的主观能动性是辩证统一的,实践是客观规律性与主观能动性统一的基础。

4. 在改造世界的过程中,意识的能动性表现在哪些方面?

答:在改造世界的过程中,意识的能动性表现在以下几方面。

第一,目的性。人们的一切社会活动,都有着明确的目的,通过有目的的社会实践,强化客观世界的变化过程,创造出没有人的参与不可能自行出现的东西,不断地使客观世界更加适合人的生存和发展需要,将社会建设成理想的社会。人之所以比动物更有力量,主要在于人有丰富的思想意识,因而获得了超越其他一切动物的智慧,使我们周围的世界改变了自然进化的轨道,在人的意识参与下运动和发展,人类的智慧显示着越来越大的威力。

第二,创造性。意识可以把不同事物的形态、结构、功能进行组合,创造出高于自然物的人造物。自然界本来没有汽车、飞机,人把它们创造了出来;古代有矛有盾,坦克把矛盾合为一体,发挥出更有效的进攻与防御功能,这种创造性使人们获得了巨大的成功。当然,意识也可能使人们的创造走入误区,如人们靠着意识的创造作用,将人的能力、美德等集中在一个伟大的人格身上,创造了至高无上的神,反过来,人成了它的子民,千百年来向一个子虚乌有的超自然力顶礼膜拜。

第三,计划性。人们的社会实践,尤其是重大社会实践,都是在周密计划的指导下进行的,将社会实践的目标、方法、步骤等一系列问题都编制成严密的计划,以确保目标的实现。没有计划的实践是盲目的实践,盲目实践难免会失败。所以,计划性是能动性的重要内容。

第四,对改造客观世界的重要指导和控制作用。意识的重要能动作用是它作为指导实践的观念和理论,既是实践的首要环节,又是实践价值指向的内控要素,它总是驱使人们通过实践把观念的东西变成现实,在客观世界中打下“意志的印记”。

★5. 为什么说意识的能动作用是以意识依赖于物质为条件的?

答:马克思主义强调意识的能动作用,是以意识依赖于物质为条件的,同把意识的能动作用夸大为决定作用的唯心主义有着原则的区别。这是因为:第一,意识的能动作用是在实践中发生的。意识是一种精神力量,只能通过实践才能完成“意识—实践—物质”的转化过程,即用意识指导实践,通过实践使客观物质世界发生合乎规律的变化。人的意识正是通过实践能动地认识世界,又通过实践能动地改造世界。实践本质上是一种物质活动,离开实践,意识是无能为力的。

第二,意识的能动作用的发挥,是以遵从物质运动的客观规律为前提的。只有在正确反映了客观规律的思想的指导下,通过符合客观规律的活动,才能实现人们预期的目的。错误思想指导下的实践必然失败,凭主观意志对抗客观规律,注定要遭到客观规律的无情惩罚。

第三,意识能动作用的发挥,必须依赖于一定的物质条件和物质手段。人们认识客观世界的广度和深度,同认识所凭借的物质技术手段密切联系着。一般来说,科学技术手段越先进,人们的认识水平也就越高。人们改造客观世界的活动也需要一定的物质手段,俗话说,"没有金刚钻,别揽瓷器活"。没有现成的原材料,没有适用的工具,意识再"巧"也创造不出任何物质的东西来。

6. 什么是唯物主义?什么是唯心主义?唯物主义和唯心主义各有哪些形态或派别?

答:根据对哲学基本问题第一方面的不同回答,哲学可划分为唯物主义和唯心主义两个对立的基本派别。唯物主义把世界的本原归结为物质,主张物质第一性,意识第二性,意识是物质的产物;唯心主义把世界的本原归结为精神,主张意识第一性,物质第二性,物质是意识的产物。

唯物主义包括三种形态:古代朴素唯物主义,主张世界的本原是物质,但往往归结为某一种或某几种具体的物质形态。近代形而上学唯物主义(机械唯物主义),也主张世界统一于物质,但它所说的"物质"是指原子、分子等基本粒子,有其局限性。辩证唯物主义和历史唯物主义,把唯物主义和辩证法有机地结合在一起,把自然观和历史观在唯物辩证的基础上有机地结合在一起。

唯心主义有两个派别:主观唯心主义,主张人的精神(感觉、观念等)是世界的本原,世界上的一切事物存在于人的精神之中。客观唯心主义,主张"客观精神"是世界的本原,世界上万事万物都是"客观精神"的产物或表现。

7. 为什么说物质和运动是不可分割的?

答:物质和运动是不可分割的。没有不运动的物质。物质总是运动着的物质,运动是物质的固有属性和存在方式。世界上的万事万物,都是物质运动的不同表现形式。因此,世界是运动的世界,一切事物都以特定形式在运动,这种特殊的运动才使事物呈现各自的特殊性。人们认识物质,就是认识物质的运动形式及其规律。

没有无物质的运动。物质是一切运动的承担者,世界上没有离开物质的运动。物质是一切运动的现实基础,脱离物质的所谓纯粹的运动是不可思议的,也是不可能存在的。

8. 为什么说物质的运动是绝对的,静止只是运动的特殊形式?

答:物质的运动是普遍的、永恒的和无条件的,因而是绝对的。但是绝对运动并不排斥静止的存在,物质在合乎规律的运动过程中,也有某种静止的状态和稳定形式。静止是物质的质、量、位置、运动形式平衡稳定的存在状态。

静止是相对的,它只是运动的特殊状态,是有条件的、暂时的。我们可以从以下几个方面理解:第一,物质在总体上是运动的,静止只是指它在此时此地、此种条件下没做某种形式的运动,但是它必然进行着其他某种形式的运动;第二,静止是物质永恒运动的实现环节,一系列的静止联系起来显示的不是静止,而是运动,静止构成了无限运动链条上的环节。

9. 为什么说事物的存在和发展是运动和静止的统一?

答:事物的存在和发展是运动和静止的统一。二者的辩证关系表现为:首先,运动和静止是相互依存、互为前提的。没有运动就谈不上静止,没有静止也无法证明运动,绝对运动失去了相对静止,它自己就失去了存在的基础,相对静止是绝对运动的环节。其次,运动和静止都是事物存在和发展的形式。在运动中事物获得变化和发展,在静止中事物获得过程和质的稳定。没有运动,事物就没有发展;没有静止,发展就没有基础,没有积累。最后,运动和静止是相互包含的。静止中有运动,静止只是处于暂时的动态平衡,平衡中仍有运动,不然平衡无法维持;运动中又有静止,这才使运动有确定的主体,保持并显示出事物质的稳定性。

10. 为什么说时间和空间是运动的物质的存在形式?

答:运动的物质以时间和空间作为自己的存在形式。时间是物质运动过程的持续性。这种持续性表现为:某一事物存在或运动过程的长短,一事物和另一事物、一种运动过程和另一种运动过程依次出现的先后顺序、间隔的长短。空间是运动着的物质的广延性。这种广延性表现为:物质彼此之间的并存关系和分离状态,物体的体积、容积、位置、距离和排列次序等。时间、空间和运动着的物质不可分。一方面,时间和空间离不开物质运动,离开物质运动的时间和空间是不存在的。另一方面,物质运动也离不开时间和空间,离开时间和空间的物质运动也是不存在的。时间和空间同物质运动的不可分离性,表明了时间和空间的客观性,表明它们作为物质运动的存在形式同物质运动一样,也是不依赖于人的意识的客观存在。

第二章　联系与发展

1. 什么是规律?唯物辩证法揭示了哪三大规律?

答:所谓规律,就是事物运动过程本身所固有的、本质的、必然的联系。任何事物都有自己的运动发展规律,而规律是由事物自身的矛盾决定的,矛盾不同,规律必然各异。马克思主义撇开一切矛盾的具体特点,来研究矛盾的一般特征、特性及其在事物运动发展中的地位和作用;马克思主义撇开一切矛盾的具体内容,研究矛盾运动的一般规律,从而揭示了自然、社会和人类思维发展的三个基本规律,即对立统一规律、量变质变规律和否定之否定规律。其中,对立统一规律是最根本的规律,是唯物辩证法的实质和核心。

2. 什么是矛盾?

答:事物联系和发展的根本内容和动力,就在于事物内部及事物之间存在着既对立又统一、既互相排斥又互相依赖的关系,这种对立统一关系就是矛盾。我们日常生活中见到的长与短、高与低、真与假、善与恶,同志之间的不同意见,以及战场上的敌与我、攻与守、进与退等,都是矛盾。矛盾是一个具有双重关系的现象,只要构成矛盾,总是既相互对立又相互统一,只有对立没有统一,或只有统一没有对立,都不称其为矛盾。

3. 什么是矛盾的同一性和斗争性?二者在事物发展中各起什么作用?

答:矛盾的同一性或统一性,是指矛盾双方之间的相互依赖、相互联结、相互渗透、相互贯通、相互转化的性质,它体现的是矛盾着的两方面相互吸引的趋势。矛盾双方不仅存在同一性,而且具有斗争性。矛盾的斗争性,是指矛盾双方相互排斥、相互限制、相互否定的性质,它体现的是矛盾着的双方相互离异的趋势。

矛盾的同一性和斗争性在事物的发展中起着不同的作用,正是二者不同作用的互相结合才推动事物的发展。矛盾的同一性在事物中的作用是:第一,矛盾双方连为一体,使对立面在相互依存的统一体中得以存在和发展,在矛盾的两个方面中,一方的存在以另一方的存在为条件,同样,一方的发展也以另一方的某种存在为条件,在相互依存的矛盾统一体中实现矛盾双方力量和地位的变化;第二,矛盾双方相互吸收有利于自身的因素,在相互利用中各自得到发展;第三,矛盾双方的相互贯通规定事物发展的基本趋势,事物新陈代谢的方向是新旧事物这一对立面之间的相互融会贯通的同一性规定的,没有同一性就没有发展的连续性,譬如,正是根据矛盾的同一性规定事物发展的基本方向和趋势的道理,科学家才得以创立了改良品种的科学,矛盾的斗争性在事物发展中的作用,在于推动矛盾双方力量的此消彼长,最后使旧的矛盾统一体分解,新的矛盾统一体产生,使旧事物变成新事物。总之,矛盾的同一性和斗争性相结合推动事物向前发展。

4.什么是矛盾的普遍性和特殊性?

答:矛盾的对立和统一,既是普遍的,又是特殊的,因此矛盾又具有普遍性和特殊性。

矛盾的普遍性,或称共性,是指矛盾是一切事物的共同本质。它表现在两个方面:一方面,矛盾无处不在。俗话说,"天有阴晴""月有圆缺""人有祸福""事有成败"。这里的阴与晴、圆与缺、祸与福、成与败都是对立统一的关系,因而都是矛盾。世界上没有无矛盾的事物,可以说没有矛盾就没有世界。另一方面,矛盾无时不有。事物一刻也不会停止运动和变化,它自身时时都充满着矛盾,旧的矛盾解决了,新的矛盾也就同时产生,开始新的矛盾运动。总之,矛盾存在于一切事物之中,并且贯穿于事物发展过程的始终,处处有矛盾,时时有矛盾,这是一切事物的共同本质。

矛盾的特殊性,或称个性,是指矛盾着的事物及其每一个侧面各有其特点。矛盾的特殊性表现在三个方面:一是不同事物有不同的矛盾;二是同一事物在发展的不同过程和阶段上有不同的矛盾;三是同一事物中的不同矛盾、同一矛盾的两个不同方面也各有其特殊性。

5.矛盾的普遍性和特殊性关系是怎样的?

答:矛盾的普遍性和特殊性或共性和个性,是既相互区别又相互联结的。区别在于:普遍性只是体现着各个特殊矛盾中共同的、本质的东西,只是个别事物的部分或本质,仅大致地包括个别事物。个别的、特殊的矛盾则是丰富生动、复杂多样的。二者的相互联结在于:普遍性存在于特殊性之中,只能通过特殊事物存在着,离开特殊性就没有普遍性。特殊性也离不开普遍性,一定与普遍性相联系而存在。任何事物都是普遍性和特殊性、共性和个性的统一。矛盾的普遍性和特殊性在一定条件下是可以相互转化的。随着时间的推移和空间的变化,普遍性在更大的范围内会成为特殊性,特殊性在更小的范围内也会成为普遍性。特殊事物在量上的扩张会使它成为普遍的东西,普遍的东西在其他事物的大发展中又会成为特殊事物。

★6.为什么说矛盾的普遍性和特殊性相统一的原理是建设中国特色社会主义理论的根据?

答:掌握矛盾的普遍性和特殊性相互关系的原理具有重要的意义。首先,这一原理有助于我们正确地认识事物。任何事物,既有不同于他事物的个性,又有与他事物相联系的共性。因此,我们应该在个性和共性的关联中认识事物,从个性中认识共性,在共性中把握个性。

其次,这一原理有助于我们学会科学的工作方法。我们的每一项工作,既有与其他工作的共性,也有它的个性。因此,在工作中要正确地处理共性与个性的关系,注意一般号召与个别指导相结合,领导和群众相结合,解剖麻雀、抓典型与普遍推广相结合,把党的路线、方针、政策同本地区、本单位的实际结合起来。

最后,这一原理是我们把马克思主义的普遍真理和中国革命、建设和改革的具体实践相结合,建设中国特色社会主义的理论根据。坚持马克思主义,就是坚持马克思主义的基本原理,坚持其立场、观点和方法,要真正指导实践,必须把这些基本原理与本国的实际相结合,才能找到适合本国国情的路线、方针、政策。因此,矛盾的普遍性与特殊性相统一的原理是建设中国特色社会主义理论的根据。

7. 矛盾在事物运动过程中具有什么不同的地位和作用?

答:在一个具有多种矛盾的统一体中,矛盾的地位和作用是不同的,因而有主要矛盾和次要矛盾的区别。主要矛盾是在事物的多种矛盾中处于支配地位的矛盾,它对事物的存在和发展起决定作用,并规定和影响着其他矛盾的存在和发展。主要矛盾之外的其他矛盾就是次要矛盾,它可以制约和影响主要矛盾的展开和解决。因此,事物发展的一般进程和基本方向主要是由主要矛盾决定的。

就特定矛盾而言,矛盾的两个方面对统一体的存在和发展所起的作用也是不同的,因此还有矛盾主要方面和矛盾次要方面的区别。矛盾的主要方面对事物的性质起决定作用。但是,主次矛盾和矛盾的主次方面在一定条件下是可以相互转化的。

★8. 内因和外因的关系怎样?

答:内因是指事物发展变化的内在原因,即内部根据、内在矛盾;外因是事物发展变化的外部原因,即外部条件、外部矛盾。内因和外因在事物发展变化中的地位和作用是不同的。内因是事物发展变化的根据,外因是事物发展变化的条件,外因通过内因起作用。

内因不仅是事物存在的基础,也是该事物区别于他事物的内在本质。作为事物自身运动的动力源泉的内因,规定事物运动发展的基本方向。外因对事物的发展并不是可有可无的,它同样对事物发展变化的速度和方向有重要影响。这种影响是通过影响事物的内部矛盾关系来实现的。内因和外因的划分是相对的。因此,内因和外因将会随着考察范围的扩大或缩小而发生变化。

★9. 为什么必须坚持两点论和重点论的统一?

答:主要矛盾和次要矛盾,矛盾主要方面和次要方面相互关系,以及内因和外因相互关系的原理要求我们,面对实际工作中的矛盾,要坚持两点论和重点论的统一。两点论要求在分析任何事物的矛盾时不仅要看到矛盾双方的对立,而且要看到矛盾双方的统一;不仅要看到矛盾体系中存在着主要矛盾、矛盾的主要方面、内因,也要看到次要矛盾、矛盾的次要方面、外因。

唯物辩证法的两点论不是均衡的两点论,而是有重点的两点论。它要求把握矛盾的不平衡性,分清主次、轻重、缓急,区别对待。可见,两点论是有重点的两点论,重点论是两点中的重点论。处理好这个关系,要注意把握三点。第一,要抓中心,抓关键,抓重点,避免"眉毛胡子一把抓""头痛医头,脚痛医脚""捡了芝麻,丢了西瓜"。第二,学会"弹钢琴",抓住中心工作,带动全盘工作。第三,根据情况变化,及时实现工作重点的转移,防止把主要矛盾凝固化、绝对化。

10.量变和质变的关系如何?

答:质变和量变有着内在的联系,二者是相互转化的。一方面,量变是质变的必要准备,质变是量变的必然结果。一切事物的变化发展首先都是从量变开始的,当量的变化超出度的范围,才会引起质变,也必然会引起质变。可见,质变是受量变制约的,依赖于量变,量变的持续必然引起质变。

另一方面,质变又引起新的量变,为新的量变开辟道路。质变是旧的量变过程的终结,又是新的量变过程的开始,新的量变是在新的度的范围内进行的。新的量变发展到一定阶段,又要超出事物的界限,引起新的质变,这样一个量变和质变相互转化的无限过程,使事物的发展呈现出渐进性和飞跃性、连续性和间断性的统一。

★11.量变质变规律对于人们的认识和实践有哪些启发意义?

答:首先,任何事物都是质和量的统一,我们对事物的分析,既要认识事物的质,又要认识事物的量,才能认清事物的渐进和飞跃过程,把握事物的性质。

其次,既要做艰苦的长期的工作,又要在质变的条件成熟时抓住时机,当断则断,促使旧事物向新事物的飞跃。

最后,把握事物的度,掌握"适度"原则。我们做工作,一定要注意"分寸",掌握"火候","过"或"不及"都是不合适的。

12.事物的肯定和否定的辩证关系是怎样表现的?

答:事物的肯定或否定既相互对立,又相互统一。肯定和否定的辩证统一表现在以下三点:

第一,肯定和否定相互依赖。它们各以对方为自己存在的前提,共处于事物之中,没有肯定,一切事物都不存在;没有否定,事物就不能变化和发展。

第二,肯定和否定相互转化。当事物内部肯定方面占据主导地位时,事物就保持其固有的存在和性质,一旦否定方面占支配地位,否定方面就成了新事物中的肯定因素。

第三,否定包含着肯定,肯定也包含着否定。否定是事物自身的否定,这种否定的实质是扬弃,即既克服又保留,这就是唯物辩证法讲的辩证的否定。否定方面不是把肯定方面吃掉,而是克服其不利的一面,保留其有利的一面,吸收、改造旧事物中的积极成分,使事物的发展保持着连续性。否定的结果,是事物中有生命力的、代表事物发展前途的因素占据主导地位,从而为事物的进一步发展开辟广阔的前途。同样,肯定也不是兼收并蓄的,而是肯定事物中有生命力的因素,同时否定其中的糟粕。

13.怎样理解事物的否定之否定?

答:事物的发展,不是经过一次否定就到此完结,而是一个有规律的过程,即从肯定到否定再到否定之否定的过程。实际上,尽管经过第一次否定,被否定的东西所具有的一些积极因素被保存下来,但第一次否定却是被否定东西的完全对立面,由否定而走向极端,使初始的形式和第一次否定形成的形式成为对立关系,两个新的对立面构成新的矛盾,其矛盾自身的发展和解决,必然实现对第一次否定的再否定,即否定之否定。否定之否定是一次新的综合,是两种对立面的片面性的克服,解决了二者之间的矛盾,实现了对立面的统一。

★14. 为什么说事物发展是前进性和曲折性的统一?

答:第一,事物发展的道路是曲折的。事物的发展,表现为事物内部肯定因素和否定因素的矛盾斗争,没有肯定就没有事物的存在,没有否定就没有事物的发展。但是,任何否定都是对旧事物某些方面的克服,某些形态的改变和原有属性的改变。同时,在新旧因素的斗争中,旧因素占据上风的现象也是会发生的,所以曲折是不可避免的。

第二,事物发展的总体趋势是前进上升的。每一次否定都保留了事物的积极因素,又产生了新的因素,把事物推向前进。完成一个过程,实现了否定之否定,就包含了对第一个环节肯定因素的保留,表现为仿佛向旧事物的复归,但这不是简单地重复,而是变革中的继承,是经过曲折迂回,在高级阶段上重复低级阶段上的某些特征、特性。新事物总要战胜旧事物。

第三,事物的发展是前进性与曲折性的统一。事物的否定与曲折,总是前进中的曲折,前进又总是在曲折中实现的,表现为继承与变革、前进性与曲折性的统一。

第三章　实践与认识

1. 什么是实践?它有哪些特点?

答:马克思主义认为,实践是作为主体的人能动地探索和改造世界的物质活动,它既不同于动物的本能活动,又不是人的精神活动,而是主体和客体之间的相互作用过程。

人的社会实践具有四个特点:第一,直接现实性。实践活动本身是客观现实因素相互作用的结果,实践能把主体的预期目的变成直接的现实。第二,自觉能动性。实践是人类在一定的需要引发下,怀着一定的目的,按照一定的计划对客体的主动干预。第三,社会性。实践本质上不是单个人的孤立活动,而是处于一定社会关系中的人们的集体活动,它受到社会关系的调节和制约。第四,历史性。实践总是一定历史阶段上的实践,受到历史的制约并随着历史条件的变化而变化,因此实践是不断发展着的社会历史活动。

2. 实践有哪些形式?

答:实践的内容丰富,形式也是多样的。随着人类认识和改造活动的深入,实践形式会不断趋向多样化。在多种实践中,最基本的形式有三种:生产实践、社会斗争和科学实验。生产实践是人类赖以生存和发展的基础活动,也是其他实践的前提和条件,所以生产活动是最基本的实践活动。社会斗争是调整和改革社会内部人与人之间社会关系的实践活动。一个社会要正常运行,保持协调,求得发展,逐渐理想化,必须对个人和集团的社会行为、社会关系进行各种形式的调节或变革。社会斗争对生产发展和人类的认识有着十分重要的影响。科学实验是指人类探索世界奥秘、获得知识,以便成功地指导实践的活动。随着社会的发展,社会结构的复杂化,人们对生活质量要求的提高,科学实验的重要性越来越突出。社会实践还有其他形式,如教育活动、文学艺术活动等。各种社会实践活动是相互联系、相互促进、共同发展的。

★3.实践决定认识的表现有哪些?

答:马克思主义认为,实践决定认识,其决定作用表现为:

第一,实践是认识的源泉。只有在实践中,主体和客体才发生认识与被认识的关系,才能接触客体、解剖客体,分析概括出客体的本质和规律。

第二,实践是认识发展的根本动力。实践创造出新的理论,不断向人们提出新要求、新课题,推动人们从事新的探索和研究;实践创造了新的认识工具,增加了认识手段,提高了认识的精确度;实践不断地改善和提高人类的感觉器官和思维器官,推动人类思维能力的发展;实践还不断地积累新的经验资料,使人们得以不断地整理和概括出新的认识。

第三,实践是认识的目的。人们为了改造世界而认识世界,为了给实践以理论指导,达到预期目的,提高实践的功效而认识世界。实践是认识的起点,也是认识的归宿。第四,实践是检验认识正确与否的标准。认识正确与否,不依人们主观上觉得如何而定,最终总是要由实践作出验证的。

4.认识过程有哪两次飞跃?

答:认识的本质是主体在实践基础上对客体的能动反映,这是辩证唯物主义认识论对认识本质的科学回答。认识的辩证过程,是实践和认识矛盾运动的过程。认识的具体过程,包含着由实践到认识,由认识到实践,即在实践的基础上,由感性认识到理性认识,又由理性认识到实践这样两个具体阶段。"实践—感性认识—理性认识—实践"的循环过程,就是认识发生、发展的过程。

5.什么是感性认识?

答:感性认识是人类认识必经的初级阶段,是人们在实践的基础上,由感觉器官直接感受到的关于事物的现象、各个片面和外部联系的认识,包含感觉、知觉和表象三种形式或三个发展阶段。感觉是感性认识的初始阶段,它是人的感官对客观事物表面的、个别特征或属性的直接反映。知觉是通过综合各种感觉而产生的对事物的整体性反映。表象,是主体通过大脑对过去的感觉和知觉的回忆。感性认识的特点是直接性,它以生动具体的形象直接反映外部世界。这一特点决定了它不可能实现人类认识任务,因而有待进一步深化和发展为理性认识。

6.什么是理性认识?

答:理性认识是认识的高级阶段,是人们对事物的本质和规律的认识。理性认识的形式包括概念、判断和推理。概念是对同类事物的共同点、一般特性的反映。它的形成标志着认识已由感性直观上升到理性思维。概念是理性认识的开端,其他的理性认识形式都是在概念的结合和深化中形成和发展的。判断是展开了的概念,是对客体状况及其联系或关系的反映所作的判明或断定。推理是从事物的联系或关系中由已知合乎规律地推出未知的思维活动。从概念到判断再到推理,是理性认识由低级到高级的发展。理性认识的特点是具有抽象性和间接性,它以抽象思维的形式间接地反映客观事物的内在关系,它的形成表现为一系列抽象概括、分析综合的过程。正是这一特点决定了它必须以感性认识为基础。

7. 感性认识和理性认识的关系是怎样的？

答：首先，感性认识是理性认识的基础，理性认识依赖于感性认识。马克思主义认为一切真知都是从实践中得来的。在社会实践中，人们千百次地获得直观的感性经验，然后对感觉、知觉和表象之间的联系、关系进行判断和推理，才能获得理性认识，离开这些感性经验，理性认识是不可能产生的。

其次，感性认识有待于发展深化为理性认识。感性认识上升到理性认识是由认识的任务决定的。认识的任务在于揭示事物的本质和规律，进而服务于实践。为此，必须把经验中得来的感性材料，经过分析整理，提炼概括出规律性的认识，有效地指导实践。感性认识上升到理性认识是认识过程的深化，表明认识达到了高一级的程度。

8. 实现由感性认识到理性认识的飞跃依赖于哪三个条件？

答：第一，必须具有大量的、丰富的、合乎实际的感性认识材料。第二，要有科学的研究方法和思维方法。第三，要发挥人的主观能动性，开动脑筋，对感性材料进行"去粗取精、去伪存真、由此及彼、由表及里"的艰苦、细致的加工制作。

★9. 为什么说实现由理性认识到实践这一认识过程的第二次飞跃意义更为重大？

答：第一，由理性认识到实践的第二次飞跃，使主体反映客体的认识化为实践，使精神力量转变为物质力量，从而实现主体认识客体的最终目的。第二，理论是否正确、全面，还有待于证实、检验和发展。理性认识指导实践的过程，也是检验和发展理论的过程，是认识过程的继续和深化。只有通过第二次飞跃，才能充分发挥理论对实践的指导作用。

10. 什么是真理？为什么说真理具有客观性？

答：马克思主义所讲的真理，是指人们对客观事物及其发展规律的正确认识。错误的认识则是谬误。

真理具有客观性，因为：第一，真理的内容是客观的。马克思主义从物质第一性、意识第二性的前提出发，认为真理的本质特性是它的客观性。虽然真理作为主观认识，不是客观事物本身，但任何认识的真理性都不是由它的主观形式决定的，而是由它的内容决定的，正确地反映了对客观事物及其规律的认识，并不会因人而异或因阶级而异。第二，检验真理的标准实践也是客观的。一种认识是否有客观的真理性，不是以某人或某阶级的主观意志、愿望、利益和好恶而定，而是由实践裁定，否则在认识的真理性问题上就会公说公有理，婆说婆有理。

11. 怎样认识真理的绝对性和相对性？

答：真理的绝对性是指任何真理都是对客观事物及其规律的正确反映，都包含着不依赖于主体的客观的内容，都同谬误有原则的界限，在它存在的条件范围内，是普遍有效的，因而是绝对的、无条件的。没有绝对性，真理就不再是真理。真理的相对性是指真理存在的条件性和界限性。没有相对性对真理的限定，就无法谈论真理。

任何真理既有绝对性也有相对性，没有绝对性就不是客观真理，没有相对性的界定，真理就无法存在。否定真理的相对性，不顾真理存在的条件和范围，到处搬套，也就否定了真理的发展。马克思主义的真理观坚持真理的绝对性和相对性的统一，既反对绝对主义，也反对相对主义。

★12. 为什么说实践是检验真理的唯一标准？

答:实践之所以能够成为检验认识真理性的标准,这是由真理的本性和实践的特性决定的。

从真理的本性上看,只有实践才能判明主观是否与客观相符合以及符合的程度。真理的本性就在于主观和客观相符合,检验认识是否具有真理性,即检验人们的认识同客观实际是否相符合以及符合到什么程度。显然,检验不可能由主观认识单独进行,因为认识自身或认识主体不能凭主观意愿、利益或好恶判明认识是真理还是谬误,而必须有客观根据。检验也不可能由客观对象单方面完成,要客观地对认识的正确与否作出裁决,必须把主观认识和客观对象相对照。恰好,实践是联结主观与客观的纽带,是主观见之于客观的活动,它能够把主观认识和客观对象相对照,而且实践有一个根本特性,这就是它的直接现实性,即它可以按照理论的要求创造出理论的现实来。实践在理论的指导下如果达到理论的预期目的,创造了理论所要求的实践结果,这种客观结果就表明了认识的真理性;反之,如果反复地实践,其结果总不能达到理论的预期结果,如果不是实践本身的差错,便表明认识不具有真理性,而是谬误。

★13. 我们党的思想路线是什么?

答:中国共产党在领导人民进行革命、建设、改革的长期实践中,逐步形成和确立了一条正确的思想路线,其基本内涵是:一切从实际出发,理论联系实际,实事求是,在实践中检验和发展真理。这条思想路线是中国共产党对马克思主义理论发展作出的重大贡献,其核心是实事求是。

★14. 如何理解实事求是?

答:毛泽东同志指出:"'实事'就是客观存在着的一切事物,'是'就是客观事物的内部联系,即规律性,'求'就是我们去研究。"即从客观存在着的"实事"中找到事物运动发展的规律,把事物的客观之"理"转化为人的认识之"理",即真理。毛泽东的这一论断深刻揭示了实事求是的科学内涵,鲜明地体现了辩证唯物主义的能动反映论与机械唯物主义的直观反映论的根本区别。实事求是是中国共产党人的根本思想方法、工作方法和领导方法,是党领导人民推动中国革命、建设、改革事业不断取得胜利的重要法宝。实践反复证明,坚持实事求是,就能兴党兴国;违背实事求是,就会误党误国。

第四章　社会的存在和发展

1. 社会历史观的基本问题是什么?

答:社会历史观是人们对社会历史的根本看法,其基本问题是社会存在和社会意识的关系问题,它是人们理解或研究社会生活、社会历史,解决社会历史观中一系列问题的前提和基础。社会存在是社会生活的物质方面,它是指社会物质生活条件的总和,即人类社会赖以存在和发展的物质生活条件,主要是生产方式,也包括地理环境和人口因素。社会意识是社会生活的精神方面,它是社会存在的反映,包括艺术、道德、宗教、政治和法律思想、科学、哲学等形式。社会存在和社会意识何者为第一性、何者为第二性的问题,是划分唯物史观和唯心史观的唯一标准。认为社会意识是第一性、社会存在是第二性的,是唯心主义。相反,认为社会存在是第一性、社会意识是第二性的,属于唯物主义。

2.为什么说社会存在决定社会意识?

答:历史唯物主义主张社会存在决定社会意识,认为这种决定作用主要表现在四个方面。

第一,社会存在决定社会意识的产生。社会存在是社会意识产生的基础,一定的社会意识只有在社会存在发展需要时才能产生、才能成为现实,没有社会存在便没有社会意识。

第二,社会存在的状况决定着社会意识的内容。社会意识本质上是社会存在的反映,是人们对自己生活实践于其中的周围环境、社会关系、社会过程的认识,所以社会存在的状况不同,社会意识的内容必然不同。

第三,社会存在的阶级内容决定着社会意识的价值倾向。社会存在的主要内容是生产方式,而一定的生产方式总为一定的阶级代表着,它是特定阶级赖以存在的经济基础。

第四,社会存在决定着社会意识的变化和发展。既然社会意识是社会存在的反映,那么社会存在变化了,社会意识迟早要随之变化和发展。

3.怎样认识社会意识对社会存在的反作用?

答:社会意识对社会存在的反作用表现为三个方面:

第一,社会意识批判或维护社会存在。当一种新的社会关系、生产方式形成并起着进步作用时,先进的社会意识的各种形式会论证它的合理性,维护它的存在;没落的社会意识形态会批判它、否定它,从而影响着人们对社会存在的实践态度。

第二,社会意识通过调控人们的社会实践行为来调控社会存在。政治法律以硬性的态度调控人们的行为,保证某种社会关系的存在,或否定某种社会关系的存在;道德以软性的态度来维持或否定人们的日常行为关系;宗教、艺术、哲学等都以自己特有的方式规范着人们的社会实践,从而规范着社会存在。

第三,社会意识对社会存在的变化发展起促进作用或阻碍作用。社会意识产生之后,具有相对独立性,以一定的形式相对独立存在,形成精神力量。进步的社会意识对社会存在的变化发展起积极的促进作用;而腐朽反动的社会意识则对社会存在的变化发展起消极的阻碍作用。

4.为什么说生产方式是社会发展的决定因素?

答:生产方式也叫物质资料生产方式,是社会物质生活本身的具体形式,它是生产力和生产关系的统一。在社会物质生活条件中,只有生产方式才是社会发展的决定因素。

第一,生产方式是人类社会赖以存在的基础,是人类其他一切活动的前提。劳动在从猿到人的转变过程中起着决定性作用。在人类社会形成以后,人类为了自身的生存,必须不停地从事生产劳动,只有通过生产劳动解决了物质需要以后,才有可能进行政治、文化活动。所以,物质资料的生产是一切社会活动的基本条件。物质资料的生产一旦停止,社会就会灭亡。

第二,生产方式决定着社会的结构、性质和面貌。一个社会的政治法律制度和意识形态,归根到底是由生产方式的状况决定的。人类从原始社会到奴隶社会、封建社会、资本主义社会和社会主义社会,之所以形成不同的社会结构、社会性质和社会面貌,其中生产方式起了根本的作用。社会的经济、政治和精神面貌,归根到底只能从社会的生产方式中得到如实的说明。

第三,生产方式的发展和变革推动着社会形态的发展和变革。人类社会的发展和变化,首先表现为生产方式的发展和变化,随着生产方式的变更,整个社会制度和意识形态都会发生相应的变化。不同社会制度的依次更替,社会从低级阶段到高级阶段的发展,都是由生产方式的变更决定的。

5. 什么是社会基本矛盾?

答:马克思主义认为,生产力和生产关系的矛盾、经济基础和上层建筑的矛盾是社会的基本矛盾。社会基本矛盾的运动是社会运动发展的基本动力,社会基本矛盾的运动规律是社会发展的基本规律。

6. 为什么只有生产力和生产关系的矛盾、经济基础和上层建筑的矛盾才能称得上是社会的基本矛盾?

答:第一,这两对矛盾贯穿于人类社会发展过程的始终并存在于一切社会形态之中,只要人类社会存在,就必然存在着这两对矛盾。

第二,生产力和生产关系、经济基础和上层建筑概括了社会生活的最基本领域,由它们所构成的两对矛盾,是社会的基本领域之间的矛盾,认识了这两对矛盾,就能把握社会的根本状况。

第三,这两对矛盾对社会的其他一切矛盾起支配作用,如阶级矛盾就是这两对矛盾在阶级社会中的表现。

第四,这两对矛盾运动过程所体现的本质的、必然的联系,是社会发展的最普遍、最基本的规律。

7. 什么是生产力?

答:生产力是人类改造和影响自然界以谋取物质资料的能力。它包括三个基本要素以及通过这些基本要素而发生作用的其他因素。这三个基本要素包括:一是劳动者,是指具有一定生产经验和劳动技能并从事物质资料生产的人;二是劳动资料,是指人们用来影响和改变劳动对象的一切物质资料及物质条件,主要包括生产工具及其附属物;三是劳动对象,是指在生产过程中被加工改造的物质资料。劳动资料和劳动对象的总和,就是生产资料。影响生产力状态和发展的其他因素主要有科学技术、劳动管理等。

8. 什么是生产关系?

答:生产关系是指人们在生产过程中结成的人与人之间的社会关系。人们要进行生产,就必须结成一定的关系,否则生产是无法进行和持续发展的。生产关系的内容包括三个方面:一是生产资料的所有制关系,即生产资料归谁所有;二是人们在生产过程中的地位和相互关系;三是产品的分配关系。生产关系的三个方面是紧密联系、互相作用的整体,其中生产资料所有制关系是生产关系的基础,它在生产关系中居于主要地位,起着决定性作用。

9. 怎样认识生产关系一定要适合生产力状况的规律?

答:这条规律的主要内容有两个方面:一方面,生产力决定生产关系。这种决定作用表现在:第一,生产力的状况决定生产关系的性质和形式。有什么样的生产力,就有什么样的生产关系,生产力是生产关系形成的前提和物质基础。第二,生产力发展的要求决定生产关系的变革。在生产方式中,生产力是最活跃、最革命的因素,生产力的发展要求生产关系与之相适应,否则人不能尽其才,物不能尽其用,生产关系就会成为生产力发展的桎梏。但是,由于生产力内在矛盾的不断推动,它一定能冲破旧的生产关系。所以,生产关系的新陈代谢,都是由生产力的发展决定的。

另一方面,生产关系对生产力具有反作用。生产关系对生产力的反作用有两种情况:一是当生产关系适合生产力状况时,对生产力发展起促进作用;二是当生产关系不适合生产力状况和要求时,对生产力发展起阻碍作用。总之,生产关系对生产力作用的性质归根到底是由生产力的客观要求决定的。

10. 怎样认识上层建筑一定要适应经济基础状况规律?

答:马克思主义把一定的生产关系看作一定社会的经济基础,它相对于生产力而言叫生产关系,相对于上层建筑而言又称为一定社会形态的经济基础。所谓上层建筑,就是建立在一定经济基础之上的社会意识,以及与之相适应的各种制度和设施的总和。

经济基础决定上层建筑。首先,经济基础决定上层建筑的产生。其次,经济基础的性质决定着上层建筑的性质。最后,经济基础的变化决定着上层建筑的变化。

上层建筑对经济基础具有反作用,这种反作用集中表现在为其经济基础的形成、巩固和发展服务上。上层建筑对经济基础反作用的性质、大小取决于经济基础的状况。

11. 社会发展的基本动力和根本动因是什么?

答:正如一切客观事物发展的动力在于事物自身的矛盾运动一样,社会发展的动力也是社会自身的矛盾运动,主要是社会基本矛盾的运动。社会基本矛盾运动有其内在的不同动因和解决矛盾的多种手段,它们在不同程度上都对社会发展起着重大作用。

生产力和生产关系、经济基础和上层建筑这两对矛盾相互联结、相互作用,形成"生产力—生产关系(经济基础)—上层建筑"的连锁运动,推动着社会不断向前发展。生产力每时每刻都在发展中,随着生产力的发展,现存的生产关系会与之相矛盾,于是就要求调整和变革生产关系。随着生产关系即经济基础的调整和变革,现存的上层建筑同经济基础产生矛盾,于是又必须调整和变革上层建筑以适应经济基础的要求,上层建筑的变革就使社会从一种形态发展到更高的形态。可见,社会基本矛盾是推动社会发展的基本动力,而作为这种动力的社会基本矛盾运动又是以生产力的发展为根本动因的。

12. 为什么说科学技术是第一生产力?

答:首先,表现在科学技术对生产力各要素及其组合方式的关键作用上。科学技术的发展可以造就一代具有新的生产技能和精神风貌的劳动者;新的科学可以导致新劳动工具的发明;新的科学技术可以拓展劳动对象的开采范围和深层次加工利用的能力;科学化管理可以使生产力要素得到合理组合,形成科学的劳动方式,这一切将大大地推动生产力的发展,成千倍甚至成万倍地提高劳动生产率,强有力地推动社会向前发展。

其次,还表现在科学技术指导着社会的治理,使社会获得正常的发展。比如,社会科学能够指导人们按照社会发展规律改造社会,不断地使社会理想化。

13. 人民群众是历史的创造者表现在哪些方面?

答:人民群众创造历史的伟大作用,主要表现为:第一,人民群众是社会物质财富和精神财富的创造者。人民群众作为劳动者是生产力的主导要素。人民群众自身素质的提高和其所创造的生产工具推动着生产力的发展,给社会基本矛盾运动注入了原动力,也就给社会发展注入了原动力。

第二,人民群众是解决社会基本矛盾的基本力量。人民群众的普遍愿望和要求为社会基本矛盾的解决指明了一定方向,并以"公意"调节着领导人的决策活动,形成群众引导领袖、领袖领导群众的机制。人民群众还是以社会革命形式解决社会基本矛盾的主力军。可见,无论是社会基本矛盾的产生、运动,还是社会基本矛盾的解决,人民群众都是基本主导力量。

★14.什么是马克思主义群众观点?

答:群众观点的主要内容包括:相信人民群众能够自己解放自己,反对一切形式的恩赐观点和包办代替的做法;全心全意为人民服务,反对为个人或小集团谋取私利的思想和行为;一切对人民负责,为人民的利益坚持真理、修正错误,同背离人民利益的行为作斗争;尊重群众的首创精神,虚心向人民群众学习,反对轻视群众、凌驾于群众之上的官僚作风。

★15.什么是群众路线?

答:群众路线概括地说就是"一切为了群众,一切依靠群众,从群众中来,到群众中去"。

★16.为什么说我们党必须坚持群众路线?

答:我们党必须坚持群众路线,这是因为:第一,群众路线是我们党的生命线,是马克思主义政党区别于其他政党的显著特征。马克思主义政党没有自己的特殊利益,人民群众的利益就是党的利益,马克思主义政党依靠的主力军也是人民群众。是否坚持群众路线,决定着党的根本利益和作风,关系到党的生死存亡。

第二,群众路线是我们党的根本工作路线。从群众中来,将群众分散的意见集中起来,化为系统的意见;再到群众中去,对系统的意见进行宣传解释,变为群众的自觉行动。这也是把一般号召和个别指导相结合、领导和群众相结合的过程。

第三,群众路线深刻地体现了马克思主义的认识论原理。人民群众是实践的主体,一切正确的认识,党的路线方针和政策,归根结底只能来源于人民群众的伟大实践。"从群众中来,到群众中去"的过程,实际上是从实践中来到实践中去的循环往复以至无穷的过程。它正确地解决了实践和认识、感性和理性、个别和一般的关系。

第二单元 ▶ 政治常识

第一章　习近平新时代中国特色社会主义思想

★1. 中国共产党人的初心和使命是什么？

答：中国共产党人的初心和使命，就是为中国人民谋幸福，为中华民族谋复兴。这个初心和使命是激励中国共产党人不断前进的根本动力。

★2. 习近平新时代中国特色社会主义思想"八个明确"的基本内容是什么？

答：第一，明确坚持和发展中国特色社会主义，总任务是实现社会主义现代化和中华民族伟大复兴，在全面建成小康社会的基础上，分两步走在本世纪中叶建成富强民主文明和谐美丽的社会主义现代化强国。

第二，明确新时代我国社会主要矛盾是人民日益增长的美好生活需要和不平衡不充分的发展之间的矛盾，必须坚持以人民为中心的发展思想，不断促进人的全面发展、全体人民共同富裕。

第三，明确中国特色社会主义事业总体布局是"五位一体"、战略布局是"四个全面"，强调坚定道路自信、理论自信、制度自信、文化自信。

第四，明确全面深化改革总目标是完善和发展中国特色社会主义制度、推进国家治理体系和治理能力现代化。

第五，明确全面推进依法治国总目标是建设中国特色社会主义法治体系、建设社会主义法治国家。

第六，明确党在新时代的强军目标是建设一支听党指挥、能打胜仗、作风优良的人民军队，把人民军队建设成为世界一流军队。

第七，明确中国特色大国外交要推动构建新型国际关系，推动构建人类命运共同体。

第八，明确中国特色社会主义最本质的特征是中国共产党领导，中国特色社会主义制度的最大优势是中国共产党领导，党是最高政治领导力量，提出新时代党的建设总要求，突出政治建设在党的建设中的重要地位。

★3. 如何理解习近平新时代中国特色社会主义思想的重大意义？

答：习近平新时代中国特色社会主义思想，是马克思主义中国化最新成果，是中国特色社会主义理论体系的重要组成部分，具有重大的政治意义、历史意义、理论意义、实践意义。

习近平新时代中国特色社会主义思想是新时代中国共产党人的思想旗帜，是国家政治生活和社会生活的根本指针。

习近平新时代中国特色社会主义思想为发展马克思主义做出了中国的原创性贡献，谱写了马克思主义新篇章。

习近平新时代中国特色社会主义思想是中国精神的时代精华,为实现中华民族伟大复兴提供了精神力量。

习近平新时代中国特色社会主义思想饱含着对人类发展重大问题的睿智思考和独特创见,为建设美好世界贡献了中国智慧、中国方案。

★4.中国特色社会主义事业总体布局和战略布局是什么?

答:中国特色社会主义事业"五位一体"总体布局是指:统筹推进经济建设、政治建设、文化建设、社会建设和生态文明建设。中国特色社会主义事业"四个全面"战略布局是指:全面建设社会主义现代化国家、全面深化改革、全面依法治国、全面从严治党。

第二章　当代中国发展的历史方位

★1.中国特色社会主义进入新时代的基本依据是什么?

答:中国特色社会主义进入新时代,这是我们党在科学把握时代趋势和国际局势重大变化,科学把握世情国情党情深刻变化的基础上作出的,有着充分的时代依据、理论依据和实践依据。

一是基于中国特色社会主义进入新的发展阶段。党的十八大以来,以习近平同志为核心的党中央科学把握国内外发展大势,顺应实践要求和人民愿望,推动党和国家事业发生历史性变革,领导人民取得改革开放和社会主义现代化建设的历史性成就。在新中国成立以来特别是改革开放以来我国发展取得的重大成就基础上,我国发展站到新的历史起点上,中国特色社会主义进入新的发展阶段。这个新的发展阶段,既同改革开放近40多年来的发展一脉相承,又有很多与时俱进的新特征。科学认识和全面把握中国特色社会主义新的发展阶段,需要从新的历史方位、新的时代坐标来思考来谋划。

二是基于我国社会主要矛盾发生了新变化。党的十九大提出,我国社会主要矛盾已经由人民日益增长的物质文化需要同落后的社会生产之间的矛盾,转化为人民日益增长的美好生活需要和不平衡不充分的发展之间的矛盾。这个论断,反映了我国发展的实际状况,揭示了制约我国发展的症结所在,指明了解决当代中国发展问题的根本着力点。我国社会主要矛盾发生变化,对我国发展全局必将产生广泛而深刻的影响。科学认识和全面把握我国社会主要矛盾的变化,需要从新的历史方位、新的时代坐标来思考来谋划。

三是基于党的奋斗目标有了新要求。我们既要到2020年全面建成小康社会、实现第一个百年奋斗目标,又要乘势而上开启全面建设社会主义现代化强国新征程,到本世纪中叶建成富强民主文明和谐美丽的社会主义现代化国家。科学认识和把握这　既鼓舞人心又切实可行的奋斗目标,需要从新的历史方位、新的时代坐标来思考来谋划。

四是基于我国面临的国际环境发生了新变化。当今世界正经历百年未有之大变局,新一轮科技革命和产业变革深入发展,国际力量对比深刻调整,和平与发展仍然是时代主题,人类命运共同体理念深入人心,同时国际环境日趋复杂,不稳定性不确定性明显增加,新冠肺炎疫情影响广泛深远,经济全球化遭遇逆流,世界进入动荡变革期,单边主义、保护主义、霸权主义对世界和平与发展构成威胁。我国发展仍然处于重要战略机遇期,但机遇和挑战都有新的发展变化。我国正日益走近世界舞台中央,处在从大国走向强国的关键时期,"树大招风"效应日益显现,外部环境更加复杂,一些国家和国际势力对我们的阻遏、忧惧、施压有所增大,这同样是需要面对的重大问题。科学认识和全面把握国际局势和周边环境的新变化,也需要从新的历史方位、新的时代坐标来思考来谋划。

★2. 中国特色社会主义进入新时代的主要内涵是什么?

答:这个新时代,是承前启后、继往开来、在新的历史条件下继续夺取中国特色社会主义伟大胜利的时代;这个新时代是决胜全面建成小康社会、进而全面建设社会主义现代化强国的时代;这个新时代是全国各族人民团结奋斗、不断创造美好生活、逐步实现全体人民共同富裕的时代;这个新时代是全体中华儿女勠力同心、奋力实现中华民族伟大复兴中国梦的时代;这个新时代是我国日益走近世界舞台中央、不断为人类作出更大贡献的时代。

★3. 中国特色社会主义进入新时代有哪些重大意义?

答:中国特色社会主义进入新时代,意味着近代以来久经磨难的中华民族迎来了从站起来、富起来到强起来的伟大飞跃,迎来了实现中华民族伟大复兴的光明前景;意味着科学社会主义在21世纪的中国焕发出强大生机活力,在世界上高高举起了中国特色社会主义伟大旗帜;意味着中国特色社会主义道路、理论、制度、文化不断发展,拓展了发展中国家走向现代化的途径,给世界上那些既希望加快发展又希望保持自身独立性的国家和民族提供了全新选择,为解决人类问题贡献了中国智慧和中国方案。

★4. 新时代我国社会的主要矛盾是什么?我国社会主要矛盾变化的新表述有何现实依据?

答:中国特色社会主义进入新时代,我国社会主要矛盾已经转化为人民日益增长的美好生活需要和不平衡不充分的发展之间的矛盾。

从社会生产方面看,经过改革开放40多年快速发展,我国社会生产力水平总体上显著提高,社会生产能力在很多方面进入世界前列,我国长期存在的短缺经济和供给不足状况已经发生根本性变化,再讲"落后的社会生产"已经不符合实际。

从社会需求方面看,随着生活水平的显著提高,人民对美好生活的向往更加强烈。人民群众的需要呈现多样化多层次多方面的特点,在需要的领域和重心上已经超出原先物质文化的层次和范畴,只讲"日益增长的物质文化需要"已经不能真实反映人民群众变化了的需求。

综合分析各方面情况,党的十九大报告指出,影响满足人们美好生活需要的因素很多,但主要是发展的不平衡不充分问题。发展不平衡,主要指各区域各领域各方面发展不平衡,制约了全国发展水平提升。发展不充分,主要指一些地区、一些领域、一些方面还存在发展不足的问题,发展的任务仍然很重。

5. 如何理解社会主要矛盾变化并没有改变我国社会主义所处历史阶段和国际地位?

答:我国社会主要矛盾的变化,没有改变我们对我国社会主义所处历史阶段的判断,我国仍处于并将长期处于社会主义初级阶段的基本国情没有变,我国目前人均国内生产总值只相当于世界平均水平的80%左右,按国家和独立经济体排位,大体处在世界中列,在创新能力、产业层次、公共服务等方面与发达国家相比,仍有相当大的差距。实现建成富强民主文明和谐美丽的社会主义现代化强国目标,还有很长的路要走。我们要牢牢把握社会主义初级阶段这个基本国情,牢牢立足社会主义初级阶段这个最大实际,牢牢坚持党在社会主义初级阶段的基本路线。

6. 如何理解"四个伟大"的相互关系?

答:伟大斗争、伟大工程、伟大事业、伟大梦想是一个紧密联系、相互贯通、相互作用、有机统一的整体,统一于新时代坚持和发展中国特色社会主义伟大实践。伟大梦想是目标,指引前进方向;伟大斗争是手段,激发前进动力;伟大工程是保障,提供前进保证;伟大事业是主题,开辟前进道路。其中,起决定性作用的是党的建设伟大工程。

第三章　坚持和发展中国特色社会主义的总任务

1. 社会主义的本质是什么?

答:社会主义的本质,是解放生产力,发展生产力,消灭剥削,消除两极分化,最终达到共同富裕。社会主义本质既包括了社会主义社会的生产力问题,又包括了以社会主义生产关系为基础的社会关系问题,是一个有机的整体。第一,突出强调解放和发展生产力在社会主义发展中的重要地位。第二,突出强调消灭剥削,消除两极分化,最终达到共同富裕的发展目标。

2. 中国梦的本质是什么?

答:中国梦的本质就是国家富强、民族振兴、人民幸福。

3. 如何理解中国梦归根到底是人民的梦?

答:人民是中国梦的主体,是中国梦的创造者和享有者。中国梦不是镜中花、水中月,不是空洞的口号,其最深沉的根基在中国人民心中,必须紧紧依靠人民来实现,必须不断为人民造福。我们的人民是伟大的人民,中国人民素来有着深沉厚重的精神追求,即使近代以来饱尝屈辱和磨难,也没有自弃沉沦,而是始终怀揣梦想,向往光明的未来。实现中华民族伟大复兴,不是哪一个人、哪一部分人的梦想,而是全体中国人民共同的追求;中国梦的实现,不是成就哪一个人、哪一部分人,而是造福全体人民。因此,中国梦的深厚源泉在于人民,中国梦的根本归宿也在于人民。

4. 如何理解中国梦是国家的梦、民族的梦,也是每一个中国人的梦?

答:历史告诉我们,每个人的前途命运都与国家和民族的前途命运紧密相连。国家好,民族好,大家才会好。中国这么大一个国家,就像是在大海中航行的一艘超级巨轮,在这艘巨轮上,我们每个人都是"梦之队"的一员,都是中国梦的参与者、书写者,都应当同舟共济、齐心协力、奋勇前行。当今时代是放飞梦想的时代,每个人都有自己的美好梦想。中国梦的广阔舞台,为个人梦想提供了蓬勃生长的空间;每个人向着梦想的不断努力,又都是实现伟大中国梦的一份力量。只要每个人都把人生理想融入国家和民族的伟大梦想之中,敢于有梦、勇于追梦、勤于圆梦,就会汇聚成实现中国梦的强大力量。

★5. 全面建成社会主义现代化强国的战略安排是什么?

答:综合分析国际国内形势和我国发展条件,从 2020 年到本世纪中叶可以分两个阶段来安排:第一个阶段,从 2020 年到 2035 年,在全面建成小康社会的基础上,再奋斗 15 年,基本实现社会主义现代化;第二个阶段,从 2035 年到本世纪中叶,在基本实现现代化的基础上,再奋斗 15 年,把我国建成富强民主文明和谐美丽的社会主义现代化强国。

第四章　全面深化改革

1. 如何认识全面深化改革的重大意义?

答:全面深化改革,是顺应当今世界发展大势的必然选择。纵观世界,变革是大势所趋、人心所向。现在世界各国正在加快推进变革,新一轮科技革命和产业变革正在孕育兴起。在这样的形势下,要如期全面建成小康社会,实现中华民族伟大复兴,必须认清形势、居安思危、奋起直追。停顿和倒退没有出路,思想僵化、故步自封,必将被时代所淘汰。

全面深化改革,是解决中国现实问题的根本途径。当前,我国发展还面临一系列突出矛盾和挑战,前进道路上还有不少困难和问题。要破解这些矛盾问题,除了深化改革,统筹推进各领域改革,别无他途。

全面深化改革,关系党和人民事业前途命运,关系党的执政基础和执政地位。全面深化改革的深刻性和复杂性前所未有,各种思想文化相互激荡,各种矛盾相互交织,各种诉求相互碰撞,各种力量竞相发声。在这种情况下,确保改革沿着有利于党和人民事业发展的正确方向前进就越发重要。

★2. 如何理解全面深化改革的总目标?

答:习近平新时代中国特色社会主义思想明确全面深化改革的总目标是完善和发展中国特色社会主义制度、推进国家治理体系和治理能力现代化。

完善和发展中国特色社会主义制度,推进国家治理体系和治理能力现代化,这两句话是一个整体,前一句规定了根本方向,后一句规定了实现路径,我们是在中国特色社会主义道路这个方向上推进国家治理体系和治理能力现代化。推进国家治理体系和治理能力现代化,是完善和发展中国特色社会主义制度的必然要求,是实现社会主义现代化的应有之义。推进国家治理体系和治理能力现代化,就是要使各方面制度更加科学、更加完善,为党和国家事业发展、为人民幸福安康、为社会和谐稳定、为国家长治久安提供一整套更完备、更稳定、更管用的制度体系,实现党、国家、社会各项事务治理制度化、规范化、程序化,善于运用制度和法律治理国家,提高党科学执政、民主执政、依法执政水平,提高运用中国特色社会主义制度有效治理国家的能力,充分发挥我国社会主义制度优越性。

★3. 坚持和完善中国特色社会主义制度、推进国家治理体系和治理能力现代化的总体目标是什么?

答:坚持和完善中国特色社会主义制度、推进国家治理体系和治理能力现代化的总体目标是:到我们党成立一百年时,在各方面制度更加成熟更加定型上取得明显成效;到二〇三五年,各方面制度更加完善,基本实现国家治理体系和治理能力现代化;到新中国成立一百年时,全面实现国家治理体系和治理能力现代化,使中国特色社会主义制度更加巩固、优越性充分展现。

★4. 我国国家制度和国家治理体系具有哪些方面的显著优势?

答:我国国家制度和国家治理体系具有多方面的显著优势,主要是:一是坚持党的集

中统一领导,坚持党的科学理论,保持政治稳定,确保国家始终沿着社会主义方向前进的显著优势;二是坚持人民当家作主,发展人民民主,密切联系群众,紧紧依靠人民推动国家发展的显著优势;三是坚持全面依法治国,建设社会主义法治国家,切实保障社会公平正义和人民权利的显著优势;四是坚持全国一盘棋,调动各方面积极性,集中力量办大事的显著优势;五是坚持各民族一律平等,铸牢中华民族共同体意识,实现共同团结奋斗、共同繁荣发展的显著优势;六是坚持公有制为主体、多种所有制经济共同发展和按劳分配为主体、多种分配方式并存,把社会主义制度和市场经济有机结合起来,不断解放和发展社会生产力的显著优势;七是坚持共同的理想信念、价值理念、道德观念,弘扬中华优秀传统文化、革命文化、社会主义先进文化,促进全体人民在思想上精神上紧紧团结在一起的显著优势;八是坚持以人民为中心的发展思想,不断保障和改善民生、增进人民福祉,走共同富裕道路的显著优势;九是坚持改革创新、与时俱进,善于自我完善、自我发展,使社会始终充满生机活力的显著优势;十是坚持德才兼备、选贤任能,聚天下英才而用之,培养造就更多更优秀人才的显著优势;十一是坚持党指挥枪,确保人民军队绝对忠诚于党和人民,有力保障国家主权、安全、发展利益的显著优势;十二是坚持"一国两制",保持香港、澳门长期繁荣稳定,促进祖国和平统一的显著优势;十三是坚持独立自主和对外开放相统一,积极参与全球治理,为构建人类命运共同体不断作出贡献的显著优势。这些显著优势,是我们坚定中国特色社会主义道路自信、理论自信、制度自信、文化自信的基本依据。

第五章　建设中国特色社会主义政治

1. 如何理解中国特色社会主义政治发展道路的内涵?

答:中国特色社会主义政治发展道路,就是高举人民民主旗帜,从中国国情出发,坚持党的领导、人民当家作主、依法治国的有机统一,以保证人民当家作主为根本,以增强党和国家活力、以调动人民积极性为目标,不断推动社会主义政治制度的自我完善和发展。

中国特色社会主义政治发展道路,是中国特色社会主义道路的重要组成部分,是唯一能够为国家富强、民族振兴、人民幸福提供根本政治保证的正确道路。

★2. 坚持中国特色社会主义政治发展道路的关键是什么?

答:坚持党的领导、人民当家作主和依法治国的有机统一,是中国特色社会主义政治发展道路的重要内容,也是坚持和拓展这一道路的关键所在。党的领导是人民当家作主和依法治国的根本保证,人民当家作主是社会主义民主政治的本质特征,依法治国是党领导人民治理国家的基本方式,三者统一于我国社会主义民主政治伟大实践。

3. 我国的国体是什么?

答:人民民主专政是我国的国体。我国宪法明确规定,中华人民共和国是工人阶级领导的、以工农联盟为基础的人民民主专政的社会主义国家。我国现阶段的人民民主专政实质上是无产阶级专政,二者的性质相同,职能作用相同,历史使命也相同。人民民主专政是适合中国国情和革命传统的一种形式,具有鲜明的中国特色。坚持人民民主专政,既在人民内部实行最广泛的民主,又依法对极少数敌对分子实行最有效的专政,能够维护人民的政权,维护人民的根本利益。

4. 我国的政体是什么?

答:人民代表大会制度是我国的政体。人民代表大会制度作为我国的根本政治制度,与人民民主专政的国体相适应,为国家机构高效运转提供了有力的制度保障。在我国实行人民代表大会制度,是我们党把马克思主义基本原理同中国具体实际相结合的伟大创造,是党领导人民长期奋斗取得的制度成果。实践证明,人民代表大会制度是中国人民当家作主的根本途径和最高实现形式,也是党在国家政权中充分发扬民主、贯彻群众路线的最好实现形式,是中国社会主义政治文明的重要制度载体,已显示出强大的生命力和极大的优越性。

5. 我国的政党制度是什么?

答:中国共产党领导的多党合作和政治协商制度,是中国特色社会主义的政党制度,也是我国的一项基本政治制度。在这一基本政治制度中,中国共产党是领导核心,依法长期执政;各民主党派是中国共产党的亲密友党,依法参政议政。这种政党制度既不是多党制,也不是一党制,而是共产党领导的多党合作制。中国人民政治协商会议是中国人民爱国统一战线的组织,其主要职能是政治协商、民主监督、参政议政。中国共产党与各民主党派合作的基本方针是"长期共存、互相监督、肝胆相照、荣辱与共"。

★6. 如何保证人民当家作主?

答:实行人民民主,保证人民当家作主,必须坚持国家一切权力属于人民的宪法理念。要最广泛地动员和组织人民依照宪法和法律规定,通过各级人民代表大会行使国家权力,通过各种途径和形式管理国家和社会事务、管理经济和文化事业,共同建设,共同享有,共同发展,成为国家、社会和自己命运的主人。要扩大人民民主,健全民主制度,丰富民主形式,拓宽民主渠道,从各层次各领域扩大公民有序政治参与,发展更加广泛、更加充分、更加健全的人民民主。要贯彻党的群众路线,密切同人民群众的联系,倾听人民呼声,回应人民期待,不断解决好人民最关心最直接最现实的利益问题,凝聚起最广大人民的智慧和力量。

实行人民民主,保证人民当家作主,要求治国理政的大政方针在人民内部各方面进行广泛商量。协商民主是实现党的领导的重要方式,是我国社会主义民主政治的特有形式和独特优势。中国社会主义协商民主丰富了民主的形式、拓展了民主的渠道、加深了民主的内涵。要推进协商民主广泛、多层、制度化发展,统筹推进政党协商、人大协商、政府协商、政协协商、人民团体协商、基层协商以及社会组织协商。

实行人民民主,保证人民当家作主,实现形式是丰富多样的,不能拘泥于刻板的模式,更不能说只有一种放之四海而皆准的评判标准。保证和支持人民当家作主,通过依法选举、让人民的代表来参与国家生活和社会生活的管理是十分重要的,通过选举以外的制度和方式让人民参与国家生活和社会生活的管理也是十分重要的。人民通过选举、投票行使权利和人民内部各方面在重大决策之前和决策实施之中进行充分协商,尽可能就共同性问题取得一致意见,是中国社会主义民主的两种重要形式。在中国,这两种民主形式不是相互替代、相互否定的,而是相互补充、相得益彰的,共同构成了中国社会主义民主政治的制度特点和优势。

7. 如何认识全面依法治国的重要意义？

答：全面依法治国，是深刻总结我国社会主义法治建设成功经验和深刻教训作出的重大选择。全面依法治国，是全面建成小康社会、加快推进社会主义现代化的重要保证。全面依法治国，是着眼于实现中华民族伟大复兴的中国梦、实现党和国家长治久安的长远考虑。

★8. 全面推进依法治国的总目标是什么？

答：习近平新时代中国特色社会主义思想明确了全面推进依法治国总目标是建设中国特色社会主义法治体系，建设社会主义法治国家。这就是，在中国共产党领导下，坚持中国特色社会主义制度，贯彻中国特色社会主义法治理论，形成完备的法律规范体系、高效的法治实施体系、严密的法治监督体系、有力的法治保障体系，形成完善的党内法规体系，坚持依法治国、依法执政、依法行政共同推进，坚持法治国家、法治政府、法治社会一体建设，坚持依法治国和以德治国相结合，坚持依法治国和依规治党有机统一，实现科学立法、严格执法、公正司法、全民守法，促进国家治理体系和治理能力现代化。

9. 习近平法治思想包括哪些方面的主要内容？

答：习近平法治思想，就其主要方面来讲就是"十一个坚持"，即：坚持党对全面依法治国的领导；坚持以人民为中心；坚持中国特色社会主义法治道路；坚持依宪治国、依宪执政；坚持在法治轨道上推进国家治理体系和治理能力现代化；坚持建设中国特色社会主义法治体系；坚持依法治国、依法执政、依法行政共同推进，法治国家、法治政府、法治社会一体建设；坚持全面推进科学立法、严格执法、公正司法、全民守法；坚持统筹推进国内法治和涉外法治；坚持建设德才兼备的高素质法治工作队伍；坚持抓住领导干部这个"关键少数"。

10. 如何把握统一战线工作的基本要求？

答：巩固和发展最广泛的爱国统一战线，最根本的是要坚持党的领导。统一战线是党领导的统一战线。在统战工作中，实行的政策、采取的措施都要有利于坚持和巩固党的领导地位和执政地位，党对统一战线的领导主要是政治领导，即政治原则、政治方向、重大方针政策的领导，主要体现为党委领导而不是部门领导、集体领导而不是个人领导。坚持党的领导要坚定不移，但在这个过程中也要尊重、维护、照顾同盟者的利益，帮助党外人士排忧解难。

巩固和发展最广泛的爱国统一战线，必须正确处理一致性和多样性的关系。正确处理两者的关系，关键是要坚持求同存异。

巩固和发展最广泛的爱国统一战线，必须善于联谊交友。统一战线是做人的工作，搞统一战线是为了壮大共同奋斗的力量。

巩固和发展最广泛的爱国统一战线，必须高举爱国主义、社会主义旗帜，牢牢把握大团结大联合的主题，把中华儿女广泛团结起来，投身决胜全面建成小康社会、全面建设社会主义现代化国家的伟大实践。

第六章　建设中国特色社会主义文化

★1.中国特色社会主义文化发展道路的内涵是什么?

答:中国特色社会主义文化发展道路,就是以马克思列宁主义、毛泽东思想、中国特色社会主义理论体系为指导,坚持社会主义先进文化前进方向,以科学发展为主题,以建设社会主义核心价值体系为根本任务,以满足人民精神文化需求为出发点和落脚点,以改革创新为动力,发展面向现代化,面向世界、面向未来的,民族的科学的大众的社会主义文化,培养高度的文化自觉和文化自信,提高全民族文明素质,增强国家文化软实力,弘扬中华文化,努力建设社会主义文化强国。

2.中国特色社会主义文化来自哪里?

答:中国特色社会主义文化,源自于中华民族五千多年文明历史所孕育的中华优秀传统文化,熔铸于党领导人民在革命、建设、改革中创造的革命文化和社会主义先进文化。

3.如何发展中国特色社会主义文化?

答:发展中国特色社会主义文化,就是以马克思主义为指导,坚守中华文化立场,立足当代中国现实,结合当今时代条件,发展面向现代化、面向世界、面向未来的,民族的科学的大众的社会主义文化,推动社会主义精神文明和物质文明协调发展。坚持以马克思主义为指导,坚持为人民服务、为社会主义服务,坚持百花齐放、百家争鸣,坚持创造性转化、创新性发展。

4.如何理解社会主义核心价值观的基本内容?

答:富强、民主、文明、和谐,自由、平等、公正、法治,爱国、敬业、诚信、友善的24字表达,把涉及国家、社会、公民三个层面的价值要求融为一体,既体现了社会主义本质要求,继承了中华优秀传统文化,也吸收了世界文明有益成果,体现了时代精神,回答了我们要建设什么样的国家、建设什么样的社会、培育什么样的公民的重大问题,是当代中国精神的集中体现,凝结着全体人民共同的价值追求,是社会主义核心价值观的基本内容。

5.培育和践行社会主义核心价值观的根本遵循是什么?

答:坚持社会主义核心价值体系,推进社会主义核心价值观建设,必须坚定自觉地以习近平新时代中国特色社会主义思想为指导。要把习近平新时代中国特色社会主义思想作为主心骨、定盘星、度量衡,贯彻到培育和践行社会主义核心价值观全过程、各方面,切实增强干部群众的政治认同、思想认同、情感认同,不断巩固马克思主义在意识形态领域的指导地位,巩固全党全国人民团结奋斗的共同思想基础。

6.培育和践行社会主义核心价值观有哪些主要任务?

答:充分发挥社会主义核心价值观的引领作用。要强化对国民教育的引领,强化对精神文明创建的引领,强化对精神文化产品创作生产传播的引领。

充分发挥中华优秀传统文化的滋养作用。要坚持创造性转化、创新性发展,要坚持古为今用、推陈出新,不忘本来、辩证取舍,要充分运用传统文化中的道德教化资源。

充分发挥法律和政策的保障作用。要坚持依法治国和以德治国相结合,要加快推动法律法规的立改废释,要大力弘扬社会主义法治精神,要更好运用法治手段维护社会公共价值、解决道德领域突出问题。

充分发挥党员干部的示范作用。要推动党员干部在践行社会主义核心价值观上做表率,明大德、严公德、守私德,以实际行动让群众感受到理想信念的力量,用高尚人格感召群众、带动群众。

充分发挥家庭的基础作用。要大力加强家庭文明建设,深入开展文明家庭创建,发扬光大中华民族传统美德,重视做好家庭教育,传承良好家风家训,形成爱国爱家、相亲相爱、崇德向善、共建共享的社会主义家庭文明新风尚。

第七章　建设社会主义和谐社会

1. 如何理解增进民生福祉是发展的根本目的?

答:增进民生福祉是我们党立党为公、执政为民的本质要求。带领人民创造美好生活,是我们党始终不渝的奋斗目标。我们党团结带领全国各族人民进行伟大社会革命,根本目的就是让人民过上好日子。

保障和改善民生是推动发展的根本目的。我们的发展是以人民为中心的发展,人民群众是发展的主体,也是发展的最大受益者。如果发展不能满足人民的期待,不能让群众得到实际利益,这样的发展就失去了意义,也不可能持续。

抓民生也是抓发展。经济发展是民生改善的物质基础,离开了经济发展,改善民生就成了无源之水、无本之木。同时也要看到,民生是做好经济社会发展工作的"指南针",持续不断改善民生,既能有效解决群众后顾之忧,调动人民发展生产的积极性,又可以增进社会消费预期,扩大内需,催生新的经济增长点,为经济发展、转型升级提供强大内生动力。

2. 打造共建共治共享的社会治理格局的思路和要求是什么?

答:党的十九大报告从推进制度建设的角度提出了打造共建共治共享的社会治理格局的思路和要求,即加强社会治理制度建设要完善党委领导、政府负责、社会协同、公众参与、法治保障的社会治理体制,提高社会治理社会化、法治化、智能化、专业化水平。具体讲:一是充分发挥各级党委在社会治理中总揽全局、协调各方的领导核心作用,同时强化各级政府抓好社会治理的责任制。二是引领和推动社会力量参与社会治理,努力形成社会治理人人参与、人人尽责的良好局面。三是要坚持法治保障,充分发挥法治对社会治理的引领、规范和保障作用。

★3. 如何正确理解和把握总体国家安全观?

答:坚持总体国家安全观,必须坚持国家利益至上,以人民安全为宗旨,以政治安全为根本,统筹外部安全和内部安全、国土安全和国民安全、传统安全和非传统安全、自身安全和共同安全,完善国家安全制度体系,加强国家安全能力建设,坚决维护国家主权、安全、发展利益。这是对总体国家安全观原则要求和丰富内涵的深刻揭示。

坚持统筹发展和安全两件大事,这是治国理政的一个重大原则,也是推进国家安全工作的必然要求。坚持人民安全、政治安全、国家利益至上有机统一,人民安全是国家安全的宗旨,政治安全是国家安全的根本,国家利益至上是国家安全的准则。坚持维护和塑造国家安全,这是新时代国家安全的基本定位。坚持科学统筹的根本方法,坚持总体国家安全观,要求始终把国家安全置于中国特色社会主义事业全局中来把握,充分调动各方面积极性,形成国家安全合力。

第八章　建设社会主义生态文明

★1.如何把握建设美丽中国的总体要求?

答:人与自然是生命共同体,人类必须尊重自然、顺应自然、保护自然。人类只有遵循自然规律才能有效防止在开发利用自然上走弯路,人类对大自然的伤害最终会伤及人类自身,这是无法抗拒的规律。决胜全面建成小康社会、开启全面建设社会主义现代化国家新征程,必须把握好人与自然的关系,实现人与自然和谐共生。

我们要建设的现代化是人与自然和谐共生的现代化。既要创造更多物质财富和精神财富以满足人民日益增长的美好生活需要,也要提供更多优质生态产品以满足人民日益增长的优美生态环境需要。建设生态文明是我们党的行动纲领,我们要建设的生态文明,是同社会主义联系在一起的,我们要实现的现代化,是和生态文明相统一的,既是人与自然和谐共生的一种新的文明境界,更是新时代中国特色社会主义的重要内涵。

还自然以宁静、和谐、美丽。节约优先、保护优先、自然恢复为主的方针,不仅要贯彻到生态文明建设中,更要贯彻到"五位一体"总体布局中,体现到"四个全面"战略布局中。形成节约资源和保护环境的空间格局、产业结构、生产方式、生活方式,是建设美丽中国的具体路径。坚持这样的方针和路径,才能减少人类活动对自然的干扰,还自然以宁静、和谐、美丽。这是美丽中国目标基本实现的应有内涵。

2.建设美丽中国有哪些重点任务?

答:加快生态文明体制改革,建设美丽中国,要着力完成以下重点任务:一是推进绿色发展,这是建设美丽中国的重要基础;二是着力解决突出环境问题,这是人民群众最关心的问题;三是加大生态系统保护力度,这是建设美丽中国的长远大计;四是改革生态环境监管体制,这是建设美丽中国的体制保障。

第九章　坚持"一国两制",实现祖国完全统一

★1.怎样全面准确贯彻"一国两制""港人治港""澳人治澳"高度自治的方针?

答:首先必须正确理解和把握"一国"和"两制"的关系。"一国两制"是一个完整的概念。"一国"是实行"两制"的前提和基础,"两制"从属和派生于"一国",并统一于"一国"之内。"一国"是根,根深才能叶茂;"一国"是本,本固才能枝荣。必须认识到,"一国"之内的"两制"并非等量齐观,国家主体坚持实行社会主义制度,是香港、澳门实行资本主义制度、保持繁荣稳定的前提和保障;香港、澳门依照基本法实行"港人治港""澳人治澳"、高度自治,必须充分尊重国家主体实行的社会主义制度。要把坚持"一国"原则和尊重"两制"差异有机结合起来,做到坚守"一国"之本、善用"两制"之利,实现"两制"和

谐相处、相互促进,把实行社会主义制度的内地建设好,把实行资本主义制度的香港、澳门建设好。

贯彻这一方针,必须把维护中央对香港、澳门特别行政区全面管治权和保障特别行政区高度自治权有机结合起来。我国是单一制国家,中央对包括香港、澳门特别行政区在内的所有地方行政区域拥有全面管治权。香港、澳门两个特别行政区的高度自治权不是固有的,其唯一来源是中央授权。高度自治不是完全自治,中央对高度自治权的行使具有监督的权力,绝不允许以"高度自治"为名对抗中央的权力。推进"一国两制"实践,必须把维护中央对香港、澳门特别行政区全面管治权和保障特别行政区高度自治权有机结合起来,任何时候都不能偏废。

贯彻这一方针,必须坚持一个中国原则、坚持"九二共识"。一个中国原则是两岸关系的政治基础。推动两岸关系和平发展,最根本的是坚持一个中国原则。虽然两岸迄今尚未统一,但中国的主权和领土从未分割,两岸同属一个国家、两岸同胞同属一个民族,这一历史事实和法理基础从未改变,也不可能改变。体现一个中国原则的"九二共识",明确界定了两岸关系的根本性质,是确保两岸关系和平发展的关键。

贯彻这一方针,必须坚定反对"台独"这一两岸关系和平发展的最大现实威胁。"台独"分裂势力煽动两岸同胞敌意和对立,损害国家主权和领土完整,破坏台海和平稳定,阻挠两岸关系发展,只会给两岸同胞带来深重祸害。解决台湾问题、实现祖国完全统一,是全体中华儿女的共同愿望,是中华民族根本利益所在。在这个民族大义和历史潮流面前,一切分裂祖国的行径和伎俩都是注定要失败的,都会受到人民的谴责和历史的惩罚!

★2. 如何按照"一国两制"原则推动两岸关系和平发展、推进祖国和平统一进程?

答:第一,携手推动民族复兴,实现和平统一目标。民族复兴、国家统一是大势所趋、大义所在、民心所向。两岸迄今尚未完全统一是历史遗留给中华民族的创伤。两岸中国人应该共同努力谋求国家统一,抚平历史创伤。

第二,探索"两制"台湾方案,丰富和平统一实践。"和平统一、一国两制"是实现国家统一的最佳方式,体现了海纳百川、有容乃大的中华智慧,既充分考虑台湾现实情况,又有利于统一后台湾长治久安。

第三,坚持一个中国原则,维护和平统一前景。尽管海峡两岸尚未完全统一,但中国的主权和领土从未分割,大陆和台湾同属一个中国的事实从未改变。一个中国原则是两岸关系的政治基础。坚持一个中国原则,两岸关系就能改善和发展,台湾同胞就能受益。背离一个中国原则,就会导致两岸关系紧张动荡,损害台湾同胞切身利益。统一是历史大势,是正道。

第四,深化两岸融合发展,夯实和平统一基础。两岸同胞血脉相连。亲望亲好,中国人要帮中国人。我们对台湾同胞一视同仁,将继续率先同台湾同胞分享大陆发展机遇,为台湾同胞、台湾企业提供同等待遇,让大家有更多获得感。和平统一之后,台湾将永保太平,民众将安居乐业。有强大祖国做依靠,台湾同胞的民生福祉会更好,发展空间会更大,在国际上腰杆会更硬、底气会更足,更加安全、更有尊严。第五,实现同胞心灵契合,增进和平统一认同。两岸同胞同根同源、同文同种,中华文化是两岸同胞心灵的根脉和归属。不管遭遇多少干扰阻碍,两岸同胞交流合作不能停、不能断、不能少。亲人之间,没有解不开的心结。久久为功,必定能达到两岸同胞心灵契合。

第十章　当代国际社会与中国特色大国外交

1. 主权国家的构成包括哪些要素？

答：主权国家是国际社会的基本成员，是国际关系的主要参加者，即基本行为主体。主权国家的构成要素包括人口、领土、政权和主权，只有具备这四个要素，才能成为主权国家，享有国际法确认的权利和承担相应的义务。人口是国家存在的基本要素。领土包括领陆、领水、领空。领土是国家经济发展必不可少的条件，也是国家行使主权的空间范围。政权，即通常所说的政府组织。国家必须有行使统治权力的政权机关，否则就不称其为国家。主权，即一个国家处理其国内事务和国际事务的统一而不可分割的最高权力，对内最高性和对外独立性是它的特征。主权是国家存在的最重要因素。

★2. 时代主题的内涵是什么？

答：所谓时代主题，是指在一定历史时期内反映世界基本特征并对世界形势的发展具有全局性影响和战略性意义的问题，就是在一定历史条件下世界历史发展进程中需要解决的主要问题。随着世界矛盾和国际形势的发展变化，时代主题也会发生转换。科学认识和准确把握时代主题，是制定正确发展战略和内外政策的重要依据。

3. 如何理解实现和平与发展任重道远？

答：当今，世界多极化、经济全球化、社会信息化、文化多样化深入发展，全球治理体系和国际秩序变革加速推进，各国相互联系和依存日益加深，国际力量对比更趋平衡，和平发展大势不可逆转。同时，世界面临的不稳定性不确定性突出，世界经济增长动能不足，贫富分化日益严重，地区热点问题此起彼伏，恐怖主义、网络安全、重大传染性疾病、气候变化等非传统安全威胁持续蔓延，人类面临许多共同挑战，推进人类和平与发展的崇高事业任重而道远。

4. 构建人类命运共同体思想的时代背景是什么？

答：和平、发展、合作、共赢成为时代潮流。当今世界充满希望，也充满挑战。各国相互联系和依存日益加深，形成了你中有我、我中有你的命运共同体。没有哪个国家能够独自应对当前人类面临的各种挑战，也没有哪个国家能够退回到自我封闭的孤岛。世界各国需要以负责任的精神同舟共济，共同维护和促进世界和平与发展。

世界依然面临诸多难题和挑战。当今世界，人类面临诸多难题和挑战，国际金融危机影响深远，地区热点此起彼伏，局部动荡此起彼伏，霸权主义、强权政治和新干涉主义有所上升，网络安全、恐怖主义等非传统安全和全球挑战不断增多。国际社会迫切需要新的全球治理理念，构建新的公正合理的国际体系和秩序，开辟人类美好的发展前景。

★5. 怎样认识构建人类命运共同体思想的丰富内涵？

答：政治上，秉持相互尊重、平等协商，努力构建对话而不对抗、结伴而不结盟的新型国际关系。安全上，坚持对话协商，统筹应对传统与非传统安全威胁。经济上，促进贸易和投资自由化便利化，推动全球化向着更加开放、包容、普惠、平衡和共赢的方向发展。文化上，尊重世界文明多样性，以文明交流超越文明隔阂、文明互鉴超越文明冲突，文明共存超越文明优越。生态上，坚持环境友好，合作应对气候变化、环境污染及治理等问题。

第十一章 中国特色社会主义事业的领导核心

★1.中国共产党的性质和宗旨是什么?

答:中国共产党是中国工人阶级的先锋队,同时是中国人民和中华民族的先锋队,是中国特色社会主义事业的领导核心,代表中国先进生产力的发展要求,代表中国先进文化的前进方向,代表中国最广大人民的根本利益。党的最高理想和最终目标是实现共产主义。中国共产党以马克思列宁主义、毛泽东思想、邓小平理论、"三个代表"重要思想、科学发展观和习近平新时代中国特色社会主义思想作为自己的行动指南。中国共产党的性质决定党的宗旨是全心全意为人民服务。

2.如何理解办好中国的事情关键在党?

答:第一,坚持中国现代化建设的正确方向需要党的领导,摆脱国家贫穷落后面貌,实现现代化和民族复兴,是中国人民的百年追求和梦想。只有坚持党的领导,走中国特色社会主义道路,才能保证现代化建设事业的正确方向,才能制定和执行正确的路线、方针、政策,保证现代化建设事业不断取得进步,最终实现中华民族的伟大复兴。

第二,维护国家统一、社会和谐稳定需要党的领导。在新时代,党作为中国各族人民根本利益的忠实代表,以科学理论为指导,凭借其丰富的执政经验和驾驭全局的能力,统筹经济社会等各方面发展,努力构建社会主义和谐社会,能够维护国家统一和社会和谐稳定。

第三,正确处理各种矛盾,凝聚亿万人民力量,需要党的领导。当前,我们面临着各种复杂的社会矛盾,面对新形势、新任务,必须在新的历史起点上全面深化改革,只有加强和改善党的领导,充分发挥党总揽全局、协调各方的领导核心作用,提高党的领导水平和执政能力,才能正确处理人民内部矛盾,顺利解决前进中的各种困难和问题,才能凝聚人心,凝聚力量,确保改革取得成功,共建美好未来。

第四,应对复杂国际环境需要党的领导。当前,经济全球化和世界多极化在曲折中发展,科学技术发展日新月异,综合国力的竞争日趋激烈,敌对势力仍然对我国实施西化、分化战略。在复杂的国际局势下,只有以坚强的政治核心把全国各族人民团结起来,才能保证我国真正走独立自主的和平发展道路。中国共产党就是这样一个能够把人民组织起来、团结起来走和平发展道路的政治核心。

★3.如何理解坚持党对一切工作的领导?

答:中国特色社会主义最本质的特征是中国共产党领导,中国特色社会主义制度的最大优势是中国共产党领导,党是最高政治领导力量。党政军民学,东西南北中,党是领导一切的。党的领导地位是历史的选择,也是人民的重托,归根到底是近代以来中国的历史逻辑、政治逻辑、实践逻辑所决定的。正是有了党的坚强领导,中国人民才从根本上改变了自己的命运,中国发展才取得了举世瞩目的伟大成就,中华民族才迎来了伟大复兴的光明前景。坚持党对一切工作的领导,必须自觉维护党中央权威和集中统一领导。坚持党对一切工作的领导,要确保党始终总揽全局、协调各方。坚持党对一切工作的领导,同坚持党的民主集中制原则是一致的。

4.怎样认识全面从严治党的重大意义？

答：实现党的历史使命，必须坚持全面从严治党。我们党从诞生那一天起，就义无反顾担当起为中国人民谋幸福、为中华民族谋复兴的历史使命。实践证明，实现党的历史使命，党必须始终坚强有力。

党要紧跟时代前进步伐，必须坚持全面从严治党。我们党的领导核心作用与推进国家治理体系和治理能力现代化的关系越来越密切，党要管党、全面从严治党的任务越来越艰巨繁重，这些都要求我们坚持问题导向、保持战略定力，推动全面从严治党向纵深发展。

解决党内深层次矛盾和问题，必须坚持全面从严治党。我们党面临的执政环境是复杂的，影响党的先进性、弱化党的纯洁性的因素也是复杂的，党内存在的思想不纯、组织不纯、作风不纯等突出问题尚未得到根本解决。因此，我们必须增强忧患意识，坚定不移全面从严治党，不断提高党的创造力、凝聚力、战斗力，使我们党永远立于不败之地。

★5.如何把握新时代党的建设总要求？

答：新时代党的建设总要求是：坚持和加强党的全面领导，坚持党要管党、全面从严治党，以加强党的长期执政能力建设、先进性和纯洁性建设为主线，以党的政治建设为统领，以坚定理想信念宗旨为根基，以调动全党积极性、主动性、创造性为着力点，全面推进党的政治建设、思想建设、组织建设、作风建设、纪律建设，把制度建设贯穿其中，深入推进反腐败斗争，不断提高党的建设质量，把党建设成为始终走在时代前列、人民衷心拥护、勇于自我革命、经得起各种风浪考验、朝气蓬勃的马克思主义执政党。

第三单元 ⟶ 经济常识

第一章　商品和货币

★1.商品的两个因素是什么？

答：使用价值和价值是商品的两个基本属性，也称作商品的两个因素。商品是使用价值和价值的统一体。一种东西如果没有使用价值，即使在它上面付出大量劳动，也不能形成价值，因而不是商品。有些对人类有很大的使用价值的天然物品，由于没有人的劳动耗费在其中，就没有价值，也不能成为商品。但是，只要加上人的劳动，它们就有了价值，就可以成为同其他劳动产品相交换的商品。可见，一种东西要成为商品，它必须既有使用价值又有价值，两者缺一不可。

★2.商品的价值量是由什么决定的？

答：商品的价值量是由生产商品的社会必要劳动时间决定的。而社会必要劳动时间会随着劳动生产率的变化而变化。劳动生产率是指劳动者的生产效率，它通常用同一劳动在单位时间内生产某种产品的数量来表示，也可用生产单位产品的劳动时间来表示。单位时间生产的产品数量越多，或者说单位产品所消耗的劳动时间越少，说明劳动生产率越高。可见，社会劳动生产率越高，单位商品生产中耗费的社会必要劳动时间就越少，单位商品的价值量就越小。反之，社会劳动生产率越低，单位商品生产中耗费的社会必要劳动时间就越多，单位商品的价值量就越大。所以，商品的价值量与体现在商品中的社会必要劳动量成正比，与劳动生产率成反比。

3.货币有哪些职能？其基本职能是什么？

答：货币的职能是指货币在经济社会中所起的作用，它是货币本质的体现。货币自产生起，就具有价值尺度和流通手段两种基本职能。

价值尺度，是指货币用来充当衡量和表现商品价值量大小的标准。货币之所以能执行价值尺度的职能，能用来衡量其他一切商品的价值，是因为货币同其他商品一样，都是社会劳动的产物，本身包含着一定的价值。但执行价值尺度的职能时，可以是观念上的货币，而不必是现实的货币。用货币表现出来的商品价值就是商品的价格。换言之，价格是价值的货币表现。我们平常讲的物价，就是商品的价格。

流通手段，是指货币充当商品交换的媒介。商品流通是以货币为媒介的商品交换。其公式为：商品—货币—商品。在这里，货币在两种商品的交换中起着媒介作用，也就是执行流通手段的职能。执行流通手段职能的货币不能只是观念上的货币，而应该是实实在在的货币。

货币除了具有价值尺度、流通手段两种基本职能外，还具有贮藏手段、支付手段、世界货币等职能。

★4. 什么是价值规律？为什么说价值决定价格？

答：商品的价值量由生产该商品的社会必要劳动时间决定，商品交换以价值量为基础实行等价交换，是价值规律的基本内容。商品价格受供求关系的影响，围绕价值上下波动，则是价值规律的表现形式。

虽然价格的变动受到供求关系的影响，但价格最终是由价值决定的。价值是价格的基础，价格是价值的货币表现。市场上各种商品的价格高低不等，首先是因为它们所包含的价值量不同。在其他条件不变的情况下，商品的价值量越大，价格越高；商品的价值量越小，价格越低。由于供求关系不断变化，商品的价格有时高于价值，有时低于价值。供不应求时，价格高于价值；供过于求时，价格低于价值。但是，价格既不可能无限上涨，也不可能无限下跌，而是以商品的价值为基础，始终围绕着价值上下波动。从单个交换过程来看，价格时涨时落，但从一段较长时间看，商品的价格总的来说仍然与价值相符合。

★5. 价格变动对生产经营有哪些影响？

答：价格变动对生产的影响，集中地表现在：(1)调节生产规模。当市场上某种商品供过于求时，该商品的价格下降，生产者获利减少，这时生产者会压缩生产规模，减少产量。当商品供不应求时，该商品的价格上涨，生产者获利增加，这时生产者会扩大生产规模，增加产量。(2)提高劳动生产率。企业只有提高劳动生产率，才能缩短其生产商品的个别劳动时间，给自己的产品提供降价的空间，使其在价格竞争乃至生存竞争中更具优势。(3)促使企业生产适销对路的高质量产品。消费者购买商品是为了获得使用价值，哪个生产者能提供质量好的或其他企业无法生产的产品，他就能获得较大的市场份额，从而获取更多的利润。

第二章　坚持和完善社会主义基本经济制度

★1. 我国的基本经济制度是什么？

答：党的十九届四中全会将公有制为主体、多种所有制经济共同发展，按劳分配为主体、多种分配方式并存，社会主义市场经济体制等看作社会主义基本经济制度，是对社会主义基本经济制度内涵的新概括和新发展。

★2. 怎样理解"两个毫不动摇"？

答："两个毫不动摇"是指"毫不动摇巩固和发展公有制经济""毫不动摇鼓励、支持、引导非公有制经济发展"。

毫不动摇巩固和发展公有制经济，坚持公有制的主体地位，是由我国公有制的性质决定的。公有制是社会主义的根本特征。坚持公有制为主体、巩固和发展公有制经济，直接关系到坚持社会主义基本经济制度，我们是中国共产党领导的社会主义国家，在这一点上不能有丝毫动摇。毫不动摇巩固和发展公有制经济，坚持公有制的主体地位，是由公有制在国民经济中的作用决定的。公有制经济是在我国长期发展历程中形成的。国有企业在我国国民经济中始终发挥着中流砥柱作用，是全体中国人民的宝贵财富，必须要巩固好、发展好,使其继续为改革开放和社会主义现代化建设作出更大贡献。坚持公有制主体地位,发挥国有经济主导作用,是保证我国各族人民共享发展成果的制度保证,也是巩固党的执政地位、坚持我国社会主义制度的重要保证。

毫不动摇鼓励、支持、引导非公有制经济发展,这是同我国社会主义初级阶段生产力发展水平相适应的必然选择,是坚持和完善社会主义基本经济制度的题中应有之义。毫不动摇鼓励、支持、引导非公有制经济发展,是我国正处于并将长期处于社会主义初级阶段基本国情所决定的。

★3. 为什么要坚持按劳分配为主体、多种分配方式并存的分配制度?

答:社会主义之所以必须坚持按劳分配的主体地位,是由社会主义公有制和生产力发展水平决定的。

公有制是实行按劳分配的所有制基础。按劳分配是社会主义公有制在分配领域的体现,只有坚持按劳分配的主体地位,才能体现公有制的主体地位,才能保证人们相互之间在平等的经济关系基础上建立和谐的经济利益关系,才能保证向共同富裕这一目标前进。

按劳分配以外的多种分配方式,其实质是按生产要素的占有状况进行分配。社会主义初级阶段实行按生产要素分配有其必要性。各种生产要素都是物质财富和使用价值的源泉,是社会生产不可或缺的要素,这是按生产要素分配的物质基础;同时由于存在着多种所有制经济,当生产要素被排他性地占有时,实行按生产要素分配的原则,才能使各种生产要素得到充分有效的利用,这是按生产要素分配的经济基础。

第三章　以新发展理念引领经济高质量发展

★1. 为什么说新发展理念是关系我国发展全局的一场深刻变革?

答:创新、协调、绿色、开放、共享的发展理念不是凭空得来的,而是在深刻总结国内外发展经验教训、分析国内外发展大势的基础上形成的,也是针对我国发展中的突出矛盾和问题提出来的,集中反映了我们党对我国发展规律的新认识。第一,新发展理念是针对世界经济复苏低迷形势、我国经济发展进入新常态提出的治本之策。第二,新发展理念是针对当前我国发展面临的突出问题和挑战提出来的战略指引。第三,新发展理念是我国发展理论的又一次重大创新。

★2. 如何准确把握新发展理念的科学内涵?

答:创新、协调、绿色、开放、共享的发展理念,是管全局、管根本、管长远的导向,具有战略性、纲领性、引领性。

创新是引领发展的第一动力。协调是持续健康发展的内在要求。绿色是永续发展的必要条件和人民对美好生活追求的重要体现。开放是国家繁荣发展的必由之路。共享是中国特色社会主义的本质要求。

创新、协调、绿色、开放、共享的发展理念,相互贯通、相互促进,是具有内在联系的集合体,要统一贯彻,不能顾此失彼,也不能相互替代,任何一个发展理念贯彻不到位,发展进程都会受到影响。

★3.建设现代化经济体系有哪些主要任务？

答:建设现代化经济体系,需要扎实管用的政策举措和行动。要突出抓好以下几方面工作:

一是要大力发展实体经济,筑牢现代化经济体系的坚实基础。要深化供给侧结构性改革,加快发展先进制造业,推动互联网、大数据、人工智能同实体经济深度融合,推动资源要素向实体经济集聚、政策措施向实体经济倾斜、工作力量向实体经济加强,营造脚踏实地、勤劳创业、实业致富的发展环境和社会氛围。

二是要加快实施创新驱动发展战略,强化现代化经济体系的战略支撑,加强国家创新体系建设,强化战略科技力量,推动科技创新和经济社会发展深度融合,塑造更多依靠创新驱动、更多发挥先发优势的引领型发展。

三是要积极推动城乡区域协调发展,优化现代化经济体系的空间布局,实施好区域协调发展战略,推动京津冀协同发展和长江经济带发展,同时协调推进粤港澳大湾区发展。乡村振兴是一盘大棋,要把这盘大棋走好。

四是要着力发展开放型经济,提高现代化经济体系的国际竞争力,更好利用全球资源和市场,继续积极推进"一带一路"框架下的国际交流合作。

五是要深化经济体制改革,完善现代化经济体系的制度保障,加快完善社会主义市场经济体制,坚决破除各方面体制机制弊端,激发全社会创新创业活力。

★4.新发展格局指的是什么？

答:党的十九届五中全会通过的《中共中央关于制定国民经济和社会发展第十四个五年规划和二〇三五年远景目标的建议》提出,要加快构建以国内大循环为主体、国内国际双循环相互促进的新发展格局。

★5.加快构建新发展格局的有何重大意义？

答:加快构建以国内大循环为主体、国内国际双循环相互促进的新发展格局意义重大。第一,这是适应我国经济发展阶段变化的主动选择;第二,这是应对错综复杂的国际环境变化的战略举措;第三,这是发挥我国超大规模经济体优势的内在要求。

第四章 对外开放的社会主义经济

1.经济全球化的内涵是什么？

答:经济全球化是指生产、贸易、金融等经济活动超越国界,向全球拓展的过程,是资本、能源、技术、劳务等生产要素在全球配置和自由流通的过程,是各国经济相互依存和融合不断加强的过程。经济全球化的不断深化是当今世界发展的客观趋势和基本特征。推动我国发展,必须主动顺应经济全球化潮流,主动参与和推动经济全球化进程,发展更高层次的开放型经济。

★2.经济全球化有哪些主要表现？

答:经济全球化是当今世界经济最为突出的特点。其主要表现为以下几点。

一是生产全球化日益深入,跨国公司更趋活跃。经济全球化使各国生产过程更加紧密地结合在一起,国际产业结构调整和转移加快,国际分工进一步深化,水平型国际分工取代过去的垂直型分工,发达国家与发展中国家之间的部门间分工,发达国家之间的部门内部分工,跨国公司内部分工和同一产品生产过程的国际分工,成为国际分工的主要方式。

二是贸易自由化在深度和广度上不断拓展。经济全球化的发展,使各种贸易壁垒不断被突破,贸易自由化便利化不断加强,不仅极大地促进了国际贸易的增长,而且促进了国际贸易结构发生深刻变化,包括旅游、运输、知识产权和与贸易有关的投资措施等服务性贸易在国际贸易中的比重不断上升。

三是金融国际化不断加快,国际资本流动空前增加。随着信息技术在金融领域被广泛应用,金融自由化浪潮席卷全球,全球金融市场空前发展,金融机构国际化趋势不断加强,金融产品日趋多样化。金融国际化的发展,使各国的经济活动越来越多地同国际金融市场相联系。

四是科技全球化日新月异。科技革命进程加快,科技成果迅速应用转化,国际科技合作不断加强。生产全球化带来的技术全球性扩展,使科技全球化成为经济全球化的重要表现之一。

五是人员跨国界流动规模不断扩大。经济全球化的发展,促进了以劳务、旅游和移民等为主导的人员跨国界流动大规模增加,进一步促进了全球化发展。

3. 如何正确认识经济全球化的作用?

答:经济全球化对每个国家来说都是一把"双刃剑",既是机遇,也是挑战。经济全球化的积极作用,表现在以下几个方面:一是有利于各国生产要素的优化配置和合理利用;二是促进了国际分工的发展和国际竞争力的提高;三是为发展中国家利用后发优势实现跨越式发展提供机遇;四是促进世界经济多极化发展。

由于经济全球化会导致严重的不平等、不公平和全球贫富分化的加剧,因此并不是所有国家和民众都能平等地从全球化中获益,反全球化运动浪潮就成为对全球化负效应的集中回应。经济全球化的消极作用,主要表现在两个方面:一方面,经济全球化加剧了世界资源配置和经济发展的不平衡;另一方面,经济全球化使主权国家的经济安全面临严峻挑战。

★4. 为什么必须毫不动摇地坚持对外开放?

答:一是对中国发展历史经验教训深刻总结的结果。经验表明,关起门来搞建设是不可能成功的,只会限制自己的发展,甚至给国家和民族带来灾难。

二是顺应经济全球化大势和科技发展机遇的客观要求。在以信息化为基础的新技术革命推动下,经济全球化趋势快速推进,世界经济联系越发紧密,各国相互依赖和利益交融程度进一步加深,为在国际分工和国际竞争中获取最大利益,各国纷纷实行更加开放的政策。当前我们正面对推进科技创新的重要历史机遇,机不可失,时不再来,必须紧紧抓住。

三是为了借鉴和吸收人类文明的一切优秀成果。社会主义作为崭新的社会制度,必须大胆借鉴、吸收人类社会包括资本主义社会创造出来的文明成果,根据国情,结合新的实践进行新的创造,这样才能加快发展,赢得同资本主义相比较的优势。

四是加快社会主义现代化建设的需要。在我们这样一个人口众多的发展中的社会主义大国,任何时候都不可能依靠别人搞建设,必须始终把独立自主、自力更生作为自己发展的根本基点,但同时又需要开拓国际市场,利用国外资源,坚持互利共赢。

★5. 如何把握全面开放的基本内涵?

答:党的十九大强调,要以"一带一路"建设为重点,坚持"引进来"和"走出去"并重,遵循共商共建共享原则,加强创新能力开放合作,形成陆海内外联动、东西双向互济的开放格局。这一重大工作部署,既包括开放范围扩大、领域拓宽、层次加深,也包括开放方式创新、布局优化、质量提升,具有深远战略意义。

坚持主动开放,把开放作为发展的内在要求,更加积极主动地扩大对外开放。坚持双向开放,把"引进来"与"走出去"更好地结合起来,拓展经济发展空间。坚持全面开放,推动形成陆海内外联动、东西双向互济的开放格局。坚持公平开放,构建公平竞争的内外资发展环境。坚持共赢开放,推动经济全球化朝着普惠共赢方向发展。坚持包容开放,探索求同存异、包容共生的国际发展合作新途径。

第四单元 思想道德修养与法律基础常识

第一章 树立正确的人生观、价值观

★1. 人生观有哪些主要内容?

答:人生观的主要内容包括人生目的、人生态度和人生价值。

人生目的是指生活在一定历史条件下的人在人生实践中关于自身行为的根本指向和人生追求。人生目的是人生观的核心,它决定人生道路、人生态度和人生价值选择。

人生态度是指人们通过生活实践形成的对人生问题的一种稳定的心理倾向和精神状态。它既影响人们对人生矛盾和问题的认识与把握,又影响人生的精神状态和走向。

人生价值是指人的生命及其实践活动对于社会和个人所具有的作用和意义。

2. 人生观在人生实践中具有哪些重要作用?

答:第一,人生观是人们选择生活内容的内在根据。一个人立志做什么样的人,成就什么样的事业,生活中追求什么,有什么样的生活情趣和个人爱好,所有这些,从它们形成的内在根据上来说,都是由一个人的人生观决定的。

第二,人生观是人们选择人生道路的基本原则。对于每个人来说,人生道路是实现人生目标的基本途径。如果人生观不同,即使人们在某种生活方面有相同之处,但是具体的人生之路也会有所不同。

第三,人生观是人生的巨大精神力量。人们一旦确立了一种人生观,就会为实现在这种人生支配下产生的各种人生目标而积极付出,甚至可以不惜一切代价。

★3. 新时代革命军人为什么要树立正确的人生观?

答:第一,树立正确的人生观,才能产生献身国防的精神。军人不同于一般社会成员的最典型之处,是他总是以自己的牺牲奉献来换取国家、民族和人民的安全,贪生怕死的人是不可能有志于献身国防的。

第二,树立正确的人生观,才能立志成才,早日成才。军营中的每一个岗位都是按战争的要求设定的,这就要求每一个有志青年入伍以后,首先应当成为一名合格的军人,爱军习武、爱岗敬业,成为国防和军队现代化建设的有用之材。

第三,树立正确的人生观,会帮助我们辨识人生方向,少走弯路、错路。树立正确的人生观,对于人生目标的确立和人生道路的选择极为重要,不同的人生观产生不同的结果。面对强国强军的时代要求,我们应当树立正确的人生观,把自己的前途命运同全面推进国防和军队现代化建设紧密地联系在一起,走出自己辉煌的人生道路。

★4. 社会主义核心价值观的主要内容是什么?

答:党的十八大提出倡导富强、民主、文明、和谐,倡导自由、平等、公正、法治,倡导爱国、敬业、诚信、友善,积极培育和践行社会主义核心价值观。社会主义核心价值观把涉及国家、社会、公民的价值要求融为一体,体现了社会主义的本质要求,继承了中华优秀传统文化,吸收了世界文明有益成果,体现了时代精神,是对我们要建设什么样的国家、建设什么样的社会、培育什么样的公民等重大问题的深刻解答。

5. 为什么说革命军人的价值在于牺牲奉献?

答:第一,在战时,军人是以自己的不安全来换取人民的安全,以自己的流血牺牲求得国家和人民的安宁与幸福。和平时期,在抢险救灾、战备执勤、维护社会稳定等各种急难险重任务面前,人民军队的性质要求革命军人在生死抉择面前,毫不犹豫地把生的希望让给人民,把死的威胁留给自己,无条件地献出自己的一切乃至生命。

第二,在日常工作中,军人要无条件地服从军队建设需要,牺牲个人利益。军人不能离开军事需要钻研个人致富的本领;不能无视军队铁一般的纪律而享受一般社会成员自由安排业余生活的自由;军人不能不顾边防的安危,一心向往大都市,而应为了国家的安全、人民的幸福,不论是深山老林、戈壁沙漠,还是荒郊野岭、孤岛边陲,哪里需要就驻守在哪里。

第三,在奉献自己的同时也牺牲了家庭的利益。统一的军事行动、严格的军营生活,以及各种各样的原因,使军人大都过着与家人天各一方的生活,年轻的夫妻两地分居,家人的生、老、病、死不能照顾,要求军人及其家属承受超出常人的负担。没有军人的牺牲奉献,也就无军人的价值可言。历史的发展和人心的认同证明了一个真理:奉献与崇高同在,牺牲与伟大共存。

第二章　理想信念是人生的精神支柱

1. 什么是理想? 理想有哪些特征?

答:理想是人们在实践中形成的、有实现可能性的对未来社会和自身发展目标的向往与追求,是人们的世界观、人生观和价值观在奋斗目标上的集中体现。

理想具有超越性。理想因其远大而为理想。理想在现实中产生,但它不是对现状的简单描绘,而是与奋斗目标相联系的未来的现实,是人们对未来美好生活的憧憬和期待。

理想具有实践性。理想在实践中产生,在实践中发展,而且也只有在实践中才能得以实现。

理想具有时代性。理想同任何一种社会意识形态一样,都是一定时代的产物,都带着特定历史时代的烙印。随着社会的发展进步,随着对社会发展规律和人的发展规律认识的逐步深化,人们也会不断地调整、丰富和发展自己的理想。

★2. 理想信念的作用是什么?

答:理想信念是人精神上的"钙",理想信念坚定,骨头就硬,没有理想信念,理想信念不坚定,精神上就会"缺钙",就会得"软骨病"。理想信念昭示奋斗目标。人生是一个在实践中奋斗的过程。要使生命富有意义,就必须在科学的理想信念指引下,沿着正确的人生道路前进。理想信念是人的思想和行为的定向器,一旦确立就可以使人方向明确、精神振奋。有什么样的理想信念,就意味着以什么样的期望和方式去改造自然和社会,塑造和成就自身。

理想信念提供前进动力。心中有信仰,脚下有力量。一个人树立了崇高坚定的理想信念,就会以惊人的毅力和不懈的努力成就事业。人生目标的确立、生活态度的形成、知识才能的丰富、发展方向的设定、工作岗位的选择,以及如何择友、如何面对挫折、如何克服困难等问题的解决,都需要一个总的原则和目标,都离不开理想信念的指引和激励。

理想信念提高精神境界。理想信念是衡量一个人精神境界高下的重要标尺。理想信念作为人的精神世界的核心,一方面能使人的精神生活的各个方面统一起来,使人的精神世界成为一个健康有序的系统,避免精神空虚和迷茫;另一方面又能引导人们不断地追求更高的人生目标,并在追求和实现理想目标的过程中提升精神境界、塑造高尚人格。

★3. 如何把握个人理想与社会理想的辩证关系?

答:个人理想是指处于一定历史条件和社会关系中的个体对于自己未来的物质生活、精神生活所产生的种种向往和追求。社会理想是指社会集体及其绝大多数成员的共同理想,是在全社会占主导地位的共同奋斗目标。个人理想与社会理想的关系实质上是个人与社会的关系在理想层面上的反映。个人与社会有机地联系在一起,二者相互依存,相互制约,共同发展。同样,个人理想与社会理想也是相互联系、相互影响、相互制约的关系。

社会理想主导个人理想。这是因为,人是社会的人,追求个人理想的实践活动都是在社会中进行的,正确的个人理想不是依个人主观愿望随意确定的,从根本上说它是由社会决定的。因此,在整个理想体系中,社会理想是最根本最重要的,而个人理想则从属于社会理想。

个人理想体现社会理想。社会是个人的社会,社会理想与个人理想密不可分。社会理想不是凭空产生的,也不是由外在力量强加的,而是建立在许许多多个人理想基础上的,是个人理想的凝练和升华。社会理想必须依靠千百万人的实践才能实现。

新时代革命军人的人生理想是具有丰富内容的奋斗目标体系,同样包括社会理想和个人理想两个方面。新时代革命军人要确立正确的个人理想,就应自觉地把个人追求与强国强军的宏伟大业相融合,与中国特色社会主义共同理想及共产主义远大理想相联系,并为之顽强拼搏,奋斗不息。

4. 怎样理解实现理想的长期性、曲折性和艰巨性?

答:理想的实现具有长期性。任何一种理想的实现都不是简单的小事。如果不切实际地把实现理想设想得过分容易,对前进道路上的困难缺乏思想准备,那不仅会对人的追求产生不利的影响,而且容易使人产生挫折感。

理想的实现具有曲折性。通向理想境界的道路没有笔直的,总是九曲十八弯。这就使得追求理想实现的路如同盘山公路,只有在不断转弯过程中才能不断地接近目标。

理想的实现具有艰巨性。实现任何伟大的理想,没有平坦的大道可走。青年人要不怕困难、攻坚克难、再接再厉、严于律己、锐意进取,立足学业,埋头苦干,从自身苦干,从自身做起,从点滴做起,用勤劳的双手、一流的业绩成就属于自己的人生精彩。

★5. 为什么说岗位成才是军人实现理想的可靠方式?

答:第一,热爱本职工作,才是事业有成的强大动力。从一般意义上说,人的潜力是无限的,而潜力的发挥需要靠热情把它激发出来。热情源于对于本职工作的热爱。只要我们热爱我们的本职工作,下决心钻研下去,必然能够事业有成,成为某个方面的行家里手。

第二,立足本职岗位,才有事业有成的保证。军队里的每一个岗位,都是军事实践活动中不可或缺的,因此,都有其不可代替的重要性。无论从事哪项工作,扎扎实实地干下去,刻苦耐劳,坚持不懈,必然会成为某个岗位的技术能手,成就令人欢欣鼓舞的人生价值。

第三,献身本职工作,才能夯实事业有成的素质基础。众所周知,实践出真知。丰富的岗位实践,能够积累厚实的专业技术知识,能够培养成就过人的能力素质。有了这些过硬的能力素质,无论现在,还是未来,从事什么工作,都能闯出自己的一片天地来。

第三章　对党绝对忠诚

★1.为什么说对党绝对忠诚是革命军人最重要的政治品格?

答:我军是执行党的政治任务的武装集团,对党绝对忠诚,是由我军的鲜明党性决定的,在革命军人所有政治品格中居于首要地位。对党绝对忠诚是革命军人打牢政治底色的根本要求;对党绝对忠诚是革命军人履行职责使命的可靠保证;对党绝对忠诚是革命军人全面发展进步的首要条件。

2.如何理解对党绝对忠诚要害在"绝对"两个字?

答:对党绝对忠诚有着深刻丰富的内涵。我们讲的"绝对忠诚",就是唯一的、彻底的、无条件的、不掺任何杂质的、没有任何水分的忠诚。"绝对"二字,表达的是恪守根本建军原则的鲜明态度,传递的是坚持党的领导的坚强决心,明确的是革命军人政治操守的最高标准。

"绝对"诠释了忠诚的唯一性。人民军队只能接受中国共产党的领导,而不能接受其他任何政治力量的领导和指挥。与此相对应,革命军人的忠诚对象是唯一的、排他的,必须对党忠贞不贰、矢志不渝,决不能心猿意马、三心二意。

"绝对"诠释了忠诚的彻底性。对党忠诚的彻底性,强调的是革命军人忠诚的纯度和程度。一句话,就是要把自己完完全全交给党,甘于为党的事业牺牲一切,泰山压顶不弯腰,虽九死而不悔。

"绝对"诠释了忠诚的无条件性。对党无条件忠诚,强调的是革命军人对党忠诚没有任何预设前提和附加条件,就是做到党叫干什么就坚决干,党不允许干什么就坚决不干,绝不讲价钱、打折扣、搞变通。

第四章　爱国主义是新时代革命军人的精神支柱

★1.爱国主义有哪些基本内容?

答:爱国主义是人们在历史上形成的热爱、忠诚和报效自己祖国的一种感情、思想和行动。它反映了个人对祖国的依存关系,是人们对自己故土家园、民族和文化的归属感、认同感、尊严感和荣誉感的统一。

爱祖国的大好河山。祖国的河山在人们的心中占据着至高无上的地位。领土完整涉及国家的重大核心利益,每一个爱国者都会把"保我国土""爱我家乡",维护祖国领土的完整和统一,作为自己的神圣使命和义不容辞的责任。

爱自己的骨肉同胞。对骨肉同胞的爱,反映的是对整个民族利益共同体的自觉认同。爱自己的同胞就是爱人民群众。最主要的是培养对人民群众的深厚感情,坚持以人民为中心的立场,始终紧紧地同人民群众站在一起。

爱祖国的灿烂文化。要认真学习和真正了解祖国的历史,传承发展中华优秀传统文化,用蕴含其中的精髓精华滋养当代中国人的精神世界。

爱自己的国家。爱自己的国家,拥护国家的基本制度,遵守国家的宪法法律,维护国家安全和统一,捍卫国家的利益,为国家繁荣发展贡献自己的力量,是爱国主义的基本要求。

★2.爱国主义有哪些时代价值?

答:爱国主义是中华民族继往开来的精神支柱。在历史的发展过程中,中华民族表现出了强大的生命力。鼓舞中华民族艰苦奋斗、继往开来的重要精神支柱,就是千百年来深深融入民族意识之中的爱国主义优良传统。

爱国主义是维护祖国统一和民族团结的纽带。千百年来的历史经验已铭刻在中华儿女的心灵之中,团结统一,始终代表了中国社会历史的发展方向,代表了中国各族人民的共同心愿。

爱国主义是实现中华民族伟大复兴的动力。在激烈的国际竞争中,中华民族立于不败之地的一个重要保障,就是高扬爱国主义旗帜,最大限度地团结全国各族人民、港澳台同胞以及广大海外侨胞,激发起爱我中华、建我中华、强我中华的爱国热情。中华儿女万众一心,奋发图强,艰苦奋斗,就一定能够战胜任何艰难险阻,多少代人所期盼的中华民族伟大复兴的目标就一定会实现。

爱国主义是实现人生价值的力量源泉。新时代革命军人肩负着强军兴军的历史重任,与其他职业群体相比,有着更高标准的爱国主义要求。必须以保家卫国作为至高无上的神圣使命和责任。作为爱国主义最高形态的革命军人的爱国主义,无疑是革命军人建功立业的强大精神动力和坚实思想支撑。因此,新时代革命军人,一定要把爱国之情、强国之志、报国之行统一起来,把自己的梦想融入实现中国梦强军梦的牺牲奉献之中。

第五章　法律常识

1.法律与道德是什么关系?

答:法律是成文的道德,道德是内心的法律。法律和道德都具有规范社会行为、调节社会关系、维护社会秩序的作用,在国家治理中都有其地位和功能。但是,法律和道德又有着重要的区别:一是产生的条件不同;二是存在的形式不同;三是发展的前途不同。

法律凝结着社会的基本价值取向和道德规范,遵守法律就是遵守最低限度的道德。从这个意义上说,任何法律都有一定的道德属性。道德则将外在的法律规范转化为内在的自我约束,促使人们主动认识自己的责任与义务、自愿选择有道德的行为。此外,法律和道德还可以相互转化。法律和道德都植根于一定的历史文化环境与社会环境,文化的演进、社会的发展推动法律和道德的发展。

★2. 简述中国特色社会主义法律体系的构成及作用。

答:中国特色社会主义法律体系是以我国全部现行法律规范按照一定的标准和原则划分为不同的法律部门,并由这些法律部门所构成的具有内在联系的统一整体。

中国特色社会主义法律体系以宪法为核心,以涵盖宪法及宪法相关法、民法商法、行政法、经济法、社会法、刑法、诉讼与非诉讼程序法等七个法律部门的法律为主干,由法律、行政法规、地方性法规等三个层次法律规范构成。

中国特色社会主义法律体系已经基本形成,使得国家经济、政治、文化、社会、生态文明各个方面基本做到有法可依,有力地保障和推动了中国特色社会主义事业的发展。

★3. 为什么说宪法是国家的根本法?

答:宪法是国家的根本法,是国家的总章程,它集中反映统治阶级的意志,是统治阶级实行阶级专政的工具。

作为国家根本法,宪法与普通法律有所不同,主要表现在以下三个方面:一是内容不同。宪法规定国家最根本的问题,即规定社会制度和国家制度的基本原则。二是效力不同。宪法具有最高的法律效力。宪法是普通法律的立法基础,普通法律的制定要根据宪法,并且不得与宪法相抵触。三是制定和修改程序不同。宪法的制定和修改与普通法律不同,规定有特别的程序。我国宪法规定,宪法的修改,由全国人民代表大会常务委员会或者五分之一以上全国人民代表大会代表提议,并由全国人民代表大会以全体代表的三分之二以上的多数通过。而普通法律的制定和修改,由全国人民代表大会以全体代表的过半数通过,或者由全国人民代表大会常务委员会通过即可。

4. 我国宪法规定了公民有哪些基本权利?

答:公民的基本权利,是指公民在国家政治、经济、文化和社会生活各方面享有的不可缺少的主要权利。我国宪法关于公民基本权利的规定包括:公民享有平等权,公民享有广泛的政治权利和自由,公民有宗教信仰自由,公民有人身自由权利,公民有监督权,公民有广泛的社会经济权利,公民有学习文化的权利和从事科学研究、文化艺术创作和其他文化活动的自由,妇女有同男子平等的权利,华侨的正当权益受国家保护。

5. 我国公民应当履行哪些基本义务?

答:公民的基本义务,是指公民对国家应当履行的主要责任。宪法规定公民的基本义务有以下几项:

一是公民有维护国家统一和全国各民族团结的义务。

二是公民有遵守宪法和法律、保守国家秘密、爱护公共财产、遵守劳动纪律、遵守公共秩序、尊重社会公德的义务。

三是公民有维护祖国安全、荣誉和利益的义务。

四是公民有依照法律服兵役和参加民兵组织的光荣义务。抵抗侵略、保卫祖国,是中华人民共和国公民的神圣职责。

五是公民有依照法律纳税的义务。

★6. 如何正确理解公民权利和义务的关系？

答：在我国，公民享有的权利与应当履行的义务是一致的。这种一致性主要表现在：

一是任何公民都享有宪法和法律赋予的权利，同时必须履行宪法和法律规定的义务。没有无义务的权利，也没有无权利的义务。

二是某些基本权利既是权利又是义务。如劳动权、受教育权，其本身是权利，同时也是义务。

三是权利和义务互相制约、互相促进。公民享有的权利越广泛、越有保障，就越能激发主人翁的责任感和劳动热情，从而更加自觉地、忠实地履行义务；公民越能自觉地、忠实地履行义务，就越能加快社会主义现代化建设，为保障自身权利的实现创造更丰富的物质条件。

7. 什么是犯罪？

答：我国刑法对什么是犯罪作了明确的规定，即一切危害国家主权、领土完整和安全，分裂国家、颠覆人民民主专政的政权和推翻社会主义制度，破坏社会秩序和经济秩序，侵犯国有财产或者劳动群众集体所有的财产，侵犯公民私人所有的财产，侵犯公民的人身权利、民主权利和其他权利，以及其他危害社会的行为，依照法律应当受刑罚处罚的，都是犯罪，但是情节显著轻微危害不大的，不认为是犯罪。

明知自己的行为会发生危害社会的结果，并且希望或者放任这种结果发生，因而构成犯罪的，是故意犯罪。故意犯罪，应当负刑事责任。

应当预见自己的行为可能发生危害社会的结果，因为疏忽大意而没有预见，或者已经预见而轻信能够避免，以致发生这种结果的，是过失犯罪。过失犯罪，法律有规定的才负刑事责任。

行为在客观上虽然造成了损害结果，但是不是出于故意或者过失，而是由于不能抗拒或者不能预见的原因所引起的，不是犯罪。

★8. 犯罪有哪些基本特征？

答：犯罪有以下三个基本特征：

一是一切犯罪都是对社会具有严重危害性的行为。行为的社会严重危害性，是犯罪最本质的特征。判断一个人的行为是否构成犯罪，首先要看他是否做出了危害社会的行为，只有行为人已经做出了危害社会的行为，才能认为是犯罪。反之，如果只有犯罪意图和打算，而没有做出危害社会的实际行为，就不能认为是犯罪。

二是一切犯罪都是触犯刑法的行为。确定某种行为是否犯罪，必须以这种行为对社会的危害程度是否达到触犯刑法的规定为依据，这是区分犯罪和其他违法行为的一个重要标志。

三是一切犯罪都是依法应受到刑罚处罚的行为。对于触犯刑法的犯罪行为采取刑罚这种最严厉的制裁方法处理。因此，应受到刑罚处罚的行为，是犯罪的特有的法律特征。

上述三个特征必须同时具备，缺少其中任何一个都不构成犯罪。

9. 什么是刑罚？我国的刑罚具有哪些特点？

答：刑罚是国家审判机关对罪犯实行惩罚的一种强制方法，它具有以下三个特点：

一是刑罚是最严厉的国家强制方法。它可以判处没收罪犯的财产和剥夺政治权利以及其他权利;它也可以判处罪犯有期徒刑或无期徒刑从而剥夺他的短期、长期以至终身的自由;它甚至可以判处死刑立即执行而剥夺罪犯的生命。

二是刑罚只能对犯罪分子适用。刑罚这种严厉的强制方法,不适用于无罪的人,更不允许株连无辜者,否则就是违法,要追究违法者的法律责任。

三是刑罚只能由人民法院代表国家依法行使,其他任何机关、企事业单位或个人都没有这个权力。如果违背这个规定,就是侵犯公民人身权利、民主权利,破坏社会主义法制的行为。

10. 我国刑罚的目的和作用是什么?

答:我国刑罚的目的在于:打击敌人,惩罚和教育犯罪分子,制止和预防犯罪的发生,以保护国家和人民的利益,巩固人民民主专政,最终消灭犯罪。

从上述目的可以看出,我国刑罚具有特殊预防和一般预防两个作用。特殊预防,就是对犯罪分子给以恰如其分的处罚,除判处死刑立即执行的罪犯外,其他罪犯要在劳动中对其进行教育改造,使他们不再犯罪,变为自食其力的新人。一般预防,就是通过对犯罪分子的惩罚,可以警戒社会上的不稳定分子,使他们悬崖勒马,消除犯罪念头,不以身试法,不走上犯罪的道路。同时,通过对犯罪分子的惩罚,可现身说法地教育人民自觉遵守国家法纪,维护社会秩序,提高人民当家作主的责任感,并且还会有力地动员群众,积极同犯罪分子作斗争。

11. 我国的刑罚有哪几种?

答:我国的刑罚分为主刑和附加刑两类。所谓主刑,就是只能独立适用的刑罚,不能附加适用。法院在判处案件时不能对一个罪犯同时判处两种主刑,一次判决只能判处一种主刑。我国的刑法规定的主刑有五种:管制、拘役、有期徒刑、无期徒刑、死刑。附加刑又称从刑。它既可以附加于主刑,又可以独立适用。我国刑法规定的附加刑有三种:罚金、剥夺政治权利、没收财产。

12. 什么是民法?民法的调整对象是什么?

答:民法是调整平等主体的自然人、法人和非法人组织之间的人身关系和财产关系的法律规范的总称。民事主体的人身权利、财产权利以及其他合法权益受法律保护,任何组织或者个人不得侵犯。

从民法的概念可以看到其调整对象为:平等主体的自然人、法人和非法人组织之间的人身关系和财产关系。

13. 什么是民法的基本原则?我国民法的基本原则有哪些?

答:民法的基本原则,是指贯穿于整个民事法律制度和民事规范始终的根本原则,是指导民事立法、司法、守法和进行民事活动的具有普遍指导意义的基本行为准则。

我国民法的基本原则包括平等原则、自愿原则、公平原则、诚信原则、守法和公序良俗原则、绿色原则等。

★14. 我国民法典有何重大意义?

答:2020 年 5 月 28 日,十三届全国人大三次会议表决通过了《中华人民共和国民法典》,自 2021 年 1 月 1 日起施行。民法典是新中国第一部以法典命名的法律,开创了我国法典编纂立法的先河,具有里程碑意义。民法典系统整合了新中国成立 70 多年来长期实践形成的民事法律规范,汲取了中华民族 5000 多年优秀法律文化,借鉴了人类法治文明建设有益成果,是一部体现我国社会主义性质、符合人民利益和愿望、顺应时代发展要求的民法典,是一部体现对生命健康、财产安全、交易便利、生活幸福、人格尊严等各方面权利平等保护的民法典,是一部具有鲜明中国特色、实践特色、时代特色的民法典。

民法典在中国特色社会主义法律体系中具有重要地位,是一部固根本、稳预期、利长远的基础性法律,对推进全面依法治国、加快建设社会主义法治国家,对发展社会主义市场经济、巩固社会主义基本经济制度,对坚持以人民为中心的发展思想、依法维护人民权益、推动我国人权事业发展,对推进国家治理体系和治理能力现代化,都具有重大意义。

第五单元 ▶ 国防和军队建设常识

第一章 人民军队历史与光荣传统

★1. 90多年来人民军队为党和人民建立了哪些伟大的历史功勋？

答：90多年来，人民军队历经硝烟战火，一路披荆斩棘，付出巨大牺牲，取得一个又一个辉煌胜利，为党和人民建立了伟大的历史功勋。

第一，这个伟大的历史功勋就是，英雄的人民军队，在党领导的20多年武装革命斗争中，以无往不胜的英雄气概、坚韧不拔的革命毅力、灵活机动的战略战术、英勇顽强的战斗作风，克服了各种难以想象的艰难困苦，打败了国内外异常凶恶的敌人，夺取了土地革命战争、抗日战争、解放战争的伟大胜利，推翻了压在中国人民头上的三座大山，以鲜血和生命为建立人民当家作主的新中国奠定了牢固根基，彻底扭转了中华民族近代以来落后挨打的被动局面。

第二，这个伟大的历史功勋就是，英雄的人民军队，积极投身社会主义革命和建设，全面履行保卫祖国、保卫人民和平劳动的职能，胜利进行抗美援朝战争和多次边境自卫作战，打出了国威军威，捍卫了祖国万里边疆和辽阔海空，为巩固新生人民政权、形成中国大国地位、维护中华民族尊严提供了坚强后盾。

第三，这个伟大的历史功勋就是，英雄的人民军队，积极投身改革开放新的伟大革命，有力服务和保障国家改革发展稳定大局，依法履行香港、澳门防务职责，有效应对国家安全面临的各种威胁，坚决打击一切形式的分裂破坏活动，积极参与对外军事交流合作和联合国维和行动，为维护中国共产党领导和我国社会主义制度，为维护国家主权、安全、发展利益，为维护我国发展的重要战略机遇期，为维护地区和世界和平提供了强大力量支撑。

★2. 如何理解人民军队从胜利走向胜利的传家法宝？

答：90多年来，在长期实践中，人民军队在党的旗帜下前进，形成了一整套建军治军原则，发展了人民战争的战略战术，培育了特有的光荣传统和优良作风。这是人民军队从胜利走向胜利的传家法宝，是人民军队必须永志不忘的红色血脉。

一是人民军队从胜利走向胜利，彰显了中国共产党领导的伟大力量。

二是人民军队从胜利走向胜利，彰显了理想信念的伟大力量。

三是人民军队从胜利走向胜利，彰显了改革创新的伟大力量。

四是人民军队从胜利走向胜利，彰显了战斗精神的伟大力量。

五是人民军队从胜利走向胜利，彰显了革命纪律的伟大力量。

六是人民军队从胜利走向胜利，彰显了军民团结的伟大力量。

第二章　把人民军队全面建成世界一流军队

1. 如何认识习近平强军思想的重大指导意义?

答:习近平强军思想明确了新时代国防和军队建设一系列根本性、方向性、全局性的重大问题,是习近平新时代中国特色社会主义思想的"军事篇",是马克思主义军事理论中国化时代化的新飞跃,是党的军事指导理论的重大突破、重大创新、重大发展,为实现党在新时代的强军目标、把人民军队全面建成世界一流军队提供了科学指南和行动纲领,必须牢固确立习近平强军思想在国防和军队建设中的指导地位。

★2. 如何理解习近平强军思想的丰富内涵?

答:明确强国必须强军,巩固国防和强大人民军队是新时代坚持和发展中国特色社会主义、实现中华民族伟大复兴的战略支撑。

明确党在新时代的强军目标是建设一支听党指挥、能打胜仗、作风优良的人民军队,必须同国家现代化进程相一致,力争到2035年基本实现国防和军队现代化,到本世纪中叶把人民军队全面建成世界一流军队。

明确党对军队绝对领导是人民军队建军之本、强军之魂,必须全面贯彻党领导军队的一系列根本原则和制度,确保部队绝对忠诚、绝对纯洁、绝对可靠。

明确军队是要准备打仗的,必须聚焦能打仗、打胜仗,创新发展军事战略指导,构建中国特色现代作战体系,全面提高新时代备战打仗能力,有效塑造态势、管控危机、遏制战争、打赢战争。

明确作风优良是我军鲜明特色和政治优势,必须加强作风建设、纪律建设,坚定不移正风肃纪、反腐惩恶,大力弘扬我党我军光荣传统和优良作风,永葆人民军队性质、宗旨、本色。

明确推进强军事业必须坚持政治建军、改革强军、科技强军、人才强军、依法治军,更加注重聚焦实战、更加注重创新驱动、更加注重体系建设、更加注重集约高效、更加注重军民融合,全面提高革命化现代化正规化水平。

明确改革是强军的必由之路,必须推进军队组织形态现代化,构建中国特色现代军事力量体系,完善和发展中国特色社会主义军事制度。

明确创新是引领发展的第一动力,必须坚持向科技创新要战斗力,统筹推进军事理论、技术、组织、管理、文化等各方面创新,建设创新型人民军队。

明确现代化军队必须构建中国特色军事法治体系,推动治军方式根本性转变,提高国防和军队建设法治化水平。

明确军民融合发展是兴国之举、强军之策,必须坚持发展和安全兼顾、富国和强军统一,形成全要素、多领域、高效益军民融合深度发展格局,构建一体化的国家战略体系和能力。

3. 如何准确把握全面推进国防和军队现代化的战略安排?

答:新的时代条件下,习主席把国防和军队建设放在实现中华民族伟大复兴大目标下一体运筹,纳入中国特色社会主义事业总体布局一体推进,对全面推进国防和军队现代化作出新的战略安排,强调到 2020 年基本实现机械化,信息化建设取得重大进展,战略能力有大的提升;加快机械化信息化智能化融合发展,全面加强练兵备战,提高捍卫国家主权、安全、发展利益的战略能力,确保 2027 年实现建军百年奋斗目标;加快军事理论现代化、军队组织形态现代化、军事人员现代化、武器装备现代化,力争到 2035 年基本实现国防和军队现代化,到本世纪中叶把人民军队全面建成世界一流军队。从 2027 年到 2035 年再到本世纪中叶,近、中、远目标梯次衔接,构成了国防和军队现代化"新三步走"的战略安排。

第三章　坚持党对军队绝对领导

★1. 坚持党对军队绝对领导的根本原则有哪些基本内容?

答:党对军队绝对领导的根本原则,明确了党和军队的关系,规定了坚持党的领导的唯一性、彻底性和无条件性。其基本内容包括:军队必须完全地无条件地置于中国共产党的领导之下,在思想上政治上行动上始终与党中央、中央军委保持高度一致,坚决维护党中央、中央军委权威,任何时候任何情况下都坚决听从党中央、中央军委指挥;决不允许向党闹独立性,不允许其他政党在军队中建立组织和进行活动,也不允许任何个人向党争夺兵权;未经党中央、中央军委授权,任何人不得插手军队,更不得擅自调动和指挥军队。

★2. 坚持党对军队绝对领导的一整套制度主要包括哪些内容?

答:坚持党对军队绝对领导的一整套制度主要包括:军队最高领导权和指挥权属于党中央和中央军委,军委实行主席负责制;实行党委制、政治委员制、政治机关制;实行党委(支部)统一的集体领导下的首长分工负责制;实行支部建在连上。

军委主席负责制是坚持党对军队绝对领导的根本制度和根本实现形式,党委、政治委员和政治机关是党从思想上、政治上、组织上建设和掌握部队的重要组织支撑,党委(支部)统一的集体领导下的首长分工负责制是党领导军队的根本制度,支部建在连上是党指挥枪原则落地生根的坚实基础。

★3. 军委主席负责制的含义主要包括哪几个方面?

答:军委主席负责制的含义主要包括以下三个方面:

一是全国武装力量由军委主席统一领导和指挥。宪法规定,"中华人民共和国中央军事委员会领导全国武装力量""中央军事委员会实行主席负责制"。党的十八大后,中共中央军委第一次常务会议修订的《中央军事委员会工作规则》明确,"中央军事委员会是党和国家的最高军事领导机关,统一领导全国武装力量""中央军事委员会实行主席负责制"。这实际上就明确了军委主席对中国人民解放军现役部队和预备役部队、中国人民武装警察部队、民兵等所有武装力量,拥有党和国家赋予的最高领导权和指挥权,未经授权其他任何人无权领导和指挥。

二是国防和军队建设一切重大问题由军委主席决策和决定。凡在国防和军队建设中带有根本性、方向性、全局性的重大问题,比如部队作战行动和指挥、高级干部任免、体制编制调整、军费使用管理、武器装备研制以及军队重大活动等,最高决策权和最终决定权属于军委主席。以军委主席名义发布的公文、以中央军委名义制发的公文,都须经军委主席审签。

三是中央军委全面工作由军委主席主持和负责。中央军事委员会由主席,副主席若干人,委员若干人组成。军委主席主持军委全面工作,军委副主席协助军委主席工作,军委委员参加军委集体领导工作,并对军委主席负责。军委主席负责制是党指挥枪原则制度长期发展完善、内生性演化的必然结果和重大成果,是中国特色社会主义政治制度、军事制度的重要内容,具有科学的理论依据和坚实的实践基础。

4.如何理解军委主席负责制是坚持党对军队绝对领导的根本制度和根本实现形式?

答:军委主席负责制是党对人民军队绝对领导的制度"龙头",是确保国家长治久安的"定海神针"。军委主席负责制,是从党、国家、军队全局出发的重大制度安排,是坚持党对军队绝对领导、实现党和国家长治久安的根本要求,集中反映了党和人民的意志、全军官兵的期望。军委主席负责制蕴含着马克思主义国家学说的精髓要义;军委主席负责制体现了国家军事领导权配置的普遍规律;军委主席负责制凝结着我们党建军治军的历史经验和优良传统。军委主席负责制反映了党的意志与国家根本法的有机统一。军委主席负责制写入八二宪法,使党对军队的领导和国家对军队的领导融为一体,开辟了党领导军队理论与实践的新境界。党的十九大将军委主席负责制写入党章,彰显了我们党的政治自信、制度自信。

全面深入贯彻军委主席负责制,是一项严肃而重大的政治责任,也是全军官兵的共同责任。各级党组织和广大官兵要强化贯彻军委主席负责制各级有责、人人有责、高级干部首当其责的意识,正确把握中央军委集中统一领导和按级分工负责的关系,恪尽职守、各尽其责,确保贯彻落实军委主席负责制更加有力、更加扎实、更加有效,确保政令军令畅通。

★5.新时代革命军人如何做到坚决听从党中央、中央军委和习主席指挥?

答:一是坚决维护核心、听从指挥。我们要不断强化"四个意识",做到思想上坚定追随,政治上绝对忠诚,情感上真挚热爱,行动上紧紧跟上,任何时候任何情况下都坚决听从党中央、中央军委和习主席指挥,不折不扣贯彻落实党中央、中央军委和习主席决策指示,以有效履行使命的实际行动彰显忠诚担当。要坚决贯彻执行党的路线方针政策,始终站在党和人民的立场上,正确处理个人利益与国家利益、眼前利益与长远利益的关系,自觉在思想上政治上行动上同党中央、中央军委和习主席保持高度一致。

二是坚决落实党中央、中央军委和习主席决策指示。对党绝对忠诚要害在"绝对"两个字,就是唯一的、彻底的、无条件的、不掺任何杂质的、没有任何水分的忠诚。每名官兵必须坚持用这样的标准要求自己,坚决做到枪听我的话、我听党的话,革命军人心向党,党叫干啥就干啥,任何时候都对党忠诚老实,表里如一、知行统一,坚决反对"伪忠诚""亚忠诚",决不做政治上的"两面人"。

三是坚决抵制错误观点的影响。我们必须坚守对党忠诚的政治立场,在大是大非面前分清良莠、明辨是非,在各种困难、诱惑、威胁面前经受考验,旗帜鲜明地维护党的形象,捍卫党的主张,坚决同各种错误言行作斗争。要严格遵守政治纪律"十不准"和军队党员"七个决不允许",立场坚定,严守规矩,坚决维护党的形象。要增强政治观念,遇事多想政治上的要求,办事多想政治上的规定,交往多想政治上的影响,把住政策底线,守住思想防线,确保任何时候、任何情况下政治不失分,行为不失范。要对敌对势力的渗透破坏保持高度警惕,不为谣言所惑,不为杂音所扰,不为蛊惑所动,坚决同各种错误思想言论作斗争,始终保持对党忠诚的政治立场和政治品格。

四是坚决完成党赋予的各项任务。作为革命军人,要紧紧团结在各级党组织的周围,自觉接受党的教育,听从党的指挥,服从党的安排,把完成党交给的各项任务作为最大责任。平时,要坚决认真、雷厉风行地贯彻执行党中央、中央军委的决策指示,确保政令军令畅通。战时,要强化军令如山意识,党指向哪里就打到哪里,不惜一切代价坚决完成党赋予的战斗任务,自觉做一名听党指挥、爱党忠诚的好战士。

★6. 如何正确理解"两个维护"的深刻内涵?

答:《中共中央关于加强党的政治建设的意见》明确指出:"坚持和加强党的全面领导,最重要的是坚决维护党中央权威和集中统一领导;坚决维护党中央权威和集中统一领导,最关键的是坚决维护习近平总书记党中央的核心、全党的核心地位。"

第四章　全心全意为人民服务是我军的根本宗旨

★1. 如何把握坚持全心全意为人民服务宗旨的要求?

答:坚持全心全意为人民服务的宗旨,要求这个军队所有的人,必须以人民服务为己任,为人民扛枪,为人民打仗,决不能谋少数人或狭隘集团的私利,决不能为升官发财、出人头地捞好处;必须全心全意地为人民服务,决不能半心半意、三心二意,更不能假心假意,只要人民需要,即使献出生命也在所不惜;必须把人民的利益放在高于一切、重于一切的位置,以是否符合人民利益作为一切言论和行动的最高标准,自己的事再大也是小事,人民的事再小也是大事,自觉把个人的理想、前途和命运融入为人民服务的伟大事业。

2. 我军坚持全心全意为人民服务的宗旨有什么重大意义?

答:全心全意为人民服务的宗旨,是我军团结战斗的思想基础。我军面对强大敌人所表现出的敢打必胜、一往无前的英雄气概,战胜一切困难、压倒一切敌人的意志力量,从根本上讲来源于全心全意为人民服务的思想。在全心全意为人民服务的宗旨下,我军广大官兵懂得为谁扛枪、为谁打仗,对人民无限热爱,对敌人刻骨仇恨;在全心全意为人民服务的宗旨下,我军广大官兵不怕任何艰难困苦,以苦为荣,艰苦奋斗,勇往直前;在全心全意为人民服务的宗旨下,我军广大官兵兢兢业业,任劳任怨,在平凡的岗位上为人民做出了不平凡的贡献。

全心全意为人民服务的宗旨,是我军不断发展壮大的力量源泉。军政军民团结是我党我军特有的政治优势。来自人民、为了人民,始终与人民血肉相连、生死与共,是我军的制胜之本、力量之源。革命战争年代,人民群众积极参军参战,地方政府积极拥军支前,全力支援自己的军队打胜仗;和平建设时期,人民群众同样把官兵当亲人,把部队的事当成自己的事,像爱护亲人那样爱护子弟兵,像战争年代那样关心支持部队建设,有力推动和保证了我军建设发展。

历史告诉我们,有了民心所向、民意所归、民力所聚,人民军队就能无往而不胜、无敌于天下。只要始终站在人民立场上,赢得最广大人民衷心拥护,就能构筑起众志成城的铜墙铁壁。

★3. 新时代革命军人如何做到永远做人民利益的忠实捍卫者?

答:一是要永葆人民子弟兵的政治本色。无论战争形态如何演变、高技术如何发展,兵民是胜利之本的战争规律没有改变,人民群众永远是坚如磐石的靠山。我们要始终牢记,作为党领导下的人民军队,全心全意为人民服务的根本宗旨永远不能变,人民子弟兵热爱人民的政治本色永远不能丢。

二是要切实端正对人民群众的态度。践行全心全意为人民服务的宗旨,永葆人民子弟兵政治本色,要端正对人民群众的态度,始终牢记为人民扛枪,为人民打仗的神圣职责,牢记"军队打胜仗,人民是靠山",视人民利益高于一切、重于一切,以人民需要为第一需要,把维护人民利益作为最高责任。要虚心向群众学习,真心实意拜群众为师,甘当群众的小学生。要时刻站在群众的立场上想问题,帮助群众解决困难时真心诚意。要正确看待群众的赞誉,谦虚谨慎,戒骄戒躁,虚心听取群众意见,经常检点自己的言行,不断坚定热爱人民、服务人民的政治立场,真正守住人民子弟兵这个"本"。

三是要始终与人民群众保持血肉联系。倾心爱人民、真心为人民,是人民军队的不懈追求。要牢固树立人民群众是真正英雄的观念,不断增强对人民群众的真挚情感,自觉践行爱民为民的价值追求。要大力发扬拥政爱民的光荣传统,满腔热情地参与社会公益事业和军民共建活动,反哺人民群众的养育之恩。要严格遵守群众纪律,认真执行党的民族和宗教政策,尊重人民群众特别是少数民族的风俗习惯,依法处理军警民纠纷,树立文明之师的良好形象。

四是要时刻准备为人民牺牲奉献。在生死考验的危急关头,要具有为国家和人民利益舍得献出自己一切的决心和勇气;在艰苦恶劣的环境和条件下,要不怕吃苦受累、不怕寂寞孤独,舍小家为大家,甘愿为人民奉献青春热血;在平凡的工作岗位,要以职责使命为重,无论从事什么工作、担负什么任务,都干一行、爱一行、精一行,甘愿为人民贡献全部智慧和力量。

第五章　打仗和准备打仗是军人的天职

1. 如何理解军队首先是一个战斗队?

答:打仗是军队与生俱来的职能。军队的出现是一种社会历史现象。军队历来是"国之干城""民之栋梁",军队强弱、战争胜负,关乎国家安危、民族兴衰。能打仗、打胜仗,是一支军队赖以生存的根本意义和价值所在。

打仗和准备打仗始终是人民军队建设发展的主线。我军从诞生之日起,就英勇投身为中国人民求解放、求幸福,为中华民族谋独立、谋复兴的洪流,把打赢每一场战争、取得每一次战斗胜利作为根本任务。历史证明,我军不愧为一支英勇善战、一往无前的战斗队。随着国家建设发展,人民军队积极投身改革开放新的伟大革命,有力服务和保障国家改革发展稳定大局,依法履行香港、澳门防务职责,有效应对国家安全面临的各种威胁,坚决打击一切形式的分裂破坏活动,积极参与对外军事交流合作和联合国维和行动,始终把战斗队作为根本职能,把打仗作为第一位要求。

特别是党在新时代的强军目标,明确了人民军队为实现中国梦提供强大力量保证的重大责任,对部队能打仗、打胜仗提出了新的更高要求。我们要充分认清战斗队永远是我军的基本定位、战斗力永远是军人的不变追求,自觉把打仗当天职、视打赢为目标,始终瞄着能打仗、打胜仗苦练打赢本领,在实现强国梦强军梦征程中书写属于中国军人的时代风采。

★2.新时代革命军人如何忠实履行战斗队的根本职能?

答:一是要牢固树立战斗力这个唯一的根本的标准。坚持把战斗力标准贯彻到全军各项建设和工作之中,是我们在工作指导上需要把握的一个带全局性、方向性的问题。强调战斗力标准,是有效履行我军根本职能的要求,也是提高军队建设质量和效益的要求。军队建设各项工作,如果离开战斗力标准,就失去其根本意义和根本价值。

二是要全面提高军事训练实战化水平。军事训练是提高实战能力的重要途径和抓手,是最直接的军事斗争准备。军事训练水平上不去,军事斗争准备就很难落到实处,部队战斗力也很难提高,战时必然吃大亏。

三是要做好随时打仗的充分准备。战争充满着偶然性和不确定性,不是一厢情愿的事,也不可能等我们完全准备好了再去打。宁可备而不战,不可无备而战。我国面临的安全挑战十分严峻复杂,各种可以预料和难以预料的风险挑战明显增多,战争危险现实存在,说不定什么时候就会打一仗。要立足最困难、最复杂情况,对突出短板弱项扭住不放、持续用力,把各项准备工作往前赶、往实里抓。

四是要大力培育"一不怕苦、二不怕死"的战斗精神。打仗从来都是狭路相逢勇者胜。军队要能打仗、打胜仗,固然要靠战略战术,要靠机制体制,要靠武器装备,要靠综合国力,但没有战斗精神,光有好的作战条件,军队也是不能打胜仗的。在缺乏实战检验的情况下,锻造战斗精神主要靠训练。要在艰苦严格的训练中、在近似实战的环境中、在严峻复杂的军事斗争中摔打和锻炼部队,坚定理想信念、磨砺战斗意志、锤炼战斗作风,始终保持一不怕苦、二不怕死的顽强战斗精神。

第六章　培养有灵魂有本事有血性
有品德的新时代革命军人

1.如何认识培养"四有"新时代革命军人的重大意义?

答:第一,培养"四有"新时代革命军人是着眼实现中国梦强军梦作出的战略思考。培养"四有"新时代革命军人,集中反映了强军目标对官兵素质能力的时代要求,体现了习主席着眼实现中国梦强军梦深邃长远的战略考量,这是新形势下人民军队强军兴军的百年大计,是中国特色社会主义事业根基永固的千秋大业。

第二,培养"四有"新时代革命军人是对我们党铸魂育人思想的继承与发展。习主席关于培养"四有"新时代革命军人的重要思想,深刻揭示了培养合格革命军人的内在规律,是对新形势下我军铸魂育人目标的新概括、新定位,与我们党培养合格革命军人思想

一脉相承又与时俱进,进一步丰富了我们党的建军治军思想。

第三,培养"四有"新时代革命军人是人民军队培育社会主义核心价值观走在前列的内在要求。社会主义核心价值观是社会主义中国的精神旗帜。培养新时代革命军人与践行社会主义核心价值观是内在统一的,它既体现了核心价值观对军人思想道德和行为规范的内在要求,也是我军培育核心价值观的重要载体和实践抓手。有灵魂、有本事、有血性、有品德,凝结着社会主义先进军事文化的精髓要义,承载着军人立身、立志、立德、立业的价值表达和价值引领。作为新形势下军队建设的铸魂育人工程,培养新时代革命军人是对官兵素质由内而外的升级塑造。

第四,培养"四有"新时代革命军人是对解决军队建设重大现实问题的时代回应。当前,面对国家安全环境发生深刻变化的新形势,面对意识形态领域斗争尖锐复杂的新态势,面对长期相对和平环境和市场经济深入发展带来的新课题,面对军事斗争准备艰巨繁重的新任务,只有按照"四有"要求,灵魂上"补钙",本事上"升级",血性上"淬火",品德上"提纯",立起新时代革命军人的好样子,才能做到政治靠得住,风浪击不垮,战场打得赢,肩负起强军兴军的历史使命。

2. 如何理解有灵魂是践行强军目标必备的政治品格?

答:有灵魂,是强军兴军进程中我军官兵应当具备的理想抱负,是对新时代革命军人的政治要求。其核心要义是习主席强调的信念坚定、听党指挥。就是要对党的理想高度认同、对党的信仰忠贞不渝、对党的要求坚决恪守,始终保持对实现中国梦强军梦的坚定信念信心,自觉坚持党对军队绝对领导的根本原则和制度,始终在思想上政治上行动上同党中央、中央军委和习主席保持高度一致,一切行动听从党中央、中央军委和习主席指挥。

有灵魂是把正方向、坚定立场的根本保证。革命军人有了坚定的理想信念和崇高的价值追求,就能知所趋赴、有所坚守,自觉与党同心同德,坚决听党指挥。革命军人只有坚定信念、听党指挥,才能拥有"定盘星""主心骨",始终保持政治清醒和政治定力,任何时候都不迷茫、不迷航。

有灵魂是不懈奋斗、干事创业的力量源泉。实现中国梦强军梦,既是光荣而神圣的事业,也是艰巨而繁重的任务,绝不是轻轻松松、顺顺当当就能实现的。革命军人信念坚定、听党指挥,就能激发起忘我献身热情、无穷拼搏勇气和顽强韧劲斗志,战胜一个个"硬骨头""拦路虎",朝着强军目标不断前进。

有灵魂是拒腐防变、经受考验的信念支撑。在长期和平环境下,我军始终面临着精神懈怠的危险,容易滋生拜金主义、享乐主义、极端个人主义等思想。革命军人信念坚定、听党指挥,就能把住总开关,扎紧篱笆,炼就"金刚不坏之身",在大是大非面前旗帜鲜明,在风浪考验面前无所畏惧,在各种诱惑面前立场坚定。

3. 如何理解有本事是践行强军目标必备的核心能力?

答:有本事,是强军兴军进程中我军官兵应当具备的素质本领,是对新时代革命军人的能力要求。其核心要义是习主席强调的素质过硬、能打胜仗。就是要始终牢记我军的根本职能,把打仗作为主业、专业和事业,掌握必备的现代军事、科技知识,练就过硬的作战能力,有效履行使命任务,成为能打胜仗的"刀尖子"。

有本事是坚持战斗力标准的内在要求。战斗力是由人、武器装备以及人与武器装备的结合方式三个基本要素构成的,其中人是战斗力中最核心最能动的要素,人的素质高低、本领大小直接决定着战斗力的水平。打赢信息化战争对战斗力各要素都提出了新的更高要求,迫切需要每名官兵的思想观念、工作标准、精神状态、能力素质、工作作风实现一个大的提升。

有本事是应对现实安全威胁的紧迫要求。当前,我国周边特别是海上方向安全的不稳定性不确定性增大,国家安全面临的现实和潜在的威胁增多,维护国家统一、领土主权、海洋权益和发展利益的任务更加艰巨。各种敌对势力加紧进行渗透、破坏、颠覆活动,使得维护国家政治安全和社会稳定增加了新的难度。面对各种现实安全威胁,必须具有过硬的素质本领,才能坚决完成各项军事斗争任务,有效履行军队使命任务。

有本事是解决"两个能力不够"问题的现实要求。当前,我军现代化水平与国家安全需求相比差距还很大,与世界先进军事水平相比差距还很大,打现代化战争能力不够、各级干部指挥现代化战争能力不够的问题依然很现实地摆在我们面前。这就要求每名官兵强化"本领恐慌"意识,对照差距补短板,瞄准强敌练硬功,勇于创新求突破,不断提高驾驭现代战争的能力,锤炼信息化条件下遂行作战任务的能力。

★4. 如何理解有血性是践行强军目标必备的精神特质?

答:有血性,是强军兴军进程中我军官兵应当具备的精神特质,是对新时代革命军人的精气神要求。其核心要义是习主席强调的英勇顽强、不怕牺牲。就是要胸怀不辱使命的强烈担当,保持坚韧不拔的顽强意志,坚定不畏强敌的必胜信念,发扬视死如归的献身精神。

有血性是我军战胜强大敌人的制胜密码。我军素以有强大的战斗精神闻名于世。90多年来,我军战无不胜、所向披靡,一个重要原因就是具有一不怕苦、二不怕死的血性胆气。这是我军的重要法宝和特有优势。

有血性是打赢信息化战争的精神利刃。信息化战争战局态势瞬息万变、火力打击精确猛烈,要求官兵必须临阵不乱、临危不惧,才能始终保持高昂士气和良好状态。信息化装备操作精细复杂、要求越来越严,要求官兵必须沉着冷静、严谨缜密,才能发挥武器装备的最佳作战效能。信息化作战更加强调体系支撑、联合制胜,要求官兵必须团结协同、密切配合,才能形成并发挥整体作战威力。可以说,信息化战争对军人血性的要求不是降低了而是提高了,军人血性对打赢的作用不是减弱了而是增强了。

有血性是战胜强军进程中困难挑战的动力引擎。实现党在新时代的强军目标,没有改革创新的锐气、攻坚克难的勇气是不行的。当前,军事斗争准备面临大量矛盾和问题,只有坚持向积弊开战、朝纵深进击,才能推动各项准备工作不断拓展深化。深化国防和军队改革进入深水区和攻坚期,只有敢啃硬骨头,敢于涉险滩,才能冲破思想观念的障碍和利益固化的藩篱,解决长期积累的体制性障碍、结构性矛盾、政策性问题。

有血性是彰显革命军人意志力量的形象标识。英勇顽强、不怕牺牲的血性是我军官兵用鲜血和生命浇铸的不朽品牌,也是人民群众评判合格革命军人的特有标准。身有血性方称勇。只有强化不怕苦累、牺牲奉献的意志,砥砺平时忘我、战时忘死的胆气,才能树好革命军人应有的样子。

5. 如何理解有品德是践行强军目标必备的道德操守?

答:有品德,是强军兴军进程中我军官兵应当具备的道德情操,是对新时代革命军人的道德要求。其核心要义是习主席强调的情趣高尚、品行端正。就是要知荣明耻、明辨是非、克己慎行、自律慎独,保持崇高追求,提升思想境界,培养健康情趣,模范遵守社会公德、职业道德、家庭美德和个人品德,始终做一个高尚的人、纯粹的人、脱离低级趣味的人、有益于人民的人。

有品德是立身做人、当兵为官的准则。青年官兵处在世界观、人生观、价值观形成的关键时期,常常面临得与失、苦与乐、义与利、生与死的考验,只有不断加强道德修养、强化道德约束,才能自觉匡正人生追求、抵御各种诱惑,始终走得正、行得端。

有品德是履职尽责、干好工作的基础。无论是平时训练执勤,还是战时冲锋陷阵,都需要高尚道德做有力支撑,否则就难以形成强大的向心力、凝聚力,完成任务、履行使命就无从谈起。新形势下,广大官兵纯洁思想道德面临许多现实考验,只有自觉修身养德,才能激发强烈的事业心责任感,积极为强军兴军贡献智慧力量。

有品德是保持本色、树好形象的保证。当前社会上的多元价值取向和不良风气不断向军营渗透蔓延,一些官兵无私奉献、艰苦奋斗等革命精神有所弱化,是非、美丑、荣辱等基本道德标准出现错位,对部队的形象声誉带来损害。广大官兵只有加强道德修养,升华思想境界、涵养浩然正气、塑造高尚品格,才能永葆政治本色,维护我军良好形象。

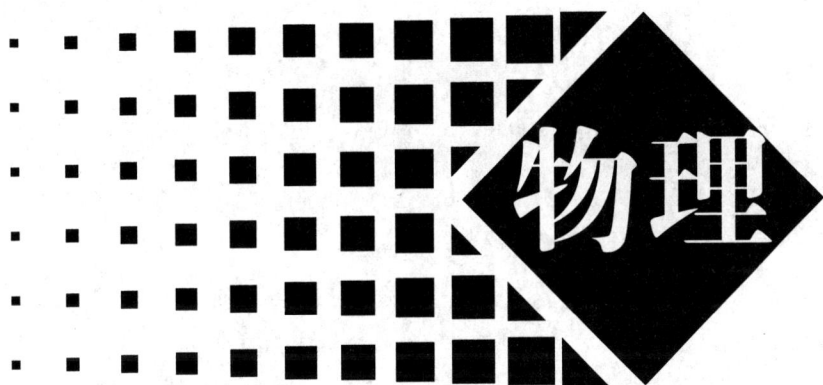

一、力学强化练习（一）

一、单项选择题

1. 如图 G1-1 所示，小车内有一固定光滑斜面，一个小球通过细绳与车顶相连，细绳始终保持竖直．关于小球的受力情况，下列说法正确的是_____．

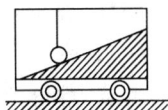
图 G1-1

    A. 若小车静止，绳对小球的拉力可能为零

    B. 若小车静止，斜面对小球的支持力一定为零

    C. 若小车向右运动，小球一定受两个力的作用

    D. 若小车向右运动，小球一定受三个力的作用

2. 如图 G1-2 所示，A、B 两物块叠放在一起，在粗糙的水平面上保持相对静止地向右做匀减速直线运动，运动过程中 B 受到的摩擦力_____．

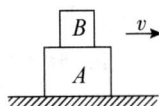
图 G1-2

    A. 方向向左，大小不变   B. 方向向左，逐渐减小

    C. 方向向右，大小不变   D. 方向向右，逐渐减小

3. 如图 G1-3 所示，物体 A、B 在力 F 作用下一起以相同速度沿 F 方向做匀速运动．关于物体 A 所受的摩擦力，下列说法正确的是_____．

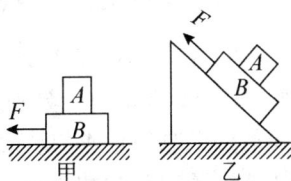
图 G1-3

    A. 甲、乙两图中 A 均受摩擦力，且方向均与 F 相同

    B. 甲、乙两图中 A 均受摩擦力，且方向均与 F 相反

    C. 甲、乙两图中 A 均不受摩擦力

    D. 甲图中 A 不受摩擦力，乙图中 A 受摩擦力，方向与 F 相同

4. 如图 G1-4 所示的水平面上，橡皮绳一端固定，另一端连接两根弹簧，连接点 P 在 F_1、F_2 和 F_3 三力作用下保持静止．下列判断正确的是_____．

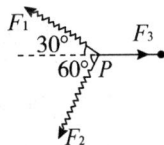
图 G1-4

    A. $F_1 > F_2 > F_3$

    B. $F_3 > F_1 > F_2$

    C. $F_2 > F_3 > F_1$

    D. $F_3 > F_2 > F_1$

5. 在下列运动过程中，人不处于失重状态的是_____．

    A. 小朋友沿滑梯加速滑下

    B. 乘客坐在沿平直路面减速行驶的汽车内

    C. 宇航员随飞船绕地球做圆周运动

    D. 运动员离开跳板后向上运动

6. "北斗"卫星导航定位系统由 5 颗静止轨道卫星和 30 颗非静止轨道卫星组成,30 颗非静止轨道卫星中有 27 颗是中轨道卫星,中轨道卫星平均分布在倾角 55°的三个平面上,轨道高度约为 21 500 km,静止轨道卫星的高度约为 36 000 km,地球半径约为 6 400 km. 已知 $\sqrt{\left(\dfrac{279}{424}\right)^3} \approx 0.53$,下列关于"北斗"导航卫星的说法正确的是_____.

　　A. 静止轨道卫星的向心加速度比中轨道卫星大

　　B. 静止轨道卫星和中轨道卫星的线速度均大于地球的第一宇宙速度

　　C. 中轨道卫星的周期约为 12.7 h

　　D. 地球赤道上随地球自转物体的向心加速度比静止轨道卫星大

7. 北京朝阳公园摩天轮高 208 m,一质量为 m 的乘客坐在摩天轮中以速率 v 在竖直平面内做半径为 R 的匀速圆周运动. 假设 $t=0$ 时刻乘客在轨道最低点且重力势能为零,那么,下列说法正确的是_____.

　　A. 乘客运动的过程中,重力势能随时间的变化关系为 $E_{\mathrm{p}} = mgR\left(1 - \cos\dfrac{v}{R}t\right)$

　　B. 乘客运动的过程中,在最高点受到座位的支持力为 $m\dfrac{v^2}{R} - mg$

　　C. 乘客运动的过程中,机械能守恒,且机械能为 $E = \dfrac{1}{2}mv^2$

　　D. 运动的过程中,机械能随时间的变化关系为 $E = \dfrac{1}{2}mv^2 + mgR\cos\dfrac{v}{R}t$

8. 如图 G1-5 所示,物体 A、B 通过细绳及轻弹簧连接在轻滑轮两侧,物体 A、B 的质量分别为 m、$2m$,开始时细绳伸直,用手托着物体 A 使弹簧处于原长且 A 与地面的距离为 h,物体 B 静止在地面上. 放手后物体 A 下落,与地面即将接触时速度为 v,此时物体 B 对地面恰好无压力,则下列说法中正确的是_____.

　　A. 物体 A 下落过程中的任意时刻,加速度不会为零

　　B. 此时弹簧的弹性势能等于 $mgh + \dfrac{1}{2}mv^2$

　　C. 此时物体 B 处于平衡状态

　　D. 此过程中物体 A 的机械能变化量为 $mgh + \dfrac{1}{2}mv^2$

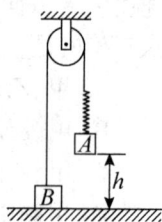

图 G1-5

9. 一蹦极运动员身系弹性蹦极绳从水面上方的高台下落,到最低点时距水面还有数米距离. 设空气阻力可忽略,运动员可视为质点. 下列说法不正确的是_____.

　　A. 运动员到达最低点前重力势能始终减小

　　B. 蹦极绳张紧后的下落过程中,弹力做负功,弹性势能增加

　　C. 蹦极过程中,运动员、地球和蹦极绳所组成的系统机械能守恒

　　D. 蹦极过程中,重力势能的改变与重力势能零点的选取有关

10. 如图 G1-6,可视为质点的小球 A、B 用不可伸长的细软轻线连接,跨过固定在地面上半径为 R 的光滑圆柱,A 的质量为 B 的两倍. 当 B 位于地面时,A 恰与圆柱轴心等

高. 将 A 由静止释放, B 上升的最大高度是_____.

    A. $2R$ B. $\dfrac{5R}{3}$

    C. $\dfrac{4R}{3}$ D. $\dfrac{2R}{3}$

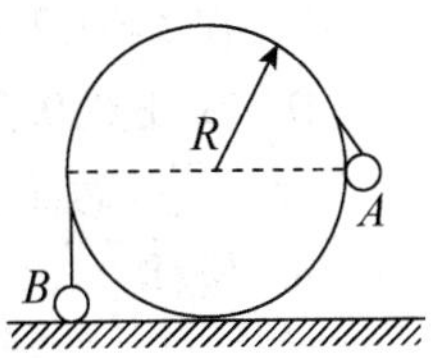

图 G1 - 6

11. 以下说法正确的是_____.

    A. 物体做匀速运动,它的机械能一定守恒

    B. 物体所受合力的功为零,它的机械能一定守恒

    C. 物体所受合力不等于零,它的机械能可能守恒

    D. 物体所受合力等于零,它的机械能一定守恒

12. 如图 G1 - 7 所示,长为 l 的均匀铁链对称挂在一轻质小滑轮上,某一微小的扰动使铁链向一侧滑动,则铁链完全离开滑轮时速度大小为_____.

    A. $\sqrt{2gl}$ B. $\sqrt{gl}$

    C. $\dfrac{\sqrt{2gl}}{2}$ D. $\dfrac{\sqrt{gl}}{2}$

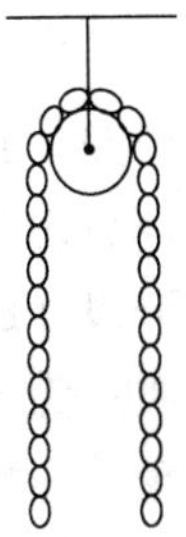

图 G1 - 7

13. 质量为 M 的物块以速度 v 运动,与质量为 m 的静止物块发生正碰,碰撞后两者的动量正好相等,两者质量之比 $\dfrac{M}{m}$ 可能为_____.

    A. 3   B. 4   C. 5   D. 6

14. 如图 G1 - 8,在光滑水平面上放着质量分别为 m 和 $2m$ 的 A、B 两个物块,现用外力缓慢向左推 B 使弹簧压缩,此过程中推力做功为 W. 然后撤去外力,则_____.

    A. 从开始到 A 离开墙面的过程中,墙对 A 的冲量为 0

    B. 当 A 离开墙面时,B 的动量大小为 $\sqrt{2mW}$

    C. A 离开墙面后,A 的最大速度为 $\dfrac{8}{3}\sqrt{\dfrac{W}{m}}$

图 G1 - 8

    D. A 离开墙面后,弹簧的最大弹性势能为 $\dfrac{W}{3}$

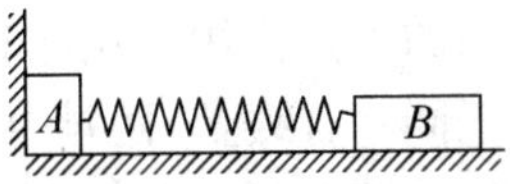

15. 图 G1 - 9 是一列简谐横波在 $t = 0$ 时刻的波动图像. 如果此时刻质点 P 的运动方向沿 y 轴负方向,且经过 0.55 s 质点 P 恰好第 3 次到达 y 轴正方向最大位移处. 关于这列横波,下列说法正确的是_____.

    A. 这列横波沿着 x 轴正方向传播

    B. 这列横波的周期为 0.4 s

    C. 这列横波的波速为 2 m/s

图 G1 - 9

    D. 在 $0 \sim 1.2$ s 时间内,质点 Q 经过的路程为零

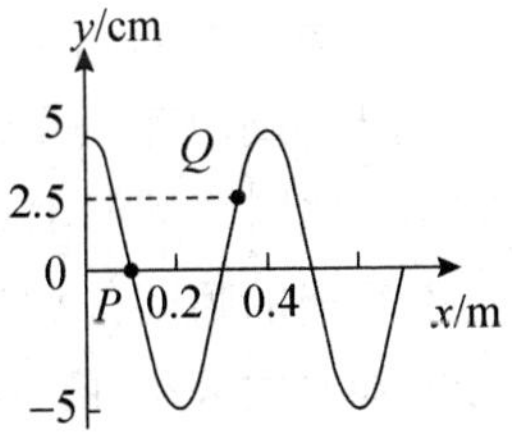

16. 一弹簧振子的位移 y 随时间 t 变化的关系式为 $y = 0.1\sin 2.5\pi t$,位移 y 的单位为 m,时间 t 的单位为 s. 则_____.

    A. 弹簧振子的振幅为 0.2 m

    B. 弹簧振子的周期为 1.25 s

C. 在 $t = 0.2$ s 时,振子的运动速度为零

D. 在任意 0.2 s 时间内,振子的位移均为 0.1 m

17. 质点做简谐运动,下列各物理量中变化周期是振动周期一半的是_____.

A. 位移　　　　B. 回复力　　　　C. 加速度　　　　D. 动能

二、填空题

1. 一列长为 l 的队伍,行进速度为 v_1,通信员从队尾以速度 $v_2(v_2 > v_1)$ 赶到排头,又立即以速度 v_2 返回队尾. 这段时间里队伍前进的距离是_____.

2. 一个做匀加速直线运动的物体,在前 4 s 内经过的位移为 24 m,在第二个 4 s 内经过的位移是 60 m,这个物体运动的加速度和初速度分别是_____和_____.

3. 近年来我国私家车数量快速增长,高速公路的建设也正加速进行,为了防止在公路弯道部分由于行车速度过大而发生侧滑,常将弯道部分设计成外高内低的斜面. 如果某品牌汽车的质量为 m,汽车行驶时弯道部分的半径为 r,汽车轮胎与路面间的动摩擦因数为 μ,路面设计的倾角为 θ,如图 G1 - 10 所示,重力加速度 g 取 10 m/s². 则为使汽车转弯时不打滑,汽车行驶的最大速度为_____;若取 $\sin\theta = \dfrac{1}{20}$,$r = 60$ m,汽车轮胎与雨雪路面间的动摩擦因数为 $\mu = 0.3$,则弯道部分汽车行驶的最大速度为_____.

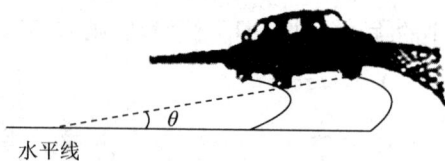

图 G1 - 10

4. 宇宙中存在一些由质量相等的三颗星组成的三星系统,通常可忽略其他星体对它们的引力作用. 现已观测到稳定的三星系统存在两种基本的构成形式:一种是三颗星位于同一直线上,两颗星围绕中央星在同一半径为 R 的圆轨道上运行;另一种形式是三颗星位于等边三角形的三个顶点上,并沿外接于等边三角形的圆轨道上运行. 设每个星体的质量均为 m,引力常量为 G. 则(1)第一种形式下,星体运动的线速度和周期分别为_____、_____;(2)假设两种形式星体的运动周期相同,第二种形式下星体之间的距离应是_____.

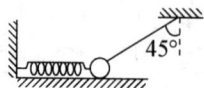

图 G1 - 11

5. 在动摩擦因数 $\mu = 0.2$ 的水平面上有一个质量 $m = 1$ kg 的小球,小球与水平轻弹簧及与竖直方向成 $\theta = 45°$ 角的不可伸长的轻绳一端相连,如图 G1 - 11 所示. 此时小球处于静止平衡状态,且水平面对小球的弹力恰好为零,取 $g = 10$ m/s²,在剪断轻绳的瞬间,(1)轻弹簧的弹力大小为_____;(2)小球的加速度大小和方向分别为_____、_____.

6. 质量为 0.1 kg 的弹性球从空中某高度由静止开始下落,该下落过程的 v、t 的完整关系如图 G1 - 12 所示. 球与水平地面相碰后离开地面时的速度大小为碰撞前的 $\dfrac{3}{4}$. 设球受到的空气阻力大小恒为 F_f,取 $g = 10$ m/s²,则(1)弹性球受到的空气阻力 F_f 的大小为_____;(2)弹性球第一次碰撞后

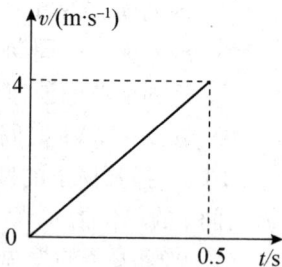

图 G1 - 12

反弹的高度 h 为_____.

7. 一物块放在如图 G1-13 所示的斜面上,用力 F 沿斜面向下拉物块,物块沿斜面运动了一段距离. 若已知在此过程中,拉力 F 所做的功为 W_A,斜面对物块的作用力所做的功为 W_B,重力做的功为 W_C,空气阻力做的功为 W_D,其中 W_A、W_B、W_C、W_D 的绝对值分别为 100 J、30 J、100 J、20 J,则物块动能的增量为_____;物块机械能的增量为_____.

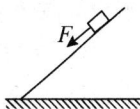

图 G1-13

8. 如图 G1-14 所示,质量为 m 的小物块 A 在粗糙水平桌面上做直线运动,经距离 l 后与质量为 m 的小物块 B 发生碰撞,并粘在一起以速度 v 飞离桌面,最终落在水平地面上. 已知 $l=3.0$ m,$v=2.0$ m/s,$m=0.10$ kg,物块与桌面间的动摩擦因数 $\mu=0.15$,桌面高 $h=0.45$ m. 不计空气阻力,重力加速度 g 取 10 m/s². 则落地点距飞出点的水平距离 s 为_____;落地时的动能 E_k 为_____;小物块 A 的初速度大小 v_0 为_____.

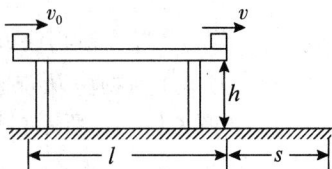

图 G1-14

9. 如图 G1-15 所示,光滑水平地面上停放着甲、乙两辆相同的平板车,一根轻绳跨过乙车的定滑轮,绳的一端与甲车相连,另一端被甲车上的人拉在手中,已知每辆车和人的质量均为 $m=30$ kg,两车间的距离为 $L=4$ m. 现在人用力拉绳,两车开始相向运动,人与甲车保持相对静止,当两车间的距离为 $s=1$ m 时,乙车的速度为 $v_乙=1$ m/s,并停止拉绳. 则停止拉绳时甲车运动的位移为_____;人拉绳的过程做功为_____.

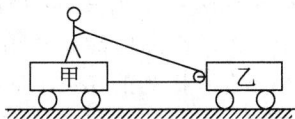

图 G1-15

三、计算题

1. 如图 G1-16 所示,水平桌面上有一轻弹簧,左端固定在 A 点,自然状态时其右端位于 B 点. 水平桌面右侧有一竖直放置的光滑轨道 MNP,其形状为半径 $R=0.8$ m 的 135° 的圆弧,MN 为其竖直直径,P 点到桌面的竖直距离也是 R. 用质量 $m_1=0.4$ kg 的小物块甲将弹簧缓慢压缩到 C 点,释放后弹簧恢复原长时物块甲恰停止在 B 点. 用同种材料、质量 $m_2=0.2$ kg 的小物块乙将弹簧缓慢压缩到 C 点释放,物块乙过 B 点后做匀变速运动,物块乙由 B 到 D 的位移与时间的关系为 $x=6t-2t^2$,物块乙飞离桌面后恰好由 P 点沿切线进入圆弧轨道,$g=10$ m/s²,不计空气阻力. 求:

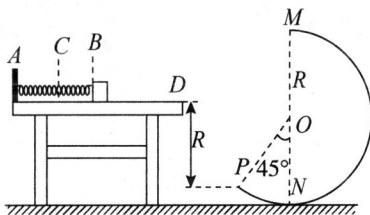

图 G1-16

(1) B、D 间的距离;

(2) 判断小物块乙能否沿圆弧轨道到达 M 点;

(3) 小物块乙由 C 点释放运动到 D 点的过程中克服摩擦力做的功.

2. 如图 G1-17,水平桌面上固定着光滑斜槽,光滑斜槽的末端和一水平木板平滑连接,设物块通过衔接处时速率没有改变. 质量 $m_1=0.40$ kg 的物块 A 从斜槽上端距水平

木板高度 $h = 0.80$ m 处下滑,并与放在水平木板左端的质量 $m_2 = 0.20$ kg 的物块 B 相碰,相碰后物块 B 滑行 $x = 4.0$ m 到木板的 C 点停止运动,物块 A 滑到木板的 D 点停止运动. 已知物块 B 与木板间的动摩擦因数 $\mu = 0.20$,重力加速度 $g = 10$ m/s^2. 求:

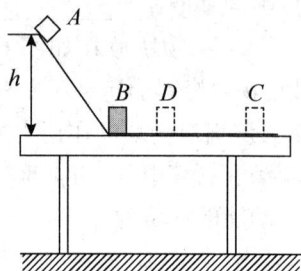

图 G1-17

(1)物块 A 沿斜槽滑下与物块 B 碰撞前瞬间的速度大小;

(2)滑动摩擦力对物块 B 做的功;

(3)物块 A 与物块 B 碰撞过程中损失的机械能.

3. 如图 G1-18 所示,固定在壁 BE、CF 上的光滑轨道 AB、CD,均是半径为 R 的 $\frac{1}{4}$ 圆弧.

一质量为 m、上表面长也为 R 的小车静止在光滑水平面 EF 上,小车上表面与轨道 AB、CD 的末端 B、C 相切. 一质量为 m 的物体(大小不计)从轨道 AB 的 A 点由静止下滑,由末端 B 滑上小车,

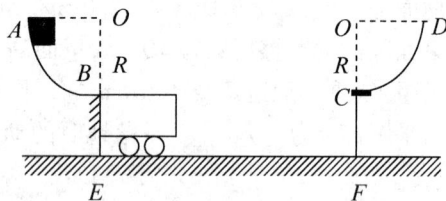

图 G1-18

小车在摩擦力的作用下向右运动. 在小车右端与壁 CF 接触前的瞬间,物体恰好滑到小车右端相对于小车静止,同时小车与 CF 相碰后立即停止运动但不粘连,物体则继续滑上轨道 CD.

(1)求物体滑上轨道 CD 前的瞬时速率;

(2)求水平面 EF 的长度;

(3)当物体再从轨道 CD 滑下并滑上小车后,如果小车与壁 BE 相碰后速度也立即变为零,最后物体停在小车上的 Q 点,则 Q 点距小车右端多远?

二、力学强化练习(二)

一、单项选择题

1. 关于互成角度的两个初速度不为零的匀变速直线运动的合运动,下列说法正确的是_____.

A. 合运动的轨迹一定是抛物线　　B. 合运动的性质一定不是匀变速运动

C. 合运动的轨迹是直线或是曲线　　D. 合运动的性质无法确定

2. 一物体做加速直线运动,依次通过 A、B、C 三点,$AB = BC$. 物体在 AB 段加速度为 a_1,在 BC 段加速度为 a_2,且物体在 B 点的速度为 $v_B = \dfrac{v_A + v_C}{2}$,则_____.

A. $a_1 > a_2$　　　　B. $a_1 = a_2$　　　　C. $a_1 < a_2$　　　　D. 不能确定

3. 图 G2-1 为一皮带传动装置示意图,右轮的半径为 r,a 是它边缘上的一点,左侧是一轮轴,大轮的半径为 $4r$,小轮的半径为 $2r$,b 点在小轮上,到小轮中心的距离为 r,c 点和 d 点分别位于小轮和大轮的边缘上,若在传动过程中,皮带不打滑,则_____.

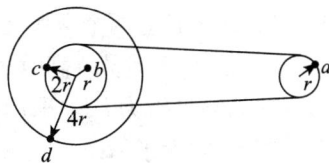

图 G2-1

A. a 点与 b 点的线速度大小相等　　B. a 点与 b 点的角速度大小相等

C. a 点与 c 点的角速度大小相等　　D. a 点与 d 点的向心加速度大小相等

4. 图 G2-2 为一空间探测器的示意图,P_1、P_2、P_3、P_4 是四个喷气发动机,P_1、P_3 的连线与空间一固定坐标系的 x 轴平行,P_2、P_4 的连线与 y 轴平行,每台发动机开动时,都能为探测器提供推力,但不会使探测器转动. 开始时,探测器以恒定的速率 v_0 沿 x 轴正方向平动,要使探测器改为沿 x 轴正向偏 y 轴负向 $60°$ 方向以原速率 v_0 平动,则可_____.

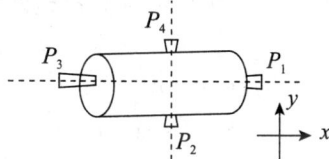

图 G2-2

A. 先开动 P_1 适当时间,再开动 P_4 适当时间

B. 先开动 P_3 适当时间,再开动 P_2 适当时间

C. 开动 P_4 适当时间

D. 先开动 P_3 适当时间,再开动 P_4 适当时间

5. 如图 G2-3 所示,在两块相同的竖直木板间,有质量均为 m 的四块相同的砖,用两个大小均为 F 的水平力压木板,使砖静止不动,则左边木板对第一块砖,第一块砖对第二块砖的摩擦力分别为:_____.

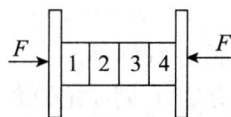

图 G2-3

A. $4mg$、$2mg$　　　　　　B. $2mg$、0

C. $2mg$、mg　　　　　　D. $4mg$、mg

6. 有一个直角支架 AOB，AO 水平放置，表面粗糙，OB 竖直向下，表面光滑，AO 上套有小环 P，OB 上套有小环 Q，两环质量均为 m，两环间由一根质量可忽略、不可伸展的细绳相连，并在某一位置平衡，如图 G2－4 所示，现将 P 环向左移一小段距离，两环再次达到平衡，那么将移动后的平衡状态和原来的平衡状态比较，AO 杆对 P 环的支持力 F_N 和细绳上的拉力 F_T 的变化情况是_____.

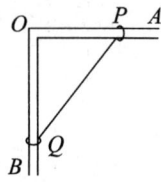

图 G2－4

A. F_N 不变，F_T 变大　　　　　　B. F_N 不变，F_T 变小

C. F_N 变大，F_T 变大　　　　　　D. F_N 变大，F_T 变小

7. 如图 G2－5 所示，容器内盛有水，器壁 AB 部分呈倾斜状态. 有一个椭球形物体 P 处于图示位置，并保持静止. 则对该物体的受力情况，下列说法正确的是_____.

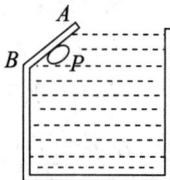

A. P 可能只受一个力

B. P 可能受到三个力

C. P 不可能只受两个力

D. P 不是受两个力就是受四个力

图 G2－5

8. 目前，运动员跳高时采用较多的是背越式. 若某跳高运动员质量为 m，身体重心与跳杆的高度差为 h，他采用背越式跳这一高度，则他在起跳过程中做的功_____.

A. 必须大于 mgh　　　　　　　　B. 必须大于或等于 mgh

C. 可以略小于 mgh　　　　　　　　D. 必须略小于 mgh

9. 如图 G2－6 所示，质量为 m 的小球用长 L 的细线悬挂而静止在竖直位置. 用水平拉力 F 将小球拉到细线与竖直方向成 θ 角的位置. 在此过程中，若 F 为恒力，而且拉到该位置时小球的速度刚好为零. 拉力 F 做的功是_____.

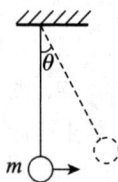

A. $FL\cos\theta$　　　　　　　　　　B. $FL\sin\theta$

C. $FL(1+\cos\theta)$　　　　　　　　D. $mgL(1+\cos\theta)$

图 G2－6

10. 把两个大小相同的实心铝球和实心铁球放在同一水平面上，它们的重力势能分别为 E_1 和 E_2. 若把它们移至另一个较低的水平面上时，它们的重力势能减少量分别为 ΔE_1 和 ΔE_2，则必有_____.

A. $E_1 < E_2$　　　　B. $E_1 > E_2$　　　　C. $\Delta E_1 < \Delta E_2$　　　　D. $\Delta E_1 > \Delta E_2$

11. 如图 G2－7 所示，一根长 $L=1$ m、质量 $M=0.2$ kg 的均匀直尺 AB，放在水平桌面上，B 端伸出桌面长 $L'=20$ cm，今在 B 端系一长 $l=0.2$ m 的细线，细线的另一端拴一质量 $m=0.1$ kg 的小球，将小球拉起，使悬线与竖直方向成 θ 角时轻轻放手，小球摆到最低点时，直尺仅对桌面边缘有压力，则 θ 角的大小应等于_____.

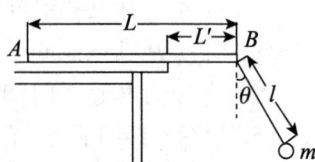

图 G2－7

A. 30°　　　　　　B. 45°　　　　　　C. 60°　　　　　　D. 90°

12. 在光滑水平面上，动能为 E_0、动量的大小为 p_0 的小钢球 1 与静止小钢球 2 发生碰撞，碰撞前后球 1 的运动方向相反. 将碰撞后球 1 的动能和动量的大小分别记为 E_1、

p_1,球 2 的动能和动量的大小分别记为 E_2、p_2,则一定没有_____.

A. $E_1 < E_0$ 　　　　B. $p_1 < p_0$ 　　　　C. $E_2 > E_0$ 　　　　D. $p_2 > p_0$

13. 如图 G2-8 所示,质量分别为 m 和 $2m$ 的 A、B 两个木块用轻弹簧相连,放在光滑水平面上,A 靠紧竖直墙.用水平力 F 将 B 向左压,使弹簧压缩一定长度,静止后弹簧储存的弹性势能为 E.这时突然撤去 F,关于 A、B 和弹簧组成的系统,下列说法中正确的是_____.

图 G2-8

A. 撤去 F 后,系统动量守恒,机械能守恒

B. 撤去 F 后,A 离开竖直墙前,系统动量不守恒,机械能不守恒

C. 撤去 F 后,A 离开竖直墙后,弹簧的弹性势能最大值为 E

D. 撤去 F 后,A 离开竖直墙后,弹簧的弹性势能最大值为 $\dfrac{E}{3}$

14. 如图 G2-9 所示,一列横波沿 x 轴正方向传播,频率为 5 Hz,波速为 20 m/s,P、Q 是波上的两个质点,它们在 x 轴上的距离是 5 m,当波传到 Q 点时,使 Q 从平衡位置沿 y 轴负方向运动,则此时 P 点_____.

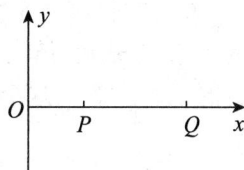
图 G2-9

A. 恰好经过平衡位置沿 y 轴负方向运动

B. 位移为正向最大

C. 位移为负向最大

D. 加速度为负向最大

15. 如图 G2-10 所示,一根张紧的水平弹性长绳上的 a、b 两点相距 12 m,b 点在 a 点的右方,一列简谐横波沿此长绳向右传播,若 a 点的位移达到正极大值时,b 点的位移恰为零,且向下运动.经过 1.0 s 后,a 点的位移为零,且向下运动,而 b 点的位移恰达到负极大值,则这列简谐波_____.

图 G2-10

A. 波长最大为 20 m 　　　　　　B. 频率最小为 4 Hz

C. 波速可能为 12 m/s 　　　　　D. 波速可能为 4 m/s

二、填空题

1. 如图 G2-11 所示,设 A 重 10 N,B 重 20 N,A、B 间的动摩擦因数为 0.1,B 与地面间的动摩擦因数为 0.2.则至少对 B 向左施加_____N 的力,才能使 A、B 发生相对滑动.若 A、B 间动摩擦因数 $\mu_1 = 0.4$,B 与地面间动摩擦因数 $\mu = 0.1$,则 F 为_____N 时才能产生相对滑动.

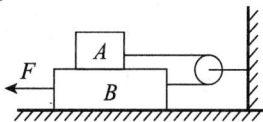
图 G2-11

2. 如图 G2-12 所示,将质量为 m 的小球从倾角为 α 的光滑斜面上的 A 点以初速度 v_0 水平抛出(即 $v_0 // CD$),小球沿斜面运动到 B 点.已知 A 点的竖直高度为 h,则小球到达 B 点时的速度大小为_____,小球在斜面上运动的时间为_____.

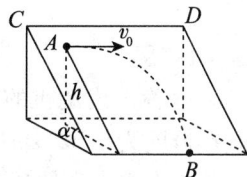
图 G2-12

3. 宇航员在地球表面以一定初速度竖直上抛一小球,经过时间 t 小球落回原处;若他在某星球表面以相同的初速度竖直上抛同一小球,需经过时间 $5t$ 小球落回原处. 取地球表面重力加速度 $g = 10 \text{ m/s}^2$,空气阻力不计. 则该星球表面附近的重力加速度 g' 为_____;若该星球的半径与地球半径之比为 $R_星 : R_地 = 1 : 4$,该星球的质量与地球质量之比 $M_星 : M_地$ 为_____.

4. 如图 G2-13 所示,杆长为 l,球的质量为 m,杆连球在竖直平面内绕轴 O 自由转动,已知在最高点处,杆对球的弹力大小为 $F = \frac{1}{2}mg$,这时小球的瞬时速度大小为_____.

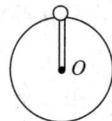
图 G2-13

5. 如图 G2-14 所示,物体在离斜面底端 4 m 处由静止滑下,若动摩擦因数均为 0.5,斜面倾角为 37°,斜面与平面间由一小段圆弧连接,则物体能在水平面上滑行_____m.

图 G2-14

6. 如图 G2-15 所示,以速度 $v_0 = 12 \text{ m/s}$ 沿光滑地面滑行的小球,上升到顶部水平的跳板上后由跳板飞出,当跳板高度 h 为_____时,小球飞行的距离 s 最大,这个距离为_____. (g 取 10 m/s^2)

图 G2-15

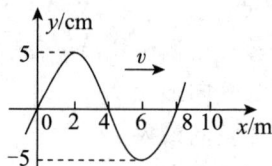
图 G2-16

7. 一列横波在某时刻的波形图像如图 G2-16 所示,波速 $v = 20 \text{ m/s}$. 从该时刻起再经过 1.5 s,$x = 4 \text{ m}$ 的质点 A 的位移为_____m. 在这 1.5 s 内质点 A 通过的路程为_____m.

8. 一列横波沿 x 轴传播,波速为 10 m/s. 已知 $t = 0$ 时刻的波形图像如图 G2-17 所示,图中 M 处的质点此时正经过平衡位置沿 y 轴正方向运动,在图中画出 $t = 1.5 \text{ s}$ 时的波形图像.

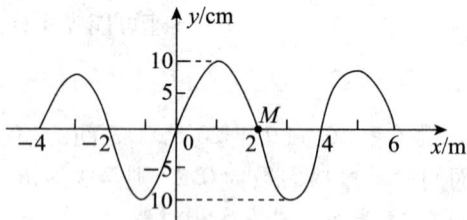
图 G2-17

三、计算题

1. 汽车发动机的功率为 60 kW,汽车的质量为 4 t,当它行驶在坡度为 $0.02(\sin \alpha = 0.02)$ 的长直公路上时,如图 G2-18,所受阻力为车重的 0.1 倍(取 $g = 10 \text{ m/s}^2$).

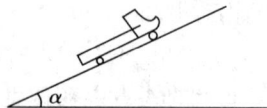
图 G2-18

(1)求汽车所能达到的最大速度 v_m；

(2)若汽车从静止开始以 0.6 m/s^2 的加速度做匀加速直线运动,则此过程能维持多长时间?

(3)当汽车匀加速行驶的速度达到最大值时,汽车做功多少?

(4)在 10 s 末汽车的瞬时功率为多大?

2. 如图 G2-19 所示,光滑水平面右端 B 处连接一个竖直的半径为 R 的光滑半圆轨道,B 点为水平面与轨道的切点,在与 B 距离为 x 的 A 点,用水平恒力将质量为 m 的小球从静止开始推到 B 处后撤去恒力,质点沿半圆轨道运动到 C 处后又正好落回 A 点.

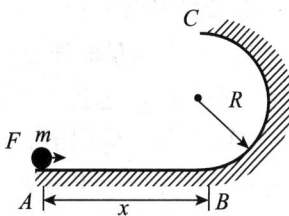

图 G2-19

(1)求推力对小球所做的功;

(2)x 取何值时,完成上述运动推力所做的功最少? 最小功为多少?

(3)x 取何值时,完成上述运动推力最小? 最小推力为多少?

3. 两个小球 A 和 B 用轻质弹簧相连,在光滑的水平直轨道上处于静止状态. 在它们左边有一垂直于轨道的固定挡板 P,右边有一小球 C 沿轨道以速度 v_0 射向 B 球,如图 G2-20 所示. C 与 B 发生碰撞并立即结成一个整体 D. 在它们继续向左运动的过程中,当弹簧长度变到最短时,长度突然被锁定,不再改变. 然后,A 球与挡板 P 发生碰撞,碰后 A、D 都静止不动,A 与 P 接触而不粘连. 过一段时间,突然解除锁定(锁定及解除锁定均无机械能损失). 已知 A、B、C 三球的质量均为 m.

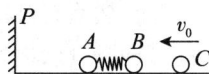

图 G2-20

(1)求弹簧长度刚被锁定后 A 球的速度大小.

(2)求在 A 球离开挡板 P 之后的运动过程中,弹簧的最大弹性势能.

三、热学强化练习

一、单项选择题

1. 一定质量的理想气体处于某一平衡态,此时其压强为 p_0,欲使气体状态发生变化后压强仍为 p_0,通过下列过程能够实现的是_____.

A. 先保持体积不变,使气体升温,再保持温度不变,使气体压缩

B. 先保持体积不变,使压强降低,再保持温度不变,使气体膨胀

C. 先保持温度不变,使气体膨胀,再保持体积不变,使气体升温

D. 先保持温度不变,使气体压缩,再保持压强不变,使气体降温

2. 电冰箱门不但有磁性,四周还镶有密封胶条,用以增加密封性,因为门与箱体之间密封得越严密,电冰箱越节能.有经验的师傅挑选冰箱的做法是首先通电让冰箱工作一段时间,然后打开冷冻室的门,用手摸摸冷冻室门上的密封胶条,去感受箱门最上面一部分胶条的温度,电冰箱的密封性好坏就知道了.请你判断_____.

A. 如果该部分胶条温度高,则密封性好

B. 如果该部分胶条温度低,则密封性差

C. 如果该部分胶条温度高,则密封性差

D. 该部分胶条温度与密封性无关

3. 如果取两个分子相距无穷远时的分子势能为零,下面说法中不正确的有_____.

A. 当两分子间距在 r_0 和 $10r_0$ 之间时,分子势能一定为负值

B. 当两分子间距为 r_0 时,分子势能一定为零

C. 当两分子间距为 r_0 时,分子势能最小且为负值

D. 当两分子间距小于 r_0 时,分子势能可能为正值

4. 分子甲和乙相距较远时,它们之间的分子力可忽略.现让分子甲固定不动,将分子乙由较远处逐渐向甲靠近直到不能再靠近,在这一过程中_____.

A. 分子力总是对乙做正功,分子势能减小

B. 分子乙总是克服分子力做功,分子势能增加

C. 先是分子力对乙做正功,然后是分子乙克服分子力做功

D. 分子力先对乙做正功,再对乙做负功,最后又对乙做正功

5. 质量相同、温度相同的氢气和氧气,它们的_____.

A. 分子数相同   B. 内能相同

C. 分子平均速度相同   D. 分子的平均动能相同

6. 萘的熔点为 80 ℃.80 ℃的液态萘分子与 80 ℃的固态萘分子相比,具有_____.

A. 相等的平均动能和相等的势能   B. 相等的平均动能和较多的势能

C. 较多的平均动能和相等的势能   D. 较少的平均动能和相等的势能

7. 如图 G3 - 1 所示,固定容器及可动活塞 P 都是绝热的,中间有一导热的固定隔板 B,B 的两边分别盛有气体甲和乙. 现将活塞 P 缓慢地向 B 移动一段距离,已知气体的温度随其内能的增加而升高. 则在移动 P 的过程中_____.

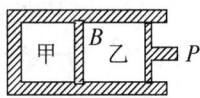

图 G3 - 1

A. 外界对乙做功;甲的内能不变

B. 外界对乙做功;乙的内能不变

C. 乙传递热量给甲;乙的内能增加

D. 乙的内能增加;甲的内能不变

8. 关于物体的内能及其变化,正确的是_____.

A. 物体的温度改变时,其内能必定改变

B. 物体对外做功,其内能不一定改变;向物体传递热量,其内能不一定改变

C. 对物体做功,其内能必定改变;物体向外界传递一定热量其内能必定改变

D. 若物体与外界不发生热交换,则物体的内能必定不改变

9. 在各处温度相等的液体中,一个小气泡由液体的底层缓慢地升到液面,上升过程中气泡的体积不断增大,则气泡在浮起过程中_____.

A. 放出热量   B. 吸收热量

C. 与外界绝热   D. 无法判断内能改变过程

10. 一个带活塞的汽缸内盛有一定质量的气体,若此气体的温度随其内能的增大而升高,则_____.

A. 将热量传给气体,其温度必升高

B. 压缩气体,其温度必升高

C. 压缩气体,同时气体向外界放热,其温度必不变

D. 压缩气体,同时将热量传给气体,其温度必升高

11. 在如图 G3 - 2 所示的容器中,A、B 各有一个可自由移动的轻活塞,活塞下面是水,上面为空气,大气压恒定. A、B 底部由带有阀门 K 的管道相连,整个装置与外界绝热. 原先 A 中的水面比 B 中的水面高,打开阀门,使 A 中的水逐渐向 B 中流,最后达到平衡. 在这个过程中_____.

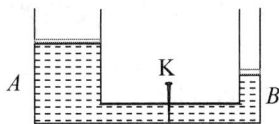

A. 大气压力对水做功,水的内能增加

B. 水克服大气压力做功,水的内能减少

C. 大气压力对水不做功,水的内能不变

D. 大气压力对水不做功,水的内能增加

图 G3 - 2

12. 如图 G3 - 3 所示,直立容器内部有被隔板隔开的体积相等的 A、B 两部分气体,A 的密度小,B 的密度较大,抽去隔板,加热气体,使两部分气体均匀混合. 设在此过程气体吸热 Q,气体内能增量为 ΔE,则_____.

A. $\Delta E = Q$ B. $\Delta E < Q$

C. $\Delta E > Q$ D. 无法比较 ΔE 与 Q 的大小

图 G3 - 3

13. 如图 G3 – 4 所示,两个相通的容器 P、Q 间装有阀门 K,P 中充满空气,Q 为真空,整个系统与外界没有热交换. 打开阀门 K 后,P 中的气体进入 Q 中,最终达到平衡,则_____.

A. 气体体积膨胀,内能增加

B. 气体分子势能减少,内能增加

C. 气体分子势能增加,压强可能不变

D. Q 中气体不可能自发地全部退回到 P 中

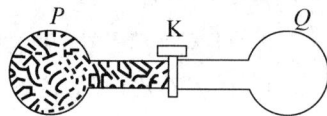

图 G3 – 4

14. 下列说法中不正确的是_____.

A. 热量能自发地从高温物体传给低温物体

B. 热量不能自发地从低温物体传给高温物体

C. 热传导是有方向的

D. 能量的耗散说明能量是不守恒的

15. 下列说法正确的是_____.

A. 自然界中进行的涉及热现象的宏观过程都具有方向性

B. 根据热力学第二定律,可以发明一种机器将散失的能量重新收集、重新利用

C. 可以利用特殊的方法,使热机的效率达到 100%

D. 冰箱可以实现热量从低温物体传给高温物体,所以热力学第二定律不正确

16. 图 G3 – 5 为电冰箱的工作原理示意图. 压缩机工作时,强迫致冷剂在冰箱内外的管道中不断循环. 在蒸发器中致冷剂汽化吸收箱体内的热量,经过冷凝器时致冷剂液化,放出热量到箱体外. 下列说法正确的是_____.

A. 热量可以自发地从冰箱内传到冰箱外

B. 电冰箱的致冷系统能够不断地把冰箱内的热量传到外界,是因为其消耗了电能

C. 电冰箱的工作原理违反热力学第一定律

D. 电冰箱的工作原理违反热力学第二定律

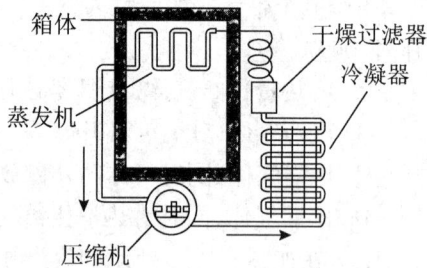

图 G3 – 5

二、填空题

1. 医疗方法中的"拔火罐"可以治疗跌打损伤、淤血及内寒等病,一种做法是将纸片或酒精棉球点燃后放在口径较大些的玻璃瓶里,迅速将瓶口紧贴在患病部位,就可以将伤处的淤血"吸出",请根据物理知识解释其医疗方法的原理_____
_____.

2. 如图 G3 – 6 所示,一定质量的理想气体可由状态 1 经等容过程到状态 2,再经过等压过程到状态 3, 也可由状态 1 先经等压过程到状态 4,再经等容过程到状态 2. 已知状态 1 的温度和状态 3 的温度相同,状态 2 的温度为 T_2,状态 4 的温度为 T_4,则状态 1 和状态 3 的温度 $T_1 = T_3 = $ _____.

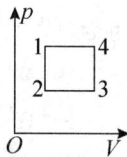

图 G3 – 6

3. 标准状况下,水蒸气分子的平均间距约为_____.(保留一位有效数字)

4. 液态二氧化硫的密度是 1.4×10^3 kg/m³. 标准状况下气态的二氧化硫的密度是 2.9 kg/m³. 则气态二氧化硫的分子间距约为其分子直径的_____倍.

5. 一定质量的理想气体,在升温膨胀对外做功的过程中,分子的平均动能_____,气体的内能_____,因而伴随着_____过程.

6. 某气体初态时有 100 J 的内能,膨胀过程中对外做功 30 J,同时吸收了 20 J 的热量,在这过程中内能_____(填"增加"或"减少")_____ J.

7. 如图 G3-7 所示的圆柱形容器内用活塞密封一定质量的理想气体,已知容器横截面积为 S,活塞重为 G,大气压为 p_0. 若活塞固定,密封气体温度升高 1 ℃,需吸收的热量为 Q_1,若活塞不固定,且能无摩擦滑动,仍使密封气体温度升高 1 ℃,需吸收的热量为 Q_2,则在活塞可以自由滑动时,密封气体温度升高 1 ℃时,气体内能的增加量为_____,活塞上升的高度为_____.

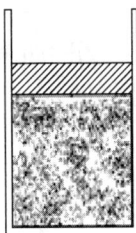

图 G3-7

8. 一木块静止在光滑的水平面上,被水平方向飞来的子弹击中,子弹进入木块的深度为 2 cm,木块相对于桌面移动了 1 cm,则产生的热量与子弹损失的动能之比为_____.

9. 在一个横截面积 $S = 3 \times 10^{-2}$ m² 的圆筒内装有质量为 0.6 kg 的水,被太阳光垂直照射 2 min 后,水温升高 1 ℃,设太阳能只有 45% 到达地面,不计容器的吸热和散热损失,则太阳的全部辐射功率约为_____.[保留一位有效数字,设太阳与地球之间的平均距离 $d = 1.5 \times 10^{11}$ m,水的比热 $c = 4.2 \times 10^3$ J/(kg·℃)]

三、计算题

1. 教室的容积是 100 m³,在温度为 7 ℃、大气压强为 1.0×10^5 Pa 时,室内空气的质量是 130 kg,当温度升高到 27 ℃、大气压强为 1.2×10^5 Pa 时,教室内空气质量是多少?

2. 如图 G3-8 所示,两个内径不同的圆筒组成一个汽缸,里面各有一个活塞 A、B. 其横截面积分别为 $S_A = 10$ cm² 和 $S_B = 4$ cm². 质量分别为 $m_A = 6$ kg,$m_B = 4$ kg,它们之间用一质量不计的刚性细杆相连. 两活塞均可在汽缸内无摩擦滑动,不漏气. 在气温是 -23 ℃时,用销子 P 把活塞 B 锁住. 此时缸内气体体积为 300 cm³,气压为 1.0×10^5 Pa. 由于圆筒传热性好,经过一段时间,气体温度升至室温 27 ℃,并保持不变,外界大气压 $p_0 = 1.0 \times 10^5$ Pa,此后将销子 P 拔去.

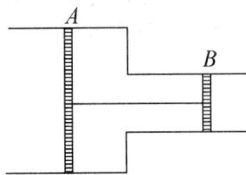

图 G3-8

(1)求将销子 P 拔去时两活塞(含杆)的加速度;

(2)活塞在各自圆筒范围内运动多大一段距离后,它们的速度可达最大值(设气体温度保持不变)?

3. 如图 G3-9 所示,在竖直加速上升的密闭人造卫星内有一水银气压计. 卫星开始上升前,卫星内气温为 0 ℃,气压计中水银柱高 76 cm. 在上升不太高的高度时,卫星内气温为 27.3 ℃,此时水银气压计中水银柱高 41.8 cm. 求卫星的加速度 a.

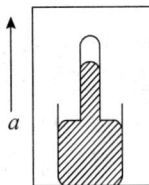

图 G3-9

四、电学强化练习

一、单项选择题

1. 冬天,当脱衣服时静电现象经常发生,下列一些相关的说法中正确的是_____.

A. 在将外衣脱下的过程中,内外衣间摩擦起电,内衣和外衣所带的电荷是同种电荷

B. 如果将内外两件衣服看作电容器的两极,并且在将外衣脱下的某个过程中两衣间电荷量一定,随着两衣间距离的增大,两衣间电容变小,则两衣间的电势差也将变小

C. 在将外衣脱下的过程中,若没有放电中和发生,内外两衣间隔增大时,衣物上电荷的电势能将减小

D. 脱衣时如果人体带上了正电,当手接近金属门把时,由于手与门把间空气电离会造成对人体轻微的电击

2. 关于某一稳定电场中的 A、B 两点,下列说法正确的是_____.

A. 电势差的公式 $U_{AB} = \dfrac{W_{AB}}{q}$ 说明,两点间的电势差 U_{AB} 与电场力做功 W_{AB} 成正比,与移动电荷的电荷量 q 成反比

B. 把电荷从 A 点移到 B 点电场力做正功,则有 $U_{AB} > 0$

C. 在电势差的公式 $U_{AB} = \dfrac{W_{AB}}{q}$ 中,U_{AB} 与移动电荷的电荷量 q 无关

D. 电场中 A、B 两点间的电势差 U_{AB} 等于把正电荷 q 从 A 点移动到 B 点时电场力所做的功

3. 如图 G4-1 所示,在平面直角坐标系中,有方向平行于坐标平面的匀强电场,其中坐标原点 O 处的电势为 0,点 A 处的电势为 6 V,点 B 处的电势为 3 V,则电场强度的大小为_____.

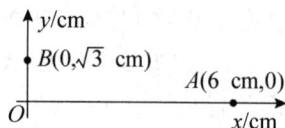

图 G4-1

A. 200 V/m

B. $200\sqrt{3}$ V/m

C. 100 V/m

D. $100\sqrt{3}$ V/m

4. 如图 G4-2 所示,质量分别为 m_A 和 m_B 的两小球带有同种电荷,电荷量分别为 q_A 和 q_B,用绝缘细线悬挂在天花板上.平衡时两小球分别处于同一水平位置 A、B 处,细线与竖直方向间的夹角分别为 θ_1 与 θ_2($\theta_1 > \theta_2$).两小球突然失去各自所带的电荷后开始摆动,最大速度分别为 v_A 和 v_B,最大动能分别为 E_{kA} 和 E_{kB}.则_____.

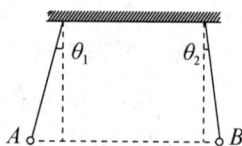

图 G4-2

A. m_A 一定大于 m_B

B. q_A 一定小于 q_B

C. v_A 一定大于 v_B

D. E_{kA} 一定小于 E_{kB}

5. 两个分别带有电荷量 $-Q$ 和 $+3Q$ 的相同金属小球,均可视为点电荷,固定在相距为 r 的两处,它们间的库仑力大小为 F. 两小球相互接触后将其固定距离变为 $\frac{r}{2}$,则两球间库仑力的大小为_____.

  A. $\frac{1}{12}F$ B. $\frac{3}{4}F$ C. $\frac{4}{3}F$ D. $12F$

6. 如图 G4-3 所示,将悬挂在细线上的带正电荷的小球 A 放在不带电的金属空心球 C 内,不与内壁接触,另有一个悬挂在细线上的带负电的小球 B,向 C 球靠近时,则_____.

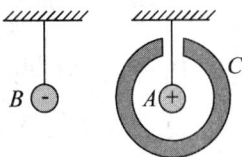
图 G4-3

  A. A 向左偏离竖直方向,B 向右偏离竖直方向

  B. A 的位置不变,B 向右偏离竖直方向

  C. A 向左偏离竖直方向,B 的位置不变

  D. A、B 的位置都不变

7. 如图 G4-4 所示,a、b 为竖直向上的电场线上的两点,一带电质点在 a 点由静止释放,沿电场线方向向上运动,到 b 点恰好速度为零,下列说法中正确的是_____.

图 G4-4

  A. 带电质点在 a、b 两点受到的电场力都是竖直向上的

  B. a 点的电势比 b 点的电势低

  C. 带电质点在 a 点的电势能比在 b 点的电势能小

  D. a 点的电场强度比 b 点的电场强度小

8. 三个电子从同一地点同时沿同一方向垂直进入偏转电场,出现如图 G4-5 所示的轨迹,则可以判断_____.

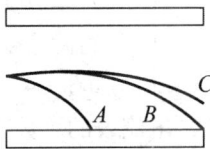
图 G4-5

  A. 它们在电场中运动的时间相同

  B. A、B 在电场中运动的时间相同,C 先飞离电场

  C. C 进入电场时的速度最小,A 进入电场时的速度最大

  D. 电场力对 C 做功最大

9. 如图 G4-6 所示,平行板电容器与电动势为 E 的直流电源(内阻不计)连接,下极板接地. 一带电油滴位于电容器中的 P 点且恰好处于平衡状态. 现将平行板电容器的上极板竖直向上移动一小段距离,则_____.

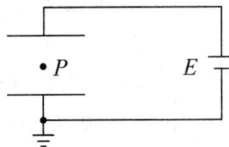
图 G4-6

  A. 带电油滴将沿竖直方向向上运动

  B. P 点的电势将降低

  C. 带电油滴的电势能将减小

  D. 电容器的电容减小,则极板所带的电荷量将增大

10. 在雷雨云下沿竖直方向的电场强度为 10^4 V/m. 已知一半径为 1 mm 的雨滴在此电场中不会下落,取重力加速度大小为 10 m/s^2,水的密度为 10^3 kg/m^3. 这雨滴所带的电荷量的最小值约为_____.

  A. 2×10^{-9} C   B. 4×10^{-9} C

  C. 6×10^{-9} C   D. 8×10^{-9} C

11. 如图 G4-7 所示,调整可变电阻 R 的阻值,使电压表 V 的示数增大 ΔU,在这个过程中,_____.

A. 通过 R_1 的电流增加,增加量一定等于 $\dfrac{\Delta U}{R_1}$

B. R_2 两端的电压减小,减小量的绝对值一定等于 ΔU

C. 通过 R 的电流增加,增加量一定等于 $\dfrac{\Delta U}{R}$

D. 通过 R_2 的电流减小,但减小量的绝对值一定等于 $\dfrac{\Delta U}{R_2}$

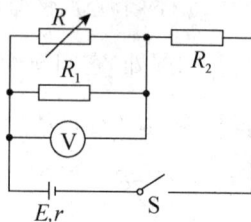

图 G4-7

12. 图 G4-8 为两个独立电路 A 和 B 的路端电压 U 与各自电路中的总电流 I 的关系图像,则以下说法错误的是_____.

A. 路端电压为 U_1 时,它们的外电阻相等

B. 电流都是 I_1 时,两电源的内电压相等

C. 电路 A 中电源的电动势大于电路 B 中电源的电动势

D. 电路 A 中电源的内阻大于电路 B 中电源的内阻

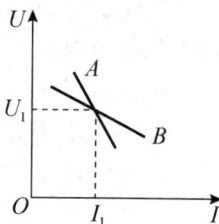

图 G4-8

13. 如图 G4-9 所示,E 为内阻不能忽略的电池,R_1、R_2、R_3 为定值电阻,V 与 A 分别为电压表与电流表,初始时 S_0 与 S 均闭合,现将 S 断开,则_____.

A. V 的读数变大,A 的读数变小

B. V 的读数变大,A 的读数变大

C. V 的读数变小,A 的读数变小

D. V 的读数变小,A 的读数变大

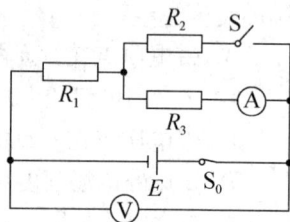

图 G4-9

14. 如图 G4-10 所示,当滑动变阻器的滑片 P 向上端移动时,关于电路中的电压表、电流表的示数变化,下列说法中正确的是_____.

A. 电压表 V_2 示数增大,电流表 A 示数减小

B. 电压表 V_1 示数增大,电压表 V_2 示数减小

C. 电压表 V_1 示数增大,电流表 A 示数增大

D. 电压表 V_1 示数减小,电流表 A 示数减小

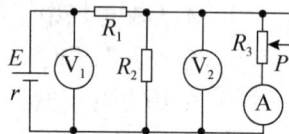

图 G4-10

15. 如图 G4-11 所示,电源电动势 $E=12$ V,内阻 $r=3$ Ω,图甲中 $R_0=1$ Ω,图乙中直流电动机内阻 $R_0'=1$ Ω,当调节滑动变阻器 R_1 时可使图甲电路输出功率最大,同样,调节 R_2 时可使图乙电路输出功率最大,且此时电动机刚好正常工作,额定输出功率为 $P_0=2$ W,则 R_1 和 R_2 接入电路的电阻值为_____.

A. 2 Ω,2 Ω

B. 2 Ω,1.5 Ω

C. 1.5 Ω,1.5 Ω

D. 1.5 Ω,2 Ω

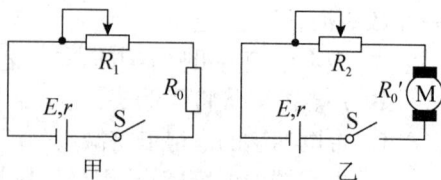

图 G4-11

16. 用电器与电源距离为 L,线路上的电流为 I,为使在线路上的电压降不超过 U,已

知输电线的电阻率为 ρ. 那么,输电线的横截面积的最小值是_____.

A. $\dfrac{\rho L}{R}$ B. $\dfrac{2\rho LI}{U}$ C. $\dfrac{U}{\rho LI}$ D. $\dfrac{2UL}{I\rho}$

二、填空题

1. 如图 G4-12 所示,真空中电荷量分别为 $+Q$ 与 $-Q$ 的点电荷 A、B 相距 r. (1) 两点电荷连线的中点 O 的电场强度为_____;(2)在两电荷连线的中垂线上,距 A、B 两点都为 r 的 O' 点的电场强度为_____.

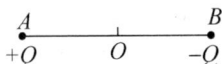
图 G4-12

2. 如图 G4-13 所示,质量为 m、电荷量为 e 的电子,从 A 点以速度 $2v_0$ 平行于电场强度方向射入匀强电场中,到达 B 点时速度恰变为 v_0,则 A、B 两点间的电势差是_____.

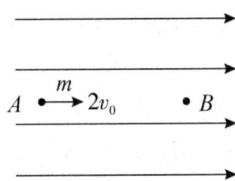
图 G4-13

3. 在方向水平的匀强电场中,一不可伸长的不导电细线一端连着一个质量为 m、电荷量为 $+q$ 的带电小球,另一端固定于 O 点. 将小球向右拉起直至细线与电场方向平行,然后无初速度释放,则小球沿圆弧做往复运动. 已知小球摆到最低点的另一侧,线与竖直方向的最大夹角为 θ.
(1)匀强电场的电场强度为_____;(2)小球经过最低点时细线对小球的拉力为_____.

4. 初速度为零的质子,经一加速电压为 800 kV 的直线加速器加速,形成电流为 1 mA 的细柱形质子流. 这束质子流每秒打到靶上的质子数为_____;假定分布在质子源到靶之间的加速电场是均匀的,在质子束中与质子源相距 L 和 $4L$ 的两处,各取一段极短的相等长度的质子流,如图 G4-14 所示,其中的质子数分别为 n_1 和 n_2,则 n_1 和 n_2 的比值为_____.

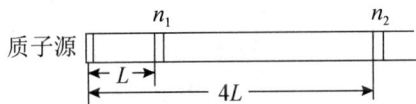
图 G4-14

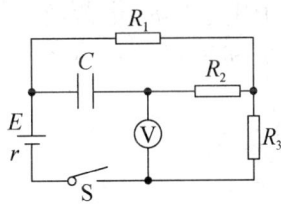
图 G4-15

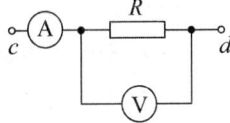
图 G4-16

5. 如图 G4-15 所示,电源电动势 $E=10$ V,$r=1$ Ω,电容 $C=40$ μF,电阻 $R_1=R_2=4$ Ω,$R_3=5$ Ω. 接通开关 S,电路稳定后,(1)理想电压表 V 的读数是_____;(2)电容器所带的电荷量是_____.

6. 如图 G4-16 所示,电压表和电流表的读数分别为 10 V 和 0.1 A,电压表内阻为 500 Ω,那么待测电阻 R 的测量值比真实值_____,测量值为_____,真实值为_____.

7. 如图 G4-17 所示,已知 $E=6$ V,$r=4$ Ω,$R_1=2$ Ω,R_2 的变化范围是 0~10 Ω. 则:(1)电源的最大输出功率为_____;(2)R_1 上消耗的最大功率为_____;(3)R_2 上消耗的最大功率

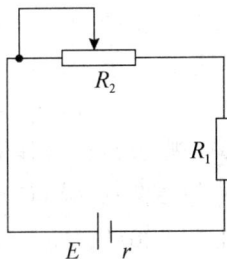
图 G4-17

为_____;(4)若 R_2 的变化范围是 $0 \sim 4\ \Omega$,则 R_2 取_____时它消耗的功率最大,此时电源的效率为_____.

8. 有"200 V　40 W"规格的灯泡 400 盏,并联于电源两端,这时路端电压 $U_1 = 150$ V,当关掉 200 盏灯时,路端电压升为 $U_2 = 175$ V,则:(1)前后两次每盏灯实际消耗的功率分别是_____和_____;(2)若使电灯正常发光,还应关掉_____盏灯.

9. 一种测定风速的装置,其原理如图 G4 – 18 所示.一个劲度系数 $k = 120$ N/m、自然长度 $L_0 = 1$ m 的弹簧一端固定在墙上的 M 点,另一端 N 与导电的迎风板相连,弹簧穿在光滑水平放置的电阻率较大的金属杆上,弹簧是不导电的材料制成的.迎风板面积 $S = 0.5$ m^2,工作时总是正对着风吹来的方向,电路的一端与迎风板相连,另一端在 M 点与金属杆相连,迎风板可在金属杆上滑动,且与金属杆接触良好.定值电阻 $R = 1.0\ \Omega$,电源的电动势 $E = 12$ V,内阻 $r = 0.5\ \Omega$.闭合开关,没有风吹时,弹簧处于原长,电压表的示数 $U_1 = 9.0$ V,某时刻由于风吹迎风板,理想的电压表的示数变为 $U_2 = 6.0$ V.则:(1)金属杆单位长度的电阻为_____;(2)此时作用在迎风板上的风力为_____.

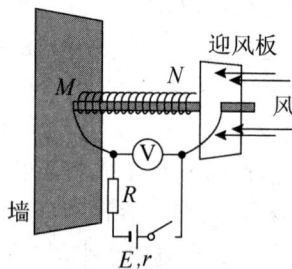

图 G4 – 18

三、计算题

1. 静电场的方向平行于 x 轴,其电势 φ 随 x 的分布可简化为如图 G4 – 19 所示的折线,图中 φ_0 和 d 为已知量.一个带负电的粒子在电场中以 $x = 0$ 为中心、沿 x 轴方向做周期性运动.已知该粒子质量为 m、电荷量为 $-q$,其动能与电势能之和为 $-A(0 < A < q\varphi_0)$,忽略重力.求:

(1)粒子所受电场力的大小;

(2)粒子的运动区间;

(3)粒子的运动周期.

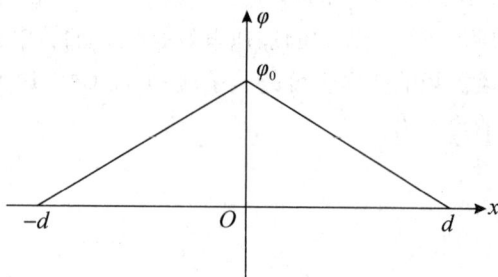

图 G4 – 19

2. 如图 G4 – 20 所示,$ABCD$ 为固定在竖直平面内的轨道,AB 段光滑水平,BC 段为光滑圆弧,对应的圆心角 $\theta = 37°$,半径 $r = 2.5$ m,CD 段平直倾斜且粗糙,各段轨道均平滑连接,倾斜轨道所在区域有电场强度大小为 $E = 2 \times 10^5$ N/C、方向垂直于斜轨向下的匀强电场.质量 $m = 5 \times 10^{-2}$ kg、电荷量 $q = +1 \times 10^{-6}$ C 的小物体(视为质点)被弹簧枪发射后,沿水平轨道向左滑行,在 C 点以速度 $v_0 = 3$ m/s 冲上斜轨.以小物体通过 C 点时为计时起点,0.1 s 以后,电场强度大小不变,方向反向.已知斜轨与小物体间的动摩擦因数 $\mu = 0.25$.设小物体所带的电荷量保持不变,取 $g = 10$ m/s^2.

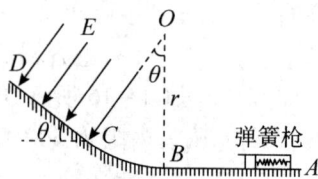

图 G4 – 20

（1）求弹簧枪对小物体所做的功；

（2）在斜轨上小物体能到达的最高点为 P，求 CP 的长度．

3．如图 G4-21 所示，其中图甲为一个电灯两端的电压与通过它的电流的变化关系曲线．由图甲可知，两者不成线性关系，这是焦耳热使灯丝的温度发生了变化的缘故．参考这条曲线回答下列问题（不计电流表和电池的内阻）．

（1）若把三个这样的电灯串联后，接到电动势为 12 V、内阻不计的电源上，求流过灯泡的电流和每个灯泡的电阻．

（2）按图乙所示的电路，将两个这样的灯并联后再与 10 Ω 的定值电阻串联，接在电动势为 8 V、内阻不计的电源上，求通过电流表的电流值以及每个灯的实际功率．

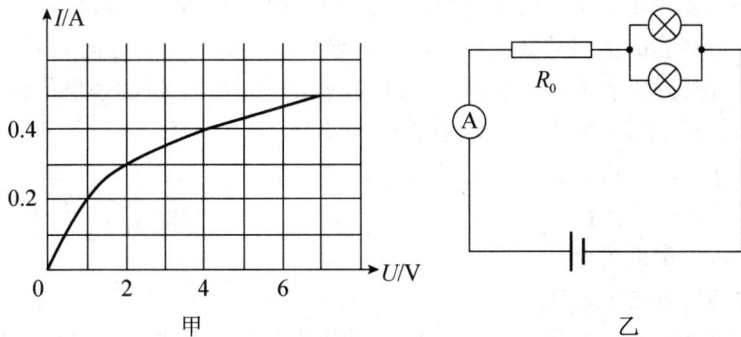

图 G4-21

五、磁学强化练习

一、单项选择题

1. 下列关于磁感应强度大小的说法,正确的是_____.

A. 通电导线受磁场力大的地方磁感应强度一定大

B. 通电导线在磁感应强度大的地方受力一定大

C. 放在匀强磁场中各处的通电导线,受力大小和方向处处相同

D. 磁感应强度的值跟放在磁场中的通电导线受力的大小和方向无关

2. 处于匀强磁场中的一个带电粒子,仅在磁场力作用下做匀速圆周运动. 将该粒子的运动等效为环形电流,那么此电流值_____.

A. 与粒子电荷量成正比

B. 与粒子速率成正比

C. 与粒子质量成正比

D. 与磁感应强度成正比

3. 回旋加速器是加速带电粒子的装置,其核心部分是分别与高频交流电源两极相连接的两个 D 形金属盒,盒间的狭缝中形成周期性变化的电场,使粒子在通过狭缝时都能得到加速,两个 D 形金属盒处于垂直于盒底的匀强磁场中,如图 G5 – 1 所示,要增大带电粒子射出时的动能,则下列说法正确的是_____.

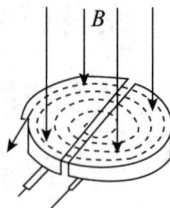

A. 增大电场的加速电压

B. 增大 D 形金属盒的半径

C. 减小狭缝间的距离

D. 减小磁场的磁感应强度

图 G5 – 1

4. 电磁轨道炮工作原理如图 G5 – 2 所示. 待发射弹体可在两平行轨道之间自由移动,并与轨道保持良好接触. 电流 I 从一条轨道流入,通过导电弹体后从另一条轨道流回. 轨道电流可形成在弹体处垂直于轨道面的磁场(可视为匀强磁场),磁感应强度的大小与 I 成正比. 通电的弹体在轨道上受到安培力的作用而高速射出. 现欲使弹体的出射速度增加至原来的 2 倍,理论上可采用的办法是_____.

A. 只将轨道长度 L 变为原来的 2 倍

B. 只将电流 I 增加至原来的 2 倍

C. 只将弹体质量减至原来的一半

D. 将弹体质量减至原来的一半,轨道长度 L 变为原来的 4 倍,其他量不变

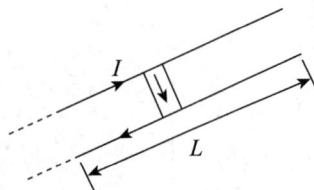

图 G5 – 2

5. 将闭合多匝线圈置于仅随时间变化的磁场中,线圈平面与磁场方向垂直. 关于线圈中产生的感应电动势和感应电流,下列表述正确的是_____.

A. 感应电动势的大小与线圈的匝数无关

B. 穿过线圈的磁通量越大,感应电动势越大

C. 穿过线圈的磁通量变化越快,感应电动势越大

D. 感应电流产生的磁场方向与原磁场方向始终相同

6. 在物理学发展过程中,观测、实验、假说和逻辑推理等方法都起到了重要作用. 下列叙述不符合史实的是_____.

A. 奥斯特实验中观察到电流的磁效应,揭示了电和磁之间存在联系

B. 安培根据通电螺线管的磁场和条形磁铁的磁场的相似性,提出了分子环流假说

C. 法拉第在实验中观察到,在通有恒定电流的静止导线附近的固定导线圈中,会出现感应电流

D. 楞次在分析了许多实验事实后提出,感应电流应具有这样的方向,即感应电流的磁场总要阻碍引起感应电流的磁通量的变化

7. 一足够长的铜管竖直放置,将一截面与铜管的内截面相同、质量为 m 的永久磁铁块由管上端口放入管内,不考虑磁铁与铜管间的摩擦,磁铁的运动速度可能是_____.

A. 逐渐增大到定值后保持不变

B. 逐渐增大到一定值时又开始减小,然后又越来越大

C. 逐渐增大到一定值时又开始减小,到一定值后保持不变

D. 逐渐增大到一定值时又开始减小到一定值之后在一定区间变动

8. 图 G5 - 3 是高频焊接原理示意图. 线圈中通以高频变化的电流时,待焊接的金属工件中就产生感应电流,感应电流通过焊缝产生大量热量,将金属熔化,把工件焊接在一起,而工件其他部分发热很少. 以下说法正确的是_____.

A. 电流变化的频率越高,焊缝处的温度升高得越快

B. 电流变化的频率越低,焊缝处的温度升高得越快

C. 工件上只有焊缝处温度升得很高是因为焊缝处的电阻小

D. 工件上只有焊缝处温度升得很高是因为焊缝处的电流大

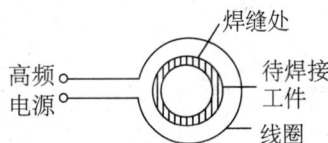

图 G5 - 3

9. 如图 G5 - 4 所示,理想变压器原线圈接有交流电源,当副线圈上的滑片 P 处于图示位置时,灯泡 L 能发光. 要使灯泡变亮,可以采取的方法有_____.

A. 向下滑动 P

B. 增大交流电源的电压

C. 减小交流电源的频率

D. 减小电容器 C 的电容

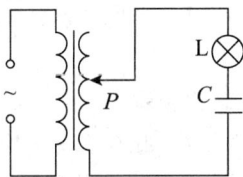

图 G5 - 4

10. 图 G5 - 5 甲中理想变压器原、副线圈的匝数之比 $n_1 : n_2 = 5 : 1$,电阻 $R = 20 \ \Omega$,L_1、L_2 为规格相同的两只小灯泡,S_1 为单刀双掷开关. 原线圈接正弦交变电源,输入电压 u 随时间 t 的变化关系如图 G5 - 5 乙所示. 现将 S_1 接 1、S_2 闭合,此时 L_2 正常发光. 下列说法正确的是_____.

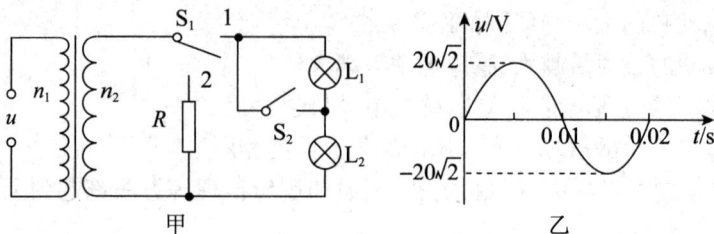

图 G5-5

A. 输入电压 u 的表达式为 $u = 20\sqrt{2}\sin 50\pi t$（V）

B. 只断开 S_2 后，L_1、L_2 均正常发光

C. 只断开 S_2 后，原线圈的输入功率增大

D. 若 S_1 换接到 2 后，R 消耗的电功率为 0.8 W

11. 关于远距离输电，下列表述不正确的是_____.

A. 增加输电导线的横截面积有利于减少输电过程中的电能损失

B. 高压输电是通过减小输电电流来减少电路的发热损耗的

C. 在输送电压一定时，输送的电功率越大，输电过程中的电能损失越小

D. 高压输电必须综合考虑各种因素，不一定是电压越高越好

12. 图 G5-6 为某小型水电站的电能输送示意图，发电机通过升压变压器 T_1 和降压变压器 T_2 向用户供电，已知输电线的总电阻 $R = 10\ \Omega$，降压变压器 T_2 的原、副线圈匝数之比为 4∶1，副线圈与用电器 R_0 组成闭合电路. 若 T_1、T_2 均为理想变压器，T_2 的副线圈两端电压 $u = 220\sqrt{2}\sin 100\pi t$（V），当用电器电阻 $R_0 = 11\ \Omega$ 时，_____.

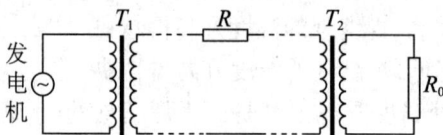

图 G5-6

A. 通过用电器 R_0 的电流有效值是 $20\sqrt{2}$ A

B. 升压变压器的输入功率为 4650 W

C. 发电机中的电流变化频率为 100 Hz

D. 当用电器的电阻 R_0 减小时，发电机的输出功率减小

二、填空题

1. 如图 G5-7 所示，在阴极射线管正下方平行放置一根通有足够强直流电流的长直导线，且导线中电流方向水平向右，则阴极射线将会_____偏转.

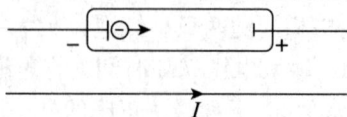

图 G5-7

2. 空间有一圆柱形匀强磁场区域,该区域的横截面的半径为 R,磁场方向垂直于横截面.一质量为 m、电荷量为 $q(q>0)$ 的粒子以速率 v_0 沿横截面的某半径射入磁场,离开磁场时速度方向偏离入射方向 $60°$.不计重力,该磁场的磁感应强度大小为_____.

3. 一种新型发电机叫磁流体发电机.图 G5-8 表示了它的原理:将一束等离子体喷射入磁场,在场中有两块金属板 A、B,这时金属板上就会聚集电荷,产生电压.如果射入的等离子体速度均为 v,两金属板的板长为 L,板间距离为 d,板平面的面积为 S,匀强磁场的磁感应强度为 B,方向垂直于速度方向,负载电阻为 R,电离气体充满两板间的空间.当发电机稳定发电时,电流表示数为 I.那么板间电离气体的电阻率为_____.

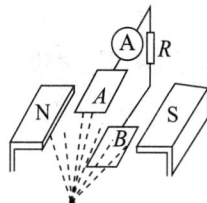

图 G5-8

4. 如图 G5-9 所示,两平行金属板间距为 d,电势差为 U,板间电场可视为匀强电场;金属板下方有一磁感应强度为 B 的匀强磁场.带电荷量为 $+q$、质量为 m 的粒子,由静止开始从正极板出发,经电场加速后射出,并进入磁场做匀速圆周运动.忽略重力的影响,则:(1)匀强电场场强 E 的大小为____;(2)粒子从电场射出时速度 v 的大小为_____;(3)粒子在磁场中做匀速圆周运动的半径 R 为_____.

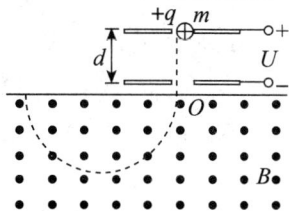

图 G5-9

5. 学习楞次定律的时候,老师往往会做如图 G5-10 所示的实验.图中,a、b 都是很轻的铝环,环 a 是闭合的,环 b 是不闭合的.a、b 环都固定在一根可以绕 O 点自由转动的水平细杆上,开始时整个装置静止.当条形磁铁 N 极垂直 a 环靠近 a 时,a 环将_____;当条形磁铁 N 极垂直 b 环靠近 b 时,b 环将_____.(填"靠近磁铁""远离磁铁"或"静止不动")

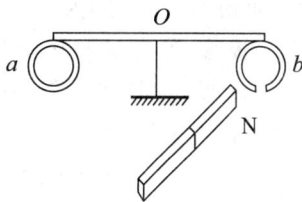

图 G5-10

6. 半径为 a、右端开小口的导体圆环和长为 $2a$ 的导体直杆,单位长度电阻均为 R_0.圆环水平固定放置,整个内部区域分布着竖直向下的匀强磁场,磁感应强度为 B.杆在圆环上以速度 v 平行于直径 CD 向右做匀速直线运动,杆始终有两点与圆环良好接触,从圆环中心 O 开始,杆的位置由 θ 确定,如图 G5-11 所示.则 $\theta=0$ 时,杆产生的电动势为_____;$\theta=\dfrac{\pi}{3}$ 时,杆受的安培力大小为_____.

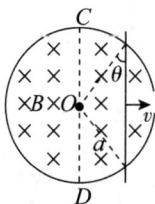

图 G5-11

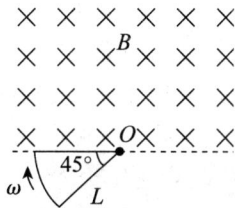

图 G5-12

7. 如图 G5-12 所示的区域内有垂直于纸面的匀强磁场,磁感应强度为 B.电阻为 R、半径为 L、圆心角为 $45°$ 的扇形闭合导线框绕垂直于纸面的 O 轴以角速度 ω 匀速转动(O

轴位于磁场边界).则线框内产生的感应电流的有效值为_____.

8. 如图 G5 – 13 所示,先后以速度 v_1 和 v_2 匀速把一矩形线圈水平拉出有界匀强磁场区域,且 $v_1 = 2v_2$,则在先后两种情况下,线圈中的感应电动势之比为_____,线圈中产生的焦耳热之比为_____.

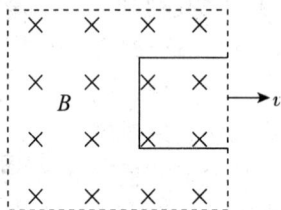 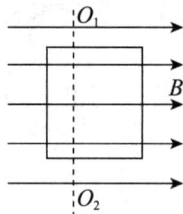

图 G5 – 13   图 G5 – 14

9. 如图 G5 – 14 所示,在匀强磁场中匀速转动的矩形线圈的周期为 T,转轴 O_1O_2 垂直于磁场方向,线圈电阻为 2 Ω.从线圈平面与磁场方向平行时开始计时,线圈转过 60° 时的感应电流为 1 A.那么线圈消耗的电功率为_____W,线圈中感应电流的有效值为_____A,任意时刻线圈中的感应电动势为_____.

10. 如图 G5 – 15 所示,一理想变压器的原线圈接在电压为 220 V 的正弦交流电源上,两副线圈匝数分别为 $n_2 = 16$、$n_3 = 144$,通过理想二极管、单刀双掷开关与一只"36 V,18 W"的灯泡相连(灯泡电阻不变),当开关接 1 时,灯泡正常发光,则:(1)原线圈的匝数 n_1 为_____;(2)当开关接 2 时,灯泡两端电压的有效值为_____V.

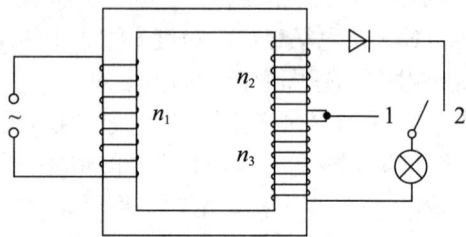

图 G5 – 15

三、计算题

1. 如图 G5 – 16 所示,两块水平放置、相距为 d 的长金属板接在电压可调的电源上.两板之间的右侧区域存在方向垂直纸面向里的匀强磁场.将喷墨打印机的喷口靠近上板下表面,从喷口连续不断喷出质量均为 m、水平速度均为 v_0、带相等电荷量的墨滴.调节电源电压至 U,墨滴在电场区域恰能水平向右做匀速直线运动;进入电场、磁场共存区域后,最终垂直打在下板的 M 点.

(1)判断墨滴所带电荷的种类,并求其电荷量;

(2)求磁感应强度 B 的值;

(3)现保持喷口方向不变,使其竖直下移到两板中间的位置.为了使墨滴仍能到达下板 M 点,应将磁感应强度调至 B',则 B' 的大小为多少?

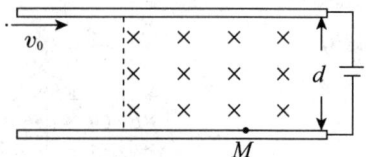

图 G5 – 16

2. 为了降低潜艇噪音,提高其前进速度,可用电磁推进器替代螺旋桨.潜艇下方有左、右两组推进器,每组由 6 个相同的、用绝缘材料制成的直线通道推进器构成,其原理示意图如图 G5 – 17 所示.在直线通道内充满电阻率 $\rho = 0.2$ Ω·m 的海水,通道中 a ×

$b \times c = 0.3\ m \times 0.4\ m \times 0.3\ m$ 的空间内,存在着由超导线圈产生的匀强磁场,其磁感应强度 $B = 6.4\ T$、方向垂直通道侧面向外. 磁场区域上、下方各有 $a \times b$ 的金属板 M、N,当其与推进器专用直流电源相连后,在两板之间的海水中产生了从 N 到 M、大小恒为 $I = 1.0 \times 10^3\ A$ 的电流,设该电流只存在于磁场区域. 不计电源内阻及导线电阻,海水密度 $\rho \approx 1.0 \times 10^3\ kg/m^3$.

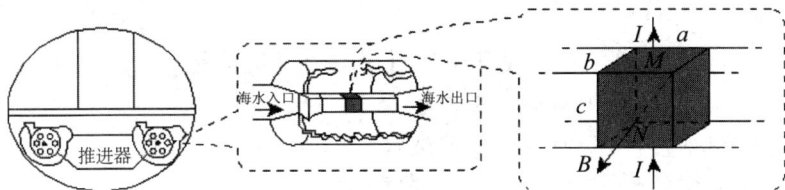

图 G5-17

(1)求一个直线通道推进器内磁场对通电海水的作用力大小,并判断其方向.

(2)在不改变潜艇结构的前提下,简述潜艇如何转弯,如何"倒车"。

(3)当潜艇以恒定速度 $v_0 = 30\ m/s$ 前进时,海水在出口处相对于推进器的速度 $v = 34\ m/s$,专用直流电源所提供的电功率如何分配? 求出相应功率的大小.

3. 在磁感应强度为 B 的水平匀强磁场中,一质量为 m、带电荷量为 $+q$ 的小球在 O 点由静止释放,小球的运动曲线如图 G5-18 所示. 已知此曲线在最低点的曲率半径为该点到 x 轴距离的 2 倍,重力加速度为 g. 求:

(1)小球运动到任意位置 $P(x, y)$ 的速率 v;

(2)小球在运动过程中第一次下降的最大距离 y_m;

(3)当在上述磁场中加一竖直向上、场强为 $E\left(E > \dfrac{mg}{q}\right)$ 的匀强电场时,小球从 O 点由静止释放后获得的最大速率 v_m.

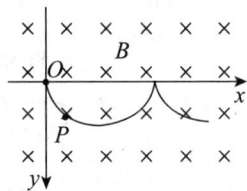

图 G5-18

4. 如图 G5-19 所示,两根足够长平行光滑的金属导轨 MN、PQ 相距 $L = 1\ m$,导轨平面与水平面夹角 $\alpha = 30°$,导轨电阻不计. 磁感应强度 $B = 1.0\ T$ 的匀强磁场垂直导轨平面向下,金属棒 ab 垂直于 MN、PQ 放置在导轨上,且始终与导轨接触良好,金属棒的质量 $m = 0.01\ kg$、电阻不计. 定值电阻 $R_1 = 30\ \Omega$,电阻箱电阻调到 $R_2 = 120\ \Omega$,电容 $C = 0.01\ F$,取重力加速度 $g = 10\ m/s^2$. 现将金属棒由静止释放.

(1)在开关接到 1 的情况下,求金属棒下滑的最大速度.

(2)在开关接到 1 的情况下,当 R_2 调至 $30\ \Omega$ 后且金属棒稳定下滑时,R_2 消耗的功率为多少?

(3)在开关接到 2 的情况下,求经过时间 $t = 2.0\ s$ 时金属棒的速度大小.

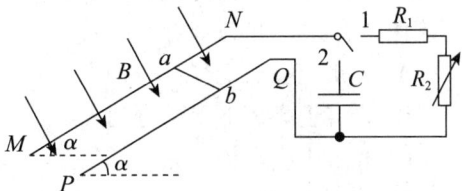

图 G5-19

六、光学强化练习

一、单项选择题

1. 观察者看到太阳刚从地平线升起时,下列叙述正确的是_____.

A. 太阳的实际位置位于地平线的上方

B. 太阳的实际位置位于地平线的下方

C. 假如地球没有大气层,人们将提前看到日出

D. 有没有大气层,对人们观看日出没有影响

2. 如图 G6-1 所示,两块同样的玻璃直角三棱镜 ABC,两者的 AC 面是平行放置的,在它们之间是均匀的未知透明介质. 一单色细光束 O 垂直于 AB 面入射,关于出射光线,下列说法正确的是_____.

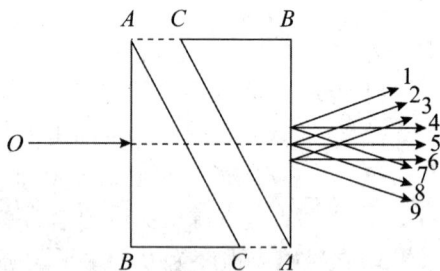
图 G6-1

A. 1、2、3(彼此平行)中的任一条都有可能

B. 4、5、6(彼此平行)中的任一条都有可能

C. 7、8、9(彼此平行)中的任一条都有可能

D. 只能是 4、6 中的某一条

3. 如图 G6-2 所示,L 为一个透镜,MN 为主轴,a、b 是由透镜左侧一个点光源发出的两条光线的折射线,光线 a 从透镜的 A 点射出且平行于主轴,光线 b 过光心,且与主轴成 α 角,则下面表述不正确的是_____.

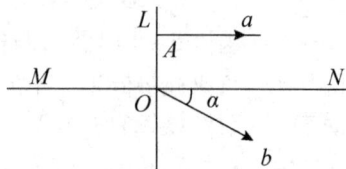
图 G6-2

A. 点光源所成的像一定是虚像

B. 透镜可能是焦距小于 $OA\cot\alpha$ 的凸透镜

C. 透镜可能是焦距大于 $OA\cot\alpha$ 的凸透镜

D. 透镜可能是焦距小于 $OA\cot\alpha$ 的凹透镜

4. 在一个焦距为 f 的凸透镜主轴上,距光心 $2f$ 处放置一个点光源,在透镜另一侧主轴上距光心 $3f$ 处垂直于主轴放置的光屏上得到一个亮圆光斑,若用遮光板将透镜的上半部遮住,则会出现的现象是_____.

A. 光屏上亮斑上半部分消失

B. 光屏上亮斑下半部分消失

C. 光屏上亮斑仍然完整,但亮度减弱

D. 光屏上亮斑仍然完整,且亮度不变

5. 在许多光学镜头上涂有增透膜,下列说法正确的是_____.

A. 增透膜的厚度必须是入射光在空气中波长的 $\dfrac{1}{4}$

B. 增透膜的厚度必须是入射光在薄膜介质中波长的 $\dfrac{1}{4}$

C. 从增透膜两表面反射的光相互加强,增加了透射光的强度

D. 从增透膜两表面反射的光互相消弱,减小了反射光的强度

6. 关于在竖直放置的肥皂膜上产生的干涉现象,下列说法不正确的是_____.

A. 干涉条纹的产生是由于光线在膜前后表面反射形成的两列光波的叠加

B. 用绿光照射产生的干涉条纹比黄光照射时产生的条纹窄

C. 干涉条纹间的暗线是由于两反射光波波谷与波谷的叠加

D. 干涉条纹间的暗线是由于两反射光波波峰与波谷的叠加

7. 在双缝干涉实验中,以白光为光源,在屏幕上观察到了彩色干涉条纹,若在双缝中的一缝前放一红色滤光片,只能透过红光;另一缝前放一绿色滤光片,只能透过绿光,这时_____.

A. 只有红色和绿色的双缝干涉条纹,其他颜色的双缝干涉条纹消失

B. 红色和绿色的双缝干涉条纹消失,其他颜色的双缝干涉条纹依然存在

C. 任何颜色的双缝干涉条纹都不存在,但屏上仍有光亮

D. 屏上无任何光亮

8. 白光通过双缝,在屏上形成了干涉条纹,除中央为白色明纹外,两侧还出现彩色条纹,这是因为_____.

A. 各种色光的波长不同   B. 各种色光的速度不同

C. 各种色光的色散不同   D. 各种色光的折射率不同

9. 在杨氏双缝干涉实验中,若将其中一个缝挡住,则_____.

A. 屏上出现一条与缝一样的亮条 B. 屏上一片模糊

C. 屏上仍出现双缝干涉条纹   D. 屏上出现了衍射条纹

10. 用绿光照射一光电管,能产生光电效应,欲使光电子从阴极射出时的最大初动能增大,应_____.

A. 改用红光照射   B. 增大绿光的强度

C. 增大光电管的加速电压   D. 改用紫光照射

11. 在图 G6-3 所示的光电管的实验中,发现用一定频率的 A 单色光照射光电管时,电流表指针会发生偏转,而用另一频率的 B 单色光照射时不发生光电效应,那么_____.

A. A 光的强度一定大于 B 光的强度

B. B 光的频率大于 A 光的频率

C. 用 A 光照射光电管时流过电流表 G 的电流方向是 a 流向 b

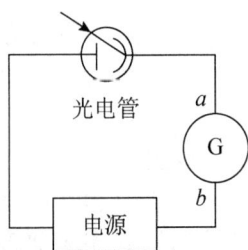

图 G6-3

D. 用 A 光照射光电管时流过电流表 G 的电流方向是 b 流向 a

12. 如图 G6－4 所示,当开关 K 断开时,用光子能量为 2.5 eV 的一束光照射阴极 P,发现电流表读数不为零. 合上开关,调节滑动变阻器,发现当电压表读数小于 0.60 V 时,电流表读数仍不为零;当电压表读数大于或等于 0.60 V 时,电流表读数为零. 由此可知阴极材料的逸出功为_____.

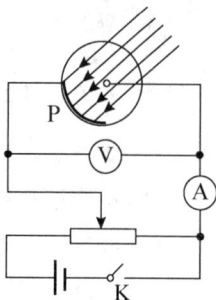

A. 1.9 eV   B. 0.6 eV

C. 2.5 eV   D. 3.1 eV

13. 下列说法正确的是_____.

A. 用三棱镜观察太阳看到彩色光带是利用光的干涉现象

图 G6－4

B. 在光导纤维束内传送图像是利用光的全反射现象

C. 用标准平面检查光学平面的平整程度是利用光的偏振现象

D. 在阳光照射下,电线下面没有影子,是光的衍射现象造成的

14. 下列说法不正确的是_____.

A. 肥皂泡呈现彩色条纹是光的干涉现象造成的

B. 频率越低的光子波动性越明显,而频率越高的光子粒子性越明显

C. 光子的能量是与频率成正比的,说明了光的波动性与光的粒子性是统一的

D. 在光的双缝干涉实验中,将入射光由绿光改为紫光,则条纹间隔变宽

15. 夜晚,汽车前灯发出的强光将迎面驶来的汽车司机照射得睁不开眼,严重影响行车安全. 若考虑将汽车前灯玻璃改用偏振玻璃,使射出的灯光变为偏振光;同时汽车前窗玻璃也采用偏振玻璃,其透偏方向正好与灯光的振动方向垂直,但还要能看清自己车灯发出的光所照亮的物体,假设所有的汽车前窗和前灯玻璃均按同一要求设置,下面的措施中可行的是_____.

A. 前窗玻璃的透振方向是竖直的,车灯玻璃的透振方向是水平的

B. 前窗玻璃的透振方向是竖直的,车灯玻璃的透振方向是竖直的

C. 前窗玻璃的透振方向是斜向右上 45°,车灯玻璃的透振方向是斜向左上 45°

D. 前窗玻璃和车灯玻璃的透振方向都是斜向右上 45°

16. 以下关于光的有关说法中不正确的是_____.

A. 光导纤维应用了光的全反射现象

B. 天空中出现的彩虹是因为光的折射形成的色散现象

C. 自然光是光振动沿各个方向均匀分布的光,偏振光是光振动沿着特定方向的光

D. 光就是一份一份的粒子

二、填空题

1. 某水池实际水深为 h,水的折射率为 n,由水面上方垂直水面向下看,其视深为_____.

2. 如图 G6－5 所示,玻璃球的半径为 R,折射率 $n = \sqrt{3}$,今有一束平行光沿直径 AB 方向照射在玻璃球上,则离 AB 的距离为_____的入射光线最终射出后沿原方向返回.

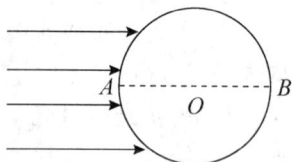

图 G6－5

3. 如图 G6 - 6 所示,在水面上放置一个足够大的遮光板,板上有一个半径为 r 的圆孔,圆心的正上方 h 处放一个点光源 S,在水面下深 H 处的底部形成半径为 R 的圆形光亮区域(图中未画出). 测得 $r = 8$ cm, $h = 6$ cm, $H = 24$ cm, $R = 26$ cm,则水的折射率为_____.

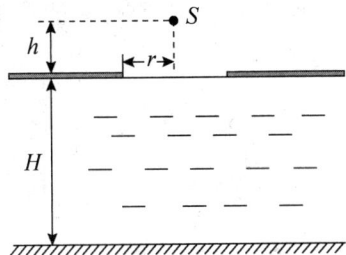

图 G6 - 6

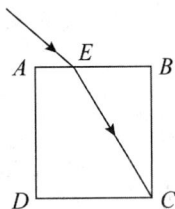

图 G6 - 7

4. 如图 G6 - 7 所示,一细光束以 45°的入射角从空气射向长方体透明玻璃砖 $ABCD$ 的上表面 E 点,折射光线恰好过 C 点,已知 $BC = 30$ cm, $BE = 10\sqrt{3}$ cm,则此玻璃砖的折射率为_____;光束在玻璃砖中传播的时间是_____.

5. 图 G6 - 8 为一均匀的柱形透明体,折射率 $n = 2$. 则光从该透明体射向空气时的临界角为_____;若光从空气中入射到透明体端面的中心上,要求进入透明体的光线均不能从侧面"泄漏出去",则入射角的取值为_____.

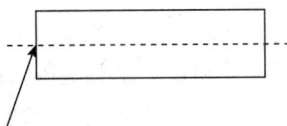

图 G6 - 8

6. 将一凸透镜嵌在一遮光板中央的圆孔上,透镜边缘与孔边缘重合,用平行光沿主轴照射整个透镜,在透镜另一侧与透镜平行的光屏上形成一圆形光斑,若光屏与透镜之间的距离为 D,透镜的半径为 R_1,光斑的半径为 R_2,且 $R_1 < R_2$,则此透镜焦距为_____.

7. 如图 G6 - 9 所示,在凸透镜主光轴上 2 倍焦距的 B 点垂直主轴放置物 AB, AB 的长为透镜直径的 $\frac{1}{4}$,在图中已画出 AB 的像 A_1B_1,现在透镜右侧的主光轴上的焦点处垂直于主光轴放置一块挡板 PQ,欲使像 A_1B_1 完全消失,那么 PQ 的长度至少应为 AB 长的_____倍.

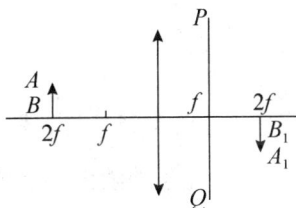

图 G6 - 9

8. 利用如图 G6 - 10 所示的装置观察光的干涉现象,其中 A 为单缝屏,B 为双缝屏,整个装置位于一暗箱中. 实验过程如下:用一束太阳光照射 A 屏时,屏 C 上没有出现干涉条纹;移去 B 后,在屏上出现不等间距的条纹;此条纹是由于_____产生的;移去 A 后,遮住缝 S_1 或缝 S_2 中的任一个,C 上均出现一窄亮斑. 出现以上实验结果的主要原因是_____.

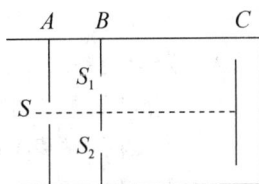

图 G6 - 10

三、计算题

1. 半径为 R 的半圆柱形玻璃，横截面如图 G6 – 11 所示，O 为圆心，已知玻璃的折射率为 $\sqrt{2}$，当光由玻璃中射向空气中时，发生全反射的临界角为 45°. 一束与 MN 平面成 45° 的平行光束射到玻璃的半圆柱面上，经玻璃折射后，有部分光能从 MN 平面上射出. 求能从 MN 射出的光束的宽度为多少？

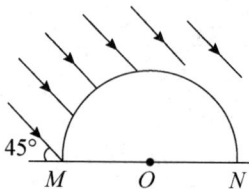

图 G6 – 11

2. 如图 G6 – 12 所示，由红、紫两种单色光组成的光束 a，以入射角 i 从平行玻璃板上表面 O 点入射. 已知平行玻璃板厚度为 d，红光和紫光的折射率分别为 n_1 和 n_2，真空中的光速为 c. 试求：

（1）红光在玻璃中传播的速度；

（2）红光和紫光在下表面出射点之间的距离.

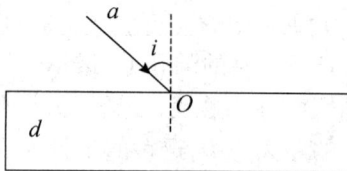

图 G6 – 12

3. 光子具有动量，每个光子的动量 $mv = \dfrac{h}{\lambda}$，式中 h 为普朗克常量，λ 为光子的波长. 当光照射到物体表面上时，不论光被物体吸收还是被物体表面反射，光子的动量都会发生改变，因而对物体表面产生一种压力，称为光压. 图 G6 – 13 是列别捷夫设计的用来测量光压的仪器. 图中两个圆片中，a 是涂黑的，b 是光亮的，当光线照射到 a 上时，可以认为光子全部被吸收，而当光线照射到 b 上时，可

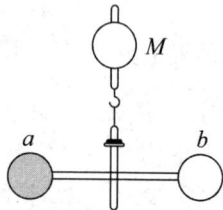

图 G6 – 13

以认为光子全部被反射. 分别用光线照射在 a 或 b 上，由于光压的作用，都可以引起悬丝的旋转，旋转的角度可以借助于和悬丝一起旋转的小平面镜 M 进行观察.

（1）如果用两束光强相同的光同时分别照射两个圆片 a、b，光线的入射方向都跟圆片表面垂直，悬丝将向哪个方向偏转？为什么？

（2）已知两个圆片 a、b 的半径都为 r，两圆心间的距离是 d，现用频率为 ν 的激光束同时照射 a、b 两个圆片，设入射光与圆面垂直，单位时间内垂直于光传播方向的单位面积上通过的光子个数为 n，光速为 c，求：由于光压而产生的作用力分别是多大？

七、原子物理强化练习

一、单项选择题

1. 根据 α 粒子散射实验,卢瑟福提出了原子的核式结构模型,如图 G7-1 所示,图中虚线表示原子核所形成的电场的等势线,实线表示一个 α 粒子的运动轨迹,在 α 粒子从 a 运动到 b,再运动到 c 的过程中.下列说法中正确的是_____.

A. 动能先增大,后减小

B. 电势能先减小,后增大

C. 电场力先做负功,后做正功,总功等于零

D. 加速度先变小,后变大

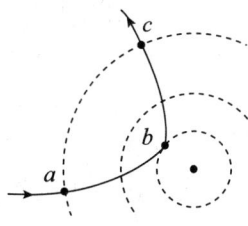

2. 根据卢瑟福的原子核式结构模型,下列说法中正确的是_____.

图 G7-1

A. 原子中的正电荷均匀分布在整个原子范围内

B. 原子中的质量均匀分布在整个原子范围内

C. 原子中的正电荷和质量都均匀分布在整个原子范围内

D. 原子中的正电荷和几乎全部质量都集中在很小的区域范围内

3. 根据玻尔理论,氢原子的核外电子由外层轨道跃迁到内层轨道后_____.

A. 原子的能量增加,系统的电势能减少

B. 原子的能量增加,系统的电势能增加

C. 原子的能量减少,核外电子的动能减少

D. 原子的能量减少,核外电子的动能增加

4. 氢原子的能级如图 G7-2 所示,已知可见光的光子能量范围约为 $1.62 \sim 3.11$ eV,下列说法错误的是_____.

A. 处于 $n=3$ 能级的氢原子可以吸收任意频率的紫外线,并发生电离

B. 大量氢原子从高能级向 $n=3$ 能级跃迁时,发出的光具有显著的热效应

C. 大量处于 $n-4$ 能级的氢原子向低能级跃迁时,可能发出 6 种不同频率的光

D. 大量处于 $n=4$ 能级的氢原子向低能级跃迁时,可能发出 3 种不同频率的可见光

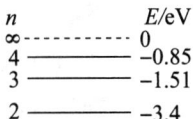

图 G7-2

5. 原子从一个能级跃迁到一个较低能级时,有可能不发射光子.例如在某种条件下,铬原子的 $n=2$ 能级上的电子跃迁到 $n=1$ 能级上时并不发射光子,而是将相应的能量转交给 $n=4$ 能级上的电子,使之脱离原子,这一现象叫做俄歇效应.以这种方式脱离了原子的电子叫俄歇电子.已知铬原子的能级公式可简化表示为 $E_n = -\dfrac{A}{n^2}$,式中 $n=1,2,3,\cdots$ 表

示不同的能级,A 是正的已知常数. 上述俄歇电子的动能是_____.

    A. $\dfrac{3}{16}A$ B. $\dfrac{7}{16}A$ C. $\dfrac{11}{16}A$ D. $\dfrac{5}{16}A$

6. 日光灯正常工作时,灯管内的稀薄汞蒸气由于气体放电而发射几种特定的光子,光谱中既有可见光,又有紫外线,其中紫外线被管壁上的荧光粉吸收,并使荧光粉受到激发而发射波长几乎连续分布的可见光. 日光灯灯光的光谱是_____.

    A. 与白炽灯灯光的光谱相同的连续光谱

    B. 与太阳光光谱相同的光谱

    C. 连续光谱与汞的明线光谱相加的光谱

    D. 是吸收光谱

7. 人眼对绿光最为敏感. 正常人的眼睛接收到波长为 550 nm 的绿光时,只要每秒有 6 个绿光的光子射入瞳孔,眼睛就能察觉. 普朗克常量为 6.63×10^{-34} J·s,光速为 3.0×10^{8} m/s,则人眼能察觉到绿光时所接收到的最小功率是_____.

    A. 2.2×10^{-18} W   B. 3.8×10^{-19} W

    C. 7.0×10^{-48} W   D. 1.2×10^{-48} W

8. 如图 G7-3 所示,k^{-} 介子衰变的方程为 $k^{-} \rightarrow \pi^{-} + \pi^{0}$,其中 k^{-} 介子和 π^{-} 介子带负的基元电荷,π^{0} 介子不带电. 一个 k^{-} 介子沿垂直于磁场的方向射入匀强磁场中,其轨迹为圆弧 AP,衰变后产生的 π^{-} 介子的轨迹为圆弧 PB,两轨迹在 P 点相切,它们的半径 $R_{k^{-}}$ 与 $R_{\pi^{-}}$ 之比为 $2:1$. π^{0} 介子的轨迹未画出. 由此可知 π^{-} 介子的动量大小与 π^{0} 介子的动量大小之比为_____.

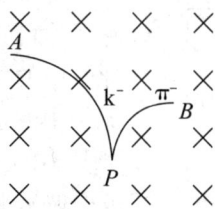

图 G7-3

    A. $1:1$ B. $1:2$ C. $1:3$ D. $1:6$

9. 用"γ 刀"进行手术,可以使病人在清醒状态下在较短的时间内完成手术,在此过程中,主要利用:①γ 射线具有较强的穿透本领;②γ 射线很容易绕过障碍物到达病灶区域;③γ 射线具有很强的电离能力,从而使癌细胞电离而被破坏;④γ 射线具有很高的能量. 上述描述中正确的是_____.

    A. ①②   B. ②③   C. ①②③   D. ①④

10. 根据有关放射性方面的知识可知,下列说法正确的是_____.

    A. 随着气温的升高,氡的半衰期会变短

    B. 许多元素能自发地放出射线,使人们开始认识到原子是有复杂结构的

    C. 放射性元素发生 β 衰变时所释放的电子来源于核外电子

    D. 氢核、中子和氘核的质量分别为 m_1、m_2、m_3,当氢核与中子结合为氘核时,放出的能量为 $(m_1 + m_2 - m_3)c^2$

11. 人类认识原子结构和开发利用原子能经历了十分曲折的过程,汤姆孙、卢瑟福、玻尔、查德威克等科学家作出了卓越的贡献. 关于他们的主要成就,下列说法正确的是_____.

    A. 查德威克通过 α 粒子轰击铍核的实验发现了电子

    B. 卢瑟福提出了原子的核式结构模型并认为氢原子的能级是分立的

C. 玻尔第一次把微观世界中物理量取分立值的观念应用到原子系统

D. 汤姆孙通过对阴极射线的研究发现了电子,并提出了原子的核式结构模型

12. 下列说法不正确的是_____.

A. 光电效应现象说明光具有粒子性

B. 太阳辐射出的能量主要来自太阳内部的裂变反应

C. 卢瑟福根据 α 粒子的散射实验提出了原子的核式结构

D. β 衰变释放出的电子是原子核内的中子转变为质子时产生的

13. 下列说法正确的是_____.

A. 比结合能小的原子核结合成比结合能大的原子核时一定释放核能

B. 一定强度的入射光照射某金属发生光电效应时,入射光的频率越高,单位时间内逸出的光电子数就越多

C. 根据玻尔理论可知,氢原子辐射出一个光子后,氢原子的电势能减小,核外电子的运动速度减小

D. β 射线的速度接近光速,普通一张白纸就可挡住

14. 原子核 $^{238}_{92}U$ 经放射性衰变①变为原子核 $^{234}_{90}Th$,继而经衰变②变为原子核 $^{234}_{91}Pa$,再经衰变③变为原子核 $^{234}_{92}U$. 放射性衰变①、②和③依次为_____.

　　A. α 衰变、β 衰变和 β 衰变　　　B. β 衰变、α 衰变和 β 衰变

　　C. β 衰变、β 衰变和 α 衰变　　　D. α 衰变、β 衰变和 α 衰变

15. 下列关于近代物理知识的说法不正确的是_____.

A. 汤姆孙发现了电子,表明原子具有核式结构

B. 光照到某金属上不能发生光电效应,是因为该光波长太长

C. 按照玻尔理论,氢原子辐射光子时,核外电子的动能增加

D. β 衰变的实质是原子核内的中子转化成了质子和电子

16. 关于科学家和他们的贡献,下列说法不正确的是_____.

A. 普朗克曾经大胆假设:振动着的带电微粒的能量只能是某一最小能量值 ε 的整数倍,这个不可再分的最小能量值 ε 叫做能量子

B. 德布罗意提出:实物粒子也具有波动性,而且粒子的能量 ε 和动量 p 跟它所对应的波的频率 ν 和波长 λ 之间,遵从关系 $\nu = \dfrac{\varepsilon}{h}$ 和 $\lambda = \dfrac{h}{p}$

C. 卢瑟福认为,原子是一个球体,正电荷弥漫性地均匀分布在整个球体内,电子镶嵌其中

D. 按照爱因斯坦的理论,在光电效应中,金属中的电子吸收一个光子获得的能量是 $h\nu$,这些能量的一部分用来克服金属的逸出功 W_0,剩下的表现为逸出后电子的初动能 E_k

17. 以下关于近代物理学的说法中正确的是_____.

A. 光电效应现象中,光电子的最大初动能与照射光的频率成正比

B. 氢原子的能级是不连续的,辐射光的能量是连续的

C. 光的干涉现象中,干涉亮条纹部分是光子到达几率大的地方

D. 宏观物体的物质波波长非常小,极易观察到它的波动性

18. 关于物质的波粒二象性,下列说法中不正确的是_____.

A. 不仅光子具有波粒二象性,一切运动的微粒都具有波粒二象性

B. 运动的微观粒子与光子一样,当它们通过一个小孔时,都没有特定的运动轨道

C. 波动性和粒子性,在宏观现象中是矛盾的、对立的,但在微观高速运动的现象中是统一的

D. 实物的运动有特定的轨道,所以实物不具有波粒二象性

二、填空题

1. 已知电子的质量为 m,某一原子的质量为 M,基态与激发态的能级差为 ΔE,欲用电子碰撞静止原子的方法,使原子从基态跃迁到激发态,则原子受激发所需入射电子的最小动能是_____.

2. 氢原子处于基态时,原子能量 $E_1 = -13.6$ eV,已知电子电荷量 $e = 1.6 \times 10^{-19}$ C,电子质量 $m = 0.91 \times 10^{-30}$ kg,氢的核外电子的第一条可能轨道的半径为 $r_1 = 0.53 \times 10^{-10}$ m. 若要使处于 $n = 2$ 的氢原子电离,至少要用频率为_____的电磁波照射氢原子. 氢原子核外电子的绕核运动可等效为一环形电流,则氢原子处于 $n = 2$ 的定态时,核外电子运动的等效电流为_____.

3. 历史上第一次利用加速器实现的核反应,是用加速后动能为 0.5 MeV 的质子 $^1_1$H 轰击静止的 $^4_2$X,生成两个动能均为 8.9 MeV 的 $^4_2$He. 上述核反应方程为_____;质量亏损为_____kg.

4. 在 β 衰变中常伴有一种称为"中微子"的粒子放出. 中微子的性质十分特别,因此在实验中很难探测. 1953 年,莱尼斯和柯文建造了一个由大水槽和探测器组成的实验系统,利用中微子与水中 $^1_1$H 的核反应,间接地证实了中微子的存在.

(1)中微子与水中的 $^1_1$H 发生核反应,产生中子($^1_0$n)和正电子($^0_{+1}$e),即

$$中微子 + {}^1_1H \rightarrow {}^1_0n + {}^0_{+1}e$$

可以判定,中微子的质量数和电荷数分别是_____(填写选项前的字母).

A. 0 和 0   B. 0 和 1   C. 1 和 0   D. 1 和 1

(2)上述核反应产生的正电子与水中的电子相遇,与电子形成几乎静止的整体后,可以转变为两个光子(γ),即 $^0_{+1}e + {}^0_{-1}e \rightarrow 2\gamma$.

已知正电子和电子的质量都为 9.1×10^{-31} kg,反应中产生的每个光子的能量约为_____J. 正电子与电子相遇不可能只转变为一个光子,原因是_____.

5. 约里奥—居里夫妇因发现人工放射性元素而获得了 1935 年的诺贝尔化学奖,他们发现的放射性元素 $^{30}_{15}$P 衰变成 $^{30}_{14}$Si 的同时放出另一种粒子,这种粒子是_____. $^{32}_{15}$P 是 $^{30}_{15}$P 的同位素,被广泛应用于生物示踪技术,1mg $^{32}_{15}$P 随时间衰变的关系如图 G7 - 4 所示,请估算 4 mg 的 $^{32}_{15}$P 经_____天的衰变后还剩 0.25 mg.

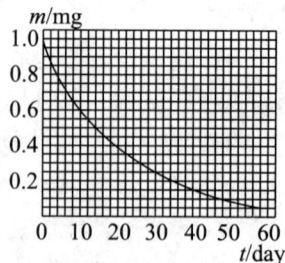

图 G7 - 4

6. 一静止的氡核($^{222}_{86}$Rn)发生 α 衰变,放出一个速度为 v_0、质量为 m 的 α 粒子和一个质量为 M 的反冲核钋(Po),若氡核发生衰变时,释放的能量全部转化为 α 粒子和钋核的动能.(1)衰变方程是_____;(2)反冲核的速度是_____;(3)这一衰变过程中亏损的质量是_____.

7. 一个静止的氮核 $^{14}_{7}$N 俘获一个速度为 2.3×10^7 m/s 的中子生成一个复核 A,A 又衰变成 B、C 两个新核.设 B、C 的速度方向与中子速度方向相同,B 的质量是中子的 11 倍,B 的速度是 10^6 m/s,B、C 两原子核的电荷数之比为 5:2.则:(1)C 为_____;(2)C 核的速度大小是_____.

8. 静止的锂核 $^6_3$Li 俘获一个速度为 8×10^6 m/s 的中子,发生核反应后若只产生了两个新粒子,其中一个粒子为氦核 $^4_2$He,它的速度大小是 8×10^6 m/s,方向与反应前的中子速度方向相同,反应后产生的另一个粒子的速度是_____.

9. $^{60}_{27}$Co 发生一次 β 衰变后变为 Ni 核,其衰变方程为_____;在该衰变过程中还发出频率为 ν_1、ν_2 的两个光子,其总能量为_____.

三、计算题

1. 一个具有 $E_{k0} = 13.6$ eV 动能、处于基态的氢原子与一个静止的、同样处于基态的氢原子发生对心碰撞(正碰),试确定碰撞的性质(是弹性还是非弹性的).已知氢原子的能级公式为 $E_n = -\dfrac{13.6 \text{ eV}}{n^2}, n = 1, 2, 3, \cdots$

2. 从静止的镭核 $^{226}_{88}$Ra 中射出的 α 粒子垂直进入正交的场强大小为 E 的匀强电场和磁感应强度为 B 的匀强磁场,在电磁场中做直线运动,已知 $E = 3.72 \times 10^4$ N/C,$B = 2.0 \times 10^{-3}$ T.

(1)写出核反应方程.

(2)放出 α 粒子后,反冲核速度为多大?

(3)若静止的镭核放出 α 粒子是在匀强磁场中进行的,而且衰变后它们的速度均垂直于匀强磁场,求 α 粒子与反冲核做圆周运动的半径之比,并定性地画出 α 粒子和反冲核运动的完整轨迹.

3. 一静止的 $^{238}_{92}$U 核经 α 衰变成为 $^{234}_{90}$Th 核,释放出的总动能为 4.27 MeV.问此衰变后 $^{234}_{90}$Th 核的动能为多少?

4. 福岛核电站属于轻水反应堆,即反应堆使用普通水作为减速剂,使快中子减速变成慢中子,便于被 $^{235}_{92}$U 俘获,发生可控制核裂变的链式反应.

(1)若铀核 $^{235}_{92}$U 俘获一个慢中子,发生核裂变后产生了 $^{139}_{54}$Xe 和 $^{94}_{38}$Sr,试写出核裂变方程.

(2)若快中子的减速过程可视为快中子与普通水中 $^1_1$H 核发生对心正碰后减速.上述碰撞过程可简化为弹性碰撞,现假定某次碰撞前快中子速率为 v_0,靶核 $^1_1$H 核静止.试通过计算说明,此次碰撞后中子的速度变为多少?(已知氢核质量和中子质量近似相等)

参考答案与解析

一、力学强化练习(一)

一、单项选择题

1. B　**解析:**若小车静止,小球受力平衡,则小球只受两个力作用,即重力和细绳拉力,A错误,B正确.若小车向右匀速运动,则小球受力平衡,斜面对小球的支持力为零;小车不可能向右加速运动;若小车向右减速运动,则加速度水平向左,斜面对小球有支持力,小球共受三个力作用.C、D错误.

2. A　**解析:**对A、B系统整体分析有$F_{f地A}=\mu(m_A+m_B)g=(m_A+m_B)a$,$a=\mu g$,$B$与$A$有共同的运动状态,对$B$受力分析知,$B$所受静摩擦力$F_{AB}=m_B\cdot a=\mu m_B g$,大小不变,方向向左,故A正确,B、C、D错误.

3. D　**解析:**分析水平面上叠加物体间的摩擦力,甲图中选用假设法,A、B在拉力F作用下一起匀速运动,若A受摩擦力,则A物体受力不平衡,与已知相矛盾,故A、B间无摩擦力.分析斜面上叠加的物体间的摩擦力,乙图中也选用假设法,设A、B间光滑无摩擦力,A沿斜面方向受力不平衡,不能匀速运动,故有摩擦力.

4. B　**解析:**P点受力如图 G1-19 所示,由几何知识得$F_3>F_1>F_2$,故B正确,A、C、D错误.

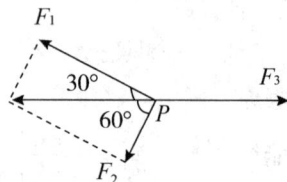

图 G1-19

5. B　**解析:**物体处于失重状态指的是在物体具有向下的加速度的情况下,物体对支撑面的压力或者是挂物的拉力小于物体的重力的现象.当小朋友沿滑梯加速下滑时,具有向下的加速度,人处于失重状态;乘客坐在沿平直路面减速行驶的汽车内,加速度在水平方向,对乘客受力分析可得,在竖直方向汽车对乘客的作用力与人所受的重力平衡,人不处于失重状态;宇航员随飞船绕地球做圆周运动,宇航员处于完全失重状态;运动员离开跳板后仅受重力作用,处于完全失重状态.答案选B.

6. C　**解析:**由$a=\dfrac{GM}{(R+h)^2}$得 A 项错误;由$v=\sqrt{\dfrac{GM}{R+h}}$,第一宇宙速度$v_1=\sqrt{\dfrac{GM}{R}}$得 B 项错误;由$T=2\pi\sqrt{\dfrac{(R+h)^3}{GM}}$得$\dfrac{T_甲}{T_乙}=\sqrt{\dfrac{(R+h_甲)^3}{(R+h_静)^3}}$,得 C 项正确;由$a_向=\omega^2 r$得 D 项错误.

7. A　**解析:**在最高点,根据牛顿第二定律可得,$mg-F_N=m\dfrac{v^2}{R}$,受到座位的支持力为$F_N=mg-m\dfrac{v^2}{R}$,B错误;由于乘客在竖直平面内做匀速圆周运动,其动能不变,重力势能发生变化,所以乘客在运动的过程中机械能不守恒,C错误;在时间t内转过的弧度为$\dfrac{v}{R}t$,所以对应t时刻的重力势能为$E_p=mgR\Big(1-\cos\dfrac{v}{R}t\Big)$,总的机械能为$E=E_k+E_p=\dfrac{1}{2}mv^2+mgR\Big(1-\cos\dfrac{v}{R}t\Big)$,A正确,D错误.

8. C　**解析:**对物体A进行受力分析可知,当弹簧的弹力大小为mg时,物体A的加速度为零,A错误;由题意和功能关系知,弹簧的弹性势能为$E_p=mgh-\dfrac{1}{2}mv^2$,B错误;当物体B对地面恰好无压力时,说明弹簧的弹力大小为$2mg$,此时B所受合力为零,恰好处于平衡状态,C正确;物体A的机械能的减少量等于弹簧的弹性势能的增加量,为$mgh-\dfrac{1}{2}mv^2$,D错误.

9. D　**解析:**运动员到达最低点前,重力一直做正功,重力势能减小,选项A正确;弹力一直做负功,弹性势能增加,选项B正确;除重力、弹力之外无其他力做功,故机械能守恒,选项C正确;重力势能的改变与重力势能零点的选取无关,故选项D错误.答案选D.

10. C　**解析:**如图 G1-20 所示,以A、B为系统,以地面为零重力势能面,设A的质量为$2m$,B的质量为m,根据机械能守恒定律有$2mgR=mgR+\dfrac{1}{2}\times 3mv^2$,$A$落地后$B$将以速度$v$做竖直上抛运动,即有

$\frac{1}{2}mv^2 = mgh$,解得 $h = \frac{1}{3}R$,则 B 上升的高度为 $R + \frac{1}{3}R = \frac{4}{3}R$,故选项 C 正确.

11. C 解析:物体做匀速运动,动能不变,但是高度可以改变,即重力势能改变,所以 A 错误;合力的功为零,只是动能不变,B 错误;物体所受合力不等于零,例如只在重力作用下的运动,机械能守恒,所以 C 正确;D 选项实质与 A 选项相同,所以 D 错误.

12. C 解析:设铁链的总质量为 m,以铁链的下端为零重力势能点,则铁链的机械能为 $E = 2 \times \frac{1}{2}mg \times \frac{l}{4} = \frac{1}{4}mgl$,铁链完全离开滑轮时,设速度为 v,则

图 G1 - 20

机械能 $E' = \frac{1}{2}mv^2$,由机械能守恒定律得 $E = E'$,所以 $v = \sqrt{\frac{gl}{2}}$,选项 C 正确.

13. A 解析:设碰撞后两者的动量都为 p,根据动量守恒定律得,碰前质量为 M 的物块动量为 $2p$,根据 $p^2 = 2mE_k$ 以及能量的关系得 $\frac{(2p)^2}{2M} \geqslant \frac{p^2}{2m} + \frac{p^2}{2M}$,解得 $\frac{M}{m} \leqslant 3$,所以选项 A 正确.

14. D 解析:物块 A 离开墙面前墙对 A 有弹力,这个弹力虽然不做功,但对 A 有冲量,选项 A 错误.撤去力 F 后,B 向右运动,弹簧弹力逐渐减小,当弹簧恢复原长时,A 开始脱离墙面,这一过程机械能守恒,即 $W = \frac{1}{2}(2m)v_B^2$ ①,当 A 离开墙时,B 的动量大小为 $2mv_B = \sqrt{4mW}$,选项 B 错误.A 脱离墙面后速度逐渐增加,B 速度逐渐减小,此过程中弹簧逐渐伸长,当 A、B 速度相同时,弹簧弹性势能最大,这一过程系统动量和机械能均守恒,有 $2mv_B = (m+2m)v$ ②,$E_{pmax} = \frac{1}{2}(2m)v_B^2 - \frac{1}{2}(m+2m)v^2$ ③,由①②③式可解得 $E_{pmax} = \frac{W}{3}$,选项 D 正确.由于 A 脱离墙面后系统动量和机械能均守恒,有 $\frac{1}{2}(2m)v_B^2 = \frac{1}{2}mv_A^2 + \frac{1}{2}(2m)v_x^2$,$(2m)v_B = mv_A + 2mv_x$,解得 $v_A = \frac{4}{3}v_B$,又 $W = \frac{1}{2}(2m)v_B^2$,故 A 离开墙面后,A 的最大速度为 $\frac{4}{3}\sqrt{\frac{W}{m}}$,选项 C 错误.

15. C 解析:质点 P 此时刻的运动方向沿 y 轴负方向,由同侧法可知,此波沿 x 轴负方向传播,选项 A 错误.在 $t = 0$ 到 $t_1 = 0.55$ s 这段时间里,质点 P 恰好第 3 次到达 y 轴正方向最大位移处,则有 $\left(2 + \frac{3}{4}\right)T = 0.55$ s,解得 $T = 0.2$ s,选项 B 错误.由图像可得简谐波的波长为 $\lambda = 0.4$ m,则波速 $v = \frac{\lambda}{T} = 2$ m/s,选项 C 正确.在 $t = 0$ 至 $t_2 = 1.2$ s 这段时间,质点 Q 恰经过了 6 个周期,即质点 Q 回到始点,由于振幅 $A = 5$ cm,所以质点 Q 运动的路程为 $L = 4A \times 6 = 120$ cm,选项 D 错误.

16. C 解析:根据弹簧振子的位移 y 随时间 t 变化的关系式 $y = 0.1\sin 2.5\pi t$ 可知,弹簧振子的振幅为 0.1 m,选项 A 错误.由 $2.5\pi = \frac{2\pi}{T}$ 可得弹簧振子的周期 $T = 0.8$ s,选项 B 错误.在 $t = 0.2$ s 时,振子的位移最大,运动速度为零,选项 C 正确.在任意 0.2 s 时间内,振子的位移不一定为 0.1 m,选项 D 错误.

17. D 解析:由简谐运动的动力学特征可知,回复力与位移成正比,方向相反,且回复力与加速度成正比,所以回复力的变化周期与位移、加速度的变化周期相同,都等于振动周期.动能关于平衡位置对称,所以动能变化周期是振动周期的一半,选项 D 正确.

二、填空题

1. $\frac{2v_1v_2l}{v_2^2 - v_1^2}$ 解析:以队伍为参考系,则通信员从队尾赶到排头这一过程中,相对速度为 $(v_2 - v_1)$;通信员从排头返回队尾的这一过程中,相对速度为 $(v_1 + v_2)$,则整个运动时间 $t = \frac{l}{v_2 - v_1} + \frac{l}{v_1 + v_2}$,则队伍在这段时间相对地面前进的距离 $x = v_1 t = v_1\left(\frac{l}{v_2 - v_1} + \frac{l}{v_1 + v_2}\right) = \frac{2v_1v_2l}{v_2^2 - v_1^2}$.

2. 2.25 m/s² 1.5 m/s 解析:由公式 $\Delta x = aT^2$,得 $a = \frac{\Delta x}{T^2} = 2.25$ m/s². 根据 $\bar{v} = v_{\frac{t}{2}} = v_0 + 4a$,所以 $v_0 = 1.5$ m/s.

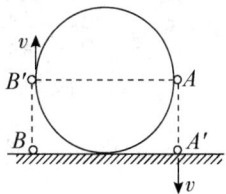

3. $\sqrt{\dfrac{(\sin\theta+\mu\cos\theta)gr}{\cos\theta-\mu\sin\theta}}$ 14.6 m/s **解析**:对汽车受力分析如图 G1-21 所示,

竖直方向:$F_N\cos\theta=mg+F_f\sin\theta$,水平方向:$F_N\sin\theta+F_f\cos\theta=m\dfrac{v^2}{r}$,又 $F_f=$

μF_N,联立可得 $v=\sqrt{\dfrac{(\sin\theta+\mu\cos\theta)gr}{\cos\theta-\mu\sin\theta}}$.代入数据可得 $v=14.6$ m/s.

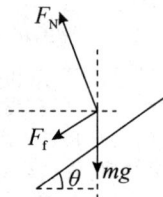
图 G1-21

4. (1) $\sqrt{\dfrac{5Gm}{4R}}$ $4\pi R\sqrt{\dfrac{R}{5Gm}}$ (2) $\sqrt[3]{\dfrac{12}{5}}R$ **解析**:(1)三颗星位于同一直线上,

其中一颗星受到另外两颗星的引力的合力提供向心力,由牛顿第二定律得 $\dfrac{Gm^2}{R^2}+\dfrac{Gm^2}{(2R)^2}=m\dfrac{v^2}{R}$,解得线

速度 $v=\sqrt{\dfrac{5Gm}{4R}}$,由牛顿第二定律得 $\dfrac{Gm^2}{R^2}+\dfrac{Gm^2}{(2R)^2}=m\left(\dfrac{2\pi}{T}\right)^2 R$,解得周期 $T=4\pi R\sqrt{\dfrac{R}{5Gm}}$.(2)设第二种

形式下星体做圆周运动的半径为 r,则相邻两星体间距离 $x=\sqrt{3}r$,相邻两星体之间的万有引力 $F=$

$\dfrac{Gmm}{(\sqrt{3}r)^2}=\dfrac{Gm^2}{3r^2}$,由星体做圆周运动可知 $\sqrt{3}F=m\left(\dfrac{2\pi}{T}\right)^2 r$,由以上各式解得 $x=\sqrt[3]{\dfrac{12}{5}}R$.

5. (1)10 N (2)8 m/s² 水平向左 **解析**:(1)水平面对小球的弹力为零,小球在绳没有断时受到绳的拉力 F_T、重力 mg 和弹簧的弹力 F 作用而处于平衡状态,依据平衡条件,竖直方向有 $F_T\cos\theta=mg$,水平方向有 $F_T\sin\theta=F$,解得弹簧的弹力 $F=mg\tan\theta=10$ N.弹簧不会发生突变,故剪断轻绳瞬间,弹簧的弹力大小不变,仍为 10 N.(2)剪断绳后小球在竖直方向平衡,$F_N=mg$,在水平方向上,由牛顿第二定律得小球的加速度 $a=\dfrac{F-\mu F_N}{m}=8$ m/s²,方向水平向左.

6. (1)0.2 N (2) $\dfrac{3}{8}$ m **解析**:(1)设弹性球第一次下落过程中的加速度大小为 a_1,由题图知 $a_1=$

$\dfrac{\Delta v}{\Delta t}=\dfrac{4}{0.5}$ m/s²$=8$ m/s²;根据牛顿第二定律得 $mg-F_f=ma_1$,$F_f=m(g-a_1)=0.2$ N.(2)由题图知弹性

球第一次到达地面时的速度大小为 $v_1=4$ m/s,设球第一次离开地面时的速度大小为 v_2,则 $v_2=\dfrac{3}{4}v_1=$

3 m/s;第一次离开地面后,设上升过程中球的加速度大小为 a_2,则 $mg+F_f=ma_2$,$a_2=12$ m/s²;于是有

$0-v_2^2=-2a_2h$,解得 $h=\dfrac{3}{8}$ m.

7. 150 J 50 J **解析**:在物块下滑的过程中,拉力 F 做正功,斜面对物块有摩擦力,做负功,重力做正功,空气阻力做负功.根据动能定理,合力对物块做的功等于物块动能的增量,则 $\Delta E_k=W_合=100$ J$+$ $(-30$ J$)+100$ J$+(-20$ J$)=150$ J.根据功能关系,除重力之外的其他力所做的功等于物块机械能的增量,则 $\Delta E_k=W_A+W_B+W_D=100$ J$+(-30$ J$)+(-20$ J$)=50$ J.

8. 0.6 m 1.3 J 5 m/s **解析**:飞离桌面时物块做平抛运动,竖直方向做自由落体运动,有 $h=$

$\dfrac{1}{2}gt^2$,代入数据解得 $t=0.3$ s;水平方向做匀速直线运动,有 $s=vt$,代入数据解得 $s=0.6$ m;由动能定

理得 $E_k-\dfrac{1}{2}(2m)v^2=2mgh$,代入数据解得 $E_k=1.3$ J;A、B 相碰过程中动量守恒,$mv_t+0=2mv$,得

到碰前速度 $v_t=4$ m/s,物体 A 受到的摩擦力 $F_f=\mu mg$,对于 A 由动能定理得 $\dfrac{1}{2}mv_t^2-\dfrac{1}{2}mv_0^2=-\mu mgl$,

代入数据解得 $v_0=5$ m/s.

9. 1 m 22.5 J **解析**:甲车、乙车和人组成的系统满足动量守恒,并符合人船模型.

设甲、乙两车的位移大小分别为 x_1、x_2,则 $x_1+x_2=L-s$,$(m_甲+m_人)x_1=m_乙 x_2$,$x_1=1$ m.由功能关系可知,人拉绳过程做的功等于系统动能的增加量.设停止拉绳时甲车的速度为 $v_甲$,由动量守恒定律得

$(m_甲+m_人)v_甲=m_乙 v_乙$,$v_甲=0.5$ m/s,$W=\dfrac{1}{2}(m_甲+m_人)v_甲^2+\dfrac{1}{2}m_乙 v_乙^2=22.5$ J.

三、计算题

1. (1)2.5 m (2)不能到达 M 点 (3)5.6 J

解析:(1)由物块乙由 B 到 D 的位移与时间的关系 $x=6t-2t^2$ 得 $v_0=6$ m/s,加速度 $a=-4$ m/s²,物

块乙由 D 点以初速度 v_D 做平抛运动,落到 P 点时其竖直速度为 $v_y = \sqrt{2gR}$,$\dfrac{v_y}{v_D} = \tan 45°$ 得 $v_D = 4$ m/s,

B、D 间位移为 $x_1 = \dfrac{v_D^2 - v_0^2}{2a} = 2.5$ m.

(2)若物块乙能沿轨道到达 M 点,其速度为 v_M,$\dfrac{1}{2}m_2 v_M^2 = \dfrac{1}{2}m_2 v_D^2 - \dfrac{\sqrt{2}}{2}m_2 gR$

得 $v_M = \sqrt{16 - 8\sqrt{2}}$ m/s,若物块乙恰好能沿轨道过 M 点,则 $m_2 g = m_2 \dfrac{v_M'^2}{R}$,

解得 $v_M' = \sqrt{8}$ m/s $> v_M$,即物块不能到达 M 点.

(3)设弹簧长为 AC 时的弹性势能为 E_p,释放甲时,$E_p = \mu m_1 g x_{CB}$

释放乙时,可得 $E_p = \mu m_2 g x_{CB} + \dfrac{1}{2}m_2 v_0^2$,且 $m_1 = 2m_2$,可得 $E_p = m_2 v_0^2 = 7.2$ J

乙在桌面上运动过程中克服摩擦力做的功为 W_f,则 $E_p - W_f = \dfrac{1}{2}m_2 v_D^2$,可得 $W_f = 5.6$ J.

2. (1)4.0 m/s (2)-1.6 J (3)0.80 J

解析:(1)设物块 A 滑到斜面底端与物块 B 碰撞前瞬间的速度大小为 v_0,根据机械能守恒定律有

$m_1 gh = \dfrac{1}{2}m_1 v_0^2$,$v_0 = \sqrt{2gh}$,解得 $v_0 = 4.0$ m/s.

(2)设物块 B 受到的滑动摩擦力为 F_f,摩擦力做功为 W,则

$F_f = \mu m_2 g$,$W = -\mu m_2 g x$,解得 $W = -1.6$ J.

(3)设物块 A 与物块 B 碰撞后的速度为 v_1,物块 B 受到碰撞后的速度为 v,碰撞损失的机械能为 E,根据动能定理、动量守恒定律和能量守恒有

$-\mu m_2 g x = 0 - \dfrac{1}{2}m_2 v^2$,解得 $v = 4.0$ m/s

$m_1 v_0 = m_1 v_1 + m_2 v$,解得 $v_1 = 2.0$ m/s

$\dfrac{1}{2}m_1 v_0^2 = \dfrac{1}{2}m_1 v_1^2 + \dfrac{1}{2}m_2 v^2 + E$,解得 $E = 0.80$ J

3. (1)$\dfrac{\sqrt{2gR}}{2}$ (2)$\dfrac{3}{2}R$ (3)$\dfrac{3}{8}R$

解析:(1)设物体从 A 滑至 B 时速率为 v_0,根据机械能守恒定律有

$mgR = \dfrac{1}{2}mv_0^2$,$v_0 = \sqrt{2gR}$

物体与小车相互作用过程中,系统动量守恒,设共同速度为 v_1,有 $mv_0 = 2mv_1$,解得物体滑上轨道 CD 前的瞬时速率 $v_1 = \dfrac{\sqrt{2gR}}{2}$

(2)设物体与小车之间的摩擦力为 F_f,根据动能定理,

对物体有 $-F_f s_{EF} = \dfrac{1}{2}mv_1^2 - \dfrac{1}{2}mv_0^2$

对小车有 $F_f(s_{EF} - R) = \dfrac{1}{2}mv_1^2$

$\left[$或对系统根据能量守恒定律有 $F_f R = \dfrac{1}{2}mv_0^2 - \dfrac{1}{2}(2m)v_1^2\right]$

得 $F_f = \dfrac{1}{2}mg$,$s_{EF} = \dfrac{3}{2}R$

(3)设物体从 CD 滑下后与小车达到相对静止,共同速度为 v_2,相对小车滑行的距离为 s_1,小车停止运动后物体做匀减速运动,相对小车滑行距离为 s_2,根据动量守恒和能量守恒有

$mv_1 = 2mv_2$,$F_f s_1 = \dfrac{1}{2}mv_1^2 - \dfrac{1}{2}(2m)v_2^2$

对物体根据动能定理有 $F_f s_2 = \dfrac{1}{2}mv_2^2$

解得 $s_1 = \dfrac{1}{4}R$,$s_2 = \dfrac{1}{8}R$

则 Q 点距小车右端距离 $s = s_1 + s_2 = \dfrac{3}{8}R$

二、力学强化练习（二）

一、单项选择题

1. C **解析**：物体该做怎样的运动是由它的受力和初始条件决定的．合力是恒定的，合运动的性质一定是匀变速运动；当合速度与合力在一条直线上时，合运动是直线运动，当合速度与合力不在一条直线上时，合运动是曲线运动．所以 C 正确．

2. C **解析**：本题可以根据图像进行定性分析而直接作出解答的．分析时要熟悉图线下的面积、斜率所表示的物理意义．依题意作出物体的 $v-t$ 图像，如图 G2−21 所示．图线下所围成的面积表示物体的位移，由几何知识知图线②、③不满足 $AB=BC$．只能是①这种情况．因为斜率表示加速度，所以 $a_1<a_2$，选项 C 正确．

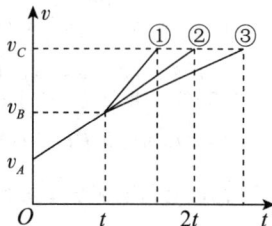
图 G2−21

3. D **解析**：皮带不打滑，右轮和大轮通过皮带传动，故 a、c 两点线速度相等，$v_a=v_c$，故选项 C 错误．又小轮和大轮在同一转动物体上，c 点、b 点在同一轮轴上，角速度相等，即 $\omega_b=\omega_c=\omega_d$，半径不同，由 $v=\omega r$，$r_c=2r_b$，所以 $v_c=2v_b$，因此 $v_a=2v_b$，故选项 A 错误；又 $\omega=\dfrac{v}{r}$，故 $\omega_a=2\omega_c$，所以 $\omega_a=2\omega_b$，故选项 B 错误；由 $a=\dfrac{v^2}{r}$，知 $a_a=2a_c$，由 $a=\omega^2 r$，故 $a_d=2a_c$，因此 $a_a=a_d$，故选项 D 正确．

4. A **解析**：该题实际上是要校正探测器的飞行状态，这在航天运动中，是很常见的工作，因此这也是很有意义的一道题．最后要达到的状态是向正 x 偏负 y 60° 方向平动，速率仍为 v_0．如图 G2−22 所示，这个运动可分解为速率为 $v_0\cos 60°$ 的沿正 x 方向的平动和速率为 $v_0\sin 60°$ 的沿负 y 方向的平动，与原状态相比，我们应使正 x 方向的速率减小，负 y 方向的速率增大．因此应开动 P_1 以施加一负 x 方向的反冲力来减小正 x 方向的速率；然后开动 P_4 以施加一负 y 方向的反冲力来产生负 y 方向的速率．所以选项 A 正确．

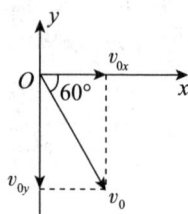
图 G2−22

5. B **解析**：由对称性，左、右木板对砖的摩擦力相同，设为 f_1，第 3 块砖对第 2 块砖的摩擦力为 f_2，则对四块砖整体有 $2f_1=4mg$，得 $f_1=2mg$．对 1、2 块砖有：$f_1+f_2=2mg$，得 $f_2=0$．故 B 正确．

6. B **解析**：设 PQ 与 OA 的夹角为 α，对 P 有 $mg+F_T\sin\alpha=F_N$，对 Q 有 $F_T\sin\alpha=mg$．所以 $F_N=2mg$，$F_T=mg/\sin\alpha$．答案为 B.

7. D **解析**：物体处在水中一定受到浮力，另外还受到重力作用，当这两个力大小相等时，P 处于平衡状态，则 P 只受这两个力的作用；当浮力大于重力时，P 有上滑的趋势，AB 对 P 有压力，P 还受到静摩擦力作用．

8. C **解析**：应仔细分析运动员过杆的细节，先是头、肩过杆，此时头、肩在整个身体上处于最高位置，然后是背、臀依次过杆，此时在整个身体上依次是背、臀处于最高部位，头、肩在过杆后已下降到杆的下方，脚最后过杆，脚过杆时脚是身体的最高部位，其余部分都已过杆，且都在杆的下方．总之身体的各部分是依次逐渐过杆的，而且轮到过杆的部位总是身体的最高部位，过杆时似乎身体始终软软的"挂"在杆上．这一情景的物理特征是：过杆时，身体的重心始终在杆的下方，运动员重力势能的增加量略小于 mgh．运动员在起跳时做的功应等于重力势能的增加量，故 C 正确．

9. B **解析**：若 F 为恒力，而且拉到该位置时小球的速度刚好为零，那么按定义直接求功和按动能定理求功都是正确的．

10. C **解析**：如果重力势能的参考平面比两球所处的水平面较低，则由于铁的密度较大，同体积的铁球质量较大而使 $E_1<E_2$；但如果取两球心所在的水平面为重力势能的参考平面，则又有 $E_1=E_2=0$；当然若两球所在的水平面在重力势能的参考平面下方，有 $E_2<E_1<0$．考虑到重力势能的"相对性"，选项 A、B 均不应选．但无论重力势能的参考平面如何选取，在两球下降相同高度的过程中，质量较大的铁球所减少的重力势能都是较多的，所以此题应选择 C.

11. D **解析**：小球摆至最低点时，由机械能守恒定律和圆周运动条件有：$\dfrac{1}{2}mv^2=mgl(1-\cos\theta)$ 和

$F_T - mg = m\dfrac{v^2}{l}$，解得 $F_T = mg(3 - 2\cos\theta)$．要求直尺仅对桌面边缘有压力，应满足条件 $Mg\left(\dfrac{L}{2} - L'\right) =$

$F_T L'$，即 $Mg\left(\dfrac{1.0}{2}\,\text{m} - 0.2\,\text{m}\right) = mg(3 - 2\cos\theta)\times 0.2\,\text{m}$，整理有 $\cos\theta = 0$，即 $\theta = 90°$，D 正确．

12. C 解析：两钢球在相碰过程中一定同时遵循能量守恒和动量守恒．由于外界没有能量输入，而碰撞中可能产生热量，所以碰后的总动能不会超过碰前的总动能，即 $E_1 + E_2 \leqslant E_0$，可见 A 正确，C 错误；另外，A 也可写成 $\dfrac{p_1^2}{2m} < \dfrac{p_0^2}{2m}$，因此 B 也正确；根据动量守恒，设球 1 原来的运动方向为正方向，有 $p_2 - p_1 = p_0$，所以 D 正确．答案为 C．

13. D 解析：A 离开墙前，墙对 A 有弹力，这个弹力虽然不做功，但对 A 有冲量，因此系统机械能守恒而动量不守恒；A 离开墙后，系统动量守恒、机械能守恒．A 刚离开墙的时刻，B 的动能为 E，动量为 $p = \sqrt{2mE}$，方向水平向右；以后动量守恒，因此系统动能不可能为零，当 A、B 速度相等时，系统总动能最小，这时的弹性势能为 $E/3$．正确答案是 D．

14. C 解析：先画出波传到 Q 点时，P、Q 之间的波形示意图．已知波的频率和波速可求出波长 $\lambda = \dfrac{v}{f} = \dfrac{20}{5}\,\text{m} = 4\,\text{m}$．$P$、$Q$ 在 x 轴上的距离 $s = 5\,\text{m}$，则 $\dfrac{s}{\lambda} = 1\dfrac{1}{4}$，即 $s = 1\dfrac{1}{4}\lambda$．根据波动规律可画出该时刻 P、Q 之间波形示意图如图 G2-23．由图可看出该时刻 P 点位移为负向最大，所以选项 A、B 错误，选项 C 正确．根据简谐运动规律，振动质点的加速度跟位移方向相反，所以质点 P 该时刻的加速度为正向最大，选项 D 错误．

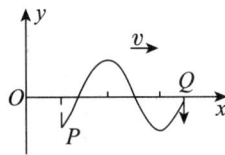

图 G2-23

15. D 解析：先求出可能的波长 $\lambda = \dfrac{48}{4n+3}\,\text{m}$，其中 $n = 0,1,2,\cdots$，可能周期 $T = \dfrac{4}{4k+1}\,\text{s}$，$k = 0,1,2,\cdots$，再求可能波速 $v = \dfrac{\lambda}{T} = 12\cdot\dfrac{4k+1}{4n+3}\,\text{m/s}$，$k = 0,1,2,\cdots$，$n = 0,1,2,\cdots$，依次检查得 D 正确．

二、填空题

1. 8　11 解析：设 A、B 恰好相对滑动，则 B 相对地面也恰好滑动，选 A、B 整体为研究对象，由平衡条件得 $F = F_{f地} + 2F_T$，选 A 为研究对象，由平衡条件有 $F_T = F_{fA}$，$F_{fA} = 0.1\times 10\,\text{N} = 1\,\text{N}$，$T_{f地} = 0.2\times 30\,\text{N} = 6\,\text{N}$，联立以上各式得 $F = 8\,\text{N}$．当 $\mu_1 = 0.4$，$\mu = 0.1$ 时，同理可得 $F = 11\,\text{N}$．

2. $\sqrt{v_0^2 + 2gh}$　$\sqrt{\dfrac{2h}{g\sin^2\alpha}}$　解析：由机械能守恒定律有 $\dfrac{1}{2}mv_0^2 + mgh = \dfrac{1}{2}mv^2$，得 $v = \sqrt{v_0^2 + 2gh}$．

小球做类平抛运动，有 $g\sin\alpha = a$，$\dfrac{h}{\sin\alpha} = \dfrac{1}{2}at^2$，解得 $t = \sqrt{\dfrac{2h}{g\sin^2\alpha}}$．

3. 2 m/s²　1∶80 解析：因为 $t = \dfrac{2v_0}{g}$，故 $g' = \dfrac{1}{5}g = 2\,\text{m/s}^2$；因为 $g = \dfrac{GM}{R^2}$，所以 $M = \dfrac{gR^2}{G}$，可得 $M_星 : M_地 = (1\times 1^2) : (5\times 4^2) = 1 : 80$．

4. $\sqrt{\dfrac{gl}{2}}$ 或 $\sqrt{\dfrac{3gl}{2}}$　解析：小球所需向心力向下，本题中 $F = \dfrac{1}{2}mg < mg$，所以弹力的方向可能向上也可能向下．若 F 方向向上，则 $mg - F = \dfrac{mv^2}{l}$，$v = \sqrt{\dfrac{gl}{2}}$；若 F 方向向下，则 $mg + F = \dfrac{mv^2}{l}$，$v = \sqrt{\dfrac{3gl}{2}}$．

5. 1.6 m 解析：物体在斜面上受重力、支持力、摩擦力的作用，沿斜面加速下滑（因 $\mu = 0.5 < \tan 0 = 0.75$），到水平面后，在摩擦力作用下做减速运动，直至停止．物体运动的全过程中，初、末状态速度均为零，对全过程应用动能定理 $mgs_1\sin 37° - \mu mgs_1\cos 37° - \mu mgs_2 = 0$，解得 $s_2 = \dfrac{s_1\sin 37° - s_1\cos 37°}{\mu} = 1.6\,\text{m}$．

6. 3.6 m　7.2 m 解析：设小球从跳板飞出的速度为 v，由机械能守恒知 $\dfrac{1}{2}mv_0^2 + mgh = \dfrac{1}{2}mv^2$，得 $v = \sqrt{v_0^2 - 2gh}$．

小球从跳板飞出后做平抛运动，水平位移为 $s = vt = v\sqrt{\dfrac{2h}{g}} = \sqrt{\dfrac{2h}{g}(v_0^2 - 2gh)}$．

可见,当满足条件 $h=\dfrac{v_0^2}{4g}=\dfrac{12^2}{4\times10}$ m$=3.6$ m 时,小球飞出后的水平距离最大,其值 $s_{max}=\dfrac{v_0^2}{2g}=\dfrac{12^2}{2\times10}$ m$=$

7. 2 m.

7. -0.05 0.75 **解析:**由波形图可知波长为 8 m,周期为 $T=\dfrac{\lambda}{v}=0.4$ s,所以再经过 1.5 s,$x=4$ m 处的质点 A 的位移为 -0.05 m. 在这 1.5 s 内质点 A 通过的路程 $s=\dfrac{1.5\ \mathrm{s}}{0.4\ \mathrm{s}}\times0.05$ m$\times4=0.75$ m.

8. 见图 G2-24 虚线 **解析:**移动质点法,这种方法是取波上的质点为研究对象. 如果能知道波上的质点在 $t=1.5$ s 时的位移,就可以画出波形图像. 取质点 M 来分析,质点 M 在 $t=0$ 时正经过平衡位置沿 y 轴正方向运动,每经过一个周期,质点 M 的运动情况都与 $t=0$ 时相同,只要求出时间 t 与周期 T 之比,就可以知道 t 时刻 M 的运动情况.

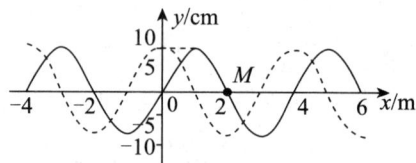

图 G2-24

已知波速和波长,可求得周期 $T=\dfrac{\lambda}{v}=\dfrac{4}{10}$ s$=0.4$ s,则

$\dfrac{t}{T}=\dfrac{1.5}{0.4}=3\dfrac{3}{4}$,结果表明时间 t 等于 $3\dfrac{3}{4}$ 个周期,经过 3 个周期质点 M 仍然经过平衡位置沿 y 轴正方向运动,再经过 $\dfrac{3}{4}T$,恰好到达 $y=-10$ cm 处,位于波谷,画出 $t=1.5$ s 时的波形如图 G2-24 中的虚线所示. 本题也可以用移动波峰的方法.

三、计算题

1. (1)12.5 m/s (2)13.9 s (3)4.16×10^5 J (4)43.2 kW

解析:(1)汽车在公路上行驶,所受阻力为 $F_f=kmg+mg\sin\alpha\approx4\,800$ N.

当 $F=F_f$ 时,$P=F_f\cdot v_m$,所以 $v_m=\dfrac{P}{kmg+mg\sin\alpha}=\dfrac{60\times10^3}{4\,800}$ m/s$=12.5$ m/s.

(2)汽车从静止开始以 $a=0.6$ m/s^2 的加速度匀加速行驶,有 $F'-F_f=ma$.

所以 $F'=ma+kmg+mg\sin\alpha=7.2\times10^3$ N.

保持这一牵引力,汽车可达到匀加速行驶的最大速度 v_m',有

$v_m'=\dfrac{P}{F'}=\dfrac{60\times10^3}{7.2\times10^3}$ m/s≈8.33 m/s.

由运动学规律可以求出匀加速行驶的时间与位移

$t=\dfrac{v_m'}{a}=\dfrac{8.33}{0.6}$ s$=13.9$ s,$s=\dfrac{(v_m')^2}{2a}=\dfrac{(8.33)^2}{2\times0.6}$ m$=57.82$ m.

(3)由 $W=F\cdot s$ 得汽车在匀加速阶段做功为 $W=F'\cdot s=4.16\times10^5$ J.

(4)$t=10$ s<13.9 s,说明汽车在 10 s 末时仍做匀加速运动,

则汽车的瞬时功率 $P_t=F\cdot v_t=F\cdot a\cdot t=43.2$ kW.

2. (1)$\dfrac{mg(16R^2+x^2)}{8R}$ (2)$x=2R$ $\dfrac{5}{2}mgR$ (3)$x=4R$ mg

解析:(1)小球从半圆轨道做平抛运动又回到 A 点,设小球在 C 点的速度为 v_C,小球从 C 点运动到 A 点所用的时间为 t,在水平方向上有 $x=v_C t$,竖直方向上有 $2R=\dfrac{1}{2}gt^2$,解得 $v_C=\dfrac{x}{2R}\sqrt{\dfrac{g}{R}}$. 对小球从 A 到 C 由动能定理有 $W_F-mg\cdot2R=\dfrac{1}{2}mv_C^2$,解得 $W_F=\dfrac{mg(16R^2+x^2)}{8R}$.

(2)要使推力做功最少,确定 x 的取值,由 $W_F=2mgR+\dfrac{1}{2}mv_C^2$ 知,只要小球在 C 点速度最小,则推力做功就最小. 若小球恰能通过 C 点,其在 C 点最小速度为 v,由牛顿第二定律有 $mg=\dfrac{mv^2}{R}$,则 $v=$

$\sqrt{Rg}$,由 $\dfrac{x}{2R}\sqrt{\dfrac{g}{R}}=\sqrt{Rg}$,解得 $x=2R$.

当 $x=2R$ 时,W_F 最小,最小的功 $W_F=\dfrac{5}{2}mgR$.

（3）由 $W_F = mg\left(\dfrac{16R^2 + x^2}{8R}\right)$ 及 $W_F = Fx$ 得：$F = \dfrac{1}{8}mg\left(\dfrac{16R}{x} + \dfrac{x}{R}\right)$.

若满足 $\dfrac{16R}{x} = \dfrac{x}{R}$，$F$ 有最小值，即 $x = 4R$，得最小推力为 $F = mg$.

3.（1）$\dfrac{1}{3}v_0$　（2）$\dfrac{1}{36}mv_0^2$

解析：（1）设 D 的速度为 v_1，由动量守恒，有 $mv_0 = (m+m)v_1$.

当弹簧最短时，D 与 A 的速度相等，设此速度为 v_2，由动量守恒，有

$2mv_1 = 3mv_2$，联立两式得 A 的速度 $v_2 = \dfrac{1}{3}v_0$.

（2）设弹簧被锁定后，储存在弹簧中的弹性势能为 E_p，由能量守恒，有

$\dfrac{1}{2} \times 2mv_1^2 = \dfrac{1}{2} \times 3mv_2^2 + E_p$.

撞击 P 后，A 与 D 的动能都为零，解除锁定后，当弹簧刚恢复到自然长度时，弹性势能全部转变成 D 的动能，设 D 的速度为 v_3，则有 $E_p = \dfrac{1}{2} \times 2mv_3^2$.

当弹簧伸长时，A 球离开挡板 P，并获得速度. 当 A、D 的速度相等时，弹簧伸至最长. 设此时的速度为 v_4，由动量守恒，有 $2mv_3 = 3mv_4$.

当弹簧伸到最长时，其弹性势能最大，设此弹性势能为 E_p'，由能量守恒，有

$\dfrac{1}{2} \cdot 2mv_3^2 = \dfrac{1}{2} \cdot 3mv_4^2 + E_p'$，联立以上各式得 $E_p' = \dfrac{1}{36}mv_0^2$. 故

三、热学强化练习

一、单项选择题

1. C　**解析：**选项 A、B、C、D 的四个过程如图 G3－10 所示，由图可知，只有答案 C 正确.

2. C　**解析：**通电时，电冰箱工作，冷冻室温度降低而气体压强减小，若气密性差，则外界热空气从缝隙处进入，胶条温度降得不会太多. 所以答案选 C.

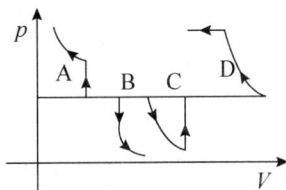

图 G3－10

3. B　**解析：**若取两分子相距无穷远时分子势能为零，则当两分子间距在 r_0 到 $10r_0$ 之间时，分子力表现为引力，分子势能随间距的减小而减小，此时分子力做正功. 而当分子间距小于 r_0 时，分子力表现为斥力，分子势能随间距的减小而增大，此时分子力做负功. 由此可知，选项 A、C 正确. 在分子间距小于 r_0 到一定值以后，将会出现分子势能为正值的情况，因此，选项 D 也正确. 故应选 B.

4. C　**解析：**分子力做正功时分子势能减小，分子力做负功时分子势能增加. 通常选取无穷远处分子势能为零. 当两分子逐渐靠近时（$r > r_0$），分子力做正功，分子势能减小；当分子距离 $r = r_0$ 时，分子势能最小（且为负值）；当两分子再靠近时（$r < r_0$），分子力做负功，分子势能增大. 正确答案为 C.

5. D　**解析：**从分子动理论观点来看，温度是物体分子热运动平均动能的标志，温度越高，分子的平均动能就越大；反之亦然. 注意同一温度下，不同物质分子的平均动能都相同，但由于不同物质的分子质量不尽相同，所以分子运动的平均速率不尽相同. 正确答案为 D.

6. B　**解析：**温度相同意味着萘分子的平均动能相同，因为温度是物体分子平均动能的标志. 而在萘由固态向液态转变过程中，萘的分子间距要加大，此时，萘晶体要从外界吸收热量来破坏晶体的点阵结构，所以吸热只是为了克服分子间的引力做功，只增加了分子的势能. 正确答案为 B.

7. C　**解析：**据热力学第一定律，由于外力对乙做功，而容器和活塞 P 绝热，即无热传递，所以乙的内能增加，温度升高. 甲、乙气体间有导热隔板，乙温度升高后，乙、甲之间发生热传递，甲内能增加，温度上升，乙内能减少，温度下降，当甲、乙的温度相同时，热传递停止. 所以 C 正确.

8. B　**解析：**由热力学第一定律可知，物体内能的增量 ΔU 等于外界对物体做功 W 和物体吸收的热量 Q 的总和. 正确答案为 B.

9. B　**解析：**气体分子间的距离很大，不计分子势能，故气体的内能变化仅仅由温度的变化决定. 由热力学第一定律可知，小气泡在上升时，温度不变，则内能不变，但气泡的体积变大，气体对外做功，一定要从外界吸收热量. 因此 B 项正确.

10. D 解析:由于气体的温度随其内能的增大而升高,所以内能增大,温度必然升高;由热力学第一定律 $\Delta U = W + Q$ 知,当压缩气体,同时将热量传给气体时,其内能增加,温度必升高,D 正确,而 C 错误;而 A、B 只是考虑了 W 或 Q 的一个方面而忽略了另一方面,故不正确.

11. D 解析:大气压对 A 中的水做正功,而对 B 中的水做负功;A 中的水面下降,体积减小,与 B 中增加的体积相同,因此大气压对水做功的代数和为零;水的重心降低,重力势能减小,由能量守恒定律知水的内能增加. 故选 D.

12. B 解析:抽去隔板前 A、B 气体的整体重心在中线以下,抽去隔板待气体混合均匀后重心恰好在中线上,所以系统的重力势能增大,由能量守恒定律可知,吸收的热量一部分增加气体内能,一部分增加重力势能,所以 B 正确.

13. D 解析:Q 为真空,整个系统与外界没有热交换,打开阀门 K 后,P 中的气体进入 Q 中,最终达到平衡;在此过程中,气体既没有对外做功,也没有吸、放热,由热力学第一定律可知,内能没有变化,体积增大,压强减小;所以 A、B、C 错误. 由热力学第二定律可知,D 正确.

14. D 解析:热量能自发地从高温物体传给低温物体,不能自发地从低温物体传给高温物体,热传导是有方向的,这都符合热力学第二定律,所以 A、B、C 正确. 能量的耗散是指在能量的转化过程中没办法把流散的能量重新收集起来,加以利用,能量耗散过程中能量的总量还是守恒的. 答案选 D.

15. A 解析:热量自发地从高温物体传递到低温物体,冰箱在制冷过程中消耗了电能,从而引起了其他变化,所以与热力学第二定律并不矛盾,D 错误. 机械能全部转化为热能,而热能在转化为机械能时一定会带来其他变化,即有能量的散失,所以任何一种热机的效率都不能达到100%,也不可能有一种机器能把散失的能量全部收集起来,用来做功,这说明了机械能与内能的转化具有方向性,热现象的宏观过程也具有方向性,所以 B、C 错误,A 正确.

16. B 解析:热量不能自发地从冰箱内传到冰箱外,电冰箱的致冷系统能够不断地把冰箱内的热量传到外界,是因为其消耗了电能,这正是热力学第二定律的结果,整个过程也符合能量守恒(热力学第一定律),所以, A 、C、D 错误,B 正确.

二、填空题

1. 体内压强大于瓶内压强,将淤血排出体外 解析:点燃纸片或酒精棉球置于瓶内燃烧时,瓶内气体快速膨胀,火熄灭后,迅速将瓶口紧贴患病部位,随着温度降低,瓶内压强减小,而人体内压强较大,这样就可以将人体内的淤血排出体外.

2. $\sqrt{T_2 T_4}$ 解析:由状态方程可得 $T_1 = \dfrac{p_1 V_1}{C}$,$T_2 = \dfrac{p_2 V_2}{C}$,$T_3 = \dfrac{p_3 V_3}{C}$,$T_4 = \dfrac{p_4 V_4}{C}$,结合查理定律可得 $T_1 T_3 = T_2 T_4$,即 $T_1 = T_3 = \sqrt{T_2 T_4}$.

3. 3×10^{-9} m 解析:标准状况下 1 mol 的理想气体体积均为 22.4 L,据此可得出一个水蒸气分子占有的空间为 $V_0 = \dfrac{V_M}{N_A}$. 取气体分子模型为小立方体,则分子间距就等于立方体的棱长 l_0,有 $l_0 = \sqrt[3]{V_0} = \sqrt[3]{\dfrac{V_M}{N_A}}$,代入数据得 $l_0 = \sqrt[3]{\dfrac{22.4 \times 10^{-3}}{6 \times 10^{23}}}$ m $= 3 \times 10^{-9}$ m.

4. 7.8 解析:取分子模型为小立方体,则分子间距就等于立方体的棱长 l,液态分子间距 l 就等于其分子直径,每个分子的质量为 m,分子数密度为 n,该物质的密度为 ρ,则有 $\rho = nm$,$l = \sqrt{\dfrac{1}{n}} = \sqrt{\dfrac{m}{\rho}}$,代入数据可得气态二氧化硫的分子间距约为其分子直径的7.8倍.

5. 增大 增加 吸热 解析:温度是物体分子平均动能的标志,所以温度升高,分子的平均动能增大;理想气体的内能是由温度唯一决定的,所以温度升高,内能增加;由热力学第一定律 $\Delta U = W + Q$,结合符号法则及其物理意义可知,气体要吸热.

6. 减少 10 解析:由热力学第一定律 $\Delta U = W + Q$,结合符号法则及其物理意义有 $W = -30$ J,$Q = 20$ J,故 $\Delta U = -10$ J,因而内能减少了10 J.

7. Q_1 $\dfrac{Q_2 - Q_1}{p_0 S + G}$ 解析:设密封气体温度升高1 ℃,内能增量为 ΔU,则有 $\Delta U = Q_1$,$\Delta U = Q_2 + W$,以活塞为研究对象,由动能定理得 $W_内 + W_{大气} - Gh = 0$,$W_{大气} = -p_0 Sh$,$W = -W_内 = -(p_0 Sh + Gh)$,$h = \dfrac{Q_2 - Q_1}{p_0 S + G}$.

8. 2:3 解析:子弹损失的动能等于子弹克服阻力所做的功,子弹的位移为打入深度 d 和木块移动

的距离 L 之和,有 $\Delta E_k = F_f(d + L)$,产生的热量 $Q = F_f d$,所以 $\dfrac{Q}{\Delta E_k} = \dfrac{d}{d + L} = \dfrac{2}{3}$.

9.4.4×10^{26} W　**解析**:设太阳的全部辐射功率为 P,则在 2 min 内太阳向外辐射的能量 $Q = Pt$,则由题意可知 $\dfrac{Pt\eta S}{4\pi d^2} = cm\Delta t$,所以 $P = \dfrac{4\pi d^2 cm\Delta t}{S\eta t} = 4.4 \times 10^{26}$ W.

三、计算题

1.145.6 kg

解析:以原来教室内的 130 kg 的气体为研究对象,初态:$p_1 = 1.0 \times 10^5$ Pa,$V_1 = 100$ m³,$T_1 = 280$ K;末态:$p_2 = 1.2 \times 10^5$ Pa,$V_2 = ?$,$T_2 = 300$ K. 根据理想气体状态方程有

$$\frac{p_1 V_1}{T_1} = \frac{p_2 V_2}{T_2}$$

$$V_2 = \frac{p_1 T_2}{p_2 T_1} V_1 = 89.3 \text{ m}^3, V_2 < V_1,有气体流入教室.$$

$$m_2 = \frac{V_1}{V_2} m_1 = 145.6 \text{ kg}$$

2.(1)1.2 m/s²　(2)10 cm

解析:(1)以两活塞内封闭的气体为研究对象,开始时用销子 P 把活塞 B 锁住,直到将销子 P 拔去的过程中,气体体积保持不变,根据查理定律,有

$$\frac{p_1}{T_1} = \frac{p_2}{T_2} \qquad\qquad\qquad ①$$

$$p_2 = \frac{p_1 T_2}{T_1} = 1.2 \times 10^5 \text{ Pa} \qquad\qquad ②$$

拔去销子后,以 A、B(含杆)为研究对象,根据牛顿第二定律得,
$$p_2(S_A - S_B) - p_0(S_A - S_B) = (m_A + m_B)a \qquad ③$$
$a = 1.2$ m/s²,方向水平向左.

(2)当活塞向左移动时,气体做等温膨胀变化,气体压强减小,根据③式,两活塞整体的加速度将减小,当活塞的加速度减小到零时,它们的速度达到最大.

对气体,根据玻意耳定律有 $p_2 V_0 = p_3 V$ 　④

系统重新平衡时的体积 V 与原体积 V_0 有如图 G3 - 11 所示的关系. 由图可得 $V - V_0 = L(S_A - S_B)$ 　⑤

系统重新平衡时,活塞 A、B 所受合力为零,有
$$p_3(S_A - S_B) = p_0(S_A - S_B) \qquad ⑥$$

由④⑤⑥式得 $L = \dfrac{V_0}{S_A - S_B}\left(\dfrac{p_2}{p_0} - 1\right) = 10$ cm

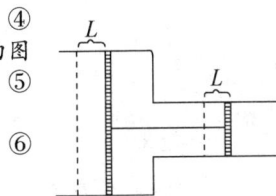

图 G3 - 11

3.$a = 9.8$ m/s²

解析:对管内水银柱进行受力分析,如图 G3 - 12 所示,水银柱受向上的力 $p \cdot S$,其中 S 为水银柱横截面积,p 为槽内水银面处压强,即卫星内气压. 取向下为正方向. 由于上升高度不太高,重力加速度 g 不变,有

$mg - pS = ma, m = \rho h S$

所以 $\rho h S g - pS = ma$

所以 $\rho h g - p = \rho h a$ 　①

卫星开始上升前,$h_0 = 76$ cm,$p_0 = 76$ cmHg,$T_0 = 273$ K,整个过程中卫星密闭,体积不变;卫星加速上升时,$T = 300.3$ K,则

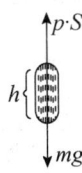

图 G3 - 12

$$\frac{p_0}{T_0} = \frac{p}{T} \Rightarrow p = \frac{T}{T_0} p_0 = \frac{T}{T_0} \rho h_0 g \qquad ②$$

联立①②式得 $\rho h g - \dfrac{T}{T_0} \rho g h_0 = \rho h a$

所以 $a = g - \dfrac{T}{T_0} g \dfrac{h_0}{h} = -9.8$ m/s²

若设正方向向上,则 $a = 9.8$ m/s²

四、电学强化练习

一、单项选择题

1. D 解析:摩擦起电的实质是电子的转移,则两物体应带异种电荷,故 A 项错误;由 $U=\dfrac{Q}{C}$ 知,Q 不变,C 减小,U 增大,故 B 项错误;因内外衣带异种电荷,当它们间隔增大时,克服电场力做功,电势能增大,故 C 项错误;人体带上正电,与金属门把接近时会放电,D 项正确.

2. C 解析:电场中两点之间的电势差是一个定值,与电场力对试探电荷做的功无关,故 A 错误,C 正确;由 $U_{AB}=\dfrac{W_{AB}}{q}$ 知,电场力做正功,若 q 为负电荷,则电势差为负,所以 B 错误;电场中 A、B 两点间的电势差 U_{AB} 在数值上等于把单位正电荷 q 从 A 点移动到 B 点时电场力所做功的数值,故 D 错误.

3. A 解析:根据题意,由匀强电场特点可知,OA 中点 C 的电势为 3 V,与 B 点电势相等,则 B、C 连线为等势线,自原点 O 向 B、C 连线引垂线,垂足为 D,D 点电势为 3 V,根据图 G4-22 中几何关系得 $\dfrac{OB}{\sqrt{OB^2+OC^2}}=\dfrac{OD}{OC}$,解得 $OD=1.5$ cm,则电场强度为 $E=\dfrac{U_{DO}}{OD}=200$ V/m,选项 A 正确.

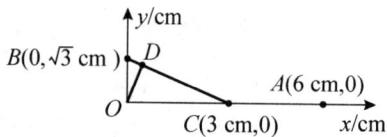

图 G4-22

4. C 解析:分别以 A、B 处的小球为研究对象,进行受力分析可知,两球间的库仑力为 $F=m_A g\tan\theta_1=m_B g\tan\theta_2$,而 $\theta_1>\theta_2$,故 $m_A<m_B$,选项 A 错误,由已知条件无法判断 q_A 与 q_B 的大小关系,选项 B 错误.由于平衡时,两小球恰处于同一水平位置,且 $\theta_1>\theta_2$,故两小球突然失去各自所带的电荷量后开始摆动到最低点,A 球下降的高度要大一些,因而选项 C 正确.最大动能等于 $mgh\dfrac{1-\cos\theta}{\cos\theta}=mgh\tan\theta\dfrac{1-\cos\theta}{\sin\theta}=mgh\tan\theta\tan\dfrac{\theta}{2}$,由于 $mgh\tan\theta$ 相等,因此开始 θ 大的球最大动能大,选项 D 错误.

5. C 解析:本题考查库仑定律及带电体电荷量的转移问题.接触前两个小球之间的库仑力大小为 $F=k\dfrac{Q\cdot3Q}{r^2}$,两个相同的金属球各自带电,接触后再分开,其所带电荷量先中和后均分,所以两球分开后各自带电荷量为 $+Q$,距离又变为原来的 $\dfrac{1}{2}$,库仑力为 $F'=k\dfrac{Q\cdot Q}{\left(\dfrac{r}{2}\right)^2}$,所以两球间库仑力的大小为 $\dfrac{4}{3}F$,C 项正确.

6. B 解析:金属球壳 C 能屏蔽外部的电场,外部的电场不能深入内部,因此小球 A 不会受到电场力的作用,不会发生偏转;金属球壳 C 处在小球 A 的电场中,内壁是近端,感应异种电荷——负电,外壁是远端,感应同号电荷——正电,该正的感应电荷在外部空间同样会激发电场,对小球 B 有吸引作用,B 向右偏,选项 B 正确.

7. A 解析:质点在 a 点由静止释放,沿电场线方向向上运动,说明电场力的方向一定向上,质点在 a 点受到的电场力大于重力,到 b 点恰好速度为零,说明质点的运动必是先加速后减速,可知质点在 b 点受到的电场力小于重力,由此可知 $E_a>E_b$,沿电场线方向电势一定降低,质点由 a 到 b,电场力做正功,所以电势能减少.故应选 A.

8. B 解析:三电子在电场中运动的加速度相同,在垂直于极板方向,$y_A=y_B>y_C$,由 $y=\dfrac{1}{2}at^2$ 知在电场中运动的时间 $t_A=t_B>t_C$,故 A 错误,B 正确;B、C 水平位移相同,$t_B>t_C$,故 $v_C>v_B$,而 A、B 运动时间相同,但 $x_A<x_B$,故 $v_B>v_A$,故 C 进入电场时的速度最大,A 进入电场时的速度最小,C 错误;电场力做功 $W=Eqy$,而 $y_A=y_B>y_C$,故电场力对 C 做功最小,D 错误.

9. B 解析:上极板向上移动一小段距离后,板间电压不变,仍为 E,故电场强度将减小,油滴所受电场力减小,故油滴将向下运动,A 错误;P 点的电势大于0,且 P 点与下极板间的电势差减小,所以 P 点的电势减小,B 正确;两极板间电场方向竖直向下,所以 P 点的油滴应带负电,当 P 点电势减小时,油滴的电势能应增加,C 错误;电容器的电容 $C=\dfrac{\varepsilon_r S}{4\pi kd}$,由于 d 增大,电容 C 应减小,极板所带电荷量 $Q=CE$ 将减小,D 错误.

10. B 解析：带电雨滴在电场力和重力作用下保持静止，电场力和重力必然等大反向，$mg = Eq$，则

$$q = \frac{mg}{E} = \frac{\rho \frac{4}{3}\pi r^3 g}{E} = 4 \times 10^{-9} \text{ C，B 正确.}$$

11. A 解析：电压表的示数增加，说明可变电阻的阻值增大，路端电压增加，电路中的电流减小，R_2 两端的电压减小；由欧姆定律得流过电阻 R_1 的电流增加量为 $\Delta I_1 = \frac{\Delta U}{R_1}$，$R_2$ 两端的电压减少量的绝对值等于 R_1 两端的电压增加量减去内电压的减小量的绝对值，即 $|\Delta U_2| = \Delta U - |\Delta U_{路}| < \Delta U$，通过 R_2 的电流的减少绝对值为 $|\Delta I_2| = \frac{|\Delta U_2|}{R_2} < \frac{\Delta U}{R_2}$；通过电阻 R 的电流为 $I_R = I_2 - I_1$，I_2 减小，而 I_1 增大，因此 I_R 减小. 正确选项为 A.

12. B 解析：在路端电压与电流的关系图像中，直线在 U 轴上的截距表示电动势 E，故 $E_A > E_B$，C 项正确；图线斜率的绝对值表示电源的内阻大小，故 $r_A > r_B$，D 项正确；当电流都为 I_1 时，$U_{内} = I_1 r$，因为内阻 r 不同，所以电源内电压 $U_{内}$ 不同，B 项错误；当路端电压为 U_1 时，$U_1 = I_1 R$，I_1 相等，外电阻 R 必相等，A 项正确. 故选 B.

13. B 解析：当 S 断开后，闭合电路的总电阻增加，根据闭合电路欧姆定律可知，总电流减小，故路端电压 $U = E - Ir$ 增加，即 V 的读数变大；由于定值电阻 R_1 两端的电压减小，故 R_3 两端的电压增加，通过 R_3 的电流增加，即 A 的读数变大，选项 B 正确.

14. A 解析：当滑动变阻器的滑片 P 向上端移动时，电阻 R_3 的有效阻值变大，则电路的总电阻变大，总电流 I 变小，由 $U = E - Ir$ 可知 U 变大，而电压表 V_1 测量的是路端电压，所以电压表 V_1 示数增大；电阻 R_1 两端的电压 IR_1 变小，电阻 R_2、R_3 两端的电压 $(U - IR_1)$ 增大，即电压表 V_2 示数增大；由电阻 R_2 的两端电压变大可知通过它的电流 I_2 必然变大，则通过 R_3 的电流 $I_3 = I - I_2$ 减小，即电流表 A 示数减小. A 项正确.

15. B 解析：因为图甲电路是纯电阻电路，当外电阻与电源内阻相等时，电源的输出功率最大，所以接入电路的电阻值 $R_1 = 2$ Ω；而图乙电路是含电动机电路，欧姆定律不成立，其输出功率 $P = IU = I(E - Ir)$，当 $I = \frac{E}{2r} = 2$ A 时，输出功率 P 有最大值，此时电动机的输出功率 $P_0 = 2$ W，发热功率 $P_{热} = I^2 R_0' = 4$ W，所以电动机的输入功率 $P_{入} = P_0 + P_{热} = 6$ W，电动机两端的电压 $U_{机} = \frac{P_{入}}{I} = 3$ V，电阻 R_2 两端电压 $U_2 = E - U_{机} - Ir = 3$ V，所以接入电路的电阻值 $R_2 = \frac{U_2}{I} = 1.5$ Ω，正确选项为 B.

16. B 解析：由题意知，输电线最大电阻 $R = \frac{U}{I}$，根据电阻定律得 $R = \rho \frac{2L}{S}$，横截面积最小值 $S = \frac{2\rho LI}{U}$，B 正确.

二、填空题

1. (1) 大小为 $\frac{8kQ}{r^2}$，方向由 A 指向 B　(2) 大小为 $\frac{kQ}{r^2}$，方向与 AB 的中垂线垂直指向负电荷一侧

解析：(1) 如图 G4 - 23 所示，A、B 两点电荷在 O 点产生的电场强度方向相同，均由 A 指向 B，则 A、B 两点电荷在 O 点产生的电场强度 $E_A = E_B = \frac{4kQ}{r^2}$，故 O 点的合电场强度大小为 $\frac{8kQ}{r^2}$，方向由 A 指向 B.

(2) 如图 G4 - 24 所示，A、B 在 O' 点产生的电场强度 $E_A' = E_B' = \frac{kQ}{r^2}$，由矢量图所形成的等边三角形可知，$O'$ 点的合电场强度大小为 $E_{O'} = E_A' = E_B' = \frac{kQ}{r^2}$，方向与 A、B 的中垂线垂直指向负电荷一侧.

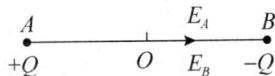

图 G4 - 23

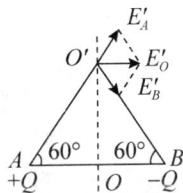

图 G4 - 24

2. $-\dfrac{3mv_0^2}{2e}$　　**解析**：设 A、B 两点间电势差为 U，电子从 A 点运动到 B 点的过程中，电场力对电子做负功，由动能定理可得 $eU = \dfrac{1}{2}mv_0^2 - \dfrac{1}{2}m(2v_0)^2$，所以 $U = -\dfrac{3mv_0^2}{2e}$.

3. (1) $\dfrac{mg\cos\theta}{q(1+\sin\theta)}$，方向水平向右　　(2) $mg\left(3 - \dfrac{2\cos\theta}{1+\sin\theta}\right)$　　**解析**：(1)设细线长为 L，小球所带的电荷量为 q，电场强度为 E，$q > 0$，则 E 水平向右。从释放点到左侧最高点的过程中，重力势能的减少量等于电势能的增加量，有 $mgL\cos\theta = qEL(1+\sin\theta)$，解得 $E = \dfrac{mg\cos\theta}{q(1+\sin\theta)}$. (2)设小球运动到最低点时的速度为 v，此时细线对小球拉力为 F，由动能定理得 $mgL - qEL = \dfrac{1}{2}mv^2$，在最低点，由牛顿第二定律得 $F - mg = m\dfrac{v^2}{L}$，联立解得 $F = mg\left(3 - \dfrac{2\cos\theta}{1+\sin\theta}\right)$.

4. 6.25×10^{15}　　$2:1$　　**解析**：由 $I = \dfrac{q}{t} = \dfrac{ne}{t}$ 得 $\dfrac{n}{t} = \dfrac{I}{e} = 6.25 \times 10^{15}$. 由于各处电流相同，设这段长度为 l，其中的质子数为 n，则由 $I = \dfrac{ne}{t}$ 和 $t = \dfrac{l}{v}$ 得 $I = \dfrac{nev}{l}$，故 $n \propto \dfrac{1}{v}$，而 $v^2 = 2ax$，故 $v \propto \sqrt{x}$，解得 $\dfrac{n_1}{n_2} = \sqrt{\dfrac{x_2}{x_1}} = \sqrt{\dfrac{4L}{L}} = \dfrac{2}{1}$.

5. (1) 5 V　　(2) 1.6×10^{-4} C　　**解析**：开关合上后，等效电路如图 G4-25 所示，电压表测 R_3 两端的电压 U_3，电容器两端的电压为 R_1 两端的电压 U_1.
(1)流过电路中的总电流 $I = \dfrac{E}{R_1 + R_3 + r} = 1$ A，所以 $U_3 = IR_3 = 5$ V. (2) $U_1 = IR_1 = 4$ V，$Q = CU_1 = 40 \times 10^{-6} \times 4$ C $= 1.6 \times 10^{-4}$ C.

图 G4-25

6. 小　　$100\ \Omega$　　$125\ \Omega$　　**解析**：因为电压表和 R 并联，则电压表读数 U' 等于 R 的真实电压 U，而电流表的读数 I' 为 R 与电压表的总电流，所以 I' 大于通过 R 的真实电流，所以 R 的测量值 $R' = \dfrac{U'}{I'}$ 小于真实值 $R = \dfrac{U}{I}$. R 的测量值 $R' = \dfrac{U'}{I'} = \dfrac{10}{0.1}\ \Omega = 100\ \Omega$，$R$ 的真实值 $R = \dfrac{U}{I} = \dfrac{U}{I - \dfrac{U_V}{R_V}} = \dfrac{10}{0.1 - \dfrac{10}{500}}\ \Omega = 125\ \Omega$.

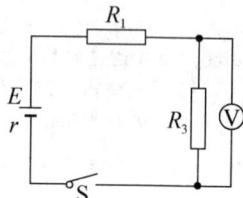

7. (1) 2.25 W　　(2) 2 W　　(3) 1.5 W　　(4) $4\ \Omega$　　60%　　**解析**：(1)当 $R_2 + R_1 = r$，即 $R_2 = r - R_1 = 2\ \Omega$ 时，电源的输出功率最大，$P_{\text{m}} = \dfrac{E^2}{4r} = \dfrac{36}{4 \times 4}$ W $= 2.25$ W. (2) R_1 为定值电阻，当通过的电流最大时，消耗的功率最大，此时 $R_2 = 0$，$I = \dfrac{E}{R_1 + r} = \dfrac{6}{2+4}$ A $= 1$ A，$P_1 = I^2 R_1 = 1^2 \times 2$ W $= 2$ W. (3) R_2 为可变电阻，将 R_1 和电源 (E, r) 等效为一新电源，则新电源的内阻 $r' = r + R_1 = 6\ \Omega$，则当 $R_2 = r' = R_1 + r = 6\ \Omega$ 时，R_2 消耗的功率最大，$P_2 = \dfrac{E^2}{4R_2} = 1.5$ W. (4)由于 R_2 最大只有 $4\ \Omega$，而小于 $R_1 + r = 6\ \Omega$，结合 $P_{\text{出}}$-R 线可知，如图 G4-26，在 $0 \sim 4\ \Omega$ 内，当 $R_2 = 4\ \Omega$ 时，R_2 消耗的功率最大．此时电源的效率 $\eta = \dfrac{P_{\text{出}}}{P_{\text{总}}} \times 100\% = \dfrac{R_{\text{外}}}{R_{\text{外}} + r} \times 100\% = 60\%$.

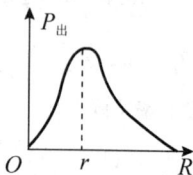

图 G4-26

8. (1) 22.5 W　　30.6 W　　(2) 150 盏　　**解析**：由 $P = \dfrac{U^2}{R}$ 得 $R = \dfrac{U^2}{P} = 1\,000\ \Omega$，400 盏灯并联时，$R_{\text{总}} = 2.5\ \Omega$，$U_1 = \dfrac{ER_{\text{总}}}{R_{\text{总}} + r} = 150$ V，关掉 200 盏灯时，$R'_{\text{总}} = 5\ \Omega$，$U_2 = \dfrac{ER'_{\text{总}}}{R'_{\text{总}} + r} = 175$ V，解得 $E = 210$ V，$r = 1\ \Omega$. (1)实际功率 $P_1 = \dfrac{U_1^2}{R} = 22.5$ W，$P_2 = \dfrac{U_2^2}{R} = 30.6$ W. (2)要使灯泡正常发光，$P = 40$ W $= \dfrac{U^2}{R}$，$U = 200$ V，则 $U = \dfrac{ER'}{R' + r}$，$R' = 20\ \Omega = \dfrac{1\,000\ \Omega}{n}$，解得 $n = 50$ 盏，所以，要使灯泡正常发光，需再关掉 150 盏灯．

9. (1) $4.5\ \Omega/\text{m}$　　(2) 80 N　　**解析**：设无风时金属杆接入电路的电阻为 R_1，风吹时接入电路的电阻为 R_2. (1)无风时，$U_1 = \dfrac{E}{R_1 + R + r}R_1$，则 $R_1 = 4.5\ \Omega$，所以金属杆单位长度的电阻 $R_0 = \dfrac{R_1}{L_0} = \dfrac{4.5}{1}\ \Omega/\text{m} = $

4.5 Ω/m. (2)有风时,$U_2 = \dfrac{E}{R_2 + R + r}R_2$,则 $R_2 = 1.5$ Ω,此时弹簧长度 $L = \dfrac{R_2}{R_0}L_0 = \dfrac{1}{3}$ m,压缩量 $x = L_0 - L =$

$\left(1 - \dfrac{1}{3}\right)$ m $= \dfrac{2}{3}$ m,由二力平衡得风力 $F = kx = 120 \times \dfrac{2}{3}$ N $= 80$ N.

三、计算题

1.(1)$\dfrac{q\varphi_0}{d}$ (2)$-d\left(1 - \dfrac{A}{q\varphi_0}\right) \leqslant x \leqslant d\left(1 - \dfrac{A}{q\varphi_0}\right)$ (3)$\dfrac{4d}{q\varphi_0}\sqrt{2m(q\varphi_0 - A)}$

解析:(1)由题图可知,O 与 $(d,0)$[或$(-d,0)$]两点间的电势差为 φ_0,电场强度的大小 $E = \dfrac{\varphi_0}{d}$;

电场力的大小 $F = qE = \dfrac{q\varphi_0}{d}$.

(2)设粒子在 $[-x_0, x_0]$ 区间内运动,速率为 v,由题意得 $\dfrac{1}{2}mv^2 - q\varphi = -A$ ①

由题意可知 $\varphi = \varphi_0\left(1 - \dfrac{|x|}{d}\right)$ ②

由①②式得 $\dfrac{1}{2}mv^2 = q\varphi_0\left(1 - \dfrac{|x|}{d}\right) - A$.因动能非负,有 $q\varphi_0\left(1 - \dfrac{|x|}{d}\right) - A \geqslant 0$,

得 $|x| \leqslant d\left(1 - \dfrac{A}{q\varphi_0}\right)$,即 $x_0 = d\left(1 - \dfrac{A}{q\varphi_0}\right)$,

粒子运动区间为 $-d\left(1 - \dfrac{A}{q\varphi_0}\right) \leqslant x \leqslant d\left(1 - \dfrac{A}{q\varphi_0}\right)$.

(3)考虑粒子从 $-x_0$ 处开始运动的四分之一周期内,根据牛顿第二定律得,粒子的加速度 $a = \dfrac{F}{m} =$

$\dfrac{Eq}{m} = \dfrac{q\varphi_0}{md}$,由匀加速直线运动得 $t = \sqrt{\dfrac{2x_0}{a}}$,

代入得 $t = \sqrt{\dfrac{2md^2}{q\varphi_0}\left(1 - \dfrac{A}{q\varphi_0}\right)}$,粒子运动周期 $T = 4t = \dfrac{4d}{q\varphi_0}\sqrt{2m(q\varphi_0 - A)}$.

2.(1)0.475 J (2)0.57 m
解析:(1)设弹簧枪对小物体做功为 W,由动能定理得

$W - mgr(1 - \cos\theta) = \dfrac{1}{2}mv_0^2$,代入数据得 $W = 0.475$ J.

(2)取沿平直斜轨向上为正方向.设小物体通过 C 点进入电场后的加速度为 a_1,由牛顿第二定律得 $-mg\sin\theta - \mu(mg\cos\theta + qE) = ma_1$
小物体向上做匀减速运动,经 $t_1 = 0.1$ s 后,速度达到 v_1,$v_1 = v_0 + a_1t_1$
联立得 $v_1 = 2.1$ m/s,设运动的位移为 x_1,有 $x_1 = v_0t_1 + \dfrac{1}{2}a_1t_1^2$
电场力反向后,设小物体的加速度为 a_2,由牛顿第二定律得
$-mg\sin\theta - \mu(mg\cos\theta - qE) = ma_2$
设小物体以此加速度运动到速度为 0,运动的时间为 t_2,位移为 x_2,有
$0 = v_1 + a_2t_2$,$x_2 = v_1t_2 + \dfrac{1}{2}a_2t_2^2$
设 CP 的长度为 x,有 $x = x_1 + x_2$,联立相关方程解得 $x = 0.57$ m.

3.(1)0.4 A 10 Ω (2)0.6 A 0.6 W
解析:(1)把三个这样的电灯串联后,每只电灯得到的实际电压为 $U = 4$ V
在图 G4-21 甲上可以查到每只电灯加上 4 V 的实际电压时

图 G4-27

的工作电流为 $I = 0.4$ A
由此可以求出此时每只电灯的实际电阻 $R = \dfrac{U}{I} = \dfrac{4}{0.4}$ Ω $= $
10 Ω
(2)在图 G4-21 乙所示的混联电路中,设每只电灯上的实际电压和实际电流为 U 和 I.在这个闭合电路中,有 $E = U + 2IR_0$
代入数值并整理得 $U = 8$ V $- 20I$
这是一个反映电路约束的直线方程,把该直线在图 G4-21 甲坐标系中画出,如图 C1-27 所示.
这两条线的交点为 $U = 2$ V,$I = 0.3$ A,同时满足了电路结构

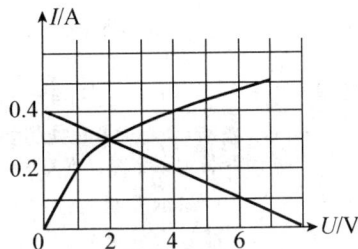

和元件的要求,此时通过电流表的电流值 $I_A = 2I = 0.6$ A
每只灯泡的实际功率 $P = UI = 2 \times 0.3$ W $= 0.6$ W

五、磁学强化练习

一、单项选择题

1. D 解析:磁场中某点磁感应强度的大小和方向由磁场本身决定,与通电导线的受力大小及方向都无关,故选项 A 错误,选项 D 正确.通电导线在磁场中受力的大小不仅与磁感应强度有关,而且与通电导线的取向有关,故选项 B 错误.虽然匀强磁场中磁感应强度处处相等,但当导线在各个位置的方向不同时,磁场力是不相同的(导线与磁场垂直时受磁场力最大,与磁场平行时受磁场力为 0),而选项 C 中没有说明导线在各个位置的取向是否相同,所以 C 错误.

2. D 解析:由电流的定义 $I = \dfrac{Q}{t}$ 可知,设粒子的电荷量为 q,质量为 m,在磁场中运动的周期为 $T = \dfrac{2\pi m}{qB}$,则 $I = \dfrac{q}{T} = \dfrac{q^2 B}{2\pi m}$,对于一个粒子来说,电荷量和质量是一定的,所以产生的环形电流与磁感应强度成正比,D 项正确,A、B、C 项错误.

3. B 解析:根据 $Bqv = \dfrac{mv^2}{r}$,可得 $E_k = \dfrac{1}{2}mv^2 = \dfrac{B^2 q^2 r^2}{2m}$,可见,带电粒子被加速获得的动能受到 D 形金属盒半径和磁感应强度的制约,即可通过增大 D 形金属盒的半径和磁场的磁感应强度来增大带电粒子射出时的动能.

4. B 解析:弹体所受安培力为 $F_{\text{安}} = BIl$,由动能定理得 $BIlL = \dfrac{1}{2}mv^2$,只将轨道长度 L 变为原来的 2 倍,其速度将增加至原来的 $\sqrt{2}$ 倍,A 错误;只将电流 I 增加至原来的 2 倍,其磁感应强度也随之增加至原来的 2 倍,其速度将增加至原来的 2 倍,B 正确;只将弹体质量减至原来的一半,其速度将增加至原来的 $\sqrt{2}$ 倍,C 错误;将弹体质量减至原来的一半,轨道长度 L 变为原来的 2 倍时,其速度将增加至原来的 2 倍,D 错误.

5. C 解析:根据法拉第电磁感应定律 $E = N\dfrac{\Delta\Phi}{\Delta t}$,感应电动势的大小与线圈的匝数、磁通量的变化率(磁通量变化的快慢)成正比,所以 A、B 选项错误,C 选项正确;因不知原磁场变化趋势(增强或减弱),故无法用楞次定律确定感应电流产生的磁场的方向,D 选项错误.

6. C 解析:奥斯特观察到电流的磁效应,表明电流可以产生磁场,揭示了电与磁的联系,A 正确;安培根据通电螺线管和条形磁铁磁场的相似性,提出了分子环流假说,符合物理史实,B 正确;法拉第发现处于变化的磁场中的闭合线圈中会产生感应电流,C 错误;D 项的叙述符合楞次定律的发现过程,D 正确.

7. A 解析:永久磁铁块由管上端口放入管内下落,速度增大,在铜管中产生感应电流,铜管阻碍磁铁下落,磁铁速度逐渐增大到定值后保持不变,A 正确.

8. A 解析:在互感现象中产生的互感电动势的大小与电流的变化率成正比,电流变化的频率越高,感应电动势越大,由欧姆定律 $I = \dfrac{E}{R}$ 知产生的涡电流越大,所以 A 正确,B 错误;由 $P = I^2 R$,知 R 越大 P 越大,焊缝处的温度升高得越快,所以 C、D 错误.

9. B 解析:因为原、副线圈两端的电压与它们的匝数成正比,当向下滑动 P 时,相当于减少副线圈的匝数,导致副线圈两端的电压减小,流过灯泡 L 的电流也减小,灯泡变暗,选项 A 错误;增大交流电源的电压,则会使副线圈两端的电压也随之增大,灯泡变亮,选项 B 正确;电容器的电容越大,交变电流的频率越高,电容器对交变电流的阻碍作用就越小,灯泡就越亮,选项 C、D 错误.

10. D 解析:由图乙知,$T = 0.02$ s,所以 $\omega = \dfrac{2\pi}{T} = 100\pi$ rad/s,$u = E_m\sin\omega t = 20\sqrt{2}\sin 100\pi t$(V),A 错误;只断开 S_2,副线圈两端电压 U_2 不变,但副线圈总电阻 $R_{\text{副}}$ 增大,流过 L_1、L_2 的电流减小且每个小灯泡两端的电压小于其额定电压,无法正常发光,由 $P_{\text{副}} = \dfrac{U_2^2}{R_{\text{副}}}$ 可得,副线圈的功率减小,副线圈的功率决定原线圈的功率,所以原线圈的输入功率减小,B、C 错误;由 $\dfrac{U_1}{U_2} = \dfrac{n_1}{n_2}$ 得 $U_2 = 4$ V,所以 S_1 接到 2 后,R 消耗的电功率 $P = \dfrac{U_2^2}{R} = \dfrac{4^2}{20}$ W $= 0.8$ W,D 正确.

11. C 解析:本题考查远距离输电问题,意在考查考生对远距离输电过程中的电能和电压损失的影响因素的分析.根据 $P = I^2 R$ 可知,在电流 I 一定的情况下,减小电阻 R 可以减少电路上的电能损失,而 $R = \rho\dfrac{L}{S}$,所以增大输电线横截面积 S 有利于减少输电过程中的电能损失,A 正确;由公式 $P = I^2 R$ 可得,若设输送的电功率为 P',则 $P = \dfrac{(P')^2}{U^2}R$,可见,在输送电压 U 一定时,输送的电功率 P' 越大,输电过程中的电能损失越大,C错误.

12. B **解析:**由T_2的副线圈两端电压的表达式知,副线圈两端的电压有效值为220 V,电流为$I = \dfrac{220}{11}$ A =
20 A,A错误;由于输电线电流$I' = \dfrac{20}{4}$ A = 5 A,所以升压变压器的输入功率为$P = P_{线} + P_{R_0} = 5^2 \times 10$ W +
$20^2 \times 11$ W = 4650 W,B正确;发电机中的电流变化频率与T_2的副线圈两端电压的频率相同,也为
50 Hz,C错误;当用电器的电阻R_0减小时,其消耗的功率变大,发电机的输出功率变大,D错误.

二、填空题

1. 向上 **解析:**在阴极射线管所在位置处,通电直导线产生的磁场方向垂直纸面向外,由左手定则
可以判断阴极射线中的电子受力方向向上.

2. $\dfrac{\sqrt{3}mv_0}{3qR}$ **解析:**由$Bqv_0 = \dfrac{mv_0^2}{r}$可得$B = \dfrac{mv_0}{qr}$,粒子沿半径射入磁场必沿半径射出磁

场,可作出运动轨迹图如图G5 – 20所示,由几何知识可得$r = \sqrt{3}R$,即$B = \dfrac{\sqrt{3}mv_0}{3qR}$.

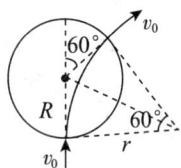
图 G5 – 20

3. $\dfrac{S}{d}\left(\dfrac{Bdv}{I} - R\right)$ **解析:**当粒子受的电场力与洛伦兹力平衡时,两板电压即为

电动势,即$qvB = q\dfrac{U}{d}$,得$U = Bdv$.又$I = \dfrac{U}{R + r}$,$r = \rho\dfrac{d}{S}$,由此可解得$\rho = \dfrac{S}{d}\left(\dfrac{Bdv}{I} - R\right)$.

4. (1)$\dfrac{U}{d}$ (2)$\sqrt{\dfrac{2qU}{m}}$ (3)$\dfrac{1}{B}\sqrt{\dfrac{2mU}{q}}$ **解析:**(1)电场强度$E = \dfrac{U}{d}$;(2)根据动能定理,有$qU = \dfrac{1}{2}mv^2$,

解得$v = \sqrt{\dfrac{2qU}{m}}$;(3)粒子在磁场中做匀速圆周运动时,洛伦兹力提供向心力,有$qvB = m\dfrac{v^2}{R}$,解得$R =$

$\dfrac{1}{B}\sqrt{\dfrac{2mU}{q}}$.

5. 远离磁铁 静止不动 **解析:**环a是闭合的,当条形磁铁N极垂直a环靠近时,里面有感应电
流产生,感应电流产生的磁场将阻碍条形磁铁的靠近,圆环也会受到条形磁铁的反作用力而远离磁铁;
当条形磁铁N极垂直b环靠近时,环b是不闭合的,里面没有感应电流产生,b将静止不动.

6. 2Bav $\dfrac{3B^2av}{(5\pi + 3)R_0}$ **解析:**当$\theta = 0$时,杆在圆心位置,切割磁感线的有效长度等于圆直径,杆

产生的感应电动势为$E = 2Bav$;当$\theta = \dfrac{\pi}{3}$时,杆切割磁感线的有效长度等于

圆环半径,杆产生的感应电动势为$E = Bav$,回路的总电阻$R_2 =$

$\left(a + \dfrac{5}{3}\pi a\right)R_0$,杆受的安培力$F_2 = BI_2l' = B \cdot \dfrac{Bav}{R_2} \cdot a = \dfrac{3B^2av}{(5\pi + 3)R_0}$.

7. $\dfrac{BL^2\omega}{4R}$ **解析:**线框在磁场中转动时产生的感应电动势的最大值$E_m =$

$\dfrac{BL^2\omega}{2}$,感应电流最大值$I_m = \dfrac{BL^2\omega}{2R}$,在转动过程中$I$–$t$图像如图G5 – 21

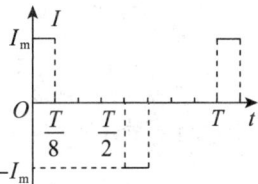
图 G5 – 21

所示(以逆时针方向为正方向):设该感应电流的有效值为I,在一个周期T内,$I^2RT = I_m^2R \cdot \dfrac{1}{4}T$,解得

$I = \dfrac{I_m}{2} = \dfrac{BL^2\omega}{4R}$.

8. 2 : 1 2 : 1 **解析:**根据$E = BLv \propto v$以及$v_1 = 2v_2$可知,线圈中的感应电动势之比为2 : 1;线圈中

产生的焦耳热$Q = I^2Rt = \dfrac{E^2}{R}t = \dfrac{B^2L^2v^2}{R} \cdot \dfrac{L}{v} = \dfrac{B^2L^3v}{R} \propto v$,所以$Q_1 : Q_2 = 2 : 1$.

9. $\sqrt{2}$ 4 $4\cos\dfrac{2\pi}{T}t$(V) **解析:**线圈从图示位置开始计时,交变电流的瞬时值表达式为$i = I_m\cos\omega t$,

当$\omega t = 60°$时,$i = 1$ A,可得$I_m = 2$ A,其有效值为$I = \dfrac{I_m}{\sqrt{2}} = \sqrt{2}$ A;回路消耗的功率$P = I^2R = 4$ W;线圈中

感应电动势的最大值$E_m = I_mR = 4$ V,所以任意时刻线圈中的感应电动势为$e = 4\cos\dfrac{2\pi}{T}t$(V).

10. (1)880 (2)$20\sqrt{2}$ **解析:**(1)由$\dfrac{n_1}{n_3} = \dfrac{U_1}{U_灯}$得$n_1 = 880$.(2)开关接2时,有$\dfrac{n_1}{n_2 + n_3} = \dfrac{U_1}{U}$,解得$U = 40$ V,

设交变电流的周期为 T,则 $\dfrac{U^2}{R}\cdot\dfrac{T}{2}=\dfrac{U'^2}{R}T$,$U'=20\sqrt{2}$ V.

三、计算题

1.(1)负电荷 $\dfrac{mgd}{U}$ (2)$\dfrac{v_0U}{gd^2}$ (3)$\dfrac{4v_0U}{5gd^2}$

解析:(1)墨滴在电场区域做匀速直线运动,有 $q\dfrac{U}{d}=mg$.

解得 $q=\dfrac{mgd}{U}$,由于电场方向向下,墨滴所受电场力向上,可知墨滴带负电荷.

(2)墨滴垂直进入电、磁场共存区域,重力仍与电场力平衡,所受合力等于洛伦兹力,墨滴做匀速圆周运动,有 $qv_0B=m\dfrac{v_0^{2}}{R}$,

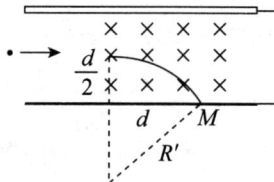

由几何关系可知,墨滴在该区域恰完成四分之一圆周运动,则半径 $R=d$,联立解得 $B=\dfrac{v_0U}{gd^2}$;

(3)根据题设,墨滴运动轨迹如图 G5-22 所示,设圆周运动半径为 R',有 $qv_0B'=m\dfrac{v_0^{2}}{R'}$,

由图示可得 $R'^{2}=d^{2}+\left(R'-\dfrac{d}{2}\right)^{2}$,解得 $R'=\dfrac{5}{4}d$.

图 G5-22

联立解得 $B'=\dfrac{4v_0U}{5gd^2}$.

2.(1)1.92×10^{3} N 方向向右 (2)见解析 (3)见解析
解析:(1)将通电海水看成导线,所受磁场力 $F=IBL$.
代入数据得 $F=IBc=1.0\times10^{3}\times6.4\times0.3$ N$=1.92\times10^{3}$ N.
用左手定则判断磁场对海水的作用力方向向右(或与海水出口方向相同).

(2)考虑到潜艇下方有左、右 2 组推进器,可以通过开启或关闭不同个数的左、右两侧的直线通道推进器,实施转弯.改变电流方向,或者磁场方向,可以改变海水所受磁场力的方向,根据牛顿第三定律,使潜艇"倒车".

(3)电源提供的电功率中的第一部分:牵引功率 $P_1=F_牵 v_0$.
根据牛顿第三定律有 $F_牵=12IBL$.
当 $v_0=30$ m/s 时,代入数据得 $P_1=F_牵 v_0=6.9\times10^{5}$ W.
第二部分:海水的焦耳热功率.

对单个直线推进器,根据电阻定律 $R=\rho\dfrac{l}{S}$.

代入数据得 $R=\rho\dfrac{c}{ab}=0.5$ Ω.

由热功率公式得 $P=I^{2}R$
代入数据得 $P_热=I^{2}R=5.0\times10^{5}$ W
$P_2=12\times5.0\times10^{5}$ W$=6.0\times10^{6}$ W.
第三部分:单位时间内海水动能的增加值

设 Δt 时间内喷出的海水质量为 m,$P_3=12\times\dfrac{\Delta E_k}{\Delta t}$,

考虑到海水的初动能为零,$\Delta E_k=E_k=\dfrac{1}{2}mv_{水对地}^{2}$,$m=\rho bcv_{水对地}\Delta t$.

$P_3=12\times\dfrac{\Delta E_k}{\Delta t}=12\times\dfrac{1}{2}\rho_m bcv_{水对地}^{3}=4.6\times10^{4}$ W.

3.(1)$\sqrt{2gy}$ (2)$\dfrac{2m^2g}{q^2B^2}$ (3)$\dfrac{2}{qB}(qE-mg)$

解析:(1)洛伦兹力不做功,由动能定理得 $mgy=\dfrac{1}{2}mv^{2}$ ①

解得 $v=\sqrt{2gy}$ ②

(2)设在最大距离 y_m 处的速率为 v_m,根据圆周运动规律有:$qv_mB-mg=m\dfrac{v_m^{2}}{R}$ ③

且由②知 $v_m=\sqrt{2gy_m}$ ④

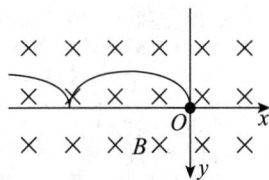

由③④及 $R = 2y_m$ 得 $y_m = \dfrac{2m^2 g}{q^2 B^2}$　⑤

(3) 小球运动如图 G5-23 所示.

由动能定理得 $(qE - mg)|y_m| = \dfrac{1}{2}mv_m^2$　⑥

由圆周运动规律得 $qv_m B + mg - qE = m\dfrac{v_m^2}{R}$　⑦

且由⑥⑦及 $R = 2|y_m|$ 解得 $v_m = \dfrac{2}{qB}(qE - mg)$.

图 G5-23

4. (1)7.5 m/s　(2)0.075 W　(3)5 m/s

解析:(1)当金属棒匀速下滑时速度最大,设最大速度为 v_m,此时金属棒处于平衡状态,故有 $mg\sin\alpha = F_安$,而 $F_安 = BIL$,其中 $I = \dfrac{BLv_m}{R_1 + R_2}$,

由以上各式得 $mg\sin\alpha = \dfrac{B^2 L^2 v_m}{R_1 + R_2}$,

解得最大速度 $v_m = \dfrac{mg\cdot(R_1 + R_2)\cdot\sin\alpha}{B^2 L^2} = 7.5$ m/s.

(2)当 R_2 调整后,棒稳定下滑的速度 $v = \dfrac{mg\sin 30°(R_1 + R_2')}{B^2 L^2} = 3.0$ m/s.

故 R_2 上消耗的功率 $P_2 = I^2 R_2$,其中 $I = \dfrac{BLv}{R_1 + R_2'}$,

解得 $P_2 = 0.075$ W.

(3)对任意时刻,由牛顿第二定律有 $mg\sin\alpha - BiL = ma$,

由电流定义式,有 $i = \dfrac{\Delta q}{\Delta t}$.

由电容定义式,有 $\Delta q = C\Delta U$,其中 $\Delta U = Bl\Delta v$.

由加速度定义式有 $a = \dfrac{\Delta v}{\Delta t}$,解得 $a = \dfrac{mg\sin\alpha}{B^2 L^2 C + m}$.

上式表明棒在下滑的过程中,加速度保持不变,棒做匀加速运动.

代入数值解得 $a = 2.5$ m/s^2,故所求速度 $v = at = 5$ m/s.

六、光学强化练习

一、单项选择题

1. B　**解析:**太阳光穿过大气层射向地面时,由于光的折射现象,光线会向地面方向偏折,此时人若逆着折射光线看,会发现太阳的虚像位于地平线的上方,而太阳的实际位置位于地平线的下方,也可以说由于大气层的折射人们会提前看到日出,只有答案 B 正确.

2. B　**解析:**光线由左边三棱镜 AB 面射入棱镜,方向不会改变;接着将穿过两三棱镜间的未知透明介质进入右边的三棱镜,由于透明介质的两表面是平行的,因此它的光学特性相当于一块两面平行的玻璃砖,能使光线发生平行侧移,只是因为它两边的介质不是真空,而是折射率未知的玻璃,因此是否侧移以及侧移的方向无法确定(若未知介质的折射率 n 与玻璃折射率 $n_玻$ 相等,不侧移;若 $n > n_玻$,向上侧移;若 $n < n_玻$ 时,向下侧移),但至少可以确定方向没变,仍然与棱镜的 AB 面垂直.这样光线由右边三棱镜 AB 面射出棱镜时,不改变方向,应为 4、5、6 中的任意一条.选项 B 正确.

3. D　**解析:**透镜若是凸透镜,完整的光路如图 G6-14 所示,透镜若是凹透镜,完整的光路如图 G6-15 所示,点光源所成的像一定是虚像,A 正确;由两个光路图可知 $OA\cot\alpha$ 是像距,凸透镜的焦距既可大于像距,也可小于像距,凹透镜的焦距一定大于像距,所以 B、C 正确,D 错误.

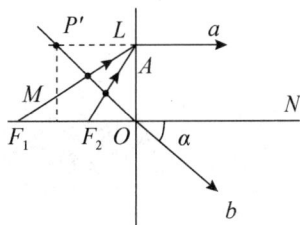

图 G6-14

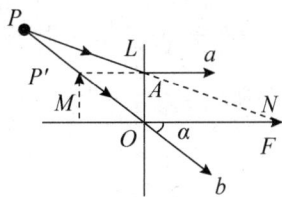

图 G6-15

4. B 解析:光路图如图 G6－16 所示,若用遮光板将透镜的上半部遮住,则光屏上亮斑下半部分消失,所以 B 正确.

5. D 解析:增透膜要求膜的两表面反射的光互相消弱,从而减小反射光的强度,此时,增透膜厚度的两倍应该是光在薄膜介质中半波长的奇数倍.所以 D 正确.

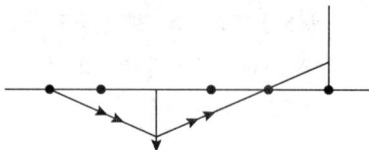

图 G6－16

6. C 解析:肥皂膜上产生的干涉现象,是由于光线在膜前后表面反射形成的两列光波的叠加,干涉条纹间的暗线是由于两反射光波波谷与波峰的叠加,所以 A、D 正确,C 错误;黄光比绿光的波长长,黄光照射产生的干涉条纹比绿光照射时产生的条纹要宽,B 正确,故选 C.

7. C 解析:干涉的条件之一是频率相同,在双缝中的一缝只能透过红光,另一缝只能透过绿光,这时红光和绿光不会发生干涉,但会简单的叠加,屏上会有红光和绿光的组合光亮.C 正确.

8. A 解析:白光通过双缝,在屏的两侧出现彩色条纹,这是因为各种色光的波长不同,波长越长,条纹间距越大.A 正确.

9. D 解析:在杨氏双缝干涉实验中,其过程是光先各自衍射通过单缝,然后在相遇区域相干叠加;所以若将其中一个缝挡住,则屏上会出现单缝衍射条纹.D 正确.

10. D 解析:由光电效应方程可知,最大初动能与入射光子的频率成线性关系,所以欲使光电子从阴极射出时的最大初动能增大,应增大入射光子的频率.D 正确.

11. C 解析:由光电效应方程可知,入射光的频率要大于某一阈值才会发生光电效应,而与其他因素无关,答案 A、B 错误;电路中电流的方向是正电荷定向移动的方向,答案 C 正确,D 错误.

12. A 解析:由题意可知,用能量为 2.5 eV 的光子照射阴极时,遏止电压等于 0.60 V,由光电效应方程可知阴极材料的逸出功为 1.9 eV.选项 A 正确.

13. B 解析:用三棱镜观察太阳看到彩色光带是光的色散现象,A 错误;光导纤维的原理是光的全反射现象,B 正确;用标准平面检查光学平面的平整程度是利用光的干涉现象,C 错误;电线的直径比可见光的波长大得多,在阳光照射下不会有明显的衍射现象,D 错误.

14. D 解析:肥皂泡呈现彩色条纹是光的干涉现象造成的;频率越低、波长越长的光子波动性越明显,而频率越高、波长越短的光子的粒子性越明显;光子的能量是与频率成正比的,这说明了光的波动性与光的粒子性是统一的,A、B、C 正确;在光的双缝干涉实验中,条纹间隔与波长成正比,绿光比紫光的波长长,则条纹间隔较宽,D 错误.故选 D.

15. D 解析:若前窗玻璃的透振方向是竖直的,车灯玻璃的透振方向是水平的,这时看不见对面车灯的光,但也看不见前方物体反射自己车灯的光,A 错误;若前窗玻璃的透振方向是竖直的,车灯玻璃的透振方向是竖直的,这时能看见对面车灯的光,B 错误;若前窗玻璃的透振方向是斜向右上 45°,车灯玻璃的透振方向是斜向左上 45°,这时能看见对面车灯的光,看不见前方物体反射自己车灯的光,C 错误;前窗玻璃和车灯玻璃的透振方向都是斜向右上 45°,这时看不见对面车灯的光,能看见前方物体反射自己车灯的光,D 正确.

16. D 解析:光线在光导纤维中传播而不漏出来是应用了光的全反射规律,天空中出现的彩虹是因为光的折射形成的色散现象,自然光是光振动沿各个方向均匀分布的光,偏振光是光振动沿各个方向不均匀分布的光即光振动沿着特定方向,所以 A、B、C 都正确;光具有波粒二象性,说它就是粒子是不准确的,D 错误.

二、填空题

1. $\dfrac{h}{n}$ 解析:光路如图 G6－17 所示,由折射定律得 $\sin r = n\sin i$,即

$\dfrac{x}{\sqrt{x^2+h'^2}} = \dfrac{xn}{\sqrt{x^2+h^2}}$,$\dfrac{1}{\sqrt{x^2+h'^2}} = \dfrac{n}{\sqrt{x^2+h^2}}$;当 $x \to 0$ 时,有 $h' = \dfrac{h}{n}$.

2. $\dfrac{\sqrt{3}}{2}R$ 解析:由光路图 G6－18 知 $\theta_1 = 2\theta_2$,$\dfrac{\sin\theta_1}{\sin\theta_2} = n$,联立解得 $\cos\theta_2 = \dfrac{\sqrt{3}}{2}$,即 $\theta_2 = 30°$,$\theta_1 = 60°$,所以 $d = R\sin\theta_1 = \dfrac{\sqrt{3}}{2}R$.

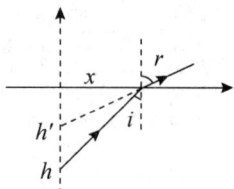

图 G6－17

3. $\dfrac{4}{3}$ 解析:根据光路图 G6－19 可知 $\sin\theta_1 = \dfrac{r}{\sqrt{r^2+h^2}} = \dfrac{8}{\sqrt{8^2+6^2}} = 0.8$,$\sin\theta_2 = \dfrac{R-r}{\sqrt{(R-r)^2+H^2}} = \dfrac{18}{\sqrt{18^2+24^2}} = 0.6$.

由折射定律得 $n = \dfrac{\sin\theta_1}{\sin\theta_2}$,得 $n = \dfrac{4}{3}$.

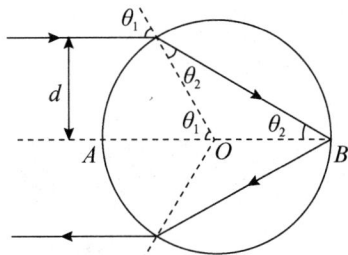

图 G6-18

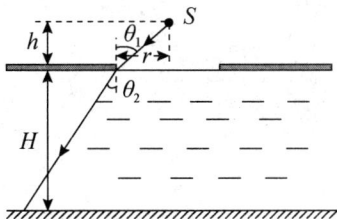

图 G6-19

4. $\sqrt{2}$ 1.63×10^{-9} s   **解析:** 折射角 $\theta_2 = 30°$，据折射定律得 $n = \sqrt{2}$；光在玻璃砖中的速度 $v = \dfrac{c}{n}$，

时间 $t = \dfrac{CE}{v} = \dfrac{2\sqrt{6}}{3} \times 10^{-9}$ s $= 1.63 \times 10^{-9}$ s.

5. $30°$ 任意值   **解析:** 如图 G6-20 所示，临界角 $C = \arcsin \dfrac{1}{n} = 30°$. 因为 $\dfrac{\sin\theta_1}{\sin\theta_2} = n$，$\theta_3 = 90° - \theta_2$，所以当 $\theta_1 = 90°$ 时，$\theta_3 = 60°$ 最小，大于临界角，即无论入射角取何值，光线均不能从侧面"泄漏出去".

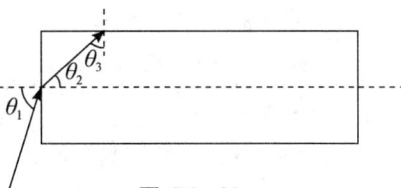

图 G6-20

6. $\dfrac{DR_1}{R_1 + R_2}$ **解析:** 由题意画光路图 G6-21，列方程为

$\dfrac{R_1}{R_2} = \dfrac{f}{D - f}$，解得 $f = \dfrac{DR_1}{R_1 + R_2}$.

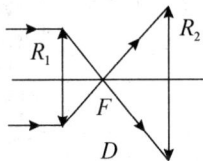

图 G6-21

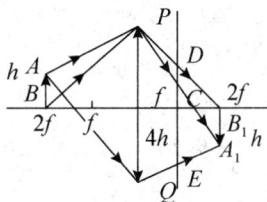

图 G6-22

7. 2.5   **解析:** 由题意画光路图如图 G6-22 所示，由图可知，$EC = 2h$，$CD = 0.5h$，所以 PQ 的长度至少应为 $2.5h$.

8. 光的衍射   双缝 S_1、S_2 太宽   **解析:** 用一束太阳光单独照射单缝 A 时，在屏 C 上出现不等间距的条纹，此条纹是单缝 A 产生的单缝衍射条纹；用一束太阳光单独照射缝 S_1 或缝 S_2 中的任何一个时，均出现一窄亮斑，这是光的直线传播，是因为双缝 S_1、S_2 太宽，远远大于可见光的波长，不能产生明显的衍射和干涉现象.

三、计算题

1. $\dfrac{\sqrt{2}}{2}R$ **解析:** 如图 G6-23 所示，进入玻璃中的光线①垂直半球面，沿半径方向直达球心位置 O，且入射角等于临界角，恰好在 O 点发生全反射.

光线①左侧的光线，如光线②，经球面折射后，射在 MN 上的入射角一定大于临界角，在 MN 上发生全反射，不能射出.

光线①右侧的光线经球面折射后，射到 MN 面上的入射角均小于临界角，能从 MN 面上射出. 最右边射向半球的光线③与球面相切，入射角 $i = 90°$，由折射定律知 $\sin r = \dfrac{\sin i}{n} = \dfrac{\sqrt{2}}{2}$，则 $r = 45°$，故光线③将垂直 MN 射出，

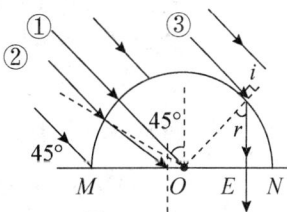

图 G6-23

所以在 MN 面上射出的光束宽度应是 $OE = R\sin r = \dfrac{\sqrt{2}}{2}R$.

2. (1) $\dfrac{c}{n_1}$ (2) $d\sin i \left(\dfrac{1}{\sqrt{n_1^2 - \sin^2 i}} - \dfrac{1}{\sqrt{n_2^2 - \sin^2 i}} \right)$

解析:(1)$v = \dfrac{c}{n_1}$.

(2)设红光折射角为 r_1,紫光折射角为 r_2,根据折射定律得

红光 $n_1 = \dfrac{\sin i}{\sin r_1}$,$\sin r_1 = \dfrac{\sin i}{n_1}$

所以 $\cos r_1 = \dfrac{\sqrt{n_1^2 - \sin^2 i}}{n_1}$,$\tan r_1 = \dfrac{\sin i}{\sqrt{n_1^2 - \sin^2 i}}$

同理,紫光 $n_2 = \dfrac{\sin i}{\sin r_2}$,$\tan r_2 = \dfrac{\sin i}{\sqrt{n_2^2 - \sin^2 i}}$

解得 $\Delta x = d\tan r_1 - d\tan r_2 = d\sin i\left(\dfrac{1}{\sqrt{n_1^2 - \sin^2 i}} - \dfrac{1}{\sqrt{n_2^2 - \sin^2 i}}\right)$

3.(1)a 向外 b 向里转动(从上向下看逆时针转动),见解析

(2)$F_a = n\pi r^2 h\dfrac{\nu}{c}$ $F_b = n\pi r^2 \cdot 2h\dfrac{\nu}{c}$

解析:(1)a 向外 b 向里转动(从上向下看逆时针转动).其原因是对时间 t 内照到圆片上的光子用动量定理有 $Ft = ntS\Delta p$,照到 a 上的每个光子的动量变化量是 mv,而照到 b 上的每个光子的动量变化量是 $2mv$;因此光子对 b 的光压大.

(2)分别对单位时间内照射到 a、b 上的光子用动量定理,有 $F_a = n\pi r^2 h\dfrac{\nu}{c}$,$F_b = n\pi r^2 \cdot 2h\dfrac{\nu}{c}$.

七、原子物理强化练习

一、单项选择题

1.C **解析**:α 粒子从 a 到 b,受排斥力作用,电场力做负功,动能减少,电势能增加;α 粒子从 b 再运动到 c,电场力做正功,动能增加,电势能减少;到达 c 点时,由于 a、c 在同一等势面上,所以从 a 到 c,总功为零,故 A、B 错误,C 正确.α 粒子从 a 到 b,场强增大,加速度增大;从 b 到 c,场强减小,加速度减小,故 D 错误.

2.D **解析**:卢瑟福的原子核式结构模型是原子中的正电荷和几乎全部质量都集中在原子核,原子核的区域范围很小,电子绕原子核运动,所以 A、B、C 错误,D 正确.

3.D **解析**:根据玻尔理论,氢原子的核外电子由外层轨道跃迁到内层轨道后,系统的电势能减少,核外电子的动能增加,原子的能量减少,所以 A、B、C 错误,D 正确.

4.D **解析**:要使处于 $n = 3$ 能级的氢原子电离,其光子的能量必须大于或等于 1.51 eV,而紫外线光子的能量大于 3.11 eV,故能使 $n = 3$ 能级的氢原子电离;大量氢原子从高能级向 $n = 3$ 能级跃迁时,放出的光子在红外线区,故具有显著的热效应;大量氢原子由 $n = 4$ 能级向低能级跃迁时,可能放出 6 种不同频率的光,其中有 2 种不同频率的可见光,D 选项错误.

5.C **解析**:铬原子的 $n = 2$ 能级上的电子跃迁到 $n = 1$ 能级上时,放出的能量为 $\Delta E = -\dfrac{A}{2^2} + A = \dfrac{3}{4}A$,将这些能量转交给 $n = 4$ 能级上的电子,使之脱离原子成为俄歇电子,俄歇电子的动能是 $E_k = \left(\dfrac{3}{4}A - \dfrac{A}{4^2}\right) - 0 = \dfrac{11}{16}A$,所以 A、B、D 错误,C 正确.

6.C **解析**:日光灯与白炽灯、太阳光的光谱不同,但都是近似的连续光谱,所以 A、B、D 错误,C 正确.

7.A **解析**:人眼能察觉到绿光时所接收到的最小功率是 $P = h\nu \times 6 = \dfrac{hc}{\lambda} \times 6 = 2.17 \times 10^{-18}$ W,所以 B、C、D 错误,A 正确.

8.C **解析**:先求带电粒子在磁场中做圆周运动的轨道半径,$qv_{k^-}B = m_{k^-}\dfrac{v_{k^-}^2}{R_{k^-}}$,$R_{k^-} = \dfrac{p_{k^-}}{qB}$,同理 $R_{\pi^-} = \dfrac{p_{\pi^-}}{qB}$,所以两个介子的动量大小之比为 $\dfrac{p_{k^-}}{p_{\pi^-}} = \dfrac{2}{1}$,又因为动量守恒,则 $p_{k^-} = -p_{\pi^-} + p_{\pi 0}$,所以 π^0 粒子的动量大小为 $p_{\pi 0} = 3p_{\pi^-}$.正确选项为 C.

9.D **解析**:用"γ 刀"进行手术,利用的是 γ 射线具有较强的穿透本领,能够进入病灶区,利用 γ 射线具有很高的能量杀死癌细胞;γ 射线的电离本领最弱,只有 D 正确.

10.D **解析**:半衰期是由原子核内部结构决定的,与化学、物理性质无关,故 A 项错误.β 衰变是核内的一个中子转化为一个质子和一个电子,电子被释放出来,故 C 项错误.氢核和中子结合成氚核放出的能量为 $(m_1 + m_2 - m_3)c^2$,故 D 项正确.放射性使人们认识到原子核有复杂结构,B 项错误.

11.C **解析**:查德威克通过 α 粒子轰击铍核的实验发现了中子,玻尔第一次把微观世界中物理量取分立值的观念应用到原子系统,并认为氢原子的能级是分立的,汤姆孙通过对阴极射线的研究发现了电子,卢瑟福提出了原子的核式结构模型,选项 C 正确.

12. B　解析:太阳辐射出的能量主要来自太阳内部的聚变反应,选项B错误.

13. A　解析:比结合能小的原子核结合成比结合能大的原子核一定释放核能,选项A正确;一定强度的入射光照射某金属发生光电效应时,入射光的频率越高,逸出的光电子的最大初动能越大,单位时间内逸出的光电子数就越少,选项B错误;根据玻尔理论可知,氢原子辐射出一个光子后,氢原子的电势能减小,核外电子的运动速度增大,选项C错误;β射线的速度接近光速,普通一张白纸可挡住α射线,不能挡住β射线,选项D错误.

14. A　解析:原子核 $^{238}_{92}$U 经放射性衰变①变为原子核 $^{234}_{90}$Th,质量数减小4,电荷数减少2,说明①为 α 衰变, $^{234}_{90}$Th 经放射性衰变②变为原子核 $^{234}_{91}$Pa,质子数增加1,质量数不变,说明②为 β 衰变; $^{234}_{91}$Pa 经放射性衰变③变为原子核 $^{234}_{92}$U,质子数增加1,质量数不变,说明③为 β 衰变,所以选项A正确.

15. A　解析:汤姆孙发现了电子,表明原子是可以分割的,故A选项错误.

16. C　解析:普朗克曾经大胆假设:振动着的带电微粒的能量只能是某一最小能量值 ε 的整数倍,这个不可再分的最小能量值 ε 叫做能量子,选项A正确.德布罗意提出:实物粒子也具有波动性,而且粒子的能量 ε 和动量 p 跟它所对应的波的频率 ν 和波长 λ 之间,遵从关系 $\nu = \dfrac{\varepsilon}{h}$ 和 $\lambda = \dfrac{h}{p}$,选项B正确.汤姆孙认为,原子是一个球体,正电荷弥漫性地均匀分布在整个球体内,电子镶嵌其中,选项C错误.按照爱因斯坦的理论,在光电效应中,金属中的电子吸收一个光子获得的能量是 $h\nu$,这些能量的一部分用来克服金属的逸出功 W_0,剩下的表现为逸出后电子的初动能 E_k,选项D正确.

17. C　解析:根据光电效应方程,光电效应现象中,光电子的最大初动能随照射光的频率的增大而增大,但不是成正比,选项A错误;氢原子的能级是不连续的,辐射光的能量也是不连续的,选项B错误;光的干涉现象中,干涉亮条纹部分是光子到达几率大的地方,选项C正确;宏观物体的物质波波长非常小,不易观察到它的波动性,选项D错误.

18. D　解析:波粒二象性是微观世界特有的规律,不仅光子具有波粒二象性,一切运动的微粒都具有波粒二象性,故A正确;由于微观粒子的运动遵守不确定关系,所以运动的微观粒子与光子一样,当它们通过一个小孔发生衍射时,都没有特定的运动轨道,故B正确;波粒二象性适用于微观高速领域,故C正确;虽然宏观物体运动形成的德布罗意波的波长太小,很难被观察到,但它仍具有波粒二象性,D错误.

二、填空题

1. $\dfrac{(m+M)\Delta E}{M}$　解析:因为在完全非弹性碰撞中,系统动能损失最大,故欲使原子受激发所需入射电子的动能最小,必须满足的条件是:电子与原子发生完全非弹性碰撞,设电子碰撞前的速度为 v_1,分别由动量守恒和能量守恒得

$$mv_1 = (m+M)v \ 和 \ \dfrac{1}{2}mv_1^2 = \dfrac{1}{2}(m+M)v^2 + \Delta E, 解得 \dfrac{1}{2}mv_1^2 = \dfrac{(m+M)\Delta E}{M}.$$

2. 8.21×10^{14} Hz　1.3×10^{-4} A　解析:要使处于 $n=2$ 的氢原子电离,照射光光子的能量应能使电子从第2能级跃迁到无限远处,最小频率的电磁波的光子能量应为 $h\nu = 0 - \dfrac{E_1}{4}$,得 $\nu = 8.21 \times 10^{14}$ Hz.氢原子核外电子绕核做匀速圆周运动,库仑力提供向心力,有 $\dfrac{ke^2}{r_2^2} = \dfrac{4\pi^2 mr_2}{T^2}$,其中 $r_2 = 4r_1$,根据电流的定义 $I = \dfrac{e}{T}$,可得 $I = \dfrac{e^2}{16\pi r_1}\sqrt{\dfrac{k}{mr_1}}$,将数据代入得 $I = 1.3 \times 10^{-4}$ A.

3. $^1_1$H + $^7_3$Li → $^4_2$He + $^4_2$He　3.1×10^{-29} kg　解析:根据质量数与电荷数守恒可写出反应方程,由能量差根据质能关系式可算出质量亏损的值.

4. (1)A　(2)8.2×10^{-14}　遵循动量守恒　解析:(1)根据方程的质量数与电荷数守恒,判断出质量数与电荷数均为零.(2)利用质能方程可得出每个光子的能量,正电子与电子相遇遵循动量守恒,故不可能只转化为一个光子.

5. 正电子　56天　解析:衰变方程 $^{30}_{15}$P → $^{30}_{14}$Si + $^0_{+1}$e,故这种粒子为 $^0_{+1}$e(正电子),由 $m-t$ 图知 $^{32}_{15}$P 的半衰期为 14 天,由 $m_余 = m_原\left(\dfrac{1}{2}\right)^{\frac{t}{\tau}}$ 得,0.25 mg = 4 mg × $\left(\dfrac{1}{2}\right)^{\frac{t}{14}}$,故 $t = 56$ 天.

6. (1)$^{222}_{86}$Rn → $^{218}_{84}$Po + $^4_2$He　(2)$\dfrac{mv_0}{M}$　(3)$\dfrac{(M+m) \cdot mv_0^2}{2Mc^2}$

解析:(1)衰变方程为 $^{222}_{86}$Rn → $^{218}_{84}$Po + $^4_2$He.

(2)设反冲核的速度为 v,由动量守恒可知 $mv_0 = Mv$,解得 $v = \dfrac{mv_0}{M}$.

(3)由质能方程可知 $E = \Delta mc^2 = \dfrac{1}{2}mv_0^2 + \dfrac{1}{2}Mv^2$,$\Delta mc^2 = \dfrac{1}{2}mv_0^2 + \dfrac{1}{2}M\left(\dfrac{mv_0}{M}\right)^2$,解得

$$\Delta m = \dfrac{(M+m) \cdot mv_0^2}{2Mc^2}.$$

7. (1)α粒子(氦原子核$_2^4$He) (2)3×10^6 m/s **解析**:(1)静止的氮核$_7^{14}$N停获一个速度为2.3×10^7m/s的中子生成一个复核A,复核A质量数为15,B的质量数是11,则C核的质量数是4.根据B、C两原子核的电荷数之比为5:2可知C核的电荷数为2,所以C为α粒子(氦原子核$_2^4$He);(2)设中子质量为m,B的质量为11m,C的质量为4m,由动量守恒定律有$mv = 11mv_B + 4mv_C$,解得$v_C = 3 \times 10^6$ m/s.

8. -8×10^6 m/s **解析**:核反应的方程式为:$_3^6$Li $+ _0^1$n $\rightarrow _2^4$He $+ _1^3$H.
由动量守恒定律可知:$mv_1 = 4mv_1 + 3mv_2$,得$v_2 = -8 \times 10^6$ m/s.
即:反应后所产生的另一个粒子的速度大小为8×10^6 m/s,方向与反应前的中子速度方向相反.

9. $_{28}^{60}$Co $\rightarrow _{28}^{60}$Ni $+ _{-1}^0$e $h(\nu_1 + \nu_2)$ **解析**:$_{27}^{60}$Co发生一次β衰变变为Ni核,根据核反应遵循的质量数守恒和电荷数守恒,其衰变方程为$_{27}^{60}$Co $\rightarrow _{28}^{60}$Ni $+ _{-1}^0$e.在该衰变过程中还发出频率为ν_1、ν_2的两个光子,根据光子能量公式,其总能量为$h(\nu_1 + \nu_2)$.

三、计算题

1. 弹性碰撞
解析:两个处于基态的氢原子发生正碰,若是有动能损失,则由能量守恒可知,损失的动能转化为原子的结合能,就是原子的能量,原子的能级跃迁可能吸收光子,也可能是在原子碰撞中获得能量,从而发生跃迁.在碰撞中,动能损失最大的碰撞是完全非弹性碰撞,也就是两个氢原子获得共同速度.由动量守恒定律可得:$p_0 = \sqrt{2mE_{k0}} = p_t = \sqrt{2(m+m)E_{kt}}$.
此过程损失的动能为$\Delta E_k = E_{k0} - E_{kt} = 6.8$ eV.
这两个氢原子在碰撞过程中损失的最大动能为$\Delta E_k = 6.8$ eV,这个能量不足以使处于基态的氢原子向激发态跃迁,因为基态的氢原子跃迁到激发态所需的最小能量为10.2 eV,所以这两个氢原子碰撞不会损失动能,只能是弹性碰撞.

2. (1)$_{88}^{226}$Ra $\rightarrow _{86}^{222}$Rn $+ _2^4$He (2)3.4×10^5 m/s (3)43:1 轨迹见解析
解析:(1)核反应方程为$_{88}^{226}$Ra $\rightarrow _{86}^{222}$Rn $+ _2^4$He.

(2)α粒子在电、磁场中做直线运动时,受力平衡,则$qv_\alpha B = qE$,所以$v_\alpha = \dfrac{E}{B}$.

根据动量守恒可得反冲核的速度为

$v = \dfrac{m_\alpha}{M_{Rn}}v_\alpha = \dfrac{m_\alpha E}{M_{Rn}B} = 3.4 \times 10^5$ m/s.

(3)轨迹如图G7-5所示,圆半径$R = \dfrac{mv}{qB} = \dfrac{p}{qB}$,由于$p$、$B$相同,

可知$R \propto \dfrac{1}{q}$.则有$\dfrac{R}{R_{Rn}} = \dfrac{86}{2} = \dfrac{43}{1}$.

α粒子 反冲核

图 G7-5

3. 0.07 MeV
解析:根据题意知,此α衰变的衰变方程为$_{92}^{238}$U $\rightarrow _{90}^{234}$Th $+ _2^4$He.
根据动量守恒定律$m_\alpha v_\alpha = m_{Th}v_{Th}$,
式中,m_α和m_{Th}分别为α粒子和$_{90}^{234}$Th核的质量,v_α和v_{Th}分别为α粒子和$_{90}^{234}$Th核的速度的大小.由题设条件知$\dfrac{1}{2}m_\alpha v_\alpha^2 + \dfrac{1}{2}m_{Th}v_{Th}^2 = E_k$,$\dfrac{m_\alpha}{m_{Th}} = \dfrac{4}{234}$.
式中$E_k = 4.27$ MeV,是α粒子和$_{90}^{234}$Th核的总动能.
联立解得$\dfrac{1}{2}m_{Th}v_{Th}^2 = \dfrac{m_\alpha}{m_\alpha + m_{Th}}E_k$.
代入数据得,衰变后$_{90}^{234}$Th核的动能为$\dfrac{1}{2}m_{Th}v_{Th}^2 = 0.07$ MeV.

4. (1)$_{92}^{235}$U $+ _0^1$n $\rightarrow _{54}^{139}$Xe $+ _{38}^{94}$Sr $+ 3_0^1$n (2)0
解析:(1)$_{92}^{235}$U $+ _0^1$n $\rightarrow _{54}^{139}$Xe $+ _{38}^{94}$Sr $+ 3_0^1$n;
(2)中子质量为m,原来速度为v_0,碰撞后速度为v_1,质子质量为M,碰撞后速度为v_2,则由动量守恒得$mv_0 = mv_1 + Mv_2$,由能量守恒得$\dfrac{1}{2}mv_0^2 = \dfrac{1}{2}mv_1^2 + \dfrac{1}{2}Mv_2^2$,
得$v_1 = \dfrac{m-M}{m+M}v_0$,$v_2 = \dfrac{2m}{m+M}v_0$,
由于中子质量m与质子质量M近似相等,即$m = M$,则$v_1 = 0$.

化学

第一章 ▶ 化学基本概念

典型题解

例 1-1 下列变化一定属于化学变化的是_____。

A. 燃烧
B. 爆炸
C. 汽油挥发
D. 电灯丝发光发热

解析:A 选项,燃烧一定属于化学变化,燃烧的定义是任何发光发热的剧烈的化学反应。B 选项,爆炸不一定是化学变化,如蒸汽锅炉爆炸,是因为压力过大造成的,而火药爆炸是化学变化。虽然化学变化中常常伴有发光、发热、变色、放出气体或生成沉淀等现象,这些现象也是我们判断化学变化的基本条件,但是判断化学变化的根本依据是有无新物质生成。C 选项,汽油挥发属于物理变化,因为变化中没有新物质生成,只是汽油由液态变成了气态。D 选项,电灯丝发光发热是电能转化为光能和热能,整个过程中没有新物质生成,所以不是化学变化。

答案:A

例 1-2 下列所得溶液中溶质的物质的量浓度等于 0.1 mol/L 的是_____。

A. 将 0.1 mol HCl 充分溶解在 1 L 水中
B. 标准状况下,22.4 L NH_3 溶于水中形成 10 L 氨水
C. 将 6.2 g 氧化钠溶于水并配成 1 L 溶液
D. 将 14.2 g $Na_2SO_4 \cdot 10H_2O$ 溶于水中配成 1 L 溶液

解析:溶液的体积并不等于溶剂的体积,A 选项错误。6.2 g 氧化钠的物质的量为 0.1 mol,而 Na^+ 为 0.2 mol,形成的溶液中溶质为 NaOH,浓度为 0.2 mol/L,C 选项错误。D 选项中 Na_2SO_4 的物质的量小于 0.1 mol,D 选项错误。只有 B 选项正确。

答案:B

例 1-3 下列物质分类正确的是_____。

A. SO_2、SiO_2、CO 均为酸性氧化物
B. 稀豆浆、硅酸、氯化铁溶液均为胶体
C. 烧碱、冰醋酸、四氯化碳均为电解质
D. 福尔马林、水玻璃、氨水均为混合物

解析:A 选项,SO_2、SiO_2 是酸性氧化物,CO 为不成盐氧化物。B 选项,稀豆浆、硅酸溶液属于胶体,氯化铁溶于水得到的是溶液(制备氢氧化铁胶体,需要将氯化铁饱和溶液慢慢滴入热的纯水中,继续煮沸至溶液呈红褐色)。C 选项,烧碱、冰醋酸是电解质,四氯化碳是有机物,是非电解质。D 选项,福尔马林是甲醛的水溶液,水玻璃是硅酸钠的水溶液,氨水是氨气的水溶液,都属于混合物。

答案:D

例 1-4 下列有关电解质的叙述中,正确的是_____。

A. 碳酸钙在水中的溶解度很小,其溶液的电阻率很大,所以碳酸钙是弱电解质

B. 碳酸钙在水中的溶解度虽小,但溶解的碳酸钙全部电离,所以碳酸钙是强电解质

C. SO_3 和 NH_3 的水溶液的导电性都很好,所以它们都是电解质

D. 水难电离,纯水几乎不导电,所以水是非电解质

解析: 碳酸钙在水中的溶解度虽小,但溶解的碳酸钙全部电离,所以碳酸钙是强电解质,A 选项错误,B 选项正确。SO_3 溶于水生成硫酸,NH_3 溶于水生成 $NH_3 \cdot H_2O$,硫酸和 $NH_3 \cdot H_2O$ 都是电解质,因此 SO_3 和 NH_3 的水溶液能导电,离子不是来自 SO_3 和 NH_3 自身的电离,SO_3 和 NH_3 是非电解质,C 选项错误。水是弱电解质,D 选项错误。

答案: B

例 1-5 下列各组物质中,都是单质的是_____。

A. 红磷、明矾   B. 石墨、酒精

C. 水银、液态氧   D. 金刚石、黄铜矿

解析: 本题紧扣概念。由同种元素组成的纯净物叫做单质。由两种或两种以上元素组成的纯净物叫做化合物。由两种或多种物质混合而成的叫做混合物。由此可知:

A. 红磷   只由磷元素组成,是单质。

    明矾 $KAl(SO_4)_2 \cdot 12H_2O$,由 K、Al、S、O、H 五种元素组成,为化合物。

B. 石墨   只由碳元素组成,是单质。

    酒精   是乙醇的俗称,即 C_2H_5OH,由 C、H、O 三种元素组成,为化合物。

C. 水银   只由汞元素组成,是单质。

    液态氧 只由氧元素组成,是单质。

D. 金刚石 只由碳元素组成,是单质。

    黄铜矿 是一种矿物(主要成分是 $CuFeS_2$)。黄铜矿属于混合物。

答案: C

例 1-6 在温室下,下列各组中的物质分别与过量氢氧化钠溶液反应,能生成 5 种盐的是_____。

A. Al_2O_3、SO_2、CO_2、SO_3

B. Cl_2、Al_2O_3、N_2O_5、SO_3

C. CO_2、Cl_2、CaO、SO_3

D. SiO_2、N_2O_5、CO、Cl_2

解析: 考查物质之间的反应关系及分类方法。A 选项只能生成 4 种盐($NaAlO_2$、Na_2SO_3、Na_2CO_3、Na_2SO_4)。B 选项能生成 5 种盐($NaCl$、$NaClO$、$NaAlO_2$、$NaNO_3$、Na_2SO_4)。C 选项只能生成 4 种盐(Na_2CO_3、$NaCl$、$NaClO$、Na_2SO_4),$NaOH$ 与 CaO 不反应,CaO 溶于水生成 $Ca(OH)_2$(碱)。D 选项只能生成 4 种盐(Na_2SiO_3、$NaNO_3$、$NaCl$、$NaClO$),$NaOH$ 与 CO 不反应。

答案: B

强化练习

一、选择题

1. 下列有关物质的分类或归类正确的是_____。

①混合物:醋酸、石灰石、玻璃、碘酒

②化合物：NaCl、纯碱、苯乙烯、CO_2

③酸性氧化物：SO_3、MgO、N_2O_5、NaClO

④同系物：CH_3OH、C_2H_5OH、C_3H_7OH、C_4H_9OH

⑤同素异形体：金刚石、石墨、足球烯（C_{60}）

  A. ①③④   B. ①③⑤   C. ②③④   D. ②④⑤

2. 下列过程中，发生化学变化的是_____。

  A. 汽油燃烧   B. 水结成冰

  C. 汽油在常温挥发   D. 铁在高温熔化

3. 在 $3Cl_2 + 8NH_3 \Longrightarrow 6NH_4Cl + N_2$ 的反应中，表现还原性的物质是_____。

  A. Cl_2 B. NH_3 C. NH_4Cl D. N_2

4. 大气中二氧化碳含量增多会引起温室效应（使地球温度升高），空气中二氧化碳增多的主要原因是_____。

  A. 人与动物的呼吸作用   B. 光合作用

  C. 岩石风化   D. 燃烧含碳燃料

5. 下列叙述正确的是_____。

  A. 1 mol O 的质量是 32 g/mol   B. OH^- 的摩尔质量是 17 g

  C. 1 mol H_2O 的质量是 18 g/mol   D. CO_2 的摩尔质量是 44 g/mol

6. 某化合物的化学式为 H_nRO_{2n}，则元素 R 的化合价为_____。

  A. $+n$ B. $+2n$ C. $-3n$ D. $+3n$

7. 化学反应 $Zn + H_2SO_4 \Longrightarrow ZnSO_4 + H_2\uparrow$ 对应的离子方程式正确的是_____。

  A. $Zn + H^+ + SO_4^{2-} \Longrightarrow ZnSO_4 + H_2\uparrow$ B. $Zn + 2H^+ \Longrightarrow Zn^{2+} + H_2\uparrow$

  C. $Zn + SO_4^{2-} \Longrightarrow ZnSO_4 + H_2\uparrow$ D. $Zn + 2H^+ + SO_4^{2-} \Longrightarrow ZnSO_4 + H_2\uparrow$

8. 已知反应：① $3Cl_2 + 8NH_3 \Longrightarrow N_2 + 6NH_4Cl$；② $3H_2 + N_2 \Longrightarrow 2NH_3$。试判断下列物质的还原性由强到弱的顺序正确的是_____。

  A. $H_2 > NH_3 > NH_4Cl$ B. $NH_3 > NH_4Cl > H_2$

  C. $NH_4Cl > NH_3 > H_2$ D. $H_2 > NH_4Cl > NH_3$

9. 设 N_A 为阿伏加德罗常数的值，下列叙述正确的是_____。

  A. 标准状况下，22.4 L CO_2 和 O_2 的混合气体中含有的氧原子数为 $2N_A$

  B. 0.1 mol Fe 在 0.1 mol Cl_2 中充分燃烧，转移的电子数为 $0.3N_A$

  C. 2 mol SO_2 和 1 mol O_2 在密闭容器中加热，在催化剂作用下充分反应后，容器内的分子总数为 $2N_A$

  D. 将 0.1 mol Cl_2 与足量 NaOH 溶液在常温下充分反应，转移的电子数为 N_A

10. 下列各组离子在溶液中不能大量共存的是_____。

  A. PO_4^{3-}、NH_4^+、K^+、Mg^{2+} B. Mg^{2+}、Na^+、Cl^-、F^-

  C. H^+、Cl^-、SO_4^{2-}、K^+ D. K^+、Zn^{2+}、Br^-、NO_3^-

二、填空题

1. 氯酸钾与二氧化锰的混合物 15.5 g 共热,反应完全后剩余物的质量为 10.7 g。则产生氧气的质量为_____g,参加反应的氯酸钾的质量为_____g。

2. 根据下列反应:

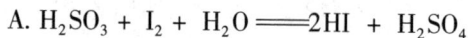

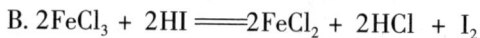

A. $H_2SO_3 + I_2 + H_2O \Longrightarrow 2HI + H_2SO_4$

B. $2FeCl_3 + 2HI \Longrightarrow 2FeCl_2 + 2HCl + I_2$

C. $3FeCl_2 + 4HNO_3(稀) \Longrightarrow 2FeCl_3 + NO\uparrow + 2H_2O + Fe(NO_3)_3$

推断各式中氧化剂的氧化性由强到弱顺序是_____。

3. 现有下列物质:①铁;②氧气;③盐酸;④氧化铜;⑤氢氧化钾。按组成分类,属于单质的是_____(填序号,下同);属于氧化物的是_____;属于酸的是_____;属于碱的是_____;属于碱性氧化物的是_____。

4. 已知某原子的摩尔质量是 M g/mol,那么由该原子组成的双原子分子的相对分子质量是_____。

5. NaOH 晶体暴露在空气中,其表面变得潮湿的现象称为_____。

6. 4 g NaOH 中,含有_____mol OH^-,约含_____个 Na^+,氧原子质量为_____g。

7. 元素 R 的氧化物的化学式可表示为 RO_2,在标准状况下,1.28 g 该氧化物(气体)所占体积为 448 mL,则 RO_2 的相对分子质量是_____,R 的相对原子质量是_____。

8. CO 与 CO_2 的摩尔质量之比为_____,在同温同压下,相同质量的 CO 与 CO_2 的体积比是_____,在标准状况下,1 L CO_2 的物质的量是_____mol,质量是_____g(保留小数点后两位,下同),约含_____个分子。

9. 同温同压下,质量相等的 O_2、CO_2、CH_4 和 Cl_2 所占体积按从大到小的顺序排列是_____。

第二章 物质结构和元素周期律

典型题解

例2-1 2013年12月14日,"嫦娥三号"携"玉兔"月球探测车在月球表面成功着陆并开始科学探测。该月球探测车使用钚元素的同位素电池来提供稳定、持久的能源。下列关于$_{94}^{238}Pu$和$_{94}^{240}Pu$的说法正确的是_____。

    A. $_{94}^{238}Pu$和$_{94}^{240}Pu$的质子数之差为2

    B. $_{94}^{238}Pu$和$_{94}^{240}Pu$是两种不同的核素

    C. $_{94}^{238}Pu$的中子数与质子数之差为144

    D. $_{94}^{238}Pu$和$_{94}^{240}Pu$互为同素异形体

    解析: $_{94}^{238}Pu$和$_{94}^{240}Pu$的质量数之差为2,A选项错误。$_{94}^{238}Pu$和$_{94}^{240}Pu$的质子数均为94,中子数(或质量数)不同,二者属于钚元素的两种核素,B选项正确。$_{94}^{238}Pu$的中子数与质子数之差为$(238-94)-94=50$,C选项错误。$_{94}^{238}Pu$和$_{94}^{240}Pu$互为同位素,D选项错误。

    答案: B

例2-2 已知A、B、C、D、E是短周期中原子序数依次增大的五种主族元素,其中元素A、E的单质在常温下呈气态,元素B的原子最外层电子数是其电子层数的2倍,元素C在同周期的主族元素中原子半径最大,元素D的合金是日常生活中常用的金属材料。下列说法正确的是_____。

    A. 元素A、B组成的化合物常温下一定呈气态

    B. 一定条件下,元素C、D的最高价氧化物对应的水化物之间能发生反应

    C. 原子半径:B > D > E

    D. 化合物AE与CE含有相同类型的化学键

    解析: B元素的原子最外层电子数是其电子层数的2倍,可知元素B可能为碳元素或硫元素;C为Na,日常生活中常用的金属材料为Al、Fe,由五种元素都在短周期可知元素D为Al;B的原子序数小于Na的,所以元素B只能为碳元素;常见的气体单质为H_2、N_2、O_2、F_2、Cl_2,根据A、B、C、D、E的原子序数依次增大,可以确定元素A的单质为H_2、元素E的单质为Cl_2。常温下碳原子数大于4的烃为液体或固体,A项错误;NaOH溶液能与$Al(OH)_3$反应,B项正确;B、D、E在元素周期表中的位置如下:

	B	……	
D		……	E

所以原子半径D > B,D > E,C项错误;HCl中含共价键,NaCl中含离子键,D项错误。

    答案: B

例2－3 某同学在学习了化学键知识后提出了如下说法:①在水中氢、氧原子间均以化学键相结合;②金属和非金属化合形成离子键;③离子键是阳离子与阴离子的相互吸引;④根据电离方程式 HCl $=\!=\!=$ H$^+$ + Cl$^-$ 判断,HCl 分子中存在离子键;⑤H$_2$分子和 Cl$_2$ 分子的反应过程是 H$_2$、Cl$_2$ 分子里共价键先发生断裂生成 H、Cl 原子,再由 H、Cl 原子形成离子键。关于该同学提出的以上说法,下列判断正确的是_____。

A. ①②⑤正确　　　　B. 都不正确　　　　C. ④正确　　　　D. 仅①不正确

解析:①不正确,在水分子内氢、氧原子间以化学键相结合;在水分子间氢、氧原子间以氢键相结合。②不正确,只有活泼金属和活泼非金属化合时,才能形成离子键。③不正确,在离子化合物中,离子间存在强烈的相互作用,这种相互作用不单指相互吸引,还有相互排斥。④不正确,HCl 分子中只有共价键,没有离子键,HCl 在水分子作用下发生电离,产生 H$^+$ 和 Cl$^-$。⑤不正确,化学反应的本质是旧键断裂、新键形成的过程,但 HCl 分子中只有共价键,没有离子键。

答案:B

例2－4 下列变化过程中,既有离子键被破坏,又有共价键被破坏的是_____。

A. 将 SO$_2$ 通入水中　　　　　　B. 烧碱溶于水中

C. 将 HCl 通入水中　　　　　　D. 硫酸氢钠溶于水中

解析:A、C 中只有共价键被破坏,B 中只有离子键被破坏。D 中硫酸氢钠溶于水后电离出氢离子、钠离子和硫酸根离子,钠离子和硫酸氢根离子之间的离子键被破坏,硫酸氢根离子中氧原子和氢原子之间的共价键被破坏,所以既有离子键被破坏又有共价键被破坏。

答案:D

强化练习

一、选择题

1. 原子序数为 11～17 号的元素,随核电荷数的递增而逐渐变小的是_____。

A. 电子层数　　　　　　　　　B. 最外层电子数

C. 原子半径　　　　　　　　　D. 元素最高化合价

2. 下列粒子中,其质子数和电子数都跟 HS$^-$ 相同的是_____。

A. K$^+$　　　　B. S^{2-}　　　　C. Cl$^-$　　　　D. Ar

3. 下列各组微粒中,氧化性由弱到强,微粒半径由大到小排列的一组是_____。

A. Na$^+$、Mg^{2+}、Al^{3+}、H$^+$　　　　B. Mg^{2+}、Na$^+$、Al^{3+}、Li$^+$

C. S、P、N、O　　　　　　　　D. F、Cl、Br、I

4. 已知元素的原子序数,可推断元素原子的_____。

①质子数　②中子数　③质量数　④核电荷数　⑤核外电子数

A. ①②③　　　　B. ①④⑤　　　　C. ②③④　　　　D. ③④⑤

5. a 元素的阴离子、b 元素的阴离子和 c 元素的阳离子具有相同的电子层结构。已知 a 的原子序数大于 b 的原子序数。则 a、b、c 三种离子半径的顺序,依次减小的是_____。

    A. a、b、c   B. b、a、c   C. c、a、b   D. c、b、a

6. 下列各组中的元素,按金属性逐渐增强的顺序排列的是_____。

    A. Na、K、Mg   B. Na、Mg、Al   C. Li、Na、K   D. Na、K、Ca

7. 在下列元素中,最高正化合价数值最大的是_____。

    A. Na   B. Cl   C. O   D. Ar

8. 在下列元素中,原子半径最小的是_____。

    A. N   B. Mg   C. F   D. Cl

9. 下列说法正确的是_____。

    A. 含有共价键的化合物一定是共价化合物

    B. 共价化合物中一定存在共价键

    C. 离子化合物中不存在共价键

    D. 双原子单质分子中的共价键是极性共价键

10. 某元素 X 的气态氢化物的化学式为 H_2X,则 X 的最高价氧化物对应水化物的化学式是_____。

    A. H_2XO_3 B. HXO_3 C. H_3XO_4 D. H_2XO_4

二、填空题

1. 元素的性质随着元素的_____的递增而呈_____的变化。这一规律称为_____。

2. 某元素的原子核外有 3 个电子层,最外层电子数是核外电子总数的 $\frac{1}{6}$,该元素的元素符号是_____,该元素与氯元素形成的化合物的化学式为_____。

3. 化学键的基本类型包括_____和_____。

4. 短周期元素 X、Y 的原子最外层均有 4 个电子,它们和氧元素以最高价化合后形成的化合物的化学式分别为_____和_____。

5. 既能与酸反应又能与碱反应生成盐和水的氧化物称为_____。

6. A、B、C、D 四种元素的核电荷数依次增大,它们离子的电子层数相同,且最外层电子数均为 8。A 原子的 L 层电子数与 K、M 层电子数之和相等,D 原子的 K、L 层电子数之和等于电子总数的一半。回答以下问题:

    (1)四种元素的符号依次是 A _____、B _____、C _____、D _____;它们的原子半径由大到小的顺序是_____。

    (2)写出四种元素最高价氧化物对应水化物的化学式:_____、_____、_____、_____;分别比较酸性和碱性的强弱:_____。

    (3)写出 A、B 元素气态氢化物的化学式:_____、_____;比较其稳定性:_____。

7. 现有 A、B、X、Y、Z 五种短周期元素,其原子序数依次增大。它们的性质或原子结构如下表:

元素	性质或原子结构
A	原子核内只有 1 个质子
B	单质是空气中含量最多的气体
X	原子的最外层电子数是次外层电子数的 3 倍
Y	短周期元素中原子半径最大的元素
Z	最高正化合价与最低负化合价的代数和为 6

请回答:

(1)X 元素在元素周期表中的位置是_____。

(2)Z 单质通入 Y 的最高价氧化物对应水化物的溶液中,可以得到漂白液,该反应的离子方程式为_____。

(3)化合物甲由 A 和 B 两种元素组成且质量比为 3∶14。甲与 X 单质在催化剂、加热条件下发生的反应是工业上制取硝酸的基础,写出该反应的化学方程式:_____。

第三章 化学反应速率和化学平衡

典型题解

例 3 - 1 为探究锌与稀硫酸的反应速率[以 $v(H_2)$ 表示],向反应混合液中加入某些物质,下列判断正确的是_____。

A. 加入 NH_4HSO_4 固体,$v(H_2)$ 不变

B. 加入少量水,$v(H_2)$ 减小

C. 加入 CH_3COONa 固体,$v(H_2)$ 减小

D. 滴加少量 $CuSO_4$ 溶液,$v(H_2)$ 减小

解析:A 选项,NH_4HSO_4 固体溶于水,电离出 H^+,使溶液中 H^+ 浓度增大,$v(H_2)$ 增大。B 选项,加入水,稀释了溶液,溶液中 H^+ 浓度减小,$v(H_2)$ 减小。C 选项,加入 CH_3COONa 固体,存在平衡 $CH_3COO^- + H^+ \rightleftharpoons CH_3COOH$,溶液中 H^+ 浓度减小,$v(H_2)$ 减小。D 选项,滴加少量 $CuSO_4$ 溶液后,发生反应 $Cu^{2+} + Zn \rightleftharpoons Cu + Zn^{2+}$,生成的 Cu 与 Zn、稀硫酸会形成以 Zn 为负极,Cu 为正极,稀硫酸为电解质的原电池,增大了化学反应速率,$v(H_2)$ 增大。

答案:BC

例 3 - 2 在一定条件下,可逆反应 $SO_2(g) + 2CO(g) \rightleftharpoons 2CO_2(g) + S(s)$　　$\Delta H < 0$ 达到平衡,当单独改变下列条件后,有关叙述错误的是_____。

A. 加催化剂,$v_正$、$v_逆$ 都发生变化,且变化的倍数相等

B. 加压,$v_正$、$v_逆$ 都增大,且 $v_正$ 增大的倍数大于 $v_逆$ 增大的倍数

C. 降温,$v_正$、$v_逆$ 都减小,且 $v_正$ 减小的程度小于 $v_逆$ 减小的程度

D. 加入氩气,$v_正$、$v_逆$ 都增大,且 $v_正$ 增大的倍数大于 $v_逆$ 增大的倍数

解析:A 选项,催化剂能同等程度地改变 $v_正$ 和 $v_逆$;B 选项,加压时,$v_正$ 和 $v_逆$ 均增大,但 $v_正$ 增大的程度大于 $v_逆$ 增大的程度;C 选项,降温时,$v_正$ 和 $v_逆$ 均减小,且 $v_正$ 减小的程度小于 $v_逆$ 减小的程度;D 选项,加入氩气,若保持恒温、恒容,$v_正$ 和 $v_逆$ 均不变。

答案:D

例 3 - 3 将 NO_2 装入带活塞的密闭容器中,当反应 $2NO_2(g) \rightleftharpoons N_2O_4(g)$ 达到平衡后,改变下列一个条件后,其中叙述正确的是_____。

A. 升高温度,气体颜色加深,则此反应为吸热反应

B. 慢慢压缩气体体积,平衡向右移动,混合气体颜色变浅

C. 慢慢压缩气体体积,若体积减小一半,压强增大,但小于原来的 2 倍

D. 恒温恒容时,充入惰性气体,压强增大,平衡向右移动,混合气体的颜色变浅

解析:气体颜色加深说明平衡向左移动,所以正反应为放热反应,A 选项错误;首先假设平衡不移动,加压后气体颜色加深,但实际上加压后平衡向右移动,使混合气体颜色在加深的基础上变浅,但一定比原来深,B 选项错误;若平衡不移动,体积减小一半,压强变为原来的 2 倍,但实际上加压后平衡向右移动,使压强在原平衡压强 2 倍的基础上减小,C 选项正确;容器容积不变,充入惰性气体后反应物及生成物浓度不变,所以正、逆反应速率均不变,平衡不移动,混合气体颜色无变化,D 选项错误。

答案:C

例 3 - 4 某温度下,反应 $N_2O_4(g) \Longleftrightarrow 2NO_2(g)$(吸热反应),在密闭容器中达到平衡。下列说法不正确的是_____。

A. 加大压强使体积变小,正反应速率增大

B. 保持体积不变,加入少量 NO_2,将使正反应速率减小

C. 保持体积不变,加入少量 N_2O_4,再达到平衡时,颜色变深

D. 保持体积不变,升高温度,再达到平衡时,颜色变深

解析:由反应 $N_2O_4(g) \Longleftrightarrow 2NO_2(g)$(吸热反应)来看,这是一个反应物和生成物都是气体的吸热反应,正反应气体体积增大,N_2O_4 为无色气体,NO_2 为棕红色气体。

加压使体积变小时,浓度增大,正反应速率增大,故 A 选项正确。加入少量 NO_2 后,瞬时,逆反应速率增大,正反应速率不变,然后正反应速率逐渐变大,故 B 选项错误。加入 N_2O_4 后,平衡向正反应方向移动,达到新的平衡后,NO_2 浓度增加,体系颜色加深,故 C 选项正确。升高温度,平衡向正反应方向移动,NO_2 浓度增加,体系颜色加深,故 D 选项正确。

答案:B

强化练习

一、选择题

1. 下列有关化学反应速率的说法错误的是_____。

A. 任何化学反应都有化学反应速率,只是进行的快慢不一样

B. 化学反应速率是用来衡量化学反应进行快慢的物理量

C. 在单一化学反应中,化学反应速率始终保持不变

D. 单位时间内反应物浓度的减少量或生成物浓度的增加量,都可以用来表示化学反应速率

2. 关于反应 $2HCl + CaCO_3 \Longrightarrow CaCl_2 + H_2O + CO_2\uparrow$,下列说法错误的是_____。

A. 增加 HCl 溶液的浓度,该反应的化学反应速率会增大

B. 增加反应容器的压强,该反应的化学反应速率会减小

C. 升高温度,该反应的化学反应速率会增大

D. 将生成的 CO_2 气体及时从反应容器中排走,该反应的化学反应速率会减小

3. 下列有关催化剂的说法错误的是_____。

A. 任何化学反应都需要使用催化剂

B. 催化剂只能改变化学反应速率,而其本身的性质在化学反应前后不发生变化

C. 催化剂可以增大化学反应速率,也可以减小化学反应速率

D. 催化剂能同等程度地改变正、逆反应速率

4. 下列反应中,化学反应速率不随反应体系压强的变化而变化的是_____。

A. 铁粉和过量稀盐酸反应放出氢气

B. 氯化钡溶液和硫酸钾溶液相混合,生成白色沉淀

C. 氮气和氢气在催化剂作用下反应生成氨气

D. 石灰石和过量稀硫酸反应制取二氧化碳气体

5. 在一定温度下的恒容密闭容器中,能说明反应 $X_2(g) + Y_2(g) \rightleftharpoons 2XY(g)$ 已达到平衡的是_____。

A. 容器内的总压不随时间变化而变化

B. 容器中气体的平均相对分子质量不随时间变化而变化

C. XY 气体的物质的量分数不变

D. X_2 和 Y_2 的消耗速率相等

6. 可逆反应 $3A(g) \rightleftharpoons 3B(?) + C(?)$ $(\Delta H > 0)$,随着温度升高,气体平均相对分子质量有变小趋势,则下列判断正确的是_____。

A. B 和 C 可能都是固体

B. B 和 C 一定都是气体

C. 若 C 为固体,则 B 一定是气体

D. B 和 C 可能都是气体

7. 有一处于平衡状态的反应 $X(g) + 3Y(g) \rightleftharpoons 2Z(g)$ $\Delta H < 0$,为了使平衡向生成 Z 的方向移动,应选择的条件是_____。

①高温 ②低温 ③高压 ④低压 ⑤加催化剂 ⑥分离出 Z

A. ①③⑤   B. ②③⑤   C. ②③⑥   D. ②④⑥

8. 对可逆反应 $2A(s) + 3B(g) \rightleftharpoons C(g) + 2D(g)$ $\Delta H < 0$,在一定条件下达到平衡,下列有关叙述正确的是_____。

①增加 A 的量,平衡向正反应方向移动

②升高温度,平衡向逆反应方向移动,$v(正)$ 减小

③压强增大一倍,平衡不移动,$v(正)$、$v(逆)$ 不变

④增大 B 的浓度,$v(正) > v(逆)$

⑤加入催化剂,B 的转化率提高

A. ①②   B. ④   C. ③   D. ④⑤

9. 在恒温恒压下,将 3 mol A 和 1 mol B 放入一密闭容器中发生反应:$2A(g) + B(g) \rightleftharpoons 2C(g)$,达到化学平衡 I。在同样条件下,3 mol A 和 2 mol B 发生同样的反应,达到化学平衡 II。现将平衡 II 的混合气体全部压入平衡 I 的容器中,在同样条件下达到化学平衡 III。下列关于平衡 I、II 和 III 的说法错误的是_____。

A. 平衡 III 中 A 的转化率等于 B 的转化率

B. 平衡 I 中 A 的转化率小于 B 的转化率

C. $\dfrac{n(C)}{n(A)}$ 的值,平衡 III 的比平衡 I 的小

D. $\dfrac{n(A)}{n(B)}$ 的值,平衡 III 的比平衡 II 的大

10. 下列叙述正确的是_____。

A. 化学反应除了生成新的物质外,还伴随着能量的变化

B. 物质燃烧不一定都是放热反应

C. 放热的化学反应不需要加热就能发生

D. 吸热反应不加热就不发生

二、填空题

1. 在化学反应 $2SO_2 + O_2 \rightleftharpoons 2SO_3$ 中,如果 2 min 内 SO_2 的浓度由 6 mol/L 下降为 2 mol/L,那么,用 SO_2 的浓度变化来表示的化学反应速率为_____。

2. 影响化学反应速率的外界条件主要包括_____、_____、_____ 和_____;一般地说,当其他条件不变时,_____ 或_____都可以使化学反应速率增大;而_____只对有气体参加或生成的反应有影响。

3. 化学平衡是一种_____平衡;如果改变影响平衡的一个条件,平衡就向能够_____这种改变的方向移动。

4. 在可逆反应中,_____ 一定能增大反应速率。

5. 催化剂能够_____达到平衡的时间。

6. 达到平衡时,_____保持不变,正、逆反应速率_____。

7. 可逆反应 $CO_2(g) + C(s) \rightleftharpoons 2CO(g)$ $\Delta H > 0$ 达到平衡后,升高温度,正反应速率_____(填"增大""减小"或"不变"),逆反应速率_____(填"增大""减小"或"不变"),平衡向_____方向移动。增大压强,正反应速率_____(填"增大""减小"或"不变")。

第四章 ➡ 电解质溶液

典型题解

例 4 - 1 下列说法不正确的是＿＿＿＿。
①将 $BaSO_4$ 固体放入水中不能导电,所以 $BaSO_4$ 是非电解质
②氨气溶于水得到的氨水能导电,所以氨水是电解质
③固态共价化合物不导电,熔融态的共价化合物可以导电
④固态的离子化合物不导电,熔融态的离子化合物也不导电
⑤强电解质溶液的导电能力一定比弱电解质的导电能力强

A. ①④   B. ①④⑤   C. ①②③④   D. ①②③④⑤

解析:$BaSO_4$ 属于难溶盐,但溶解的部分是完全电离的,所以 $BaSO_4$ 是强电解质;氨水是混合物,不是纯净物,也就不是电解质;熔融态的共价化合物分子中没有自由移动的离子,不能导电;熔融态的离子化合物中有电离的自由移动的离子,可以导电;相同条件下,强电解质溶液的导电能力一定比弱电解质溶液导电能力强,但浓度不同时,就无法进行比较,因为导电能力与离子的浓度有关。

答案:D

例 4 - 2 下列事实中一定不能证明 CH_3COOH 是弱电解质的是＿＿＿＿。
①常温下某 CH_3COONa 溶液的 $pH = 8$
②用 CH_3COOH 溶液做导电实验,灯泡很暗
③等 pH、等体积的盐酸、CH_3COOH 溶液和足量锌反应,醋酸放出的氢气较多
④$0.1\ mol/L$ 的 CH_3COOH 溶液的 $pH = 2.1$
⑤CH_3COONa 和磷酸反应生成 CH_3COOH
⑥$0.1\ mol/L$ 的 CH_3COOH 溶液稀释 100 倍,$pH < 3$

A. ②   B. ②⑤   C. ①③⑤   D. ③④⑤⑥

解析:常温下,CH_3COONa 溶液呈碱性,说明其是强碱弱酸盐,则其对应的 CH_3COOH 是弱酸,是弱电解质,故不选①;用 CH_3COOH 溶液做导电实验,灯泡很暗,只能说明溶液的导电性不好,可能是由于溶液浓度较小所导致的,故选②;相比等 pH、等体积的盐酸,CH_3COOH 与足量锌反应,CH_3COOH 放出的氢气多,说明等 pH、等体积的情况下,HCl 的物质的量浓度要小于 CH_3COOH 的物质的量浓度,说明 CH_3COOH 未完全电离,CH_3COOH 是弱电解质,故不选③;$0.1\ mol/L$ 的 CH_3COOH 溶液 $pH = 2.1$,大于 1,说明 CH_3COOH 未完全电离,是弱电解质,故不选④;磷酸与 CH_3COONa 反应可以生成 CH_3COOH,说明 CH_3COOH 是比磷酸弱的酸,是弱电解质,故不选⑤;$0.1\ mol/L$ CH_3COOH 溶液稀释 100 倍,由于 CH_3COOH 在水中存在电离平衡,所以 $pH < 3$,说明 CH_3COOH 是弱电解质,故不选⑥。

答案:A

例 4 - 3 用 pH 试纸测定溶液 pH 的正确操作是_____。

A. 将一小片试纸放在表面皿上,用玻璃棒蘸取少量待测液点在试纸上,再与标准比色卡对照

B. 将一小片试纸用蒸馏水润湿后放在表面皿上,用玻璃棒蘸取少量待测液点在试纸上,再与标准比色卡对照

C. 将一小片试纸在待测液中蘸一下,取出后放在表面皿上,再与标准比色卡对照

D. 将一小片试纸先用蒸馏水润湿后,在待测液中蘸一下,取出后再与标准比色卡对照

解析:测定溶液的 pH 时,pH 试纸在使用前不用蒸馏水润湿,否则影响测定结果。正确的方法是用玻璃棒蘸取少量待测液点在试纸上,再与标准比色卡对照。一定不能用试纸直接蘸取待测液,以免污染待测液。

答案:A

例 4 - 4 用铂电极电解一定浓度的下列物质的水溶液,在电解后的电解液中加适量水,能使溶液浓度恢复到电解前浓度的是_____。

A. $NaCl$ B. Na_2CO_3 C. $CuSO_4$ D. K_2S

解析:加适量水能使溶液恢复到电解前的浓度,则实际上是电解水,故只有 B 项符合条件。

答案:B

例 4 - 5 研究人员研制出一种锂水电池,该电池可作为鱼雷和潜艇的储备电源。电池以金属锂和钢板为电极材料,$LiOH$ 为电解质,使用时加入水即可放电。下列关于该电池的说法正确的是_____。

A. 钢板为正极,发生还原反应

B. 放电时电子的流向:正极→导线→负极

C. 放电时 OH^- 向正极移动

D. 总反应为 $2Li + 2H^+ \rightleftharpoons 2Li^+ + H_2\uparrow$

解析:锂水电池中,金属锂比铁活泼,锂作负极,发生氧化反应,钢板作正极,发生还原反应,A 项正确;放电时电子从负极流出,B 项错误;放电时阴离子移向负极,阳离子移向正极,C 项错误;$LiOH$ 为电解质,在碱性介质中不能写成 H^+ 放电,总反应为 $2Li + 2H_2O \rightleftharpoons 2LiOH + H_2\uparrow$,D 项错误。

答案:A

例 4 - 6 以下四种溶液:①1 mol/L 的醋酸溶液,②1 mol/L 的氨水,③pH = 0 的溶液,④pH = 14 的溶液。按它们的酸性由强到弱的顺序依次排列正确的是_____。

A. ①②③④   B. ③④①②

C. ①③②④   D. ③①②④

解析:①和③是酸溶液,③中 pH = 0 则 $c(H^+) = 1$ mol/L,①中 1 mol/L 的醋酸是弱酸,故 $c(H^+) < 1$ mol/L,所以酸性③>①。②和④是碱溶液,②是弱碱,1 mol/L 氨水中 $c(OH^-) < 1$ mol/L,④中 pH = 14 的溶液中 $c(OH^-) = 1$ mol/L,故碱性②<④,则酸性②>④。酸性由强到弱的排列顺序应为③①②④。

答案:D

例 4 - 7 下列盐溶液的 pH 最小的是_____。

A. $NaCl$ B. KNO_3 C. $NaHCO_3$ D. NH_4NO_3

解析:本题考查了盐类水解的基础知识。$NaCl$ 和 KNO_3 均为强酸强碱盐,在水中不

水解,故 pH 均为 7。$NaHCO_3$ 为强碱弱酸盐,水解显碱性,$HCO_3^- + H_2O \Longrightarrow H_2CO_3 + OH^-$,其 pH > 7。$NH_4NO_3$ 为强酸弱碱盐,水解显酸性,$NH_4^+ + H_2O \Longrightarrow NH_3 \cdot H_2O + H^+$,其 pH < 7。

答案:D

例 4 – 8 要使 0.1 mol/L 的氨水的 pH 减小,又要使氨水的电离度减小,应采取的措施是_____。

A. 加入 NH_4Cl 固体   B. 通入 NH_3 气体

C. 滴入浓 NaOH 溶液   D. 加水稀释

解析:本题是一道综合推理题,涉及电离平衡、水解平衡等基础理论。分析推理如下:

氨水中存在电离平衡 $NH_3 \cdot H_2O \Longrightarrow NH_4^+ + OH^-$,要使 pH 减小,就要减小溶液中 OH^- 的浓度,若使氨水的电离度减小,则电离平衡必须逆向移动。

选项 A 中加入 NH_4Cl 固体,$c(NH_4^+)$ 变大,抑制氨水的电离,同时 NH_4^+ 水解产生的 H^+,可以与 OH^- 反应使溶液 pH 减小。

答案:A

强化练习

一、选择题

1. 下列物质中属于电解质的是_____。

 A. H_2 B. NaCl   C. N_2 D. O_2

2. 将 pH = 6 的 CH_3COOH 溶液加水稀释 1 000 倍后,溶液中的_____。

 A. pH = 9   B. $c(H^+) \approx 10^{-6} \text{mol} \cdot L^{-1}$

 C. pH ≈ 7   D. $c(OH^-) \approx 10^{-6} \text{mol} \cdot L^{-1}$

3. 在一支 25 mL 的酸式滴定管中盛有 0.1 mol/L HCl 溶液,其液面恰好在 5 mL 刻度处。若把滴定管内溶液全部放入烧杯中,再用 0.1 mol/L NaOH 溶液进行中和,则所需 NaOH 溶液的体积是_____。

 A. 大于 20 mL   B. 小于 20 mL   C. 等于 20 mL   D. 等于 5 mL

4. 在 25 ℃时,0.1 mol/L 的硫酸中,水的 K_w 值为_____。

 A. 大于 1.0×10^{-14} B. 小于 1.0×10^{-14} C. 等于 1.0×10^{-14} D. 无法确定

5. 室温下,某溶液中水电离出的 H^+ 和 OH^- 的物质的量浓度乘积为 1×10^{-26} mol/L,该溶液中一定不能大量存在的是_____。

 A. Cl^- B. HCO_3^- C. Na^+ D. NO_3^-

6. 下列事实可以证明一水合氨是弱电解质的是_____。

 ①0.1 mol/L 的氨水可以使酚酞溶液变红

 ②0.1 mol/L 的氯化铵溶液的 pH 约为 5

 ③在相同条件下,氨水溶液的导电性比强碱溶液弱

 ④铵盐受热易分解

 A. ①②   B. ②③   C. ③④   D. ②④

7. 下列有关原电池的说法错误的是_____。

 A. 原电池是将化学能转化为电能的一种装置

B. 原电池装置中肯定存在电子的移动

C. 原电池装置中,电子流入的一极为负极

D. 原电池装置中,电子流出的一极为负极

8. 用铂作电极电解一定浓度的下列物质的水溶液,其实质是电解水的是_____。

A. HCl   B. NaCl   C. H_2SO_4 D. $AgNO_3$

9. 给铁制器皿上镀铜,应该使用的电镀液是_____。

A. $FeCl_3$ B. $CuSO_4$ C. $FeSO_4$ D. NaCl

10. 为防止 Fe^{3+} 水解,一般向新配制的 $FeCl_3$ 溶液中加入适量的_____。

A. 稀氢氧化钠   B. 浓盐酸   C. 稀盐酸   D. 铁粉

二、填空题

1. 往盛有 CH_3COONa 溶液的试管里滴入酚酞溶液,溶液呈_____色,这是因为_____,反应的离子方程式为_____。

2. NaX、NaY 和 NaZ 三种溶液具有相同的物质的量浓度,它们的 pH 依次为 7、8 和 9,则这三种盐对应的三种酸 HX、HY 和 HZ 的酸性强弱顺序为_____。

3. 在 Zn、Cu 和稀硫酸形成的原电池体系中,负极是_____,正极是_____,在_____极有氢气放出。

4. 只用一种化学试剂即可鉴别偏铝酸钠溶液、硅酸钠溶液、鸡蛋白溶液、纯碱溶液和蔗糖溶液这五种无色溶液,则该化学试剂为_____。

5. 实验室中用含 Ca^{2+}、Mg^{2+} 的水制取纯水,可采用的方法是_____。

6. 常温下,将 0.2 mol/L HCl 溶液与 0.2 mol/L MOH 溶液等体积混合,测得混合溶液的 pH =7,则混合溶液中由水电离出的 $c(H^+)$_____(填"＞""＜"或"＝")0.2 mol/L HCl 溶液中由水电离出的 $c(H^+)$。

7. 中和某一强酸溶液,用去一定量的 NaOH,若改用与 NaOH 物质的量相同的 Na_2CO_3、$NH_3 \cdot H_2O$、$Ba(OH)_2$ 分别与该酸反应后,溶液 pH 分别(填"＞7""＜7"或"＝7")_____、_____、_____。

8. 利用反应 $2FeCl_3 + Cu = 2FeCl_2 + CuCl_2$ 设计一个原电池。该原电池的负极材料是_____,负极反应是_____;正极材料是_____,正极反应是_____。

9. 钢铁在潮湿的空气中容易发生腐蚀,这种腐蚀可分为_____腐蚀和_____腐蚀。

10. 电解池是一种把_____能转化成_____能的装置。

第五章 常见元素及其重要化合物

典型题解

例 5 - 1 下列对于过氧化钠的叙述中,正确的是_____。

A. 将过量过氧化钠投入紫色石蕊溶液,溶液变蓝

B. 1 mol 过氧化钠与水完全反应,转移 2 mol 电子

C. 充分加热等物质的量的过氧化钠与碳酸氢钠的混合物,剩余物质为碳酸钠

D. a g CO 和 H_2 的混合气体充分燃烧的产物与足量的过氧化钠充分反应后,固体质量增加 a g

解析: A 选项,过氧化钠与水反应生成氢氧化钠,使石蕊溶液变蓝,但生成的过氧化氢具有强氧化性,又会使蓝色褪去;B 选项,过氧化钠与水反应,过氧化钠既作氧化剂,又作还原剂,反应中 1 mol 过氧化钠转移 1 mol 电子;C 选项,可看作先让碳酸氢钠生成的 CO_2 与过氧化钠反应,若剩余过氧化钠,再与水反应,1 mol 碳酸氢钠受热分解产生 0.5 mol CO_2 和 0.5 mol 水,而生成的 CO_2 和水恰好与过氧化钠反应,故残留的固体物质为碳酸钠和氢氧化钠;D 选项,组成符合 $(CO)_m \cdot (H_2)_n$ 的物质(符合该组成的物质,a g 该物质在氧气中燃烧,产生的 CO_2 和 H_2O 通过足量过氧化钠后增重为 a g,或由 C、H、O 三种元素组成的有机物,只要 C、O 原子个数比为 1:1 的即符合要求),完全燃烧的产物通过过氧化钠后,固体增加的质量等于原物质的质量,所以 a g CO 和 H_2 的混合气体充分燃烧的产物与足量过氧化钠充分反应后,固体质量增加 a g。

答案: D

例 5 - 2 下列关于铁的叙述正确的是_____。

①铁能被磁铁吸引,但纯铁易被腐蚀

②在人体的血红蛋白中含有铁元素

③铁位于元素周期表中第四周期ⅧB 族

④铁能在氧气中剧烈燃烧,但不能在水蒸气中燃烧

⑤铁与强氧化剂硝酸反应的产物仅是 $Fe(NO_3)_3$

⑥不能通过化合反应制得 $FeCl_2$ 和 $Fe(OH)_3$

A. ①③　　　　B. ②④　　　　C. ②⑤　　　　D. ④⑥

解析: 当铁中含有杂质时,在潮湿的空气中会发生电化学腐蚀,而纯铁的抗腐蚀能力较强;铁位于元素周期表中第四周期Ⅷ族,而不是ⅧB 族;铁在氧气中能发生发光、发热的剧烈燃烧,而与水蒸气反应不会发光,看不到燃烧现象;铁与强氧化剂反应,能够生成 Fe^{3+},但若铁过量,则会被铁还原为 Fe^{2+};铁与 $FeCl_3$ 化合能生成 $FeCl_2$,$Fe(OH)_2$ 与氧气和水化合能生成 $Fe(OH)_3$。

答案: B

例5-3 实验室用浓盐酸与二氧化锰反应制取氯气(气体体积均在标准状况下测定),下列说法正确的是_____。

A. 若提供 0.4 mol HCl,MnO_2 不足量,则转移电子的物质的量为 0.2 mol

B. 若提供 0.4 mol HCl,MnO_2 过量,则可制得氯气 2.24 L

C. 若有 0.4 mol HCl 参与反应,则可制得氯气 2.24 L

D. 若有 0.4 mol HCl 被氧化,则可制得氯气 2.24 L

解析:根据反应的化学方程式 $4HCl(浓) + MnO_2 \xlongequal{\triangle} MnCl_2 + 2H_2O + Cl_2\uparrow$,可知浓盐酸表现酸性和还原性,表现还原性的 HCl 占参与反应的 HCl 的一半,若提供 0.4 mol HCl,MnO_2 过量,随着反应的进行,盐酸的浓度降低到一定程度,反应不再进行,参加反应的 HCl 少于0.4 mol,被氧化的 HCl 少于 0.2 mol,制得氯气的体积在标准状况下小于 2.24 L,故 B 项错误;若提供 0.4 mol HCl,MnO_2 不足量,则转移电子的物质的量小于 0.2 mol,A 项错误;若有 0.4 mol HCl 参与反应,则可制得氯气 0.1 mol,其在标准状况下体积为 2.24 L,C 项正确;若有 0.4 mol HCl 被氧化,则可制得氯气 0.2 mol,其在标准状况下体积为 4.48 L,D 项错误。

答案:C

例5-4 SO_2 和 CO_2 同为酸性氧化物,要检验 SO_2 气体中是否混有 CO_2 气体,可采用的方法是_____。

A. 通过品红溶液

B. 通过澄清石灰水

C. 先通过 NaOH 溶液,再通过澄清石灰水

D. 先通过酸性 $KMnO_4$ 溶液,再通过品红溶液,最后通过澄清石灰水

解析: SO_2 和 CO_2 的性质具有相似性和差异性。CO_2 和 SO_2 都是酸性氧化物,但 SO_2 有较强的还原性、漂白性,先通过酸性 $KMnO_4$ 溶液将 SO_2 除去,再通过品红溶液验证 SO_2 已除尽,最后用澄清石灰水验证 CO_2 的存在。

答案:D

例5-5 硝酸铜是一种重要的工业产品,化学上有很多方法可以制取硝酸铜:①将铜溶于硝酸中;②先将铜与 O_2 反应生成 CuO,再溶于硝酸中;③将铜溶于 N_2O_4 的乙酸乙酯(溶剂,不参加反应)溶液中生成硝酸铜和一氧化氮。下列认识或判断错误的是_____。

A. 方法③是最经济和环保的

B. 方法①中,若从经济和环保的角度考虑,用稀硝酸比用浓硝酸好

C. 方法②需要消耗能源,对环境不产生污染

D. 方法③中 N_2O_4 既是氧化剂又是还原剂

解析:方法③产物中有 NO,对环境会造成污染,A 项错误;稀 HNO_3 的还原产物为 NO,浓 HNO_3 的还原产物为 NO_2,还原产物均是污染物,制取相同量的 $Cu(NO_3)_2$,消耗的浓 HNO_3 比稀 HNO_3 多,产生的 NO_2 比 NO 多,B 项正确;Cu 和 O_2 反应生成 CuO,CuO 和 HNO_3 反应只生成 $Cu(NO_3)_2$ 和 H_2O,C 项正确;N_2O_4 中氮元素的化合价为 +4,而产物 $Cu(NO_3)_2$ 和 NO 中氮元素的化合价分别为 +5 和 +2,故 N_2O_4 既作氧化剂又作还原剂,D 项正确。

答案:A

强化练习

一、选择题

1. 下列气体呈黄绿色的是_____。

A. H_2 B. Cl_2 C. N_2 D. O_2

2. 下列叙述错误的是_____。

A. 钠在空气中燃烧放出大量的热,其火焰呈黄色

B. 将氯气通过湿润的红色布条,可以观察到布条的红色逐渐褪去

C. 金属镁着火后可用 CO_2 泡沫灭火器灭火

D. 氢气是密度最小的气体

3. 下列物质①$NaHCO_3$、②$(NH_4)_2SO_4$、③Al_2O_3、④$(NH_4)_2CO_3$、⑤$Mg(OH)_2$中,既可以和盐酸反应,又可以和 $Ba(OH)_2$ 溶液反应的是_____。

A. ①③④   B. ①②③④   C. ②③④   D. ①③④⑤

4. 将 0.3 mol 镁、铝、铁分别放入 100 mL 1 mol/L 的盐酸中,同温同压下产生的气体体积比是_____。

A. 1:2:3   B. 6:3:2   C. 3:1:1   D. 1:1:1

5. 下列说法正确的是_____。

A. SiO_2 溶于水且显酸性   B. CO_2 通入水玻璃可得硅酸

C. SiO_2 是酸性氧化物,它不溶于任何酸   D. SiO_2 晶体中存在单个 SiO_2 分子

6. 下列反应的离子方程式正确的是_____。

A. 将稀盐酸滴在石灰石上:$CO_3^{2-} + 2H^+ \!=\!=\!= CO_2\uparrow + H_2O$

B. 向氯化铝溶液中加入过量氨水:$Al^{3+} + 3OH^- \!=\!=\!= Al(OH)_3\downarrow$

C. 碳酸氢钠和稀硫酸反应:$HCO_3^- + H^+ \!=\!=\!= CO_2\uparrow + H_2O$

D. 氯气与水反应:$Cl_2 + H_2O \!=\!=\!= 2H^+ + Cl^- + ClO^-$

7. 在 pH = 1 的无色溶液中能大量共存的离子组是_____。

A. NH_4^+、Mg^{2+}、SO_4^{2-}、Cl^- B. Ba^{2+}、K^+、HCO_3^-、NO_3^-

C. Al^{3+}、Cu^{2+}、SO_4^{2-}、AlO_2^- D. Na^+、Fe^{2+}、Cl^-、NO_3^-

8. 下列有关 Cl、N、S 等非金属元素化合物的说法正确的是_____。

A. 漂白粉的成分为次氯酸钙

B. 实验室可用浓硫酸干燥氨气

C. 实验室可用 NaOH 溶液处理 NO_2 和 HCl 废气

D. $Al_2(SO_4)_3$ 可除去碱性废水及酸性废水中的悬浮颗粒

9. 某混合气体中可能含有 Cl_2、O_2、SO_2、NO、NO_2 中的两种或多种气体。现将此无色透明的混合气体通过品红溶液后,品红溶液褪色,把剩余气体排入空气中,很快变为红棕色。对于原混合气体成分的判断正确的是_____。

A. 肯定有 SO_2 和 NO   B. 肯定没有 Cl_2、O_2 和 NO

C. 可能有 Cl_2 和 O_2 D. 肯定只有 NO

10. 在一定温度下,把 Na_2O 和 Na_2O_2 的固体分别溶于等质量的水中,都恰好形成此温度下饱和溶液,则加入 Na_2O 和 Na_2O_2 的物质的量的大小为_____。

    A. $n(Na_2O) > n(Na_2O_2)$ B. $n(Na_2O) < n(Na_2O_2)$

    C. $n(Na_2O) = n(Na_2O_2)$ D. 无法确定

11. NH_4HCO_3 溶液和过量 NaOH 溶液反应的离子方程式是_____。

    A. $NH_4^+ + HCO_3^- + 2OH^- \!=\!=\!= NH_3\uparrow + CO_3^{2-} + 2H_2O$

    B. $NH_4HCO_3 + 2OH^- \!=\!=\!= NH_3\uparrow + CO_3^{2-} + 2H_2O$

    C. $HCO_3^- + OH^- \!=\!=\!= CO_3^{2-} + H_2O$

    D. $NH_4^+ + OH^- \!=\!=\!= NH_3\uparrow + H_2O$

12. 0.5 mol/L 的氢卤酸,酸性由强到弱的顺序是_____。

    A. $HF > HCl > HBr > HI$ B. $HI > HCl > HBr > HF$

    C. $HCl > HF > HBr > HI$ D. $HI > HBr > HCl > HF$

13. 15 mL 试管装满 NO_2,倒置在水槽中,充分反应后试管中气体的体积为_____。

    A. 15 mL   B. 10 mL

    C. 5 mL   D. 0 mL

14. 向 100 mL 0.1 mol/L 的 $AlCl_3$ 溶液中滴加 NaOH 溶液,欲使生成沉淀的质量最大,则加入 0.1 mol/L NaOH 溶液的体积为_____。

    A. 100 mL   B. 200 mL   C. 300 mL   D. 400 mL

15. 下列物质盛放于敞口瓶中,久置容易变质的是_____。

    A. 石灰水   B. 硫酸钾   C. 稀硫酸   D. 氯化钠

二、填空题

1. 用一种试剂就能鉴别 NaCl、$MgCl_2$、$AlCl_3$、NH_4Cl、$FeCl_2$ 和 $FeCl_3$,这种试剂是_____(填化学式);这种试剂和 $MgCl_2$ 反应的化学方程式为_____;这种试剂与 NH_4Cl 反应的离子方程式为_____。

2. 如要除去 NO 中混有的 NO_2,所用的试剂是_____。

3. 向 100 mL 0.25 mol/L 的 $AlCl_3$ 溶液中加入金属钠完全反应,恰好生成只含 NaCl 和 $NaAlO_2$ 的澄清溶液,则加入金属钠的质量是_____。

4. A、B、C 三瓶内分别盛有暂时硬水、永久硬水和蒸馏水。若分别加入盐酸,只有 B 瓶内溶液中有少量气泡产生。若分别加入纯碱溶液,A、B 瓶中液体均出现浑浊。则 A 为_____,B 为_____,C 为_____。

5. 已知 A、B、C 是三种常见的单质,其中 A 为固体,B、C 为气体;D 的饱和溶液滴入沸水中继续煮沸,溶液呈红褐色;B 和 C 反应的产物极易溶于水得无色溶液 E。它们之间转化关系如图所示。

(1) 写出 D 和 E 分别与 A 反应的离子方程式:

D + A:_____;E + A:_____。

(2) 写出在 F 中加入 NaOH 并在空气中放置所发生的反应的化学方程式：_____

_____。

6. 实验室里通常用 MnO_2 与浓盐酸反应制取氯气，其反应的化学方程式为

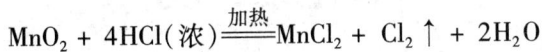

$$MnO_2 + 4HCl(浓) \xrightarrow{加热} MnCl_2 + Cl_2\uparrow + 2H_2O$$

(1) 在该反应中，氧化剂是_____，还原剂是_____。

(2) 如有 1 mol Cl_2 生成，被氧化的 HCl 的物质的量是_____ mol，转移电子的物质的量是_____ mol。

(3) 某温度下，将 Cl_2 通入 NaOH 溶液中，反应得到含有 ClO^- 与 ClO_3^- 物质的量之比为 1∶1 的混合液，反应的化学方程式是_____。

(4) 报纸报道了多起卫生间清洗时，因混合使用"洁厕灵"（主要成分是盐酸）与"84 消毒液"（主要成分是 NaClO）发生氯气中毒的事件。试根据你的化学知识分析，原因是_____（用离子方程式表示）。

7. 实验室中，盛放氢氧化钠溶液的试剂瓶常用橡皮塞而不用玻璃塞，其主要原因是

_____。

反应的化学方程式为_____。

8. 将金属 Fe、Cu 与 $FeCl_3$、$FeCl_2$、$CuCl_2$ 溶液放入同一烧杯中，根据下述情况，哪些阳离子或金属单质能同时存在于溶液中？哪些不能同时存在？

(1) 反应后若 Fe 有剩余，则溶液中可能有_____，烧杯中还存在金属_____。

(2) 反应后除 Cu^{2+} 外，还有相当量的 Cu，则溶液中不可能有_____。

(3) 若除 Cu^{2+} 外还有相当量的 Fe^{3+}，则可能还有_____。

第六章 ⟫ 有机化合物

典型题解

例 6-1 与 3-甲基-1-戊烯同属于烯烃且主链为 4 个碳原子的同分异构体共有_____。

A. 3 种　　　　　　　B. 4 种　　　　　　　C. 5 种　　　　　　　D. 6 种

解析: 符合题意的同分异构体共有 4 种,分别是

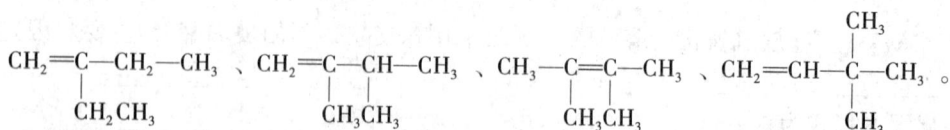

$$CH_2=C-CH_2-CH_3 、 CH_2=C-CH-CH_3 、 CH_3-C=C-CH_3 、 CH_2=CH-C-CH_3 。$$
$$CH_2CH_3 CH_3CH_3 CH_3CH_3 CH_3$$

答案: B

例 6-2 下列说法正确的是_____。

A. 凡是分子组成上相差一个或几个 CH_2 原子团的物质,彼此一定是同系物

B. 两种化合物的组成元素相同,各元素的质量分数也相同,则二者一定是同分异构体

C. 相对分子质量相同的几种化合物,互称为同分异构体

D. 组成元素的质量分数相同,且相对分子质量也相同的不同化合物,互为同分异构体

解析: A 选项错误,分子组成上相差一个或几个 CH_2 原子团的物质,其分子结构不一定相似,因此不一定是同系物;B 选项错误,若两种化合物的组成元素相同,各元素的质量分数也相同,它们的最简式一定相同,而最简式相同的化合物,化学式不一定相同,不一定是同分异构体;C 选项错误,相对分子质量相同的物质,如硫酸和磷酸、乙醇和甲酸,它们不是同分异构体;D 选项正确,组成元素的质量分数相同,且相对分子质量也相同的不同化合物,它们的分子式也相同,因此互为同分异构体。

答案: D

例 6-3 下列关于酚的说法不正确的是_____。

A. 酚类是指羟基直接连在苯环上的化合物

B. 酚类都具有弱酸性,在一定条件下可以和 NaOH 溶液反应

C. 酚类都可以和浓溴水反应生成白色沉淀,利用该反应可以检验酚

D. 分子中含有羟基和苯环的含氧衍生物都属于酚类

解析: 羟基直接连在苯环上的化合物都属于酚类,A 项正确;酚羟基可以电离出氢离子,显弱酸性,所以酚类可以和 NaOH 溶液反应,B 项正确;酚类中羟基的邻、对位易与溴发生取代反应生成白色沉淀,C 项正确;分子中含有苯环和羟基的物质不一定属于酚类,

如 ◯—CH_2OH 属于芳香醇,D 项错误。

答案:D

例6 – 4 糖类、油脂和蛋白质是维持人体生命活动所需的三大营养物质,下列叙述正确的是_____。

A. 动物油能使溴的四氯化碳溶液褪色

B. 鸡蛋白受热变性后,在人体内发生水解,生成氨基酸

C. 葡萄糖能发生氧化反应和水解反应

D. 棉花的主要成分是蛋白质

解析:动物油中通常不含不饱和键,不能使溴的四氯化碳溶液褪色,A 项错误;葡萄糖是单糖,不能发生水解反应,但能够被氧化,发生氧化反应,C 项错误;棉花的主要成分是纤维素,纤维素属于糖类,D 项错误。

答案:B

强化练习

一、选择题

1. 下列物质既能与金属钠反应放出气体,又能与纯碱作用放出气体的是_____。

A. 乙醇(CH_3CH_2OH)　　　　　　　　B. H_2O

C. 乙酸(CH_3COOH)　　　　　　　　　D. 葡萄糖($C_6H_{12}O_6$)

2. 下列物质既能使酸性高锰酸钾溶液褪色,又能使溴水褪色,还能和氢氧化钠反应的是_____。

A. 乙酸　　　　　　B. 乙酸甲酯　　　　C. 油酸甘油酯　　　D. 苯甲酸

3. 某一溴代烷水解后的产物在红热铜丝催化下,最多可被空气氧化生成 4 种不同的醛,该一溴代烷的分子式可能是_____。

A. C_4H_9Br　　　　B. $C_5H_{11}Br$　　　　C. $C_6H_{13}Br$　　　　D. $C_7H_{15}Br$

4. 下列各对物质中,互为同系物的是_____。

A. 正戊烷和新戊烷　　　　　　　　　　B. 乙醇和乙酸

C. 甲醇和乙醇　　　　　　　　　　　　D. 邻甲基苯酚和甲苯

5. 只用水就能鉴别的一组物质是_____。

A. 苯、乙酸、四氯化碳　　　　　　　　B. 乙醇、乙醛、乙酸

C. 乙醛、乙二醇、硝基苯　　　　　　　D. 苯酚、乙醇、甘油

6. 甲苯与苯相比较,下列叙述错误的是_____。

A. 常温下都是液体　　　　　　　　　　B. 都能使酸性高锰酸钾溶液褪色

C. 都能在空气中燃烧　　　　　　　　　D. 都能发生取代反应

7. 下列有机物中,不属于烃的衍生物的是_____。

A. 氯丁烷　　　　　B. 硝基苯　　　　　C. 甲苯　　　　　　D. 氯仿

8. 下列化合物中,既能发生消去反应,又能发生水解反应的是_____。

A. 氯仿　　　　　　B. 氯甲烷　　　　　C. 乙醇　　　　　　D. 氯乙烷

9. 下列有关苯酚性质的叙述中,错误的是_____。

A. 苯酚在水中的溶解度随温度的升高而增大

B. 苯酚易溶于乙醇等有机溶剂

C. 苯酚水溶液呈弱酸性,能与碱反应

D. 苯酚无毒,其稀溶液可用作防腐剂和消毒剂

10. 下列有机物中,既能发生银镜反应,又能使新制氢氧化铜悬浊液产生红色沉淀的是_____。

A. 乙醚   B. 甲苯   C. 乙醛   D. 乙酸

二、填空题

1. 在葡萄糖、蔗糖和麦芽糖中,不能发生银镜反应的是_____;在硫酸催化下,能发生水解反应的是_____和_____。

2. 油脂在酸或碱的存在下,能够发生水解生成_____和相应的高级脂肪酸或高级脂肪酸盐。

3. A、B、C 三种物质化学式都是 C_7H_8O,若滴入 $FeCl_3$ 溶液,只有 C 呈紫色,且 C 苯环上的一溴代物有两种结构;若投入金属钠,只有 B 没有变化。据此推断:

(1) 写出 A、B、C 的结构简式:A_____,B_____,C_____。

(2) C 的同类型的另外两种同分异构体的结构简式是①_____ ②_____。

4. 分别写出最简单的芳香羧酸和芳香醛的名称:_____;_____。

5. 除去乙酸乙酯中混有少量的乙酸应采取的措施是_____
_____。

6. 有三种都可用式子 $C_nH_{2n}O_{n-2}$ 表示的有机物,当 n 依次为 2、3、4 时,这三种有机物的化学式分别为_____、_____、_____。在这三种有机物中,能发生加成反应生成高分子化合物的是_____(写结构简式,以下同),能被还原成正丙醇的是_____,水解后能生成甲酸和另一种物质的是_____。

7. 现有下列有机物:①CH_3CHO、②C_6H_6、③C_2H_5OH、④C_6H_5OH、⑤$CH_3COOC_2H_5$、⑥C_6H_5COOH、⑦$C_6H_5CH_3$。

能与 NaOH 反应的有:_____(填序号,下同);

能发生银镜反应的有:_____;

既能发生酯化反应,又能与碳酸钠溶液反应的有:_____;

既能发生消去反应,又能发生酯化反应的有:_____;

呈酸性的有:_____。

8. 某具有香味的中性物质 A 可以发生下列变化：

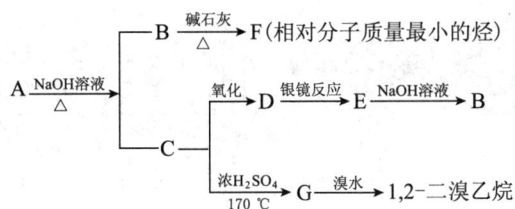

$$\text{A} \xrightarrow[\triangle]{\text{NaOH溶液}} \begin{cases} \text{B} \xrightarrow[\triangle]{\text{碱石灰}} \text{F（相对分子质量最小的烃）} \\ \text{C} \begin{cases} \xrightarrow{\text{氧化}} \text{D} \xrightarrow{\text{银镜反应}} \text{E} \xrightarrow{\text{NaOH溶液}} \text{B} \\ \xrightarrow[170\,℃]{\text{浓H}_2\text{SO}_4} \text{G} \xrightarrow{\text{溴水}} \text{1,2-二溴乙烷} \end{cases} \end{cases}$$

（1）推断 A、B、C、D、E、F、G 分别是什么物质，写出其结构简式。

（2）写出下列变化的化学方程式：

①A 与 NaOH 溶液反应　　　②D 的银镜反应

③C —→D 的反应　　　　　④B —→F 的反应

第七章 ⫸ 化学实验

典型题解

例7-1 某学生提供的实验数据如下,其中肯定错误的是_____。

①用 10 mL 的量筒量取 7.60 mL 的液体

②用托盘天平称取 22.5 g KCl

③酸碱中和滴定时,消耗 0.1 mol/L 的盐酸 23.25 mL

④用广泛 pH 试纸测得某溶液的 pH = 4.4

A. ①②   B. ②③   C. ③④   D. ①④

解析:10 mL 量筒的最小读数为 0.1 mL,所以无法用 10 mL 的量筒量取 7.60 mL 的液体,①错误;广泛 pH 试纸变色范围是 1~14,它只能粗略地测定溶液的 pH,读数只能为整数,④错误。

答案:D

例7-2 下列有关仪器使用方法或实验操作正确的是_____。

A. 洗净的锥形瓶和容量瓶可以放在烘箱中烘干

B. 酸式滴定管装标准溶液前,必须先用该溶液润洗

C. 酸碱滴定实验中用待滴定溶液润洗锥形瓶以减小实验误差

D. 用容量瓶配制溶液时,若加水超过刻度线时,立即用滴管吸出多余液体

解析:容量瓶不能放在烘箱中烘干,否则其容积可能受温度的影响而发生改变,事实上,配溶液时,洗净的容量瓶不需要干燥,可以直接使用;滴定管在盛放标准液前,必须用标准液润洗 2~3 次;锥形瓶不能用待滴定溶液润洗,否则测定结果偏高;用容量瓶配溶液时,若加水超过刻度线时,应重新配制,若只是用滴管吸出多余液体,则配制溶液浓度偏低。

答案:B

例7-3 下列实验中所采取的分离方法与原理都正确的是_____。

选项	目的	分离方法	原理
A	分离溶于水中的碘	乙醇萃取	碘在乙醇中溶解度较大
B	分离乙酸乙酯和乙醇	分液	乙酸乙酯和乙醇的密度不同
C	除去 KNO₃ 固体中混杂的 NaCl	重结晶	NaCl 在水中的溶解度很大
D	除去丁醇中的乙醚	蒸馏	丁醇和乙醚的沸点相差较大

解析:A 选项错误,乙醇和水互溶,不可作为萃取剂;B 选项错误,乙醇和乙酸乙酯是互溶的,不可以直接用分液的方法分离;C 选项错误,KNO₃ 和 NaCl 都是易溶于水的固体,

KNO_3受温度影响很大,而 NaCl 受温度影响较小,所以可采取降温结晶的方法制得较纯净的 KNO_3;D 选项正确,丁醇和乙醚是互溶且沸点相差较大的液体混合物,可以用蒸馏的方法分离。

答案:D

例 7-4 下列除去杂质的方法正确的是_____。

A. 除去 CO_2 中混有的 HCl,用饱和亚硫酸氢钠溶液洗气

B. 除去 $BaCO_3$ 固体中混有的 $BaSO_4$,加过量盐酸后,过滤、洗涤

C. 除去 $FeCl_2$ 溶液中混有的 $FeCl_3$,加入过量铁粉,过滤

D. 除去 Cu 粉中混有的 CuO,加适量稀硝酸后,过滤、洗涤

解析:除去 CO_2 中混有的 HCl,应用饱和碳酸氢钠溶液洗气,A 项错误;除去 $BaCO_3$ 固体中混有的 $BaSO_4$ 时,加盐酸会将 $BaCO_3$ 固体反应掉,剩下 $BaSO_4$ 固体,B 项错误;除去 Cu 粉中混有的 CuO 时,加稀 HNO_3 会将 Cu 粉也反应掉,应加适量稀盐酸,过滤、洗涤,D 项错误。

答案:C

例 7-5 下列实验操作:①用 50 mL 量筒量取 5 mL 蒸馏水;②称量固体药品,把药品放在托盘上;③酸液沾在皮肤上,用 NaOH 溶液冲洗;④用热的碱液洗涤量筒;⑤块状药品都要用药匙取用;⑥固体药品用细口瓶保存。其中错误的是_____。

A. ①②③   B. ③④

C. ②⑤⑥   D. ①②③④⑤⑥

解析:取用液体药品时,所用量器大小要与所取液体的量相当,如取 5 mL 蒸馏水,要用 10 mL 量筒。称量固体药品,如无腐蚀性,可以用称量纸,如有腐蚀性就要用表面皿或烧杯盛放药品。NaOH 对皮肤有腐蚀性,酸液沾在皮肤上,用大量水冲洗即可。量筒作为量器,不能用热的液体洗涤。块状药品不一定都用药匙取用,如金属钠要用镊子取用。细口瓶一般存放液体药品,固体药品一般存放在广口瓶中。

答案:D

强化练习

一、选择题

1. 下列实验操作不能用于提纯化合物的是_____。

A. 重结晶   B. 酸碱中和滴定   C. 萃取   D. 蒸馏

2. 下列实验叙述不正确的是_____。

A. 从试剂瓶中取出并切下使用的钠块后,剩余的钠不能放回原试剂瓶

B. 过滤时,将烧杯尖嘴靠在玻璃棒上,将玻璃棒下端靠在三层滤纸上

C. 蒸馏时,冷凝水应从冷凝管下端口进,上端口出

D. 实验室制取乙酸乙酯时,导气管出口端不能插入到饱和 Na_2CO_3 溶液液面以下

3. 下列保存试剂的方法中,正确的是_____。

A. 白磷保存在酒精中   B. 金属钠保存在煤油中

C. 用密封的玻璃瓶保存氢氟酸   D. 用密封的透明玻璃瓶保存浓硝酸

4. 不能用于做"喷泉实验"的气体是_____。

A. NH_3 B. HCl 气体 C. N_2 D. SO_2

5. 下图表示四种操作,其中有两处错误的是_____。

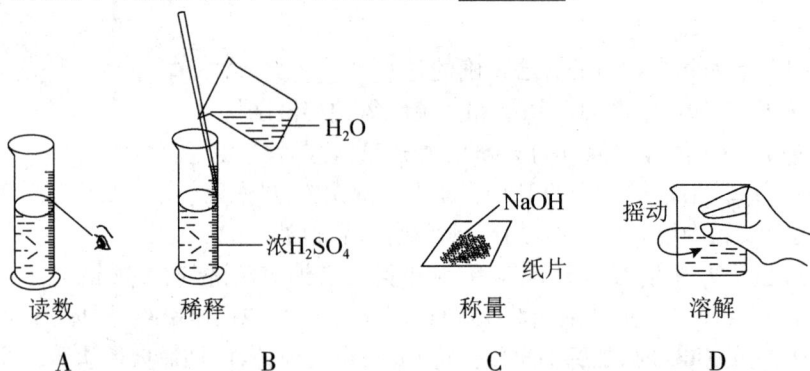

6. 现有三组溶液:①含有水分的植物油中除去水分,②回收碘的 CCl_4 溶液中的 CCl_4,③用食用酒精浸泡中草药提取其中的有效成分。分离以上各混合液的正确方法依次是_____。

A. 分液、萃取、蒸馏 B. 萃取、蒸馏、分液

C. 分液、蒸馏、萃取 D. 蒸馏、萃取、分液

7. 在用标准盐酸滴定未知浓度的 $NaOH$ 溶液的实验中,用于指示反应终点的指示剂是_____。

A. 甲基蓝 B. 甲基橙 C. 石蕊 D. 酚酞

8. 既能用浓硫酸干燥也能用碱石灰干燥的气体是_____。

A. 氯气 B. 氨气

C. 氧气 D. 氯化氢

9. 下列有关氢气在氯气中燃烧的实验现象的叙述中,错误的是_____。

A. 纯净的氢气在氯气中安静地燃烧,发出黄绿色火焰

B. 反应生成的气体遇空气呈现白雾状

C. 反应生成的气体极易溶于水

D. 反应生成的气体能使湿润的蓝色石蕊试纸变红

10. 在制取氧气的实验操作过程中,必须进行的一步操作是_____。

A. 检查实验装置的气密性 B. 萃取

C. 常压蒸馏 D. 蒸发

二、填空题

1. 要清除银镜反应实验后试管壁上附着的银镜,所采用的试剂是_____;要清除 $KMnO_4$ 制备 O_2 后留在试管中的残余物,所采用的试剂是_____。

2. 9.2 g 氮的氧化物 N_2O_x 中含氮原子 0.2 mol,则 N_2O_x 的摩尔质量为_____；x =_____。

3. 标准状况下,H_2 和 CO 的混合气体共 8.96 L,测得其质量为 6.0 g,此混合气体中

H_2的质量为_____，CO 体积为_____。

4. 下图中，A、B、C 是气体发生装置，D、E、F 是气体收集装置。试回答：

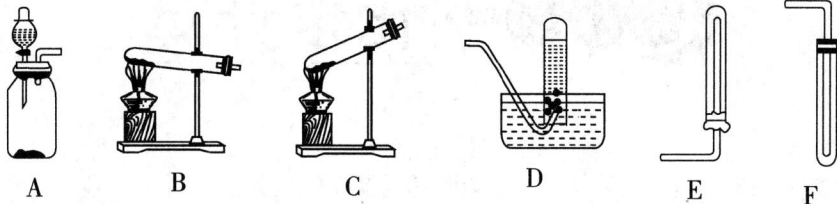

A　　　　B　　　　C　　　　D　　　　E　　　F

（1）甲同学要制取 NH_3，应将_____和_____（填装置的字母代号，下同）两装置相连。制取 NH_3 的化学方程式为_____。

（2）乙同学用 H_2O_2 与 MnO_2 混合制 O_2，应将_____和_____两装置相连，其化学方程式为_____。

（3）丙同学用 Fe 粉与稀 H_2SO_4 混合制 H_2，应将_____和_____两装置相连，其化学方程式为_____。

（4）在 E 和 F 装置中，收集气体的玻璃导管一定要伸到距集气管底部约 0.5 cm 的位置，目的是_____。

第八章 ➡ 化学计算

典型题解

例 8 - 1 某气体物质 7 g 在标准状况下的体积为 5.6 L,该物质的相对分子质量是 _____。

解:设该气体物质的摩尔质量为 M,则

$$M = \frac{7\ \text{g}}{\dfrac{5.6\ \text{L}}{22.4\ \text{L/mol}}} = 28\ \text{g/mol}$$

答案:28

例 8 - 2 市售锌粉中含有氧化锌等杂质。用 3 g 这种锌粉跟足量的盐酸反应,可收集到 896 mL H_2(标准状况下)。这种锌粉中锌的质量分数为 _____。

解:设参加反应的锌的质量为 m,则

$$\text{Zn} \quad + \quad 2\text{HCl} \quad === \quad \text{ZnCl}_2 \quad + \quad \text{H}_2\uparrow$$

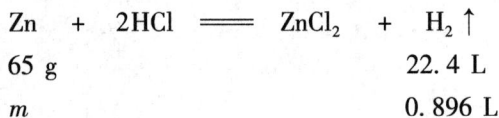

$$\frac{65\ \text{g}}{m} = \frac{22.4\ \text{L}}{0.896\ \text{L}},\ \text{解得}\ m = \frac{65\ \text{g} \times 0.896\ \text{L}}{22.4\ \text{L}} = 2.6\ \text{g}。$$

质量分数为 $\dfrac{2.6\ \text{g}}{3\ \text{g}} \times 100\% \approx 86.7\%$。

答案:86.7%

例 8 - 3 200 mL 6 mol/L HCl 溶液与 26.5 g Na_2CO_3 充分反应,求反应后盐酸中溶质的物质的量浓度(设反应前后溶液的体积不变)。

解题思路:

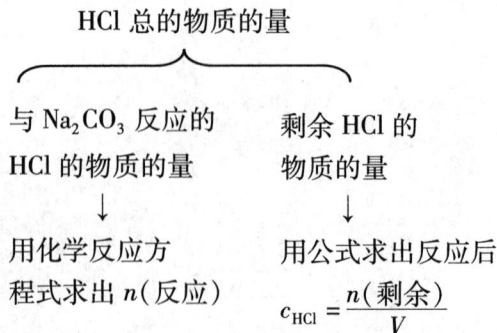

解题过程:

第一步,$n(HCl)_{总} = 6 \text{ mol/L} \times 0.2 \text{ L} = 1.2 \text{ mol}$。

第二步,设参加反应的 HCl 的物质的量为 n,则

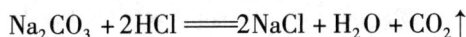

$$Na_2CO_3 + 2HCl = 2NaCl + H_2O + CO_2\uparrow$$

$$106 \text{ g} \qquad 2 \text{ mol}$$

$$26.5 \text{ g} \qquad n$$

$$\frac{106 \text{ g}}{26.5 \text{ g}} = \frac{2 \text{ mol}}{n}$$

$$n = \frac{26.5 \text{ g} \times 2 \text{ mol}}{106 \text{ g}} = 0.5 \text{ mol}。$$

第三步,反应后盐酸中溶质的物质的量浓度 $= \dfrac{1.2 \text{ mol} - 0.5 \text{ mol}}{0.2 \text{ L}} = 3.5 \text{ mol/L}$。

答:反应后盐酸中溶质的物质的量浓度为 3.5 mol/L。

例 8-4 在 HCl 和 NaCl 的混合溶液中,Cl^- 的物质的量浓度为 0.30 mol/L。取此混合溶液 50 mL 与过量的 $NaHCO_3$ 反应,得到 CO_2 气体 112 mL(标准状况下),求混合溶液中 HCl、NaCl 的物质的量浓度各为多少?

解题思路:

第一,用公式法求出混合溶液中 HCl、NaCl 的物质的量浓度,即 $c = \dfrac{n}{V}$。

第二,需要求出 0.05 L 的溶液中 HCl 和 NaCl 的物质的量。从题意"取此混合溶液 50 mL 与过量的 $NaHCO_3$ 反应,得到 CO_2 气体 112 mL(标准状况下)",可利用化学反应方程式求出 0.05 L 溶液中 HCl 的物质的量。

第三,从电离方程式可推知

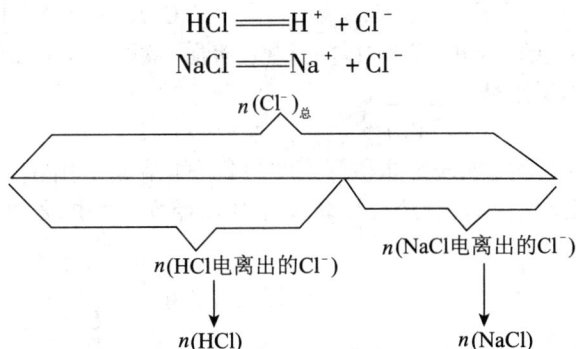

$$HCl = H^+ + Cl^-$$
$$NaCl = Na^+ + Cl^-$$

解题过程:

第一步,求 0.05 L 混合溶液中 HCl 的物质的量。

设与 $NaHCO_3$ 反应的 HCl 的物质的量为 x。

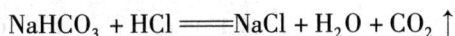

$$NaHCO_3 + HCl = NaCl + H_2O + CO_2\uparrow$$

$$1 \text{ mol} \qquad\qquad 22.4 \text{ L}$$

$$x \qquad\qquad 0.112 \text{ L}$$

$$\frac{1 \text{ mol}}{x} = \frac{22.4 \text{ L}}{0.112 \text{ L}}$$

$$x = \frac{1\ \text{mol} \times 0.112\ \text{L}}{22.4\ \text{L}} = 0.005\ \text{mol}$$

第二步,求 0.05 L 混合溶液中 NaCl 的物质的量。

1. 求 0.05 L 混合溶液中,Cl^- 总的物质的量:0.30 mol/L × 0.05 L = 0.015 mol。

2. 设 0.05 L 混合溶液中 NaCl 的物质的量为 y。

$$NaCl \longrightarrow Cl^-$$

1 mol   1 mol

y 0.015 mol − 0.005 mol

$$\frac{1\ \text{mol}}{y} = \frac{1\ \text{mol}}{0.01\ \text{mol}}$$

$$y = 0.01\ \text{mol}$$

第三步,求混合溶液中 HCl、NaCl 的物质的量浓度。

$$c_{HCl} = \frac{0.005\ \text{mol}}{0.05\ \text{L}} = 0.10\ \text{mol/L}$$

$$c_{NaCl} = \frac{0.01\ \text{mol}}{0.05\ \text{L}} = 0.20\ \text{mol/L}$$

答:混合溶液中 HCl 和 NaCl 的物质的量浓度分别为 0.10 mol/L 和 0.20 mol/L。

强化练习

一、选择题

1. 有一份气体样品的质量是 142 g,体积是 44.8 L(标准状况下)。该气体的摩尔质量是_____。

A. 28.4　　　　B. 28.4 g/mol　　　　C. 71　　　　D. 71 g/mol

2. 300 mL 某浓度的 NaOH 溶液中含有 60 g 溶质,欲配制 1 mol/L NaOH 溶液,应取原溶液与蒸馏水的体积比是_____。

A. 1:4　　　　B. 1:5　　　　C. 2:1　　　　D. 2:3

3. 甲、乙两烧杯中分别加入等体积等浓度的 H_2SO_4 溶液,向甲杯中加入 m g Mg,向乙杯中加入 m g Zn,完全反应后,一烧杯中仍有金属未溶解,则甲、乙两烧杯中原来 H_2SO_4 的物质的量 x 的值为_____。

A. $\frac{m}{24} < x < \frac{m}{65}$　　　　　　B. $x = \frac{m}{64}$

C. $\frac{m}{65} \leqslant x < \frac{m}{24}$　　　　　　D. $\frac{m}{24} \leqslant x < \frac{m}{65}$

4. 将 8.4 g 铁粉和 3.2 g 硫粉均匀混合,隔绝空气加热至红热,冷却后加入足量的盐酸,在标准状况下收集到的气体体积是_____。

A. 1.12 L　　　　B. 2.24 L　　　　C. 3.36 L　　　　D. 4.48 L

5. Zn 与很稀的硝酸反应生成 $Zn(NO_3)_2$、NH_4NO_3 和 H_2O。当生成 1 mol $Zn(NO_3)_2$ 时,被还原的硝酸的物质的量为_____。

A. 2 mol　　　　B. 1 mol　　　　C. 0.5 mol　　　　D. 0.25 mol

二、计算题

1. 用含 80% $CaCO_3$ 的石灰石 6.25 g 和足量的盐酸反应,计算:

(1)可制得标准状况下 CO_2 的体积。

(2)需消耗 10 mol/L 盐酸的体积。

2. 将 6.5 g 锌放入足量的稀硫酸中充分反应,得到 80 mL 密度为 1.25 g/mL 的溶液。试计算所得溶液中硫酸锌的物质的量浓度和溶质质量分数各是多少?

3. 26.0 g SiO_2 和 $CaCO_3$ 的混合物,在高温条件下完全反应,冷却至室温,称得最后固体质量为 17.2 g。

(1)求生成的气体在标准状况下的体积。

(2)求混合物中 SiO_2 的质量分数。

4. 3.84 g Fe 和 Fe_2O_3 的混合物溶于 120 mL 的盐酸,刚好完全反应,生成 0.03 mol H_2,向反应后的溶液中加入 KSCN 溶液,溶液不显红色,且溶液体积不变。试求:

(1)原混合物中 Fe_2O_3 和 Fe 的质量。

(2)原盐酸的物质的量浓度。

强化练习综合卷

一、选择题

1. 下列变化属于化学变化的是_____。

A. 用惰性电极电解水

B. 利用空气冷凝法提取氮气

C. 将生铁高温加热熔化为铁水

D. 分馏石油

2. 下列物质中属于纯净物的是_____。

A. 水煤气   B. 可燃冰

C. 明矾   D. 漂白粉

3. 欲使 CH_3COONa 溶液中 CH_3COO^- 的浓度增大,可采取的措施是_____。

A. 加入 NaOH 固体   B. 升高温度

C. 加入稀硫酸   D. 加入水

4. 在下列反应中,能放出气体,但不是氧化还原反应的是_____。

A. 浓盐酸与二氧化锰共热

B. 石灰石与稀盐酸反应

C. 过氧化钠与水反应

D. 铁与稀硫酸反应

5. 在下列反应中,属于离子反应,且溶液颜色同时发生改变的是_____。

A. $BaCl_2$ 溶液与 K_2SO_4 溶液反应

B. 点燃 H_2 和 Cl_2 的混合气体

C. NaOH 溶液和 $CuSO_4$ 溶液反应

D. $CuSO_4 \cdot 5H_2O$ 受热分解

6. 物质的量浓度相等的下列物质的水溶液中,pH 最小的是_____。

A. Na_2CO_3 B. KCl

C. CH_3COOH D. HCl

7. 下列有关原电池的说法错误的是_____。

A. 原电池是将化学能转变为电能的一种装置

B. 原电池装置中肯定存在电子的流动

C. 原电池装置中,电子流入的一极为负极

D. 原电池装置中,电子流出的一极为负极

8. X、Y、Z 是元素周期表中三种相邻的元素,X 和 Y 同周期,Y 和 Z 同主族。这三种元素原子的最外电子层上电子数总和是 17,核内质子数总和是 31。则 X、Y、Z 三种元素是下列各组中的_____。

A. N、O、S   B. O、S、P

C. O、F、Cl   D. C、Si、P

9. 在 1 L 溶有 0.1 mol NaCl 和 0.1 mol $MgCl_2$ 的溶液中，Cl^- 的物质的量浓度是_____。

A. 0.05 mol/L   B. 0.1 mol/L

C. 0.2 mol/L   D. 0.3 mol/L

10. 下列有机物的命名正确的是_____。

A. 2,3 - 二甲基丁烷

B. 1,2,3 - 三甲基丙烷

C. 2 - 甲基 - 2 - 乙基丙烷

D. 2 - 乙基丙烷

二、填空题

1. 往 $Mg(OH)_2$ 沉淀中加入足量的饱和 NH_4Cl 溶液，观察到的现象是_____
_____；该反应的化学方程式是_____；
其相对应的离子方程式是_____。

2. 在一定条件下，可逆反应 $2A(g) + B(s) \rightleftharpoons A_2B(s)$ 达到化学平衡状态，已知其正反应为吸热反应。当其他条件不变，只增大体系压强时，反应向_____方向移动；只降低反应温度时，反应向_____方向移动。

3. 在 Zn、Cu 和稀硫酸形成的原电池体系中，负极是_____，正极是_____，在_____（填"正"或"负"）极有氢气放出。

4. 实验室用于检测苯酚溶液的试剂是_____，观察到的现象是溶液变成_____色。

5. 现有一种泉水样品，0.5 L 这种泉水含有 48 mg Mg^{2+}。该泉水中 Mg^{2+} 的物质的量浓度是_____。若使该泉水中的 Mg^{2+} 全部沉淀，应加入 1 mol/L NaOH 溶液的体积是_____。

强化练习参考答案与解析

第一章　化学基本概念

一、选择题

1. D　2. A　3. B　4. D　5. D　6. D　7. B　8. A　9. A　10. A

解析：

8. 氧化还原反应可以看成强氧化剂 + 强还原剂 === 弱氧化剂 + 弱还原剂,式①中的 NH_3 作为强还原剂,NH_4Cl 是还原产物,还原性 $NH_3 > NH_4Cl$;式②中的 H_2 作为强还原剂,NH_3 是还原产物,还原性 $H_2 > NH_3$;综合考虑其还原性强弱顺序为 $H_2 > NH_3 > NH_4Cl$,即 A 选项正确。

二、填空题

1. 4.8　12.25　　2. $HNO_3 > FeCl_3 > I_2$

3. ①②　④　③　⑤　④　　4. $2M$　5. 潮解

6. 0.1　6.02×10^{22}　1.6　7. 64　32

8. 7:11　11:7　$\dfrac{1}{22.4}$　1.96　2.69×10^{22}　　9. $CH_4 > O_2 > CO_2 > Cl_2$

第二章　物质结构和元素周期律

一、选择题

1. C　2. C　3. A　4. B　5. B　6. C　7. B　8. C　9. B　10. D

二、填空题

1. 原子序数　周期性　元素周期律

2. Mg　$MgCl_2$

3. 离子键　共价键

4. CO_2　SiO_2

5. 两性氧化物

6. (1) S　Cl　K　Ca　$r(K) > r(Ca) > r(S) > r(Cl)$

(2) H_2SO_4　$HClO_4$　KOH　$Ca(OH)_2$　酸性:$HClO_4 > H_2SO_4$,碱性:$KOH > Ca(OH)_2$

(3) H_2S　HCl　$HCl > H_2S$

7. (1) 第二周期第ⅥA族

(2) $Cl_2 + 2OH^- === ClO^- + Cl^- + H_2O$

(3) $4NH_3 + 5O_2 \xrightarrow[\triangle]{催化剂} 4NO + 6H_2O$

第三章　化学反应速率和化学平衡

一、选择题

　　1. C　2. B　3. A　4. B　5. C　6. CD　7. C　8. B　9. C　10. A

二、填空题

　　1. 2mol/（L·min）

　　2. 浓度　温度　压强　催化剂　增大浓度　升温　改变压强

　　3. 动态　削弱

　　4. 加热

　　5. 缩短

　　6. 化学反应各成分的含量　相等

　　7. 增大　增大　正反应　增大

第四章　电解质溶液

一、选择题

　　1. B　2. C　3. A　4. C　5. B　6. B　7. C　8. C　9. B　10. C

二、填空题

　　1. 红　CH_3COO^-水解显碱性　$CH_3COO^- + H_2O \Longrightarrow CH_3COOH + OH^-$

　　2. HX > HY > HZ

　　3. Zn（或锌）　Cu（或铜）　正

　　4. 浓 HNO_3

　　5. 蒸馏

　　6. >

　　7. >7　<7　>7

　　8. 铜　$Cu - 2e^- \Longrightarrow Cu^{2+}$　石墨　$2Fe^{3+} + 2e^- \Longrightarrow 2Fe^{2+}$

　　9. 析氢　吸氧

　　10. 电　化学

第五章　常见元素及其重要化合物

一、选择题

　　1. B　2. C　3. A　4. D　5. B　6. C　7. A　8. C　9. A　10. C　11. A　12. D
　　13. C　14. C　15. A

二、填空题

　　1. NaOH　$MgCl_2 + 2NaOH \Longrightarrow Mg(OH)_2\downarrow + 2NaCl$　$NH_4^+ + OH^- \Longrightarrow NH_3 \cdot H_2O$

　　2. 水（或 H_2O）

3. 2.3 g

4. 永久硬水　暂时硬水　蒸馏水

5. (1)$2Fe^{3+} + Fe \Longrightarrow 3Fe^{2+}$　$Fe + 2H^+ \Longrightarrow Fe^{2+} + H_2\uparrow$

(2)$4FeCl_2 + 8NaOH + O_2 + 2H_2O \Longrightarrow 4Fe(OH)_3\downarrow + 8NaCl$

6. (1)MnO_2　$HCl(浓)$　(2)2　2

(3)$4Cl_2 + 8NaOH \Longrightarrow 6NaCl + NaClO_3 + NaClO + 4H_2O$

(4)$Cl^- + ClO^- + 2H^+ \Longrightarrow Cl_2\uparrow + H_2O$

7. NaOH 可以和玻璃中的 SiO_2 反应,生成有黏性的 Na_2SiO_3 和水,易把瓶塞和瓶口黏在一起　$2NaOH + SiO_2 \Longrightarrow Na_2SiO_3 + H_2O$

8. (1)Fe^{2+}　Cu　(2)Fe^{3+}、Fe^{2+}　(3)Fe^{2+}

第六章　有机化合物

一、选择题

1. C　2. C　3. B　4. C　5. A　6. B　7. C　8. D　9. D　10. C

二、填空题

1. 蔗糖　蔗糖　麦芽糖

2. 甘油

3. (1)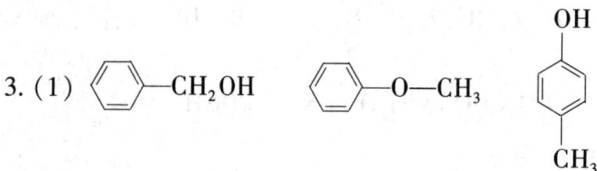

(2)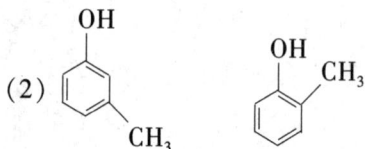

4. 苯甲酸　苯甲醛

5. 加饱和碳酸钠溶液充分振荡后分液

6. C_2H_4　C_3H_6O　$C_4H_8O_2$　$CH_2\!\!=\!\!CH_2$　CH_3CH_2CHO　$HCOOC_3H_7$

7. ④⑤⑥　①　⑥　③　④⑥

8. (1)A:$CH_3COOC_2H_5$　B:CH_3COONa　C:CH_3CH_2OH

D:CH_3CHO　E:CH_3COOH　F:CH_4　G:$CH_2\!\!=\!\!CH_2$

(2)①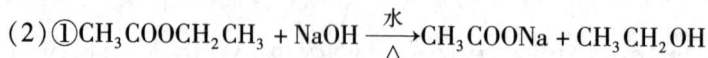

②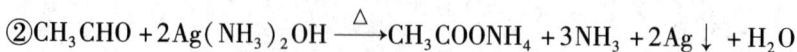

③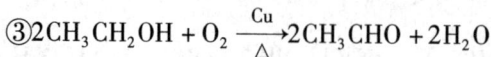

④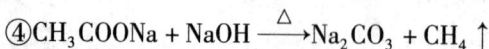

第七章　化学实验

一、选择题

1. B　2. A　3. B　4. C　5. B　6. C　7. D　8. C　9. A　10. A

解析：

4. 能用于做"喷泉实验"的一般是在水里溶解度特别大的气体或可与某溶液发生反应而被吸收的气体,如 NH_3、HCl 等。

二、填空题

1. 稀硝酸　浓盐酸

2. 92 g/mol　4

3. 0.4 g　4.48 L

4. （1）B　E　$2NH_4Cl + Ca(OH)_2 \xlongequal{\triangle} 2NH_3\uparrow + 2H_2O + CaCl_2$

（2）A　D　$2H_2O_2 \xlongequal[\triangle]{MnO_2} 2H_2O + O_2\uparrow$

（3）A　D　$Fe + H_2SO_4 \xlongequal{\quad} FeSO_4 + H_2\uparrow$

（4）使收集的气体更加纯净

解析：

1. 发生银镜反应后的试管壁上附着的是单质银,加入稀硝酸清除,反应的化学方程式是 $3Ag + 4HNO_3(稀) \xlongequal{\quad} 3AgNO_3 + NO\uparrow + 2H_2O$;用 $KMnO_4$ 制备 O_2 后留在试管中的残余物主要是 MnO_2（K_2MnO_4 可溶于水）,可加入浓盐酸加热除去,反应的化学方程式是 $MnO_2 + 4HCl(浓) \xlongequal{\triangle} MnCl_2 + Cl_2\uparrow + 2H_2O$。

第八章　化学计算

一、选择题

1. D　**解析：**标准状况下 44.8 L 气体的物质的量 $n = \dfrac{44.8\ L}{22.4\ L/mol} = 2\ mol$,则该气体的摩尔质量 $M = \dfrac{142\ g}{2\ mol} = 71\ g/mol$。

2. A　**解析：**$c_{NaOH} = \dfrac{\dfrac{60\ g}{40\ g/mol}}{0.3\ L} = 5\ mol/L$,根据 $c_1V_1 = c_2V_2$,则 $\dfrac{V_1}{V_2} = \dfrac{1}{5}$,即需原溶液 1 份 + 水 4 份。

3. C　4. C　5. D

二、计算题

1. 解:6.25 g 石灰石含 $CaCO_3$ 的质量为 6.25 g×80% = 5 g,设消耗盐酸的体积为 x mL,生成的 CO_2 在标准状况下的体积为 y L,则

$$CaCO_3 + 2HCl \xlongequal{\quad} CaCl_2 + CO_2\uparrow + H_2O$$

100 g　　2 mol　　　　　22.4 L

5 g　　$10x \times 10^{-3}$ mol　　y L

$\dfrac{100\ g}{5\ g} = \dfrac{2\ mol}{10x \times 10^{-3}\ mol}$,$\dfrac{100\ g}{5\ g} = \dfrac{22.4\ L}{y\ L}$。

解得 $x=10,y=1.12$。

答:可制得 CO_2 的体积为 1.12 L,需消耗 10 mol/L 盐酸的体积为 10 mL。

2. **解:**因稀硫酸是足量的,硫酸锌的物质的量根据锌的物质的量来计算。

$$n(ZnSO_4)=n(Zn)=\frac{6.5\ g}{65\ g/mol}=0.1\ mol$$

$$c(ZnSO_4)=\frac{0.1\ mol}{\dfrac{80\ mL}{1\ 000\ mL/L}}=1.25\ mol/L$$

硫酸锌的质量分数 $\dfrac{0.1\ mol\times161\ g/mol}{80\ mL\times1.25\ g/mL}\times100\%\approx16.1\%$

答:所得溶液中硫酸锌的物质的量浓度为 1.25 mol/L,溶质质量分数为 16.1%。

3. **解:**(1)由题意知,可能涉及两种反应,反应的化学方程式为 $CaCO_3+SiO_2\xrightarrow{\text{高温}}CaSiO_3+CO_2\uparrow$,$CaCO_3\xrightarrow{\text{高温}}CaO+CO_2\uparrow$。

根据反应的化学方程式可知,减少的物质即为 CO_2 的质量,即 $m(CO_2)=26\ g-17.2\ g=8.8\ g$,则 CO_2 的物质的量为 $n(CO_2)=\dfrac{8.8\ g}{44\ g/mol}=0.2\ mol$,所以生成的气体在标准状况下的体积为 $V(CO_2)=0.2\ mol\times22.4\ L/mol=4.48\ L$。

(2)根据碳元素守恒,可知 $n(CaCO_3)=n(CO_2)=0.2\ mol$,则 $m(CaCO_3)=0.2\ mol\times100\ g/mol=20\ g$,混合物中 SiO_2 的质量为 $m(SiO_2)=26\ g-20\ g=6\ g$,所以混合物中 SiO_2 的质量分数为 $\dfrac{6\ g}{26\ g}\times100\%\approx23.1\%$。

4. **解:**(1)向反应后溶液中加入 KSCN,溶液不显红色,说明反应后的溶液中不存在 Fe^{3+},根据反应的化学方程式:

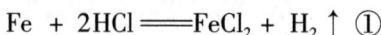

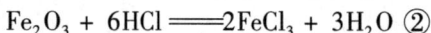

$Fe+2HCl\xlongequal{\ }FeCl_2+H_2\uparrow$ ①

$Fe_2O_3+6HCl\xlongequal{\ }2FeCl_3+3H_2O$ ②

$Fe+2FeCl_3\xlongequal{\ }3FeCl_2$③

可知 Fe 不仅参与放出氢气,还参与还原 Fe^{3+} 为 Fe^{2+},由放出的氢气的物质的量 0.03 mol 计算出参与放出氢气的 Fe 的物质的量为 0.03 mol,质量为 $0.03\ mol\times56\ g/mol=1.68\ g$;则剩余 Fe 和 Fe_2O_3 的质量为 $3.84\ g-1.68\ g=2.16\ g$。

设其中 Fe 的质量为 a g,则 Fe_2O_3 的质量为 $(2.16-a)$ g,将②和③合并,可得 $Fe+Fe_2O_3+6HCl\xlongequal{\ }3FeCl_2+3H_2O$ ④,

根据化学方程式有 $\dfrac{a\ g}{56\ g/mol}=\dfrac{(2.16-a)g}{160\ g/mol}$,解得 $a=0.56$,则原混合物中 Fe 的质量为 $1.68\ g+0.56\ g=2.24\ g$;Fe_2O_3 的质量为 $3.84\ g-2.24\ g=1.60\ g$。

(2)根据 Fe 元素守恒,$n(FeCl_2)=n(Fe)+2n(Fe_2O_3)=\dfrac{2.24\ g}{56\ g/mol}+\dfrac{1.60\ g}{160\ g/mol}\times2=0.06\ mol$,由于混合物与盐酸恰好完全反应,根据氯元素守恒,$n(HCl)=2n(FeCl_2)=2\times0.06\ mol=0.12\ mol$,则原盐酸的物质的量浓度为 $\dfrac{0.12\ mol}{0.12\ L}=1\ mol/L$。

强化练习综合卷参考答案与解析

一、选择题

1. A　2. C　3. A　4. B　5. C　6. D　7. C　8. A　9. D　10. A

解析:

4. 判断一个化学反应是否是氧化还原反应,最简便的方法就是看反应物和生成物中所含元素的化合价在反应前后是否发生变化,若发生变化则肯定是氧化还原反应,若无变化则一定不是氧化还原反应。A 选项中浓盐酸与二氧化锰共热制备 Cl_2,有 Cl_2 生成,氯元素的化合价发生了变化;C 选项中过氧化钠与水反应,生成 $NaOH$ 和 O_2,氧元素的化合价发生了变化;D 选项中铁与稀硫酸反应,生成 H_2,氢元素的化合价发生了变化;B 选项中石灰石与稀盐酸反应,化学方程式为 $CaCO_3 + 2HCl =\!=\!= CaCl_2 + H_2O + CO_2\uparrow$,可以看到反应物和生成物中所含元素的化合价在反应前后并没有发生变化,因此选 B。

二、填空题

1. 沉淀完全溶解,最后成为澄清溶液　　$Mg(OH)_2 + 2NH_4Cl =\!=\!= MgCl_2 + 2NH_3 \cdot H_2O$
$2NH_4^+ + Mg(OH)_2 =\!=\!= Mg^{2+} + 2NH_3 \cdot H_2O$

2. 正反应　　逆反应

3. Zn(或锌)　　Cu(或铜)　　正

4. $FeCl_3$溶液　　紫

5. 0.004 mol/L　　4 mL

解析: Mg^{2+} 的物质的量浓度为 $\dfrac{48 \times 10^{-3}\ g}{24\ g/mol \times 0.5\ L} = 0.004\ mol/L$。

使该泉水中的 Mg^{2+} 全部沉淀,所需 OH^- 的物质的量为 $2 \times 0.004\ mol/L \times 0.5\ L = 0.004\ mol$。

应加入 1 mol/L $NaOH$ 溶液的体积为 $\dfrac{0.004\ mol}{1\ mol/L} = 0.004\ L = 4\ mL$。